全税（费）种政策解读及案例分析

第二版

贺志东 ◎ 主编

立信会计出版社
LIXIN ACCOUNTING PUBLISHING HOUSE

图书在版编目(CIP)数据

全税(费)种政策解读及案例分析 / 贺志东主编.
—2版. —上海：立信会计出版社，2023.8
ISBN 978-7-5429-7376-4

Ⅰ.①全… Ⅱ.①贺… Ⅲ.①税收政策—研究—中国
Ⅳ.①F812.422

中国国家版本馆 CIP 数据核字(2023)第 113569 号

责任编辑　　毕芸芸

全税(费)种政策解读及案例分析(第二版)
QUANSHUI FEIZHONG ZHENGCE JIEDU JI ANLI FENXI

出版发行	立信会计出版社		
地　　址	上海市中山西路 2230 号	邮政编码	200235
电　　话	(021)64411389	传　　真	(021)64411325
网　　址	www.lixinaph.com	电子邮箱	lixinaph2019@126.com
网上书店	http://lixin.jd.com		http://lxkjcbs.tmall.com
经　　销	各地新华书店		
印　　刷	固安华明印业有限公司		
开　　本	890 毫米×1240 毫米　1/16		
印　　张	50		
字　　数	1355 千字		
版　　次	2023 年 8 月第 2 版		
印　　次	2023 年 8 月第 1 次		
书　　号	ISBN 978-7-5429-7376-4/F		
定　　价	149.00 元		

如有印订差错，请与本社联系调换

第二版说明

近年来我国税收制度改革和税务领域"放管服"改革不断深化，税收征管体制和税收营商环境持续优化，纳税服务和税务执法的规范性、便捷性、精准性不断提升。本书自2022年7月出版后，深受全国各地广大税务（含税务干部、纳税人缴费人、涉税中介人员）、会计、财务、审计、企业管理等人士以及高等院校财会、财税、管理类专业学生的关注和厚爱，很多机构将本书列为内部"人手一册"的培训教材，大量财税人士将本书选为业余"充电"自学和进行知识更新的"宝典"，本书多次加印均很快售罄。

考虑到我国税费法变动比较频繁，有必要对第一版书稿作进一步的修订。为此，我们根据2022年7月以来的我国税费法政策变化，对全书内容进行了相应的修订、更新（如多项税费优惠政策的变化、对电子烟征收消费税、增值税法和税法典立法等知识），于2023年年中推出第二版以飨读者。

党中央、国务院要求全国税务系统要以新时代中国特色社会主义思想为指导，全面贯彻党的二十大精神，深刻领悟"两个确立"的决定性意义，增强"四个意识"、坚定"四个自信"、做到"两个维护"，按照中央经济工作会议和两会精神，坚持党对税收工作的全面领导，纵深推进税务系统全面从严治党，着力"抓好党务"建强政治机关；坚持完整、准确、全面贯彻新发展理念，着力"干好税务"服务党和国家事业发展大局；坚持新时代党的组织路线，厚植严管厚爱、向上向善氛围，着力"带好队伍"提振干事创业精气神，努力做到"稳中求进、守中求创、实中求效、联中求成"，更好发挥和拓展提升税收在国家治理中的基础性、支柱性、保障性作用，为推动经济运行整体好转、实现质的有效提升和量的合理增长、服务中国式现代化贡献税务力量。

党中央、国务院要求税务机关依法依规组织税费收入，积极推动合理确定预算收入目标，持续加强常态化收入监控分析，对违反组织收入纪律、征收"过头税费"的，发现一起、严查一起；要研究完善和落实落细税费支持政策，为稳增长稳就业稳物价、保持经济平稳健康发展创造良好的税费政策环境；要稳步提高社会保险费和非税收入征管服务水平，积极配合有关部门做好养老保险全国统筹、新就业形态就业人员职业伤害保障试点等工作；要进一步深化税收征管改革和加强税收监管，深入推进落实《关于进一步深化税收征管改革的意见》取得明显突破，稳步推进税收大数据体系建设，逐步推广全国统一规范的电子税务局，为纳税人提供更加优质的服务，健全"信用＋风险"新型监管机制，推进实现对市场主体干扰最小化、监管效能最大化；要进一步深化"一带一路"税收征管合作机制，深度参与国际税收规则制定，更好服务高水平对外开放；要加强税务干部队伍建设，坚持不懈提振干事创业的精气神。

前言
PREFACE

近年来,我国税收制度改革不断深化,税收征管体制持续优化,税务执法和纳税服务的规范性、便捷性、精准性不断提升。但是,这与推进国家治理体系和治理能力现代化的要求相比、与纳税人缴费人的期待相比,仍有一定差距。

我国税务系统确立了以"带好队伍、干好税务"为主要内容的新时代税收现代化建设总目标,大力推进"人才兴税"战略,深入构建税务系统人才队伍建设新体系,让吃苦者吃香、有为者有位、出力者出彩,持续锻造税务铁军、夯实人才基础。这必将有力促进构建税务部门全面从严治党新格局,引领、保障、高质量推进新发展阶段税收现代化,不断取得新成绩、开创新局面,更好发挥税收在国家治理中的基础性、支柱性、保障性作用,为服务国家治理现代化、高质量发展提供有力支撑。

干好税务工作,必然要求税务人员系统地、深入地、真正地掌握全部现行有效税收、社会保险费、非税收入法规政策知识,不允许只是略知一二、只有皮毛功夫,不允许存在南郭先生;必然要求加强贯彻落实税收政策的宣传、辅导工作,确保政策尽人皆知、易懂能会,注重实效;力戒泛泛而谈、蜻蜓点水、悬在空中不能落地;力戒官僚主义、形式主义。

各级税务机关可以充分运用税务图书,专门组织开展面向纳税人的政策辅导。对普遍适用的政策进行系统辅导,对重要专项政策进行专题辅导;对持续经营的纳税人及时开展政策更新辅导,对新开办的纳税人及时送政策上门,帮助企业及时了解、充分适用政策。

税务部门离市场主体最近,直接服务纳税人缴费人,是与人民群众打交道最多、频度最高、联系最紧密的政府部门之一。国务院要求税务机关纵深推进"放管服"改革,加快营造市场化、法治化、国际化营商环境,激发各类市场主体活力。国家税务总局要求各级税务机关通过多种途径、运用有针对性的方法,进一步广泛宣传税费优惠政策和依法组织收入,及时回应各方面关切的问题,主动释疑解惑。

在组织收入方面,我国税务机关从以前的"以收税为主"转变为机构改革后的"既收税又收费",进一步保障国家财力。国家税务总局要求各级税务机关要紧紧围绕转方式、稳征收、防风险,扎实推进社会保险费和非税收入工作;紧紧依据中央政策、紧紧依靠地方政府、紧紧依托有关部门,精诚共治、稳中求进做好社保非税工作。

为了帮助全国广大涉税人士(含税务干部、纳税人缴费人、涉税中介人员及其他财经、管理人士)快速高效、系统全面、深入细节、准确地掌握和应用最新的关于所有税种、社会保险费和划转税务机关征管的非税收入的法规政策,"学深吃透政策精神,熟练掌握业务操作",学习兴税,助力全国各地基层做好本地区税收、社会保险费、非税收入的培训工作和全国广大财税人员继续教育工作,助力培养既懂管理又懂技术的骨干人才、领军人才、高层次复合型人才,全国著名财税专家、财会税审实务应用研究前沿学术带头人贺志东教授主持编写了《全税(费)种政策解读及案例分析》一书。本书可作为全国各地涉税费基层组织和个人人手一册的培训辅导或业余自修教材,也可以用于其他方面。

本书共19章,分为5篇(综合篇、货物和劳务税篇、所得税篇、财产和行为税篇、社会保险费和非税收入篇),内容包括增值税、消费税、车辆购置税、企业所得税、个人所得税、房产税、城镇土地使用税、城市维护建设税、印花税、资源税、土地增值税、车船税、烟叶税、契税、耕地占用税、环境保护税、社会保险费、非税收入等方面实务操作知识(政策解读和案例分析)。

本书可作为学习涉税费知识,案头随时翻阅、查检的工具书,用以解决实际涉税费工作中几乎所有的操作实务问题。

本书主要特色:(1)具有很强的可操作性、实用性,绝不泛泛而谈,力戒仅原理性空洞说教;(2)案例丰富、具体(近200个案例分析);(3)讲解全面、透彻、通俗;(4)具有专业性、权威性、创造性;(5)内容严格依据最新有效的税收、社会保险费、非税收入政策法规等编写;(6)由全国著名税务专家(正教授级职称的评审专家)亲自解读、精心点拨;(7)内容全面、资料详尽、条理清晰,按税费要素排列编写,查阅方便。

本书主要适用对象:全国各地广大税务(含税务干部、纳税人缴费人、涉税中介人员)、会计、财务、内部审计、国家审计、税务师、注册会计师、律师、企业管理等财税人士。

在本书编写过程中,我们参考、借鉴了国内外一些相关文献资料。本书的出版得到了立信会计出版社和中华第一财税网(又名"智董网",www.tax.org.cn)专家委员会的大力支持和帮助。贺馨煜为本书的章节结构设计、文稿整理、文字校排等付出了辛勤的劳动。在此表示衷心的感谢!

囿于学识、科研经费、编写时间等方面原因,书中倘有不足之处,请学员(读者)不吝批评指正,以便今后再版时修订(E-mail:jianyi@tax.org.cn)。

受篇幅所限,有些内容不能完全囊括,同时由于税费法处于不断变动中,请学员(读者)关注本书涉及税费法今后可能的"立、改、废",有兴趣、有条件的学员(读者)可成为中华第一财税网(www.tax.org.cn)会员实现在线学习。本书涉及的政策,如果今后有变化,请以变化后的为准。

各位学员(读者)关注"中华第一财税网"官方微信公众号(zhdycsw)后,发送"税费工具书"5个字,可申请获取本书的赠阅电子文档资料(如进出口税收篇的内容等)。

希望全体学员、广大涉税人员刻苦学习,潜心钻研税法、社会保险费和非税收入法规政策知识,掌握其全部内容和精髓,并结合本单位或个人的实际情况,学以致用,全面提升涉税工作的服务效能,算好税、办好税,进一步提高税费业务技能和管理水平,为实现中华民族伟大复兴的中国梦添砖加瓦、作出新的更大贡献!

编　者

2023年8月

目录

第一篇 综合篇

第一章 税法、社会保险费和非税收入概述 ... 3

第一节 税法概述 ... 3
一、我国现行税法体系 ... 4
二、税法的效力 ... 21
三、税法的解释 ... 23

第二节 社会保险费概述 ... 26
一、社会保险的主要项目 ... 27
二、我国社会保险制度沿革 ... 27
三、社会保险登记 ... 28
四、社会保险费征收 ... 29
五、社会保险费征管法律责任 ... 32

第三节 非税收入概述 ... 33
一、非税收入的分类 ... 35
二、非税收入的设立和征收 ... 38
三、非税收入的缴纳义务 ... 39
四、非税收入征管职责划转改革 ... 39
五、非税收入的票据管理 ... 40
六、政务服务"跨省通办"涉及政府非税收入收缴行为管理 ... 41

第二篇 货物和劳务税篇

第二章 增值税 ... 45

第一节 纳税人 ... 46
一、增值税纳税人与扣缴义务人的基本规定 ... 46
二、增值税纳税人的分类 ... 51
三、增值税小规模纳税人的管理 ... 51
四、增值税一般纳税人的登记 ... 51

第二节 征税对象、范围 ... 56
一、我国现行增值税征税范围的一般规定 ... 56
二、对视同销售货物、服务、无形资产或者不动产的征税规定 ... 66
三、对混合销售行为的征税规定 ... 67
四、对兼营的征税规定 ... 68
五、不征收增值税的项目 ... 68

第三节 计税依据 ... 70
一、一般计税方法下销售额 ... 70
二、简易计税方法下销售额 ... 79

第四节 税率、征收率 ... 80
一、一般计税方法下增值税税率 ... 80
二、简易计税方法下增值税征收率 ... 88
三、增值税预征率 ... 91
四、扣缴增值税适用的税率 ... 92
五、兼营行为的增值税税率选择 ... 92

第五节 应纳税额的计算 ... 93
一、一般性规定 ... 93
二、一般计税方法 ... 94
三、简易计税方法 ... 120

第六节 税收优惠 ... 130
一、综述 ... 130
二、起征点 ... 132
三、直接免税 ... 136
四、即征即退 ... 157
五、先征后返(退) ... 164
六、扣减增值税 ... 166
七、差额征收增值税 ... 167
八、暂不缴税、暂免征税 ... 168

第七节 相关专题 ... 168

一、建筑 ………………………… 168
二、不动产、房地产项目 ………… 174
三、客运 ………………………… 190
四、电力产品 …………………… 191
五、核力发电 …………………… 192
六、电信服务 …………………… 193
七、邮政 ………………………… 194
八、油气田 ……………………… 196
九、成品油零售加油站 ………… 199
十、金融 ………………………… 200
十一、黄金交易 ………………… 218
十二、铂金及其制品 …………… 220
十三、钻石 ……………………… 220
第八节 纳税义务发生时间 ………… 221
　一、销售货物、劳务的纳税义务、扣缴义务的发生
　　　时间 ……………………… 221
　二、销售服务、无形资产、不动产的纳税义务、
　　　扣缴义务的发生时间 …… 222
第九节 纳税期限 …………………… 223
　一、增值税纳税期限的规定 … 223
　二、增值税报缴税款期限的规定 … 223
第十节 纳税地点 …………………… 224
　一、固定业户的增值税纳税地点 … 224
　二、非固定业户的增值税纳税地点 … 226
　三、自然人提供建筑服务，销售或者租赁不动产，
　　　转让自然资源使用权的增值税纳税地点 ……
　　　　…………………………… 226
　四、跨县(市)提供建筑服务的增值税纳税地点
　　　　…………………………… 226
　五、销售不动产的增值税纳税地点 … 227
　六、租赁不动产的增值税纳税地点 … 227
　七、跨省业务、预缴增值税 … 227
　八、进口货物的增值税纳税地点 … 227
　九、扣缴义务人申报缴纳其扣缴税款的地点
　　　　…………………………… 227

第三章 消费税 ……………………… 228
　第一节 纳税人 …………………… 229
　　一、纳税义务人 ……………… 229
　　二、扣缴义务人 ……………… 230
　第二节 征税对象、范围、税目 … 230

一、烟 …………………………… 230
二、酒 …………………………… 231
三、高档化妆品 ………………… 231
四、贵重首饰及珠宝玉石 ……… 232
五、鞭炮、焰火 ………………… 232
六、成品油 ……………………… 232
七、摩托车 ……………………… 234
八、小汽车 ……………………… 234
九、高尔夫球及球具 …………… 235
十、高档手表 …………………… 235
十一、游艇 ……………………… 235
十二、木制一次性筷子 ………… 235
十三、实木地板 ………………… 235
十四、电池 ……………………… 235
十五、涂料 ……………………… 236
第三节 计税依据 …………………… 236
　一、从价计征 …………………… 236
　二、从量计征 …………………… 238
　三、从价从量复合计征 ………… 238
　四、特殊规定 …………………… 239
第四节 税率 ………………………… 240
第五节 应纳税额的计算 …………… 244
　一、计算方法 …………………… 244
　二、各环节应纳税额的计算 … 245
　三、已纳消费税扣除的计算 … 249
第六节 相关专题 …………………… 251
　一、金银首饰零售环节征收消费税的规定 …… 251
　二、超豪华小汽车零售环节征收消费税的规定
　　　　…………………………… 254
　三、卷烟批发环节征收消费税的规定 … 254
第七节 纳税义务发生时间 ………… 255
第八节 纳税期限 …………………… 255
第九节 纳税地点 …………………… 255

第四章 车辆购置税 ………………… 257
　第一节 纳税人 …………………… 257
　第二节 征税对象、范围 ………… 258
　　一、应税行为 ………………… 258
　　二、应税车辆 ………………… 259
　　三、征税范围调整 …………… 259
　第三节 计税依据 ………………… 259

一、购买自用应税车辆的计税依据 ………… 259
二、进口自用应税车辆的计税依据 ………… 259
三、纳税人以受赠、获奖或者其他方式取得自用
　　应税车辆的计税价格 ……………… 259
四、纳税人自产自用应税车辆的计税价格 … 260
第四节　税率 ………………………………… 260
第五节　应纳税额的计算 …………………… 260
一、购买自用应税车辆应纳税额的计算 …… 260
二、进口自用应税车辆应纳税额的计算 …… 261
三、自产自用、受赠使用、获奖使用和以其他方式
　　取得并自用应税车辆应纳税额的计算 …… 261
四、减免税条件消失车辆应纳税额的计算 …… 261
五、车辆购置税的退税 …………………… 262
第六节　税收优惠 …………………………… 262
一、法定减免税规定 ……………………… 262
二、其他减免税规定 ……………………… 263
第七节　纳税义务发生时间 ………………… 265
一、购买自用应税车辆 …………………… 265
二、进口自用应税车辆 …………………… 265
三、自产、受赠、获奖或者以其他方式取得并
　　自用应税车辆 ………………………… 265
第八节　纳税期限 …………………………… 265
第九节　纳税地点 …………………………… 266
一、需要办理车辆登记的 ………………… 266
二、不需要办理车辆登记的 ……………… 266

第三篇　所得税篇

第五章　企业所得税 …………………… 269
第一节　纳税义务人 ………………………… 269
一、居民企业 ……………………………… 270
二、非居民企业 …………………………… 270
第二节　征税对象 …………………………… 270
一、居民企业的征税对象 ………………… 270
二、非居民企业的征税对象 ……………… 270
第三节　应纳税所得额 ……………………… 271
一、综合知识 ……………………………… 271
二、收入总额 ……………………………… 272
三、税前扣除项目 ………………………… 283
四、资产的企业所得税处理 ……………… 302

五、亏损弥补 ……………………………… 319
第四节　税率 ………………………………… 320
一、基本税率 ……………………………… 320
二、低税率 ………………………………… 320
三、实际优惠税率 ………………………… 320
第五节　应纳税额的计算 …………………… 323
一、居民企业应纳税额的计算 …………… 323
二、非居民企业应纳税额的计算 ………… 328
第六节　税收优惠 …………………………… 331
一、免税收入 ……………………………… 331
二、减计收入 ……………………………… 332
三、加计扣除 ……………………………… 333
四、加速折旧 ……………………………… 352
五、抵扣所得额 …………………………… 355
六、税率降低 ……………………………… 356
七、免征与减征税额 ……………………… 356
八、暂不征收 ……………………………… 378
九、税额抵免——环境保护、节能节水、安全生产
　　等专用设备 …………………………… 380
十、扣减税额 ……………………………… 381
十一、小型微利企业所得税优惠 ………… 381
十二、高新技术企业所得税优惠 ………… 383
十三、区域性企业所得税优惠 …………… 384
第七节　相关专题 …………………………… 392
一、境外所得税收抵免 …………………… 392
二、汇总纳税 ……………………………… 403
三、合伙企业所得税的征管 ……………… 410
四、房地产开发经营业务的企业所得税处理 … 411
五、境外注册中资控股居民企业所得税管理 … 418
六、企业政策性搬迁的所得税处理 ……… 421
七、企业重组的所得税处理 ……………… 423
八、企业清算、关停、撤销的所得税处理 … 436
九、非居民企业所得税源泉扣缴 ………… 437
第八节　纳税期限 …………………………… 441
一、预缴 …………………………………… 441
二、汇算清缴 ……………………………… 442
三、纳税年度 ……………………………… 442
第九节　纳税地点 …………………………… 442
一、居民企业纳税地点 …………………… 442
二、非居民企业纳税地点 ………………… 442

三、合并纳税 ………………………… 443
　第十节　汇算清缴 …………………………… 443
　　一、居民企业所得税汇算清缴 ……… 443
　　二、非居民企业所得税汇算清缴 …… 446

第六章　个人所得税 ………………………… 448
　第一节　纳税人 ……………………………… 449
　　一、居民个人 ………………………… 450
　　二、非居民个人 ……………………… 450
　　三、纳税义务范围 …………………… 451
　第二节　征税对象、范围、税目 …………… 454
　　一、综合所得 ………………………… 454
　　二、分类所得 ………………………… 456
　第三节　计税依据 …………………………… 457
　　一、个人所得的形式 ………………… 457
　　二、应纳税所得额的计算 …………… 457
　　三、专项扣除、专项附加扣除、其他扣除 …… 459
　　四、专项附加扣除专题 ……………… 460
　　五、非居民个人和无住所居民个人工资薪金所得
　　　　收入额的计算 …………………… 474
　第四节　税率 ………………………………… 475
　　一、综合所得税率 …………………… 475
　　二、经营所得税率 …………………… 477
　　三、利息、股息、红利所得，财产租赁所得，财产
　　　　转让所得和偶然所得税率 ……… 477
　第五节　应纳税额的计算 …………………… 477
　　一、一般规定 ………………………… 477
　　二、特别规定 ………………………… 478
　　三、非居民个人和无住所居民个人税款计算 … 479
　　四、境外所得的税额抵免 …………… 480
　第六节　税收优惠 …………………………… 482
　　一、免征 ……………………………… 482
　　二、减征 ……………………………… 483
　　三、税负差额免税补贴、超额免征 … 485
　　四、优惠政策衔接及继续有效的个人所得税
　　　　优惠政策 ………………………… 487
　第七节　纳税期限 …………………………… 507
　　一、扣缴申报情形下的纳税期限 …… 507
　　二、自行申报情形下的纳税期限 …… 507
　第八节　纳税地点 …………………………… 508
　　一、扣缴申报情形下个人所得税的纳税地点 … 508
　　二、自行纳税申报情形下个人所得税的纳税
　　　　地点 ……………………………… 508
　第九节　税款征缴 …………………………… 510
　　一、综合知识 ………………………… 510
　　二、代扣代缴、预扣预缴 …………… 510
　　三、汇算清缴 ………………………… 525

第四篇　财产和行为税篇

第七章　房产税 ……………………………… 535
　第一节　纳税人 ……………………………… 535
　　一、产权属国家所有 ………………… 535
　　二、产权属集体和个人所有 ………… 535
　　三、产权出典 ………………………… 535
　　四、产权所有人、承典人不在房屋所在地 …… 535
　　五、产权未确定及租典纠纷未解决 … 535
　　六、无租使用其他房产 ……………… 535
　第二节　征税对象、范围 …………………… 536
　第三节　计税依据 …………………………… 536
　　一、从价计征 ………………………… 536
　　二、从租计征 ………………………… 537
　第四节　税率 ………………………………… 538
　第五节　应纳税额的计算 …………………… 538
　　一、从价计征的计算 ………………… 538
　　二、从租计征的计算 ………………… 538
　第六节　税收优惠 …………………………… 539
　　一、减免税基本规定 ………………… 539
　　二、减免税特殊规定 ………………… 539
　第七节　纳税义务发生时间 ………………… 543
　第八节　纳税期限 …………………………… 544
　第九节　纳税地点 …………………………… 544

第八章　城镇土地使用税 …………………… 545
　第一节　纳税人 ……………………………… 545
　第二节　征税对象、范围 …………………… 545
　第三节　计税依据 …………………………… 546
　第四节　税率 ………………………………… 546
　第五节　应纳税额的计算 …………………… 547
　第六节　税收优惠 …………………………… 547
　　一、基本规定 ………………………… 547
　　二、特殊规定 ………………………… 548
　第七节　纳税义务发生时间 ………………… 551

| 第八节 纳税期限 | 552 |
| 第九节 纳税地点 | 552 |

第九章 城市维护建设税 …… 553
- 第一节 纳税人 …… 553
- 第二节 征税对象、范围 …… 553
- 第三节 计税依据 …… 554
- 第四节 税率 …… 555
- 第五节 应纳税额的计算 …… 556
- 第六节 税收优惠 …… 556
- 第七节 纳税义务发生时间 …… 560
- 第八节 纳税期限 …… 561
- 第九节 纳税地点 …… 561

第十章 印花税 …… 562
- 第一节 纳税人 …… 562
  - 一、纳税人 …… 562
  - 二、扣缴义务人 …… 562
- 第二节 征税对象、范围、税目 …… 562
- 第三节 计税依据 …… 564
  - 一、应税合同的计税依据 …… 564
  - 二、应税产权转移书据的计税依据 …… 564
  - 三、应税营业账簿的计税依据 …… 564
  - 四、证券交易的计税依据 …… 564
- 第四节 税率 …… 565
- 第五节 应纳税额的计算 …… 566
- 第六节 税收优惠 …… 566
  - 一、副本或者抄本 …… 566
  - 二、电子订单 …… 566
  - 三、居民住房,企业改制重组、破产,支持小型微型企业、个体工商户等 …… 567
  - 四、高校学生公寓租赁 …… 568
  - 五、借款 …… 568
  - 六、证券交易 …… 568
  - 七、赠与 …… 568
  - 八、涉农 …… 569
  - 九、医疗卫生 …… 569
  - 十、部分国家商品储备 …… 569
  - 十一、军警 …… 569
  - 十二、外国驻华使馆、领事馆和国际组织驻华代表机构获得馆舍 …… 569
- 第七节 纳税义务发生时间 …… 571

| 第八节 纳税期限 | 572 |
| 第九节 纳税地点 | 572 |

第十一章 资源税 …… 573
- 第一节 纳税人 …… 575
- 第二节 征税对象、范围、税目 …… 575
  - 一、能源矿产 …… 575
  - 二、金属矿产 …… 576
  - 三、非金属矿产 …… 576
  - 四、水气矿产 …… 576
  - 五、盐 …… 576
- 第三节 计税依据 …… 577
  - 一、从价定率征收的计税依据 …… 577
  - 二、从量定额征收的计税依据 …… 578
- 第四节 税率 …… 578
  - 一、税率形式 …… 578
  - 二、税率标准 …… 578
- 第五节 应纳税额的计算 …… 580
  - 一、计征办法 …… 580
  - 二、从价定率方式应纳税额的计算 …… 581
  - 三、从量定额方式应纳税额的计算 …… 581
- 第六节 税收优惠 …… 582
  - 一、免征规定 …… 582
  - 二、减征规定 …… 582
  - 三、规定/决定免征或者减征 …… 583
  - 四、其他减免税规定 …… 583
  - 五、管理规定 …… 583
- 第七节 水资源税改革试点实施办法 …… 584
  - 一、纳税义务人 …… 584
  - 二、税率 …… 584
  - 三、应纳税额的计算 …… 584
  - 四、税收减免 …… 585
  - 五、征收管理 …… 585
  - 六、征收机关 …… 585
- 第八节 纳税义务发生时间 …… 585
- 第九节 纳税期限 …… 586
- 第十节 纳税地点 …… 586

第十二章 土地增值税 …… 587
- 第一节 纳税人 …… 587
- 第二节 征税对象、范围 …… 587
  - 一、征税范围的一般规定 …… 587

二、征税范围的特殊规定 …………………… 588
第三节　计税依据 ……………………………… 590
　一、转让房地产的收入额 …………………… 590
　二、转让房地产的扣除项目及其金额 ……… 591
　三、转让房地产的增值额 …………………… 594
第四节　税率 …………………………………… 594
第五节　应纳税额的计算 ……………………… 595
　一、转让土地使用权和出售新建房及配套设施
　　　应纳税额的计算方法 …………………… 595
　二、出售旧房应纳税额的计算方法 ………… 596
　三、特殊售房方式应纳税额的计算方法——预
　　　征＋清算 ………………………………… 596
第六节　税收优惠 ……………………………… 598
　一、转让普通标准住宅、安置住房、旧房和公共
　　　租赁住房的税收优惠 …………………… 598
　二、国家征收、收回的房地产的税收优惠 … 599
　三、对个人销售住房暂免征收土地增值税 … 599
　四、因城市规划、国家建设需要而搬迁由纳税人
　　　自行转让原房地产的税收优惠 ………… 599
　五、企业改制重组的税收优惠 ……………… 599
第七节　相关专题——房地产开发企业
　　　　土地增值税清算 ………………………… 600
　一、清算单位 ………………………………… 600
　二、清算条件 ………………………………… 600
　三、清算时间 ………………………………… 600
　四、清算时收入确认 ………………………… 600
　五、清算时扣除项目 ………………………… 601
　六、清算应报送的资料 ……………………… 602
　七、清算的受理 ……………………………… 602
　八、清算项目的审核鉴证 …………………… 602
　九、清算审核方法 …………………………… 602
　十、土地增值税的核定征收 ………………… 604
　十一、清算后再转让房地产的处理 ………… 604
　十二、清算后应补缴的土地增值税加收滞纳金
　　　　问题 …………………………………… 604
第八节　纳税义务发生时间 …………………… 606
　一、以一次交割、付清价款方式转让房地产 … 606
　二、以分期收款方式转让房地产 …………… 606
　三、项目全部竣工结算前转让房地产 ……… 606
第九节　纳税期限 ……………………………… 607

第十节　纳税地点 ……………………………… 607
第十三章　车船税 ……………………………… 608
第一节　纳税人 ………………………………… 609
第二节　征税对象、范围 ……………………… 609
第三节　计税依据 ……………………………… 609
第四节　税率 …………………………………… 609
第五节　应纳税额的计算 ……………………… 611
　一、购置的新车船的纳税计算 ……………… 611
　二、车船被盗抢、报废、灭失时的退税 …… 611
　三、车船因质量问题发生退货时的退税 …… 611
　四、转让过户 ………………………………… 612
第六节　税收优惠 ……………………………… 612
　一、法定减免 ………………………………… 612
　二、特定减免 ………………………………… 613
第七节　纳税义务发生时间 …………………… 613
第八节　纳税期限 ……………………………… 613
第九节　纳税地点 ……………………………… 614
第十四章　烟叶税 ……………………………… 615
第一节　纳税人 ………………………………… 615
第二节　征税对象、范围 ……………………… 615
第三节　计税依据 ……………………………… 615
第四节　税率 …………………………………… 615
第五节　应纳税额的计算 ……………………… 616
第六节　纳税义务发生时间 …………………… 616
第七节　纳税期限 ……………………………… 616
第八节　纳税地点 ……………………………… 617
第十五章　契税 ………………………………… 618
第一节　纳税人 ………………………………… 619
第二节　征税对象、范围 ……………………… 619
　一、土地使用权出让 ………………………… 619
　二、土地使用权转让 ………………………… 619
　三、房屋买卖、赠与、互换 ………………… 620
　四、房屋附属设施有关契税政策 …………… 620
　五、不征收契税的若干情形 ………………… 621
第三节　计税依据 ……………………………… 621
第四节　税率 …………………………………… 622
第五节　应纳税额的计算 ……………………… 622
第六节　税收优惠 ……………………………… 623
　一、免征 ……………………………………… 623
　二、减征 ……………………………………… 625

三、国务院可以规定免征或者减征契税的
　　情形 ················· 626
四、省、自治区、直辖市可以决定免征或者减征
　　契税的情形 ············· 626
五、应当缴纳已经免征、减征税款的情形 ······ 626
六、享受契税减免税优惠政策的办理方式 ······ 626
第七节　纳税义务发生时间 ············ 626
第八节　纳税期限 ················· 626
第九节　纳税地点 ················· 626

第十六章　耕地占用税 ············· 627
第一节　纳税人 ················· 627
第二节　征税对象、范围 ············ 628
一、一般规定 ················· 628
二、临时占用耕地 ··············· 628
三、占用园地、林地、草地、农田水利用地、养殖
　　水面、渔业水域滩涂以及其他农用地建设
　　建筑物、构筑物或者从事非农业建设 ······ 628
第三节　计税依据 ················· 629
第四节　税率 ··················· 629
第五节　应纳税额的计算 ············ 630
第六节　税收优惠 ················· 631
一、综合知识 ··················· 631
二、军事设施、学校、幼儿园、社会福利机构、
　　医疗机构占用耕地 ············ 631
三、铁路线路、公路线路、飞机场跑道、停机坪、
　　港口、航道、水利工程占用耕地 ········ 632
四、农村居民，占用耕地新建自用住宅 ······· 632
五、农村烈士遗属、因公牺牲军人遗属、残疾军人
　　以及符合农村最低生活保障条件的农村居
　　民，占用耕地新建自用住宅 ·········· 632
六、其他情形 ··················· 632
第七节　纳税义务发生时间 ············ 633
第八节　纳税期限 ················· 633
第九节　纳税地点 ················· 633

第十七章　环境保护税 ············· 634
第一节　纳税人 ················· 635
第二节　征税对象、范围、税目 ········· 637
一、征税对象、范围 ··············· 637
二、税目 ····················· 638
第三节　计税依据 ················· 639

一、一般规定 ··················· 639
二、应税大气污染物、水污染物的污染当量数
　　······················· 639
三、应税固体废物排放量 ············ 639
四、计算方法和顺序 ··············· 640
第四节　税率 ··················· 641
第五节　应纳税额的计算 ············ 642
一、大气污染物应纳税额的计算 ········ 642
二、水污染物应纳税额的计算 ········· 642
三、固体废物应纳税额的计算 ········· 644
四、噪声应纳税额的计算 ············ 644
第六节　海洋工程环境保护税 ········· 644
一、适用范围 ··················· 645
二、征收机关 ··················· 645
三、计征方法 ··················· 645
四、税额标准 ··················· 645
五、污染物监测 ················· 645
六、排放量计算 ················· 645
七、应纳税额的计算 ··············· 645
八、纳税期限 ··················· 646
九、信息填报、资料留存备查 ········· 646
十、涉税信息共享和协作机制 ········· 646
十一、运回陆域处理的海洋工程应税污染物
　　······················· 646
第七节　税收优惠 ················· 646
一、免征规定 ··················· 646
二、减征规定 ··················· 647
第八节　纳税义务发生时间 ············ 647
第九节　纳税期限 ················· 647
第十节　纳税地点 ················· 647

第五篇　社会保险费和非税收入篇

第十八章　社会保险费 ············· 651
第一节　基本养老保险费 ············ 651
一、概述 ····················· 651
二、缴纳人 ··················· 655
三、征缴对象、范围 ··············· 656
四、费率、征收率 ················· 657
五、应纳费款的计算 ··············· 658
六、优惠政策 ··················· 660

七、缴纳时间(期限) ……………… 661
八、缴纳地点 …………………… 661
第二节 基本医疗保险费 ………… 661
一、概述 ………………………… 661
二、缴纳人 ……………………… 665
三、征缴对象、范围 …………… 665
四、费率、征收率 ……………… 666
五、应纳费款的计算 …………… 666
六、优惠政策 …………………… 668
七、缴纳时间(期限) ……………… 668
八、缴纳地点 …………………… 669
第三节 生育保险费 ……………… 669
一、概述 ………………………… 669
二、缴纳人 ……………………… 670
三、征缴对象、范围 …………… 671
四、费率、征收率 ……………… 671
五、应纳费款的计算 …………… 671
六、优惠政策 …………………… 672
七、缴纳时间(期限) ……………… 672
八、缴纳地点 …………………… 672
第四节 工伤保险费 ……………… 672
一、概述 ………………………… 672
二、缴纳人 ……………………… 673
三、征缴对象、范围 …………… 673
四、费率、征收率 ……………… 673
五、应纳费款的计算 …………… 675
六、优惠政策 …………………… 676
七、缴纳时间(期限) ……………… 676
八、缴纳地点 …………………… 676
第五节 失业保险费 ……………… 676
一、概述 ………………………… 676
二、缴纳人 ……………………… 676
三、征缴对象、范围 …………… 677
四、费率、征收率 ……………… 677
五、应纳费款的计算 …………… 678
六、优惠政策 …………………… 678
七、缴纳时间(期限) ……………… 679
八、缴纳地点 …………………… 679

第十九章 非税收入 ………………… 680
第一节 教育费附加 ……………… 680
一、概述 ………………………… 680
二、缴纳义务人 ………………… 681
三、征缴范围 …………………… 681
四、征缴标准 …………………… 681
五、应纳费款的计算 …………… 681
六、优惠政策 …………………… 682
七、缴纳时间(期限) ……………… 685
八、缴纳地点 …………………… 686
第二节 地方教育附加 …………… 686
一、概述 ………………………… 686
二、缴纳义务人 ………………… 686
三、征缴范围 …………………… 686
四、征缴标准 …………………… 687
五、应纳费款的计算 …………… 687
六、优惠政策 …………………… 687
七、缴纳时间(期限) ……………… 691
八、缴纳地点 …………………… 691
第三节 文化事业建设费 ………… 691
一、概述 ………………………… 691
二、缴纳义务人 ………………… 692
三、征缴范围 …………………… 692
四、征缴标准 …………………… 692
五、应纳费款的计算 …………… 692
六、优惠政策 …………………… 693
七、缴纳时间(期限) ……………… 693
八、缴纳地点 …………………… 693
第四节 工会经费 ………………… 694
一、概述 ………………………… 694
二、缴纳义务人 ………………… 694
三、征缴范围 …………………… 694
四、征缴标准 …………………… 694
五、应纳费款的计算 …………… 694
六、优惠政策 …………………… 696
七、缴纳时间(期限) ……………… 696
八、缴纳地点 …………………… 696
第五节 残疾人就业保障金 ……… 696
一、概述 ………………………… 696
二、缴纳义务人 ………………… 697
三、征缴范围 …………………… 697
四、征缴标准 …………………… 697

五、应纳费款的计算 …………… 697
六、优惠政策 …………………… 698
七、缴纳时间(期限) …………… 698
八、缴纳地点 …………………… 698

第六节 废弃电器电子产品处理基金 …… 699
一、概述 ………………………… 699
二、缴纳义务人 ………………… 699
三、征缴范围 …………………… 700
四、征缴标准 …………………… 700
五、应纳费款的计算 …………… 702
六、优惠政策 …………………… 702
七、缴纳时间(期限) …………… 703
八、缴纳地点 …………………… 703

第七节 国家重大水利工程建设基金 …… 703
一、概述 ………………………… 703
二、缴纳义务人 ………………… 703
三、征缴范围 …………………… 703
四、征缴标准 …………………… 704
五、应纳费款的计算 …………… 704
六、优惠政策 …………………… 704
七、缴纳时间(期限) …………… 705
八、缴纳地点 …………………… 705

第八节 农网还贷资金 ………………… 705
一、概述 ………………………… 705
二、缴纳义务人 ………………… 706
三、征缴范围 …………………… 706
四、征缴标准 …………………… 706
五、应纳费款的计算 …………… 706
六、优惠政策 …………………… 706
七、缴纳时间(期限) …………… 706
八、缴纳地点 …………………… 706

第九节 可再生能源发展基金 ………… 706
一、概述 ………………………… 706
二、缴纳义务人 ………………… 707
三、征缴范围 …………………… 707
四、征缴标准 …………………… 707
五、应纳费款的计算 …………… 707
六、优惠政策 …………………… 707
七、缴纳时间(期限) …………… 707
八、缴纳地点 …………………… 707

第十节 大中型水库移民后期扶持基金 …… 708
一、概述 ………………………… 708
二、缴纳义务人 ………………… 708
三、征缴范围 …………………… 708
四、征缴标准 …………………… 708
五、应纳费款的计算 …………… 708
六、优惠政策 …………………… 709
七、缴纳时间(期限) …………… 709
八、缴纳地点 …………………… 709

第十一节 跨省际大中型水库库区基金 …… 710
一、概述 ………………………… 710
二、缴纳义务人 ………………… 710
三、征缴范围 …………………… 711
四、征缴标准 …………………… 711
五、应纳费款的计算 …………… 711
六、优惠政策 …………………… 712
七、缴纳时间(期限) …………… 712
八、缴纳地点 …………………… 712

第十二节 地方水库移民扶持基金 …… 712
一、概述 ………………………… 712
二、缴纳义务人 ………………… 712
三、征缴范围 …………………… 712
四、征缴标准 …………………… 713
五、应纳费款的计算 …………… 713
六、优惠政策 …………………… 713
七、缴纳时间(期限) …………… 713
八、缴纳地点 …………………… 713

第十三节 三峡电站水资源费 ………… 713
一、概述 ………………………… 713
二、缴纳义务人 ………………… 714
三、征缴范围 …………………… 714
四、征缴标准 …………………… 714
五、应纳费款的计算 …………… 714
六、优惠政策 …………………… 714
七、缴纳时间(期限) …………… 714
八、缴纳地点 …………………… 714

第十四节 水利建设基金 ……………… 714
一、概述 ………………………… 714

二、缴纳义务人 …………………… 714
三、征缴范围 …………………… 714
四、征缴标准 …………………… 715
五、应纳费款的计算 …………… 715
六、优惠政策 …………………… 715
七、缴纳时间(期限) …………… 715
八、缴纳地点 …………………… 716

第十五节 核电站乏燃料处理处置基金 …………………………………… 716
一、概述 ………………………… 716
二、缴纳义务人 ………………… 716
三、征缴范围 …………………… 716
四、征缴标准 …………………… 716
五、应纳费款的计算 …………… 716
六、优惠政策 …………………… 716
七、缴纳时间(期限) …………… 716
八、缴纳地点 …………………… 717

第十六节 核事故应急准备专项收入 …… 717
一、概述 ………………………… 717
二、缴纳义务人 ………………… 717
三、征缴范围 …………………… 717
四、征缴标准 …………………… 717
五、应纳费款的计算 …………… 717
六、优惠政策 …………………… 717
七、缴纳时间(期限) …………… 717
八、缴纳地点 …………………… 718

第十七节 油价调控风险准备金 ………… 718
一、概述 ………………………… 718
二、缴纳义务人 ………………… 718
三、征缴范围 …………………… 718
四、征缴标准 …………………… 718
五、应纳费款的计算 …………… 718
六、优惠政策 …………………… 719
七、缴纳时间(期限) …………… 719
八、缴纳地点 …………………… 719

第十八节 国家留成油收入 ……………… 719
一、概述 ………………………… 719
二、缴纳义务人 ………………… 719
三、征缴范围 …………………… 720
四、征缴标准 …………………… 720

五、应纳费款的计算 …………… 720
六、优惠政策 …………………… 720
七、缴纳时间(期限) …………… 720
八、缴纳地点 …………………… 720

第十九节 石油特别收益金 ……………… 720
一、概述 ………………………… 720
二、缴纳义务人 ………………… 721
三、征缴范围 …………………… 721
四、征缴标准 …………………… 721
五、应纳费款的计算 …………… 721
六、优惠政策 …………………… 721
七、缴纳时间(期限) …………… 721
八、缴纳地点 …………………… 721

第二十节 免税商品特许经营费 ………… 722
一、概述 ………………………… 722
二、缴纳义务人 ………………… 722
三、征缴范围 …………………… 722
四、征缴标准 …………………… 722
五、应纳费款的计算 …………… 722
六、优惠政策 …………………… 722
七、缴纳时间(期限) …………… 722
八、缴纳地点 …………………… 723

第二十一节 水土保持补偿费 …………… 723
一、概述 ………………………… 723
二、缴纳义务人 ………………… 723
三、征缴范围 …………………… 723
四、征缴标准 …………………… 723
五、应纳费款的计算 …………… 724
六、优惠政策 …………………… 724
七、缴纳时间(期限) …………… 724
八、缴纳地点 …………………… 724

第二十二节 排污权出让收入 …………… 724
一、概述 ………………………… 724
二、缴纳义务人 ………………… 725
三、征缴范围 …………………… 725
四、征缴标准 …………………… 725
五、应纳费款的计算 …………… 725
六、优惠政策 …………………… 725
七、缴纳时间(期限) …………… 725
八、缴纳地点 …………………… 725

第二十三节　防空地下室易地建设费 ……… 725
- 一、概述 ……………………………… 725
- 二、缴纳义务人 …………………… 726
- 三、征缴范围 ……………………… 726
- 四、征缴标准 ……………………… 726
- 五、应纳费款的计算 ……………… 726
- 六、优惠政策 ……………………… 727
- 七、缴纳时间（期限） ……………… 727
- 八、缴纳地点 ……………………… 727

第二十四节　国有土地使用权出让收入 …… 728
- 一、概述 ……………………………… 728
- 二、缴纳义务人 …………………… 732
- 三、征缴范围 ……………………… 732
- 四、征缴标准 ……………………… 732
- 五、应纳费款的计算 ……………… 734
- 六、优惠政策 ……………………… 740
- 七、缴纳时间（期限） ……………… 740
- 八、缴纳地点 ……………………… 740

第二十五节　矿产资源专项收入 ………… 741
- 一、概述 ……………………………… 741
- 二、缴纳义务人 …………………… 743
- 三、征缴范围 ……………………… 743
- 四、征缴标准 ……………………… 744
- 五、应纳费款的计算 ……………… 745
- 六、优惠政策 ……………………… 746
- 七、缴纳时间（期限） ……………… 748
- 八、缴纳地点 ……………………… 748

第二十六节　海域使用金 ………………… 749
- 一、概述 ……………………………… 749
- 二、缴纳义务人 …………………… 757
- 三、征缴范围 ……………………… 757
- 四、征缴标准 ……………………… 757
- 五、应纳费款的计算 ……………… 761
- 六、优惠政策 ……………………… 761
- 七、缴纳时间（期限） ……………… 764
- 八、缴纳地点 ……………………… 764

第二十七节　无居民海岛使用金 ………… 765
- 一、概述 ……………………………… 765
- 二、缴纳义务人 …………………… 768
- 三、征缴范围 ……………………… 768
- 四、征缴标准 ……………………… 768
- 五、应纳费款的计算 ……………… 773
- 六、优惠政策 ……………………… 773
- 七、缴纳时间（期限） ……………… 773
- 八、缴纳地点 ……………………… 774

第二十八节　土地闲置费 ………………… 774
- 一、概述 ……………………………… 774
- 二、缴纳义务人 …………………… 776
- 三、征缴范围 ……………………… 776
- 四、征缴标准 ……………………… 776
- 五、应纳费款的计算 ……………… 777
- 六、优惠政策 ……………………… 777
- 七、缴纳时间（期限） ……………… 777
- 八、缴纳地点 ……………………… 778

第二十九节　城镇垃圾处理费 …………… 778
- 一、概述 ……………………………… 778
- 二、缴纳义务人 …………………… 779
- 三、征缴范围 ……………………… 779
- 四、征缴标准 ……………………… 779
- 五、应纳费款的计算 ……………… 779
- 六、优惠政策 ……………………… 779
- 七、缴纳时间（期限） ……………… 779
- 八、缴纳地点 ……………………… 780

第一篇

综合篇

第一章

税法、社会保险费和非税收入概述

第一节 税法概述

税收属于经济学概念（财政范畴），而税法则属于法学概念。税收，是指以国家为主体，为实现国家职能，凭借政治权利，按照法定标准，无偿取得财政收入的一种特定分配形式。税收的形式特征通常概括为税收"三性"，即无偿性、强制性和固定性。税种的设置及每种税的征税办法，一般是以法律形式确定的，这些法律就是税法。税法，即税收法律制度，是指有权力的国家机关制定的有关调整税收分配过程中形成的权利义务关系的法律规范总和。

《深化党和国家机构改革方案》（2018年3月中共中央印发），明确了我国国税地税征管体制改革事宜；将省级和省级以下国税地税机构合并，具体承担所辖区域内各项税收、非税收入征管等职责。国税地税机构合并后，实行以国家税务总局为主与省（自治区、直辖市）政府双重领导管理体制。

根据国税地税征管体制改革工作部署，省、市、县三级新税务机构已经分级挂牌。新税务机构挂牌后，原国税、地税机关税费征管的职责和工作由继续行使其职权的新机构承继，尚未办结的事项由继续行使其职权的新机构办理，已作出的行政决定、出具的执法文书、签订的各类协议继续有效。纳税人、扣缴义务人以及其他行政相对人已取得的相关证件、资格、证明效力不变。

现阶段，我国税收征收管理机关有税务机关和海关。

税务机关主要负责下列各税的征收和管理：

(1) 增值税（不含海关代征进口环节增值税）。

(2) 消费税（不含海关代征进口环节消费税）。

(3) 企业所得税。

(4) 个人所得税。

(5) 资源税。

(6) 城镇土地使用税。

(7) 城市维护建设税。

(8) 印花税。

(9) 土地增值税。

(10) 房产税。

(11) 车船税。

(12) 车辆购置税。

(13) 烟叶税。

(14) 耕地占用税。

(15) 契税。

(16) 环境保护税。

(17) 出口产品退税（增值税、消费税）。

社会保险费和适宜划转到税务部门征管的非税收入的征收，也由税务机关负责。2020年11月1日起，全国各地各项社会保险费均交由税务部门统一征收。中共中央办公厅、国务院办公厅出台的《国税地税征管体制改革方案》，要求按照"便民、高效"的原则，合理确定非税收入征管职责划转到税务部门的范围，对依法保留，适宜划转的非税收入项目，成熟一批划转一批，逐步推进。

海关主要负责下列税收的征收和管理：

（1）关税。

（2）船舶吨税。

（3）委托代征的进口环节增值税、消费税。

我国由税收征收管理机关征管的税费、非税收入一览表见表1-1（51种）。

表1-1 我国由税收征收管理机关征管的税费、非税收入一览表

类别	名　称	类别	名　称
税（18种）	增值税	适宜划转到税务部门征管的非税收入（28种）	残疾人就业保障金
	消费税		废弃电器电子产品处理基金
	企业所得税		国家重大水利工程建设基金
	个人所得税		农网还贷资金
	资源税		可再生能源发展基金
	城镇土地使用税		中央水库移民扶持基金（含大中型水库移民后期扶持基金、三峡水库库区基金、跨省际大中型水库库区基金）
	城市维护建设税		
	印花税		
	土地增值税		三峡电站水资源费
	房产税		核电站乏燃料处理处置基金
	车船税		免税商品特许经营费
	车辆购置税		油价调控风险准备金
	烟叶税		核事故应急准备专项收入
	耕地占用税		国家留成油收入
	契税		石油特别收益金
	环境保护税		水利建设基金
	关税		水土保持补偿费
	船舶吨税		地方水库移民扶持基金
社会保险费（5种）	基本养老保险费		排污权出让收入
	基本医疗保险费		防空地下室易地建设费
	生育保险费（已并入职工基本医疗保险费，统一征缴）		国有土地使用权出让收入
			矿产资源专项收入（含矿产资源补偿费、探矿权采矿权使用费、探矿权采矿权价款收入）
	工伤保险费		
	失业保险费		海域使用金
适宜划转到税务部门征管的非税收入（28种）	教育费附加		无居民海岛使用金
	地方教育附加		土地闲置费
	文化事业建设费		
	工会经费		城镇垃圾处理费

一、我国现行税法体系

从法律角度来讲，一个国家在一定时期内、一定体制下以法定形式规定的各种税收法律、法规的总和，被称为税法体系。但从税收工作的角度来讲，税法体系往往被称为税收制度。一个国家的税收制度是指在既定的管理体制下设置的税种以及与这些税种的征收、管理有关的，具有法律效力的各级成文法律、行政法规、部门规章等的总和。换句话说，税法体系就是通常所说的税收制度（简称税制）。

税法体系中各税法按基本内容和效力、职能作用、征收对象、权限范围的不同，可分为不同类型。按照税法的基本内容和效力的不同，

可分为税收基本法和税收普通法;按照税法的职能作用的不同,可分为税收实体法和税收程序法;按照主权国家行使税收管辖权的不同,可分为国内税法、国际税法、外国税法等。

(一) 税收基本法和税收普通法

1. 税收基本法

税收基本法(亦称税收通则)是税法体系的主体和核心,在税法体系中起着税收母法的作用。其基本内容一般包括税收制度的性质、税务管理机构、税收立法与管理权限、纳税人的基本权利与义务、征税机关的权利和义务、税种设置等。

我国目前还没有制定统一的税收基本法,随着我国税收法制建设的发展和完善,将研究制定税收基本法。

《中华人民共和国民法典》(自 2021 年 1 月 1 日起施行,以下简称《民法典》)正式制定、颁布和实施以后,全国人民代表大会常务委员会在 2021 年的《立法工作计划》中提出"研究启动环境法典、教育法典、行政基本法典等条件成熟的行政立法领域的法典编纂工作",法典化的涟漪也已由民法向其他法域扩散。尽管其中并未明确将税法典编纂列入立法工作计划,但税法长久以来被视为特别行政法部分,且税法典编纂的各项条件已趋于成熟,故制定税法典已是题中应有之义。

2021年,全国人民代表大会常务委员会预算法工委已要求加强税法总则的研究论证,并组织专家开展相关工作。

2023 年 2 月 17 日,全国人民代表大会常务委员会预算工委在北京召开了财税立法专家座谈会,就税法典编纂、第十四届全国人民代表大会常务委员会立法规划财税立法项目建议及增值税法立法等听取有关专家的意见建议。

2. 税收普通法

税收普通法是根据税收基本法的原则,对税收基本法规定的事项分别立法实施的法律。如《中华人民共和国税收征收管理法》《中华人民共和国企业所得税法》等。

我国现行有效的税收法律

我国现行有效法律目录(294 件)(截至 2023 年 3 月 13 日十四届全国人大常委会第一次会议闭幕,按法律部门分类)中,税法(放在"经济法"部门中)有 14 件(税收实体法 12 件、税收程序法 2 件)。

我国现行 18 个税种中已有 12 个税种制定了法律。

我国现行有效的税收法律一览表见表 1-2。

表 1-2 我国现行有效的税收法律一览表

法律			实施条例(细则、办法)		
名称	颁布(修改)日期、会议	施行时间	名称	颁布(修改)日期、文号	施行时间
中华人民共和国税收征收管理法	1992 年 9 月 4 日第七届全国人民代表大会常务委员会第二十七次会议通过 根据 1995 年 2 月 28 日第八届全国人民代表大会常务委员会第十二次会议《全国人民代表大会常务委员会关于修改〈中华人民共和国税收征收管理法〉的决定》第一次修正 根据 2001 年 4 月 28 日第九届全国人民代表大会常务委员会第二十一次会议修订 根据 2013 年 6 月 29 日第十二届全国人民代表大会常务委员会第三次会议《全国人民代表大会常务委员会关于修改〈中华人民共和国文物保护法〉等十二部法律的决定》第二次修正 根据 2015 年 4 月 24 日第十二届全国人民代表大会常务委员会第十四次会议《全国人民代表大会常务委员会关于修改〈中华人民共和国港口法〉等七部法律的决定》第三次修正	2001年4月28日修订后,自2001年5月1日起施行	中华人民共和国税收征收管理法实施细则	2002 年 9 月 7 日中华人民共和国国务院令第 362 号公布 根据 2012 年 11 月 9 日中华人民共和国国务院令第 628 号公布,自 2013 年 1 月 1 日起施行的《国务院关于修改和废止部分行政法规的决定》第一次修正 根据 2013 年 7 月 18 日中华人民共和国国务院令第 638 号公布,自公布之日起施行的《国务院关于废止和修改部分行政法规的决定》第二次修正 根据 2016 年 2 月 6 日发布的国务院令第 666 号《国务院关于修改部分行政法规的决定》第三次修正	自 2001 年 5 月 1 日起施行

(续表)

法律			实施条例(细则、办法)		
名称	颁布(修改)日期、会议	施行时间	名称	颁布(修改)日期、文号	施行时间
全国人民代表大会常务委员会关于外商投资企业和外国企业适用增值税、消费税、营业税等税收暂行条例的决定	1993年12月29日第八届全国人民代表大会常务委员会第五次会议通过 1993年12月29日中华人民共和国主席令第十八号公布	自1993年12月29日起施行	国务院关于外商投资企业和外国企业适用增值税、消费税、营业税等税收暂行条例有关问题的通知	1994年2月22日,国发〔1994〕10号	自1994年1月1日起施行
中华人民共和国印花税法	2021年6月10日第十三届全国人民代表大会常务委员会第二十九次会议通过	自2022年7月1日起施行			
中华人民共和国城市维护建设税法	2020年8月11日第十三届全国人民代表大会常务委员会第二十一次会议通过	自2021年9月1日起施行			
中华人民共和国契税法	2020年8月11日第十三届全国人民代表大会常务委员会第二十一次会议通过	自2021年9月1日起施行			
中华人民共和国资源税法	2019年8月26日第十三届全国人民代表大会常务委员会第十二次会议通过	自2020年9月1日起施行			
中华人民共和国耕地占用税法	2018年12月29日第十三届全国人民代表大会常务委员会第七次会议通过	自2019年9月1日起施行	中华人民共和国耕地占用税法实施办法	2019年8月29日,财政部公告2019年第81号	自2019年9月1日起施行
中华人民共和国企业所得税法	2007年3月16日第十届全国人民代表大会第五次会议通过 根据2017年2月24日第十二届全国人民代表大会常务委员会第二十六次会议《关于修改〈中华人民共和国企业所得税法〉的决定》第一次修正 根据2018年12月29日第十三届全国人民代表大会常务委员会第七次会议《关于修改〈中华人民共和国电力法〉等四部法律的决定》第二次修正	自2008年1月1日起施行	中华人民共和国企业所得税法实施条例	2007年11月28日国务院第197次常务会议通过 2019年4月23日中华人民共和国国务院令第714号修订	自2008年1月1日起施行
中华人民共和国车辆购置税法	2018年12月29日第十三届全国人民代表大会常务委员会第七次会议通过	自2019年7月1日起施行			
中华人民共和国船舶吨税法	2017年12月27日第十二届全国人民代表大会常务委员会第三十一次会议通过,同日中华人民共和国主席令第八十五号公布 2018年10月26日第十三届全国人民代表大会常务委员会第六次会议修改,同日中华人民共和国主席令第十六号公布	自2018年7月1日起施行	注:暂不需要制定船舶吨税法实施条例		

（续表）

法律			实施条例(细则、办法)		
名称	颁布(修改)日期、会议	施行时间	名称	颁布(修改)日期、文号	施行时间
中华人民共和国个人所得税法	1980年9月10日第五届全国人民代表大会第三次会议通过 根据1993年10月31日第八届全国人民代表大会常务委员会第四次会议《关于修改〈中华人民共和国个人所得税法〉的决定》第一次修正 根据1999年8月30日第九届全国人民代表大会常务委员会第十一次会议《关于修改〈中华人民共和国个人所得税法〉的决定》第二次修正 根据2005年10月27日第十届全国人民代表大会常务委员会第十八次会议《关于修改〈中华人民共和国个人所得税法〉的决定》第三次修正 根据2007年6月29日第十届全国人民代表大会常务委员会第二十八次会议《关于修改〈中华人民共和国个人所得税法〉的决定》第四次修正 根据2007年12月29日第十届全国人民代表大会常务委员会第三十一次会议《关于修改〈中华人民共和国个人所得税法〉的决定》第五次修正 根据2011年6月30日第十一届全国人民代表大会常务委员会第二十一次会议《关于修改〈中华人民共和国个人所得税法〉的决定》第六次修正 根据2018年8月31日第十三届全国人民代表大会常务委员会第五次会议《关于修改〈中华人民共和国个人所得税法〉的决定》第七次修正	自2018年8月31日起施行	中华人民共和国个人所得税法实施条例	2018年12月18日，国务院令第707号	自2019年1月1日起施行
中华人民共和国烟叶税法	2017年12月27日第十二届全国人民代表大会常务委员会第三十一次会议通过	自2018年7月1日起施行	注：暂不需要制定烟叶税法实施条例		
中华人民共和国环境保护税法	2016年12月25日第十二届全国人民代表大会常务委员会第二十五次会议通过	自2018年1月1日起施行	中华人民共和国环境保护税法实施条例	2017年12月25日，国务院令第693号	自2018年1月1日起施行
中华人民共和国车船税法	2011年2月25日第十一届全国人民代表大会常务委员会第十九次会议通过	自2012年1月1日起施行	中华人民共和国车船税法实施条例	2011年11月23日国务院第182次常务会议通过	自2012年1月1日起施行

注：根据中华第一财税网(www.tax.org.cn)资料整理、编制。

2021年10月23日，全国人民代表大会常务委员会授权国务院在部分地区开展房地产税改革试点工作，期限为5年。

相关政策依据

全国人民代表大会常务委员会

关于授权国务院在部分地区开展房地产税

改革试点工作的决定

(2021年10月23日第十三届全国人民代表大会常务委员会第三十一次会议通过)

为积极稳妥推进房地产税立法与改革，引导住房合理消费和土地资源节约集约利用，促进房地产市场平稳健康发展，第十三届全国人民代表大会常务委员会第三十一次会议决定：授权国务院在部分地区开展房地产税改革试点工作。

一、试点地区的房地产税征税对象为居住用和非居住用等各类房地产，不包括依法拥有的农村宅基地及其上住宅。土地使用权人、房屋所有权人为房地产税的纳税人。非居住用房地产继续按照《中华人民共和国房产税暂行条例》《中华人民共和国城镇土地使用税暂行条例》执行。

二、国务院制定房地产税试点具体办法,试点地区人民政府制定具体实施细则。国务院及其有关部门、试点地区人民政府应当构建科学可行的征收管理模式和程序。

三、国务院按照积极稳妥的原则,统筹考虑深化试点与统一立法、促进房地产市场平稳健康发展等情况确定试点地区,报全国人民代表大会常务委员会备案。

本决定授权的试点期限为五年,自国务院试点办法印发之日起算。试点过程中,国务院应当及时总结试点经验,在授权期限届满的六个月以前,向全国人民代表大会常务委员会报告试点情况,需要继续授权的,可以提出相关意见,由全国人民代表大会常务委员会决定。条件成熟时,及时制定法律。

本决定自公布之日起施行,试点实施启动时间由国务院确定。

(二) 税收实体法和税收程序法

我国的税收法律包括税收实体法和税收程序法。税收实体法是对各个税种的具体规定,包括各实体税种的具体要素,主要规定了纳税人的纳税义务,也规定了纳税人可以享受的各税种的减免税等权利。税收程序法,如目前由税务机关征收的税种适用的《中华人民共和国税收征收管理法》(以下简称《税收征管法》),该法律主要规定了税收征收管理中税务机关和纳税人的权利与义务。

1. 税收实体法

税收实体法是规定税收法律关系主体的实体权利、义务的法律规范的总称。税收实体法直接影响到国家与纳税人之间权利义务的分配,是税法的核心部分。

1) 税收实体法的内容

税收实体法的内容主要包括纳税义务人、征税对象、计税依据、税目、税率、减税、免税等,是国家向纳税人行使征税权和纳税人负担纳税义务的要件。

2) 税收实体法的类型

(1) 流转税法。

流转税法是调整以流转额为征税对象的税收关系的法律规范的总称。流转税包括增值税、消费税、关税等。

(2) 所得税法。

所得税法是调整所得额之税收关系的法律规范的总称。所得税是以纳税人的所得额(或收益额)为征税对象的一类税,包括企业所得税、个人所得税等。

(3) 财产税法。

财产税法是调整财产税关系的法律规范的总称。财产税是以法律规定的纳税人的某些特定财产的数量或价值额为征税对象的税,包括房产税、契税等。

(4) 行为税法。

行为税法是调整行为税关系的法律规范的总称。行为税是以某种特定行为的发生为条件,对行为人加以课税的一类税,包括车船税、印花税等。

(5) 资源税和环境保护税法。

资源税和环境保护税法是调整资源税和环境保护税关系的法律规范的总称。资源税和环境保护税对因开发和利用自然资源差异而形成的级差收入发挥调节作用,主要包括资源税、环境保护税、土地增值税和城镇土地使用税等。

> **延伸解读**
>
> **我国的现行税收制度按征税对象大致分为5类**
>
> 我国的现行税制就其实体法而言,是新中国成立后经过几次较大的改革逐步演变而来的,主要是经1994年税制改革后形成的,按征税对象大致分为以下5类:
>
> (1) 商品(货物)和劳务税类,包括增值税、消费税和关税。其主要在生产、流通或者服务业中发挥调节作用。
>
> (2) 所得税类,包括企业所得税、个人所得税。其主要是在国民收入形成后,对生产经营者的利润和个人的纯收入发挥调节作用。
>
> (3) 财产和行为税类,包括房产税、车船税、印花税、契税。其主要是对某些财产和行为发挥调节作用。
>
> (4) 资源税和环境保护税类,包括资源税、环境保护税、土地增值税和城镇土地使用税。其主要是对因开发和利用自然资源差异而形成的级差收入发挥调节作用。
>
> (5) 特定目的税类,包括城市维护建设税、车辆购置税、耕地占用税、船舶吨税和烟叶税。其主要是为了达到特定目的,对特定对象和特定行为发挥调节作用。

3) 税收实体法的要素

税法要素是指各种单行税法具有的共同的基本要素的总称。税法要素既包括实体性的，也包括程序性的。税法要素是所有完善的单行税法都共同具备的，仅为某一税法所单独具有而非普遍性的内容，不构成税法要素，如扣缴义务人。税法要素一般包括总则、纳税义务人、征税对象、税目、税率、纳税环节、纳税期限、纳税地点、减税免税、罚则、附则等项目。

税收实体法的要素主要包括：

（1）总则。

总则主要包括立法依据、立法目的、适用原则等。

例如，《中华人民共和国环境保护税法》规定，"为了保护和改善环境，减少污染物排放，推进生态文明建设，制定本法"，此条突出了该法制定的目的，即立法目的。

（2）纳税义务人。

纳税义务人（简称纳税人，亦称纳税主体），是税法中规定的直接负有纳税义务的单位和个人。无论征收什么税，其税负总要由有关的纳税人来承担。每一种税都有关于纳税义务人的规定，通过规定纳税义务人落实税收任务和法律责任。

纳税义务人一般分为自然人和法人两种。

① 自然人。

自然人是指依法享有民事权利，并承担民事义务的公民个人。

自然人是最基本的民事主体。《民法典》规定了自然人的民事权利能力和民事行为能力制度、监护制度、宣告失踪和宣告死亡制度，并对个体工商户和农村承包经营户作了规定。

个体工商户和农村承包经营户合称"两户"。两户并非新的民事主体，只是自然人主体的两种特殊形态，属于商自然人。

《中华人民共和国个人所得税法》规定个体工商户的生产、经营所得适用该法缴纳个人所得税。由此可见，个体工商户仍属于自然人主体范畴。

自然人从事工商业经营，经依法登记，为个体工商户。个体工商户可以起字号。个体工商户的债务，个人经营的，以个人财产承担；家庭经营的，以家庭财产承担；无法区分的，以家庭财产承担。

农村集体经济组织的成员，依法取得农村土地承包经营权，从事家庭承包经营的，为农村承包经营户。农村承包经营户的债务，以从事农村土地承包经营的农户财产承担；事实上由农户部分成员经营的，以该部分成员的财产承担。

② 法人。

《民法典》规定："法人是具有民事权利能力和民事行为能力，依法独立享有民事权利和承担民事义务的组织。"

法人的类型包括营利法人、非营利法人、特别法人。

营利法人，是指以取得利润并分配给股东等出资人为目的而成立的法人。营利法人包括有限责任公司、股份有限公司和其他企业法人等。

为公益目的或者其他非营利目的成立，不向出资人、设立人或者会员分配所取得利润的法人，为非营利法人。非营利法人包括事业单位、社会团体、基金会、社会服务机构等。

机关法人、农村集体经济组织法人、城镇农村的合作经济组织法人、基层群众性自治组织法人，为特别法人。

非法人组织包括个人独资企业、合伙企业、不具有法人资格的专业服务机构等。

纳税义务人相关概念

（1）负税人。

纳税人与负税人是两个既有联系又有区别的概念。

纳税人是直接向税务机关缴纳税款的单位和个人，负税人是实际负担税款的单位和个人。

纳税人如果能够通过一定途径把税款转嫁或转移出去，纳税人就不再是负税人。否则，纳税人同时也是负税人。

造成纳税人与负税人不一致主要是由价格和价值背离，引起税负转移或转嫁造成的。

(2) 代扣代缴义务人。

代扣代缴义务人是指有义务从持有的纳税人收入中扣除其应纳税款并代为缴纳的企业、单位或个人。

如《中华人民共和国个人所得税法》规定：个人所得税以所得人为纳税义务人，以支付所得的单位或个人为扣缴义务人。

(3) 代收代缴义务人。

代收代缴义务人是指有义务借助与纳税人的经济交往而向纳税人收取应纳税款并代为缴纳的单位。

如消费税法规定：委托加工的应税消费品，除受托方为个人外，由受托方在向委托方交货时代收代缴税款。

代收代缴义务人不同于代扣代缴义务人。代扣代缴义务人直接持有纳税人的收入，可以从中扣除纳税人的应纳税款；代收代缴义务人不直接持有纳税人的收入，只能在与纳税人的经济往来中收取纳税人的应纳税款并代为缴纳。

(4) 代征代缴义务人。

代征代缴义务人是指因税法规定，受税务机关委托而代征税款的单位和个人。

由代征代缴义务人代征税款，不仅便利了纳税人税款的缴纳，有效地保证了税款征收的实现，而且对于强化税收征管，有效地杜绝和防止税款流失，有明显作用。如进口环节增值税、消费税由海关代征。

(5) 纳税单位。

纳税单位是指申报缴纳税款的单位，是纳税人的有效集合。

所谓"有效"，就是为了征管和缴纳税款的方便，可以允许在法律上负有纳税义务的同类型纳税人作为一个纳税单位，填写一份申报表纳税。

(3) 征税对象。

征税对象(亦称课税对象、征税客体)，指税法规定对什么征税，是征纳税双方权利义务共同指向的客体或标的物，是区别一种税与另一种税的重要标志。

每一种税都有自己的征税对象，否则，这一税种就失去了存在的意义。被列为征税对象的，就属于该税种的征收范围；未被列为征税对象的，就不属于该税种的征收范围。例如，我国消费税的征税对象是消费税条例所列举的应税消费品；企业所得税的征税对象是企业取得的生产经营所得、其他所得和清算所得；环境保护税的征税对象是纳税人直接向环境排放的应税污染物，是《中华人民共和国环境保护税法》所附《环境保护税税目税额表》《应税污染物和当量值表》规定的大气污染物、水污染物、固体废物和噪声；等等。

征税对象按其性质的不同，通常可划分为流转额、所得额、财产、资源、特定行为等5大类，通常也因此将税收分为相应的5大类，即流转税(或称商品和劳务税，简称商品税)、所得税、财产税、资源税和特定行为税。

延伸解读

征税对象相关概念

(1) 税源。

税源是指税款的最终来源，或者说税收负担的最终归宿。

税源的大小体现着纳税人的负担能力。纳税人缴纳税款的直接来源是一定的货币收入，而一切货币收入都是由社会产品价值派生出来的。

征税对象是据以征税的依据，税源则表明纳税人的负担能力。

(2) 税目。

税目是在税法中对征税对象分类规定的具体的征税项目，反映具体的征税范围，是对征税对象质的界定。

并非所有税种都需规定税目，有些税种不分征税对象的具体项目，一律按照征税对象的应税数额采用同一税率计征税款，因此一般无须设置税目，如企业所得税。有些税种具体征税对象比较复杂，需要规定税目，如消费税等，一般都规定有不同的税目。

税目一般可分为列举税目和概括税目。列举税目就是将每一种商品或经营项目采用一一列举的方法，分别规定税目，必要时还可以在税目之下划分若干个细目。制定列举税目的优点是界限明确，便于征管人员掌握；缺点是税目过多，不便于查找，不利于征管。概括税目就是按照商品大类或行业采用概括方法设计税目。制定概括税目的优点是税目较少，查找方便；缺点是税目过粗，不便于贯彻合理负担政策。

(3) 计税依据。

计税依据(亦称税基)，是据以计算征税对象应纳税款的直接数量依据，它解决对征税对象课税的计算问题，是对征税对象的量的规定。如企业所得税应纳税额的基本计算方法是应纳税所得额乘以适用税率，其中，应纳税所得额是据以计算所得税应纳税额的数量基础，为所得税的计税依据。

征税对象是指征税的目的物,计税依据则是在目的物已经确定的前提下,对目的物据以计算税款的依据或标准;征税对象是从质的方面对征税所作的规定,而计税依据则是从量的方面对征税所作的规定,是征税对象量的表现。

(4)税率。

税率是对征税对象的征收比例或征收额度,它是应纳税额与征税对象之间的比例,是计算税额的尺度,代表课税的深度,关系着国家的收入多少和纳税人的负担程度。

税率可分为两种形式:一种是按绝对量形式规定的固定征收额度,即定额税率,它适用于从量计征的税种;另一种是按相对量形式规定的征收比例,这种形式又可分为比例税率和累进税率,它适用于从价计征的税种。

① 比例税率。

比例税率是指对同一征税对象或同一税目,不论数额大小只规定一个比例,都按同一比例征税,税额与征税对象呈正比例关系。我国的增值税、城市维护建设税、企业所得税等采用的是比例税率。

比例税率具有计算简单、税负透明度高、有利于保证财政收入、有利于纳税人公平竞争、不妨碍商品流转额或非商品营业额扩大等优点,符合税收效率原则。但比例税率不能针对不同的收入水平实施不同的税收负担,在调节纳税人的收入水平方面难以体现税收的公平原则。

② 累进税率。

累进税率,是指同一征税对象,随数量的增大,征收比例也随之增高的税率,表现为将征税对象按数额大小分为若干等级,不同等级适用由低到高的不同税率,包括最低税率、最高税率和若干等级的中间税率。一般多在收益课税中使用。

按照税率累进依据的性质,我国现行税制中,累进税率分为"额累"和"率累"两种。额累是按征税对象数量的绝对额分级累进,如所得税一般按所得额大小分级累进。率累是按与征税对象有关的某一比率分级累进,如我国目前征收的土地增值税就是按照增值额与扣除项目金额的比率实行四级超率累进税率。额累和率累按累进依据的构成又可分为"全累"和"超累"。如额累分为全额累进和超额累进;率累分为全率累进和超率累进。全率累进是对征税对象的全部数额,都按照相应等级的累进税率征税。超率累进是对征税对象数额超过前级数额的部分,分别按照各自对应的累进税率计征税款。两种方式相比,全率累进的计算方法比较简单,但在累进分界点上税负呈跳跃式递增,不够合理。超率累进的计算方法复杂一些,但累进程度比较缓和,因而比较合理。

③ 定额税率。

定额税率(亦称固定税额)是根据征税对象计量单位直接规定固定的征税数额。

征税对象的计量单位可以是重量、数量、面积、体积等自然单位,也可以是专门规定的复合单位。例如,现行税制中的城镇土地使用税、耕地占用税分别以"平方米"和"亩"这些自然单位为计量单位;消费税中的汽油、柴油分别以"升"为计量单位。

按定额税率征税,税额的多少只同征税对象的数量有关,同价格无关。当价格普遍上涨或下跌时,仍按固定税额计税。

定额税率适用于从量计征的税种。

定额税率在表现形式上可分为单一定额税率和差别定额税率两种。在同一税种中只采用一种定额税率的,为单一定额税率;同时采用多个定额税率的,为差别定额税率。差别定额税率,又有地区差别定额税率、分类分项定额税率等形式。

定额税率的基本特点是:税率与征税对象的价值量脱离了联系,不受征税对象价值量变化的影响。这使它适用于对价格稳定、质量等级和品种规格单一的大宗产品征税。同时对某些产品采用定额税率,有助于提高产品质量或改进包装。但是,如果对价格变动频繁的产品采用定额税率,由于产品价格变动的总趋势是上升的,产品的税负就会呈现累退性。从宏观上看,将无法保证国家财政收入随国民收入的增加而持续稳定地增长。

延伸解读

其他形式的税率

(1) 名义税率与实际税率。

名义税率与实际税率是分析纳税人负担时常用的概念。

名义税率是指税法规定的税率。

实际税率是指实际负担率,即纳税人在一定时期内实际缴纳税额占其征税对象实际数额的比例。

由于某些税种中计税依据与征税对象不一致,税率存在差异,减免税手段的使用以及偷逃税和错征等因素的实际存在,实际税率常常低于名义税率。这时,区分名义税率和实际税率,确定纳税人的实际负担水平和税负结构,为设计合理可行的税制提供依据是十分必要的。

(2) 边际税率与平均税率。

边际税率是指再增加一些收入时,增加的这部分收入所纳税额同增加收入之间的比例。在这里,平均税率是相对于边际税率而言的,它是指全部税额与全部收入之比。

在比例税率条件下,边际税率等于平均税率。在累进税率条件下,边际税率往往要大于平均税率。边际税率的提高还会带动平均税率的上升。边际税率上升的幅度越大,平均税率提高就越多,调节收入的能力也就越强,但对纳税人的反激励作用也越大。所以,通过两者的比较易于表明税率的累进程度和税负的变化情况。

(3) 零税率与负税率。

① 零税率。

零税率是以零表示的税率,表明征税对象的持有人负有纳税义务,但无需缴纳税款。

通常适用于两种情况:一是在所得课税中,对所得中的免税部分规定税率为零,目的是保证所得少者的生活和生产需要;二是在流转税中,对出口商品规定税率为零,即退还出口商品的产、制和流转环节已缴纳的流转税,使商品以不含税价格进入国际市场,以增强商品在国际市场上的竞争力。

② 负税率。

负税率是指政府利用税收形式对所得额低于某一特定标准的家庭或个人予以补贴的比例。

负税率主要用于负所得税的计算。所谓负所得税,是指现代一些西方国家把所得税和社会福利补助制度结合的一种主张和试验,即对那些实际收入低于维持一定生活水平所需费用的家庭或个人,按一定比例付给所得税。

(5) 减税免税。

减税、免税是对某些纳税人或征税对象的鼓励或照顾措施。减税是从应征税款中减征部分税款;免税是免征全部税款。减税、免税依照法律的规定执行,法律授权国务院的,依照国务院制定的行政法规的规定执行。

① 减税免税的基本形式。

A. 税基式减免。

这是通过直接缩小计税依据的方式实现的减税、免税。

具体包括起征点、免征额、项目扣除以及跨期结转等。

起征点是征税对象达到一定数额开始征税的起点。

免征额是在征税对象的全部数额中免予征税的数额。

注: 起征点与免征额同为征税与否的界限,对纳税人来说,在其收入没有达到起征点或没有超过免征额的情况下,都不征税,两者是一样的。但是,它们又有明显的区别:当纳税人收入达到或超过起征点时,就其收入全额征税;而当纳税人收入超过免征额时,则只就超过的部分征税。当纳税人的收入恰好达到起征点时,就要按其收入全额征税;而当纳税人收入恰好与免征额相同时,则免予征税。两者相比,享受免征额的纳税人就要比享受同额起征点的纳税人税负轻。此外,起征点只能照顾一部分纳税人,而免征额则可以照顾适用范围内的所有纳税人。

项目扣除是指在征税对象中扣除一定项目的数额,以其余额作为依据计算税额。

跨期结转是将以前纳税年度的经营亏损等在本纳税年度经营利润中扣除,也等于直接缩小了税基。

B. 税率式减免。

税率式减免即通过直接降低税率的方式实行的减税、免税。

具体包括重新确定税率、选用其他税率、零税率等形式。

C. 税额式减免。

税额式减免即通过直接减少应纳税额的方式实行的减税、免税。

具体包括全部免征、减半征收、核定减免率、抵免税额以及另定减征税额等。

在上述3种形式的减税、免税中,税基式减

免使用范围最广泛,从原则上说它适用于所有生产经营情况;税率式减免比较适合于对某个行业或某种产品这种"线"上的减免,所以流转税中运用最多;税额式减免适用范围最窄,它一般仅限于解决"点"上的个别问题,往往仅在特殊情况下使用。

② 减税免税的分类。

A. 法定减免。

凡是由各种税的基本法规定的减税、免税都称为法定减免。它体现了该种税减免的基本原则规定,具有长期的适用性。

法定减免必须在基本法规中明确列举减免税项目、减免税的范围和时间。如《中华人民共和国车船税法》第三条明确规定:"下列车船免征车船税:

"(一)捕捞、养殖渔船;

"(二)军队、武装警察部队专用的车船;

"(三)警用车船;

"(四)悬挂应急救援专用号牌的国家综合性消防救援车辆和国家综合性消防救援专用船舶;

"(五)依照法律规定应当予以免税的外国驻华使领馆、国际组织驻华代表机构及其有关人员的车船。"

B. 临时减免。

临时减免(亦称困难减免)是指除法定减免和特定减免以外的其他临时性减税、免税,主要是为了照顾纳税人的某些特殊的暂时的困难,而临时批准的一些减税、免税。它通常是定期的减免税或一次性的减免税。

例如,《国务院关于印发扎实稳住经济一揽子政策措施的通知》(国发〔2022〕12号)要求:"推动阶段性减免市场主体房屋租金。2022年对服务业小微企业和个体工商户承租国有房屋减免3~6个月租金;出租人减免租金的可按规定减免当年房产税、城镇土地使用税,并引导国有银行对减免租金的出租人视需要给予优惠利率质押贷款等支持。非国有房屋减免租金的可同等享受上述政策优惠。鼓励和引导各地区结合自身实际,拿出更多务实管用举措推动减免市场主体房屋租金。"《住房和城乡建设部等8部门关于推动阶段性减免市场主体房屋租金工作的通知》(建房〔2022〕50号,2022年6月21日)规定:"对出租人减免租金的,税务部门根据地方政府有关规定减免当年房产税、城镇土地使用税。"

C. 特定减免。

它是根据社会经济情况发展变化和发挥税收调节作用的需要,而规定的减税、免税。

特定减免主要有两种情况:一是在税收的基本法规确定以后,随着国家政治经济情况的发展变化所作的新的减免税补充规定;二是在税收基本法规中,不能或不宜一一列举,而采用补充规定的减免税形式。这两种特定减免,通常是由国务院或作为国家主管业务部门的财政部、国家税务总局、海关总署作出规定。

特定减免可分为无限期的和有限期的两种。大多数特定减免都是有限期的,减免税到了规定的期限,就应该按规定恢复征税。

延伸解读

税收附加与加成

减税、免税是减轻税负的措施。与之相对应,税收附加和税收加成是加重纳税人负担的措施。

(1)税收附加。

税收附加(亦称地方附加)是地方政府按照国家规定的比例随同正税一起征收的列入地方预算外收入的一种款项。

正税是指国家正式开征并纳入预算内收入的各种税收。

税收附加由地方财政单独管理并按规定的范围使用,不得自行变更。例如,教育费附加只能用于发展地方教育事业。税收附加的计算方法是以正税税款为依据,按规定的附加率计算附加额。

(2)税收加成。

它是指根据税制规定的税率征税以后,再以应纳税额为依据加征一定成数和税额。

加征一成相当于纳税额的10%,加征成数一般规定在一成到十成之间。和加成相适应的还有税收加倍,即在应纳税额的基础上加征一定倍数的税款。所以,加成和加倍没有实质性区别。税收加成或加倍实际上是税率的延伸,但因这种措施只是针对个别情况,所以没有采取提高税率的办法,而是以已征税款为基础再加征一定的税款。例如,《个人所得税法》规定,对劳务报酬所得一次收入畸高的,可以实行加成征收。

无论是税收附加还是税收加成,都增加了纳税人的负担。但这两种加税措施的目的是不同的。实行地方附加是为了给地方政府筹措一定的机动财力,用于发展地方建设事业;实行税收加成则是为了调节和限制某些纳税人获取的过多的收入或者是对纳税人违章行为进行的处罚措施。

(6) 纳税环节。

纳税环节是指税法上规定的征税对象从生产到消费的流转过程中应当缴纳税款的环节。

纳税环节有广义和狭义之分。广义的纳税环节指全部征税对象在再生产中的分布情况。例如,流转税分布在流通环节,所得税分布在分配环节,资源税分布在生产环节等。狭义的纳税环节是指应税商品在流转过程中应纳税的环节,具体指每一种税的纳税环节,是商品课税中的特殊概念。

按照纳税环节的多少,可将税收课征制度划分为两类:一次课征制和多次课征制。一次课征制是指同一税种在商品流转的全过程中只选择某一环节课征的制度,是纳税环节的一种具体形式。实行一次课征制,纳税环节多选择在商品流转的必经环节和税源比较集中的环节,以便既避免重复课征,又避免税款流失。多次课征制是指同一税种在商品流转全过程中选择两个或两个以上环节课征的制度。

(7) 纳税期限。

纳税期限是纳税人向国家缴纳税款的法定期限。纳税期限是指税法规定的关于税款缴纳时间即纳税时限方面的限定。纳税人每次发生纳税义务后,不可能马上去缴纳税款。税法规定了每种税的纳税期限,即每隔固定时间汇总一次纳税义务的时间。如《中华人民共和国增值税暂行条例》规定,增值税的具体纳税期限分别为 1 日、3 日、5 日、10 日、15 日、1 个月或者 1 个季度。纳税人的具体纳税期限,由主管税务机关根据纳税人应纳税额的大小分别核定;不能按照固定期限纳税的,可以按次纳税。

我国现行税制的纳税期限有 3 种形式。

① 按期纳税。

即根据纳税义务的发生时间,通过确定纳税间隔期,实行按日纳税。如增值税法规定,按期纳税的纳税间隔期分为 1 日、3 日、5 日、10 日、15 日、1 个月或 1 个季度。纳税人的具体纳税间隔期限由主管税务机关根据情况分别核定。以 1 个月或 1 个季度为 1 个纳税期的,自期满之日起 15 日内申报纳税;以其他间隔期为纳税期限的,自期满之日起 5 日内预缴税款,于次月 1 日起 15 日内申报纳税并结清上月税款。

② 按次纳税。

即根据纳税行为的发生次数确定纳税期限。如车辆购置税、耕地占用税以及临时经营者等均采取按次纳税的办法。

③ 按年计征,分期预缴或缴纳。

如企业所得税按规定的期限预缴税款,年度结束后汇算清缴,多退少补。房产税、城镇土地使用税实行按年计算、分期缴纳。这是为了对按年度计算税款的税种及时、均衡地取得财政收入而采取的一种纳税期限。分期预缴一般是按月或按季预缴。

采取哪种形式的纳税期限缴纳税款,同征税对象的性质有着密切关系。一般来说,商品课税大多采取"按期纳税"形式;所得课税采取"按年计征,分期预缴"形式。无论采取哪种形式,如纳税期限的最后一天是法定节假日,或期限内有连续 3 日以上法定节假日,都可以顺延。

延伸解读

纳税期限的相关概念

(1) 纳税义务发生时间。

纳税义务发生时间,是指应税行为发生的时间。如《中华人民共和国增值税暂行条例》规定采取预收货款方式销售货物的,其纳税义务发生时间为货物发出的当天。

(2) 缴库期限。

即税法规定的纳税期满后,纳税人将应纳税款缴入国库的期限。如《中华人民共和国增值税暂行条例》规定,纳税人以 1 个月或者 1 个季度为 1 个纳税期的,自期满之日起 15 日内申报纳税;以 1 日、3 日、5 日、10 日或者 15 日为 1 个纳税期的,自期满之日起 5 日内预缴税款,于次月1日起15日内申报纳税并结清上月应纳税款。

(8) 纳税地点。

纳税地点主要是指根据各个税种纳税对象的纳税环节和有利于对税款的源泉控制而规定的纳税人(包括代征、代扣、代缴义务人)的具体申报纳税的地方。

(9) 罚则。

罚则主要是指对纳税人违反税法的行为采取的处罚措施。

(10) 附则。

附则一般都规定与该法紧密相关的内容,例如,税法的解释权、生效时间等。

2. 税收程序法

税收程序法(亦称税收行政程序法),是指规范税务机关和税务行政相对人在行政程序中权利义务的法律规范的总称,即只要是与税收程序有关的法律规范,不论其存在于哪个法律文件中,都属于税收程序法的范畴。如有关行政许可、行政处罚、行政强制的法律规定,同样适用于税收行政行为,并对其产生约束力。

税收程序法是税务管理方面的法律,主要包括税收管理法、纳税程序法、发票管理法、税务机关组织法、税务争议处理法等。《税收征管法》就属于税收程序法。

除税收实体法外,我国对税收征收管理适用的法律制度,是按照税收管理机关的不同而分别规定的:

(1) 由税务机关负责征收的税种的征收管理,按照全国人大常委会发布实施的《税收征管法》及各实体税法中的征管规定执行。

(2) 由海关机关负责征收的税种的征收管理,按照《中华人民共和国海关法》及《中华人民共和国进出口关税条例》等有关规定执行。

1) 税收程序法的主要制度

(1) 表明身份制度。

表明身份制度是指税务机关及其工作人员在进行税务行政行为时,向税务行政相对人出示履行职权证明的制度。

这一制度不仅是为了防止假冒、诈骗,也是为了防止税务机关及其工作人员超越职权、滥用职权。

《税收征管法》第五十九条规定:"税务机关派出的人员进行税务检查时,应当出示税务检查证和税务检查通知书,并有责任为被检查人保守秘密;未出示税务检查证和税务检查通知书的,被检查人有权拒绝检查。"

(2) 回避制度。

回避制度是指税务人员同所处理的税务事务有利害关系的,应由税务机关另行指定其他税务人员处理该事务的制度。

《税收征管法》第十二条规定:"税务人员征收税款和查处税收违法案件,与纳税人、扣缴义务人或者税收违法案件有利害关系的,应当回避。"

(3) 职能分离制度。

职能分离制度直接调整的不是税务机关与纳税人的关系,而是税务机关内部的机构和人员的关系。

该制度要求将税务机关内部的某些相互联系的职能加以分离,使之分属于不同的机关或不同的工作人员掌管和行使。该制度的法律意义在于保障税务行政的公平、公正,加强对税务行政权的制约和监督,保护纳税人的合法权益。

《税收征管法》第十一条规定:"税务机关负责征收、管理、稽查、行政复议的人员的职责应当明确,并相互分离、相互制约。"

(4) 听证制度。

听证制度是指税务机关在作出影响纳税人合法权益的决定之前,向纳税人告知决定理由和听证权利,纳税人随之向税务机关表达意见,提供证据以及税务机关听取其意见,采纳其证据的程序所构成的一种法律制度。

听证制度被公认为现代行政程序法基本制度的核心,对于行政程序的公开、公正和公平起到重要的保障作用。

税务机关对公民作出2 000元以上(含本数)罚款或者对法人或者其他组织作出1万元以上(含本数)罚款的行政处罚决定之前,应当告知当事人有要求举行听证的权利;当事人要求听证的,税务机关应当组织听证。对现场检查、调查取证、举行听证、留置送达和公告送达等容易引发争议的执法过程,根据实际情况进行音像记录。凡涉及重大公共利益,可能造成重大社会影响或引发社会风险,直接关系行政相对人或第三人重大权益,经过听证程序作出税务执法决定,以及案件情况疑难复杂、涉及多个法律关系的,都要进行法制审核。

(5) 时限制度。

时限制度是指税务行政行为的全过程或其中某些阶段受到时间限制的制度。

《税收征管法》规定,对未按照规定办理税务登记的从事生产、经营的纳税人以及临时从事经营的纳税人,由税务机关核定其应纳税额,责令缴纳;不缴纳的,税务机关可以扣押其价值相当于应纳税款的商品、货物。扣押后缴纳应纳税款的,税务机关必须立即解除扣押,并归还所扣押的商品、货物;扣押后仍不缴纳应纳税款的,经县以上税务局(分局)局长批准,依法拍卖或者变卖所扣押的商品、货物,以拍卖或者变卖所得抵缴税款。税务机关依照上述规定,扣押纳税人商品、货物的,纳税人应当自扣押之日起15日内缴纳税款。对扣押的鲜活、易腐烂变质或者易失效的商品、货物,税务机关根据被扣押物品的保质期,可以缩短前款规定的扣押期限。又如,税务机关发现纳税人多缴税款的,应当自发现之日起10日内办理退还手续;纳税人发现多缴税款,要求退还的,税务机关应当自接到纳税人退还申请之日起30日内查实并办理退还手续。

2) 税收确定程序

(1) 税务登记。

税务登记是整个征收管理的首要环节,是税务机关对纳税人的开业、变更、歇业以及生产经营范围实行法定登记的一项管理制度,其内容包括开业登记、变更登记、注销登记、报验登记、停复业处理、税务登记证验审和更换、非正常户处理等。办理税务登记是纳税人的法定义务。

我国"多证合一"改革后,被整合证照不再发放,加载统一社会信用代码的"一照一码"营业执照是市场主体全国通用的唯一"身份证",企业凭"一照一码"营业执照可以在政府机关、金融、保险机构等部门证明其主体身份、办理相关业务,企业原需要被整合证照相关事务的,一律改为使用"多证合一"后的营业执照办理。各地区、各部门、各单位都要予以认可和应用。

(2) 账簿、凭证。

账簿是指纳税人、扣缴义务人以会计凭证为依据,全面、连续、系统地记录各种经济业务的账册或簿籍,包括总账、明细账、日记账及其他各种辅助账簿。

凭证是指纳税人、扣缴义务人用来记录经济业务,明确经济责任,并据以登记账簿的书面证明。凭证分为原始凭证和记账凭证。原始凭证是经济业务发生时所取得或填制的凭证,如发票等;记账凭证是由会计人员根据审核无误的原始凭证,按其内容根据会计科目和复式记账方式,加以归类整理,并据以确定会计分录和登记账簿的凭证。

随着我国电子商务的发展和推进,电子发票、财政电子票据、电子客票、电子行程单、电子海关专用缴款书、银行电子回单等电子会计凭证的应用逐渐普及。2020年3月23日,财政部、国家档案局印发了《关于规范电子会计凭证报销入账归档的通知》(财会〔2020〕6号,以下简称《通知》),自2020年3月23日起实施。该《通知》重点围绕电子会计凭证报销入账归档的合法性、规范性,从五个方面提出具体要求。

① 对此次予以规范的电子会计凭证进行了界定,即为单位从外部取得的电子形式的各类会计凭证。

② 明确了合法的电子会计凭证、电子会计档案与纸质会计凭证、纸质会计档案具有同等效力;除法律、行政法规另有规定外,已经以合法合规方式进行电子化归档的电子会计凭证,无须再归档其纸质打印件。

③ 强调单位如使用电子会计凭证的纸质打印件作为报销入账归档凭证,必须同时保存该纸质打印件的电子会计凭证原件。单位利用纸质会计凭证的电子影像件等电子复制件进行会

计核算,不属于《通知》所述的范畴,仍应按纸质会计凭证的有关规定进行管理。

④ 明确了单位可仅用电子会计凭证报销入账归档所需同时满足的条件。

⑤ 明确了违反《通知》规定所应承担的法律后果。

目前,国家档案局会同财政部、商务部、国家税务总局在选定几批单位开展增值税电子发票电子化报销、入账、归档试点工作,形成可推广、可复制的经验和做法。

(3) 纳税申报。

纳税申报是指纳税人依照法律、行政法规的规定或者税务机关依法确定的申报期限、申报内容,如实向税务机关报送纳税申报表、财务会计报表以及税务机关根据实际需要要求纳税人报送的其他纳税资料的活动;扣缴义务人依照法律、行政法规或者税务机关依法确定的申报期限、申报内容,如实向税务机关报送代扣代缴、代收代缴税款报告表以及税务机关根据实际需要要求扣缴义务人报送的其他有关资料的活动。

为了进一步优化税收营商环境,提高办税效率,提升办税体验,我国已经推行简并税费申报措施。纳税人申报增值税、消费税时,应一并申报附征的城市维护建设税、教育费附加和地方教育附加等附加税费。纳税人在申报多个财产和行为税税种(包括城镇土地使用税、房产税、车船税、印花税、耕地占用税、资源税、土地增值税、契税、环境保护税、烟叶税等 10 个税种)时,不再单独使用分税种申报表,而是在一张纳税申报表上同时申报多个税种。

简化办理市场主体歇业和注销环节涉税事项

2021 年 8 月,国务院发布《中华人民共和国市场主体登记管理条例》(国务院令第 746 号),于 2022 年 3 月 1 日正式实施。《中华人民共和国市场主体登记管理条例》进一步完善市场主体登记制度,对现行各类市场主体登记管理法律法规进行了系统梳理、整合,将商事制度改革成熟举措法律化,规定了简易注销程序、增设了歇业制度。

自 2022 年 7 月 14 日起施行,简化办理市场主体歇业、注销环节涉税事项:

1. 简化市场主体歇业环节的税收报告和纳税申报

(1) 市场主体因自然灾害、事故灾难、公共卫生事件、社会安全事件等原因造成经营困难,按照《中华人民共和国市场主体登记管理条例》(国务院令第 746 号)第三十条规定办理歇业的,不需要另行向税务机关报告。

注:按照《中华人民共和国市场主体登记管理条例》规定,歇业是市场主体的自主行为,只需按规定向登记机关办理备案,税务机关不对市场主体歇业设置税务前置条件,市场主体歇业不需要另行向税务机关报告。

(2) 歇业状态的市场主体依法应履行纳税义务、扣缴义务的,可按如下方式简并所得税申报,且当年度内不再变更。

① 设立不具有法人资格分支机构的企业,按月申报预缴企业所得税的,其总机构办理歇业后,总机构及其所有分支机构可自下一季度起调整为按季预缴申报;仅分支机构办理歇业的,总机构及其所有分支机构不调整预缴申报期限。

② 未设立不具有法人资格分支机构的企业,按月申报预缴企业所得税的,办理歇业后,可自下一季度起调整为按季预缴申报。

③ 按月申报预缴经营所得个人所得税的市场主体办理歇业后,可自下一季度起调整为按季预缴申报。

(3) 歇业状态的市场主体可以选择按次申报缴纳资源税(不含水资源税)。

注:市场主体歇业期间可以享受便利化办税政策,同时依法履行纳税义务、扣缴义务。与正常经营期间相比,市场主体歇业期间在纳税申报方面适用了更为简便的政策,可以选择按次申报缴纳资源税(不含水资源税),符合条件的市场主体可以改为按季预缴申报企业所得税、个人所得税。市场主体恢复经营的,按歇业前方式办理资源税申报,可按歇业前期限或继续按季预缴申报企业所得税、个人所得税,其中歇业当年恢复经营且已调整预缴申报期的,当年不再变更。

2. 非正常户歇业期间的纳税申报

被税务机关认定为非正常户的市场主体,在解除非正常状态之前,歇业期间不适用上述简化纳税申报方式。

注:被税务机关认定为非正常户的市场主体,在解除非正常状态之前,歇业期间不适用本公告规定的简化纳税申报方式;在解除非正常状态之后,歇业期间可以适用本公告规定的简化纳税申报方式。

3. 简化市场主体注销环节的清税文书办理

(1) 营业执照和税务登记证"两证整合"改革实施后设立登记的个体工商户,向市场监管部门申请简易注销,符合下列条件之一的,可免于到税务机关办理清税证明:

① 未办理过涉税事宜的。

② 办理过涉税事宜但没有领用、没有申请代开过发票,且没有欠税和没有其他未办结事项的。

注:长期以来,税务部门、市场监管部门联合开展企业简易注销改革,便利市场主体退出。"两证整合"改革实施后设立登记的个体工商户,向市场监管部门申请简易注销,符合下列条件之一的,可免于到税务机关办理清税证明,直接向市场监管部门申请办理注销登记:未办理过涉税事宜的;办理过涉税事宜但没有领用、没有代开过发票,且没有欠税、没有其他未办结事项的。

(2) 经人民法院裁定强制清算的市场主体,持人民法院终结强制清算程序的裁定向税务机关申请开具清税文书的,税务机关即时开具。

注:《中华人民共和国市场主体登记管理条例》规定,有关清算组可以持人民法院终结强制清算程序的裁定直接向登记机关申请办理注销登记。在此情形下,市场主体无需办理税务注销即可申请办理注销市场主体登记。但实践中,部分市场主体出于自身的考虑要求开具清税文书。为了满足此类市场主体开具清税文书的需要,并给基层税务机关提供可遵循的政策依据,在此对相关政策给予明确:经人民法院裁定强制清算的市场主体,持人民法院终结强制清算程序的裁定向税务机关申请开具清税文书的,税务机关即时开具。

4. 规范纳税服务和税务管理

税务机关要为市场主体享受歇业政策、办理注销涉税事宜提供便利服务,按照有关法律法规及制度规定做好税务管理、风险防控工作。

3) 税收征收程序

(1) 税款征收。

税款征收是指税务机关依据法律、行政法规规定的标准和范围,将纳税人依法应该向国家缴纳的税款,及时足额地征收入库的一系列活动的总和。

税款征收是税收征管的目的,在整个税收征管中处于核心环节和关键地位,是税收征管的出发点和归宿。

税款征收的内容包括征收方式的确定、核定应纳税额、税款入库、减免税管理、欠税的追缴等。

税款征收中的相关制度主要包括应纳税额核定制度、纳税调整制度、代扣代缴税款制度、欠税管理制度、滞纳金征收制度、延期纳税制度、报验征收制度、税款的退还和追征制度、减免税管理制度、税收凭证管理制度。

① 应纳税额核定制度。

核定税额是针对由于纳税人的原因,税务机关难以查账征收税款,而采取的一种措施。但是核定税额不是简单地随意确定,而应有合法、合理的依据。

📖 延伸解读

全国各地存在的利用所谓"税收洼地"、核定征收等方式偷逃税款的违法行为已经引起高度关注

有些地方存在纳税人,或者税务师事务所、会计师事务所、律师事务所、代理记账机构、招商引资机构等与个别税务干部内外勾结帮助纳税人利用所谓"税收洼地"、核定征收等方式和实际查处时往往"既往不咎"的征管漏洞偷逃国家税款。

下面,我们来学习一下财政部、国家税务总局的文件精神、相关要求:

1. 个人所得税

(1) 持有股权、股票、合伙企业财产份额等权益性投资的个人独资企业、合伙企业。

财政部 税务总局 2021 年 12 月 30 日印发《关于权益性投资经营所得个人所得税征收管理的公告》(财政部 税务总局公告 2021 年第 41 号),要求自 2022 年 1 月 1 日起持有股权、股票、合伙企业财产份额等权益性投资的个人独资企业、合伙企业,一律适用查账征收方式计征个人所得税。

(2) 律师事务所、会计师事务所、税务师事务所、代理记账公司等中介机构投资者。

国家税务总局在《关于强化律师事务所等中介机构投资者个人所得税查账征收的通知》(国税发〔2002〕123 号)中明确指出:

"最近一段时间以来,个别地区在律师事务所全行业实行核定征收个人所得税的办法,其核定的税负明显低于法定税负。这种做法不符合《国务院关于批转国家税务总局加强个体私营经济税收征管强化查账征收工作意见的通知》(国发〔1997〕12 号)精神,容易造成税负不公,不利于发挥个人所得税调节高收入者的作用。"

"任何地区均不得对律师事务所实行全行业核定征

税办法。要按照税收征管法和国发〔1997〕12号文件的规定精神，对具备查账征收条件的律师事务所，实行查账征收个人所得税。"

"各地要严格贯彻执行《国家税务总局关于律师事务所从业人员取得收入征收个人所得税有关业务问题的通知》（国税发〔2000〕149号），对律师事务所的个人所得税加强征收管理。对作为律师事务所雇员的律师，其办案费用或其他个人费用在律师事务所报销的，在计算其收入时不得再扣除国税发〔2000〕149号第5条第2款规定的其收入30％以内的办理案件支出费用。"

"会计师事务所、税务师事务所、审计师事务所以及其他中介机构的个人所得税征收管理，也应按照上述有关原则进行处理。"

（3）个体工商户。

国家税务总局在《关于大力开展个体工商户建账和强化查账征收工作的通知》（国税发〔2002〕104号）中明确指出：

强化调整定额工作。各级税务机关要依照税收法律、行政法规的规定，如实核定业户定额，并增加调整定额次数，使业户的实际税收负担与法定税率达到相同水平。对应建账未建账和建假账的业户，要按照同行业、同规模最高纳税额核定其应纳税款。各级税务机关要严厉打击利用定期定额征收方式进行的各种税收违法犯罪行为，加大处罚力度，对涉嫌犯罪的必须移送司法机关处理。使业户利用定期定额征收方式侵犯国家利益的行为不能得逞，切实解决业户偏向按定额纳税而抵触建账的问题。各省级税务机关要加强定额的宏观控制和计划管理，对个体税收要实行计划单列，提高个体税收收入增长幅度，促使个体税收征管工作迈上一个新的台阶。

2．企业所得税

为加强和规范企业所得税核定征收工作，国家税务总局制定了《企业所得税核定征收办法（试行）》（国税发〔2008〕30号），要求：

（1）严格按照规定的范围和标准确定企业所得税的征收方式。不得违规扩大核定征收企业所得税范围。严禁按照行业或者企业规模大小，"一刀切"地搞企业所得税核定征收。

（2）按公平、公正、公开原则核定征收企业所得税。应根据纳税人的生产经营行业特点，综合考虑企业的地理位置、经营规模、收入水平、利润水平等因素，分类逐户核定应纳所得税额或者应税所得率，保证同一区域内规模相当的同类或者类似企业的所得税税负基本相当。

（3）做好核定征收企业所得税的服务工作。核定征收企业所得税的工作部署与安排要考虑方便纳税人，符合纳税人的实际情况，并在规定的时限内及时办结鉴定和认定工作。

（4）推进纳税人建账建制工作。税务机关应积极督促核定征收企业所得税的纳税人建账建制，改善经营管理，引导纳税人向查账征收方式过渡。对符合查账征收条件的纳税人，要及时调整征收方式，实行查账征收。

（5）加强对核定征收方式纳税人的检查工作。对实行核定征收企业所得税方式的纳税人，要加大检查力度，将汇算清缴的审核检查和日常征管检查结合起来，合理确定年度稽查面，防止纳税人有意通过核定征收方式降低税负。

国家税务总局明确指出，特殊行业、特殊类型的纳税人和一定规模以上的纳税人不适用核定征收企业所得税办法。上述特定纳税人包括以下类型的企业：

（1）享受《中华人民共和国企业所得税法》及其实施条例和国务院规定的一项或几项企业所得税优惠政策的企业（不包括仅享受《中华人民共和国企业所得税法》第二十六条规定免税收入优惠政策的企业、第二十八条规定的符合条件的小型微利企业）。

（2）汇总纳税企业。

（3）上市公司。

（4）银行、信用社、小额贷款公司、保险公司、证券公司、期货公司、信托投资公司、金融资产管理公司、融资租赁公司、担保公司、财务公司、典当公司等金融企业。

（5）会计、审计、资产评估、税务、房地产估价、土地估价、工程造价、律师、价格鉴证、公证机构、基层法律服务机构、专利代理、商标代理以及其他经济鉴证类社会中介机构。

（6）国家税务总局规定的其他企业。

对上述规定之外的企业，主管税务机关要严格按照规定的范围和标准确定企业所得税的征收方式，不得违规扩大核定征收企业所得税范围；对其中达不到查账征收条件的企业核定征收企业所得税，并促使其完善会计核算和财务管理，达到查账征收条件后要及时转为查账征收。

企业所得税核定征收改为查账征收后有关资产的税务处理问题：

（1）企业能够提供资产购置发票的，以发票载明金额为计税基础；不能提供资产购置发票的，可以凭购置资产的合同（协议）、资金支付证明、会计核算资料等记载金额，作为计税基础。

（2）企业核定征税期间投入使用的资产，改为查账征税后，按照税法规定的折旧、摊销年限，扣除该资产投入使用年限后,就剩余年限继续计提折旧、摊销额并在税前扣除。

3. 税收监管

国家税务总局2022年3月31日在"我为纳税人缴费人办实事暨便民办税春风行动2.0版"措施中,又明确要求:"规范核定征收管理。引导纳税人从核定征收向查账征收方式过渡,依法处理部分高收入人员分拆收入、转换收入性质、违规利用核定征收逃避税问题,促进市场主体健康发展。"

② 欠税管理制度。

欠税是指纳税人未按照规定期限缴纳税款,扣缴义务人未按照规定的期限解缴税款的行为。

欠税时间从规定的纳税期限届满的次日至纳税人、扣缴义务人缴纳或者解缴税款的当日。

欠税金额是指纳税人、扣缴义务人缴纳或者应解缴税款与纳税人、扣缴义务人实际缴纳或者解缴纳税款的差额。

自2001年5月1日起,对欠税的纳税人、扣缴义务人按日征收欠缴税款万分之五的滞纳金。自2020年3月1日起,对纳税人、扣缴义务人、纳税担保人应缴纳的欠税及滞纳金不再要求同时缴纳,可以先行缴纳欠税,再依法缴纳滞纳金。

③ 税款的退还制度。

税款的退还制度,是指对纳税人超过应纳税多缴的税款退回纳税人的制度。

退还多缴的税款主要包括两种情况:

A. 因为技术上的原因或计算上的错误,造成纳税人多缴或税务机关多征的税款。

B. 正常的税收征管的情况下造成的多缴税款。

在退还税款的过程中,如果纳税人有欠税,税务机关可以先用应退还的税款和利息,抵顶纳税人欠缴的税款和滞纳金;如果纳税人没有欠税,税务机关可以按照纳税人的要求,将应退的税款和利息,留抵下期应纳税款或退税。

④ 税款的追征制度。

税款的追征,是指对纳税人、扣缴义务人未缴少缴税款的征收。

造成纳税人、扣缴义务人未缴少缴税款的原因有很多,税务机关按照不同的情况进行追征。对于因税务机关的责任造成的未缴或者少缴税款,税务机关可以在3年内要求纳税人、扣缴义务人补缴税款,但是不得加收滞纳金。对于因纳税人、扣缴义务人计算错误等失误造成的未缴或者少缴税款,一般情况下,税务机关的追征期是3年;特殊情况下(纳税人或者扣缴义务人因计算错误等失误,未缴或者少缴、未扣或者少扣、未收或者少收税款,累计数额在10万元以上的),追征期是5年。对于这种原因造成未缴或者少缴税款的,税务机关在追征税款的同时,还要追征滞纳金。对偷税、抗税、骗税的,税务机关可以无期限地追征偷税、抗税的税款、滞纳金和纳税人、扣缴义务人所骗取的税款。

(2) 税收保全措施和强制执行措施。

① 税收保全措施。

税收保全措施的条件包括行为条件、时间条件、担保条件。行为条件是纳税人有逃避纳税义务的行为。没有逃避纳税义务行为的不能采取税收保全措施。逃避纳税义务行为主要包括转移、隐匿商品、货物或者其他财产等。时间条件是纳税人在规定的纳税期届满之前和责令缴纳税款的期限之内。超过了时限的规定而没有缴纳税款的,税务机关可以采取税收强制执行措施,而不是税收保全措施了。在上述两个条件具备的情况下,税务机关可以责成纳税人提供纳税担保,纳税人不提供纳税担保的,税务机关可以依照法定权限和程序,采取税收保全措施:书面通知纳税人的开户银行或者其他金融机构冻结纳税人的相当于应纳税款的存款;扣押、查封纳税人的价值相当于应纳税款的商品、货物或者其他财产。

② 税收强制执行措施。

税收强制执行措施的条件,包括:超过纳税期限(未按照规定的期限纳税或者解缴税款)、告诫在先(税务机关必须责令限期缴纳税款)、超过告诫期(经税务机关责令限期缴纳,逾期仍未缴纳)。

税收强制执行措施的内容主要有:书面通知纳税人的开户银行或者其他金融机构从其存款中扣缴税款,依法拍卖或者变卖其相当于应纳税款的商品、货物或者其他财产。税务机关采取强制执行措施时,对纳税人、扣缴义务人、纳税担保人未缴纳的滞纳金同时强制执行。

税务机关对纳税人等采取保全措施或强制执行措施应经县以上税务局(分局)局长批准。

4) 税务稽查程序

稽查局查处税收违法案件时,实行选案、检查、审理、执行分工制约原则。

为了贯彻落实中共中央办公厅、国务院办公厅印发的《关于进一步深化税收征管改革的意见》,保障税收法律、行政法规的贯彻实施,规范税务稽查案件办理程序,强化监督制约机制,保护纳税人、扣缴义务人和其他涉税当事人合法权益,根据《税收征管法》《中华人民共和国税收征收管理法实施细则》等法律、行政法规,国家税务总局制定了《税务稽查案件办理程序规定》(国家税务总局令第52号,2021年7月12日),自2021年8月11日起施行。《税务稽查工作规程》(国税发〔2009〕157号,国家税务总局公告2018年第31号修改)同时废止。稽查局办理税务稽查案件适用本规定。

办理税务稽查案件应当以事实为根据,以法律为准绳,坚持公平、公正、公开、效率的原则。

税务稽查由稽查局依法实施。稽查局主要职责是依法对纳税人、扣缴义务人和其他涉税当事人履行纳税义务、扣缴义务情况及涉税事项进行检查处理,以及围绕检查处理开展的其他相关工作。稽查局具体职责由国家税务总局依照税收征管法、税收征管法实施细则和国家有关规定确定。

(三) 国内税法、国际税法、外国税法

1. 国内税法

国内税法一般是按照属人或属地原则,规定一个国家的内部税收制度。

2. 国际税法

国际税法是指国家间形成的税收制度,主要包括双边或多边国家间的税收协定、条约和国际惯例等,一般而言,其效力高于国内税法。

3. 外国税法

外国税法是指外国各个国家制定的税收制度。

以上对于税法或税种的分类不具有法定性,但将各具体税种按一定方法分类,在税收理论研究和税制建设方面用途相当广泛,作用非常之大。例如,流转税(或称商品和劳务税,亦称间接税,简称商品税)是由于这些税种都是按照商品和劳务收入计算征收的,而这些税种虽然是由纳税人负责缴纳,但最终是由商品和劳务的购买者即消费者负担的,所以称为间接税;而所得税类税种的纳税人本身就是负税人,一般不存在税负转移或转嫁问题,所以称为直接税。

通常认为,在以间接税为主体的税制结构中,主要税种一般包括增值税、关税和消费税或销售税;在以直接税为主体的税制结构中,主要税种一般包括个人所得税和企业(法人)所得税。以个人所得税为主体税种的,多见于经济发达国家,而把企业(法人)所得税作为主体税种的国家很少。以某种直接税和间接税税种为"双主体"的税制,是作为一种过渡性税制类型存在的。在20世纪70年代以前,理论界一直认为以所得税为主体的税制结构最为理想。发达国家和一些发展较快的发展中国家在进行以商品和劳务税为主体向以收益所得税为主体税种的税制改革过程中,曾经出现过一些采用"双主体"税制的国家。

我国目前税制基本上是以间接税和直接税为双主体的税制结构,间接税(增值税、消费税、关税)占全部税收收入比例的70%左右,直接税(企业所得税、个人所得税)占全部税收收入比例的25%左右,其他辅助税种数量较多,但收入比重不大。

二、税法的效力

税法的效力是指税法对一定范围的主体在一定的时空范围内适用所产生的法律上的约束力和强制力,即税法在什么地方、什么时间、对什么人具有法律约束力。税法的效力源于税法的渊源,并有其发生的特定范围。

税法的适用范围主要包括三个方面,即税法的空间效力、时间效力和主体效力(即对人的效力)。

(一) 税法的空间效力

税法的空间效力是指税法发生效力的地域范围。

一般说来,一国的税法在空间上的适用范围仅限于该国主权所及的全部领域之内,在特殊情况下也会产生税法的"域外适用"问题。

在通常情况下,由国家立法机关和行政机关制定的税收法律、法规是统一适用于全国的,由地方立法机关制定的地方性税收法规仅适用于该地方所辖领域。但各国情况千差万别,因而在税法的空间效力上也不尽相同,这往往与各国具体的政治体制、分税制的财政体制、历史传统、民族区域自治等密切相关。

例如,香港特别行政区的存在,就使中国税法在地域上的适用范围没有及于主权领域的全部,从而形成了特殊的税法法域(澳门特别行政区的情况亦与其相似)。根据《中华人民共和国香港特别行政区基本法》的规定,所有于1997年6月30日依然生效的香港法律,包括普通法、衡平法、条例和附属立法,除与基本法相抵触或经香港特别行政区的立法机关作出修改者外,均予以保留。香港特别行政区保持财政独立。香港特别行政区的财政收入全部用于自身需要,不上缴中央人民政府。中央人民政府不在香港特别行政区征税。香港特别行政区实行独立的税收制度,自行立法规定税种、税率、税收宽免和其他税务事项。依据上述规定,在内地普遍适用的税法在香港是不适用的,同时,于1997年6月30日依然生效的税务条例、税务规则及判例法在1997年7月1日后仍继续适用,而基本的税收政策亦维持不变。不仅如此,由于香港可以"中国香港"名义单独同世界各国、各地区及有关国际组织签订和履行税收协定,保持和发展税务关系,加之我国目前已同外国签订的税收协定所列税种仅适用于内地,因而内地已执行和即将执行的税收协定也不能适用于香港。

我国税法的空间效力主要包括以下两种情况。

1. 在全国范围内有效

由全国人民代表大会及其常务委员会制定的税收法律,国务院颁布的税收行政法规,财政部、国家税务总局制定的税收行政规章以及具有普遍约束力的税务行政命令在除个别特殊地区外的全国范围内有效。

这里所谓"个别特殊地区"主要指我国的香港、澳门、台湾地区和保税区等。

2. 在地方范围内有效

这里包括两种情况。

(1) 由地方立法机关或政府依法制定的地方性税收法规、规章,具有普遍约束力的税收行政命令在其管辖区域内有效。

(2) 由全国人民代表大会及其常务委员会、国务院、财政部、国家税务总局制定的具有特别法性质的税收法律、税收法规、税收规章和具有普遍约束力的税收行政命令在特定地区有效。

(二) 税法的时间效力

税法的时间效力即税法在时间上的适用范围,是指税法的效力的存续期间。由于具体的税法规范存在着立、改、废,因而其从生效至废止的这段时间,即为税法在时间上的适用范围。

税法的时间效力是指税法何时开始生效、何时终止效力和有无溯及力的问题。

1. 税法的生效

在我国,税法的生效主要分为3种情况。

(1) 税法通过一段时间后开始生效。

其优点在于可以使广大纳税人和执法人员事先了解、熟悉和掌握该税法的具体内容,便于其被准确地贯彻、执行。

(2) 税法自通过发布之日起生效。

一般来说,重要税法个别条款的修订和小税种的设置,对于执法人员和纳税人来讲易于理解、掌握,实施前也不需要更多的准备。所以,大多采用这种生效方式,这样可以兼顾税法实施的及时性与准确性。

(3) 税法公布后授权地方政府自行确定实施日期。

这种税法生效方式实质上是将税收管理权限下放给地方政府。

需要注意的是,税务规范性文件(指县以上税务机关依照法定职权和规定程序制定并发布的,影响纳税人、缴费人、扣缴义务人等税务行政相对人权利、义务,在本辖区内具有普遍约束力并在一定期限内反复适用的文件)应当自发布之日起30日后施行;发布后不立即施行将有碍执行的,可以自发布之日起施行;与法律、法规、规章或者上级机关决定配套实施的税务规范性文件,其施行日期需要与前述文件保持一致的,不受前述时限规定的限制。

2. 税法的失效

税法的失效表明其法律约束力的终止,其失效通常有3种类型。

(1) 以新税法代替旧税法。

这是最常见的税法失效宣布方式。即以新税法的生效日期为旧税法的失效日期。

(2) 直接宣布废止某项税法。

当税法结构调整,需要取消某项税法,又没有新的相关税法设立时,往往需要另外宣布取消废止的税法。

(3) 税法本身规定废止的日期。

即在税法的有关条款中预先确定废止的日期,届时税法自动失效。

鉴于以上第(3)种方法较为死板,易于使国家财政陷于被动,因此在税收立法实践中很少采用。

3. 税法的溯及力

一般而言,税法实体法多采用从旧原则,禁止其具有溯及既往的效力;税收程序法多采用从新原则,不仅便于税收征管,也对纳税人的实体权利不构成损害。

在税法实践活动中往往还坚持"有利溯及"的原则,即在对纳税人有利的环境下,坚持税法适用上的"从轻原则"。

(三) 税法的主体效力

税法的主体效力(亦称税法的对人效力),指税法发生效力的主体范围。税法对人的效力即指税法对什么人适用、能管辖哪些人。

税法依其渊源的不同,不仅有一定的地域或空间上的适用范围,而且也有一定的主体适用范围。

税法的主体适用范围取决于一国的税收管辖权,而在税收管辖权方面,各国较为普遍地采用的是属人主义和属地主义。

在处理税法对人的效力时,国际上通行的原则有3个。

(1) 属人主义原则。

凡是本国的公民或居民,不管其身居国内还是国外,都要受本国税法的管辖。

(2) 属地主义原则。

凡是本国领域内的法人和个人,不管其身份如何,都适用本国税法。

(3) 属人、属地相结合的原则。

我国税法即采用这一原则。凡我国公民,在我国居住的外籍人员,以及在我国注册登记的法人,或虽未在我国设立机构,但有来源于我国收入的外国企业、公司、经济组织等,均适用我国税法。

在相关国家同时采用上述两个原则的情况下,就会发生税收管辖权的冲突,这种冲突往往需要通过签订税收协定或进行国际税收协调来加以解决。

此外,在采用属人原则的情况下可能会导致一国税法的域外适用。但是,有时也存在税法适用除外的情况。例如一国税法对外国的国家元首、外交使节、国际组织的官员就是不适用的,这也是1961年《维也纳外交关系公约》等国际公约作出的规定。

三、税法的解释

税法的解释是指有法定解释权的国家机关,在法律赋予的权限内,对有关税法或其条文进行的解释。

(一) 税法解释的特性

一般来说,法定解释应严格按照法定的解释权限进行,任何有权机关都不能超越权限进行解释,所以,法定解释具有专属性。

只要法定解释符合法的精神及法定的权限和程序,这种解释就具有与被解释的法律、法规、规章相同的效力。所以,法定解释同样具有法的权威性。

法定解释大多是在法律实施过程中,特别是在法律的适用过程中进行的,是对具体的法律条文、具体的事件或案件作出的,所以具有针对性,但其效力不限于具体的法律事件或事实,而具有普遍性和一般性。

(二) 税法解释的原则

税法解释除遵循税法的基本原则之外还要遵循法律解释的具体原则,包括以下五个原则。

1. 文义解释原则

文义解释原则是指以文义为法律解释的起点,通过文字、语法分析来确定税法条文的含义,而不考虑立法者意图或法律条文以外的其他要求。

文义解释原则并不是机械地、单纯地以文义为界限,在文义之外,文义解释原则还原则上允许在法律条文的外延不明确,或者按照字面含义可能产生两种或更多解决办法,或者导致荒谬结果时,在未超出文义范围或损及文义互信的基础上,根据其他税法解释的原则和方法对税法条文进行解释。

2. 立法目的原则

立法目的原则是指当从法律条文文字本身难以确定法律的具体含义,或根据这种含义适用法律将导致荒谬的结果时,允许解释者通过对立法过程中有关资料的分析来了解立法背景,在此前提下确定出立法者的目的、理由和初衷,并以此为根据得出解释结论。

立法目的原则需以文义为基础,是基于对法律文本的意思提出正确或正当解释为前提进行的,如果法律条文的规定并没有不明确之处,则仍需以文义解释为主而无须再探求立法目的。

3. 合法、合理性原则

合法、合理性原则要求税法解释在主体资格、税法解释的权限、税法解释的程序等方面都必须是合法的,同时还必须具有合理性。

4. 经济实质原则

经济实质原则是指在税法解释过程中对于一项税法规范是否应适用于某一特定情况,除考虑该情况是否符合税法所规定的税收要素外,还应根据实际情况,尤其要结合经济目的和经济生活的实质,来判断该种情况是否符合税法所规定的税收要素,以决定是否征税。

5. 诚实信用原则

诚实信用原则即税务机关对税法所作出的解释即使是错误的,但是既然已经向纳税人作出了意思表示,就要信守其承诺。

(三) 税法解释的分类

1. 按解释权限划分,税法的法定解释可以分为立法解释、司法解释和行政解释

1) 税法立法解释

税法立法解释是指税收立法机关对所设立税法的正式解释。

(1) 按照税收立法机关的不同,我国税法立法解释可分为:

① 由全国人民代表大会对税收法律作出的解释。

具体形式包括在税收法律中对条文的解释,起草者对税收法律草案的说明以及专门作出的补充性解释规定,全国人大常委会的法律解释同法律具有同等效力。

② 由国务院作出的解释。

由最高行政机关制定的税收行政法规,由国务院负责解释,目前有的税种的立法仍是由国务院经人大授权制定的税收暂行条例,其解释权归国务院负责,同时国务院还制定了经人大授权明确的税法实施条例。

③ 由地方人大常委会作出的解释。

地方税收法规,由制定相应法规的地方人大常委会负责解释,由于目前地方税收立法权较小,这类立法解释仅限于海南省或民族地区及个别税种。

(2) 按照解释时间的先后,税法立法解释可分为:

① 事前解释。

一般是为预防税收法律、法规的有关条款或概念在执行和适用时产生疑问,而预先在税收法律、法规中加以解释,这种解释通常包含在税收法律、法规的正文或附则中。

② 事后解释。

事后解释是指税收法律、法规在实际执行和适用时产生疑问而由制定税收法律、法规的机关所作的解释。

我们通常所说的税收立法解释是指事后解释。

2) 税法司法解释

税法司法解释是指最高司法机关对如何具体办理税务刑事案件和税务行政诉讼案件所作的具体解释或正式规定。

在我国,税法的司法解释限于税收犯罪范围,占整个税法解释的比重很小。而在一些发达国家,税法的司法解释往往成为税法解释的主体,并且司法解释权不限于最高法院,内容也不限于税务诉讼,以确保在税法领域内司法的独立性。这种区别主要源于司法制度的不同及其对司法功能认识上的差异。

(1) 司法解释的分类。

司法解释可进一步划分为:

① 由最高人民法院作出的审判解释。

如最高人民法院 2002 年 9 月 17 日公布了《关于审理骗取出口退税刑事案件具体应用法律若干问题的解释》(法释〔2002〕30 号,自 2002 年 9 月 23 日起施行),为办理骗取出口退税刑事案件提供了具体依据。

② 由最高人民检察院作出的检察解释。

如 1991 年的《关于必须严肃查处暴力抗税案件的通知》(高检发〔1991〕5 号,现已全文废止)。

③ 由最高人民法院和最高人民检察院联合作出的共同解释。

如 1992 年"两高"《关于办理偷税、抗税刑事案件具体应用法律的若干问题的解释》(法发〔1992〕12 号、高检会〔1992〕5 号),对我国原《中华人民共和国刑法》第一百二十一条关于偷税罪、抗税罪的规范作了全面的解释。

(2) 司法解释的主体。

根据我国宪法和有关法律的规定,司法解释的主体只能是最高人民法院和最高人民检察院,它们的解释具有法的效力,可以作为办案与适用法律和法规的依据。

其他各级法院和检察院均无解释法律的权力。

(3) 审判解释和检察解释有原则分歧时的处理。

在适用法律的过程中,如果审判解释和检察解释有原则分歧,则应报请全国人大常委会解释或决定。

(4) 在审判工作中具体应用法律的解释的效力。

"两高"在审判工作中具体应用法律的解释不产生一般解释的效力。

上述这些规定,也适用于税法的司法解释。

3) 税法行政解释

税法行政解释(亦称税法执法解释),是指国家税务机关在执法过程中对税收法律、法规等如何具体应用所作的解释。

(1) 税法行政解释的构成。

在我国,税法行政解释是税法解释的重要组成部分,主要由国家税务行政主管机关下达的大量具有行政命令性质的文件、"通知"或"公告"构成。

(2) 税法行政解释的效力。

税法的规范性行政解释在执法中具有普遍的约束力。

但原则上讲,不能作为法庭判案的直接依据,这一点在我国司法实践中得到了确认。在实际案例中,也有人民法院对税务机关的行政解释不予支持的例子。至少,对于具体案例,税务机关的个别性行政解释不得在诉讼提起后作出,或者说不得因为给一个已经实施的具体行政行为寻求法律依据而对税法作出解释。

2. 按照解释的尺度不同,税法解释还可以分为字面解释、限制解释与扩充解释

1) 字面解释

字面解释是指按照文义解释原则,必须严格依税法条文的字面含义进行解释,既不扩大也不缩小。

字面解释是税法解释的基本方法,税法解释首先应当坚持字面解释。

2) 限制解释

税法的限制解释是指为了符合立法精神与目的,对税法条文所进行的窄于其字面含义的解释。

这种解释,在我国税法中也时有使用。

例如,《中华人民共和国个人所得税法实施条例》(中华人民共和国国务院令第 707 号,自 2019 年 1 月 1 日起施行)第二条规定:"个人所得税法所称在中国境内有住所,是指因户籍、家庭、经济利益关系而在中国境内习惯性居住;所称从中国境内和境外取得的所得,分别是指来源于中国境内的所得和来源于中国境外的所得。"而《国家税务总局关于印发〈征收个人所得税若干问题的规定〉的通知》(国税发〔1994〕89号,部分有效)将"习惯性居住"解释为"所谓习惯性居住,是判定纳税义务人是居民或非居民的一个法律意义上的标准,不是指实际居住或在某一个特定时期内的居住地。如因学习、工作、探亲、旅游等而在中国境外居住的,在其原因消除之后,必须回到中国境内居住的个人,则中国即为该纳税人习惯性居住地。"其范围明显窄于"习惯性居住"的字面含义。

3) 扩充解释

税法的扩充解释是指为了更好地体现立法精神,对税法条文所进行的大于其字面含义的解释。

由于解释税法要考虑其经济含义,仅仅进行字面解释有时不能充分、准确地表达税法的真实意图,故在税收法律实践中有时难免要对税法进行扩充解释,以更好地把握立法者的本意。

税法的扩充解释以体现税法本意为出发点,但是如果不加以适当限制,往往会走向反面,即违背税法本意。所以扩充解释尽管在税法中存在,但一般不将其作为一项解释方法去使用。

延伸解读

税法解释的其他4种形式

1. 系统解释法

系统解释法是指以法律条文在法律体系中的地位,即依其编、章、节、条、项之前后关联位置,或相关法条之法意,阐明其规范意旨的解释方法。它要求对税法一个法律条文,必须将其放到整个法律体系中去理解,才能确保解释含义的一致性和法律体系的统一。

2. 历史解释法

历史解释法是指从立法者制定该法律时所处的背景、所考虑的因素和价值判断,以及赋予该法律的原意和所欲实现的目的,来确定法律文本的真实含义。

3. 合宪性解释法

合宪性解释法是指依宪法及位阶较高的法律规范,解释位阶较低的法律规范的一种法律解释方法。

4. 目的解释法

作为其补充,立法目的原则允许从立法目的与精神出发来解释条文,以避免按照字面意思解释可能得出的荒谬或背离税法精神的结论,消除税法条文含义的不确定性,这样就可能出现税法解释大于其字面含义与小于其字面含义的情况,即扩充解释与限制解释。

上述解释方法的适用,字面解释法具有优先适用的效力,当其适用遇到困难时,可首先考虑运用历史解释法进一步划定字面解释的范围,其后可诉求系统解释法明确文义的具体含义,在上述两种解释方法都无法正常进行时,将诉求于目的解释法,并以合宪性解释为最后的衡量标准。

税法解释是税法顺利运行的必要保证,是提高税法灵活性与可操作性的基本手段之一。完善税法解释可以弥补立法的不足,例如,通过行政解释可以解决税法没有规定到的具体问题,解决立法前后矛盾、立法不配套、立法滞后等问题。反过来,累积起来的税法解释也是下一步修订或设立税法的准备和依据。此外,税法解释对于税收执法、税收法律纠纷的解决都是必不可少的。

第二节 社会保险费概述

社会保险是指国家通过立法,多渠道筹集资金,对劳动者在因年老、疾病、失业、工伤、生育等减少劳动收入时给予经济补偿,使其能够享有基本生活保障的一项社会保障制度。

社会保险与商业保险的异同

社会保险是政府行为,依法强制实施;商业保险是市场行为,以市场方式组织运作。社会保险属于社会立法和劳动立法范畴,商业保险属于经济立法或民事立法范畴。只要是公民或居民,都可以参加社会保险,不得有歧视性条件;商业保险允许运用体检等手段排除高风险人群。社会保险待遇不得重复享受,商业保险允许购买多份保单。社会保险待遇水平随着经济发展逐步调整,商业保险赔付标准则严格依照保险合同执行。社会保险由非营利性的各级社会保险专业机构负责具体组织管理,商业保险机构属于自负盈亏的经济实体,属于金融体制管理范畴。

商业保险与社会保险术语差异见表1-3。

表1-3 社会保险与商业保险术语对比

项目	社会保险	商业保险
甲方	参保人员、参保单位	被保险人、投保人
乙方	社会保险机构	保险人
供款行为	缴费	投保
给付行为	支付(享受)社会保险待遇	理赔

社会保险的保障对象主要是全体劳动者,目的是保障其基本生活,具有补偿收入减少的性质。

社会保险的资金来源主要是用人单位和劳动者本人缴费,政府给予资助并承担最终责任。

社会保险实行权利和义务相对应的原则,劳动者只有履行了缴费义务,才能获得相应的收入补偿权利。

社会保险费收入是社会保险基金收入的主要来源。

世界各国社会保险费既有税务部门负责征收的,也有社保部门负责征收的。

《中华人民共和国社会保险法》(以下简称《社会保险法》)《中华人民共和国社会保险费征缴暂行条例》明确了社会保险登记、缴费申报、征收等征管要求,是社会保险费征收管理工作的主要依据。

2020年11月1日起,全国各地各项社会保险费均交由税务部门统一征收。

一、社会保险的主要项目

因经济发展水平不同,社会制度及政策目标不同,不同国家社会保险的项目存在差异,一般包括养老(残疾及遗属津贴)、疾病、工伤、失业、生育等。近些年,德国、日本等国还设立了以解决老年人的照顾、服务为内容的长期护理保险。

我国已经建立了基本养老保险、基本医疗保险、工伤保险、失业保险和生育保险等社会保险制度,部分城市正在进行长期护理保险试点。

二、我国社会保险制度沿革

我国社会保险制度建设70多年的历程大致可以分为四个阶段。

(一)实行劳动保险时期(1949—1983年)

在这一时期,社会保险制度开始建立,1966—1976年基本停滞,改革开放以后逐步恢复。

(二)改革重建社会保险制度时期(1984—2002年)

在这一时期,经历长时间的探索,城镇各项社会保险制度全面重构,制度框架体系基本定型。

(三)统筹城乡社会保险制度建设时期(2003—2012年)

在这一时期,社会保险覆盖范围从就业人群扩大到居民,城乡居民养老保险和医疗保险乘势而起,强力推进。

(四)建立更加公平合理的社会保障制度时期(2013年至今)

社会保险走向全覆盖、保基本、多层次、可持续的发展道路,覆盖全民的社会保障体系进一步完善,实现应保尽保。

社会保险是老百姓生活的安全网。社会保险费划转税务部门征收之后,税务部门的服务对象扩展到所有单位和13亿多参保的群众。我国税务机关积极优化缴税服务,拓展缴费渠道,在不折不扣落实降费和缓费政策的同时,连年完成社会保险费预算收入的任务,这样老百姓的"养老钱""保命钱"就有了可靠的保障。同时,税务部门会同相关部门平稳实施基本养老保险全国统筹,推动基本医疗保险、失业保险、工伤保险省级统筹,开展长期护理保险和新就业形态就业人员职业伤害保障试点,实施企业年金、个人养老金等税收支持政策,进一步健全完善世界上规模最大的社会保障体系。

三、社会保险登记

(一) 社会保险登记概述

社会保险登记是法定义务,用人单位、灵活就业人员应当向当地社会(医疗)保险经办机构申请办理社会保险登记。

1. 社会保险登记的对象

社会保险登记可分为用人单位社会保险登记和个人社会保险登记。

用人单位社会保险登记包括企业及其职工、机关事业单位及其工作人员、有雇工的个体工商户及其雇工的参保登记。

个人社会保险登记包括自愿参加社会保险的无雇工的个体工商户、未在用人单位参加社会保险的非全日制从业人员以及其他灵活就业人员的参保登记,城乡居民的参保登记。

1) 企业及其职工

企业在办理登记注册时,同步办理社会保险登记。企业应当自用工之日起30日内为其职工办理社会保险登记。

2) 机关事业单位及其工作人员

机关事业单位也应办理社会保险登记。

机关事业单位及其编制内人员一般参加机关事业单位基本养老保险、职工基本医疗保险,在部分地区还参加了失业保险和工伤保险。

机关事业单位编制外人员参照企业职工,参加职工基本养老保险、职工基本医疗保险、失业保险、工伤保险、生育保险。

3) 有雇工的个体工商户及其雇工

有雇工的个体工商户及其雇工办理参保登记的时限和方式与企业及其职工基本相同。

4) 以个人身份参保人员

自愿参加社会保险的无雇工的个体工商户、未在用人单位参加社会保险的非全日制从业人员以及其他灵活就业人员,向社会(医疗)保险经办机构申请办理社会保险登记。

灵活就业人员按自愿原则参保,无强制性时限要求,参保的险种一般为企业职工基本养老保险、职工基本医疗保险。

5) 城乡居民

自愿参加社会保险的城乡居民,向社会(医疗)保险经办机构申请办理参保登记。

城乡居民按自愿原则参保,无强制性时限要求,参保的险种一般为城乡居民基本养老保险、城乡居民基本医疗保险。

6) 其他特殊主体

(1) 在中国境内就业的外国人。

在中国境内就业的外国人,是指依法获得《外国人就业证》《外国专家证》《外国常驻记者证》等就业证件和外国人居留证件,以及持有《外国人永久居留证》,在中国境内合法就业的非中国国籍的人员。

用人单位招用外国人的,应当自办理就业证件之日起30日内为其办理社会保险登记。

境外雇主派遣到境内工作单位工作的外国人,应当由境内工作单位自办理就业证件之日起30日内为其办理社会保险登记。

(2) 宗教人士。

根据现行政策规定,宗教团体、宗教院校和宗教活动场所可作为一个单位参加社会保险,宗教教职人员自愿参加养老、医疗、失业、工伤、生育等社会保险。

(3) 在校学生。

以学校为单位,由学校统一办理城乡居民医疗保险参保登记。

(4) 在中国未就业的外国人、在大陆未就业的港澳台人员。

根据现行政策规定,可在常驻地办理参保登记。

2. "多证合一、一照一码"登记制度改革

从2016年10月1日起正式实施工商营业执照、组织机构代码证、税务登记证、社会保险登记证、统计登记证"五证合一、一照一码",之后发展到"多证合一、一照一码"。

我国"多证合一"改革后,被整合证照不再发放,加载统一社会信用代码的"一照一码"营业执照是市场主体全国通用的唯一"身份证",企业凭"一照一码"营业执照可以在政府机关、金融、保险机构等部门证明其主体身份、办理相关业务,企业原需要被整合证照相关事务的,一律改为使用"多证合一"后的营业执照办理。各地区、各部门、各单位都要予以认可和应用。

3. 社会保险登记的属地原则

社会保险登记实行属地管理。用人单位（包括异地分支机构）应到机构所在地办理社会保险登记，中央国家机关所属京外单位的基本养老保险实行属地化管理；灵活就业人员、城乡居民等个人应到户籍所在地办理社会保险登记。

例外情况是，铁路、电力、远洋运输等跨地区、生产流动性较大的企业及其职工，可以采用相对集中的方式异地办理登记。

（二）变更登记

1. 变更登记的时限及方式

已参加社会保险的用人单位和个人社会保险登记事项发生变更的，应当自变更之日起30日内，办理变更社会保险登记。其中，"姓名""身份证号码"等关键信息变动必须进行变更登记，非关键信息变动可以不办理变更登记。

2. 变更的事项范围

（1）用人单位名称、住所、经营地点、单位类型、法定代表人或者负责人等基本信息发生变更的。

（2）参保个人姓名、身份证号码等基本信息发生变更的。

（三）注销登记

用人单位依法终止的，应当自终止之日起30日内，办理注销社会保险登记。

参保单位发生营业执照注销或吊销、被批准解散、撤销、终止、跨统筹范围转出等情形而终止的，应自终止之日起30日内，向社会保险经办机构申请办理注销登记。

参保人发生出国定居或死亡等情形的，应办理注销登记，终止原参保关系。市场监督管理部门、民政部门和机构编制管理机关应当及时向社会保险经办机构通报用人单位的成立、终止情况，公安机关应当及时向社会保险经办机构通报个人的出生、死亡以及户口登记、迁移、注销等情况。

四、社会保险费征收

《社会保险法》规定，社会保险费实行统一征收。

（一）缴费人

凡参加社会保险的用人单位和个人必须依据法律、法规按时足额缴纳社会保险费。

（二）征收方式

根据方便、快捷、安全的原则，税务机关提供"线上"和"线下"两种社会保险费缴费渠道。对灵活就业人员、城乡居民实行简并征期、简易申报、委托征收等。

1. 简易申报征收（批量扣款）

简易申报征收（批量扣款）主要适用于应征费额无变化的单位缴费人、无雇工的个体工商户、灵活就业人员、城乡居民等群体的社会保险费征收。缴费人在签订三方或两两扣款协议书的前提下，实现批量扣款缴费。

2. 委托征收

委托征收主要适用于无雇工的个体工商户、灵活就业人员、城乡居民等缴费个人缴纳社会保险费，主要包括委托银行、社区、村（组）、学校代收。

（三）缴费方式

国家在推广和鼓励"线上"缴费的同时，保留"线下"缴费渠道，支持现金缴费方式，为老年人、残障人士等特殊缴费人群提供便捷服务。

缴费单位和缴费个人应当以货币形式一次性全额缴纳社会保险费，币种为人民币。

（四）征收期限与所属期限

社会保险费征收期限是指根据相关规定，缴费人申报缴纳社会保险费款的时限。如某省规定，社会保险费的申报缴纳时间为每月1～25日，则征收期限也为每月1～25日。目前，各省市的征收期限规定不尽相同。

社会保险费所属期限是指缴费人缴纳社会保险费款的所属月份或所属年度。有的地区当月征收上月社会保险费款，有的地区当月征收当月社会保险费款，各地规定不尽相同。

（五）社会保险费核定

1. 核定的内容

缴费核定的内容有：缴费险种、缴费人数、缴费基数和缴费费率是否符合规定，申报资料是否齐全等，包括灵活就业人员缴费申报。此外,对城乡居民养老保险、城乡居民医疗保险缴费档次和费额进行确认。

随着社会保险费征管信息化水平的提高,各地目前主要通过信息系统自动校验参保单位申报的缴费基数上下限。个人缴费基数以上一年度本人月平均工资为基础,其中企业职工养老保险缴费基数在全省全口径城镇就业人员平均工资的60%～300%的范围内进行核定,单位缴费基数为个人缴费基数之和。

2. 未按规定申报时缴费基数的确定

缴费单位不按规定申报应缴纳的社会保险费数额的,暂按该单位上月缴费数额的110%确定应缴数额;没有上月缴费数额的,暂按该单位的经营状况、职工人数等有关情况确定应缴数额。缴费单位补办申报手续并按核定数额缴纳社会保险费后,按照规定结算。

相关政策依据

关于调整就业人员平均工资计算口径

各省应以本省城镇非私营单位就业人员平均工资和城镇私营单位就业人员平均工资加权计算的全口径城镇单位就业人员平均工资,核定社保个人缴费基数上下限,合理降低部分参保人员和企业的社保缴费基数。[《人力资源社会保障部 财政部 税务总局 国家医保局关于贯彻落实〈降低社会保险费率综合方案〉的通知》(人社部发〔2019〕35号,2019年4月28日)]

相关政策依据

关于完善个体工商户和灵活就业人员缴费基数政策

个体工商户和灵活就业人员参加企业职工基本养老保险,按照调整计算口径后的本地全口径城镇单位就业人员平均工资,核定社保个人缴费基数上下限,允许缴费人在60%至300%之间选择适当的缴费基数,以减轻其缴费负担、促进参保缴费。[《人力资源社会保障部 财政部 税务总局 国家医保局关于贯彻落实〈降低社会保险费率综合方案〉的通知》(人社部发〔2019〕35号,2019年4月28日)]

(六)缓缴

社会保险费非因不可抗力等法定事由不得缓缴、减免。

用人单位因不可抗力造成生产经营出现严重困难的,经有关部门批准后,可以暂缓缴纳一定期限的社会保险费,期限一般不超过1年。用人单位按照《社会保险法》提供担保并与社会保险费征收机构签订缓缴协议的,免收缓缴期间的滞纳金。缓缴到期后,用人单位应当缴纳相应的社会保险费。

延伸解读

特困行业阶段性缓缴企业社会保险费政策

【享受主体】

餐饮、零售、旅游、民航、公路水路铁路运输企业,以及上述行业中以单位方式参加社会保险的有雇工的个体工商户和其他单位。

以个人身份参加企业职工基本养老保险的个体工商户和各类灵活就业人员。

【优惠内容】

(1)对餐饮、零售、旅游、民航、公路水路铁路运输企业,农副食品加工业,纺织业,纺织服装、服饰业,造纸和纸制品业,印刷和记录媒介复制业,医药制造业,化学纤维制造业,橡胶和塑料制品业,通用设备制造业,汽车制造业,铁路、船舶、航空航天和其他运输设备制造业,仪器仪表制造业,社会工作,广播、电视、电影和录音制作业,文化艺术业,体育,娱乐业,阶段性实施缓缴企业职工基本养老保险费、失业保险费和工伤保险费。缓缴行业所属困难企业,可申请缓缴3项社会保险费单位缴费部分。其中,企业职工基本养老保险费缓缴费款所属期为2022年年底;餐饮、零售、旅游、民航、公路水路铁路运输企业失业保险费、工伤保险费缓缴费款所属期为2022年4月至2023年3月,农副食品加工业,纺织业,纺织服装、服饰业,造纸和纸制品业,印刷和记录媒介复制业,医药制造业,化学纤维制造业,橡胶和塑料制品业,通用设备制造业,汽车制造业,铁路、船舶、航空航天和其他运输设备制造业,仪器仪表制造业,社会工作,广播、电视、电影和录音制作业,文化艺术业,体育,娱乐业,工伤、失业保险费缓缴期限不超过1年。缓缴期间免收滞纳金。

(2)对受疫情影响较大、生产经营困难的中小微企业实施缓缴政策。受疫情影响严重地区生产经营出现暂时困难的所有中小微企业、以单位方式参保的个体工商户,可申请缓缴3项社会保险费单位缴费部分,缓缴实施期限到2022年年底,期间免收滞纳金。参加企业职工基本养老保险的事业单位及社会团体、基金会、社会服务机构、律师事务所、会计师事务所等社会组织参照执行。

(3) 以个人身份参加企业职工基本养老保险的个体工商户和各类灵活就业人员，2022年缴纳费款有困难的，可自愿暂缓缴费，2022年未缴费月度可于2023年底前进行补缴，缴费基数在2023年当地个人缴费基数上下限范围内自主选择，缴费年限累计计算。

注：申请缓缴社会保险费的企业，要依法履行代扣代缴职工个人缴费义务。不得因缓缴社会保险费，影响职工个人权益。缓缴期限内，职工申领养老保险待遇、办理关系转移等业务的，企业应为其补齐缓缴的养老保险费。缓缴的企业出现注销等情形的，应在注销前缴纳缓缴的费款。

【享受条件】

在缓缴期限内，企业可根据自身经营状况向社会保险登记部门申请缓缴企业职工基本养老保险费、失业保险费和工伤保险费。新开办企业可自参保当月起申请缓缴；企业行业类型变更为上述行业的，可自变更当月起申请缓缴。

社会保险登记部门审核企业是否适用缓缴政策时，应以企业参保登记时自行申报的行业类型为依据。现有信息无法满足划分行业类型需要的，可实行告知承诺制，由企业出具所属行业类型的书面承诺，并承担相应法律责任。

【政策依据】

1.《人力资源社会保障部 财政部 国家税务总局关于做好失业保险稳岗位提技能防失业工作的通知》(人社部发〔2022〕23号)

2.《人力资源社会保障部办公厅 国家税务总局办公厅关于特困行业阶段性实施缓缴企业社会保险费政策的通知》(人社厅发〔2022〕16号)

3.《人力资源社会保障部 国家发展改革委 财政部 税务总局关于扩大阶段性缓缴社会保险费政策实施范围等问题的通知》(人社部发〔2022〕31号)

(七) 退费

社会保险费退费分为社会保险费征收机构发现缴费人多缴费款和缴费人自己发现多缴费款两种情形。社会保险费征收机构发现缴费人多缴费款的，应依职权及时退还多缴费款；缴费人自己发现多缴费款的，可以向社会保险费征收机构申请退还多缴费款。

社会保险费退付采取税务机关受理核验、人力资源社会保障部门或医疗保障部门退还的方式。个别地区直接由人力资源社会保障部门或医疗保障部门受理核验并办理退付手续。

(八) 社会保险费征收的强制性规定

用人单位未按时足额缴纳社会保险费的，由社会保险费征收机构责令其限期缴纳或者补足。用人单位逾期仍未缴纳或者补足社会保险费的，社会保险费征收机构可以向银行和其他金融机构查询其存款账户；并可以申请县级以上有关行政部门作出划拨社会保险费的决定，书面通知其开户银行或者其他金融机构划拨社会保险费。用人单位账户余额少于应当缴纳的社会保险费的，社会保险费征收机构可以要求该用人单位提供担保，签订延期缴费协议。用人单位未足额缴纳社会保险费且未提供担保的，社会保险费征收机构可以申请人民法院扣押、查封、拍卖其价值相当于应当缴纳社会保险费的财产，以拍卖所得抵缴社会保险费。

职工应当缴纳的社会保险费由用人单位代扣代缴。用人单位未依法代扣代缴的，由社会保险费征收机构责令用人单位限期代缴，并自欠缴之日起向用人单位按日加收万分之五的滞纳金。用人单位不得要求职工承担滞纳金。

(九) 避免双重征收的规定

随着对外经济交流越来越频繁，外国人在华就业和中国人在外就业现象越来越多，为免除在外短暂就业人员的双重社会保险缴费义务，我国与相关国家启动了中外双边社会保险协定的谈判工作。在已谈签的中外社会保险协定中，互免险种主要是养老保险、失业保险，免缴人员主要是派往对方国家的人员。申请程序上，中方驻外工作人员，向人力资源社会保障部社会保险事业管理中心申请开具有关证明，并寄往驻在国，申请免缴在外国就业期间应缴的社会保险费；外方在华工作人员向工作所在地社会保险征缴机构出具由外方指定经办机构签发的有关证明，我国社会保险费征收机构审核后免征其在华工作期间的社会保险费。

(十) 缴费服务

国家税务总局要求完善缴费服务。发布社

会保险费缴费事项清单，明确事项办理流程、办理方式、办理时限以及需提交的资料。推广社保退费申请网上受理，让缴费人"少跑路"。加强与人社、医保等相关部门数据共享，落实好特困人员、低保对象等困难人群分类资助参保缴费政策。以采矿业、制造业、建筑业等行业为重点，开展社会保险费政策进企业、进车间、进工地宣传和缴费服务活动。[《国家税务总局关于开展2022年"我为纳税人缴费人办实事暨便民办税春风行动"的意见》(税总纳服发〔2022〕5号,2022年1月11日)]

五、社会保险费征管法律责任

社会保险费征管法律责任的规定散见于《社会保险法》《社会保险费征缴暂行条例》等法律法规条文中，涉及社会保险登记、社会保险凭证管理、未及时申报、未足额缴纳以及骗取社会保险待遇等方面。

（一）用人单位未依法办理社会保险登记的法律责任

用人单位不办理社会保险登记的，由社会保险行政部门责令限期改正；逾期不改正的，对用人单位处应缴社会保险费数额1倍以上3倍以下的罚款，对其直接负责的主管人员和其他直接责任人员处500元以上3000元以下的罚款。(《社会保险法》第八十四条)

缴费单位未按照规定办理社会保险登记、变更登记或者注销登记的，由劳动保障行政部门责令限期改正；情节严重的，对直接负责的主管人员和其他直接责任人员可以处1000元以上5000元以下的罚款；情节特别严重的，对直接负责的主管人员和其他直接责任人员可以处5000元以上10000元以下的罚款。(《社会保险费征缴暂行条例》第二十三条)

（二）用人单位未按规定申报缴纳社会保险费的法律责任

用人单位未按时足额缴纳社会保险费的，由社会保险费征收机构责令限期缴纳或补足，并自欠缴之日起，按日加收万分之五的滞纳金，逾期仍不缴纳的，由社会保险行政部门处欠缴数额1倍以上3倍以下的罚款。(《社会保险法》第八十六条)

用人单位未依法代扣代缴的，由社会保险费征收机构责令用人单位限期代缴，并自欠缴之日起向用人单位按日加收万分之五的滞纳金。(《实施〈中华人民共和国社会保险法〉若干规定》第二十条)

缴费单位未按照规定办理社会保险登记、变更登记或者注销登记，或者未按照规定申报应缴纳的社会保险费数额的，由劳动保障行政部门责令限期改正；情节严重的，对直接负责的主管人员和其他直接责任人员可以处1000元以上5000元以下的罚款；情节特别严重的，对直接负责的主管人员和其他直接责任人员可以处5000元以上10000元以下的罚款。(《社会保险费征缴暂行条例》第二十三条)

（三）缴费单位未依法管理缴纳社会保险费相关凭证的法律责任

缴费单位违反有关财务、会计、统计的法律、行政法规和国家有关规定，伪造、变造、故意毁灭有关账册、材料，或者不设账册，致使社会保险费缴费基数无法确定的，除依照有关法律、行政法规的规定给予行政处罚、纪律处分、刑事处罚外，依照该条例第十条规定征缴。迟延缴纳的，由劳动保障行政部门或者税务机关依照该条例第十三条的规定加收滞纳金，并对直接负责的主管人员和其他直接责任人员处5000元以上20000元以下的罚款。(《社会保险费征缴暂行条例》第二十四条)

延伸解读

医疗保险费、工伤保险费和生育保险费等社会保险费、住房公积金、工会经费和职工教育经费的会计处理

企业为职工缴纳的医疗保险费、工伤保险费、生育保险费等社会保险费和住房公积金，以及按规定提取的工会经费和职工教育经费，应当在职工为其提供服务的会计期间，按规定计算确定相应的职工薪酬金额，并确认相关负债，按照受益对象计入当期损益或相关资产成本，借记"生产成本""制造费用""管理费用"等科目，贷记"应付职工薪酬"科目。

《企业财务通则》第四十四条规定："企业为职工缴纳住房公积金以及职工住房货币化分配的财务处理，按照国家有关规定执行。职工教育经费按照国家规定的比例提取,专项用于企业职工后续职业教育和职业培训。工会经费按照国家规定比例提取并拨缴工会。"根据《中华人民共和国工会法》的规定,企业有会员25人以上的,应当建立基层工会委员会;不足25人的,可以单独建立或者联合建立基层工会委员会,也可以选举组织员一人,组织会员开展活动。任何组织和个人不得随意撤销、合并工会组织。职工200人以上的企业、事业单位的工会,可以设专职工会主席。企业、事业单位研究经营管理和发展的重大问题应当听取工会的意见;召开讨论有关工资、福利、劳动安全卫生、社会保险等涉及职工切身利益的会议,必须有工会代表参加。建立工会组织的企业,按每月全部职工工资总额的2%向工会拨缴经费,并在成本(费用)中列支。企业无正当理由拖延或者拒不拨缴工会经费的,基层工会或者上级工会可以向当地人民法院申请支付令;拒不执行支付令的,工会可以依法申请人民法院强制执行。工会经费主要用于为职工服务和工会活动。

2019年3月25日,国务院办公厅发布了《国务院办公厅关于全面推进生育保险和职工基本医疗保险合并实施的意见》。生育保险基金并入职工基本医疗保险基金,统一征缴,统筹层次一致。也就是说,生育保险并不是取消了,而是与职工基本医疗保险合并。国家医保局相关负责人表示,两项保险合并实施,一是确保待遇不变,不下降,二是确保制度可持续。职工享受的生育保险待遇丝毫不会影响。即只是改变了一个基金(经办)的渠道,但没有改变参保人的范围,没有改变设定的生育保险保障项目和支付水平,同样生育保险个人是不缴费的,由单位来缴费,这个政策也同样保留。

第三节 非税收入概述

非税收入,是指除税收以外,由各级国家机关、事业单位、代行政府职能的社会团体及其他组织依法利用国家权力、政府信誉、国有资源(资产)所有者权益等取得的各项收入。[《政府非税收入管理办法》(财税〔2016〕33号,第三条,2016年3月15日)]

非税收入与税收收入共同组成政府的财政收入,相对税收的强制性、无偿性和固定性而言,非税收入具有灵活性、非普遍性、不稳定性和资金使用上的特定性等特点。

非税收入应当全部上缴国库,任何部门、单位和个人不得截留、占用、挪用、坐支或者拖欠。非税收入收缴实行国库集中收缴制度。

国务院要求,"要严控非税收入不合理增长,严厉整治乱收费、乱罚款、乱摊派,不得扰民渔利,让市场主体安心经营、轻装前行","要开展涉企违规收费专项整治行动,建立协同治理和联合惩戒机制,坚决查处乱收费、乱罚款、乱摊派"。

《国务院办公厅关于印发全国深化"放管服"改革着力培育和激发市场主体活力电视电话会议重点任务分工方案的通知》(国办发〔2021〕25号)要求,全面梳理现行行政法规、部门规章设定的罚款事项,取消或调整不合理罚款事项。各地区要组织清理地方政府规章设定的不合理罚款事项。开展涉企违规收费专项检查,严肃查处擅自设立收费项目、提高征收标准、扩大征收范围、乱摊派等问题。

国家税务总局要求完善缴费服务。规范和优化电力能源类、土地出让类等非税收入征缴流程,编制相关缴费指引,提高办理缴费业务的便利度。推进土地出让金、土地闲置费、矿产资源专项收入、海域使用金、水利建设基金、防空地下室易地建设费等非税收入项目自动预填申报,改善缴费人申报操作体验。推进土地出让金、土地闲置费、矿产资源专项收入、海域使用金、防空地下室易地建设费等项目与相关业务主管部门的互联互通和信息共享,减轻缴费人缴费办证相关资料报送负担。[《国家税务总局关于开展2022年"我为纳税人缴费人办实事暨便民办税春风行动"的意见》(税总纳服发〔2022〕5号,2022年1月11日)]

近年来,按照党中央、国务院的决策部署,财政部会同有关部门持续清理规范涉企收费,通过清理、降标、规范、治乱等方式,取消、停征和减免了一大批行政事业性收费和政府性基金项目。2023年,中央设立的行政事业性收费已经由185项减少到50项,减少幅度达到73%,其中,涉企收费由106项减少到32项,减少幅度约70%。政府性基金由30项减少到20项,减少幅度约33%。总的来看,一系列降费减负的措施取得了一系列成效,在减轻企业主体负担、支持实体经济发展方面发挥了积极作用。(据国务院新闻办公室2023年3月31日举行的国务院政策例行吹风会上财政部副部长朱忠明同志发言)

延伸解读

关于河北省霸州市出现大面积大规模乱收费乱罚款乱摊派问题的督查情况通报

2021年12月17日　来源:中国政府网

党中央、国务院高度重视减轻企业负担工作,明令禁止向企业乱收费、乱罚款、乱摊派。《政府工作报告》和国务院常务会议多次明确提出,各级政府都要节用为民、坚持过紧日子,有序合理压减非税收入,坚决防止各种名目乱收费增加企业负担。但是,仍有个别地方无视中央三令五申,有令不行,有禁不止,我行我素,顶风违规。根据群众在国务院"互联网+督查"平台反映的问题线索,国办督查室近日派员赴河北省霸州市进行了明察暗访。督查发现,霸州市严重违反党中央、国务院决策部署和政策要求,违规出台非税收入考核办法,向下辖乡镇(街道、开发区)下达非税收入任务,组织开展运动式执法,出现大面积大规模乱收费、乱罚款、乱摊派问题,引起企业和群众强烈不满。现将督查情况通报如下:

经查,2021年9月,霸州市政府办公室印发《霸州市非税收入征管工作考核奖惩办法》,违规提出将非税收入与征收单位支出挂钩,并将非税收入完成情况纳入乡科级领导班子和领导干部绩效考核。10月份,为弥补财力紧张及不合理支出等产生的缺口,霸州市在6月份已经完成非税收入预算7亿元的情况下,向下辖15个乡镇(街道、开发区)分解下达了3.04亿元的非税收入任务。11月,为进一步促进乡镇(街道、开发区)加大非税收入征收力度,霸州市委办公室、市政府办公室印发《全市经济运行工作考核细则》,违规设立一般公共预算收入完成情况考核,明确税收收入得分权重为20%,非税收入得分权重为80%。在霸州市采取多种督导措施的推动下,各乡镇(街道、开发区)、村级以安全生产执法检查等多种名义,对中小微企业和个体工商户进行集中罚款、摊派、收费。据不完全统计,10月1日至12月6日,霸州市15个乡镇(街道、开发区)入库和未入库罚没收入6718.37万元,是1～9月罚没收入(596.59万元)的11倍,涉及企业和个体工商户2547家,平均每家罚款、收费2.64万元。11月份,13个乡镇(街道、开发区)出现明显的运动式执法,当月入库罚没收入4729.57万元,是1～9月月均罚没收入的80倍。从督查情况看,霸州市此次出现的乱收费、乱罚款、乱摊派手法五花八门,逐利特征明显。

一、没有任何理由和手续就伸手向企业收费。如霸州经济开发区辛章办公区通知各村街书记(主任)领取《霸州市工业企业普查信息情况表》和霸州市财政局非税收入专户账号,要求村街书记(主任)组织辖区内所有工业企业按照企业占地面积,以1万元/亩的标准,向霸州市财政局非税收入专户账号转款。随后,各街村书记(主任)采取现场告知、电话通知或由房东转告等方式,以上面有要求等说法,直接让企业转账交钱,并将企业转账记录等报送辛章办公区登记开票。11月10日至12月6日,辛章办公区共有309家企业向霸州市财政局非税收入专户转款688.14万元,缴费金额4000元～50万元不等。

二、对企业集中开展逐利式乱检查乱罚款。如,根据霸州市的部署和要求,东段乡在1～9月非税收入41.5万元的情况下,重新核定提出了10～12月非税收入2166.5万元的目标任务,派出所有包村干部、执法人员、村干部等对全乡企业开展地毯式检查并罚款。10月30日至12月8日,该乡以"未对安全设备进行经常性维护、保养和定期检测""未组织制定并实施本单位安全生产教育和培训计划"等为由,对638家企业进行了处罚,合计罚款金额达1424.5万元,平均每天处罚16家企业,平均每家企业罚款2.23万元。638个处罚案例均缺少必要的法律文书。再如,11月1日至12月6日,岔河集乡重点选择辖区内规模较大、效益较好的38家企业,以安全生产执法检查名义集中实施高额处罚,罚款金额合计386万元,其中罚款10万～24万元的企业4家,罚款25万～60万元的企业5家,相关处罚手续均不完整。7家接受高额处罚的企业因不愿留下行政处罚记录,该乡综合执法队违规将其处罚事项和处罚金额拆分到未实施执法检查的其他企业。

三、盲目提出超高任务向村街企业乱摊派。如根据霸州市的部署和要求,东杨庄乡在1～9月罚没收入4.09万元的情况下,重新核定提出了10～12月收缴1395.91万元的目标任务,并将其摊派到全乡20个村街,由村街干部向辖内企业直接收取费用,并通过乡财政所交至霸州市财政局非税收入专户。为加快摊派收费进度,东杨庄乡对村街任务完成情况每日进行统计排名。10月1日至12月6日,东杨庄乡摊派收费合计

455.6万元,其中11月份摊派收费429.3万元,是1~9月月均罚没收入(0.45万元)的945倍。督查组实地暗访的苑口村被摊派收费任务45万元。该村将全村企业按照规模大小分为两类进行摊派,一类企业10 000元,二类企业5 000元。11月24日至12月6日,该村9家一类企业和15家二类企业交款16.5万元,没有任何收据。

从督查情况看,霸州市出现的大面积大规模乱收费、乱罚款、乱摊派,违反了《中华人民共和国预算法》《中华人民共和国行政处罚法》《禁止向企业摊派暂行条例》等法律法规以及党中央、国务院关于治理乱收费的有关规定,严重侵害了广大中小微企业的切身利益,严重破坏了当地营商环境,直接抵消了助企纾困、减税降费政策红利,严重损害了党和政府的公信力,严重影响了党和政府的形象,性质十分恶劣,教训十分深刻。这些问题的发生,暴露出有些地方对贯彻落实党中央、国务院决策部署认识不到位,态度不坚决,没有完整、准确、全面贯彻新发展理念,政绩观出现严重偏差,面对新的经济下行压力、财政处于紧平衡状态的情况,没有真正树立过紧日子的理念,依靠非税收入特别是罚没收入来弥补财政缺口的冲动仍然强烈。

各地区、各部门要对督查发现的问题引以为戒、举一反三,认真贯彻落实中央经济工作会议精神,坚持稳字当头、稳中求进,继续做好"六稳""六保"工作特别是保就业保民生保市场主体。要规范政府财政收支预算管理,有序合理压减非税收入,严禁将财政收入规模、增幅纳入考核评比。要坚持政府过紧日子,坚决压减一般性支出,集中财力保减税降费政策落地、保基本民生和基层运转,帮助市场主体减负纾困、恢复发展。要严格规范执法行为,杜绝任性执法、逐利执法,坚决避免运动式执法乱象,持续整治乱收费、乱罚款、乱摊派,不得与民争利、扰民渔利,侵害企业合法权益。对有令不行、有禁不止,搞上有政策、下有对策的,发现一起,查处一起,绝不姑息。

经督促,河北省、廊坊市、霸州市对督查发现的问题高度重视,正在积极组织整改。截至12月16日15时,霸州市已经向2 200家企业和个体工商户退款5 472.82万元。国办督查室将持续跟踪督办,确保问题彻底整改到位。

国办督查室
2021年12月17日

一、非税收入的分类

我国非税收入主要可以从如下几个方面进行分类:

(一) 按政府对非税收入的管理分类

《政府非税收入管理办法》(财税〔2016〕33号,2016年3月15日)第三条指出,我国非税收入"具体包括:

"(一) 行政事业性收费收入;

"(二) 政府性基金收入;

"(三) 罚没收入;

"(四) 国有资源(资产)有偿使用收入;

"(五) 国有资本收益;

"(六) 彩票公益金收入;

"(七) 特许经营收入;

"(八) 中央银行收入;

"(九) 以政府名义接受的捐赠收入;

"(十) 主管部门集中收入;

"(十一) 政府收入的利息收入;

"(十二) 其他非税收入。

"本办法所称非税收入不包括社会保险费、住房公积金(指计入缴存人个人账户部分)。"

1. 行政事业性收费

行政事业性收费,是指国家机关、事业单位、代行政府职能的社会团体及其他组织根据法律法规等有关规定,依照国务院规定程序批准,在实施社会公共管理,以及在向公民、法人提供特定公共服务过程中,向特定对象收取的费用。

按照资金性质分类,行政事业性收费可分为行政性收费和事业性收费。

行政性收费包括行政收费(如商标注册费、证件费、药品审批费等)和司法收费(如诉讼费等),事业性收费包括考试类收费、培训类收费等。

2. 政府性基金收入

政府性基金,是指各级人民政府及其所属部门根据法律、行政法规和中共中央、国务院文件规定,为支持特定公共基础设施建设和公共事业发展,向公民、法人和其他组织无偿征收的具有专项用途的财政资金。

政府性基金可以分为基金(如已划转税务机关征收的可再生能源发展基金、重大水利工程建设基金等各类政府性基金)、资金(如国家电影事业发展专项资金等)、附加(如教育费附加等)和专项收费(如客运站场建设费等)四种。

政府性基金属于非税收入,全额纳入财政预算,实行"收支两条线"管理。

3. 罚没收入

罚没收入,是指执法、司法机关依照法律、法规的规定,对违法者实施经济罚款的款项、没收的赃款和赃物变价款。

罚没收入包括：国家行政机关、司法机关和法律、法规授权的机构依据法律、法规,对公民、法人和其他组织实施处罚所取得的罚没款以及没收赃物的折价收入,如交通违法行为的罚款等。

按照构成项目的不同,罚没收入可分为罚款、罚金、没收款、赃款,以及没收物资、赃物的变价款等形式。

4. 国有资源(资产)有偿使用收入

（1）国有资源有偿使用收入。

国有资源有偿使用收入是指执收单位利用各种形态的自然资源、公共资源、政府信誉、信息和技术资源向社会提供公共服务、准公共服务、经营服务以及出租、出让、转让国有资源使用权取得的收入。

例如,土地出让金、海域使用金、石油特别收益金专项收入、矿产资源专项收入、农村集体经营性建设用地土地增值收益调节金收入、新增建设用地土地有偿使用费收入等。

（2）国有资产有偿使用收入。

国有资产有偿使用收入是指国家机关、实行公务员管理的事业单位、代行政府职能的社会团体以及其他组织的固定资产和无形资产出租、出售、出让、转让等取得的收入,世界文化遗产保护范围内实行特许经营项目的有偿出让收入和世界文化遗产的门票收入,利用政府投资建设的城市道路和公共场地设置停车泊位取得的收入,以及利用其他国有资产取得的收入。

5. 国有资本收益

国有资本收益,是指国家以所有者身份依法取得的国有资本投资收益。

国有资本收益是国有资本经营预算收入的主要来源,包括以下五个方面。

（1）应交利润,是指国有独资企业按规定应当上交国家的利润。

（2）国有股股利、股息,即国有控股、参股企业国有股权(股份)获得的股利、股息收入。

（3）国有产权转让收入,即转让国有产权、股权(股份)获得的收入。

（4）企业清算收入,即国有独资企业清算收入(扣除清算费用),国有控股、参股企业国有股权(股份)分享的公司清算收入(扣除清算费用)。

（5）其他国有资本收益。

6. 彩票公益金收入

彩票公益金收入,是指从彩票发行收入中按规定比例提取的,专项用于社会福利、体育等社会公益事业的资金。

彩票公益金是非税收入形式之一,指按照国家规定发行彩票取得销售收入扣除返奖奖金、发行经费后的净收入。

彩票公益金纳入政府性基金预算管理,专款专用,结余结转下年继续使用。

7. 特许经营收入

特许经营收入,是指国家依法特许企业、组织或个人垄断经营某种产品或服务而获得的收入。

例如,对经国家特许经营免税商品的企业,按规定征收的免税商品特许经营费,就属于特许经营收入的一种。

8. 中央银行收入

中央银行收入,是指中央银行在履行中央银行职能、开展各项业务经营过程中发生的全部收入。

中央银行的收入包括：利息收入、业务收入、其他收入。

9. 以政府名义接受的捐赠收入

以政府名义接受的捐赠收入,是指各级国家机关、实行公务员管理的事业单位、代行政府职能的社会团体和其他组织以政府名义接受的非定向捐赠货币收入。

以政府名义接受的捐赠收入不包括定向捐赠货币收入、实物捐赠收入以及以不实行公务员管理的事业单位、不代行政府职能的社会团体、企业、个人或者其他民间组织名义接受的捐赠收入。

10. 主管部门集中收入

主管部门集中收入，主要指国家机关、实行公务员管理的事业单位、代行政府职能的社会团体及其他组织集中所属事业单位收入，这部分收入必须经同级财政部门批准。

随着事业单位体制改革的深入，主管部门应当与事业单位财务实行逐步脱钩。

11. 政府收入的利息收入

政府收入的利息收入，是指税收和非税收入产生的利息收入，按照中国人民银行规定计息，统一纳入非税收入管理范围。

12. 其他非税收入

其他非税收入，是指除上述 11 项之外的其他非税收入。

其他非税收入不包括社会保险费、住房公积金（指计入缴存人个人账户部分）。

（二）按预算管理分类

从预算列报看，我国非税收入项目分列在一般公共预算、政府性基金预算和国有资本经营预算三本预算之中，据此，可以将非税收入分为一般公共预算中的非税收入、政府性基金预算中的非税收入和国有资本经营预算中的非税收入三类。

以《2022 年政府收支分类科目》为例具体说明。

1. 一般公共预算中的非税收入

一般公共预算中的非税收入主要包含专项收入、行政事业性收费收入、罚没收入、国有资本经营收入、国有资源（资产）有偿使用收入、捐赠收入、政府住房基金收入以及其他收入。

其中，专项收入包括教育费附加收入、铀产品出售收入、三峡库区移民专项收入、场外核应急准备收入、地方教育附加收入、文化事业建设费收入、残疾人就业保障金收入、教育资金收入、农田水利建设资金收入、森林植被恢复费、水利建设专项收入、油价调控风险准备金收入和其他专项收入。

行政事业性收费收入包括行政收费、司法收费和事业性收费等。

罚没收入包括罚款、罚金、没收款、赃款，以及没收物资、赃物的变价款等。

2. 政府性基金预算中的非税收入

政府性基金预算中的非税收入包括政府性基金收入和专项债券对应项目专项收入。如可再生能源发展基金、重大水利工程建设基金、农网还贷资金等各类资金。

3. 国有资本经营预算中的非税收入

国有资本经营预算中的非税收入仅包含国有资本经营收入，主要是利润收入、股利和股息收入、产权转让收入、清算收入、其他国有资本经营预算收入。

（三）按征收依据分类

非税收入因政府征收依据上的差异而在性质上存在不同。

根据征收依据，非税收入大致可分为四类。

1. 利用政府权力取得的非税收入

政府权力具有公共性和强制性，根据法律规定，公民和法人不得将国家赋予的权力当作攫取利益的资源或资产，行使政府权力所产生的收入只能是政府财政收入。

政府行使权力取得的非税收入有：政府性基金、罚没收入、对政府颁发的证照按照成本收取的工本费等。

2. 利用国有财产取得的非税收入

国有财产包括国有资产和资源，政府利用国有财产取得的非税收入主要是国有资源（资产）有偿使用收入。

3. 提供准公共服务或公共产品所取得的非税收入

提供公共服务和公共产品是政府的基本职责。根据提供公共服务方式不同，政府提供的公共服务可分为两类：一类是由政府直接生产并向社会和公众提供，另一类是由政府向私人部门或"第三方机构"购买后向社会和公众提供。

通常，政府提供的纯公共产品是免费的，只有对局部的特定对象提供准公共物品，才基于成本原则收取一定的价款，从而形成提供准公共产品的收入。政府提供准公共服务取得的收入也分为两类：一类是政府向特定对象出售其生产的"商品"和服务取得的收入,属于政府非税收入,如公共停车泊位收入等。另一类是政府将从私人部门或"第三方机构"购买的公共服务提供给特定主体而取得的收入,这类收入一般不纳入财政预算管理。如政府从"第三方机构"购买养老服务,而提供给特定对象取得的相应收入,一般为提供服务的养老机构的营业收入,不构成政府的非税收入。

4. 凭借政府信誉取得的非税收入

政府信誉是一个国家的无形资产,本质上也具有国有资源的属性。

利用政府信誉取得的最常见的非税收入为政府发行的彩票收入和接受捐赠收入。

(四) 按收入归属分类

根据收入归属的不同,可以将非税收入分为中央非税收入、地方非税收入。

1. 中央非税收入

中央非税收入是政府非税收入中属于中央级收入的部分,是中央财政收入的重要组成部分。

涉及中央非税收入的项目主要有7大类。

(1) 全国性及中央部门和单位行政事业性收费。

(2) 全国政府性基金。

(3) 彩票公益金及发行费。

(4) 国有资产有偿使用收入。

(5) 国有资产经营收益。

(6) 罚没收入。

(7) 其他收入。

2. 地方非税收入

地方非税收入是政府非税收入中属于地方级收入的部分,主要是地方性的行政事业性收费,地方性的政府性基金,地方国有资产有偿使用收入、国有资产经营收益,地方各部门的罚没收入和其他收入。

(五) 按设立权限分类

按设立权限,可以将非税收入项目划分为国务院及其有关部门设立的非税收入、省级政府及其有关部门设立的非税收入。

1. 国务院及其有关部门设立的非税收入

国务院及其相关部门按权限可设立12类非税收入,主要集中在行政事业性收费和政府性基金、国有资源(资产)有偿使用收入等类别。

[《政府非税收入管理办法》(财税〔2016〕33号)]

据初步统计,国务院及其相关部门设立的非税收入约90项。

2. 省级政府及其有关部门设立的非税收入

省级设立权限主要集中在行政事业性收费和国有资源(资产)有偿使用收入、特许经营收入3类。后2类是在相关经济行为发生时,相应产生缴费事项,无固定项目清单。

省级政府不能设立政府性基金。

二、非税收入的设立和征收

(一) 设立和征收非税收入的批准

设立和征收非税收入,应当依据法律、法规的规定或者按下列管理权限予以批准。

(1) 行政事业性收费按照国务院和省、自治区、直辖市(以下简称省级)人民政府及其财政、价格主管部门的规定设立和征收。

(2) 政府性基金按照国务院和财政部的规定设立和征收。

(3) 国有资源有偿使用收入、特许经营收入按照国务院和省级人民政府及其财政部门的规定设立和征收。

(4) 国有资产有偿使用收入、国有资本收益由拥有国有资产(资本)产权的人民政府及其财政部门按照国有资产(资本)收益管理规定征收。

(5) 彩票公益金按照国务院和财政部的规定筹集。

(6) 中央银行收入按照相关法律法规征收。

(7) 罚没收入按照法律、法规和规章的规定征收。

(8) 主管部门集中收入、以政府名义接受的捐赠收入、政府收入的利息收入及其他非税收入按照同级人民政府及其财政部门的管理规定征收或者收取。

任何部门和单位不得违反规定设立非税收入项目或者设定非税收入的征收对象、范围、标准和期限。

延伸解读

坚决大力整治涉企违规收费

国务院常务会议指出,改革是政策工具箱中极重要工具,要坚持以改革激活力,进一步降低市场主体制度性交易成本。整治涉企违规收费作为其中重要举措,是对市场主体关切问题的积极回应,彰显零容忍态度。

多年来,为企业减负的文件政策不断出台,相关部门也多次组织清理整治。然而,涉企违规收费问题仍是层出不穷。与税收法定不同,收费属于"自收自支",具有部门性、地方性、行业性。早在2014年,国务院办公厅就印发《关于进一步加强涉企收费管理减轻企业负担的通知》,专门部署加强涉企收费管理工作,并明确建立和实施涉企收费目录清单制度。但在实际工作中,乱收费、乱罚款、乱摊派等违规行为屡禁不止,企业深受其害。比如,对企业该享受的优惠含含糊糊,不该有的收费却不论出处,照单必收。又比如,落实降费减负政策不到位,借各种名义违规设立收费项目等,不仅增加了各类市场主体的不合理负担,也损害了政府公信力。

违规收费问题不除,企业就难以安心从事生产经营。要严格划定权力边界,制定清单,在"法无授权不可为"的同时,强调清单之外一律禁止。权力任性而为,有的因为边界不清,缺乏管束;有的则是知其不可为而为之的越界行为。例如,中介机构超过政府定价和政府指导价违规收费、向市场主体转嫁应由政府部门承担的费用、将行政审批事项转为中介服务并收费等。深入整治涉企违规收费,就是要将权力关进制度笼子,从根本上杜绝利用行政权力乱收费、借助行政影响力强制诱导收费等行为。

从严审批,健全监督制约机制。关进笼子里的权力,不仅要看得见,还要接受"放大镜""显微镜"的监督。对于乱罚款、收过头税费等违规行为,就要发现一起严肃查处一起。全国各地要持续不断集中开展涉企违规收费专项整治行动,全面排查交通物流、水电气暖、地方财经、金融、行业协会商会等领域涉企违规收费现象,效果初显。

具体执法行为应公平公正、规范透明。该不该罚、应该罚多少,执法机关要有准绳,统一尺度,坚决杜绝机械执法、选择性执法等。特别是对于涉事小微主体,若没有造成损害或严重后果,依法能减轻处罚的就减轻,能免予处罚的就予以警告或口头教育,争取达到最好的惩戒效果。

当前正处于经济恢复紧要关口。我们既要争分夺秒推进稳经济一揽子政策发挥效能,也要用"放管服"改革办法优化营商环境,保障政策效能加快释放。越是紧要关口,越要沉住气、管住手,继续在法治化轨道上深化税费改革,进一步稳预期、增信心、强后劲。(来源:中国政府网、经济日报,李万祥2022年9月4日)

(二)非税收入的取消、停征、减征、免征或者缓征以及调整

取消、停征、减征、免征或者缓征非税收入,以及调整非税收入的征收对象、范围、标准和期限,应当按照设立和征收非税收入的管理权限予以批准,不许越权批准。

取消法律、法规规定的非税收入项目,应当按照法定程序办理。

三、非税收入的缴纳义务

公民、法人或者其他组织(以下简称缴纳义务人)应当按规定履行非税收入缴纳义务。

对违规设立非税收入项目、扩大征收范围、提高征收标准的,缴纳义务人有权拒绝缴纳并向有关部门举报。

四、非税收入征管职责划转改革

税务部门征收非税收入起步于1986年教育费附加的开征。

2018年3月,党的十九届三中全会审议通过的《深化党和国家机构改革方案》明确指出:为降低征纳成本,理顺职责关系,提高征管效率,为纳税人提供更加优质高效便利服务,将省级和省级以下国税地税机构合并,具体承担所辖区域内各项税收、非税收入征管等职责。中共中央办公厅、国务院办公厅随之出台了《国税地税征管体制改革方案》,要求按照"便民、高效"的原则,合理确定非税收入征管职责划转到税务部门的范围,对依法保留,适宜划转的非税收入项目,成熟一批划转一批,逐步推进。随后,国务院办公厅出台指导意见,进一步明确了划转改革的进度安排及部门分工。自此,非税收入征管职责划转改革正式拉开序幕。

自2019年1月1日起,原由财政部驻地方财政监察专员办事处(以下简称"专员办")负责征收的国家重大水利工程建设基金、农网还贷资金、可再生能源发展基金、中央水库移民扶持

基金(含大中型水库移民后期扶持基金、三峡水库库区基金、跨省际大中型水库库区基金)、三峡电站水资源费、核电站乏燃料处理处置基金、免税商品特许经营费、油价调控风险准备金、核事故应急准备专项收入,以及国家留成油收入、石油特别收益金,划转至税务部门征收。[《国家税务总局关于国家重大水利工程建设基金等政府非税收入项目征管职责划转有关事项的公告》(国家税务总局公告2018年第63号,2018年12月25日)]

自2020年起,地方政府及有关部门负责征收的国家重大水利工程建设基金,以及向企事业单位和个体经营者征收的水利建设基金,划转至税务部门征收。[《国家税务总局关于水利建设基金等政府非税收入项目征管职责划转有关事项的公告》(国家税务总局公告2020年第2号,2020年1月19日)]

自2021年1月1日起,水土保持补偿费、地方水库移民扶持基金、排污权出让收入、防空地下室易地建设费划转至税务部门征收。[《国家税务总局关于水土保持补偿费等政府非税收入项目征管职责划转有关事项的公告》(国家税务总局公告2020年第21号,2020年12月11日)]

自2021年7月1日起,在河北、内蒙古、上海、浙江、安徽、青岛、云南省(自治区、直辖市、计划单列市)以省(区、市)为单位开展征管职责划转试点,自2022年1月1日起全面实施征管划转工作,将由自然资源部门负责征收的国有土地使用权出让收入、矿产资源专项收入、海域使用金、无居民海岛使用金四项政府非税收入,全部划转给税务部门负责征收。[《财政部 自然资源部 税务总局 人民银行关于将国有土地使用权出让收入、矿产资源专项收入、海域使用金、无居民海岛使用金四项政府非税收入划转税务部门征收有关问题的通知》(财综〔2021〕19号,2021年5月21日)]

自2021年7月1日起,自然资源部门负责征收的土地闲置费、住房和城乡建设等部门负责征收的按行政事业性收费管理的城镇垃圾处理费(以下简称"城镇垃圾处理费")划转至税务部门征收。[《国家税务总局等五部门关于土地闲置费城镇垃圾处理费划转有关征管事项的公告》(国家税务总局 财政部 自然资源部 住房和城乡建设部 中国人民银行公告2021年第12号,2021年5月12日)]

五、非税收入的票据管理

非税收入票据是征收非税收入的法定凭证和会计核算的原始凭证,是财政、审计等部门进行监督检查的重要依据。

(一) 种类

非税收入票据种类包括非税收入通用票据、非税收入专用票据和非税收入一般缴款书。

具体适用下列范围。

1. 非税收入通用票据

非税收入通用票据是指执收单位征收非税收入时开具的通用凭证。

2. 非税收入专用票据

非税收入专用票据是指特定执收单位征收特定的非税收入时开具的专用凭证,主要包括行政事业性收费票据、政府性基金票据、国有资源(资产)收入票据、罚没票据等。

3. 非税收入一般缴款书

非税收入一般缴款书是指实施非税收入收缴管理制度改革的执收单位收缴非税收入时开具的通用凭证。

(二) 制度

非税收入票据实行凭证领取、分次限量、核旧领新制度。

(三) 开具

除财政部另有规定以外,执收单位征收非税收入,应当向缴纳义务人开具财政部或者省级财政部门统一监(印)制的非税收入票据。

对附加在价格上征收或者需要依法纳税的有关非税收入,执收单位应当按规定向缴纳义务人开具税务发票。

不开具前述规定票据的,缴纳义务人有权拒付款项。

(四) 禁止

非税收入票据使用单位不得转让、出借、代开、买卖、擅自销毁、涂改非税收入票据;不得串用非税收入票据,不得将非税收入票据与其他票据互相替代。

(五) 保管

非税收入票据使用完毕,使用单位应当按

顺序清理票据存根、装订成册、妥善保管。

非税收入票据存根的保存期限一般为5年。保存期满需要销毁的,报经原核发票据的财政部门查验后销毁。

六、政务服务"跨省通办"涉及政府非税收入收缴行为管理

各级各地相关部门要按规定收缴非税收入,除邮寄费等代收费用外,不得附加收取任何收费。不得对政务服务"跨省通办"事项设置前置条件并收取费用,不得变公共服务为有偿服务,不得变自愿服务为强制服务,不得变行政审批为收费审批,不得违规收取中介服务费。对违反国家有关规定自行设立的收费项目,应当立即纠正。

第二篇

货物和劳务税篇

第工部

资料和分析论据

第二章 增　值　税

增值税是对在我国境内销售货物或者加工、修理修配劳务（以下简称劳务），销售服务、无形资产、不动产以及进口货物的单位和个人，就其销售货物、劳务、服务、无形资产、不动产（以下统称应税销售行为）的增值额和货物进口金额为计税依据而课征的一种流转税（或称商品和劳务税，以下简称商品税）（属间接税）。

增值税法是指国家制定的用以调整增值税征收与缴纳之间权利和义务关系的法律规范。

延伸解读

我国营改增改革试点/增值税的扩围改革

2012年1月1日起在上海市试点，将交通运输业和部分现代服务业由营业税改征增值税。

2012年9月1日起，试点地区扩大到北京市、深圳市、江苏省、安徽省、浙江省（含宁波市）、福建省（含厦门市）、湖北省、广东省8个省市。北京市于2012年9月1日，江苏省、安徽省于2012年10月1日，福建省、广东省于2012年11月1日，深圳市、浙江省、湖北省于2012年12月1日，分别进行试点。

2013年8月1日，营改增试点在全国范围内推开，并将广播影视作品的制作、播映、发行纳入试点行业。

2014年1月1日起，铁路运输业和邮政业在全国范围实施营改增试点，至此，交通运输业全部纳入试点范围。

2014年6月1日起，电信业纳入营改增试点范围，实行差异化税率，基础电信服务和增值电信服务分别适用11%（注：2019年4月1日起降至9%）和6%的税率，为境外单位提供电信业服务免征增值税。

2016年5月1日起，在全国范围内全面推开营改增试点，建筑业、房地产业、金融业、生活服务业纳入试点范围，由缴纳营业税改为缴纳增值税。至此，营业税全部改征增值税，流通环节由增值税全覆盖。

2017年11月19日，国务院公布《国务院关于废止〈中华人民共和国营业税暂行条例〉和修改〈中华人民共和国增值税暂行条例〉的决定》（中华人民共和国国务院令第691号，自公布之日起施行，正式结束了营业税的历史使命）。此次修改增值税暂行条例，目的是将营改增试点主要成果法定化，没有增加新的政策措施。该决定施行后，原来的有关营改增的过渡性政策继续执行。

按照落实税收法定原则的要求，现行有关税收的暂行条例都要逐步上升为法律。在修订后的增值税暂行条例施行过程中，有关部门将进一步完善各项政策措施，总结实践经验，根据改革进程，积极研究制定增值税法。为贯彻落实党中央、国务院决策部署，推进增值税实质性减税，2019年3月20日，财政部、国家税务总局、海关总署联合发布了《关于深化增值税改革有关政策的公告》（财政部　税务总局　海关总署公告2019年第39号）。

关于营改增试点纳税人的规定，只适用于试点纳税人，执行时间为营改增试点期间。

2019年11月27日，财政部、国家税务总局就《中华人民共和国增值税法（征求意见稿）》向社会公开征求意见。2020年5月，财政部、国家税务总局向国务院报送了增值税法草案送审稿。2022年1月，增值税法列入十三届全国人大常委会立法规划；2022年12月27日，增值税法草案提请十三届全国人大常委会第三十八次会议首次审议。2023年3月9日第十四届全国人民代表大会第一次会议主席团第四次会议通过的《第十四届全国人民代表大会第一次会议秘书处关于代表提出议案处理意见的报告》指出，2023年的包括制定增值税法等方面法律的代表议案，"按照全国人大组织法和全国人大议事规则的规定，大会秘书处对代表提出的议案逐件认真分析研究，认为没有需要列入本次会议审议的议案。大会秘书处建议，将代表提出的议案分别交由全国人大有关专门委员会审议。有关专门委员会对上述议案进行审议后，向全国人大常委会提出审议结果报告，经全国人大常委会审议通过后,印发十四届全国人大二次会议"。立法总体上按照税制平移的思路,保持现行税制框架和税负水平基本不变,将《中华人民共和国增值税暂行条例》和有关政策规定上升为法律。同时,根据实际情况对部分内容作了必要调整,落实税收法定原则。

我国国内增值税由税务机关征收,进口环节的增值税由海关代征。个人携带或者邮寄进境自用物品的增值税,连同关税一并计征。

本书所称"原增值税纳税人",是指在中华人民共和国境内销售货物、提供加工修理修配劳务以及进口货物的单位和个人;所称"营改增试点纳税人",是指按照《营业税改征增值税试点实施办法》(财税〔2016〕36号附件1)缴纳增值税的纳税人。

第一节 纳 税 人

一、增值税纳税人与扣缴义务人的基本规定

(一)纳税人

凡在中华人民共和国境内销售货物或者提供加工、修理修配劳务,销售服务、无形资产或者不动产,以及进口货物的单位和个人,为增值税的纳税人。

> **相关政策依据**
>
> 《中华人民共和国增值税暂行条例》
> 关于纳税人的规定
>
> 《中华人民共和国增值税暂行条例》(1993年12月13日中华人民共和国国务院令第134号公布,2008年11月5日国务院第34次常务会议修订通过,根据2016年2月6日《国务院关于修改部分行政法规的决定》第一次修订,根据2017年11月19日《国务院关于废止〈中华人民共和国营业税暂行条例〉和修改〈中华人民共和国增值税暂行条例〉的决定》第二次修订,简称《增值税暂行条例》)第一条规定:"在中华人民共和国境内销售货物或者加工、修理修配劳务(以下简称劳务),销售服务、无形资产、不动产以及进口货物的单位和个人,为增值税的纳税人,应当依照本条例缴纳增值税。"第十八条规定:"中华人民共和国境外的单位或者个人在境内销售劳务,在境内未设有经营机构的,以其境内代理人为扣缴义务人;在境内没有代理人的,以购买方为扣缴义务人。"

在中华人民共和国境内(以下简称境内)销售货物或提供加工、修理修配劳务是指销售货物的起运地或所在地在境内;提供的应税劳务发生地在境内。

在境内销售服务、无形资产或者不动产,是指:

(1)服务(租赁不动产除外)或者无形资产(自然资源使用权除外)的销售方或者购买方在境内。

(2)所销售或者租赁的不动产在境内。

(3)所销售自然资源使用权的自然资源在境内。

(4)财政部和国家税务总局规定的其他情形。

1. 从身份性质划分,纳税人分为单位和个人

单位是指一切从事销售或进口货物、提供应税劳务、销售应税服务、无形资产或不动产的单位,包括企业、行政单位、事业单位、军事单位、社会团体及其他单位。单位,也就是企业和非企业性单位之和。

个人是指从事销售或进口货物、提供应税劳务、销售应税服务、无形资产或不动产的个人,包括个体工商户和其他个人。其他个人,也就是自然人。个人,也就是个体工商户和自然人之和。

2. 采用承包、承租、挂靠经营方式纳税人的界定

单位以承包、承租、挂靠方式经营的,承包

人、承租人、挂靠人(以下统称承包人)以发包人、出租人、被挂靠人(以下统称发包人)名义对外经营并由发包人承担相关法律责任的,以该发包人为纳税人。否则,以承包人为纳税人。

承包、承租、挂靠经营方式

1. 承包、承租、挂靠方式经营形式

(1) 承包经营。

企业承包经营是发包方在不改变企业所有权的前提下,将企业发包给经营者承包,经营者以企业名义从事经营活动,并按合同分享经营成果的经营形式。

(2) 承租经营。

企业承租经营,是在所有权不变的前提下,出租方将企业租赁给承租方经营,承租方向出租方交付租金并对企业实行自主经营,在租赁关系终止时,返还所租财产。

企业承包经营与企业承租经营相比,主要存在以下差异。

① 适用范围不同。

从适用范围上看,承包经营合同多适用于大中型企业,而承租经营合同则多适用于小型企业。

② 基本内容不同。

企业承包合同的基本内容,是承包上缴利润指标以及由此产生的当事人之间的其他权利义务关系;企业租赁合同的基本内容,是承租方对企业财产进行租赁经营,并向出租方缴纳租金。

③ 抵押财产的提供与否不同。

在承包经营合同中,承包方提供抵押财产不是合同的有效条件;而在承租经营合同中,一般会明确承租人所提供的抵押财产。

④ 对亏损的补偿来源不同。

发生亏损时,承包企业只要用企业的自有资金补偿即可;而租赁合同的承租方则须以抵押财产进行补偿。

⑤ 新增资产的归属不同。

在承包经营的情况下,承包期间新增资产的所有权性质与承包前的企业所有权性质是一致的;而在承租经营的情况下,租赁期间承租方用其收入追加投资所添置的资产,则属于承租方。

(3) 挂靠经营。

挂靠经营,是指企业、合伙组织等与另一个经营主体达成依附协议,挂靠方通常以被挂靠方的名义对外从事经营活动,被挂靠方提供资质、技术、管理等方面的服务并定期向挂靠方收取一定管理费用的经营方式。

挂靠经营的主要特征:

① 它是一种借用行为。

挂靠经营是挂靠方以被挂靠人的名义进行经营,所以,挂靠经营的关系实质上是一种借用关系。这种借用关系的内容主要表现为资质、技术、管理经验等无形财产方面的借用,而不是有形财产方面的借用。

② 它是一种独立核算行为。

挂靠经营是一种自主经营的行为,而自主经营的最大特点在于独立核算。

③ 它是一种临时性行为。

挂靠经营是一种借用行为,而这种借用的性质决定了挂靠经营的暂时性。

2. 承包、承租、挂靠方式下的纳税人界定的原则

采用承包、承租、挂靠经营方式时,区分以下两种情况界定纳税人。

(1) 同时满足以下两个条件的,以发包人为纳税人。

① 以发包人名义对外经营。

② 由发包人承担相关法律责任。

(2) 不同时满足上述两个条件的,以承包人为纳税人。

3. 进口货物的纳税人

对报关进口的货物,以进口货物的收货人或办理报关手续的单位和个人为进口货物的纳税人。

对代理进口货物,以海关开具的完税凭证上的纳税人为增值税纳税人。即对报关进口货物,凡是海关的完税凭证开具给委托方的,对代理方不征增值税;凡是海关的完税凭证开具给代理方的,对代理方应按规定征收增值税。

4. 确定应税行为是否需要缴纳增值税的4个条件

确定销售服务、无形资产、不动产是否需要缴纳增值税,除另有规定外,一般应同时具备以下4个条件。

1) 应税行为发生在中华人民共和国境内

该条件涉及征税权问题,只有属于境内应税行为的,我国政府才对其有征税权,否则不能征税。

(1) 境内销售服务的判定原则。

① 境内的单位或者个人销售的服务(不含租赁不动产)属于在境内销售服务,即属人原则。

也就是说，境内的单位或者个人销售的服务（不含租赁不动产），无论服务购买方为境内单位或者个人还是境外单位或者个人，无论服务发生在境内还是境外，都属于在境内销售服务。

② 境外单位或者个人向境内单位或者个人销售的未完全在境外发生的服务（不含租赁不动产），属于在境内销售服务。

对于境外单位或者个人来说，其销售的服务（不含租赁不动产）在以下两种情况下属于在境内销售服务，应照章缴纳增值税。

A. 境外单位或者个人向境内单位或者个人销售的完全在境内发生的服务，属于在境内销售服务。

例如，境外某一工程公司到境内给境内某单位提供工程勘察勘探服务。

B. 境外单位或者个人向境内单位或者个人销售的未完全在境外发生的服务，属于在境内销售服务。

例如，境外一咨询公司与境内某一公司签订咨询合同，就这家境内公司开拓境内、境外市场进行实地调研并提出合理化管理建议，境外咨询公司提供的咨询服务同时在境内和境外发生，属于在境内销售服务。

③ 境外单位或者个人销售的服务（不含租赁不动产），属于下列情形的，不属于在境内销售服务，不缴纳增值税。

A. 境外单位或者个人向境外单位或者个人销售服务。

例如，美国一咨询公司为德国一公司提供咨询服务。

B. 境外单位或者个人向境内单位或者个人销售完全在境外发生的服务。

例如，境内个人出境旅游时的餐饮、住宿服务。

C. 境外单位或者个人向境内单位或者个人出租完全在境外使用的有形动产。

例如，境外汽车租赁公司向赴境外旅游的中国居民出租小汽车供其在境外自驾游。

④ 境内租赁不动产的判定原则。

只要所租赁的不动产在境内，无论出租方是否为境内单位或者个人，无论承租方是否为境内单位或者个人，均属于在境内租赁不动产。例如，日本一公司将其拥有的我国境内一处办公楼出租给澳大利亚一公司。

（2）境内销售无形资产的判定原则。

① 境内的单位或者个人销售的无形资产（不含自然资源使用权）属于在境内销售无形资产，即属人原则。

也就是说，境内的单位或者个人销售的无形资产（不含自然资源使用权），无论购买方为境内单位或者个人还是境外单位或者个人，无论无形资产是否在境内使用，都属于在境内销售无形资产。

② 境外单位或者个人向境内单位或者个人销售的未完全在境外使用的无形资产（不含自然资源使用权），属于在境内销售无形资产。

对于境外单位或者个人来说，其销售的无形资产在以下两种情况下属于在境内销售无形资产，应照章缴纳增值税。

A. 境外单位或者个人向境内单位或者个人销售的完全在境内使用的无形资产，属于在境内销售无形资产。

例如，境外智董公司向境内贵琛公司转让智董公司在境内的连锁经营权。

B. 境外单位或者个人向境内单位或者个人销售的未完全在境外使用的无形资产，属于在境内销售无形资产。

例如，境外怡平公司向境内鑫裕公司转让一项专利技术，该技术同时用于鑫裕公司在境内和境外的生产线。

③ 境外单位或者个人销售的无形资产（不含自然资源使用权），属于下列情形的，不属于在境内销售无形资产，不缴纳增值税。

A. 境外单位或者个人向境外单位或者个人销售无形资产（不含自然资源使用权）。

例如，美国一公司向法国一公司转让一项非专利技术。

B. 境外单位或者个人向境内单位或者个人销售完全在境外使用的无形资产。

例如，境外赓升公司向境内怡平公司转让一项专用于怡平公司所属德国子公司在德国生产线上的专利技术。

④ 境内销售自然资源使用权的判定原则。

只要所销售的自然资源使用权的自然资源在境内，无论销售方或购买方是否为境内单位或者个人，均属于在境内销售自然资源使用权。例如，意大利一公司将其拥有的我国境内一处矿产的探矿权转让给一家境内公司。

(3) 境内销售不动产的判定原则。

只要所销售的不动产在境内，无论销售方或购买方是否为境内单位或者个人，均属于在境内销售不动产。例如，美国一家公司将其在深圳拥有的一处办公楼销售给另一家美国公司。

相关政策依据

不属于在境内销售服务或无形资产的若干情形

[《国家税务总局关于营改增试点若干征管问题的公告》
（国家税务总局公告2016年第53号）]

根据《财政部 国家税务总局关于全面推开营业税改征增值税试点的通知》（财税〔2016〕36号），现将营改增试点有关征管问题公告如下：

一、境外单位或者个人发生的下列行为不属于在境内销售服务或者无形资产：

（一）为出境的函件、包裹在境外提供的邮政服务、收派服务；

（二）向境内单位或者个人提供的工程施工地点在境外的建筑服务、工程监理服务；

（三）向境内单位或者个人提供的工程、矿产资源在境外的工程勘察勘探服务；

（四）向境内单位或者个人提供的会议展览地点在境外的会议展览服务。

……

十、本公告自2016年9月1日起施行，此前已发生未处理的事项，按照本公告规定执行。

注：将境外单位和个人向境内销售的完全在境外发生的服务、完全在境外使用的无形资产排除在征税范围之外，明确了不属于在境内销售服务或无形资产的若干情形。

2) 应税行为是属于《销售服务、无形资产、不动产注释》范围内的业务活动

应税行为分为三大类，即销售应税服务、销售无形资产和销售不动产。其中，应税服务包括交通运输服务、邮政服务、电信服务、建筑服务、金融服务、现代服务、生活服务。

3) 应税服务是为他人提供的

"服务必须是为他人提供的"，是指应税服务的提供对象必须是其他单位或者个人，不是自己，即自我服务不征税。

这里所说的"自我服务"，包括两种情形：

(1) 单位或者个体工商户聘用的员工为本单位或者雇主提供取得工资的服务。

(2) 单位或者个体工商户为聘用的员工提供服务。

单位或者个体工商户聘用的员工为本单位或者雇主提供取得工资的服务，虽然发生有偿行为但不属于增值税的征收范围。

"应税服务必须是为他人提供的"，也就是说服务的接受者是除自己以外的其他单位或者个人，即自我服务不征收增值税。员工为本单位或雇主提供服务就是属于自我服务的范畴。

(1) 只有单位或个体经营者聘用的员工为本单位或者雇主提供取得工资的服务才属于非经营活动，不缴纳增值税，非本单位或个体经营者聘用的员工为本单位或者雇主提供的服务，属于应税行为，应照章缴纳增值税。

(2) 员工为本单位或者雇主提供的服务不需要缴纳增值税，应限定为其提供的职务性服务，即取得工资范围内的服务。

并不是说只要具备了员工的条件，对员工为本单位或者雇主提供的所有服务都不征税。例如，员工将自己的房屋出租给本单位使用收取房租、员工利用自己的汽车为本单位运输货物收取运费、员工将自有资金贷给本单位使用收取利息等，如果不对这些情形征税，显然与增值税立法精神不符，也相对于其他单位和个人不公平，所以，员工为本单位或者雇主提供的非经营活动应仅限于员工为本单位或雇主提供的取得工资的职务性服务，员工向用人单位或雇主提供与工作（职务）无关的服务，凡属于《销售

服务、无形资产、不动产注释》范围的,仍应当征收增值税。

注意,"提供取得工资的服务",强调的是员工提供的职务性服务,员工有偿提供非职务性服务属于应税行为。

4) 应税行为是有偿的

有偿,是指取得货币、货物或者其他经济利益。

其他经济利益是指非货币、货物形式的收益,具体包括无形资产(包括特许权)股权投资、不准备持有至到期的债券投资、服务以及有关权益等。

5) 例外情形

(1) 满足上述4个增值税征税条件但不需要缴纳增值税的情形。

① 行政单位收取的同时满足规定条件的政府性基金或者行政事业性收费。

政府性基金,是指各级人民政府及其所属部门根据法律、行政法规和中共中央、国务院文件规定,为支持特定公共基础设施建设和公共事业发展,向公民、法人和其他组织无偿征收的具有专项用途的财政资金。

行政事业性收费,是指国家机关、事业单位、代行政府职能的社会团体及其他组织根据法律法规等有关规定,依照国务院规定程序批准,在实施社会公共管理,以及在向公民、法人提供特定公共服务过程中,向特定对象收取的费用。

非经营活动的政府性基金,必须是国务院或财政部批准设立的政府性基金。例如,铁路建设基金、民航发展基金、地方教育附加、文化事业建设费等。

非经营活动的行政事业性收费,必须是由国务院或者省级人民政府及其财政、价格主管部门批准设立的行政事业性收费。例如,机动车号牌工本费、商标注册收费、银行业监管费、房屋所有权登记费等。

行政单位收取的同时满足以下条件的政府性基金或者行政事业性收费,不征收增值税:

A. 由国务院或者财政部批准设立的政府性基金,由国务院或者省级人民政府及其财政、价格主管部门批准设立的行政事业性收费;

B. 收取时开具省级以上(含省级)财政部门监(印)制的财政票据;

C. 所收款项全额上缴财政。

② 存款利息。

③ 在资产重组过程中,通过合并、分立、出售、置换等方式,将全部或者部分实物资产以及与其相关联的债权、负债和劳动力一并转让给其他单位和个人,其中涉及的不动产、土地使用权转让行为。

(2) 不同时满足上述4个增值税征税条件但需要缴纳增值税的情形。

主要包括某些无偿的应税行为。

《营业税改征增值税试点实施办法》(财税〔2016〕36号附件1)第十四条规定:"下列情形视同销售服务、无形资产或者不动产:(1)单位或者个体工商户向其他单位或者个人无偿提供服务,但用于公益事业或者以社会公众为对象的除外。(2)单位或者个人向其他单位或者个人无偿转让无形资产或者不动产,但用于公益事业或者以社会公众为对象的除外。(3)财政部和国家税务总局规定的其他情形。"按照此条规定,向其他单位或者个人无偿提供服务、无偿转让无形资产或者不动产,除用于公益事业或者以社会公众为对象外,应视同发生应税行为,照章缴纳增值税。

6) 油气田企业发生应税行为的纳税规定

根据《营业税改征增值税试点有关事项的规定》(财税〔2016〕36号附件2)的规定,油气田企业发生应税行为,应当按照《营业税改征增值税试点实施办法》(财税〔2016〕36号附件1)缴纳增值税,不再执行《油气田企业增值税管理办法》(财税〔2009〕8号印发)。

注1:自2017年5月1日起,建筑企业与发包方签订建筑合同后,以内部授权或者三方协议等方式,授权集团内其他纳税人(以下简称"第三方")为发包方提供建筑服务,并由第三方直接与发包方结算工程款的,由第三方缴纳增值税并向发包方开具增值税发票,与发包方签订建筑合同的建筑企业不缴纳增值税。发包方可凭实际提供建筑服务的纳税人开具的增值税专用发票抵扣进项税额。

注2：资管产品运营过程中发生的增值税应税行为，以资管产品管理人为增值税纳税人。资管产品管理人，包括银行、信托公司、公募基金管理公司及其子公司、证券公司及其子公司、期货公司及其子公司、私募基金管理人、保险资产管理公司、专业保险资产管理机构、养老保险公司。

（二）扣缴义务人

（1）境外的单位或个人在境内提供应税劳务，在境内未设有经营机构的，其应纳税款以境内代理人为扣缴义务人；在境内没有代理人的，以购买者为扣缴义务人。

（2）中华人民共和国境外（简称境外）单位或者个人在境内销售服务、无形资产或者不动产，在境内未设有经营机构的，以购买方为增值税扣缴义务人。财政部和国家税务总局另有规定的除外。

（三）合并纳税

两个或者两个以上的纳税人，经财政部和国家税务总局批准可以视为一个纳税人合并纳税。

增值税集团纳税制度

集团纳税制度，是指在增值税制度安排上，允许具有共同控制性质的多个独立纳税人合并纳税。集团纳税制度可以减少税务机关直接管理的增值税纳税义务人数量，降低税务机关的征收成本，也可以降低企业集团直接或间接的增值税遵从成本，有利于企业集团增加现金流，提高资金使用效率，优化企业架构。目前，欧盟、澳大利亚、新西兰等开征增值税的主要国家相继引入了集团纳税制度。

二、增值税纳税人的分类

对增值税纳税人进行分类管理，主要是为了适应纳税人经营管理规模差异大、财务核算水平不一的实际情况，有利于税务机关加强重点税源管理，简化小型企业的计算缴纳程序，也有利于对专用发票正确使用与安全管理要求的落实。

划分一般纳税人和小规模纳税人的基本依据是纳税人的会计核算是否健全，以及企业规模的大小。

这两类纳税人在税款计算方法、适用税率以及管理办法上都有所不同。对一般纳税人一般实行凭发票扣税的计税方法，对小规模纳税人实行简便易行的计税方法。

三、增值税小规模纳税人的管理

（一）小规模纳税人的标准

小规模纳税人是指年销售额在规定标准以下，并且会计核算不健全，不能按规定报送有关税务资料的增值税纳税人。

会计核算不健全是指不能正确核算增值税的销项税额、进项税额和应纳税额。

1. 一般规定

自2018年5月1日起，增值税小规模纳税人标准为年应征增值税销售额500万元及以下。

2. 特殊规定

年应税销售额超过小规模纳税人标准的自然人按小规模纳税人纳税；年应税销售额超过规定标准但不经常发生应税行为的单位和个体工商户，以及非企业性单位、不经常发生应税行为的企业，可选择按照小规模纳税人纳税。

旅店业和饮食业纳税人销售非现场消费的食品，属于不经常发生增值税应税行为，自2013年5月1日起，可以选择按小规模纳税人缴纳增值税。

兼有销售货物、提供加工修理修配劳务以及应税服务，且不经常发生应税行为的单位和个体工商户可选择按小规模纳税人纳税。

小规模纳税人的标准由国务院财政、税务主管部门规定。

（二）小规模纳税人的计税办法

小规模纳税人实行简易办法征收增值税。

四、增值税一般纳税人的登记

为了做好增值税一般纳税人（简称一般纳税人）登记管理，国家税务总局制定了《增值税一般纳税人登记管理办法》（国家税务总局令第43号，2017年12月29日），自2018年2月1日起施行。

注： 为积极推进"放管服"改革，2015年2月，国务院印发了《关于取消和调整一批行政审批项目等事项的

决定》(国发〔2015〕11号),"增值税一般纳税人资格认定"被列入取消的行政审批事项。为及时贯彻落实国务院决定,税务总局制发了《国家税务总局关于调整增值税一般纳税人管理有关事项的公告》(国家税务总局公告2015年第18号),明确自2015年4月1日起将一般纳税人管理由审批制改为登记制,同时,暂停执行了《增值税一般纳税人认定管理办法》(国家税务总局令第22号)的部分条款。2016年2月、2017年11月,国务院先后颁布相关决定,两次对《中华人民共和国增值税暂行条例》进行了修订,内容包括将第十三条原条款中关于"认定"的表述,修改为"登记"。

主要变化:

(1) 取消行政审批。

《增值税一般纳税人登记管理办法》中取消了税务机关审批环节,将审批制改为登记制,主管税务机关在对纳税人递交的登记资料信息进行核对确认后,纳税人即可成为一般纳税人。

(2) 简化办事程序。

① 简化了办理登记所需的资料,由原来的六项减少为两项,纳税人只需携带税务登记证件、填写登记表格,就可以办理一般纳税人登记事项。

② 简化税务机关办事流程,取消了实地核实环节,对符合登记要求的,一般予以当场办结。

(一) 应当办理一般纳税人登记的情形

增值税纳税人(以下简称纳税人),年应税销售额超过财政部、国家税务总局规定的小规模纳税人标准(以下简称规定标准)的,除按规定不必办理一般纳税人登记外,应当向主管税务机关办理一般纳税人登记。

以上所称年应税销售额,是指纳税人在连续不超过12个月或4个季度的经营期内累计应征增值税销售额,包括纳税申报销售额、稽查查补销售额、纳税评估调整销售额。所称"经营期"是指在纳税人存续期内的连续经营期间,含未取得销售收入的月份或季度。所称"纳税申报销售额"是指纳税人自行申报的全部应征增值税销售额,其中包括免税销售额和税务机关代开发票销售额。"稽查查补销售额"和"纳税评估调整销售额"计入查补税款申报当月(或当季)的销售额,不计入税款所属期销售额。

销售服务、无形资产或者不动产(以下简称应税行为)有扣除项目的纳税人,其应税行为年应税销售额按未扣除之前的销售额计算。纳税人偶然发生的销售无形资产、转让不动产的销售额,不计入应税行为年应税销售额。

延伸解读

年应税销售额定义的完善

(1) 年应税销售额属期范围。

为进一步优化服务,减少纳税人办税次数,税务总局决定自2016年4月1日起,增值税小规模纳税人缴纳增值税原则上实行按季申报,为使年应税销售额的计算属期与按季申报相适应,《增值税一般纳税人登记管理办法》补充了按季计算年应税销售额的内容。

(2) 全面推开营改增后,计算年应税销售额的特殊规定。

《增值税一般纳税人登记管理办法》中规定,销售服务、无形资产或者不动产(简称应税行为)有扣除项目的纳税人,其应税行为年应税销售额按未扣除之前的销售额计算。纳税人偶然发生的销售无形资产、转让不动产的销售额,不计入应税行为年应税销售额。

注:此规定"纳税人兼有销售货物、提供加工修理修配劳务(以下简称应税货物及劳务)和销售服务、无形资产、不动产(以下简称应税行为)的,应税货物及劳务销售额与应税行为销售额分别计算,分别适用增值税一般纳税人登记标准,其中有一项销售额超过规定标准,就应当按照规定办理增值税一般纳税人登记相关手续"已经废止。[《国家税务总局关于统一小规模纳税人标准等若干增值税问题的公告》(国家税务总局公告2018年第18号)]

(二) 可以办理一般纳税人登记的情形

年应税销售额未超过规定标准的纳税人,会计核算健全,能够提供准确税务资料的,可以向主管税务机关办理一般纳税人登记。

所称会计核算健全,是指能够按照国家统一的会计制度规定设置账簿,根据合法、有效凭证进行核算。

(三) 不办理一般纳税人登记的情形

下列纳税人不办理一般纳税人登记:

(1) 按照政策规定,选择按照小规模纳税人纳税的。

(2) 年应税销售额超过规定标准的其他个人。所称的"其他个人"是指自然人。

不办理一般纳税人登记的纳税人范围

《增值税一般纳税人登记管理办法》中明确不办理一般纳税人登记的纳税人范围是:"按照政策规定,选择按照小规模纳税人纳税的;年应税销售额超过规定标准的其他个人。"

其中,选择按照小规模纳税人纳税的政策依据有两个:

(1) 根据《中华人民共和国增值税暂行条例实施细则》第二十九条的规定,非企业性单位、不经常发生应税行为的企业可选择按照小规模纳税人纳税;

(2) 根据《营业税改征增值税试点实施办法》(财税〔2016〕36号附件1)第三条的规定,年应税销售额超过规定标准但不经常发生应税行为的单位和个体工商户可选择按照小规模纳税人纳税。

(四) 一般纳税人登记的办理地点

纳税人应当向其机构所在地主管税务机关办理一般纳税人登记手续。

(五) 一般纳税人登记的办理程序

纳税人办理一般纳税人登记的程序如下:

(1) 纳税人向主管税务机关填报《增值税一般纳税人登记表》,如实填写固定生产经营场所等信息,并提供税务登记证件。

以上所称的"固定生产经营场所"信息是指填写在《增值税一般纳税人登记表》"生产经营地址"栏次中的内容。

(2) 纳税人填报内容与税务登记信息一致的,主管税务机关当场登记。

(3) 纳税人填报内容与税务登记信息不一致,或者不符合填列要求的,税务机关应当场告知纳税人需要补正的内容。

(六) 选择按照小规模纳税人纳税的,应当提交书面说明

年应税销售额超过规定标准的纳税人,按照政策规定选择按照小规模纳税人纳税的,应当向主管税务机关提交书面说明。

(七) 一般纳税人登记的办理时限

纳税人在年应税销售额超过规定标准的月份(或季度)的所属申报期结束后15日内按照规定办理相关手续;未按规定时限办理的,主管税务机关应当在规定时限结束后5日内制作《税务事项通知书》,告知纳税人应当在5日内向主管税务机关办理相关手续;逾期仍不办理的,次月起按销售额依照增值税税率计算应纳税额,不得抵扣进项税额,直至纳税人办理相关手续为止。

《税务事项通知书》中,需告知纳税人的内容应当包括:纳税人年应税销售额已超过规定标准,应在收到《税务事项通知书》后5日内向税务机关办理增值税一般纳税人登记手续或者选择按照小规模纳税人纳税的手续;逾期未办理的,自通知时限期满的次月起按销售额依照增值税税率计算应纳税额,不得抵扣进项税额,直至纳税人办理相关手续为止。

规定期限的最后一日是法定休假日的,以休假日期满的次日为期限的最后一日;在期限内有连续3日以上(含3日)法定休假日的,按休假日天数顺延。

(八) 证明纳税人成为增值税一般纳税人的凭据

经税务机关核对后退还纳税人留存的《增值税一般纳税人登记表》,可以作为证明纳税人成为增值税一般纳税人的凭据。

(九) 按照增值税一般计税方法计算应纳税额、领用增值税专用发票的起始时间

纳税人自一般纳税人生效之日起,按照增值税一般计税方法计算应纳税额,并可以按照规定领用增值税专用发票,财政部、国家税务总局另有规定的除外。

所称的生效之日,是指纳税人办理登记的当月1日或者次月1日,由纳税人在办理登记手续时自行选择。

一般纳税人生效之日可由纳税人自行选择

相比《增值税一般纳税人认定管理办法》,《增值税一般纳税人登记管理办法》中规定,一般纳税人生效之日,是指纳税人办理登记的当月1日或者次月1日,由纳税人在办理登记手续时自行选择。

(十) 转登记前尚未抵扣的进项税额及转登记日待抵扣进项税额的税务处理

2018年至2020年,我国连续3年出台了转

登记政策,转登记纳税人尚未申报抵扣的进项税额以及转登记日当期的期末留抵税额按规定需记入"应交税费——待抵扣进项税额"科目,用于对其一般纳税人期间发生的销售折让、退回等涉税事项产生的应纳税额进行追溯调整。

目前,转登记政策已执行到期,对该科目核算的相关税额应如何处理,因转登记记入"应交税费——待抵扣进项税额"科目核算、截至2022年3月31日的余额,在2022年度可分别计入固定资产、无形资产、投资资产、存货等相关科目,按规定在企业所得税或个人所得税税前扣除,对此前已税前扣除的折旧、摊销不再调整;对无法划分的部分,在2022年度可一次性在企业所得税或个人所得税税前扣除。

注:此前已按照《财政部 税务总局关于统一增值税小规模纳税人标准的通知》(财税〔2018〕33号)第二条、《国家税务总局关于小规模纳税人免征增值税政策有关征管问题的公告》(国家税务总局公告2019年第4号)第五条、《国家税务总局关于明确二手车经销等若干增值税征管问题的公告》(国家税务总局公告2020年第9号)第六条规定转登记的纳税人,根据《国家税务总局关于统一小规模纳税人标准等若干增值税问题的公告》(国家税务总局公告2018年第18号)相关规定记入"应交税费——待抵扣进项税额"科目核算、截至2022年3月31日的余额,在2022年度可分别记入固定资产、无形资产、投资资产、存货等相关科目,按规定在企业所得税或个人所得税税前扣除,对此前已税前扣除的折旧、摊销不再调整;对无法划分的部分,在2022年度可一次性在企业所得税或个人所得税税前扣除。

(十一) 登记为一般纳税人后,一般不得转为小规模纳税人

纳税人登记为一般纳税人后,不得转为小规模纳税人,国家税务总局另有规定的除外。

相关政策依据

国家税务总局关于统一小规模纳税人标准等若干增值税问题的公告

国家税务总局公告2018年第18号 2018年4月20日

现将统一小规模纳税人标准等若干增值税问题公告如下:

一、同时符合以下条件的一般纳税人,可选择按照《财政部 税务总局关于统一增值税小规模纳税人标准的通知》(财税〔2018〕33号)第二条的规定,转登记为小规模纳税人,或选择继续作为一般纳税人:

(一)根据《中华人民共和国增值税暂行条例》第十三条和《中华人民共和国增值税暂行条例实施细则》第二十八条的有关规定,登记为一般纳税人。

(二)转登记日前连续12个月(以1个月为1个纳税期,下同)或者连续4个季度(以1个季度为1个纳税期,下同)累计应征增值税销售额(以下简称"应税销售额")未超过500万元。

转登记日前经营期不满12个月或者4个季度的,按照月(季度)平均应税销售额估算上款规定的累计应税销售额。

应税销售额的具体范围,按照《增值税一般纳税人登记管理办法》(国家税务总局令第43号)和《国家税务总局关于增值税一般纳税人登记管理若干事项的公告》(国家税务总局公告2018年第6号)的有关规定执行。

二、符合本公告第一条规定的纳税人,向主管税务机关填报《一般纳税人转为小规模纳税人登记表》(表样见附件),并提供税务登记证件;已实行实名办税的纳税人,无需提供税务登记证件。主管税务机关根据下列情况分别作出处理:

(一)纳税人填报内容与税务登记、纳税申报信息一致的,主管税务机关当场办理。

(二)纳税人填报内容与税务登记、纳税申报信息不一致,或者不符合填列要求的,主管税务机关应当场告知纳税人需要补正的内容。

三、一般纳税人转登记为小规模纳税人(以下简称"转登记纳税人")后,自转登记日的下期起,按照简易计税方法计算缴纳增值税;转登记日当期仍按照一般纳税人的有关规定计算缴纳增值税。

四、转登记纳税人尚未申报抵扣的进项税额以及转登记日当期的期末留抵税额,记入"应交税费——待抵扣进项税额"科目核算。

尚未申报抵扣的进项税额记入"应交税费——待抵扣进项税额"科目时:

(一)转登记日当期已经取得的增值税专用发票、机动车销售统一发票、收费公路通行费增值税电子普通发票,应当已经通过增值税发票选择确认平台(按:自2020年1月8日起,升级为增值税发票综合服务平台)进行选择确认或认证后稽核比对相符;经稽核比对异常的,应当按照现行规定进行核查处理。已经取得的

海关进口增值税专用缴款书,经稽核比对相符的,应当自行下载《海关进口增值税专用缴款书稽核结果通知书》;经稽核比对异常的,应当按照现行规定进行核查处理。

(二)转登记日当期尚未取得的增值税专用发票、机动车销售统一发票、收费公路通行费增值税电子普通发票,转登记纳税人在取得上述发票以后,应当持税控设备,由主管税务机关通过增值税发票选择确认平台(按:自2020年1月8日起,升级为增值税发票综合服务平台)(税务局端)为其办理选择确认。尚未取得的海关进口增值税专用缴款书,转登记纳税人在取得以后,经稽核比对相符的,应当由主管税务机关通过稽核系统为其下载《海关进口增值税专用缴款书稽核结果通知书》;经稽核比对异常的,应当按照现行规定进行核查处理。

五、转登记纳税人在一般纳税人期间销售或者购进的货物、劳务、服务、无形资产、不动产,自转登记日的下期起发生销售折让、中止或者退回的,调整转登记日当期的销项税额、进项税额和应纳税额。

(一)调整后的应纳税额小于转登记日当期申报的应纳税额形成的多缴税款,从发生销售折让、中止或者退回当期的应纳税额中抵减;不足抵减的,结转下期继续抵减。

(二)调整后的应纳税额大于转登记日当期申报的应纳税额形成的少缴税款,从"应交税费——待抵扣进项税额"科目中抵减;抵减后仍有余额的,计入发生销售折让、中止或者退回当期的应纳税额一并申报缴纳。

转登记纳税人因税务稽查、补充申报等原因,需要对一般纳税人期间的销项税额、进项税额和应纳税额进行调整的,按照上述规定处理。

转登记纳税人应准确核算"应交税费——待抵扣进项税额"科目的变动情况。

六、转登记纳税人可以继续使用现有税控设备开具增值税发票,不需要缴销税控设备和增值税发票。

转登记纳税人自转登记日的下期起,发生增值税应税销售行为,应当按照征收率开具增值税发票;转登记日前已作增值税专用发票票种核定的,继续通过增值税发票管理系统自行开具增值税专用发票;销售其取得的不动产,需要开具增值税专用发票的,应当按照有关规定向税务机关申请代开。

七、转登记纳税人在一般纳税人期间发生的增值税应税销售行为,未开具增值税发票需要补开的,应当按照原适用税率或者征收率补开增值税发票;发生销售折让、中止或者退回等情形,需要开具红字发票的,按照原蓝字发票记载的内容开具红字发票;开票有误需要重新开具的,先按照原蓝字发票记载的内容开具红字发票后,再重新开具正确的蓝字发票。

转登记纳税人发生上述行为,需要按照原适用税率开具增值税发票的,应当在互联网连接状态下开具。按照有关规定不使用网络办税的特定纳税人,可以通过离线方式开具增值税发票。

八、自转登记日的下期起连续不超过12个月或者连续不超过4个季度的经营期内,转登记纳税人应税销售额超过财政部、国家税务总局规定的小规模纳税人标准的,应当按照《增值税一般纳税人登记管理办法》(国家税务总局令第43号)的有关规定,向主管税务机关办理一般纳税人登记。

转登记纳税人按规定再次登记为一般纳税人后,不得再转登记为小规模纳税人。

九、一般纳税人在增值税税率调整前已按原适用税率开具的增值税发票,发生销售折让、中止或者退回等情形需要开具红字发票的,按照原适用税率开具红字发票;开票有误需要重新开具的,先按照原适用税率开具红字发票后,再重新开具正确的蓝字发票。

一般纳税人在增值税税率调整前未开具增值税发票的增值税应税销售行为,需要补开增值税发票的,应当按照原适用税率补开。

增值税发票税控开票软件税率栏次默认显示调整后税率,一般纳税人发生上述行为可以手工选择原适用税率开具增值税发票。

十、国家税务总局在增值税发票管理系统中更新了《商品和服务税收分类编码表》,纳税人应当按照更新后的《商品和服务税收分类编码表》开具增值税发票。

转登记纳税人和一般纳税人应当及时完成增值税发票税控开票软件升级、税控设备变更发行和自身业务系统调整。

十一、本公告自2018年5月1日起施行。《国家税务总局关于增值税一般纳税人登记管理若干事项的公告》(国家税务总局公告2018年第6号)第七条同时废止。

附件:一般纳税人转为小规模纳税人登记表(略)

(十二)税收风险管理、纳税辅导期管理

主管税务机关应当加强对税收风险的管理。对税收遵从度低的一般纳税人,主管税务机关可以实行纳税辅导期管理。

第二节 征税对象、范围

一、我国现行增值税征税范围的一般规定

我国增值税征税范围：在中华人民共和国境内销售货物、提供加工和修理修配劳务、应税行为（销售服务、无形资产或者不动产），以及进口货物。

原增值税征税范围包括货物的生产、批发、零售和进口4个环节。2016年5月1日以后，伴随着营改增试点实施办法以及相关配套政策的实施，"营改增"试点行业扩大到销售服务、无形资产或者不动产（简称应税行为），增值税的征税范围覆盖第一产业、第二产业和第三产业。

应税行为具体范围

应税行为的具体范围，按照《销售服务、无形资产、不动产注释》执行。

（1）应税行为分为三大类：销售应税服务、销售无形资产和销售不动产。

其中，应税服务包括交通运输服务、邮政服务、电信服务、建筑服务、金融服务、现代服务、生活服务。

（2）《销售服务、无形资产、不动产注释》涵盖了原营业税税目注释中的所有应税行为。

（3）《销售服务、无形资产、不动产注释》是在原《营业税改征增值税试点实施办法》（财税〔2013〕106号）所附《应税服务范围注释》基础上，结合《营业税税目注释（试行稿）》（国税发〔1993〕149号）以及《国民经济行业分类》（GB/T 4754—2011），主要依据涉税行为属性进行了税目划分，调整了《应税服务范围注释》中个别应税服务的税目归属，梳理完善了原营业税税目注释中金融保险业、建筑业、其他服务业、转让无形资产和销售不动产的具体范围，新增了原营业税税目注释中未能直接列明的新兴经济行为，以及未能纳入营业税征税范围的经济权益转让行为；同时，考虑到现代服务和生活服务存在新兴业态较多、新兴经济行为不断涌现的情况，以"其他现代服务"和"其他生活性服务"作为兜底。

修改内容举例说明：

① 将《应税服务范围注释》"研发和技术服务"中的"技术转让服务""文化创意服务"中的"商标和著作权转让服务"，划转至"销售无形资产"税目项下。

② 将《应税服务范围注释》"研发和技术服务"中的"技术咨询服务"划转至"现代服务——鉴证咨询——咨询"税目项下。

③ 按照现行有关保险的法律法规规定，将"保险"的税目注释，由原营业税税目注释的"保险，是指通过契约形式集中起来的资金，用以补偿被保险人的经济利益的业务"的表述修订为"保险服务"，是指投保人根据合同约定，向保险人支付保险费，保险人对于合同约定的可能发生的事故因其发生所造成的财产损失承担赔偿保险金责任，或者当被保险人死亡、伤残、疾病或者达到合同约定的年龄、期限等条件时承担给付保险金责任的商业保险行为。

保险服务包括人身保险服务和财产保险服务。

④ 与原营业税税目注释相比，新增"安全保护服务"项目，将已征收营业税但未在原营业税税目注释中直接列明的安全保护服务直接写入《销售服务、无形资产、不动产注释》。

⑤ 新增"其他权益性无形资产"项目，将转让席位权等未能纳入原营业税征税范围的经济权益转让行为增加到《销售服务、无形资产、不动产注释》中。

（一）销售货物

"货物"是指有形动产，包括电力、热力和气体在内。销售货物是指有偿转让货物的所有权。"有偿"不仅指从购买方取得货币，还包括取得货物或其他经济利益。

印刷企业接受出版单位委托，自行购买纸张，印刷有统一刊号（CN）以及采用国际标准书号编序的图书、报纸和杂志，按货物销售征收增值税。

执罚部门和单位查处属于一般商业部门经营的商品，具备拍卖条件的，由执罚部门或单位商同级财政部门同意后，公开拍卖。其拍卖收入作为罚没收入由执罚部门和单位如数上缴财政，不予征税。对经营单位购入拍卖物品再销售的，应照章征收增值税。执罚部门和单位查

处的属于一般商业部门经营的商品，不具备拍卖条件的，由执罚部门、财政部门、国家指定销售单位会同有关部门按质论价，并由国家指定销售单位纳入正常销售渠道变价处理。执罚部门按商定价格所取得的变价收入作为罚没收入如数上缴财政，不予征税。国家指定销售单位将罚没物品纳入正常销售渠道销售的，应照章征收增值税。执罚部门和单位查处的属于专管机关管理或专管企业经营的财物，如金银（不包括金银首饰）外币、有价证券、非禁止出口文物，应交由专管机关或专营企业收兑或收购。执罚部门和单位按收兑或收购价所取得的收入作为罚没收入如数上缴财政，不予征税。专管机关或专营企业经营上述物品中属于应征增值税的货物，应照章征收增值税。

（二）提供加工和修理修配劳务

加工是指接收来料承做货物，加工后的货物所有权仍属于委托者的业务，即通常所说的委托加工业务。"委托加工业务"是指由委托方提供原料及主要材料，受托方按照委托方的要求制造货物并收取加工费的业务。

修理修配是指受托对损伤和丧失功能的货物进行修复，使其恢复原状和功能的业务。

这里的"提供加工和修理修配劳务"都是指有偿提供加工和修理修配劳务。但单位或个体工商户聘用的员工为本单位或雇主提供加工、修理修配劳务则不包括在内。

（三）销售服务

销售服务，是指提供交通运输服务、邮政服务、电信服务、建筑服务、金融服务、现代服务、生活服务。

1. 交通运输服务

交通运输服务，是指使用运输工具将货物或者旅客送达目的地，使其空间位置得到转移的业务活动。

包括陆路运输服务、水路运输服务、航空运输服务和管道运输服务。

1）陆路运输服务

陆路运输服务，是指通过陆路（地上或者地下）运送货物或者旅客的运输业务活动，包括铁路运输服务和其他陆路运输服务。

铁路运输服务，是指通过铁路运送货物或者旅客的运输业务活动。

其他陆路运输服务，是指铁路运输以外的陆路运输业务活动，包括公路运输、缆车运输、索道运输、地铁运输、城市轻轨运输等。

出租车公司向使用本公司自有出租车的出租车司机收取的管理费用，按陆路运输服务征收增值税。

2）水路运输服务

水路运输服务，是指通过江、河、湖、川等天然、人工水道或者海洋航道运送货物或者旅客的运输业务活动。

水路运输的程租、期租业务，属于水路运输服务。

程租业务，是指运输企业为租船人完成某一特定航次的运输任务并收取租赁费的业务。

期租业务，是指运输企业将配备有操作人员的船舶承租给他人使用一定期限，承租期内听候承租方调遣，不论是否经营，均按天向承租方收取租赁费，发生的固定费用均由船东负担的业务。

3）航空航天运输服务

（1）航空航天运输服务。

航空运输服务是指通过空中航线运送货物或者旅客的运输业务活动。

航空运输的湿租业务，属于航空运输服务。湿租业务，是指航空运输企业将配备有机组人员的飞机承租给他人使用一定期限，承租期内听候承租方调遣，不论是否经营，均按一定标准向承租方收取租赁费，发生的固定费用均由承租方承担的业务。

航空运输企业已售票但未提供航空运输服务取得的逾期票证收入，按照航空运输服务征收增值税。

（2）航天运输服务。

按照航空运输服务征收增值税。航天运输服务，是指利用火箭等载体将卫星、空间探测器等空间飞行器发射到空间轨道的业务活动。

4）管道运输服务

管道运输服务，是指通过管道设施输送气

体、液体、固体物质的运输业务活动。

5) 相关特殊规定

(1) 无运输工具承运业务。

无运输工具承运业务，按照交通运输服务缴纳增值税。

无运输工具承运业务，是指经营者以承运人身份与托运人签订运输服务合同，收取运费并承担承运人责任，然后委托实际承运人完成运输服务的经营活动。

(2) 运输逾期票证收入。

自 2018 年 1 月 1 日起，纳税人已售票但客户逾期未消费取得的运输逾期票证收入，按照"交通运输服务"缴纳增值税。

纳税人为客户办理退票而向客户收取的退票费、手续费等收入，按照"其他现代服务"缴纳增值税。

(3) 运输工具舱位承包和舱位互换业务。

自 2019 年 10 月 1 日起施行。

① 在运输工具舱位承包业务中。

发包方以其向承包方收取的全部价款和价外费用为销售额，按照"交通运输服务"缴纳增值税。承包方以其向托运人收取的全部价款和价外费用为销售额，按照"交通运输服务"缴纳增值税。

运输工具舱位承包业务，是指承包方以承运人身份与托运人签订运输服务合同，收取运费并承担承运人责任，然后以承包他人运输工具舱位的方式，委托发包方实际完成相关运输服务的经营活动。

② 在运输工具舱位互换业务中。

互换运输工具舱位的双方均以各自换出运输工具舱位确认的全部价款和价外费用为销售额，按照"交通运输服务"缴纳增值税。

运输工具舱位互换业务，是指纳税人之间签订运输协议，在各自以承运人身份承揽的运输业务中，互相利用对方交通运输工具的舱位完成相关运输服务的经营活动。

2. 邮政服务

邮政服务，是指中国邮政集团公司及其所属邮政企业提供邮件寄递、邮政汇兑和机要通信等邮政基本服务的业务活动。

包括邮政普遍服务、邮政特殊服务和其他邮政服务。

(1) 邮政普遍服务。

邮政普遍服务，是指函件、包裹等邮件寄递，以及邮票发行、报刊发行和邮政汇兑等业务活动。

函件，是指信函、印刷品、邮资封片卡、无名址函件和邮政小包等。

包裹，是指按照封装上的名址递送给特定个人或者单位的独立封装的物品，其重量不超过 50 千克，任何一边的尺寸不超过 150 厘米，长、宽、高合计不超过 300 厘米。

(2) 邮政特殊服务。

邮政特殊服务，是指义务兵平常信函、机要通信、盲人读物和革命烈士遗物的寄递等业务活动。

(3) 其他邮政服务。

其他邮政服务，是指邮册等邮品销售、邮政代理等业务活动。

中国邮政速递物流股份有限公司及其子公司（含各级分支机构），不属于中国邮政集团公司所属邮政企业。

3. 电信服务

电信服务，是指利用有线、无线的电磁系统或者光电系统等各种通信网络资源，提供语音通话服务，传送、发射、接收或者应用图像、短信等电子数据和信息的业务活动。

电信服务包括基础电信服务和增值电信服务。

(1) 基础电信服务。

基础电信服务是指利用固网、移动网、卫星、互联网，提供语音通话服务的业务活动，以及出租或者出售带宽、波长等网络元素的业务活动。

(2) 增值电信服务。

增值电信服务是指利用固网、移动网、卫星、互联网、有线电视网络，提供短信和彩信服务、电子数据和信息的传输及应用服务、互联网接入服务等业务活动。

卫星电视信号落地转接服务,按照增值电信服务计算缴纳增值税。

自2016年2月1日起,纳税人通过楼宇、隧道等室内通信分布系统,为电信企业提供的语音通话和移动互联网等无线信号室分系统传输服务,分别按照基础电信服务和增值电信服务缴纳增值税。

4. 建筑服务

建筑服务,是指各类建筑物、构筑物及其附属设施的建造、修缮、装饰,线路、管道、设备、设施等的安装以及其他工程作业的业务活动。

建筑服务包括工程服务、安装服务、修缮服务、装饰服务和其他建筑服务。

(1) 工程服务。

工程服务,是指新建、改建各种建筑物、构筑物的工程作业,包括与建筑物相连的各种设备或者支柱、操作平台的安装或者装设工程作业,以及各种窑炉和金属结构工程作业。

(2) 安装服务。

安装服务,是指生产设备、动力设备、起重设备、运输设备、传动设备、医疗实验设备以及其他各种设备、设施的装配、安置工程作业,包括与被安装设备相连的工作台、梯子、栏杆的装设工程作业,以及被安装设备的绝缘、防腐、保温、油漆等工程作业。

固定电话、有线电视、宽带、水、电、燃气、暖气等经营者向用户收取的安装费、初装费、开户费、扩容费以及类似收费,按照安装服务缴纳增值税。

(3) 修缮服务。

修缮服务,是指对建筑物、构筑物进行修补、加固、养护、改善,使之恢复原来的使用价值或者延长其使用期限的工程作业。

(4) 装饰服务。

装饰服务,是指对建筑物、构筑物进行修饰装修,使之美观或者具有特定用途的工程作业。

(5) 其他建筑服务。

其他建筑服务,是指上列工程作业之外的各种工程作业服务,如钻井(打井)、拆除建筑物或者构筑物、平整土地、园林绿化、疏浚(不包括航道疏浚)、建筑物平移、搭脚手架、爆破、矿山穿孔、表面附着物(包括岩层、土层、沙层等)剥离和清理等工程作业。

自2016年5月1日起,物业服务企业为业主提供的装修服务,按照"建筑服务"缴纳增值税。

自2016年5月1日起,纳税人将建筑施工设备出租给他人使用并配备操作人员的,按照"建筑服务"缴纳增值税。

5. 金融服务

金融服务,是指经营金融保险的业务活动。

金融服务包括贷款服务、直接收费金融服务、保险服务和金融商品转让。

(1) 贷款服务。

贷款,是指将资金贷予他人使用而取得利息收入的业务活动。

各种占用、拆借资金取得的收入,包括金融商品持有期间(含到期)利息(保本收益、报酬、资金占用费、补偿金等)收入、信用卡透支利息收入、买入返售金融商品利息收入、融资融券收取的利息收入,以及融资性售后回租、押汇、罚息、票据贴现、转贷等业务取得的利息及利息性质的收入,按照贷款服务缴纳增值税。

注:以上所称"保本收益、报酬、资金占用费、补偿金",是指合同中明确承诺到期本金可全部收回的投资收益。金融商品持有期间(含到期)取得的非保本的上述收益,不属于利息或利息性质的收入,不征收增值税。

融资性售后回租,是指承租方以融资为目的,将资产出售给从事融资性售后回租业务的企业后,从事融资性售后回租业务的企业将该资产出租给承租方的业务活动。

以货币资金投资收取的固定利润或者保底利润,按照贷款服务缴纳增值税。

注:自2018年1月1日起,金融机构开展贴现、转贴现业务,以其实际持有票据期间取得的利息收入作为贷款服务销售额计算缴纳增值税。此前贴现机构已就贴现利息收入全额缴纳增值税的票据,转贴现机构转贴现利息收入继续免征增值税。

(2) 直接收费金融服务。

直接收费金融服务,是指为货币资金融通及其他金融业务提供相关服务并且收取费用的业务活动。

直接收费金融服务包括提供货币兑换、账户管理、电子银行、信用卡、信用证、财务担保、资产管理、信托管理、基金管理、金融交易场所（平台）管理、资金结算、资金清算、金融支付等服务。

(3) 保险服务。

保险服务，是指投保人根据合同约定，向保险人支付保险费，保险人对于合同约定的可能发生的事故因其发生所造成的财产损失承担赔偿保险金责任，或者当被保险人死亡、伤残、疾病或者达到合同约定的年龄、期限等条件时承担给付保险金责任的商业保险行为。

保险服务包括人身保险服务和财产保险服务。人身保险服务，是指以人的寿命和身体为保险标的的保险业务活动。财产保险服务，是指以财产及其有关利益为保险标的的保险业务活动。

(4) 金融商品转让。

金融商品转让，是指转让外汇、有价证券、非货物期货和其他金融商品所有权的业务活动。

其他金融商品转让包括基金、信托、理财产品等各类资产管理产品和各种金融衍生品的转让。

注：自2016年5月1日起，纳税人购入基金、信托、理财产品等各类资产管理产品持有至到期，不属于《销售服务、无形资产、不动产注释》（财税〔2016〕36号附件1附件）第一条第（五）项第4点所称的金融商品转让。

6. 现代服务

现代服务，是指围绕制造业、文化产业、现代物流产业等提供技术性、知识性服务的业务活动。

现代服务包括研发和技术服务、信息技术服务、文化创意服务、物流辅助服务、租赁服务、鉴证咨询服务、广播影视服务、商务辅助服务和其他现代服务。

1) 研发和技术服务

研发和技术服务，包括研发服务、合同能源管理服务、工程勘察勘探服务、专业技术服务。

(1) 研发服务。

研发服务（亦称技术开发服务）是指就新技术、新产品、新工艺或者新材料及其系统进行研究与试验开发的业务活动。

(2) 合同能源管理服务。

合同能源管理服务是指节能服务公司与用能单位以契约形式约定节能目标，节能服务公司提供必要的服务，用能单位以节能效果支付节能服务公司投入及其合理报酬的业务活动。

(3) 工程勘察勘探服务。

工程勘察勘探服务是指在采矿、工程施工前后，对地形、地质构造、地下资源蕴藏情况进行实地调查的业务活动。

(4) 专业技术服务。

专业技术服务是指气象服务、地震服务、海洋服务、测绘服务、城市规划、环境与生态监测服务等专项技术服务。

2) 信息技术服务

信息技术服务，是指利用计算机、通信网络等技术对信息进行生产、收集、处理、加工、存储、运输、检索和利用，并提供信息服务的业务活动。

信息技术服务包括软件服务、电路设计及测试服务、信息系统服务和业务流程管理服务和信息系统增值服务。

(1) 软件服务。

软件服务是指提供软件开发服务、软件维护服务、软件测试服务的业务行为。

(2) 电路设计及测试服务。

电路设计及测试服务是指提供集成电路和电子电路产品设计、测试及相关技术支持服务的业务行为。

(3) 信息系统服务。

信息系统服务是指提供信息系统集成、网络管理、桌面管理与维护、信息系统应用、基础信息技术管理平台整合、信息技术基础设施管理、数据中心、托管中心、信息安全服务、在线杀毒、虚拟主机等业务行为。

信息系统服务包括网站对非自有的网络游戏提供的网络运营服务。

自2016年2月1日起,纳税人通过蜂窝数字移动通信用塔(杆)及配套设施,为电信企业提供的基站天线、馈线及设备环境控制、动环监控、防雷消防、运行维护等塔类站址管理业务,按照"信息技术基础设施管理服务"缴纳增值税。

(4)业务流程管理服务。

业务流程管理服务是指依托计算机信息技术提供的人力资源管理、财务经济管理、审计管理、税务管理、物流信息管理、经营信息管理和呼叫中心等服务的活动。

(5)信息系统增值服务。

信息系统增值服务是指利用信息系统资源为用户附加提供的信息技术服务。

信息系统增值服务包括数据处理、分析和整合、数据库管理、数据备份、数据存储、容灾服务、电子商务平台等。

3)文化创意服务

文化创意服务,包括设计服务、知识产权服务、广告服务和会议展览服务。

(1)设计服务。

设计服务是指把计划、规划、设想通过视觉、文字等形式传递出来的业务活动。

设计服务包括工业设计、造型设计、服装设计、环境设计、平面设计、包装设计、动漫设计、网游设计、展示设计、网站设计、机械设计、工程设计、广告设计、创意策划、文印晒图等。

(2)知识产权服务。

知识产权服务是指处理知识产权事务的业务活动。

知识产权服务包括对专利、商标、著作权、软件、集成电路布图设计的登记、鉴定、评估、认证、检索服务。

(3)广告服务。

广告服务是指利用图书、报纸、杂志、广播、电视、电影、幻灯、路牌、招贴、橱窗、霓虹灯、灯箱、互联网等各种形式为客户的商品、经营服务项目、文体节目或者通告、声明等委托事项进行宣传和提供相关服务的业务活动。

广告服务包括广告代理和广告的发布、播映、宣传、展示等。

(4)会议展览服务。

会议展览服务是指为商品流通、促销、展示、经贸洽谈、民间交流、企业沟通、国际往来等举办或者组织安排的各类展览和会议的业务活动。

自2016年5月1日起,宾馆、旅馆、旅社、度假村和其他经营性住宿场所提供会议场地及配套服务的活动,按照"会议展览服务"缴纳增值税。

4)物流辅助服务

物流辅助服务,包括航空服务、港口码头服务、货运客运场站服务、打捞救助服务、装卸搬运服务、仓储服务和收派服务。

(1)航空服务。

航空服务包括航空地面服务和通用航空服务。

航空地面服务,是指航空公司、飞机场、民航管理局、航站等向在境内航行或者在境内机场停留的境内外飞机或者其他飞行器提供的导航等劳务性地面服务的业务活动。包括旅客安全检查服务、停机坪管理服务、机场候机厅管理服务、飞机清洗消毒服务、空中飞行管理服务、飞机起降服务、飞行通信服务、地面信号服务、飞机安全服务、飞机跑道管理服务、空中交通管理服务等。

通用航空服务是指为专业工作提供飞行服务的业务活动。包括航空摄影、航空培训、航空测量、航空勘探、航空护林、航空吊挂播撒、航空降雨、航空气象探测、航空海洋监测、航空科学实验等。

(2)港口码头服务。

港口码头服务是指港务船舶调度服务、船舶通信服务、航道管理服务、航道疏浚服务、灯塔管理服务、航标管理服务、船舶引航服务、理货服务、系解缆服务、停泊和移泊服务、海上船舶溢油清除服务、水上交通管理服务、船只专业清洗消毒检测服务和防止船只漏油服务等为船只提供服务的业务活动。

港口设施经营人收取的港口设施保安费按照"港口码头服务"征收增值税。

(3)货运客运场站服务。

货运客运场站服务是指货运客运场站提供的货物配载服务、运输组织服务、中转换乘服务、车辆调度服务、票务服务、货物打包整理、铁路线路使用服务、加挂铁路客车服务、铁路行包专列发送服务、铁路到达和中转服务、铁路车辆编解服务、车辆挂运服务、铁路接触网服务、铁路机车牵引服务等业务活动。

(4) 打捞救助服务。

打捞救助服务是指提供船舶人员救助、船舶财产救助、水上救助和沉船沉物打捞服务的业务活动。

(5) 装卸搬运服务。

装卸搬运服务是指使用装卸搬运工具或人力、畜力将货物在运输工具之间、装卸现场之间或者运输工具与装卸现场之间进行装卸和搬运的业务活动。

(6) 仓储服务。

仓储服务是指利用仓库、货场或者其他场所代客贮放、保管货物的业务活动。

(7) 收派服务。

收派服务是指接受寄件人委托，在承诺的时限内完成函件和包裹的收件、分拣、派送服务的业务活动。

收件服务，是指从寄件人收取函件和包裹，并运送到服务提供方同城的集散中心的业务活动。

分拣服务，是指服务提供方在其集散中心对函件和包裹进行归类、分发的业务活动。

派送服务，是指服务提供方从其集散中心将函件和包裹送达同城的收件人的业务活动。

5) 租赁服务

租赁服务包括融资租赁服务和经营性租赁服务。

(1) 融资租赁服务。

融资租赁服务是指具有融资性质和所有权转移特点的租赁业务活动。即出租人根据承租人所要求的规格、型号、性能等条件购入有形动产或者不动产租赁给承租人，合同期内设备所有权属于出租人，承租人只拥有使用权，合同期满付清租金后，承租人有权按照残值购入租赁物，以拥有其所有权。不论出租人是否将租赁物残值销售给承租人，均属于融资租赁。

按照标的物的不同，融资租赁服务可分为有形动产融资租赁服务和不动产融资租赁服务。

融资性售后回租不按照本税目缴纳增值税。

(2) 经营性租赁服务。

经营性租赁服务是指在约定时间内将有形动产或者不动产转让他人使用且租赁物所有权不变更的业务活动。

按照标的物的不同，经营租赁服务可分为有形动产经营租赁服务和不动产经营租赁服务。

将建筑物、构筑物等不动产或者飞机、车辆等有形动产的广告位出租给其他单位或者个人用于发布广告，按照经营租赁服务缴纳增值税。

车辆停放服务、道路通行服务（包括过路费、过桥费、过闸费等）等按照不动产经营租赁服务缴纳增值税。

水路运输的光租业务、航空运输的干租业务，属于经营性租赁。

光租业务，是指运输企业将船舶在约定的时间内出租给他人使用，不配备操作人员，不承担运输过程中发生的各项费用，只收取固定租赁费的业务活动。

干租业务，是指航空运输企业将飞机在约定的时间内出租给他人使用，不配备机组人员，不承担运输过程中发生的各项费用，只收取固定租赁费的业务活动。

6) 鉴证咨询服务

鉴证咨询服务，包括认证服务、鉴证服务和咨询服务。

① 认证服务。

认证服务是指具有专业资质的单位利用检测、检验、计量等技术，证明产品、服务、管理体系符合相关技术规范、相关技术规范的强制性要求或者标准的业务活动。

② 鉴证服务。

鉴证服务是指具有专业资质的单位受托对相关事项进行鉴证，发表具有证明力的意见的业务活动。

鉴证服务包括会计鉴证、税务鉴证、法律鉴

证、职业技能鉴定、工程造价鉴证、工程监理、资产评估、环境评估、房地产土地评估、建筑图纸审核、医疗事故鉴定等。

③ 咨询服务。

咨询服务是指提供信息、建议、策划、顾问等服务的活动。

咨询服务包括金融、软件、技术、财务、税收、法律、内部管理、业务运作、流程管理、健康等方面的咨询。

翻译服务和市场调查服务按照咨询服务缴纳增值税。

7) 广播影视服务

广播影视服务，包括广播影视节目（作品）的制作服务、发行服务和播映（含放映，下同）服务。

(1) 广播影视节目（作品）制作服务。

广播影视节目（作品）制作服务是指进行专题（特别节目）专栏、综艺、体育、动画片、广播剧、电视剧、电影等广播影视节目和作品制作的服务。

具体包括与广播影视节目和作品相关的策划、采编、拍摄、录音、音视频文字图片素材制作、场景布置、后期的剪辑、翻译（编译）字幕制作、片头、片尾、片花制作、特效制作、影片修复、编目和确权等业务活动。

(2) 广播影视节目（作品）发行服务。

广播影视节目（作品）发行服务是指以分账、买断、委托等方式，向影院、电台、电视台、网站等单位和个人发行广播影视节目（作品）以及转让体育赛事等活动的报道及播映权的业务活动。

(3) 广播影视节目（作品）播映服务。

广播影视节目（作品）播映服务是指在影院、剧院、录像厅及其他场所播映广播影视节目（作品），以及通过电台、电视台、卫星通信、互联网、有线电视等无线或有线装置播映广播影视节目（作品）的业务活动。

8) 商务辅助服务

商务辅助服务，包括企业管理服务、经纪代理服务、人力资源服务、安全保护服务。

(1) 企业管理服务。

企业管理服务是指提供总部管理、投资与资产管理、市场管理、物业管理、日常综合管理等服务的业务活动。

(2) 经纪代理服务。

经纪代理服务是指各类经纪、中介、代理服务。

经纪代理服务包括金融代理、知识产权代理、货物运输代理、代理报关、法律代理、房地产中介、职业中介、婚姻中介、代理记账、拍卖等。

货物运输代理服务，是指接受货物收货人、发货人、船舶所有人、船舶承租人或者船舶经营人的委托，以委托人的名义，为委托人办理货物运输、装卸、仓储和船舶进出港口、引航、靠泊等相关手续的业务活动。

代理报关服务，是指接受进出口货物的收、发货人委托，代为办理报关手续的业务活动。

注： 自2018年7月25日起，拍卖行受托拍卖取得的手续费或佣金收入，按照"经纪代理服务"缴纳增值税。[《国家税务总局关于明确中外合作办学等若干增值税征管问题的公告》（国家税务总局公告2018年第42号，2018年7月25日，自2018年7月25日起施行）]

(3) 人力资源服务。

人力资源服务是指提供公共就业、劳务派遣、人才委托招聘、劳动力外包等服务的业务活动。

(4) 安全保护服务。

安全保护服务是指提供保护人身安全和财产安全，维护社会治安等的业务活动。

包括场所住宅保安、特种保安、安全系统监控以及其他安保服务。

自2016年5月1日起，纳税人提供武装守护押运服务，按照"安全保护服务"缴纳增值税。

9) 其他现代服务

其他现代服务，是指除研发和技术服务、信息技术服务、文化创意服务、物流辅助服务、租赁服务、鉴证咨询服务、广播影视服务和商务辅助服务以外的现代服务。

7. 生活服务

生活服务，是指为满足城乡居民日常生活

需求提供的各类服务活动。

生活服务包括文化体育服务、教育医疗服务、旅游娱乐服务、餐饮住宿服务、居民日常服务和其他生活服务。

1) 文化体育服务

文化体育服务,包括文化服务和体育服务。

(1) 文化服务。

文化服务是指为满足社会公众文化生活需求提供的各种服务。

文化服务包括文艺创作、文艺表演、文化比赛,图书馆的图书和资料借阅,档案馆的档案管理,文物及非物质遗产保护,组织举办宗教活动、科技活动、文化活动,提供游览场所。

(2) 体育服务。

体育服务是指组织举办体育比赛、体育表演、体育活动,以及提供体育训练、体育指导、体育管理的业务活动。

自2016年5月1日起,纳税人在游览场所经营索道、摆渡车、电瓶车、游船等取得的收入,按照"文化体育服务"缴纳增值税。

2) 教育医疗服务

教育医疗服务,包括教育服务和医疗服务。

(1) 教育服务。

教育服务是指提供学历教育服务、非学历教育服务、教育辅助服务的业务活动。

学历教育服务,是指根据教育行政管理部门确定或者认可的招生和教学计划组织教学,并颁发相应学历证书的业务活动。

学历教育服务包括初等教育、初级中等教育、高级中等教育、高等教育等。

非学历教育服务,包括学前教育、各类培训、演讲、讲座、报告会等。教育辅助服务,包括教育测评、考试、招生等服务。

(2) 医疗服务。

医疗服务是指提供医学检查、诊断、治疗、康复、预防、保健、接生、计划生育、防疫服务等方面的服务,以及与这些服务有关的提供药品、医用材料器具、救护车、病房住宿和伙食的业务。

3) 旅游娱乐服务

旅游娱乐服务,包括旅游服务和娱乐服务。

(1) 旅游服务。

旅游服务是指根据旅游者的要求,组织安排交通、游览、住宿、餐饮、购物、文娱、商务等服务的业务活动。

(2) 娱乐服务。

娱乐服务是指为娱乐活动同时提供场所和服务的业务。

具体包括歌厅、舞厅、夜总会、酒吧、台球、高尔夫球、保龄球、游艺(包括射击、狩猎、跑马、游戏机、蹦极、卡丁车、热气球、动力伞、射箭、飞镖)。

4) 餐饮住宿服务

餐饮住宿服务,包括餐饮服务和住宿服务。

(1) 餐饮服务。

餐饮服务是指通过同时提供饮食和饮食场所的方式为消费者提供饮食消费服务的业务活动。

自2016年5月1日起,提供餐饮服务的纳税人销售的外卖食品,按照"餐饮服务"缴纳增值税。

自2019年10月1日起,纳税人现场制作食品并直接销售给消费者,按照"餐饮服务"缴纳增值税。

(2) 住宿服务。

住宿服务是指提供住宿场所及配套服务等的活动。

住宿服务包括宾馆、旅馆、旅社、度假村和其他经营性住宿场所提供的住宿服务。

5) 居民日常服务

居民日常服务,是指主要为满足居民个人及其家庭日常生活需求提供的服务。

居民日常服务包括市容市政管理、家政、婚庆、养老、殡葬、照料和护理、救助救济、美容美发、按摩、桑拿、氧吧、足疗、沐浴、洗染、摄影扩印等服务。

6) 其他生活服务

其他生活服务,是指除文化体育服务、教育医疗服务、旅游娱乐服务、餐饮住宿服务和居民日常服务之外的生活服务。

自2017年5月1日起,纳税人提供植物养护服务,按照"其他生活服务"缴纳增值税。

(四) 销售无形资产

销售无形资产,是指有偿转让无形资产,是转让无形资产所有权或者使用权的业务活动。

无形资产,是指不具实物形态,但能带来经济利益的资产,包括技术、商标、著作权、商誉、自然资源使用权和其他权益性无形资产。

技术,包括专利技术和非专利技术。

自然资源使用权,包括土地使用权、海域使用权、探矿权、采矿权、取水权和其他自然资源使用权。

其他权益性无形资产,包括基础设施资产经营权、公共事业特许权、配额、经营权(包括特许经营权、连锁经营权、其他经营权)、经销权、分销权、代理权、会员权、席位权、网络游戏虚拟道具、域名、名称权、肖像权、冠名权、转会费等。

注:自2018年7月25日起,纳税人通过省级土地行政主管部门设立的交易平台转让补充耕地指标,按照销售无形资产缴纳增值税,税率为6%。所称补充耕地指标,是指根据《中华人民共和国土地管理法》及国务院土地行政主管部门《耕地占补平衡考核办法》的有关要求,经省级土地行政主管部门确认,用于耕地占补平衡的指标。[《国家税务总局关于明确中外合作办学等若干增值税征管问题的公告》(国家税务总局公告2018年第42号,2018年7月25日,自2018年7月25日起施行)]

(五) 销售不动产

销售不动产,是指有偿转让不动产,是转让不动产所有权的业务活动。

不动产,是指不能移动或者移动后会引起性质、形状改变的财产,包括建筑物、构筑物等。建筑物,包括住宅、商业营业用房、办公楼等可供居住、工作或者进行其他活动的建造物。构筑物,包括道路、桥梁、隧道、水坝等建造物。

转让建筑物有限产权或者永久使用权的,转让在建的建筑物或者构筑物所有权的,以及在转让建筑物或者构筑物时一并转让其所占土地的使用权的,按照销售不动产缴纳增值税。

(六) 进口货物

进口货物是指申报进入我国海关境内的货物。

确定一项货物是否属于进口货物,必须看其是否办理了报关进口手续。通常,境外产品要输入境内,必须向我国海关申报进口,并办理有关报关手续。

只要是报关进口的应税货物,均属于增值税征税范围,在进口环节缴纳增值税(享受免税政策的货物除外)。

预付卡业务

1. 单用途商业预付卡业务

按照以下规定执行:

(1) 单用途商业预付卡(以下简称单用途卡)发卡企业或者售卡企业(以下统称售卡方)销售单用途卡,或者接受单用途卡持卡人充值取得的预收资金,不缴纳增值税。售卡方可按照《关于营改增试点若干征管问题的公告》(国家税务总局公告2016年第53号)第九条的规定,向购卡人、充值人开具增值税普通发票,不得开具增值税专用发票。

单用途卡,是指发卡企业按照国家有关规定发行的,仅限于在本企业、本企业所属集团或者同一品牌特许经营体系内兑付货物或者服务的预付凭证。

发卡企业,是指按照国家有关规定发行单用途卡的企业。售卡企业,是指集团发卡企业或者品牌发卡企业指定的,承担单用途卡销售、充值、挂失、换卡、退卡等相关业务的本集团或同一品牌特许经营体系内的企业。

(2) 售卡方因发行或者销售单用途卡并办理相关资金收付结算业务取得的手续费、结算费、服务费、管理费等收入,应按照现行规定缴纳增值税。

(3) 持卡人使用单用途卡购买货物或服务时,货物或者服务的销售方应按照现行规定缴纳增值税,且不得向持卡人开具增值税发票。

(4) 销售方与售卡方不是同一个纳税人的,销售方在收到售卡方结算的销售款时,应向售卡方开具增值税普通发票,并在备注栏注明"收到预付卡结算款",不得开具增值税专用发票。售卡方从销售方取得的增值税普通发票,作为其销售单用途卡或接受单用途卡充值取得预收资金不缴纳增值税的凭证,留存备查。

2. 支付机构预付卡业务

按照以下规定执行:

(1) 支付机构销售支付机构预付卡(以下简称多用途卡)取得的等值人民币资金,或者接受多用途卡持卡人充值取得的充值资金,不缴纳增值税。支付机构可按照第九条的规定,向购卡人、充值人开具增值税普通发票,不得开具增值税专用发票。

支付机构,是指取得中国人民银行核发的《支付业务许可证》,获准办理"预付卡发行与受理"业务的发卡机构和获准办理"预付卡受理"业务的受理机构。多用途卡,是指发卡机构以特定载体和形式发行的,可在发卡机构之外购买货物或服务的预付价值。

(2)支付机构因发行或者受理多用途卡并办理相关资金收付结算业务取得的手续费、结算费、服务费、管理费等收入,应按照现行规定缴纳增值税。

(3)持卡人使用多用途卡,向与支付机构签署合作协议的特约商户购买货物或服务,特约商户应按照现行规定缴纳增值税,且不得向持卡人开具增值税发票。

(4)特约商户收到支付机构结算的销售款时,应向支付机构开具增值税普通发票,并在备注栏注明"收到预付卡结算款",不得开具增值税专用发票。支付机构从特约商户取得的增值税普通发票,作为其销售多用途卡或接受多用途卡充值取得预收资金不缴纳增值税的凭证,留存备查。

二、对视同销售货物、服务、无形资产或者不动产的征税规定

(一)视同销售货物

单位或个体工商户的下列行为,视同销售货物,征收增值税:

(1)将货物交付其他单位或者个人代销。

(2)销售代销货物。

(3)设有两个以上机构并实行统一核算的纳税人,将货物从一个机构移送其他机构用于销售,但相关机构设在同一县(市)的除外。

用于销售,是指受货机构发生以下情形之一的经营行为:

① 向购货方开具发票。
② 向购货方收取货款。

受货机构的货物移送行为有上述两项情形之一的,应当向所在地税务机关缴纳增值税;未发生上述两项情形的,则应由总机构统一缴纳增值税。

如果受货机构只就部分货物向购买方开具发票或收取货款,则应当区别不同情况计算并分别向总机构所在地或分支机构所在地税务机关缴纳税款。

(4)将自产、委托加工的货物用于集体福利或个人消费。

(5)将自产、委托加工或购进的货物作为投资,提供给其他单位或个体工商户。

(6)将自产、委托加工或购进的货物分配给股东或投资者。

(7)将自产、委托加工或购进的货物无偿赠送给其他单位或者个人。

【案例2-1】 智董公司以自己生产的产品分配利润,产品成本为1 000 000元,不含税销售价格为1 600 000元,该产品的增值税税率为13%。

【分析】 智董公司的会计处理为:

销项税额=1 600 000×13%=208 000(元)

借:应付利润　　　　　　　　　1 808 000
　　贷:主营业务收入　　　　　　　1 600 000
　　　　应交税费——应交增值税(销项税额)
　　　　　　　　　　　　　　　　　208 000

借:利润分配——应付利润　　　1 808 000
　　贷:应付利润　　　　　　　　　1 808 000

借:主营业务成本　　　　　　　1 000 000
　　贷:库存商品　　　　　　　　　1 000 000

(二)视同销售服务、无形资产或者不动产

确定一项经济行为是否需要缴纳增值税,一般情况下要看是否同时具备4个条件,同时还有一些特例,关于视同销售服务、无形资产或者不动产的规定就是对不同时满足4个征税条件但需要缴纳增值税的特例情况的规定。

从税制设计和加强征管的角度看,将无偿提供服务、转让无形资产或者不动产与有偿提供服务、转让无形资产或者不动产同等对待,均纳入征税范围,既可以体现税收的公平性,也可以堵塞税收漏洞,防止纳税人利用无偿行为不征税的规定逃避税收。

下列情形视同销售服务、无形资产或者不动产。

(1)单位或者个体工商户向其他单位或者个人无偿提供服务,但用于公益事业或者以社会公众为对象的除外。

(2)单位或者个人向其他单位或者个人无偿转让无形资产或者不动产,但用于公益事业

或者以社会公众为对象的除外。

将以公益活动为目的或者以社会公众为对象的无偿提供服务、无偿转让无形资产或者不动产,排除在视同销售范围之外,主要是为了促进社会公益事业的发展。

例如,根据国家指令无偿提供的航空运输服务、铁路运输服务,属于以公益活动为目的的服务,不征收增值税。

(3) 财政部和国家税务总局规定的其他情形。

要注意区别销售服务、无形资产或者不动产,视同销售服务、无形资产或者不动产以及非经营活动三者的不同,准确把握征税与不征税的处理原则。

自2016年12月24日起施行,纳税人出租不动产,租赁合同中约定免租期的,不属于上述视同销售服务。

三、对混合销售行为的征税规定

混合销售行为与兼营行为是在1994年流转税制改革时,由于对货物销售全面实行了增值税,而对服务业除加工和修理修配外仍实行营业税,以及企业为适应市场经济需要开展多种经营的情况下,出现了混合销售、兼营非增值税应税劳务或应税服务行为和混业经营等税收概念。2016年"营改增"后,保留了混合销售和兼营行为,混业经营不复存在。

一项销售行为如果既涉及货物又涉及服务,为混合销售。从事货物的生产、批发或者零售的单位和个体工商户的混合销售行为,按照销售货物缴纳增值税;其他单位和个体工商户的混合销售行为,按照销售服务缴纳增值税。

上述从事货物的生产、批发或者零售的单位和个体工商户,包括以从事货物的生产、批发或者零售为主,并兼营销售服务的单位和个体工商户在内。

(一) 存在混合销售的原因

原《增值税暂行条例》和《营业税暂行条例》及实施细则中有关混合销售的概念是一致的,即一项销售行为如果既涉及增值税应税货物又涉及营业税应税劳务,为混合销售行为。

营业税全部改征增值税后,已不存在既涉及增值税应税货物又涉及营业税应税劳务的概念。但如果销售一个茶杯都要划分货物与设计,分别按13%(2019年4月1日起)和6%征税的话,又改变了税制改革的初衷,也使本来简单的问题复杂化。所以,《营业税改征增值税试点实施办法》增加了混合销售的表述,明确了处理原则,即一项销售行为如果既涉及服务又涉及货物,为混合销售。从事货物的生产、批发或者零售的单位和个体工商户的混合销售行为,按照销售货物缴纳增值税;其他单位和个体工商户的混合销售行为,按照销售服务缴纳增值税。

(二) 混合销售行为的确定

混合销售行为成立的行为标准有两点:

(1) 其销售行为必须是一项行为。

(2) 该项行为必须既涉及服务又涉及货物。

以上所称"货物"是指《增值税暂行条例》中规定的有形动产,包括电力、热力和气体等;"服务"是指属于改征增值税范围的交通运输服务、建筑服务、金融服务、邮政服务、电信服务、现代服务、生活服务等。

在确定混合销售是否成立时,其行为标准中的上述两点必须是同时存在,如果一项销售行为只涉及销售服务,不涉及货物,这种行为就不是混合销售行为;如果涉及销售服务和涉及货物的行为,不是存在于一项销售行为之中,这种行为也不是混合销售行为。

注:自2017年5月1日起,纳税人销售活动板房、机器设备、钢结构件等自产货物的同时提供建筑、安装服务,不属于《营业税改征增值税试点实施办法》(财税〔2016〕36号附件1)第四十条*规定的混合销售,应分别核算货物和建筑服务的销售额,分别适用不同的税率或者征收率。

***注**:第四十条 一项销售行为如果既涉及服务又涉及货物,为混合销售。从事货物的生产、批发或者零售的单位和个体工商户的混合销售行为,按照销售货物缴纳增值税;其他单位和个体工商户的混合销售行为,按照销售服务缴纳增值税。

本条所称从事货物的生产、批发或者零售的单位和个体工商户,包括以从事货物的生产、批发或者零售为主,并兼营销售服务的单位和个体工商户在内。

纳税人销售软件产品并随同销售一并收取的软件安装费、维护费、培训费等收入，应按照增值税混合销售的有关规定征收增值税，并可享受软件产品增值税即征即退政策。

四、对兼营的征税规定

兼营非应税项目，是指纳税人的经营范围既包括销售货物和加工修理修配劳务，又包括销售服务、无形资产或者不动产。但是，销售货物、加工修理修配劳务、服务、无形资产或者不动产不同时发生在同一项销售行为中。

纳税人销售货物、加工修理修配劳务、服务、无形资产或者不动产适用不同税率或者征收率的，应当分别核算适用不同税率或者征收率的销售额，未分别核算销售额的，按照以下方法适用税率或者征收率。

（1）兼有不同税率的销售货物、加工修理修配劳务、服务、无形资产或者不动产，从高适用税率。

（2）兼有不同征收率的销售货物、加工修理修配劳务、服务、无形资产或者不动产，从高适用征收率。

（3）兼有不同税率和征收率的销售货物、加工修理修配劳务、服务、无形资产或者不动产，从高适用税率。

【案例2-2】 某增值税一般纳税人既销售不动产，又提供经纪代理服务，均适用一般计税方法。

【分析】（1）如果该纳税人能够分别核算上述两项应税行为的销售额，则销售不动产适用9%的增值税税率，提供经纪代理服务适用6%的增值税税率。

（2）如果该纳税人没有分别核算上述两项应税行为的销售额，则销售不动产和提供经纪代理服务均从高适用9%的增值税税率。

延伸解读
混合销售与兼营的异同点及其税务处理规定

混合销售与兼营，两者有相同的方面，又有明显的区别。

（1）相同点。

两种行为的经营范围都有销售货物和提供劳务这两类经营项目。

（2）不同点。

混合销售强调的是在同一项销售行为中存在着两类经营项目的混合，销售货款及服务价款是同时从一个购买方取得的；兼营强调的是在同一纳税人的经营活动中存在着两类经营项目，但这两类经营项目不是在同一项销售行为中发生的。

混合销售与兼营是两个不同的税收概念，所以，在税务处理上的规定也不同。混合销售的纳税主要原则是按"经营主业"划分，分别按照"销售货物"或"销售服务"征收增值税。兼营的纳税原则是分别核算、分别按照适用税率征收增值税；对兼营行为不分别核算的，从高适用税率征收增值税。

五、不征收增值税的项目

（一）代购货物

代购货物行为，凡同时具备以下条件的，不征收增值税：

（1）受托方不垫付资金。

（2）销货方将发票开具给委托方，并由受托方将该项发票转交给委托方。

（3）受托方按销货方实际收取的销售额和销项税额（如系代理进口货物，则为海关代征的增值税额）与委托方结算货款，并另外收取手续费。

（二）工本费

对国家管理部门行使其管理职能，发放的执照、牌照和有关证书等取得的工本费收入，不征收增值税。

（三）存款利息

存款利息，不征收增值税。

（四）住宅专项维修资金

房地产主管部门或者其指定机构、公积金管理中心、开发企业以及物业管理单位代收的住宅专项维修资金。

（五）保险赔付

被保险人获得的保险赔付。

（六）财政补贴

纳税人取得的财政补贴收入，与其销售货

物、劳务、服务、无形资产、不动产的收入或者数量直接挂钩的,应按规定计算缴纳增值税。纳税人取得的其他情形的财政补贴收入,不属于增值税应税收入,不征收增值税。

> **延伸解读**
>
> **取得的财政补贴收入,与销售收入或数量"直接挂钩"则征收增值税,其他情形不征**
>
> 《中华人民共和国增值税暂行条例》第六条明确"销售额为纳税人销售货物或者应税劳务向购买方收取的全部价款和价外费用",由于中央财政补贴不属于向"购买方收取",《国家税务总局关于中央财政补贴增值税有关问题的公告》(国家税务总局公告2013年第3号)明确"纳税人取得的中央财政补贴,不属于增值税应税收入,不征收增值税"。
>
> 2017年年底,《国务院关于废止〈中华人民共和国营业税暂行条例〉和修改〈中华人民共和国增值税暂行条例〉的决定》(国务院令第691号)对《中华人民共和国增值税暂行条例》进行了修改,将第六条修改为"销售额为纳税人发生应税销售行为收取的全部价款和价外费用"。所以,纳税人取得的财政补贴收入,与其销售货物、劳务、服务、无形资产、不动产的收入或者数量直接挂钩的,应按规定计算缴纳增值税。纳税人取得的其他情形的财政补贴收入,不属于增值税应税收入,不征收增值税。

(七)预制构件

基本建设单位和从事建筑安装业务的企业附设工厂、车间在建筑现场制造的预制构件,凡直接用于本单位或本企业建筑工程的。

(八)天然水

供应或开采未经加工的天然水(如水库供应农业灌溉用水,工厂自采地下水用于生产),不征收增值税。

(九)水费收入

原对城镇公共供水用水户在基本水价(自来水价格)外征收水资源费的试点省份,在水资源费改税试点期间,按照不增加城镇公共供水企业负担的原则,城镇公共供水企业缴纳的水资源税所对应的水费收入,不计征增值税,按"不征税自来水"项目开具增值税普通发票。

(十)无偿运输

试点纳税人根据国家指令无偿提供的铁路运输服务、航空运输服务,属于《营业税改征增值税试点实施办法》(财税〔2016〕36号附件1)第十四条*规定的以公益活动为目的的服务,不征增值税。

*注:第十四条 下列情形视同销售服务、无形资产或者不动产:

(一)单位或者个体工商户向其他单位或者个人无偿提供服务,但用于公益事业或者以社会公众为对象的除外。

(二)单位或者个人向其他单位或者个人无偿转让无形资产或者不动产,但用于公益事业或者以社会公众为对象的除外。

(三)财政部和国家税务总局规定的其他情形。

(十一)融资性售后回租

融资性售后回租业务中,承租方出售资产的行为不属于增值税的征税范围,不征收增值税。

(十二)体育彩票

对体育彩票的发行收入不征收增值税。

(十三)党费、团费、会费

自2016年5月1日起,各党派、共青团、工会、妇联、中科协、青联、台联、侨联收取党费、团费、会费,以及政府间国际组织收取会费,属于非经营活动,不征收增值税。

(十四)资产重组

纳税人在资产重组过程中,通过合并、分立、出售、置换等方式,将全部或者部分实物资产以及与其相关联的债权、负债和劳动力一并转让给其他单位和个人,不属于增值税的征税范围,其中涉及的货物、不动产、土地使用权转让,不征收增值税。

自2011年3月1日起,纳税人在资产重组过程中,通过合并、分立、出售、置换等方式,将全部或者部分实物资产以及与其相关联的债权,经多次转让后,最终的受让方与劳动力接收方为同一单位和个人的不属于增值税的征税范围,其中货物的多次转让,不征收增值税。资产的出让方需将资产重组方案等文件资料报其主管税务机关。

自2013年12月1日起,纳税人在资产重组过程中,通过合并、分立、出售、置换等方式,将全部或者部分实物资产以及与其相关联的债权、负债经多次转让后,最终的受让方与劳动力接收方为同一单位和个人的,仍适用国家税务总局《关于纳税人资产重组有关增值税问题的公告》的相关规定,其中货物的多次转让行为均不征收增值税。资产的出让方需将资产重组方案等文件资料报其主管税务机关。

自2016年5月1日起,在资产重组过程中,涉及的不动产、土地使用权转让行为按照《营业税改征增值税试点实施办法》(财税〔2016〕36号附件1)及有关规定执行。

第三节 计税依据

一、一般计税方法下销售额

(一) 销售额的一般规定

销售额为纳税人销售货物、提供加工修理修配劳务和应税行为(销售服务、无形资产或者不动产)向购买方收取的全部价款和价外费用,但是不包括收取的销项税额。

具体来说,应税销售额包括以下内容:

(1) 销售货物或提供应税劳务取自于购买方的全部价款。

(2) 向购买方收取的各种价外费用。

具体包括手续费、补贴、基金、集资费、返还利润、奖励费、违约金、延期付款利息、滞纳金、赔偿金、包装费、包装物租金、储备费、优质费、运输装卸费、代收款项、代垫款项及其他各种性质的价外收费。

上述价外费用无论其会计制度如何核算,都应并入销售额计税。但上述价外费用不包括以下费用:

(1) 受托加工应征消费税的货物,而由受托方向委托方代收代缴的消费税。

这是因为代收代缴消费税只是受托方履行法定义务的一种行为,此项税金虽然构成委托加工货物售价的一部分,但它同受托方的加工业务及其收取的应税加工费没有内在关联。

(2) 同时符合以下两个条件的代垫运费:承运部门的运费发票开具给购买方,并且由纳税人将该项发票转交给购买方的。

在这种情况下,纳税人仅仅是为购货人代办运输业务,而未从中收取额外费用。

(3) 同时符合以下条件代为收取的政府性基金或者行政事业性收费:

① 由国务院或者财政部批准设立的政府性基金,由国务院或者省级人民政府及其财政、价格主管部门批准设立的行政事业性收费;

② 收取时开具省级以上(含省级)财政部门监(印)制的财政票据;

③ 所收款项全额上缴财政。

(4) 销售货物的同时代办保险等而向购买方收取的保险费,以及向购买方收取的代购买方缴纳的车辆购置税、车辆牌照费。

纳税人销售货物和提供应税劳务时向购买方收取的各种价外费用均要并入计税销售额计算征税,目的是防止纳税人以各种名目的收费减少计税销售额逃避纳税。同时应注意,纳税人向购买方收取的价外费用和包装物押金,应视为含税收入,在并入销售额征税时,应将其换算为不含税收入再并入销售额征税。

(5) 消费税税金。

由于消费税属于价内税,所以,凡征收消费税的货物在计征增值税额时,其应税销售额应包括消费税税金。

注:自2020年5月1日起,拍卖行受托拍卖文物艺术品,委托方按规定享受免征增值税政策的,拍卖行可以自己名义就代为收取的货物价款向购买方开具增值税普通发票,对应的货物价款不计入拍卖行的增值税应税收入。

拍卖行应将以下纸质或电子证明材料留存备查:拍卖物品的图片信息、委托拍卖合同、拍卖成交确认书、买卖双方身份证明、价款代收转付凭证、扣缴委托方个人所得税相关资料。

文物艺术品，包括书画、陶瓷器、玉石器、金属器、漆器、竹木牙雕、佛教用具、古典家具、紫砂茗具、文房清供、古籍碑帖、邮品钱币、珠宝等收藏品。

（二）含税销售额的换算

一般计税方法的销售额不包括销项税额，纳税人采用销售额和销项税额合并定价方法的，按照下列公式计算销售额：

$$销售额 = 含税销售额 \div (1 + 税率)$$

现行增值税实行价外税，即纳税人向购买方销售货物或应税劳务所收取的价款中不应包含增值税税款，价款和税款在增值税专用发票上分别注明。有些一般纳税人，如商品零售企业或其他企业将货物或应税劳务出售给消费者、使用单位或小规模纳税人，只能开具普通发票，而不开具增值税专用发票。这样，一部分纳税人（包括一般纳税人和小规模纳税人）在销售货物或提供应税劳务时，就会将价款和税款合并定价，发生销售额和增值税额合并收取的情况。

在这种情况下，就必须将开具在普通发票上的含税销售额换算成不含税销售额，作为增值税的计税依据。

（三）特殊销售方式的销售额

1. 以折扣方式销售货物

税法中折扣销售是指销售方在销售货物、提供应税劳务，销售服务、无形资产或者不动产时，因购买方需求量大等原因，而给予的价格方面的优惠。

纳税人采取折扣方式销售货物、服务、无形资产或者不动产，如果销售额（价款）和折扣额在同一张发票上分别注明，可以按折扣后的销售额（价款）征收增值税，销售额（价款）和折扣额在同一张发票上分别注明是指销售额（价款）和折扣额在同一张发票上的"金额"栏分别注明，未在同一张发票"金额"栏注明折扣额，而仅在发票的"备注"栏注明折扣额的，折扣额不得从销售额（价款）中减除。如果将折扣额另开发票，不论其在财务上如何处理，均不得从销售额（价款）中减除折扣额。

税法中对纳税人采取折扣方式销售货物销售额（价款）的核定，之所以强调销售额（价款）与折扣额必须在同一张发票上注明，主要是从保证增值税征收管理的需要即征税、扣税相一致考虑的。如果允许对销售额（价款）开一张销货发票，对折扣额再开一张退款红字发票，就可能造成销货方按减除折扣额后的销售额（价款）计算销项税额，而购货方却按未减除折扣额的销售额（价款）及其进项税额进行抵扣，显然会造成增值税计算征收上的混乱。

延伸解读

折扣销售、现金折扣、销售折扣与销售折让的区别

（1）税法中所指的折扣销售有别于现金折扣，现金折扣通常是为了鼓励购货方及时偿还货款而给予的折扣优待，现金折扣发生在销货之后，而折扣销售则是与实现销售同时发生的。

企业为促进商品销售而在商品价格上给予的价格扣除属于商业折扣，商品销售涉及商业折扣的，应当按照扣除商业折扣后的金额确定销售商品收入金额。

实务中，商业折扣有两种做法：一是折扣销售，即按照折扣后的金额开具发票，确认收入，计算销项税额；二是销售折扣，即将未折扣前的销售额与折扣额开在同一份发票上。两种做法，均符合现行流转税（或称商品和劳务税，简称商品税）、所得税处理及会计处理的规定。

（2）销售折扣与销售折让是不同的，销售折让通常是指由于货物的品种或质量等原因引起销售额的减少，即销货方给予购货方未予退货状况下的价格折让。销售折让可以通过开具红字专用发票从销售额中减除，未按规定开具红字增值税专用发票的，不得扣减销项税额或销售额。

对于纳税人销售货物并向购买方开具增值税专用发票后，由于购货方在一定时期内累计购买货物达到一定数量，或者由于市场价格下降等原因，销货方给予购货方相应的价格优惠或补偿等折扣折让行为，销货方可按现行增值税专用发票使用规定开具红字增值税专用发票。

【案例2-3】 纳税人提供应税服务的价款为200元、折扣额为20元。

【分析】（1）如果将价款和折扣额在同一张发票上分别注明的，以180元为销售额。

(2) 如果未在同一张发票上分别注明的,以200元为销售额。

2. 以旧换新方式销售货物

以旧换新销售,是纳税人在销售过程中,折价收回同类旧货物,并以折价款部分冲减货物价款的一种销售方式。

纳税人采取以旧换新方式销售货物的(金银首饰除外),应按新货物的同期销售价格确定销售额。

3. 还本销售方式销售货物

所谓还本销售,指销货方将货物出售之后,按约定的时间,一次或分次将购货款部分或全部退还给购货方,退还的货款即为还本支出。

纳税人采取还本销售货物的,不得从销售额中减除还本支出。

4. 采取以物易物方式销售

以物易物是一种较为特殊的购销活动,是指购销双方不是以货币结算,而是以同等价款的货物相互结算,实现货物购销的一种方式。

在实际工作中,有的纳税人认为以物易物不是购销行为,销货方收到购货方抵顶货物的货物,认为自己不是购物,购货方发出抵顶货款的货物,认为自己不是销货。这两种认识都是错误的。

正确的方法应当是:以物易物双方都应作购销处理,以各自发出的货物核算销售额并计算销项税额,以各自收到的货物核算购货额及进项税额。

需要强调的是,在以物易物活动中,双方应各自开具合法的票据,必须计算销项税额,但如果收到货物不能取得相应的增值税专用发票或者其他增值税扣税凭证,不得抵扣进项税额。

5. 直销企业增值税销售额的确定

直销企业的经营模式主要有两种:

(1) 直销员按照批发价向直销企业购买货物,再按照零售价向消费者销售货物。

(2) 直销员仅起到中介介绍作用,直销企业按照零售价向直销员介绍的消费者销售货物,并另外向直销员支付报酬。

根据直销企业的经营模式,直销企业增值税的销售额的确定分以下两种:

(1) 直销企业先将货物销售给直销员,直销员再将货物销售给消费者的,直销企业的销售额为其向直销员收取的全部价款和价外费用。直销员将货物销售给消费者时,应按照现行规定缴纳增值税。

(2) 直销企业通过直销员向消费者销售货物,直接向消费者收取货款,直销企业的销售额为其向消费者收取的全部价款和价外费用。

6. 包装物押金计税问题

包装物是指纳税人包装本单位货物的各种物品。为了促使购货方尽早退回包装物以便周转使用,一般情况下,销货方向购货方收取包装物押金,购货方在规定的期间内返回包装物,销货方再将收取的包装物押金返还。

根据税法规定,纳税人为销售货物而出租出借包装物收取的押金,单独记账的、时间在1年内、又未过期的,不并入销售额征税;但对逾期未收回不再退还的包装物押金,应按所包装货物的适用税率计算纳税。这里需要注意两个问题:

(1) 逾期的界定,逾期是以1年(12个月)为期限。

(2) 押金属于含税收入,应先将其换算为不含税销售额再并入销售额征税。另外,包装物押金与包装物租金不能混淆,包装物租金属于价外费用,在收取时便并入销售额征税。

对销售除啤酒、黄酒以外的其他酒类产品收取的包装物押金,无论是否返还以及会计上如何核算,均应并入当期销售额征税。

【案例2-4】 智董公司(增值税一般纳税人)本月清理出租出借包装物,将某单位逾期未退还包装物押金400 000元予以没收。

【分析】 按照有关规定,对于出租、出借包装物收取的押金,因逾期未收回包装物而没收的部分,应记入其他业务收入,企业收取押金时,借记"银行存款"科目,贷记"其他应付款"科目;因逾期未收回包装物而没收押金时,借记"其他应付款"科目,贷记"其他业务收入"科目。

智董公司正确的会计处理为:

借:其他应付款　　　　　　　400 000.00
　　贷:其他业务收入　　　　　353 982.30
　　　　应交税费——应交增值税(销项税额)
　　　　　　　　　　　　　　　46 017.70

自2018年7月25日起,航空运输销售代理企业提供境内机票代理服务,以取得的全部价款和价外费用,扣除向客户收取并支付给航空运输企业或其他航空运输销售代理企业的境内机票净结算款和相关费用后的余额为销售额。其中,支付给航空运输企业的款项,以国际航空运输协会(IATA)开账与结算计划(BSP)对账单或航空运输企业的签收单据为合法有效凭证;支付给其他航空运输销售代理企业的款项,以代理企业间的签收单据为合法有效凭证。航空运输销售代理企业就取得的全部价款和价外费用,向购买方开具行程单,或开具增值税普通发票。[《国家税务总局关于明确中外合作办学等若干增值税征管问题的公告》(国家税务总局公告2018年第42号,2018年7月25日,自2018年7月25日起施行)]

7. 贷款服务的销售额

以提供贷款服务取得的全部利息及利息性质的收入为销售额,不含贷款本金。

银行提供贷款服务按期计收利息的,结息日当日计收的全部利息收入,均应计入结息日所属期的销售额,按照现行规定计算缴纳增值税。

证券公司、保险公司、金融租赁公司、证券基金管理公司、证券投资基金以及其他经人民银行、国家金融监督管理总局(原银保监会)、证监会批准成立且经营金融保险业务的机构发放贷款后,自结息日起90天内发生的应收未收利息按现行规定缴纳增值税,自结息日起90天后发生的应收未收利息暂不缴纳增值税,待实际收到利息时按规定缴纳增值税。

8. 直接收费金融服务的销售额

以提供直接收费金融服务收取的手续费、佣金、酬金、管理费、服务费、经手费、开户费、过户费、结算费、转托管费等各类费用为销售额。

延伸解读

发卡机构、清算机构和收单机构提供银行卡跨机构资金清算服务的销售额

自2017年5月1日起,按照以下规定执行:

(1)发卡机构以其向收单机构收取的发卡行服务费为销售额,并按照此销售额向清算机构开具增值税发票。

(2)清算机构以其向发卡机构、收单机构收取的网络服务费为销售额,并按照发卡机构支付的网络服务费向发卡机构开具增值税发票,按照收单机构支付的网络服务费向收单机构开具增值税发票。

清算机构从发卡机构取得的增值税发票上记载的发卡行服务费,一并计入清算机构的销售额,并由清算机构按照此销售额向收单机构开具增值税发票。

(3)收单机构以其向商户收取的收单服务费为销售额,并按照此销售额向商户开具增值税发票。

9. 资管产品的销售额

自2018年1月1日起,资管产品管理人运营资管产品提供的贷款服务,以2018年1月1日起产生的利息及利息性质的收入为销售额。

(四)按差额确定销售额

1. 金融商品转让的销售额

1)概述

金融商品转让,按照卖出价扣除买入价后的余额为销售额。

转让金融商品出现的正负差,按盈亏相抵后的余额为销售额。若相抵后出现负差,可结转下一纳税期与下期转让金融商品销售额相抵,但年末时仍出现负差的,不得转入下一个会计年度。

金融商品的买入价,可以选择按照加权平均法或者移动加权平均法进行核算,选择后36个月内不得变更。

金融商品转让,不得开具增值税专用发票。

2)限售股转让

自2016年9月1日起,单位将其持有的限售股在解禁流通后对外转让的,按照以下规定确定买入价。

(1)上市公司实施股权分置改革时,在股票复牌之前形成的原非流通股股份,以及股票复牌首日至解禁日期间由上述股份孳生的送、转股,以该上市公司完成股权分置改革后股票复牌首日的开盘价为买入价。

（2）公司首次公开发行股票并上市形成的限售股，以及上市首日至解禁日期间由上述股份孳生的送、转股，以该上市公司股票首次公开发行（IPO）的发行价为买入价。

（3）因上市公司实施重大资产重组形成的限售股，以及股票复牌首日至解禁日期间由上述股份孳生的送、转股，以该上市公司因重大资产重组股票停牌前一交易日的收盘价为买入价。

自2018年7月25日起，上市公司因实施重大资产重组形成的限售股，以及股票复牌首日至解禁日期间由上述股份孳生的送、转股，因重大资产重组停牌的，按照《国家税务总局关于营改增试点若干征管问题的公告》（国家税务总局公告2016年第53号）第五条第（三）项的规定确定买入价；在重大资产重组前已经暂停上市的，以上市公司完成资产重组后股票恢复上市首日的开盘价为买入价。[《国家税务总局关于明确中外合作办学等若干增值税征管问题的公告》（国家税务总局公告2018年第42号，2018年7月25日，自2018年7月25日起施行）]

自2019年10月1日起施行：

① 纳税人转让因同时实施股权分置改革和重大资产重组而首次公开发行股票并上市形成的限售股，以及上市首日至解禁日期间由上述股份孳生的送、转股，以该上市公司股票上市首日开盘价为买入价，按照"金融商品转让"缴纳增值税。

② 上市公司因实施重大资产重组多次停牌的，《国家税务总局关于营改增试点若干征管问题的公告》（国家税务总局公告2016年第53号，国家税务总局公告2018年第31号修改）第五条第（三）项所称的"股票停牌"，是指中国证券监督管理委员会就上市公司重大资产重组申请作出予以核准决定前的最后一次停牌。

自2020年5月1日起，单位将其持有的限售股在解禁流通后对外转让，按照《国家税务总局关于营改增试点若干征管问题的公告》（国家税务总局公告2016年第53号）第五条规定确定的买入价，低于该单位取得限售股的实际成本价的，以实际成本价为买入价计算缴纳增值税。

按照增值税对股权投资不征税、股票（金融商品）转让增值部分征税的税制安排，《国家税务总局关于营改增试点若干征管问题的公告》（国家税务总局公告2016年第53号，以下简称53号公告）按照限售股的形成原因，明确了限售股买入价的确定原则。按照有利于纳税人原则，针对53号公告规定的买入价低于纳税人取得限售股实际成本的特殊情形，公告进一步明确，按照53号公告确定的买入价低于该单位取得限售股实际成本价的，以实际成本价为买入价计算缴纳增值税。

【案例2-5】 智董公司投资贵琛公司股权初始投资成本为20元/股，后续贵琛公司首次公开发行股票并上市，智董公司在持有贵琛公司限售股解禁后卖出价为40元/股。

【分析】 如果上市发行价为30元/股，则智董公司转让贵琛公司限售股按照卖出价减发行价的余额10元/股（40－30）计算缴纳增值税；如果上市发行价为10元/股，则智董公司转让贵琛公司限售股按照卖出价减实际成本价的余额20元/股（40－20）计算缴纳增值税。

3）运营资管产品发生的部分金融商品转让

自2018年1月1日起，资管产品管理人运营资管产品发生的部分金融商品转让业务，转让2017年12月31日前取得的股票（不包括限售股）债券、基金、非货物期货，可以选择按照实际买入价计算销售额，或者以2017年最后一个交易日的股票收盘价（2017年最后一个交易日处于停牌期间的股票，为停牌前最后一个交易日收盘价）债券估值（中债金融估值中心有限公司或中证指数有限公司提供的债券估值）基金份额净值、非货物期货结算价格作为买入价计算销售额。

4）无偿转让股票

纳税人无偿转让股票时，转出方以该股票的买入价为卖出价，按照"金融商品转让"计算缴纳增值税；在转入方将上述股票再转让时，以原转出方的卖出价为买入价，按照"金融商品转让"计算缴纳增值税。[《财政部 税务总局关于明确无偿转让股票等增值税政策的公告》（财政部 税务总局公告2020年第40号,2020年9月29日,自2020年9月29日起执行。此前已发生未处理的事项,按本公告规定执行)]

2. 经纪代理服务的销售额

经纪代理服务,以取得的全部价款和价外费用,扣除向委托方收取并代为支付的政府性基金或者行政事业性收费后的余额为销售额。

向委托方收取的政府性基金或者行政事业性收费,不得开具增值税专用发票。

3. 融资租赁和融资性售后回租业务的销售额

(1) 经人民银行、银监会或者商务部批准从事融资租赁业务的试点纳税人,提供融资租赁服务,以取得的全部价款和价外费用,扣除支付的借款利息(包括外汇借款和人民币借款利息)发行债券利息和车辆购置税后的余额为销售额。

与原《营业税改征增值税试点有关事项的规定》(财税〔2013〕106号附件2)相比,融资租赁服务仍采取差额的方式确定销售额,允许扣除的项目中删除保险费和安装费,主要原因是保险服务、安装服务已经纳入增值税征收范围,购买保险服务、安装服务时已支付或负担的增值税额,可以按规定作为进项税额予以抵扣,无须再采取从销售额中扣除的方式。

(2) 经人民银行、银监会或者商务部批准从事融资租赁业务的试点纳税人,提供融资性售后回租服务,以取得的全部价款和价外费用(不含本金),扣除对外支付的借款利息(包括外汇借款和人民币借款利息)发行债券利息后的余额作为销售额。

① 按照《销售服务、无形资产、不动产注释》(财税〔2016〕36号附件1附件)规定,融资性售后回租服务改为纳入"贷款服务"范围,适用6%的税率。

② 为保证营改增改革的平稳过渡,对融资性售后回租服务继续以差额方式确定销售额。试点纳税人2016年4月30日前签订的有形动产融资性售后回租合同,按以下"2016年4月30日前签订的有形动产融资性售后回租合同"的规定缴纳增值税。

③ 贷款服务的销售额为提供贷款服务取得的全部利息及利息性质的收入,不含贷款本金。所以,提供融资性售后回租服务取得的全部价款和价外费用中也不包含本金。

(3) 试点纳税人根据2016年4月30日前签订的有形动产融资性售后回租合同,在合同到期前提供的有形动产融资性售后回租服务,可继续按照有形动产融资租赁服务缴纳增值税。

继续按照有形动产融资租赁服务缴纳增值税的试点纳税人,经人民银行、银监会或者商务部批准从事融资租赁业务的,根据2016年4月30日前签订的有形动产融资性售后回租合同,在合同到期前提供的有形动产融资性售后回租服务,可以选择以下方法之一计算销售额:

① 以向承租方收取的全部价款和价外费用,扣除向承租方收取的价款本金,以及对外支付的借款利息(包括外汇借款和人民币借款利息)发行债券利息后的余额为销售额。

纳税人提供有形动产融资性售后回租服务,计算当期销售额时可以扣除的价款本金,为书面合同约定的当期应当收取的本金。无书面合同或者书面合同没有约定的,为当期实际收取的本金。

试点纳税人提供有形动产融资性售后回租服务,向承租方收取的有形动产价款本金,不得开具增值税专用发票,可以开具普通发票。

② 以向承租方收取的全部价款和价外费用,扣除支付的借款利息(包括外汇借款和人民币借款利息)发行债券利息后的余额为销售额。

(4) 经商务部授权的省级商务主管部门和国家经济技术开发区批准的从事融资租赁业务的试点纳税人,2016年5月1日后实收资本达到1.7亿元的,从达到标准的当月起按照上述第(1)、(2)、(3)项规定执行;2016年5月1日后实收资本未达到1.7亿元但注册资本达到1.7亿元的,在2016年7月31日前仍可按照上述第(1)、(2)、(3)点规定执行,2016年8月1日后开展的融资租赁业务和融资性售后回租业务不得按照上述第(1)、(2)、(3)项规定执行。

(5) 自2018年1月1日起,金融机构开展贴现、转贴现业务，以其实际持有票据期间取得的利息收入作为贷款服务的销售额计算缴纳增值税。此前贴现机构已就贴现利息收入全额缴纳增值税的票据，转贴现机构转贴现利息收入继续免征增值税。

4. 航空运输及销售代理企业的销售额

航空运输企业的销售额，不包括代收的机场建设费和代售其他航空运输企业客票而代收转付的价款。

自2018年1月1日起，航空运输销售代理企业提供境外航段机票代理服务，以取得的全部价款和价外费用，扣除向客户收取并支付给其他单位或者个人的境外航段机票结算款和相关费用后的余额为销售额。其中，支付给境内单位或者个人的款项，以发票或行程单为合法有效凭证；支付给境外单位或者个人的款项，以签收单据为合法有效凭证，税务机关对签收单据有疑义的，可以要求其提供境外公证机构的确认证明。

航空运输销售代理企业，是指根据《航空运输销售代理资质认可办法》取得中国航空运输协会颁发的"航空运输销售代理业务资质认可证书"，接受中国航空运输企业或通航中国的外国航空运输企业委托，依照双方签订的委托销售代理合同提供代理服务的企业。

5. 签证代理

纳税人提供签证代理服务，以取得的全部价款和价外费用，扣除向服务接受方收取并代为支付给外交部和外国驻华使（领）馆的签证费、认证费后的余额为销售额。

向服务接受方收取并代为支付的签证费、认证费，不得开具增值税专用发票，可以开具增值税普通发票。

6. 客运场站服务

试点纳税人中的一般纳税人提供客运场站服务，以其取得的全部价款和价外费用，扣除支付给承运方运费后的余额为销售额。

7. 旅游服务

试点纳税人提供旅游服务，可以选择以取得的全部价款和价外费用，扣除向旅游服务购买方收取并支付给其他单位或者个人的住宿费、餐饮费、交通费、签证费、门票费和支付给其他接团旅游企业的旅游费用后的余额为销售额。

选择上述办法计算销售额的试点纳税人，向旅游服务购买方收取并支付的上述费用，不得开具增值税专用发票，可以开具普通发票。

注：上述规定延续了《中华人民共和国营业税暂行条例》第五条"纳税人从事旅游业务的，以其取得的全部价款和价外费用扣除替旅游者支付给其他单位或者个人的住宿费、餐费、交通费、旅游景点门票和支付给其他接团旅游企业的旅游费后的余额为营业额"的政策，同时增加了"签证费"的扣除项目。

明确纳税人提供旅游服务，开具增值税专用发票时，发票金额中不得包含按规定扣除的项目金额。

8. 提供建筑服务

试点纳税人提供建筑服务适用简易计税方法的，以取得的全部价款和价外费用扣除支付的分包款后的余额为销售额。

注：纳税人提供建筑服务，按照规定允许从其取得的全部价款和价外费用中扣除的分包款，是指支付给分包方的全部价款和价外费用。

纳税人提供建筑服务，被工程发包方从应支付的工程款中扣押的质押金、保证金，未开具发票的，以纳税人实际收到质押金、保证金的当天为纳税义务发生时间。

纳税人提供建筑服务取得预收款，应在收到预收款时，以取得的预收款扣除支付的分包款后的余额，按规定的预征率预缴增值税。适用一般计税方法的项目预征率为2%，适用简易计税方法计税的项目预征率为3%。

适用简易计税方法计税的建筑服务包括：

（1）一般纳税人以清包工方式提供的建筑服务。

（2）一般纳税人为甲供工程提供的建筑服务。

（3）一般纳税人为建筑工程老项目提供的建筑服务。

建筑工程总承包单位为房屋建筑的地基与基础、主体结构提供工程服务，建设单位自行采购全部或部分钢材、混凝土、砌体材料、预制构件的，适用简易计税方法计税。

一般纳税人跨县(市)提供建筑服务,适用一般计税方法计税的,应以取得的全部价款和价外费用为销售额计算应纳税额。纳税人应以取得的全部价款和价外费用扣除支付的分包款后的余额,按照2%的预征率在建筑服务发生地预缴税款。

9. 房地产开发企业销售其开发的房地产项目

房地产开发企业中的一般纳税人销售其开发的房地产项目(选择简易计税方法的房地产老项目除外),以取得的全部价款和价外费用,扣除受让土地时向政府部门支付的土地价款后的余额为销售额。"向政府部门支付的土地价款",包括土地受让人向政府部门支付的征地和拆迁补偿费用、土地前期开发费用和土地出让收益等。

房地产开发企业中的一般纳税人销售其开发的房地产项目(选择简易计税方法的房地产老项目除外),在取得土地时向其他单位或个人支付的拆迁补偿费用也允许在计算销售额时扣除。纳税人按上述规定扣除拆迁补偿费用时,应提供拆迁协议、拆迁双方支付和取得拆迁补偿费用凭证等能够证明拆迁补偿费用真实性的材料。

房地产开发企业(包括多个房地产开发企业组成的联合体)受让土地向政府部门支付土地价款后,设立项目公司对该受让土地进行开发,同时符合下列条件的,可由项目公司按规定扣除房地产开发企业向政府部门支付的土地价款。

(1) 房地产开发企业、项目公司、政府部门三方签订变更协议或补充合同,将土地受让人变更为项目公司。

(2) 政府部门出让土地的用途、规划等条件不变的情况下,签署变更协议或补充合同时,土地价款总额不变。

(3) 项目公司的全部股权由受让土地的房地产开发企业持有。

房地产老项目,是指《建筑工程施工许可证》注明的合同开工日期在2016年4月30日前的房地产项目。

10. 转让不动产

一般纳税人销售其2016年5月1日后取得(不含自建)的不动产,应适用一般计税方法,以取得的全部价款和价外费用为销售额计算应纳税额。纳税人应以取得的全部价款和价外费用减去该项不动产购置原价或者取得不动产时的作价后的余额,按照5%的预征率在不动产所在地预缴税款。

注:一般纳税人销售其2016年4月30日前取得的不动产(不含自建),适用一般计税方法计税的,以取得的全部价款和价外费用为销售额计算应纳税额。上述纳税人应以取得的全部价款和价外费用减去该项不动产购置原价或者取得不动产时的作价后的余额,按照5%的预征率在不动产所在地预缴税款。

纳税人转让不动产缴纳增值税差额扣除的有关规定:

(1) 纳税人转让不动产,按照有关规定差额缴纳增值税的,如因丢失等原因无法提供取得不动产时的发票,可向税务机关提供其他能证明契税计税金额的完税凭证等资料,进行差额扣除。

(2) 纳税人以契税计税金额进行差额扣除的,按照下列公式计算增值税应纳税额:

2016年5月1日及以后缴纳契税的:

$$增值税应纳税额 = \left[\frac{全部交易价格(含增值税)}{1+5\%} - 契税计税金额(不含增值税)\right] \times 5\%$$

附 2016年4月30日及以前缴纳契税的:

$$增值税应纳税额 = \left[\frac{全部交易价格(含增值税) - 契税计税金额(含营业税)}{1+5\%}\right] \times 5\%$$

(3) 纳税人同时保留取得不动产时的发票和其他能证明契税计税金额的完税凭证等资料的,应当凭发票进行差额扣除。

延伸解读

银行业金融机构、金融资产管理公司不良债权以物抵债有关税收政策

银行业金融机构、金融资产管理公司中的增值税一般纳税人处置抵债不动产,可选择以取得的全部价款和价外费用扣除取得该抵债不动产时的作价为销售额,适用9%税率计算缴纳增值税。

按照上述规定从全部价款和价外费用中扣除抵债不动产的作价,应当取得人民法院、仲裁机构生效的法律文书。

选择上述办法计算销售额的银行业金融机构、金融资产管理公司,接收抵债不动产取得增值税专用发票的,其进项税额不得从销项税额中抵扣;处置抵债不动产时,抵债不动产作价的部分不得向购买方开具增值税专用发票。

根据《财政部 税务总局关于银行业金融机构、金融资产管理公司不良债权以物抵债有关税收政策的公告》(财政部 税务总局公告2022年第31号)有关规定计算增值税销售额的,按照上述规定执行。

对银行业金融机构、金融资产管理公司接收、处置抵债资产过程中涉及的合同、产权转移书据和营业账簿免征印花税,对合同或产权转移书据其他各方当事人应缴纳的印花税照章征收。

对银行业金融机构、金融资产管理公司接收抵债资产免征契税。

各地可根据《中华人民共和国房产税暂行条例》《中华人民共和国城镇土地使用税暂行条例》授权和本地实际,对银行业金融机构、金融资产管理公司持有的抵债不动产减免房产税、城镇土地使用税。

以上所称抵债不动产、抵债资产,是指经人民法院判决裁定或仲裁机构仲裁的抵债不动产、抵债资产。其中,金融资产管理公司的抵债不动产、抵债资产,限于其承接银行业金融机构不良债权涉及的抵债不动产、抵债资产。

以上所称银行业金融机构,是指在中华人民共和国境内设立的商业银行、农村合作银行、农村信用社、村镇银行、农村资金互助社以及政策性银行;所称金融资产管理公司,是指持有国务院银行业监督管理机构及其派出机构颁发的《金融许可证》的资产管理公司。

以上政策执行期限为2023年8月1日至2027年12月31日。[《财政部 税务总局关于继续实施银行业金融机构、金融资产管理公司不良债权以物抵债有关税收政策的公告》(财政部 税务总局公告2023年第35号),2023年8月21日]

11. 物业管理服务中收取的自来水费

提供物业管理服务的纳税人,向服务接受方收取的自来水水费,以扣除纳税人支付的自来水水费后的余额为销售额,按照简易计税方法依3%的征收率计算缴纳增值税。同时,纳税人可以按3%向服务接受方开具增值税专用发票。

12. 考试费收入

境外单位通过教育部考试中心及其直属单位在境内开展考试,应以取得的考试费收入扣除支付给境外单位考试费后的余额为销售额,按提供"教育辅助服务"缴纳增值税。

教育部考试中心及其直属单位代为收取并支付给境外单位的考试费,应统一扣缴增值税,不得开具增值税专用发票,可以开具增值税普通发票。

13. 劳务派遣服务

(1)一般纳税人提供劳务派遣服务,以取得的全部价款和价外费用为销售额,按照一般计税方法计算缴纳增值税;也可以选择差额纳税,以取得的全部价款和价外费用,扣除代用工单位支付给劳务派遣员工的工资、福利和为其办理社会保险及住房公积金后的余额为销售额,按照简易计税方法依5%的征收率计算缴纳增值税。

(2)小规模纳税人提供劳务派遣服务,可以以取得的全部价款和价外费用为销售额,按照简易计税方法依3%的征收率计算缴纳增值税;也可以选择差额纳税,以取得的全部价款和价外费用,扣除代用工单位支付给劳务派遣员工的工资、福利和为其办理社会保险及住房公积金后的余额为销售额,按照简易计税方法依5%的征收率计算缴纳增值税。

选择差额纳税的纳税人,向用工单位收取用于支付给劳务派遣员工工资、福利和为其办理社会保险及住房公积金的费用,不得开具增值税专用发票,可以开具普通发票。

劳务派遣服务,是指劳务派遣公司为了满足用工单位对于各类灵活用工的需求,将员工派遣至用工单位,接受用工单位管理并为其工作的服务。

有效凭证

纳税人按照上述相关规定从全部价款和价外费用中扣除的价款,应当取得符合法律、行政法规和国家税务总局规定的有效凭证。否则,不得扣除。上述凭证是指:

(1)支付给境内单位或者个人的款项,以发票为合法有效凭证。

(2)支付给境外单位或者个人的款项,以该单位或者个人的签收单据为合法有效凭证,税务机关对签收单据有疑义的,可以要求其提供境外公证机构的确认证明。

(3) 缴纳的税款,以完税凭证为合法有效凭证。

(4) 扣除的政府性基金、行政事业性收费或者向政府支付的土地价款,以省级以上(含省级)财政部门监(印)制的财政票据为合法有效凭证。

(5) 国家税务总局规定的其他凭证。

纳税人取得的上述凭证属于增值税扣税凭证的,其进项税额不得从销项税额中抵扣。

不得一票两用,如果某一增值税扣税凭证用于差额确定销售额时的销售额扣除凭证,则该增值税扣税凭证不得再作为进项税额的抵扣凭证。

(五) 兼营减免税项目时分别核算销售额

纳税人兼营免税、减税项目的,应当分别核算免税、减税项目的销售额;未分别核算的,不得免税、减税。

这一规定是为了使纳税人能够准确核算和反映免税、减税项目的销售额,将分别核算作为纳税人减免税的前置条件。

(六) 销售额的核定

1. 视同销售行为销售额的确定

视同销售行为是增值税税法规定的特殊销售行为。由于视同销售行为一般不以资金形式反映出来,因而会出现视同销售而无销售额的情况。另外,有时纳税人销售货物或提供应税劳务的价格明显偏低且无正当理由。在上述情况下,主管税务机关有权按照下列顺序核定其计税销售额:

(1) 按纳税人最近时期同类货物的平均销售价格确定。

(2) 按其他纳税人最近时期同类货物的平均销售价格确定。

(3) 用以上两种方法均不能确定其销售额的情况下,可按组成计税价格确定销售额。公式为:

$$组成计税价格 = 成本 \times (1 + 成本利润率)$$

属于应征消费税的货物,其组成计税价格应加计消费税税额。

计算公式为:

$$组成计税价格 = 成本 \times (1 + 成本利润率) + 消费税税额$$
$$= 成本 \times \frac{1 + 成本利润率}{1 - 消费税税率}$$

式中,"成本"分为两种情况:属于销售自产货物的为实际生产成本,属于销售外购货物的为实际采购成本。

"成本利润率"为10%。但属于应从价定率征收消费税的货物,其组成计税价格公式中的成本利润率,为《消费税若干具体问题的规定》(国税发〔1993〕156号)中规定的成本利润率。

注:修订及增补后的应税消费品全国平均成本利润率表,请参见本书关于消费税的相关章节。

2. 应税行为价格明显偏低或者偏高以及视同发生应税行为的销售额核定

根据《营业税改征增值税试点实施办法》(财税〔2016〕36号附件1)的规定,纳税人发生应税行为价格明显偏低或者偏高且不具有合理商业目的的,或者发生《营业税改征增值税试点实施办法》第十四条[*]所列行为而无销售额的,主管税务机关有权按照下列顺序确定销售额:

(1) 按照纳税人最近时期销售同类服务、无形资产或者不动产的平均价格确定。

(2) 按照其他纳税人最近时期销售同类服务、无形资产或者不动产的平均价格确定。

(3) 按照组成计税价格确定。

组成计税价格的公式为:

$$组成计税价格 = 成本 \times (1 + 成本利润率)$$

成本利润率由国家税务总局确定。

[*] **注**:第十四条 下列情形视同销售服务、无形资产或者不动产:

(一) 单位或者个体工商户向其他单位或者个人无偿提供服务,但用于公益事业或者以社会公众为对象的除外。

(二) 单位或者个人向其他单位或者个人无偿转让无形资产或者不动产,但用于公益事业或者以社会公众为对象的除外。

(三) 财政部和国家税务总局规定的其他情形。

二、简易计税方法下销售额

增值税小规模纳税人应分别核算销售货物,提供加工、修理修配劳务的销售额和销售服务、无形资产的销售额。

(一) 含税销售额的换算

与一般计税方法相同,简易计税方法中的

销售额也是不含税销售额。

简易计税方法的销售额不包括其应纳税额,纳税人采用销售额和应纳税额合并定价方法的,按照下列公式计算销售额:

$$销售额 = 含税销售额 \div (1 + 征收率)$$

【案例2-6】 某小规模纳税人提供餐饮服务含税销售额为206万元。

【分析】 在计算时应先扣除税额,即:不含税销售额=206÷(1+3%)=200(万元),则增值税应纳税额=200×3%=6(万元)。

和原营业税计税方法的区别:原营业税应纳税额=206×5%=10.3(万元)。

注:2023年适用3%征收率销售收入减按1%征收率征收增值税政策的增值税小规模纳税人,应如何用含税销售额换算销售额?

《国家税务总局关于明确二手车经销等若干增值税征管问题的公告》(国家税务总局公告2020年第9号)第一条规定,纳税人减按0.5%征收率征收增值税,并按下列公式计算销售额:

$$销售额 = 含税销售额 \div (1 + 0.5\%)$$

该公告发布后出台新的增值税征收率变动政策,比照上述公式原理计算销售额。

根据上述规定,《国家税务总局关于增值税小规模纳税人减免增值税等政策有关征管事项的公告》(国家税务总局公告2023年第1号)未重复明确销售额的换算公式,比照上述公式原理,适用3%征收率销售收入减按1%征收政策的增值税小规模纳税人,销售额的计算公式为:

$$销售额 = 含税销售额 \div (1 + 1\%)$$

(二) 发生销售折让等情况扣减销售额

纳税人适用简易计税方法计税的,因销售折让、中止或者退回而退还给购买方的销售额,应当从当期销售额中扣减。扣减当期销售额后仍有余额造成多缴的税款,可以从以后的应纳税额中扣减。

1. 适用对象

(1) 小规模纳税人销售服务、无形资产或者不动产。

(2) 一般纳税人销售服务、无形资产或者不动产可选择简易计税方法计税的应税行为。

2. 开具增值税专用发票情况

一般纳税人销售服务、无形资产或者不动产并收取价款后,发生服务中止、折让或者退回而退还销售额给购买方,依照规定将所退的款项扣减当期销售额的,如果一般纳税人已就该项业务开具了增值税专用发票的,应按规定开具红字专用发票。小规模纳税人销售服务、无形资产或者不动产并收取价款后,发生服务中止、折让或者退回而退还销售额给购买方,依照规定将所退的款项扣减当期销售额的,如果小规模纳税人已就该项业务委托税务机关为其代开了增值税专用发票的,应按规定申请开具红字专用发票。

第四节 税率、征收率

增值税均实行比例税率,绝大多数一般纳税人适用基本税率、低税率或零税率,小规模纳税人和采用简易办法征税的一般纳税人适用征收率。

一、一般计税方法下增值税税率

(一) 概述

1. 增值税税率适用情形

增值税税率适用于一般纳税人按照一般计税方法计税的情况。

2. 增值税税率的档次

根据确定增值税税率的基本原则,我国增值税设置了一档基本税率和一档低税率,此外,还有对出口货物实施的零税率。营改增试点实施后,又增加了两档税率。

| 相关政策依据 |

中华人民共和国增值税暂行条例

(1993年12月13日中华人民共和国国务院令第134

号公布,2008年11月5日国务院第34次常务会议修订通过,根据2016年2月6日《国务院关于修改部分行政法规的决定》第一次修订,根据2017年11月19日《国务院关于废止〈中华人民共和国营业税暂行条例〉和修改〈中华人民共和国增值税暂行条例〉的决定》第二次修订)

......

第二条 增值税税率:

(一)纳税人销售货物、劳务、有形动产租赁服务或者进口货物,除本条第二项、第4项、第五项另有规定外,税率为17%(注:2019年4月1日起降至13%)。

(二)纳税人销售交通运输、邮政、基础电信、建筑、不动产租赁服务,销售不动产,转让土地使用权,销售或者进口下列货物,税率为11%(注:2019年4月1日起降至9%):

1. 粮食等农产品、食用植物油、食用盐;
2. 自来水、暖气、冷气、热水、煤气、石油液化气、天然气、二甲醚、沼气、居民用煤炭制品;
3. 图书、报纸、杂志、音像制品、电子出版物;
4. 饲料、化肥、农药、农机、农膜;
5. 国务院规定的其他货物。

(三)纳税人销售服务、无形资产,除本条第一项、第二项、第五项另有规定外,税率为6%。

(四)纳税人出口货物,税率为零;但是,国务院另有规定的除外。

(五)境内单位和个人跨境销售国务院规定范围内的服务、无形资产,税率为零。

税率的调整,由国务院决定。

第三条 纳税人兼营不同税率的项目,应当分别核算不同税率项目的销售额;未分别核算销售额的,从高适用税率。

......

第二十八条 本条例自2009年1月1日起施行。

相关政策依据

营改增试点纳税人适用税率(营改增试点纳税人)

[《财政部 国家税务总局关于全面推开营业税改征增值税试点的通知》(财税〔2016〕36号)附件1:《营业税改征增值税试点实施办法》]

第十五条 增值税税率:

(一)纳税人发生应税行为,除本条第(二)项、第(三)项、第(四)项规定外,税率为6%。

(二)提供交通运输、邮政、基础电信、建筑、不动产租赁服务,销售不动产,转让土地使用权,税率为11%(注:2019年4月1日起降至9%)。

(三)提供有形动产租赁服务,税率为17%(注:2019年4月1日起降至13%)。

(四)境内单位和个人发生的跨境应税行为,税率为零。具体范围由财政部和国家税务总局另行规定。

注:自2018年5月1日起,纳税人发生增值税应税销售行为或者进口货物,原适用17%和11%税率的,税率分别调整为16%、10%。

自2018年5月1日起,纳税人购进农产品,原适用11%扣除率的,扣除率调整为10%;自2018年5月1日起,纳税人购进用于生产销售或委托加工16%税率货物的农产品,按照12%的扣除率计算进项税额。

自2018年5月1日起,原适用17%税率且出口退税率为17%的出口货物,出口退税率调整至16%。原适用11%税率且出口退税率为11%的出口货物、跨境应税行为,出口退税率调整至10%。

2019年4月1日起将制造业等行业现行16%的税率降至13%,将交通运输业、建筑业等行业现行10%的税率降至9%;保持6%一档的税率不变,但通过采取对生产、生活性服务业增加税收抵扣等配套措施,确保所有行业税负只减不增。

延伸解读

销售服务、无形资产和不动产的增值税税率(营改增试点纳税人)

一般纳税人销售服务、无形资产或者不动产,除按规定可以选择简易计税方法外,应按照一般计税方法和适用税率计算增值税销项税额。

(1)销售服务的增值税税率:

① 提供增值电信服务、金融服务、现代服务(租赁服务除外)、生活服务,税率为6%。

② 提供交通运输服务、邮政服务、基础电信服务、建筑服务、不动产租赁服务,税率为9%(2019年4月1日起)。

③ 提供有形动产租赁服务,税率为13%(2019年4月1日起)。

④ 境内单位和个人跨境提供应税服务,符合规定条件的,税率为零。

(2)销售无形资产的增值税税率:

① 转让土地使用权,税率为9%(2019年4月1日起)。

② 转让土地使用权以外的其他无形资产,税率

为6%。

③ 境内单位和个人跨境转让无形资产,符合规定条件的,税率为零。

(3) 销售不动产的增值税税率为9%(2019年4月1日起)。

3. 进口货物增值税税率

进口货物增值税税率与增值税一般纳税人在国内销售同类货物的税率相同。

4. 我国增值税税率近几年调整情况

自2017年7月1日起,我国简并增值税税率结构。

自2018年5月1日起,纳税人购进农产品,原适用11%扣除率的,扣除率调整为10%;自2018年5月1日起,纳税人购进用于生产销售或委托加工16%税率货物的农产品,按照12%的扣除率计算进项税额。自2018年5月1日起,原适用17%税率且出口退税率为17%的出口货物,出口退税率调整至16%。原适用11%税率且出口退税率为11%的出口货物、跨境应税行为,出口退税率调整至10%。

2019年4月1日起将制造业等行业现行16%的税率降至13%,将交通运输业、建筑业等行业现行10%的税率降至9%;保持6%一档的税率不变,但通过采取对生产、生活性服务业增加税收抵扣等配套措施,确保所有行业税负只减不增。我国增值税税率近几年调整情况见表2-1。

表2-1 我国增值税税率近几年调整情况

项目		2017年7月1日	2018年5月1日	2019年4月1日	2019年4月1日后
销售货物、提供加工修理修配劳务	销售或者进口货物(另有列举的货物除外);销售劳务	17%	17%→16%	16%→13%	13%
	销售或进口农产品(含粮食)、自来水、暖气、石油液化气、天然气、食用植物油、冷气、热水、煤气、居民用煤炭制品、食用盐、农机、饲料、农药、农膜、化肥、沼气、二甲醚、图书、报纸、杂志、音像制品、电子出版物及国务院规定的其他货物	13%→11%	11%→10%	10%→9%	9%
销售服务、转让无形资产、销售不动产	交通运输服务：陆路、水路、航空、管道、无运输工具承运	11%	11%→10%	10%→9%	9%
	邮政服务：邮政普通服务、邮政特殊服务、其他邮政服务	11%	11%→10%	10%→9%	9%
	电信服务：基础电信服务	11%	11%→10%	10%→9%	9%
	电信服务：增值电信服务	6%			
	建筑服务：工程服务、安装服务、修缮服务、装饰服务和其他建筑服务	11%	11%→10%	10%→9%	9%
	销售不动产：转让建筑物、构筑物等不动产所有权	11%	11%→10%	10%→9%	9%
	金融服务：贷款服务、直接收费金融服务、保险服务、金融商品转让	6%			
	现代服务：研发和技术服务、信息技术服务、文化创意服务、物流辅助服务、鉴证咨询服务、广播影视服务、商务辅助服务、其他现代服务	6%			
	现代服务：有形动产租赁服务	17%	17%→16%	16%→13%	13%
	现代服务：不动产租赁服务	11%	11%→10%	10%→9%	9%
	生活服务：文化体育服务、教育医疗服务、旅游娱乐服务、餐饮住宿服务、居民日常服务、其他生活服务	6%			
	销售无形资产：转让技术、商标、著作权、商誉、自然资源和其他权益性无形资产使用权或所有权	6%			
	销售无形资产：转让土地使用权	11%	11%→10%	10%→9%	9%

延伸解读

自2019年4月1日起降低增值税税率和调整退税率

1. 应税销售行为或者进口货物：13%、9%

自2019年4月1日起，增值税一般纳税人（以下简称"纳税人"）发生增值税应税销售行为或者进口货物，原适用16%税率的，税率调整为13%；原适用10%税率的，税率调整为9%。

2. 购进农产品，计算进项税额的扣除率：9%、10%

自2019年4月1日起，纳税人购进农产品，原适用10%扣除率的，扣除率调整为9%。纳税人购进用于生产或者委托加工13%税率货物的农产品，按照10%的扣除率计算进项税额。

3. 出口货物劳务，出口退税率：13%；出口货物、跨境应税行为：出口退税率9%

自2019年4月1日起，原适用16%税率且出口退税率为16%的出口货物劳务，出口退税率调整为13%；原适用10%税率且出口退税率为10%的出口货物、跨境应税行为，出口退税率调整为9%。

2019年6月30日前（含2019年4月1日前），纳税人出口前款所涉货物劳务、发生前款所涉跨境应税行为，适用增值税免退税办法的，购进时已按调整前税率征收增值税的，执行调整前的出口退税率，购进时已按调整后税率征收增值税的，执行调整后的出口退税率；适用增值税免抵退税办法的，执行调整前的出口退税率，在计算免抵退税时，适用税率低于出口退税率的，适用税率与出口退税率之差视为零参与免抵退税计算。

出口退税率的执行时间及出口货物劳务、发生跨境应税行为的时间，按照以下规定执行：报关出口的货物劳务（保税区及经保税区出口除外），以海关报关单上注明的出口日期为准；非报关出口的货物劳务、跨境应税行为，以出口发票或普通发票的开具时间为准；保税区及经保税区出口的货物，以货物离境时海关出具的出境货物备案清单上注明的出口日期为准。

4. 境外旅客购物离境退税物品：11%、8%

自2019年4月1日起，适用13%税率的境外旅客购物离境退税物品，退税率为11%；适用9%税率的境外旅客购物离境退税物品，退税率为8%。

2019年6月30日前，按调整前税率征收增值税的，执行调整前的退税率；按调整后税率征收增值税的，执行调整后的退税率。

退税率的执行时间，以退税物品增值税普通发票的开具日期为准。

（二）基本税率——13%

纳税人销售或者进口货物，除列举的外，税率均为13%；提供加工、修理修配劳务和应税服务，除适用低税率范围外，税率也为13%。这一税率就是通常所说的基本税率。

（三）9%

（1）纳税人销售或者进口列举货物适用税率为9%。

（2）提供交通运输业服务、邮政、基础电信、建筑、不动产租赁服务，销售不动产，转让土地使用权，税率为9%。

自2019年4月1日起适用9%税率货物的具体范围如下。

1. 农业产品

农业产品是指种植业、养殖业、林业、牧业、水产业生产的各种植物、动物的初级产品。

（1）植物类。

植物类包括人工种植和天然生长的各种植物的初级产品。具体征税范围如表2-2所示。

表2-2 植物类初级产品的征税范围

粮食	粮食包括小麦、稻谷、玉米、高粱、谷子和其他杂粮，以及面粉、米、玉米面、玉米渣等。切面、饺子皮、馄饨皮、面皮、米粉等粮食复制品、玉米胚芽，也属于本货物的征税范围。 玉米浆、玉米皮、玉米纤维（亦称喷浆玉米皮）和玉米蛋白粉不属于初级农产品，也不属于《财政部国家税务总局关于饲料产品免征增值税问题的通知》（财税〔2001〕121号）中免税饲料的范围，适用13%（自2019年4月1日起）的增值税税率。 以粮食为原料加工的速冻食品、方便面、副食品和各种熟食品及淀粉，不属于本货物的征税范围
蔬菜	蔬菜包括各种蔬菜、菌类植物和少数可作副食的木科植物。 经晾晒、冷藏、冷冻、包装、脱水等工序加工的蔬菜、腌菜、咸菜、酱菜和盐渍蔬菜等，也属于本货物的征税范围。 各种蔬菜罐头不属于本货物的征税范围

(续表)

烟叶	烟叶包括晒烟叶、晾烟叶和初烤烟叶
茶叶	茶叶包括各种毛茶(如红毛茶、绿毛茶、乌龙毛茶、白毛茶、黑毛茶等)。 精制茶、边销茶及掺兑各种药物的茶和茶饮料,不属于本货物的征税范围
园艺植物	园艺植物是指可供食用的果实,如水果、果干(如荔枝干、桂圆干、葡萄干等)干果、果仁、果用瓜(如甜瓜、西瓜、哈密瓜等),以及胡椒、花椒、大料、咖啡豆等。经冷冻、冷藏、包装等工序加工的园艺植物,也属于本货物的征税范围。 各种水果罐头、果脯、蜜饯、炒制的果仁、坚果、碾磨后的园艺植物(如胡椒粉、花椒粉等),不属于本货物的征税范围
药用植物	药用植物是指用作中药原药的各种植物的根、茎、皮、叶、花、果实等。 利用上述药用植物加工制成的片、丝、块、段等中药饮片,也属于本货物的征税范围。中成药不属于本货物的征税范围
油料植物	油料植物是指主要用作榨取油脂的各种植物的根、茎、叶、果实、花或者胚芽组织等初级产品,如菜籽(包括芥菜籽)花生、大豆、葵花籽、蓖麻籽、芝麻、胡麻籽、茶籽、桐籽、橄榄仁、棕榈仁、棉籽等。 提取芳香油的芳香油料植物,也属于本货物的征税范围
纤维植物	纤维植物是指利用其纤维作纺织、造纸原料或者绳索的植物,如棉(包括籽棉、皮棉、絮棉)大麻、黄麻、槿麻、苎麻、荷麻、亚麻、罗布麻、蕉麻、剑麻等。 棉短绒和麻纤维经脱胶后的精干(洗)麻,也属于本货物的征税范围
糖料植物	糖料植物是指主要用作制糖的各种植物,如甘蔗、甜菜等
林业产品	林业产品是指乔木、灌木和竹类植物,以及天然树脂、天然橡胶。林业产品的征税范围包括原木、原竹、天然树脂和其他林业产品。盐水竹笋也属于本货物的征税范围。锯材、竹笋罐头不属于本货物的征税范围
其他植物	其他植物是指除上述列举植物以外的其他各种人工种植和野生的植物,如树苗、花卉、植物种子、植物叶子、草、麦秸、豆类、薯类、藻类植物等。 干花、干草、薯干、干制的藻类植物、农业产品的下脚料等,也属于本货物的征税范围

(2) 动物类。

动物类包括人工养殖和天然生长的各种动物的初级产品。具体征税范围如表 2-3 所示。

表 2-3 动物类初级产品的征税范围

水产品	水产品是指人工放养和人工捕捞的鱼、虾、蟹、鳖、贝类、棘皮类、软体类、腔肠类、海兽类动物。本货物的征税范围包括鱼、虾、蟹、鳖、贝类、棘皮类、软体类、腔肠类、海兽类、鱼苗(卵)虾苗、蟹苗、贝苗(秧),以及经冷冻、冷藏、盐渍等防腐处理和包装的水产品。 干制的鱼、虾、蟹、贝类、棘皮类、软体类、腔肠类,如干鱼、干虾、干虾仁、干贝等,以及未加工成工艺品的贝壳、珍珠,也属于本货物的征税范围。 熟制的水产品和各类水产品的罐头,不属于本货物的征税范围
畜牧产品	畜牧产品是指人工饲养、繁殖取得和捕获的各种畜禽。本货物的征税范围包括:兽类、禽类和爬行类动物,如牛、马、猪、羊、鸡、鸭等。 兽类、禽类和爬行类动物的肉产品。 各种兽类、禽类和爬行类动物的肉类生制品,如腊肉、腌肉、熏肉等,也属于本货物的征税范围。 各种肉类罐头、肉类熟制品,不属于本货物的征税范围。 蛋类产品是指各种禽类动物和爬行类动物的卵,包括鲜蛋、冷藏蛋。经加工的咸蛋、松花蛋、腌制的蛋等,也属于本货物的征税范围。各种蛋类的罐头,不属于本货物的征税范围。 鲜奶是指各种哺乳类动物的乳汁和经净化、杀菌等加工工序生产的乳汁。按照《食品安全国家标准——巴氏杀菌乳》(GB 19645—2010)生产的巴氏杀菌乳和按照《食品安全国家标准-灭菌乳》(GB 25190—2010)生产的灭菌乳,均属于初级农业产品,可依照《农业产品征收范围注释》中的鲜奶按 13% 的税率征收增值税。 按照《食品安全国家标准——调制乳》(GB 25191—2010)生产的调制乳,不属于初级农业产品,应按照 13%(自 2019 年 4 月 1 日起)税率征收增值税。 用鲜奶加工的各种奶制品,如酸奶、奶酪、奶油等,不属于本货物的征税范围

(续表)

动物皮张	动物皮张是指从各种动物（兽类、禽类和爬行类动物）身上直接剥取的，未经鞣制的生皮、生皮张。将生皮、生皮张用清水、盐水或者防腐药水浸泡、刮里、脱毛、晒干或者熏干，未经鞣制的，也属于本货物的征税范围
动物毛绒	动物毛绒是指未经洗净的各种动物的毛发、绒毛和羽毛。洗净毛、洗净绒等不属于本货物的征税范围
其他动物组织	其他动物组织是指上述列举以外的兽类、禽类、爬行类动物的其他组织，以及昆虫类动物。蚕茧包括鲜茧和干茧，以及蚕蛹。 天然蜂蜜是指采集的未经加工的天然蜂蜜、鲜蜂王浆等。动物树脂，如虫胶等。 其他动物组织，如动物骨、动物骨粒、壳、兽角、动物血液、动物分泌物、蚕种、人工合成牛胚胎等

2. 食用植物油

植物油是从植物根、茎、叶、果实、花或胚芽组织中加工提取的油脂。食用植物油仅指芝麻油、花生油、豆油、菜籽油、米糠油、葵花籽油、棉籽油、玉米胚油、茶油、胡麻油以及以上述油为原料生产的混合油。棕榈油、核桃油、橄榄油、花椒油、杏仁油、葡萄籽油、牡丹籽油，也属本货物的征税范围。

皂角是碱炼动植物油脂时的副产品，不能食用，主要用作化学工业原料。所以，皂角不属于食用植物油，应按照13%（自2019年4月1日起）的税率征收增值税。

肉桂油、桉油、香茅油不属于农业产品的范围，适用增值税税率为13%（自2019年4月1日起）。

环氧大豆油、氢化植物油不属于食用植物油的范围，应适用13%（自2019年4月1日起）的增值税税率。

3. 自来水

自来水是指自来水公司及工矿企业经抽取、过滤、沉淀、消毒等工序加工后，通过供水系统向用户供应的水。

农业灌溉用水、引水工程输送的水等，不属于本货物的征税范围。

4. 暖气、热水

暖气、热水是指利用各种燃料（如煤、石油、其他各种气体或固体、液体燃料）和电能将水加热，使之生成的气体和热水，以及开发自然热能，如开发地热资源或用太阳能生产的暖气、气、热水。

利用工业余热生产、回收的暖气、热气和热水也属于本货物的征税范围。

5. 冷气

冷气是指为了调节室内温度，利用制冷设备生产的，并通过供风系统向用户提供的低温气体。

6. 煤气

煤气是指由煤、焦炭、半焦和重油等经干馏或汽化等生产过程所得气体产物的总称。

煤气的范围包括：

（1）焦炉煤气。

焦炉煤气是指煤在炼焦炉中进行干馏所产生的煤气。

（2）发生炉煤气。

发生炉煤气是指用空气（或氧气）和少量的蒸汽将煤或焦炭、半焦，在煤气发生炉中进行汽化所产生的煤气、混合煤气、水煤气、单水煤气、双水煤气等。

（3）液化煤气。

液化煤气是指压缩成液体的煤气。

7. 石油液化气

石油液化气是指由石油加工过程中所产生低分子量的烃类炼厂气经压缩而成的液体。主要成分是丙烷、丁烷、丁烯等。

8. 天然气

天然气是蕴藏在地层内的碳氢化合物可燃气体。主要含有甲烷、丁烷等低分子烷烃和丙烷、丁烷、戊烷及其他重质气态烃类。

天然气包括气田天然气、油田天然气、煤矿天然气和其他天然气。

9. 沼气

沼气，主要成分为甲烷，由植物残体在与空

气隔绝的条件下经自然分解而成,沼气主要作燃料。

本货物的范围包括天然沼气和人工生产的沼气。

10. 居民用煤炭制品

居民用煤炭制品是指煤球、煤饼、蜂窝煤和引火炭。

11. 图书、报纸、杂志

图书、报纸、杂志是采用印刷工艺,按照文字、图画和线条原稿印刷成的纸制品。本货物的范围是:

(1)图书。

图书是指由国家新闻出版总署批准的单位出版、采用国际标准书号编序的书籍以及图片。

(2)报纸。

报纸是指经国家新闻出版总署批准,在各省、自治区、直辖市新闻出版管理部门登记,具有国内统一刊号(CN)的报纸。

(3)杂志。

杂志是指经国家新闻出版总署批准,在各省、自治区、直辖市新闻出版管理部门登记,具有国内统一刊号(CN)的刊物。

国内印刷企业承印的经新闻出版主管部门批准印刷且采用国际标准书号编序的境外图书。

中小学课本配套产品(包括各种纸制品或图片)。

12. 饲料

饲料是指用于动物饲养的产品或其加工品。本货物的范围包括单一大宗饲料、混合饲料、配合饲料、复合预混料、浓缩饲料。

直接用于动物饲养的粮食、饲料添加剂不属于本货物的征税范围。骨粉、鱼粉按"饲料"征收增值税。

豆粕、宠物饲料、饲用鱼油、矿物质微量元素舔砖、饲料级磷酸二氢钙产品按"饲料"征收增值税。

13. 化肥

化肥是指化学和机械加工制成的各种化学肥料。

化肥的范围见表2-4。

表2-4 化肥的范围

化学氮肥	主要品种有尿素和硫酸铵、碳酸氢铵、氯化铵、石灰氮、氨水、氨化硝酸钙等
磷肥	主要品种有磷矿粉、过磷酸钙(包括普通过磷酸钙和重过磷酸钙两种)钙镁磷肥、钢渣磷肥等
钾肥	主要品种有硫酸钾、氯化钾等
复合肥料	是用化学方法合成或混合配制成含有氮、磷、钾中的两种或两种以上的营养元素的肥料。含有两种的称二元复合肥料,含有三种的称三元复合肥料,也有含三种元素和某些其他元素的叫多元复合肥料。主要产品有硝酸磷肥、磷酸铵、磷酸二氢钾肥、钙镁磷钾肥、磷酸一铵、磷粉二铵、氮磷钾复合肥等
微量元素肥	是指含有一种或多种植物生长所必需的,但需要量又极少的营养元素的肥料,如硼肥、锰肥、锌肥、铜肥、钼肥等
其他肥	是指上述列举以外的其他化学肥料

14. 农药

农药是指用于农林业防治病虫害、除草及调节植物生产的药剂。

农药包括农药原药和农药制剂。如杀虫剂、杀菌剂、除草剂、植物生长调节剂、植物性农药、微生物农药、卫生用药、其他农药原药、制剂等。

用于人类日常生活的各种类型包装的日用卫生用药(如卫生杀虫剂、驱虫剂、驱蚊剂、蚊香、消毒剂等),不属于农药范围。

15. 农膜

农膜是指用于农业生产的各种地膜、大棚膜。

16. 农机

农机是指用于农业生产(包括林业、牧业、副业、渔业)的各种机器、机械化和半机械化农具以及小农具。

农机的范围见表2-5。

表 2-5　农机的范围

拖拉机	是以内燃机为驱动牵引机具,从事作业和运载物资的机械。 包括轮拖拉机、履带拖拉机、手扶拖拉机、机耕船
土壤耕整机械	是对土壤进行耕翻整理的机械。 包括机引犁、机引耙、旋耕机、镇压器、联合整地器、合壤器、其他土壤耕整机械
农田基本建设机械	是指从事农田基本建设的专用机械。 包括开沟筑埂机、开沟铺管机、铲抛机、平地机、其他农田基本建设机械
种植机械	是指将农作物种子或秧苗移植到适于作物生产的苗床机械。 包括播作机、水稻插秧机、栽植机、地膜覆盖机、复式播种机、秧苗准备机械
植物保护和管理机械	是指农作物在生产过程中的管理、施肥、防治病虫害的机械。 包括机动喷粉机、喷雾机(器)弥雾喷粉机、修剪机、中耕除草机、播种中耕机、培土机具、施肥机
收获机械	是指收获各种农作物的机械。 包括粮谷、棉花、薯类、甜菜、甘蔗、茶叶、油料等收获机
场上作业机械	是指对粮食作物进行脱粒、清选、烘干的机械设备。 包括各种脱粒机、清选机、粮谷干燥机、种子精选机
排灌机械	是指用于农牧业排水、灌溉的各种机械设备。 包括喷灌机、半机械化提水机具、打井机
农副产品加工机械	是指对农副产品进行初加工,加工后的产品仍属农副产品的机械。 包括茶叶机械、剥壳机械、棉花加工机械(包括棉花打包机)食用菌机械(培养木耳、蘑菇等)小型粮谷机械。 以农副产品为原料加工工业产品的机械,不属于本货物的范围
农业运输机械	是指农业生产过程中所需的各种运输机械。 包括人力车(不包括三轮运货车)畜力车和拖拉机挂车。 密集型烤房设备、频振式杀虫灯、自动虫情测报灯、黏虫板。 卷帘机。卷帘机是指用于农业温室、大棚,以电机驱动,对保温被或革帘进行自动卷放的机械设备,一般由电机、变速箱、联轴器、卷轴、悬臂、控制装置等部分组成。 农用汽车不属于本货物的范围
畜牧业机械	是指畜牧业生产中所用的各种机械。 包括草原建设机械、牧业收获机械、饲料加工机械、畜禽饲养机械、畜产品采集机械
渔业机械	是指捕捞、养殖水产品所用的机械。 包括捕捞机械、增氧机、饵料机。机动渔船不属于本货物的范围
林业机械	是指用于林业的种植、育林的机械。 包括清理机械、育林机械、林苗栽植机械。 森林砍伐机械、集材机械不属于本货物的征税范围
小农具	包括畜力犁、畜力耙、锄头和镰刀等农具。农机零部件不属于本货物的征收范围。不带动力的手扶拖拉机(亦称"手扶拖拉机底盘")和三轮农用运输车(指以单缸柴油机为动力装置的三个车轮的农用运输车辆)属于本货物的征收范围。 农用水泵、农用柴油机。农用水泵是指主要用于农业生产的水泵,包括农村水井用泵、农用轻便离心泵、与喷灌机配套的吸道自吸泵。其他水泵不属于农机产品征税范围。 农用柴油机是指主要配套于农用拖拉机、田间作业机具、农副产品加工机械及排灌机械,以柴油为燃料的油缸数在3缸以下(含3缸)的往复式内燃动力机械。4缸以上(含4缸)柴油机不属于农机产品征税范围
农用挖掘机、养鸡设备系列、养猪设备系列产品	略
动物尸体降解处理机、蔬菜清洗机	动物尸体降解处理机是指采用生物降解技术将病死畜禽尸体处理成粉状有机肥原料,实现无害化处理的设备。 蔬菜清洗机是指用于农副产品加工生产的采用喷淋清洗、毛刷清洗、气泡清洗、淹没水射流清洗技术对完整或鲜切蔬菜进行清洗,以去除蔬菜表面污物、微生物及农药残留的设备

17. 食用盐

食用盐是指符合《食用盐》(GB/T 5461—2016)和《食用盐卫生标准》(GB 2721—2003)两项国家标准的食用盐。

18. 音像制品

音像制品，是指正式出版的录有内容的录音带、录像带、唱片、激光唱盘和激光视盘。

19. 电子出版物

电子出版物，是指以数字代码方式，使用计算机应用程序，将图文声像等内容信息编辑加工后存储在具有确定的物理形态的磁、光、电等介质上，通过内嵌在计算机、手机、电子阅读设备、电子显示设备、数字音/视频播放设备、电子游戏机、导航仪以及其他具有类似功能的设备上读取使用，具有交互功能，用以表达思想、普及知识和积累文化的大众传播媒体。

载体形态和格式主要包括只读光盘(CD只读光盘CD-ROM、交互式光盘CD-I、照片光盘Photo-CD、高密度只读光盘DVD-ROM、蓝光只读光盘HD-DVDROM和BDROM等)一次写入式光盘(一次写入CD光盘CD-R、一次写入高密度光盘DVD-R、一次写入蓝光光盘HD-DVD/R，BD-R等)可擦写光盘(可擦写CD光盘CD-RW、可擦写高密度光盘DVD-RW、可擦写蓝光光盘HDDVD-RW和BD-RW、磁光盘MO等)软磁盘(FD)硬磁盘(HD)集成电路卡(CF卡、MD卡、SM卡、MMC卡、RS-MMC卡、MS卡、SD卡、XD卡、T-Flash卡、记忆棒等)和各种存储芯片。

20. 二甲醚

二甲醚是指化学分子式为CH_3OCH_3，常温常压下为具有轻微醚香味，易燃、无毒、无腐蚀性的气体。

（四）6%

提供现代服务业服务（不动产租赁除外）、增值电信服务、金融服务、生活服务、销售无形资产（转让土地使用权除外），税率为6%。

> **延伸解读**
>
> **废弃物专业化处理增值税税率**
>
> 自2020年5月1日起，纳税人受托对垃圾、污泥、污水、废气等废弃物进行专业化处理，即运用填埋、焚烧、净化、制肥等方式，对废弃物进行减量化、资源化和无害化处理处置，按照以下规定适用增值税税率：
>
> 1. 采取填埋、焚烧等方式进行专业化处理后未产生货物的，受托方属于提供《销售服务、无形资产、不动产注释》(财税〔2016〕36号文件印发)"现代服务"中的"专业技术服务"，其收取的处理费用适用6%的增值税税率。
>
> 2. 专业化处理后产生货物，且货物归属委托方的，受托方属于提供"加工劳务"，其收取的处理费用适用13%的增值税税率。
>
> 3. 专业化处理后产生货物，且货物归属受托方的，受托方属于提供"专业技术服务"，其收取的处理费用适用6%的增值税税率。
>
> 受托方将产生的货物用于销售时，适用货物的增值税税率。

（五）零税率

出口货物、劳务或者境内单位和个人发生的跨境应税行为，税率为零。

二、简易计税方法下增值税征收率

（一）概述

1. 征收率适用情况

征收率适用于两种情况：

（1）小规模纳税人。

（2）一般纳税人按规定可以选择简易计税方法计税的。

2. 小规模纳税人的征收率

由于小规模纳税人会计核算不健全，无法准确核算进项税额和销项税额，在增值税征收管理中，采用简便方式，按照其销售额与规定的征收率计算缴纳增值税，不准许抵扣进项税，也不允许自行开具增值税专用发票。

小规模纳税人增值税的征收率为3%或5%，其中小规模纳税人销售不动产、出租不动产和提供劳务派遣服务并选择差额纳税，依5%的征收率计算缴纳增值税；小规模纳税人其他经营业务，依3%征收率计算缴纳增值税。征收率的调整由国务院决定。

3. 一般纳税人的征收率

对于一般纳税人生产销售的特定货物，确定征收率，按照简易办法征收增值税，并视不同情况,采取不同的征收管理办法。

销售服务、无形资产和不动产的征收率
(营改增试点纳税人)

(1) 按照简易计税方法计税的销售不动产、不动产经营租赁服务(除试点前开工的高速公路的车辆通行费),征收率为5%。

(2) 其他情况,征收率为3%。

一般纳税人销售货物属于下列情形之一的,暂按简易办法依照3%征收率计算缴纳增值税。

(1) 寄售商店代销寄售物品(包括居民个人寄售的物品在内)。

(2) 典当业销售死当物品。[《财政部 国家税务总局关于部分货物适用增值税低税率和简易办法征收增值税政策的通知》(财税〔2009〕9号);《财政部 国家税务总局关于简并增值税征收率政策的通知》(财税〔2014〕57号)]

(二) 5%

下列情况适用5%征收率:

(1) 小规模纳税人销售自建或者取得的不动产。

(2) 房地产开发企业中的小规模纳税人,销售自行开发的房地产项目。

(3) 自然人销售其取得(不含自建)的不动产(不含其购买的住房)。

(4) 小规模纳税人出租(经营租赁)其取得的不动产(不含个人出租住房)。

(5) 自然人出租(经营租赁)其取得的不动产(不含住房)。

(6) 个人出租住房,应按照5%的征收率减按1.5%计算应纳税额。

(7) 一般纳税人选择简易计税方法计税的不动产销售。

(8) 一般纳税人选择简易计税方法计税的不动产经营租赁。

(9) 一般纳税人2016年4月30日前签订的不动产融资租赁合同,或以2016年4月30日前取得的不动产提供的融资租赁服务,选择适用简易计税方法的。

(10) 一般纳税人收取试点前开工的一级公路、二级公路、桥、闸通行费,选择适用简易计税方法的。

(11) 一般纳税人提供人力资源外包服务,选择适用简易计税方法的。

(12) 一般纳税人和小规模纳税人提供劳务派遣服务选择差额纳税的。

(13) 纳税人转让2016年4月30日前取得的土地使用权,选择适用简易计税方法的。

(三) 3%

除上述适用5%征收率以外的纳税人(包括小规模纳税和选择简易计税方法的一般纳税人)的增值税征收率均为3%。

(1) 一般纳税人销售自产的下列货物,可选择按照简易办法依照3%征收率计算缴纳增值税:

① 县级及县级以下小型水力发电单位生产的电力。小型水力发电单位,是指各类投资主体建设的装机容量为5万千瓦以下(含5万千瓦)的小型水力发电单位。

② 建筑用和生产建筑材料所用的砂、土、石料。

③ 以自己采掘的砂、土、石料或其他矿物连续生产的砖、瓦、石灰(不含粘土实心砖、瓦)。

④ 用微生物、微生物代谢产物、动物毒素、人或动物的血液或组织制成的生物制品。

⑤ 自来水。

⑥ 商品混凝土(仅限于以水泥为原料生产的水泥混凝土)

一般纳税人选择简易办法计算缴纳增值税后,36个月内不得变更。

(2) 一般纳税人销售货物属于下列情形之一的,暂按简易办法依照3%征收率计算缴纳增值税:

① 寄售商店代销寄售物品(包括居民个人寄售的物品在内)。

② 典当业销售死当物品。

(3) 一般纳税人提供教育辅助服务,可以选择简易计税方法按照3%征收率计算缴纳增值税。

（4）属于增值税一般纳税人的单采血浆站销售非临床用人体血液，可以按照简易办法依照3%征收率计算应纳税额，但不得对外开具增值税专用发票；也可以按照销项税额抵扣进项税额的办法依照增值税适用税率计算应纳税额。

（5）非企业性单位中的一般纳税人提供的研发和技术服务、信息技术服务、鉴证咨询服务，以及销售技术、著作权等无形资产，可以选择简易计税方法按照3%征收率计算缴纳增值税。

非企业性单位中的一般纳税人提供《营业税改征增值税试点过渡政策的规定》（财税〔2016〕36号）第一条第（二十六）项中的"技术转让、技术开发和与之相关的技术咨询、技术服务"，可以参照上述规定，选择简易计税方法按照3%征收率计算缴纳增值税。

（6）小规模纳税人销售自己使用过的除固定资产以外的物品，应按3%的征收率征收增值税。

（7）提供物业管理服务的纳税人，向服务接受方收取的自来水水费，以扣除其对外支付的自来水水费后的余额为销售额，按照简易计税方法依3%的征收率计算缴纳增值税。

（8）对拍卖行受托拍卖增值税应税货物，向买方收取的全部价款和价外费用，应当按照3%的征收率征收增值税。拍卖货物属免税货物范围的，经拍卖行所在地县级主管税务机关批准，可以免征增值税。自2020年5月1日起，拍卖行受托拍卖文物艺术品，委托方按规定享受免征增值税政策的，拍卖行可以自己名义就代为收取的货物价款向购买方开具增值税普通发票，对应的货物价款不计入拍卖行的增值税应税收入。拍卖应将以下纸质或电子证明材料留存备查：拍卖物品的图片信息、委托拍卖合同、拍卖成交确认书、买卖双方身份证明、价款代收转付凭证、扣缴委托方个人所得税相关资料。文物艺术品，包括书画、陶瓷器、玉石器、金属器、漆器、竹木牙雕、佛教用具、古典家具、紫砂茗具、文房清供、古籍碑帖、邮品钱币、珠宝等收藏品。

（四）3%或5%

小规模纳税人提供劳务派遣服务，可以按照《财政部 国家税务总局关于全面推开营业税改征增值税试点的通知》（财税〔2016〕36号）的有关规定，以取得的全部价款和价外费用为销售额，按照简易计税方法依3%的征收率计算缴纳增值税；也可以选择差额纳税，以取得的全部价款和价外费用，扣除代用工单位支付给劳务派遣员工的工资、福利和为其办理社会保险及住房公积金后的余额为销售额，按照简易计税方法依5%的征收率计算缴纳增值税。

（五）减按2%

适用3%征收率的某些一般纳税人和小规模纳税人可以减按2%计征增值税。

自2012年2月1日起，纳税人购进或者自制固定资产时为小规模纳税人，认定为一般纳税人后销售该固定资产，或者增值税一般纳税人发生按简易办法征收增值税应税行为，销售其按照规定不得抵扣且未抵扣进项税额的固定资产的，可按简易办法依3%征收率减按2%征收增值税，同时不得开具增值税专用发票。

一般纳税人销售自己使用过的属于《增值税暂行条例》第十条规定不得抵扣且未抵扣进项税额的固定资产，按照简易办法依照3%征收率减按2%征收增值税。

纳税人销售自己使用过的固定资产，适用简易办法依照3%征收率减按2%征收增值税政策的，可以放弃减税，按照简易办法依照3%征收率缴纳增值税，并可以开具增值税专用发票。

"已使用过的固定资产"是指纳税人根据财务会计制度已经计提折旧的固定资产。

小规模纳税人（除自然人外，下同）销售自己使用过的固定资产，减按2%的征收率征收增值税，并且只能开具普通发票，不得由税务机关代开增值税专用发票。

纳税人销售旧货，按照简易办法依照3%征收率减按2%征收增值税。

所称旧货，是指进入二次流通的具有部分使用价值的货物（含旧汽车、旧摩托车和旧游艇),但不包括自己使用过的物品。

上述纳税人销售自己使用过的固定资产和旧货适用按照简易办法依照3%征收率减按2%征收增值税的,按下列公式确定销售额和应纳税额:

销售额 = 含税销售额÷(1+3%)

应纳税额 = 销售额×2%

(六) 减按1.5%

个人出租住房,按照5%的征收率减按1.5%计算纳税。

自2021年10月1日起,住房租赁企业中的增值税一般纳税人向个人出租住房取得的全部出租收入,可以选择适用简易计税方法,按照5%的征收率减按1.5%计算缴纳增值税,或适用一般计税方法计算缴纳增值税。住房租赁企业中的增值税小规模纳税人向个人出租住房,按照5%的征收率减按1.5%计算缴纳增值税。

住房租赁企业向个人出租住房适用上述简易计税方法并进行预缴的,减按1.5%预征率预缴增值税。

对利用非居住存量土地和非居住存量房屋(含商业办公用房、工业厂房改造后出租用于居住的房屋)建设的保障性租赁住房,取得保障性租赁住房项目认定书后,比照适用上述的税收政策,具体为:住房租赁企业向个人出租上述保障性租赁住房,比照适用上述的增值税政策。保障性租赁住房项目认定书由市、县人民政府组织有关部门联合审查建设方案后出具。

以上所称住房租赁企业,是指按规定向住房城乡建设部门进行开业报告或者备案的从事住房租赁经营业务的企业。

以上所称专业化规模化住房租赁企业的标准为:企业在开业报告或者备案城市内持有或者经营租赁住房1 000套(间)及以上或者建筑面积3万平方米及以上。各省、自治区、直辖市住房城乡建设部门会同同级财政、税务部门,可根据租赁市场发展情况,对本地区全部或者部分城市在50%的幅度内下调标准。[《财政部 税务总局 住房城乡建设部关于完善住房租赁有关税收政策的公告》(财政部 税务总局 住房城乡建设部公告2021年第24号,2021年7月15日)]

(七) 减按1%

自2020年3月1日至5月31日,除湖北省外,其他省、自治区、直辖市的增值税小规模纳税人,适用3%征收率的应税销售收入,减按1%征收率征收增值税;适用3%预征率的预缴增值税项目,减按1%预征率预缴增值税。

自2023年1月1日至2023年12月31日,增值税小规模纳税人适用3%征收率的应税销售收入,减按1%征收率征收增值税;适用3%预征率的预缴增值税项目,减按1%预征率预缴增值税。[《财政部 税务总局关于明确增值税小规模纳税人减免增值税等政策的公告》(财政部 税务总局公告2023年第1号,2023年1月9日)]

小规模纳税人取得应税销售收入,适用1号公告(即《国家税务总局关于增值税小规模纳税人减免增值税等政策有关征管事项的公告》(国家税务总局公告2023年第1号,2023年1月9日,自2023年1月1日起施行)]第二条规定的减按1%征收率征收增值税政策的,应按照1%征收率开具增值税发票。纳税人可就该笔销售收入选择放弃减税并开具增值税专用发票。[《国家税务总局关于增值税小规模纳税人减免增值税等政策有关征管事项的公告》(国家税务总局公告2023年第1号,2023年1月9日)]

(八) 减按0.5%

自2020年5月1日至2023年底,对二手车经销企业销售旧车,减按销售额的0.5%征收增值税。即自2020年5月1日至2023年12月31日,从事二手车经销的纳税人销售其收购的二手车,由原按照简易办法依3%征收率减按2%征收增值税,改为减按0.5%征收增值税。

三、增值税预征率

(一) 1%的预征率

自2023年1月1日至2023年12月31日,增值税小规模纳税人适用3%征收率的应税销售收入,减按1%征收率征收增值税;适用3%预征率的预缴增值税项目,减按1%预征率预缴增值税。[《财政部 税务总局关于明确增值税小规模纳税人减免增值税等政策的公告》(财政部 税务总局公告2023年第1号,2023年1月9日)]

自2023年1月1日起施行,按照现行规定应当预缴增值税税款的小规模纳税人,凡在预缴地实现的月销售额未超过10万元的,当期无需预缴税款。在预缴地实现的月销售额超过10万元的,适用3%预征率的预缴增值税项目,减按1%预征率预缴增值税。

小规模纳税人中的单位和个体工商户销售不动产,应按其纳税期、《财政部 税务总局关于明确增值税小规模纳税人减免增值税等政策的公告》(财政部 税务总局公告2023年第1号,2023年1月9日)第九条以及其他现行政策规定确定是否预缴增值税;其他个人销售不动产,继续按照现行规定征免增值税。[《国家税务总局关于增值税小规模纳税人减免增值税等政策有关征管事项的公告》(国家税务总局公告2023年第1号,2023年1月9日)]

(二) 2%的预征率

一般纳税人跨县(市)提供建筑服务,适用一般计税方法计税的,应以取得的全部价款和价外费用为销售额计算应纳税额。纳税人应以取得的全部价款和价外费用扣除支付的分包款后的余额,按照2%的预征率在建筑服务发生地预缴税款。

(三) 3%的预征率

(1) 一般纳税人出租其2016年5月1日后取得的、与机构所在地不在同一县(市)的不动产,应按照3%的预征率在不动产所在地预缴税款。

(2) 房地产开发企业中的一般纳税人销售房地产老项目,以及一般纳税人出租其2016年4月30日前取得的不动产,适用一般计税方法计税的,应以取得的全部价款和价外费用,按照3%的预征率在不动产所在地预缴税款。

(四) 5%的预征率

(1) 一般纳税人销售其2016年5月1日后取得(不含自建)的不动产,应适用一般计税方法,以取得的全部价款和价外费用为销售额计算应纳税额。纳税人应以取得的全部价款和价外费用减去该项不动产购置原价或者取得不动产时的作价后的余额,按照5%的预征率在不动产所在地预缴税款。

(2) 一般纳税人销售其2016年5月1日后自建的不动产,应适用一般计税方法,以取得的全部价款和价外费用为销售额计算应纳税额。纳税人应以取得的全部价款和价外费用,按照5%的预征率在不动产所在地预缴税款。

(3) 一般纳税人销售其2016年4月30日前取得的不动产(不含自建),适用一般计税方法计税的,以取得的全部价款和价外费用为销售额计算应纳税额。上述纳税人应以取得的全部价款和价外费用减去该项不动产购置原价或者取得不动产时的作价后的余额,按照5%的预征率在不动产所在地预缴税款。

(4) 一般纳税人销售其2016年4月30日前自建的不动产,适用一般计税方法计税的,应以取得的全部价款和价外费用为销售额计算应纳税额。纳税人应以取得的全部价款和价外费用,按照5%的预征率在不动产所在地预缴税款。

四、扣缴增值税适用的税率

扣缴义务人按照适用税率扣缴增值税。

扣缴增值税适用税率
(关于营改增试点纳税人的规定)

为了保证进口服务、无形资产与境内提供服务、无形资产税负保持一致,以同样的价格参与市场竞争,境内的购买方为境外单位和个人扣缴增值税的,统一按照适用税率扣缴增值税。

五、兼营行为的增值税税率选择

试点纳税人发生应税销售行为适用不同税率或者征收率的,应当分别核算适用不同税率或者征收率的销售额,未分别核算销售额的,按照以下方法适用税率或者征收率。

(1) 兼有不同税率的应税销售行为,从高适用税率。

(2) 兼有不同征收率的应税销售行为,从高适用征收率。

(3) 兼有不同税率和征收率的应税销售行

为,从高适用税率。

注:纳税人销售活动板房、机器设备、钢结构件等自产货物的同时提供建筑、安装服务,不属于《关于全面推开营业税改征增值税试点的通知》(财税〔2016〕36号)第四十条规定的混合销售,应分别核算货物和建筑服务的销售额,分别适用不同的税率或者征收率。

第五节 应纳税额的计算

一、一般性规定

增值税的计税方法,包括一般计税方法、简易计税方法和扣缴计税方法。

(一)一般计税方法

一般纳税人销售货物、提供加工修理修配劳务,销售服务、无形资产或者不动产适用一般计税方法计税。

一般纳税人应纳增值税额的计算

计算一般纳税人应纳增值税额时,纳税人应根据纳税人当期发生的经济业务,依据开具的增值税专用发票、增值税普通发票和其他收入凭证、取得的增值税进项税额抵扣凭证,结合纳税人"应交税费——应交增值税"明细账和其他相关会计核算、增值税进项税额抵扣凭证认证或比对结果和防伪税控开票子系统开具增值税专用发票的开票数据电文,分别核实纳税人应税业务的销售额、适用税率或征收率、可以抵扣的进项税额、进项税额抵减额等增值税计税要素,计算纳税人当期应纳增值税额。

(二)简易计税方法

小规模纳税人销售货物、提供加工修理修配劳务以及应税行为(销售服务、无形资产或者不动产)适用简易计税方法计税,即按销售额和规定征收率计算应纳税额,不得抵扣进项税额,同时,销售货物、提供加工修理修配劳务以及应税行为(销售服务、无形资产或者不动产)也不得自行开具增值税专用发票。

另外,对一些特定销售应税货物、服务、无形资产或者不动产行为,无论其从事者是一般纳税人还是小规模纳税人,都可以选择适用简易计税方法计算应纳税额。

一般纳税人提供财政部和国家税务总局规定的特定应税行为,可以选择适用简易计税方法计税,但一经选择,36个月内不得变更。

(三)扣缴计税方法

1. 境外的单位或个人在境内销售加工修理修配劳务

境外的单位或个人在境内销售加工修理修配劳务而境内未设有经营机构的,其应纳税款以代理人为扣缴义务人;没有代理人的,以购买者为扣缴义务人。

2. 境外单位或者个人在境内发生应税行为(销售服务、无形资产或者不动产)

境外单位或者个人在境内发生应税行为,在境内未设有经营机构的,扣缴义务人按照下列公式计算应扣缴税额:

应扣缴税额 = 接受方支付的价款 ÷ (1 + 税率) × 税率

上述规定适用于境外单位或者个人在境内销售服务、无形资产或者不动产,且没有在境内设立经营机构的情况。

上述规定仅适用于销售服务、无形资产或者不动产,即《销售服务、无形资产、不动产注释》规定范围内的应税行为。

在计算应扣缴税额时,应将应税行为购买方支付的含税价款,换算为不含税价款,再乘以应税行为的增值税适用税率,计算出应扣缴的增值税额。

注:按照上述公式计算应扣缴税额时,无论购买方支付的价款是否超过500万元的一般纳税人标准,也无论扣缴义务人是一般纳税人或者小规模纳税人,一律按照境外单位或者个人发生应税行为的适用税率予以

计算。

【案例2-7】 智董公司为我国境内某纳税人提供咨询服务,合同价款106万元,且该境外公司没有在境内设立经营机构,应以服务购买方为增值税扣缴义务人。

【分析】 购买方应扣缴增值税计算如下:

应扣缴增值税额＝106÷(1+6%)×6%＝6(万元)

二、一般计税方法

增值税一般纳税人销售货物,提供劳务,销售应税服务、无形资产或者不动产,采用一般计税方法计税缴纳增值税,即采用国际上通行的购进扣税法,当期应纳增值税额的大小取决于当期销项税额和当期进项税额。

一般计税方法的应纳税额,是指当期销项税额抵扣当期进项税额后的余额。

当期销项税额小于当期进项税额不足抵扣时,其不足部分可以结转下期继续抵扣。

【案例2-8】 智董公司(增值税一般纳税人)2023年4月取得货物运输收入222万元(含税),当月外购汽油20万元(不含税金额,取得增值税专用发票上注明的增值税额为2.6万元),购入运输车辆40万元(不含税金额,取得机动车销售统一发票上注明的增值税额为5.2万元),发生的联运支出100万元。(不含税金额,取得增值税专用发票上注明的增值税额为9万元)

【分析】 该纳税人2023年4月的应纳税额＝222÷(1+9%)×9%－2.6－5.2－9＝1.53(万元)。

(一) 销项税额

纳税人销售货物,提供应税劳务,销售服务、无形资产或者不动产,按照销售额和税法规定的税率计算并向购买方收取的增值税额,为销项税额。

销项税额是计算出来的,对销售方来讲,在没有依法抵扣其进项税额前,销项税额不是其应纳增值税额,而是销售货物或提供应税劳务的整体税负;销售额是不含销项税额的销售额,销项税额是从购买方收取的,体现了价外税性质。

销项税额是销售货物或提供应税劳务的销售额与税率的乘积,该概念是相对于进项税额来说的,定义销项税额是为了区别于应纳税额。

销项税额的计算公式如下:

$$销项税额 = 销售额 \times 税率$$

或:

$$销项税额 = 组成计税价格 \times 税率$$

一般纳税人发生应税行为取得的销项税额,在会计核算时,应借记相关科目,贷记"应交税费——应交增值税(销项税额)"明细科目。但是,按照现行政策规定,采取简易计税法的一般纳税人特殊业务,按销售额和征收率计算的增值税额,在会计核算时不应贷记"应交税费——应交增值税(销项税额)"明细科目,而应直接贷记"应交税费——简易计税"科目。

(二) 进项税额

进项税额,是指纳税人购进货物、加工修理修配劳务、服务、无形资产或者不动产,支付或者负担的增值税额。

进项税额与销项税额是相互对应的两个概念,在购销业务中,对于销货方而言,在收回货款的同时,收回销项税额;对于购货方而言,在支付货款的同时,支付进项税额。也就是说,销货方收取的销项税额就是购货方支付的进项税额。

对于任何一个增值税一般纳税人,在其经营过程中,都会同时以卖方和买方的身份存在,既会发生销售货物,提供应税劳务,销售服务、无形资产或者不动产,又会发生购进货物、接受应税劳务、服务、无形资产或不动产。所以,每个增值税一般纳税人都会有收取的销项税额和支付的进项税额。增值税一般纳税人当期应纳增值税额采用购进扣除法计算,即以当期的销项税额扣除当期进项税额,其余额为应纳增值税额。这样,增值税一般纳税人应纳税额的大小取决于两个因素:销项税额和进项税额。进项税额的大小影响纳税人实际应缴纳的增值税。

注:并不是购进货物、接受应税劳务、服务、无形资

产或不动产所支付或者负担的增值税都可以在销项税额中抵扣,税法对哪些进项税额可以抵扣、哪些进项税额不能抵扣作了严格的规定。

一般而言,准予抵扣的进项税额可以根据以下两种方法来确定。

(1)进项税额体现支付或者负担的增值税额,直接在销货方开具的增值税专用发票和海关完税凭证上注明的税额,不需要计算。

(2)购进某些货物或者接受应税劳务时,其进项税额是根据支付金额和法定的扣除率计算出来的。

抵扣凭证和确定的进项税额

纳税人购进货物、加工修理修配劳务、服务、无形资产或者不动产的扣税凭证和确定的进项税额可以概括为表2-6。

表2-6 扣税凭证和确定的进项税额

扣税凭证种类	出具方	进项税额
增值税专用发票	销售方或通过税务机关代开	注明的增值税额
机动车销售统一发票	销售方	注明的增值税额
完税凭证(从境外购进扣税)	税务机关	注明的增值税额
农产品销售发票	销售方或通过税务机关代开	买价×扣除率*
农产品收购发票	购买方	买价×扣除率

*注:自2019年4月1日起,纳税人购进农产品,原适用10%扣除率的,扣除率调整为9%。纳税人购进用于生产或者委托加工13%税率货物的农产品,按照10%的扣除率计算进项税额。

1. 准予从销项税额中抵扣的进项税额

1)条件

准予从销项税额中抵扣的进项税额,应至少同时具备以下条件。

(1)发生允许从销项税额中抵扣进项税额的购进行为。

允许从销项税额中抵扣进项税额的购进行为,包括购进货物、加工修理修配劳务、服务、无形资产或者不动产。

(2)取得合法有效的增值税扣税凭证。

(3)只有应税行为的代扣代缴税款可以凭完税凭证抵扣,且需要具备书面合同、付款证明和境外单位的对账单或者发票。否则,进项税额不得从销项税额中抵扣。

2)具体规定

(1)增值税专用发票上注明的增值税额。

从销售方或提供方取得的增值税专用发票上注明的增值税额(含税控机动车销售统一发票,下同),准予抵扣。

增值税专用发票具体包括以下两种:

① 增值税专用发票。

增值税专用发票是增值税一般纳税人销售货物、劳务、服务、无形资产或不动产开具的发票。

② 机动车销售统一发票。

税控机动车销售统一发票是增值税一般纳税人从事机动车零售业务开具的发票。

(2)海关进口增值税专用缴款书上注明的增值税额。

从海关取得的海关进口增值税专用缴款书上注明的增值税额准予抵扣。

目前货物进口环节的增值税是由海关负责代征的,纳税人在进口货物办理报关进口手续时,需向海关申报缴纳进口增值税并从海关取得完税证明,其取得的海关进口增值税专用缴款书上注明的增值税额准予抵扣。纳税人取得海关进口增值税专用缴款书,按照《国家税务总局 海关总署关于实行海关进口增值税专用缴款书"先比对后抵扣"管理办法有关问题的公告》(国家税务总局 海关总署公告2013年第31号)执行"先比对,后抵扣"政策。

取得对方的增值税专用发票或海关进口增

值税专用缴款书上已注明规定税率或征收率计算的增值税额，不需要纳税人计算。但要注意其增值税专用发票及海关进口增值税专用缴款书的合法性，对不符合规定的扣税凭证一律不准抵扣。

对海关代征进口环节增值税开具的增值税专用缴款书上标明有两个单位名称，既有代理进口单位名称，又有委托进口单位名称的，只准予其中取得专用缴款书原件的一个单位抵扣税款。申报抵扣税款的委托进口单位，必须提供相应的海关代征增值税专用缴款书原件、委托代理合同及付款凭证，否则，不予抵扣进项税额。

（3）农产品进项税额凭借增值税专用发票、海关进口增值税专用缴款书、农产品收购发票、农产品销售发票抵扣。

延伸解读
农产品进项税额抵扣特殊规定的成因

购进农产品，除取得增值税专用发票或者海关进口增值税专用缴款书外，可以适用按照农产品收购发票或者销售发票上注明的农产品买价和9%（自2019年4月1日起）的扣除率计算进项税额的特殊规定。

我国农业基础薄弱，农业生产者数量众多，分布较为分散，经营规模较小。而增值税实行凭票抵扣，一般要求有健全的会计核算制度，但农民做到这一点是很困难的。所以，为了保证增值税的有效运行，免除农民的纳税申报义务，简化税收征管，我国在农业生产环节实行免征增值税政策。按道理，纳税人购进免税农产品，因为农民没有缴纳增值税，因而购买方未"支付"进项税额，也就无税款可供抵扣。但是农民生产农产品所购买的燃料、农机具等生产资料是支付了增值税的，农产品价格中也就包含了一部分增值税，也就是说购进免税农产品的纳税人在一定程度上是"负担"了增值税的。此时，如果不允许购买免税农产品的纳税人计算进项税额扣除，那么将造成一定程度的重复征税，也可能导致农产品收购单位借此压低农产品价格从而减少农民收入，损害农民利益。为此，我国增值税制专门对纳税人购进免税农产品规定了一项特殊政策，即允许这部分免税农产品虚拟出一定的进项税额并计算抵扣。

① 购进农产品抵扣进项税额存在的情形。

一般纳税人购进农产品抵扣进项税额存在以下五种情形：

A. 从一般纳税人购进农产品，按照取得的增值税专用发票上注明的增值税额，从销项税额中抵扣。

B. 进口农产品，按照取得的海关进口增值税专用缴款书上注明的增值税额，从销项税额中抵扣。

C. 购进农产品，按照取得的农产品收购发票或者销售发票上注明的农产品买价和9%（自2019年4月1日起）的扣除率计算的进项税额，从销项税额中抵扣。

D. 从农户收购农产品，按照收购单位自行开具农产品收购发票上注明的农产品买价和9%（自2019年4月1日起）的扣除率计算的进项税额，从销项税额中抵扣。

E.《财政部 国家税务总局关于在部分行业试行农产品增值税进项税额核定扣除办法的通知》（财税〔2012〕38号）规定，生产销售液体乳及乳制品、酒及酒精、植物油实行核定扣除。《国家税务总局关于在部分行业试行农产品增值税进项税额核定扣除办法有关问题的公告》（国家税务总局公告2012年第35号）明确了具体核定方法。

《财政部 国家税务总局关于扩大农产品增值税进项税额核定扣除试点行业范围的通知》（财税〔2013〕57号）规定，各地可根据实际情况自行扩大核定扣除范围。

② 计算方法、公式。

购进农产品，除取得增值税专用发票或者海关进口增值税专用缴款书外，按照农产品收购发票或者销售发票上注明的农产品买价和9%（自2019年4月1日起）的扣除率计算的进项税额。

计算公式为：

$$进项税额 = 买价 \times 扣除率$$

③ 买价。

买价包括纳税人购进农产品在农产品收购发票或者销售发票上注明的价款和按规定缴纳的烟叶税。烟叶收购单位收购烟叶时按照国家有关规定以现金形式直接补贴烟农的生产投入补贴(简称价外补贴),属于农产品买价,为"价款"的一部分。烟叶收购单位,应将价外补贴与烟叶收购价格在同一张农产品收购发票或者销售发票上分别注明,否则,价外补贴不得计算增值税进项税额进行抵扣。

购进农产品,按照《农产品增值税进项税额核定扣除试点实施办法》抵扣进项税额的除外。

④ 扣除率。

购进农产品,计算进项税额的扣除率。

自2018年5月1日起,纳税人购进农产品,原适用11%扣除率的,扣除率调整为10%。自2018年5月1日起,纳税人购进用于生产销售或委托加工16%税率货物的农产品,按照12%的扣除率计算进项税额。

自2019年4月1日起,纳税人购进农产品,原适用10%扣除率的,扣除率调整为9%。纳税人购进用于生产或者委托加工13%税率货物的农产品,按照10%的扣除率计算进项税额。

⑤ 农产品增值税进项税额核定办法。

为调整和完善农产品增值税抵扣机制,经国务院批准,在部分行业开展增值税进项税额核定扣除试点。

自2012年7月1日起,以购进农产品为原料生产销售液体乳及乳制品、酒及酒精、植物油的增值税一般纳税人,纳入农产品增值税进项税额核定扣除试点范围,其购进农产品无论是否用于生产上述产品,增值税进项税额均按照农产品增值税进项税额核定扣除试点实施办法有关规定抵扣。

上述规定以外的纳税人,购进农产品仍按现行增值税有关规定抵扣农产品进项税额。

对部分液体乳及乳制品实行全国统一的扣除标准。

农产品是指列入《农业产品征税范围注释》(财税字〔1995〕52号)的初级农业产品。

试点纳税人购进农产品不再凭增值税扣税凭证抵扣增值税进项税额,购进除农产品以外的货物、应税劳务和应税服务,增值税进项税额仍按现行有关规定抵扣。

【案例2-9】 智董食品油加工厂为增值税一般纳税人,2023年4月收购菜籽100吨,每吨收购价为10 000元,开具的主管税务机关核准使用的收购凭证上收购款总计为1 000 000元,当月生产菜籽油领用菜籽20吨。该食品油加工企业采用"投入产出法"确定农产品当期的进项税额。

【分析】 收购菜籽,验收入库环节,会计账务处理为:

借:原材料——菜籽　　　　　1 000 000.00
　　贷:银行存款　　　　　　　　　1 000 000.00

生产领用环节,会计账务处理为:

借:生产成本　　　　　　　　181 818.18
　　应交税费——应交增值税(进项税额)
　　　　　　　　　　　　　　　18 181.82
　　贷:原材料——菜籽　　　　　　200 000.00

⑥ 餐饮行业增值税一般纳税人购进农业生产者自产农产品进项税额计算抵扣。

餐饮行业增值税一般纳税人购进农业生产者自产农产品,可以使用税务机关监制的农产品收购发票,按照现行规定计算抵扣进项税额。

有条件的地区,应积极在餐饮行业推行农产品进项税额核定扣除办法,按照《财政部 国家税务总局关于在部分行业试行农产品增值税进项税额核定扣除办法的通知》(财税〔2012〕38号)有关规定计算抵扣进项税额。

(4) 从境外单位或者个人购进服务、无形资产或者不动产,税收完税凭证上注明的增值税额。

纳税人购买境外单位或者个人提供的服务、转让的无形资产或者不动产,从税务机关或者扣缴义务人取得的解缴税款的完税凭证上注明的增值税额准予抵扣。

"完税凭证"至少包括《税收缴款书》和《税收完税证明》两种票证。

▍相关政策依据

取得的增值税扣税凭证有关要求

[《财政部 国家税务总局关于全面推开营业税改征增值税试点的通知》(财税〔2016〕36号)附件1:
《营业税改征增值税试点实施办法》]

第二十六条　纳税人取得的增值税扣税凭证不符

合法律、行政法规或者国家税务总局有关规定的,其进项税额不得从销项税额中抵扣。

增值税扣税凭证,是指增值税专用发票、海关进口增值税专用缴款书、农产品收购发票、农产品销售发票和完税凭证。

纳税人凭完税凭证抵扣进项税额的,应当具备书面合同、付款证明和境外单位的对账单或者发票。资料不全的,其进项税额不得从销项税额中抵扣。

(5) 道路、桥、闸通行费的进项税额。

纳税人以承运人身份与托运人签订运输服务合同,收取运费并承担承运人责任,然后委托实际承运人完成全部或部分运输服务时,自行采购并交给实际承运人使用的成品油和支付的道路、桥、闸通行费,同时符合下列条件的,其进项税额准予从销项税额中抵扣:

① 成品油和道路、桥、闸通行费,应用于纳税人委托实际承运人完成的运输服务;

② 取得的增值税扣税凭证符合现行规定。
[《国家税务总局关于跨境应税行为免税备案等增值税问题的公告》(国家税务总局公告 2017 年第 30 号,2017 年 8 月 14 日,自 2017 年 9 月 1 日起施行)]

自 2018 年 1 月 1 日起,纳税人支付的道路、桥、闸通行费,按照以下规定抵扣进项税额:

A. 纳税人支付的道路通行费,按照收费公路通行费增值税电子普通发票上注明的增值税额抵扣进项税额。

2018 年 1 月 1 日至 6 月 30 日,纳税人支付的高速公路通行费,如暂未能取得收费公路通行费增值税电子普通发票,可凭取得的通行费发票(不含财政票据,下同)上注明的收费金额按照下列公式计算可抵扣的进项税额:

高速公路通行费可抵扣进项税额 = 高速公路通行费发票上注明的金额 $\div (1+3\%) \times 3\%$

2018 年 1 月 1 日至 12 月 31 日,纳税人支付的一级、二级公路通行费,如暂未能取得收费公路通行费增值税电子普通发票,可凭取得的通行费发票上注明的收费金额按照下列公式计算可抵扣的进项税额:

一级、二级公路通行费可抵扣进项税额 = 一级、二级公路通行费发票上注明的金额 $\div (1+5\%) \times 5\%$

B. 纳税人支付的桥、闸通行费,暂凭取得的通行费发票上注明的收费金额按照下列公式计算可抵扣的进项税额:

桥、闸通行费可抵扣进项税额 = 桥、闸通行费发票上注明的金额 $\div (1+5\%) \times 5\%$

C. 所称通行费,是指有关单位依法或者依规设立并收取的过路、过桥和过闸费用。[《财政部 国家税务总局关于收费公路通行费增值税抵扣有关问题的通知》(财税〔2016〕86 号,自 2018 年 1 月 1 日起停止执行)]

(6) 不动产进项税额。

① 适用一般计税方法的试点纳税人,2016 年 5 月 1 日后取得并在会计制度上按固定资产核算的不动产或者 2016 年 5 月 1 日后取得的不动产在建工程,其进项税额应自取得之日起分两年从销项税额中抵扣,第一年抵扣比例为 60%,第二年抵扣比例为 40%。自 2019 年 4 月 1 日起,纳税人取得不动产或者不动产在建工程的进项税额不再分 2 年抵扣。

取得不动产,包括以直接购买、接受捐赠、接受投资入股、自建以及抵债等各种形式取得不动产,不包括房地产开发企业自行开发的房地产项目。

融资租入的不动产以及在施工现场修建的临时建筑物、构筑物,其进项税额不适用上述分两年抵扣的规定。

② 按照《营业税改征增值税试点实施办法》(财税〔2016〕36 号附件 1)第二十七条第(一)项*的规定,不得抵扣且未抵扣进项税额的固定资产、无形资产、不动产,发生用途改变,用于允许抵扣进项税额的应税项目,可在用途改变的次月按照下列公式计算可以抵扣的进项税额:

可以抵扣的进项税额 = 固定资产、无形资产、不动产净值 $\div (1+$适用税率$) \times$适用税率

上述可以抵扣的进项税额应取得合法有效的增值税扣税凭证。

*注 即用于简易计税方法计税项目、免征增值税项目、集体福利或者个人消费的购进货物、加工修理修配劳务、服务、无形资产和不动产。其中涉及的固定资产、无形资产、不动产,仅指专用于上述项目的固定资产、无形

资产(不包括其他权益性无形资产)、不动产。

纳税人的交际应酬消费属于个人消费。

③ 纳税人接受贷款服务向贷款方支付的与该笔贷款直接相关的投融资顾问费、手续费、咨询费等费用,其进项税额不得从销项税额中抵扣。

(7) 租入固定资产、不动产,既用于一般计税方法计税项目,又用于简易计税方法计税项目、免征增值税项目、集体福利或者个人消费的进项税额。

自2018年1月1日起,纳税人租入固定资产、不动产,既用于一般计税方法计税项目,又用于简易计税方法计税项目、免征增值税项目、集体福利或者个人消费的,其进项税额准予从销项税额中全额抵扣。

(8) 原增值税纳税人准予抵扣的进项税额。

原增值税纳税人(按照原《增值税暂行条例》缴纳增值税的纳税人)准予抵扣的进项税额按照以下规定执行:

① 原增值税一般纳税人购进服务、无形资产或者不动产,取得的增值税专用发票上注明的增值税额为进项税额,准予从销项税额中抵扣。

2016年5月1日后取得并在会计制度上按固定资产核算的不动产或者2016年5月1日后取得的不动产在建工程,其进项税额应自取得之日起分两年从销项税额中抵扣,第一年抵扣比例为60%,第二年抵扣比例为40%。自2019年4月1日起,纳税人取得不动产或者不动产在建工程的进项税额不再分2年抵扣。

融资租入的不动产以及在施工现场修建的临时建筑物、构筑物,其进项税额不适用上述分两年抵扣的规定。

② 原增值税一般纳税人自用的应征消费税的摩托车、汽车、游艇,其进项税额准予从销项税额中抵扣。

③ 原增值税一般纳税人从境外单位或者个人购进服务、无形资产或者不动产,按照规定应当扣缴增值税的,准予从销项税额中抵扣的进项税额为自税务机关或者扣缴义务人取得的解缴税款的完税凭证上注明的增值税额。

纳税人凭完税凭证抵扣进项税额的,应当具备书面合同、付款证明和境外单位的对账单或者发票。资料不全的,其进项税额不得从销项税额中抵扣。

④ 原增值税一般纳税人购进货物或者接受加工修理修配劳务,用于《销售服务、无形资产或者不动产注释》所列项目的,不属于《增值税暂行条例》第十条所称的用于非增值税应税项目,其进项税额准予从销项税额中抵扣。

注:营业税全部改征增值税后,不存在"非增值税应税项目",原增值税一般纳税人购进货物或者接受加工修理修配劳务,用于《销售服务、无形资产或者不动产注释》所列项目的,不属于《增值税暂行条例》所称的用于非增值税应税项目,其进项税额准予从销项税额中抵扣。

(9) 纳税人登记为一般纳税人前进项税额抵扣问题。

① 纳税人自办理税务登记至登记为一般纳税人期间,未取得生产经营收入,未按照销售额和征收率简易计算应纳税额申报缴纳增值税的,其在此期间取得的增值税扣税凭证,可以在登记为一般纳税人后抵扣进项税额。

② 上述增值税扣税凭证按照现行规定无法办理认证或者稽核比对的,按照以下规定处理:

A. 购买方纳税人取得的增值税专用发票,按照《国家税务总局关于推行增值税发票系统升级版有关问题的公告》(国家税务总局公告2014年第73号)规定的程序,由销售方纳税人开具红字增值税专用发票后重新开具蓝字增值税专用发票。

购买方纳税人按照国家税务总局公告2014年第73号文件规定填开《开具红字增值税专用发票信息表》或《开具红字货物运输业增值税专用发票信息表》时,选择"所购货物或劳务、服务不属于增值税扣税项目范围"或"所购服务不属于增值税扣税项目范围"。

B. 纳税人取得的海关进口增值税专用缴款书,按照《国家税务总局关于逾期增值税扣税凭证抵扣问题的公告》(国家税务总局公告2011年第50号)规定的程序,经国家税务总局稽核比对相符后抵扣进项税额。

③ 上述政策自2015年8月19日起施行,

此前未处理的事项,按照国家税务总局公告2014年第73号文件规定执行。

延伸解读

煤炭采掘企业增值税进项税额抵扣

自2015年11月1日起,煤炭采掘企业增值税进项税额抵扣有关事项政策如下(财税〔2015〕117号)。

(1)煤炭采掘企业购进的下列项目,其进项税额允许从销项税额中抵扣:

① 巷道附属设备及其相关的应税货物、劳务和服务。

② 用于除开拓巷道以外的其他巷道建设和掘进,或者用于巷道回填、露天煤矿生态恢复的应税货物、劳务和服务。

(2)所称的巷道,是指为采矿提升、运输、通风、排水、动力供应、瓦斯治理等而掘进的通道,包括开拓巷道和其他巷道。其中,开拓巷道,是指为整个矿井或一个开采水平(阶段)服务的巷道。所称的巷道附属设备,是指以巷道为载体的给排水、采暖、降温、卫生、通风、照明、通信、消防、电梯、电气、瓦斯抽排等设备。

2. 不得从销项税额中抵扣的进项税额

1)计算不得抵扣的进项税额的公式

(1)适用一般计税方法的纳税人,兼营简易计税方法计税项目、免征增值税项目而无法划分不得抵扣的进项税额,按照下列公式计算不得抵扣的进项税额:

不得抵扣的进项税额 = 当期无法划分的全部进项税额 ×(当期简易计税方法计税项目销售额+免征增值税项目销售额)÷ 当期全部销售额

主管税务机关可以按照上述公式依据年度数据对不得抵扣的进项税额进行清算。这是因为对于纳税人而言,进项税额转出是按月进行的,但由于年度内取得进项税额的不均衡性,有可能会造成按月计算的进项税转出与按年度计算的进项税转出产生差异,主管税务机关可在年度终了对纳税人进项税转出计算公式进行清算,可对相关差异进行调整。

(2)一般纳税人已抵扣进项税额的固定资产、无形资产或者不动产,发生《增值税暂行条例》和《财政部 国家税务总局关于全面推开营业税改征增值税试点的通知》(财税〔2016〕36号)规定不得从销项税额中抵扣进项税额情形的,按照下列公式计算不得抵扣的进项税额:

不得抵扣的进项税额 = 固定资产、无形资产或者不动产净值 × 适用税率

固定资产、无形资产或者不动产净值,是指纳税人根据财务会计制度计提折旧或摊销后的余额。

2)会计核算不健全、不能够提供准确税务资料、应办理一般纳税人资格登记但未办理

有下列情形之一者,应当按照销售额和增值税税率计算应纳税额,不得抵扣进项税额,也不得使用增值税专用发票。

(1)一般纳税人会计核算不健全,或者不能够提供准确税务资料的。

(2)应当办理一般纳税人资格登记而未办理的。

该规定是为了加强对符合一般纳税人条件的纳税人的管理,防止利用一般纳税人和小规模纳税人的两种不同的征税办法少缴税款。

3)扣税凭证不符合规定

纳税人购进货物、劳务、服务、无形资产、不动产,取得的增值税扣税凭证不符合法律、行政法规或者国务院税务主管部门有关规定的,其进项税额不得从销项税额中抵扣。

以上所称增值税扣税凭证,是指增值税专用发票、海关进口增值税专用缴款书、农产品收购发票和农产品销售发票、从税务机关或者境内代理人取得的解缴税款的税收缴款凭证及增值税法律法规允许抵扣的其他扣税凭证。

延伸解读

异常增值税扣税凭证管理等有关事项

1. 列入异常凭证范围的增值税专用发票

自2020年2月1日起:

(1)符合下列情形之一的增值税专用发票,列入异常凭证范围:

① 纳税人丢失、被盗税控专用设备中未开具或已开具未上传的增值税专用发票。

② 非正常户纳税人未向税务机关申报或未按规定缴纳税款的增值税专用发票。

③ 增值税发票管理系统稽核比对发现"比对不符"

"缺联""作废"的增值税专用发票。

④ 经税务总局、省税务局大数据分析发现,纳税人开具的增值税专用发票存在涉嫌虚开、未按规定缴纳消费税等情形的。

⑤ 属于《国家税务总局关于走逃(失联)企业开具增值税专用发票认定处理有关问题的公告》(国家税务总局公告2016年第76号)第二条第①项规定情形的增值税专用发票。

(2) 增值税一般纳税人申报抵扣异常凭证,同时符合下列情形的,其对应开具的增值税专用发票列入异常凭证范围:

① 异常凭证进项税额累计占同期全部增值税专用发票进项税额70%(含)以上的。

② 异常凭证进项税额累计超过5万元的。

纳税人尚未申报抵扣、尚未申报出口退税或已作进项税额转出的异常凭证,其涉及的进项税额不计入异常凭证进项税额的计算。

2. 取得异常增值税专用发票的处理

自2020年2月1日起,增值税一般纳税人取得的增值税专用发票列入异常凭证范围的,应按照以下规定处理:

(1) 尚未申报抵扣增值税进项税额的,暂不允许抵扣。已经申报抵扣增值税进项税额的,除另有规定外,一律作进项税额转出处理。

(2) 尚未申报出口退税或者已申报但尚未办理出口退税的,除另有规定外,暂不允许办理出口退税。适用增值税免抵退税办法的纳税人已经办理出口退税的,应根据列入异常凭证范围的增值税专用发票上注明的增值税额作进项税额转出处理;适用增值税免退税办法的纳税人已经办理出口退税的,税务机关应按照现行规定对列入异常凭证范围的增值税专用发票对应的已退税款追回。

纳税人因骗取出口退税停止出口退(免)税期间取得的增值税专用发票列入异常凭证范围的,按照上述第(1)项规定执行。

(3) 消费税纳税人以外购或委托加工收回的已税消费品为原料连续生产应税消费品,尚未申报扣除原料已纳消费税税款的,暂不允许抵扣;已经申报抵扣的,冲减当期允许抵扣的消费税税款,当期不足冲减的应当补缴税款。

(4) 纳税信用A级纳税人取得异常凭证且已经申报抵扣增值税、办理出口退税或抵扣消费税的,可以自接到税务机关通知之日起10个工作日内,向主管税务机关提出核实申请。经税务机关核实,符合现行增值税进项税额抵扣、出口退税或消费税抵扣相关规定的,可不作进项税额转出、追回已退税款、冲减当期允许抵扣的消费税税款等处理。纳税人逾期未提出核实申请的,应于期满后按照上述第(1)项、第(2)项、第(3)项规定作相关处理。

(5) 纳税人对税务机关认定的异常凭证存有异议,可以向主管税务机关提出核实申请。经税务机关核实,符合现行增值税进项税额抵扣或出口退税相关规定的,纳税人可继续申报抵扣或者重新申报出口退税;符合消费税抵扣规定且已缴纳消费税税款的,纳税人可继续申报抵扣消费税税款。

3. 存在涉税风险的纳税人,不得离线开具发票

自2020年2月1日起,经税务总局、省税务局大数据分析发现存在涉税风险的纳税人,不得离线开具发票,其开票人员在使用开票软件时,应当按照税务机关指定的方式进行人员身份信息实名验证。

4. 首次开票之日起3个月内不得离线开具发票

自2020年2月1日起,新办理增值税一般纳税人登记的纳税人,自首次开票之日起3个月内不得离线开具发票,按照有关规定不使用网络办税或不具备风险条件的特定纳税人除外。

5. 施行时间

《国家税务总局关于异常增值税扣税凭证管理等有关事项的公告》(国家税务总局公告2019年第38号)自2020年2月1日起施行。

4) 用于简易计税方法计税项目、免征增值税项目、集体福利或者个人消费

用于简易计税方法计税项目、免征增值税项目、集体福利或者个人消费的购进货物、劳务、服务、无形资产和不动产的,其进项税额不得从销项税额中抵扣。

其中涉及的固定资产、无形资产、不动产,仅指专用于上述项目的固定资产、无形资产(不包括其他权益性无形资产)不动产。但是发生兼用于上述不允许抵扣项目情况的,该进项税额准予全部抵扣。

另外纳税人购进其他权益性无形资产无论是专用于简易计税方法计税项目、免征增值税项目、集体福利或者个人消费,还是兼用于上述不允许扣项目,均可以抵扣进项税额。

纳税人的交际应酬消费属于个人消费,即交际应酬消费不属于生产经营中的生产投入和

支出。

注：按简易办法征收增值税的，不得抵扣进项税额。

小规模纳税人不得抵扣进项税额。

但是，一般纳税人取得由税务所为小规模纳税人代开的增值税专用发票，可以将专用发票上填写的税额作为进项税额计算抵扣。

进口货物，在海关计算缴纳进口环节增值税税额（海关进口增值税专用缴款书上注明的增值税税额）时，不得抵扣发生在中国境外的各种税金（包括销项税额）。

延伸解读

固定资产、无形资产、不动产进项税额的处理原则

固定资产、无形资产、不动产的进项税额抵扣原则与其他允许抵扣的项目相比有一定的特殊性。一般情况下，对纳税人用于适用简易计税方法计税项目、免征增值税项目、集体福利或者个人消费的购进货物、加工修理修配劳务、服务、无形资产和不动产的进项税额不得从销项税额中抵扣。但是，涉及的固定资产、无形资产、不动产，仅指专用于简易计税方法计税项目、免征增值税项目、集体福利或者个人消费的情况，对属于兼用于允许抵扣项目和上述不允许抵扣项目情况的，其进项税额准予全部抵扣。之所以如此规定，主要是因为固定资产、无形资产、不动产项目发生上述兼用情况的较多，且比例难以准确区分。以固定资产进项税额抵扣为例：纳税人购进一台发电设备，既可以用于增值税应税项目，也可以用于增值税免税项目，二者共用，且比例并不固定，难以准确区分。如果按照对其他项目进项税额的一般处理原则办理，不具备可操作性。所以，采取了有利于纳税人的如下特殊处理原则：

对纳税人涉及的固定资产、无形资产、不动产项目的进项税额，凡发生专用于简易计税方法计税项目、免征增值税项目、集体福利或者个人消费项目的，该进项税额不得予以抵扣；发生兼用于上述不允许抵扣项目情况的，该进项税额准予全部抵扣。

另外，由于其他权益性无形资产涵盖面非常广，往往涉及纳税人生产经营的各个方面，没有具体使用对象，所以，将其从不专用于简易计税方法计税项目、免征增值税项目、集体福利或者个人消费的购进的无形资产允许全部抵扣进项税额范围中剔除，即纳税人购进其他权益性无形资产用于简易计税方法计税项目、免征增值税项目、集体福利或者个人消费，其进项税额不得从销项税额中抵扣。

营改增后删除"非增值税应税项目"表述的主要原因：非增值税应税项目是相对于增值税应税项目的一个概念。在原《增值税暂行条例》的规定中，非增值税应税项目就是指纳税人发生的不征增值税但须缴纳营业税的应税行为，营业税全部改征增值税后，原来的"非增值税应税项目"不复存在。

延伸解读

兼营简易计税方法计税项目、免税项目而无法划分的进项税额如何进行划分

在纳税人现实生产经营活动中，兼营行为是很常见的，经常出现进项税额不能准确划分的情形。比较典型的就是耗用的水和电力。但同时也有很多进项税额是可以划分清楚用途的，例如，纳税人购进的一些原材料，用途是确定的，所对应的进项税额也就可以准确划分。

对于能够准确划分的进项税额，直接按照归属进行区分。

适用一般计税方法的纳税人，兼营简易计税方法计税项目、免征增值税项目而无法划分不得抵扣的进项税额，按照下列公式计算不得抵扣的进项税额：

$$\text{不得抵扣的进项税额} = \text{当期无法划分的全部进项税额} \times (\text{当期简易计税方法计税项目销售额} + \text{免征增值税项目销售额}) \div \text{当期全部销售额}$$

主管税务机关可以按照上述公式依据年度数据对不得抵扣的进项税额进行清算。

按照销售额比例法进行换算是税收管理中常用的方法，与此同时还存在其他的划分方法。一般情况下，按照销售额的比例划分是较为简单的方法，可操作性比较强，便于纳税人和税务机关操作。

对于纳税人而言，进项税额转出是按月进行的，但由于年度内取得进项税额的不均衡性，有可能会造成按月计算的进项转出与按年度计算的进项转出产生差异，主管税务机关可在年度终了对纳税人进项转出计算公式进行清算，可对相关差异进行调整。

5) 非正常损失

（1）非正常损失的购进货物，以及相关的加工修理修配劳务和交通运输服务的进项税额，不得从销项税额中抵扣。

（2）非正常损失的在产品、产成品所耗用的购进货物（不包括固定资产）、加工修理修配劳

务和交通运输服务的进项税额,不得从销项税额中抵扣。

(3) 非正常损失的不动产,以及该不动产所耗用的购进货物、设计服务和建筑服务的进项税额,不得从销项税额中抵扣。

此处所称货物,是指构成不动产实体的材料和设备,包括建筑装饰材料和给排水、采暖、卫生、通风、照明、通信、煤气、消防、中央空调、电梯、电气、智能化楼宇设备及配套设施。

并非所有发生毁损的不动产均不得进项抵扣,只有违反法律法规造成不动产被依法没收、销毁、拆除情形的,才需要对不动产的进项税额作进项转出的处理。

(4) 非正常损失的不动产在建工程所耗用的购进货物、设计服务和建筑服务的进项税额,不得从销项税额中抵扣。

纳税人新建、改建、扩建、修缮、装饰不动产,均属于不动产在建工程。

此处所称货物,是指构成不动产实体的材料和设备,包括建筑装饰材料和给排水、采暖、卫生、通风、照明、通信、煤气、消防、中央空调、电梯、电气、智能化楼宇设备及配套设施。

延伸解读

关于非正常损失的解释

非正常损失,是指因管理不善造成货物被盗、丢失、霉烂变质,以及因违反法律法规造成货物或者不动产被依法没收、销毁、拆除的情形。

这些非正常损失是由纳税人自身原因导致征税对象实体的灭失,为保证税负公平,其损失不应由国家承担,因而纳税人无权要求抵扣进项税额。这里所指的在产品,是指仍处于生产过程中的产品,与产成品对应,包括正在各个生产工序加工的产品和已加工完毕但尚未检验或已检验但尚未办理入库手续的产品。产成品,是指已经完成全部生产过程并验收入库,可以按照合同规定的条件送交订货单位,或者可以作为商品对外销售的产品。

6) 购进的贷款服务、餐饮服务、居民日常服务和娱乐服务

一般情况下,旅客运输服务、餐饮服务、居民日常服务和娱乐服务主要接受对象是个人。

对于一般纳税人购买的旅客运输服务、餐饮服务、居民日常服务和娱乐服务,难以准确地界定接受劳务的对象是企业还是个人,所以,一般纳税人购进的旅客运输服务、餐饮服务、居民日常服务和娱乐服务的进项税额不得从销项税额中抵扣。

(1) 购进的旅客运输服务。

自2019年4月1日起,纳税人购进国内旅客运输服务,其进项税额允许从销项税额中抵扣。

① 纳税人未取得增值税专用发票的,暂按照以下规定确定进项税额:

A. 取得增值税电子普通发票的,为发票上注明的税额;

B. 取得注明旅客身份信息的航空运输电子客票行程单的,为按照下列公式计算进项税额:

$$\text{航空旅客运输进项税额} = \left(\text{票价} + \text{燃油附加费}\right) \div (1+9\%) \times 9\%$$

C. 取得注明旅客身份信息的铁路车票的,为按照下列公式计算的进项税额:

$$\text{铁路旅客运输进项税额} = \text{票面金额} \div (1+9\%) \times 9\%$$

D. 取得注明旅客身份信息的公路、水路等其他客票的,按照下列公式计算进项税额:

$$\text{公路、水路等其他旅客运输进项税额} = \text{票面金额} \div (1+3\%) \times 3\%$$

② 《营业税改征增值税试点实施办法》(财税〔2016〕36号)第二十七条第(六)项和《营业税改征增值税试点有关事项的规定》(财税〔2016〕36号)第二条第(一)项第5点中"购进的旅客运输服务、贷款服务、餐饮服务、居民日常服务和娱乐服务"修改为"购进的贷款服务、餐饮服务、居民日常服务和娱乐服务"。自2019年9月16日起施行:

A. 《财政部 税务总局 海关总署关于深化增值税改革有关政策的公告》(财政部 税务总局 海关总署公告2019年第39号)第六条所称"国内旅客运输服务",限于与本单位签订了劳动合同的员工,以及本单位作为用工单位接

受的劳务派遣员工发生的国内旅客运输服务。

B. 纳税人购进国内旅客运输服务,以取得的增值税电子普通发票上注明的税额为进项税额的,增值税电子普通发票上注明的购买方"名称""纳税人识别号"等信息,应当与实际抵扣税款的纳税人一致,否则不予抵扣。

C. 纳税人允许抵扣的国内旅客运输服务进项税额,是指纳税人2019年4月1日及以后实际发生,并取得合法有效增值税扣税凭证注明的或依据其计算的增值税税额。以增值税专用发票或增值税电子普通发票为增值税扣税凭证的,为2019年4月1日及以后开具的增值税专用发票或增值税电子普通发票。

(2) 购进的贷款服务。

对于贷款服务进项税不得抵扣,也就是利息支出进项税不得抵扣的规定,主要是考虑如果允许抵扣借款利息,从根本上打通融资行为的增值税抵扣链条,按照增值税"道道征道道扣"的原则,首先就应当对存款利息征税。但在现有条件下,难度很大,一方面涉及对居民存款征税,无法解决专用发票的开具问题,也与当下实际存款利率为负的现状不符。

纳税人接受贷款服务向贷款方支付的与该笔贷款直接相关的投融资顾问费、手续费、咨询费等费用,其进项税额不得从销项税额中抵扣。

(3) 购进的餐饮服务、居民日常服务、娱乐服务。

餐饮服务、居民日常服务、娱乐服务,主要是用于个人消费,因此其进项税额不能从销项税额中抵扣。

注:对于住宿服务和旅游服务未列入不得抵扣项目,主要考虑是这两个行业属于公私消费参半的行业,因而用个人消费来进行规范。

7) 其他情形

财政部和国家税务总局规定的其他情形。

【案例2-10】 智董公司2023年4月由于管理不善,一批产品发生霉烂变质,已知损失产品账面价值为160 000元,当期总的生产成本为840 000元。其中耗用外购材料、低值易耗品等价值为600 000元,外购货物均适用13%增值税税率。

【分析】 损失产品成本中所耗外购货物的购进额 = 160 000 × (600 000 ÷ 840 000) = 114 285.71(元)

应转出进项税额 = 114 285.71 × 13% = 14 857.14(元)

相应会计分录为:

借:待处理财产损溢——待处理流动资产损溢
　　　　　　　　　　　　　145 142.86
　　应交税费——应交增值税(进项税额转出)
　　　　　　　　　　　　　14 857.14
　贷:库存商品　　　　　160 000.00

延伸解读

进项税额的会计核算

(1) 非纳税辅导期管理的一般纳税人,支付或负担允许抵扣销项税额的进项税额,取得增值税抵扣凭证(除海关进口增值税专用缴款书)后,借记"应交税费——应交增值税(进项税额)"明细科目,贷记相关科目。支付或负担不允许从销项税额抵扣的进项税额,直接记入相关成本费用,而不记入"应交税费——应交增值税(进项税额)"明细科目。

(2) 纳税辅导期管理的一般纳税人,支付或负担允许抵扣销项税额的进项税额,取得增值税抵扣凭证(除海关进口增值税专用缴款书)后,借记"应交税费——待抵扣进项税额"明细科目,贷记相关科目。交叉稽核比对无误后,借记"应交税费——应交增值税(进项税额)"科目,贷记"应交税费——待抵扣进项税额"科目。经核实不得抵扣的进项税额,红字借记"应交税费——待抵扣进项税额"科目,红字贷记相关科目。

(3) 一般纳税人取得海关进口增值税专用缴款书后,应借记"应交税费——待抵扣进项税额"明细科目,贷记相关科目;稽核比对相符以及核查后允许抵扣的,应借记"应交税费——应交增值税(进项税额)"专栏,贷记"应交税费——待抵扣进项税额"科目。经核查不得抵扣的进项税额,红字借记"应交税费——待抵扣进项税额"科目,红字贷记相关科目。

【案例2-11】 智董旅游公司为增值税一般纳税人,2023年3月发生以下业务:

业务一:取得旅游费收入共计680万元,其中向境外旅游公司支付境外旅游费63.6万元,向境内其他单位支付旅游交通费60万元、住宿费24万元、门票费21万元、签证费1.8万元,支付本单位导游餐饮住宿费共计2.2万元,旅游公司选择按照扣除支付给其他单位相关费用后的余额为计税销售额,并开具普通发票(以上金额均含税)。

业务二:将2023年1月在公司注册地购入的一套门市房对外出租,购入时进项税已抵扣。本月一次性收取3个月含税租金12万元。

业务三:委托装修公司对自用房屋进行装修,取得该装修公司开具的增值税专用发票,注明装修费50万元;支付装卸费,取得搬运公司开具的增值税专用发票,注明金额3万元。

业务四:将公司一台旅游车转为职工通勤班车,该车购进时已抵扣进项税额,入账原值为60万元,已提折旧40万元,该车评估价格为14万元。

已知:本月取得的相关票据均符合税法规定并在本月认证抵扣。

【分析】 1. 该公司业务一应确认的销项税额

第一步:确定征税范围与适用税率。提供旅游服务,适用税率6%。

第二步:确定销售额。

销售额=(680−63.6−60−24−21−1.8)÷(1+6%)=480.75(万元)。

第三步:计算销项税额。

该公司业务一应确认销项税额=480.75×6%=28.85(万元)。

2. 该公司业务二应确认的销项税额

第一步:确定征税范围与适用税率。

纳税人提供不动产租赁服务采取预收款方式的,其纳税义务发生时间为收到预收款的当天,适用税率9%。

第二步:确定销售额。

销售额=12÷(1+9%)=11.01(万元)。

第三步:计算销项税额。

该公司业务二应确认销项税额=11.01×9%=0.99(万元)。

3. 该公司业务四应转出的进项税额

已抵扣进项税额的固定资产、无形资产或者不动产,发生不得抵扣进项税情形的,应当计算不得抵扣的进项税额,做进项税额转出。不得抵扣的进项税额=固定资产净值×适用税率=(60−40)×13%=2.60(万元)。

4. 该公司当月实际抵扣的增值税进项税额

第一步:确定扣除凭证和扣除比例。

购买建筑服务,取得增值税专用发票,可按9%抵扣进项税额;购买物流辅助服务,取得增值税专用发票,可按6%抵扣进项税额。

第二步:计算进项税额。

该公司当月实际抵扣的增值税进项税额=50×9%+3×6%−2.6=2.08(万元)。

5. 该公司当月应缴纳增值税

第一步:确定销项税额。

提供旅游服务,纳税人提供不动产租赁服务,销项税额合计=28.85+0.99=29.84(万元)。

第二步:确定进项税额。

进项税额为2.08万元。

第三步:计算当期应缴纳的增值税。

该公司当月应缴纳增值税=29.84−2.08=27.76(万元)。

3. 生产、生活性服务业纳税人当期可抵扣进项税额的加计抵减政策——分别加计10%和15%抵减应纳税额

2022年我国延续服务业增值税加计抵减政策,对生产、生活性服务业纳税人当期可抵扣进项税额继续分别按10%和15%加计抵减应纳税额。

《财政部 税务总局 海关总署关于深化增值税改革有关政策的公告》(财政部 税务总局 海关总署公告2019年第39号)第七条和《财政部 税务总局关于明确生活性服务业增值税加计抵减政策的公告》(财政部 税务总局公告2019年第87号)规定的生产、生活性服务业增值税加计抵减政策,执行期限延长至2022年12月31日。

自2023年1月1日至2023年12月31日,增值税加计抵减政策按照以下规定执行:

(1)允许生产性服务业纳税人按照当期可抵扣进项税额加计5%抵减应纳税额。生产性服务业纳税人,是指提供邮政服务、电信服务、现代服务、生活服务取得的销售额占全部销售额的比重超过50%的纳税人。

(2) 允许生活性服务业纳税人按照当期可抵扣进项税额加计10%抵减应纳税额。生活性服务业纳税人,是指提供生活服务取得的销售额占全部销售额的比重超过50%的纳税人。

(3) 纳税人适用加计抵减政策的其他有关事项,按照《财政部 税务总局 海关总署关于深化增值税改革有关政策的公告》(财政部 税务总局 海关总署公告2019年第39号)、《财政部 税务总局关于明确生活性服务业增值税加计抵减政策的公告》(财政部 税务总局公告2019年第87号)等有关规定执行。[《国家税务总局关于增值税小规模纳税人减免增值税等政策有关征管事项的公告》(国家税务总局公告2023年第1号,2023年1月9日)]

符合《财政部 税务总局 海关总署关于深化增值税改革有关政策的公告》(财政部 税务总局 海关总署公告2019年第39号)、1号公告[即《国家税务总局关于增值税小规模纳税人减免增值税等政策有关征管事项的公告》(国家税务总局公告2023年第1号,2023年1月9日,自2023年1月1日起施行)]规定的生产性服务业纳税人,应在年度首次确认适用5%加计抵减政策时,通过电子税务局或办税服务厅提交《适用5%加计抵减政策的声明》;符合《财政部 税务总局关于明确生活性服务业增值税加计抵减政策的公告》(财政部 税务总局公告2019年第87号)、1号公告[即《国家税务总局关于增值税小规模纳税人减免增值税等政策有关征管事项的公告》(国家税务总局公告2023年第1号,2023年1月9日,自2023年1月1日起施行)]规定的生活性服务业纳税人,应在年度首次确认适用10%加计抵减政策时,通过电子税务局或办税服务厅提交《适用10%加计抵减政策的声明》。

纳税人适用加计抵减政策的其他征管事项,按照《国家税务总局关于国内旅客运输服务进项税抵扣等增值税征管问题的公告》(国家税务总局公告2019年第31号)第二条等有关规定执行。[《财政部 税务总局关于明确增值税小规模纳税人减免增值税等政策的公告》(财政部 税务总局公告2023年第1号,2023年1月9日)]

延伸解读

生产性服务业纳税人加计抵减政策的适用范围是什么?

生产性服务业纳税人,按照当期可抵扣进项税额加计5%抵减应纳税额。生产性服务业纳税人,是指提供邮政服务、电信服务、现代服务、生活服务(以下称四项服务)取得的销售额占全部销售额的比重超过50%的纳税人。四项服务的具体范围按照《销售服务、无形资产、不动产注释》(财税〔2016〕36号附件1附件)执行。

【案例2-12】 我公司是一家服务公司。最近出台的加计抵减政策中,生产性服务业纳税人,是指提供邮政服务、电信服务、现代服务、生活服务取得的销售额占全部销售额的比重超过50%的纳税人。生活性服务业纳税人,是指提供生活服务取得的销售额占全部销售额的比重超过50%的纳税人。请问这两项政策中的生活服务怎么定义?我应该怎么选择适用不同的加计抵减政策?

【分析】 两项政策中的生活服务定义一致。《财政部 税务总局 海关总署关于深化增值税改革有关政策的公告》(财政部 税务总局 海关总署公告2019年第39号)第七条规定,生活服务的具体范围按照《销售服务、无形资产、不动产注释》(财税〔2016〕36号附件1附件)执行。《销售服务、无形资产、不动产注释》规定,生活服务是指为满足城乡居民日常生活需求提供的各类服务活动,包括文化体育服务、教育医疗服务、旅游娱乐服务、餐饮住宿服务、居民日常服务和其他生活服务。纳税人确定适用加计抵减政策后,当年内不再调整,以后年度是否适用,根据上年度销售额计算确定。

如果你公司上年度提供生活服务取得的销售额占全部销售额的比重已超过50%,则可以按规定适用加计抵减比例为10%的加计抵减政策;如果你公司上年度提供生活服务取得的销售额占全部销售额的比重未超过50%,但提供邮政服务、电信服务、现代服务、生活服务四项服务取得的销售额合计占全部销售额的比重超过50%,则可以按规定适用加计抵减比例为5%的加计抵减政策。

生活性服务业纳税人加计抵减政策的适用范围是什么?

生活性服务业纳税人,按照当期可抵扣进项税额加计10%抵减应纳税额。生活性服务业纳税人,是指提供生活服务取得的销售额占全部销售额的比重超过50%的纳税人。生活服务的具体范围按照《销售服务、无形资产、不动产注释》(财税〔2016〕36号印发)执行。

纳税人适用规定的加计抵减政策,需要提交什么资料?

纳税人适用1号公告[即《国家税务总局关于增值税小规模纳税人减免增值税等政策有关征管事项的公告》(国家税务总局公告2023年第1号,2023年1月9日,自2023年1月1日起施行)]规定的加计抵减政策,仅需在年度首次确认适用时,通过电子税务局或办税服务厅提交一份适用加计抵减政策的声明。其中,生产性服务业纳税人适用5%加计抵减政策,需提交《适用5%加计抵减政策的声明》;生活性服务业纳税人适用10%加计抵减政策,需提交《适用10%加计抵减政策的声明》。

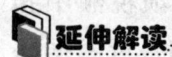

纳税人适用新加计抵减政策,和此前执行的加计抵减政策相比,相关征管规定有无变化?

没有变化。纳税人适用1号公告[即《国家税务总局关于增值税小规模纳税人减免增值税等政策有关征管事项的公告》(国家税务总局公告2023年第1号,2023年1月9日,自2023年1月1日起施行)]规定的加计抵减政策的其他征管事项,继续按照《国家税务总局关于国内旅客运输服务进项税抵扣等增值税征管问题的公告》(国家税务总局公告2019年第31号)第二条等有关规定执行。

(三)扣减销项税额和进项税额

一般纳税人已抵扣进项税额的购进货物、加工修理修配劳务、服务、无形资产或者不动产,发生不得从销项税额中抵扣情况的,应当将该进项税额从当期进项税额中扣减;无法确定该进项税额的,按照当期实际成本计算应扣减的进项税额。一般纳税人发生服务中止、购进货物退回、折让而收回的增值税额,也应当从当期的进项税额中扣减。

一般纳税人发生进项税额扣减,在会计核算时,应借记相关科目,贷记"应交税费——应交增值税(进项税额转出)"明细科目。

1. 销售折让

对增值税而言,销售折让其实是指纳税人提供应税行为后因为劳务成果(包括无形资产或者不动产)质量不合格等原因在售价上给予的减让。

企业已经确认销售商品收入的售出商品发生销售折让的,应当在发生时作冲减当期销售商品收入的会计处理。销售折让属于资产负债表日后事项的,适用《企业会计准则第29号——资产负债表日后事项》。

进货退出或折让的税务处理

纳税人在购进货物时,因货物质量、规格等原因而发生进货退回或折让,由于进货退回或折让不仅涉及货款或折让价款的收回,还涉及增值税的收回,所以,购货方应对当期进项税额进行调整。

一般纳税人因进货退回和折让而从销货方收回的增值税额,应从发生进货退回或折让当期的进项税额中扣减。如不按规定扣减,造成进项税额虚增,不纳或少纳增值税,属于偷税行为,按偷税予以处罚。

2. 向供货方收取的返还收入的税务处理

自2004年7月1日起,对商业企业向供货方收取的与商品销售量、销售额挂钩(如以一定比例、金额、数量计算)的各种返还收入,均应按平销返利行为的有关规定冲减当期增值税进项税额。

冲减进项税额的计算公式如下:

$$\text{当期应冲减的进项税额} = \text{当期取得的返还资金} \div (1 + \text{所购进货物适用增值税税率}) \times \text{所购进货物适用增值税税率}$$

商业企业向供货方收取的各种返还收入,一律不得开具增值税专用发票。

3. 销售退回、开票有误、应税行为中止、发票无法认证

一般纳税人开具增值税专用发票,发生销售退回、开票有误、应税行为中止以及发票抵扣联、发票联均无法认证等情形但不符合作废条件,或者因销货部分退回及发生销售折让,需要开具红字专用发票的,应按规定处理。

4. 已经抵扣进项税额的购进货物发生用途改变的税务处理

由于增值税采用"购进扣税法",当期购进的货物或应税劳务如果未确定用于非经营性项目,其进项税额会在当期销项税额中予以抵扣。但已经抵扣进项税额的购进货物或应税劳务如果事后改变用途,如用于职工福利或个人消费,购进货物发生非正常损失,在产品或产成品发生非正常损失,根据税法规定,应将购进货物或应税劳务的进项税额从当期的进项税额中扣减。无法准确确定该项进项税额的,按当期实际成本计算应扣减的进项税额。

纳税人已抵扣进项税额的固定资产、无形资产或者不动产用于不得从销项税额抵扣进项税额项目的,应当在当月按下列公式计算不得抵扣的进项税额:

$$\text{不得抵扣的进项税额} = \text{固定资产、无形资产或者不动产净值} \times \text{适用税率}$$

所称固定资产、无形资产或者不动产净值是指纳税人按照财务会计制度计提折旧后计算的固定资产净值。

(四)应纳税额的计算

1. 基本计算公式

应纳税额的基本计算公式为:

应纳税额 = 当期销项税额 - 当期进项税额

2. 计算应纳税额的时间界定

(1)销项税额的时间界定。

增值税纳税人销售货物或提供了应税劳务后,什么时间计算销项税额,关系到当期销项税额的大小。

关于销项税额的确定时间,总的原则是:销项税额的确定不得滞后。税法对此作了严格的规定,具体确定销项税额的时间根据本课程(作品)关于纳税义务发生时间的有关规定执行。

(2)进项税额抵扣时限的界定——增值税扣税凭证的认证确认等期限已经取消。

进项税额是纳税人购进货物或者接受应税劳务所支付或负担的增值税额,进项税额的大小,直接影响纳税人的应纳税额的多少。

增值税一般纳税人取得的2017年1月1日及以后开具的增值税专用发票、海关进口增值税专用缴款书、机动车销售统一发票、收费公路通行费增值税电子普通发票,不再需要在360日内认证确认等,已经超期的,也可以自2020年3月1日后,通过本省(自治区、直辖市和计划单列市)增值税发票综合服务平台进行用途确认。

增值税一般纳税人取得的2016年12月31日及以前开具的增值税专用发票、海关进口增值税专用缴款书、机动车销售统一发票,超过认证确认等期限,但符合相关条件的,仍可按照《国家税务总局关于逾期增值税扣税凭证抵扣问题的公告》(国家税务总局公告2011年第50号,国家税务总局公告2017年第36号、国家税务总局公告2018年第31号修改)、《国家税务总局关于未按期申报抵扣增值税扣税凭证有关问题的公告》(国家税务总局公告2011年第78号,国家税务总局公告2018年第31号修改)规定,继续抵扣其进项税额。

▎相关政策依据

国家税务总局关于逾期增值税扣税凭证抵扣问题的公告

国家税务总局公告2011年第50号 2011年9月14日

注:《国家税务总局关于进一步优化增值税 消费税有关涉税事项办理程序的公告》(国家税务总局公告2017年第36号)作相应修改,个别文字进行调整,重新公布。参见《国家税务总局关于进一步优化增值税 消费税有关涉税事项办理程序的公告》(国家税务总局公告2017年第36号)。《国家税务总局关于修改部分税收规范性文件的公告》(国家税务总局公告2018年第31号)对本文进行了修改。参见《国家税务总局关于修改部分税收规

范性文件的公告》(国家税务总局公告2018年第31号)。

为保障纳税人合法权益,经国务院批准,现将2007年1月1日以后开具的增值税扣税凭证未能按照规定期限办理认证或者稽核比对(以下简称逾期)抵扣问题公告如下:

一、增值税一般纳税人发生真实交易但由于客观原因造成增值税扣税凭证(包括增值税专用发票、海关进口增值税专用缴款书和机动车销售统一发票)未能按照规定期限办理认证、确认或者稽核比对的,经主管税务机关核实、逐级上报,由省税务局认证并稽核比对后,对比对相符的增值税扣税凭证,允许纳税人继续抵扣其进项税额。

增值税一般纳税人由于除本公告第二条规定以外的其他原因造成增值税扣税凭证逾期的,仍应按照增值税扣税凭证抵扣期限有关规定执行。

二、客观原因包括如下类型:

(一)因自然灾害、社会突发事件等不可抗力因素造成增值税扣税凭证逾期;

(二)增值税扣税凭证被盗、抢,或者因邮寄丢失、误递导致逾期;

(三)有关司法、行政机关在办理业务或者检查中,扣押增值税扣税凭证,纳税人不能正常履行申报义务,或者税务机关信息系统、网络故障,未能及时处理纳税人网上认证数据等导致增值税扣税凭证逾期;

(四)买卖双方因经济纠纷,未能及时传递增值税扣税凭证,或者纳税人变更纳税地点,注销旧户和重新办理税务登记的时间过长,导致增值税扣税凭证逾期;

(五)由于企业办税人员伤亡、突发危重疾病或者擅自离职,未能办理交接手续,导致增值税扣税凭证逾期;

(六)国家税务总局规定的其他情形。

三、增值税一般纳税人因客观原因造成增值税扣税凭证逾期的,可按照本公告附件《逾期增值税扣税凭证抵扣管理办法》的规定,申请办理逾期抵扣手续。

四、本公告自2011年10月1日起执行。

附件:逾期增值税扣税凭证抵扣管理办法

逾期增值税扣税凭证抵扣管理办法

一、增值税一般纳税人发生真实交易但由于客观原因造成增值税扣税凭证逾期的,可向主管税务机关申请办理逾期抵扣。

二、纳税人申请办理逾期抵扣时,应报送如下资料:

(一)《逾期增值税扣税凭证抵扣申请单》;

(二)增值税扣税凭证逾期情况说明。纳税人应详细说明未能按期办理认证、确认或者稽核比对的原因,并加盖企业公章。其中,对客观原因不涉及第三方的,纳税人应说明的情况具体为:发生自然灾害、社会突发事件等不可抗力原因的,纳税人应详细说明自然灾害或者社会突发事件发生的时间、影响地区、对纳税人生产经营的实际影响等;纳税人变更纳税地点,注销旧户和重新办理税务登记的时间过长,导致增值税扣税凭证逾期的,纳税人应详细说明办理搬迁时间、注销旧户和注册新户的时间、搬出及搬入地点等;企业办税人员擅自离职,未办理交接手续的,纳税人应详细说明事情经过、办税人员姓名、离职时间等,并提供解除劳动关系合同及企业内部相关处理决定。

(三)客观原因涉及第三方的,应提供第三方证明或说明。具体为:企业办税人员伤亡或者突发危重疾病的,应提供公安机关、交通管理部门或者医院证明;有关司法、行政机关在办理业务或者检查中,扣押增值税扣税凭证,导致纳税人不能正常履行申报义务的,应提供相关司法、行政机关证明;增值税扣税凭证被盗、抢的,应提供公安机关证明;买卖双方因经济纠纷,未能及时传递增值税扣税凭证的,应提供卖方出具的情况说明;邮寄丢失或者误递导致增值税扣税凭证逾期的,应提供邮政单位出具的说明。

(四)逾期增值税扣税凭证电子信息;

(五)逾期增值税扣税凭证复印件(复印件必须整洁、清晰,在凭证备注栏注明"与原件一致"并加盖企业公章,增值税专用发票复印件必须裁剪成与原票大小一致)。

三、由于税务机关自身原因造成纳税人增值税扣税凭证逾期的,主管税务机关应在上报文件中说明相关情况。具体为,税务机关信息系统或者网络故障,未能及时处理纳税人网上认证数据的,主管税务机关应详细说明信息系统或网络故障出现、持续的时间,故障原因及表现等。

四、主管税务机关应认真核实纳税人所报资料,重点核查纳税人所报送资料是否齐全、交易是否真实发生、造成增值税扣税凭证逾期的原因是否属于客观原因、第三方证明或说明所述时间是否具有逻辑性、资料信息是否一致、增值税扣税凭证复印件与原件是否一致等。

主管税务机关核实无误后,应向上级税务机关上报,并将增值税扣税凭证逾期情况说明、第三方证明或说明、逾期增值税扣税凭证电子信息、逾期增值税扣税凭证复印件逐级上报至省税务局。

五、省税务局对上报的资料进行案头复核,并对逾期增值税扣税凭证信息进行认证、稽核比对,对资料符合条件、稽核比对结果相符的,允许纳税人继续抵扣逾期增值税扣税凭证上所注明或计算的税额。

六、主管税务机关可定期或者不定期对已抵扣逾期增值税扣税凭证进项税额的纳税人进行复查,发现纳税人提供虚假信息,存在弄虚作假行为的,应责令纳税人将已抵扣进项税额转出,并按《中华人民共和国税收征收管理法》的有关规定进行处罚。

附表:
1. 逾期增值税扣税凭证抵扣申请单(略)
2. 逾期增值税扣税凭证电子信息格式(略)

相关政策依据

国家税务总局关于未按期申报抵扣增值税扣税凭证有关问题的公告

国家税务总局公告2011年第78号　2011年12月29日

为解决增值税一般纳税人增值税扣税凭证因客观原因未按期申报抵扣增值税进项税额问题,现将有关规定公告如下:

一、增值税一般纳税人取得的增值税扣税凭证已认证或已采集上报信息但未按照规定期限申报抵扣;实行纳税辅导期管理的增值税一般纳税人以及实行海关进口增值税专用缴款书"先比对后抵扣"管理办法的增值税一般纳税人,取得的增值税扣税凭证稽核比对结果相符但未按规定期限申报抵扣,属于发生真实交易且符合本公告第二条规定的客观原因的,经主管税务机关审核,允许纳税人继续申报抵扣其进项税额。

本公告所称增值税扣税凭证,包括增值税专用发票(含货物运输业增值税专用发票)、海关进口增值税专用缴款书和公路内河货物运输业统一发票。

增值税一般纳税人除本公告第二条规定以外的其他原因造成增值税扣税凭证未按期申报抵扣的,仍按照现行增值税扣税凭证申报抵扣有关规定执行。

二、客观原因包括如下类型:
(一)因自然灾害、社会突发事件等不可抗力原因造成增值税扣税凭证未按期申报抵扣;
(二)有关司法、行政机关在办理业务或者检查中,扣押、封存纳税人账簿资料,导致纳税人未能按期办理申报手续;
(三)税务机关信息系统、网络故障,导致纳税人未能及时取得认证结果通知书或稽核结果通知书,未能及时办理申报抵扣;
(四)由于企业办税人员伤亡、突发危重疾病或者擅自离职,未能办理交接手续,导致未能按期申报抵扣;
(五)国家税务总局规定的其他情形。

三、增值税一般纳税人发生符合本公告规定未按期申报抵扣的增值税扣税凭证,可按照本公告附件《未按期申报抵扣增值税扣税凭证抵扣管理办法》的规定,申请办理抵扣手续。

四、增值税一般纳税人取得2007年1月1日以后开具,本公告施行前发生的未按期申报抵扣增值税扣税凭证,可在2012年6月30日前按本公告规定申请办理,逾期不再受理。

五、本公告自2012年1月1日起施行。

附件:未按期申报抵扣增值税扣税凭证抵扣管理办法

未按期申报抵扣增值税扣税凭证抵扣管理办法

一、增值税一般纳税人发生真实交易但由于客观原因造成增值税扣税凭证未按期申报抵扣的,可向主管税务机关申请办理抵扣手续。

二、纳税人申请办理抵扣时,应报送如下资料:
(一)《未按期申报抵扣增值税扣税凭证抵扣申请单》。
(二)《已认证增值税扣税凭证清单》。
(三)增值税扣税凭证未按期申报抵扣情况说明。纳税人应详细说明未能按期申报抵扣的原因,并加盖企业印章。对客观原因不涉及第三方的,纳税人应说明的情况具体为:发生自然灾害、社会突发事件等不可抗力原因的,纳税人应详细说明自然灾害或者社会突发事件发生的时间、影响地区、对纳税人生产经营的实际影响等;企业办税人员擅自离职,未办理交接手续的,纳税人应详细说明事情经过、办税人员姓名、离职时间等,并提供解除劳动关系合同及企业内部相关处理决定。对客观原因涉及第三方的,应提供第三方证明或说明。具体为:企业办税人员伤亡或者突发危重疾病的,应提供公安机关、交通管理部门或者医院证明;有关司法、行政机关在办理业务或者检查中,扣押、封存纳税人账簿资料,导致纳税人未能按期办理申报手续的,应提供相关司法、行政机关证明。对于因税务机关信息系统或者网络故障原因造成纳税人增值税扣税凭证未能按期申报抵扣的,主管税务机关应予以核实。
(四)未按期申报抵扣增值税扣税凭证复印件。

三、主管税务机关受理纳税人申请后,应认真审核以下信息:
(一)审核纳税人交易是否真实发生,所报资料是否齐全,增值税扣税凭证未按期申报抵扣的原因是否属于客观原因,纳税人说明、第三方证明或说明所述事项是否具有逻辑性等。
(二)纳税人申请抵扣的增值税扣税凭证稽核比对结果是否相符;

(三)《已认证增值税扣税凭证清单》与增值税扣税凭证应申报抵扣当月增值税纳税申报资料、认证稽核资料是否满足以下逻辑关系:

1.《已认证增值税扣税凭证清单》"抵扣情况"中"已抵扣凭证信息""小计"栏中的"份数"应等于当月增值税纳税申报表附列资料(表二)中同类型增值税扣税凭证的"份数";"抵扣情况"中"已抵扣凭证信息""小计"栏中的"税额"应等于当月增值税纳税申报表附列资料(表二)中同类型增值税扣税凭证的"税额";

2. 对增值税一般纳税人(不包括实行纳税辅导期管理的增值税一般纳税人),《已认证增值税扣税凭证清单》"总计"栏中"份数""税额"应小于等于认证或申请稽核比对当月认证相符或采集上报的同类型增值税扣税凭证的份数、税额合计。

3. 实行纳税辅导期管理的增值税一般纳税人以及实行海关进口增值税专用缴款书"先比对后抵扣"管理办法的增值税一般纳税人,《已认证增值税扣税凭证清单》"总计"栏中"份数""税额"应小于等于产生稽核结果当月稽核相符的同类型增值税扣税凭证的份数、税额合计。

四、主管税务机关审核无误后,发送《未按期申报抵扣增值税扣税凭证允许继续抵扣通知单》(以下简称《通知单》),企业凭《通知单》进行申报抵扣。

五、主管税务机关可定期或者不定期对已办理未按期申报抵扣增值税扣税凭证抵扣手续的纳税人进行复查,发现纳税人提供虚假信息,存在弄虚作假行为的,应责令纳税人将已抵扣进项税额转出,并按《中华人民共和国税收征收管理法》的有关规定进行处罚。

附表:

1. 未按期申报抵扣增值税扣税凭证抵扣申请单(略)。

2. 已认证增值税扣税凭证清单(略)。

3. 未按期申报抵扣增值税扣税凭证允许继续抵扣通知单(略)。

3. 进项税额不足抵扣的税务处理

纳税人在计算应纳税额时,如果当期销项税额小于当期进项税额不足抵扣的部分,可以结转下期继续抵扣。

原增值税一般纳税人兼有应税服务的,截止到本地区试点实施之日前的增值税期末留抵税额,不得从应税服务的销项税额中抵扣。

4. 增值税期末留抵税额退税

1) 增值税期末留抵税额退税制度

自2019年4月1日起,试行增值税期末留抵税额退税制度。

注:综合考虑为企业提供现金流支持、促进消费投资、大力改进增值税留抵退税制度,我国2022年对留抵税额实行大规模退税。优先安排小微企业,对小微企业的存量留抵税额于2022年6月底前一次性全部退还,增量留抵税额足额退还。重点支持制造业,全面解决制造业、科研和技术服务、生态环保、电力燃气、交通运输等行业留抵退税问题。自2022年7月1日起执行,进一步扩大全额退还增值税留抵税额政策行业范围至"批发和零售业""农、林、牧、渔业""住宿和餐饮业""居民服务、修理和其他服务业""教育""卫生和社会工作"和"文化、体育和娱乐业"企业(含个体工商户)。

(1) 条件。

同时符合以下条件(以下简称符合留抵退税条件)的纳税人,可以向主管税务机关申请退还增量留抵税额:

① 自2019年4月税款所属期起,连续六个月(按季纳税的,连续两个季度)增量留抵税额均大于零,且第六个月增量留抵税额不低于50万元。

② 纳税信用等级为A级或者B级。

③ 申请退税前36个月未发生骗取留抵退税、出口退税或虚开增值税专用发票情形的。

④ 申请退税前36个月未因偷税被税务机关处罚两次及以上的。

⑤ 自2019年4月1日起未享受即征即退、先征后返(退)政策的。

增量留抵税额,是指与2019年3月底相比新增加的期末留抵税额。

留抵退税政策中纳税信用级别的适用

纳税人申请增值税留抵退税,判断其是否符合纳税信用级别为A级或者B级的条件,以纳税人向主管税务机关申请退税提交《退(抵)税申请表》时的纳税信用级别确定。

例如,2022年3月,某纳税人纳税信用级别被评定为B级,而此前该纳税人纳税信用级别为M级。2022年4月,该纳税人向主管税务机关申请留抵退税并提交《退(抵)税申请表》时,已满足纳税信用级别为A级或者B级的条件,所以,如纳税人符合其他留抵退税条件,税务机关应按规定为其办理留抵退税。

取得增值税留抵退税款的,不得再申请享受增值税即征即退、先征后返(退)政策

自 2020 年 1 月 20 日起,纳税人按照《财政部 税务总局 海关总署关于深化增值税改革有关政策的公告》(财政部 税务总局 海关总署公告 2019 年第 39 号)、《财政部 税务总局关于明确部分先进制造业增值税期末留抵退税政策的公告》(财政部 税务总局公告 2019 年第 84 号)规定取得增值税留抵退税款的,不得再申请享受增值税即征即退、先征后返(退)政策。

不符合留抵退税条件的,不予留抵退税

纳税人不符合留抵退税条件的,不予留抵退税。税务机关应自受理留抵退税申请之日起 10 个工作日内完成审核,并向纳税人出具不予留抵退税的《税务事项通知书》。

纳税人取得退还的留抵税额后,应相应调减当期留抵税额。按照上述规定再次满足退税条件的,可以继续向主管税务机关申请退还留抵税额,但上述"自 2019 年 4 月税款所属期起,连续六个月(按季纳税的,连续两个季度)增量留抵税额均大于零,且第六个月增量留抵税额不低于 50 万元"规定的连续期间,不得重复计算。

(2)当期允许退还的增量留抵税额的计算。

纳税人当期允许退还的增量留抵税额,按照以下公式计算:

$$\text{允许退还的增量留抵税额} = \text{增量留抵税额} \times \text{进项构成比例} \times 60\%$$

进项构成比例,为 2019 年 4 月至申请退税前一税款所属期内已抵扣的增值税专用发票(含税控机动车销售统一发票)、海关进口增值税专用缴款书、解缴税款完税凭证注明的增值税额占同期全部已抵扣进项税额的比重。

留抵退税额中"进项构成比例"的计算

《财政部 税务总局 海关总署关于深化增值税改革有关政策的公告》(财政部 税务总局 海关总署公告 2019 年第 39 号)和《财政部 税务总局关于明确部分先进制造业增值税期末留抵退税政策的公告》(财政部 税务总局公告 2019 年第 84 号)规定的"进项构成比例",为 2019 年 4 月至申请退税前一税款所属期内已抵扣的增值税专用发票、机动车销售统一发票、海关进口增值税专用缴款书、解缴税款完税凭证注明的增值税额占同期全部已抵扣进项税额的比重。

《国家税务总局关于取消增值税扣税凭证认证确认期限等增值税征管问题的公告》(国家税务总局公告 2019 年第 45 号,2019 年 12 月 31 日)明确,在计算允许退还的增量留抵税额的"进项构成比例"时,无需就纳税人在 2019 年 4 月至申请退税前一税款所属期内按规定转出的进项税额部分进行调整。

在纳税人办理增值税纳税申报和免抵退税申报后、税务机关核准其免抵退税应退税额前,核准其前期留抵退税的,以最近一期《增值税纳税申报表(一般纳税人适用)》期末留抵税额,扣减税务机关核准的留抵退税额后的余额,计算当期免抵退税应退税额和免抵税额。

税务机关核准的留抵退税额,是指税务机关当期已核准,但纳税人尚未在《增值税纳税申报表附列资料(二)(本期进项税额明细)》第 22 栏"上期留抵税额退税"填报的留抵税额。

(3)发生特定情形时,按规定确定允许退还的增量留抵税额。

纳税人在办理留抵退税期间发生下列情形的,按照以下规定确定允许退还的增量留抵税额:

① 因纳税申报、稽查查补和评估调整等原因,造成期末留抵税额发生变化的。

因纳税申报、稽查查补和评估调整等原因,造成期末留抵税额发生变化的,按最近一期《增值税纳税申报表(一般纳税人适用)》期末留抵税额确定允许退还的增量留抵税额。

② 在同一申报期既申报免抵退税又申请办理留抵退税的,或者在纳税人申请办理留抵退税时存在尚未经税务机关核准的免抵退税应退税额的。

纳税人在同一申报期既申报免抵退税又申请办理留抵退税的,或者在纳税人申请办理留抵退税时存在尚未经税务机关核准的免抵退税应退税额的,应待税务机关核准免抵退税应退税额后,按最近一期《增值税纳税申报表(一般纳税人适用)》期末留抵税额,扣减税务机关核准的免抵退税应退税额后的余额确定允许退还的增量留抵税额。

税务机关核准的免抵退税应退税额,是指税务机关当期已核准,但纳税人尚未在《增值税纳税申报表(一般纳税人适用)》第15栏"免、抵、退应退税额"中填报的免抵退税应退税额。

注: A. 纳税人出口货物劳务、发生跨境应税行为,适用免抵退税办法的,办理免抵退税后,仍符合《财政部 税务总局 海关总署关于深化增值税改革有关政策的公告》规定条件的,可以申请退还留抵税额;适用免退税办法的,相关进项税额不得用于退还留抵税额。

B. 纳税人出口货物劳务、发生跨境应税行为,适用免抵退税办法的,可以在同一申报期内,既申报免抵退税又申请办理留抵退税。

C. 申请办理留抵退税的纳税人,出口货物劳务、跨境应税行为适用免退税办法的,应当按期申报免退税。当期可申报免抵退税的出口销售额为零的,应办理免抵退税零申报。

D. 纳税人既申报免抵退税又申请办理留抵退税的,税务机关应先办理免抵退税。办理免抵退税后,纳税人仍符合留抵退税条件的,再办理留抵退税。

③ 既有增值税欠税,又有期末留抵税额的。

纳税人既有增值税欠税,又有期末留抵税额的,按最近一期《增值税纳税申报表(一般纳税人适用)》期末留抵税额,抵减增值税欠税后的余额确定允许退还的增量留抵税额。

延伸解读

纳税人既欠缴增值税,又有增值税留抵税额问题的税务处理

为了加强增值税管理,及时追缴欠税,解决增值税一般纳税人既欠缴增值税,又有增值税留抵税额的问题,税法规定,对纳税人因销项税额小于进项税额而产生期末留抵税额的,应以期末留抵税额抵减增值税欠税。

抵减欠缴税款时,应按欠税发生时间逐笔抵扣,先发生的先抵。抵缴的欠税包括呆账税金及欠税滞纳金。确定实际抵减金额时,按县(含)以上税务机关填开的《增值税进项留抵税额抵减增值税欠税通知书》的日期作为截止日期,计算欠缴税款的应缴未缴滞纳金金额,应缴未缴滞纳金余额加欠税余额为欠税总额。若欠缴总额大于期末留抵税额,实际抵减金额应等于期末留抵税额,并按配比方法计算抵减的欠税和滞纳金,若欠缴总额小于期末留抵税额,实际抵减金额等于欠缴总额。

增值税一般纳税人拖欠纳税检查应补缴的增值税税款,如果有进项留抵税额,可按照《国家税务总局关于增值税一般纳税人用进项留抵税额抵减增值税欠税问题的通知》(国税发〔2004〕112号)的规定,用增值税留抵税额抵减查补税款欠税。

(4) 办理原则。

税务机关按照"窗口受理、内部流转、限时办结、窗口出件"的原则办理留抵退税。

税务机关对纳税人是否符合留抵退税条件、当期允许退还的增量留抵税额等进行审核确认,并将审核结果告知纳税人。

(5) 申办流程。

纳税人应在增值税纳税申报期内,向主管税务机关申请退还留抵税额。

纳税人申请办理留抵退税,应于符合留抵退税条件的次月起,在增值税纳税申报期(以下简称申报期)内,完成本期增值税纳税申报后,通过电子税务局或办税服务厅提交《退(抵)税申请表》。

纳税人符合留抵退税条件且不存在涉税风险疑点等所列情形的,税务机关应自受理留抵退税申请之日起10个工作日内完成审核,并向纳税人出具准予留抵退税的《税务事项通知书》。

纳税人发生"纳税人在同一申报期既申报免抵退税又申请办理留抵退税的,或者在纳税人申请办理留抵退税时存在尚未经税务机关核准的免抵退税应退税额的"情形的,上述10个工作日,自免抵退税应退税额核准之日起计算。

纳税人应在收到税务机关准予留抵退税的《税务事项通知书》当期,以税务机关核准的允许退还的增量留抵税额冲减期末留抵税额,并在办理增值税纳税申报时,相应填写《增值税纳税申报表附列资料(二)(本期进项税额明细)》第22栏"上期留抵税额退税"。

(6) 发现涉税风险疑点等情形时,暂停办理留抵退税。

税务机关在办理留抵退税期间,发现符合留抵退税条件的纳税人存在以下情形,暂停为其办理留抵退税:

① 存在增值税涉税风险疑点的。
② 被税务稽查立案且未结案的。
③ 增值税申报比对异常未处理的。
④ 取得增值税异常扣税凭证未处理的。
⑤ 国家税务总局规定的其他情形。

上述列举的增值税涉税风险疑点等情形已排除,且相关事项处理完毕后,按以下规定办理:

① 纳税人仍符合留抵退税条件的,税务机关继续为其办理留抵退税,并自增值税涉税风险疑点等情形排除且相关事项处理完毕之日起5个工作日内完成审核,向纳税人出具准予留抵退税的《税务事项通知书》。

② 纳税人不再符合留抵退税条件的,不予留抵退税。税务机关应自增值税涉税风险疑点等情形排除且相关事项处理完毕之日起5个工作日内完成审核,向纳税人出具不予留抵退税的《税务事项通知书》。

税务机关对发现的增值税涉税风险疑点进行排查的具体处理时间,由各省(自治区、直辖市和计划单列市)税务局确定。

税务机关对增值税涉税风险疑点进行排查时,发现纳税人涉嫌骗取出口退税、虚开增值税专用发票等增值税重大税收违法行为的,终止为其办理留抵退税,并自作出终止办理留抵退税决定之日起5个工作日内,向纳税人出具终止办理留抵退税的《税务事项通知书》。

税务机关对纳税人涉嫌增值税重大税收违法行为核查处理完毕后,纳税人仍符合留抵退税条件的,可按照上述规定重新申请办理留抵退税。

(7) 中央、地方分担机制。

自2019年9月1日起,增值税留抵退税地方分担的50%部分,15%由企业所在地分担,35%由各地按增值税分享额占地方分享总额比重分担。

(8) 法律责任。

纳税人以虚增进项、虚假申报或其他欺骗手段骗取留抵退税的,由税务机关追缴其骗取的退税款,并按照《中华人民共和国税收征收管理法》等有关规定处理。

2) 小微企业增值税留抵退税政策

(1) 享受主体。

符合条件的小微企业(含个体工商户)。

(2) 优惠内容。

加大小微企业增值税期末留抵退税政策力度,将先进制造业按月全额退还增值税增量留抵税额政策范围扩大至符合条件的小微企业(含个体工商户,下同),并一次性退还小微企业存量留抵税额。

① 符合条件的小微企业,可以自2022年4月纳税申报期起向主管税务机关申请退还增量留抵税额。

② 符合条件的微型企业,可以自2022年4月纳税申报期起向主管税务机关申请一次性退还存量留抵税额;符合条件的小型企业,可以自2022年5月纳税申报期起向主管税务机关申请一次性退还存量留抵税额。

加快小微企业留抵退税政策实施进度,按照《财政部 税务总局关于进一步加大增值税期末留抵退税政策实施力度的公告》(财政部 税务总局公告2022年第14号,以下简称2022年第14号公告)规定,抓紧办理小微企业留抵退税,在纳税人自愿申请的基础上,加快退税进度,积极落实微型企业、小型企业存量留抵税额分别于2022年4月30日前、6月30日前集中退还的退税政策。

(3) 享受条件。

① 在2022年12月31日前,纳税人享受退税需同时符合以下条件:

A. 纳税信用等级为A级或者B级。

B. 申请退税前36个月未发生骗取留抵退税、骗取出口退税或虚开增值税专用发票情形。

C. 申请退税前36个月未因偷税被税务机关处罚两次及以上。

D. 2019年4月1日起未享受即征即退、先征后返(退)政策。

② 增量留抵税额,区分以下情形确定:

A. 纳税人获得一次性存量留抵退税前,增量留抵税额为当期期末留抵税额与2019年3月31日相比新增加的留抵税额。

B. 纳税人获得一次性存量留抵退税后,增量留抵税额为当期期末留抵税额。

③ 存量留抵税额,区分以下情形确定:

A. 纳税人获得一次性存量留抵退税前,当期期末留抵税额大于或等于2019年3月31日期末留抵税额的,存量留抵税额为2019年3月31日期末留抵税额;当期期末留抵税额小于2019年3月31日期末留抵税额的,存量留抵税额为当期期末留抵税额。

B. 纳税人获得一次性存量留抵退税后,存量留抵税额为零。

④ 纳税人按照以下公式计算允许退还的留抵税额

$$允许退还的增量留抵税额 = 增量留抵税额 \times 进项构成比例 \times 100\%$$

$$允许退还的存量留抵税额 = 存量留抵税额 \times 进项构成比例 \times 100\%$$

进项构成比例,为2019年4月至申请退税前一税款所属期已扣的增值税专用发票(含带有"增值税专用发票"字样全面数字化的电子发票、税控机动车销售统一发票)、收费公路通行费增值税电子普通发票、海关进口增值税专用缴款书、解缴税款完税凭证注明的增值税额占同期全部已抵扣进项税额的比重。

⑤ 纳税人出口货物劳务、发生跨境应税行为,适用免抵退税办法的,应先办理免抵退税。免抵退税办理完毕后,仍符合规定条件的,可以申请退还留抵税额;适用免退税办法的,相关进项税额不得用于退还留抵税额。

⑥ 纳税人自2019年4月1日起已取得留抵退税款的,不得再申请享受增值税即征即退、先征后返(退)政策。纳税人可以在2022年10月31日前一次性将已取得的留抵退税款全部缴回后,按规定申请享受增值税即征即退、先征后返(退)政策。

纳税人自2019年4月1日起已享受增值税即征即退、先征后返(退)政策的,可以在2022年10月31日前一次性将已退还的增值税即征即退、先征后返(退)税款全部缴回后,按规定申请退还留抵税额。

⑦ 纳税人可以选择向主管税务机关请留抵退税,也可以选择结转下期继续抵扣。纳税人应在纳税申报期内,完成当期增值税纳税申报后申请留抵退税。2022年4月至6月的留抵退税申请时间,延长至每月最后一个工作日。

(4) 政策依据。

①《财政部 税务总局关于进一步加大增值税期末留抵退税政策实施力度的公告》(财政部 税务总局公告2022年第14号)。

②《财政部 税务总局关于进一步加快增值税期末留抵退税政策实施进度的公告》(财政部 税务总局公告2022年第17号)。

3)"制造业""科学研究和技术服务业""电力、热力、燃气及水生产和供应业""软件和信息技术服务业""生态保护和环境治理业""交通运输、仓储和邮政业""批发和零售业""农、林、牧、渔业""住宿和餐饮业""居民服务、修理和其他服务业""教育""卫生和社会工作"和"文化、体育和娱乐业"(以下简称批发零售业等行业)企业(含个体工商户,下同)增值税留抵退税政策

(1) 先进制造业增值税期末留抵退税。

自2019年6月1日起,同时符合规定条件的部分先进制造业纳税人,可以自2019年7月及以后纳税申报期向主管税务机关申请退还增量留抵税额。

① 条件。

自2021年4月1日起,同时符合以下条件的先进制造业纳税人,可以自2021年5月及以后纳税申报期向主管税务机关申请退还增量留抵税额:

A. 增量留抵税额大于零。

B. 纳税信用等级为A级或者B级。

C. 申请退税前36个月未发生骗取留抵退税、出口退税或虚开增值税专用发票情形。

D. 申请退税前36个月未因偷税被税务机关处罚两次及以上。

E. 自2019年4月1日起未享受即征即退、先征后返(退)政策。

所称先进制造业纳税人,是指按照《国民经济行业分类》,生产并销售"非金属矿物制品""通用设备""专用设备""计算机、通信和其他电子设备""医药""化学纤维""铁路、船舶、航空航天和其他运输设备""电气机械和器材""仪器仪表"销售额占全部销售额的比重超过50%的纳税人。

上述销售额比重根据纳税人申请退税前连续12个月的销售额计算确定;申请退税前经营期不满12个月但满3个月的,按照实际经营期的销售额计算确定。

所称增量留抵税额,是指与2019年3月31日相比新增加的期末留抵税额。

② 计算。

先进制造业纳税人当期允许退还的增量留抵税额,按照以下公式计算:

$$允许退还的增量留抵税额 = 增量留抵税额 \times 进项构成比例$$

进项构成比例,为2019年4月至申请退税前一税款所属期内已抵扣的增值税专用发票(含税控机动车销售统一发票)、海关进口增值税专用缴款书、解缴税款完税凭证注明的增值税额占同期全部已抵扣进项税额的比重。

自2020年1月1日起,按照《财政部 税务总局 海关总署关于深化增值税改革有关政策的公告》(财政部 税务总局 海关总署公告2019年第39号)和《财政部 税务总局关于明确部分先进制造业增值税期末留抵退税政策的公告》(财政部 税务总局公告2019年第84号)的规定,在计算允许退还的增量留抵税额的进项构成比例时,纳税人在2019年4月至申请退税前一税款所属期内按规定转出的进项税额,无需从已抵扣的增值税专用发票、机动车销售统一发票、海关进口增值税专用缴款书、解缴税款完税凭证注明的增值税额中扣减。

③ 不得再申请享受增值税即征即退、先征后返(退)政策。

先进制造业纳税人按照本规定取得增值税留抵退税款的,不得再申请享受增值税即征即退、先征后返(退)政策。

④ 办理。

自2021年5月1日起,符合《财政部 税务总局关于明确先进制造业增值税期末留抵退税政策的公告》(财政部 税务总局公告2021年第15号)规定的纳税人申请退还增量留抵税额,应按照《国家税务总局关于办理增值税期末留抵税额退税有关事项的公告》(国家税务总局公告2019年第20号)和《国家税务总局关于取消增值税扣税凭证认证确认期限等增值税征管问题的公告》(国家税务总局公告2019年第45号)第三条的规定办理相关留抵退税业务。同时,对《退(抵)税申请表》进行修订并重新发布。

⑤ 其他规定。

先进制造业纳税人申请退还增量留抵税额的其他规定,按照《财政部 税务总局 海关总署关于深化增值税改革有关政策的公告》(财政部 税务总局 海关总署公告2019年第39号)和《财政部 税务总局关于明确部分先进制造业增值税期末留抵退税政策的公告》(财政部 税务总局公告2019年第84号)执行。

(2) 制造业等行业增值税留抵退税政策。

① 享受主体。

符合条件的"制造业""科学研究和技术服务业""电力、热力、燃气及水生产和供应业""软件和信息技术服务业""生态保护和环境治理业"和"交通运输、仓储和邮政业""批发和零售业""农、林、牧、渔业""住宿和餐饮业""居民服务、修理和其他服务业""教育""卫生和社会工作"和"文化、体育和娱乐业"(以下简称批发零售业等行业)企业(含个体工商户,下同)。

② 优惠内容。

加大"制造业""科学研究和技术服务业""电力、热力、燃气及水生产和供应业""软件和信息技术服务业""生态保护和环境治理业"和"交通运输、仓储和邮政业"(以下简称制造业等行业)增值税期末留抵退税政策力度,将先进制造业按月全额退还增值税增量留抵税额政策范围扩大至符合条件的制造业等行业企业(含个体工商户,下同),并一次性退还制造业等行业企业存量留抵税额。

A. 符合条件的制造业等行业企业,可以自2022年4月纳税申报期起向主管税务机关申请退还增量留抵税额。

B. 符合条件的制造业等行业中型企业,可以自2022年5月纳税申报期起向主管税务机关申请一次性退还存量留抵税额;符合条件的制造业等行业大型企业,可以自2022年10月纳税申报期起向主管税务机关申请一次性退还存量留抵税额。

提前退还中型企业存量留抵税额,2022年6月30日前,在纳税人自愿申请的基础上,集中退还中型企业存量留抵税额。

自2022年7月1日起执行,进一步扩大全额退还增值税留抵税额政策行业范围,将《财政部 税务总局关于进一步加大增值税期末留抵退税政策实施力度的公告》(财政部 税务总局公告2022年第14号)第二条规定的制造业等行业按月全额退还增值税增量留抵税额、一次性退还存量留抵税额的政策范围,扩大至"批发和零售业""农、林、牧、渔业""住宿和餐饮业""居民服务、修理和其他服务业""教育""卫生和社会工作"和"文化、体育和娱乐业"(以下简称批发零售业等行业)企业(含个体工商户,下同)。符合条件的批发零售业等行业企业,可以自2022年7月纳税申报期起向主管税务机关申请退还增量留抵税额。符合条件的批发零售业等行业企业,可以自2022年7月纳税申报期起向主管税务机关申请一次性退还存量留抵税额。

自2022年7月1日起执行,以上所称制造业、批发零售业等行业企业,是指从事《国民经济行业分类》中"批发和零售业""农、林、牧、渔业""住宿和餐饮业""居民服务、修理和其他服务业""教育""卫生和社会工作""文化、体育和娱乐业""制造业""科学研究和技术服务业""电力、热力、燃气及水生产和供应业""软件和信息技术服务业""生态保护和环境治理业"和"交通运输、仓储和邮政业"业务相应发生的增值税销售额占全部增值税销售额的比重超过50%的纳税人。前述销售额比重根据纳税人申请退税前连续12个月的销售额计算确定;申请退税前经营期不满12个月但满3个月的,按照实际经营期的销售额计算确定。

自2022年6月7日起执行,按照2022年第14号公告第六条规定适用《中小企业划型标准规定》(工信部联企业〔2011〕300号)和《金融业企业划型标准规定》(银发〔2015〕309号)时,纳税人的行业归属,根据《国民经济行业分类》关于以主要经济活动确定行业归属的原则,以上一会计年度从事《国民经济行业分类》对应业务增值税销售额占全部增值税销售额比重最高的行业确定。

③ 享受条件。

A. 纳税人需同时符合以下条件:

a. 纳税信用等级为A级或者B级。

b. 申请退税前36个月未发生骗取留抵退税、骗取出口退税或虚开增值税专用发票情形。

c. 申请退税前36个月未因偷税被税务机关处罚两次及以上。

d. 2019年4月1日起未享受即征即退、先征后返(退)政策。

B. 增量留抵税额,区分以下情形确定:

a. 纳税人获得一次性存量留抵退税前,增量留抵税额为当期期末留抵税额与2019年3月31日相比新增加的留抵税额。

b. 纳税人获得一次性存量留抵退税后,增量留抵税额为当期期末留抵税额。

C. 存量留抵税额,区分以下情形确定:

a. 纳税人获得一次性存量留抵退税前,当期末留抵税额大于或等于2019年3月31日期末留抵税额的,存量留抵税额为2019年3月31日期末留抵税额;当期期末留抵税额小于2019年3月31日期末留抵税额的,存量留抵税额为当期期末抵税额。

b. 纳税人获得一次性存量留抵退税后,存量留抵税额为零。

D. 纳税人按照以下公式计算允许退还的留抵税额:

$$\text{允许退还的增量留抵税额} = \text{增量留抵税额} \times \text{进项构成比例} \times 100\%$$

$$\text{允许退还的存量留抵税额} = \text{存量留抵税额} \times \text{进项构成比例} \times 100\%$$

进项构成比例，为2019年4月至申请退税前一税款所属期已扣的增值税专用发票（含带有"增值税专用发票"字样全面数字化的电子发票、税控机动车销售统一发票）、收费公路通行费增值税电子普通发票、海关进口增值税专用缴款书、解缴税款完税凭证注明的增值税额占同期全部已抵扣进项税额的比重。

E. 纳税人出口货物劳务、发生跨境应税行为，适用免抵退税办法的，应先办理免抵退税。免抵退税办理完毕后，仍符合规定条件的，可以申请退还留抵税额；适用免退税办法的，相关进项税额不得用于退还留抵税额。

F. 纳税人自2019年4月1日起已取得留抵退税款的，不得再申请享受增值税即征即退、先征后返（退）政策。纳税人可以在2022年10月31日前一次性将已取得的留抵退税款全缴回后，按规定申请享受增值税即征即退、先征后返（退）政策。

纳税人自2019年4月1日起已享受增值税即征即退、先征后返（退）政策的，可以在2022年10月31日前一次性将已退还的增值税即征即退、先征后返（退）税款全部缴回后，按规定申请退还留抵税额。

G. 纳税人可以选择向主管税务机关申请留抵退税，也可以选择结转下期继续抵扣。纳税人应在纳税申报期内，完成当期增值税纳税申报后申请留抵退税。2022年4月至6月的留抵退税申请时间，延长至每月最后一个工作日。

④ 政策依据。

A. 《财政部 税务总局关于进一步加大增值税期末留抵退税政策实施力度的公告》（财政部 税务总局公告2022年第14号）。

B. 《财政部 税务总局关于进一步加快增值税期末留抵退税政策实施进度的公告》（财政部 税务总局公告2022年第17号）。

C. 《财政部 税务总局关于扩大全额退还增值税留抵税额政策行业范围的公告》（财政部 税务总局公告2022年第21号）。

4）集成电路企业

（1）集成电路重大项目企业。

集成电路重大项目企业增值税留抵税额退税：

① 享受主体。

国家批准的集成电路重大项目企业。

② 优惠内容。

自2011年11月1日起，对国家批准的集成电路重大项目企业因购进设备形成的增值税期末留抵税额准予退还。

③ 享受条件。

A. 属于国家批准的集成电路重大项目企业。

B. 购进的设备应属于《中华人民共和国增值税暂行条例实施细则》第二十一条第二款规定的固定资产范围（即：使用期限超过12个月的机器、机械、运输工具以及其他与生产经营有关的设备、工具、器具等）。

（2）集成电路企业。

集成电路企业退还的增值税期末留抵税额在城市维护建设税、教育费附加和地方教育附加的计税（征）依据中扣除：

① 享受主体。

享受增值税期末留抵退税政策的集成电路企业。

② 优惠内容。

自2017年2月24日起，享受增值税期末留抵退税政策的集成电路企业，其退还的增值税期末留抵税额，应在城市维护建设税、教育费附加和地方教育附加的计税（征）依据中予以扣除。

③ 享受条件。

集成电路企业根据《财政部 国家税务总局关于退还集成电路企业采购设备增值税期末留抵税额的通知》（财税〔2011〕107号）的规定，享受增值税期末留抵退税。

5）民用航空发动机和民用飞机

对纳税人从事大型民用客机发动机、中大功率民用涡轴涡桨发动机研制项目而形成的增值税期末留抵税额予以退还；对纳税人生产销售新支线飞机和空载重量大于 25 吨的民用喷气式飞机暂减按 5% 征收增值税，并对其因生产销售新支线飞机和空载重量大于 25 吨的民用喷气式飞机而形成的增值税期末留抵税额予以退还；对纳税人从事空载重量大于 45 吨的民用客机研制项目而形成的增值税期末留抵税额予以退还。上述政策执行至 2027 年 12 月 31 日。
[《财政部 税务总局关于民用航空发动机和民用飞机税收政策的公告》（财政部 税务总局公告 2023 年第 27 号），2023 年 8 月 18 日]

5. 总分支机构试点纳税人增值税的计算缴纳

《总分机构试点纳税人增值税计算缴纳暂行办法》（财税〔2013〕74 号印发）规定，总分支机构试点纳税人增值税按照下列规定计算缴纳。

（1）总机构汇总的应征增值税销售额，为总机构及其分支机构发生《应税服务范围注释》所列业务的应征增值税销售额。

（2）总机构汇总的销项税额，按照上述规定的应征增值税销售额和增值税适用税率计算。

（3）总机构汇总的进项税额，是指总机构及其分支机构因发生《应税服务范围注释》所列业务而购进货物或者接受加工修理修配劳务和应税服务，支付或者负担的增值税额。总机构及其分支机构用于发生《应税服务范围注释》所列业务之外的进项税额不得汇总。

（4）分支机构发生《应税服务范围注释》所列业务，按照应征增值税销售额和预征率计算缴纳增值税。计算公式如下：

应预缴的增值税 = 应征增值税销售额 × 预征率

预征率由财政部和国家税务总局规定，并适时予以调整。

分支机构销售货物、提供加工修理修配劳务，按照增值税暂行条例及相关规定就地申报缴纳增值税。

注：自 2022 年 1 月 1 日至 2022 年 12 月 31 日，航空和铁路运输企业分支机构暂停预缴增值税。

（5）分支机构发生《应税服务范围注释》所列业务当期已预缴的增值税税款，在总机构当期增值税应纳税额中抵减不完的，可以结转下期继续抵减。

（6）每年的第一个纳税申报期结束后，对上一年度总分机构汇总纳税情况进行清算。总机构和分支机构年度清算应交增值税，按照各自销售收入占比和总机构汇总的上一年度应交增值税额计算。分支机构预缴的增值税超过其年度清算应交增值税的，通过暂停以后纳税申报期预缴增值税的方式予以解决。分支机构预缴的增值税小于其年度清算应交增值税的，差额部分在以后纳税申报期由分支机构在预缴增值税时一并就地补缴入库。

总机构及其分支机构的其他增值税涉税事项，按照营改增试点政策及其他增值税有关政策执行。

6. 增值税税控系统专用设备和技术维护费用抵减增值税额

自 2011 年 12 月 1 日起，增值税纳税人购买增值税税控系统专用设备支付的费用以及缴纳的技术维护费（以下简称两项费用）可在增值税应纳税额中全额抵减。

具体规定如下：

（1）增值税纳税人 2011 年 12 月 1 日（含，下同）以后初次购买增值税税控系统专用设备（包括分开票机）支付的费用，可凭购买增值税税控系统专用设备取得的增值税专用发票，在增值税应纳税额中全额抵减（抵减额为价税合计额），不足抵减的可结转下期继续抵减。增值税纳税人非初次购买增值税税控系统专用设备支付的费用，由其自行负担，不得在增值税应纳税额中抵减。

增值税税控系统包括增值税防伪税控系统、货物运输业增值税专用发票税控系统、机动车销售统一发票税控系统和公路、内河货物运输业发票税控系统。

增值税防伪税控系统的专用设备包括金税卡、IC 卡、读卡器或金税盘和报税盘；货物运输业增值税专用发票税控系统专用设备包括税控盘和报税盘；机动车销售统一发票税控系统和公路、内河货物运输业发票税控系统专用设备包括税控盘和传输盘。

（2）增值税纳税人2011年12月1日以后缴纳的技术维护费（不含补缴的2011年11月30日以前的技术维护费），可凭技术维护服务单位开具的技术维护费发票，在增值税应纳税额中全额抵减，不足抵减的可结转下期继续抵减。技术维护费按照价格主管部门核定的标准执行。

（3）增值税一般纳税人支付的两项费用在增值税应纳税额中全额抵减的，其增值税专用发票不作为增值税抵扣凭证，其进项税额不得从销项税额中抵扣。

（4）纳税人购买的增值税税控系统专用设备自购买之日起3年内因质量问题无法正常使用的，由专用设备供应商负责免费维修，无法维修的免费更换。

（5）纳税人在填写纳税申报表时，对可在增值税应纳税额中全额抵减的增值税税控系统专用设备费用以及技术维护费，应按规定要求填报。

三、简易计税方法

（一）适用情形

1. [必须]增值税小规模纳税人

（1）小规模纳税人销售货物或者应税劳务。

小规模纳税人销售货物或者应税劳务，实行按照销售额和征收率计算应纳税额的简易办法。

（2）小规模纳税人销售服务、无形资产或者不动产。

小规模纳税人销售服务、无形资产或者不动产，一律按照简易计税方法计税。

计算小规模纳税人应纳增值税额时，纳税人应根据纳税人当期发生与应税收入相关的经济业务，依据开具的增值税普通发票和其他收入凭证，结合纳税人"应交税费——应交增值税"明细账和其他相关会计核算，分别核实纳税人应税业务的销售额、适用的征收率、计算纳税人当期应纳增值税额。

2. [必须]年应税销售额超过小规模纳税人标准的自然人（除个体工商户外的个人）

年应税销售额超过小规模纳税人标准的其他个人（此处"其他个人"，是指除个体工商户外的个人）按小规模纳税人纳税。

3. [必须]无论是小规模纳税人还是一般纳税人都只能采用简易计税方法的情形

（1）提供工程服务——建筑工程总承包单位为房屋建筑的地基与基础、主体结构提供工程服务，建设单位自行采购全部或部分钢材、混凝土、砌体材料、预制构件的，适用简易计税方法计税。

地基与基础、主体结构的范围，按照《建筑工程施工质量验收统一标准》（GB 50300—2013）附录B《建筑工程的分部工程、分项工程划分》中的"地基与基础""主体结构"分部工程的范围执行。《财政部 税务总局关于建筑服务等营改增试点政策的通知》（财税〔2017〕58号）

（2）销售收购的二手车——从事二手车经销的纳税人销售其收购的二手车（征收率减按0.5%）。

为促进汽车消费，自2020年5月1日至2023年12月31日，从事二手车经销的纳税人销售其收购的二手车，由原按照简易办法依3%征收率减按2%征收增值税，改为减按0.5%征收增值税。

所称二手车，是指从办理完注册登记手续至达到国家强制报废标准之前进行交易并转移所有权的车辆，具体范围按照国务院商务主管部门出台的二手车流通管理办法执行。[《财政部 税务总局关于二手车经销有关增值税政策的公告》（财政部 税务总局公告2020年第17号，2020年4月8日）]

延伸解读

二手车经销减按0.5%征收增值税

自2020年5月1日至2023年12月31日，从事二手车经销的纳税人销售其收购的二手车，由原按照简易办法依3%征收率减按2%征收增值税，改为减按0.5%征收增值税。

所称二手车，是指从办理完注册登记手续至达到国家强制报废标准之前进行交易并转移所有权的车辆，具体范围按照国务院商务主管部门出台的二手车流通管理办法执行。

自 2020 年 5 月 1 日至 2023 年 12 月 31 日，从事二手车经销业务的纳税人销售其收购的二手车，按以下规定执行：

（1）纳税人减按 0.5% 征收率征收增值税，并按下列公式计算销售额：

销售额＝含税销售额÷(1＋0.5%)

以后出台新的增值税征收率变动政策，比照上述公式原理计算销售额。

（2）纳税人应当开具二手车销售统一发票。购买方索取增值税专用发票的，应当再开具征收率为 0.5% 的增值税专用发票。

（3）一般纳税人在办理增值税纳税申报时，减按 0.5% 征收率征收增值税的销售额，应当填写在《增值税纳税申报表附列资料（一）》(本期销售情况明细)"二、简易计税方法计税"中"3% 征收率的货物及加工修理修配劳务"相应栏次；对应减征的增值税应纳税额，按销售额的 2.5% 计算填写在《增值税纳税申报表（一般纳税人适用）》"应纳税额减征额"及《增值税减免税申报明细表》减税项目相应栏次。

小规模纳税人在办理增值税纳税申报时，减按 0.5% 征收率征收增值税的销售额，应当填写在《增值税纳税申报表（小规模纳税人适用）》"应征增值税不含税销售额（3% 征收率）"相应栏次；对应减征的增值税应纳税额，按销售额的 2.5% 计算填写在《增值税纳税申报表（小规模纳税人适用）》"本期应纳税额减征额"及《增值税减免税申报明细表》减税项目相应栏次。

(3) 物业公司收取自来水水费。

自 2016 年 8 月 19 日起，提供物业管理服务的纳税人，向服务接受方收取的自来水水费，以扣除其对外支付的自来水水费后的余额为销售额，按照简易计税方法依 3% 的征收率计算缴纳增值税。[《国家税务总局关于物业管理服务中收取的自来水水费增值税问题的公告》(国家税务总局公告 2016 年第 54 号)]

4.[选择]可以选择适用简易计税方法的一般纳税人

1）销售货物、提供加工修理修配方面——征收率为 3%

除适用 5% 征收率以外的纳税人选择简易计税方法发生的应税销售行为均为 3%。

（1）销售自产的建筑用和生产建筑材料所用的砂、土、石料。[《财政部 国家税务总局关于部分货物适用增值税低税率和简易办法征收增值税政策的通知》(财税〔2009〕9号)；《财政部 国家税务总局关于简并增值税征收率政策的通知》(财税〔2014〕57号)]

（2）销售自产的以自己采掘的砂、土、石料或其他矿物连续生产的砖、瓦、石灰(不含粘土实心砖、瓦)。[《财政部 国家税务总局关于部分货物适用增值税低税率和简易办法征收增值税政策的通知》(财税〔2009〕9号)；《财政部 国家税务总局关于简并增值税征收率政策的通知》(财税〔2014〕57号)]

（3）销售自产的商品混凝土(仅限于以水泥为原料生产的水泥混凝土)。[《财政部 国家税务总局关于部分货物适用增值税低税率和简易办法征收增值税政策的通知》(财税〔2009〕9号)；《财政部 国家税务总局关于简并增值税征收率政策的通知》(财税〔2014〕57号)]

（4）销售自产的自来水。[《财政部 国家税务总局关于部分货物适用增值税低税率和简易办法征收增值税政策的通知》(财税〔2009〕9号)；《财政部 国家税务总局关于简并增值税征收率政策的通知》(财税〔2014〕57号)]

（5）销售自产的用微生物、微生物代谢产物、动物毒素、人或动物的血液或组织制成的生物制品。[《财政部 国家税务总局关于部分货物适用增值税低税率和简易办法征收增值税政策的通知》(财税〔2009〕9号)；《财政部 国家税务总局关于简并增值税征收率政策的通知》(财税〔2014〕57号)]

（6）药品经营企业销售生物制品。[《国家税务总局关于药品经营企业销售生物制品有关增值税问题的公告》(国家税务总局公告 2012 年第 20 号)]

（7）兽用药品经营企业销售兽用生物制品。[《国家税务总局关于兽用药品经营企业销售兽用生物制品有关增值税问题的公告》(国家税务总局公告 2016 年第 8 号)]

（8）单采血浆站销售非临床用人体血液。[《国家税务总局关于供应非临床用血增值税政策问题的批复》(国税函〔2009〕456号)；《国家税务总局关于简并增值税征收率有关问题的公告》(国家税务总局公告 2014 年第 36 号)]

属于增值税一般纳税人的单采血浆站销售非临床用人体血液，可以按照简易办法依照 3% 征收率计算应纳税额，但不得对外开具增值税专用发票；也可以按照销项税额抵扣进项税额的办法依照增值税适用税率计算应纳税额。

(9) 一般纳税人生产销售和批发、零售罕见病药品。

为鼓励罕见病制药产业发展,降低患者用药成本,自 2019 年 3 月 1 日起,增值税一般纳税人生产销售和批发、零售罕见病药品,可选择按照简易办法依照 3% 征收率计算缴纳增值税。

上述纳税人选择简易办法计算缴纳增值税后,36 个月内不得变更。

纳税人应单独核算罕见病药品的销售额。未单独核算的,不得适用本规定的简易征收政策。

所称罕见病药品,是指经国家药品监督管理部门批准注册的罕见病药品制剂及原料药。罕见病药品范围实行动态调整,由财政部、海关总署、税务总局、药监局根据变化情况适时明确。

(10) 生产销售和批发、零售抗癌药品。

自 2018 年 5 月 1 日起,增值税一般纳税人生产销售和批发、零售抗癌药品,可选择按照简易办法依照 3% 征收率计算缴纳增值税。[《财政部 海关总署 税务总局 国家药品监督管理局关于抗癌药品增值税政策的通知》(财税〔2018〕47 号)]

(11) 销售自产的县级及县级以下小型水力发电单位生产的电力。[《财政部 国家税务总局关于部分货物适用增值税低税率和简易办法征收增值税政策的通知》(财税〔2009〕9 号);《财政部 国家税务总局关于简并增值税征收率政策的通知》(财税〔2014〕57 号)]

(12) 光伏发电项目发电户销售电力产品。[《国家税务总局关于国家电网公司购买分布式光伏发电项目电力产品发票开具等有关问题的公告》(国家税务总局公告 2014 年第 32 号)]

(13) 拍卖行受托拍卖增值税应税货物。

对拍卖行受托拍卖增值税应税货物,向买方收取的全部价款和价外费用,应当按照 3% 的征收率征收增值税。拍卖货物属免税货物范围的,经拍卖行所在地县级主管税务机关批准,可以免征增值税。自 2020 年 5 月 1 日起,拍卖行受托拍卖文物艺术品,委托方按规定享受免征增值税政策的,拍卖行可以自己名义就代为收取的货物价款向购买方开具增值税普通发票,对应的货物价款不计入拍卖行的增值税应税收入。拍卖行应将以下纸质或电子证明材料留存备查:拍卖物品的图片信息、委托拍卖合同、拍卖成交确认书、买卖双方身份证明、价款代收转付凭证、扣缴委托方个人所得税相关资料。文物艺术品,包括书画、陶瓷器、玉石器、金属器、漆器、竹木牙雕、佛教用具、古典家具、紫砂茗具、文房清供、古籍碑帖、邮品钱币、珠宝等收藏品。

(14) 寄售商店(一般纳税人)代销寄售物品(包括居民个人寄售的物品在内)。[《财政部 国家税务总局关于部分货物适用增值税低税率和简易办法征收增值税政策的通知》(财税〔2009〕9 号);《财政部 国家税务总局关于简并增值税征收率政策的通知》(财税〔2014〕57 号)]

(15) 典当业(一般纳税人)销售死当物品。[《财政部 国家税务总局关于部分货物适用增值税低税率和简易办法征收增值税政策的通知》(财税〔2009〕9 号);《财政部 国家税务总局关于简并增值税征收率政策的通知》(财税〔2014〕57 号)]

(16) 从事再生资源回收的增值税一般纳税人销售其收购的再生资源。

从事再生资源回收的增值税一般纳税人销售其收购的再生资源,可以选择适用简易计税方法依照 3% 征收率计算缴纳增值税,或适用一般计税方法计算缴纳增值税。

A. 此处所称再生资源,是指在社会生产和生活消费过程中产生的,已经失去原有全部或部分使用价值,经过回收、加工处理,能够使其重新获得使用价值的各种废弃物。其中,加工处理仅限于清洗、挑选、破碎、切割、拆解、打包等改变再生资源密度、湿度、长度、粗细、软硬等物理性状的简单加工。

B. 纳税人选择适用简易计税方法,应符合下列条件之一:

a. 从事危险废物收集的纳税人,应符合国家危险废物经营许可证管理办法的要求,取得危险废物经营许可证。

b. 从事报废机动车回收的纳税人,应符合国家商务主管部门出台的报废机动车回收管理办法要求,取得报废机动车回收拆解企业资质认定证书。

c. 除危险废物、报废机动车外,其他再生资源回收纳税人应符合国家商务主管部门出台的再生资源回收管理办法要求,进行市场主体登记,并在商务部门完成再生资源回收经营者备案。

C. 各级财政、主管部门及其工作人员,存在违法违规给予从事再生资源回收业务的纳税人财政返还、奖补行为的,依法追究相应责任。

除纳税人聘用的员工为本单位或者雇主提供的再生资源回收不征收增值税外,纳税人发生的再生资源回收并销售的业务,均应按照规定征免增值税。[《财政部 税务总局关于完善资源综合利用增值税政策的公告》(财政部 税务总局公告2021年第40号,2021年12月30日)]

2)销售服务、无形资产或者不动产,可以选择简易计税方法计税的情形

相关政策依据

销售服务、无形资产和不动产的征收率
(营改增试点纳税人)

(1)按照简易计税方法计税的销售不动产、不动产经营租赁服务(除试点前开工的高速公路的车辆通行费),征收率为5%。

(2)其他情况,征收率为3%。

(1)征收率为5%。

① 一般纳税人提供人力资源外包服务。

纳税人提供人力资源外包服务,按照经纪代理服务缴纳增值税,其销售额不包括受客户单位委托代为向客户单位员工发放的工资和代理缴纳的社会保险、住房公积金。向委托方收取并代为发放的工资和代理缴纳的社会保险、住房公积金,不得开具增值税专用发票,可以开具普通发票。

一般纳税人提供人力资源外包服务,可以选择适用简易计税方法,按照5%的征收率计算缴纳增值税。

② 提供劳务派遣服务、安全保护服务。

提供劳务派遣服务、安全保护服务(含提供武装守护押运服务)选择差额纳税的。[《财政部 国家税务总局关于进一步明确全面推开营改增试点有关劳务派遣服务、收费公路通行费抵扣等政策的通知》(财税〔2016〕47号);《财政部 国家税务总局关于进一步明确全面推开营改增试点有关再保险、不动产租赁和非学历教育等政策的通知》(财税〔2016〕68号)]

③ 住房租赁企业中的增值税一般纳税人向个人出租住房。

自2021年10月1日起,住房租赁企业中的增值税一般纳税人向个人出租住房取得的全部出租收入,可以选择适用简易计税方法,按照5%的征收率减按1.5%计算缴纳增值税,或适用一般计税方法计算缴纳增值税。住房租赁企业中的增值税小规模纳税人向个人出租住房,按照5%的征收率减按1.5%计算缴纳增值税。

住房租赁企业向个人出租住房适用上述简易计税方法并进行预缴的,减按1.5%预征率预缴增值税。

对利用非居住存量土地和非居住存量房屋(含商业办公用房、工业厂房改造后出租用于居住的房屋)建设的保障性租赁住房,取得保障性租赁住房项目认定书后,比照适用上述的税收政策,具体为:住房租赁企业向个人出租上述保障性租赁住房,比照适用上述的增值税政策。保障性租赁住房项目认定书由市、县人民政府组织有关部门联合审查建设方案后出具。

以上所称住房租赁企业,是指按规定向住房城乡建设部门进行开业报告或者备案的从事住房租赁经营业务的企业。

以上所称专业化规模化住房租赁企业的标准为:企业在开业报告或者备案城市内持有或者经营租赁住房1 000套(间)及以上或者建筑面积3万平方米及以上。各省、自治区、直辖市住房城乡建设部门会同同级财政、税务部门,可根据租赁市场发展情况,对本地区全部或者部分城市在50%的幅度内下调标准。

各地住房和城乡建设、税务部门应加强信息共享。市、县住房城乡建设部门应将本地区住房租赁企业、专业化规模化住房租赁企业名单以及保障性租赁住房项目认定书传递给同级税务部门,并将住房租赁企业、专业化规模化住房租赁企业名单予以公布并动态更新,共享信息具体内容和共享实现方式由各省、自治区、直辖市住

房城乡建设部门会同税务部门共同研究确定。

纳税人享受上述优惠政策,应按规定进行减免税申报,并将不动产权属、房屋租赁合同、保障性租赁住房项目认定书等相关资料留存备查。[《财政部 税务总局 住房城乡建设部关于完善住房租赁有关税收政策的公告》(财政部 税务总局 住房城乡建设部公告2021年第24号,2021年7月15日)]

(2) 征收率为3%。

① 一般纳税人提供非学历教育服务。

自2016年5月1日起,一般纳税人提供非学历教育服务,可以选择适用简易计税方法按照3%征收率计算应纳税额。

② 一般纳税人提供教育辅助服务。

自2016年5月1日起,一般纳税人提供教育辅助服务,可以选择简易计税方法按照3%征收率计算缴纳增值税。

③ 公共交通运输服务。

公共交通运输服务包括轮客渡、公交客运、地铁、城市轻轨、出租车、长途客运、班车。[《财政部 国家税务总局关于全面推开营业税改征增值税试点的通知》(财税〔2016〕36号)]

④ 公路经营企业收取试点前开工的高速公路的车辆通行费。[《财政部 国家税务总局关于全面推开营业税改征增值税试点的通知》(财税〔2016〕36号)]

⑤ 电影放映服务、仓储服务、装卸搬运服务、收派服务和文化体育服务(含纳税人在游览场所经营索道、摆渡车、电瓶车、游船等取得的收入)。[《财政部 国家税务总局关于全面推开营业税改征增值税试点的通知》(财税〔2016〕36号)]

自2019年1月1日至2023年12月31日,一般纳税人提供的城市电影放映服务,可以按现行政策规定,选择按照简易计税办法计算缴纳增值税。[《财政部 国家税务总局关于继续实施支持文化企业发展增值税政策的通知》(财税〔2019〕17号)]

⑥ 经认定的动漫企业为开发动漫产品提供的服务,以及在境内转让动漫版权。

经认定的动漫企业为开发动漫产品提供的动漫脚本编撰、形象设计、背景设计、动画设计、分镜、动画制作、摄制、描线、上色、画面合成、配音、配乐、音效合成、剪辑、字幕制作、压缩转码(面向网络动漫、手机动漫格式适配)服务,以及在境内转让动漫版权(包括动漫品牌、形象或者内容的授权及再授权)。[《财政部 国家税务总局关于全面推开营业税改征增值税试点的通知》(财税〔2016〕36号)]

延伸解读

符合条件的动漫设计等服务可选择适用简易计税方法计算缴纳增值税

1. 享受主体

经认定为动漫企业的增值税一般纳税人。

2. 优惠内容

增值税一般纳税人经认定为动漫企业的,发生下列应税行为可以选择适用简易计税方法计税:为开发动漫产品提供的动漫脚本编撰、形象设计、背景设计、动画设计、分镜、动画制作、摄制、描线、上色、画面合成、配音、配乐、音效合成、剪辑、字幕制作、压缩转码(面向网络动漫、手机动漫格式适配)服务,以及在境内转让动漫版权(包括动漫品牌、形象或者内容的授权及再授权)。

3. 享受条件

(1) 享受本项政策的企业为经认定机构认定的动漫企业。

(2) 申请认定为动漫企业应同时符合以下标准:

① 在我国境内依法设立的企业。

② 动漫企业经营动漫产品的主营收入占企业当年总收入的60%以上。

③ 自主开发生产的动漫产品收入占主营收入的50%以上。

④ 具有大学专科以上学历的或通过国家动漫人才专业认证的,从事动漫产品开发或技术服务的专业人员占企业当年职工总数的30%以上,其中研发人员占企业当年职工总数的10%以上。

⑤ 具有从事动漫产品开发或相应服务等业务所需的技术装备和工作场所。

⑥ 动漫产品的研究开发经费占企业当年营业收入8%以上。

⑦ 动漫产品内容积极健康,无法律法规禁止的内容。

⑧ 企业产权明晰,管理规范,守法经营。

(3) 自主开发、生产的动漫产品,是指动漫企业自主创作、研发、设计、生产、制作、表演的符合《动漫企业认定管理办法(试行)》(文市发〔2008〕51号)第五条规定的动漫产品(不含动漫衍生产品);仅对国外动漫创意进行简单外包、简单模仿或简单离岸制造,既无自主知识产权,也无核心竞争力的除外。

⑦建筑服务。

增值税一般纳税人提供的建筑服务,可以选择简易计税方法计算应纳增值税额,征收率为3%。

A. 以清包工方式提供的建筑服务。

一般纳税人以清包工方式提供的建筑服务,可以选择适用简易计税方法计税。

以清包工方式提供建筑服务,是指施工方不采购建筑工程所需的材料或只采购辅助材料,并收取人工费、管理费或者其他费用的建筑服务。[《财政部 国家税务总局关于全面推开营业税改征增值税试点的通知》(财税〔2016〕36号)]

B. 为甲供工程提供的建筑服务。

一般纳税人为甲供工程提供的建筑服务,可以选择适用简易计税方法计税。

甲供工程,是指全部或部分设备、材料、动力由工程发包方自行采购的建筑工程。[《财政部 国家税务总局关于全面推开营业税改征增值税试点的通知》(财税〔2016〕36号)]

注:建筑工程总承包单位为房屋建筑的地基与基础、主体结构提供工程服务,建设单位自行采购全部或部分钢材、混凝土、砌体材料、预制构件的,适用简易计税方法计税。[《财政部 税务总局关于建筑服务等营改增试点政策的通知》(财税〔2017〕58号)]

C. 跨县(市)提供建筑服务。

一般纳税人跨县(市)提供建筑服务,选择适用简易计税方法计税的,应以取得的全部价款和价外费用扣除支付的分包款后的余额为销售额,按照3%的征收率计算应纳税额。

D. 销售自产机器设备的同时提供安装服务。

自2018年7月25日起,一般纳税人销售自产机器设备的同时提供安装服务,应分别核算机器设备和安装服务的销售额,安装服务可以按照甲供工程选择适用简易计税方法计税。[《国家税务总局关于明确中外合作办学等若干增值税征管问题的公告》(国家税务总局公告2018年第42号,2018年7月25日,自2018年7月25日起施行)]

E. 销售外购机器设备的同时提供安装服务。

一般纳税人销售外购机器设备的同时提供安装服务,如果已经按照兼营的有关规定,分别核算机器设备和安装服务的销售额,安装服务可以按照甲供工程选择适用简易计税方法计税。[《国家税务总局关于明确中外合作办学等若干增值税征管问题的公告》(国家税务总局公告2018年第42号,2018年7月25日,自2018年7月25日起施行)]

⑧金融服务。

增值税一般纳税人提供下列金融服务取得的收入,可以选择简易计税方法按照3%的征收率计算缴纳增值税。

A. 中国农业发展银行总行及其各分支机构提供涉农贷款取得的利息收入。[《财政部 国家税务总局关于营业税改征增值税试点若干政策的通知》(财税〔2016〕39号)]

B. 农村信用社、村镇银行、农村资金互助社、由银行业机构全资发起设立的贷款公司、法人机构在县(县级市、区、旗)及县以下地区的农村合作银行和农村商业银行提供金融服务收入。村镇银行,是指经中国银行业监督管理委员会依据有关法律、法规批准,由境内外金融机构、境内非金融机构企业法人、境内自然人出资,在农村地区设立的主要为当地农民、农业和农村经济发展提供金融服务的银行业金融机构。

农村资金互助社,是指经银行业监督管理机构批准,由乡(镇)、行政村农民和农村小企业自愿入股组成,为社员提供存款、贷款、结算等业务的社区互助性银行业金融机构。

由银行业机构全资发起设立的贷款公司,是指经中国银行业监督管理委员会依据有关法律、法规批准,由境内商业银行或农村合作银行在农村地区设立的专门为县域农民、农业和农村经济发展提供贷款服务的非银行业金融机构。

县(县级市、区、旗),不包括直辖市和地级市所辖城区。[《财政部 国家税务总局关于进一步明确全面推开营改增试点金融业有关政策的通知》(财税〔2016〕46号)]

C. 对中国农业银行纳入"三农金融事业部"

改革试点的各省、自治区、直辖市、计划单列市分行下辖的县域支行和新疆生产建设兵团分行下辖的县域支行(亦称县事业部),提供农户贷款、农村企业和农村各类组织贷款取得的利息收入。农户贷款,是指金融机构发放给农户的贷款但不包括按照规定免征增值税的农户小额贷款。
[《财政部 国家税务总局关于进一步明确全面推开营改增试点金融业有关政策的通知》(财税〔2016〕46号)]

D. 自2018年7月1日至2020年12月31日,对中国邮政储蓄银行纳入"三农金融事业部"改革的各省、自治区、直辖市、计划单列市分行下辖的县域支行,提供农户贷款、农村企业和农村各类组织贷款取得的利息收入,可以选择适用简易计税方法按照3%的征收率计算缴纳增值税。农户,是指长期(1年以上)居住在乡镇(不包括城关镇)行政管理区域内的住户,还包括长期居住在城关镇所辖行政村范围内的住户和户口不在本地而在本地居住1年以上的住户,国有农场的职工和农村个体工商户。位于乡镇(不包括城关镇)行政管理区域内和在城关镇所辖行政村范围内的国有经济的机关、团体、学校、企事业单位的集体户;有本地户口,但举家外出谋生1年以上的住户,无论是否保留承包耕地均不属于农户。农户以户为统计单位,既可以从事农业生产经营,也可以从事非农业生产经营。农户贷款的判定应以贷款发放时的借款人是否属于农户为准。农村企业和农村各类组织贷款,是指金融机构发放给注册在农村地区的企业及各类组织的贷款。[《财政部 税务总局关于中国邮政储蓄银行三农金融事业部涉农贷款增值税政策的通知》(财税〔2018〕97号)]

E. 资管产品管理人运营资管产品过程中发生的增值税应税行为,暂适用简易计税方法,按照3%的征收率缴纳增值税。[《财政部 税务总局关于资管产品增值税有关问题的通知》(财税〔2017〕56号)]

⑨ 其他情形。[《财政部 国家税务总局关于全面推开营业税改征增值税试点的通知》(财税〔2016〕36号)]

(3) 征收率为3%或5%。

小规模纳税人提供劳务派遣服务,可以按照《财政部 国家税务总局关于全面推开营业税改征增值税试点的通知》(财税〔2016〕36号)的有关规定,以取得的全部价款和价外费用为销售额,按照简易计税方法依3%的征收率计算缴纳增值税;也可以选择差额纳税,以取得的全部价款和价外费用,扣除代用工单位支付给劳务派遣员工的工资、福利和为其办理社会保险及住房公积金后的余额为销售额,按照简易计税方法依5%的征收率计算缴纳增值税。

5. [选择]非企业性单位、不经常发生应税行为的企业

1) 可申请不作为小规模纳税人

小规模纳税人会计核算健全,能够提供准确税务资料的,可以向主管税务机关申请资格认定,不作为小规模纳税人。

所称会计核算健全,是指能够按照国家统一的会计制度规定设置账簿,根据合法、有效凭证核算。

2) 选择按小规模纳税人纳税

(1) 概述。

非企业性单位、不经常发生应税行为的企业可选择按小规模纳税人纳税。

(2) 非企业性单位中的一般纳税人提供的研发和技术服务、信息技术服务、鉴证咨询服务,以及销售技术、著作权等无形资产。[《财政部 国家税务总局关于明确金融 房地产开发 教育辅助服务等增值税政策的通知》(财税〔2016〕140号)]

自2016年5月1日起,非企业性单位中的一般纳税人提供的研发和技术服务、信息技术服务、鉴证咨询服务,以及销售技术、著作权等无形资产,可以选择简易计税方法按照3%征收率计算缴纳增值税。

(3) 非企业性单位中的一般纳税人提供技术转让、技术开发和与之相关的技术咨询、技术服务。[《财政部 国家税务总局关于明确金融 房地产开发 教育辅助服务等增值税政策的通知》(财税〔2016〕140号)]

自2016年5月1日起,非企业性单位中的一般纳税人提供《营业税改征增值税试点过渡政策的规定》(财税〔2016〕36号附件3)第一条第(二十六)项中的"技术转让、技术开发和与之相关的技术咨询、技术服务",可以参照上述规定,选择简易计税方法按照3%征收率计算缴纳增值税。

(二) 应纳税额的计算

小规模纳税人一律采用简易计税方法计税,一般纳税人提供的特定应税服务可以选择适用简易计税方法。

采取简易计税方法计算应纳税额时,不得抵扣进项税额,同时,销售货物或提供应税劳务和服务也不得自行开具增值税专用发票。

应纳税额的计算公式为:

$$应纳税额 = 销售额 \times 征收率$$

式中,销售额与增值税一般纳税人计算应纳增值税的销售额规定内容一致,是销售货物或提供应税劳务向购买方收取的全部价款和价外费用。销售额为不含税销售额,不包括按征收率(2008年12月31日前为6%或4%,2009年1月1日起为3%)收取的增值税额。

【案例2-13】 假设智董公司为小规模纳税企业,2023年4月销售自产货物一批,取得价款500 000元,成本为300 000元。

【分析】 智董公司正确的会计处理为:

借:银行存款　　　　　　　　　500 000
　贷:主营业务收入　　　　　　　485 436.89
　　　应交税费——应交增值税　　 14 563.11

借:主营业务成本　　　　　　　300 000
　贷:库存商品　　　　　　　　　300 000

次月初,上缴本月应缴增值税14 563.11元时,再作会计分录为:

借:应交税费——应交增值税　　14 563.11
　贷:银行存款　　　　　　　　 14 563.11

主管税务机关为小规模纳税人代开发票应纳税额的计算

小规模纳税人销售货物或提供应税劳务,可以申请由主管税务机关代开发票。主管税务机关为小规模纳税人(包括小规模纳税人中的企业、企业性单位及其他小规模纳税人,下同)代开专用发票,应在专用发票"单价"栏和"金额"栏分别填写不含增值税额的单价和销售额,所以,其应纳税额按销售额依照征收率计算。

主管税务机关为小规模纳税人代开专用发票后,发生退票的,可比照增值税一般纳税人开具专用发票后作废或开具红字发票的有关规定处理,由销售方到税务机关办理。对于重新开票的,应同时进行新开票税额与原开票税额的清算,多退少补;对无需重新开票的,退还其已征的税款或抵顶下期正常申报税款。

延伸解读

"营改增"试点小规模纳税人缴纳增值税相关政策

(1) 试点纳税人中的小规模纳税人跨县(市)提供建筑服务,应以取得的全部价款和价外费用扣除支付的分包款后的余额为销售额,按照3%的征收率计算应纳税额。

(2) 小规模纳税人销售其取得(不含自建)的不动产(不含个体工商户销售购买的住房和自然人销售不动产),应以取得的全部价款和价外费用减去该项不动产购置原价或者取得不动产时的作价后的余额为销售额,按照5%的征收率计算应纳税额。

(3) 小规模纳税人销售其自建的不动产,应以取得的全部价款和价外费用为销售额,按照5%的征收率计算应纳税额。

(4) 房地产开发企业中的小规模纳税人,销售自行开发的房地产项目,按照5%的征收率计税。

(5) 自然人销售其取得(不含自建)的不动产(不含其购买的住房),应以取得的全部价款和价外费用减去该项不动产购置原价或者取得不动产时的作价后的余额为销售额,按照5%的征收率计算应纳税额。

(6) 小规模纳税人出租其取得的不动产(不含个人出租住房),应按照5%的征收率计算应纳税额。

(7) 自然人出租其取得的不动产(不含住房),应按照5%的征收率计算应纳税额。

(8) 个人出租住房,应按照5%的征收率减按1.5%计算应纳税额。

(三) 计税方式的特殊规定

1. 一般纳税人销售机器设备的同时提供安装服务

一般纳税人销售自产机器设备的同时提供安装服务,应分别核算机器设备和安装服务的销售额,安装服务可以按照甲供工程选择适用简易计税方法计税。

一般纳税人销售外购机器设备的同时提供

安装服务,如果已经按照兼营的有关规定,分别核算机器设备和安装服务的销售额,安装服务可以按照甲供工程选择适用简易计税方法计税。

纳税人对安装运行后的机器设备提供的维护保养服务,按照"其他现代服务"缴纳增值税。[《国家税务总局关于明确中外合作办学等若干增值税征管问题的公告》(国家税务总局公告2018年第42号,2018年7月25日,自2018年7月25日起施行)]

2. 销售旧货

纳税人销售旧货,按照简易办法依照3%征收率减按2%征收增值税。[《财政部 国家税务总局关于部分货物适用增值税低税率和简易办法征收增值税政策的通知》(财税〔2009〕9号);《财政部 国家税务总局关于简并增值税征收率政策的通知》(财税〔2014〕57号)]

所称旧货,是指进入二次流通的具有部分使用价值的货物(含旧汽车、旧摩托车和旧游艇),但不包括自己使用过的物品。

纳税人适用按照简易办法依3%征收率减按2%征收增值税政策的,按下列公式确定销售额和应纳税额:

$$销售额 = 含税销售额 \div (1+3\%)$$
$$应纳税额 = 销售额 \times 2\%$$

纳税人销售旧货,应开具普通发票,不得自行开具或者由税务机关代开专用发票。

【案例2-14】 智董运输公司系增值税小规模纳税人,2023年3月货物运输共计实现收入600 000元,其中,200 000元开具增值税普通发票;206 000元通过税务机关代开增值税专用发票,并在开票时缴纳增值税6 000元,其余收入未开具发票。

【分析】 当月该运输企业应纳增值税额 = 600 000÷(1+3%)×3% = 17 457.73(元)。

扣除税务机关代开增值税专用发票时已征收的增值税,当月还应缴纳增值税额 = 17 457.73 − 6 000 = 11 457.73(元)。

3. 销售自己使用过的固定资产

(1) 一般纳税人。

一般纳税人销售自己使用过的属于《增值税暂行条例》第十条*规定不得抵扣且未抵扣进项税额的固定资产,按照简易办法依照3%征收率减按2%征收增值税。

*注:第十条 下列项目的进项税额不得从销项税额中抵扣:

1. 用于简易计税方法计税项目、免征增值税项目、集体福利或者个人消费的购进货物、劳务、服务、无形资产和不动产;
2. 非正常损失的购进货物,以及相关的劳务和交通运输服务;
3. 非正常损失的在产品、产成品所耗用的购进货物(不包括固定资产)、劳务和交通运输服务;
4. 国务院规定的其他项目。

纳税人销售自己使用过的固定资产,适用简易办法依照3%征收率减按2%征收增值税政策的,可以放弃减税,按照简易办法依照3%征收率缴纳增值税,并可以开具增值税专用发票。

"已使用过的固定资产"是指纳税人根据财务会计制度已经计提折旧的固定资产。[《财政部 国家税务总局关于部分货物适用增值税低税率和简易办法征收增值税政策的通知》(财税〔2009〕9号);《财政部 国家税务总局关于简并增值税征收率政策的通知》(财税〔2014〕57号)]

按下列公式确定销售额和应纳税额:

$$销售额 = 含税销售额 \div (1+3\%)$$
$$应纳税额 = 销售额 \times 2\%$$

注:(1)发生按照简易办法征收增值税应税行为,销售其按照规定不得抵扣进项税额的固定资产。[《国家税务总局关于一般纳税人销售自己使用过的固定资产增值税有关问题的公告》(国家税务总局公告2012年第1号);《国家税务总局关于简并增值税征收率有关问题的公告》(国家税务总局公告2014年第36号)]

(2)纳税人购进或者自制固定资产时为小规模纳税人,认定为一般纳税人后销售该固定资产。[《国家税务总局关于一般纳税人销售自己使用过的固定资产增值税有关问题的公告》(国家税务总局公告2012年第1号);《国家税务总局关于简并增值税征收率有关问题的公告》(国家税务总局公告2014年第36号)]

(2) 小规模纳税人。

小规模纳税人(除自然人外)销售自己使用过的固定资产,减按2%征收增值税。

销售额 ＝ 含税销售额 ÷ (1＋3%)

应纳税额 ＝ 销售额 × 2%

4. 销售二手车

二手车经销企业销售旧车减征增值税。

自2020年5月1日至2023年12月31日，从事二手车经销的纳税人销售其收购的二手车，由原按照简易办法依3%征收率减按2%征收增值税，改为减按0.5%征收增值税，并按下列公式计算销售额：

销售额 ＝ 含税销售额 ÷ (1＋0.5%)。

> **相关政策依据**
>
> **关于二手车经销纳税人减按0.5%征收率征收增值税相关问题**
>
> 自2020年5月1日至2023年底，对二手车经销企业销售旧车，减按销售额的0.5%征收增值税。即自2020年5月1日至2023年12月31日，从事二手车经销的纳税人销售其收购的二手车，由原按照简易办法依3%征收率减按2%征收增值税，改为减按0.5%征收增值税。
>
> 所称二手车，是指从办理完注册登记手续至达到国家强制报废标准之前进行交易并转移所有权的车辆，具体范围按照国务院商务主管部门出台的二手车流通管理办法执行。
>
> 1. 销售额计算
>
> 为提高新出台二手车经销业务减征增值税政策执行的确定性和统一性，公告明确，自2020年5月1日至2023年12月31日，从事二手车经销业务的纳税人销售其收购的二手车，减按0.5%征收率征收增值税，并按下列公式计算销售额：
>
> 销售额＝含税销售额÷(1＋0.5%)
>
> 同时，为规范征管，上述政策发布后新出台的增值税征收率变动政策，均比照上述公式原理计算销售额。
>
> 2. 发票开具
>
> 按照《二手车流通管理办法》(商务部令2005年第2号公布)规定，二手车经销企业销售二手车时，应当向买方开具税务机关监制的统一发票。因二手车销售统一发票不是有效的增值税扣税凭证，为维护购买方纳税人的进项抵扣权益，公告明确，从事二手车经销业务的纳税人除按规定开具二手车销售统一发票外，购买方索取增值税专用发票的，纳税人应当为其开具征收率为0.5%的增值税专用发票。
>
> 根据《中华人民共和国增值税暂行条例》相关规定，如果购买方为消费者个人，从事二手车经销业务的纳税人不得为其开具增值税专用发票。
>
> 3. 纳税申报
>
> 一般纳税人在办理增值税纳税申报时，减按0.5%征收率征收增值税的销售额，应当填写在《增值税纳税申报表附列资料(一)》《本期销售情况明细》"二、简易计税方法计税"中"3%征收率的货物及加工修理修配劳务"相应栏次；对应减征的增值税应纳税额，按销售额的2.5%计算填写在《增值税纳税申报表(一般纳税人适用)》"应纳税额减征额"及《增值税减免税申报明细表》减税项目相应栏次。
>
> 小规模纳税人在办理增值税纳税申报时，减按0.5%征收率征收增值税的销售额，应当填写在《增值税纳税申报表(小规模纳税人适用)》"应征增值税不含税销售额(3%征收率)"相应栏次；对应减征的增值税应纳税额，按销售额的2.5%计算填写在《增值税纳税申报表(小规模纳税人适用)》"本期应纳税额减征额"及《增值税减免税申报明细表》减税项目相应栏次。

5. 物业公司收取自来水水费

自2016年8月19日起，提供物业管理服务的纳税人，向服务接受方收取的自来水水费，以扣除其对外支付的自来水水费后的余额为销售额，按照简易计税方法依3%的征收率计算缴纳增值税。[《国家税务总局关于物业管理服务中收取的自来水水费增值税问题的公告》(国家税务总局公告2016年第54号)]

6. 提供劳务派遣服务

劳务派遣服务，是指劳务派遣公司为了满足用工单位对于各类灵活用工的需求，将员工派遣至用工单位，接受用工单位管理并为其工作的服务。

(1) 一般纳税人提供劳务派遣服务。

一般纳税人提供劳务派遣服务，可以按照《财政部 国家税务总局关于全面推开营业税改征增值税试点的通知》(财税〔2016〕36号)的有关规定，以取得的全部价款和价外费用为销售额，按照一般计税方法计算缴纳增值税；也可以选择差额纳税，以取得的全部价款和价外费用，扣除代用工单位支付给劳务派遣员工的工资、福利和为其办理社会保险及住房公积金后的余额为销售额，按照简易计税方法依5%的征收率计算缴纳增值税。

(2) 小规模纳税人提供劳务派遣服务。

小规模纳税人提供劳务派遣服务，可以按照《财政部 国家税务总局关于全面推开营业税改征增值税试点的通知》（财税〔2016〕36号）的有关规定，以取得的全部价款和价外费用为销售额，按照简易计税方法依3%的征收率计算缴纳增值税；也可以选择差额纳税，以取得的全部价款和价外费用，扣除代用工单位支付给劳务派遣员工的工资、福利和为其办理社会保险及住房公积金后的余额为销售额，按照简易计税方法依5%的征收率计算缴纳增值税。

选择差额纳税的纳税人，向用工单位收取用于支付给劳务派遣员工工资、福利和为其办理社会保险及住房公积金的费用，不得开具增值税专用发票，可以开具普通发票。

7. 小规模纳税人购进税控收款机的税额抵免

自2004年12月1日起，增值税小规模纳税人购置税控收款机，经主管税务机关审核批准后，可凭购进税控收款机取得的增值税专用发票，按照发票上注明的增值税额，抵免当期应纳增值税。或者按照购进税控收款机取得的普通发票上注明的价款，依下列公式计算可抵免的税额：

可抵免的税额 = 价款 ÷ (1 + 13%) × 13%

注：2019年4月1日起制造业等行业税率降至13%。

当期应纳税额不足抵免的，未抵免的部分可在下期继续抵免。

第六节 税收优惠

一、综述

(一) 现行的增值税税收优惠形式

现行的增值税税收优惠主要包括直接免税、减征税款、即征即退（税务机关负责）、先征后返（财政部门负责）等形式。

(二) 纳税人在减免增值税方面的选择权

1. 可以放弃免税、减税，选择适用免税或者零税率

纳税人销售货物或者应税劳务适用免税规定的，可以放弃免税，依照《增值税暂行条例》的规定缴纳增值税。放弃免税后，36个月内不得再申请免税。

(1) 试点纳税人发生应税行为适用免税、减税规定的，可以放弃免税、减税，依照《营业税改征增值税试点实施办法》（财税〔2016〕36号附件1）的规定缴纳增值税。放弃免税、减税后，36个月内不得再申请免税、减税。

纳税人发生应税行为同时适用免税和零税率规定的，纳税人可以选择适用免税或者零税率。

(2) 放弃减免税权的增值税一般纳税人发生应税行为，可以按规定开具增值税专用发票。

(3) 纳税人一经放弃减免税权，其发生的全部应税行为均应按照适用税率或征收率征税，不得选择某一减免税项目放弃减免税权，也不得根据不同的对象选择部分应税行为放弃减免税权。

放弃免税、减税权

纳税人提供应税服务适用免税、减税规定的，可以放弃免税、减税权，向主管税务机关提出书面申请，经主管税务机关审核确认后，按现行相关规定缴纳增值税。放弃免税、减税后，36个月内不得再申请免税、减税，主管税务机关36个月内也不得受理纳税人的免税申请。

纳税人一经放弃免税权，其生产销售的全部增值税应税货物或劳务以及应税服务均按照适用税率征税，不得选择某一免税项目放弃免税权，也不得根据不同销售对象选择部分货物、劳务以及应税服务放弃免税权。

延伸解读

应税销售行为适用免税政策的相关规定

纳税人发生应税销售行为适用免税规定的，可以放弃免税，依照《增值税暂行条例》的规定缴纳增值税。放弃免税后，36个月内不得再申请免税。

纳税人发生应税销售行为同时适用免税和零税率规定的，优先适用零税率。

（1）生产和销售免征增值税的应税销售行为的纳税人要求放弃免税权，应当以书面形式提交放弃免税权声明，报主管税务机关备案。纳税人自提交备案资料的次月起，按照现行有关规定计算缴纳增值税。

（2）放弃免税权的纳税人符合一般纳税人认定条件尚未认定为增值税一般纳税人的，应当按现行规定认定为增值税一般纳税人，其发生的应税销售行为可开具增值税专用发票。

（3）纳税人一经放弃免税权，其生产销售的全部应税销售行为均应按照适用税率征税，不得选择某一免税项目放弃免税权，也不得根据不同的销售对象选择部分应税销售行为放弃免税权。

（4）纳税人在免税期内购进用于免税项目的货物、劳务、服务、无形资产、不动产所取得的增值税扣税凭证，一律不得抵扣。

2. 纳税人实际享受增值税减免税政策起始时间的选择

为进一步明晰纳税人权利和义务，在某项增值税减免税政策出台后，一般纳税人可以在该项政策执行期限内，按照纳税申报期选择开始享受这项减免税政策的时间。

在一般纳税人实际享受某项服务、不动产或无形资产相关减免增值税政策后，选择放弃其减免税权的，与销售货物放弃减免税权一样，均应以书面形式提交放弃免（减）税权声明，报主管税务机关备案。

注：上述规定适用于增值税一般纳税人。

自2020年5月1日起，一般纳税人可以在增值税免税、减税项目执行期限内，按照纳税申报期选择实际享受该项增值税免税、减税政策的起始时间。

一般纳税人在享受增值税免税、减税政策后，要求放弃免税、减税权的，应当以书面形式提交纳税人放弃免（减）税权声明，报主管税务机关备案。一般纳税人自提交备案资料的次月起，按照规定计算缴纳增值税。

注：营改增试点过渡政策中的增值税优惠政策除已规定期限的项目和个人销售其购买的住房政策外，其他均在营改增试点期间执行。如果试点纳税人在纳入营改增试点之日前已经按照有关政策规定享受了营业税税收优惠，在剩余税收优惠政策期限内，按照规定享受有关增值税优惠。

（三）既享受增值税即征即退、先征后退政策，又享受免抵退税政策

纳税人既享受增值税即征即退、先征后退政策，又享受免抵退税政策有关问题的处理。

（1）纳税人既有增值税即征即退、先征后退项目，也有出口等其他增值税应税项目的，增值税即征即退和先征后退项目不参与出口项目免抵退税计算。

纳税人应分别核算增值税即征即退、先征后退项目和出口等其他增值税应税项目，分别申请享受增值税即征即退、先征后退和免抵退税政策。

（2）用于增值税即征即退或者先征后退项目的进项税额无法划分的，按照下列公式计算：

无法划分进项税额中用于增值税即征即退或者先征后退项目的部分 = 当月无法划分的全部进项税额 × 当月增值税即征即退或者先征后退项目销售额 ÷ 当月全部销售额、营业额合计

（四）不得抵扣的情形——购进专用于免税项目的不得抵扣

纳税人购进专用于免税项目的货物、加工修理修配劳务、应税服务、无形资产或者不动产取得的增值税扣税凭证，一律不得抵扣。

（1）纳税人用于免征增值税项目的购进货物、接受加工修理修配劳务或者应税服务的进项税额，不得从销项税额中抵扣。

（2）一般计税方法的纳税人，兼营简易计税方法计税项目、免征增值税项目而无法划分不得抵扣的进项税额，按照下列公式计算不得抵扣的进项税额：

不得抵扣的进项税额 = 当期无法划分的全部进项税

额×(当期简易计税方法计税项目销售额＋免征增值税项目销售额)÷当期全部销售额

(五) 不得给予返还的情形——查补的增值税等各项税款不得给予返还

对于税务机关、财政监察专员办事机构、审计机关等执法机关根据税法有关规定查补的增值税等各项税款,必须全部收缴入库,均不得执行由财政和税务机关给予返还的优惠政策。

(六) 分别核算的要求

纳税人兼营免税、减税项目的,应当分别核算免税、减税项目的销售额;未分别核算的,不得免税、减税。

(七) 单位和个体工商户适用增值税减征、免征政策的,自 2021 年 4 月 1 日起不需要办理备案手续

按照"放管服"改革的要求,国家税务总局进行了税收管理方式的优化,推行"备案逐步向留存备查转变"。《国家税务总局关于进一步优化增值税优惠政策办理程序及服务有关事项的公告》(国家税务总局公告 2021 年第 4 号)第一条明确,单位和个体工商户适用增值税减征、免征政策的,在增值税纳税申报时按规定填写申报表相应减免税栏次即可享受,相关政策规定的证明材料留存备查。

(八) 原享受优惠政策的纳税人,不再符合增值税优惠条件的,停止享受优惠政策的时间

《国家税务总局关于进一步优化增值税优惠政策办理程序及服务有关事项的公告》(国家税务总局公告 2021 年第 4 号)第三条明确规定,除另有规定外,纳税人不再符合增值税优惠条件的,应当自不符合增值税优惠条件的当月起,停止享受增值税优惠。

【案例 2-15】 智董公司生产销售符合国家标准、行业标准的有机肥,享受增值税免税优惠。2023 年 5 月,智董公司改变经营方向,不再生产销售有机肥,改为生产销售化肥。

【分析】 智董公司应当自 5 月所属期起停止享受增值税免税优惠。

【案例 2-16】 贵琛公司是安置残疾人就业企业,享受增值税即征即退政策。2023 年 5 月,其残疾人占在职职工人数的比例发生变化,不再满足享受优惠政策的条件。

【分析】 贵琛公司应当自 5 月所属期起停止享受增值税即征即退优惠。

二、起征点

(一) 个人(含个体户和自然人,增值税小规模纳税人)

对个人销售额未达到规定起征点的,免征增值税;达到起征点的,全额计算缴纳增值税。

增值税起征点的适用范围限于按照小规模纳税人纳税的个体工商户和其他个人(自然人),不适用于登记为一般纳税人的个体工商户。

增值税起征点的幅度规定如下:

(1) 销售货物的,为月销售额 5 000～20 000 元。

(2) 销售应税劳务的,为月营业额 5 000～20 000 元。

(3) 按次纳税的,为每次(日)销售额 300～500 元。

(4) "营改增"规定的应税行为的起征点:

① 按期纳税的,为月销售额 5 000～20 000 元(含本数)。

② 按次纳税的,为每次(日)销售额 300～500 元(含本数)。

增值税起征点所称的销售额不包括其应纳税额,采用销售额和应纳税额合并定价方法的,按照下列公式计算销售额:

$$销售额 = 含税销售额 \div (1 + 征收率)$$

起征点的调整由财政部和国家税务总局规定。省、自治区、直辖市财政厅(局)和税务局应当在规定的幅度内,根据实际情况确定本地区适用的起征点,并报财政部和国家税务总局备案。

【案例 2-17】 假设纳税人提供应税服务的起征点为 20 000 元,某个体工商户(小规模纳税人)本月取得餐饮服务收入 20 000 元(含税),该个体工商户本月应缴纳多少增值税?

【分析】 因为提供应税服务的起征点为 20 000 元,该个体工商户本月餐饮服务不含税收入＝20 000÷(1＋3%)＝19 417(元)。餐饮服

务取得的收入未达到起征点,因此对该部分收入无须缴纳增值税。

自 2021 年 4 月 1 日起至 2022 年 12 月 31 日,小规模纳税人发生增值税应税销售行为,合计月销售额未超过 15 万元(以 1 个季度为 1 个纳税期的,季度销售额未超过 45 万元)的,免征增值税。

享受条件:

(1) 适用于增值税小规模纳税人(包括:企业和非企业单位、个体工商户、自然人)。

(2) 小规模纳税人发生增值税应税销售行为,合计月销售额超过 15 万元,但扣除本期发生的销售不动产的销售额后未超过 15 万元的,其销售货物、劳务、服务、无形资产取得的销售额免征增值税。

(3) 适用增值税差额征税政策的小规模纳税人,以差额后的销售额确定是否可以享上述免征增值税政策。[《国家税务总局关于小规模纳税人免征增值税征管问题的公告》(国家税务总局公告 2021 年第 5 号,2021 年 3 月 31 日)]

自 2022 年 4 月 1 日至 2022 年 12 月 31 日,增值税小规模纳税人适用 3% 征收率的应税销售收入,免征增值税;适用 3% 预征率的预缴增值税项目,暂停预缴增值税。[《财政部 税务总局关于对增值税小规模纳税人免征增值税的公告》(财政部 税务总局公告 2022 年第 15 号,2022 年 3 月 24 日)]

自 2023 年 1 月 1 日至 2023 年 12 月 31 日,增值税小规模纳税人发生增值税应税销售行为,合计月销售额未超过 10 万元(以 1 个季度为 1 个纳税期的,季度销售额未超过 30 万元,下同)的,免征增值税。[《财政部 税务总局关于明确增值税小规模纳税人减免增值税等政策的公告》(财政部 税务总局公告 2023 年第 1 号,2023 年 1 月 9 日)]

自然人出租不动产一次性收取的多个月份的租金,如何适用政策?

《中华人民共和国增值税暂行条例实施细则》第九条所称的其他个人,采取一次性收取租金形式出租不动产取得的租金收入,可在对应的租赁期内平均分摊,分摊后的月租金收入未超过 10 万元的,免征增值税。

此前,国家税务总局明确,《中华人民共和国增值税暂行条例实施细则》第九条所称的其他个人,采取一次性收取租金(包括预收款)形式出租不动产取得的租金收入,可在对应的租赁期内平均分摊,分摊后的月租金收入不超过小规模纳税人免税月销售额标准的,可享受小规模纳税人免税政策。为确保纳税人充分享受政策,延续此前已出台政策的相关口径,小规模纳税人免税月销售额标准调整为 10 万元以后,其他个人采取一次性收取租金形式出租不动产取得的租金收入,同样可在对应的租赁期内平均分摊,分摊后的月租金未超过 10 万元的,可以享受免征增值税政策。

【案例 2-18】 我是一位市民,有商铺用于出租,2023 年 4 月一次性收取此前的 12 个月租金 144 万元,我需要缴纳增值税吗?

【分析】《国家税务总局关于增值税小规模纳税人减免增值税等政策有关征管事项的公告》(国家税务总局公告 2023 年第 1 号)第三条规定,《中华人民共和国增值税暂行条例实施细则》第九条所称的其他个人,采取一次性收取租金形式出租不动产取得的租金收入,可在对应的租赁期内平均分摊,分摊后的月租金收入未超过 10 万元的,免征增值税。

您在 2023 年 4 月一次性收取的此前 12 个月租金 144 万元,平均每月租金收入为 12 万元。其中,2023 年 1~3 月的月租金超过 10 万元,需要缴纳增值税,但 2022 年 4~12 月的月租金未超过当时 15 万元的免税月销售额标准,因而无需缴纳增值税。

【案例 2-19】 我是个体工商户,属于按季申报的增值税小规模纳税人,2023 年一季度预计销售收入为 25 万元。请问我是否可以根据客户要求,就部分业务放弃免税,开具 1% 或 3% 征收率的增值税专用发票?

【分析】 根据《国家税务总局关于增值税小规模纳税人减免增值税等政策有关征管事项的公告》(国家税务总局公告 2023 年第 1 号)第四条、第五条有关规定,小规模纳税人适用月销售额 10 万元以下免征增值税政策,可就该笔销售收入选择放弃免税并开具增值税专用发票;小规模纳税人适用 3% 征收率销售收入减按 1% 征收率征收增值税政策的,可就该笔销售收入选择放弃减税并开具增值税专用发票。

您可以根据实际经营需要,就部分业务放弃上述减免税政策,按照1%或者3%征收率计算缴纳增值税,并开具相应征收率的增值税专用发票。

为进一步支持小微企业和个体工商户发展,财政部、国家税务总局于2023年8月1日发布了《关于增值税小规模纳税人减免增值税政策的公告》(财政部 税务总局公告2023年第19号),延续小规模纳税人增值税减免政策至2027年12月31日:

对月销售额10万元以下(含本数)的增值税小规模纳税人,免征增值税。

增值税小规模纳税人适用3%征收率的应税销售收入,减按1%征收率征收增值税;适用3%预征率的预缴增值税项目,减按1%预征率预缴增值税。

(二) 单位(增值税小规模纳税人)

(1) 2019年1月1日至2021年12月31日,对增值税小规模纳税人中月销售额未达到10万元(按季纳税30万元)的企业或非企业性单位,免征增值税。[《财政部 税务总局关于实施小微企业普惠性税收减免政策的通知》(财税〔2019〕13号,2019年1月17日)]

(2) 自2021年4月1日至2022年12月31日,小规模纳税人发生增值税应税销售行为,合计月销售额未超过15万元(以1个季度为1个纳税期的,季度销售额未超过45万元)的,免征增值税。

享受条件:

① 适用于增值税小规模纳税人(包括:企业和非企业单位、个体工商户、自然人)。

② 小规模纳税人发生增值税应税销售行为,合计月销售额超过15万元,但扣除本期发生的销售不动产的销售额后未超过15万元的,其销售货物、劳务、服务、无形资产取得的销售额免征增值税。

③ 适用增值税差额征税政策的小规模纳税人,以差额后的销售额确定是否可以享上述免征增值税政策。[《国家税务总局关于小规模纳税人免征增值税征管问题的公告》(国家税务总局公告2021年第5号)]

(3) 自2022年4月1日至2022年12月31日,增值税小规模纳税人适用3%征收率的应税销售收入,免征增值税;适用3%预征率的预缴增值税项目,暂停预缴增值税。[《财政部 税务总局关于对增值税小规模纳税人免征增值税的公告》(财政部 税务总局公告2022年第15号,2022年3月24日)]

(4) 自2023年1月1日至2023年12月31日,增值税小规模纳税人(以下简称小规模纳税人)发生增值税应税销售行为,合计月销售额未超过10万元(以1个季度为1个纳税期的,季度销售额未超过30万元,下同)的,免征增值税。[《财政部 税务总局关于明确增值税小规模纳税人减免增值税等政策的公告》(财政部 税务总局公告2023年第1号,2023年1月9日)]

延伸解读

小规模纳税人月销售额未超过10万元(季销售额未超过30万元)的,免征增值税。

1. 销售额的执行口径

小规模纳税人免税月销售额标准调整以后,销售额的执行口径没有变化。纳税人确定销售额有两个要点。一是以所有增值税应税销售行为(包括销售货物、劳务、服务、无形资产和不动产)合并计算销售额,判断是否达到免税标准。但为剔除偶然发生的不动产销售业务的影响,使纳税人更充分享受政策,小规模纳税人合计月销售额超过10万元(以1个季度为1个纳税期的,季度销售额超过30万元,下同),但在扣除本期发生的销售不动产的销售额后未超过10万元的,其销售货物、劳务、服务、无形资产取得的销售额,也可享受小规模纳税人免税政策。二是适用增值税差额征税政策的,以差额后的余额为销售额,确定其是否可享受小规模纳税人免税政策。

【案例2-20】 按季度申报的小规模纳税人A在2023年4月销售货物取得收入10万元,5月提供建筑服务取得收入20万元,同时向其他建筑企业支付分包款12万元,6月销售自建的不动产取得收入200万元。

【分析】 A小规模纳税人2023年第二季度(4~6月)差额后合计销售额218万元(10+20-12+200),超过30万元,但是扣除200万元不动产,差额后的销售额是18万元(10+20-12),不超过30万元,可以享受小规模纳税人免税政策。同时,纳税人销售不动产200万元应依法纳税。

📖 **延伸解读**

2023年适用3%征收率销售收入减按1%征收率征收增值税政策的增值税小规模纳税人,应如何用含税销售额换算销售额?

《国家税务总局关于明确二手车经销等若干增值税征管问题的公告》(国家税务总局公告2020年第9号)第一条规定,纳税人减按0.5%征收率征收增值税,并按下列公式计算销售额:

销售额=含税销售额÷(1+0.5%)

该公告发布后出台新的增值税征收率变动政策,比照上述公式原理计算销售额。

根据上述规定,《国家税务总局关于增值税小规模纳税人减免增值税等政策有关征管事项的公告》(国家税务总局公告2023年第1号)未重复明确销售额的换算公式,比照上述公式原理,适用3%征收率销售收入减按1%征收政策的增值税小规模纳税人,销售额的计算公式为:

销售额=含税销售额÷(1+1%)

2. 销售不动产取得的销售额

小规模纳税人发生增值税应税销售行为,合计月销售额超过10万元,但扣除本期发生的销售不动产的销售额后未超过10万元的,其销售货物、劳务、服务、无形资产取得的销售额免征增值税。

小规模纳税人销售不动产取得的销售额, 应该如何适用免税政策?

小规模纳税人包括单位和个体工商户,还包括其他个人。不同主体适用政策应视不同情况而定。

第一,小规模纳税人中的单位和个体工商户销售不动产,涉及纳税人在不动产所在地预缴增值税的事项如何适用政策与销售额以及纳税人选择的纳税期限有关。举例来说,如果纳税人销售不动产销售额为28万元,则有两种情况:一是纳税人选择按月纳税,销售不动产销售额超过月销售额10万元免税标准,则应在不动产所在地预缴税款;二是该纳税人选择按季纳税,销售不动产销售额未超过季度销售额30万元的免税标准,则无需在不动产所在地预缴税款。因此,小规模纳税人中的单位和个体工商户销售不动产,应按其纳税期、《财政部 税务总局关于明确增值税小规模纳税人减免增值税等政策的公告》(财政部 税务总局公告2023年第1号,2023年1月9日)第九条以及其他现行政策规定确定是否预缴增值税。

第二,小规模纳税人中其他个人偶然发生销售不动产的行为,应当按照现行政策规定执行。因此,其他个人销售不动产,继续按照现行规定征免增值税。

【案例2-21】 我公司是按月申报的增值税小规模纳税人,2023年1月6日转让一间商铺,剔除转让商铺的销售额后,预计1月份销售额在10万元以下,全部开具增值税普通发票,请问我公司可以享受免征增值税政策吗,申报时应注意什么?

【分析】《国家税务总局关于增值税小规模纳税人减免增值税等政策有关征管事项的公告》(国家税务总局公告2023年第1号)第一条规定,小规模纳税人发生增值税应税销售行为,合计月销售额超过10万元,但扣除本期发生的销售不动产的销售额后未超过10万元的,其销售货物、劳务、服务、无形资产取得的销售额免征增值税。

你公司在办理1月税款所属期增值税纳税申报时,应在《增值税及附加税费申报表(小规模纳税人适用)》的填报界面,准确录入"本期销售不动产的销售额"数据,系统将自动计算扣除不动产销售额后的本期销售额。若扣除后的销售额未超过10万元,则可以享受免征增值税政策。在办理纳税申报时,应将扣除后的销售额填写在《增值税及附加税费申报表(小规模纳税人适用)》"免税销售额"相关栏次。

3. 适用增值税差额征税政策的小规模纳税人的销售额

适用增值税差额征税政策的小规模纳税

人,以差额后的销售额确定是否可以享受上述免征增值税政策。《增值税及附加税费申报表(小规模纳税人适用)》中的"免税销售额"相关栏次,填写差额后的销售额。

4. 选择放弃免税并开具增值税专用发票

小规模纳税人取得应税销售收入,适用1号公告[即《国家税务总局关于增值税小规模纳税人减免增值税等政策有关征管事项的公告》(国家税务总局公告2023年第1号,2023年1月9日)自2023年1月1日起施行]第一条规定的免征增值税政策的,纳税人可就该笔销售收入选择放弃免税并开具增值税专用发票。[《国家税务总局关于增值税小规模纳税人减免增值税等政策有关征管事项的公告》(国家税务总局公告2023年第1号,2023年1月9日)]

为进一步支持小微企业和个体工商户发展,财政部、国家税务总局于2023年8月1日发布了《关于增值税小规模纳税人减免增值税政策的公告》(财政部 税务总局公告2023年第19号),延续小规模纳税人增值税减免政策至2027年12月31日:

对月销售额10万元以下(含本数)的增值税小规模纳税人,免征增值税。

增值税小规模纳税人适用3%征收率的应税销售收入,减按1%征收率征收增值税;适用3%预征率的预缴增值税项目,减按1%预征率预缴增值税。

三、直接免税

(一) 就业

1. 随军家属就业

(1) 为安置随军家属就业而新开办的企业,自领取税务登记证之日起,其提供的应税服务3年内免征增值税。

享受税收优惠政策的企业,随军家属必须占企业总人数的60%(含)以上,并有军(含)以上政治和后勤机关出具的证明。

(2) 从事个体经营的随军家属,自办理税务登记事项之日起,其提供的应税服务3年内免征增值税。

随军家属必须有师以上政治机关出具的可以表明其身份的证明。

按照上述规定,每一名随军家属可以享受一次免税政策。

2. 军队转业干部就业

(1) 从事个体经营的军队转业干部,自领取税务登记证之日起,其提供的应税服务3年内免征增值税。

(2) 为安置自主择业的军队转业干部就业而新开办的企业,凡安置自主择业的军队转业干部占企业总人数60%(含)以上的,自领取税务登记证之日起,其提供的应税服务3年内免征增值税。

享受上述优惠政策的自主择业的军队转业干部必须持有师以上部队颁发的转业证件。

(二) 增值税小规模纳税人

自2022年4月1日至2022年12月31日,增值税小规模纳税人适用3%征收率的应税销售收入,免征增值税;适用3%预征率的预缴增值税项目,暂停预缴增值税。(注:自2021年4月1日至2022年3月31日,增值税小规模纳税人适用3%征收率的应税销售收入,减按1%征收率征收增值税;适用3%预征率的预缴增值税项目,减按1%预征率预缴增值税)

1. 符合条件的增值税小规模纳税人免征增值税

1) 享受主体

增值税小规模纳税人。

2) 优惠内容

自2021年4月1日起,小规模纳税人发生增值税应税销售行为,合计月销售额未超过15万元(以1个季度为1个纳税期的,季度销售额未超过45万元)的,免征增值税。

3) 享受条件

(1) 适用于增值税小规模纳税人(包括:企业和非企业单位、个体工商户、自然人)。

(2) 小规模纳税人发生增值税应税销售行为,合计月销售额超过15万元,但扣除本期发生的销售不动产的销售额后未超过15万元的,其销售货物、劳务、服务、无形资产取得的销售额免征增值税。

(3) 适用增值税差额征税政策的小规模纳税人，以差额后的销售额确定是否可以享上述免征增值税政策。

2. 阶段性减免增值税小规模纳税人增值税

1) 享受主体

增值税小规模纳税人。

2) 优惠内容

自 2020 年 3 月 1 日至 2022 年 3 月 31 日，除湖北省外的其他省、自治区、直辖市的增值税小规模纳税人，适用 3% 征收率的应税销售收入，减按 1% 征收率征收增值税，按以下公式计算销售额：

销售额＝含税销售额÷(1＋1%)

适用 3% 预征率的预缴增值税项目，减按 1% 预征率预缴增值税。

自 2020 年 3 月 1 日至 2021 年 3 月 31 日，对湖北省增值税小规模纳税人，适用 3% 征收率的应税销售收入，免征增值税；适用 3% 预征率的预缴增值税项目，暂停预缴增值税。自 2021 年 4 月 1 日至 2022 年 3 月 31 日，湖北省增值税小规模纳税人适用 3% 征收率的应税销售收入减按 1% 征收率征收增值税；适用 3% 预征率的预缴增值税项目，减按 1% 预征率预缴增值税。

自 2022 年 4 月 1 日至 2022 年 12 月 31 日，增值税小规模纳税人适用 3% 征收率的应税销售收入，免征增值税；适用 3% 预征率的预缴增值税项目，暂停预缴增值税。

相关政策依据

财政部 税务总局关于对增值税小规模纳税人免征增值税的公告

财政部 税务总局公告
2022 年第 15 号 2022 年 3 月 24 日

为进一步支持小微企业发展，现将有关增值税政策公告如下：

自 2022 年 4 月 1 日至 2022 年 12 月 31 日，增值税小规模纳税人适用 3% 征收率的应税销售收入，免征增值税；适用 3% 预征率的预缴增值税项目，暂停预缴增值税。

《财政部 税务总局关于延续实施应对疫情部分税费优惠政策的公告》(财政部 税务总局公告 2021 年第 7 号) 第一条*规定的税收优惠政策，执行期限延长至 2022 年 3 月 31 日。

*注：《财政部 税务总局关于支持个体工商户复工复业增值税政策的公告》(财政部 税务总局公告 2020 年第 13 号) 规定的税收优惠政策(自 2020 年 3 月 1 日至 5 月 31 日，对湖北省增值税小规模纳税人，适用 3% 征收率的应税销售收入，免征增值税；适用 3% 预征率的预缴增值税项目，暂停预缴增值税。除湖北省外，其他省、自治区、直辖市的增值税小规模纳税人，适用 3% 征收率的应税销售收入，减按 1% 征收率征收增值税；适用 3% 预征率的预缴增值税项目，减按 1% 预征率预缴增值税)，执行期限延长至 2021 年 12 月 31 日。其中，自 2021 年 4 月 1 日至 2021 年 12 月 31 日，湖北省增值税小规模纳税人适用 3% 征收率的应税销售收入，减按 1% 征收率征收增值税；适用 3% 预征率的预缴增值税项目，减按 1% 预征率预缴增值税。

延伸解读

小规模纳税人阶段性免征增值税

(1) 小规模纳税人取得适用 3% 征收率的应税销售收入享受免税政策后，应如何开具发票？

《中华人民共和国增值税暂行条例》第二十一条规定，纳税人发生应税销售行为适用免税规定的，不得开具增值税专用发票。据此，增值税小规模纳税人取得适用 3% 征收率的应税销售收入享受免税政策的，可以开具免税普通发票，不得开具增值税专用发票。

纳税人选择放弃免税并开具增值税专用发票的，应开具征收率为 3% 的增值税专用发票。

(2) 小规模纳税人是否可以放弃免税、开具增值税专用发票？若可以开具，应按照什么征收率开具专用发票？

按照本公告第一条规定，增值税小规模纳税人取得适用 3% 征收率的应税销售收入，可以选择放弃免税、开具增值税专用发票。如果纳税人选择放弃免税、对部分或者全部应税销售收入开具增值税专用发票的，应当开具征收率为 3% 的增值税专用发票，并按规定计算缴纳增值税。

(3) 小规模纳税人在 2022 年 3 月底前已经开具了增值税发票，如发生销售折让、中止、退回或开票有误等情形，应当如何处理？

增值税小规模纳税人取得应税销售收入，纳税义务发生时间在 2022 年 3 月 31 日前，已按 3% 或者 1% 征收率开具增值税发票,发生销售折让、中止或者退回等情形需要开具红字发票的,应按照对应征收率开具红字发票。即:如果之前按 3% 征收率开具了增值税发票,则应按照 3% 的征收率开具红字发票;如果之前按 1% 征收率开具了增值税发票,则应按照 1% 的征收率开具红字发票。

开票有误需要重新开具的,应按照对应征收率开具红字发票,再重新开具正确的蓝字发票。

(4) 小规模纳税人适用本次免税政策,在办理增值税纳税申报时,应当如何填写相关免税栏次?

增值税小规模纳税人发生增值税应税销售行为,合计月销售额未超过 15 万元(以 1 个季度为 1 个纳税期的,季度销售额未超过 45 万元,下同)的,免征增值税的销售额等项目应当填写在《增值税及附加税费申报表(小规模纳税人适用)》"小微企业免税销售额"或者"未达起征点销售额"相关栏次,如果没有其他免税项目,则无需填报《增值税减免税申报明细表》;合计月销售额超过 15 万元的,免征增值税的全部销售额等项目应当填写在《增值税及附加税费申报表(小规模纳税人适用)》"其他免税销售额"栏次及《增值税减免税申报明细表》对应栏次。

上述月销售额是否超过 15 万元,按照《国家税务总局关于小规模纳税人免征增值税征管问题的公告》(国家税务总局公告 2021 年第 5 号)第一条和第二条确定。

3) 享受条件

享受本税收优惠政策的条件包括:

(1) 纳税主体属于增值税小规模纳税人。

(2) 取得的应税销售收入是适用 3% 的征收率。

(3) 纳税义务发生时间在 2022 年 4 月 1 日至 12 月 31 日。

小规模纳税人取得的适用 3% 征收率的销售收入是否均可以享受免税政策?

小规模纳税人取得适用 3% 征收率的应税销售收入是否适用免税政策,应根据纳税人取得应税销售收入的纳税义务发生时间进行判断,纳税人取得适用 3% 征收率的销售收入,纳税义务发生时间在 2022 年 4 月 1 日至 12 月 31 日的,方可适用免税政策,若纳税义务发生时间在 2022 年 3 月 31 日前的,则应按照此前相关政策规定执行。

(三) 科技

1. 技术转让等

纳税人提供技术转让、技术开发和与之相关的技术咨询、技术服务,免征增值税。

技术转让、技术开发,是指《销售服务、无形资产、不动产注释》(财税〔2016〕36 号附件 1 附件)中"转让技术""研发服务"范围内的业务活动。技术咨询,是指就特定技术项目提供可行性论证、技术预测、专题技术调查、分析评价报告等业务活动。

与技术转让、技术开发相关的技术咨询、技术服务,是指转让方(或者受托方)根据技术转让或者开发合同的规定,为帮助受让方(或者委托方)掌握所转让(或者委托开发)的技术,而提供的技术咨询、技术服务业务,且这部分技术咨询、技术服务的价款与技术转让或者技术开发的价款应当在同一张发票上开具。

2. 科技企业孵化器、大学科技园和众创空间

自 2019 年 1 月 1 日至 2027 年 12 月 31 日,对国家级、省级科技企业孵化器、大学科技园和国家备案众创空间自用以及无偿或通过出租等方式提供给在孵对象使用的房产、土地,免征房产税和城镇土地使用税;对其向在孵对象提供孵化服务取得的收入,免征增值税。

所称孵化服务是指为在孵对象提供的经纪代理、经营租赁、研发和技术、信息技术、鉴证咨询服务。

所称在孵对象是指符合上述认定和管理办法规定的孵化企业、创业团队和个人。

国家级、省级科技企业孵化器、大学科技园和国家备案众创空间应当单独核算孵化服务收入。

国家级、省级科技企业孵化器、大学科技园和国家备案众创空间应按规定申报享受免税政策,并将房产土地权属资料、房产原值资料、房产土地租赁合同、孵化协议等留存备查,税务部门依法加强后续管理。(财税〔2018〕120 号,财政部 税务总局公告 2022 年第 4 号,财政部 税务总局 科技部 教育部公告 2023 年第 42 号)

3. 科技创新

2021 年 1 月 1 日至 2025 年 12 月 31 日,对

科学研究机构、技术开发机构、学校、党校(行政学院)、图书馆进口国内不能生产或性能不能满足需求的科学研究、科技开发和教学用品,免征进口关税和进口环节增值税、消费税。

对出版物进口单位为科研院所、学校、党校(行政学院)、图书馆进口用于科研、教学的图书、资料等,免征进口环节增值税。

所称科学研究机构、技术开发机构、学校、党校(行政学院)、图书馆是指:

(1) 从事科学研究工作的中央级、省级、地市级科研院所(含其具有独立法人资格的图书馆、研究生院)。

(2) 国家实验室,国家重点实验室,企业国家重点实验室,国家产业创新中心,国家技术创新中心,国家制造业创新中心,国家临床医学研究中心,国家工程研究中心,国家工程技术研究中心,国家企业技术中心,国家中小企业公共服务示范平台(技术类)。

(3) 科技体制改革过程中转制为企业和进入企业的主要从事科学研究和技术开发工作的机构。

(4) 科技部会同民政部核定或者省级科技主管部门会同省级民政、财政、税务部门和社会研发机构所在地直属海关核定的科技类民办非企业单位性质的社会研发机构;省级科技主管部门会同省级财政、税务部门和社会研发机构所在地直属海关核定的事业单位性质的社会研发机构。

(5) 省级商务主管部门会同省级财政、税务部门和外资研发中心所在地直属海关核定的外资研发中心。

(6) 国家承认学历的实施专科及以上高等学历教育的高等学校及其具有独立法人资格的分校、异地办学机构。

(7) 县级及以上党校(行政学院)。

(8) 地市级及以上公共图书馆。

所称出版物进口单位是指中央宣传部核定的具有出版物进口许可的出版物进口单位,科研院所是指从事科学研究工作的中央级、省级、地市级科研院所(含其具有独立法人资格的图书馆、研究生院)。

上述免税进口商品实行清单管理。

(四) 文化

1. 著作权

个人转让著作权,免征增值税。

2. 图书批发、零售,古旧图书

自 2021 年 1 月 1 日起至 2023 年 12 月 31 日,免征图书批发、零售环节增值税。

古旧图书,免征增值税。古旧图书是指向社会收购的古书和旧书。

3. 文化企业

对电影主管部门(包括中央、省、地市及县级)按照各自职能权限批准从事电影制片、发行、放映的电影集团公司(含成员企业)、电影制片厂及其他电影企业取得的销售电影拷贝(含数字拷贝)收入、转让电影版权(包括转让和许可使用)收入、电影发行收入以及在农村取得的电影放映收入,免征增值税。一般纳税人提供的城市电影放映服务,可以按现行政策规定,选择按照简易计税办法计算缴纳增值税。

对广播电视运营服务企业收取的有线数字电视基本收视维护费和农村有线电视基本收视费,免征增值税。

上述政策执行期限为 2019 年 1 月 1 日至 2023 年 12 月 31 日。

(五) 党费、团费、会费

(1) 社会团体收取的会费。

自 2016 年 5 月 1 日起,社会团体收取的会费,免征增值税。2017 年 12 月 25 日前已征的增值税,可抵减以后月份应缴纳的增值税,或办理退税。

社会团体,是指依照国家有关法律法规设立或登记并取得《社会团体法人登记证书》的非营利法人。会费,是指社会团体在国家法律法规、政策许可的范围内,依照社团章程的规定,收取的个人会员、单位会员和团体会员的会费。

社会团体开展经营服务性活动取得的其他收入,一律照章缴纳增值税。

(2) 各党派、共青团、工会、妇联、中科协、青联、台联、侨联收取党费、团费、会费,以及政府间国际组织收取会费,属于非经营活动,不征收增值税。

(六) 公益、福利、计生、医疗卫生、体育、民政、民生

1. 医疗卫生

医疗机构提供的医疗服务,免征增值税。

医疗机构,是指依据国务院《医疗机构管理条例》(国务院令第149号)及卫生部《医疗机构管理条例实施细则》(卫生部令第35号)的规定,经登记取得《医疗机构执业许可证》的机构,以及军队、武警部队各级各类医疗机构。

具体包括:各级各类医院、门诊部(所)、社区卫生服务中心(站)、急救中心(站)、城乡卫生院、护理院(所)、疗养院、临床检验中心,各级政府及有关部门举办的卫生防疫站(疾病控制中心)、各种专科疾病防治站(所),各级政府举办的妇幼保健所(站)、母婴保健机构、儿童保健机构,各级政府举办的血站(血液中心)等医疗机构。

本项所称的医疗服务,是指医疗机构按照不高于地(市)级以上价格主管部门会同同级卫生主管部门及其他相关部门制定的医疗服务指导价格(包括政府指导价和按照规定由供需双方协商确定的价格等)为就医者提供《全国医疗服务价格项目规范》所列的各项服务,以及医疗机构向社会提供卫生防疫、卫生检疫的服务。

自2019年2月1日至2023年12月31日,医疗机构接受其他医疗机构委托,按照不高于地(市)级以上价格主管部门会同同级卫生主管部门及其他相关部门制定的医疗服务指导价格(包括政府指导价和按照规定由供需双方协商确定的价格等),提供《全国医疗服务价格项目规范》所列的各项服务,可适用《营业税改征增值税试点过渡政策的规定》(财税〔2016〕36号附件3)第一条第(七)项*规定的免征增值税政策。

*注:(七)医疗机构提供的医疗服务。

医疗机构,是指依据国务院《医疗机构管理条例》(国务院令第149号)及卫生部《医疗机构管理条例实施细则》(卫生部令第35号)的规定,经登记取得《医疗机构执业许可证》的机构,以及军队、武警部队各级各类医疗机构。具体包括:各级各类医院、门诊部(所)、社区卫生服务中心(站)、急救中心(站)、城乡卫生院、护理院(所)、疗养院、临床检验中心,各级政府及有关部门举办的卫生防疫站(疾病控制中心)、各种专科疾病防治站(所),各级政府举办的妇幼保健所(站)、母婴保健机构、儿童保健机构,各级政府举办的血站(血液中心)等医疗机构。

本项所称的医疗服务,是指医疗机构按照不高于地(市)级以上价格主管部门会同同级卫生主管部门及其他相关部门制定的医疗服务指导价格(包括政府指导价和按照规定由供需双方协商确定的价格等)为就医者提供《全国医疗服务价格项目规范》所列的各项服务,以及医疗机构向社会提供卫生防疫、卫生检疫的服务。

1)非营利性医疗机构的税收政策

对非营利性医疗机构自产自用的制剂,免征增值税。

非营利性医疗机构的药房分离为独立的药品零售企业,应按规定征收各项税收。

2)营利性医疗机构的税收政策

对营利性医疗机构取得的收入,按规定征收各项税收。但为了支持营利性医疗机构的发展,对营利性医疗机构取得的收入,直接用于改善医疗卫生条件的,自其取得执业登记之日起,3年内对其自产自用的制剂免征增值税。

对营利性医疗机构的药房分离为独立的药品零售企业,应按规定征收各项税收。

3)疾病控制机构和妇幼保健机构等的服务收入

关于疾病控制机构和妇幼保健机构等卫生机构按照国家规定的价格取得的卫生服务收入(含疫苗接种和调拨、销售收入),免征各项税收。不按照国家规定的价格取得的卫生服务收入不得享受这项政策。

4)血液

(1)血站。

自1999年11月1日起,对血站供应给医疗机构的临床用血免征增值税。血站是指根据《中华人民共和国献血法》的规定,由国务院或省级人民政府卫生行政部门批准的,从事采集、提供临床用血,不以营利为目的的公益性组织。

(2)供应非临床用血。

属于增值税一般纳税人的单采血浆站销售

非临床用人体血液,可以按照简易办法依照3%征收率(自2014年7月1日起执行)计算应纳税额,但不得对外开具增值税专用发票;也可以按照销项税额抵扣进项税额的办法依增值税适用税率计算应纳税额。

2. 养老、托育、家政服务

1) 养老

养老机构提供的养老服务,免征增值税。

养老机构,是指依照民政部《养老机构设立许可办法》(民政部令第48号)设立并依法办理登记的为老年人提供集中居住和照料服务的各类养老机构;养老服务,是指上述养老机构按照民政部《养老机构管理办法》(民政部令第49号)的规定,为收住的老年人提供的生活照料、康复护理、精神慰藉、文化娱乐等服务。

自2019年2月2日起,养老机构,包括依照《中华人民共和国老年人权益保障法》依法办理登记,并向民政部门备案的为老年人提供集中居住和照料服务的各类养老机构。《财政部 税务总局关于明确养老机构免征增值税等政策的通知》(财税〔2019〕20号,2019年2月2日)

2) 家政服务

家政服务企业由员工制家政服务员提供家政服务取得的收入,免征增值税。

家政服务企业,是指在企业营业执照的规定经营范围中包括家政服务内容的企业。员工制家政服务员,是指同时符合下列3个条件的家政服务员:

(1) 依法与家政服务企业签订半年及半年以上的劳动合同或者服务协议,且在该企业实际上岗工作。

(2) 家政服务企业为其按月足额缴纳了企业所在地人民政府根据国家政策规定的基本养老保险、基本医疗保险、工伤保险、失业保险等社会保险。对已享受新型农村养老保险和新型农村合作医疗等社会保险或者下岗职工原单位继续为其缴纳社会保险的家政服务员,如果本人书面提出不再缴纳企业所在地人民政府根据国家政策规定的相应的社会保险,并出具其所在乡镇或者原单位开具的已缴纳相关保险的证明,可视同家政服务企业已为其按月足额缴纳了相应的社会保险。

(3) 家政服务企业通过金融机构向其实际支付不低于企业所在地适用的经省级人民政府批准的最低工资标准的工资。

3) 社区养老、托育、家政服务

自2019年6月1日起执行至2025年12月31日,提供社区养老、托育、家政服务取得的收入,免征增值税。

此处所称社区是指聚居在一定地域范围内的人们所组成的社会生活共同体,包括城市社区和农村社区。

为社区提供养老服务的机构,是指在社区依托固定场所设施,采取全托、日托、上门等方式,为社区居民提供养老服务的企业、事业单位和社会组织。社区养老服务是指为老年人提供的生活照料、康复护理、助餐助行、紧急救援、精神慰藉等服务。

为社区提供托育服务的机构,是指在社区依托固定场所设施,采取全日托、半日托、计时托、临时托等方式,为社区居民提供托育服务的企业、事业单位和社会组织。社区托育服务是指为3周岁(含)以下婴幼儿提供的照料、看护、膳食、保育等服务。

为社区提供家政服务的机构,是指以家庭为服务对象,为社区居民提供家政服务的企业、事业单位和社会组织。社区家政服务是指进入家庭成员住所或医疗机构为孕产妇、婴幼儿、老人、病人、残疾人提供的照护服务,以及进入家庭成员住所提供的保洁、烹饪等服务。

符合下列条件的家政服务企业提供家政服务取得的收入,比照《营业税改征增值税试点过渡政策的规定》(财税〔2016〕36号附件3)第一条第(三十一)项规定,免征增值税。

(1) 与家政服务员、接受家政服务的客户就提供家政服务行为签订三方协议。

(2) 向家政服务员发放劳动报酬,并对家政服务员进行培训管理。

(3) 通过建立业务管理系统对家政服务员进行登记管理。

3. 供热企业

《财政部 税务总局关于延续供热企业增值

税房产税城镇土地使用税优惠政策的通知》（财税〔2019〕38号）规定的税收优惠政策，执行期限延长至2023年供暖期结束。

对"三北"地区供热企业向居民个人（以下简称"居民"）供热而取得的采暖费收入继续免征增值税。向居民供热而取得的采暖费收入，包括供热企业直接向居民收取的、通过其他单位向居民收取的和由单位代居民缴纳的采暖费。

免征增值税的采暖费收入，应当按照《增值税暂行条例》第十六条的规定分别核算。通过热力产品经营企业向居民供热的热力产品生产企业，应当根据热力产品经营企业实际从居民取得的采暖费收入占该经营企业采暖费总收入的比例确定免税收入比例。

上述供热企业，是指热力产品生产企业和热力产品经营企业。热力产品生产企业包括专业供热企业、兼营供热企业和自供热单位。

上述"三北"地区，是指北京市、天津市、河北省、山西省、内蒙古自治区、辽宁省、大连市、吉林省、黑龙江省、山东省、青岛市、河南省、陕西省、甘肃省、青海省、宁夏回族自治区和新疆维吾尔自治区。

4. 门票

（1）纪念馆、博物馆、文化馆、文物保护单位管理机构、美术馆、展览馆、书画院、图书馆在自己的场所提供文化体育服务取得的第一道门票收入，免征增值税。

（2）寺院、宫观、清真寺和教堂举办文化、宗教活动的门票收入，免征增值税。

（3）自2021年1月1日起至2023年12月31日，对科普单位的门票收入，以及县级及以上党政部门和科协开展科普活动的门票收入免征增值税。

科普单位，是指科技馆、自然博物馆，对公众开放的天文馆（站、台）、气象台（站）、地震台（站），以及高等院校、科研机构对公众开放的科普基地。

科普活动，是指利用各种传媒以浅显的、让公众易于理解、接受和参与的方式，向普通大众介绍自然科学和社会科学知识，推广科学技术的应用，倡导科学方法，传播科学思想，弘扬科学精神的活动。

5. 彩票

福利彩票、体育彩票的发行收入，免征增值税。

6. 婚姻介绍

婚姻介绍服务，免征增值税。

7. 避孕药品和用具

避孕药品和用具，免征增值税。

8. 国产抗艾滋病病毒药品

自2019年1月1日至2023年12月31日，继续对国产抗艾滋病病毒药品免征生产环节和流通环节增值税。

享受上述免征增值税政策的国产抗艾滋病病毒药品，须为各省（自治区、直辖市）艾滋病药品管理部门按照政府采购有关规定采购的，并向艾滋病病毒感染者和病人免费提供的抗艾滋病病毒药品。药品生产企业和流通企业应将药品供货合同留存，以备税务机关查验。

抗艾滋病病毒药品的生产企业和流通企业应分别核算免税药品和其他货物的销售额；未分别核算的，不得享受增值税免税政策。

9. 残疾人

（1）由残疾人的组织直接进口供残疾人专用的物品，免征增值税。

（2）残疾人福利机构提供的育养服务，免征增值税。

（3）残疾人员本人为社会提供的服务，免征增值税。

10. 殡葬服务

殡葬服务，免征增值税。

殡葬服务，是指收费标准由各地价格主管部门会同有关部门核定，或者实行政府指导价管理的遗体接运（含抬尸、消毒）、遗体整容、遗体防腐、存放（含冷藏）、火化、骨灰寄存、吊唁设施设备租赁、墓穴租赁及管理等服务。

（七）扶贫货物捐赠

自2019年1月1日至2025年12月31日，对单位或者个体工商户将自产、委托加工或购买的货物通过公益性社会组织、县级及以上人民政府及其组成部门和直属机构,或直接无偿捐赠给目标脱贫地区的单位和个人,免征增值税。在政策执行期限内,目标脱贫地区实现脱贫的,可继续适用上述政策。

"目标脱贫地区"包括832个国家扶贫开发工作重点县、集中连片特困地区县(新疆阿克苏地区6县1市享受片区政策)和建档立卡贫困村。[《财政部 税务总局 人力资源社会保障部 国家乡村振兴局关于延长部分扶贫税收优惠政策执行期限的公告》(财政部 税务总局 人力资源社会保障部 国家乡村振兴局公告2021年第18号,2021年5月6日)]

(八)学校、教育类

1. 托儿所、幼儿园

托儿所、幼儿园提供的保育和教育服务,免征增值税。

托儿所、幼儿园,是指经县级以上教育部门审批成立、取得办园许可证的实施0～6岁学前教育的机构,包括公办和民办的托儿所、幼儿园、学前班、幼儿班、保育院、幼儿院。

公办托儿所、幼儿园免征增值税的收入,是指在省级财政部门和价格主管部门审核报省级人民政府批准的收费标准以内收取的教育费、保育费。

民办托儿所、幼儿园免征增值税的收入,是指在报经当地有关部门备案并公示的收费标准范围内收取的教育费、保育费。

超过规定收费标准的收费,以开办实验班、特色班和兴趣班等为由另外收取的费用以及与幼儿入园挂钩的赞助费、支教费等超过规定范围的收入,不属于免征增值税的收入。

2. 学历教育

1)从事学历教育的学校提供的教育服务,免征增值税

(1)学历教育,是指受教育者经过国家教育考试或者国家规定的其他入学方式,进入国家有关部门批准的学校或者其他教育机构学习,获得国家承认的学历证书的教育形式。

具体包括:

① 初等教育:普通小学、成人小学。

② 初级中等教育:普通初中、职业初中、成人初中。

③ 高级中等教育:普通高中、成人高中和中等职业学校(包括普通中专、成人中专、职业高中、技工学校)。

④ 高等教育:普通本专科、成人本专科、网络本专科、研究生(博士、硕士)高等教育自学考试、高等教育学历文凭考试。

(2)从事学历教育的学校,是指:

① 普通学校。

② 经地(市)级以上人民政府或者同级政府的教育行政部门批准成立、国家承认其学员学历的各类学校。

③ 经省级及以上人力资源社会保障行政部门批准成立的技工学校、高级技工学校。

④ 经省级人民政府批准成立的技师学院。

上述学校均包括符合规定的从事学历教育的民办学校,但不包括职业培训机构等国家不承认学历的教育机构。

(3)提供教育服务免征增值税的收入,是指对列入规定招生计划的在籍学生提供学历教育服务取得的收入。具体包括:经有关部门审核批准并按规定标准收取的学费、住宿费、课本费、作业本费、考试报名费收入,以及学校食堂提供餐饮服务取得的伙食费收入。除此之外的收入,包括学校以各种名义收取的赞助费、择校费等,不属于免征增值税的范围。

学校食堂是指依照《学校食堂与学生集体用餐卫生管理规定》(教育部令第14号)管理的学校食堂。

2)自2018年7月25日起,境外教育机构与境内从事学历教育的学校开展中外合作办学,提供学历教育服务取得的收入,免征增值税

中外合作办学,是指中外教育机构按照《中华人民共和国中外合作办学条例》(国务院令第372号)的有关规定,合作举办的以中国公民为主要招生对象的教育教学活动。上述"学历教育""从事学历教育的学校""提供学历教育服务取得的收入"的范围,按照《营业税改征增值税

试点过渡政策的规定》(财税〔2016〕36号文件附件3)第一条第(八)项*的有关规定执行。[《国家税务总局关于明确中外合作办学等若干增值税征管问题的公告》(国家税务总局公告2018年第42号,2018年7月25日,自2018年7月25日起施行)]

*注:(八)从事学历教育的学校提供的教育服务。

1. 学历教育,是指受教育者经过国家教育考试或者国家规定的其他入学方式,进入国家有关部门批准的学校或者其他教育机构学习,获得国家承认的学历证书的教育形式。具体包括:

(1) 初等教育:普通小学、成人小学。

(2) 初级中等教育:普通初中、职业初中、成人初中。

(3) 高级中等教育:普通高中、成人高中和中等职业学校(包括普通中专、成人中专、职业高中、技工学校)。

(4) 高等教育:普通本专科、成人本专科、网络本专科、研究生(博士、硕士)、高等教育自学考试、高等教育学历文凭考试。

2. 从事学历教育的学校,是指:

(1) 普通学校。

(2) 经地(市)级以上人民政府或者同级政府的教育行政部门批准成立、国家承认其学员学历的各类学校。

(3) 经省级及以上人力资源社会保障行政部门批准成立的技工学校、高级技工学校。

(4) 经省级人民政府批准成立的技师学院。

上述学校均包括符合规定的从事学历教育的民办学校,但不包括职业培训机构等国家不承认学历的教育机构。

3. 提供教育服务免征增值税的收入,是指对列入规定招生计划的在籍学生提供学历教育服务取得的收入,具体包括:经有关部门审核批准并按规定标准收取的学费、住宿费、课本费、作业本费、考试报名费收入,以及学校食堂提供餐饮服务取得的伙食费收入。除此之外的收入,包括学校以各种名义收取的赞助费、择校费等,不属于免征增值税的范围。

学校食堂是指依照《学校食堂与学生集体用餐卫生管理规定》(教育部令第14号)管理的学校食堂。

3) 政府举办的从事学历教育的高等、中等和初等学校(不含下属单位),举办进修班、培训班取得的全部归该学校所有的收入,免征增值税

全部归该学校所有,是指举办进修班、培训班取得的全部收入进入该学校统一账户,并纳入预算全额上缴财政专户管理,同时由该学校对有关票据进行统一管理和开具。

举办进修班、培训班取得的收入进入该学校下属部门自行开设账户的,不予免征增值税。

3. 职业学校

政府举办的职业学校设立的主要为在校学生提供实习场所、并由学校出资自办、由学校负责经营管理、经营收入归学校所有的企业,从事《销售服务、无形资产或者不动产注释》中"现代服务"(不含融资租赁服务、广告服务和其他现代服务)"生活服务"(不含文化体育服务、其他生活服务和桑拿、氧吧)业务活动取得的收入,免征增值税。

4. 高校学生公寓和食堂

对按照国家规定的收费标准向学生收取的高校学生公寓住宿费收入,自2016年5月1日起,在营改增试点期间免征增值税。

对高校学生食堂为高校师生提供餐饮服务取得的收入,自2016年5月1日起,在营改增试点期间免征增值税。

所述高校学生公寓,是指为高校学生提供住宿服务,按照国家规定的收费标准收取住宿费的学生公寓。

高校学生食堂,是指依照《学校食堂与学生集体用餐卫生管理规定》(教育部令第14号)管理的高校学生食堂。

5. 学生勤工俭学提供的服务

学生勤工俭学提供的服务,免征增值税。

(九) 房地产

1. 经营公租房所取得的租金收入

对经营公租房所取得的租金收入,免征增值税。公租房经营管理单位应单独核算公租房租金收入,未单独核算的,不得享受免征增值税优惠政策。

享受上述税收优惠政策的公租房是指纳入省、自治区、直辖市、计划单列市人民政府及新疆生产建设兵团批准的公租房发展规划和年度计划,或者市、县人民政府批准建设(筹集),并按照《住房和城乡建设部 国家发展和改革委员会 财政部 国土资源部 中国人民银行 国家税务总局 中国银行业监督管理委员会关于加快发展公共租赁住房的指导意见》(建保〔2010〕87号)

和市、县人民政府制定的具体管理办法进行管理的公租房。

纳税人享受上述优惠政策,应按规定进行免税申报,并将不动产权属证明、载有房产原值的相关材料、纳入公租房及用地管理的相关材料、配套建设管理公租房相关材料、购买住房作为公租房相关材料、公租房租赁协议等留存备查。

上述政策执行至2025年12月31日。〔《财政部 税务总局关于继续实施公共租赁住房税收优惠政策的公告》(财政部 税务总局公告2023年第33号),2023年8月18日〕

2. 自然人采取一次性收取租金形式出租不动产取得的租金收入

自2021年4月1日至2022年12月31日,对月销售额15万元以下(含本数)的增值税小规模纳税人,免征增值税。

《中华人民共和国增值税暂行条例实施细则》第九条所称的其他个人,采取一次性收取租金形式出租不动产取得的租金收入,可在对应的租赁期内平均分摊,分摊后的月租金收入未超过15万元的,免征增值税。

注:自2023年1月1日至2027年12月31日,对月销售额10万元以下(含本数)的增值税小规模纳税人免征增值税。

3. 军队空余房产租赁

军队空余房产租赁收入,免征增值税。

4. 个人将购买的住房对外销售

(1)北京市、上海市、广州市和深圳市之外的地区。

个人将购买不足2年的住房对外销售的,按照5%的征收率全额缴纳增值税;个人将购买2年以上(含2年)的住房对外销售的,免征增值税。上述政策适用于北京市、上海市、广州市和深圳市之外的地区。

(2)北京市、上海市、广州市和深圳市。

个人将购买不足2年的住房对外销售的,按照5%的征收率全额缴纳增值税;个人将购买2年以上(含2年)的非普通住房对外销售的,以销售收入减去购买住房价款后的差额按照5%的征收率缴纳增值税;个人将购买2年以上(含2年)的普通住房对外销售的,免征增值税。上述政策仅适用于北京市、上海市、广州市和深圳市。

办理免税的具体程序、购买房屋的时间、开具发票、非购买形式取得住房行为及其他相关税收管理规定,按照《国务院办公厅转发建设部等部门关于做好稳定住房价格工作意见的通知》(国办发〔2005〕26号)、《国家税务总局 财政部 建设部关于加强房地产税收管理的通知》(国税发〔2005〕89号)和《国家税务总局关于房地产税收政策执行中几个具体问题的通知》(国税发〔2005〕172号)的有关规定执行。

5. 个人销售自建自用住房

个人销售自建自用住房,免征增值税。

6. 企业、行政事业单位按房改成本价、标准价出售住房

为了配合国家住房制度改革,企业、行政事业单位按房改成本价、标准价出售住房取得的收入,免征增值税。

7. 家庭财产分割

涉及家庭财产分割的个人无偿转让不动产、土地使用权,免征增值税。

家庭财产分割,包括下列情形:离婚财产分割;无偿赠与配偶、父母、子女、祖父母、外祖父母、孙子女、外孙子女、兄弟姐妹;无偿赠与对其承担直接抚养或者赡养义务的抚养人或者赡养人;房屋产权所有人死亡,法定继承人、遗嘱继承人或者受遗赠人依法取得房屋产权。

纳税人在办理个人无偿赠与或受赠不动产免征增值税、个人所得税手续时,继承或接受遗赠的,应当提交:

(1)房屋产权所有人死亡证明原件及复印件。

(2)经公证的能够证明有权继承或接受遗赠的证明资料原件及复印件(自2016年12月24日起,修改为"有权继承或接受遗赠的证明资料原件及复印件")。

8. 将土地使用权归还给土地所有者

土地所有者出让土地使用权和土地使用者

将土地使用权归还给土地所有者,免征增值税。

注:土地所有者依法征收土地,并向土地使用者支付土地及其相关有形动产、不动产补偿费的行为,属于《营业税改征增值税试点过渡政策的规定》(财税〔2016〕36号附件3)第一条第(三十七)项规定的土地使用者将土地使用权归还给土地所有者的情形。[《财政部 税务总局关于明确无偿转让股票等增值税政策的公告》(财政部 税务总局公告2020年第40号,2020年9月29日,自2020年9月29日起执行。此前已发生未处理的事项,按本公告规定执行)]

(十)交通运输、通信

1. 公共交通运输服务

自2022年1月1日至2022年12月31日,对纳税人提供公共交通运输服务(轮客渡、公交客运、地铁、城市轻轨、出租车、长途客运、班车等)取得的收入,免征增值税。

公共交通运输服务的具体范围,按照《营业税改征增值税试点有关事项的规定》(财税〔2016〕36号附件2)执行。

2. 铁路运输

青藏铁路公司提供的铁路运输服务,免征增值税。

3. 国际货物运输代理

纳税人提供的直接或者间接国际货物运输代理服务,免征增值税。

(1) 纳税人提供直接或者间接国际货物运输代理服务,向委托方收取的全部国际货物运输代理服务收入,以及向国际运输承运人支付的国际运输费用,必须通过金融机构进行结算。

(2) 纳税人为内地(大陆)与香港、澳门、台湾地区之间的货物运输提供的货物运输代理服务参照国际货物运输代理服务有关规定执行。

(3) 委托方索取发票的,纳税人应当就国际货物运输代理服务收入向委托方全额开具增值税普通发票。

4. 邮政

(1) 中国邮政集团公司及其所属邮政企业提供的邮政普遍服务和邮政特殊服务,免征增值税。

(2) 自2016年1月1日起,中国邮政集团公司及其所属邮政企业为金融机构代办金融保险业务取得的代理收入,在"营改增"试点期间免征增值税。

(十一)快递收派服务收入

自2022年5月1日至2022年12月3日,对纳税人为居民提供必需生活物资快递收派服务取得的收入,免征增值税。

快递收派服务的具体范围,按照《销售服务、无形资产、不动产注释》(财税〔2016〕36号印发)执行,是指接受寄件人委托,在承诺的时限内完成函件和包裹的收件、分拣、派送服务的业务活动。

(十二)金融、保险、担保

1. 金融

1) 金融商品转让

下列金融商品转让收入,免征增值税。

① 合格境外投资者(QFII)委托境内公司在我国从事证券买卖业务。

② 香港市场投资者(包括单位和个人)通过沪港通买卖上海证券交易所上市A股。

③ 对香港市场投资者(包括单位和个人)通过基金互认买卖内地基金份额。

④ 证券投资基金(封闭式证券投资基金,开放式证券投资基金)管理人运用基金买卖股票、债券。

⑤ 个人从事金融商品转让业务。

⑥ 全国社会保障基金理事会、全国社会保障基金投资管理人运用全国社会保障基金买卖证券投资基金、股票、债券取得的金融商品转让收入。

2) 金融机构向小微企业、个体工商户、农户发放贷款利息收入

至2023年12月31日,对金融机构向农户、小型企业、微型企业及个体工商户发放小额贷款取得的利息收入,免征增值税。

小额贷款,是指单户授信小于100万元(含本数)的农户、小型企业、微型企业或个体工商户贷款;没有授信额度的,是指单户贷款合同金额且贷款余额在100万元(含本数)以下的贷款。

此外，根据《财政部 税务总局关于金融机构小微企业贷款利息收入免征增值税政策的通知》（财税〔2018〕91号）的规定，自2018年9月1日至2020年12月31日，对于符合条件的金融机构向小型企业、微型企业和个体工商户发放单户授信小于1 000万元（含本数）的贷款［没有授信额度的，是指单户贷款合同金额且贷款余额在1 000万元（含本数）以下的贷款］取得的利息收入，可以按规定免征增值税。

注：自2019年8月20日起，将《财政部 税务总局关于金融机构小微企业贷款利息收入免征增值税政策的通知》（财税〔2018〕91号）第一条"人民银行同期贷款基准利率"修改为"中国人民银行授权全国银行间同业拆借中心公布的贷款市场报价利率"。

注：自2019年8月20日起，金融机构向小型企业、微型企业和个体工商户发放1年期以上（不含1年）至5年期以下（不含5年）小额贷款取得的利息收入，可选择中国人民银行授权全国银行间同业拆借中心公布的1年期贷款市场报价利率或5年期以上贷款市场报价利率，适用《财政部 税务总局关于金融机构小微企业贷款利息收入免征增值税政策的通知》（财税〔2018〕91号）规定的免征增值税政策。[《财政部 税务总局关于明确无偿转让股票等增值税政策的公告》（财政部 税务总局公告2020年第40号，2020年9月29日，自2020年9月20日起执行。此前已发生未处理的事项，按本公告规定执行）]

对经省级金融管理部门（金融办、局等）批准成立的小额贷款公司取得的农户小额贷款利息收入，免征增值税。小额贷款，是指单笔且该农户贷款余额总额在10万元（含本数）以下的贷款。

为继续加大对小微企业的支持力度，推动缓解融资难、融资贵问题，以下税收政策执行至2027年12月31日：

对金融机构向小型企业、微型企业及个体工商户发放小额贷款取得的利息收入，免征增值税。金融机构应将相关免税证明材料留存备查，单独核算符合免税条件的小额贷款利息收入，按现行规定向主管税务机关办理纳税申报；未单独核算的，不得免征增值税。

对金融机构与小型企业、微型企业签订的借款合同免征印花税。

以上所称小型企业、微型企业，是指符合《中小企业划型标准规定》（工信部联企业〔2011〕300号印发）的小型企业和微型企业。其中，资产总额和从业人员指标均以贷款发放时的实际状态确定；营业收入指标以贷款发放前12个自然月的累计数确定，不满12个自然月的，按照以下公式计算：

$$营业收入（年）=\left(\frac{企业实际存续期间营业收入}{企业实际存续月数}\right)\times 12$$

以上所称小额贷款，是指单户授信小于100万元（含本数）的小型企业、微型企业或个体工商户贷款；没有授信额度的，是指单户贷款合同金额且贷款余额在100万元（含本数）以下的贷款。[《财政部 税务总局关于支持小微企业融资有关税收政策的公告》（财政部 税务总局公告2023年第13号），2023年8月2日]

以下支持小微企业、个体工商户融资有关税收政策执行至2027年12月31日：

对金融机构向小型企业、微型企业和个体工商户发放小额贷款取得的利息收入，免征增值税。金融机构可以选择以下两种方法之一适用免征增值税：

（1）对金融机构向小型企业、微型企业和个体工商户发放的，利率水平不高于全国银行间同业拆借中心公布的贷款市场报价利率（LPR）150%（含本数）的单笔小额贷款取得的利息收入，免征增值税；高于全国银行间同业拆借中心公布的贷款市场报价利率（LPR）150%的单笔小额贷款取得的利息收入，按照现行政策规定缴纳增值税。

（2）对金融机构向小型企业、微型企业和个体工商户发放单笔小额贷款取得的利息收入中，不高于该笔贷款按照全国银行间同业拆借中心公布的贷款市场报价利率（LPR）150%（含本数）计算的利息收入部分，免征增值税；超过部分按照现行政策规定缴纳增值税。

金融机构可按会计年度在以上两种方法之间选定其一作为该年的免税适用方法，一经选定，该会计年度内不得变更。

以上所称金融机构,是指经中国人民银行、金融监管总局批准成立的已实现监管部门上一年度提出的小微企业贷款增长目标的机构,以及经中国人民银行、金融监管总局、中国证监会批准成立的开发银行及政策性银行、外资银行和非银行业金融机构。金融机构实现小微企业贷款增长目标情况,以金融监管总局及其派出机构考核结果为准。

以上所称小型企业、微型企业,是指符合《中小企业划型标准规定》(工信部联企业〔2011〕300号印发)的小型企业和微型企业。其中,资产总额和从业人员指标均以贷款发放时的实际状态确定;营业收入指标以贷款发放前12个自然月的累计数确定,不满12个自然月的,按照以下公式计算:

$$营业收入(年)=\left(\frac{企业实际存续期间营业收入}{企业实际存续月数}\right)\times 12$$

以上所称小额贷款,是指单户授信小于1 000万元(含本数)的小型企业、微型企业或个体工商户贷款;没有授信额度的,是指单户贷款合同金额且贷款余额在1 000万元(含本数)以下的贷款。

金融机构应将相关免税证明材料留存备查,单独核算符合免税条件的小额贷款利息收入,按现行规定向主管税务机构办理纳税申报;未单独核算的,不得免征增值税。金融机构应依法依规享受增值税优惠政策,一经发现存在虚报或造假骗取本项税收优惠情形的,停止享受《财政部 税务总局关于金融机构小微企业贷款利息收入免征增值税政策的公告》(财政部 税务总局公告2023年第16号)有关增值税优惠政策。金融机构应持续跟踪贷款投向,确保贷款资金真正流向小型企业、微型企业和个体工商户,贷款的实际使用主体与申请主体一致。

金融机构向小型企业、微型企业及个体工商户发放单户授信小于100万元(含本数),或者没有授信额度,单户贷款合同金额且贷款余额在100万元(含本数)以下的贷款取得的利息收入,可按照《财政部 税务总局关于支持小微企业融资有关税收政策的公告》(财政部 税务总局公告2023年第13号)的规定免征增值税。

[《财政部 税务总局关于金融机构小微企业贷款利息收入免征增值税政策的公告》(财政部 税务总局公告2023年第16号),2023年8月1日]

3) 住房公积金在指定的委托银行发放的个人住房贷款利息

住房公积金管理中心用住房公积金在指定的委托银行发放的个人住房贷款的利息收入,免征增值税。

4) 国家助学贷款利息收入

国家助学贷款利息收入,免征增值税。

5) 企业集团统借统还业务涉及利息

统借统还业务中,企业集团或企业集团中的核心企业以及集团所属财务公司按不高于支付给金融机构的借款利率水平或者支付的债券票面利率水平,向企业集团或者集团内下属单位收取的利息,免征增值税。

统借方向资金使用单位收取的利息,高于支付给金融机构借款利率水平或者支付的债券票面利率水平的,应全额缴纳增值税。

统借统还业务,是指:

(1) 企业集团或者企业集团中的核心企业向金融机构借款或对外发行债券取得资金后,将所借资金分拨给下属单位(包括独立核算单位和非独立核算单位,下同),并向下属单位收取用于归还金融机构或债券购买方本息的业务。

(2) 企业集团向金融机构借款或对外发行债券取得资金后,由集团所属财务公司与企业集团或者集团内下属单位签订统借统还贷款合同并分拨资金,并向企业集团或者集团内下属单位收取本息,再转付企业集团,由企业集团统一归还金融机构或债券购买方的业务。

注:自2019年2月1日至2023年12月31日,对企业集团内单位(含企业集团)之间的资金无偿借贷行为,免征增值税。

6) 外汇贷款利息收入

外汇管理部门在从事国家外汇储备经营过程中,委托金融机构发放的外汇贷款,免征增值税。

7）国债、地方政府债利息收入

国债、地方政府债利息收入，免征增值税。

8）金融同业往来利息收入

金融同业往来利息收入，免征增值税。

（1）金融机构与人民银行所发生的资金往来业务。

包括人民银行对一般金融机构贷款，以及人民银行对商业银行的再贴现等。商业银行购买央行票据、与央行开展货币掉期和货币互存等业务也属于金融机构与人民银行所发生的资金往来业务。

注：人民银行对金融机构的贷款的利息收入，免征增值税。

（2）银行联行往来业务。

是指同一银行系统内部不同行、处之间所发生的资金账务往来业务。境内银行与其境外的总机构、母公司之间，以及境内银行与其境外的分支机构、全资子公司之间的资金往来业务也属于银行联行往来业务。

（3）金融机构间的资金往来业务。

是指经人民银行批准，进入全国银行间同业拆借市场的金融机构之间通过全国统一的同业拆借网络进行的短期（一年以下含一年）无担保资金融通行为。

（4）金融机构之间开展的转贴现业务。

金融机构是指：

① 银行：包括人民银行、商业银行、政策性银行。

② 信用合作社。

③ 证券公司。

④ 金融租赁公司、证券基金管理公司、财务公司、信托投资公司、证券投资基金。

⑤ 保险公司。

⑥ 其他经人民银行、国家金融监督管理总局（原银保监会）、证监会批准成立且经营金融保险业务的机构等。

除上述情况外，下列情况也属于同业往来利息收入：

（1）同业存款。

同业存款，是指金融机构之间开展的同业资金存入与存出业务，其中资金存入方仅为具有吸收存款资格的金融机构。

（2）同业借款。

同业借款，是指法律法规赋予此项业务范围的金融机构开展的同业资金借出和借入业务。所称"法律法规赋予此项业务范围的金融机构"主要是指农村信用社之间以及在金融机构营业执照列示的业务范围中有反映为"向金融机构借款"业务的金融机构。

（3）同业代付。

同业代付，是指商业银行（受托方）接受金融机构（委托方）的委托向企业客户付款，委托方在约定还款日偿还代付款项本息的资金融通行为。

（4）买断式买入返售金融商品。

买断式买入返售金融商品，是指金融商品持有人（正回购方）将债券等金融商品卖给债券购买方（逆回购方）的同时，交易双方约定在未来某一日期，正回购方再以约定价格从逆回购方买回相等数量同种债券等金融商品的交易行为。

（5）持有金融债券。

金融债券，是指依法在中华人民共和国境内设立的金融机构法人在全国银行间和交易所债券市场发行的、按约定还本付息的有价证券。

（6）同业存单。

同业存单，是指银行业存款类金融机构法人在全国银行间市场上发行的记账式定期存款凭证。

9）剥离不良资产

中国信达资产管理股份有限公司、中国华融资产管理股份有限公司、中国长城资产管理公司和中国ABC资产管理公司及各自经批准分设于各地的分支机构（以下简称资产公司），在收购、承接和处置剩余政策性剥离不良资产和改制银行剥离不良资产过程中开展的以下业务，免征增值税。

（1）接受相关国有银行的不良债权，借款方以货物、不动产、无形资产、有价证券和票据等抵充贷款本息的，资产公司销售、转让该货物、不动产、无形资产、有价证券、票据以及利用该货物、不动产从事的融资租赁业务。

（2）接受相关国有银行的不良债权取得的利息。

（3）资产公司所属的投资咨询类公司，为本公司收购、承接、处置不良资产而提供的资产、项目评估和审计服务。

中国长城资产管理公司和中国 ABC 资产管理公司如经国务院批准改制后，继承其权利、义务的主体及其分支机构处置剩余政策性剥离不良资产和改制银行剥离不良资产，比照上述政策执行。

上述政策性剥离不良资产，是指资产公司按照国务院规定的范围和额度，以账面价值进行收购的相关国有银行的不良资产。

上述改制银行剥离不良资产，是指资产公司按照《中国银行和中国建设银行改制过程中可疑类贷款处置管理办法》（财金〔2004〕53号）《中国工商银行改制过程中可疑类贷款处置管理办法》（银发〔2005〕148号）规定及中国交通银行股份制改造时国务院确定的不良资产的范围和额度收购的不良资产。

上述处置不良资产，是指资产公司按照有关法律、行政法规，为使不良资产的价值得到实现而采取的债权转移的措施，具体包括运用出售、置换、资产重组、债转股、证券化等方法对贷款及其抵押品进行处置。

资产公司（含中国长城资产管理公司和中国 ABC 资产管理公司如经国务院批准改制后继承其权利、义务的主体）除收购、承接、处置规定的政策性剥离不良资产和改制银行剥离不良资产业务外，从事其他经营业务应一律依法纳税。

除另有规定者外，资产公司所属、附属企业，不得享受资产公司免征增值税的政策。

10）债转股

按债转股企业与金融资产管理公司签订的债转股协议，债转股原企业将货物资产作为投资提供给债转股新公司的，免征增值税。

11）撤销金融机构

被撤销金融机构以货物、不动产、无形资产、有价证券、票据等财产清偿债务，免征增值税。

被撤销金融机构，是指经人民银行、银监会依法决定撤销的金融机构及其分设于各地的分支机构，包括被依法撤销的商业银行、信托投资公司、财务公司、金融租赁公司、城市信用社和农村信用社。除另有规定外，被撤销金融机构所属、附属企业，不享受被撤销金融机构增值税免税政策。

2. 保险

1）保险公司开办的一年期以上人身保险产品取得的保费收入，免征增值税

1年期以上人身保险，是指保险期间为1年期及以上返还本利的人寿保险、养老年金保险，以及保险期间为1年期及以上的健康保险。

人寿保险，是指以人的寿命为保险标的的人身保险。

养老年金保险，是指以养老保障为目的，以被保险人生存为给付保险金条件，并按约定的时间间隔分期给付生存保险金的人身保险。养老年金保险应当同时符合下列条件：

（1）保险合同约定给付被保险人生存保险金的年龄不得小于国家规定的退休年龄。

（2）相邻两次给付的时间间隔不得超过1年。

健康保险，是指以因健康原因导致损失为给付保险金条件的人身保险。

上述免税政策实行备案管理，具体备案管理办法按照《国家税务总局关于一年期以上返还性人身保险产品免征营业税审批事项取消后有关管理问题的公告》（国家税务总局公告2015年第65号）规定执行。

注：自2019年2月2日起，保险公司开办一年期以上返还性人身保险产品，按照以下规定执行：

A. 保险公司开办一年期以上返还性人身保险产品，在保险监管部门出具备案回执或批复文件前依法取得的保费收入，属于《财政部 国家税务总局关于一年期以上返还性人身保险产品营业税免税政策的通知》（财税〔2015〕86号）第一条、《营业税改征增值税试点过渡政策的规定》（财税〔2016〕36号附件3）第一条第（二十一）项规定的保费收入。

B. 保险公司符合财税〔2015〕86号文件第一条、第二

条规定免税条件,且未列入财政部、国家税务总局发布的免征营业税名单的,可向主管税务机关办理备案手续。

C. 保险公司开办一年期以上返还性人身保险产品,在列入财政部和税务总局发布的免征营业税名单或办理免税备案手续后,此前已缴纳营业税中尚未抵减或退还的部分,可抵减以后月份应缴纳的增值税。

2) 再保险服务

(1) 境内保险公司向境外保险公司提供的完全在境外消费的再保险服务,免征增值税。

(2) 试点纳税人提供再保险服务(境内保险公司向境外保险公司提供的再保险服务除外),实行与原保险服务一致的增值税政策。

再保险合同对应多个原保险合同的,所有原保险合同均适用免征增值税政策时,该再保险合同适用免征增值税政策。否则,该再保险合同应按规定缴纳增值税。

原保险服务,是指保险分出方与投保人之间直接签订保险合同而建立保险关系的业务活动。

3) 国际航运保险业务

对下列国际航运保险业务免征增值税:

(1) 注册在上海、天津的保险企业从事国际航运保险业务。

(2) 注册在深圳市的保险企业向注册在前海深港现代服务业合作区的企业提供国际航运保险业务。

(3) 注册在平潭的保险企业向注册在平潭的企业提供国际航运保险业务。

自2020年10月1日至2023年12月31日,对注册在广州市的保险企业向注册在南沙自贸片区的企业提供国际航运保险业务取得的收入,免征增值税。

3. 担保

1) 为农户、小型企业、微型企业及个体工商户借款、发行债券提供融资担保

自2018年1月1日至2023年12月31日,纳税人为农户、小型企业、微型企业及个体工商户借款、发行债券提供融资担保取得的担保费收入,以及为上述融资担保提供再担保取得的再担保费收入,免征增值税。再担保合同对应多个原担保合同的,原担保合同应全部适用免征增值税政策。否则,再担保合同应按规定缴纳增值税。

纳税人应将相关免税证明材料留存备查,单独核算符合免税条件的融资担保费和再担保费收入,按现行规定向主管税务机关办理纳税申报;未单独核算的,不得免征增值税。

农户,是指长期(1年以上)居住在乡镇(不包括城关镇)行政管理区域内的住户,还包括长期居住在城关镇所辖行政村范围内的住户和户口不在本地而在本地居住1年以上的住户,国有农场的职工。位于乡镇(不包括城关镇)行政管理区域内和在城关镇所辖行政村范围内的国有经济的机关、团体、学校、企事业单位的集体户;有本地户口,但举家外出谋生1年以上的住户,无论是否保留承包耕地均不属于农户。农户以户为统计单位,既可以从事农业生产经营,也可以从事非农业生产经营。农户担保、再担保的判定应以原担保生效时的被担保人是否属于农户为准。

小型企业、微型企业,是指符合《中小企业划型标准规定》(工信部联企业〔2011〕300号)的小型企业和微型企业。其中,资产总额和从业人员指标均以原担保生效时的实际状态确定;营业收入指标以原担保生效前12个自然月的累计数确定,不满12个自然月的,按照以下公式计算:

$$\frac{营业收入}{(年)} = \frac{企业实际存续期间营业收入}{企业实际存续月数} \times 12$$

为进一步支持农户、小微企业和个体工商户融资,延续执行农户、小微企业和个体工商户融资担保增值税政策至2027年12月31日:

纳税人为农户、小型企业、微型企业及个体工商户借款、发行债券提供融资担保取得的担保费收入,以及为上述融资担保(以下称原担保)提供再担保取得的再担保费收入,免征增值税。再担保合同对应多个原担保合同的,原担保合同应全部适用免征增值税政策。否则,再担保合同应按规定缴纳增值税。

以上所称农户,是指长期(1年以上)居住在

乡镇(不包括城关镇)行政管理区域内的住户,还包括长期居住在城关镇所辖行政村范围内的住户和户口不在本地而在本地居住1年以上的住户,国有农场的职工。位于乡镇(不包括城关镇)行政管理区域内和在城关镇所辖行政村范围内的国有经济的机关、团体、学校、企事业单位的集体户;有本地户口,但举家外出谋生1年以上的住户,无论是否保留承包耕地均不属于农户。农户以户为统计单位,既可以从事农业生产经营,也可以从事非农业生产经营。农户担保、再担保的判定应以原担保生效时的被担保人是否属于农户为准。

以上所称小型企业、微型企业,是指符合《中小企业划型标准规定》(工信部联企业〔2011〕300号印发)的小型企业和微型企业。其中,资产总额和从业人员指标均以原担保生效时的实际状态确定;营业收入指标以原担保生效前12个自然月的累计数确定,不满12个自然月的,按照以下公式计算:

$$营业收入(年) = \left(\frac{企业实际存续期间营业收入}{企业实际存续月数}\right) \times 12$$

纳税人应将相关免税证明材料留存备查,单独核算符合免税条件的融资担保费和再担保费收入,按现行规定向主管税务机关办理纳税申报;未单独核算的,不得免征增值税。[《财政部 税务总局关于延续执行农户、小微企业和个体工商户融资担保增值税政策的公告》(财政部 税务总局公告2023年第18号),2023年8月1日]

2) 中小企业信用担保或者再担保业务

同时符合下列条件的担保机构从事中小企业信用担保或者再担保业务取得的收入(不含信用评级、咨询、培训等收入)3年内免征增值税:

(1) 已取得监管部门颁发的融资性担保机构经营许可证,依法登记注册为企(事)业法人,实收资本超过2000万元。

(2) 平均年担保费率不超过银行同期贷款基准利率的50%。

$$平均年担保费率 = \frac{本期担保费收入}{期初担保余额 + 本期增加担保金额} \times 100\%$$

(3) 连续合规经营2年以上,资金主要用于担保业务,具备健全的内部管理制度和为中小企业提供担保的能力,经营业绩突出,对受保项目具有完善的事前评估、事中监控、事后追偿与处置机制。

(4) 为中小企业提供的累计担保贷款额占其两年累计担保业务总额的80%以上,单笔800万元以下的累计担保贷款额占其累计担保业务总额的50%以上。

(5) 对单个受保企业提供的担保余额不超过担保机构实收资本总额的10%,且平均单笔担保责任金额最多不超过3000万元人民币。

(6) 担保责任余额不低于其净资产的3倍,且代偿率不超过2%。

担保机构免征增值税政策采取备案管理方式。符合条件的担保机构应到所在地县(市)主管税务机关和同级中小企业管理部门履行规定的备案手续,自完成备案手续之日起,享受3年免征增值税政策。3年免税期满后,符合条件的担保机构可按规定程序办理备案手续后继续享受该项政策。

具体备案管理办法按照《国家税务总局关于中小企业信用担保机构免征营业税审批事项取消后有关管理问题的公告》(国家税务总局公告2015年第69号)规定执行,其中税务机关的备案管理部门统一调整为县(市)级税务局。

(十二) 资源、能源、国家储备

1. 自然资源使用权

县级以上地方人民政府或自然资源行政主管部门出让、转让或收回自然资源使用权(不含土地使用权),免征增值税。

2. 合同能源管理

同时符合下列条件的合同能源管理服务,免征增值税。

(1) 节能服务公司实施合同能源管理项目相关技术,应当符合《合同能源管理技术通则》(GB/T 24915—2010)规定的技术要求。

(2) 节能服务公司与用能企业签订节能效益分享型合同,其合同格式和内容,符合《中华人民共和国合同法》*和《合同能源管理技术通则》(GB/T 24915—2010)等规定。

*注：《中华人民共和国民法典》由中华人民共和国第十三届全国人民代表大会第三次会议于2020年5月28日通过，自2021年1月1日起施行。《中华人民共和国合同法》同时废止。

3. 国家商品储备

国家商品储备管理单位及其直属企业承担商品储备任务，从中央或者地方财政取得的利息补贴收入和价差补贴收入，免征增值税。

国家商品储备管理单位及其直属企业，是指接受中央、省、市、县四级政府有关部门（或者政府指定管理单位）委托，承担粮（含大豆）食用油、棉、糖、肉、盐（限于中央储备）6种商品储备任务，并按有关政策收储、销售上述6种储备商品，取得财政储备经费或者补贴的商品储备企业。利息补贴收入，是指国家商品储备管理单位及其直属企业因承担上述商品储备任务从金融机构贷款，并从中央或者地方财政取得的用于偿还贷款利息的贴息收入。价差补贴收入包括销售价差补贴收入和轮换价差补贴收入。销售价差补贴收入，是指按照中央或者地方政府指令销售上述储备商品时，由于销售收入小于库存成本而从中央或者地方财政获得的全额价差补贴收入。轮换价差补贴收入，是指根据要求定期组织政策性储备商品轮换而从中央或者地方财政取得的商品新陈品质价差补贴收入。

（十三）飞机维修、铁路货车修理

1. 飞机维修企业的国外飞机维修业务

对承揽国内、国外航空公司飞机维修业务的企业（以下简称飞机维修企业）所从事的国外航空公司飞机维修业务，实行免征本环节增值税应纳税额、直接退还相应增值税进项税额的办法。

飞机维修企业应分别核算国内、国外飞机维修业务的进项税额；未分别核算或者未准确核算进项税额的，由主管税务机关进行核定。造成多退税款的，予以追回；涉及违法犯罪的，按有关法律法规规定处理。

2. 铁路货车修理

自2001年1月1日起，对铁路系统内部单位为本系统修理货车的业务免征增值税。铁路系统内部单位包括中国南方、北方机车车辆工业集团公司所属企业，其为铁路系统修理铁路货车的业务免征增值税。

（十四）销售的自己使用过的物品

自己使用过的物品是指自然人使用过的物品，免征增值税。

（十五）农林牧渔

1. 农业

农业机耕、排灌、病虫害防治、植物保护、农牧保险以及相关技术培训业务，家禽、牲畜、水生动物的配种和疾病防治，免征增值税。

农业机耕，是指在农业、林业、牧业中使用农业机械进行耕作（包括耕耘、种植、收割、脱粒、植物保护等）的业务；排灌，是指对农田进行灌溉或者排涝的业务；病虫害防治，是指从事农业、林业、牧业、渔业的病虫害测报和防治的业务；农牧保险，是指为种植业、养殖业、牧业种植和饲养的动植物提供保险的业务；相关技术培训，是指与农业机耕、排灌、病虫害防治、植物保护业务相关以及为使农民获得农牧保险知识的技术培训业务；家禽、牲畜、水生动物的配种和疾病防治业务的免税范围，包括与该项服务有关的提供药品和医疗用具的业务。

《营业税改征增值税试点过渡政策的规定》（财税〔2016〕36号附件3）中规定，"家禽、牲畜、水生动物的配种和疾病防治"，属于免征增值税范围。《国家税务总局关于取消增值税扣税凭证认证确认期限等增值税征管问题的公告》（国家税务总局公告2019年第45号，2019年12月31日）明确，符合规定的动物诊疗机构提供的动物疾病预防、诊断、治疗和动物绝育手术等动物诊疗服务，属于上述免税范围；除此之外，动物诊疗机构销售动物食品和用品，提供动物清洁、美容、代理看护等业务，应按规定缴纳增值税。

将土地使用权转让给农业生产者用于农业生产,免征增值税。

自2017年7月1日起,纳税人采取转包、出租、互换、转让、入股等方式将承包地流转给农业生产者用于农业生产,免征增值税。

自2020年1月20日起,纳税人将国有农用地出租给农业生产者用于农业生产,免征增值税。

2. 农产品

农业生产者销售的自产农产品,免征增值税。

农业,是指种植业、养殖业、林业、牧业、水产业。农业生产者,包括从事农业生产的单位和个人。农产品是指种植业、养殖业、林业、牧业、水产业生产的各类植物、动物的初级产品。

单位和个人销售的外购的农业产品,以及单位和个人外购农业产品生产、加工后销售的仍然属于注释所列的农业产品,不属于免税的范围,应当按照规定税率征收增值税。

农业生产者用自产的茶青再经筛分、风选、拣剔、碎块、干燥、匀堆等工序精制而成的精制茶,不得按照农业生产者销售自产农业产品免税的规定执行,应当按照规定的税率征税。

对农民个人按照竹器企业提供样品规格,自产或购买竹、芒、藤、木条等,再通过手工简单编织成竹制或竹芒藤柳混合坯具的,属于自产农业初级产品,应当免征销售环节增值税。

自2010年12月1日起,制种企业在下列生产经营模式下生产销售种子,属于农业生产者销售自产农业产品,应根据《增值税暂行条例》的有关规定免征增值税:

(1) 制种企业利用自有土地或承租土地,雇用农户或雇工进行种子繁育,再经烘干、脱粒、风筛等深加工后销售种子。

(2) 制种企业提供亲本种子委托农户繁育并从农户手中收回,再经烘干、脱粒、风筛等深加工后销售种子。

自2013年4月1日起,纳税人采取"公司+农户"经营模式从事畜禽饲养,纳税人回收再销售畜禽,属于农业生产者销售自产农产品,免征增值税。

"公司+农户"经营模式销售畜禽是指纳税人与农户签订委托养殖合同,向农户提供畜禽苗、饲料、兽药及疫苗等(所有权属于公司),农户饲养畜禽苗至成品后交付纳税人回收,纳税人将回收的成品畜禽用于销售。

3. 粮食和食用植物油

(1) 对承担粮食收储任务的国有粮食购销企业销售的粮食免征增值税。

对其他粮食企业经营粮食,除下列项目免征增值税外,一律征收增值税。

① 军队用粮,指凭军用粮票和军粮供应证按军供价供应中国人民解放军和中国人民武装警察部队的粮食。

② 救灾救济粮,指经县(含)以上人民政府批准,凭救灾救济粮票(证)按规定的销售价格向需要救助的灾民供应的粮食。

③ 水库移民口粮,指经县(含)以上人民政府批准,凭水库移民口粮票(证)按规定的销售价格供应给水库移民的粮食。

对销售食用植物油业务,除政府储备食用植物油的销售继续免征增值税外,一律照章征收增值税。

(2) 享受免税优惠的国有粮食购销企业可继续使用增值税专用发票。

自1999年8月1日起,凡国有粮食购销企业销售粮食,一律开具增值税专用发票。

国有粮食购销企业开具增值税专用发票时,应当比照非免税货物开具增值税专用发票,企业记账销售额为"价税合计"数。

属于一般纳税人的生产、经营单位从国有粮食购销企业购进的免税粮食,可依照国有粮食购销企业开具的增值税专用发票注明的税额抵扣进项税额。

(3) 凡享受免征增值税的国有粮食购销企业,均按增值税一般纳税人认定,并进行纳税申报、日常检查及有关增值税专用发票的各项管理。

(4) 对粮食部门经营的退耕还林还草补助粮,凡符合国家规定标准的,比照"救灾救济粮"免征增值税。

(5) 自 2002 年 6 月 1 日起,对中国储备粮总公司及各分公司所属的政府储备食用植物油承储企业,按照国家指令计划销售的政府储备食用植物油,可比照《国家税务总局关于国有粮食购销企业开具粮食销售发票有关问题的通知》(国税明电〔1999〕10 号)及《国家税务总局关于加强国有粮食购销企业增值税管理有关问题的通知》(国税函〔1999〕560 号)的有关规定执行,允许其开具增值税专用发票并纳入增值税防伪税控系统管理。

自 2014 年 5 月 1 日起,上述增值税免税政策适用范围由粮食扩大到粮食和大豆,并可对免税业务开具增值税专用发票。此前发生的大豆销售行为,税务机关已处理的,不再调整;尚未处理的,可按上述规定执行。

4. 蔬菜

蔬菜流通环节增值税免税政策。

自 2012 年 1 月 1 日起,免征蔬菜流通环节增值税。

(1) 对从事蔬菜批发、零售的纳税人销售的蔬菜免征增值税。

蔬菜是指可作副食的草本、木本植物,包括各种蔬菜、菌类植物和少数可作副食的木本植物。蔬菜的主要品种参照《蔬菜主要品种目录》执行。

经挑选、清洗、切分、晾晒、包装、脱水、冷藏、冷冻等工序加工的蔬菜,属于《财政部 国家税务总局关于免征蔬菜流通环节增值税有关问题的通知》(财税〔2011〕137 号)所述蔬菜的范围。

各种蔬菜罐头不属于财税〔2011〕137 号文件所述蔬菜的范围。蔬菜罐头是指蔬菜经处理、装罐、密封、杀菌或无菌包装而制成的食品。

(2) 纳税人既销售蔬菜又销售其他增值税应税货物的,应分别核算蔬菜和其他增值税应税货物的销售额;未分别核算的,不得享受蔬菜增值税免税政策。

5. 边销茶

自 2021 年 1 月 1 日起至 2023 年 12 月 31 日,对边销茶生产企业销售自产的边销茶及经销企业销售的边销茶免征增值税。

所称边销茶,是指以黑毛茶、老青茶、红茶末、绿茶为主要原料,经过发酵、蒸制、加压或者压碎、炒制,专门销往边疆少数民族地区的紧压茶。

6. 种子

(1) 制种行业增值税优惠政策。

制种企业在下列生产经营模式下生产种子,属于农业生产者销售自产农产品,免征增值税。

① 制种企业利用自有土地或承租土地,雇佣农户或雇工进行种子繁育,再经烘干、脱粒、风筛等深加工后销售种子。

② 制种企业提供亲本种子委托农户繁育并从农户手中收回,再经烘干、脱粒、风筛等深加工后销售种子。

(2) 进口种子种源增值税优惠政策

自 2021 年 1 月 1 日至 2025 年 12 月 31 日,对符合《进口种子种源免征增值税商品清单》的进口种子种源免征进口环节增值税。

7. 饲料

免征增值税饲料产品的范围包括以下几种。

(1) 单一大宗饲料。

指以一种动物、植物、微生物或矿物质为来源的产品或其副产品。其范围仅限于糠麸、酒糟、鱼粉、草饲料、饲料级磷酸氢钙及除豆粕以外的菜籽粕、棉籽粕、向日葵粕、花生粕等粕类产品。饲用鱼油、饲料级磷酸二氢钙也按照"单一大宗饲料"对待。其中,饲用鱼油自 2003 年 1 月 1 日起免征增值税,饲料级磷酸二氢钙自 2007 年 1 月 1 日起免征增值税。

(2) 混合饲料。

指由两种以上单一大宗饲料、粮食、粮食副产品及饲料添加剂按照一定的比例配置,其中单一大宗饲料、粮食及粮食副产品的掺兑比例不低于 95% 的饲料。

(3) 配合饲料。

指根据不同的饲养对象、饲养对象的不同

生长发育阶段的营养需要，将多种饲料原料按饲料配方经工业生产后，形成的能满足饲养动物全部营养需要（除水分外）的饲料。

自 2013 年 9 月 1 日起，精料补充料免征增值税。精料补充料是指补充草食动物的营养，将多种饲料和饲料添加剂按照一定比例配制的饲料。

(4) 复合预混料。

指能够按照国家有关饲料产品的标准要求量，全面提供动物饲养相应阶段所需微量元素（4 种或以上）维生素（8 种或以上），由微量元素、维生素、氨基酸和非营养性添加剂中任何两类或两类以上的组分与载体或稀释剂按一定比例配置的均匀混合物。

(5) 浓缩饲料。

指由蛋白质、复合预混料及矿物质等按一定比例配制的均匀混合物。

矿物质微量元素舔砖，是以四种以上微量元素、非营养性添加剂和载体为原料，经高压浓缩制成的块状预混物，可供牛、羊等牲畜直接食用。

宠物饲料不属于免征增值税的饲料。

豆粕属于征收增值税的饲料产品，除豆粕以外的其他粕类饲料产品，均免征增值税。

8. 有机肥产品

有机肥产品免征增值税政策如下。

自 2008 年 6 月 1 日起，纳税人生产销售和批发、零售有机肥产品免征增值税。

享受免税政策的有机肥产品是指有机肥料、有机—无机复混肥料和生物有机肥。其产品执行标准为：有机肥料 NY 525—2002，有机—无机复混肥料 GB 18877—2002，生物有机肥 NY 884—2004。其他不符合上述标准的产品，不属于财税〔2008〕56 号文件规定的有机肥产品，应按照现行规定征收增值税。

享受免税政策的纳税人应按照规定，单独核算有机肥产品的销售额。未单独核算销售额的，不得免税。纳税人销售免税的有机肥产品，应按规定开具普通发票，不得开具增值税专用发票。纳税人申请免征增值税，应向主管税务机关提供相关的资料，凡不能提供的，一律不得免税。

(十六) 政府性基金和行政事业性收费

行政单位之外的其他单位收取的符合《营业税改征增值税试点实施办法》（财税〔2016〕36 号附件 1）第十条*规定条件的政府性基金和行政事业性收费，免征增值税。

*注：第十条 销售服务、无形资产或者不动产，是指有偿提供服务、有偿转让无形资产或者不动产，但属于下列非经营活动的情形除外：

（一）行政单位收取的同时满足以下条件的政府性基金或者行政事业性收费。

1. 由国务院或者财政部批准设立的政府性基金，由国务院或者省级人民政府及其财政、价格主管部门批准设立的行政事业性收费；

2. 收取时开具省级以上（含省级）财政部门监（印）制的财政票据；

3. 所收款项全额上缴财政。

（二）单位或者个体工商户聘用的员工为本单位或者雇主提供取得工资的服务。

（三）单位或者个体工商户为聘用的员工提供服务。

（四）财政部和国家税务总局规定的其他情形。

(十七) 外国政府、国际组织无偿援助

外国政府、国际组织无偿援助的进口物资和设备，免征增值税。

(十八) 法律援助补贴

自 2022 年 1 月 1 日起，对法律援助人员按照《中华人民共和国法律援助法》规定获得的法律援助补贴，免征增值税和个人所得税。

法律援助机构向法律援助人员支付法律援助补贴时，应当为获得补贴的法律援助人员办理个人所得税劳务报酬所得免税申报。

司法行政部门与税务部门建立信息共享机制，每一年度个人所得税综合所得汇算清缴开始前，交换法律援助补贴获得人员的涉税信息。

上述法律援助机构是指按照《中华人民共和国法律援助法》第十二条规定设立的法律援助机构。群团组织参照《中华人民共和国法律援助法》第六十八条规定开展法律援助工作的，按照《财政部 税务总局关于法律援助补贴有关税收政策的公告》（财政部 税务总局公告

2022年第25号)规定为法律援助人员办理免税申报,并将法律援助补贴获得人员的相关信息报送司法行政部门。

四、即征即退

增值税的即征即退,是指先按规定缴纳增值税,再由财政部门委托税务部门审批后办理退税手续。

销售服务类增值税即征即退政策规定中所称增值税实际税负,是指纳税人当期提供应税服务实际缴纳的增值税额占纳税人当期提供应税服务取得的全部价款和价外费用的比例。

即征即退政策中纳税信用级别的适用

纳税人享受增值税即征即退政策,需要符合纳税信用级别条件的,以纳税人申请退税税款所属期的纳税信用级别确定。申请退税税款所属期内纳税信用级别发生变化的,以变化后的纳税信用级别确定。

例如:2020年4月,某纳税人纳税信用级别被评定为D级,而此前该纳税人纳税信用级别为A级。2020年6月,纳税人向税务机关提出即征即退申请,申请退还2019年12月至2020年5月间(6个月)资源综合利用项目的应退税款。按照规定,如纳税人符合其他相关条件,税务机关应为其办理2019年12月至2020年3月所属期的退税,而2020年4月至5月所属期对应的税款,不应给予退还。

纳税人适用增值税即征即退政策,应在何时提交证明材料?

推广长三角税收征管服务措施改革中"简化增值税即征即退事项办理流程"的经验,《国家税务总局关于进一步优化增值税优惠政策办理程序及服务有关事项的公告》第二条明确规定,纳税人适用增值税即征即退政策的,应当在首次申请增值税退税时,按规定向主管税务机关提供退税申请材料和相关政策规定的证明材料。纳税人后续申请增值税退税时,相关证明材料未发生变化的,无需重复提供,仅需提供退税申请材料并在退税申请中说明有关情况。

纳税人享受增值税即征即退条件发生变化的,需要如何处理?

《国家税务总局关于进一步优化增值税优惠政策办理程序及服务有关事项的公告》第二条明确规定,纳税人享受增值税即征即退条件发生变化的,应当在发生变化后首次纳税申报时向主管税务机关书面报告。

自2020年1月20日起,纳税人按照《财政部 税务总局 海关总署关于深化增值税改革有关政策的公告》(财政部 税务总局 海关总署公告2019年第39号)、《财政部 税务总局关于明确部分先进制造业增值税期末留抵退税政策的公告》(财政部 税务总局公告2019年第84号)规定取得增值税留抵退税款的,不得再申请享受增值税即征即退、先征后返(退)政策。

(一)软件产品

软件产品,是指信息处理程序及相关文档和数据,包括计算机软件产品、信息系统和嵌入式软件产品。

根据《财政部 国家税务总局关于软件产品增值税政策的通知》(财税〔2011〕100号)的规定,自2011年1月1日起,软件产品执行以下增值税政策:

(1)增值税政策。

① 增值税一般纳税人销售其自行开发生产的软件产品,按13%(自2019年4月1日起)税率征收增值税后,对其增值税实际税负超过3%的部分实行即征即退政策。

② 增值税一般纳税人将进口软件产品进行本地化改造后对外销售,其销售的软件产品可享受第①款规定的增值税即征即退政策。

本地化改造是指对进口软件产品进行重新设计、改进、转换等,单纯对进口软件产品进行汉字化处理不包括在内。

(2)满足下列条件的软件产品,经主管税务机关审核批准,可以享受上述增值税政策。

① 取得省级软件产业主管部门认可的软件检测机构出具的检测证明材料。

② 取得软件产业主管部门颁发的《软件产

品登记证书》或著作权行政管理部门颁发的《计算机软件著作权登记证书》。

(3) 软件产品增值税即征即退税额的计算。

① 软件产品（含嵌入式软件产品）增值税即征即退税额的计算方法。

即征即退税额 = 当期软件产品增值税应纳税额 − 当期软件产品销售额 × 3%

当期软件产品增值税应纳税额 = 当期软件产品销项税额 − 当期软件产品可抵扣进项税额

当期软件产品销项税额 = 当期软件产品销售额 × 13%（自 2019 年 4 月 1 日起）

② 当期嵌入式软件产品销售额的计算公式。

当期嵌入式软件产品销售额 = 当期嵌入式软件产品与计算机硬件、机器设备销售额合计 − 当期计算机硬件、机器设备销售额

计算机硬件、机器设备销售额按照下列顺序确定：

A. 按纳税人最近同期同类货物的平均销售价格计算确定。

B. 按其他纳税人最近同期同类货物的平均销售价格计算确定。

C. 按计算机硬件、机器设备组成计税价格计算确定。

计算机硬件、机器设备组成计税价格 = 计算机硬件、机器设备成本 × (1 + 10%)

(4) 按照上述办法计算，即征即退税额大于零时，税务机关应按规定，及时办理退税手续。

(5) 增值税一般纳税人在销售软件产品的同时销售其他货物或者应税劳务的，对于无法划分的进项税额，应按照实际成本或销售收入比例确定软件产品应分摊的进项税额；对专用于软件产品开发生产设备及工具的进项税额，不得进行分摊。纳税人应将选定的分摊方式报主管税务机关备案，并自备案之日起一年内不得变更。

专用于软件产品开发生产的设备及工具，包括但不限于用于软件设计的计算机设备、读写打印器具设备、工具软件、软件平台和测试设备。

(6) 对增值税一般纳税人随同计算机硬件、机器设备一并销售的嵌入式软件产品，如果适用上述规定按照组成计税价格计算确定计算机硬件、机器设备销售额，应分别核算成本。未分别核算或者核算不清的，不得享受上述政策。

延伸解读

软件产品增值税超税负即征即退

(1) 享受主体。

自行开发生产销售软件产品（包括将进口软件产品进行本地化改造后对外销售）的增值税一般纳税人。

(2) 优惠内容。

增值税一般纳税人销售其自行开发生产的软件产品，按 17%（作者注：自 2018 年 5 月 1 日起，原适用 17% 税率的调整为 16%；自 2019 年 4 月 1 日起，原适用 16% 税率的税率调整为 13%）税率征收增值税后，对其增值税实际税负超过 3% 的部分实行即征即退政策。

(3) 享受条件。

软件产品需取得著作权行政管理部门颁发的《计算机软件著作权登记证书》。

【案例 2-22】 智董软件公司为增值税一般纳税人（享受软件业税收优惠），2023 年 4 月发生如下业务：

业务一：销售自行开发的软件产品，取得不含税销售额 260 万元，提供软件技术服务，取得不含税服务费 35 万元。

业务二：购进用于软件产品开发及软件技术服务的材料，取得增值税专用发票，注明金额 30 万元、税额 3.9 万元。

业务三：员工国内出差，报销时提供标有员工身份信息的航空运输电子客票行程单，注明票价 2.18 万元、民航发展基金 0.12 万元。

业务四：转让 2012 年度购入的一栋写字楼，取得含税收入 8 700 万元，该企业无法提供写字楼发票，提供的契税完税凭证上注明的计税金额为 2 200 万元。该企业转让写字楼选择按照简易计税方法计税。

【分析】 1. 业务一的销项税额

第一步：确定征税范围与适用税率。

销售自行开发的软件产品,适用税率为13%;提供软件技术服务,适用税率为6%。

第二步:确定销售额。

销售自行开发的软件产品,销售额为260万元;提供软件技术服务,销售额为35万元。

第三步:计算销项税额。

销项税额=260×13%+35×6%=33.8+2.1=35.90(万元)

2. 该公司当期可抵扣的进项税额

第一步:确定扣除凭证和扣除比例。

购进材料,取得增值税专用发票,注明税额3.9万元;取得注明旅客信息的航空运输电子客票行程单,可以按照9%计算进项税额。

第二步:计算进项税额。

进项税额合计=3.9+2.18÷(1+9%)×9%=4.08(万元)

注意:航空运输企业收取的民航发展基金,属于政府性基金,不计入航空运输企业的销售收入,不征收增值税。由于增值税环环相扣,所以,购买航空运输服务的企业所支付的民航发展基金,也不得作为进项税额抵扣。

3. 业务四应缴纳的增值税

纳税人转让不动产,按照有关规定差额缴纳增值税的,如因丢失等原因无法提供取得不动产时的发票,可向税务机关提供其他能证明契税计税金额的完税凭证等资料,进行差额扣除。

2016年4月30日及以前缴纳契税的,增值税应纳税额=[全部交易价格(含增值税)-契税计税金额(含营业税)]÷(1+5%)×5%=(8 700-2 200)÷(1+5%)×5%=309.52(万元)

4. 该企业2023年4月实际缴纳增值税

由于销售其自行开发生产的软件产品,按基本税率征收增值税后,对其增值税实际税负超过3%的部分实行即征即退政策。所以,需要计算纳税人销售自行开发的软件产品实际需要缴纳的增值税与即征即退的增值税。

销售软件产品销项税额=260×13%=33.80(万元)

销售软件产品进项税额=4.08×[260÷(260+35)]=3.60(万元)

销售软件产品应纳税额=33.80-3.60=30.20(万元)

实际税负=应纳税额÷销售额=30.20÷260=11.62%,大于3%。

所以,销售软件产品需要实际缴纳的税额=260×3%=7.80(万元);剩余部分=30.20-7.80=22.40(万元),即征即退。

计算当期应缴纳的增值税:

当期实际缴纳增值税=35.90-4.08+309.52-22.40=318.94(万元)

(二)资源综合利用

为推动资源综合利用行业持续健康发展,2021年12月30日,财政部 税务总局制定了《财政部 税务总局关于完善资源综合利用增值税政策的公告》(财政部 税务总局公告2021年第40号)。

(1)增值税一般纳税人销售自产的资源综合利用产品和提供资源综合利用劳务(以下简称销售综合利用产品和劳务),可享受增值税即征即退政策。

① 综合利用的资源名称、综合利用产品和劳务名称、技术标准和相关条件、退税比例等按照《资源综合利用产品和劳务增值税优惠目录(2022年版)》(财税〔2015〕78号附件,以下简称《目录》)的相关规定执行。

② 纳税人从事《目录》所列的资源综合利用项目,其申请享受本规定的增值税即征即退政策时,应同时符合下列条件:

A. 纳税人在境内收购的再生资源,应按规定从销售方取得增值税发票;适用免税政策的,应按规定从销售方取得增值税普通发票。销售方为依法依规无法申领发票的单位或者从事小额零星经营业务的自然人,应取得销售方开具的收款凭证及收购方内部凭证,或者税务机关代开的发票。此处所称小额零星经营业务是指自然人从事应税项目经营业务的销售额不超过增值税按次起征点的业务。

纳税人从境外收购的再生资源,应按规定

取得海关进口增值税专用缴款书,或者从销售方取得具有发票性质的收款凭证、相关税费缴纳凭证。

纳税人应当取得上述发票或凭证而未取得的,该部分再生资源对应产品的销售收入不得适用《财政部 税务总局关于完善资源综合利用增值税政策的公告》(财政部 税务总局公告2021年第40号)的即征即退规定。

不得适用本公告即征即退规定的销售收入=当期销售综合利用产品和劳务的销售收入×(纳税人应当取得发票或凭证而未取得的购入再生资源成本÷当期购进再生资源的全部成本)。

纳税人应当在当期销售综合利用产品和劳务销售收入中剔除不得适用即征即退政策部分的销售收入后,计算可申请的即征即退税额:

可申请退税额=[(当期销售综合利用产品和劳务的销售收入－不得适用即征即退规定的销售收入)×适用税率－当期即征即退项目的进项税额]×对应的退税比例

各级税务机关要加强发票开具相关管理工作,纳税人应按规定及时开具、取得发票。

B. 纳税人应建立再生资源收购台账,留存备查。台账内容包括:再生资源供货方单位名称或个人姓名及身份证号、再生资源名称、数量、价格、结算方式、是否取得增值税发票或符合规定的凭证等。纳税人现有账册、系统能够包括上述内容的,无需单独建立台账。

C. 销售综合利用产品和劳务,不属于发展改革委《产业结构调整指导目录》中的淘汰类、限制类项目。

D. 销售综合利用产品和劳务,不属于生态环境部《环境保护综合名录》中的"高污染、高环境风险"产品或重污染工艺。"高污染、高环境风险"产品,是指在《环境保护综合名录》中标注特性为"GHW/GHF"的产品,但纳税人生产销售的资源综合利用产品满足"GHW/GHF"例外条款规定的技术和条件的除外。

E. 综合利用的资源,属于生态环境部《国家危险废物名录》列明的危险废物的,应当取得省级或市级生态环境部门颁发的《危险废物经营许可证》,且许可经营范围包括该危险废物的利用。

F. 纳税信用级别不为C级或D级。

G. 纳税人申请享受本公告规定的即征即退政策时,申请退税税款所属期前6个月(含所属期当期)不得发生下列情形:

a. 因违反生态环境保护的法律法规受到行政处罚(警告、通报批评或单次10万元以下罚款、没收违法所得、没收非法财物除外;单次10万元以下含本数,下同)。

b. 因违反税收法律法规被税务机关处罚(单次10万元以下罚款除外),或发生骗取出口退税、虚开发票的情形。

纳税人在办理退税事宜时,应向主管税务机关提供其符合本条规定的上述条件以及《目录》规定的技术标准和相关条件的书面声明,并在书面声明中如实注明未取得发票或相关凭证以及接受环保、税收处罚等情况。未提供书面声明的,税务机关不得给予退税。

(2) 纳税人从事《目录》2.15"污水处理厂出水、工业排水(矿井水)、生活污水、垃圾处理厂渗透(滤)液等"项目、5.1"垃圾处理、污泥处理处置劳务"、5.2"污水处理劳务"项目,可适用本公告"三"规定的增值税即征即退政策,也可选择适用免征增值税政策;一经选定,36个月内不得变更。选择适用免税政策的纳税人,应满足本公告"三"有关规定以及《目录》规定的技术标准和相关条件,相关资料留存备查。

(3) 按照本公告规定单个所属期退税金额超过500万元的,主管税务机关应在退税完成后30个工作日内,将退税资料送同级财政部门复查,财政部门逐级复查后,由省级财政部门送财政部当地监管局出具最终复查意见。复查工作应于退税后3个月内完成,具体复查程序由财政部当地监管局会同省级财税部门制定。

(4) 再生资源回收、利用纳税人应依法履行纳税义务。各级税务机关要加强纳税申报、发票开具、即征即退等事项的管理工作,保障纳税人按规定及时办理相关纳税事项。

(5) 以上政策规定自2022年3月1日起执行。《财政部 国家税务总局关于印发〈资源综合利用产品和劳务增值税优惠目录〉的通知》（财税〔2015〕78号）、《财政部 税务总局关于资源综合利用增值税政策的公告》（财政部 税务总局公告2019年第90号）除"技术标准和相关条件"外同时废止，"技术标准和相关条件"有关规定可继续执行至2022年12月31日止。《目录》所列的资源综合利用项目适用的国家标准、行业标准，如在执行过程中有更新、替换，统一按新的国家标准、行业标准执行。

此前已发生未处理的事项，按《财政部 税务总局关于完善资源综合利用增值税政策的公告》（财政部 税务总局公告2021年第40号）规定执行。已处理的事项，如执行完毕则不再调整；如纳税人受到环保、税收处罚已停止享受即征即退政策的时间超过6个月但尚未执行完毕的，则自本公告执行的当月起，可重新申请享受即征即退政策；如纳税人受到环保、税收处罚已停止享受即征即退政策的时间未超过6个月，则自6个月期满后的次月起，可重新申请享受即征即退政策。

（三）风力发电

自2015年7月1日起，对纳税人销售自产的利用风力生产的电力产品，实行增值税即征即退50%的政策。

（四）管道运输

一般纳税人提供管道运输服务，对其增值税实际税负超过3%的部分实行增值税即征即退政策。

（五）飞机修理

自2000年1月1日起，对飞机维修劳务增值税实际税负超过6%的部分即征即退。

注：飞机维修企业的国外飞机维修业务

对承揽国内、国外航空公司飞机维修业务的企业（简称"飞机维修企业"）所从事的国外航空公司飞机维修业务，实行免征本环节增值税应纳税额、直接退还相应增值税进项税额的办法。

飞机维修企业应分别核算国内、国外飞机维修业务的进项税额；未分别核算或者未准确核算进项税额的，由主管税务机关进行核定。造成多退税款的，予以追回；涉及违法犯罪的，按有关法律法规规定处理。

（六）融资租赁

经人民银行、银监会或者商务部批准从事融资租赁业务的试点纳税人中的一般纳税人，提供有形动产融资租赁服务和有形动产融资性售后回租服务，对其增值税实际税负超过3%的部分实行增值税即征即退政策。商务部授权的省级商务主管部门和国家经济技术开发区批准的从事融资租赁业务和融资性售后回租业务的试点纳税人中的一般纳税人，2016年5月1日后实收资本达到1.7亿元的，从达到标准的当月起按照上述规定执行；2016年5月1日后实收资本未达到1.7亿元但注册资本达到1.7亿元的，在2016年7月31日前仍可按照上述规定执行，2016年8月1日后开展的有形动产融资租赁业务和有形动产融资性售后回租业务不得按照上述规定执行。

注：《财政部 国家税务总局关于全面推开营业税改征增值税试点的通知》（财税〔2016〕36号）所称"人民银行、银监会或者商务部批准""商务部授权的省级商务主管部门和国家经济技术开发区批准"从事融资租赁业务（含融资性售后回租业务）的试点纳税人（含试点纳税人中的一般纳税人），包括经上述部门备案从事融资租赁业务的试点纳税人。

（七）销售自主开发生产动漫软件增值税超税负即征即退

1. 享受主体

动漫企业增值税一般纳税人。

2. 优惠内容

自2018年1月1日至2023年12月31日，动漫企业增值税一般纳税人销售其自主开发生产的动漫软件，对其增值税实际税负超过3%的部分，实行即征即退政策。

3. 享受条件

（1）享受本项政策的企业为经认定机构认定的动漫企业。

（2）申请认定为动漫企业应同时符合以下标准。

① 在我国境内依法设立的企业。

② 动漫企业经营动漫产品的主营收入占企业当年总收入的60%以上。

③ 自主开发生产的动漫产品收入占主营收入的50%以上。

④ 具有大学专科以上学历的或通过国家动漫人才专业认证的、从事动漫产品开发或技术服务的专业人员占企业当年职工总数的30%以上,其中研发人员占企业当年职工总数的10%以上。

⑤ 具有从事动漫产品开发或相应服务等业务所需的技术装备和工作场所。

⑥ 动漫产品的研究开发经费占企业当年营业收入8%以上。

⑦ 动漫产品内容积极健康,无法律法规禁止的内容。

⑧ 企业产权明晰,管理规范,守法经营。

(3) 自主开发、生产的动漫产品,是指动漫企业自主创作、研发、设计、生产、制作、表演的符合《动漫企业认定管理办法(试行)》(文市发〔2008〕51号)第五条规定的动漫产品(不含动漫衍生产品);仅对国外动漫创意进行简单外包、简单模仿或简单离岸制造,既无自主知识产权,也无核心竞争力的除外。

(4) 动漫软件符合软件产品相关规定。

① 软件产品,是指信息处理程序及相关文档和数据。软件产品包括计算机软件产品、信息系统和嵌入式软件产品。嵌入式软件产品是指嵌入在计算机硬件、机器设备中并随其一并销售,构成计算机硬件、机器设备组成部分的软件产品。

② 取得著作权行政管理部门颁发的《计算机软件著作权登记证书》。

(八)安置残疾人

纳税人享受安置残疾人增值税即征即退优惠政策。

对安置残疾人的单位和个体工商户(以下简称纳税人),由税务机关按纳税人安置残疾人的人数,限额即征即退增值税。

安置的每位残疾人每月可退还的增值税具体限额,由县级以上税务机关根据纳税人所在区县(含县级市、旗,下同)适用的经省(含自治区、直辖市、计划单列市,下同)人民政府批准的月最低工资标准的4倍确定。

(1) 享受税收优惠政策的条件。

① 纳税人(除盲人按摩机构外)月安置的残疾人占在职职工人数的比例不低于25%(含25%),并且安置的残疾人人数不少于10人(含10人)盲人按摩机构月安置的残疾人占在职职工人数的比例不低于25%(含25%),并且安置的残疾人人数不少于5人(含5人)。

② 依法与安置的每位残疾人签订了1年以上(含1年)的劳动合同或服务协议。

③ 为安置的每位残疾人按月足额缴纳了基本养老保险、基本医疗保险、失业保险、工伤保险和生育保险等社会保险。

纳税人新安置的残疾人从签订劳动合同并缴纳社会保险的次月起计算,其他职工从录用的次月起计算;安置的残疾人和其他职工减少的,从减少当月计算。

④ 通过银行等金融机构向安置的每位残疾人,按月支付了不低于纳税人所在区县适用的经省人民政府批准的月最低工资标准的工资。

特殊教育学校举办的企业,只要符合上述规定的条件中的第①项,即可享受上述增值税即征即退优惠政策。这类企业在计算残疾人人数时可将在企业上岗工作的特殊教育学校的全日制在校学生计算在内,在计算企业在职职工人数时也要将上述学生计算在内。纳税人中纳税信用等级为税务机关评定的C级或D级的,不得享受增值税即征即退政策。

(2) 首次申请备案制度。

纳税人首次申请享受税收优惠政策,应向主管税务机关提供以下备案资料:

《税务资格备案表》;安置的残疾人的《中华人民共和国残疾人证》或者《中华人民共和国残疾军人证(1至8级)》复印件,注明与原件一致,并逐页加盖公章。安置精神残疾人的,提供精神残疾人同意就业的书面声明以及其法定监护人签字或印章的证明精神残疾人具有劳动条件和劳动意愿的书面材料;安置的残疾人的身份证明复印件,注明与原件一致,并逐页加盖公章。

主管税务机关受理备案后,应将全部《中华人民共和国残疾人证》或者《中华人民共和国残疾军人证〈1至8级〉》信息以及所安置残疾人的身份证明信息录入征管系统。

纳税人提供的备案资料发生变化的,应于发生变化之日起15日内就变化情况向主管税务机关办理备案。

(3) 申请退还增值税需报送的资料。

包括以下资料:

①《退〈抵〉税申请审批表》。

②《安置残疾人纳税人申请增值税退税声明》。

③ 当期为残疾人缴纳社会保险费凭证的复印件及由纳税人加盖公章确认的注明缴纳人员、缴纳金额、缴纳期间的明细表。

④ 当期由银行等金融机构或纳税人加盖公章的按月为残疾人支付工资的清单。

特殊教育学校举办的企业,申请退还增值税时,不提供申请退还增值税需报送材料中的③和④资料。

纳税人申请享受税收优惠政策,应对报送资料的真实性和合法性承担法律责任。主管税务机关对纳税人提供资料的完整性和增值税退税额计算的准确性进行审核。

(4) 办理退税。

主管税务机关受理退税申请后,查询纳税人的纳税信用等级,对符合信用条件的,审核计算应退增值税额,并按规定办理退税。

纳税人本期应退增值税额按以下公式计算:

$$\text{本期应退增值税额} = \text{本期所含月份每月应退增值税额之和}$$

$$\text{月应退增值税额} = \text{纳税人本月安置残疾人员人数} \times \text{本月月最低工资标准的4倍}$$

月最低工资标准,是指纳税人所在区县(含县级市、旗)适用的经省(含自治区、直辖市、计划单列市)人民政府批准的月最低工资标准。

纳税人本期已缴增值税额小于本期应退税额不足退还的,可在本年度内以前纳税期已缴增值税额扣除已退增值税额的余额中退还,仍不足退还的可结转本年度内以后纳税期退还。年度已缴增值税额小于或等于年度应退税额的,退税额为年度已缴增值税额;年度已缴增值税额大于年度应退税额的,退税额为年度应退税额。年度已缴增值税额不足退还的,不得结转以后年度退还。

上述增值税优惠政策仅适用于生产销售货物,提供加工、修理修配劳务,以及提供营改增现代服务和生活服务税目(不含文化体育服务和娱乐服务)范围的服务取得的收入之和,占其增值税收入的比例达到50%的纳税人,但不适用于上述纳税人直接销售外购货物(包括商品批发和零售)以及销售委托加工的货物取得的收入。

纳税人应当分别核算上述享受税收优惠政策和不得享受税收优惠政策业务的销售额,不能分别核算的,不得享受规定的优惠政策。

如果纳税人既适用促进残疾人就业增值税优惠政策,又适用重点群体、退役士兵、随军家属、军转干部等支持就业的增值税优惠政策的,纳税人可自行选择适用的优惠政策,但不能累加执行。一经选定,36个月内不得变更。

税务机关发现已享受上述增值税优惠政策的纳税人,存在不符合规定条件,或者采用伪造或重复使用残疾人证、残疾军人证等手段骗取上述增值税优惠的,应将纳税人发生上述违法违规行为的纳税期内按已享受到的退税全额追缴入库,并自发现当月起36个月内停止其享受上述各项税收优惠。

(5) 有关定义。

残疾人,是指法定劳动年龄内,持有《中华人民共和国残疾人证》或者《中华人民共和国残疾军人证(1至8级)》的自然人,包括具有劳动条件和劳动意愿的精神残疾人。

残疾人个人,是指自然人。

在职职工人数,是指与纳税人建立劳动关系并依法签订劳动合同或者服务协议的雇员人数。

特殊教育学校举办的企业,是指特殊教育学校主要为在校学生提供实习场所、并由学校出资自办、由学校负责经营管理、经营收入全部归学校所有的企业。

安置残疾人单位既符合促进残疾人就业增值税优惠政策条件,又符合其他增值税优惠政策条件的,可同时享受多项增值税优惠政策,但年度申请退还增值税总额不得超过本年度内应纳增值税总额。

相关政策依据

国家税务总局关于民政福利企业税收优惠政策适用问题的批复

税总函〔2016〕609号　2016年11月15日

重庆市国家税务局：

你局《关于民政福利企业税收优惠政策适用问题的请示》（渝国税发〔2016〕149号）收悉。经研究，批复如下：

《财政部　国家税务总局关于促进残疾人就业税收优惠政策的通知》（财税〔2007〕92号）和《财政部　国家税务总局关于促进残疾人就业增值税优惠政策的通知》（财税〔2016〕52号）的实质要求是一致的。重庆驰成金属冶炼有限公司享受税收优惠政策，应对报送资料的真实性和合法性负责。无论适用财税〔2007〕92号文件还是财税〔2016〕52号文件，如税务机关发现该企业存在"挂名未上岗"或其他情形导致不符合促进残疾人就业税收优惠政策适用条件的，应将其发生相应违法违规行为年度内实际享受到的减（退）税款全额追缴入库。

五、先征后返（退）

先征后返（退），是指先按规定缴纳增值税，再由财政部门或税务部门审批，按照纳税人实际缴纳的税额全部或部分返还或退还已纳税款。

延伸解读

纳税人既享受增值税即征即退、先征后退政策，又享受免抵退税政策有关问题的处理

(1) 纳税人既有增值税即征即退、先征后退项目，也有出口等其他增值税应税项目的，增值税即征即退和先征后退项目不参与出口项目免抵退税计算。纳税人应分别核算增值税即征即退、先征后退项目和出口等其他增值税应税项目，分别申请享受增值税即征即退、先征后退和免抵退税政策。

(2) 用于增值税即征即退或者先征后退项目的进项税额无法划分的，按照下列公式计算：

无法划分进项税额中用于增值税即征即退或者先征后退项目的部分＝当月无法划分的全部进项税额×当月增值税即征即退或者先征后退项目销售额÷当月全部销售额、营业额合计

（一）文化企业

自2021年1月1日起至2023年12月31日，执行下列增值税先征后退政策。

(1) 对下列出版物在出版环节执行增值税100%先征后退的政策：

① 中国共产党和各民主党派的各级组织的机关报纸和机关期刊，各级人大、政协、政府、工会、共青团、妇联、残联、科协的机关报纸和机关期刊，新华社的机关报纸和机关期刊，军事部门的机关报纸和机关期刊。

上述各级组织不含其所属部门。机关报纸和机关期刊增值税先征后退范围掌握在一个单位一份报纸和一份期刊以内。

② 专为少年儿童出版发行的报纸和期刊，中小学的学生教科书。

③ 专为老年人出版发行的报纸和期刊。

④ 少数民族文字出版物。

⑤ 盲文图书和盲文期刊。

⑥ 经批准在内蒙古、广西、西藏、宁夏、新疆五个自治区内注册的出版单位出版的出版物。

⑦ 列入《适用增值税100%先征后退政策的特定图书、报纸和期刊名单》的图书、报纸和期刊。

(2) 对下列出版物在出版环节执行增值税先征后退50%的政策：

① 各类图书、期刊、音像制品、电子出版物，但上述第(1)项规定执行增值税100%先征后退的出版物除外。

② 列入《适用增值税50%先征后退政策的报纸名单》的报纸。

(3) 对下列印刷、制作业务执行增值税100%先征后退的政策：

① 对少数民族文字出版物的印刷或制作业务。

② 列入《适用增值税100%先征后退政策的新疆维吾尔自治区印刷企业名单》中的新疆维吾尔自治区印刷企业的印刷业务。

享受上述第(1)项、第(2)项规定的增值税先征后退政策的纳税人，必须是具有相关出版物出版许可证的出版单位（含以"租型"方式取

得专有出版权进行出版物印刷发行的出版单位）。承担省级及以上出版行政主管部门指定出版、发行任务的单位，因进行重组改制等原因尚未办理出版、发行许可证变更的单位，经财政部各地监管局（以下简称财政监管局）商省级出版行政主管部门核准，可以享受相应的增值税先征后退政策。

纳税人应当将享受上述税收优惠政策的出版物在财务上实行单独核算，不进行单独核算的不得享受以上规定的优惠政策。违规出版物、多次出现违规的出版单位及图书批发零售单位不得享受以上规定的优惠政策。上述违规出版物、出版单位及图书批发零售单位的具体名单由省级及以上出版行政主管部门及时通知相应财政监管局和主管税务机关。

已按软件产品享受增值税退税政策的电子出版物不得再按上述规定申请增值税先征后退政策。

以上规定的各项增值税先征后退政策由财政监管局根据《财政部　国家税务总局　中国人民银行关于税制改革后对某些企业实行"先征后退"有关预算管理问题的暂行规定的通知》（财预〔1994〕55号）的规定办理。

以上所述"出版物"，是指根据国务院出版行政主管部门的有关规定出版的图书、报纸、期刊、音像制品和电子出版物。所述图书、报纸和期刊，包括随同图书、报纸、期刊销售并难以分离的光盘、软盘和磁带等信息载体。

图书、报纸、期刊（即杂志）的范围，按照《国家税务总局关于印发〈增值税部分货物征税范围注释〉的通知》（国税发〔1993〕151号）的规定执行；音像制品、电子出版物的范围，按照《财政部　税务总局关于简并增值税税率有关政策的通知》（财税〔2017〕37号）的规定执行。

以上所述"专为少年儿童出版发行的报纸和期刊"，是指以初中及初中以下少年儿童为主要对象的报纸和期刊。

以上所述"中小学的学生教科书"，是指普通中小学学生教科书和中等职业教育教科书。普通中小学学生教科书是指根据中小学国家课程方案和课程标准编写的，经国务院教育行政部门审定或省级教育行政部门审定的，由取得国务院出版行政主管部门批准的教科书出版、发行资质的单位提供的中小学学生上课使用的正式教科书，具体操作时按国务院和省级教育行政部门每年下达的《中小学教学用书目录》中所列"教科书"的范围掌握。中等职业教育教科书是指按国家规定设置标准和审批程序批准成立并在教育行政部门备案的中等职业学校，及在人力资源社会保障行政部门备案的技工学校学生使用的教科书，具体操作时按国务院和省级教育、人力资源社会保障行政部门发布的教学用书目录认定。中小学的学生教科书不包括各种形式的教学参考书、图册、读本、课外读物、练习册以及其他各类教辅材料。

以上所述"专为老年人出版发行的报纸和期刊"，是指以老年人为主要对象的报纸和期刊。

以上第（1）项和第（2）项规定的图书包括"租型"出版的图书。

以上所述"科普单位"，是指科技馆、自然博物馆，对公众开放的天文馆（站、台）、气象台（站）、地震台（站），以及高等院校、科研机构对公众开放的科普基地。

以上所述"科普活动"，是指利用各种传媒以浅显的、让公众易于理解、接受和参与的方式，向普通大众介绍自然科学和社会科学知识，推广科学技术的应用，倡导科学方法，传播科学思想，弘扬科学精神的活动。

以上规定自2021年1月1日起执行。

（二）石脑油、燃料油

自2014年3月1日起，对外购用于生产乙烯、芳烃类化工产品（以下简称特定化工产品）的石脑油、燃料油（以下简称2类油品），且使用2类油品生产特定化工产品的产量占本企业用石脑油、燃料油生产各类产品总量50%（含）以上的企业，其外购2类油品的价格中消费税部分对应的增值税额，予以退还。

$$\text{予以退还的增值税额} = \text{已缴纳消费税的2类油品数量} \times \text{2类油品消费税单位税额} \times 13\%$$

（自2019年4月1日起）

对符合上述规定条件的企业,在 2014 年 2 月 28 日前形成的增值税期末留抵税额,可在不超过其购进 2 类油品的价格中消费税部分对应的增值税额的规模下,申请一次性退还。

2 类油品的价格中消费税部分对应的增值税额,根据国家对 2 类油品开征消费税以来企业购进的已缴纳消费税的 2 类油品数量和消费税单位税额计算。

增值税期末留抵税额,根据主管税务机关认可的增值税纳税申报表的金额计算。

(三) 综合利用生物柴油

对销售自产的综合利用生物柴油实行增值税先征后退政策。

六、扣减增值税

(一) 重点群体创业就业

自 2023 年 1 月 1 日至 2027 年 12 月 31 日,脱贫人口(含返贫监测对象,后同)、持《就业创业证》(注明"自主创业税收政策"或"毕业年度内自主创业税收政策")或《就业失业登记证》(注明"自主创业税收政策")的人员,从事个体经营的,自办理个体工商户登记当月起,在 3 年(36 个月,后同)内按每户每年 20000 元为限额依次扣减其当年实际应缴纳的增值税、城市维护建设税、教育费附加、地方教育附加和个人所得税。限额标准最高可上浮 20%,各省、自治区、直辖市人民政府可根据本地区实际情况在此幅度内确定具体限额标准。

纳税人年度应缴纳税款小于上述扣减限额的,减免税额以其实际缴纳的税款为限;大于上述扣减限额的,以上述扣减限额为限。

上述人员具体包括:纳入全国防止返贫监测和衔接推进乡村振兴信息系统的脱贫人口;在人力资源社会保障部门公共就业服务机构登记失业半年以上的人员;零就业家庭、享受城市居民最低生活保障家庭劳动年龄内的登记失业人员;毕业年度内高校毕业生。高校毕业生,是指实施高等学历教育的普通高等学校、成人高等学校应届毕业的学生;毕业年度,是指毕业所在自然年,即 1 月 1 日至 12 月 31 日。[《财政部 税务总局 人力资源社会保障部 农业农村部关于进一步支持重点群体创业就业有关税收政策的公告》(财政部 税务总局 人力资源社会保障部 农业农村部公告 2023 年第 15 号),2023 年 8 月 2 日]

自 2023 年 1 月 1 日至 2027 年 12 月 31 日,企业招用脱贫人口,以及在人力资源社会保障部门公共就业服务机构登记失业半年以上且持《就业创业证》或《就业失业登记证》(注明"企业吸纳税收政策")的人员,与其签订 1 年以上期限劳动合同并依法缴纳社会保险费的,自签订劳动合同并缴纳社会保险当月起,在 3 年内按实际招用人数予以定额依次扣减增值税、城市维护建设税、教育费附加、地方教育附加和企业所得税优惠。定额标准为每人每年 6 000 元,最高可上浮 30%,各省、自治区、直辖市人民政府可根据本地区实际情况在此幅度内确定具体定额标准。城市维护建设税、教育费附加、地方教育附加的计税依据是享受本项税收优惠政策前的增值税应纳税额。

按上述标准计算的税收扣减额应在企业当年实际应缴纳的增值税、城市维护建设税、教育费附加、地方教育附加和企业所得税税额中扣减,当年扣减不完的,不得结转下年使用。

以上所称企业是指属于增值税纳税人或企业所得税纳税人的企业等单位。

企业招用就业人员既可以适用本公告规定的税收优惠政策,又可以适用其他扶持就业专项税收优惠政策的,企业可以选择适用最优惠的政策,但不得重复享受。[《财政部 税务总局 人力资源社会保障部 农业农村部关于进一步支持重点群体创业就业有关税收政策的公告》(财政部 税务总局 人力资源社会保障部 农业农村部公告 2023 年第 15 号),2023 年 8 月 2 日]

(二) 退役士兵创业就业

自 2023 年 1 月 1 日至 2027 年 12 月 31 日,自主就业退役士兵从事个体经营的,自办理个体工商户登记当月起,在 3 年内按每户每年 20 000 元为限额依次扣减其当年实际应缴纳的增值税、城市维护建设税、教育费附加、地方教育附加和个人所得税。限额标准最高可上浮 20%,各省、自治区、直辖市人民政府可根据本地区实际情况在此幅度内确定具体限额标准。

纳税人年度应缴纳税款小于上述扣减限额的,减免税额以其实际缴纳的税款为限;大于上述扣减限额的,以上述扣减限额为限。纳税人的实际经营期不足1年的,应当按月换算其减免税限额。换算公式为:

减免税限额＝年度减免税限额÷12×实际经营月数

城市维护建设税、教育费附加、地方教育附加的计税依据是享受本项税收优惠政策前的增值税应纳税额。[《财政部 税务总局 退役军人事务部关于进一步扶持自主就业退役士兵创业就业有关税收政策的公告》(财政部 税务总局 退役军人事务部公告2023年第14号),2023年8月2日]

自2023年1月1日至2027年12月31日,企业招用自主就业退役士兵,与其签订1年以上期限劳动合同并依法缴纳社会保险费的,自签订劳动合同并缴纳社会保险当月起,在3年内按实际招用人数予以定额依次扣减增值税、城市维护建设税、教育费附加、地方教育附加和企业所得税优惠。定额标准为每人每年6 000元,最高可上浮50%,各省、自治区、直辖市人民政府可根据本地区实际情况在此幅度内确定具体定额标准。

企业按招用人数和签订的劳动合同时间核算企业减免税总额,在核算减免税总额内每月依次扣减增值税、城市维护建设税、教育费附加和地方教育附加。企业实际应缴纳的增值税、城市维护建设税、教育费附加和地方教育附加小于核算减免税总额的,以实际应缴纳的增值税、城市维护建设税、教育费附加和地方教育附加为限;实际应缴纳的增值税、城市维护建设税、教育费附加和地方教育附加大于核算减免税总额的,以核算减免税总额为限。

纳税年度终了,如果企业实际减免的增值税、城市维护建设税、教育费附加和地方教育附加小于核算减免税总额,企业在企业所得税汇算清缴时以差额部分扣减企业所得税。当年扣减不完的,不再结转以后年度扣减。

自主就业退役士兵在企业工作不满1年的,应当按月换算减免税限额。计算公式为:

企业核算减免税总额 = $\sum \dfrac{\text{每名自主就业退役士兵本年度在本单位工作月份}}{12} \times$ 具体定额标准

城市维护建设税、教育费附加、地方教育附加的计税依据是享受本项税收优惠政策前的增值税应纳税额。[《财政部 税务总局 退役军人事务部关于进一步扶持自主就业退役士兵创业就业有关税收政策的公告》(财政部 税务总局 退役军人事务部公告2023年第14号),2023年8月2日]

七、差额征收增值税

(一)适用增值税差额征税政策的小规模纳税人

适用增值税差额征税政策的小规模纳税人,以差额后的销售额确定是否可以享受规定的免征增值税政策。

延伸解读

符合条件的增值税小规模纳税人免征增值税

1. 享受主体

增值税小规模纳税人。

2. 优惠内容

自2021年4月1日起,小规模纳税人发生增值税应税销售行为,合计月销售额未超过15万元(以1个季度为1个纳税期的,季度销售额未超过45万元)的,免征增值税。

3. 享受条件

(1)适用于增值税小规模纳税人(包括:企业和非企业单位、个体工商户、自然人)。

(2)小规模纳税人发生增值税应税销售行为,合计月销售额超过15万元,但扣除本期发生的销售不动产的销售额后未超过15万元的,其销售货物、劳务、服务、无形资产取得的销售额免征增值税。

(3)适用增值税差额征税政策的小规模纳税人,以差额后的销售额确定是否可以享上述免征增值税政策。

(二)建筑业小规模纳税人

建筑业小规模纳税人,以取得的全部价款和价外费用扣除对外支付的分包款后的余额为销售额。

营改增以来,延续了营业税的一些差额征

税政策。比如,建筑业小规模纳税人,以取得的全部价款和价外费用扣除对外支付的分包款后的余额为销售额,计算缴纳增值税。公告明确适用增值税差额征税政策的,以差额后的余额为销售额,确定其是否可享受小规模纳税人免税政策。同时,明确了小规模纳税人《增值税纳税申报表》中"免税销售额"的填报口径。

(三) 个人销售其购买的住房

个人将购买不足2年的住房对外销售的,按照5%的征收率全额缴纳增值税;个人将购买2年以上(含2年)的住房对外销售的,免征增值税。上述政策适用于北京市、上海市、广州市和深圳市之外的地区。

个人将购买不足2年的住房对外销售的,按照5%的征收率全额缴纳增值税;个人将购买2年以上(含2年)的非普通住房对外销售的,以销售收入减去购买住房价款后的差额按照5%的征收率缴纳增值税;个人将购买2年以上(含2年)的普通住房对外销售的,免征增值税。上述政策仅适用于北京市、上海市、广州市和深圳市。

八、暂不缴税、暂免征税

(一) 金融企业贷款利息的增值税优惠政策

金融企业发放贷款后,自结息日起90天内发生的应收未收利息按现行规定缴纳增值税,自结息日起90天后发生的应收未收利息暂不缴纳增值税,待实际收到利息时按规定缴纳增值税。

以上所称金融企业,是指银行(包括国有、集体、股份制、合资、外资银行以及其他所有制形式的银行)城市信用社、农村信用社、信托投资公司、财务公司。

(二) 支持货物期货市场对外开放的增值税政策——暂免征收增值税

自2018年11月30日至2023年11月29日,对经国务院批准对外开放的货物期货品种保税交割业务,暂免征收增值税。

上述期货交易中实际交割的货物,如果发生进口或者出口的,统一按照现行货物进出口税收政策执行。非保税货物发生的期货实物交割仍按《国家税务总局关于下发〈货物期货征收增值税具体办法〉的通知》(国税发〔1994〕244号)的规定执行。

第七节 相 关 专 题

一、建筑

营改增后建筑业的征税范围

营改增后建筑业的征税范围,与原营业税相比变化不大,在建筑服务税目下细分了工程服务、安装服务、修缮服务、装饰服务和其他建筑服务5个子目。其中,工程服务、修缮服务和装饰服务3个子目主要是围绕建筑物和构筑物提供的建筑服务。工程服务主要是建筑物和构筑物的新建、改建;修缮服务主要是建筑物和构筑物的修补、加固、养护、改善;装饰服务主要是建筑物和构筑物的修饰装修;安装服务主要包括各种设备的装配、安置等;其他建筑服务是除以上4个子目以外的其他建筑服务的集合,如钻井、平整土地、园林绿化、拆除建筑物或者构筑物、爆破、穿孔等。具体的范围在《财政部 国家税务总局关于全面推开营业税改征增值税试点的通知》(财税〔2016〕36号)附件1所附《销售服务、无形资产、不动产注释》中作出了详细规定。

《营业税改征增值税试点有关事项的规定》(财税〔2016〕36号文件附件2)规定,一般纳税人提供的建筑服务,可以选择适用增值税简易计税方法计税的情形有3种:为建筑工程老项目提供的建筑服务、为甲供工程提供的建筑服务和以清包工方式提供的建筑服务。另外,《财政部 税务总局关于建筑服务等营改增试点政策的通知》(财税〔2017〕58号)规定,建筑工程总承包单位为房屋建筑的地基与基础、主体结构提供工程服务,建设单位自行采购全部或部分钢材、混凝土、砌体材料、预制构件的,适用简易计税方法计税。

建筑服务简易计税项目备案自2019年10月1日起取消。自2019年10月1日起,提供建筑服务的一般纳税人按规定适用或选择适用简易计税方法计税的,不再实行备案制。以下证明材料无需向税务机关报送,改为自行留存备查:

(1) 为甲供工程提供的建筑服务、以清包工方式提供的建筑服务,留存建筑工程承包合同。

(2) 为建筑工程老项目提供的建筑服务,留存《建筑工程施工许可证》或建筑工程承包合同。

注:(1)自2018年1月1日起,一般纳税人提供的建筑服务无论适用还是选择适用简易计税方法,均实行一次备案制。

纳税人只需在按简易计税方法首次办理纳税申报前,向机构所在地主管税务机关办理备案手续,备案后提供其他适用或选择适用简易计税方法的建筑服务,不再备案。

(2) 纳税人办理备案手续及留存备查所需资料的范围。

为建筑工程老项目提供的建筑服务,办理备案手续及留存备查的资料为《建筑工程施工许可证》(复印件)或建筑工程承包合同(复印件);为甲供工程提供的建筑服务、以清包工方式提供的建筑服务,办理备案手续及留存备查的资料为建筑工程承包合同(复印件)。

(3) 税务机关实施后续管理的原则。

税务机关在后续管理中发现纳税人不能提供相关资料的,对少缴的税款应予追缴,并依照《中华人民共和国税收征收管理法》及其实施细则的有关规定处理。

(4) 跨县(市)提供建筑服务时受理简易计税方法备案的税务机关。

纳税人跨县(市)提供建筑服务适用或选择适用简易计税方法计税的,应向机构所在地主管税务机关备案,建筑服务发生地主管税务机关无需备案。

以下仅专门介绍建筑服务相关营改增后特殊政策规定。

(一)清包工建筑工程可以选择简易计税方法计税

以清包工方式提供建筑服务,是指施工方仅收取人工费、管理费或者其他费用,不采购建筑工程所需的材料或只采购辅助材料,建筑工程所需的主要材料或全部材料由建设方或上一环节工程发包方采购。

一般纳税人以清包工方式提供的建筑服务,可以选择适用简易计税方法计税。

(1) 按照统一后的增值税税制,一般纳税人提供建筑服务应适用一般计税方法和9%(2019年4月1日起)的税率,以当期销项税额减去当期进项税额计算应纳税额。以清包工方式提供的建筑服务,由于施工方不采购建筑工程所需材料或只采购辅助材料,且其大部分成本为人工成本,所以,施工方可以取得的用以抵扣的进项税额较少,按照一般计税方法计税,可能导致企业税负与原营业税税负相比大幅上升。为此,一般纳税人的清包工建筑工程可以选择简易计税方法计税。

(2) 适用简易计税方法的建筑服务,以取得的全部价款和价外费用扣除支付的分包款后的余额为销售额。该规定同样适用于一般纳税人选择适用简易计税方法计税的清包工建筑服务。

(二)为甲供工程提供的建筑服务

甲供工程,是指施工方可能采购部分设备、材料、动力,也可能完全不采购设备、材料、动力,所需全部或部分设备、材料、动力由工程发包方自行采购的工程项目。

一般纳税人为甲供工程提供的建筑服务,可以选择适用简易计税方法计税。

(1) 按照统一的增值税的税制,一般纳税人为甲供工程提供的建筑服务应适用一般计税方法和9%(2019年4月1日起)的税率,以当期销项税额减去当期进项税额计算应纳税额。甲供工程中,全部或部分设备、材料、动力由工程发包方自行采购,施工方可能采购部分设备、材料、动力,也可能完全不采购设备、材料、动力。如果施工方完全不采购设备、材料、动力,只提供纯劳务的建筑服务,其绝大部分成本为人工成本,则施工方几乎没有用以抵扣的进项税额,如果对施工方按照一般计税方法计税,可能导致企业税负较高。为此,一般纳税人为甲供工程提供的建筑服务可以选择简易计税方法计税。

(2) 适用简易计税方法的建筑服务,以取得的全部价款和价外费用扣除支付的分包款后的余额为销售额。该规定同样适用于一般纳税人选择适用简易计税方法计税的甲供工程建筑服务。

注: 纳税人为甲供工程提供建筑服务取得的全部价款和价外费用的确定原则,与营业税不同。《营业税暂行条例实施细则》第十六条规定:"纳税人提供建筑业劳务(不含装饰劳务)的其营业额应当包括工程所用原材料、设备及其他物资和动力价款在内,但不包括建设方提供的设备的价款。"所以,甲供工程中,施工方提供建筑劳务的营业税计税依据既包括自身取得的工程款,也包括建设方提供的材料价款。

自2017年7月1日起,建筑工程总承包单位为房屋建筑的地基与基础、主体结构提供工程服务,建设单位自行采购全部或部分钢材、混凝土、砌体材料、预制构件的,适用简易计税方法计税。地基与基础、主体结构的范围,按照《建筑工程施工质量验收统一标准》(GB 50300—2013)附录B《建筑工程的分部工程、分项工程划分》中的"地基与基础""主体结构"分部工程的范围执行。

(三) 跨县(市、区)提供建筑服务

自2016年5月1日起,纳税人跨县(市、区)提供建筑服务增值税征收管理实行以下规定。

1. 适用范围

跨县(市、区)提供建筑服务,是指单位和个体工商户(简称纳税人)在其机构所在地以外的县(市、区)提供建筑服务。

其他个人(自然人)跨县(市、区)提供建筑服务,不适用以下规定。

注: 自2017年5月1日起,纳税人在同一地级行政区范围内跨县(市、区)提供建筑服务,不适用《纳税人跨县(市、区)提供建筑服务增值税征收管理暂行办法》(国家税务总局公告2016年第17号)。

延伸解读

跨县(市、区)提供建筑服务增值税征收管理

(1) 从地域来看,"异地"提供建筑服务,适用《纳税人跨县(市、区)提供建筑服务增值税征收管理暂行办法》(国家税务总局公告2016年第17号)。

"异地",是指建筑服务发生地和机构所在地不在同一县(市、区)。如果机构所在地和建筑服务发生地为同一地的,按照机构所在地纳税的基本原则申报纳税即可。只有机构所在地和建筑服务发生地非同一地,才需要实行建筑服务地预缴机构所在地申报纳税的机制。之所以将跨县(市、区)界定为"异地",主要是从我国行政区划的层级以及财政收入支配层级的角度出发,考虑对地方财政收入的影响程度,以县(市、区)一级为宜。注意,这里的"市、区"是指与"县"平级的不设区的市和市辖区。

(2) 从主体来看,单位和个体工商户适用《纳税人跨县(市、区)提供建筑服务增值税征收管理暂行办法》(国家税务总局公告2016年第17号)。

需要说明的是,个人分为个体工商户和其他个人(自然人),按照现行规定,个人中的个体工商户需要办理税务登记并接受税收管理,自然人无须进行税务登记,没有机构所在地的概念,此外,对其设定过多的管理要求也会增加自然人的办税成本。所以,《财政部 国家税务总局关于全面推开营业税改征增值税试点的通知》(财税〔2016〕36号)中已经明确了自然人提供建筑服务,在建筑服务发生地申报纳税,对应地,《纳税人跨县(市、区)提供建筑服务增值税征收管理暂行办法》(国家税务总局公告2016年第17号)也将自然人排除出适用范围。

此外,在同一直辖市、计划单列市范围内跨县(市、区)提供建筑服务的,直辖市、计划单列市税务局可以自行决定是否在建筑服务发生地预缴并向机构所在地申报纳税。比如,在深圳市福田区注册的一家建筑企业,在深圳市罗湖区提供了建筑服务,这家企业是直接在机构所在地深圳市福田区申报纳税,还是需要在深圳市罗湖区预缴税款回深圳市福田区申报纳税,可由北京市税务局根据自身情况进行确定。

2. 税率和征收率

建筑服务适用9%(2019年4月1日起)的增值税税率。

原营业税制度下,建筑业适用3%的营业税税率,并以扣除建筑分包款之后的余额为计税营业额计算缴纳营业税。营改增后,考虑到建筑业的主要成本,如其采购的建筑材料、工程机械设备、接受的营改增应税服务支出等,均可以获得进项税额抵扣,所以,建筑服务适用9%(2019年4月1日起)的税率。

同时,适用简易计税方法的建筑服务,适用3%的征收率,由于其进项税额不允许抵扣,所以,为保证税制平稳过渡,营改增后继续沿用了原营业税差额征税规定,即纳税人提供建筑服务适用简易计税方法计税的,如果其将部分建筑服务分包给了其他单位或个人,以其取得的全部价款和价外费用扣除支付的分包款后的余额为销售额计算缴纳增值税。

由于增值税是价外税,3%的增值税征收率相当于2.91%的营业税税率,所以,可以说营改增后所有适用简易计税方法计税的建筑服务,其缴纳的增值税均略少于营改增前缴纳的营业税。

3. 预缴税款

1) 一般规定

考虑到建筑业原营业税的纳税地点为建筑劳务发生地,改为征收增值税后,纳税地点以机构所在地为主要确定原则(自然人提供建筑服务除外),如果不在征管上设置服务发生地预征的办法,可能导致建筑劳务发生地税源流失的问题,所以,对于跨县(市)提供建筑服务,在征管上采取在服务发生地先预征税款的安排。

纳税人跨县(市、区)提供建筑服务,按照以下规定预缴税款。

(1) 一般纳税人跨县(市、区)提供建筑服务。

① 一般纳税人跨县(市、区)提供建筑服务适用一般计税方法计税的,以取得的全部价款和价外费用扣除支付的分包款后的余额,按照2%的预征率计算应预缴税款。

$$应预缴税款 = (全部价款和价外费用 - 支付的分包款) \div (1+9\%) \times 2\%$$

这一计算原则充分考虑了建筑业纳税人的税负水平。在确定预征率时,既要考虑税源尽量少转移,又要尽量避免因在建筑服务地大量预缴,造成机构所在地出现留抵税额的情况发生,以防占压纳税人的资金。

② 一般纳税人跨县(市、区)提供建筑服务,选择适用简易计税方法计税的,以取得的全部价款和价外费用扣除支付的分包款后的余额,按照3%的征收率计算应预缴税款。

$$应预缴税款 = (全部价款和价外费用 - 支付的分包款) \div (1+3\%) \times 3\%$$

对于适用简易计税方法的建筑服务来说,其预缴税额的计算和应纳税额的计算一致,也就是说,该项适用简易计税方法的建筑服务所实现的增值税其实已经全部在建筑服务发生地入库。

(2) 小规模纳税人跨县(市、区)提供建筑服务。

小规模纳税人跨县(市、区)提供建筑服务以取得的全部价款和价外费用扣除支付的分包款后的余额,按照3%的征收率计算应预缴税款。

$$应预缴税款 = (全部价款和价外费用 - 支付的分包款) \div (1+3\%) \times 3\%$$

纳税人取得的全部价款和价外费用扣除支付的分包款后的余额为负数的,可结转下次预缴税款时继续扣除。

纳税人应按照工程项目分别计算应预缴税款,分别预缴。

2) 计算公式

纳税人跨县(市、区)提供建筑服务,按照以下公式计算应预缴税款:

(1) 适用一般计税方法计税的。

$$应预缴税款 = (全部价款和价外费用 - 支付的分包款) \div (1+9\%) \times 2\%$$

由于增值税是价外税,取得的含税的价款和价外费用在预缴税款计算时需要将含税价格换算成不含税价格。

(2) 适用简易计税方法计税的。

$$应预缴税款 = (全部价款和价外费用 - 支付的分包款) \div (1+3\%) \times 3\%$$

纳税人取得的全部价款和价外费用扣除支付的分包款后的余额为负数的,可结转下次预缴税款时继续扣除。

纳税人应按照工程项目分别计算应预缴税款,分别预缴。

也就是说,如果纳税人同时为多个跨县(市、区)的建筑项目提供建筑服务,需要分项目计算预缴税款。这一规定保证了所有预缴税款的实现与建筑工程项目一一对应和匹配,减少对建筑服务发生地收入实现的交叉影响。

3) 提交资料

纳税人跨县(市、区)提供建筑服务,在向建筑服务发生地主管税务机关预缴税款时,需提交以下资料。

(1)《增值税预缴税款表》。

该表包括纳税人的基本信息以及预缴税款相关信息。

注:如果纳税人有多个建筑工程项目同时需要预缴,应分项目填写《增值税预缴税款表》。

(2) 与发包方签订的建筑合同原件及复印件。

建筑合同是预缴的基本参考依据,在预缴税款时,纳税人需要提供与发包方签订的建筑合同的原件及复印件。

(3) 与分包方签订的分包合同原件及复印件。

(4) 从分包方取得的发票原件及复印件。

如果存在分包业务需要扣除分包款的话,纳税人还需要提供与分包方签订的分包合同原件和复印件,以及作为允许扣除凭证的发票,无法提供发票的不允许进行扣除。

自2017年7月1日起,纳税人提供建筑服务取得预收款,应在收到预收款时,以取得的预收款扣除支付的分包款后的余额,按照规定的预征率预缴增值税。按照现行规定应在建筑服务发生地预缴增值税的项目,纳税人收到预收款时在建筑服务发生地预缴增值税。按照现行规定无需在建筑服务发生地预缴增值税的项目,纳税人收到预收款时在机构所在地预缴增值税。适用一般计税方法计税的项目预征率为2%,适用简易计税方法计税的项目预征率为3%。[《财政部 税务总局关于建筑服务等营改增试点政策的通知》(财税〔2017〕58号,2017年7月11日)]

4. 允许扣除的分包款合法有效凭证

纳税人按照上述规定从取得的全部价款和价外费用中扣除支付的分包款,应当取得符合法律、行政法规和国家税务总局规定的合法有效凭证,否则不得扣除。

上述凭证是指:

(1) 从分包方取得的2016年5月1日后开具的增值税发票。

营改增后,提供建筑服务所开具的发票都改为增值税发票。

注:由于需要分建筑工程项目分别计算应预缴税款、分别预缴,所以,为了保证扣除的分包款与项目一一对应,需要在增值税发票的备注栏注明建筑服务发生地所在县(市、区)以及项目名称。

(2) 从分包方取得的2016年4月30日前开具的建筑业营业税发票可在2016年6月30日前作为预缴税款的扣除凭证。

由于营改增初期,建筑企业手里可能还有部分之前取得的营业税发票,为保证营业税发票到增值税发票的平稳过渡,给予了营业税发票两个月的过渡期,也就是说,在2016年6月30日以前,允许企业在预缴税款时,以支付分包款时取得的试点前开具的营业税发票进行扣除。在6月30日以后,这一项扣除凭证也就自然废止了。

(3) 国家税务总局规定的其他凭证。

这是一个兜底条款。

5. 在机构所在地纳税申报

纳税人跨县(市、区)提供建筑服务,向建筑服务发生地主管税务机关预缴的增值税税款,可以在当期增值税应纳税额中抵减,抵减不完的,结转下期继续抵减。

纳税人以预缴税款抵减应纳税额,应以完税凭证作为合法有效凭证。

此外,为避免纳税人在建筑服务发生地预缴税款过多,机构所在地大量留抵,占压纳税人资金的情况发生,一般纳税人跨省(自治区、直辖市或者计划单列市)提供建筑服务,在机构所在地申报纳税时,计算的应纳税额小于已预缴税额,且差额较大的,由国家税务总局通知建筑服务发生地省级税务机关,在一定时期内暂停预缴增值税。

6. 发票开具

小规模纳税人跨县(市、区)提供建筑服务,不能自行开具增值税发票的,可向建筑服务发生地主管税务机关按照其取得的全部价款和价外费用申请代开增值税发票。

一般纳税人可按照现行规定自行开具增值税发票,而对小规模纳税人来说,分以下两种情况:

第一种情况是可以自行开具普通发票而不能自行开具增值税专用发票的小规模纳税人,明确增值税普通发票自行开具,增值税专用发票可以向建筑服务发生地主管税务机关申请代开。

第二种情况是起征点以下的小规模纳税人,由于其既不能开具增值税专用发票,也不能自行开具增值税普通发票,所以,这一类小规模纳税人可以向建筑服务发生地主管税务机关申请代开增值税专用发票和增值税普通发票。

另外,无论自行开具发票还是由税务机关代开发票,其开票金额均为其提供建筑服务取得的全部价款和价外费用。例如,小规模纳税人提供建筑服务取得100万元收入,发生了分包业务支付了20万元的分包款。在计算税款时,是按照80万元计算缴纳增值税,但在向建筑服务接受方开具发票时,是以100万元全额开具发票。考虑到服务接受方按照全额支付价款,并需要拿到一张全额的增值税发票,所以,对纳税人提供适用简易计税方法的建筑业服务,允许其差额征税但全额开票。

7. 纳税义务发生时间和纳税期限

纳税人跨县(市、区)提供建筑服务预缴税款时间,按照《营业税改征增值税试点有关事项的规定》(财税〔2016〕36号附件2)规定的纳税义务发生时间和纳税期限执行。

就纳税义务发生时间而言,除适用增值税纳税义务发生时间的普遍原则以外,还有一项特殊的规定,即纳税人提供建筑服务采取预收款方式的,其纳税义务发生时间为收到预收款的当天。就纳税期限而言,提供建筑服务的一般纳税人普遍适用1个月的纳税期限,小规模纳税人可以选择1个季度的纳税期限。

8. 纳税地点

建筑服务的纳税地点遵循机构所在地纳税的基本原则,并辅以建筑服务发生地预缴机制。建筑业流动性强,跨区域作业非常普遍,原营业税纳税地点为建筑劳务发生地。营改增后,由于建筑服务发生地无法进行完整的进项、销项核算,并准确计算出增值税应纳税额,所以,纳税地点将按照增值税的统一原则,改为在机构所在地纳税。但是,纳税地点的调整将改变现有的税源格局,对于所有异地提供建筑服务的工程项目来说,税源均将由建筑服务发生地转移到机构所在地。为避免造成税源转移过大,对异地提供建筑服务,采取了先在建筑服务发生地实行预缴,然后回到机构所在地申报纳税的征管模式。

纳税人跨县(市、区)提供建筑服务,应按照财税〔2016〕36号文件规定的纳税义务发生时间和计税方法,向建筑服务发生地主管税务机关预缴税款,向机构所在地主管税务机关申报纳税。

(1)预缴税款的地点为建筑服务发生地,征收管理机关为建筑服务发生地主管税务机关。

(2)纳税申报的地点为机构所在地,征收管理机关为机构所在地主管税务机关。

《建筑工程施工许可证》未注明合同开工日期,但建筑工程承包合同注明的开工日期在2016年4月30日前的建筑工程项目,属于财税〔2016〕36号文件规定的可以选择简易计税方法计税的建筑工程老项目。

简单来说,就是有《建筑工程施工许可证》的,看许可证上的合同开工日期,没有《建筑工程施工许可证》的,看合同注明的开工日期。如果《建筑工程施工许可证》未注明合同开工日期的,以建筑工程承包合同注明的开工日期作为判定标准,即建筑工程承包合同注明的开工日期在2016年4月30日前的建筑工程项目属于建筑工程老项目,可以选择简易计税方法计税。

9. 台账

由于纳税人跨区提供建筑服务需要分项目

预缴税款并分别预缴,对纳税人的财务核算,以及税务机关的税收征管均提出了新的要求。为便于纳税人分项目核算,准确计算预缴税款以及应纳税额,纳税人必须自行建立预缴税款台账,并要区分不同县(市、区)和项目逐笔登记基本涉税信息,如取得的收入、支付的分包款、已扣除的分包款、已预缴税款以及预缴税款的扣除分包款等。同时,还需要记录扣除分包款对应的发票号码、预缴税款取得的完税凭证号码等相关内容。

10. 预缴税款、纳税申报、发票开票等涉税事项

纳税人跨县(市、区)提供建筑服务,按照应向建筑服务发生地主管税务机关预缴税款而自应当预缴之月起超过6个月没有预缴税款的,由机构所在地主管税务机关按照《中华人民共和国税收征收管理法》及相关规定进行处理。

纳税人跨县(市、区)提供建筑服务,未按照缴纳税款的,由机构所在地主管税务机关按照《税收征管法》及相关规定进行处理。

(四)在收到预收款时,以取得的预收款扣除支付的分包款后的余额,按规定的预征率预缴增值税

自2017年7月1日起,纳税人提供建筑服务取得预收款,应在收到预收款时,以取得的预收款扣除支付的分包款后的余额,按照规定的预征率预缴增值税。适用一般计税方法计税的项目预征率为2%,适用简易计税方法计税的项目预征率为3%。

按照现行规定应在建筑服务发生地预缴增值税的项目,纳税人收到预收款时在建筑服务发生地预缴增值税。按照现行规定无需在建筑服务发生地预缴增值税的项目,纳税人收到预收款时在机构所在地预缴增值税。

(五)在境外提供建筑服务等有关征管问题

境内的单位和个人为施工地点在境外的工程项目提供建筑服务,按照《国家税务总局关于发布〈营业税改征增值税跨境应税行为增值税免税管理办法(试行)〉的公告》(国家税务总局公告2016年第29号)第八条规定,办理免税备案手续时,凡与发包方签订的建筑合同注明施工地点在境外的,可不再提供工程项目在境外的其他证明材料。

纳税人提供建筑服务,被工程发包方从应支付的工程款中扣押的质押金、保证金,未开具发票的,以纳税人实际收到质押金、保证金的当天为纳税义务发生时间。

二、不动产、房地产项目

(一)营改增试点纳税人销售不动产综述

1. 销售不动产缴纳增值税综述

(1)征管方式。

除自然人外的纳税人销售不动产,先向不动产所在地主管税务机关预缴税款,再向机构所在地主管税务机关申报纳税;自然人销售不动产,直接向不动产所在地主管税务机关申报纳税。

(2)销售额的确定。

① 对于取得的非自建的不动产。

适用简易计税方法的,以取得的全部价款和价外费用减去该项不动产购置原价或者作价后的余额为销售额;适用一般计税方法下的,以取得的全部价款和价外费用为销售额。

② 对于自建的不动产。

均以取得的全部价款和价外费用为销售额。

(3)预缴税款的计算。

① 对于取得的非自建的不动产。

均以取得的全部价款和价外费用减去该不动产购置原价或者取得不动产时的作价后的余额为预缴税款的计算依据,在不动产所在地预缴税款。

② 对于自建的不动产。

均以取得的全部价款和价外费用为预缴税款的计算依据,在不动产所在地预缴税款。

相关政策依据

销售取得的不动产,在不动产所在地先预征税款

考虑到销售不动产的营业税纳税地点为不动产所在地,改为征收增值税后,纳税地点以机构所在地为主要确定原则(自然人销售不动产除外),如果不在征管上设置不动产所在地预征的办法,可能导致不动产所在地税源流失的问题,所以,对于纳税人销售取得的不动产,在征管上采取在不动产所在地先征税款的安排。

2. 一般纳税人销售不动产(不含自建)采取一般计税方法计税的相关规定

(1) 以扣除不动产购置原价或者取得不动产时的作价后的余额计算预缴税款。

(2) 预征率为5%。

(3) 按照一般计税方法的基本规定计算应纳税额,其计税销售额为全部价款和价外费用。

3. 一般纳税人销售自建不动产适用一般计税方法计税的相关规定

(1) 以全部价款和价外费用计算预缴税款。

(2) 预征率为5%。

(3) 按照一般计税方法的基本规定计算应纳税额,其计税销售额为全部价款和价外费用。

4. 房地产开发企业销售自行开发的房地产项目相关政策规定

(1) 房地产开发企业如果是一般纳税人,销售老项目,因为涉及部分成本的支出是在营业税下完成的而无法取得进项,因此给予了简易计税的选择权。同时明确,征收率和原营业税税率一致,为5%。

(2) 房地产开发企业如果是小规模纳税人,销售自行开发的房地产项目,不区分新老项目,统一按照5%的征收率计算缴纳增值税。

(3) 关于预收款的规定。

原营业税制下,房地产开发企业收到预收款时即确认为纳税义务发生。按照增值税的一般规定,房地产开发企业收到的预收性质的款项,不需要确认纳税义务发生,但是考虑到房地产开发项目,收入和支出期间可能会有不匹配的情况,为平衡税款入库时间,房地产开发企业在收到预收款时,需要按照3%的预征率先预缴增值税。按照增值税纳税义务发生时间确认纳税义务发生时,已预缴的税款可以抵减应纳税额。

房地产开发企业销售房地产项目在收到预收款时先预缴税款

对于房地产开发项目,考虑到房地产企业的进销项取得的时间一般间隔较长,为保证纳税人税款均衡入库,避免房地产企业在整个房地产开发项目开发销售期间,前期取得售房款较多、支付工程款较少而导致前期缴税多,后期取得售房款较少、支付工程款较多而导致后期进项留抵的情况发生,政策规定,对房地产开发企业销售房地产项目采取预收款方式的,在收到预收款时先预缴税款。

注:房地产开发企业销售房地产老项目以及一般纳税人出租老不动产适用一般计税方法计税的相关规定

(1) 以全部价款和价外费用计算预缴税款。

(2) 预征率为3%。

(3) 按照一般计税方法的基本规定计算应纳税额,其计税销售额为全部价款和价外费用。

自2020年1月20日起,房地产开发企业中的一般纳税人购入未完工的房地产老项目继续开发后,以自己名义立项销售的不动产,属于房地产老项目,可以选择适用简易计税方法按照5%的征收率计算缴纳增值税。

5. 个体工商户销售购买的住房

(1) 个体工商户销售购买的住房,按照《营业税改征增值税试点过渡政策的规定》第五条规定执行相关政策。其规定为:

① 北京市、上海市、广州市和深圳市之外的地区。

个人将购买不足2年的住房对外销售的,按照5%的征收率全额缴纳增值税;个人将购买2年以上(含2年)的住房对外销售的,免征增值税。上述政策适用于北京市、上海市、广州市和深圳市之外的地区。

② 北京市、上海市、广州市和深圳市。

个人将购买不足2年的住房对外销售的,按照5%的征收率全额缴纳增值税;个人将购买2年以上(含2年)的非普通住房对外销售的,以销售收入减去购买住房价款后的差额按照5%的征收率缴纳增值税;个人将购买2年以上(含2年)的普通住房对外销售的,免征增值税。上述政策仅适用于北京市、上海市、广州市和深圳市。此项规定是延续了《财政部 国家税务总局关于调整房地产交易环节契税、营业税优惠政策的通知》(财税〔2016〕23号)的相关规定。

(2) 按照统一的征管原则,个体工商户销售购买的住房也需要在不动产所在地预缴税款,向机构所在地主管税务机关纳税申报。

6. 自然人销售其取得(不含自建)的不动产(不含其购买的住房)

(1) 除了自然人销售自建自用住房和销售购买的住房这两种情形,自然人销售其取得的不动产,采用差额征税的办法按5%征收率计税。

(2) 自然人销售不动产,与单位和个体工商户销售不动产的原则不同,纳税地点为不动产所在地,不需要在不动产所在地预缴税款,向机构所在地纳税申报。

7. 办理产权过户手续使用的增值税发票联次

纳税人销售其取得的不动产,自行开具或者税务机关代开增值税发票时,使用六联增值税专用发票或者五联增值税普通发票。纳税人办理产权过户手续需要使用发票的,可以使用增值税专用发票第六联或者增值税普通发票第三联。

8. 纳税人转让不动产缴纳增值税差额扣除有关问题

纳税人转让不动产,按照有关规定差额缴纳增值税的,如因丢失等原因无法提供取得不动产时的发票,可向税务机关提供其他能证明契税计税金额的完税凭证等资料,进行差额扣除。

纳税人以契税计税金额进行差额扣除的,按照下列公式计算增值税应纳税额:

2016年5月1日及以后缴纳契税的:

$$增值税应纳税额 = [全部交易价格(含增值税) \div (1+5\%) - 契税计税金额(不含增值税)] \times 5\%$$

注:2016年4月30日及以前缴纳契税的

$$增值税应纳税额 = \left[\frac{全部交易价格(含增值税)}{(1+5\%)} - \frac{契税计税金额(含营业税)}{}\right] \times 5\%$$

纳税人同时保留取得不动产时的发票和其他能证明契税计税金额的完税凭证等资料的,应当凭发票进行差额扣除。

(二) 转让不动产

纳税人转让其取得的不动产(不适用房地产开发企业销售自行开发的房地产项目)的税收征管按以下规定执行。

1. 适用的范围

《纳税人转让不动产增值税征收管理暂行办法》(国家税务总局公告2016年第14号)适用于纳税人转让自己以直接购买、接受捐赠、接受投资入股、自建以及抵债等各种形式取得的不动产,不包括房地产开发企业销售自行开发的房地产项目。

(1) 纳税人转让取得的不动产,适用本办法;房地产开发企业销售自行开发的房地产项目,不适用本办法。

(2) 取得的不动产包括直接购买、接受捐赠、接受投资入股、自建以及抵债等各种形式取得的不动产。纳税人销售自己拥有所有权的不动产时,适用本办法。

(3) 房地产开发企业销售自行开发的房地产项目,不适用本办法,而是适用《房地产开发企业销售自行开发的房地产项目增值税征收管理暂行办法》(国家税务总局公告2016年第18号)。例如,如果一个房地产开发企业,开发一批商铺,销售出90%,剩余有10套商铺尚未售出。房地产开发企业办理权属登记,将该10套商铺登记在自己企业名下,以自己名义对外出租。3年后,该商区房产价格上涨,有买家提出要购买商铺。房地产开发企业决定将该10套商铺再出售,此时,该10套商铺已经登记在房地产开发企业名下,再次销售时,不是尚未办理权属登记的、房地产开发项目的房产,所以,房地产企业应适用本办法,而不是按《房地产开发企业销售自行开发的房地产项目增值税征收管理暂行办法》(国家税务总局公告2016年第18号)办理相关税务事项。

2. 预缴税款、应纳税款、纳税地点

1) 一般纳税人转让其取得的不动产

(1) 一般纳税人转让其2016年5月1日后取得(不含自建)的不动产,适用一般计税方法,以取得的全部价款和价外费用为销售额计算应纳税额。纳税人应以取得的全部价款和价外费用扣除不动产购置原价或者取得不动产时的作价后的余额,按照5%的预征率向不动产所在地主管税务机关预缴税款，向机构所在地主管税务机关申报纳税。

（2）一般纳税人转让其2016年5月1日后自建的不动产，适用一般计税方法，以取得的全部价款和价外费用为销售额计算应纳税额。纳税人应以取得的全部价款和价外费用，按照5%的预征率向不动产所在地主管税务机关预缴税款，向机构所在地主管税务机关申报纳税。

注：① 一般纳税人转让其2016年4月30日前取得（不含自建）的不动产，可以选择适用简易计税方法计税，以取得的全部价款和价外费用扣除不动产购置原价或者取得不动产时的作价后的余额为销售额，按照5%的征收率计算应纳税额。纳税人应按照上述计税方法向不动产所在地主管税务机关预缴税款，向机构所在地主管税务机关申报纳税。

② 一般纳税人转让其2016年4月30日前自建的不动产，可以选择适用简易计税方法计税，以取得的全部价款和价外费用为销售额，按照5%的征收率计算应纳税额。纳税人应按照上述计税方法向不动产所在地主管税务机关预缴税款，向机构所在地主管税务机关申报纳税。

③ 一般纳税人转让其2016年4月30日前取得（不含自建）的不动产，选择适用一般计税方法计税的，以取得的全部价款和价外费用为销售额计算应纳税额。纳税人应以取得的全部价款和价外费用扣除不动产购置原价或者取得不动产时的作价后的余额，按照5%的预征率向不动产所在地主管税务机关预缴税款，向机构所在地主管税务机关申报纳税。

④ 一般纳税人转让其2016年4月30日前自建的不动产，选择适用一般计税方法计税的，以取得的全部价款和价外费用为销售额计算应纳税额。纳税人应以取得的全部价款和价外费用，按照5%的预征率向不动产所在地主管税务机关预缴税款，向机构所在地主管税务机关申报纳税。

2）小规模纳税人转让其取得的不动产

（1）小规模纳税人转让其取得（不含自建）的不动产。

以取得的全部价款和价外费用扣除不动产购置原价或者取得不动产时的作价后的余额为销售额，按照5%的征收率计算应纳税额。

（2）小规模纳税人转让其自建的不动产。

小规模纳税人转让其自建的不动产以取得的全部价款和价外费用为销售额，按照5%的征收率计算应纳税额。

除自然人之外的小规模纳税人，应按照上述计税方法向不动产所在地主管税务机关预缴税款，向机构所在地主管税务机关申报纳税；自然人按照上述计税方法向不动产所在地主管税务机关申报纳税。

3）自然人以外的纳税人转让其取得的不动产

（1）以转让不动产取得的全部价款和价外费用作为预缴税款计算依据的，计算公式为：

$$应预缴税款 = 全部价款和价外费用 \div (1+5\%) \times 5\%$$

（2）以转让不动产取得的全部价款和价外费用扣除不动产购置原价或者取得不动产时的作价后的余额作为预缴税款计算依据的，计算公式为：

$$应预缴税款 = (全部价款和价外费用 - 不动产购置原价或者取得不动产时的作价) \div (1+5\%) \times 5\%$$

自然人转让其取得的不动产，按照以上计算方法计算应纳税额并向不动产所在地主管税务机关申报纳税。

注：纳税人转让不动产，除自然人以外，应在不动产所在地预缴，机构所在地申报纳税。自然人转让不动产，只需在不动产所在地缴纳税款即可。

3. 个人转让其购买的住房

个人转让其购买的住房，按照以下规定缴纳增值税。

（1）个人转让其购买的住房，按照有关规定全额缴纳增值税的，以取得的全部价款和价外费用为销售额，按照5%的征收率计算应纳税额。

（2）个人转让其购买的住房，按照有关规定差额缴纳增值税的，以取得的全部价款和价外费用扣除购买住房价款后的余额为销售额，按照5%的征收率计算应纳税额。

个人包括个体工商户和其他个人。个体工商户应按照规定的计税方法向住房所在地主管税务机关预缴税款，向机构所在地主管税务机关申报纳税；其他个人，即自然人，应按照规定的计税方法向住房所在地主管税务机关申报纳税。

4. 预缴税款的计算方法

其他个人,即自然人,不需要预缴,直接在不动产所在地主管税务机关缴纳。

自然人以外的纳税人(单位和个体工商户)转让其取得的不动产,区分以下情形计算应向不动产所在地主管税务机关预缴的税款。

(1) 以转让不动产取得的全部价款和价外费用作为预缴税款计算依据的,计算公式为:

$$应预缴税款 = \frac{全部价款和价外费用}{1+5\%} \times 5\%$$

(2) 以转让不动产取得的全部价款和价外费用扣除不动产购置原价或者取得不动产时的作价后的余额作为预缴税款计算依据的,计算公式为:

$$应预缴税款 = (全部价款和价外费用 - 不动产购置原价或者取得不动产时的作价) \div (1+5\%) \times 5\%$$

注: 需要预缴税款的纳税人,在税务机关预缴时,均按照5%征收率进行换算,不区分纳税人是否为一般纳税人,也不区分纳税人是适用一般计税方法还是简易计税方法。

5. 自然人转让不动产

自然人销售不动产不需要预缴税款。自然人全部属于小规模纳税人,小规模纳税人转让不动产的征收率为5%。所以,自然人转让不动产,直接以差额或者全额依照5%征收率计算应纳税额,在不动产所在地主管税务机关缴纳税款即可。

6. 扣除不动产购置原价或者取得不动产时的作价的凭证要求

纳税人按规定从取得的全部价款和价外费用中扣除不动产购置原价或者取得不动产时的作价的,应当取得符合法律、行政法规和国家税务总局规定的合法有效凭证。否则,不得扣除。

(1) 纳税人适用差额计税政策时,应当取得符合法律、行政法规和国家税务总局规定的合法有效凭证,如果纳税人未能取得合法有效凭证的,则不得享受差额计税政策,应就转让不动产取得的全部价款和价外费用,计算缴纳增值税。

(2) 纳税人预缴税款或者申报纳税时,按规定从取得的全部价款和价外费用中扣除不动产购置原价或者取得不动产时的作价的,应出具合法有效凭证。也就是说,纳税人在向不动产所在地主管税务机关预缴或者向主管税务机关缴纳税款时,必须提供其扣除不动产购置原价或者取得不动产时作价的合法有效凭证,纳税人如果不能提供,或者提供的凭证,不符合该条规定的合法有效凭证的范畴,则应该全额计算缴纳或者预缴税款。

(3) 合法有效凭证包括:税务部门监制的发票;法院判决书、裁定书、调解书,以及仲裁裁决书、公证债权文书;以及国家税务总局规定的其他凭证。"国家税务总局规定的其他凭证",这是对今后可能出现的情况的一个兜底条款。

7. 回机构所在地后如何抵减在不动产所在地已预缴税款

纳税人转让其取得的不动产,向不动产所在地主管税务机关预缴的增值税税款,可以在当期增值税应纳税额中抵减,抵减不完的,结转下期继续抵减。

纳税人以预缴税款抵减应纳税额,应以完税凭证作为合法有效凭证。

(1) 此处的纳税人,指除自然人以外的纳税人,也就是单位和个体工商户。因为只有单位和个体工商户,才需要回机构所在地,就其全部经营业务向主管税务机关申报纳税。

(2) 除自然人以外的纳税人,当期销售不动产,在不动产所在地主管税务机关预缴税款后,回机构所在地向主管税务机关申报纳税时,可以在增值税应纳税额中,抵减在不动产所在地税务机关已经预缴的税款,若当期未能抵减完,则可以结转下期继续抵减。

(3) 纳税人在不动产所在地税务机关预缴税款后,应取得并妥善保管完税凭证(注明有增值税),以完税凭证作为抵减应纳税额的合法有效凭证。

8. 发票开具

(1) 小规模纳税人转让其取得的不动产,不能自行开具增值税发票的,可向不动产所在地主管税务机关申请代开。

(2)纳税人向自然人转让其取得的不动产,不得开具或申请代开增值税专用发票。

9. 罚则

纳税人转让不动产,按照规定应向不动产所在地主管税务机关预缴税款而自应当预缴之月起超过6个月没有预缴税款的,由机构所在地主管税务机关按照《税收征管法》及相关规定进行处理。

纳税人转让不动产,未按照规定缴纳税款的,由主管税务机关按照《税收征管法》及相关规定进行处理。

【案例2-23】 江西省萍乡市怡昌祥宾馆为增值税一般纳税人,主要从事住宿、餐饮、会议场地出租及配套服务,符合增值税进项税额加计抵减政策。2023年4月发生如下业务:

业务一:提供住宿服务取得不含税销售额3 000万元;提供餐饮服务取得不含税销售额420万元(含外卖食品收入20万元);提供会议场地出租服务取得不含税租金300万元(含配套服务收入40万元)。

业务二:当月购进业务发生进项税额共计180万元,均取得合法的增值税专用发票及其他扣税凭证,按规定申报抵扣进项税额。当月因非正常损失进项税转出2万元。

业务三:为调整经营结构,将位于湖南省株洲市的一处酒店房产出售,取得不含税收入9 980万元。该酒店房产于2015年4月购进,购进时取得的营业税发票注明金额为1 260万元(不含税)。没有评估价格。怡昌祥宾馆选择按照简易方法计算缴纳增值税。

业务四:将位于湖南省长沙市的一处酒店式公寓房产投资于ABC物业管理公司(以下简称"ABC公司"),该房产2017年购置时取得的增值税专用发票上注明价款1 200万元、税款132万元。评估机构给出的评估价格为1 500万元(含税),双方约定以此价格投资入股并办理房产产权变更手续。ABC公司当月以长租形式出租酒店式公寓取得不含税租金500万元(含配套服务收入60万元)。

【分析】 1. 业务一销项税额

第一步:确定征税范围与适用税率。

提供住宿服务,适用税率6%;提供餐饮服务(含外卖食品),适用税率6%;提供会议展览服务,适用税率为6%。

第二步:确定销售额。

销售额合计=3 000+420+300=3 720(万元)

第三步:计算销项税额。

业务一销项税额=3 720×6%=223.20(万元)

2. 怡昌祥宾馆当月可抵减的加计抵减进项税额

生活性服务业纳税人可按照当期可抵扣进项税额加计10%抵减应纳税额。但不得从销项税额中抵扣的进项税额,不可以计提加计抵减额。

怡昌祥宾馆当月可抵减的加计抵减进项税额=(180-2)×10%=17.8(万元)

3. 业务三中,怡昌祥宾馆应在株洲市预缴增值税

第一步:确定征税范围、适用税率(征收率)与预征率。

纳税人转让不动产,采用简易计税方法,适用征收率5%,预征率为5%。

第二步:计算预缴税款。

业务三中,怡昌祥宾馆应在株洲市预缴增值税=(9 980-1 260)×5%=436(万元)

4. 业务四中,怡昌祥宾馆应在长沙市预缴增值税

第一步:确定征税范围、适用税率(征收率)与预征率。

纳税人转让不动产,采用一般计税方法,按5%预征率预缴税款。

第二步:计算预缴税款。

业务四中,怡昌祥宾馆应在长沙市预缴增值税=(1 500-1 200-132)÷(1+5%)×5%=8(万元)

5. 怡昌祥宾馆当月应在萍乡市申报缴纳增

值税

第一步：确定销项税额。

销项税额＝223.20＋1 500÷(1＋9%)×9%＝347.05(万元)

第二步：确定进项税额。

进项税额＝180－2＝178(万元)

第三步：计算当期应缴纳的增值税。

怡昌祥宾馆当月应在萍乡市申报缴纳增值税＝347.05－178＋(9 980－1 260)×5%－436－8－17.8＝143.25(万元)

(三) 取得不动产或者不动产在建工程的进项税额的抵扣

1. 不动产进项税一次性抵扣——取得不动产或者不动产在建工程的进项税额不再分 2 年抵扣

自 2019 年 4 月 1 日起，《营业税改征增值税试点有关事项的规定》(财税〔2016〕36 号附件 2)第一条第(四)项第 1 点＊、第二条第(一)项第 1 点＊＊停止执行，纳税人取得不动产或者不动产在建工程的进项税额不再分 2 年抵扣。此前按照上述规定尚未抵扣完毕的待抵扣进项税额，可自 2019 年 4 月税款所属期起从销项税额中抵扣。《不动产进项税额分期抵扣暂行办法》(国家税务总局公告 2016 年第 15 号发布)自 2019 年 4 月 1 日起废止。

＊**注：**《营业税改征增值税试点有关事项的规定》(财税〔2016〕36 号)第一条第(四)项第 1 点：适用一般计税方法的试点纳税人，2016 年 5 月 1 日后取得并在会计制度上按固定资产核算的不动产或者 2016 年 5 月 1 日后取得的不动产在建工程，其进项税额应自取得之日起分 2 年从销项税额中抵扣，第一年抵扣比例为 60%，第二年抵扣比例为 40%。取得不动产，包括以直接购买、接受捐赠、接受投资入股、自建以及抵债等各种形式取得不动产，不包括房地产开发企业自行开发的房地产项目。融资租入的不动产以及在施工现场修建的临时建筑物、构筑物，其进项税额不适用上述分 2 年抵扣的规定。

＊＊**注：**第二条第(一)项第 1 点：原增值税一般纳税人购进服务、无形资产或者不动产，取得的增值税专用发票上注明的增值税额为进项税额，准予从销项税额中抵扣。2016 年 5 月 1 日后取得并在会计制度上按固定资产核算的不动产或者 2016 年 5 月 1 日后取得的不动产在建工程，其进项税额应自取得之日起分 2 年从销项税额中抵扣，第一年抵扣比例为 60%，第二年抵扣比例为 40%。融资租入的不动产以及在施工现场修建的临时建筑物、构筑物，其进项税额不适用上述分 2 年抵扣的规定。

2. 已抵扣进项税额的转出

已抵扣进项税额的不动产，发生非正常损失，或者改变用途，专用于简易计税方法计税项目、免征增值税项目、集体福利或者个人消费的，按照下列公式计算不得抵扣的进项税额，并从当期进项税额中扣减：

$$\text{不得抵扣的进项税额} = \text{已抵扣进项税额} \times \text{不动产净值率}$$

$$\text{不动产净值率} = \left(\text{不动产净值} \div \text{不动产原值}\right) \times 100\%$$

3. 不得抵扣进项税额，不动产用途改变后可抵扣

按照规定不得抵扣进项税额的不动产，发生用途改变，用于允许抵扣进项税额项目的，按照下列公式在改变用途的次月计算可抵扣进项税额。

$$\text{可抵扣进项税额} = \text{增值税扣税凭证注明或计算的进项税额} \times \text{不动产净值率}$$

延伸解读

不动产进项税额

1. 已抵扣进项税额的不动产，发生非正常损失，或者改变用途，专用于简易计税方法计税项目、免征增值税项目、集体福利或者个人消费的，按照下列公式计算不得抵扣的进项税额，并从当期进项税额中扣减：

$$\text{不得抵扣的进项税额} = \text{已抵扣进项税额} \times \text{不动产净值率}$$

$$\text{不动产净值率} = \left(\text{不动产净值} \div \text{不动产原值}\right) \times 100\%$$

2. 按照规定不得抵扣进项税额的不动产，发生用途改变，用于允许抵扣进项税额项目的，按照下列公式在改变用途的次月计算可抵扣进项税额。

$$\text{可抵扣进项税额} = \text{增值税扣税凭证注明或计算的进项税额} \times \text{不动产净值率}$$

[《国家税务总局关于深化增值税改革有关事项的公告》(国家税务总局公告 2019 年第 14 号，2019 年 3 月 21 日)]

(四)房地产开发企业销售自行开发的房地产项目

自2016年5月1日起,房地产开发企业销售自行开发的房地产项目增值税征收管理执行以下规定:

1. 适用范围

房地产开发企业销售自行开发的房地产项目,适用本规定。

(1) 仅适用于房地产开发企业。

房地产开发企业是指按照《中华人民共和国城市房地产管理法》的规定,以营利为目的,从事房地产开发和经营的企业。按房地产开发业务在企业经营范围中地位的不同,可将房地产开发企业分为房地产开发专营企业、兼营企业和项目公司。设立房地产开发企业,应当具备下列条件:

① 有自己的名称和组织机构。

② 有固定的经营场所。

③ 有符合国务院规定的注册资本。

房地产开发企业是资金密集型企业,其注册资金的要求较高。住房和城乡建设部按照房地产开发企业的资质等级,规定了不同的注册资本要求。这有助于遏制房地产开发领域过于严重的投机态势,降低房地产投资风险,保障交易安全。

④ 有足够的专业技术人员。

房地产开发是一项专业性很强的经营活动。开发商拥有足够的专业技术人员是保障开发项目产品的安全及开发中其他社会效益和环境效益实现的必要条件。住房和城乡建设部按照房地产开发企业的资质等级,规定了不同的专业技术人员要求。

⑤ 法律、行政法规规定的其他条件。

(2) 自行开发。

自行开发,是指在依法取得的土地使用权的土地上进行基础设施、房屋等不动产的投资建设。

房地产开发企业以接盘等形式购入未完工的房地产项目继续开发后,以自己的名义立项销售的,属于本办法规定的销售自行开发的房地产项目。例如,在房价下行的时候,经常会出现开发商资金断裂急需套现的情况,也就是俗称的"烂尾楼"。"烂尾楼"再销售后,接盘的房地产企业一般会重新办理立项手续,继续投入资金,建成后以自己的名义对外销售。这种情况也属于"自行开发"。

(3) 房地产项目。

房地产项目,是指对属于《销售服务、无形资产、不动产注释》中不动产范围内的所有建筑物、构筑物等进行投资开发建设的项目。

2. 一般纳税人征收管理

1) 销售额

(1) 基本规定。

房地产开发企业中的一般纳税人销售自行开发的房地产项目,适用一般计税方法计税,按照取得的全部价款和价外费用,扣除当期销售房地产项目对应的土地价款后的余额计算销售额。销售额的计算公式如下:

$$销售额 = \left(\begin{array}{c}全部价款和\\价外费用\end{array} - \begin{array}{c}当期允许扣\\除的土地价款\end{array}\right) \div (1+9\%)$$

上述"对应"一词包含的意思是:房地产项目对应的全部土地价款并非一次性从当期销售额中扣除,而是要随着销售额的逐期确认,逐步扣除。也就是说,土地价款要按照销售进度,在不同的纳税期分期扣除,即"卖一套房,扣一笔与之对应的土地出让金"。

注:允许扣除土地价款的仅包括新项目和选择一般计税方法的老项目,不包括适用简易计税方法的房地产项目。其中,房地产老项目如果选择适用一般计税方法,其2016年5月1日后确认的增值税销售额,可以扣除对应的土地出让价款。

(2) 土地价款的扣除。

① 关于土地价款如何扣除的规定。

一般情况下,房地产企业在开发房产项目时,还会在小区配套建设道路、花园、绿地、雕塑,或者物业用房、幼儿园、诊所等。这些配套设施的建筑面积不单独作价出售给业主,但也都包含在业主支付的房款之中。对这些建筑物、构筑物的面积,并未包含在"可供出售的建筑面积"中。这样可以使开发商将所有"可供"销售的面积销售完后,土地出让金全部扣除完。

当期允许扣除的土地价款按照以下公式计算:

$$当期允许扣除的土地价款 = \left(\frac{当期销售房地产项目建筑面积}{房地产项目可供销售建筑面积}\right) \times 支付的土地价款$$

当期销售房地产项目建筑面积,是指当期进行纳税申报的增值税销售额对应的建筑面积。房地产项目可供销售建筑面积,是指房地产项目可以出售的总建筑面积,不包括销售房地产项目时未单独作价结算的配套公共设施的建筑面积。支付的土地价款,是指向政府、土地管理部门或受政府委托收取土地价款的单位直接支付的土地价款。

自2016年12月24日起施行,上述"当期销售房地产项目建筑面积""房地产项目可供销售建筑面积",是指计容积率地上建筑面积,不包括地下车位建筑面积。

② 扣除土地价款时,应以省级以上(含省级)财政部门监(印)制的财政票据为扣除凭证。

扣除土地价款时,应以省级以上(含省级)财政部门监(印)制的财政票据为扣除凭证,未取得上述扣除凭证的,不得从全部价款和价外费用中扣除土地价款。

财政票据,是指由财政部门监(印)制、发放、管理,国家机关、事业单位、具有公共管理或者公共服务职能的社会团体及其他组织(以下简称行政事业单位)依法收取政府非税收入或者从事非营利性活动收取财物时,向公民、法人和其他组织开具的凭证。

财政票据的种类和适用范围如下。

A. 非税收入类票据。

a. 非税收入通用票据。

是指行政事业单位依法收取政府非税收入时开具的通用凭证。

b. 非税收入专用票据。

是指特定的行政事业单位依法收取特定的政府非税收入时开具的专用凭证。主要包括行政事业性收费票据、政府性基金票据、国有资源(资产)收入票据、罚没票据等。

c. 非税收入一般缴款书。

是指实施政府非税收入收缴管理制度改革的行政事业单位收缴政府非税收入时开具的通用凭证。

B. 结算类票据。

资金往来结算票据,是指行政事业单位在发生暂收、代收和单位内部资金往来结算时开具的凭证。

C. 其他财政票据。

a. 公益事业捐赠票据。

是指国家机关、公益性事业单位、公益性社会团体和其他公益性组织依法接受公益性捐赠时开具的凭证。

b. 医疗收费票据。

是指非营利医疗卫生机构从事医疗服务取得医疗收入时开具的凭证。

c. 社会团体会费票据。

是指依法成立的社会团体向会员收取会费时开具的凭证。

d. 其他应当由财政部门管理的票据。

土地出让金票据属于政府非税收入票据。

③ 扣除的土地价款应采取台账管理,扣除的土地价款不得超过纳税人实际支付的土地价款。

一般纳税人应建立台账登记土地价款的扣除情况,扣除的土地价款不得超过纳税人实际支付的土地价款,且该实际支付的土地价款应取得规定的财政票据。

由于现行政策规定,土地价款并非一次性从销售额中全扣,而是要随着销售额的确认,逐步扣除。所以,通过台账对各期土地价款扣除的具体情况进行记载,是非常必要的。

2) 进项税额

一般纳税人销售自行开发的房地产项目,兼有一般计税方法计税、简易计税方法计税、免征增值税的房地产项目而无法划分不得抵扣的进项税额的,应以《建筑工程施工许可证》注明的"建设规模"为依据进行划分。建设规模即项目建设的面积，所以，在计算简易计税方法和免税房地产项目对应的"不得抵扣的进项税额"时，应以面积为计算单位，而不能以套、层、单元、栋等作为计算依据。

$$\text{不得抵扣的进项税额} = \left(\frac{\text{简易计税、免税房地产项目建设规模}}{\text{房地产项目总建设规模}}\right) \times \text{当期无法划分的全部进项税额}$$

3）预缴税款

一般纳税人采取预收款方式销售自行开发的房地产项目，应在收到预收款时按照3%的预征率预缴增值税。预收款是指房地产企业预售房地产项目时收到的款项。

应预缴税款按照以下公式计算：

$$\text{应预缴税款} = \text{预收款} \div (1 + \text{适用税率或征收率}) \times 3\%$$

适用一般计税方法计税的，按照9%（2019年4月1日起）的适用税率计算；适用简易计税方法计税的，按照5%的征收率计算。

一般纳税人应在取得预收款的次月纳税申报期向主管税务机关预缴税款。

4）纳税义务、扣缴义务发生时间

（1）纳税人发生应税行为并收讫销售款项或者取得索取销售款项凭据的当天；先开具发票的，为开具发票的当天。

收讫销售款项，是指纳税人销售服务、无形资产、不动产过程中或者完成后收到款项。

取得索取销售款项凭据的当天，是指书面合同确定的付款日期；未签订书面合同或者书面合同未确定付款日期的，为服务、无形资产转让完成的当天或者不动产权属变更的当天。

（2）纳税人提供建筑服务、租赁服务采取预收款方式的，其纳税义务发生时间为收到预收款的当天。

（3）纳税人从事金融商品转让的，为金融商品所有权转移的当天。

（4）纳税人发生《营业税改征增值税试点实施办法》（财税〔2016〕36号附件1）第十四条*规定情形的，其纳税义务发生时间为服务、无形资产转让完成的当天或者不动产权属变更的当天。

*注：第十四条 下列情形视同销售服务、无形资产或者不动产：

（一）单位或者个体工商户向其他单位或者个人无偿提供服务，但用于公益事业或者以社会公众为对象的除外。

（二）单位或者个人向其他单位或者个人无偿转让无形资产或者不动产，但用于公益事业或者以社会公众为对象的除外。

（三）财政部和国家税务总局规定的其他情形。

⑤增值税扣缴义务发生时间为纳税人增值税纳税义务发生的当天。

5）发票开具

一般纳税人销售自行开发的房地产项目，自行开具增值税发票。

一般纳税人销售自行开发的房地产项目，其2016年4月30日前收取并已向主管税务机关申报缴纳营业税的预收款，未开具营业税发票的，可以开具增值税普通发票，不得开具增值税专用发票。

也就是说，一般纳税人开具的增值税普通发票金额中，可以同时包含已缴纳营业税但未开票的预收款金额和应缴纳增值税的售房款金额。但是，一般纳税人开具的增值税专用发票金额中，只能包含缴纳增值税的售房款金额。

一般纳税人向消费者个人（自然人）销售自行开发的房地产项目，不得开具增值税专用发票。

6）纳税申报

一般纳税人销售自行开发的房地产项目适用一般计税方法计税的，应按照《营业税改征增值税试点实施办法》（财税〔2016〕36号附件1）第四十五条*规定的纳税义务发生时间，以当期销售额和9%（2019年4月1日起）的适用税率计算当期应纳税额，抵减已预缴税款后，向主管税务机关申报纳税。未抵减完的预缴税款可以结转下期继续抵减。

一般纳税人销售自行开发的房地产项目适用简易计税方法计税的，应按照《营业税改征增值税试点实施办法》（财税〔2016〕36号附件1）第四十五条规定的纳税义务发生时间，以当期销售额和5%的征收率计算当期应纳税额，抵减已预缴税款后，向主管税务机关申报纳税。未抵减完的预缴税款可以结转下期继续抵减。

*注：第四十五条 增值税纳税义务、扣缴义务发生时间为：

（一）纳税人发生应税行为并收讫销售款项或者取得索取销售款项凭据的当天；先开具发票的，为开具发票的当天。

收讫销售款项，是指纳税人销售服务、无形资产、不动产过程中或者完成后收到款项。

取得索取销售款项凭据的当天，是指书面合同确定的付款日期；未签订书面合同或者书面合同未确定付款日期的，为服务、无形资产转让完成的当天或者不动产权属变更的当天。

（二）纳税人提供建筑服务、租赁服务采取预收款方式的，其纳税义务发生时间为收到预收款的当天。

自2017年1月1日起，本项规定修改为"纳税人提供租赁服务采取预收款方式的，其纳税义务发生时间为收到预收款的当天"。[《财政部 税务总局关于建筑服务等营改增试点政策的通知》（财税〔2017〕58号，2017年7月11日）]

（三）纳税人从事金融商品转让的，为金融商品所有权转移的当天。

（四）纳税人发生本办法第十四条规定情形的，其纳税义务发生时间为服务、无形资产转让完成的当天或者不动产权属变更的当天。

（五）增值税扣缴义务发生时间为纳税人增值税纳税义务发生的当天。

3. 小规模纳税人征收管理

1) 预缴税款

房地产开发企业中的小规模纳税人采取预收款方式销售自行开发的房地产项目，应在收到预收款时按照3%的预征率预缴增值税。

应预缴税款按照以下公式计算：

$$应预缴税款 = 预收款 \div (1+5\%) \times 3\%$$

小规模纳税人应在取得预收款的次月纳税申报期或主管税务机关核定的纳税期限向主管税务机关预缴税款。对实行按季申报的小规模纳税人，可以实行按季预缴增值税。

2) 发票开具

增值税专用发票一般只能由增值税一般纳税人领购使用，小规模纳税人需要使用的，需在缴纳税款后向税务机关申请代开。增值税专用发票不仅是购销双方收付款的凭证，而且可以用作购买方抵扣增值税的凭证；而增值税普通发票不具有进项抵扣功能。

对房地产开发企业2016年4月30日前收取的预收款，已缴纳营业税，但未开具营业税发票的，允许房地产企业在试点后，对这部分未开票预收款，开具增值税普通发票，也就是说，小规模纳税人开具的增值税普通发票金额中，可以同时包含已缴纳营业税但未开票的预收款金额和应缴纳增值税的售房款金额。但是，小规模纳税人向税务机关申请代开的增值税专用发票金额中，只能包含缴纳增值税的售房款金额。

小规模纳税人向消费者个人（自然人）销售自行开发的房地产项目，不得开具增值税专用发票。

代开增值税专用发票，是指主管税务机关为所辖范围内的纳税人代开增值税专用发票。上述纳税人是指已办理税务登记的小规模纳税人（包括个体经营者），以及国家税务总局确定的其他可以代开增值税专用发票的纳税人。

3) 纳税申报

小规模纳税人销售自行开发的房地产项目，应按照《营业税改征增值税试点实施办法》第四十五条*规定的纳税义务发生时间，以当期销售额和5%的征收率计算当期应纳税额，抵减已预缴税款后，向主管税务机关申报纳税。未抵减完的预缴税款可以结转下期继续抵减。

（1）房地产企业在收到预收款时，不确认纳税义务发生，只是预缴税款；真正的纳税义务发生时间，应根据《营业税改征增值税试点实施办法》第四十五条的相关规定确定。

根据《营业税改征增值税试点实施办法》第四十五条的规定，增值税纳税义务、扣缴义务发生时间为：

① 纳税人发生应税行为并收讫销售款项或者取得索取销售款项凭据的当天；先开具发票的，为开具发票的当天。

收讫销售款项，是指纳税人销售服务、无形资产、不动产过程中或者完成后收到款项。

取得索取销售款项凭据的当天，是指书面

合同确定的付款日期；未签订书面合同或者书面合同未确定付款日期的，为服务、无形资产转让完成的当天或者不动产权属变更的当天。

② 纳税人提供建筑服务、租赁服务采取预收款方式的，其纳税义务发生时间为收到预收款的当天。

注：自2017年7月1日起，本项规定修改为"纳税人提供租赁服务采取预收款方式的，其纳税义务发生时间为收到预收款的当天"。[《财政部 税务总局关于建筑服务等营改增试点政策的通知》(财税〔2017〕58号，2017年7月11日)]

③ 纳税人从事金融商品转让的，为金融商品所有权转移的当天。

④ 纳税人发生《营业税改征增值税试点实施办法》第十四条规定情形的，其纳税义务发生时间为服务、无形资产转让完成的当天或者不动产权属变更的当天。

⑤ 增值税扣缴义务发生时间为纳税人增值税纳税义务发生的当天。

（2）小规模纳税人已预缴的增值税可以在当期应纳税额中抵减，抵减不完的，可结转下期继续抵减。

*注：即第四十五条　增值税纳税义务、扣缴义务发生时间为：

（一）纳税人发生应税行为并收讫销售款项或者取得索取销售款项凭据的当天；先开具发票的，为开具发票的当天。

收讫销售款项，是指纳税人销售服务、无形资产、不动产过程中或者完成后收到款项。

取得索取销售款项凭据的当天，是指书面合同确定的付款日期；未签订书面合同或者书面合同未确定付款日期的，为服务、无形资产转让完成的当天或者不动产权属变更的当天。

（二）纳税人提供建筑服务、租赁服务采取预收款方式的，其纳税义务发生时间为收到预收款的当天。

注：自2017年7月1日起，本项规定修改为"纳税人提供租赁服务采取预收款方式的，其纳税义务发生时间为收到预收款的当天"。[《财政部 税务总局关于建筑服务等营改增试点政策的通知》(财税〔2017〕58号，2017年7月11日)]

（三）纳税人从事金融商品转让的，为金融商品所有权转移的当天。

（四）纳税人发生本办法第十四条规定情形的，其纳税义务发生时间为服务、无形资产转让完成的当天或者不动产权属变更的当天。

（五）增值税扣缴义务发生时间为纳税人增值税纳税义务发生的当天。

4. 其他事项

（1）预缴税款时，应填报《增值税预缴税款表》。房地产开发企业销售自行开发的房地产项目，按照规定预缴税款时，应填报《增值税预缴税款表》。

（2）预缴税款抵减应纳税款的合法有效凭证。

房地产开发企业以预缴税款抵减应纳税额，应以完税凭证作为合法有效凭证。

（3）罚则。

房地产开发企业销售自行开发的房地产项目，未按规定预缴或缴纳税款的，由主管税务机关按照《中华人民共和国税收征收管理法》及相关规定进行处理。

【案例2-24】 智董房地产开发公司（增值税一般纳税人）2023年3月发生如下业务：

业务一：销售2016年3月开工建设的工程项目，取得含税收入166 000万元，从政府部门取得土地时支付土地价款78 000万元。该项目选择简易计税方法计税。

业务二：支付怡昌祥建筑公司工程价款，取得增值税专用发票，注明金额12 000万元。

业务三：出租一栋写字楼，合同约定租期为3年，每年不含税租金为4 800万元，每半年支付一次租金。本月收到2023年3月至8月租金，开具增值税专用发票，注明金额2 400万元；另收办公家具押金160万元，开具收据。该业务适用一般计税方法。

业务四：购进小轿车一辆，支付不含税价款20万元，增值税2.6万元，取得机动车销售统一发票。

业务五：支付过桥费，取得通行费发票上注明的收费金额1.05万元。

已知：本月取得的相关凭证均符合税法规

定,并在本月申报抵扣进项税额。

【分析】 1. 业务一应纳增值税

第一步:确定征税范围与征收率。

房地产开发企业一般纳税人销售自行开发的房地产老项目,选择适用简易计税方法的,按照5%的征收率计税。

第二步:确定销售额。

销售额为取得的全部价款和价外费用为销售额,不包含增值税。

销售额=166 000÷(1+5%)=158 095.24(万元)

第三步:计算应纳税额。

业务一应纳增值税=销售额×征收率=158 095.24×5%=7 904.76(万元)

2. 业务二准予从销项税额中抵扣的进项税额

第一步:确定扣除凭证和扣除比例。

支付怡昌祥建筑公司工程价款,即购买建筑服务,以取得的增值税专用发票上注明的金额和9%的税率计算进项税额。

第二步:计算进项税额。

业务二准予从销项税额中抵扣的进项税额= 12 000×9%=1 080(万元)

3. 业务三增值税销项税额

第一步:确定征税范围与适用税率。

非异地提供不动产经营租赁服务,无须预缴增值税,适用税率为9%;收取办公家具押金时,不征收增值税。

第二步:确定销售额。

不动产经营租赁,不含税销售额为2 400万元。

注意:一次性收到多月租金的,增值税纳税义务发生时间为收到预收款的当天,不按配比原则分期确认销售额。

第三步:计算销项税额。

业务三增值税销项税额=销售额×税率=2 400×9%=216(万元)

4. 该公司当月应纳增值税

第一步:确定销项税额。

销项税额为业务三中的提供不动产经营租赁服务,即216万元。

第二步:确定进项税额。

业务二中,购买建筑服务,进项税额为1 080万元;业务四中,购进小轿车,进项税额为2.6万元;业务五中,支付过桥费1.05万元,进项税额=1.05÷(1+5%)×5%=0.05(万元)

进项税额合计=1 080+2.6+0.05=1 082.65(万元)

第三步:计算当期应缴纳的增值税。

该公司当月应纳增值税=216-1 082.65+7 904.76=7 038.11(万元)

(五)提供不动产经营租赁服务

1.《关于全面推开营业税改征增值税试点的通知》的规定

(1) 适用范围。

纳税人以经营租赁方式出租其取得的不动产,适用本办法。纳税人提供道路通行服务不适用本办法。

(2) 一般纳税人出租其2016年5月1日后取得的不动产。

一般纳税人出租其2016年5月1日后取得的、与机构所在地不在同一县(市)的不动产,应适用一般计税方法,应按照3%的预征率在不动产所在地预缴税款后,向机构所在地主管税务机关进行纳税申报。

(3) 小规模纳税人出租其取得的不动产(除个人出租住房以及自然人出租非住房以外)。

小规模纳税人出租其取得的不动产(不含个人出租住房),应按照5%的征收率计算应纳税额。

纳税人出租与机构所在地不在同一县(市)的不动产,应按照上述计税方法在不动产所在地预缴税款后,向机构所在地主管税务机关进行纳税申报。

(4) 自然人出租其取得的不动产(不含住房)。

自然人出租其取得的不动产(不含住房),应按照5%的征收率计算应纳税额。

(5) 个人出租住房。

个人(包括了个体工商户和自然人)出租住

房,应按照5%的征收率减按1.5%计算应纳税额。

注:(1)一般纳税人出租其2016年4月30日前取得不动产。

一般纳税人出租其2016年4月30日前取得的不动产,可以选择适用简易计税方法,按照5%的征收率计算应纳税额。纳税人出租其2016年4月30日前取得的与机构所在地不在同一县(市)的不动产,应按照上述计税方法在不动产所在地预缴税款后,向机构所在地主管税务机关进行纳税申报。

(2)一般纳税人收取试点前开工的高速公路的车辆通行费。

高速公路的车辆通行费,应按不动产经营租赁征增值税,适用9%(2019年4月1日起)税率。

公路经营企业中的一般纳税人收取试点前开工的高速公路的车辆通行费,可以选择适用简易计税方法,减按3%的征收率计算应纳税额。试点前开工的高速公路,是指相关施工许可证明上注明的合同开工日期在2016年4月30日前的高速公路。

2.《纳税人提供不动产经营租赁服务增值税征收管理暂行办法》的规定

自2016年5月1日起,纳税人提供不动产经营租赁服务增值税征收管理相关规定。

1)适用范围

适用于纳税人以经营租赁方式出租其取得的不动产(以下简称出租不动产)。

取得的不动产,包括以直接购买、接受捐赠、接受投资入股、自建以及抵债等各种形式取得的不动产。

纳税人提供道路通行服务不在适用范围内。

(1)《纳税人提供不动产经营租赁服务增值税征收管理暂行办法》(国家税务总局公告2016年第16号)明确的是经营租赁方式出租不动产征收管理规定,不包括融资租赁方式出租不动产业务。

融资租赁与经营租赁两者性质完全不同:融资租赁的目的是取得租赁标的物的所有权,而经营租赁的目的仅仅是获得租赁标的物一段时间内的使用权;融资租赁一般以融资额来计算租金,经营性租赁以租赁标的物占用的时间长短来计算租金;融资租入的不动产,在租入方进行会计核算,经营租赁方式租入的不动产,不在租入方核算,而在出租方核算,等等。因融资租赁与经营租赁两者性质完全不同,税收处理上也存在差异。《纳税人提供不动产经营租赁服务增值税征收管理暂行办法》(国家税务总局公告2016年第16号)仅规范了经营性租赁业务。

(2)取得的不动产,包括以直接购买、接受捐赠、接受投资入股、自建以及抵债等各种形式取得的不动产。

(3)纳税人提供道路通行服务不适用《纳税人提供不动产经营租赁服务增值税征收管理暂行办法》(国家税务总局公告2016年第16号)。

《营业税改征增值税试点实施办法》(财税〔2016〕36号附件1)规定,道路通行服务按照不动产经营租赁服务缴纳增值税。但如果纳税人提供道路通行服务,也要实行不动产所在地预缴税款,机构所在地申报缴纳的方法,将不利于方便纳税人办税。因为公路可能跨好几个县(市、区)甚至跨省,经营道路通行业务的纳税人每个县(市、区)都去预缴税款,是不可能实现的。所以,《纳税人提供不动产经营租赁服务增值税征收管理暂行办法》(国家税务总局公告2016年第16号)将纳税人提供的道路通行服务排除在外。

2)计税方法和应纳增值税计算

(1)一般纳税人出租不动产。

一般纳税人出租不动产,按照以下规定缴纳增值税。

一般纳税人出租其2016年5月1日后取得的不动产,适用一般计税方法计税。

不动产所在地与机构所在地不在同一县(市、区)的,纳税人应按照3%的预征率向不动产所在地主管税务机关预缴税款,向机构所在地主管税务机关申报纳税。

不动产所在地与机构所在地在同一县(市、区)的,纳税人应向机构所在地主管税务机关申报纳税。

一般纳税人出租其2016年4月30日前取得的不动产适用一般计税方法计税的,按照上述规定执行。

A. 将预征率定为3%，小于小规模纳税人5%的征收率。

主要考虑的是，据测算，增值税纳税人适用一般计算方法出租不动产，税负较原来营业税是降低的。出租不动产原营业税税率为5%，为尽量避免在不动产所在地产生多预缴的税款，对于纳税人适用一般计算方法出租不动产的，在不动产所在地的预征率定为3%，低于5%原营业税税率。

B. 出租不动产应在不动产所在地纳税。

当增值税一般纳税人出租的不动产与其机构所在地不在同一县（市、区）的，则应在不动产所在地预缴税款，回机构所在地申报纳税。增值税一般纳税人出租的不动产与其机构所在地在同一县（市、区）的，为减轻纳税人的办税负担，纳税人不需要预缴，直接在申报期申报缴纳出租不动产的收入，计算纳税即可。

C. 单位和个体工商户出租不动产，在不动产所在地税务机关预缴税款，回机构所在地后向主管税务机关申报纳税。

D. 增值税一般纳税人出租改革前取得的不动产，也可以适用一般计算方法，按照规定计算预缴税款或应纳税额。也就是说，过渡政策给予纳税人自由选择权，对于改革前取得的不动产，纳税人可以自行选择简易计税办法，或者一般计税方法，纳税人可根据自身实际情况，作出最有利于企业的选择。

注：一般纳税人出租其2016年4月30日前取得的不动产，可以选择适用简易计税方法，按照5%的征收率计算应纳税额。

不动产所在地与机构所在地不在同一县（市、区）的，纳税人应按照上述计税方法向不动产所在地主管税务机关预缴税款，向机构所在地主管税务机关申报纳税。

不动产所在地与机构所在地在同一县（市、区）的，纳税人向机构所在地主管税务机关申报纳税。

（1）纳税人出租不动产，简易计税方法的征收率为5%。

出租不动产原属于营业税"服务业——租赁"税目，营业税税率为5%。营业税属于价内税，增值税属于价外税，在价、税合计相同的前提下，增值税5%的征收率，只相当于营业税税率4.76%，改革直接减轻纳税人税收负担。

（2）出租不动产应在不动产所在地纳税。

当增值税一般纳税人出租的不动产与其机构所在地不在同一县（市、区）的，则应在不动产所在地预缴税款，回机构所在地申报纳税。增值税一般纳税人出租的不动产与其机构所在地在同一县（市、区）的，纳税人在机构所在地缴纳的税款，满足不动产所在地纳税原则。为减轻纳税人的办税负担，在此情况下纳税人不需要预缴，直接在机构所在地申报缴纳出租不动产的收入，计算纳税即可。

（3）一般纳税人出租不动产，在不动产所在地税务机关预缴税款，回机构所在地向主管税务机关申报纳税。

（2）小规模纳税人出租不动产。

小规模纳税人出租不动产，按照以下规定缴纳增值税：

① 单位和个体工商户出租不动产（不含个体工商户出租住房），按照5%的征收率计算应纳税额。个体工商户出租住房，按照5%的征收率减按1.5%计算应纳税额。

不动产所在地与机构所在地不在同一县（市、区）的，纳税人应按照上述计税方法向不动产所在地主管税务机关预缴税款，向机构所在地主管税务机关申报纳税。

不动产所在地与机构所在地在同一县（市、区）的，纳税人应向机构所在地主管税务机关申报纳税。

② 自然人出租不动产（不含住房），按照5%的征收率计算应纳税额，向不动产所在地主管税务机关申报纳税。自然人出租住房，按照5%的征收率减按1.5%计算应纳税额，向不动产所在地主管税务机关申报纳税。

注：（1）上述规定的前提是"小规模纳税人"出租不动产的增值税计算缴纳。

（2）小规模纳税人中"单位和个体工商户"出租不动产的基本规定是，适用简易计税方法，按照5%征收率计算应纳税额。

（3）《财政部 国家税务总局关于全面推开营业税改征增值税试点的通知》（财税〔2016〕36号）规定"个人出租住房，应按照5%的征收率减按1.5%计算应纳税额"。个人包括个体工商户和自然人。所以，在小规模纳税人中"单位和个体工商户"出租不动产业务中，需要排除个体工商户出租住房。个体工商户出租住房,按照5%的征收率减按1.5%计算应纳税额。

(4)出租不动产应在不动产所在地纳税,当单位和个体工商户出租的不动产与其机构所在地不在同一县(市、区)的,则应在不动产所在地预缴税款,回机构所在地申报纳税。单位和个体工商户出租的不动产与其机构所在地在同一县(市、区)的,为减轻纳税人的办税负担,纳税人不需要预缴,直接申报纳税即可。

(5)个人减按1.5%计算应纳税额政策仅针对"住房"

自然人出租不动产,包括住房,都应向不动产所在地主管税务机关申报纳税。

(3)自然人出租不动产。

① 自然人出租不动产,不需要预缴,直接在不动产所在地税务机关申报纳税。

② 个人出租住房,按照5%的征收率减按1.5%计算应纳税额。所以,自然人出租不动产,应区分住房和非住房,分别适用不同公式计算应纳税额。

如果自然人出租的是住房,则应将租金转换为不含税价后,按1.5%计算应纳税额;如果自然人出租的是非住房,则应将租金转换为不含税价后,按5%计算应纳税额。自然人出租不动产,统一按照5%征收率对含税价格进行换算。

自然人出租不动产,按照以下公式计算应纳税款:

出租住房:

应纳税款 = 含税销售额 ÷ (1+5%) × 1.5%

出租非住房:

应纳税款 = 含税销售额 ÷ (1+5%) × 5%

3)预缴税款

(1)预缴税款的特殊规定。

纳税人出租的不动产所在地与其机构所在地在同一直辖市或计划单列市但不在同一县(市、区)的,由直辖市或计划单列市税务局决定是否在不动产所在地预缴税款。

此处所称纳税人不包括自然人。原因是自然人出租不动产,不需要预缴税款,直接在不动产所在地申报纳税即可。

(2)预缴税款的计算方法。

① 纳税人出租不动产适用一般计税方法计税的,按照以下公式计算应预缴税款:

应预缴税款 = 含税销售额 ÷ (1+9%) × 3%

② 纳税人出租不动产适用简易计税方法计税的,除个人出租住房外,按照以下公式计算应预缴税款:

应预缴税款 = 含税销售额 ÷ (1+5%) × 5%

③ 个体工商户出租住房,按照以下公式计算应预缴税款:

应预缴税款 = 含税销售额 ÷ (1+5%) × 1.5%

此处"纳税人"仍不包括自然人。

(3)已预缴税款可以抵减应纳税额。

① 除自然人以外的纳税人,即单位和个体工商户出租不动产,在不动产所在地主管税务机关预缴税款后,回机构所在地主管税务机关申报纳税时,可以在当期的增值税应纳税额中,抵扣在不动产所在地税务机关已经预缴的税款,若当期未能抵减完,可以结转下期继续抵减。

② 纳税人在不动产所在地税务机关预缴税款后,应取得并妥善保管完税凭证,以完税凭证作为抵减应纳税额的合法有效凭证。

4)发票开具

小规模纳税人中的单位和个体工商户出租不动产,不能自行开具增值税发票的,可向不动产所在地主管税务机关申请代开增值税发票。

自然人出租不动产,可向不动产所在地主管税务机关申请代开增值税发票。

纳税人向自然人出租不动产,不得开具或申请代开增值税专用发票。

5)纳税申报期

纳税人(不包括自然人,指单位和个体工商户)出租不动产,按照规定需要预缴税款的,应在取得租金的次月纳税申报期或不动产所在地主管税务机关核定的纳税期限预缴税款。

具体来讲,一般情况下,出租不动产应在取得租金的次月纳税申报期内预缴税款。如纳税人5月收取的租金,应在6月申报期内,填写《增值税预缴税款表》并到不动产所在地主管税务机关预缴税款。

预缴税款的纳税期限,也可以由不动产所在地主管税务机关核定。《营业税改征增值税试点实施办法》(财税〔2016〕36号附件1)第四十七条规定,增值税的纳税期限分别为1日、3日、5日、10日、15日、1个月或者1个季度。纳税人的具体纳税期限,由主管税务机关根据纳税人应纳税额的大小分别核定。以1个季度为纳税期限的规定适用于小规模纳税人、银行、财务公司、信托投资公司、信用社,以及财政部和国家税务总局规定的其他纳税人。不能按照固定期限纳税的,可以按次纳税。纳税人以1个月或者1个季度为1个纳税期的,自期满之日起15日内申报纳税;以1日、3日、5日、10日或者15日为1个纳税期的,自期满之日起5日内预缴税款,于次月1日起15日内申报纳税并结清上月应纳税款。主管税务机关可按照该规定核定纳税人出租不动产的纳税期限。

6) 纳税地点

纳税人(除自然人以外)应在不动产所在地预缴,机构所在地申报纳税。自然人出租不动产,只需在不动产所在地缴纳税款。

7) 罚则

纳税人出租不动产,按照规定应向不动产所在地主管税务机关预缴税款而自应当预缴之月起超过6个月没有预缴税款的,由机构所在地主管税务机关按照《税收征管法》及相关规定进行处理。

纳税人出租不动产,未按照规定缴纳税款的,由主管税务机关按照《税收征管法》及相关规定进行处理。

(六) 不动产融资租赁

不动产融资租赁服务是指具有融资性质和所有权转移特点的租赁业务活动。即出租人根据承租人所要求的规格、型号、性能等条件购入有形动产或者不动产租赁给承租人,合同期内设备所有权属于出租人,承租人只拥有使用权,合同期满付清租金后,承租人有权按照残值购入租赁物,以拥有其所有权。不论出租人是否将租赁物残值销售给承租人,均属于融资租赁。

不动产融资租赁的计税方法:

(1) 一般计税方法(一般纳税人2016年5月1日后签订的不动产融资租赁合同)。

自2016年5月1日起,在中华人民共和国境内提供不动产融资租赁服务的单位和个人,为增值税纳税人。

一般纳税人提供不动产融资租赁服务,税率为9%(2019年4月1日起)。

经人民银行、银监会或者商务部批准从事融资租赁业务的试点纳税人,提供融资租赁服务,以取得的全部价款和价外费用,扣除支付的借款利息(包括外汇借款和人民币借款利息)、发行债券利息和车辆购置税后的余额为销售额。

(2) 简易计税方法(一般纳税人2016年4月30日前签订的不动产融资租赁合同)。

一般纳税人2016年4月30日前签订的不动产融资租赁合同,或以2016年4月30日前取得的不动产提供的融资租赁服务,可以选择适用简易计税办法,按照5%的征收率计算缴纳增值税。不能抵扣取得的进项税额。

经人民银行、银监会或者商务部批准从事融资租赁业务的试点纳税人,提供融资租赁服务,以取得的全部价款和价外费用,扣除支付的借款利息(包括外汇借款和人民币借款利息)、发行债券利息和车辆购置税后的余额为销售额。

三、客运

(一) 概述

自2019年4月1日起,纳税人购进国内旅客运输服务,其进项税额允许从销项税额中抵扣。

所称"国内旅客运输服务",限于与本单位签订了劳动合同的员工,以及本单位作为用工单位接受的劳务派遣员工发生的国内旅客运输服务。

纳税人允许抵扣的国内旅客运输服务进项税额,是指纳税人2019年4月1日及以后实际发生,并取得合法有效增值税扣税凭证注明的或依据其计算的增值税税额。

以增值税专用发票或增值税电子普通发票为增值税扣税凭证的,为2019年4月1日及以后开具的增值税专用发票或增值税电子普通发票。

(二) 若未取得增值税专用发票,进项税额的确定

纳税人未取得增值税专用发票的,暂按照以下规定确定进项税额。

1. 取得增值税电子普通发票的

进项税额为发票上注明的税额。

纳税人购进国内旅客运输服务,以取得的增值税电子普通发票上注明的税额为进项税额的,增值税电子普通发票上注明的购买方"名称""纳税人识别号"等信息,应当与实际抵扣税款的纳税人一致,否则不予抵扣。

2. 取得注明旅客身份信息的航空运输电子客票行程单的

进项税额为按照下列公式计算进项税额:

$$航空旅客运输进项税额 = (票价 + 燃油附加费) \div (1+9\%) \times 9\%$$

3. 取得注明旅客身份信息的铁路车票的

进项税额为按照下列公式计算的进项税额:

$$铁路旅客运输进项税额 = 票面金额 \div (1+9\%) \times 9\%$$

4. 取得注明旅客身份信息的公路、水路等其他客票的

按照下列公式计算进项税额:

$$公路、水路等其他旅客运输进项税额 = 票面金额 \div (1+3\%) \times 3\%$$

四、电力产品

(一) 电力产品增值税的基本规定

生产、销售电力产品的单位和个人为电力产品增值税纳税人,按规定缴纳增值税。

电力产品增值税的计税销售额为纳税人销售电力产品向购买方收取的全部价款和价外费用,但不包括收取的销项税额。价外费用是指纳税人销售电力产品在目录电价或上网电价之外向购买方收取的各种性质的费用。

供电企业收取的电费保证金,凡逾期(超过合同约定时间)未退还的,一律并入价外费用缴纳增值税。

(二) 电力产品增值税的征收办法

(1) 发电企业(电厂、电站、机组,下同)生产销售的电力产品,按照以下规定计算缴纳增值税。

① 独立核算的发电企业生产销售电力产品,按照现行增值税有关规定向其机构所在地主管税务机关申报纳税;具有一般纳税人资格或具备一般纳税人核算条件的非独立核算的发电企业生产销售电力产品,按照增值税一般纳税人的计算方法计算增值税,并向其机构所在地主管税务机关申报纳税。

② 不具有一般纳税人资格且不具有一般纳税人核算条件的非独立核算的发电企业生产销售的电力产品,由发电企业按上网电量,依核定的定额税率计算发电环节的预缴增值税,且不得抵扣进项税额,向发电企业所在地主管税务机关申报纳税。计算公式为:

$$预征税额 = 上网电量 \times 核定的定额税率$$

(2) 供电企业销售电力产品,实行在供电环节预征、由独立核算的供电企业统一结算的办法缴纳增值税。

具体办法如下:

① 独立核算的供电企业所属的区县级供电企业,凡能够核算销售额的,依核定的预征率计算供电环节的增值税,不得抵扣进项税额,向其所在地主管税务机关申报纳税;不能核算销售额的,由上一级供电企业预缴供电环节的增值税。

计算公式为:

$$预征税额 = 销售额 \times 核定的预征率$$

② 供电企业随同电力产品销售取得的各种价外费用一律在预征环节依照电力产品适用的增值税税率征收增值税,不得抵扣进项税额。

(3) 实行预缴方式缴纳增值税的发、供电企业按照隶属关系由独立核算的发、供电企业结算缴纳增值税。具体办法如下。

独立核算的发、供电企业月末依据其全部销售额和进项税额，计算当期增值税应纳税额，并根据发电环节或供电环节预缴的增值税额，计算应补（退）税额，向其所在地主管税务机关申报纳税。

计算公式为：

应纳税额 = 销项税额 — 进项税额

应补（退）税额 = 应纳税额 — 发（供）电环节预缴增值税额

独立核算的发、供电企业当期销项税额小于进项税额不足抵扣，或应纳税额小于发、供电环节预缴增值税额形成多缴增值税时，其不足抵扣部分和多缴增值税额可结转下期抵扣或抵减下期应纳税额。

（4）发、供电企业的增值税预征率（含定额税率，下同），应根据发、供电企业上期财务核算和纳税情况，考虑当年变动因素测算核定。

具体权限如下：

① 跨省、自治区、直辖市的发、供电企业增值税预征率由预缴增值税的发、供电企业所在地和结算增值税的发、供电企业所在地省级税务局共同测算，报国家税务总局核定；

② 省、自治区、直辖市范围内的发、供电企业增值税预征率由省级税务局核定。

发、供电企业预征率的执行期限由核定预征率的税务机关根据企业生产经营的变化情况确定。

不同投资、核算体制的机组，由于隶属于各自不同的独立核算企业，应按上述规定分别缴纳增值税。

对其他企事业单位销售的电力产品，按现行增值税有关规定缴纳增值税。

实行预缴方式缴纳增值税的发、供电企业，销售电力产品取得的未并入上级独立核算发、供电企业统一核算的销售收入，应单独核算并按增值税的有关规定就地申报缴纳增值税。

实行预缴方式缴纳增值税的发、供电企业生产销售电力产品以外的其他货物和应税劳务，能准确核算销售额的，在发、供电企业所在地依适用税率计算缴纳增值税。不能准确核算销售额的，按其隶属关系由独立核算的发、供电企业统一计算缴纳增值税。

（三）发、供电企业销售电力产品的纳税义务发生时间

（1）发电企业和其他企事业单位销售电力产品的纳税义务发生时间为电力上网并开具确认单据的当天。

（2）供电企业采取直接收取电费结算方式，销售对象属于企事业单位的，为开具发票的当天；属于居民个人的，为开具电费缴纳凭证的当天。

（3）供电企业采取预收电费结算方式的，为发行电量的当天。

（4）发、供电企业将电力产品用于非应税项目、集体福利、个人消费的，为发出电量的当天。

（5）发、供电企业之间互供电力，为双方核对计数量、开具抄表确认单据的当天。

（6）发、供电企业销售电力产品以外的其他货物，其纳税义务发生时间按《增值税暂行条例》及其实施细则的有关规定执行。

> **延伸解读**
>
> **电力系统的有关收费**
>
> （1）电力公司向发电企业收取的过网费，应当征收增值税。
>
> （2）供电企业利用自身输变电设备对并入电网的企业自备电厂生产的电力产品进行电压调节，属于提供加工劳务。根据《增值税暂行条例》的有关规定，对于上述供电企业进行电力调压并按照电量向电厂收取的并网服务费，应当征收增值税。

五、核力发电

（1）核力发电企业生产销售电力产品，自核电机组正式商业投产次月起15个年度内，统一实行增值税先征后退政策，返还比例分三个阶段逐级递减。具体返还比例为：自正式商业投产次月起5个年度内，返还比例为已入库税款的75%；自正式商业投产次月起的第6至第10个年度内，返还比例为已入库税款的70%；自正式

商业投产次月起的第11至第15个年度内,返还比例为已入库税款的55%;自正式商业投产次月起满15个年度以后,不再实行增值税先征后退政策。

(2)核力发电企业采用按核电机组分别核算增值税退税额的办法,企业应分别核算核电机组电力产品的销售额,未分别核算或不能准确核算的,不得享受增值税先征后退政策。单台核电机组增值税退税额可以按以下公式计算:

$$单台核电机组增值税退税额 = \left(\frac{单台核电机组电力产品销售额}{核力发电企业电力产品销售额合计}\right) \times 核发电企业实际缴纳增值税额 \times 退税比例$$

(3)原已享受增值税先征后退政策但该政策已于2007年内到期的核力发电企业,自该政策执行到期后次月起按上述统一政策核定剩余年度相应的返还比例;对2007年内新投产的核力发电企业,自核电机组正式商业投产日期的次月起按上述统一政策执行。

六、电信服务

电信企业,是指中国电信集团公司、中国移动通信集团公司、中国联合网络通信集团有限公司所属提供电信服务的企业。

为规范营业税改征增值税后电信企业增值税征收管理,国家税务总局制定了《电信企业增值税征收管理暂行办法》(国家税务总局公告2014年第26号,2014年5月14日,以下简称本办法)。

经省、自治区、直辖市或者计划单列市财政厅(局)和税务局批准,可以汇总申报缴纳增值税的电信企业,适用本办法。

各省、自治区、直辖市和计划单列市电信企业(以下简称总机构)应当汇总计算总机构及其所属电信企业(以下简称分支机构)提供电信服务及其他应税服务的增值税应纳税额,抵减分支机构提供电信服务及其他应税服务已缴纳(包括预缴和查补,下同)的增值税额后,向主管税务机关申报纳税。总机构发生除电信服务及其他应税服务以外的增值税应税行为,按照增值税暂行条例及相关规定就地申报纳税。

总机构汇总的销售额,为总机构及其分支机构提供电信服务及其他应税服务的销售额。

总机构汇总的销项税额,按照以上规定的销售额和增值税适用税率计算。

总机构汇总的进项税额,是指总机构及其分支机构提供电信服务及其他应税服务而购进货物、接受加工修理修配劳务和应税服务,支付或者负担的增值税额。总机构及其分支机构取得的与电信服务及其他应税服务相关的固定资产、专利技术、非专利技术、商誉、商标、著作权、有形动产租赁的进项税额,由总机构汇总缴纳增值税时抵扣。总机构及其分支机构用于电信服务及其他应税服务以外的进项税额不得汇总。

总机构及其分支机构用于提供电信服务及其他应税服务的进项税额与不得汇总的进项税额无法准确划分的,按照《营业税改征增值税试点实施办法》(财税〔2016〕36号附件1)第二十六条*确定的原则执行。

*注:第二十六条 纳税人取得的增值税扣税凭证不符合法律、行政法规或者国家税务总局有关规定的,其进项税额不得从销项税额中抵扣。

增值税扣税凭证,是指增值税专用发票、海关进口增值税专用缴款书、农产品收购发票、农产品销售发票和完税凭证。

纳税人凭完税凭证抵扣进项税额的,应当具备书面合同、付款证明和境外单位的对账单或者发票。资料不全的,其进项税额不得从销项税额中抵扣。

分支机构提供电信服务及其他应税服务,按照销售额和预征率计算应预缴税额,按月向主管税务机关申报纳税,不得抵扣进项税额。计算公式为:

$$应预缴税额 = (销售额 + 预收款) \times 预征率$$

销售额为分支机构对外(包括向电信服务及其他应税服务接受方和本总机构、分支机构外的其他电信企业)提供电信服务及其他应税服务取得的收入;预收款为分支机构以销售电信充值卡(储值卡)、预存话费等方式收取的预收性质的款项。

销售额不包括免税项目的销售额；预收款不包括免税项目的预收款。

分支机构发生除电信服务及其他应税服务以外的增值税应税行为，按照增值税暂行条例及相关规定就地申报纳税。

分支机构应按月将提供电信服务及其他应税服务的销售额、预收款、进项税额和已缴纳增值税额归集汇总，填写《电信企业分支机构增值税汇总纳税信息传递单》，报送主管税务机关签章确认后，于次月10日前传递给总机构。汇总的销售额包括免税项目的销售额。汇总的进项税额包括用于免税项目的进项税额。

总机构的纳税期限为一个季度。

总机构应当依据《电信企业分支机构增值税汇总纳税信息传递单》，汇总计算当期提供电信服务及其他应税服务的应纳税额，抵减分支机构提供电信服务及其他应税服务当期已缴纳的增值税额后，向主管税务机关申报纳税。抵减不完的，可以结转下期继续抵减。计算公式为：

$$\text{总机构当期汇总应纳税额} = \text{当期汇总销项税额} - \text{当期汇总的允许抵扣的进项税额}$$

$$\text{总机构当期应补(退)税额} = \text{总机构当期汇总应纳税额} - \text{分支机构当期已缴纳税额}$$

总机构及其分支机构，一律由主管税务机关认定为增值税一般纳税人。

总机构应当在开具增值税专用发票的次月申报期结束前向主管税务机关报税。总机构及其分支机构取得的增值税扣税凭证，应当按照有关规定到主管税务机关办理认证或者申请稽核比对。总机构汇总的允许抵扣的进项税额，应当在季度终了后的第一个申报期内申报抵扣。

分支机构的预征率由省、自治区、直辖市或者计划单列市税务局商同级财政部门确定。

电信企业通过手机短信公益特服号为公益机构接受捐款提供服务，如果捐款人索取增值税专用发票的，应按照捐款人支付的全部价款和价外费用，扣除支付给公益性机构捐款后的余额开具增值税专用发票。

总机构和分支机构所在地主管税务机关应定期或不定期对其纳税情况进行检查。分支机构提供电信服务及其他应税服务申报不实的，由其主管税务机关按适用税率全额补征增值税。

电信企业普通发票的适用暂由各省、自治区、直辖市和计划单列市税务局确定。各省、自治区分支机构可以使用上级分支机构统一领取的增值税专用发票和普通发票；各直辖市、计划单列市分支机构可以使用总机构统一领取的增值税专用发票和普通发票。总机构"一窗式"比对内容中，不含分支机构按规定就地申报纳税的专用发票销项金额和税额。

总机构及其分支机构的其他增值税涉税事项，按照增值税暂行条例、《营业税改征增值税试点实施办法》（财税〔2016〕36号附件1）及相关规定执行。

关于营改增试点纳税人的规定：沿用《财政部 国家税务总局关于将电信业纳入营业税改征增值税试点的通知》（财税〔2014〕43号）中的规定，试点纳税人销售电信服务时，附带赠送用户识别卡、电信终端等货物或者电信服务的，应将其取得的全部价款和价外费用进行分别核算，按各自适用的税率计算缴纳增值税。

蜂窝数字移动通信用塔（杆）的增值税进项税额抵扣：属于《固定资产分类与代码》（GB/T 14885—1994）中的"其他通信设备"（代码698），其增值税进项税额可以按照现行规定从销项税额中抵扣。

七、邮政

邮政企业，是指中国邮政集团公司所属提供邮政服务的企业。

为规范"营改增"后邮政企业增值税征收管理，国家税务总局制定了《邮政企业增值税征收管理暂行办法》（国家税务总局公告2014年第5号发布），自2014年1月1日起施行。

（1）经省、自治区、直辖市或者计划单列市财政厅（局）和税务局批准，可以汇总申报缴纳增值税的邮政企业，适用《邮政企业增值税征收管理暂行办法》。

(2) 各省、自治区、直辖市和计划单列市邮政企业(以下简称总机构)应当汇总计算总机构及其所属邮政企业(以下简称分支机构)提供邮政服务的增值税应纳税额,抵减分支机构提供邮政服务已缴纳(包括预缴和查补,下同)的增值税额后,向主管税务机关申报纳税。

总机构发生除邮政服务以外的增值税应税行为,按照《增值税暂行条例》《营业税改征增值税试点实施办法》及相关规定就地申报纳税。

(3) 总机构汇总的销售额,为总机构及其分支机构提供邮政服务的销售额。

(4) 总机构汇总的销项税额,按照《邮政企业增值税征收管理暂行办法》第四条规定的销售额和增值税适用税率计算。

(5) 总机构汇总的进项税额,是指总机构及其分支机构提供邮政服务而购进货物、接受加工修理修配劳务和应税服务,支付或者负担的增值税额。

总机构及其分支机构取得的与邮政服务相关的固定资产、专利技术、非专利技术、商誉、商标、著作权、有形动产租赁的进项税额,由总机构汇总缴纳增值税时抵扣。

总机构及其分支机构用于邮政服务以外的进项税额不得汇总。

(6) 总机构及其分支机构用于提供邮政服务的进项税额与不得汇总的进项税额无法准确划分的,按照《营业税改征增值税试点实施办法》第二十六条*确定的原则执行。

*注：第二十六条 纳税人取得的增值税扣税凭证不符合法律、行政法规或者国家税务总局有关规定的,其进项税额不得从销项税额中抵扣。

增值税扣税凭证,是指增值税专用发票、海关进口增值税专用缴款书、农产品收购发票、农产品销售发票和完税凭证。

纳税人凭完税凭证抵扣进项税额的,应当具备书面合同、付款证明和境外单位的对账单或者发票。资料不全的,其进项税额不得从销项税额中抵扣。

(7) 分支机构提供邮政服务,按照销售额和预征率计算应预缴税额,按月向主管税务机关申报纳税,不得抵扣进项税额。

计算公式为：

应预缴税额 =(销售额+预订款)×预征率

销售额为分支机构对外(包括向邮政服务接受方和本总、分支机构外的其他邮政企业)提供邮政服务取得的收入;预订款为分支机构向邮政服务接受方收取的预订款。

销售额不包括免税项目的销售额;预订款不包括免税项目的预订款。

分支机构发生除邮政服务以外的增值税应税行为,按照《增值税暂行条例》《营业税改征增值税试点实施办法》(财税〔2016〕36 号附件 1)及相关规定就地申报纳税。

(8) 分支机构应按月将提供邮政服务的销售额、预订款、进项税额和已缴纳增值税额归集汇总,填写《邮政企业分支机构增值税汇总纳税信息传递单》,报送主管税务机关签章确认后,于次月 10 日前传递给总机构。

汇总的销售额包括免税项目的销售额。

汇总的进项税额包括用于免税项目的进项税额。

总机构的纳税期限为一个季度。总机构应当依据《邮政企业分支机构增值税汇总纳税信息传递单》,汇总计算当期提供邮政服务的应纳税额,抵减分支机构提供邮政服务当期已缴纳的增值税额后,向主管税务机关申报纳税。抵减不完的,可以结转下期继续抵减。计算公式为：

$$\text{总机构当期汇总应纳税额} = \text{当期汇总销项税额} - \text{当期汇总的允许抵扣的进项税额}$$

$$\text{总机构当期应补(退)税额} = \text{总机构当期汇总应纳税额} - \text{分支机构当期已缴纳税额}$$

(9) 邮政企业为中国邮政速递物流股份有限公司及其所属机构代办速递物流类业务,从寄件人取得的收入,由总机构并入汇总的销售额计算缴纳增值税。分支机构收取的上述收入不预缴税款。

寄件人索取增值税专用发票的,邮政企业应向寄件人开具增值税专用发票。

(10) 总机构及其分支机构,一律由主管税务机关认定为增值税一般纳税人。总机构应当在开具增值税专用发票(含货物运输业增值税专用发票)的次月申报期结束前向主管税务机关报税。

总机构及其分支机构取得的增值税扣税凭证,应当按照有关规定到主管税务机关办理认证或者申请稽核比对。

总机构汇总的允许抵扣的进项税额,应当在季度终了后的第一个申报期内申报抵扣。

(11)分支机构的预征率由省、自治区、直辖市或者计划单列市税务局商同级财政部门确定。

(12)总机构和分支机构所在地主管税务机关应定期或不定期对其纳税情况进行检查分支机构提供邮政服务申报不实的,由其主管税务机关按适用税率全额补征增值税。

(13)总机构及其分支机构的其他增值税涉税事项,按照《增值税暂行条例》《营业税改征增值税试点实施办法》(财税〔2016〕36号附件1)及相关规定执行。

八、油气田

(一)纳税人

油气田企业增值税纳税人是指在中华人民共和国境内从事原油、天然气生产的企业。

包括中国石油天然气集团公司(以下简称中石油集团)和中国石油化工集团公司(以下简称中石化集团)重组改制后设立的油气田分(子)公司、存续公司和其他石油天然气生产企业(以下简称油气田企业),不包括经国务院批准适用5%征收率缴纳增值税的油气田企业。

存续公司是指中石油集团和中石化集团重组改制后留存的企业。

其他石油天然气生产企业是指中石油集团和中石化集团以外的石油天然气生产企业。

油气田企业持续重组改制继续提供生产性劳务的企业,以及2009年1月1日以后新成立的油气田企业参股、控股的企业,按照下述办法缴纳增值税。

(二)课税范围与适用税率

(1)油气田企业为生产原油、天然气提供的生产性劳务应缴纳增值税。

自2013年7月1日起,油气田企业从事煤层气、页岩气生产,以及为生产煤层气、页岩气提供生产性劳务应缴纳增值税。

生产性劳务是指油气田企业为生产原油、天然气,从地质普查、勘探开发到原油、天然气销售的一系列生产过程所发生的劳务(具体见《油气田企业增值税管理办法》所附的油气田企业《增值税生产性劳务征收范围注释》)。

缴纳增值税的生产性劳务仅限于油气田企业间相互提供属于《增值税生产性劳务征税范围注释》内的劳务。油气田企业与非油气田企业之间相互提供的生产性劳务不缴纳增值税。

(2)油气田企业将承包的生产性劳务分包给其他油气田企业或非油气田企业,应当就其总承包额计算缴纳增值税。非油气田企业将承包的生产性劳务分包给油气田企业或其他非油气田企业,其提供的生产性劳务不缴纳增值税。油气田企业分包非油气田企业的生产性劳务,也不缴纳增值税。

(3)油气田企业提供的生产性劳务,增值税税率为13%(2019年4月1日起)。油气田企业提供的应税服务,适用《营业税改征增值税试点实施办法》(财税〔2016〕36号附件1)规定的增值税税率,不再适用《财政部 国家税务总局关于印发〈油气田企业增值税管理办法〉的通知》(财税〔2009〕8号)规定的增值税税率。

(4)油气田企业与其所属非独立核算单位之间以及其所属非独立核算单位之间移送货物或者提供应税劳务,不缴纳增值税。应税劳务,是指加工、修理修配劳务和生产性劳务(下同)。

(5)油气田企业提供的应税劳务和非应税劳务应当分别核算销售额,未分别核算的,由主管税务机关核定应税劳务的销售额。

(三)进项税额抵扣问题

(1)油气田企业下列项目的进项税额不得从销项税额中抵扣。

① 用于免征增值税项目、集体福利或者个人消费的购进货物或者应税劳务。

用于集体福利或个人消费的购进货物或者

应税劳务,包括所属的学校、医院、宾馆、饭店、招待所、托儿所(幼儿园)疗养院、文化娱乐单位等部门购进的货物或应税劳务。

② 非正常损失的购进货物及相关的应税劳务。

③ 非正常损失的在产品、产成品所耗用的购进货物或者应税劳务。

④ 国务院财政、税务主管部门规定的纳税人自用消费品。

⑤ 以上规定的货物的运输费用和销售免税货物的运输费用。

(2) 油气田企业为生产原油、天然气接受其他油气田企业提供的生产性劳务,可凭劳务提供方开具的增值税专用发票注明的增值税额予以抵扣。

(四)纳税地点

(1) 跨省、自治区、直辖市开采石油、天然气的油气田企业,由总机构汇总计算应纳增值税额,并按照各油气田(井口)石油、天然气产量比例进行分配,各油气田按所分配的应纳增值税额向所在地税务机关缴纳。石油、天然气应纳增值税额的计算办法由总机构所在地省级税务部门商各油气田所在地同级税务部门确定。

在省、自治区、直辖市内的油气田企业,其增值税的计算缴纳方法由各省、自治区、直辖市财政和税务部门确定。

(2) 油气田企业跨省、自治区、直辖市提供生产性劳务,应当在劳务发生地按3%预征率计算缴纳增值税。在劳务发生地预缴的税款可从其应纳增值税中抵减。

(3) 油气田企业向外省、自治区、直辖市其他油气田企业提供生产性劳务,应当在劳务发生地税务机关办理税务登记或注册税务登记。在劳务发生地设立分(子)公司的,应当申请办理增值税一般纳税人认定手续,经劳务发生地税务机关认定为一般纳税人后,按照增值税一般纳税人的计算方法在劳务发生地计算缴纳增值税。

子公司是指具有企业法人资格,实行独立核算的企业;分公司是指不具有企业法人资格,但领取了工商营业执照的企业。

(4) 新疆以外地区在新疆未设立分(子)公司的油气田企业,在新疆提供的生产性劳务应按5%的预征率计算缴纳增值税,预缴的税款可在油气田企业的应纳增值税中抵减。

(五)纳税义务发生时间

油气田企业为生产原油、天然气提供的生产性劳务的纳税义务发生时间为油气田企业收讫劳务收入款或者取得索取劳务收入款项凭据的当天;先开具发票的,为开具发票的当天。

收讫劳务收入款的当天,是指油气田企业应税行为发生过程中或者完成后收取款项的当天;采取预收款方式的,为收到预收款的当天。

取得索取劳务收入款项凭据的当天,是指书面合同确定的付款日期的当天;未签订书面合同或者书面合同未确定付款日期的,为应税行为完成的当天。

(六)发票领购

油气田企业所需发票,经主管税务机关审核批准后,可以采取纳税人统一集中领购、发放和管理的方法,也可以由机构内部所属非独立核算单位分别领购。

(七)申报

油气田企业应统一申报货物及应税劳务应缴纳的增值税。

注:关于营改增试点纳税人的规定:为保证税制公平统一,原《油气田企业增值税管理办法》中规定的所有生产性劳务,也应按照《营业税改征增值税试点实施办法》的规定计算缴纳增值税。

油气田企业发生应税行为,适用《营业税改征增值税试点实施办法》(财税〔2016〕36号附件1)规定的增值税税率,不再适用《财政部 国家税务总局关于印发〈油气田企业增值税管理办法〉的通知》(财税〔2009〕8号)规定的增值税税率。

附件:

增值税生产性劳务征收范围注释

一、地质勘探

是指根据地质学、物理学和化学原理,凭借各种仪器设备观测地下情况,研究地壳的性质与结构,借以寻找原油、天然气的工作。种类包括:地质测量;控制地形测量；重力法；磁力法；电法；陆地海滩二维（或三维、四维）地震勘探；垂直地震测井法（即vsp测井法）；卫星定位；地球化学勘探；井间地震；电磁勘探；多波地震勘探；遥感和遥测；探井；资料（数据）处理、解释和研究。

二、钻井（含侧钻）

是指初步探明储藏有油气水后，通过钻具（钻头、钻杆、钻铤）对地层钻孔，然后用套、油管联接并向下延伸到油气水层，并将油气水分离出来的过程。钻井工程分为探井和开发井。探井包括地质井、参数井、预探井、评价井、滚动井等；开发井包括采油井、采气井、注水（气）井以及调整井、检查研究井、扩边井、油藏评价井等，其有关过程包括：

（一）新老区临时工程建设。是指为钻井前期准备而进行的临时性工程。含临时房屋修建、临时公路和井场道路的修建、供水（电）工程的建设、保温及供热工程建设、维护、管理。

（二）钻前准备工程。指为钻机开钻创造必要条件而进行的各项准备工程。含钻机、井架、井控、固控设施、井口工具的安装及维修。

（三）钻井施工工程。包括钻井、井控、固控所需设备、材料及新老区临时工程所需材料的装卸及搬运。

（四）包括定向井技术、水平井技术、打捞技术、欠平衡技术、泥浆技术、随钻测量、陀螺测量、电子多点、电子单点、磁性单多点、随钻、通井、套管开窗、老井侧钻、数据处理、小井眼加深、钻井液、顶部驱动钻井、化学监测、分支井技术、气体（泡沫）钻井技术、套管钻井技术、膨胀管技术、垂直钻井技术、地质导向钻井技术、旋冲钻井技术，取芯、下套管作业、钻具服务、井控服务、固井服务、钻井工程技术监督、煤层气钻井技术等。

（五）海洋钻井：包括钻井船拖航定位、海洋环保、安全求生设备的保养检查、试油点火等特殊作业。

三、测井

是指在井孔中利用测试仪器，根据物理和化学原理，间接获取地层和井眼信息，包括信息采集、处理、解释和油（气）井射孔。根据测井信息，评价储（产）层岩性、物性、含油性、生产能力及固井质量、射孔质量、套管质量、井下作业效果等。按物理方法，主要有电法测井、声波测井、核（放射性）测井、磁测井、力测井、热测井、化学测井；按完井方式分裸眼井测井和套管井测井；按开采阶段分勘探测井和开发测井，开发测井包括生产测井、工程测井和产层参数测井。

四、录井

是指钻井过程中随着钻井录取各种必要资料的工艺过程。有关项目包括：地质设计；地质录井；气测录井；综合录井；地化录井；轻烃色谱录井；定量荧光录井；核磁共振录井；离子色谱录井；伽马录井；岩心扫描录井；录井信息传输；录井资料处理及解释；地质综合研究；测量工程；单井评价；古生物、岩矿、色谱分析；录井新技术开发；非地震方法勘探；油层工程研究；数据处理；其他技术服务项目。

五、试井

是指确定井的生产能力和研究油层参数及地下动态，对井进行的专门测试工作。应用试井测试手段可以确定油气藏压力系统、储层特性、生产能力和进行动态预测，判断油气藏边界、评价井下作业效果和估算储量等。

包括高压试井和低压试井。

六、固井

是指向井内下入一定尺寸的套管柱，并在周围注入水泥，将井壁与套管的空隙固定，以封隔疏松易塌易漏等地层、封隔油气水层，防止互相窜漏并形成油气通道。具体项目包括：表面固井、技术套管固井、油层固井、套管固井、特殊固井。

七、试油（气）

是油气层评价的一种直接手段。是指在钻井过程中或完井后，利用地层测试等手段，获取储层油、气、水产量、液性、压力、温度等资料，为储层评价、油气储量计算和制定油气开发方案提供依据。

包括：中途测试、原钻机试油（气）、完井试油（气）、压裂改造、酸化改造、地层测试和抽汲排液求产、封堵等特种作业。

八、井下作业

是指在油气开发过程中，根据油气田投产、调整、改造、完善、挖潜的需要，利用地面和井下设备、工具，对油、气、水井采取各种井下作业技术措施，以达到维护油气水井正常生产或提高注采量，改善油层渗透条件及井的技术状况，提高采油速度和最终采收率。具体项目包括：新井投产、投注、维护作业、措施作业、油水井大修、试油测试、试采、数据解释。

九、油（气）集输

是指把油（气）井生产的原油（天然气）收集起来，再进行初加工并输送出去而修建井（平）台、井口装置、管线、计量站、接转站、联合站、油库、油气稳定站、净化厂（站）、污水处理站、中间加热加压站、长输管线、集气站、增压站、气体处理厂等设施及维持设施正常运转发生的运行、保养、维护等劳务。

十、采油采气

是指为确保油田企业正常生产，通过自然或机械力将油气从油气层提升到地面并输送到联合站、集输站整个过程而发生的工程及劳务。主要包括采油采气、注水注气、三次采油、防腐、为了提高采收率采取的配套技术服务等。

（一）采油采气。是指钻井完钻后，通过试采作业，采取自然或机械力将油气从油气层提升到地面而进行的井场、生产道路建设、抽油机安装、采油树配套、单井管线铺设、动力设备安装、气层排液等工程及维持正常生产发生的运行、保养、维护等劳务。

（二）注水注气。是指为保持油气层压力而建设的水源井、取水设施、操作间、水源管线、配水间、配气站、注水注气站、注水增压站、注水注气管线等设施以及维持正常注水注气发生的运行、保养、维护等劳务。

（三）稠油注汽。是指为开采稠油而修建的向油层注入高压蒸汽的设施工程及维持正常注汽发生的运行、保养、维护等劳务。

（四）三次采油。是指为提高原油采收率，确保油田采收率而向油层内注聚合物、酸碱、表面活性剂、二氧化碳、微生物等其他新技术，进行相关的技术工艺配套和地面设施工程。

包括修建注入和采出各场站、管网及相应的各系统工程；产出液处理的净化场（站）及管网工程等。

（五）防腐。是指为解决现场问题，保证油田稳产，解决腐蚀问题而进行的相关药剂、防腐方案、腐蚀监测网络等的配套工程。

（六）技术服务。是指为确保油气田的正常生产，为采油气工程提供的各种常规技术服务及新技术服务等。主要包括采油采气方案的编制、注水注气方案编制、三次采油方案的编制设计、油井管柱优化设计、相关软件的开发、采油气新工艺的服务、油气水井测试服务等。

十一、海上油田建设

是指为勘探开发海上油田而修建的人工岛、海上平台、海堤、滩海路、海上电力通信、海底管缆、海上运输、应急系统、弃置等海上生产设施及维持正常生产发生的运行、保养、维护等劳务。

十二、供排水、供电、供热、通讯

（一）供排水。是指为维持油（气）田正常生产及保证安全所建设的调节水源、管线、泵站等系统工程以及防洪排涝工程以及运行、维护、改造等劳务。

（二）供电。是指为保证油（气）田正常生产和照明而建设的供、输、变电的系统工程以及运行、维护、改造等劳务。

（三）供热。是指为保证油气田正常生产而建设的集中热源、供热管网等设施以及运行、维护、改造等劳务。

（四）通讯。是指在油（气）田建设中为保持电信联络而修建的发射台、线路、差转台（站）等设施以及运行、维护、改造等劳务。

十三、油田基本建设

是指根据油气田生产的需要，在油气田内部修建的道路、桥涵、河堤、输卸油（气）专用码头、海堤、生产指挥场所建设等设施以及维护和改造。

十四、环境保护

是油气田企业为保护生态环境，落实环境管理而发生的生态保护、污染防治、清洁生产、污染处置、环境应急等项目建设的工程与劳务，及施工结束、资源枯竭后应及时恢复自然生态而建设的工程及劳务。

十五、其他

是指油气田企业之间为维持油气田的正常生产而互相提供的其他劳务。包括：运输、设计、提供信息、检测、计量、监督、监理、消防、安全、异体监护、数据处理、租赁生产所需的仪器、材料、设备等服务。

九、成品油零售加油站

（一）一般纳税人认定

对从事成品油销售的加油站，无论是否达到一般纳税人标准，一律按增值税一般纳税人征税。

加油站是指经原经贸委批准从事成品油零售业务，并已办理工商、税务登记，有固定经营场所，使用加油机自动计量销售成品油的单位和个体经营者。

（二）应税销售额的确定

（1）加油站应税销售额包括当月成品油应税销售额和其他应税货物及劳务的销售额，其中成品油应税销售额的计算公式如下：

成品油应税销售额＝（当月全部成品油销售数量－允许扣除的成品油数量）×油品单价

（2）加油站通过加油机加注成品油属于下列情形的，允许在当月成品油销售数量中扣除。

① 经主管税务机关确定的加油站自用车辆自用油。

② 外单位购买的，利用加油站的油库存放的代储油（代储协议报税务机关备案）。

③ 加油站本身倒库油。

④ 加油站检测用油（回罐油）。

（3）加油站无论以何种结算方式（如收取现金、支票、汇票、加油凭证、加油卡等）收取售油款，均应征收增值税。加油站销售成品油必须按不同品种分别核算，准确计算应税销售额。加油站以收取加油凭证（簿）加油卡方式销售成品油，不得向用户开具增值税专用发票。

（4）发售加油卡、加油凭证销售成品油的纳税人，在售卖加油卡、加油凭证时，按预收账款作相关财务处理，不征收增值税。

（三）征收方式

采取统一配送成品油方式设立的非独立核算的加油站，在同一县市的，由总机构汇总缴纳增值税。在同一省内跨县、市经营的，是否汇总缴纳增值税，由省级税务机关确定；跨省经营的，是否汇总纳税，由国家税务总局确定。

对统一核算，且经税务机关批准汇总缴纳增值税的成品油销售单位跨县市调配成品油的，不征收增值税。

十、金融

（一）概述

金融服务，是指经营金融保险的业务活动。

包括贷款服务、直接收费金融服务、保险服务和金融商品转让。

（二）贷款服务

贷款，是指将资金贷予他人使用而取得利息收入的业务活动。

1. 范围、情形

各种占用、拆借资金取得的收入，包括金融商品持有期间（含到期）利息（保本收益、报酬、资金占用费、补偿金等）收入、信用卡透支利息收入、买入返售金融商品利息收入、融资融券收取的利息收入，以及融资性售后回租、押汇、罚息、票据贴现、转贷等业务取得的利息及利息性质的收入，按照贷款服务缴纳增值税。

融资性售后回租，是指承租方以融资为目的，将资产出售给从事融资性售后回租业务的企业后，从事融资性售后回租业务的企业将该资产出租给承租方的业务活动。

以货币资金投资收取的固定利润或者保底利润，按照贷款服务缴纳增值税。

注：以上所称"保本收益、报酬、资金占用费、补偿金"，是指合同中明确承诺到期本金可全部收回的投资收益。金融商品持有期间（含到期）取得的非保本的上述收益，不属于利息或利息性质的收入，不征收增值税。

注：自2018年1月1日起，金融机构开展贴现、转贴现业务，以其实际持有票据期间取得的利息收入作为贷款服务销售额计算缴纳增值税。此前贴现机构已就贴现利息收入全额缴纳增值税的票据，转贴现机构转贴现利息收入继续免征增值税。

2. 贷款服务的纳税义务发生时间

1) 概述

纳税人提供贷款服务，一般按月或按季结息。

自2016年9月1日起，银行提供贷款服务按期计收利息的，结息日当日计收的全部利息收入，均应计入结息日所属期的销售额，按照现行规定计算缴纳增值税。

自2016年5月1日起，证券公司、保险公司、金融租赁公司、证券基金管理公司、证券投资基金以及其他经人民银行、银监会、证监会、保监会批准成立且经营金融保险业务的机构发放贷款后，自结息日起90天内发生的应收未收利息按现行规定缴纳增值税，自结息日起90天后发生的应收未收利息暂不缴纳增值税，待实际收到利息时按规定缴纳增值税。

2) 应收未收贷款利息，缴纳增值税的时间

金融企业发放贷款后，自结息日起90天内发生的应收未收利息按现行规定缴纳增值税，自结息日起90天后发生的应收未收利息暂不缴纳增值税，待实际收到利息时按规定缴纳增值税。此处所称金融企业，是指银行（包括国有、集体、股份制、合资、外资银行以及其他所有制形式的银行）、城市信用社、农村信用社、信托投资公司、财务公司。

自2016年5月1日起，证券公司、保险公司、金融租赁公司、证券基金管理公司、证券投资基金以及其他经人民银行、银监会、证监会、保监会批准成立且经营金融保险业务的机构发放贷款后，自结息日起90天内发生的应收未收利息按现行规定缴纳增值税，自结息日起90天

后发生的应收未收利息暂不缴纳增值税,待实际收到利息时按规定缴纳增值税。

3. 免征增值税的利息收入

1) 概述

以下利息收入免征增值税。

(1) 2016年12月31日前,金融机构农户小额贷款。

小额贷款,是指单笔且该农户贷款余额总额在10万元(含本数)以下的贷款。

所称农户,是指长期(1年以上)居住在乡镇(不包括城关镇)行政管理区域内的住户,还包括长期居住在城关镇所辖行政村范围内的住户和户口不在本地而在本地居住1年以上的住户,国有农场的职工和农村个体工商户。位于乡镇(不包括城关镇)行政管理区域内和在城关镇所辖行政村范围内的国有经济的机关、团体、学校、企事业单位的集体户;有本地户口,但举家外出谋生1年以上的住户,无论是否保留承包耕地均不属于农户。农户以户为统计单位,既可以从事农业生产经营,也可以从事非农业生产经营。农户贷款的判定应以贷款发放时的承贷主体是否属于农户为准。

(2) 国家助学贷款。

(3) 国债、地方政府债。

(4) 人民银行对金融机构的贷款。

(5) 住房公积金管理中心用住房公积金在指定的委托银行发放的个人住房贷款。

(6) 外汇管理部门在从事国家外汇储备经营过程中,委托金融机构发放的外汇贷款。

(7) 统借统还业务中,企业集团或企业集团中的核心企业以及集团所属财务公司按不高于支付给金融机构的借款利率水平或者支付的债券票面利率水平,向企业集团或者集团内下属单位收取的利息。

统借方向资金使用单位收取的利息,高于支付给金融机构借款利率水平或者支付的债券票面利率水平的,应全额缴纳增值税。

统借统还业务,是指:

① 企业集团或者企业集团中的核心企业向金融机构借款或对外发行债券取得资金后,将所借资金分拨给下属单位(包括独立核算单位和非独立核算单位,下同),并向下属单位收取用于归还金融机构或债券购买方本息的业务。

② 企业集团向金融机构借款或对外发行债券取得资金后,由集团所属财务公司与企业集团或者集团内下属单位签订统借统还贷款合同并分拨资金,并向企业集团或者集团内下属单位收取本息,再转付企业集团,由企业集团统一归还金融机构或债券购买方的业务。

2) 金融机构的小微企业和个体工商户小额贷款利息收入免征增值税

(1) 享受主体。

向小型企业、微型企业及个体工商户发放小额贷款的金融机构。

(2) 优惠内容。

① 2023年12月31日前,对金融机构向小型企业、微型企业及个体工商户发放小额贷款取得的利息收入,免征增值税。

上述小额贷款,是指单户授信小于100万元(含本数)的农户、小型企业、微型企业或个体工商户贷款;没有授信额度的,是指单户贷款合同金额且贷款余额在100万元(含本数)以下的贷款。

② 2018年9月1日至2023年12月31日,对金融机构向小型企业、微型企业和个体工商户放小额贷款取得的利息收入,免征增值税。

上述小额贷款,是指单户授信小于1 000万元(含本数)的小型企业、微型企业或个体工商户贷款;没有授信额度的,是指单户贷款合同金额且贷款余额在1 000万元(含本数)以下的贷款。金融机构可以选择以下两种方法之一适用免税。

A. 对金融机构向小型企业、微型企业和个体工商户发放的,利率水平不高于中国人民银行授权全国银行间同业拆借中心公布的贷款市场报价利率150%(含本数)的单笔小额贷款取得的利息收入,免征增值税;高于中国人民银行授权全国银行间同业拆借中心公布的贷款市场报价利率150%的单笔小额贷款取得的利息收入,按照现行政策规定缴纳增值税。

B. 对金融机构向小型企业、微型企业和个体工商户发放单笔小额贷款取得的利息收入中,不高于该笔贷款按照中国人民银行授权全国银行间同业拆借中心公布的贷款市场报价利率150%(含本数)计算的利息收入部分,免征增值税;超过部分按照现行政策规定缴纳增值税。

金融机构可按会计年度在以上两种方法之间选定其一作为该年的免税适用方法一经选定,该会计年度内不得变更。

(3) 享受条件。

① 小型企业、微型企业,是指符合《中小企业划型标准规定》(工信部联企业〔2011〕300号)的小型企业和微型企业。

其中,资产总额和从业人员指标均以贷款发放时的实际状态确定,营业收入指标以贷款发放前12个自然月的累计数确定,不满12个自然月的,按照以下公式计算:

$$营业收入(年) = \frac{企业实际存续期间营业收入}{企业实际存续月数} \times 12$$

② 适用"优惠内容"第二条规定的"金融机构"需符合以下条件:

金融机构,是指经人民银行、国家金融监督管理总局(原银保监会)批准成立的已通过监管部门上一年度"两增两控"考核的机构,以及经人民银行、国家金融监督管理总局、证监会批准成立的开发银行及政策性银行、外资银行和非银行业金融机构。

"两增两控"是指单户授信总额1 000万元以下(含)小微企业贷款同比增速不低于各项贷款同比增速,有贷款余额的户数不低于上年同期水平,合理控制小微企业贷款资产质量水平和贷款综合成本(包括利率和贷款相关的银行服务收费)水平。金融机构完"两增两控"情况,以国家金融监督管理总局及其派出机构考核结果为准。

3) 小额贷款公司农户小额贷款利息收入免征增值税

(1) 享受主体。

经省级金融管理部门(金融办、局等)批准成立的小额贷款公司。

(2) 优惠内容。

2023年12月31日前,对经省级金融管理部门(金融办、局等)批准成立的小额贷款公司取得的农户小额贷款利息收入,免征增值税。

(3) 享受条件。

农户,是指长期(1年以上)居住在乡镇(不包括城关镇)行政管理区域内的住户,还包括长期居住在城关镇所辖行政村范围内的住户和户口不在本地而在本地居住1年以上的住户,国有农场的职工和农村个体工商户。位于乡镇(不包括城关镇)行政管理区域内和在城关镇所辖行政村范围内的国有经济的机关、团体、学校、企事业单位的集体户;有本地户口,但举家外出谋生1年以上的住户,无论是否保留承包耕地均不属于农户。农户以户为统计单位,既可以从事农业生产经营,也可以从事非农业生产经营。农户贷款的判定应以贷款发放时的承贷主体是否属于农户为准。小额贷款,是指单笔且该农户贷款余额总额在10万元(含本数)以下的贷款。

4) 金融同业往来利息收入,免征增值税

金融同业往来利息收入,免征增值税。

(1) 金融机构与人民银行所发生的资金往来业务。

包括人民银行对一般金融机构贷款,以及人民银行对商业银行的再贴现等。

自2016年5月1日起执行,商业银行购买央行票据、与央行开展货币掉期和货币互存等业务属于以上所称的金融机构与人民银行所发生的资金往来业务。

(2) 银行联行往来业务。

同一银行系统内部不同行、处之间所发生的资金账务往来业务。

自2016年5月1日起执行,境内银行与其境外的总机构、母公司之间,以及境内银行与其境外的分支机构、全资子公司之间的资金往来业务属于以上所称的银行联行往来业务。

(3) 金融机构间的资金往来业务。

是指经人民银行批准,进入全国银行间同业拆借市场的金融机构之间通过全国统一的同业拆借网络进行的短期(1年以下含1年)无担保资金融通行为。

(4) 金融机构之间开展的转贴现业务。

金融机构是指：

① 银行：包括人民银行、商业银行、政策性银行。

② 信用合作社。

③ 证券公司。

④ 金融租赁公司、证券基金管理公司、财务公司、信托投资公司、证券投资基金。

⑤ 保险公司。

⑥ 其他经人民银行、银监会、证监会、保监会批准成立且经营金融保险业务的机构等。

自2016年5月1日起执行，金融机构开展下列业务取得的利息收入，属于以上所称的金融同业往来利息收入：

① 质押式买入返售金融商品。

质押式买入返售金融商品，是指交易双方进行的以债券等金融商品为权利质押的一种短期资金融通业务。

② 持有政策性金融债券。

政策性金融债券，是指开发性、政策性金融机构发行的债券。

自2016年5月1日起执行，金融机构开展下列业务取得的利息收入，属于以上所称的金融同业往来利息收入：

① 同业存款。

同业存款，是指金融机构之间开展的同业资金存入与存出业务，其中资金存入方仅为具有吸收存款资格的金融机构。

② 同业借款。

同业借款，是指法律法规赋予此项业务范围的金融机构开展的同业资金借出和借入业务。此条款所称"法律法规赋予此项业务范围的金融机构"主要是指农村信用社之间以及在金融机构营业执照列示的业务范围中有反映为"向金融机构借款"业务的金融机构。

③ 同业代付。

同业代付，是指商业银行（受托方）接受金融机构（委托方）的委托向企业客户付款，委托方在约定还款日偿还代付款项本息的资金融通行为。

④ 买断式买入返售金融商品。

买断式买入返售金融商品，是指金融商品持有人（正回购方）将债券等金融商品卖给债券购买方（逆回购方）的同时，交易双方约定在未来某一日期，正回购方再以约定价格从逆回购方买回相等数量同种债券等金融商品的交易行为。

⑤ 持有金融债券。

金融债券，是指依法在中华人民共和国境内设立的金融机构法人在全国银行间和交易所债券市场发行的、按约定还本付息的有价证券。

⑥ 同业存单。

同业存单，是指银行业存款类金融机构法人在全国银行间市场上发行的记账式定期存款凭证。

(三) 直接收费金融服务

1. 概述

直接收费金融服务，是指为货币资金融通及其他金融业务提供相关服务并且收取费用的业务活动。

包括提供货币兑换、账户管理、电子银行、信用卡、信用证、财务担保、资产管理、信托管理、基金管理、金融交易场所（平台）管理、资金结算、资金清算、金融支付等服务。

2. 担保费收入——为农户或小型微型企业提供融资担保及再担保业务免征增值税

1) 享受主体

为农户、小型企业、微型企业及个体工商户借款、发行债券提供融资担保以及为述融资担保（以下简称原担保）提供再担保的纳税人。

2) 优惠内容

2023年12月31日前，纳税人为农户、小型企业、微型企业及个体工商户借款、发行债券提供融资担保取得的担保费收入，以及为原担保提供再担保取得的再担保费收入，免征增值税。

3) 享受条件

（1）农户，是指长期（1年以上）居住在乡镇（不包括城关镇）行政管理区域内的住户，还包括长期居住在城关镇所辖行政村范围内的住户和户口不在本地而在本地居住1年以上的住户，国有农场的职工。位于乡镇(不包括城关镇)行政管理区域内和在城关镇所辖行政村范围内的国有经济的机关、团体、学校、企事业单位的集体户;有本地户口,但举家外出谋生1年以上的住户,无论是否保留承包耕地均不属于农户。农户以户为统计单位,既可以从事农业生产经营,也可以从事非农业生产经营。农户担保、再担保的判定应以原担保生效时的被担保人是否属于农户为准。

(2) 小型企业、微型企业,是指符合《中小企业划型标准规定》(工信部联企业〔2011〕300号)的小型企业和微型企业。

其中,资产总额和从业人员指标均以原担保生效时的实际状态确定;营业收入指标以原担保生效前12个自然月的累计数确定,不满12个自然月的,按照以下公式计算:

$$营业收入(年) = \frac{企业实际存续期间营业收入}{企业实际存续月数} \times 12$$

(3) 再担保合同对应多个原担保合同的,原担保合同应全部适用免征增值税政策。否则,再担保合同应按规定缴纳增值税。

(四)保险服务

1. 概述

保险服务,是指投保人根据合同约定,向保险人支付保险费,保险人对于合同约定的可能发生的事故因其发生所造成的财产损失承担赔偿保险金责任,或者当被保险人死亡、伤残、疾病或者达到合同约定的年龄、期限等条件时承担给付保险金责任的商业保险行为。

保险服务包括人身保险服务和财产保险服务。人身保险服务,是指以人的寿命和身体为保险标的的保险业务活动。财产保险服务,是指以财产及其有关利益为保险标的的保险业务活动。

2. 保险服务进项税抵扣

自2019年10月1日起施行。

(1) 提供保险服务的纳税人以实物赔付方式承担机动车辆保险责任的,自行向车辆修理劳务提供方购进的车辆修理劳务,其进项税额可以按规定从保险公司销项税额中抵扣。

(2) 提供保险服务的纳税人以现金赔付方式承担机动车辆保险责任的,将应付给被保险人的赔偿金直接支付给车辆修理劳务提供方,不属于保险公司购进车辆修理劳务,其进项税额不得从保险公司销项税额中抵扣。

(3) 纳税人提供的其他财产保险服务,比照上述规定执行。

3. 保险公司开办的1年期以上人身保险产品取得的保费收入,免征增值税

保险公司开办的1年期以上人身保险产品取得的保费收入。

1年期以上人身保险,是指保险期间为1年期及以上返还本利的人寿保险、养老年金保险,以及保险期间为1年期及以上的健康保险。

人寿保险,是指以人的寿命为保险标的的人身保险。

养老年金保险,是指以养老保障为目的,以被保险人生存为给付保险金条件,并按约定的时间间隔分期给付生存保险金的人身保险。养老年金保险应当同时符合下列条件:

(1) 保险合同约定给付被保险人生存保险金的年龄不得小于国家规定的退休年龄。

(2) 相邻两次给付的时间间隔不得超过1年。

健康保险,是指以因健康原因导致损失为给付保险金条件的人身保险。

享受免征增值税的1年期及以上返还本利的人身保险包括其他年金保险,其他年金保险是指养老年金以外的年金保险。

4. 保险公司开展共保业务时增值税发票的开具

保险公司开展共保业务时,按照以下规定开具增值税发票:

(1) 主承保人与投保人签订保险合同并全额收取保费,然后再与其他共保人签订共保协议并支付共保保费的,由主承保人向投保人全额开具发票,其他共保人向主承保人开具发票。

(2) 主承保人和其他共保人共同与投保人签订保险合同并分别收取保费的,由主承保人和其他共保人分别就各自获得的保费收入向投保人开具发票。

(五) 金融商品转让

1. 概述

金融商品转让,是指转让外汇、有价证券、非货物期货和其他金融商品所有权的业务活动。

其他金融商品转让包括基金、信托、理财产品等各类资产管理产品和各种金融衍生品的转让。

2. 属于的情形

自2016年5月1日起,人民币合格境外投资者(RQFII)委托境内公司在我国从事证券买卖业务,以及经人民银行认可的境外机构投资银行间本币市场取得的收入属于以上所称的金融商品转让收入。

银行间本币市场包括货币市场、债券市场以及衍生品市场。

(1) 无偿转让股票。

自2020年9月29日起,纳税人无偿转让股票时,转出方以该股票的买入价为卖出价,按照"金融商品转让"计算缴纳增值税;在转入方将上述股票再转让时,以原转出方的卖出价为买入价,按照"金融商品转让"计算缴纳增值税。

(2) 限售股转让。

自2019年10月1日起施行,关于限售股买入价的确定:

① 纳税人转让因同时实施股权分置改革和重大资产重组而首次公开发行股票并上市形成的限售股,以及上市首日至解禁日期间由上述股份孳生的送、转股,以该上市公司股票上市首日开盘价为买入价,按照"金融商品转让"缴纳增值税。

② 上市公司因实施重大资产重组多次停牌的,《国家税务总局关于营改增试点若干征管问题的公告》(国家税务总局公告2016年第53号发布,国家税务总局公告2018年第31号修改)第五条第(三)项所称的"股票停牌",是指中国证券监督管理委员会就上市公司重大资产重组申请作出予以核准决定前的最后一次停牌。

3. 不属于的情形

自2016年5月1日起,纳税人购入基金、信托、理财产品等各类资产管理产品持有至到期,不属于以上所称的金融商品转让。

4. 转让金融商品出现负差的处理

自2013年12月1日起,纳税人从事金融商品转让业务,不再按股票、债券、外汇、其他四大类来划分,统一归为"金融商品",不同品种金融商品买卖出现的正负差,在同一个纳税期内可以相抵,按盈亏相抵后的余额为营业额计算缴纳营业税。若相抵后仍出现负差的,可结转下一个纳税期相抵,但在年末时仍出现负差的,不得转入下一个会计年度。

5. 免征增值税的金融商品转让收入

下列金融商品转让收入。

① 合格境外投资者(QFII)委托境内公司在我国从事证券买卖业务。

② 香港市场投资者(包括单位和个人)通过沪港通买卖上海证券交易所上市A股。

③ 对香港市场投资者(包括单位和个人)通过基金互认买卖内地基金份额。

④ 证券投资基金(封闭式证券投资基金,开放式证券投资基金)管理人运用基金买卖股票、债券。

⑤ 个人从事金融商品转让业务。

(1) 基本养老保险基金有关投资业务的金融商品转让收入,免征增值税。

自2018年9月20日起,对全国社会保障基金理事会及养老基金投资管理机构在国务院批准的投资范围内,运用养老基金投资过程中,提供贷款服务取得的全部利息及利息性质的收入和金融商品转让收入,免征增值税。

(2) 创新企业境内发行存托凭证,暂免征收增值税。

① 对个人投资者转让创新企业CDR取得的差价收入,暂免征收增值税。

② 对单位投资者转让创新企业CDR取得的差价收入,按金融商品转让政策规定征免增值税。

③ 自2023年9月21日至2025年12月31日,对公募证券投资基金(封闭式证券投资基金、开放式证券投资基金)管理人运营基金过程

中转让创新企业CDR取得的差价收入,暂免征收增值税。

④ 对合格境外机构投资者(QFII)、人民币合格境外机构投资者(RQFII)委托境内公司转让创新企业CDR取得的差价收入,暂免征收增值税。

以上所称创新企业CDR,是指符合《国务院办公厅转发证监会关于开展创新企业境内发行股票或存托凭证试点若干意见的通知》(国办发〔2018〕21号)规定的试点企业,以境外股票为基础证券,由存托人签发并在中国境内发行,代表境外基础证券权益的证券。

以上所称试点开始之日,是指首只创新企业CDR取得国务院证券监督管理机构的发行批文之日。

(六)融资租赁

1. 综述

《销售服务、无形资产、不动产注释》(财税〔2016〕36号附件1附件)将融资租赁服务分为售后回租和直租两类,并规定售后回租按贷款税目缴税,直租按租赁服务缴税。

直租业务,无论是有形动产直租,还是不动产直租,均按"租赁服务"缴纳增值税。

对于融资性售后回租,无论是有形动产回租,还是不动产回租,均按照"贷款服务"缴纳增值税。

2. 融资租赁业务适用税目

(1) 直租业务。

融资租赁直租服务适用税目相关规定:

租赁服务,包括融资租赁服务和经营租赁服务。

融资租赁服务,是指具有融资性质和所有权转移特点的租赁活动。即出租人根据承租人所要求的规格、型号、性能等条件购入有形动产或者不动产租赁给承租人,合同期内租赁物所有权属于出租人,承租人只拥有使用权,合同期满付清租金后,承租人有权按照残值购入租赁物,以拥有其所有权。不论出租人是否将租赁物销售给承租人,均属于融资租赁。

按照标的物的不同,融资租赁服务可分为有形动产融资租赁服务和不动产融资租赁服务。

融资性售后回租不按照本税目缴纳增值税。

注:由于有形动产租赁和不动产租赁适用不同的税率,因此虽然同为直租业务,有形动产融资租赁服务和不动产融资租赁服务适用的税率也不一样。

(2) 售后回租业务。

贷款服务税目相关规定:

各种占用、拆借资金取得的收入,包括金融商品持有期间(含到期)利息(保本收益、报酬、资金占用费、补偿金等)收入、信用卡透支利息收入、买入返售金融商品利息收入、融资融券收取的利息收入,以及融资性售后回租、押汇、罚息、票据贴现、转贷等业务取得的利息及利息性质的收入,按照贷款服务缴纳增值税。

融资性售后回租,是指承租方以融资为目的,将资产出售给从事融资性售后回租业务的企业后,从事融资性售后回租业务的企业将该资产出租给承租方的业务活动。

注:在《财政部 国家税务总局关于将铁路运输和邮政业纳入营业税改征增值税试点的通知》(财税〔2013〕106号)中,融资租赁业务(当时仅有有形动产融资租赁业务纳入营改增,不动产融资租赁仍缴纳营业税)不论是售后回租还是直租,都按租赁服务依17%税率计算销项税额。金融业纳入营改增后,由于租赁回租业务与抵押贷款业务的形式比较接近,两类业务的抵押物都是资产,如果区别处理,不利于两个行业公平竞争,所以,《营业税改征增值税试点实施办法》(财税〔2016〕36号附件1)将融资租赁售后回租业务纳入贷款税目征税范围。对于有形动产售后回租业务来说,适用税率由17%降为6%,同样的业务纳税人需要缴纳的税额明显降低。但是,对于所有售后回租业务的承租方来说,由于其支付的租金在增值税上是按贷款服务纳税,因此按《营业税改征增值税试点实施办法》(财税〔2016〕36号附件1)不得抵扣进项税,导致其无法享受营改增税制改革的政策红利。

3. 融资租赁业务计税方法

为支持融资租赁行业持续健康发展,我国对融资租赁售后回租业务和直租业务均给予了差额征税政策,同时对2016年4月30前签订的有形动产售后回租老合同在合同到期前按继续按照有形动产融资租赁服务缴纳增值税。

(1) 经人民银行、银监会或者商务部批准从事融资租赁业务的试点纳税人,提供融资租赁服务,以取得的全部价款和价外费用,扣除支付的借款利息(包括外汇借款和人民币借款利息)、发行债券利息和车辆购置税后的余额为销售额。

自 2016 年 5 月 1 日起执行,所称"人民银行、银监会或者商务部批准""商务部授权的省级商务主管部门和国家经济技术开发区批准"从事融资租赁业务(含融资性售后回租业务)的试点纳税人(含试点纳税人中的一般纳税人),包括经上述部门备案从事融资租赁业务的试点纳税人。

注:上述规定从文字上看基本延续了《财政部 国家税务总局关于将铁路运输和邮政业纳入营业税改征增值税试点的通知》(财税〔2013〕106 号)中的差额扣除政策,实质的政策变化主要有以下两处:一是内涵发生了变化,增加了不动产融资租赁,二是从销售额中允许扣除的项目减少了保险费和安装费,原因是保险服务和建筑安装服务均已纳入营改增范围,纳税人购进上述服务可凭专用发票抵扣进项税,无需通过差额扣除的方式消除重复征税。

(2)经人民银行、银监会或者商务部批准从事融资租赁业务的试点纳税人,提供融资性售后回租服务,以取得的全部价款和价外费用(不含本金),扣除对外支付的借款利息(包括外汇借款和人民币借款利息)、发行债券利息后的余额作为销售额。

注:上述规定与《财政部 国家税务总局关于将铁路运输和邮政业纳入营业税改征增值税试点的通知》(财税〔2013〕106 号)相比发生很大变化,变化主要表现在:经有关部门批准的试点纳税人,提供融资性售后回租服务,以其取得的不含本金的实际收入,扣除支付的利息后的余额为销售额。

这意味着出租方向承租方收取的租赁标的物本金既不作为出租方的增值税计税销售额,也相应不再作为计税销售额的扣除项目,彻底解决了售后回租业务中出租方难以从承租方取得租赁标的物销售发票的问题。此外,无论动产和不动产的售后回租服务,都是按照贷款服务缴纳增值税,都可从计税销售额中扣除借款,这一政策也是融资租赁售后回收业务独享的,属于贷款税目征税的其他业务,例如保理、典当等,都不能享受此项政策。

(3)试点纳税人根据 2016 年 4 月 30 日前签订的有形动产融资性售后回租合同,在合同到期前提供的有形动产融资性售后回租服务,可继续按照有形动产融资租赁服务缴纳增值税。

继续按照有形动产融资租赁服务缴纳增值税的试点纳税人,经人民银行、银监会或者商务部批准从事融资租赁业务的,根据 2016 年 4 月 30 日前签订的有形动产融资性售后回租合同,在合同到期前提供的有形动产融资性售后回租服务,可以选择以下方法之一计算销售额:

① 以向承租方收取的全部价款和价外费用,扣除向承租方收取的价款本金,以及对外支付的借款利息(包括外汇借款和人民币借款利息)、发行债券利息后的余额为销售额。

纳税人提供有形动产融资性售后回租服务,计算当期销售额时可以扣除的价款本金,为书面合同约定的当期应当收取的本金。无书面合同或者书面合同没有约定的,为当期实际收取的本金。

试点纳税人提供有形动产融资性售后回租服务,向承租方收取的有形动产价款本金,不得开具增值税专用发票,可以开具普通发票。

注:A. 售后回租业务的适用税率和计税方法自 2016 年 5 月 1 日起发生了很大的变化。而售后回租形式的租赁合同往往合约期较长,难免存在部分售后回租合约跨越税制转换时点的情况。同时,合同约定的利率水平和开票方式是根据签订合同时的税收政策来确定的,一旦政策变化,如不考虑给予过渡期的照顾政策,则可能产生老的合同按照新的税收政策无法继续执行到期的后果。所以,《营业税改征增值税试点实施办法》(财税〔2016〕36 号附件 1)对于 2016 年 4 月 30 日前签订的有形动产融资性售后回租合同,在合同到期前提供的有形动产融资性售后回租服务,允许其继续按照 17% 的适用税率缴纳增值税。

B. 上述的第一种差额扣除方法延续了《财政部 国家税务总局关于将铁路运输和邮政业纳入营业税改征增值税试点的通知》(财税〔2013〕106 号)规定的差额扣除计算方法。

C. 上述关于本金从销售额中扣除的规定最早见于《国家税务总局关于营业税改征增值税试点期间有关增值税问题的公告》(国家税务总局公告 2015 年第 90 号),在《营业税改征增值税试点实施办法》(财税〔2016〕36 号附件1)中又再次加以明确。鉴于售后回租业务中本金的回收往往是分期收取的,《营业税改征增值税试点实施办法》(财税〔2016〕36号附件1)规定纳税人在计算当期销售额时只能扣除当期收取的本金,不能将所有的本金作一次性扣除。值得注意的是,出台该规定的初衷是仅针对本金的扣除方法做出进一步明确,并非放宽了对差额扣除凭证的要求。

D. 由于本金部分已从计税销售额中扣除,相应地,所以,本金部分不得向承租方开具增值税专用发票。

② 以向承租方收取的全部价款和价外费用,扣除支付的借款利息(包括外汇借款和人民币借款利息)、发行债券利息后的余额为销售额。

注:上述第二种差额扣除方法延续了《财政部 国家税务总局关于铁路运输和邮政业营业税改征增值税试点有关政策的补充通知》(财税〔2013〕121号)规定。2012年试点初期,囿于《国家税务总局关于融资性售后回租业务中承租方出售资产行为有关税收问题的公告》(国家税务总局公告2010年第13号)规定:"根据现行增值税和营业税有关规定,融资性售后回租业务中承租方出售资产的行为,不属于增值税和营业税征收范围,不征收增值税和营业税。"许多地方的税务机关在实务操作中往往不允许融资性售后回租业务中的承租方对出售资产的行为开具发票,造成出租方无法取得本金部分的差额扣除凭证,只能就仅扣除利息费用后的余额缴税,全额对外开具增值税专用发票给下游企业抵扣。《财政部 国家税务总局关于将铁路运输和邮政业纳入营业税改征增值税试点的通知》(财税〔2013〕106号)明确:"融资性售后回租服务中向承租方收取的有形动产价款本金,以承租方开具的发票为合法有效凭证。"解决了上述试点初期出租方无法取得本金部分的差额扣除凭证的问题。文件同时规定,从销售额中扣除的本金部分,不得对外开具增值税专用发票。但是,有相当一部分老的售后回租合同在106号生效后仍需继续执行,纳税人纷纷反映,老的合同中已经约定了对下游企业全额开票的条款,政策改变后纳税人随之改变合同的相关条款难度很大。考虑到这部分业务的过渡衔接,《财政部 国家税务总局关于铁路运输和邮政业营业税改征增值税试点有关政策的补充通知》(财税〔2013〕121号)对于在《财政部 国家税务总局关于将铁路运输和邮政业纳入营业税改征增值税试点的通知》(财税〔2013〕106号)发布前已签订的有形动产融资性售后回租合同,在合同到期日之前,为纳税人提供了既可以选择不扣本金、也可以选择扣除本金的两种销售额计算方法,作为过渡处理办法。

(4) 经商务部授权的省级商务主管部门和国家经济技术开发区批准的从事融资租赁业务的试点纳税人,2016年5月1日后实收资本达到1.7亿元的,从达到标准的当月起按照上述第(1)、(2)、(3)项规定执行;2016年5月1日后实收资本未达到1.7亿元但注册资本达到1.7亿元的,在2016年7月31日前仍可按照上述第(1)、(2)、(3)项规定执行,2016年8月1日后开展的融资租赁业务和融资性售后回租业务不得按照上述第(1)、(2)、(3)项规定执行。

商务部印发的《融资租赁企业监督管理办法》(商流通发〔2013〕337号印发)规定,融资租赁企业应具备与其业务规模相适应的资产规模、资金实力和风险管控能力。相对于《财政部 国家税务总局关于将铁路运输和邮政业纳入营业税改征增值税试点的通知》(财税〔2013〕106号),授权批准的试点纳税人享受差额扣除政策和即征即退优惠政策的限制条件,从过去注册资本达标的限制,改为实收资本达标的限制,目的是促进融资租赁行业防范经营风险,促进融资租赁业健康有序发展。鉴于由注册资本到实收资本的掌握标准发生改变,从2016年5月1日起,给予3个月的过渡期。对于2016年5月1日起在3个月内实收资本达到1.7亿元的,允许其从达到标准的当月起按照上述规定执行。2016年8月1日后开展的融资租赁业务不得按照上述规定执行。

4. 委托租赁业务的增值税处理

融资租赁业务形式多样,上文仅描述了直租与回租两种,对于其他未规定的融资租赁业务,需根据业务实质分析判断。例如,对于委托租赁业务,根据定义,区别下列情形处理。

(1) 租赁期满,标的物所有权归承租人的,委托人按销售货物或不动产缴纳增值税,并向融资租赁公司(出租人)开具增值税专用发票,融资租赁公司一般纳税人取得增值税专用发票作进项抵扣,同时就向承租人取得的全部价款与价外费用按融资租赁服务计算缴纳增值税,并向承租方开具增值税发票。

(2) 租赁期满,标的物所有权归委托人的,委托人按经营租赁服务计算缴纳增值税并向出租人开具增值税发票,出租人也按经营租赁服务(转租)计算缴纳增值税并向承租人开具增值税发票。

5. 融资租赁资产证券化的增值税处理

融资租赁企业(出租人)将其对承租人的应收债权打包为基础资产,委托证券公司或基金子公司发行资产支持证券以提前回笼资金,资产支持专项计划设立之后,承租人便向专项计划按期支付租金,专项计划根据约定的期限向投资人分配收益。

上述业务模式中,虽然出租人将既有债权(应收租金)转让给专项计划并通知承租人,但是,当承租人未能履行租金偿还义务时,租赁公司仍对专项计划负有偿债义务。其实质是租赁公司以应收债权作为保证通过专项计划向投资人融资。

《国家税务总局关于营业税改征增值税试点期间有关增值税问题的公告》(国家税务总局公告2015年第90号)第四条规定,"提供有形动产融资租赁服务的纳税人,以保理方式将融资租赁合同项下未到期应收租金的债权转让给银行等金融机构,不改变其与承租方之间的融资租赁关系,应继续按照现行规定缴纳增值税,并向承租方开具发票"。

融资租赁资产证券化业务的原理与融资租赁保理类似,实务中可参照执行。

6. 非融资租赁企业从事的租赁业务的增值税处理

对于不具有融资租赁经营资质的企业不得从事融资租赁业务,根据《国家税务总局关于融资租赁业务征收流转税问题的通知》(国税函〔2000〕514号)的规定,对其他单位或个人开展的形式上类似融资租赁业务,不能执行按差额计算销售额、即征即退等政策,并按下列情形分别处理:

(1)租赁期满,租赁标的物所有权转让给承租人的,出租人按销售货物或不动产计算缴纳增值税;

(2)租赁期满,租赁标的物所有权未转让给承租方的,出租人按经营租赁服务计算缴纳增值税。

7. 融资租赁业务增值税优惠政策

2016年营改增全面推开时,税制设计的一个基本原则是延续过去已有的优惠政策,但不增加新的税收优惠。根据这个原则,有形动产融资租赁业务和有形动产融资性售后回租业务在《营业税改征增值税试点实施办法》(财税〔2016〕36号附件1)生效后可继续享受增值税税负超过3%部分即征即退的优惠政策,但不动产融资租赁业务和不动产融资性售后回租业务则不能享受此项优惠。

经人民银行、银监会或者商务部批准从事融资租赁业务的试点纳税人中的一般纳税人,提供有形动产融资租赁服务和有形动产融资性售后回租服务,对其增值税实际税负超过3%的部分实行增值税即征即退政策。商务部授权的省级商务主管部门和国家经济技术开发区批准的从事融资租赁业务和融资性售后回租业务的试点纳税人中的一般纳税人,2016年5月1日后实收资本达到1.7亿元的,从达到标准的当月起按照上述规定执行;2016年5月1日后实收资本未达到1.7亿元但注册资本达到1.7亿元的,在2016年7月31日前仍可按照上述规定执行,2016年8月1日后开展的有形动产融资租赁业务和有形动产融资性售后回租业务不得按照上述规定执行。

上述规定所称增值税实际税负,是指纳税人当期提供应税服务实际缴纳的增值税额占纳税人当期提供应税服务取得的全部价款和价外费用的比例。

注:对于有形动产融资租赁直租业务,享受即征即退政策没有变化。对于有形动产融资租赁售后回租业务,变化很大。可分为两种情况。

(1)按照执行老合同过渡政策的,税率为17%(注:2019年4月1日起降至13%),计算方法与《财政部 国家税务总局关于将铁路运输和邮政业纳入营业税改征增值税试点的通知》(财税〔2013〕106号)完全相同。

(2)根据新办法按照贷款服务缴纳税款的,税率为6%,缴纳的税款虽然大幅减少,但是由于计算增值税实际税负时,计算公式中的分母中不再包含本金,理论上只要纳税人差额扣除的利息低于取得的利息收入的50%,就有可能享受到超过3%税负即征即退的优惠政策。

对于符合即征即退优惠政策的纳税人,按照扣除后的销售额计算缴纳税款的,计算增值税实际税负时,需将扣除后的销售额还原为扣除前的销售额计算当期实际税负。

(七) 资管产品

资管产品管理人,包括银行、信托公司、公募基金管理公司及其子公司、证券公司及其子公司、期货公司及其子公司、私募基金管理人、保险资产管理公司、专业保险资产管理机构、养老保险公司。

资管产品,包括银行理财产品、资金信托(包括集合资金信托、单一资金信托)、财产权信托、公开募集证券投资基金、特定客户资产管理计划、集合资产管理计划、定向资产管理计划、私募投资基金、债权投资计划、股权投资计划、股债结合型投资计划、资产支持计划、组合类保险资产管理产品、养老保障管理产品。

财政部和税务总局规定的其他资管产品管理人及资管产品。

1. 关于适用税目的特别说明

自2016年5月1日起,纳税人购入基金、信托、理财产品等各类资产管理产品持有至到期,不属于以上所称的金融商品转让。

2. 纳税人

自2016年5月1日起,资管产品运营过程中发生的增值税应税行为,以资管产品管理人为增值税纳税人。

2017年7月1日(含)以后,资管产品运营过程中发生的增值税应税行为,以资管产品管理人为增值税纳税人,按照现行规定缴纳增值税。

对资管产品在2017年7月1日前运营过程中发生的增值税应税行为,未缴纳增值税的,不再缴纳;已缴纳增值税的,已纳税额从资管产品管理人以后月份的增值税应纳税额中抵减。

3. 简易计税方法

自2018年1月1日起,资管产品管理人(以下简称管理人)运营资管产品过程中发生的增值税应税行为(以下简称资管产品运营业务),暂适用简易计税方法,按照3%的征收率缴纳增值税。

管理人接受投资者委托或信托对受托资产提供的管理服务以及管理人发生的除上述规定的其他增值税应税行为(以下简称其他业务),按照现行规定缴纳增值税。

对资管产品在2018年1月1日前运营过程中发生的增值税应税行为,未缴纳增值税的,不再缴纳;已缴纳增值税的,已纳税额从资管产品管理人以后月份的增值税应纳税额中抵减。

4. 关于销售额的特别说明

自2018年1月1日起,资管产品管理人运营资管产品提供的贷款服务、发生的部分金融商品转让业务,按照以下规定确定销售额。

(1) 提供贷款服务,以2018年1月1日起产生的利息及利息性质的收入为销售额。

(2) 转让2017年12月31日前取得的股票(不包括限售股)、债券、基金、非货物期货,可以选择按照实际买入价计算销售额,或者以2017年最后一个交易日的股票收盘价(2017年最后一个交易日处于停牌期间的股票,为停牌前最后一个交易日收盘价)、债券估值(中债金融估值中心有限公司或中证指数有限公司提供的债券估值)、基金份额净值、非货物期货结算价格作为买入价计算销售额。

5. 分别核算或汇总核算

自2018年1月1日起,管理人应分别核算资管产品运营业务和其他业务的销售额和增值税应纳税额。未分别核算的,资管产品运营业务不得适用按简易计税方法(征收率3%)缴纳增值税的规定。

管理人可选择分别或汇总核算资管产品运营业务销售额和增值税应纳税额。

6. 申报缴纳

自2018年1月1日起,管理人应按照规定的纳税期限,汇总申报缴纳资管产品运营业务和其他业务增值税。

(八) 银行卡跨机构资金清算服务

自2017年5月1日起,发卡机构、清算机构和收单机构提供银行卡跨机构资金清算服务,按照以下规定执行。

(1) 发卡机构以其向收单机构收取的发卡行服务费为销售额,并按照此销售额向清算机构开具增值税发票。

(2) 清算机构以其向发卡机构、收单机构收取的网络服务费为销售额,并按照发卡机构支付的网络服务费向发卡机构开具增值税发票,按照收单机构支付的网络服务费向收单机构开具增值税发票。

清算机构从发卡机构取得的增值税发票上记载的发卡行服务费,一并计入清算机构的销售额,并由清算机构按照此销售额向收单机构开具增值税发票。

(3) 收单机构以其向商户收取的收单服务费为销售额,并按照此销售额向商户开具增值税发票。

(九) 境外机构投资境内债券市场

自2018年11月7日起至2021年11月6日止,对境外机构投资境内债券市场取得的债券利息收入暂免征收企业所得税和增值税。

自2021年11月7日起至2025年12月31日止,对境外机构投资境内债券市场取得的债券利息收入暂免征收企业所得税和增值税。

上述暂免征收企业所得税的范围不包括境外机构在境内设立的机构、场所取得的与该机构、场所有实际联系的债券利息。

(十) 融资过程中增值税进项税额抵扣

自2010年10月1日起,项目运营方利用信托资金融资进行项目建设开发是指项目运营方与经批准成立的信托公司合作进行项目建设开发,信托公司负责筹集资金并设立信托计划,项目运营方负责项目建设与运营,项目建设完成后,项目资产归项目运营方所有。该经营模式下项目运营方在项目建设期内取得的增值税专用发票和其他抵扣凭证,允许其按现行增值税有关规定予以抵扣。

(十一) 期货

期货分为货物期货(亦称商品期货)与非货物期货(亦称金融期货),商品期货合约标的物是实物商品,主要包括农副产品、金属产品、能源产品几大类;非货物期货合约标的物是金融商品,如证券、货币、利率等。

1. 增值税一般纳税人期货交易

(1) 期货交易升贴水有关税款征收与专用发票开具问题。

增值税一般纳税人在商品交易所通过期货交易销售货物的,无论发生升水或贴水,均可按照标准仓单持有凭证所注明货物的数量和交割结算价开具增值税专用发票。

对于期货交易中仓单注册人注册货物时发生升水的,该仓单注销(即提取货物退出期货流通)时,注册人应当就升水部分款项向注销人开具增值税专用发票,同时计提销项税额,注销人凭取得的专用发票计算抵扣进项税额。

发生贴水的,该仓单注销时,注册人应当就贴水部分款项向注销人开具负数增值税专用发票,同时冲减销项税额,注销人凭取得的专用发票调减进项税额,不得由仓单注销人向仓单注册人开具增值税专用发票。注册人开具负数专用发票时,应当取得商品交易所出具的《标准仓单注册升贴水单》或《标准仓单注销升贴水单》,按照所注明的升贴水金额向注销人开,并将升贴水单留存以备主管税务机关检查。

(2) 进项税额抵扣问题。

商业企业购进货物(包括外购货物所支付的运输费用),必须在购进的货物付款后才能申报抵扣进项税额,且纳税人购进货物或应税劳务,支付运输费用,所支付款项的单位,必须与开具抵扣凭证的销货单位、提供劳务的单位一致,否则不予抵扣进项税额。

对增值税一般纳税人在商品交易所通过期货交易购进货物,其通过商品交易所转付货款可视同向销货单位支付货款,对其取得的合法增值税专用发票允许抵扣。

2. 货物期货

1) 货物期货要征增值税

货物期货(包括商品期货和贵金属期货),应当征收增值税。

2) 货物期货交易增值税的纳税人

(1) 交割时采取由期货交易所开具发票的,以期货交易所为纳税人。

期货交易所增值税按次计算,其进项税额为该货物交割时供货会员单位开具的增值税专用发票上注明的销项税额,期货交易所本身发生的各种进项不得折扣。

(2)交割时采取由供货的会员单位直接将发票开给购货会员单位的,以供货会员单位为纳税人。

3)货物期货的纳税环节

货物期货交易增值税的纳税环节为期货的实物交割环节。

4)货物期货交易增值税的计算缴纳

货物期货交易增值税的计算公式如下:

货物期货交易增值的计税依据为交割时的不含税价格(不含增值税的实际成交额)×增值税税率=含税价格÷(1+增值税税率)×增值税税率

5)期货交易中实际交割的货物的免税规定

自2018年11月30日至2023年11月29日,对经国务院批准对外开放的货物期货品种保税交割业务,暂免征收增值税。

上述期货交易中实际交割的货物,如果发生进口或者出口的,统一按照现行货物进出口税收政策执行。非保税货物发生的期货实物交割仍按《国家税务总局关于下发〈货物期货征收增值税具体办法〉的通知》(国税发〔1994〕244号)的规定执行。

6)上海期货交易所期货保税交割业务

期货保税交割是指以海关特殊监管区域或场所内处于保税监管状态的货物为期货实物交割标的物的期货实物交割。

自2010年12月1日起执行,上海期货交易所的会员和客户通过上海期货交易所交易的期货保税交割标的物,仍按保税货物暂免征收增值税。

期货保税交割的销售方,在向主管税务机关申报纳税时,应出具当期期货保税交割的书面说明及上海期货交易所交割单、保税仓单等资料。

非保税货物发生的期货实物交割仍按《国家税务总局关于下发〈货物期货征收增值税具体办法〉的通知》(国税发〔1994〕244号)的规定执行。

7)上海期货交易所黄金期货交易

(1)上海期货交易所会员和客户,通过上海期货交易所进行黄金期货交易并发生实物交割的,按照以下规定办理。

卖方会员或客户按交割结算价向上海期货交易所开具普通发票,对其免征增值税。上海期货交易所按交割结算价向卖方提供《黄金结算专用发票》结算联,发票联、存根联由交易所留存。

买方会员或客户未提取黄金出库的,由上海期货交易所按交割结算价开具《黄金结算专用发票》并提供发票联,存根联、结算联由上海期货交易所留存。

买方会员或客户提取黄金出库的,应向上海期货交易所主管税务机关出具期货交易交割结算单、标准仓单出库确认单、溢短结算单,由税务机关按实际交割价和提货数量,代上海期货交易所向具有增值税一般纳税人资格的买方会员或客户(提货方)开具增值税专用发票(抵扣联),增值税专用发票的发票联和记账联由上海期货交易所留存,抵扣联传递给提货方会员或客户。

买方会员或客户(提货方)不属于增值税一般纳税人的,不得向其开具增值税专用发票。

上海期货交易所应对黄金期货交割并提货环节的增值税税款实行单独核算,并享受增值税即征即退政策,同时免征城市维护建设税、教育费附加。

(2)会员和客户增值税进项税额的核算。

上海期货交易所会员或客户(中国人民银行除外)应对在上海期货交易所或黄金交易所办理黄金实物交割提取出库时取得的进项税额实行单独核算,按取得的税务机关代开的增值税专用发票上注明的增值税额(包括相对应的买入量)单独记账。

对会员或客户从上海期货交易所或黄金交易所购入黄金(提货出库后)再通过上海期货交易所卖出的,应计算通过上海期货交易所卖出黄金进项税额的转出额,并从当期进项税额中转出,同时计入成本;对当期账面进项税额小于通过下列公式计算出的应转出的进项税额,其差额部分应当立即补征入库。

应转出的进项税额 = 单位进项税额 × 当期黄金卖出量
单位进项税额 = 购入黄金的累计进项税额 ÷ 累计黄金购入额

对上海期货交易所会员或客户(中国人民银行除外)通过上海期货交易所销售企业原有库存黄金,应按实际成交价格计算相应进项税额的转出额,并从当期进项税额中转出,计入成本。

$$应转出的进项税额 = \frac{销售库存黄金实际成交价格}{1+增值税税率} \times 增值税税率$$

买方会员或客户(提货方)取得增值税专用发票抵扣联后,应按发票上注明的税额从黄金材料成本科目中转入"应交税费——进项税额"科目,核算进项税额。

(3) 增值税专用发票的单价和金额、税额的确定。

上海期货交易所买方会员或客户(提货方)提货出库时,主管税务机关代开增值税专用发票上注明的单价,应由实际交割货款和提货数量确定,但不包括手续费、仓储费等其他费用。其中,实际交割货款由交割货款和溢短结算货款组成,交割货款按后进先出法原则确定。具体计算公式如下:

税额 = 金额 × 增值税税率

金额 = 数量 × 单价

单价 = 实际交割价 ÷ (1 + 增值税税率)

实际交割价 = 实际交割货款 ÷ 提货数量

实际交割货款 = 交割货款 + 溢短结算货款

交割货款 = 标准仓单张数 × 每张仓单标准数量 × 交割结算价

溢短结算货款 = 溢短 × 溢短结算日前一交易日上海期货交易所挂牌交易的最近月份黄金期货合约的结算价

其中,单价小数点后至少保留6位。

(4) 会员和客户应将上海期货交易所开具的《黄金结算专用发票》(发票联)作为会计记账凭证进行财务核算;买方会员和客户(提货方)取得税务部门代开的增值税专用发票(抵扣联),仅作为核算进项税额的凭证。

卖方会员或客户应凭上海期货交易所开具的《黄金结算专用发票》(结算联),向卖方会员或客户主管税务机关办理免税手续。

上海期货交易所会员应分别核算自营黄金期货交易、代理客户黄金期货交易与黄金实物交割业务的销售额以及增值税销项税额、进项税额、应纳税额。

规定的"提取黄金出库"是指期货交易所会员或客户从指定的金库中提取在期货交易所已交割的黄金的行为。

上海期货交易所的会员和客户通过上海期货交易所交易的期货保税交割标的物,仍按保税货物暂免征收增值税。

期货保税交割是指以海关特殊监管区域或场所内处于保税监管状态的货物为期货实物交割标的物的期货实物交割。期货保税交割的销售方,在向主管税务机关申报纳税时,应出具当期期货保税交割的书面说明及上海期货交易所交割单、保税仓单等资料。

8) 原油和铁矿石期货保税交割业务

自2015年4月1日起,上海国际能源交易中心股份有限公司的会员和客户通过上海国际能源交易中心股份有限公司交易的原油期货保税交割业务,大连商品交易所的会员和客户通过大连商品交易所交易的铁矿石期货保税交割业务,暂免征收增值税。

期货保税交割的销售方,在向主管税务机关申报纳税时,应出具当期期货保税交割的书面说明、上海国际能源交易中心股份有限公司或大连商品交易所的交割结算单、保税仓单等资料。

上述期货交易中实际交割的原油和铁矿石,如果发生进口或者出口的,统一按照现行货物进出口税收政策执行。非保税货物发生的期货实物交割仍按《国家税务总局关于下发〈货物期货征收增值税具体办法〉的通知》(国税发〔1994〕244号)的规定执行。

(1) 上海国际能源交易中心原油期货保税交割业务增值税管理。

上海国际能源交易中心股份有限公司（以下简称上海国际能源交易中心）开展的原油期货保税交割业务暂免征收增值税。

上海国际能源交易中心开展的原油期货保税交割业务（以下简称原油期货保税交割业务）是指参与原油期货保税交割业务的境内机构、境外机构，通过上海国际能源交易中心，以海关特殊监管区域或场所内处于保税监管状态的原油货物为期货实物交割标的物，开展的原油期货实物交割业务。

境内机构包括上海国际能源交易中心的会员单位（含期货公司会员和非期货公司会员），以及通过会员单位在上海国际能源交易中心开展原油期货保税交割业务的境内客户；

境外机构包括在上海国际能源交易中心开展原油期货保税交割业务的境外经纪机构和境外参与者。

自2017年7月28日起施行，对境内机构的增值税管理按以下规定执行：

① 境内机构均应注册登记为增值税纳税人。

② 境内机构应在首次申报原油期货保税交割业务免税时，向主管税务机关提交从事原油期货保税交割业务的书面说明，办理免税备案。

③ 原油期货保税交割业务的卖方为境内机构时，应向买方开具增值税普通发票。即境内卖方客户应向卖方会员单位开具增值税普通发票，卖方会员单位应向上海国际能源交易中心开具增值税普通发票，上海国际能源交易中心应向买方会员单位开具增值税普通发票，买方会员单位应向境内或境外买方客户开具增值税普通发票。开票金额均为上海国际能源交易中心保税交割结算单上注明的保税交割结算金额。

④ 境内机构应将免税业务对应的保税交割结算单及开具和收取的发票、收付款凭证以及保税标准仓单清单等资料按月整理成册，留存备查。

原油期货保税交割业务的卖方为境外机构时，卖方会员单位应向卖方索取相应的收款凭证，并以此作为免税依据。

上海国际能源交易中心的增值税管理规定，参照上述对境内机构的增值税管理规定执行。

上海期货交易所与上海国际能源交易中心其他期货品种的保税交割业务，适用免征增值税政策的，其增值税管理参照上述规定执行。

（2）大连商品交易所铁矿石期货保税交割业务增值税管理。

大连商品交易所开展的铁矿石期货保税交割业务暂免征收增值税。

大连商品交易所开展的铁矿石期货保税交割业务（以下简称铁矿石期货保税交割业务）是指参与铁矿石期货保税交割业务的境内机构、境外机构，通过大连商品交易所，以海关特殊监管区域或场所内处于保税监管状态的铁矿石货物为期货实物交割标的物，开展的铁矿石期货实物交割业务。

境内机构包括大连商品交易所的会员单位（含期货公司会员和非期货公司会员），以及通过会员单位在大连商品交易所开展铁矿石期货保税交割业务的境内客户；

境外机构包括在大连商品交易所开展铁矿石期货保税交割业务的境外经纪机构和境外参与者。

自2018年4月20日起施行，对境内机构的增值税管理按以下规定执行：

① 境内机构均应注册登记为增值税纳税人。

② 境内机构应在首次申报铁矿石期货保税交割业务免税时，向主管税务机关提交从事铁矿石期货保税交割业务的书面说明，办理免税备案。

③ 铁矿石期货保税交割业务的卖方为境内机构时，应向买方开具增值税普通发票。即境内卖方客户应向卖方会员单位开具增值税普通发票，卖方会员单位应向大连商品交易所开具增值税普通发票，大连商品交易所应向买方会员单位开具增值税普通发票，买方会员单位应向境内或境外买方客户开具增值税普通发票。

开票金额均为大连商品交易所保税交割结算单上注明的保税交割结算金额。

④ 境内机构应将免税业务对应的保税交割结算单及开具和收取的发票、收付款凭证以及保税标准仓单清单等资料按月整理成册,留存备查。

铁矿石期货保税交割业务的卖方为境外机构时,卖方会员单位应向卖方索取相应的收款凭证,并以此作为免税依据。

大连商品交易所的增值税管理规定,参照以上对境内机构的增值税管理规定执行。

大连商品交易所其他期货品种的保税交割业务,适用免征增值税政策的,其增值税管理参照上述规定执行。

9) 支持货物期货市场对外开放有关增值税政策

对经国务院批准对外开放的货物期货品种保税交割业务,暂免征收增值税。

上述期货交易中实际交割的货物,如果发生进口或者出口的,统一按照现行货物进出口税收政策执行。非保税货物发生的期货实物交割仍按《国家税务总局关于下发〈货物期货征收增值税具体办法〉的通知》(国税发〔1994〕244号)的规定执行。

上述政策执行至2027年12月31日。[《财政部 税务总局关于支持货物期货市场对外开放有关增值税政策的公告》(财政部 税务总局公告2023年第21号),2023年8月17日]

3. 非货物期货

1) 非货物期货要征增值税

金融商品转让,是指转让外汇、有价证券、非货物期货和其他金融商品所有权的业务活动。

期货公司及其子公司运营资管产品过程中发生的增值税应税行为,暂适用简易计税方法,按照3%的征收率缴纳增值税。

资管产品,包括银行理财产品、资金信托(包括集合资金信托、单一资金信托)、财产权信托、公开募集证券投资基金、特定客户资产管理计划、集合资产管理计划、定向资产管理计划、私募投资基金、债权投资计划、股权投资计划、股债结合型投资计划、资产支持计划、组合类保险资产管理产品、养老保障管理产品。

纳税人购入基金、信托、理财产品等各类资产管理产品持有至到期,不属于金融商品转让。持有期间取得的非保本收益不属于贷款服务收入。

资管产品管理人转让2017年12月31日前取得的非货物期货,可以选择按照实际买入价计算销售额,或者以2017年最后一个交易日的股票收盘价(2017年最后一个交易日处于停牌期间的股票,为停牌前最后一个交易日收盘价)、债券估值(中债金融估值中心有限公司或中证指数有限公司提供的债券估值)、基金份额净值、非货物期货结算价格作为买入价计算销售额。

2) 非货物期货的增值税的会计处理

金融商品转让按规定以盈亏相抵后的余额作为销售额的账务处理。

(1) 金融商品实际转让月末产生转让收益时:

借:投资收益
　　贷:应交税费——转让金融商品应交增值税

(2) 金融商品实际转让月末产生转让损失时:

借:应交税费——转让金融商品应交增值税
　　贷:投资收益

(3) 缴纳增值税时:

借:应交税费——转让金融商品应交增值税
　　贷:银行存款

(4) 年末,本科目如有借方余额:

借:投资收益
　　贷:应交税费——转让金融商品应交增值税

(十二) 金融机构个人实物黄金交易、销售贵金属

1. 个人实物黄金交易业务

(1) 对于金融机构从事的实物黄金交易业务,实行金融机构各省级分行和直属一级分行所属地市级分行、支行按照规定的预征率预缴增值税,由省级分行和直属一级分行统一清算缴纳的办法。

① 发生实物黄金交易行为的分理处、储蓄所等应按月计算实物黄金的销售数量、金额,上报其上级支行。

② 各支行、分理处、储蓄所应依法向机构所在地主管税务局申请办理税务登记。各支行应按月汇总所属分理处、储蓄所上报的实物黄金销售额和本支行的实物黄金销售额,按照规定的预征率计算增值税预征税额,向主管税务机关申报缴纳增值税。

$$预征税额 = 销售额 \times 预征率$$

③ 各省级分行和直属一级分行应向机构所在地主管税务局申请办理税务登记,申请认定增值税一般纳税人资格。按月汇总所属地市分行或支行上报的实物黄金销售额和进项税额,按照一般纳税人方法计算增值税应纳税额,根据已预征税额计算应补税额,向主管税务机关申报缴纳。

$$应纳税额 = 销项税额 - 进项税额$$
$$应补税额 = 应纳税额 - 预征税额$$

当期进项税额大于销项税额的,其留抵税额结转下期抵扣,预征税额大于应纳税额的,在下期增值税应纳税额中抵减。

④ 从事实物黄金交易业务的各级金融机构取得的进项税额,应当按照现行规定划分不可抵扣的进项税额,作进项税额转出处理。

⑤ 预征率由各省级分行和直属一级分行所在地省税务局确定。

(2) 金融机构所属分行、支行、分理处、储蓄所等销售实物黄金时,应当向购买方开具国家税务总局统一监制的普通发票,不得开具银行自制的金融专业发票,普通发票领购事宜由各分行、支行办理。

2. 金融机构销售贵金属

自2013年4月1日起施行,金融机构从事经其行业主管部门(中国人民银行或中国银行业监督管理委员会)允许的金、银、铂等贵金属交易业务,可比照《国家税务总局关于金融机构开展个人实物黄金交易业务增值税有关问题的通知》(国税发〔2005〕178号)规定,实行金融机构各省级分行和直属一级分行所在地市级分行、支行按照规定的预征率预缴增值税,省级分行和直属一级分行统一清算缴纳的办法。

经其行业主管部门允许,是指金融机构能够提供行业主管部门批准其从事贵金属交易业务的批复文件,或向行业主管部门报备的备案文件,或行业主管部门未限制其经营贵金属业务的有关证明文件。

已认定为增值税一般纳税人的金融机构,开展经其行业主管部门允许的贵金属交易业务时,可根据《增值税专用发票使用规定》(国税发〔2006〕156号)及相关规定领购、使用增值税专用发票。

(十三) 全国社会保障基金

2018年9月10日起,对全国社会保障基金理事会、全国社会保障基金投资管理人在运用社保基金投资过程中,提供贷款服务取得的全部利息及利息性质的收入和金融商品转让收入,免征增值税。

(十四) 金融机构撤销

被撤销金融机构以货物、不动产、无形资产、有价证券、票据等财产清偿债务,免征增值税。

被撤销金融机构,是指经人民银行、银监会依法决定撤销的金融机构及其分设于各地的分支机构,包括被依法撤销的商业银行、信托投资公司、财务公司、金融租赁公司、城市信用社和农村信用社。除另有规定外,被撤销金融机构所属、附属企业,不享受被撤销金融机构增值税免税政策。

(十五) 金融机构汇总缴纳增值税

原以地市一级机构汇总缴纳营业税的金融机构,营改增后继续以地市一级机构汇总缴纳增值税。

同一省(自治区、直辖市、计划单列市)范围内的金融机构,经省(自治区、直辖市、计划单列市)税务局和财政厅(局)批准,可以由总机构汇总向总机构所在地的主管税务机关申报缴纳增值税。

【案例2-25】 某金融机构为增值税一般纳税人,按季申报缴纳增值税。2023年第二季度经营业务如下:

业务一:向企业发放贷款取得利息收入8000万元,利息支出1600万元。

业务二:转让债券,卖出价2200万元。该债券于2021年6月买入,买入价1400万元;该金融机构2023年第一季度转让债券亏损80万元。2022年年底转让债券有负差100万元。

业务三:为企业客户提供金融服务取得手续费收入53万元;代理发行国债取得手续费收入67万元。

业务四:承租居民贾某门市房作为营业网点,租赁期限为3年,合同规定按季度支付租金。支付本季度租金价税合计4.2万元,取得税务机关代开的增值税专用发票;购进自动存取款设备,取得增值税专用发票,注明金额100万元、税额13万元,该设备已按固定资产入账。

上述收入均为含税收入。本季度取得的相关票据均按规定申报抵扣进项税额。

【分析】 1. 业务一销项税额

第一步:确定征税范围与适用税率。纳税人提供贷款服务,适用税率6%。

第二步:确定销售额。

提供贷款服务,以取得的全部利息及利息性质的不含税收入为销售额,不扣减利息支出。所以,销售额=8000÷(1+6%)=7547.17(万元)。

第三步:计算销项税额。

业务一销项税额=销售额×税率=7547.17×6%=452.83(万元)

2. 业务二销项税额

第一步:确定征税范围与适用税率。

纳税人提供金融商品转让服务,适用税率6%。

第二步:确定销售额。

金融商品转让,按照卖出价扣除买入价后的余额为销售额。转让金融商品出现的负差,可结转至下一纳税期与下期转让金融商品销售额相抵,但年末时仍出现负差的,不得转入下一个会计年度。

本案例中,2022年第一季度的亏损80万元可以在计算2022年第二季度的销售额时减去,但2022年年底转让债券的负差为100万元,因为跨年度,所以无法结转到2022年。所以,销售额=(2200-1400-80)÷(1+6%)=679.25(万元)。

第三步:计算销项税额。

业务二销项税额=销售额×税率=679.25×6%=40.76(万元)

注意:本案例在合并计算步骤时,与分步计算会出现0.01万元的尾差,是由四舍五入导致的,属于正常现象,下同。

3. 业务三销项税额

第一步:确定征税范围与适用税率。

纳税人提供直接收费金融服务,适用税率6%。

第二步:确定销售额。

提供直接收费金融服务,以收取的不含税手续费为销售额。

所以,销售额=(53+67)÷(1+6%)=113.21(万元)。

第三步:计算销项税额。

业务三销项税额=销售额×税率=113.21×6%=6.79(万元)

4. 该金融机构本季度应缴纳增值税

第一步:确定销项税额。

题目中各项业务的销项税额均已分别计算得出,所以,销项税额合计=452.83+40.76+6.79=500.38(万元)。

第二步:确定进项税额。

贾某出租门市房,属于小规模纳税人提供不动产租赁服务,可以找税务机关代开增值税专用发票。而购买不动产租赁服务的一方,可根据该增值税专用发票上注明的税额作为进项税额抵扣,该项业务可抵扣的进项税额=4.2÷(1+5%)×5%=0.2(万元)。

可抵扣的进项税额合计=0.2+13=13.2(万元)

第三步：计算当期应缴纳的增值税。

该金融机构本季度应缴纳增值税＝销项税额－进项税额＝500.38－13.2＝487.18（万元）

十一、黄金交易

（一）黄金交易所的征税规定

黄金生产和经营单位销售黄金（不包括以下品种：成色为 AU9999、AU9995、AU999、AU995；规格为 50 克、100 克、1 公斤、3 公斤、12.5 公斤的黄金，以下简称"标准黄金"）和黄金矿砂（含伴生金），免征增值税；进口黄金（含标准黄金）和黄金矿砂免征进口环节增值税。

黄金交易所会员单位通过黄金交易所销售标准黄金（持有黄金交易所开具的《黄金交易结算凭证》），未发生实物交割的，免征增值税；发生实物交割的，由税务机关按照实际成交价格代开增值税专用发票，并实行增值税即征即退的政策，同时免征城市维护建设税、教育费附加。

增值税专用发票中的单价、金额和税额的计算公式分别为：

单价 ＝ 实际成交单价÷（1＋增值税税率）
金额 ＝ 数量×单价
税额 ＝ 金额×税率

实际成交单价是指不含黄金交易所收取的手续费的单位价格。

纳税人不通过黄金交易所销售的标准黄金不享受增值税即征即退和免征城市维护建设税、教育费附加政策。

对黄金交易所收取的手续费等收入照章征收增值税。

1. 关于黄金交易的品种

（1）标准黄金产品。

四种成色：AU9999、AU9995、AU999、AU995。

五种规格：50 克、100 克、1 公斤、3 公斤、12.5 公斤。

（2）非标准黄金产品。

除上述四种成色、五种规格以外的黄金产品。

2. 关于黄金交易的有关征税规定

（1）为便于增值税的征收管理，按照黄金交易所章程规定注册登记的会员以及按照黄金交易所章程规定登记备案的客户，通过黄金交易所进行的标准黄金产品交易［并持有黄金交易所开具的《黄金交易结算发票》（结算联）］，未发生实物交割的，由卖出方会员单位或客户按实际成交价格向黄金交易所开具普通发票，并免征增值税；如发生实物交割的，由黄金交易所主管税务机关代黄金交易所按照实际成交价格向具有增值税一般纳税人资格的提货方会员单位或客户开具增值税专用发票（增值税专用发票的发票联、记账联、存根联由黄金交易所留存，抵扣联传递给提货方会员单位）。对提货方会员单位或客户为非增值税一般纳税人的，不得开具增值税专用发票。

"标准黄金实物交割"是指：会员单位或客户将在黄金交易所已成交的黄金从黄金交易所指定的金库提取黄金的行为。

（2）黄金交易所交易环节发生标准黄金实物交割，应按实际成交价格开具增值税专用发票，实际成交价格为所提取黄金买卖双方按规定报价方式所成交的价格，不包括交易费、仓储费等费用。为准确计算所提黄金的实际成交价格，黄金交易所应按后进先出法原则确定。

（3）为便于增值税的征收管理，在黄金交易所开业初期，对非黄金生产会员单位或客户（不包括银行系统），应按本单位的黄金实际使用量从黄金交易所的指定金库提取黄金。对没有按本单位黄金实际使用量而从黄金交易所指定金库多提取的黄金，不得再向黄金交易所指定的金库存入黄金进行交易，包括黄金交易所开业之前非黄金生产会员单位或客户（不包括银行系统）在本单位的库存黄金。

（4）黄金交易所可享受增值税即征即返的优惠政策，同时免征城市建设维护税、教育费附加。

（5）对纳税人不通过黄金交易所销售标准黄金的，不享受增值税即征即退和免征城市建设维护税、教育费附加的政策。

3. 会员单位和客户增值税进项税额的核算

（1）对会员单位（中国人民银行和黄金生产企业除外）或客户应对在黄金交易所黄金交易

的进项税额实行单独核算,对按取得的黄金交易所开具的增值税专用发票上注明的增值税税额(包括相对应的买入量)单独记账。对会员或客户从黄金交易所购入黄金(指发生实物交割)再通过黄金交易所卖出时,应计算通过黄金交易所卖出黄金进项税额的转出额,并从当期进项税额中转出,同时计入成本;对企业当期账面进项税额小于通过下列公式计算出的应转出的进项税额,其差额部分应当立即补征入库。

$$\text{应转出的进项税额} = \text{单位进项税额} \times \text{当期黄金卖出量}$$

$$\text{单位进项税额} = \text{购入黄金的累计进项税额} \div \text{累计黄金购入额}$$

(2) 对会员单位(中国人民银行和黄金生产企业除外)或客户通过黄金交易所销售企业原有库存黄金,应按实际成交价格计算相应的进项税金转出额,并从当期进项税额中转出,计入成本。

$$\text{应转出的进项税额} = \frac{\text{销售库存黄金实际成交价格}}{1+13\%} \times 13\%$$

4. 税务机关代开增值税专用发票

黄金交易所主管税务机关代开增值税专用发票中的单价、金额和税额的计算公式:

单价 = 实际成交单价 ÷ (1 + 增值税税率)
金额 = 数额 × 单价
税额 = 金额 × 税率

单价小数点后保留四位。

5. 财务核算

对会员单位和客户应按黄金交易所开具的《黄金交易结算发票》作为会计记账凭证进行财务核算;对买入方会员单位和客户取得税务部门代开的增值税专用发票(增值税专用发票的发票联、记账联、存根联由黄金交易所留存,抵扣联传递给提货方会员单位),只作为核算进项税额的凭证,不得作为财务核算的凭证。

6. 办理免税手续

会员单位和客户未发生实物交割的,应凭黄金交易所开具的《黄金交易结算发票》(结算联),向会员单位和客户所在地税务机关办理免税手续。

7. 基础管理工作、分别核算

为便于增值税的征收管理,黄金交易所应加强对会员单位和客户的基础管理工作,会员单位的自营黄金交易与代理客户的黄金交易应分别进行核算。

(二) 金融机构开展个人实物黄金交易业务增值税的处理

金融机构向个人销售实物黄金的行为,应当照章征收增值税。

(1) 对于金融机构从事的实物黄金交易业务,实行金融机构各省级分行和直属一级分行所属地市级分行、支行按照规定的预征率预缴增值税,由省级分行和直属一级分行统一清算缴纳的办法。

① 发生实物黄金交易行为的分理处、储蓄所等应按月计算实物黄金的销售数量、金额,上报其上级支行。

② 各支行、分理处、储蓄所应依法向机构所在地主管税务局申请办理税务登记。各支行应按月汇总所属分理处、储蓄所上报的实物黄金销售额和本支行的实物黄金销售额,按照规定的预征率计算增值税预征税额,向主管税务机关申报缴纳增值税。

$$\text{预征税额} = \text{销售额} \times \text{预征率}$$

③ 各省级分行和直属一级分行应向机构所在地主管税务局申请办理税务登记,申请认定增值税一般纳税人资格。按月汇总所属地市分行或支行上报的实物黄金销售额和进项税额,按照一般纳税人方法计算增值税应纳税额,根据已预征税额计算应补税额,向主管税务机关申报缴纳。

$$\text{应纳税额} = \text{销项税额} - \text{进项税额}$$
$$\text{应补税额} = \text{应纳税额} - \text{预征税额}$$

当期进项税额大于销项税额的,其留抵税额结转下期抵扣,预征税额大于应纳税额的,在下期增值税应纳税额中抵减。

④ 从事实物黄金交易业务的各级金融机构取得的进项税额,应当按照现行规定划分不可抵扣的进项税额,做进项税额转出处理。

⑤ 预征率由各省级分行和直属一级分行所在地省级税务局确定。

(2) 金融机构所属分行、支行、分理处、储蓄所等销售实物黄金时,应当向购买方开具国家税务总局统一监制的普通发票,不得开具银行自制的金融专业发票。普通发票领购事宜由各分行、支行办理。

(3) 自2013年4月1日起实行以下规定。

① 金融机构从事经其行业主管部门(中国人民银行或中国银行业监督管理委员会)允许的金、银、铂等贵金属交易业务,可比照《国家税务总局关于金融机构开展个人实物黄金交易业务增值税有关问题的通知》(国税发〔2005〕178号)的规定,实行金融机构各省级分行和直属一级分行所在地市级分行、支行按照规定的预征率预缴增值税,省级分行和直属一级分行统一清算缴纳的办法。

经其行业主管部门允许,是指金融机构能够提供行业主管部门批准其从事贵金属交易业务的批复文件,或向行业主管部门报备的备案文件,或行业主管部门未限制其经营贵金属业务的有关证明文件。

② 已认定为增值税一般纳税人的金融机构,开展经其行业主管部门允许的贵金属交易业务时,可相关规定领购、使用增值税专用发票。

十二、铂金及其制品

自2003年5月1日起,铂金交易的增值税处理规定如下。

(1) 对进口铂金免征进口环节增值税。

(2) 对中博世金科贸有限责任公司通过上海黄金交易所销售的进口铂金,以上海黄金交易所开具的《上海黄金交易所发票》(结算联)为依据,实行增值税即征即退政策,采取按照进口铂金价格计算退税的办法。具体如下。

即征即退的税额计算公式。

$$进口铂金平均单价 = \left[\left(\begin{array}{c}当月进口的\\金报关单价\end{array} \times \begin{array}{c}当月进口\\铂金数量\end{array}\right) + \begin{array}{c}上月末库存进\\口铂金总价值\end{array}\right] \div \left(\begin{array}{c}当月进口\\铂金数量\end{array} + \begin{array}{c}上月末库存进\\口铂金总数量\end{array}\right)$$

金额 = 销售数量 × 进口铂金平均单价 ÷ (1 + 13%)

即征即退税额 = 金额 × 13%

中博世金科贸有限责任公司进口的铂金没有通过上海黄金交易所销售的,不得享受增值税即征即退政策。

(3) 中博世金科贸有限责任公司通过上海黄金交易所销售的进口铂金,由上海黄金交易所主管税务机关按照实际成交价格代开增值税专用发票。增值税专用发票中的单价、金额和税额的计算公式为:

单价 = 实际成交单价 ÷ (1 + 13%)

金额 = 成交数量 × 单价

税额 = 金额 × 13%

实际成交单价是指不含黄金交易所收取的手续费的单位价格。

(4) 国内铂金生产企业自产自销的铂金也实行增值税即征即退政策。

(5) 对铂金制品加工企业和流通企业销售的铂金及其制品仍按现行规定征收增值税。

十三、钻石

(一) 钻石交易一般纳税人认定

上海钻石交易所是经国务院批准设立,办理钻石进出口手续和钻石交易实行保税政策的交易场所。

钻石包括毛坯钻石和成品钻石。

按照有关章程或规则规定注册登记的专门经营钻石的所有会员单位应当在规定的时间内,向上海钻石交易所所在地的税务机关申请办理税务登记和申请办理增值税一般纳税人资格认定。税务机关对经审核符合条件的,认定为一般纳税人,不纳入辅导期管理。

(二) 钻石交易的征免规定

(1) 会员单位通过钻石交易所进口销往国内市场的毛坯钻石,免征国内环节增值税,并可通过防伪税控系统开具普通发票。

(2) 会员单位通过钻石交易所进口销往国内市场的成品钻石,凭海关免税凭证和核准单,可开具增值税专用发票。

(3) 钻石出口不得开具增值税专用发票。

(4) 国内开采或加工的钻石,通过钻石交易所销售的,在国内销售环节免征增值税,可凭核准单开具普通发票;不通过钻石交易所销售的,在国内销售环节照章征收增值税,并可按规定开具专用发票。

(5) 从钻石交易所会员单位购进成品钻石的增值税一般纳税人,在向会员单位索取增值税专用发票抵扣联的同时,必须向其索取核准单,以备税务机关核查。

第八节 纳税义务发生时间

增值税纳税义务发生时间,是指增值税纳税义务人、扣缴义务人发生应税、扣缴税款行为应承担纳税义务、扣缴义务的时间。

目前实行的增值税纳税义务发生时间主要依据权责发生制或现金收付制原则确定。这主要是考虑与现行企业会计制度进行衔接,同时加强企业财务管理,确保及时取得财政收入。

《增值税暂行条例》第十九条规定了增值税纳税义务发生时间。

(1) 发生应税销售行为(按:即纳税人销售货物、劳务、服务、无形资产、不动产),为收讫销售款项或者取得索取销售款项凭据的当天;先开具发票的,为开具发票的当天。

(2) 进口货物,为报关进口的当天。

增值税扣缴义务发生时间为纳税人增值税纳税义务发生的当天。

如何理解"先开具发票的,纳税义务发生时间为开具发票的当天"

纳税人发生应税行为,由于增值税实行凭专用发票抵扣税款的办法,购买方在取得销售方开具的专用发票后,即使尚未向提供方支付相关款项,仍然可以按照有关规定凭专用发票抵扣进项税额。所以,如果再以收讫销售款项或者取得索取销售款项凭据的当天作为销售方的纳税义务发生时间,就会造成增值税的征收与抵扣相脱节,即销售方尚未申报纳税,购买方已经提前抵扣了税款。此外,为使纳税人开具增值税普通发票与开具专用发票的征税原则保持一致。

如果纳税人发生应税行为时先开具发票的,纳税义务发生时间为开具发票的当天。

以开具发票的当天为纳税义务发生时间的前提是,纳税人发生应税行为。

如何理解"收讫销售款项,是指纳税人发生应税行为过程中或者完成后收到款项"

(1) 按照收讫销售款项确认应税行为纳税义务时间的,应以发生应税行为为前提。

(2) 收讫销售款项,是指在应税行为发生后收到的款项,包括在应税行为发生过程中或者完成后收取的款项。

(3) 除了提供建筑服务、租赁服务采取预收款方式,在发生应税行为之前收到的款项不属于收讫销售款项,不能按照该时间确认纳税义务发生。

如何理解"取得索取销售款项凭据的当天"

取得索取销售款项凭据的当天,是指书面合同确定的付款日期的当天;未签订书面合同或者书面合同未确定付款日期的,为应税行为完成的当天。

取得索取销售款项凭据的当天按照如下顺序掌握:

(1) 签订了书面合同且书面合同确定了付款日期的,按照书面合同确定的付款日期的当天确认纳税义务发生。

(2) 未签订书面合同或者书面合同未确定付款日期的,按照应税行为完成的当天确认纳税义务发生。

一、销售货物、劳务的纳税义务、扣缴义务的发生时间

销售货物或者提供应税劳务的纳税义务发生时间,按销售结算方式的不同,具体为:

(一) 直接收款

采取直接收款方式销售货物,不论货物是否发出,均为收到销售款或取得索取销售款凭据的

当天。

自2011年8月1日起,纳税人生产经营活动中采取直接收款方式销售货物,已将货物移送对方并暂估销售收入入账,但既未取得销售款或取得索取销售款凭据也未开具销售发票的,其增值税纳税义务发生时间为取得销售款或取得索取销售款凭据的当天;先开具发票的,为开具发票的当天。

(二) 托收承付和委托银行收款

采取托收承付和委托银行收款方式销售货物,为发出货物并办妥托收手续的当天。

(三) 赊销和分期收款

采取赊销和分期收款方式销售货物,为书面合同约定收款日期的当天。无书面合同或者书面合同没有约定收款日期的,为货物发出的当天。

(四) 预收货款

采取预收货款方式销售货物,为货物发出的当天。但生产销售、生产工期超过12个月的大型机械设备、船舶、飞机等货物,为收到预收款或者书面合同约定的收款日期的当天。

(五) 委托代销

委托其他纳税人代销货物,为收到代销单位销售的代销清单或者收到全部或者部分货款的当天;未收到代销清单及货款的,其纳税义务发生时间为发出代销货物满180日的当天。

(六) 销售应税劳务

销售应税劳务,为提供劳务同时收讫销售款或取得索取销售款的凭据的当天。

(七) 视同销售货物

纳税人发生视同销售货物行为,为货物移送的当天。

增值税扣缴义务发生时间为纳税人增值税纳税义务发生的当天。

二、销售服务、无形资产、不动产的纳税义务、扣缴义务的发生时间

(一) 建筑、租赁服务

纳税人提供建筑服务、租赁服务采取预收款方式的,其纳税义务发生时间为收到预收款的当天。

注:自2017年7月1日起,纳税人提供租赁服务采取预收款方式的,其纳税义务发生时间为收到预收款的当天。《财政部 税务总局关于建筑服务等营改增试点政策的通知》(财税〔2017〕58号,2017年7月11日)

【案例2-26】 某试点纳税人出租一艘豪华游艇,租金为200 000元/月,一次性预收了对方一年的租金共2 400 000元。

【分析】 应在收到2 400 000元租金的当天确认纳税义务发生,并按2 400 000元确认收入。

(二) 金融商品转让

纳税人从事金融商品转让的,为金融商品所有权转移的当天。

(三) 视同销售服务、无形资产或者不动产

纳税人发生视同销售服务、无形资产或者不动产情形的,其纳税义务发生时间为服务、无形资产转让完成的当天或者不动产权属变更的当天。

纳税人发生《营业税改征增值税试点实施办法》(财税〔2016〕36号附件1)第十四条*视同发生应税行为的,其纳税义务发生时间为应税行为完成的当天。《营业税改征增值税试点实施办法》(财税〔2016〕36号附件1)第十四条规定,除以公益活动为目的或者以社会公众为对象外,向其他单位或者个人无偿提供服务,以及向其他单位或者个人无偿转让无形资产或者不动产,应视同发生应税行为缴纳增值税。由于无偿提供应税服务、无偿转让无形资产或者不动产不存在收讫销售款项或者取得索取销售款项凭据的情况,所以,将其纳税义务发生时间确定为应税行为完成的当天。

*注:第十四条 下列情形视同销售服务、无形资产或者不动产:

(一) 单位或者个体工商户向其他单位或者个人无偿提供服务,但用于公益事业或者以社会公众为对象的除外。

(二) 单位或者个人向其他单位或者个人无偿转让无形资产或者不动产,但用于公益事业或者以社会公众为对象的除外。

(三) 财政部和国家税务总局规定的其他情形。

增值税扣缴义务发生时间为纳税人增值税纳税义务发生的当天。

第九节 纳税期限

《增值税暂行条例》第二十三条规定:"增值税的纳税期限分别为1日、3日、5日、10日、15日、1个月或者1个季度。纳税人的具体纳税期限,由主管税务机关根据纳税人应纳税额的大小分别核定;不能按照固定期限纳税的,可以按次纳税。

纳税人以1个月或者1个季度为1个纳税期的,自期满之日起15日内申报纳税;以1日、3日、5日、10日或者15日为1个纳税期的,自期满之日起5日内预缴税款,于次月1日起15日内申报纳税并结清上月应纳税款。

扣缴义务人解缴税款的期限,依照前两款规定执行。"

第二十四条规定:"纳税人进口货物,应当自海关填发海关进口增值税专用缴款书之日起15日内缴纳税款。"

一、增值税纳税期限的规定

增值税的纳税期限规定为1日、3日、5日、10日、15日、1个月或者1个季度。以1个季度为纳税期限的规定适用于小规模纳税人以及财政部和国家税务总局规定的其他纳税人。纳税人的具体纳税期限,由主管税务机关根据纳税人应纳税额的大小分别核定;不能按照固定期限纳税的,可以按次纳税。

"营改增"行业以1个季度为纳税期限的规定适用于小规模纳税人、银行、财务公司、信托投资公司、信用社,以及财政部和国家税务总局规定的其他纳税人。不能按照固定期限纳税的,可以按次纳税。

注:《国家税务总局关于合理简并纳税人申报缴税次数的公告》(国家税务总局公告2016年第6号)规定,2016年4月1日起,增值税小规模纳税人原则上实行按季申报缴纳增值税。

延伸解读

小规模纳税人可以根据经营需要自行选择按月或者按季申报吗?

小规模纳税人可以自行选择纳税期限。小规模纳税人纳税期限不同,其享受免税政策的效果可能存在差异。为确保小规模纳税人充分享受政策,延续《国家税务总局关于小规模纳税人免征增值税征管问题的公告》(国家税务总局公告2021年第5号)相关规定,按照固定期限纳税的小规模纳税人可以根据自己的实际经营情况选择实行按月纳税或按季纳税。但是需要注意的是,纳税期限一经选择,一个会计年度内不得变更。

下面举例说明小规模纳税人选择按月或者按季纳税,在政策适用方面的不同:

情况1:某小规模纳税人2023年4~6月的销售额分别是6万元、8万元和12万元。如果纳税人按月纳税,则6月的销售额超过了月销售额10万元的免税标准,需要缴纳增值税,4月、5月的6万元、8万元能够享受免税;如果纳税人按季纳税,2023年2季度销售额合计26万元,未超过季度销售额30万元的免税标准,因此,26万元全部能够享受免税政策。

情况2:某小规模纳税人2023年4~6月的销售额分别是6万元、8万元和20万元,如果纳税人按月纳税,4月和5月的销售额均未超过月销售额10万元的免税标准,能够享受免税政策;如果纳税人按季纳税,2023年2季度销售额合计34万元,超过季度销售额30万元的免税标准,因此,34万元均无法享受免税政策。

二、增值税报缴税款期限的规定

(1)纳税人以1个月或者1个季度为纳税期的,自期满之日起15日内申报纳税;以1日、3日、5日、10日或者15日为一期纳税的,自期满之日起5日内预缴税款,于次月1日起15日内申报纳税并结清上月应纳税款。

扣缴义务人解缴税款的期限,按照上述规定执行。

(2)纳税人进口货物,应当自海关填发海关进口增值税专用缴款书之日起15日内缴纳税款。

第十节 纳税地点

《增值税暂行条例》第二十二条规定：

增值税纳税地点：

(1) 固定业户应当向其机构所在地的主管税务机关申报纳税。总机构和分支机构不在同一县(市)的，应当分别向各自所在地的主管税务机关申报纳税；经国务院财政、税务主管部门或者其授权的财政、税务机关批准，可以由总机构汇总向总机构所在地的主管税务机关申报纳税。

(2) 固定业户到外县(市)销售货物或者劳务，应当向其机构所在地的主管税务机关报告外出经营事项，并向其机构所在地的主管税务机关申报纳税；未报告的，应当向销售地或者劳务发生地的主管税务机关申报纳税；未向销售地或者劳务发生地的主管税务机关申报纳税的，由其机构所在地的主管税务机关补征税款。

(3) 非固定业户销售货物或者劳务，应当向销售地或者劳务发生地的主管税务机关申报纳税；未向销售地或者劳务发生地的主管税务机关申报纳税的，由其机构所在地或者居住地的主管税务机关补征税款。

(4) 进口货物，应当向报关地海关申报纳税。

扣缴义务人应当向其机构所在地或者居住地的主管税务机关申报缴纳其扣缴的税款。

一、固定业户的增值税纳税地点

(一) 固定业户应当向其机构所在地主管税务机关申报纳税

总机构和分支机构不在同一县(市)的，应当分别向各自所在地主管税务机关申报纳税；经国务院财政、税务主管部门或者其授权的财政、税务机关批准，可以由总机构汇总向总机构所在地主管税务机关申报纳税。

(二) 固定业户到外县(市)销售货物或者提供应税劳务的

应当向其机构所在地主管税务机关申请开具外出经营活动税收管理证明，向其机构所在地主管税务机关申报纳税。未开具证明的，应当向销售地或者劳务发生地主管税务机关申报纳税；未向销售地或者劳务发生地主管税务机关申报纳税的，由其机构所在地主管税务机关补征税款。

注：自2017年10月30日起，纳税人跨省(自治区、直辖市和计划单列市)临时从事生产经营活动的，不再开具《外出经营活动税收管理证明》，改向机构所在地的税务机关填报《跨区域涉税事项报告表》。纳税人在省(自治区、直辖市和计划单列市)内跨县(市)临时从事生产经营活动的，是否实施跨区域涉税事项报验管理由各省(自治区、直辖市和计划单列市)税务机关自行确定。

|相关政策依据|

国家税务总局关于明确跨区域涉税事项报验管理相关问题的公告

国家税务总局公告2018年第38号　2018年7月4日

为了适应国税地税征管体制改革需要，现就新税务机构挂牌后跨区域涉税事项报验管理有关事项公告如下：

一、纳税人跨省(自治区、直辖市和计划单列市)临时从事生产经营活动的，向机构所在地的税务机关填报《跨区域涉税事项报告表》(附件1)。

二、纳税人跨区域经营合同延期的，可以向经营地或机构所在地的税务机关办理报验管理有效期限延期手续。

三、跨区域报验管理事项的报告、报验、延期、反馈等信息，通过信息系统在机构所在地和经营地的税务机关之间传递，实时共享。

四、纳税人首次在经营地办理涉税事宜时，向经营地的税务机关报验跨区域涉税事项。

五、纳税人跨区域经营活动结束后，应当结清经营地税务机关的应纳税款以及其他涉税事项，向经营地的税务机关填报《经营地涉税事项反馈表》(附件2)。

经营地的税务机关核对《经营地涉税事项反馈表》后，及时将相关信息反馈给机构所在地的税务机关。纳税人不需要另行向机构所在地的税务机关反馈。

六、机构所在地的税务机关要设置专岗，负责接收经营地的税务机关反馈信息，及时以适当方式告知纳税人，并适时对纳税人已抵减税款、在经营地已预缴税款和应预缴税款进行分析、比对，发现疑点的，及时推送至风险管理部门或者稽查部门组织应对。

七、本公告自2018年7月5日起施行。国税机构和地税机构合并前，上述事项仍按照《国家税务总局关于创新跨区域涉税事项报验管理制度的通知》(税总发〔2017〕103号)的规定执行。

附件：
1. 跨区域涉税事项报告表(略)
2. 经营地涉税事项反馈表(略)

相关政策依据

国家税务总局关于创新跨区域涉税事项报验管理制度的通知

税总发〔2017〕103号　2017年9月15日

根据《国家税务总局关于进一步深化税务系统"放管服"改革优化税收环境的若干意见》(税总发〔2017〕101号)要求，切实减轻纳税人办税负担，提高税收征管效率，现就创新跨区域涉税事项报验管理制度，优化办理流程等有关事项通知如下：

一、外出经营活动税收管理的更名与创新

(一)将"外出经营活动税收管理"更名为"跨区域涉税事项报验管理"

外出经营活动税收管理作为现行税收征管的一项基本制度，是税收征管法实施细则和增值税暂行条例规定的法定事项，也是落实现行财政分配体制、解决跨区域经营纳税人的税收收入及征管职责在机构所在地与经营地之间划分问题的管理方式，对维持税收属地入库原则、防止漏征漏管和重复征收具有重要作用。按照该项制度的管理实质，将其更名为"跨区域涉税事项报验管理"。

(二)纳税人跨区域经营前不再开具相关证明，改为填报《跨区域涉税事项报告表》

纳税人跨省(自治区、直辖市和计划单列市)临时从事生产经营活动的，不再开具《外出经营活动税收管理证明》，改向机构所在地的税务机关填报《跨区域涉税事项报告表》(附件1)。纳税人在省(自治区、直辖市和计划单列市)内跨县(市)临时从事生产经营活动的，是否实施跨区域涉税事项报验管理由各省(自治区、直辖市和计划单列市)税务机关自行确定。

(三)取消跨区域涉税事项报验管理的固定有效期

税务机关不再按照180天设置报验管理的固定有效期，改按跨区域经营合同执行期限作为有效期限。合同延期的，纳税人可向经营地或机构所在地的税务机关办理报验管理有效期限延期手续。

(四)实行跨区域涉税事项报验管理信息电子化

跨区域报验管理事项的报告、报验、延期、反馈等信息，通过信息系统在机构所在地和经营地的税务机关之间传递。

二、跨区域涉税事项报告、报验及反馈

(一)《跨区域涉税事项报告表》填报

具备网上办税条件的，纳税人可通过网上办税系统，自主填报《跨区域涉税事项报告表》。不具备网上办税条件的，纳税人向主管税务机关(办税服务厅)填报《跨区域涉税事项报告表》，并出示加载统一社会信用代码的营业执照副本(未换照的出示税务登记证副本)，或加盖纳税人公章的副本复印件(以下统称"税务登记证件")；已实行实名办税的纳税人只需填报《跨区域涉税事项报告表》。

(二)跨区域涉税事项报验

跨区域涉税事项由纳税人首次在经营地办理涉税事宜时，向经营地的税务机关报验。纳税人报验跨区域涉税事项时，应当出示税务登记证件。

(三)跨区域涉税事项信息反馈

纳税人跨区域经营活动结束后，应当结清经营地的税务机关的应纳税款以及其他涉税事项，向经营地的税务机关填报《经营地涉税事项反馈表》(附件2)。

经营地的税务机关核对《经营地涉税事项反馈表》后，将相关信息推送经营地的税务机关核对(2个工作日内完成核对并回复，实行联合办税的即时回复，税务机关同意办结的，经营地的税务机关应当及时将相关信息反馈给机构所在地的税务机关。纳税人不需要另行向机构所在地的税务机关反馈。

(四)跨区域涉税事项反馈信息的处理

机构所在地的税务机关要设置专岗，负责接收经营地的税务机关反馈信息，及时以适当方式告知纳税人，并适时对纳税人已抵减税款、在经营地已预缴税款和应预缴税款进行分析、比对，发现疑点的，及时推送至风险管理部门或者稽查部门组织应对。

三、落实工作要求

(一)各级税务机关要高度重视，充分认识跨区域涉税事项报验管理的重要意义该项制度创新是落实国务院"放管服"改革要求的重要举措,是转变税收管理理念和管理方式的重要内容。该项工作的顺利推进,既有利于提高纳税人的办税便利化程度,也有利于促进经营地和机构所在地税务机关开展事中事后管理。

(二)各地税务机关要主动向当地政府汇报,向政府有关部门做好宣传解释工作,配合做好相关新旧制度的衔接

各地税务机关之间要加强沟通联系和协同配合,形成工作合力,采取切实有效措施解决工作中出现的问题,确保优化流程、精简资料等措施落到实处、取得实效,让纳税人真正享受到改革的红利。

(三)各地税务机关要建立分管局领导为责任人、各部门分工协作的工作机制

信息化管理部门要按照新制度要求,优化和完善网上办税系统,保障跨区域涉税事项报验在线办理,顺畅运行。纳税服务部门要做好办税服务厅人员培训,并充分利用办税服务厅宣传栏、12366纳税服务热线、税务机关门户网站等渠道开展对纳税人的宣传辅导工作;其他部门要依照自身职责做好相关配合工作。

(四)税务总局已于2017年上半年在京津冀、长江经济带试点相关管理制度,其他省税务机关可以借鉴试点地区的经验做法,进一步优化工作方案、细化工作措施,确保跨区域涉税事项报验管理工作的顺利推进。

本规定自2017年9月30日起试行,10月30日起正式实施。2017年10月30日前已办理《外出经营活动税收管理证明》业务的仍按照《国家税务总局关于优化〈外出经营活动税收管理证明〉相关制度和办理程序的意见》(税总发〔2016〕106号)执行。

(三)固定业户(增值税一般纳税人)临时到外省、市销售货物的

必须向经营地税务机关出示《外出经营活动税收管理证明》回原地纳税,需要向购货方开具专用发票的,也回原地补开。

注1:自2017年10月30日起,纳税人跨省(自治区、直辖市和计划单列市)临时从事生产经营活动的,不再开具《外出经营活动税收管理证明》,改向机构所在地的税务机关填报《跨区域涉税事项报告表》。纳税人在省(自治区、直辖市和计划单列市)内跨县(市)临时从事生产经营活动的,是否实施跨区域涉税事项报验管理由各省(自治区、直辖市和计划单列市)税务机关自行确定。

注2:固定业户应当向其机构所在地或者居住地主管税务机关申报纳税。根据税收属地管辖原则,固定业户应当向其机构所在地的主管税务机关申报纳税,这是一般性规定。这里的机构所在地是指纳税人的注册登记地。如果固定业户设有分支机构,且不在同一县(市)的,应当分别向各自所在地的主管税务机关申报纳税。经财政部和国家税务总局或者其授权的财政和税务机关批准,可以由总机构汇总向总机构所在地的主管税务机关申报纳税。具体审批权限如下:

(1)总机构和分支机构不在同一省、自治区、直辖市的,经财政部和国家税务总局批准,可以由总机构汇总向总机构所在地的主管税务机关申报纳税。

(2)总机构和分支机构不在同一县(市),但在同一省、自治区、直辖市范围内的,经省、自治区、直辖市财政厅(局)国家税务局审批同意,可以由总机构汇总向总机构所在地的主管税务机关申报纳税。

> **延伸解读**
>
> **纳税地点(关于营改增试点纳税人的规定)**
>
> 属于固定业户的试点纳税人,总分支机构不在同一县(市),但在同一省(自治区、直辖市、计划单列市)范围内的,经省(自治区、直辖市、计划单列市)财政厅(局)和国家税务局批准,可以由总机构汇总向总机构所在地的主管税务机关申报缴纳增值税。

二、非固定业户的增值税纳税地点

非固定业户销售货物或者提供应税劳务和应税行为,应当向销售地或者劳务和应税行为发生地主管税务机关申报纳税。

未向销售地或者劳务和应税行为发生地主管税务机关申报纳税的,由其机构所在地或居住地主管税务机关补征税款。

三、自然人提供建筑服务,销售或者租赁不动产,转让自然资源使用权的增值税纳税地点

自然人提供建筑服务,销售或者租赁不动产,转让自然资源使用权,应向建筑服务发生地、不动产所在地、自然资源所在地主管税务机关申报纳税。

四、跨县(市)提供建筑服务的增值税纳税地点

纳税人跨县(市)提供建筑服务,在建筑服

务发生地预缴税款后,向机构所在地主管税务机关进行纳税申报。

五、销售不动产的增值税纳税地点

纳税人销售不动产,在不动产所在地预缴税款后,向机构所在地主管税务机关进行纳税申报。

六、租赁不动产的增值税纳税地点

纳税人租赁不动产,在不动产所在地预缴税款后,向机构所在地主管税务机关进行纳税申报。

七、跨省业务、预缴增值税

一般纳税人跨省(自治区、直辖市或者计划单列市)提供建筑服务或者销售、出租取得的与机构所在地不在同一省(自治区、直辖市或者计划单列市)的不动产,在机构所在地申报纳税时,计算的应纳税额小于已预缴税额,且差额较大的,由国家税务总局通知建筑服务发生地或者不动产所在地省级税务机关,在一定时期内暂停预缴增值税。

八、进口货物的增值税纳税地点

进口货物,应当由进口人或其代理人向报关地海关申报纳税。

扣缴义务人应当向其机构所在地或者居住地的主管税务机关申报缴纳其扣缴的税款。

九、扣缴义务人申报缴纳其扣缴税款的地点

为促使扣缴义务人履行扣缴义务,同时方便其申报缴纳所扣缴税款,扣缴义务人向其机构所在地或者居住地的主管税务机关申报缴纳其扣缴的税款。

第三章 消　费　税

消费税是在对货物普遍征收增值税的基础上，选择特定消费品再征收一道消费税，目的在于调节消费结构，引导消费方向，调节收入分配。

消费税的演变

我国现行消费税是1994年税制改革时新设置的一个税种。1994年消费税的征税范围主要选择了11类应税产品，主要包括：烟、酒及酒精、化妆品、护肤护发品、贵重首饰及珠宝玉石、鞭炮及焰火、汽油、柴油、汽车轮胎、摩托车、小汽车。

为适应社会经济形势的客观发展需要，发挥消费税的作用，财政部、国家税务总局于2006年3月20日联合发布了《关于调整和完善消费税政策的通知》（财税〔2006〕33号），从当年4月1日起，对消费税税目、税率及相关政策进行调整，税目由原来的11个增加调整为14个。其中，扩大了石油制品的消费税征收范围，新设成品油税目；为了增强人们的环保意识、引导消费和节约木材资源，增加木制一次性筷子税目和实木地板税目；为了合理引导消费，间接调节收入分配，增加高尔夫球及球具税目；为了体现对高档消费品的税收调节，增加高档手表税目。

2008年11月5日，国务院第34次常务会议修订通过《消费税暂行条例》，2008年12月15日，财政部、国家税务总局颁布了修订后的《中华人民共和国消费税暂行条例实施细则》（以下简称《消费税暂行条例实施细则》），对原来的暂行条例及其实施细则进行了部分修改，修改的内容主要有两个方面：一是将1994年以来出台和调整政策，更新到新修订的《消费税暂行条例》中；二是与《中华人民共和国增值税暂行条例》衔接，将纳税申报期限从10日延长至15日，对消费税的纳税地点等规定进行了调整。

为了促进环境治理和节能减排，经国务院批准，自2014年11月29日起，提高汽油、石脑油、溶剂油、润滑油、柴油、航空煤油和燃料油消费税单位税额，航空煤油继续暂缓征收消费税。自2014年12月1日起，取消气缸容量250毫升（不含）以下的小排量摩托车消费税，取消汽车轮胎税目，取消酒精消费税，"酒及酒精"品目相应改为"酒"，并按照相关消费税政策执行；取消含铅汽油消费税的二级子目，统一按照无铅汽油税率征收消费税。

为促进节能环保，经国务院批准，自2015年2月1日起对电池、涂料征收消费税。2016年10月取消对普通美容、修饰类化妆品征收消费税，将"化妆品"税目名称更名为"高档化妆品"。自2016年12月1日起，对超豪华小汽车在零售环节加征10%的消费税。

为完善消费税制度，促进税制公平统一，更好发挥消费税引导健康消费的作用，财政部、海关总署、国家税务总局2022年10月2日联合发布了《财政部　海关总署　税务总局关于对电子烟征收消费税的公告》（财政部　海关总署　税务总局公告2022年第33号），对电子烟消费税政策进行了明确。纳税人出口电子烟，适用出口退（免）税政策。将电子烟增列至边民互市进口商品不予免税清单并照章征税。

消费税的征税环节

1. 生产销售环节——对生产应税消费品在生产销售环节征税

生产应税消费品销售是消费税征收的主要环节，因为一般情况下，消费税具有单一环节征税的特点，对于大多数消费税应税商品而言，在生产销售环节征税以后，流通环节不再缴纳消费税。纳税人生产应税消费品，除直接对外销售应征收消费税外，如将生产的应税消费品换取生产资料、消费资料、投资入股、偿还债务，以及用于继续生产应税消费品以外的其他方面都应缴纳消费税。

另外，工业企业以外的单位和个人的下列行为视为应税消费品的生产行为，按规定征收消费税：

（1）将外购的消费税非应税产品以消费税应税产品对外销售的。

(2) 将外购的消费税低税率应税产品以高税率应税产品对外销售的。

2. 委托加工环节——对委托加工应税消费品在委托加工环节征税

委托加工应税消费品是指委托方提供原料和主要材料,受托方只收取加工费和代垫部分辅助材料加工的应税消费品。

由受托方提供原材料或其他情形的一律不能视同加工应税消费品。

委托加工的应税消费品收回后,再继续用于生产应税消费品销售且符合现行政策规定的,其加工环节缴纳的消费税税款可以扣除。

3. 零售环节——对零售特定应税消费品在零售环节征税

经国务院批准,自1995年1月1日起,金银首饰消费税由生产销售环节征收改为零售环节征收。改在零售环节征收消费税的金银首饰仅限于金基、银基合金首饰以及金、银和金基、银基合金的镶嵌首饰,进口环节暂不征收,零售环节适用税率为5%,在纳税人销售金银首饰、钻石及钻石饰品时征收。其计税依据是不含增值税的销售额。

4. 批发环节——对批发卷烟在卷烟的批发环节征税

与其他消费税应税商品不同的是,卷烟除在生产销售环节征收消费税外,还在批发环节征收一次。

纳税人兼营卷烟批发和零售业务的,应当分别核算批发和零售环节的销售额、销售数量;未分别核算批发和零售环节销售额、销售数量的,按照全部销售额、销售数量计征批发环节消费税。

纳税人销售给纳税人以外的单位和个人的卷烟于销售时纳税。

纳税人之间销售的卷烟不缴纳消费税。

卷烟批发企业的机构所在地,总机构与分支机构不在同一地区的,由总机构申报纳税。

卷烟消费税在生产和批发两个环节征收后,批发企业在计算纳税时不得扣除已含的生产环节的消费税税款。

5. 移送使用环节——对移送使用应税消费品在移送使用环节征税

如果企业在生产经营的过程中,将应税消费品移送用于加工非应税消费品,则应对移送部分征消费税。

6. 进口环节对进口应税消费品在进口环节征税

单位和个人进口属于消费税征税范围的货物,在进口环节要缴纳消费税。

为了减少征税成本,进口环节缴纳的消费税由海关代征。

第一节 纳 税 人

一、纳税义务人

在中华人民共和国境内生产、委托加工和进口《中华人民共和国消费税暂行条例》(以下简称《消费税暂行条例》)规定的消费品的单位和个人,以及国务院确定的销售《消费税暂行条例》所规定的消费品的其他单位和个人,为消费税的纳税人,应当依照《消费税暂行条例》缴纳消费税。

单位,是指企业、行政单位、事业单位、军事单位、社会团体及其他单位。个人,是指个体工商户及其他个人。

在中华人民共和国境内,是指生产、委托加工、进口以及销售属于应当缴纳消费税的消费品的起运地或者所在地在境内。

进口的应税消费品,尽管其产制地不在我国境内,但在我国境内销售或消费,为了平衡进口应税消费品与本国应税消费品的税负,必须由从事进口应税消费品的进口人或其代理人按照规定缴纳消费税。个人携带或者邮寄入境的应税消费品的消费税,连同关税一并计征,由携带入境者或者收件人缴纳消费税。

延伸解读

视同应税消费品生产行为

(1) 工业企业以外单位和个人应税消费品的视同生产行为。

工业企业以外的单位和个人的下列行为视为应税

消费品的生产行为,按规定征收消费税:

① 将外购的消费税非应税产品以消费税应税产品对外销售的。

② 将外购的消费税低税率应税产品以高税率应税产品对外销售的。

(2) 外购电池、涂料大包装改成小包装或者外购电池、涂料不经加工只贴商标的行为,视同应税消费税品的生产行为。

发生上述生产行为的单位和个人应按规定申报缴纳消费税。

在中华人民共和国境内生产(进口)、批发电子烟的单位和个人为消费税纳税人。电子烟生产环节纳税人,是指取得烟草专卖生产企业许可证,并取得或经许可使用他人电子烟产品注册商标(以下称持有商标)的企业。通过代加工方式生产电子烟的,由持有商标的企业缴纳消费税。电子烟批发环节纳税人,是指取得烟草专卖批发企业许可证并经营电子烟批发业务的企业。电子烟进口环节纳税人,是指进口电子烟的单位和个人。[《财政部 海关总署 税务总局关于对电子烟征收消费税的公告》(财政部 海关总署 税务总局公告2022年第33号,2022年10月2日,自2022年11月1日起执行)]

二、扣缴义务人

(1) 委托加工的应税消费品,委托方为消费税纳税人,其应纳消费税由受托方(受托方为个人除外)在向委托方交货时代收代缴税款。

注:为了加强消费税的源泉控税,对于委托加工应税消费品的纳税人应当缴纳的消费税,由受托方向委托方交付时代收代缴(受托方为个体经营者除外)。

(2) 跨境电子商务零售进口商品按照货物征收进口环节消费税,购买跨境电子商务零售进口商品的个人作为纳税义务人,电子商务企业、电子商务交易平台企业或物流企业可作为代收代缴义务人。

第二节 征税对象、范围、税目

现行消费税税目共有15个。

一、烟

凡是以烟叶为原料加工生产的产品,不论使用何种辅料,均属于本税目的征收范围。自2022年11月1日起,将电子烟纳入消费税征收范围,在"烟"税目下增设"电子烟"子目。

本税目下设卷烟(包括进口卷烟、白包卷烟、手工卷烟和未经国务院批准纳入计划的企业及个人生产的卷烟)雪茄烟、烟丝、电子烟四个子目。

(一) 卷烟

卷烟是指将各种烟叶切成烟丝,按照配方要求均匀混合,加入糖,酒,香料等辅料,用白色盘纸,棕色盘纸,涂布纸或烟草薄片经机器或手工卷制的普通卷烟和雪茄型卷烟。

卷烟分为甲类卷烟和乙类卷烟。甲类卷烟是指调拨价在70元(不含增值税)/条以上(含70元)的卷烟,乙类卷烟是指调拨价在70元(不含增值税)/条以下的卷烟。

(二) 雪茄烟

雪茄烟是指以晾晒烟为原料或者以晾晒烟和烤烟为原料,用烟叶或卷烟纸、烟草薄片作为烟支内包皮,再用烟叶作为烟支外包皮,经机器或手工卷制而成的烟草制品。按内包皮所用材料的不同可分为全叶卷雪茄烟和半叶卷雪茄烟。

雪茄烟的征收范围包括各种规格、型号的雪茄烟。

(三) 烟丝

烟丝是指将烟叶切成丝状、粒状、片状、末状或其他形状,再加入辅料,经过发酵、储存,不经卷制即可供销售吸用的烟草制品。

烟丝的征收范围包括以烟叶为原料加工生

产的不经卷制的散装烟,如斗烟、莫合烟、烟末、水烟、黄红烟丝等。

(四) 电子烟

电子烟是指用于产生气溶胶供人抽吸等的电子传输系统,包括烟弹、烟具以及烟弹与烟具组合销售的电子烟产品。烟弹是指含有雾化物的电子烟组件。烟具是指将雾化物雾化为可吸入气溶胶的电子装置。

二、酒

(一) 白酒

白酒是指以各种粮食或各种干鲜薯类为原材料,经过糖化、发酵后,采用蒸馏方法酿制的白酒。

用甜菜酿制的白酒,比照白酒征税。

(二) 黄酒

黄酒是指以糯米、粳米、籼米、大米、黄米、玉米、小麦、薯类等为原料,经加温、糖化、发酵、压榨酿制的酒。

由于工艺、配料和含糖量的不同,黄酒分为干黄酒、半干黄酒、半甜黄酒、甜黄酒4类。

黄酒的征收范围包括各种原料酿制的黄酒和酒度超过12度(含12度)的土甜酒。

(三) 啤酒

啤酒是指以大麦或其他粮食为原料,加入啤酒花,经糖化、发酵、过滤酿制的含有二氧化碳的酒。

啤酒按照杀菌方法的不同,可分为熟啤酒和生啤酒或鲜啤酒。啤酒的征收范围包括各种包装和散装的啤酒。

啤酒分为甲类啤酒和乙类啤酒。每吨出厂价(含包装物及包装物押金)3 000元(含3 000元,不含增值税)以上的啤酒为甲类啤酒;每吨出厂价(含包装物及包装物押金)3 000元(不含增值税)以下的啤酒为乙类啤酒。其中包装物押金不包括重复使用的塑料周转箱的押金。

无醇啤酒比照啤酒征税。对啤酒源、菠萝啤酒应按啤酒征收消费税。果啤属于啤酒,按照啤酒征收消费税。果啤是一种口味介于啤酒和饮料之间的低度酒精饮料,主要成分为啤酒和果汁。

对饮食业、商业、娱乐业举办的啤酒屋(啤酒坊)利用啤酒生产设备生产的啤酒,应当征收消费税。

(四) 其他酒

其他酒是指除白酒、黄酒、啤酒以外,酒度在1度以上的各种酒。

调味料酒不征消费税。

葡萄酒消费税适用"酒"税目下设的"其他酒"子目。葡萄酒是指以葡萄为原料,经破碎(压榨)发酵而成的酒精度在1度(含)以上的葡萄原酒和成品酒(不含以葡萄为原料的蒸馏酒)。

配制酒是指以发酵酒、蒸馏酒或食用酒精为酒基,加入可食用或药食两用的辅料或食品添加剂,进行调配、混合或再加工制成的、并改变了其原酒基风格的饮料酒。配制酒消费税适用税率按照以下规定执行:

(1) 以蒸馏酒或食用酒精为酒基,同时符合以下条件的配制酒,按消费税税率表"其他酒"10%适用税率征收消费税。

① 具有国家相关部门批准的国食健字或卫食健字文号;

② 酒精度低于38度(含)。

(2) 以发酵酒为酒基,酒精度低于20度(含)的配制酒,按"其他酒"10%适用税率征收消费税。

(3) 其他配制酒,按白酒税率征收消费税。

三、高档化妆品

自2016年10月1日起,取消对普通美容、修饰类化妆品征收消费税,将"化妆品"税目名称更名为"高档化妆品"。征收范围包括高档美容、修饰类化妆品、高档护肤类化妆品和成套化妆品。

高档美容、修饰类化妆品和高档护肤类化妆品是指生产(进口)环节销售(完税)价格(不含增值税)在10元/毫升(克)或15元/片(张)及以上的美容、修饰类化妆品和护肤类化妆品。

舞台、戏剧、影视演员化妆用的上妆油、卸

妆油、油彩、发胶和头发漂白剂等,不属于本税目征收范围。

四、贵重首饰及珠宝玉石

本税目征收范围包括:各种金银珠宝首饰和经采掘、打磨、加工的各种珠宝玉石。

(一)金银珠宝首饰

金银珠宝首饰包括:凡以金、银、白金、宝石、珍珠、钻石、翡翠、珊瑚、玛瑙等高贵稀有物质以及其他金属、人造宝石等制作的各种纯金银首饰及镶嵌首饰(含人造金银、合成金银首饰等)。

(二)珠宝玉石

珠宝玉石包括:钻石、珍珠、松石、青金石、欧泊石、橄榄石、长石、玉、石英、玉髓、石榴石、锆石、尖晶石、黄玉、碧玺、金绿玉、绿柱石、刚玉、琥珀、珊瑚、煤玉、龟甲、合成刚玉、合成宝石、双合石、玻璃仿制品。

对宝石坯应按规定征收消费税。

五、鞭炮、焰火

鞭炮(亦称爆竹),是用多层纸密裹火药,接以药引线制成的一种爆炸品。焰火是指烟火剂,一般系包扎品,内装药剂,点燃后烟火喷射,呈各种颜色,有的还变幻成各种景象,分平地小焰火和空中大焰火两类。

鞭炮、焰火税目的征收范围包括各种鞭炮、焰火。通常分为13类,即喷花类、旋转类、旋转升空类、火箭类、吐珠类、线香类、小礼花类、烟雾类、造型玩具类、爆竹类、摩擦炮类、组合烟花类、礼花弹类。

体育上用的发令纸、鞭炮药引线,不按本税目征收。

六、成品油

本税目包括汽油、柴油、石脑油、溶剂油、航空煤油、润滑油、燃料油7个子目。

(一)汽油

汽油,是指用原油或其他原料加工生产的辛烷值不小于66的可用作汽油发动机燃料的各种轻质油。汽油分为车用汽油和航空汽油。以汽油、汽油组分调和生产的甲醇汽油、乙醇汽油也属于本税目征收范围。

自2023年6月30日起执行(之前已经发生的事项,不再进行税收调整),对烷基化油(异辛烷)按照汽油征收消费税。[《财政部 税务总局关于部分成品油消费税政策执行口径的公告》(财政部 税务总局公告2023年第11号),2023年6月30日]

(二)柴油

柴油,是指用原油或其他原料加工生产的倾点或凝点在-50至30的可用作柴油发动机燃料的各种轻质油和以柴油组分为主、经调和精制可用作柴油发动机燃料的非标油。以柴油、柴油组分调和生产的生物柴油也属于本税目征收范围。

从2009年1月1日起,对同时符合下列条件的纯生物柴油免征消费税。

(1)生产原料中废弃的动物油和植物油用量所占比重不低于70%。

(2)生产的纯生物柴油符合国家《柴油机燃料调合生物柴油(BD100)》标准。

对不符合上述两个条件规定的生物柴油,或者以柴油、柴油组分调合生产的生物柴油照章征收消费税。

(三)石脑油

石脑油(亦称化工轻油),是以原油或其他原料加工生产的用于化工原料的轻质油。

石脑油的征收范围包括除汽油、柴油、航空煤油、溶剂油以外的各种轻质油。非标汽油、重整生成油、拔头油、戊烷原料油、轻裂解料(减压柴油VGO和常压柴油AGO)重裂解料、加氢裂化尾油、芳烃抽余油均属轻质油,属于石脑油征收范围。

自2023年6月30日起执行(之前已经发生的事项,不再进行税收调整),对混合芳烃、重芳烃、混合碳八、稳定轻烃、轻油、轻质煤焦油按照石脑油征收消费税。[《财政部 税务总局关于部分成品油消费税政策执行口径的公告》(财政部 税务总局公告2023年第11号),2023年6月30日]

(四)溶剂油

溶剂油是用原油或其他原料加工生产的用

于涂料、油漆、食用油、印刷油墨、皮革、农药、橡胶、化妆品生产和机械清洗、胶粘行业的轻质油。

橡胶填充油、溶剂油原料,属于溶剂油征收范围。

自2023年6月30日起执行(之前已经发生的事项,不再进行税收调整),对石油醚、粗白油、轻质白油、部分工业白油(5号、7号、10号、15号、22号、32号、46号)按照溶剂油征收消费税。[《财政部 税务总局关于部分成品油消费税政策执行口径的公告》(财政部 税务总局公告2023年第11号),2023年6月30日]

(五)航空煤油

航空煤油(亦称喷气燃料),是用原油或其他原料加工生产的用作喷气发动机和喷气推进系统燃料的各种轻质油。

航空煤油暂缓征收消费税。

自2023年6月30日起执行(之前已经发生的事项,不再进行税收调整),对航天煤油参照航空煤油暂缓征收消费税。[《财政部 税务总局关于部分成品油消费税政策执行口径的公告》(财政部 税务总局公告2023年第11号),2023年6月30日]

(六)润滑油

润滑油是用原油或其他原料加工生产的用于内燃机、机械加工过程的润滑产品。

润滑油分为矿物性润滑油、植物性润滑油、动物性润滑油和化工原料合成润滑油。

润滑油的征收范围包括矿物性润滑油、矿物性润滑油基础油、植物性润滑油、动物性润滑油和化工原料合成润滑油。

用原油或其他原料加工生产的用于内燃机、机械加工过程的润滑产品均属于润滑油征税范围。润滑脂是润滑产品,属润滑油消费税征收范围,生产、加工润滑脂应当征收消费税。

变压器油、导热类油等绝缘油类产品不属于应征消费税的润滑油,不征收消费税。

(七)燃料油

燃料油(亦称重油、渣油),是用原油或其他原料加工生产,主要用作电厂发电、锅炉用燃料、加热炉燃料、冶金和其他工业炉燃料。

腊油、船用重油、常压重油、减压重油、180CTS燃料油、7号燃料油、糠醛油、工业燃料、4~6号燃料油等油品的主要用途是作为燃料燃烧,属于燃料油征收范围。

从2009年1月1日起,对成品油生产企业在生产成品油过程中,作为燃料、动力及原料消耗掉的自产成品油,免征消费税。对用于其他用途或直接对外销售的成品油照章征收消费税。[《财政部 国家税务总局关于对成品油生产企业生产自用油免征消费税的通知》(财税〔2010〕98号)]

自2012年11月1日起,催化料、焦化料属于燃料油的征收范围,应当征收消费税。[《国家税务总局关于催化料、焦化料征收消费税的公告》(国家税务总局公告2012年第46号)]

关于成品油消费税的征收范围

2008年,财政部和国家税务总局按照国务院关于实施成品油税费改革的统一部署,发布了《财政部 国家税务总局关于提高成品油消费税税率的通知》(财税〔2008〕167号),对成品油消费税征收范围进行了调整完善。根据《财政部 国家税务总局关于提高成品油消费税税率的通知》(财税〔2008〕167号)的规定,除汽油、柴油、航空煤油、溶剂油外,对以原油或其他原料加工生产的用于化工原料的各种轻质油均按石脑油征收消费税,对各类重油、渣油均按燃料油征收消费税。由此可见,2008年成品油税费改革后,凡属轻质油或重油、渣油的产品,无论取何种名称,无论是用作调制成品油还是化工原料,都应缴纳消费税。

《国家税务总局关于消费税有关政策问题补充规定的公告》(国家税务总局公告2013年第50号)和《国家税务总局关于消费税有关政策问题的公告》(国家税务总局公告2012年第47号)就是在上述规定的基础上,从加强管理、堵塞漏洞、公平税负的角度,进一步明确纳税人凡生产加工符合汽油、柴油、航空煤油、石脑油、溶剂油、润滑油、燃料油征税规定的产品(以下简称应税成品油),无论以何种名称对外销售或用于非连续生产应征消费税产品,均应按规定缴纳消费税。

关于应税成品油与其他石油化工产品的区分问题

由于实践中对应税成品油与一些非应征消费税的

石油化工产品（以下简称非应税产品），存在着难以明确区分的问题。为解决这一问题，《国家税务总局关于消费税有关政策问题补充规定的公告》（国家税务总局公告2013年第50号）在《国家税务总局关于消费税有关政策问题的公告》（国家税务总局公告2012年第47号）的基础上，明确了以下四种具体的区分方法：

（1）从产品的化学特性进行区分。根据国家环境保护相关规定，除少数情形外，凡在我国境内生产、加工、销售、使用或进口的化学物质，必须已列入环境保护部（现为生态环境部）发布的《中国现有化学物质名录》（现有名录详见环境保护部公告2013年第1号）或取得《新化学物质环境管理登记证》。从化学特性看，可以用一种化学分子式表示的产品纯度均较高，具有固定的熔点、沸点等性质，通过一些常用的检测方法（如气相色谱法等），即能将其与混合物加以区分，而应税成品油都是多种化合物的混合物，其中各物质均保持原有性质（如没有固定沸点等），不能用一种化学分子式来表示且不属于新化学物质。因此，《中国现有化学物质名录》中列明分子式的产品和纳税人取得《新化学物质环境管理登记证》的产品，与应税成品油有着明显区别。

（2）从产品的生产许可进行区分。根据《中华人民共和国工业产品生产许可证管理条例》（国务院令第440号）规定，国家对包括石油产品等危险化学品在内的重要工业产品，实行生产许可证制度。该许可证的发放管理由省级（含）以上质量技术监督部门负责。国家质量监督检验检疫总局（现为国家市场监督管理总局）对需要办理生产许可的各类产品，均公布了生产许可证实施细则及具体产品品种名称（可从国家质量监督检验检疫总局官方网站查询），并将石油产品与其他危险化学品进行了一定的区分。纳税人从事这些产品生产，必须经省级或受省级委托的地方质量技术监督部门实地核查、产品抽检并审核通过后，才能获得列明产品品种明细的《全国工业产品生产许可证》。据此，《国家税务总局关于消费税有关政策问题的公告》（国家税务总局公告2012年第47号）规定，纳税人取得省级（含）以上质量技术监督部门颁发的《全国工业产品生产许可证》中列明的各种明细产品，除在产品名称中注明为"石油产品"外，均不需提交检验证明备案，不属于成品油消费税征收范围。

（3）从产品的主要原料和外观形态进行区分。对没有明确分子式且未取得《新化学物质环境管理登记证》和《全国工业产品生产许可证》的产品，如果在流动性、颜色等外观形态上与成品油具有明显差异，或其所需主要原料并非可用于生产加工成品油的原料，则可将此作为判定该产品不属于成品油消费税征税范围的重要依据。

（4）从产品的国家标准或行业标准进行区分。在上述三个区分方法之外，对外观形态和生产所需主要原料与应税成品油相同或相近的产品，如符合该产品国家标准或行业标准并按规定向主管税务机关提供检测证明备案的，可视为非应税产品，否则，视同石脑油或燃料油征收消费税。但是，对通过国家标准、行业标准或其他方法可以确认属于应税成品油的，即便产品符合国家标准或行业标准，也应征收消费税。

七、摩托车

摩托车的征收范围包括气缸容量250毫升和250毫升（不含）以上的摩托车。

自2014年12月1日起，气缸容量250毫升（不含）以下的小排量摩托车不征收消费税。

八、小汽车

小汽车，是指由动力驱动，具有4个或4个以上车轮的非轨道承载的车辆。

本税目征收范围包括乘用车、中轻型商用客车、超豪华小汽车。

（一）乘用车

乘用车是指含驾驶员座位在内最多不超过9个座位（含）的，在设计和技术特性上用于载运乘客和货物的各类乘用车。

（二）中轻型商用客车

中轻型商用客车是指含驾驶员座位在内的座位数在10~23座（含23座）的，在设计和技术特性上用于载运乘客和货物的各类中轻型商用客车。

车身长度大于7米（含），并且座位在10~23座（含）以下的商用客车，不属于中轻型商用客车征税范围，不征收消费税。含驾驶员人数（额定载客）为区间值的（如8~10人；17~26人）小汽车，按其区间值下限人数确定征收范围。

对于购进乘用车或中轻型商用客车整车改装生产的汽车，应按规定征收消费税。

用排气量小于1.5升（含）的乘用车底盘（车架）改装、改制的车辆属于乘用车征收范围。

用排气量大于1.5升的乘用车底盘（车架）

或用中轻型商用客车底盘（车架）改装、改制的车辆属于中轻型商用客车征收范围。

（三）超豪华小汽车

超豪华小汽车为每辆零售价格130万元（不含增值税）及以上的乘用车和中轻型商用客车，即乘用车和中轻型商用客车子税目中的超豪华小汽车。

电动汽车、沙滩车、雪地车、卡丁车、高尔夫车不属于消费税征收范围，不征收消费税。

企业购进货车或厢式货车改装生产的商务车、卫星通信车等专用汽车不属于消费税征税范围，不征收消费税。[《国家税务总局关于厢式货车改装生产的汽车征收消费税问题的批复》（国税函〔2008〕452号）]

九、高尔夫球及球具

高尔夫球及球具，是指从事高尔夫球运动所需的各种专用装备，包括高尔夫球、高尔夫球杆及高尔夫球包（袋）等。

高尔夫球，是指重量不超过45.93克、直径不超过42.67毫米的高尔夫球运动比赛、练习用球；高尔夫球杆，是指被设计用来打高尔夫球的工具，由杆头、杆身和握把三部分组成；高尔夫球包（袋），是指专用于盛装高尔夫球及球杆的包（袋）。

本税目征收范围包括高尔夫球、高尔夫球杆、高尔夫球包（袋）。高尔夫球杆的杆头、杆身和握把属于本税目的征收范围。

十、高档手表

高档手表，是指销售价格（不含增值税）每只在10 000元（含）以上的各类手表。

本税目征收范围包括符合以上标准的各类手表。

十一、游艇

游艇，是指长度大于8米小于90米，船体由玻璃钢、钢、铝合金、塑料等多种材料制作，可以在水上移动的水上浮载体。按照动力划分，游艇分为无动力艇、帆艇和机动艇。

本税目征收范围包括艇身长度大于8米（含）小于90米（含），内置发动机，可以在水上移动，一般为私人或团体购置，主要用于水上运动和休闲娱乐等非营利活动的各类机动艇。

十二、木制一次性筷子

木制一次性筷子（亦称卫生筷子），是指以木材为原料经过锯段、浸泡、旋切、刨切、烘干、筛选、打磨、倒角、包装等环节加工而成的各类一次性使用的筷子。

本税目征收范围包括各种规格的木制一次性筷子。未经打磨、倒角的木制一次性筷子属于本税目征税范围。

十三、实木地板

实木地板，是指以木材为原料，经锯割、干燥、刨光、截断、开榫、涂漆等工序加工而成的块状或条状的地面装饰材料。

实木地板按生产工艺不同，可分为独板（块）实木地板、实木指接地板、实木复合地板三类；按表面处理状态不同，可分为未涂饰地板（白坯板、素板）和漆饰地板两类。

本税目征收范围包括各类规格的实木地板、实木指接地板、实木复合地板及用于装饰墙壁、天棚的侧端面为榫、槽的实木装饰板。未经涂饰的素板属于本税目征税范围。

十四、电池

电池，是一种将化学能、光能等直接转换为电能的装置，一般由电极、电解质、容器、极端，通常还有隔离层组成的基本功能单元，以及用一个或多个基本功能单元装配成的电池组。范围包括原电池、蓄电池、燃料电池、太阳能电池和其他电池。

（一）原电池

原电池（亦称一次电池），是按不可以充电设计的电池。

按照电极所含的活性物质分类，原电池包括锌原电池、锂原电池和其他原电池。

（二）蓄电池

蓄电池（亦称二次电池），是按可充电、重复使用设计的电池;包括酸性蓄电池、碱性或其他非酸性蓄电池、氧化还原液流蓄电池和其他蓄电池。

(三) 燃料电池

燃料电池,指通过一个电化学过程,将连续供应的反应物和氧化剂的化学能直接转换为电能的电化学发电装置。

(四) 太阳能电池

太阳能电池,是将太阳光能转换成电能的装置,包括晶体硅太阳能电池、薄膜太阳能电池、化合物半导体太阳能电池等,但不包括用于太阳能发电储能用的蓄电池。

(五) 其他电池

除原电池、蓄电池、燃料电池、太阳能电池以外的电池。

自 2015 年 2 月 1 日起,对无汞原电池、金属氢化物镍蓄电池(亦称氢镍蓄电池或镍氢蓄电池)锂原电池、锂离子蓄电池、太阳能电池、燃料电池和全钒液流电池免征消费税。

十五、涂料

涂料,是指涂于物体表面能形成具有保护、装饰或特殊性能的固态涂膜的一类液体或固体材料之总称。

涂料由主要成膜物质、次要成膜物质等构成。按主要成膜物质涂料可分为油脂类、天然树脂类、酚醛树脂类、沥青类、醇酸树脂类、氨基树脂类、硝基类、过滤乙烯树脂类、烯类树脂类、丙烯酸酯类树脂类、聚酯树脂类、环氧树脂类、聚氨酯树脂类、元素有机类、橡胶类、纤维素类、其他成膜物类等。

对施工状态下挥发性有机物(Volatile Organic Compounds,VOC)含量低于 420 克/升(含)的涂料免征消费税。

第三节　计　税　依　据

一、从价计征

在从价定率计算方法下,应纳税额等于应税消费品的销售额乘以适用税率,应纳税额的多少取决于应税消费品的销售额和适用税率两个因素。

(一) 销售额的确定

销售额为纳税人销售应税消费品向购买方收取的全部价款和价外费用。

销售,是指有偿转让应税消费品的所有权;有偿,是指从购买方取得货币、货物或者其他经济利益;价外费用,是指价外向购买方收取的手续费、补贴、基金、集资费、返还利润、奖励费、违约金、滞纳金、延期付款利息、赔偿金、代收款项、代垫款项、包装费、包装物租金、储备费、优质费、运输装卸费以及其他各种性质的价外收费。但下列项目不包括在内:

(1) 同时符合以下条件的代垫运输费用:

① 承运部门的运输费用发票开具给购买方的。

② 纳税人将该项发票转交给购买方的。

(2) 同时符合以下条件代为收取的政府性基金或者行政事业性收费:

① 由国务院或者财政部批准设立的政府性基金,由国务院或者省级人民政府及其财政、价格主管部门批准设立的行政事业性收费。

② 收取时开具省级以上财政部门印制的财政票据。

③ 所收款项全额上缴财政。

其他价外费用,无论是否属于纳税人的收入,均应并入销售额计算征税。

实行从价定率办法计算应纳税额的应税消费品连同包装销售的,不论包装是否单独计价,也不论在会计上如何核算,均应并入应税消费品的销售额中征收消费税。如果包装物不作价随同产品销售,而是收取押金,此项押金则不应并入应税消费品的销售额中征税。但对因逾期未收回的包装物不再退还的或者已收取的时间超过 12 个月的押金,应并入应税消费品的销售额,按照应税消费品的适用税率缴纳消费税。

对既作价随同应税消费品销售,又另外收取押金的包装物的押金,凡纳税人在规定的期限内没有退还的,均应并入应税消费品的销售额,按照应税消费品的适用税率缴纳消费税。

对销售啤酒、黄酒外的其他酒类产品而收取的包装物押金,无论是否返还以及会计上如何核算,均应并入当期销售额征税。

白酒生产企业向商业销售单位收取的"品牌使用费"是随着应税白酒的销售而向购货方收取的,属于应税白酒销售价款的组成部分,所以,不论企业采取何种方式或以何种名义收取价款,均应并入白酒的销售额中缴纳消费税。

纳税人销售的应税消费品,以外汇结算销售额的,其销售额的人民币折合率可以选择结算的当天或者当月 1 日的国家外汇牌价(原则上为中间价)。纳税人应在事先确定采取何种折合率,确定后 1 年内不得变更。

纳税人生产、批发电子烟的,按照生产、批发电子烟的销售额计算纳税。电子烟生产环节纳税人采用代销方式销售电子烟的,按照经销商(代理商)销售给电子烟批发企业的销售额计算纳税。纳税人进口电子烟的,按照组成计税价格计算纳税。

电子烟生产环节纳税人从事电子烟代加工业务的,应当分开核算持有商标电子烟的销售额和代加工电子烟的销售额;未分开核算的,一并缴纳消费税。[《财政部 海关总署 税务总局关于对电子烟征收消费税的公告》(财政部 海关总署 税务总局公告 2022 年第 33 号,2022 年 10 月 2 日,自 2022 年 11 月 1 日起执行)]

(二)含增值税销售额的换算

应税消费品在缴纳消费税的同时,与一般货物一样,还应缴纳增值税。

应税消费品的销售额,不包括应向购货方收取的增值税税款。如果纳税人应税消费品的销售额中未扣除增值税税款或者因不得开具增值税专用发票而发生价款和增值税税款合并收取的,在计算消费税时,应将含增值税的销售额换算为不含增值税税款的销售额。

其换算公式为:

$$\text{应税消费品的销售额} = \text{含增值税的销售额} \div (1 + \text{增值税税率或征收率})$$

在使用换算公式时,应根据纳税人的具体情况分别使用增值税税率或征收率。如果消费税的纳税人同时又是增值税一般纳税人的,应适用 13% 的增值税税率;如果消费税的纳税人是增值税小规模纳税人的,应适用 3% 的征收率。

(三)包装物销售收入及押金收入

1. 包装物销售收入

应税消费品连同包装物销售的,无论包装物是否单独计价,也不论在会计上如何核算,均应并入应税消费品的销售额中征收消费税。

2. 包装物押金收入

如果包装物不作价随同产品销售,而是收取押金,此项押金收取时不并入应税消费品销售额中征税。但对逾期未收回的包装物不再退还的或者已收取的时间超过 12 个月的押金,应并入应税消费品的销售额,按照应税消费品的适用税率征收消费税。

对既作价随同应税消费品销售,又另外收取的包装物的押金,凡纳税人在规定的期限内没有退还的,均应并入应税消费品的销售额,按照应税消费品的适用税率征收消费税。从 1995 年 6 月 1 日起,对酒类产品生产企业销售啤酒、黄酒以外的其他酒类产品而收取的包装物押金,无论押金是否返还及会计上如何核算,均应并入酒类产品销售额中征收消费税。

对啤酒生产企业销售的啤酒,不得以向其关联企业的啤酒销售公司销售的价格作为确定消费税税额的标准,而应当以其关联企业的啤酒销售公司对外的销售价格(含包装物及包装物押押金)作为确定消费税税额的标准,并依此确定该啤酒消费税单位税额。

纳税人销售的应税消费品,以人民币以外

的货币结算销售额的,其销售额的人民币折合率可以选择销售额发生的当天或者当月1日的人民币汇率中间价,纳税人应在事先确定采用何种折合率,确定后1年内不得变更。

二、从量计征

在从量定额计算方法下,应纳税额等于应税消费品的销售数量乘以单位税额,应纳税额的多少取决于应税消费品的销售数量和单位税额两个因素。

(一)销售数量的确定

销售数量是指纳税人生产、加工和进口应税消费品的数量。

具体规定如下。

1. 销售应税消费品

销售应税消费品的销售数量为应税消费品的销售数量。

2. 自产自用应税消费品

自产自用应税消费品的销售数量为应税消费品的移送使用数量。

3. 委托加工应税消费品

委托加工应税消费品的销售数量为纳税人收回的应税消费品数量。

4. 进口应税消费品

进口应税消费品的销售数量为海关核定的应税消费品进口征税数量。

(二)计量单位的换算标准

黄酒、啤酒是以吨为税额单位;汽油、柴油是以升为税额单位的。但是,考虑到在实际销售过程中,一些纳税人会把吨与升这两个计量单位混用,故规范了不同产品的计量单位,以准确计算应纳税额,吨与升两个计量单位的换算标准见表3-1。

表 3-1 吨、升换算表

序号	名称	计量单位的换算标准
1	黄酒	1吨=962升
2	啤酒	1吨=988升
3	汽油	1吨=1 388升
4	柴油	1吨=1 176升

(续表)

序号	名称	计量单位的换算标准
5	航空煤油	1吨=1 246升
6	石脑油	1吨=1 385升
7	溶剂油	1吨=1 282升
8	润滑油	1吨=1 126升
9	燃料油	1吨=1 015升

三、从价从量复合计征

现行消费税的征税范围中,只有白酒、卷烟采用复合计征方法。应纳税额等于应税销售数量乘以定额税率再加上应税销售额乘以比例税率。

生产销售卷烟、白酒从量定额计税依据为实际销售数量。进口、委托加工、自产自用卷烟、白酒从量定额计税依据分别为海关核定的进口征税数量、委托方收回数量、移送使用数量。

(一)白酒最低计税价格的核定

自2009年8月1日起,对白酒消费税实行最低计税价格核定管理办法。

1. 白酒消费税最低计税价格核定范围

白酒生产企业销售给销售单位的白酒,生产企业消费税计税价格低于销售单位对外销售价格(不含增值税)70%以下的,税务机关应核定消费税最低计税价格。自2015年6月1日起,纳税人将委托加工收回的白酒销售给销售单位,消费税计税价格低于销售单位对外销售价格(不含增值税)70%以下,也应核定消费税最低计税价格。

销售单位,是指销售公司、购销公司以及委托境内其他单位或个人包销本企业生产白酒的商业机构。销售公司、购销公司,是指专门购进并销售白酒生产企业生产的白酒,并与该白酒生产企业存在关联性质。包销,是指销售单位依据协定价格从白酒生产企业购进白酒,同时承担大部分包装材料等成本费用,并负责销售白酒。

白酒生产企业应将各种白酒的消费税计税价格和销售单位销售价格,按照规定的式样及要求,在主管税务机关规定的时限内填报。白酒消费税最低计税价格由白酒生产企业自行申报,税务机关核定。

白酒生产企业申报的销售给销售单位的消费税计税价格低于销售单位对外销售价格70%以下、年销售额1 000万元以上的各种白酒,以及其他需要核定消费税最低计税价格的白酒,消费税最低计税价格由各省、自治区、直辖市和计划单列市税务局核定。

2. 白酒消费税最低计税价格核定标准

(1) 白酒生产企业销售给销售单位的白酒,生产企业消费税计税价格高于销售单位对外销售价格70%(含70%)以上的,税务机关暂不核定消费税最低计税价格。

(2) 白酒生产企业销售给销售单位的白酒,生产企业消费税计税价格低于销售单位对外销售价格70%以下的,消费税最低计税价格由税务机关根据生产规模、白酒品牌、利润水平等情况在销售单位对外销售价格50%~70%范围内自行核定。其中生产规模较大、利润水平较高的企业生产的需要核定消费税最低计税价格的白酒,税务机关核价幅度原则上应选择在销售单位对外销售价格的60%~70%。

核定比例统一确定为60%。纳税人应按下列公式计算白酒消费税计税价格:

$$\text{当月该品牌、规格白酒消费税计税价格} = \text{该品牌、规格白酒销售单位上月平均销售价格} \times \text{核定比例}$$

3. 重新核定

已核定最低计税价格的白酒,销售单位对外销售价格持续上涨或下降时间达到3个月以上、累计上涨或下降幅度在20%(含)以上的白酒,税务机关重新核定最低计税价格。

4. 计税价格的适用

已核定最低计税价格的白酒,生产企业实际销售价格高于消费税最低计税价格的,按实际销售价格申报纳税;实际销售价格低于消费税最低计税价格的,按最低计税价格申报纳税。白酒生产企业未按规定上报销售单位销售价格的,主管税务局应按照销售单位销售价格征收消费税。

(二) 卷烟最低计税价格的核定

自2012年1月1日起,卷烟消费税最低计税价格核定范围为卷烟生产企业在生产环节销售的所有牌号、规格的卷烟。

计税价格由国家税务总局按照卷烟批发环节销售价格扣除卷烟批发环节批发毛利核定并发布。

计税价格的核定公式如下:

$$\text{某牌号、规格卷烟计税价格} = \text{批发环节销售价格} \times (1 - \text{适用批发毛利率})$$

卷烟批发环节销售价格,按照税务机关采集的所有卷烟批发企业在价格采集期内销售的该牌号、规格卷烟的数量、销售额进行加权平均计算。

其计算公式如下:

$$\text{批发环节销售价格} = \frac{\sum \text{该牌号规格卷烟各采集点的销售额}}{\sum \text{该牌号规格卷烟各采集点的销售数量}}$$

未经国家税务总局核定计税价格的新牌号、新规格卷烟,生产企业应按卷烟调拨价格申报纳税。

已经国家税务总局核定计税价格的卷烟,生产企业实际销售价格高于计税价格的,按实际销售价格确定适用税率,计算应纳税款并申报纳税;实际销售价格低于计税价格的,按计税价格确定适用税率,计算应纳税款并申报纳税。

四、特殊规定

(一) 自设非独立核算门市部销售应税消费品的计税规定

纳税人通过自设非独立核算门市部销售的自产应税消费品,应当按照门市部对外销售额或者销售数量征收消费税。

(二) 应税消费品用于换取生产资料和消费资料、投资入股和抵偿债务的计税规定

纳税人用于换取生产资料和消费资料、投资入股和抵偿债务等方面的应税消费品,应当以纳税人同类应税消费品的最高销售价格作为计税依据计算消费税。

(三) 套装产品的计税依据

纳税人将自产的应税消费品与外购或自产的非应税消费品组成套装销售的,以套装产品的销售额为计税依据计算消费税。

(四) 计税价格的核定权限

(1) 卷烟、小汽车的计税价格由国家税务总局核定,送财政部备案。

(2) 其他应税消费品的计税价格由省、自治区和直辖市税务局核定。

(3) 进口的应税消费品的计税价格由海关核定。

第四节 税 率

消费税的税率有两种形式:一种是比例税率;另一种是定额税率。

消费税税率形式的选择

消费税税率形式的选择,主要是根据征税对象的具体情况来确定的,对一些供求基本平衡,价格差异不大,计量单位规范的消费品,选择计税简便的定额税率,如黄酒、啤酒、成品油等。

对一些供求矛盾突出、价格差异较大,计量单位不规范的消费品,选择税价联动的比例税率,如高档化妆品,鞭炮、焰火,贵重首饰及珠宝玉石,摩托车,小汽车等。

一般情况下,对一种消费品只选择一种税率形式,但为了更有效地保全消费税计税依据,对一些应税消费品,如卷烟、白酒,则采用了定额税率和比例税率双重征收形式。

消费税各税目的税率见表3-2。

表3-2 消费税税目税率表

税目	税率		
	生产(进口)环节	批发环节	零售环节
一、烟			
1. 卷烟			
(1) 工业			
① 甲类卷烟	56%加0.003元/支		
② 乙类卷烟	36%加0.003元/支		
(2) 商业批发		11%加0.005元/支	
2. 雪茄烟	36%		
3. 烟丝	30%		
二、酒			
1. 白酒	20%加0.5元/500克(或者500毫升)		
2. 黄酒	240元/吨		
3. 啤酒			
(1) 甲类啤酒	250元/吨		
(2) 乙类啤酒	220元/吨		
4. 其他酒	10%		
三、高档化妆品	15%		
四、贵重首饰及珠宝玉石			

(续表)

税目	税率		
	生产(进口)环节	批发环节	零售环节
1. 金银首饰、铂金首饰和钻石及钻石饰品			5%
2. 其他贵重首饰和珠宝玉石	10%		
五、鞭炮、焰火	15%		
六、成品油			
1. 汽油	1.52元/升		
2. 柴油	1.20元/升		
3. 航空煤油	1.20元/升		
4. 石脑油	1.52元/升		
5. 溶剂油	1.52元/升		
6. 润滑油	1.52元/升		
7. 燃料油	1.20元/升		
七、摩托车			
1. 气缸容量(排气量,下同)为250毫升的	3%		
2. 气缸容量在250毫升以上的	10%		
八、小汽车			
1. 乘用车			
(1) 气缸容量(排气量,下同)在1.0升(含1.0升)以下的	1%		
(2) 气缸容量在1.0升以上至1.5升(含1.5升)的	3%		
(3) 气缸容量在1.5升以上至2.0升(含2.0升)的	5%		
(4) 气缸容量在2.0升以上至2.5升(含2.5升)的	9%		
(5) 气缸容量在2.5升以上至3.0升(含3.0升)的	12%		
(6) 气缸容量在3.0升以上至4.0升(含4.0升)的	25%		
(7) 气缸容量在4.0升以上的	40%		
2. 中轻型商用客车	5%		
3. 超豪华小汽车	按照乘用车和中轻型商用客车的规定征收		10%
九、高尔夫球及球具	10%		
十、高档手表	20%		
十一、游艇	10%		
十二、木制一次性筷子	5%		
十三、实木地板	5%		
十四、电池	4%		
十五、涂料	4%		

附注1：应税消费品名称、税率和计量单位对照表

应税消费品名称、税率和计量单位对照表

应税消费品名称	比例税率	定额税率	计量单位
一、烟			
1. 卷烟			
（1）工业			
① 甲类卷烟［调拨价70元（不含增值税）/条以上（含70元）］	56%	30元/万支	万支
② 乙类卷烟［调拨价70元（不含增值税）/条以下］	36%	30元/万支	
（2）商业批发	11%	50元/万支	
2. 雪茄烟	36%	—	支
3. 烟丝	30%	—	千克
4. 电子烟			
（1）工业	36%	—	盒
（2）商业批发	11%	—	盒
二、酒			
1. 白酒	20%	0.5元/500克（毫升）	500克（毫升）
2. 黄酒	—	240元/吨	吨
3. 啤酒			
（1）甲类啤酒［出厂价格3 000元（不含增值税）/吨以上（含3 000元）］	—	250元/吨	吨
（2）乙类啤酒［出厂价格3 000元（不含增值税）/吨以下］	—	220元/吨	
4. 其他酒	10%	—	吨
三、高档化妆品	15%	—	实际使用计量单位
四、贵重首饰及珠宝玉石			
1. 金银首饰、铂金首饰和钻石及钻石饰品	5%		实际使用计量单位
2. 其他贵重首饰和珠宝玉石	10%		
五、鞭炮、焰火	15%	—	实际使用计量单位
六、成品油			
1. 汽油	—	1.52元/升	升
2. 柴油	—	1.20元/升	
3. 航空煤油	—	1.20元/升	
4. 石脑油	—	1.52元/升	
5. 溶剂油	—	1.52元/升	
6. 润滑油	—	1.52元/升	
7. 燃料油	—	1.20元/升	
七、摩托车			

(续表)

应税消费品名称	比例税率	定额税率	计量单位
1. 气缸容量(排气量,下同)=250毫升	3%	—	辆
2. 气缸容量>250毫升	10%	—	
八、小汽车			
1. 乘用车			
（1）气缸容量(排气量,下同)≤1.0升	1%		辆
（2）1.0升<气缸容量≤1.5升	3%		
（3）1.5升<气缸容量≤2.0升	5%		
（4）2.0升<气缸容量≤2.5升	9%		
（5）2.5升<气缸容量≤3.0升	12%		
（6）3.0升<气缸容量≤4.0升	25%		
（7）气缸容量>4.0升	40%		
2. 中轻型商用客车	5%		
3. 超豪华小汽车	10%		
九、高尔夫球及球具	10%	—	实际使用计量单位
十、高档手表	20%	—	只
十一、游艇	10%	—	艘
十二、木制一次性筷子	5%	—	万双
十三、实木地板	5%	—	平方米
十四、电池	4%	—	只
十五、涂料	4%	—	吨

附注2：计量单位换算标准

1. 汽油 1 吨＝1 388 升
2. 柴油 1 吨＝1 176 升
3. 石脑油 1 吨＝1 385 升
4. 溶剂油 1 吨＝1 282 升
5. 润滑油 1 吨＝1 126 升
6. 燃料油 1 吨＝1 015 升
7. 航空煤油 1 吨＝1 246 升
8. 黄酒 1 吨＝962 升
9. 啤酒 1 吨＝988 升

生产（进口）环节的税率为36%，批发环节的税率为11%。[《财政部　海关总署　税务总局关于对电子烟征收消费税的公告》（财政部　海关总署　税务总局公告2022年第33号,2022年10月2日,自2022年11月1日起执行）]

应税消费品的具体征税范围,由财政部、国家税务总局确定。消费税税目、税率的调整,由国务院决定。

纳税人兼营不同税率应税消费品,应当分别核算不同税率应税消费品的销售额、销售数量;未分别核算销售额、销售数量,或者将不同税率的应税消费品组成成套消费品销售的,从高适用税率。

纳税人兼营不同税率应税消费品,是指纳税人生产销售两种税率以上的应税消费品。

【案例3-1】 智董酒厂既生产税率为20%的粮食白酒,又生产税率为10%的其他酒。

【分析】 对未分别核算的销售额按高税率计税,意在督促企业对不同税率应税消费品的销售额分别核算,准确计算纳税。

该厂应分别核算白酒与其他酒的销售额,然后按各自适用的税率计税。

如不分别核算各自的销售额,其他酒也按

白酒的税率计算纳税。如果该酒厂还生产白酒与其他酒小瓶装礼品套酒，就是税法所指的成套消费品，应将全部销售额按白酒的税率20%计算应纳消费税税额，而不能以其他酒10%的税率计算其中任何一部分的应纳税额了。

第五节 应纳税额的计算

一、计算方法

消费税应纳税额的计算分为从价计征、从量计征和从价从量复合计征3种方法。

（一）从价定率计算方法

在从价定率计算方法下，应纳税额的计算取决于应税消费品的销售额和适用税率两个因素。

其基本计算公式为：

$$应纳税额 = 销售额 \times 比例税率$$

【案例3-2】 2023年5月，智董手表厂生产销售X款手表500只，取得不含税销售收入750万元；生产销售Y款手表800只，取得不含税销售收入240万元；销售手表配件取得不含税销售收入1.5万元。假定该手表厂无其他应销售业务。手表消费税税率为20%。

【分析】 计算该手表厂5月应缴纳的消费税税额：

（1）销售X款手表500只，取得不含税销售收入750万元，每只X款手表销售价格（不含增值税）为15 000元，为应税消费品，生产销售X款手表应计算缴纳消费税。

（2）销售Y款手表800只，取得不含税销售收入240万元，每只Y款手表销售价格（不含增值税）为3 000元，为非应税消费品，生产销售Y款手表不计算缴纳消费税。

（3）手表配件为非应税消费品，生产销售手表配件不计算缴纳消费税。

该手表厂10月应缴纳消费税=750×20%=150（万元）。

电子烟实行从价定率的办法计算纳税。

[《财政部 海关总署 税务总局关于对电子烟征收消费税的公告》（财政部 海关总署 税务总局公告2022年第33号，2022年10月2日，自2022年11月1日起执行）]

（二）从量定额计算方法

在从量定额计算方法下，应纳税额的计算取决于应税消费品的销售数量和单位税额两个因素。

其基本计算公式为：

$$应纳税额 = 销售数量 \times 定额税率$$

【案例3-3】 智董黄酒厂2023年4月销售黄酒500吨，每吨出厂价格2 500元（不含增值税），另收取非重复使用的包装物押金452元/吨。

【分析】 该黄酒厂11月应缴纳消费税=销售数量×定额税率=500×240=120 000（元）。

（三）复合计税计算方法

现行消费税的征税范围中，只有卷烟、白酒采用复合计算方法。

其基本计算公式为：

$$应纳税额 = 销售额 \times 比例税率 + 销售数量 \times 定额税率$$

纳税人发生销货退回的应税消费品已缴纳的消费税税款可以办理退税。在办理退税手续时，纳税人应将开具的红字增值税发票、退税说明等资料报主管税务机关备案。主管税务机关核对无误后办理退税。

【案例3-4】 2023年4月，智董白酒厂销售白酒500吨，当月取得不含增值税销售额7 000万元。

【分析】 计算该厂当月应缴纳的消费税税额。

该酒厂11月应缴纳消费税=500×2 000×

$0.5 \div 10\,000 + 7\,000 \times 20\% = 1\,450(万元)$

二、各环节应纳税额的计算

(一) 生产销售环节

纳税人在生产销售环节应缴纳的消费税，包括直接对外销售应税消费品应缴纳的消费税和自产自用应税消费品应缴纳的消费税。

1. 直接对外销售

直接对外销售应税消费品涉及3种计算方法。

(1) 从价定率计算。

在从价定率计算方法下，应纳消费税额等于销售额乘以适用税率。

基本计算公式为：

应纳税额 = 应税消费品的销售额 × 比例税率

【案例3-5】 智董手表生产企业为增值税一般纳税人。2023年4月8日向欣怡大型商场销售高档手表一批，开具增值税专用发票，取得不含增值税销售额400万元，增值税税额52万元；4月25日向某单位销售高档手表一批，开具普通发票，取得含增值税销售额36.16万元。已知高档手表适用消费税税率20%。

【分析】 计算该手表生产企业上述业务应缴纳的消费税额。

(1) 手表的应税销售额 = $400 + 36.16 \div (1 + 13\%) = 432$(万元)。

(2) 应缴纳的消费税税额 = $432 \times 20\% = 86.4$(万元)。

(2) 从量定额计算。

在从量定额计算方法下，应纳税额等于应税消费品的销售数量乘以单位税额。

基本计算公式为：

应纳税额 = 应税消费品的销售数量 × 定额税率

【案例3-6】 智董啤酒厂2023年4月销售啤酒5 000吨，取得不含增值税销售额1 500万元，增值税税款195万元，另收取包装物押金113万元。计算该啤酒厂应纳消费税税额。

【分析】 每吨啤酒出厂价 = $(1\,500 + 113 \div 1.13) \times 10\,000 \div 5\,000 = 3\,200$(元)，大于3 000元，属于销售甲类啤酒，适用定额税率每吨250元。

应纳消费税税额 = 销售数量 × 定额税率 = $5\,000 \times 250 = 1\,250\,000$(元)

(3) 从价定率和从量定额复合计算。

现行消费税的征税范围中，只有卷烟、白酒采用复合计算方法。

基本计算公式为：

应纳税额 = 应税消费品的销售数量 × 定额税率 + 应税销售额 × 比例税率

【案例3-7】 2023年4月，智董白酒厂销售白酒80吨，当月取得不含增值税销售额1 500万元。

【分析】 计算该厂当月应缴纳的消费税额。

该酒厂5月应缴纳消费税 = $80 \times 2\,000 \times 0.5 \div 10\,000 + 1\,500 \times 20\% = 308$(万元)

2. 自产自用

自产自用，就是纳税人生产应税消费品后，不是用于直接对外销售，而是用于自己连续生产应税消费品或用于其他方面。

1) 用于连续生产应税消费品

纳税人自产自用的应税消费品，用于连续生产应税消费品的，不纳税。

所谓"纳税人自产自用的应税消费品，用于连续生产应税消费品的"，是指作为生产最终应税消费品的直接材料，并构成最终产品实体的应税消费品。

对自产自用的应税消费品，用于连续生产应税消费品的，不再征税，体现了税不重征和计税简便的原则，避免了重复征税。如卷烟厂生产的烟丝，如果直接对外销售，应缴纳消费税。但如果烟丝用于本厂连续生产卷烟，用于连续生产卷烟的烟丝就不缴纳消费税，只对生产销售的卷烟征收消费税。

2) 用于其他方面的应税消费品

纳税人自产自用的应税消费品，除用于连续生产应税消费品外，凡用于其他方面的，于移送使用时纳税。

用于其他方面是指纳税人用于生产非应税消费品、在建工程、管理部门、非生产机构、提供劳务,以及用于馈赠、赞助、集资、广告、样品、职工福利、奖励等方面。所谓"用于生产非应税消费品",是指把自产的应税消费品用于生产《消费税暂行条例》税目、税率(额)表所列 15 类产品以外的产品。

如原油加工厂用生产出的应税消费品汽油调和制成溶剂汽油,该溶剂汽油就属于非应税消费品,加工厂应就该自产自用行为缴纳消费税,但是不用缴纳增值税。所谓"用于在建工程",是指把自产的应税消费品用于本单位的各项建设工程。例如,石化工厂把自己生产的柴油用于本厂基建工程的车辆、设备。所谓"用于管理部门、非生产机构",是指把自己生产的应税消费品用于与本单位有隶属关系的管理部门或非生产机构。例如,汽车制造厂把生产出的小汽车提供给上级主管部门使用。所谓"用于馈赠、赞助、集资、广告、样品、职工福利、奖励",是指把自己生产的应税消费品无偿赠送给他人,或以资金的形式投资于外单位,或作为商品广告、经销样品,或以福利、奖励的形式发给职工。例如,小汽车生产企业把自己生产的小汽车赠送或赞助给小汽车拉力赛赛手使用,兼作商品广告;酒厂把生产的滋补药酒以福利的形式发给职工等。总之,企业自产的应税消费品虽然没有用于销售或连续生产应税消费品,但只要是用于税法所规定范围的都要视同销售,依法缴纳消费税。

从 2009 年 1 月 1 日起,对成品油生产企业在生产成品油过程中,作为燃料、动力及原料消耗掉的自产成品油,免征消费税。对用于其他用途或直接对外销售的成品油照章征收消费税。这里所说的自产自用的应税消费品用于生产非应税消费品,是指把自产的应税消费品用于生产《消费税税目税率表》所列 15 类应税消费品以外的产品。

纳税人把自产应税消费品用于本企业基本建设、专项工程、生活福利设施等其他方面,从形式上看,并没有取得销售收入,但却要视同对外销售,计征消费税。这是因为:企业如以外购的应税消费品用于本企业基本建设、专项工程、

生活福利设施,其外购价款中包含有消费税税金。对用于基本建设、专项工程和生活福利设施的自产应税消费品征税,可以平衡外购应税消费品与自产应税消费品之间的税负,使企业无论使用外购应税消费品,还是使用自产应税消费品进行基本建设等项目,其价款中都含有税金,从而有利于公平税负,并保证财政收入。总之,企业自产的应税消费品虽然没有用于销售,但只要是用于税法所规定的范围都要视同销售,依法缴纳消费税。

3) 组成计税价格及税额的计算

纳税人自产自用的应税消费品,凡用于其他方面的,应当纳税。其计税依据和应纳税额计算具体分以下两种情况。

(1) 有同类消费品销售价格的。

纳税人自产自用的应税消费品用于其他方面,在移送使用时应当纳税的,按照纳税人生产的同类消费品销售价格计算纳税。

同类消费品销售价格,是指纳税人当月销售的同类消费品的销售价格,如果当月同类消费品各期销售价格高低不同,应按销售数量加权平均计算。但销售的应税消费品有下列情况之一的,不得列入加权平均计算:

① 销售价格明显偏低又无正当理由的。

② 无销售价格的。

如果当月无销售或者当月未完结,应按照同类消费品上月或最近月份的销售价格计算纳税。

(2) 没有同类消费品销售价格的。

如果纳税人自产自用的应税消费品,在计算征收消费税时,没有同类消费品销售价格,应按组成计税价格计算纳税。

① 实行从价定率办法计算纳税的计税依据和应纳税额计算公式。

实行从价定率办法计算纳税的计税依据为组成计税价格,组成计税价格的计算公式如下:

$$组成计税价格 = \frac{成本 + 利润}{1 - 比例税率}$$

$$= \frac{成本 \times (1 + 成本利润率)}{1 - 比例税率}$$

应纳税额 = 组成计税价格 × 适用税率

【案例3-8】 智董酒厂将自产的葡萄酒作为年终奖励发给本企业职工,查知无同类产品销售价格,该批葡萄酒的生产成本为75 000元。葡萄酒的成本利润率为5%,消费税适用税率为10%。

【分析】 计算该企业上述业务应缴纳的消费税税额。

组成计税价格 = 75 000 × (1 + 5%) ÷ (1 − 10%) = 87 500(元)

应缴纳消费税额 = 87 500 × 10% = 8 750(元)

② 实行从量定额办法计算纳税的计税依据和应纳税额计算公式:

实行从量定额办法计算纳税的计税依据为自产自用数量,应纳税额的计算公式如下:

应纳税额 = 自产自用数量 × 定额税率

【案例3-9】 智董酒厂将自产的4吨黄酒作为年终奖励发给本企业职工,查知无同类产品销售价格,该批白酒的生产成本为120 000元。黄酒消费税定额税率为240元/吨。

【分析】 计算该企业上述业务应缴纳的消费税税额。

应缴纳消费税税额 = 4 × 240 = 960(元)

③ 实行复合计税办法计算纳税的计税依据和应纳税额计算公式:

实行复合计税办法计算纳税的计税依据分别为组成计税价格和自产自用数量,组成计税价格的计算公式如下:

$$组成计税价格 = \frac{成本 + 利润 + 自产自用数量 × 定额税率}{1 − 比例税率}$$

应纳税额 = 组成计税价格 × 比例税率 + 自产自用数量 × 定额税率

上述公式中的"成本"是指应税消费品的生产成本;"利润"是指根据应税消费品的全国平均成本利润率计算的利润。应税消费品的全国平均成本利润率由国家税务总局确定,见表3-3。

表3-3 应税消费品全国平均成本利润率表

序号	应税消费品	利润率	序号	应税消费品	利润率	序号	应税消费品	利润率
1	甲类卷烟	10%	8	高档化妆品	5%	15	高档手表	20%
2	乙类卷烟	5%	9	鞭炮、焰火	5%	16	游艇	10%
3	雪茄烟	5%	10	贵重首饰及珠宝玉石	6%	17	木制一次性筷子	5%
4	烟丝	5%	11	摩托车	6%	18	实木地板	5%
5	粮食白酒	10%	12	乘用车	8%	19	电池	4%
6	薯类白酒	5%	13	中轻型商用客车	5%	20	涂料	7%
7	其他酒	5%	14	高尔夫球及球具	10%	21	电子烟	10%

【案例3-10】 智董酒厂将自产的500斤薯类白酒作为年终奖励发给本企业职工,查知无同类产品销售价格,该批白酒的生产成本为25 000元。薯类白酒的成本利润率为5%,白酒消费税适用比例税率为20%,定额税率为0.5元/斤。

【分析】 计算该企业上述业务应缴纳的消费税税额。

组成计税价格 = [25 000 × (1 + 5%) + 0.5 × 500] ÷ (1 − 20%) = 33 125(元)

应缴纳消费税税额 = 33 125 × 20% + 0.5 × 500 = 6 875(元)

(二)委托加工环节

企业、单位或个人由于设备、技术、人力等方面的局限或其他方面的原因,常常要委托其他单位代为加工应税消费品,然后,将加工好的应税消费品收回,直接销售或自己使用。这是生产应税消费品的另一种形式,也需要纳入征收消费税的范围。

例如,智董公司将购来的小客车底盘和零部件提供给某汽车改装厂,加工组装成小客车供自己使用,则加工、组装成的小客车就需要缴纳消费税。按照规定，委托加工的应税消费品，由受托方（受托方是个人的除外，下同）在向委托方交货时代收代缴税款。

1. 委托加工应税消费品的确定

委托加工的应税消费品，是指由委托方提供原料和主要材料，受托方只收取加工费和代垫部分辅助材料加工的应税消费品。对于由受托方提供原材料生产的应税消费品，或者受托方先将原材料卖给委托方，然后再接受加工的应税消费品，以及由受托方以委托方名义购进原材料生产的应税消费品，不论纳税人在财务上是否作销售处理，都不得作为委托加工应税消费品，而应当按照销售自制应税消费品缴纳消费税。这种处理办法体现了税收管理的源泉控制原则，避免了应缴税款的流失。

2. 代收代缴税款的规定

委托加工应税消费品，委托方为消费税纳税人，受托方是代收代缴义务人。委托加工的应税消费品，除受托方为个人外，由受托方在向委托方交货时代收代缴消费税。纳税人委托个人（含个体工商户）加工应税消费品，于委托方收回后在委托方所在地缴纳消费税。如果受托方没有按有关规定代收代缴消费税，则由委托方补缴消费税税款，委托方补缴税款的计税依据是：如果收回的应税消费品已直接销售，按销售额计税补征；如果收回的应税消费品尚未销售或用于连续生产等，按组成计税价格计税补征。计税价格的计算公式与委托加工应税消费品的组成计税价格公式相同。

委托加工的应税消费品，受托方在交货时已代收代缴消费税，委托方收回后直接销售的，不再征收消费税。委托加工的应税消费品直接出售，是指委托方收回的应税消费品，以不高于受托方的计税价格出售。自2012年9月1日起，委托方以高于受托方的计税价格出售的，不属于直接出售，需按照规定申报缴纳消费税，在计税时准予扣除受托方已代收代缴的消费税。

对既有自产卷烟，同时又委托联营企业加工与自产卷烟牌号、规格相同卷烟的工业企业（以下简称回购企业），从联营企业购进后再直接销售的卷烟，对外销售时不论是否加价，凡是符合下述条件的，不再征收消费税；不符合下述条件的，则征收消费税。

（1）回购企业在委托联营企业加工卷烟时，除提供给联营企业所需加工卷烟牌号外，还须同时提供税务机关已公示的消费税计税价格。

（2）联营企业必须按照已公示的调拨价格申报缴纳消费税。

（3）回购企业将联营企业加工卷烟回购后再销售的卷烟，其销售收入应与自产卷烟的销售收入分开核算，以备税务机关检查；如不分开核算，则一并计入自产卷烟销售收入征收消费税。[《国家税务总局关于卷烟生产企业购进卷烟直接销售不再征收消费税的批复》（国税函〔2001〕955号）]

3. 组成计税价格及应纳税额的计算

委托加工的应税消费品的计税依据分以下两种情况。

（1）受托方有同类消费品销售价格的。

受托方有同类消费品销售价格的，按照受托方的同类消费品的销售价格计算纳税。同类消费品的销售价格，是指受托方（代收代缴义务人）当月销售的同类消费品的销售价格，如果当月同类消费品各期销售价格高低不同，应按销售数量加权平均计算。但销售的应税消费品有下列情况之一的，不得列入加权平均计算：

① 销售价格明显偏低并无正当理由的。

② 无销售价格的。

如果当月无销售或者当月未完结，应按照同类消费品上月或者最近月份的销售价格计算纳税。

应代收代缴税额的计算公式有以下两种。

从价定率计税办法的计算公式：

应代收代缴税额 ＝ 同类消费品销售额 × 比例税率

复合计税办法的计算公式：

应代收代缴税额 ＝ 同类消费品销售额 × 比例税率 ＋ 委托加工数量 × 定额税率

（2）受托方没有同类消费品销售价格的。

受托方没有同类消费品销售价格的，按组

成计税价格计税。

计算公式为：从价定率计税办法计算纳税的组成计税价格及应纳税额计算公式：

$$组成计税价格 = (材料成本 + 加工费) \div (1 - 比例税率)$$
$$应代收代缴税额 = 组成计税价格 \times 比例税率$$

复合计税办法计算纳税的组成计税价格及应纳税额计算公式：

$$组成计税价格 = \left(材料成本 + 加工费 + 委托加工数量 \times 定额税率\right) \div (1 - 比例税率)$$

$$应代收代缴税额 = 组成计税价格 \times 比例税率 + 委托加工数量 \times 定额税率$$

材料成本，是指委托方所提供加工材料的实际成本。委托加工应税消费品的纳税人，必须在委托加工合同上如实注明（或以其他方式提供）材料成本，凡未提供材料成本的，受托方主管税务机关有权核定其材料成本。

加工费，是指受托方加工应税消费品向委托方所收取的全部费用，包括代垫辅助材料的实际成本。

【案例3-11】 智董公司委托贵琛公司加工一批应税消费品，智董公司为贵琛公司提供原材料，实际成本为5 000元，支付给贵琛公司不含增值税的加工费1 300元，其中包括贵琛公司代垫的辅助材料300元。已知适用消费税税率为10%，且实行从价定率办法计征。受托方无同类消费品销售价格。

【分析】 计算贵琛公司代收代缴应税消费品的消费税税款。

组成计税价格 = （材料成本 + 加工费）÷（1 - 比例税率）=（5 000 + 1 300）÷（1 - 10%）= 7 000（元）

代收代缴消费税税款 = 7 000 × 10% = 700（元）

（三）批发环节

为了适当增加财政收入，完善烟产品消费税制度，自2009年5月1日起，在卷烟批发环节加征一道从价税。

卷烟消费税在生产和批发两个环节征收后，批发企业在计算纳税时不得扣除已含的生产环节的消费税税款。

（四）零售环节

1. 金银首饰零售环节征收消费税

金银首饰消费税由生产销售环节征收改为零售环节征收。[《财政部 国家税务总局关于调整金银首饰消费税纳税环节有关问题的通知》（财税字〔1994〕95号）]

2. 超豪华小汽车零售环节消费税

为了引导合理消费，促进节能减排，自2016年12月1日起，在生产（进口）环节按现行税率征收消费税的基础上，超豪华小汽车在零售环节加征一道消费税。

三、已纳消费税扣除的计算

由于某些应税消费品是用外购已缴纳消费税的应税消费品连续生产出来的，为了避免重复征税，现行消费税政策规定，对外购、进口应税消费品和委托加工收回的应税消费品连续生产应税消费品销售的，计算征收消费税时，应按当期生产领用数量计算准予扣除的应税消费品已纳的消费税税款。

（一）外购应税消费品已纳税款的扣除

1. 外购应税消费品已纳税款扣除范围

扣除范围包括：

（1）外购已税烟丝生产的卷烟。

（2）外购已税高档化妆品生产的高档化妆品。

（3）外购已税珠宝玉石生产的贵重首饰及珠宝玉石。

（4）外购已税鞭炮、焰火生产的鞭炮、焰火。

（5）外购已税汽油、柴油、石脑油、燃料油、润滑油为原料生产的应税成品油。

（6）外购已税杆头、杆身和握把为原料生产的高尔夫球杆。

（7）外购已税木制一次性筷子为原料生产的木制一次性筷子。

（8）外购已税实木地板为原料生产的实木地板。

（9）外购葡萄酒连续生产应税葡萄酒。

纳税人从葡萄酒生产企业购进、进口葡萄酒连续生产应税葡萄酒的，准予从葡萄酒消费税应纳税额中扣除所耗用应税葡萄酒已纳消费税税款。如本期消费税应纳税额不足抵扣的，余额留待下期抵扣。

葡萄酒生产企业之间销售葡萄酒，开具增值税专用发票时，须将应税葡萄酒销售行为单独开具增值税专用发票。

纳税人以进口、外购葡萄酒连续生产应税葡萄酒，分别依据《海关进口消费税专用缴款书》、增值税专用发票，按照现行政策规定计算扣除应税葡萄酒已纳消费税税款。

(10) 啤酒生产集团内部企业间用啤酒液连续灌装生产的啤酒。

啤酒生产集团内部企业间调拨销售的啤酒液，应由啤酒液生产企业按现行规定申报缴纳消费税。

购入方企业应依据取得的销售方销售啤酒液所开具的增值税专用发票上记载的销售数量、销售额、销售单价确认销售方啤酒液适用的消费税单位税额，单独建立外购啤酒液购入使用台账，计算外购啤酒液已纳消费税额。

购入方使用啤酒液连续灌装生产并对外销售的啤酒，应依据其销售价格确定适用单位税额计算缴纳消费税，但其外购啤酒液已纳的消费税额，可以从其当期应纳消费税额中抵减。

2. 准予扣除的已纳税款的计算方法

(1) 实行从价定率办法计算已纳税额的。

$$当期准予扣除的外购应税消费品已纳税款 = 当期准予扣除的外购应税消费品买价 \times 外购应税消费品适用税率$$

$$当期准予扣除的外购应税消费品买价 = 期初库存的外购应税消费品买价 + 当期购进的外购应税消费品买价 - 期末库存的外购应税消费品买价$$

外购应税消费品买价为纳税人取得的规定的发票（含销货清单）注明的应税消费品的销售额（不包括增值税税款）。

需要指出的是，纳税人用外购的已税珠宝玉石生产的，改在零售环节征收消费税的金银首饰（镶嵌首饰）钻石首饰，在计税时，一律不得扣除外购珠宝玉石的已纳税款。

(2) 实行从量定额办法计算已纳税额的。

$$当期准予扣除的外购应税消费品已纳税款 = 当期准予扣除的外购应税消费品数量 \times 外购应税消费品单位税额$$

$$当期准予扣除的外购应税消费品数量 = 期初库存的外购应税消费品数量 + 当期购进的外购应税消费品数量 - 期末库存的外购应税消费品数量$$

外购应税消费品数量为规定的发票（含销货清单）注明的应税消费品的销售数量。

(3) 外购应税消费品后销售已纳税款的扣除。

对既有自产应税消费品，同时又购进与自产应税消费品同样的应税消费品进行销售的工业企业，对其销售的外购应税消费品应当征收消费税，同时可以扣除外购应税消费品的已纳税款。

上述允许扣除已纳税款的外购应税消费品仅限于烟丝，高档化妆品，珠宝玉石，鞭炮、焰火和摩托车。

对自己不生产应税消费品，而只是购进后再销售应税消费品的工业企业，其销售的高档化妆品，鞭炮、焰火和珠宝玉石，凡不能构成最终消费品直接进入消费品市场，而需进一步生产加工的（如需进行深加工、包装、贴标、组合的珠宝玉石，高档化妆品，鞭炮、焰火等），应当征收消费税，同时允许扣除上述外购应税消费品的已纳税款。

允许扣除已纳税款的应税消费品包括从工业企业购进的应税消费品和商业企业购进的应税消费品。

（二）委托加工收回的应税消费品已纳税款的扣除

纳税人用委托加工收回的下列应税消费品连续生产应税消费品，在计征消费税时可以扣除委托加工收回应税消费品的已纳消费税税款：

(1) 以委托加工收回的已税烟丝为原料生产的卷烟。

(2) 以委托加工收回的已税高档化妆品为原料生产的高档化妆品。

(3) 以委托加工收回的已税珠宝玉石为原料生产的贵重首饰及珠宝玉石。

(4) 以委托加工收回的已税鞭炮、焰火为原料生产的鞭炮、焰火。

（5）以委托加工收回的已税汽油、柴油、石脑油、燃料油、润滑油为原料生产的应税成品油。

（6）以委托加工收回的已税杆头、杆身和握把为原料生产的高尔夫球杆。

（7）以委托加工收回的已税木制一次性筷子为原料生产的木制一次性筷子。

（8）以委托加工收回的已税实木地板为原料生产的实木地板。

上述8种委托加工收回的应税消费品连续生产的应税消费品，准予从应纳消费税税额中按当期生产领用数量计算扣除其已纳消费税税款。计算公式如下：

当期准予扣除的委托加工应税消费品已纳税款 ＝ 期初库存的委托加工应税消费品已纳税款 ＋ 当期收回的委托加工应税消费品已纳税款 － 期末库存的委托加工应税消费品已纳税款

纳税人以外购、进口、委托加工收回的应税消费品（以下简称外购应税消费品）为原料连续生产应税消费品，准予按现行政策规定抵扣外购应税消费品已纳消费税税款。经主管税务机关核实上述外购应税消费品未缴纳消费税的，纳税人应将已抵扣的消费税税款，从核实当月允许抵扣的消费税中冲减。

注：纳税人用委托加工收回的已税珠宝玉石生产的改在零售环节征收消费税的金银、钻石首饰，在计税时一律不得扣除委托加工收回的珠宝玉石已纳的消费税税款。

纳税人销售的应税消费品，因质量等原因发生退货的，其已缴纳的消费税税款可予以退还。纳税人办理退税手续时，应将开具的红字增值税发票、退税证明等资料报主管税务机关备案。主管税务机关核对无误后办理退税。

纳税人直接出口的应税消费品办理免税后，发生退关或者国外退货，复进口时已予以免税的，可暂不办理补税，待其转为国内销售的当月申报缴纳消费税。

延伸解读

关于应税产品中原料已纳消费税的扣除问题

根据现行消费税政策规定，部分应税消费品在计税时可扣除其原料已纳的消费税税款。对按照《国家税务总局关于消费税有关政策问题的公告》（国家税务总局公告2012年第47号）视同石脑油、燃料油缴纳消费税的产品以及该公告第三条第（二）项规定的产品，也可享受这一政策。一方面，纳税人生产上述产品时，其原料已纳消费税税款可按规定扣除；另一方面，纳税人以上述产品为原料生产加工其他应税消费品时，上述产品已纳消费税税款也可按规定扣除。同时，由于对一些按《国家税务总局关于消费税有关政策问题的公告》（国家税务总局公告2012年第47号）应征消费税产品，目前还实行其原料已纳消费税的退税政策，为避免退税与扣除政策交叉重叠，《国家税务总局关于消费税有关政策问题的公告》（国家税务总局公告2012年第47号）规定这类可享受退税的产品，不再适用其原料已纳消费税的扣除政策。

此外，为使上述扣除政策更好地落实到位，《国家税务总局关于消费税有关政策补充规定的公告》（国家税务总局公告2013年第50号）规定，纳税人生产、销售或受托加工视同石脑油、燃料油缴纳消费税的产品，其向购货方或委托方开具的增值税专用发票品名后应注明"视同石脑油（或燃料油）"或"视同石脑油（或燃料油）加工"。购货方或委托方以该产品为原料生产应税消费品，可据此按规定办理原料已纳消费税税款的申报扣除手续。

第六节　相关专题

一、金银首饰零售环节征收消费税的规定

金银首饰消费税由生产销售环节征收改为零售环节征收。[《财政部　国家税务总局关于调整金银首饰消费税纳税环节有关问题的通知》（财税字〔1994〕95号）]

(一)纳税义务人

在中华人民共和国境内从事金银首饰零售业务的单位和个人,为金银首饰消费税的纳税义务人。委托加工(除另有规定外)委托代销金银首饰的,受托方是纳税人。

(二)改为零售环节征收消费税的金银首饰范围

改为零售环节征收消费税的金银首饰范围仅限于:金、银和金基、银基合金首饰,以及金、银和金基、银基合金的镶嵌首饰。从2002年1月1日起,钻石及钻石饰品消费税改为零售环节征税。从2003年5月1日起,铂金首饰消费税改为零售环节征税。[《财政部 国家税务总局关于调整金银首饰消费税纳税环节有关问题的通知》(财税字〔1994〕95号)]

既销售金银首饰,又销售非金银首饰的生产经营单位,应将两类商品划分清楚,分别核算销售额。凡划分不清楚或不能分别核算的,在生产环节销售的,一律从高适用税率征收消费税;在零售环节销售的,一律按金银首饰征收消费税。金银首饰与其他产品组成成套消费品销售的,应按销售额全额征收消费税。

(三)税率

金银首饰消费税税率为5%。

(四)计税依据

(1)纳税人销售金银首饰,其计税依据为不含增值税的销售额。

如果纳税人销售金银首饰的销售额中未扣除增值税税额,在计算消费税时,应按以下公式换算为不含增值税税额的销售额:

$$金银首饰的销售额 = \frac{含增值税的销售额}{1+增值税税率或征收率}$$

(2)金银首饰连同包装物销售的,无论包装物是否单独计价,也无论会计上如何核算,均应并入金银首饰的销售额,计征消费税。

(3)对既销售金银首饰,又销售非金银首饰的生产、经营单位,应将两类商品划分清楚,分别核算销售额。凡划分不清楚或不能分别核算的,在生产环节销售的,一律从高适用税率征收消费税;在零售环节销售的,一律按金银首饰征收消费税。

(4)金银首饰与其他产品组成成套消费品销售的,应按销售额全额征收消费税。

(5)生产、批发、零售单位用于馈赠、赞助、集资、广告、样品、职工福利、奖励等方面的金银首饰,应按纳税人销售同类金银首饰的销售价格确定计税依据征收消费税;没有同类金银首饰销售价格的,按照组成计税价格计算纳税。计算公式为:

$$组成计税价格 = \frac{购进原价 \times (1+利润率)}{1-金银首饰消费税税率}$$

纳税人为生产企业时,公式中的"购进原价"为生产成本,"利润率"一律定为6%。

(6)纳税人采用以旧换新(含翻新改制)方式销售的金银首饰,应按实际收取的不含增值税的全部价款确定计税依据征收消费税。

(7)带料加工的金银首饰,应按受托方销售同类金银首饰的销售价格确定计税依据征收消费税。

没有同类金银首饰销售价格,按照组成计税价格计算纳税。计算公式为:

$$组成计税价格 = \frac{材料成本+加工费}{1-金银首饰消费税税率}$$

(8)金银首饰消费税改变纳税环节后,用已税珠宝玉石生产的镶嵌首饰,在计税时一律不得扣除已纳的消费税税款。

(五)申报与缴纳

1. 纳税环节

纳税人销售(指零售)的金银首饰(含以旧换新),于销售时纳税;用于馈赠、赞助、集资、广告、样品、职工福利、奖励等方面的金银首饰,于移送时纳税;带料加工、翻新改制的金银首饰,于受托方交货时纳税。

金银首饰消费税改变征税环节后,经营单位进口金银首饰的消费税,由进口环节征收改为在零售环节征收;出口金银首饰由出口退税改为出口不退消费税。

个人携带、邮寄金银首饰进境,仍按海关现行规定征税。

2. 纳税义务发生时间

（1）纳税人销售金银首饰，其纳税义务发生时间为收讫销货款或取得索取销货凭证的当天。

（2）用于馈赠、赞助、集资、广告、样品、职工福利、奖励等方面的金银首饰，其纳税义务发生时间为移送的当天。

（3）带料加工、翻新改制的金银首饰，其纳税义务发生时间为受托方交货的当天。

3. 纳税地点

纳税人应向其核算地主管税务局申报纳税。

【案例 3-12】 智董金店（增值税一般纳税人）2023 年 4 月发生如下业务：

业务一：1 日至 24 日，零售纯金首饰取得含税销售额 1 130 000 元，零售玉石首饰取得含税销售额 2 260 000 元。

业务二：25 日，采取以旧换新方式零售 A 款纯金首饰，实际收取价款 565 000 元，同款新纯金首饰零售价为 791 000 元。

业务三：27 日，接受消费者委托加工 B 款金项链 20 条，收取含税加工费 5 876 元，无同类金项链销售价格。委托方提供的黄金原材料成本为 30 000 元，当月加工完成并交付委托人。

业务四：30 日，将新设计的 C 款金项链发放给优秀员工作为奖励。该批金项链耗用黄金 800 克，不含税购进价格为 300 元/克，无同类首饰售价。

已知：贵重首饰及珠宝玉石成本利润为 6%，金银首饰消费税税率为 5%，其他贵重首饰和珠宝玉石消费税税率为 10%。

【分析】 1. 业务一应纳消费税

第一步：判断征税范围与纳税环节。

纯金首饰、玉石首饰均属于消费税征税范围，纯金首饰应当在零售环节征税，而玉石首饰在零售环节不征收消费税。

第二步：确定计税依据。

应税消费品以含消费税而不含增值税的销售额作为计税依据。

计税依据 = 1 130 000 ÷ (1 + 13%) = 1 000 000（元）

第三步：计算应纳税额。

业务一应纳消费税 = 销售额 × 比例税率 = 1 000 000 × 5% = 50 000（元）

2. 业务二应纳消费税

第一步：判断征税范围与纳税环节。

本例中，以旧换新的纯金首饰应当在零售环节征收消费税。

第二步：确定计税依据。

纳税人采取以旧换新方式销售的金银首饰，应按实际收取的不含增值税的全部价款确定计税依据征收消费税。

计税依据 = 565 000 ÷ (1 + 13%) = 500 000（元）

第三步：计算应纳税额。

业务二应纳消费税 = 销售额 × 比例税率 = 500 000 × 5% = 25 000（元）

3. 业务三应纳消费税

第一步：判断征税范围与纳税环节。

接受委托加工应税消费品，应当代收代缴消费税。

第二步：确定计税依据。

委托加工应税消费品，受托方没有同类消费品销售价格的，按组成计税价格计税。

组成计税价格 = （材料成本 + 加工费）÷ (1 - 消费税税率) = (30 000 + 5 876 ÷ 1.13) ÷ (1 - 5%) = 37 052.63（元）

第三步：计算应纳税额。

业务三应纳消费税 = 组成计税价格 × 比例税率 = 37 052.63 × 5% = 1 852.63（元）

4. 业务四应纳消费税

第一步：判断征税范围与纳税环节。

纳税人自产应税消费品用于奖励员工，应当视同对外销售，缴纳消费税。

第二步：确定计税依据。

自产自用应税消费品，纳税人没有同类消费品销售价格的，按组成计税价格计税。

组成计税价格 = 成本 × (1 + 成本利润率) ÷ (1 - 消费税比例税率) = 800 × 300 × (1 + 6%) ÷ (1 - 5%) = 267 789.47（元）

第三步：计算应纳税额。

业务四应纳消费税 = 组成计税价格 × 比例

税率＝267 789.47×5％＝13 389.47(元)

二、超豪华小汽车零售环节征收消费税的规定

自2016年12月1日起,对超豪华小汽车在生产(进口)环节按现行税率征收消费税基础上,在零售环节加征消费税。

(一)纳税人

将超豪华小汽车销售给消费者的单位和个人为超豪华小汽车零售环节纳税人。

(二)征收范围

每辆零售价格130万元(不含增值税)及以上的乘用车和中轻型商用客车,即乘用车和中轻型商用客车中的超豪华小汽车。

(三)税率

税率为10％。

(四)应纳税额的计算

超豪华小汽车零售环节消费税应纳税额计算公式:

$$应纳税额 = \frac{零售环节销售额}{(不含增值税)} \times 零售环节税率$$

国内汽车生产企业直接销售给消费者的超豪华小汽车,消费税税率按照生产环节税率和零售环节税率加总计算。

消费税应纳税额计算公式:

$$应纳税额 = 销售额 \times (生产环节税率 + 零售环节税率)$$

【案例3-13】 智董汽车厂为增值税一般纳税人,2023年4月向4S店销售自产超豪华小汽车,取得不含增值税销售额5 000万元;向消费者销售自产超豪华小汽车,取得含增值税销售额904万元。超豪华小汽车生产环节消费税税率为40％,零售环节消费税税率为10％。

【分析】 计算该汽车厂本月应缴纳的消费税税额。

(1)汽车生产企业向4S店销售自产超豪华小汽车按照40％的税率缴纳消费税。

(2)汽车生产企业直接销售给消费者的超豪华小汽车,消费税税率按照生产环节税率和零售环节税率加总计算。

(3)该汽车厂本月应缴纳消费税＝5 000×40％＋904÷(1＋13％)×(40％＋10％)＝2 400(万元)。

三、卷烟批发环节征收消费税的规定

自2009年5月1日起,在卷烟批发环节加征一道从价税。自2015年5月10日起,卷烟批发环节消费税税率又作调整。

(一)纳税义务人

在中华人民共和国境内从事卷烟批发业务的单位和个人。

纳税人销售给纳税人以外的单位和个人的卷烟于销售时纳税。纳税人之间销售的卷烟不缴纳消费税。

(二)征收范围

纳税人批发销售的所有牌号规格的卷烟。

(三)计税依据

纳税人批发卷烟的销售额(不含增值税)和销售数量。

纳税人应将卷烟销售额与其他商品销售额分开核算,未分开核算的,一并征收消费税。

纳税人兼营卷烟批发和零售业务的,应当分别核算批发和零售环节的销售额、销售数量;

未分别核算批发和零售环节销售额、销售数量的,按照全部销售额、销售数量计征批发环节消费税。

(四)适用税率

从价税率为11％,从量税率为0.005元/支。

(五)纳税义务发生时间

纳税人收讫销售款或者取得索取销售款凭据的当天。

(六)纳税地点

卷烟批发企业的机构所在地,总机构与分支机构不在同一地区的,由总机构申报纳税。

(七)不得扣除已含的生产环节的消费税税款

卷烟消费税在生产和批发两个环节征收后,批发企业在计算纳税时不得扣除已含的生产环节的消费税税款。

第七节　纳税义务发生时间

消费税纳税义务发生的时间,以货款结算方式或行为发生时间分别确定。

1. 纳税人销售的应税消费品

其纳税义务的发生时间为:

(1) 纳税人采取赊销和分期收款结算方式的为书面合同约定的收款日期的当天,书面合同没有约定收款日期或者无书面合同的,为发出应税消费品的当天。

(2) 纳税人采取预收货款结算方式的为发出应税消费品的当天。

(3) 纳税人采取托收承付和委托银行收款方式销售的应税消费品为发出应税消费品并办妥托收手续的当天。

(4) 纳税人采取其他结算方式的为收讫销售款或者取得索取销售款凭据的当天。

2. 纳税人自产自用的应税消费品

其纳税义务的发生时间,为移送使用的当天。

3. 纳税人委托加工的应税消费品

其纳税义务的发生时间,为纳税人提货的当天。

4. 纳税人进口的应税消费品

其纳税义务的发生时间,为报关进口的当天。

第八节　纳税期限

消费税的纳税期限分别为1日、3日、5日、10日、15日、1个月或者1个季度。纳税人的具体纳税期限,由主管税务机关根据纳税人应纳税额的大小分别核定。不能按照固定期限纳税的,可以按次纳税。

纳税人以1个月或以1个季度为1个纳税期的,自期满之日起15日内申报纳税;以1日、3日、5日、10日或者15日为1个纳税期的,自期满之日起5日内预缴税款,于次月1日起至15日内申报纳税并结清上月应纳税款。

纳税人进口应税消费品,应当自海关填发海关进口消费税专用缴款书之日起15日内缴纳税款。

第九节　纳税地点

(1) 纳税人销售的应税消费品及自产自用的应税消费品,除国家另有规定外,应当向纳税人机构所在地或者居住地的主管税务机关申报纳税。

纳税人的总机构与分支机构不在同一县(市)的,应当分别向各自机构所在地的主管税务机关申报纳税;经财政部、国家税务总局或者其授权的财政、税务机关批准,可以由总机构汇总向总机构所在地的主管税务机关申报纳税。

(2) 纳税人到外县(市)销售或委托外县(市)代销自产应税消费品的,于应税消费品销售后,向机构所在地或者居住地主管税务机关申报纳税。

（3）委托加工的应税消费品，除受托方为个人外，由受托方向机构所在地或者居住地的主管税务机关解缴消费税税款。委托个人加工的应税消费品，由委托方向其机构所在地或者居住地主管税务机关申报纳税。

（4）进口的应税消费品，由进口人或由其代理人向报关地海关申报纳税。此外，个人携带或者邮寄进境的应税消费品的消费税，连同关税由海关一并计征。

第四章 车辆购置税

第一节 纳税人

在中华人民共和国境内购置汽车、有轨电车、汽车挂车、排气量超过150毫升的摩托车（以下统称应税车辆）的单位和个人，为车辆购置税的纳税人。

所称购置是指以购买、进口、自产、受赠、获奖或者其他方式取得并自用应税车辆的行为。

车辆购置税相关知识

1. 法律规范

车辆购置税于2001年1月1日开始在我国实施，是一个新的税种，是在原交通部门收取的车辆购置附加费的基础上，通过"费改税"方式演变而来的。现行车辆购置税法的基本规范，是2018年12月29日第十三届全国人民代表大会常务委员会第七次会议通过，并于2019年7月1日起施行的《中华人民共和国车辆购置税法》（以下简称《车辆购置税法》）。

2. 一次性征收制度

车辆购置税实行一次性征收。购置已征车辆购置税的车辆，不再征收车辆购置税。

3. 纳税环节

车辆购置税是对应税车辆的购置行为课征，征税环节选择在车辆的最终消费环节。具体而言，纳税人应当在向公安机关交通管理部门办理车辆注册登记前，缴纳车辆购置税。公安机关交通管理部门办理车辆注册登记，应当根据税务机关提供的应税车辆完税或者免税电子信息对纳税人申请登记的车辆信息进行核对，核对无误后依法办理车辆注册登记。

4. 征收机关

车辆购置税由税务机关负责征收。

5. 应税车辆信息共享和工作配合机制

税务机关和公安、商务、海关、工业和信息化等部门应当建立应税车辆信息共享和工作配合机制，及时交换应税车辆和纳税信息资料。

要求纳税人提供的资料，税务机关能够通过政府信息共享等手段获取相关资料信息的，纳税人不再提交。

税务机关应当在税款足额入库或者办理免税手续后，将应税车辆完税或者免税电子信息，及时传送给公安机关交通管理部门。税款足额入库包括以下情形：纳税人到银行缴纳车辆购置税税款（转账或者现金），由银行将税款缴入国库的，国库已传回《税收缴款书（银行经收专用）》联次；纳税人通过横向联网电子缴税系统等电子方式缴纳税款的，税款划缴已成功；纳税人在办税服务厅以现金方式缴纳税款的，主管税务机关已收取税款。

纳税人名称、车辆厂牌型号、发动机号、车辆识别代号（车架号）、证件号码等应税车辆完税或者免税电子信息与原申报资料不一致的，纳税人可以到税务机关办理完税或者免税电子信息更正，但是不包括以下情形：

①车辆识别代号（车架号）和发动机号同时与原申报资料不一致。

②完税或者免税信息更正影响到车辆购置税税款。

③纳税人名称和证件号码同时与原申报资料不一致。

税务机关核实后，办理更正手续，重新生成应税车辆完税或者免税电子信息，并且及时传送给公安机关交通管理部门。

6. 征管资料

（1）征税车辆。

纳税人身份证明、车辆价格证明、车辆合格证明和《车辆购置税纳税申报表》。

（2）免税车辆。

纳税人身份证明、车辆价格证明、车辆合格证明、纳税申报表、《车辆购置税免（减）税申报表》和车辆免（减）税证明资料。

（3）免税重新申报车辆。

① 发生二手车交易行为的：纳税人身份证明、《二手车销售统一发票》、纳税申报表和完税证明正本。

② 未发生二手车交易行为的：纳税人身份证明、纳税申报表、完税证明正本和其他相关材料。

（4）补税车辆。

车主身份证明、车辆价格证明、纳税申报表和补税相关材料。

（5）完税证明补办车辆。

① 车辆登记注册前完税证明发生损毁丢失的：纳税人（车主）身份证明、车辆购置税完税凭证、车辆合格证明和《车辆购置税完税证明补办表》。

② 车辆登记注册后完税证明发生损毁丢失的：纳税人（车主）身份证明、《机动车行驶证》和补办表。同时，税务机关应当留存新完税证明副本。

（6）完税证明更正车辆。

完税证明正、副本和完税证明更正相关材料。

所称纳税人身份证明是指：单位纳税人为《统一社会信用代码证书》，或者营业执照或者其他有效机构证明；个人纳税人为居民身份证，或者居民户口簿或者入境的身份证件。

延伸解读

应用车辆购置税电子完税信息办理车辆注册登记业务

（1）自2019年6月1日起，纳税人在全国范围内办理车辆购置税纳税业务时，税务机关不再打印和发放纸质车辆购置税完税证明。纳税人办理完成车辆购置税纳税业务后，在公安机关交通管理部门办理车辆注册登记时，不需向公安机关交通管理部门提交纸质车辆购置税完税证明。

纳税人办理完成车辆购置税纳税业务（免税业务除外）的具体情形如下：纳税人到银行办理车辆购置税税款缴纳（转账或者现金）由银行将税款缴入国库的，国库已传回《税收缴款书（银行经收专用）》联次；纳税人通过横向联网电子缴税系统等电子方式缴纳税款的，税款划缴已成功；纳税人在办税服务厅以现金方式缴纳税款的，主管税务机关已收取税款。

（2）纳税人申请注册登记的车辆识别代号信息与完税或者免税电子信息不符的，公安机关交通管理部门不予办理车辆注册登记。

（3）自2019年7月1日起，纳税人在全国范围内办理车辆购置税补税、完税证明换证或者更正等业务时，税务机关不再出具纸质车辆购置税完税证明。

（4）纳税人如需纸质车辆购置税完税证明，可向主管税务机关提出，由主管税务机关打印《车辆购置税完税证明（电子版）》，亦可自行通过本省（自治区、直辖市和计划单列市）电子税务局等官方互联网平台查询和打印。

第二节 征税对象、范围

车辆购置税的征税范围，是指在中华人民共和国境内购置应税车辆的行为。

一、应税行为

（一）购买自用

购买自用包括购买自用国产应税车辆和购买自用进口应税车辆。

（二）进口自用

纳税人进口自用应税车辆，是指纳税人直接从境外进口或者委托代理进口自用的应税车辆，不包括在境内购买的进口车辆。

（三）受赠使用

受赠是指接受他人馈赠。对馈赠人而言，在缴纳车辆购置税前发生财产所有权转移后，应税行为一同转移，其不再是纳税人；而作为受赠人在接受自用（包括接受免税车辆）后，就发生了应税行为，就要承担纳税义务。

（四）自产自用

自产自用是指纳税人将自己生产的应税车辆作为最终消费品自己消费使用。

（五）获奖自用

获奖自用包括从各种奖励形式中取得并自

用应税车辆的行为。

（六）其他自用

其他自用指除上述以外其他方式取得并自用应税车辆的行为，如拍卖、抵债、走私、罚没等方式取得并自用的应税车辆。

二、应税车辆

车辆购置税以列举的车辆作为征税对象，未列举的车辆不纳税。

车辆购置税的应税车辆包括：

(1) 汽车。

(2) 有轨电车。

(3) 汽车挂车。

(4) 排气量超过150毫升的摩托车。

非应税车辆

地铁、轻轨等城市轨道交通车辆，装载机、平地机、挖掘机、推土机等轮式专用机械车，以及起重机（吊车）叉车、电动摩托车，不属于应税车辆。

三、征税范围调整

车辆购置税征收范围的调整，由国务院决定，其他任何部门、单位和个人无权擅自扩大或缩小车辆购置税的征税范围。

第三节 计税依据

车辆购置税的计税依据为应税车辆的计税价格。

纳税人以外汇结算应税车辆价款的，按照申报纳税之日的人民币汇率中间价折合成人民币计算缴纳税款。

纳税人申报的应税车辆计税价格明显偏低，又无正当理由的，由税务机关依照《税收征管法》的规定核定其应纳税额。

应税车辆的计税价格，按照下列规定确定。

一、购买自用应税车辆的计税依据

纳税人购买自用应税车辆的计税价格，为纳税人实际支付给销售者的全部价款（依据纳税人购买应税车辆时相关凭证载明的价格确定），不包括增值税税款。

计税价格 = 全部价款 ÷ (1 + 增值税税率或征收率)

注：自2020年6月1日起，纳税人购置应税车辆，以发票电子信息中的不含增值税价作为计税价格。纳税人依据相关规定提供其他有效价格凭证的情形除外。

应税车辆存在多条发票电子信息或者没有发票电子信息的，纳税人按照购置应税车辆实际支付给销售方的全部价款（不包括增值税税款）申报纳税。

二、进口自用应税车辆的计税依据

纳税人进口自用应税车辆的计税依据为组成计税价格。

组成计税价格的计算公式为：

组成计税价格 = 关税完税价格 + 关税 + 消费税

公式中，关税完税价格是指海关核定的此类车型关税计税价格；关税是指由海关课征的进口车辆的关税。

计算公式为：

应纳关税 = 关税完税价格 × 关税税率

公式中，消费税是指进口车辆应由海关代征的消费税。

计算公式为：

应纳消费税 = 组成计税价格 × 消费税税率

$$组成计税价格 = \left(关税完税价格 + 关税\right) \div \left(1 - 消费税税率\right)$$

三、纳税人以受赠、获奖或者其他方式取得自用应税车辆的计税价格

纳税人以受赠、获奖或者其他方式取得自

用应税车辆的计税价格,按照购置应税车辆时相关凭证载明的价格确定,不包括增值税税款。

其中,购置应税车辆时取得的相关凭证是指原车辆所有人购置或者以其他方式取得应税车辆时载明价格的凭证。无法提供相关凭证的,参照同类应税车辆市场平均交易价格确定其计税价格。

原车辆所有人为车辆生产或者销售企业,未开具机动车销售统一发票的,按照车辆生产或者销售同类应税车辆的销售价格确定应税车辆的计税价格。无同类应税车辆销售价格的,按照组成计税价格确定应税车辆的计税价格。

四、纳税人自产自用应税车辆的计税价格

纳税人自产自用应税车辆的计税价格,按照纳税人生产的同类应税车辆(即车辆配置序列号相同的车辆)的销售价格确定,不包括增值税税款;没有同类应税车辆销售价格的,按照组成计税价格确定。

组成计税价格计算公式如下:

$$组成计税价格 = 成本 \times (1 + 成本利润率)$$

属于应征消费税的应税车辆,其组成计税价格中应加计消费税税额。上述公式中的成本利润率,由国家税务总局各省、自治区、直辖市和计划单列市税务局确定。

第四节 税 率

车辆购置税实行统一比例税率,税率为10%。

第五节 应纳税额的计算

车辆购置税的应纳税额按照应税车辆的计税价格乘以税率计算。

应纳税额的计算公式为:

$$应纳税额 = 计税价格 \times 税率$$

由于应税车辆购置来源、应税行为发生以及计税价格组成的不同,车辆购置税应纳税额的计算方法也有区别。

一、购买自用应税车辆应纳税额的计算

(1) 计算车辆购置税时,应换算为不含增值税的计税价格(销售单位开给购买者的各种发票金额中包含增值税税款)。

(2) 购买者随购买车辆支付的工具件和零部件价款应作为购车价款的一部分,并入计税依据中征收车辆购置税。

(3) 支付的车辆装饰费应作为价外费用并入计税依据中计税。

(4) 销售单位开展优质销售活动所开票收取的有关费用,应属于经营性收入,企业在代理过程中按规定支付给有关部门的费用,企业已作经营性支出列支核算,其收取的各项费用并在一张发票上难以划分的,应作为价外收入计算征税。

(5) 代收款项应区别征税。

凡使用代收单位(受托方)票据收取的款项,应视作代收单位价外收费,购买者支付的价费款,应并入计税依据中一并征税;凡使用委托方票据收取,受托方只履行代收义务和收取代收手续费的款项,应按其他税收政策规定征税。

【案例4-1】 张三2023年4月从智董汽车有限公司购买一辆小汽车供自己使用,支

付了含增值税税款在内的款项339 000元,另支付购买工具件和零配件价款6 000元,车辆装饰费1 910元。所支付的款项均由该汽车有限公司开具"机动车销售统一发票"和有关票据。

【分析】 计算李某应纳车辆购置税。

(1) 计税依据＝(339 000＋6 000＋1 910)÷(1＋13%)＝307 000(元)。

(2) 应纳税额＝307 000×10%＝30 700(元)。

二、进口自用应税车辆应纳税额的计算

纳税人进口自用的应税车辆应纳税额的计算公式为:

应纳税额＝(关税完税价格＋关税＋消费税)×税率

【案例4-2】 智董外贸进出口公司于2022年9月18日从国外进口10辆小轿车,汽缸容量为1 800毫升。该公司报关进口这批小轿车时,经报关地口岸海关对有关报关资料的审查,确定关税计税价格为198 000元/辆(人民币),海关按关税政策规定课征关税29 700元/辆,并按消费税、增值税有关规定分别代征进口消费税11 984元/辆,进口增值税31 159元/辆。由于业务工作的需要,该公司将2辆小轿车用于本单位使用。

【分析】 计算该外贸进出口公司应纳的车辆购置税税额:

(1) 纳税人进口自用的应税车辆,应按组成计税价格计算应纳税额。

(2) 纳税人应如实提供有关报关和完税证明资料,主管税务机关应按海关审查确认的有关进口车辆的完税证明资料组成计税价格计算应纳税额。

车辆购置税税额计算:

(1) 组成计税价格＝关税完税价格＋关税＋消费税＝198 000＋29 700＋11 984＝239 684(元)。

(2) 应纳税额＝自用数量×组成计税价格×税率＝2×239 684×10%＝47 936.8(元)。

三、自产自用、受赠使用、获奖使用和以其他方式取得并自用应税车辆应纳税额的计算

纳税人自产自用、受赠使用、获奖使用和以其他方式取得并自用应税车辆的,凡不能取得该型车辆的购置价格,或者低于最低计税价格的,以国家税务总局核定的最低计税价格作为计税依据计算征收车辆购置税。

应纳税额＝最低计税价格×税率

【案例4-3】 2023年4月张三在智董公司举办的有奖销售活动中,中奖获得一辆微型汽车,举办公司开具的销售发票不含税金额为980 000元。

【分析】 计算刘某应缴纳的车辆购置税税额:

纳税人从各种奖励方式中取得并自用的应税车辆,按照购置应税车辆时相关凭证载明的价格确定,不包括增值税税款。

车辆购置税税额计算:

应纳税额＝980 000×10%＝98 000(元)

【案例4-4】 智董客车制造厂2023年4月将自产的一辆客车,用于本厂后勤生活服务,该厂在办理车辆上牌落籍前,出具该车的发票注明金额为300 000元(不含增值税),并按此金额向主管税务机关申报纳税。经审核,同类型车辆的销售价格为450 000元(不含增值税)。

【分析】 计算该车应纳的车辆购置税税额:

纳税人自产自用应税车辆的发票价格是300 000元,同类车辆销售价格为450 000元,应按同类型应税车辆的销售价格确定征税。

车辆购置税税额计算:

应纳税额＝450 000×10%＝45 000(元)

四、减免税条件消失车辆应纳税额的计算

已经办理免税、减税手续的车辆因转让、改变用途等原因不再属于免税、减税范围的,纳税人在办理纳税申报时,应当如实填报《车辆购置

税纳税申报表》。发生二手车交易行为的,提供二手车销售统一发票;属于其他情形的,按照相关规定提供申报材料。

纳税人、纳税义务发生时间、应纳税额按以下规定执行:

(1) 发生转让行为的,受让人为车辆购置税纳税人;未发生转让行为的,车辆所有人为车辆购置税纳税人。

(2) 纳税义务发生时间为车辆转让或者用途改变等情形发生之日。

(3) 应纳税额计算公式如下:

应纳税额 = 初次办理纳税申报时确定的计税价格 × (1 − 使用年限 × 10%) × 10% − 已纳税额

应纳税额不得为负数。

使用年限的计算方法是,自纳税人初次办理纳税申报之日起,至不再属于免税、减税范围的情形发生之日止。使用年限取整计算,不满1年的不计算在内。

五、车辆购置税的退税

纳税人将已征车辆购置税的车辆退回车辆生产企业或者销售企业的,可以向主管税务机关申请退还车辆购置税。退税额以已缴税款为基准,自缴纳税款之日至申请退税之日,每满1年扣减10%。

应退税额计算公式如下:

应退税额 = 已纳税额 × (1 − 使用年限 × 10%)

应退税额不得为负数。使用年限的计算方法是,自纳税人缴纳税款之日起,至申请退税之日止。

第六节 税 收 优 惠

一、法定减免税规定

(一) 国家综合性消防救援车辆

悬挂应急救援专用号牌的国家综合性消防救援车辆免税。

(二) 城市公交企业购置的公共汽电车辆

城市公交企业购置的公共汽电车辆免税。

城市公交企业,是指由县级以上(含县级)人民政府交通运输主管部门认定的,依法取得城市公交经营资格,为公众提供公交出行服务,并纳入《城市公共交通管理部门与城市公交企业名录》的企业;公共汽电车辆,是指按规定的线路、站点票价营运,用于公共交通服务,为运输乘客设计和制造的车辆,包括公共汽车、无轨电车和有轨电车。

▍相关政策依据

国家税务总局 交通运输部关于城市公交企业购置公共汽电车辆免征车辆购置税有关事项的公告

国家税务总局 交通运输部公告2019年第22号

2019年6月6日

根据《中华人民共和国车辆购置税法》《财政部 税务总局关于车辆购置税有关具体政策的公告》(财政部 税务总局公告2019年第71号)的相关规定,现就城市公交企业购置的公共汽电车辆免征车辆购置税有关事项公告如下:

一、国家税务总局各省、自治区、直辖市和计划单列市税务局(以下简称"省税务局")与本地区交通运输主管部门应当相互配合,共同做好城市公交企业购置公共汽电车辆免征车辆购置税工作。

二、《城市公共交通管理部门与城市公交企业名录》(以下简称《名录》,见附件1)是税务机关确定申报企业是否为城市公交企业的依据,各省、自治区、直辖市交通运输厅(委)(以下简称"省交通厅")负责组织编制本地区《名录》。

三、各县级以上(含县级)人民政府交通运输主管部门认定城市公交企业并逐级报送《名录》信息。省交通厅定期汇总、公示本地区城市公交企业新增、退出、变更等信息,并及时将调整后的《名录》函送省税务局。《名录》的函送时间和方式由省税务局和省交通厅共同商定。

省税务局应当及时将《名录》下发至所属各级税务机关。

四、城市公交企业所在地县级以上(含县级)交通运输主管部门按照财政部 税务总局2019年第71号公告的有关规定,依据公共汽电车辆购置计划和采购合同等资料,为城市公交企业购置的符合《公共汽车类型划分及等级评定》标准的公共汽车、无轨电车和有轨电车出具《公共汽电车辆认定表》(见附件2)。

五、税务机关依据《公共汽电车辆认定表》以及办理车辆购置税纳税申报需要提供的其他资料,为已经列入《名录》的城市公交企业购置的公共汽电车辆,办理车辆购置税免税手续。

六、城市公交企业为新购置的公共汽电车辆办理免税手续后,因车辆转让、改变用途等导致免税条件消失的,纳税人应当到税务机关重新办理申报纳税手续。未按规定办理的,依据相关规定处理。

七、本公告自2019年7月1日起施行。为做好本公告实施工作,省交通厅应当按照本公告《名录》格式重新汇总编制《名录》,并于2019年7月1日之前函送省税务局。

《国家税务总局 交通运输部关于城市公交企业购置公共汽电车辆免征车辆购置税有关问题的通知》(税总发〔2016〕157号),自2019年7月1日起停止执行。

附件:

1. 城市公共交通管理部门与城市公交企业名录(略)
2. 公共汽电车辆认定表(略)

附:对购置日期在2022年6月1日至2022年12月31日期间内且单车价格(不含增值税,以车辆购置税应税车辆的计税价格为准)不超过30万元的2.0升及以下排量乘用车,减半征收车辆购置税。

(三) 设有固定装置的非运输专用作业车辆

设有固定装置的非运输专用作业车辆免税。

设有固定装置的非运输专用作业车辆,是指采用焊接、铆接或者螺栓连接等方式固定安装专用设备或者器具,不以载运人员或者货物为主要目的,在设计和制造上用于专项作业的车辆。自2021年1月1日起,免征车辆购置税的设有固定装置的非运输专用作业车辆,通过发布《免征车辆购置税的设有固定装置的非运输专用作业车辆目录》(以下简称《目录》)实施管理。

申报列入免税图册的车辆

申报列入免税图册的车辆,机动车生产企业或者纳税人按照规定填写《设有固定装置非运输车辆信息表》,并提供下列资料:

1. 车辆合格证明原件、复印件。

国产车辆,提供合格证和《中华人民共和国工业和信息化部车辆生产及产品公告》;进口车辆,提供《中华人民共和国海关货物进口证明书》。

2. 车辆内、外观彩色五寸照片1套。
3. 车辆内、外观彩色照片电子文档。

注:自卸式垃圾车曾按照设有固定装置非运输车辆免征车辆购置税。一段时间以来,各地反映,自卸式垃圾车实质上是一种通用运输车辆,不属于严格意义上的设有固定装置非运输车辆,如给予免税容易出现漏洞。应将自卸式垃圾车归类为不符合免税条件车辆,不再按照设有固定装置非运输车辆列入免税图册。

(四) 军队武器装备

中国人民解放军和中国人民武装警察部队列入装备订货计划的车辆免税。

(五) 驻华使馆、领事馆和国际组织驻华机构及其外交人员

依照法律规定应当予以免税的外国驻华使馆、领事馆和国际组织驻华机构及其有关人员自用车辆免税。

二、其他减免税规定

(一) 特殊用途车辆——流动医疗、防汛专用、森林消防专用

中国妇女发展基金会"母亲健康快车"项目的流动医疗车免税。

防汛部门和森林消防部门用于指挥、检查、调度、报汛(警)联络的由指定厂家生产的设有固定装置的指定型号的车辆免税。

(二) 农用三轮运输车

农用三轮车免税。

根据国民经济和社会发展的需要,国务院可以规定减征或者其他免征车辆购置税的情形,报全国人民代表大会常务委员会备案。

(三) 回国服务的留学人员

回国服务的在外留学人员用现汇购买1辆个人自用国产小汽车免税。

回国服务的在外留学人员购买自用国产小汽车办理免税手续,除按相关规定提供申报资

料外,还应当提供中华人民共和国驻留学人员学习所在国的大使馆或者领事馆(中央人民政府驻香港联络办公室、中央人民政府驻澳门联络办公室)出具的留学证明;公安部门出具的境内居住证明、本人护照;海关核发的《中华人民共和国海关回国人员购买国产汽车准购单》。所称小汽车,是指含驾驶员座位9座以内,在设计和技术特性上主要用于载运乘客及其随身行李或者临时物品的乘用车。

(四)长期来华定居专家

长期来华定居专家进口1辆自用小汽车,免征车辆购置税。

2015年12月31日,国务院审改办决定"外国人入境就业许可"和"外国人来华工作许可"整合为"外国人来华工作许可",由外专局负责组织实施。2017年3月8日,外专局等四部委联合印发《关于全面实施外国人来华工作许可制度的通知》(外专发〔2017〕40号),决定自2017年4月1日起,在全国实施外国人来华工作许可制度,并将原《外国人就业证》和《外国专家证》统一变更为《中华人民共和国外国人工作许可证》(简称《外国人工作许可证》),《外国人工作许可证》分为A、B、C三类,A类发予外国高端人才,B类发予外国专业人才,C类发予其他普通外国人员。

持有A类和B类《外国人工作许可证》(含试点版)的外国人,为财税〔2001〕39号文件第三条所规定的来华定居专家。"国家外国专家局或者其授权单位核发的专家证"指:国家外国专家局或者其授权单位,在2017年3月31日之前,核发的专家证,或者在青岛等试点地区核发的相关证件;在2017年4月1日之后,国家外国专家局或者其授权单位核发的A类和B类《外国人工作许可证》(含试点版)。

(五)换发地方机动车牌证的车辆

原公安现役部队和原武警黄金、森林、水电部队改制后换发地方机动车牌证的车辆(公安消防、武警森林部队执行灭火救援任务的车辆除外),一次性免税。

(六)新能源汽车

对购置日期在2023年1月1日至2023年12月31日的新能源汽车,免征车辆购置税。

为了保持并巩固我国新能源汽车产业的竞争优势,加快从汽车大国迈向汽车强国的进程,按照国务院常务会议有关决定,财政部、国家税务总局与工业和信息化部于2023年6月19日制发了《关于延续和优化新能源汽车车辆购置税减免政策的公告》(财政部 税务总局 工业和信息化部公告2023年第10号):

(1)对购置日期在2024年1月1日至2025年12月31日的新能源汽车免征车辆购置税,其中,每辆新能源乘用车免税额不超过3万元;对购置日期在2026年1月1日至2027年12月31日的新能源汽车减半征收车辆购置税,其中,每辆新能源乘用车减税额不超过1.5万元。

购置日期按照机动车销售统一发票或海关关税专用缴款书等有效凭证的开具日期确定。

享受车辆购置税减免政策的新能源汽车,是指符合新能源汽车产品技术要求的纯电动汽车、插电式混合动力(含增程式)汽车、燃料电池汽车。新能源汽车产品技术要求由工业和信息化部会同财政部、国家税务总局根据新能源汽车技术进步、标准体系发展和车型变化情况制定。

新能源乘用车,是指在设计、制造和技术特性上主要用于载运乘客及其随身行李和(或)临时物品,包括驾驶员座位在内最多不超过9个座位的新能源汽车。

(2)销售方销售"换电模式"新能源汽车时,不含动力电池的新能源汽车与动力电池分别核算销售额并分别开具发票的,依据购车人购置不含动力电池的新能源汽车取得的机动车销售统一发票载明的不含税价作为车辆购置税计税价格。

"换电模式"新能源汽车应当满足换电相关技术标准和要求,且新能源汽车生产企业能够自行或委托第三方为用户提供换电服务。

(3)为加强和规范管理,工业和信息化部、税务总局通过发布《减免车辆购置税的新能源汽车车型目录》对享受减免车辆购置税的新能源汽车车型实施管理。《减免车辆购置税的新能源汽车车型目录》发布后,购置列入《减免车辆购置税的新能源汽车车型目录》的新能源汽车可按规定享受车辆购置税减免政策。

对已列入《减免车辆购置税的新能源汽车车型目录》的新能源汽车,新能源汽车生产企业或进口新能源汽车经销商(以下简称汽车企业)在上传《机动车整车出厂合格证》或进口机动车《车辆电子信息单》(以下简称车辆电子信息)时,在"是否符合减免车辆购置税条件"字段标注"是"(即减免税标识);对已列入《减免车辆购置税的新能源汽车车型目录》的"换电模式"新能源汽车,还应在"是否为'换电模式'新能源汽车"字段标注"是"(即换电模式标识)。工业和信息化部对汽车企业上传的车辆电子信息中的减免税标识和换电模式标识进行校验,并将通过校验的信息传送至国家税务总局。税务机关依据工业和信息化部校验后的减免税标识、换电模式标识和机动车销售统一发票(或有效凭证),办理车辆购置税减免税手续。

(4)汽车企业应当保证车辆电子信息与车辆产品相一致,销售方应当如实开具发票,对因提供虚假信息或资料造成车辆购置税税款流失的,依照《税收征收管理法》及其实施细则予以处理。

第七节 纳税义务发生时间

车辆购置税的纳税义务发生时间为纳税人购置应税车辆的当日。

纳税人应当在向公安机关交通管理部门办理车辆注册登记前,缴纳车辆购置税。公安机关交通管理部门办理车辆注册登记,应当根据税务机关提供的应税车辆完税或者免税电子信息对纳税人申请登记的车辆信息进行核对,核对无误后依法办理车辆注册登记。

一、购买自用应税车辆

购买自用应税车辆的,纳税义务发生时间为购买之日,即车辆相关价格凭证的开具日期。

所称车辆相关价格凭证是指:境内购置车辆为机动车销售统一发票或者其他有效凭证;进口自用车辆为《海关进口关税专用缴款书》或者海关进出口货物征免税证明,属于应征消费税车辆的还包括《海关进口消费税专用缴款书》。

二、进口自用应税车辆

进口自用应税车辆的,纳税义务发生时间为进口之日,即《海关进口增值税专用缴款书》或者其他有效凭证的开具日期。

三、自产、受赠、获奖或者以其他方式取得并自用应税车辆

自产、受赠、获奖或者以其他方式取得并自用应税车辆的,纳税义务发生时间为取得之日,即合同、法律文书或者其他有效凭证的生效或者开具日期。

车辆购置税的纳税义务发生时间以纳税人购置应税车辆所取得的车辆相关凭证上注明的时间为准。

第八节 纳税期限

纳税人应当自纳税义务发生之日起60日内申报缴纳车辆购置税。

第九节 纳税地点

纳税人购置应税车辆,应当向车辆登记地的主管税务机关申报缴纳车辆购置税;购置不需要办理车辆登记的应税车辆的,应当向纳税人所在地的主管税务机关申报缴纳车辆购置税。

一、需要办理车辆登记的

向车辆登记地的主管税务机关申报纳税。

二、不需要办理车辆登记的

单位纳税人向其机构所在地的主管税务机关申报纳税,个人纳税人向其户籍所在地或者经常居住地的主管税务机关申报纳税。

第三篇

所得稅篇

第五章 企业所得税

企业所得税是对我国境内的企业和其他取得收入的组织的生产经营所得和其他所得征收的所得税。

现行企业所得税的基本规范,是《中华人民共和国企业所得税法》(2007年3月16日第十届全国人民代表大会第五次会议通过,根据2017年2月24日第十二届全国人民代表大会常务委员会第二十六次会议《关于修改〈中华人民共和国企业所得税法〉的决定》第一次修正,根据2018年12月29日第十三届全国人民代表大会常务委员会第七次会议《关于修改〈中华人民共和国电力法〉等四部法律的决定》第二次修正,以下简称《企业所得税法》)和《中华人民共和国企业所得税法实施条例》(2007年11月28日国务院第197次常务会议通过,2019年4月23日中华人民共和国国务院令第714号修订,以下简称《企业所得税法实施条例》),以及国务院财政、税务主管部门发布的相关规定。

第一节 纳税义务人

企业所得税的纳税义务人一般是指企业和其他取得收入的组织。

《企业所得税法》第一条规定,除个人独资企业、合伙企业不适用企业所得税法外,在我国境内,企业和其他取得收入的组织(以下统称企业)为企业所得税的纳税人,依照法律规定缴纳企业所得税。

基于不同企业承担的纳税义务不同,企业所得税的纳税人可分为居民企业和非居民企业。

延伸解读

企业所得税纳税人和纳税义务的确定

税收管辖权是一国政府在征税方面的主权,是国家主权的重要组成部分。我国《企业所得税法》根据国际通行做法,选择了地域管辖权和居民管辖权相结合的双重管辖权标准,把纳税人分为居民企业和非居民企业,分别确定不同的纳税义务。居民企业承担全面纳税义务,就来源于我国境内、境外的全部所得纳税;非居民企业承担有限纳税义务,一般只就来源于我国境内的所得纳税。把企业分为居民企业和非居民企业,可以更好地保障我国税收管辖权的有效行使和避免双重课税。

我国《企业所得税法》划分居民企业和非居民企业采用"注册地标准"和"实际管理机构标准"的双重标准。《企业所得税法实施条例》根据注册地标准,将依法在中国境内成立的企业,具体界定为依照中国法律、行政法规在中国境内成立的企业、事业单位、社会团体以及其他取得收入的组织,为居民企业。尽管登记注册地标准便于识别居民企业身份,但同时考虑到目前许多企业为规避一国税负和转移税收负担,往往在低税率地区或避税港注册登记,设立基地公司,人为选择注册地以规避税收负担,所以,我国《企业所得税法》同时采用实际管理机构标准,规定在外国(地区)注册的企业、但实际管理机构在我国境内的,也认定为居民企业,需承担无限纳税义务。

《企业所得税法实施条例》对实际管理机构的概念作了界定,即实际管理机构是指对企业的生产经营、人员、账务、财产等实施实质性全面管理和控制的机构。

延伸解读

企业所得税纳税人范围的确定

考虑到实践中从事生产经营经济主体的组织形式

多样,为充分体现税收公平、中性的原则,我国《企业所得税法》及其实施条例改变过去内资企业所得税以独立核算的三个条件来判定纳税人标准的做法,将以公司制和非公司制形式存在的企业和取得收入的组织确定为企业所得税纳税人,具体包括国有企业、集体企业、私营企业、联营企业、股份制企业、中外合资经营企业、中外合作经营企业、外国企业、外资企业、事业单位、社会团体、民办非企业单位和从事经营活动的其他组织,保持与国际上大多数国家的做法协调一致。

同时考虑到个人独资企业、合伙企业属于自然人性质企业,没有法人资格,股东承担无限责任,所以,我国《企业所得税法》及其实施条例将依照中国法律、行政法规成立的个人独资企业、合伙企业排除在企业所得税纳税人之外。

一、居民企业

居民企业是指依法在中国境内成立,或者依照外国(地区)法律成立但实际管理机构在中国境内的企业。

这里的企业包括国有企业、集体企业、私营企业、联营企业、股份制企业,外商投资企业、外国企业以及有生产、经营所得和其他所得的其他组织。

其中,有生产、经营所得和其他所得的其他组织,是指经国家有关部门批准,依法注册、登记的事业单位、社会团体等组织。由于我国的一些社会团体组织、事业单位在完成国家事业计划的过程中,开展多种经营和有偿服务活动,取得除财政部门各项拨款、财政部和国家物价部门批准的各项规费收入以外的经营收入,具有了经营的特点,应纳入征税范围。

其中,实际管理机构,是指对企业的生产经营、人员、账务、财产等实施实质性全面管理和控制的机构。

二、非居民企业

非居民企业是指依照外国(地区)法律成立且实际管理机构不在中国境内,但在中国境内设立机构、场所,或者在中国境内未设立机构、场所,但有来源于中国境内所得的企业。

以上所称机构、场所,是指在中国境内从事生产经营活动的机构、场所,具体包括:

(1) 管理机构、营业机构、办事机构。
(2) 工厂、农场、开采自然资源的场所。
(3) 提供劳务的场所。
(4) 从事建筑、安装、装配、修理、勘探等工程作业的场所。
(5) 其他从事生产经营活动的机构、场所。

非居民企业委托营业代理人在中国境内从事生产经营活动的,包括委托单位或者个人经常代其签订合同,或者储存、交付货物等,该营业代理人被视为非居民企业在中国境内设立的机构、场所。

第二节 征税对象

企业所得税的征税对象是指企业取得的生产经营所得、其他所得和清算所得。

一、居民企业的征税对象

居民企业应就来源于中国境内、境外的所得作为征税对象。

所得,包括销售货物所得、提供劳务所得、转让财产所得、股息红利等权益性投资所得、利息所得、租金所得、特许权使用费所得、接受捐赠所得和其他所得。

二、非居民企业的征税对象

(一) 在中国境内设立机构、场所

非居民企业在中国境内设立机构、场所的,应当就其所设机构、场所取得的来源于中国境内的所得,以及发生在中国境外但与其所设机构、场所有实际联系的所得,缴纳企业所得税。

(二) 在中国境内未设立机构、场所,或者虽设立机构、场所,但取得的所得与其所设机构、场所没有实际联系

非居民企业在中国境内未设立机构、场所,

或者虽设立机构、场所,但取得的所得与其所设机构、场所没有实际联系的,应当就其来源于中国境内的所得缴纳企业所得税。

以上所称实际联系,是指非居民企业在中国境内设立的机构、场所拥有的据以取得所得的股权、债权,以及拥有、管理、控制据以取得所得的财产。

所得来源地的确定

所得来源地的确定有如下方法:

(1) 销售货物所得按照交易活动发生地确定。

(2) 提供劳务所得按照劳务发生地确定。

(3) 转让财产所得。

① 不动产转让所得按照不动产所在地确定。

② 动产转让所得按照转让动产的企业或者机构、场所所在地确定。

③ 权益性投资资产转让所得按照被投资企业所在地确定。

(4) 股息、红利等权益性投资所得按照分配所得的企业所在地确定。

(5) 利息所得、租金所得、特许权使用费所得按照负担、支付所得的企业或者机构、场所所在地确定,或者按照负担、支付所得的个人的住所地确定。

(6) 其他所得由国务院财政、税务主管部门确定。

第三节 应纳税所得额

一、综合知识

应纳税所得额是企业所得税的计税依据,应纳税所得额为企业每一个纳税年度的收入总额,减除不征税收入、免税收入、各项扣除以及允许弥补的以前年度亏损后的余额。

(一) 基本公式

基本公式为:

$$\text{应纳税所得额} = \text{收入总额} - \text{不征税收入} - \text{免税收入} - \text{各项扣除} - \text{以前年度亏损}$$

(二) 计算原则

企业应纳税所得额的计算,以权责发生制为原则。

权责发生制要求,属于当期的收入和费用,不论款项是否收付,均作为当期的收入和费用;不属于当期的收入和费用,即使款项已经在当期收付,均不作为当期的收入和费用。权责发生制从企业经济权利和经济义务是否发生作为计算应纳税所得额的依据,注重强调企业收入与费用的时间配比,要求企业收入费用的确认时间不得提前或滞后。企业在不同纳税期间享受不同的税收优惠政策时,坚持按权责发生制原则计算应纳税所得额,可以有效防止企业利用收入和支出确认时间的不同规避税收。另外,我国《企业会计准则——基本准则》第九条规定:"企业应当以权责发生制为基础进行会计确认、计量和报告。"我国企业所得税法与会计采用同一原则(基础)确认当期收入或费用,有利于减少两者的差异,减轻纳税人税收遵从成本。

但由于信用制度在商业活动广泛采用,有些交易虽然权责已经确认,但交易时间较长,超过一个或几个纳税期间。为了保证税收收入的均衡性和防止企业避税,我国企业所得税法及其实施条例中也采取了有别于权责发生制的情况,例如长期工程或劳务合同等交易事项。

(三) 税法规定与会计规定差异的处理

税法规定与会计规定差异的处理是指在计算应纳税所得额时,企业财务、会计处理办法与税收法律、行政法规的规定不一致的,应当依照税收法律、行政法规的规定计算,即企业在平时进行会计核算时,可以按会计制度的有关规定进行账务处理,但在计算应纳税所得额和申报纳税时,对税法规定和会计制度规定有差异的,要按税法规定进行纳税调整。

注：1. 企业应纳税所得额是根据税收法规计算出来的，它在数额上与依据财务会计制度计算的利润总额往往不一致。所以，税法规定：对企业按照有关财务会计规定计算的利润总额，要按照税法的规定进行必要调整后，才能作为应纳税所得额计算缴纳所得税。

2. 我国税法不能抛弃会计原则、基础、信息质量要求等而独立构造一个税法核算体系。要"干好税务"工作，就必须全面、深入地掌握会计准则等知识。实际涉税工作中，有大量的人员对会计准则只略知一二，有的同志的会计知识还停留在 20 世纪，或者有的同志对会计准则内容没有准确理解。受篇幅所限，关于会计准则的操作实务介绍，有兴趣和需求的同志，可参阅《企业会计准则操作实务——贺志东名家讲义》（立信会计出版社 2022 年 1 月第 1 版）和《小企业会计准则操作实务——贺志东名家讲义》或中华第一财税网（www.tax.org.cn）关于最新税法与会计差异及纳税调整的相关课程、研修班。

（四）应纳税所得额的核定

企业不能提供完整、准确的收入及成本、费用凭证，不能正确计算应纳税所得额的，由税务机关核定其应纳税所得额。

二、收入总额

（一）收入总额

收入总额包括以货币形式和非货币形式从各种来源取得的收入。

延伸解读

确认货币性收入和非货币性收入的原则

为防止纳税人将应征税的经济利益排除在应税收入之外，我国企业所得税法将企业以货币形式和非货币形式取得的收入，都作为收入总额。企业所得税法实施条例将企业取得收入的货币形式，界定为取得的现金、存款、应收账款、应收票据、准备持有至到期的债券投资以及债务的豁免等；企业取得收入的非货币形式，界定为固定资产、生物资产、无形资产、股权投资、存货、不准备持有至到期的债券投资、劳务以及有关权益等。由于取得收入的货币形式的金额是确定的，而取得收入的非货币形式的金额不确定，企业在计算非货币形式收入时，必须按一定标准折算为确定的金额。企业所得税法实施条例规定，企业以非货币形式取得的收入，按照公允价值确定收入额。公允价值，是指按照市场价格确定的价值。

收入的具体构成：销售货物收入，提供劳务收入，转让财产收入，股息、红利等权益性投资收益，利息收入，租金收入，特许权使用费收入，接受捐赠收入，其他收入。

1. 一般收入

（1）销售货物收入。

销售货物收入是指企业销售商品、产品、原材料、包装物、低值易耗品以及其他存货取得的收入。

（2）提供劳务收入。

提供劳务收入是指企业从事建筑安装、修理修配、交通运输、仓储租赁、金融保险、邮电通信、咨询经纪、文化体育、科学研究、技术服务、教育培训、餐饮住宿、中介代理、卫生保健、社区服务、旅游、娱乐、加工以及其他劳务服务活动取得的收入。

【案例 5-1】 智董软件开发公司（假设适用增值税税率为 13%）于 2022 年 10 月 18 日为客户定制一项软件，工期大约 5 个月，合同总收入 22 600 000 元（含税），至 2022 年 12 月 31 日已发生成本 11 000 000 元（不考虑进项税额），预收账款 12 500 000 元。预计开发完整个软件还将发生成本 4 000 000 元。2022 年 12 月 31 日经专业测量师测量，软件的开发程度为 60%。

【分析】 2022 年确认收入＝劳务总收入×劳务的完成程度－以前年度已确认的收入＝20 000 000×60%－0＝12 000 000（元）。

2022 年确认营业成本＝劳务总成本×劳务的完成程度－以前年度已确认的营业成本＝（11 000 000＋4 000 000）×60%－0＝9 000 000（元）。

该企业应作如下会计分录：

（1）发生成本时：

借：劳务成本　　　　　　　　11 000 000
　　贷：银行存款　　　　　　　　　11 000 000

（2）预收款项时：

借：银行存款　　　　　　　　12 500 000
　　贷：合同负债　　　　　　　　　12 500 000

（3）确认收入时：

借：合同负债　　　　　　　　13 560 000
　　贷：主营业务收入　　　　　　12 000 000
　　　　应交税费——应交增值税（销项税额）
　　　　　　　　　　　　　　　 1 560 000

（4）结转成本时：

借：主营业务成本　　　　　　 9 000 000
　　贷：劳务成本　　　　　　　　 9 000 000

发生的成本为 11 000 000 元，扣除已结转的成本 9 000 000 元，余额 2 000 000 元应并入年度资产负债表"存货"项目内反映。

（3）转让财产收入。

转让财产收入是指企业转让固定资产、生物资产、无形资产、股权、债权等财产取得的收入。

企业转让股权收入，应于转让协议生效且完成股权变更手续时，确认收入的实现。转让股权收入扣除为取得该股权所发生的成本后，为股权转让所得。企业在计算股权转让所得时，不得扣除被投资企业未分配利润等股东留存收益中按该项股权所可能分配的金额。

（4）股息、红利等权益性投资收益。

股息、红利等权益性投资方取得收入是指企业因权益性投资从被投资方取得的收入。

股息、红利等权益性投资收益，除国务院财政、税务主管部门另有规定外，应以被投资企业股东会或股东大会作出利润分配或转股决定的日期，确认收入的实现。

被清算企业的股东分得的剩余资产的金额，其中相当于被清算企业累计未分配利润和累计盈余公积中按该股东所占股份比例计算的部分，应确认为股息所得；剩余资产减除股息所得后的余额，超过或低于股东投资成本的部分，应确认为股东的投资转让所得或损失。被投资企业将股权（票）溢价所形成的资本公积转为股本的，不作为投资方企业的股息、红利收入，投资方企业也不得增加该项长期投资的计税基础。

（5）利息收入。

利息收入是指企业将资金提供他人使用但不构成权益性投资，或者因他人占用本企业资金取得的收入，包括存款利息、贷款利息、债券利息、欠款利息等收入。

利息收入，按照合同约定的债务人应付利息的日期确认收入的实现。

延伸解读

企业混合性投资业务企业所得税处理

（1）企业混合性投资业务，是指兼具权益和债权双重特性的投资业务。同时符合下列条件的混合性投资业务，按下列规定进行企业所得税处理：

① 被投资企业接受投资后，需要按投资合同或协议约定的利率定期支付利息（或定期支付保底利息、固定利润、固定股息，下同）。

② 有明确的投资期限或特定的投资条件，并在投资期满或者满足特定投资条件后，被投资企业需要赎回投资或偿还本金。

③ 投资企业对被投资企业净资产不拥有所有权。

④ 投资企业不具有选举权和被选举权。

⑤ 投资企业不参与被投资企业日常生产经营活动。

（2）符合上述（1）规定的混合性投资业务，按下列规定进行企业所得税处理：

① 对于被投资企业支付的利息，投资企业应于被投资企业应付利息的日期，确认收入的实现并计入当期应纳税所得额；被投资企业应于应付利息的日期，确认利息支出，并按税法和《国家税务总局关于企业所得税若干问题的公告》（国家税务总局公告 2011 年第 34 号）第一条的规定，即"非金融企业向非金融企业借款利息支出"的规定进行税前扣除。

② 对于被投资企业赎回的投资，投资双方应于赎回时将赎价与投资成本之间的差额确认为债务重组损益，分别计入当期应纳税所得额。

（3）上述规定自 2013 年 9 月 1 日起执行。此前发生的已进行税务处理的混合性投资业务，不再进行纳税调整。

（6）租金收入。

租金收入是指企业提供固定资产、包装物或者其他有形资产的使用权取得的收入。

租金收入，按照合同约定的承租人应付租金的日期确认收入的实现。

如果交易合同或协议中规定租赁期限跨年度，且租金提前一次性支付的，根据《企业所得税法实施条例》第九条规定的收入与费用配比原则,出租人可对上述已确认的收入,在租赁期内,分期均匀计入相关年度收入。出租方如为在我国境内设有机构场所、且采取据实申报缴纳企业所得的非居民企业,也按本规定执行。

【案例 5-2】 2020年1月1日,智董公司向贵琛公司出租全新办公用房一套,租期为3年。办公用房原账面价值为150 000 000元,预计使用年限为25年。租赁合同规定,租赁开始日贵琛公司向智董公司一次性预付租金6 000 000元,第1年年末支付租金500 000元,第2年年末支付租金500 000元,第3年年末支付租金1 250 000元。租赁期满后预付租金不退回,智董公司收回办公用房使用权。

该项租赁对于出租人(智董公司)而言不符合融资租赁的任何一条标准,应作为经营租赁处理,并可指定为采用成本模式计量的投资性房地产。出租人(智董公司)确认租金收入时,不能依据各期实际收到租金的金额确定,而应采用直线法平均分配确认各期的租金收入。此项租赁总金额为8 250 000元,按直线法计算,每年应确认的租金收入为2 750 000元(含税),适用增值税税率为9%。

【分析】 智董公司所作会计分录为:

(1) 2021年1月1日:

 借:银行存款   6 000 000
  贷:合同负债   6 000 000

(2) 2021年12月31日:

 借:银行存款   500 000
  合同负债   2 250 000
  贷:其他业务收入——经营租赁收入
         2 522 936
    应交税费——应交增值税(销项税额)
         227 064

(3) 2022年12月31日:

 借:银行存款   500 000
  合同负债   2 250 000
  贷:其他业务收入——经营租赁收入
         2 522 936
    应交税费——应交增值税(销项税额)
         227 064

(4) 2023年12月31日:

 借:银行存款   1 250 000
  合同负债   1 500 000
  贷:其他业务收入——经营租赁收入
         2 522 936
    应交税费——应交增值税(销项税额)
         227 064

出租人(智董公司)应按同类固定资产折旧方法计提折旧,作为出租固定资产的成本,记入"其他业务成本"科目。

(7) 特许权使用费收入。

特许权使用费收入是指企业提供专利权、非专利技术、商标权、著作权以及其他特许权的使用权取得的收入。

特许权使用费收入,按照合同约定的特许权使用人应付特许权使用费的日期确认收入的实现。

(8) 接受捐赠收入。

接受捐赠收入是指企业接受的来自其他企业、组织或者个人无偿给予的货币性资产、非货币性资产。

接受捐赠收入,按照实际收到捐赠资产的日期确认收入的实现。

(9) 其他收入。

其他收入是指企业取得的除上述收入外的其他收入,包括企业资产溢余收入、逾期未退包装物押金收入、确实无法偿付的应付款项、已作坏账损失处理后又收回的应收款项、债务重组收入、补贴收入、违约金收入、汇兑收益等。

2. 特殊收入

(1) 产品分成收入。

采取产品分成方式取得收入的,按照企业分得产品的日期确认收入的实现,其收入额按照产品的公允价值确定。

(2) 视同销售货物、转让财产或者提供劳务收入。

企业发生非货币性资产交换,以及将货物、财产、劳务用于捐赠、偿债、赞助、集资、广告、样品、职工福利或者利润分配等用途的,应当视同销售货物、转让财产或者提供劳务,但国务院财政、税务主管部门另有规定的除外。

企业在计算业务招待费、广告费和业务宣传费等费用扣除限额时,其销售(营业)收入额应包括视同销售(营业)收入额。

【案例5-3】 智董公司是一家生产笔记本电脑的企业,共有职工2 000名。2023年1月15日,智董公司决定以其生产的笔记本电脑作为节日福利发放给公司每名职工。每台笔记本电脑的售价为1.40万元,成本为1万元。智董公司适用的增值税税率为13%,已开具了增值税专用发票。假定2 000名职工中1 700名为直接参加生产的职工,300名为总部管理人员。假定智董公司于当日将笔记本电脑发放给各职工。

【分析】 企业向职工提供非货币性福利的,应当按照公允价值计量。例如,企业以自产的产品作为非货币性福利提供给职工的,应当按照该产品的公允价值和相关税费确定职工薪酬金额,并计入当期损益或相关资产成本。相关收入的确认、销售成本的结转以及相关税费的处理,与企业正常商品销售的会计处理相同。企业以外购的商品作为非货币性福利提供给职工的,应当按照该商品的公允价值和相关税费确定职工薪酬的金额,并计入当期损益或相关资产成本。

根据上述资料,智董公司计算笔记本电脑的售价总额及其增值税销项税额如下:

笔记本电脑的售价总额=1.40×1 700+1.40×300=2 380+420=2 800(万元)

笔记本电脑的增值税销项税额=1 700×1.40×13%+300×1.40×13%=309.4+54.6=364(万元)

应当计入生产成本的职工薪酬金额=2 380+309.4=2 689.4(万元)

应当计入管理费用的职工薪酬金额=420+54.6=474.6(万元)

智董公司有关账务处理如下:

借:生产成本　　　　　　　26 894 000
　　管理费用　　　　　　　 4 746 000
　贷:应付职工薪酬——非货币性福利
　　　　　　　　　　　　　31 640 000

借:应付职工薪酬——非货币性福利
　　　　　　　　　　　　　31 640 000
　贷:主营业务收入　　　　 28 000 000
　　应交税费——应交增值税(销项税额)
　　　　　　　　　　　　　 3 640 000

借:主营业务成本　　　　　 20 000 000
　贷:库存商品　　　　　　 20 000 000

(3)分期收款销售收入。

以分期收款方式销售货物的,按照合同约定的收款日期确认收入的实现。

(4)递延收益。

企业取得未来补偿款等所得,应按权责发生制原则确认为递延收益,按直线法在取得该所得的当年及以后的10年内分期计入应纳税所得。

| 相关政策依据 |

国家税务总局关于广西合山煤业有限责任公司取得补偿款有关所得税处理问题的批复

国税函〔2009〕18号　2009年1月8日

广西壮族自治区国家税务局:

你局《关于广西合山煤业有限责任公司取得补偿款有关所得税处理问题的请示》(桂国税发〔2008〕183号)收悉,经研究,批复如下:

根据《中华人民共和国企业所得税法》及其实施条例规定的权责发生制原则,广西合山煤业有限责任公司取得的未来煤矿开采期间因增加排水或防止浸没支出等而获得的补偿款,应确认为递延收益,按直线法在取得补偿款当年及以后的10年内分期计入应纳税所得,如实际开采年限短于10年,应在最后一个开采年度将尚未计入应纳税所得的赔偿款全部计入应纳税所得。

(5)持续时间超过12个月的收入。

企业受托加工制造大型机械设备、船舶、飞机,以及从事建筑、安装、装配工程业务或者提供其他劳务等,持续时间超过12个月的,按照纳税年度内完工进度或者完成的工作量确认收入的实现。

【案例5-4】 2021年1月1日,智董建筑公司与贵琛公司签订一项大型设备建造工程合同,根据双方合同,该工程的造价为31 500万元,工程期限为一年半,智董公司负责工程的施工及全面管理,贵琛公司按照第三方工程监理公司确认的工程完工量,每半年与智董公司结算一次;预计 2022 年 6 月 30 日竣工;预计可能发生的总成本为 20 000 万元。假定该建造工程整体构成单项履约义务,并属于在某一时段履行的履约义务,智董公司采用成本法确定履约进度,增值税税率为 9%,不考虑其他相关因素。2021 年 6 月 30 日,工程累计实际发生成本 7 500 万元,智董公司与贵琛公司结算合同价款 12 500 万元,智董公司实际收到价款 11 000 万元;2021 年 12 月 31 日,工程累计实际发生成本 15 000 万元,智董公司与贵琛公司结算合同价款 5 500 万元,智董公司实际收到价款 5 500 万元;2022 年 6 月 30 日,工程累计实际发生成本 20 500 万元,贵琛公司与智董公司结算了合同竣工价款 13 500 万元,并支付剩余工程款 15 000 万元,上述价款均不含增值税额。假定智董公司与贵琛公司结算时即发生增值税纳税义务,贵琛公司在实际支付工程价款的同时支付其对应的增值税款。

【分析】 智董公司的账务处理:

(1) 2021 年 1 月 1 日至 6 月 30 日实际发生工程成本时:

　　借:合同履约成本　　　　　　　　75 000 000
　　　　贷:原材料、应付职工薪酬等　　75 000 000

(2) 2021 年 6 月 30 日:

　　履约进度 = 7 500 ÷ 20 000 = 37.5%
　　合同收入 = 31 500 × 37.5% = 11 812.5(万元)

　　借:合同结算——收入结转　　　118 125 000
　　　　贷:主营业务收入　　　　　　118 125 000
　　借:主营业务成本　　　　　　　　75 000 000
　　　　贷:合同履约成本　　　　　　75 000 000
　　借:应收账款　　　　　　　　　　136 250 000
　　　　贷:合同结算——价款结算　　125 000 000
　　　　　　应交税费——应交增值税(销项税额)
　　　　　　　　　　　　　　　　　　11 250 000
　　借:银行存款　　　　　　　　　　110 000 000
　　　　贷:应收账款　　　　　　　　110 000 000

当日,"合同结算"科目的余额为贷方 687.5 万元(12 500 − 11 812.5),表明智董公司已经与客户结算但尚未履行履约义务的金额为 687.5 万元,由于智董公司预计该部分履约义务将在 2021 年内完成,所以,应在资产负债表中作为合同负债列示。

(3) 2021 年 7 月 1 日至 12 月 31 日实际发生工程成本时:

　　借:合同履约成本　　　　　　　　75 000 000
　　　　贷:原材料、应付职工薪酬等　　75 000 000

(4) 2021 年 12 月 31 日:

　　履约进度 = 15 000 ÷ 20 000 = 75%
　　合同收入 = 31 500 × 75% − 11 812.5 = 11 812.5(万元)

　　借:合同结算——收入结转　　　118 125 000
　　　　贷:主营业务收入　　　　　　118 125 000
　　借:主营业务成本　　　　　　　　75 000 000
　　　　贷:合同履约成本　　　　　　75 000 000
　　借:应收账款　　　　　　　　　　59 950 000
　　　　贷:合同结算——价款结算　　55 000 000
　　　　　　应交税费——应交增值税(销项税额)
　　　　　　　　　　　　　　　　　　4 950 000
　　借:银行存款　　　　　　　　　　55 000 000
　　　　贷:应收账款　　　　　　　　55 000 000

当日,"合同结算"科目的金额为借方 5 625 万元(11 812.5 − 5 500 − 687.5),表明智董公司已经履行履约义务但尚未与客户结算的金额为 5 625 万元,由于该部分金额将在 2022 年内结算,所以,应在资产负债表中作为合同资产列示。

(5) 2022 年 1 月 1 日至 6 月 30 日实际发生工程成本时:

　　借:合同履约成本　　　　　　　　55 000 000
　　　　贷:原材料、应付职工薪酬等　　55 000 000

(6) 2022 年 6 月 30 日:

由于合同当日已竣工结算,其履约进度 100%。

　　合同收入 = 31 500 − 11 812.5 − 11 812.5 = 7 875(万元)

　　借:合同结算——收入结转　　　78 750 000
　　　　贷:主营业务收入　　　　　　78 750 000

借：主营业务成本　　　　　 55 000 000
　　贷：合同履约成本　　　　　 55 000 000
借：应收账款　　　　　　　 147 150 000
　　贷：合同结算——价款结算　 135 000 000
　　　　应交税费——应交增值税（销项税额）
　　　　　　　　　　　　　　 12 150 000
借：银行存款　　　　　　　 178 350 000
　　贷：应收账款　　　　　　 178 350 000

当日，"合同结算"科目的金额为 0(5 625＋7 875－13 500)。

3. 处置资产收入的确认

自 2008 年 1 月 1 日起，企业处置资产的所得税处理根据《企业所得税法实施条例》第二十五条的规定执行，对 2008 年 1 月 1 日以前发生的处置资产，2008 年 1 月 1 日以后尚未进行税务处理的，也按此规定执行。

(1) 企业发生下列情形的处置资产，除将资产转移至境外以外，由于资产所有权属在形式和实质上均不发生改变，可作为内部处置资产，不视同销售确认收入，相关资产的计税基础延续计算：

① 将资产用于生产、制造、加工另一产品。
② 改变资产形状、结构或性能。
③ 改变资产用途（如自建商品房转为自用或经营）。
④ 将资产在总机构及其分支机构之间转移。
⑤ 上述两种或两种以上情形的混合。
⑥ 其他不改变资产所有权属的用途。

(2) 企业将资产移送他人的下列情形，因资产所有权属已发生改变而不属于内部处置资产，应按规定视同销售确定收入：

① 用于市场推广或销售。
② 用于交际应酬。
③ 用于职工奖励或福利。
④ 用于股息分配。
⑤ 用于对外捐赠。
⑥ 其他改变资产所有权属的用途。

(3) 企业发生第(2)种情形时，属于企业自制的资产，应按企业同类资产同期对外销售价格确定销售收入；属于外购的资产，不以销售为目的，具有替代职工福利等费用支出性质，且购买后在一个纳税年度内处置的，可按购入时的价格确定销售收入。

4. 相关收入实现的确认

除《企业所得税法》及其实施条例前述关于收入的规定外，企业销售收入的确认，必须遵循权责发生制原则和实质重于形式原则。

1) 销售商品收入

企业销售商品同时满足下列条件的，应确认收入的实现。

(1) 商品销售合同已经签订，企业已将商品所有权相关的主要风险和报酬转移给购货方；
(2) 企业对已售出的商品既没有保留通常与所有权相联系的继续管理权，也没有实施有效控制；
(3) 收入的金额能够可靠地计量；
(4) 已发生或将发生的销售方的成本能够可靠地核算。

符合上述收入确认条件，采取下列商品销售方式的，应按以下规定确认收入实现时间。

(1) 销售商品采用托收承付方式的，在办妥托收手续时确认收入。
(2) 销售商品采取预收款方式的，在发出商品时确认收入。
(3) 销售商品需要安装和检验的，在购买方接受商品以及安装和检验完毕时确认收入。如果安装程序比较简单，可在发出商品时确认收入。
(4) 销售商品采用支付手续费方式委托代销的，在收到代销清单时确认收入。

【案例 5-5】 智董公司委托鑫裕公司销售甲商品 200 件，甲商品已经发出，每件成本为 300 元。合同约定鑫裕公司应按每件 500 元对外销售，智董公司按不含增值税的销售价格的 10% 向鑫裕公司支付手续费。鑫裕公司对外实际销售 100 件，开出的增值税专用发票上注明的销售价格为 50 000 元，增值税税额为 6 500 元，款项已经收到。智董公司收到鑫裕公司开具的代销清单时,向鑫裕公司开具一张相同金额的增值税专用发票。假定除上述情况外,不考虑代销手续费涉及的增值税等其他因素。

【分析】 智董公司将甲商品发送至贵琛公司后,贵琛公司虽然已经实物占有甲商品,但是仅是接受智董公司的委托销售甲商品,并根据实际销售的数量赚取一定比例的手续费。智董公司有权要求收回甲商品或将其销售给其他的客户,贵琛公司并不能主导这些商品的销售,这些商品对外销售与否、是否获利以及获利多少等不由贵琛公司控制,贵琛公司没有取得这些商品的控制权。所以,智董公司将甲商品发送至贵琛公司时,不应确认收入,而应当在贵琛公司将甲商品销售给最终客户时确认收入。

根据上述资料,智董公司的账务处理如下:

(1) 发出商品。

借:发出商品——鑫裕公司　　60 000
　　贷:库存商品——甲商品　　　60 000

(2) 收到代销清单,同时发生增值税纳税义务。

借:应收账款——鑫裕公司　　56 500
　　贷:主营业务收入——销售甲商品　50 000
　　　　应交税费——应交增值税(销项税额)
　　　　　　　　　　　　　　　　6 500

借:主营业务成本——销售甲商品　30 000
　　贷:发出商品——鑫裕公司　　30 000

借:销售费用——代销手续费　　5 000
　　贷:应收账款——鑫裕公司　　5 000

(3) 收到鑫裕公司支付的货款。

借:银行存款　　　　　　　51 500
　　贷:应收账款——鑫裕公司　51 500

鑫裕公司的账务处理如下:

(1) 收到商品。

借:受托代销商品——智董公司　100 000
　　贷:受托代销商品款——智董公司　100 000

(2) 对外销售。

借:银行存款　　　　　　　56 500
　　贷:受托代销商品——智董公司　50 000
　　　　应交税费——应交增值税(销项税额)
　　　　　　　　　　　　　　　　6 500

(3) 收到增值税专用发票。

借:受托代销商品款——智董公司　50 000
　　应交税费——应交增值税(进项税额)
　　　　　　　　　　　　　　　　6 500
　　贷:应付账款——智董公司　　56 500

(4) 支付货款并计算代销手续费。

借:应付账款——智董公司　　56 500
　　贷:银行存款　　　　　　51 500
　　　　其他业务收入——代销手续费　5 000

2) 提供劳务收入

企业在各个纳税期末,提供劳务交易的结果能够可靠估计的,应采用完工进度法(完工百分比)确认提供劳务收入。

(1) 提供劳务交易的结果能够可靠估计,是指同时满足下列条件:

① 收入的金额能够可靠地计量。

② 交易的完工进度能够可靠地确定。

③ 交易中已发生和将发生的成本能够可靠地核算。

(2) 企业提供劳务完工进度的确定,可选用下列方法:

① 已完工作的测量。

② 已提供劳务占劳务总量的比例。

③ 发生成本占总成本的比例。

(3) 企业应按照从接受劳务方已收或应收的合同或协议价款确定劳务收入总额,根据纳税期末提供劳务收入总额乘以完工进度扣除以前纳税年度累计已确认提供劳务收入后的金额,确认为当期劳务收入;同时,按照提供劳务估计总成本乘以完工进度扣除以前纳税期间累计已确认劳务成本后的金额,结转为当期劳务成本。

(4) 下列提供劳务满足收入确认条件的,应按规定确认收入(表5-1)。

表 5-1　提供劳务的收入确认条件

安装费	应根据安装完工进度确认收入。安装工作是商品销售附带条件的,安装费在确认商品销售实现时确认收入
宣传媒介的收费	应在相关的广告或商业行为出现于公众面前时确认收入。广告的制作费,应根据制作广告的完工进度确认收入
软件费	为特定客户开发软件的收费,应根据开发的完工进度确认收入
服务费	包含在商品售价内可区分的服务费,在提供服务的期间分期确认收入
艺术表演、招待宴会和其他特殊活动的收费	在相关活动发生时确认收入。收费涉及几项活动的,预收的款项应合理分配给每项活动,分别确认收入
会员费	申请入会或加入会员,只允许取得会籍,所有其他服务或商品都要另行收费的,在取得该会员费时确认收入。申请入会或加入会员后,会员在会员期内不再付费就可得到各种服务或商品,或者以低于非会员的价格销售商品或提供服务的,该会员费应在整个受益期内分期确认收入
特许权费	属于提供设备和其他有形资产的特许权费,在交付资产或转移资产所有权时确认收入;属于提供初始及后续服务的特许权费,在提供服务时确认收入
劳务费	长期为客户提供重复的劳务收取的劳务费,在相关劳务活动发生时确认收入

3）商业折扣、现金折扣、销售折让和销售退回

企业为促进商品销售而在商品价格上给予的价格扣除属于商业折扣,商品销售涉及商业折扣的,应当按照扣除商业折扣后的金额确定销售商品收入金额。

债权人为鼓励债务人在规定的期限内付款而向债务人提供的债务扣除属于现金折扣,销售商品涉及现金折扣的,应当按扣除现金折扣前的金额确定销售商品收入金额,现金折扣在实际发生时作为财务费用扣除。

企业因售出商品的质量不合格等原因而在售价上给予的减让属于销售折让;企业因售出商品质量、品种不符合要求等原因而发生的退货属于销售退回。企业已经确认销售收入的售出商品发生销售折让和销售退回,应当在发生当期冲减当期销售商品收入。

【案例5-6】赓升公司2022年12月20日销售一批商品给映东企业,取得收入100 000元(不含税,增值税税率假设为13%)。赓升公司发出商品后,按照正常情况已确认收入,并结转成本80 000元。此笔货款到年末尚未收到,赓升公司按应收账款的4‰计提了坏账准备4 680元。2023年1月18日,由于产品质量问题,本批货物被退回。按税法规定该公司计提的坏账准备不可以在税前扣除,本年度除应收映东企业账款计提的坏账准备外,无其他纳税调整事项。企业于2023年2月28日完成2022年所得税汇算清缴。

销售退回业务发生在资产负债表日后事项涵盖期间内,应属于资产负债表日后调整事项。

【分析】　赓升公司的账务处理如下(单位:元):

(1) 2023年1月18日,调整销售收入。

借:以前年度损益调整　　　　　100 000
　　应交税费——应交增值税(销项税额)
　　　　　　　　　　　　　　　 13 000
　贷:应收账款　　　　　　　　113 000

(2) 调整坏账准备余额。

借:坏账准备　　　　　　　　　　4 680
　贷:以前年度损益调整　　　　　 4 680

(3) 调整销售成本。

借:库存商品　　　　　　　　　 80 000
　贷:以前年度损益调整　　　　 80 000

(4) 调整应缴纳的所得税。

借:应交税费——应交所得税　　 5 000*
　贷:以前年度损益调整　　　　　 5 000

[*注:5 000=(100 000−80 000−113 000×0)×25%]

(5) 调整已确认的递延所得税资产。

借：以前年度损益调整　　　　1 170*
　　贷：递延所得税资产　　　　　　1 170

[*注：1 170=(4 680−113 000×0)×25%]

(6) 将"以前年度损益调整"科目余额转入未分配利润。

借：利润分配——未分配利润　　11 490*
　　贷：以前年度损益调整　　　　　11 490

[*注：11 490=100 000−80 000−4 680−5 000+1 170]

(7) 调整盈余公积。

借：盈余公积　　　　　　　　　1 149
　　贷：利润分配——未分配利润　　1 149

(8) 调整相关财务报表(略)。

【案例5-7】 承上例。假定销售退回的时间改为2023年3月5日(报告期所得税汇算清缴后)。

【分析】 赓升公司的账务处理如下(单位：元)：

(1) 2023年3月5日，调整销售收入。

借：以前年度损益调整　　　　100 000
　　应交税费——应交增值税(销项税额)
　　　　　　　　　　　　　　　13 000
　　贷：应收账款　　　　　　　　113 000

(2) 调整坏账准备余额。

借：坏账准备　　　　　　　　　4 680
　　贷：以前年度损益调整　　　　　4 680

(3) 调整销售成本。

借：库存商品　　　　　　　　　80 000
　　贷：以前年度损益调整　　　　　80 000

(4) 调整所得税费用。

借：应交税费——应交所得税　　5 000
　　贷：所得税费用　　　　　　　　5 000

(5) 调整已确认的递延所得税资产。

借：以前年度损益调整　　　　1 170
　　贷：递延所得税资产　　　　　　1 170

(6) 将"以前年度损益调整"科目余额转入未分配利润。

借：利润分配——未分配利润　　16 490*
　　贷：以前年度损益调整　　　　　16 490

[*注：16 490=100 000+1 170−80 000−4 680]

(7) 调整盈余公积。

借：盈余公积　　　　　　　　　1 649
　　贷：利润分配——未分配利润　　1 649

(8) 调整相关财务报表(略)。

4) 以"买一赠一"等方式组合销售

企业以"买一赠一"等方式组合销售本企业商品的，不属于捐赠，应将总的销售金额按各项商品的公允价值的比例来分摊确认销售收入。

5) 售后回购

采用售后回购方式销售商品的，销售的商品按售价确认收入，回购的商品作为购进商品处理。有证据表明不符合销售收入确认条件的，如以销售商品方式进行融资，收到的款项应确认为负债，回购价格大于原售价的，差额应在回购期间确认为利息费用。

注：上述"有证据表明不符合销售收入确认条件的，如以销售商品方式进行融资"，一般情况是指甲方以商品作抵押或质押向乙方进行借款，在此期间乙方接受的商品拥有所有权，但不能处置，在一定期间内甲方再以高于抵押或质押借款的金额将商品取回。

6) 以旧换新

销售商品以旧换新的，销售商品应当按照销售商品收入确认条件确认收入，回收的商品作为购进商品处理。

7) 取得政府财政资金的收入

企业按照市场价格销售货物、提供劳务服务等，凡由政府财政部门根据企业销售货物、提供劳务服务的数量、金额的一定比例给予全部或部分资金支付的，应当按照权责发生制原则确认收入。

除上述情形外，企业取得的各种政府财政支付，如财政补贴、补助、补偿、退税等，应当按照实际取得收入的时间确认收入。

8) 取得财产(包括各类资产、股权、债权等)转让收入、债务重组收入、接受捐赠收入、无法偿付的应付款收入

企业取得财产(包括各类资产、股权、债权

等)转让收入、债务重组收入、接受捐赠收入、无法偿付的应付款收入等,不论是以货币形式还是非货币形式体现,除另有规定外,均应一次性计入确认收入的年度计算缴纳企业所得税。

(二)不征税收入

国家为了扶持和鼓励某些特定的项目,对企业取得的某些收入予以不征税或免税的特殊政策,促进经济的协调发展。

不征税收入的具体确认

考虑到我国企业所得税纳税人的组织形式多样,除企业外,有的以非政府形式(如事业单位)存在,有的以公益慈善组织形式存在,还有的以社会团体形式存在等等。这些组织中有些主要承担行政性或公共事务职能,不从事或很少从事营利性活动,收入来源主要靠财政拨款、行政事业性收费等,纳入预算管理,对这些收入征税没有实际意义。所以,我国企业所得税法引入"不征税收入"概念。企业所得税法实施条例将不征税收入的财政拨款,界定为各级人民政府对纳入预算管理的事业单位、社会团体等组织拨付的财政资金,但国务院和国务院财政、税务主管部门另有规定的除外。这里面包含了两层意思。

(1) 作为不征税收入的财政拨款,原则上不包括各级人民政府对企业拨付的各种价格补贴、税收返还等财政性资金,这样有利于加强财政补贴收入和减免税的规范管理,同时与现行财务会计制度处理保持一致;

(2) 对于一些国家重点支持的政策性补贴以及税收返还等,为了提高财政资金的使用效率,根据需要,有可能也给予不征税收入的待遇,但这种待遇应由国务院和国务院财政、税务主管部门来明确。

1. 财政拨款

财政拨款是指各级人民政府对纳入预算管理的事业单位、社会团体等组织拨付的财政资金,但国务院和国务院财政、税务主管部门另有规定的除外。

2. 依法收取并纳入财政管理的行政事业性收费、政府性基金

行政事业性收费,是指依照法律、法规等有关规定,按照规定程序批准,在实施社会公共管理,以及在向公民、法人或者其他组织提供特定公共服务过程中,向特定对象收取并纳入财政管理的费用。

政府性基金,是指企业依照法律、行政法规等有关规定,代政府收取的具有专项用途的财政资金。

具体规定如下:

(1) 企业按照规定缴纳的、由国务院或财政部批准设立的政府性基金以及由国务院和省、自治区、直辖市人民政府及其财政、价格主管部门批准设立的行政事业性收费,准予在计算应纳税所得额时扣除。

企业缴纳的不符合上述审批管理权限设立的基金、收费,不得在计算应纳税所得额时扣除。

(2) 企业收取的各种基金、收费,应计入企业当年收入总额。

(3) 对企业依照法律、法规及国务院有关规定收取并上缴财政的政府性基金和行政事业性收费,准予作为不征税收入,于上缴财政的当年在计算应纳税所得额时从收入总额中减除;未上缴财政的部分,不得从收入总额中减除。

3. 国务院规定的其他不征税收入

其他不征税收入是指企业取得的,由国务院财政、税务主管部门规定专项用途并经国务院批准的财政性资金。

财政性资金是指企业取得的来源于政府及其有关部门的财政补助、补贴、贷款贴息,以及其他各类财政专项资金,包括增值税即征即退、先征后退、先征后返的各种税收,但不包括企业按规定取得的出口退税款。

(1) 企业取得的各类财政性资金,除属于国家投资和资金使用后要求归还本金的以外,均应计入企业当年收入总额。

国家投资是指国家以投资者身份投入企业并按有关规定相应增加企业实收资本(股本)的直接投资。

(2) 对企业取得的由国务院财政、税务主管部门规定专项用途并经国务院批准的财政性资金,准予作为不征税收入,在计算应纳税所得额时从收入总额中减除。

企业取得的专项用途的财政性资金,在进行企业所得税处理时一般应按以下规定执行:

① 企业从县级以上各级人民政府财政部门及其他部门取得的应计入收入总额的财政性资金，凡同时符合以下条件的，可以作为不征税收入，在计算应纳税所得额时从收入总额中减除：

A. 企业能够提供规定资金专项用途的资金拨付文件；

B. 财政部门或其他拨付资金的政府部门对该资金有专门的资金管理办法或具体管理要求；

C. 企业对该资金以及以该资金发生的支出单独进行核算。

② 企业将符合规定条件的财政性资金作不征税收入处理后，在5年（60个月）内未发生支出且未缴回财政部门或其他拨付资金的政府部门的部分，应计入取得资金第6年的应税收入总额；计入应税收入总额的财政性资金发生的支出，允许在计算应纳税所得额时扣除。

（3）纳入预算管理的事业单位、社会团体等组织按照核定的预算和经费报领关系收到的由财政部门或上级单位拨入的财政补助收入，准予作为不征税收入，在计算应纳税所得额时从收入总额中减除，但国务院和国务院财政、税务主管部门另有规定的除外。

注：企业的不征税收入用于支出所形成的费用，不得在计算应纳税所得额时扣除；企业的不征税收入用于支出所形成的资产，其计算的折旧、摊销不得在计算应纳税所得额时扣除。

【案例5-8】 鑫裕公司生产一种先进的模具产品，按照国家相关规定，该企业的这种产品适用增值税先征后返政策，即先按规定征收增值税，然后按实际缴纳增值税额返还90%。2022年8月，该企业实际缴纳增值税额280万元。2022年9月，该企业实际收到返还的增值税额252万元。

【分析】 本例中，鑫裕公司收到返还的增值税税额属于与收益相关的政府补助，且用于补偿企业已发生的相关费用，且增值税先征后返属于与企业的日常活动密切相关的补助，应在实际收到时直接计入当期损益（其他收益）。

2022年9月，鑫裕公司实际收到返还的增值税额时，会计分录为：

借：银行存款　　　　　2 520 000
　　贷：其他收益　　　　2 520 000

企业取得的不征税收入，应按照《财政部 国家税务总局关于专项用途财政性资金企业所得税处理问题的通知》（财税〔2011〕70号）的规定进行处理。凡未按照文件规定进行管理的，应作为企业应税收入计入应纳税所得额，依法缴纳企业所得税。

▎相关政策依据

财政部 国家税务总局关于专项用途财政性资金企业所得税处理问题的通知

财税〔2011〕70号　2011年9月7日

根据《中华人民共和国企业所得税法》及《中华人民共和国企业所得税法实施条例》（国务院令第512号，以下简称实施条例）的有关规定，经国务院批准，现就企业取得的专项用途财政性资金企业所得税处理问题通知如下：

一、企业从县级以上各级人民政府财政部门及其他部门取得的应计入收入总额的财政性资金，凡同时符合以下条件的，可以作为不征税收入，在计算应纳税所得额时从收入总额中减除：

（一）企业能够提供规定资金专项用途的资金拨付文件；

（二）财政部门或其他拨付资金的政府部门对该资金有专门的资金管理办法或具体管理要求；

（三）企业对该资金以及以该资金发生的支出单独进行核算。

二、根据实施条例第二十八条的规定，上述不征税收入用于支出所形成的费用，不得在计算应纳税所得额时扣除；用于支出所形成的资产，其计算的折旧、摊销不得在计算应纳税所得额时扣除。

三、企业将符合本通知第一条规定条件的财政性资金作不征税收入处理后，在5年（60个月）内未发生支出且未缴回财政部门或其他拨付资金的政府部门的部分，应计入取得该资金第六年的应税收入总额；计入应税收入总额的财政性资金发生的支出，允许在计算应纳税所得额时扣除。

四、本通知自2011年1月1日起执行。

三、税前扣除项目

(一) 税前扣除项目的原则

企业申报的扣除项目和金额要真实、合法。

所谓真实,是指能提供证明有关支出确属已经实际发生。所谓合法,是指符合国家税法的规定,若其他法规规定与税收法规规定不一致,应以税收法规的规定为标准。

税前扣除的一般框架

按照企业所得税的国际惯例,一般对税前扣除进行总体上的肯定性概括处理(一般扣除规则),辅之以特定的禁止扣除的规定(禁止扣除规则),同时又规定了允许税前扣除的特别规则(特殊扣除规则)。在具体运用上,一般扣除规则服从于禁止扣除规则,同时禁止扣除规则又让位于特殊扣除规则。例如,为获得长期利润而发生的资本性支出是企业实际发生的合理相关的支出,原则上应允许扣除,但禁止扣除规则规定资本性资产不得"即时"扣除,同时又规定了资本性资产通过折旧摊销等方式允许在当年及以后年度分期扣除的特别规则。我国企业所得税法明确对企业实际发生的与取得收入有关的、合理的支出允许税前扣除的一般规则,同时明确不得税前扣除项目的禁止扣除规则,又规定了允许扣除的特殊项目。这些一般扣除规则、禁止扣除规则和特殊扣除规则,构成了我国企业所得税制度税前扣除的一般框架。

新的企业所得税法及其实施条例中采取税前扣除一般框架的安排,可以避免将企业所有的支出项目一一列举,同时给纳税人、税务机关和司法部门提供一个合理的框架,简化了对扣除项目的定性工作。

除税收法规另有规定外,税前扣除一般应遵循以下原则。

1. 权责发生制原则

权责发生制原则是指企业费用应在发生的所属期扣除。

2. 配比原则

配比原则是指企业发生的费用应当与收入配比扣除。除特殊规定外,企业发生的费用不得提前或滞后申报扣除。

3. 合理性原则

符合生产经营活动常规,应当计入当期损益或者有关资产成本的必要和正常的支出。

税前扣除的相关性和合理性原则

相关性和合理性是企业所得税税前扣除的基本要求和重要条件。

企业所得税法实施条例规定,支出税前扣除的相关性是指与取得收入直接相关的支出。对相关性的具体判断一般是从支出发生的根源和性质方面进行分析,而不是看费用支出的结果。如企业经理人员因个人原因发生的法律诉讼,虽然经理人员摆脱法律纠纷有利于其全身心投入企业的经营管理,结果可能确实对企业经营会有好处,但这些诉讼费用从性质和根源上分析属于经理人员的个人支出,因而不允许作为企业的支出在税前扣除。

同时,相关性要求为限制取得的不征税收入所形成的支出不得扣除提供了依据。企业所得税法实施条例规定,企业的不征税收入用于支出所形成的费用或财产,不得扣除或计算对应的折旧、摊销扣除。由于不征税收入是企业非营利性活动取得的收入,不属于企业所得税的应税收入,与企业的应税收入没有关联,所以,对取得的不征税收入所形成的支出,不符合相关性原则,不得在税前扣除。

企业所得税法实施条例规定,支出税前扣除的合理性是指符合生产经营活动常规,应当计入当期损益或者有关资产成本的必要和正常的支出。合理性的具体判断,主要是发生的支出其计算和分配方法是否符合一般经营常规。例如企业发生的业务招待费与所成交的业务额或业务的利润水平是否相吻合,工资水平与社会整体或同行业工资水平是否差异过大。

(二) 扣除项目的范围

企业实际发生的与取得收入有关的、合理的支出,包括成本、费用、税金、损失和其他支出,准予在计算应纳税所得额时扣除。

1. 成本

成本是指企业在生产经营活动中发生的销售成本、销货成本、业务支出以及其他耗费,即企业销售商品(产品、材料、下脚料、废料、废旧物资等)提供劳务、转让固定资产、无形资产(包括技术转让)的成本。

企业必须将经营活动中发生的成本合理划分为直接成本和间接成本。

直接成本是指可直接计入有关成本计算对象或劳务的经营成本中的直接材料、直接人工等。

间接成本是指多个部门为同一成本对象提供服务的共同成本，或者同一种投入可以制造、提供两种或两种以上的产品或劳务的联合成本。

直接成本可根据有关会计凭证、记录直接计入有关成本计算对象或劳务的经营成本中。间接成本必须根据与成本计算对象之间的因果关系、成本计算对象的产量等，以合理的方法分配计入有关成本计算对象中。

自2011年7月1日起，航空企业实际发生的飞行员养成费、飞行训练费、乘务训练费、空中保卫员训练费等空勤训练费用，可以作为航空企业运输成本在税前扣除。

核力发电企业为培养核电厂操纵员发生的培养费用，可作为企业的发电成本在税前扣除。企业应将核电厂操纵员培养费与员工的职工教育经费严格区分，单独核算，员工实际发生的职工教育经费支出不得计入核电厂操纵员培养费直接扣除。

2. 费用

费用是指企业每一个纳税年度为生产、经营商品和提供劳务等所发生的销售（经营）费用、管理费用和财务费用。已经计入成本的有关费用除外。

销售费用是指应由企业负担的为销售商品而发生的费用，包括广告费、运输费、装卸费、包装费、展览费、保险费、销售佣金（能直接认定的进口佣金调整商品进价成本）代销手续费、经营性租赁费及销售部门发生的差旅费、工资、福利费等费用。

管理费用是指企业的行政管理部门为管理组织经营活动提供各项支援性服务而发生的费用。

财务费用是指企业筹集经营性资金而发生的费用，包括利息净支出、汇兑净损失、金融机构手续费以及其他非资本化支出。

企业当年度实际发生的相关成本、费用，由于各种原因未能及时取得该成本、费用的有效凭证，企业在预缴季度所得税时，可暂按账面发生金额进行核算；但在汇算清缴时，应补充提供该成本、费用的有效凭证。

3. 税金

税金是指企业发生的除企业所得税和允许抵扣的增值税以外的企业缴纳的各项税金及其附加，即企业按规定缴纳的消费税、城市维护建设税、关税、资源税、土地增值税、房产税、车船税、城镇土地使用税、印花税、教育费附加等产品销售税金及附加。

这些已纳税金准予税前扣除。扣除的方式有两种：一是在发生当期扣除；二是在发生当期计入相关资产的成本，在以后各期分摊扣除。

4. 损失

损失是指企业在生产经营活动中发生的固定资产和存货的盘亏、毁损、报废损失，转让财产损失，呆账损失，坏账损失，自然灾害等不可抗力因素造成的损失以及其他损失。

企业发生的损失，减除责任人赔偿和保险赔款后的余额，依照国务院财政、税务主管部门的规定扣除。

企业已经作为损失处理的资产，在以后纳税年度又全部收回或者部分收回时，应当计入当期收入。

5. 其他支出

其他支出是指除成本、费用、税金、损失外，企业在生产经营活动中发生的与生产经营活动有关的、合理的支出。

注：（1）除《企业所得税法》及其实施条例另有规定外，企业实际发生的成本、费用、税金、损失和其他支出，不得重复扣除。

（2）企业的不征税收入用于支出所形成的费用或者财产，不得扣除或者计算对应的折旧、摊销扣除。

（3）企业发生的支出应当区分收益性支出和资本性支出。收益性支出在发生当期直接扣除；资本性支出应当分期扣除或者计入有关资产成本，不得在发生当期直接扣除。

（三）具体扣除项目及其标准

在计算应纳税所得额时，下列项目可按照

实际发生额或规定的标准扣除。

1. 工资、薪金支出

工资、薪金支出是企业每一纳税年度支付给本企业任职或与其有雇佣关系的员工的所有现金或非现金形式的劳动报酬,包括基本工资、奖金、津贴、补贴、年终加薪、加班工资,以及与任职或者是受雇有关的其他支出。

企业实际发生的与取得收入有关的、合理的支出,包括成本、费用、税金、损失和其他支出,准予在计算应纳税所得额时扣除。

企业发生的合理的工资、薪金支出准予据实扣除。

▎相关政策依据

关于工资薪金总额问题

《企业所得税法实施条例》第四十条、第四十一条、第四十二条所称的"工资薪金总额",是指企业按照本通知第一条规定实际发放的工资薪金总和,不包括企业的职工福利费、职工教育经费、工会经费以及养老保险费、医疗保险费、失业保险费、工伤保险费、生育保险费等社会保险费和住房公积金。属于国有性质的企业,其工资薪金,不得超过政府有关部门给予的限定数额;超过部分,不得计入企业工资薪金总额,也不得在计算企业应纳税所得额时扣除。[《国家税务总局关于企业工资薪金及职工福利费扣除问题的通知》(国税函〔2009〕3号,2009年1月4日,自2008年1月1日起执行)]

(1) 合理性原则。

合理的工资、薪金,是指企业按照股东大会、董事会、薪酬委员会或相关管理机构制定的工资、薪金制度规定实际发放给员工的工资、薪金。

对工资支出合理性的判断,主要包括两个方面:雇员实际提供了服务;报酬总额在数量上是合理的。实际操作中主要考虑雇员的职责、过去的报酬情况,以及雇员的业务量和复杂程度等相关因素。同时,还要考虑当地同行业职工平均工资水平。

税务机关在对工资、薪金进行合理性确认时,可按以下原则掌握:

① 企业制定了较为规范的员工工资、薪金制度。

② 企业所制定的工资、薪金制度符合行业及地区水平。

③ 企业在一定时期发放的工资、薪金是相对固定的,工资、薪金的调整是有序进行的。

④ 企业对实际发放的工资、薪金,已依法履行了代扣代缴个人所得税义务。

⑤ 有关工资、薪金的安排,不以减少或逃避税款为目的。

(2) 国有企业的工资薪金,不得超过限定数额。

属于国有性质的企业,其工资、薪金,不得超过政府有关部门给予的限定数额;超过部分,不得计入企业工资、薪金总额,也不得在计算企业应纳税所得额时扣除。

(3) 雇用季节工、临时工、实习生、返聘离退休人员。

企业因雇用季节工、临时工、实习生、返聘离退休人员所实际发生的费用,应区分为工资薪金支出和职工福利费支出,并按《企业所得税法》规定在企业所得税税前扣除。其中属于工资薪金支出的,准予计入企业工资薪金总额的基数,作为计算其他各项相关费用扣除的依据。

(4) 企业接受外部劳务派遣用工支出税前扣除问题。

企业接受外部劳务派遣用工所实际发生的费用,应分两种情况按规定在税前扣除:按照协议(合同)约定直接支付给劳务派遣公司的费用,应作为劳务费支出;直接支付给员工个人的费用,应作为工资薪金支出和职工福利费支出。其中属于工资薪金支出的费用,准予计入企业工资薪金总额的基数,作为计算其他各项相关费用扣除的依据。[《国家税务总局关于企业工资薪金和职工福利费等支出税前扣除问题的公告》(国家税务总局公告2015年第34号,2015年5月8日,适用于2014年度及以后年度企业所得税汇算清缴)]

(5) 企业福利性补贴支出税前扣除问题。

列入企业员工工资薪金制度、固定与工资薪金一起发放的福利性补贴,符合《国家税务总局关于企业工资薪金及职工福利费扣除问题的通知》(国税函〔2009〕3号)第一条*规定的,可作为企业发生的工资薪金支出,按规定在税前扣除。

不能同时符合上述条件的福利性补贴,应作为国税函〔2009〕3号文件第三条规定的职工福利费,按规定计算限额税前扣除。[《国家税务总局关于企业工资薪金和职工福利费等支出税前扣除问题的公告》(国家税务总局公告2015年第34号,2015年5月8日,适用于2014年度及以后年度企业所得税汇算清缴)]

*注:一、关于合理工资薪金问题《实施条例》第三十四条所称的'合理工资薪金',是指企业按照股东大会、董事会、薪酬委员会或相关管理机构制订的工资薪金制度规定实际发放给员工的工资薪金。税务机关在对工资薪金进行合理性确认时,可按以下原则掌握:

1. 企业制订了较为规范的员工工资薪金制度;
2. 企业所制订的工资薪金制度符合行业及地区水平;
3. 企业在一定时期所发放的工资薪金是相对固定的,工资薪金的调整是有序进行的;
4. 企业对实际发放的工资薪金,已依法履行了代扣代缴个人所得税义务。
5. 有关工资薪金的安排,不以减少或逃避税款为目的。

(6) 企业年度汇算清缴结束前支付汇缴年度工资薪金税前扣除问题。

企业在年度汇算清缴结束前向员工实际支付的已预提汇缴年度工资薪金,准予在汇缴年度按规定扣除。[《国家税务总局关于企业工资薪金和职工福利费等支出税前扣除问题的公告》(国家税务总局公告2015年第34号,2015年5月8日,适用于2014年度及以后年度企业所得税汇算清缴)]

延伸解读

居民企业股权激励计划有关企业所得税的处理

为推进我国资本市场改革,促进企业建立健全激励与约束机制,根据国务院证券管理委员会发布的《上市公司股权激励管理办法》(中国证券监督管理委员会令第126号)的规定,一些在我国境内上市的居民企业(以下简称上市公司),为其职工建立了股权激励计划。根据《企业所得税法》及其实施条例的有关规定,对上市公司实施股权激励计划有关企业所得税处理规定如下,自2012年7月1日起施行:

(1) 股权激励是指《上市公司股权激励管理办法》中规定的上市公司以本公司股票为标的,对其董事、监事、高级管理人员及其他员工(以下简称激励对象)进行的长期性激励。股权激励实行方式包括授予限制性股票、股票期权以及其他法律法规规定的方式。

限制性股票,是指《上市公司股权激励管理办法》中规定的激励对象按照股权激励计划规定的条件,从上市公司获得的一定数量的本公司股票。

股票期权,是指《上市公司股权激励管理办法》中规定的上市公司按照股权激励计划授予激励对象在未来一定期限内,以预先确定的价格和条件购买本公司一定数量股票的权利。

(2) 上市公司依照《上市公司股权激励管理办法》要求建立职工股权激励计划,并按我国企业会计准则的有关规定,在股权激励计划授予激励对象时,按照该股票的公允价格及数量,计算确定作为上市公司相关年度的成本或费用,作为换取激励对象提供服务的对价。上述企业建立的职工股权激励计划,其企业所得税的处理,按以下规定执行:

① 对股权激励计划实行后立即可以行权的,上市公司可以根据实际行权时该股票的公允价格与激励对象实际行权支付价格的差额和数量,计算确定作为当年上市公司工资薪金支出,依照税法规定进行税前扣除。

② 对股权激励计划实行后,需待一定服务年限或者达到规定业绩条件(以下简称等待期)方可行权的。上市公司等待期内会计上计算确认的相关成本费用,不得在对应年度计算缴纳企业所得税时扣除。在股权激励计划可行权后,上市公司方可根据该股票实际行权时的公允价格与当年激励对象实际行权支付价格的差额及数量,计算确定作为当年上市公司工资薪金支出,依照税法规定进行税前扣除。

③ 股票实际行权时的公允价格,以实际行权日该股票的收盘价格确定。

(3) 在我国境外上市的居民企业和非上市公司,凡比照《上市公司股权激励管理办法》的规定建立职工股权激励计划,且在企业会计处理上,也按我国会计准则的有关规定处理的,其股权激励计划有关企业所得税处理,可以按照上述规定执行。

2. 社会保险费和住房公积金、年金、企业财产保险、商业保险费

(1) 五险一金。

企业依照国务院有关主管部门或者省级人民政府规定的范围和标准为职工缴纳的"五险

一金",即基本养老保险费、基本医疗保险费、失业保险费、工伤保险费、生育保险费等基本社会保险费和住房公积金,准予扣除。

(2) 企业年金、职业年金。

企业为在本企业任职或受雇的全体员工支付的补充养老保险费、补充医疗保险费,分别在不超过职工工资总额5%标准内的部分,准予扣除。超过部分,不得扣除。

(3) 特殊工种的人身安全保险费、按规定可以扣除的商业保险费。

企业依照国家有关规定为特殊工种职工支付的人身安全保险费和符合国务院财政、税务主管部门规定可以扣除的商业保险费准予扣除。

(4) 企业财产保险费。

企业参加财产保险,按照规定缴纳的保险费,准予扣除。

(5) 商业保险费。

企业为投资者或者职工支付的商业保险费,不得扣除。

3. 劳动保护费

企业发生的合理的劳动保护支出,准予扣除。

4. 职工福利费、工会经费、职工教育经费

1) 综述

企业发生的职工福利费、工会经费、职工教育经费按标准扣除,未超过标准的按实际数扣除,超过标准的当年只能按标准扣除,除职工教育经费外,超出标准的部分不得扣除,也不得在以后年度结转扣除。

计算职工福利费、工会经费、职工教育经费的"工资、薪金总额",是指企业按规定实际发放的工资、薪金总和,不包括企业的职工福利费、职工教育经费、工会经费以及养老保险费、医疗保险费、失业保险费、工伤保险费、生育保险费等社会保险费和住房公积金。

2) 职工福利费

(1) 一般规定。

企业发生的职工福利费支出,不超过工资、薪金总额14%的部分准予扣除。

注:企业发生的职工福利费支出,不超过工资薪金总额14%的部分,准予扣除。这与原内、外资企业所得税对职工福利费的处理做法一致。目前,我国发票管理制度尚待完善、发票管理亟待加强,纳税人的税法遵从意识有待提高,对职工福利费的税前扣除实行比例限制,有利于保护税基,防止企业利用给职工搞福利为名侵蚀税基,减少税收漏洞。

(2) 职工福利费的构成。

企业职工福利费是指企业为职工提供的除职工工资、奖金、津贴、纳入工资总额管理的补贴、职工教育经费、社会保险费和补充养老保险费(年金)补充医疗保险费及住房公积金以外的福利待遇支出,包括发放给职工或为职工支付的以下各项现金补贴和非货币性集体福利:

① 为职工卫生保健、生活等发放或支付的各项现金补贴和非货币性福利,包括职工因公外地就医费用、暂未实行医疗统筹企业职工医疗费用、职工供养直系亲属医疗补贴、职工疗养费用、自办职工食堂经费补贴或未办职工食堂统一供应午餐支出、符合国家有关财务规定的供暖费补贴、防暑降温费等。

② 企业尚未分离的内设集体福利部门所发生的设备、设施和人员费用,包括职工食堂、职工浴室、理发室、医务所、托儿所、疗养院、集体宿舍等集体福利部门设备、设施的折旧、维修保养费用以及集体福利部门工作人员的工资薪金、社会保险费、住房公积金、劳务费等人工费用。

③ 职工困难补助,或者企业统筹建立和管理的专门用于帮助、救济困难职工的基金支出。

④ 离退休人员统筹外费用,包括离休人员的医疗费及离退休人员其他统筹外费用。企业重组涉及的离退休人员统筹外费用,按照《财政部关于企业重组有关职工安置费用财务管理问题的通知》(财企〔2009〕117号)执行。国家另有规定的,从其规定。

⑤ 按规定发生的其他职工福利费,包括丧葬补助费、抚恤费、职工异地安家费、独生子女费、探亲假路费,以及符合企业职工福利费定义但没有包括在上述各条款项目中的其他支出。

(3) 企业员工服饰费用支出扣除。

自2011年7月1日起,企业根据其工作性质和特点,由企业统一制作并要求员工工作时统一着装所发生的工作服饰费用,根据《企业所得税法实施条例》第二十七条的规定,可以作为企业合理的支出给予税前扣除。

(4) 职工福利费核算。

企业发生的职工福利费,应该单独设置账册,进行准确核算。没有单独设置账册准确核算的,税务机关应责令企业在规定的期限内进行改正。逾期仍未改正的,税务机关可对企业发生的职工福利费进行合理的核定。

3) 工会经费

企业拨缴的工会经费,不超过工资、薪金总额2%的部分准予扣除。

自2010年7月1日起,企业拨缴的职工工会经费,不超过工资薪金总额2%的部分,凭工会组织开具的《工会经费收入专用收据》在企业所得税税前扣除。

自2010年1月1日起,在委托税务机关代收工会经费的地区,企业拨缴的工会经费,也可凭合法、有效的工会经费代收凭据依法在税前扣除。

4) 职工教育经费

(1) 一般规定。

自2018年1月1日起,除国务院财政、税务主管部门另有规定外,企业发生的职工教育经费支出,不超过工资、薪金总额8%的部分准予扣除,超过部分准予结转以后纳税年度扣除。

相关政策依据

财政部 全国总工会 发展改革委 教育部 科技部 国防科工委 人事部 劳动保障部 国资委 国家税务总局 全国工商联关于印发《关于企业职工教育经费提取与使用管理的意见》的通知

财建〔2006〕317号　2006年6月19日

为深入贯彻全国职业教育工作会议精神,实施科教兴国战略和人才强国战略,落实《国务院关于大力发展职业教育的决定》(国发〔2005〕35号)和中共中央办公厅、国务院办公厅《印发〈关于进一步加强高技能人才工作的意见〉的通知》,推动"创建学习型组织,争做知识型职工"活动深入开展,培养和造就一支高素质的职工队伍,更好地为实施"十一五"规划纲要、建设创新型国家、实现全面建设小康社会宏伟目标提供人才保证,有关部门共同制定了《关于企业职工教育培训经费提取与使用管理的意见》,现印发给你们。请结合工作实际,认真组织落实。

附件:财政部全国总工会国家发改委教育部科技部国防科工委人事部劳动保障部国务院国资委国家税务总局全国工商联关于企业职工教育经费提取与使用管理的意见

为认真落实《中华人民共和国劳动法》《中华人民共和国职业教育法》《国务院关于大力发展职业教育的决定》(国发〔2005〕35号,以下简称《决定》),中共中央办公厅、国务院办公厅《印发〈关于进一步加强高技能人才工作的意见〉的通知》(以下简称《意见》)和全国职业教育工作会议精神,推动"创建学习型组织,争做知识型职工"活动深入持久开展,加速职工队伍的知识化进程,现就企业职工教育培训经费的提取与使用管理,提出以下意见:

一、充分认识企业职工教育培训的重要性

(一) 全面提高职工队伍素质,建设一支规模宏大、结构合理、素质较高的职工队伍,是实现"十一五"规划的关键。党的十六届五中全会强调加快推进人才强国战略,加强人力资源能力建设,实施人才培养工程。企业职工教育培训是开发人力资源,提高企业自主创新能力和竞争力的基础工作,是提高职工职业技能和岗位能力,适应经济发展、技术进步不可或缺的重要环节。各类企业要充分认识加强职工教育培训的重要性,承担本企业职工教育培训的组织、实施和管理工作。

(二) 企业职工教育培训是我国教育和人才工作的重要组成部分,是实施科教兴国战略、人才强国战略和加强人力资源能力建设的重要途径。加强职工教育培训工作,加快培养创新型人才和专业化高技能人才,带动企业职工整体素质的提高,是企业的重要职责;企业专业技术人员继续教育工作是企业职工教育培训的重要内容,对于提高企业专业技术人员整体素质和创新能力,提高企业的科研技术水平、自主创新能力和核心竞争力,发挥着关键作用。《决定》明确指出大力发展职业教育,加快人力资源开发,是落实科教兴国战略和人才强国战略,推进我国走新型工业化道路、解决"三农"问题、促进就业再就业的重大举措;是全面提高国民素质,把我国巨大人口压力转化为人力资源优势,提升我国综合国力、构建和谐社会的重要途径。各类企业都必须高度重视职工教育培训工作,履行职工教育培训的职责。

(三)提高职工的学习能力、实践能力和创新能力,是落实以人为本的科学发展观,切实维护职工的学习权、发展权的迫切需要。企业要进一步完善各项措施,提供职工参加学习和培训的必要保障,努力造就一支高素质的职工队伍,加速工人阶级知识化进程,为全面建设小康社会提供人才保证和智力支持。

二、进一步明确企业职工教育培训的内容和要求

(一)企业职工教育培训的主要内容有:政治理论、职业道德教育;岗位专业技术和职业技能培训以及适应性培训;企业经营管理人员和专业技术人员继续教育;企业富余职工转岗转业培训;根据需要对职工进行的各类文化教育和技术技能培训。

(二)企业要强化职工教育和培训,突出创新能力和技能培养,加大高技能人才培养力度,鼓励职工岗位自学成才,切实提高职工技能素质,提升职业竞争力。

三、切实保证企业职工教育培训经费足额提取及合理使用

(一)切实执行《国务院关于大力推进职业教育改革与发展的决定》(国发〔2002〕16号)中关于"一般企业按照职工工资总额的1.5%足额提取教育培训经费,从业人员技术要求高、培训任务重、经济效益较好的企业,可按2.5%提取,列入成本开支"的规定,足额提取职工教育培训经费。要保证经费专项用于职工特别是一线职工的教育和培训,严禁挪作他用。

(二)按照国家统计局《关于工资总额组成的规定》(国家统计局1990年第1号令),工资总额由计时工资、计件工资、奖金、津贴和补贴、加班加点工资、特殊情况下支付的工资等六个部分组成。企业应按规定提取职工教育培训经费,并按照计税工资总额和税法规定提取比例的标准在企业所得税税前扣除。当年结余可结转到下一年度继续使用。

(三)企业的职工教育培训经费提取、列支与使用必须严格遵守国家有关财务会计和税收制度的规定。

(四)职工教育培训经费必须专款专用,面向全体职工开展教育培训,特别是要加强各类高技能人才的培养。

(五)企业职工教育培训经费列支范围包括:

1. 上岗和转岗培训。
2. 各类岗位适应性培训。
3. 岗位培训、职业技术等级培训、高技能人才培训。
4. 专业技术人员继续教育。
5. 特种作业人员培训。
6. 企业组织的职工外送培训的经费支出。
7. 职工参加的职业技能鉴定、职业资格认证等经费支出。
8. 购置教学设备与设施。
9. 职工岗位自学成才奖励费用。
10. 职工教育培训管理费用。
11. 有关职工教育的其他开支。

(六)经单位批准或按国家和省、市规定必须到本单位之外接受培训的职工,与培训有关的费用由职工所在单位按规定承担。

(七)经单位批准参加继续教育以及政府有关部门集中举办的专业技术、岗位培训、职业技术等级培训、高技能人才培训所需经费,可从职工所在企业职工教育培训经费中列支。

(八)为保障企业职工的学习权利和提高他们的基本技能,职工教育培训经费的60%以上应用于企业一线职工的教育和培训。当前和今后一个时期,要将职工教育培训经费的重点投向技能型人才特别是高技能人才的培养以及在岗人员的技术培训和继续学习。

(九)企业职工参加社会上的学历教育以及个人为取得学位而参加的在职教育,所需费用应由个人承担,不能挤占企业的职工教育培训经费。

(十)对于企业高层管理人员的境外培训和考察,其一次性单项支出较高的费用应从其他管理费用中支出,避免挤占日常的职工教育培训经费开支。

(十一)矿山和建筑企业等聘用外来农民工较多的企业,以及在城市化进程中接受农村转移劳动力较多的企业,对农民工和农村转移劳动力培训所需的费用,可从职工教育培训经费中支出。

四、企业职工教育培训经费的补充

(一)企业新建项目,应充分考虑岗位技术技能要求、设备操作难度等因素,按照国家规定的相关标准,在项目投资中列支技术技能培训费用。

(二)企业进行技术改造和项目引进、研究开发新技术、试制新产品,应按相关规定从项目投入中提取职工技术技能培训经费,重点保证专业技术骨干、高技能人才和急需紧缺人才培养的需要。

(三)企业工会年度内按规定留成的工会经费中,应有一定部分用于职工教育与培训,列入工会预算掌握使用。

五、加强职工教育培训经费的管理

(一)建立健全企业职工教育培训经费提取和使用的规章制度,严格按照规定范围和控制额度开支。企业的经营者应确保本企业职工教育经费的提取与使用。

(二)企业职工教育培训主管部门要根据职工教育

与培训计划合理安排职工教育培训经费使用,大型企业集团提取的职工教育培训经费可与二级单位(或二级法人单位)划分一定的比例分别管理与使用。

(三)鼓励各企业建立职工个人学习与培训账户制度,采取单位、个人、工会共同向账户注资方法,支持职工个人学习与培训,并建立学习档案,完整记录职工学习与培训的情况。

(四)对自身没有能力开展职工培训,以及未开展高技能人才培训的企业,应按照《意见》要求,由县级以上地方人民政府对其职工教育培训经费实行统筹,由劳动保障等部门统一组织培训服务。

六、完善经费提取与使用的监督

(一)企业工会应当积极组织开展"创建学习型组织,争做知识型职工"活动,切实维护职工的学习权利,督促企业履行对职工的培训义务,并依据已签订的集体合同中有关职工教育培训的条款参与监督企业职工教育培训经费的提取与使用。

(二)企业职工代表大会或职工大会、企业审计等有关部门要分别履行监督企业提取与使用职工教育培训经费的职责。

(三)企业应将职工教育培训经费的提取与使用情况列为厂务公开的内容,向职工代表大会或职工大会报告,定期或不定期进行公开,接受职工代表的质询和全体职工的监督。

(四)各级劳动保障、审计部门要加强对企业职工教育培训经费提取与使用情况的监督,引导企业落实职工培训特别是高技能人才培训任务。

(五)充分发挥公众舆论依照国家有关法律法规实施监督的作用,促进企业按要求承担职工教育与培训义务。

(2)高新技术企业。

自2015年1月1日起,高新技术企业发生的职工教育经费支出,不超过工资薪金总额8%的部分,准予在计算企业所得税应纳税所得额时扣除;超过部分,准予在以后纳税年度结转扣除。其中,高新技术企业,是指注册在中国境内、实行查账征收、经认定的高新技术企业。

(3)软件生产企业。

软件生产企业发生的职工教育经费中的职工培训费用,根据《财政部 国家税务总局关于进一步鼓励软件产业和集成电路产业发展企业所得税政策的通知》(财税〔2012〕27号)的规定,可以全额在企业所得税前扣除。软件生产企业应准确划分职工教育经费中的职工培训费支出,对于不能准确划分的,以及准确划分后职工教育经费中扣除职工培训费用的余额,一律按照工资、薪金总额8%的比例扣除。

(4)技术先进型服务企业。

经认定的技术先进型服务企业发生的职工教育经费支出,不超过工资薪金总额8%的部分,准予在计算应纳税所得额时扣除;超过部分,准予在以后纳税年度结转扣除。

5. 租赁费

企业根据生产经营活动的需要租入固定资产支付的租赁费,按照以下方法扣除:

(1)以经营租赁方式租入固定资产发生的租赁费支出,按照租赁期限均匀扣除。

经营性租赁是指所有权不转移的租赁。

(2)以融资租赁方式租入固定资产发生的租赁费支出,按照规定构成融资租入固定资产价值的部分应当提取折旧费用,分期扣除。

融资租赁是指在实质上转移与一项资产所有权有关的全部风险和报酬的一种租赁。

6. 借款(利息)费用

1)一般规定

(1)企业在生产经营活动中发生的合理的不需要资本化的借款费用,准予扣除。

(2)企业为购置、建造固定资产、无形资产和经过12个月以上的建造才能达到预定可销售状态的存货发生借款的,在有关资产购置、建造期间发生的合理的借款费用,应予以资本化,作为资本性支出计入有关资产的成本;有关资产交付使用后发生的借款利息,可在发生当期扣除。

(3)企业通过发行债券、取得贷款、吸收保户储金等方式融资而发生的合理的费用支出,符合资本化条件的,应计入相关资产成本;不符合资本化条件的,应作为财务费用,准予在企业所得税前据实扣除。

2)利息费用

企业在生产经营活动中发生的利息费用,按下列规定扣除:

(1)非金融企业向金融企业借款的利息支

出、金融企业的各项存款利息支出和同业拆借利息支出、企业经批准发行债券的利息支出。

非金融企业向金融企业借款的利息支出、金融企业的各项存款利息支出和同业拆借利息支出、企业经批准发行债券的利息支出可据实扣除。

其中，所谓金融机构，是指各类银行、保险公司及经中国人民银行批准从事金融业务的非银行金融机构。

包括国家专业银行、区域性银行、股份制银行、外资银行、中外合资银行以及其他综合性银行；还包括全国性保险企业、区域性保险企业、股份制保险企业、中外合资保险企业以及其他专业性保险企业；城市、农村信用社、各类财务公司以及其他从事信托投资、租赁等业务的专业和综合性非银行金融机构。

非金融机构，是指除上述金融机构以外的所有企业、事业单位以及社会团体等企业或组织。

(2) 非金融企业向非金融企业借款的利息支出。

非金融企业向非金融企业借款的利息支出，不超过按照金融企业同期同类贷款利率计算的数额的部分可据实扣除，超过部分不允许扣除。

企业在按照合同要求首次支付利息并进行税前扣除时，应提供金融企业的同期同类贷款利率情况说明，以证明其利息支出的合理性。

金融企业的同期同类贷款利率情况说明中，应包括在签订该借款合同当时，本省任何一家金融企业提供同期同类贷款利率情况。该金融企业应为经政府有关部门批准成立的可以从事贷款业务的企业，包括银行、财务公司、信托公司等金融机构。

同期同类贷款利率是指在贷款期限、贷款金额、贷款担保以及企业信誉等条件基本相同时，金融企业提供贷款的利率。既可以是金融企业公布的同期同类平均利率，也可以是金融企业对某些企业提供的实际贷款利率。

(3) 关联企业利息费用的扣除。

企业从其关联方接受的债权性投资与权益性投资的比例超过规定标准而发生的利息支出，不得在计算应纳税所得额时扣除。

① 在计算应纳税所得额时，企业实际支付给关联方的利息支出，不超过以下规定比例和税法及其实施条例有关规定计算的部分，准予扣除，超过的部分不得在发生当期和以后年度扣除。

企业实际支付给关联方的利息支出，除符合下面第②项规定外，其接受关联方债权性投资与其权益性投资比例为：金融企业，为5：1；其他企业，为2：1。

② 企业如果能够按照税法及其实施条例的有关规定提供相关资料，并证明相关交易活动符合独立交易原则；或者该企业的实际税负不高于境内关联方的，其实际支付给境内关联方的利息支出，在计算应纳税所得额时准予扣除。

③ 企业同时从事金融业务和非金融业务，其实际支付给关联方的利息支出，应按照合理方法分开计算；没有按照合理方法分开计算的，一律按前述有关其他企业的比例计算准予税前扣除的利息支出。

④ 企业自关联方取得的不符合规定的利息收入应按照有关规定缴纳企业所得税。

(4) 企业向自然人借款的利息支出在企业所得税税前的扣除。

① 企业向股东或其他与企业有关联关系的自然人借款的利息支出，应根据《企业所得税法》第四十六条及《财政部　国家税务总局关于企业关联方利息支出税前扣除标准有关税收政策问题的通知》（财税〔2008〕121号）规定的条件，计算企业所得税扣除额。

② 企业向除第①项规定以外的内部职工或其他人员借款的利息支出，其借款情况同时符合以下条件的，其利息支出在不超过按照金融企业同期同类贷款利率计算的数额的部分，准予扣除：企业与个人之间的借贷是真实、合法、有效的，并且不具有非法集资目的或其他违反法律、法规的行为；企业与个人之间签订了借款合同。

(5) 企业投资者投资未到位发生利息支出的扣除。

企业投资者在规定期限内未缴足其应缴资本额的,该企业对外借款所发生的利息,相当于投资者实缴资本额与在规定期限内应缴资本额的差额应计付的利息,其不属于企业合理的支出,应由企业投资者负担,不得在计算企业应纳税所得额时扣除。

具体计算不得扣除的利息,应以企业一个年度内每一账面实收资本与借款余额保持不变的期间作为一个计算期,每一计算期内不得扣除的借款利息按该期间借款利息发生额乘以该期间企业未缴足的注册资本占借款总额的比例计算,公式为:

企业每一计算期不得扣除的借款利息＝该期间借款利息额×该期间未缴足注册资本额÷该期间借款额

企业一个年度内不得扣除的借款利息总额为该年度内每一计算期不得扣除的借款利息额之和。

7. 汇兑损失

企业在货币交易中,以及纳税年度终了时将人民币以外的货币性资产、负债按照期末即期人民币汇率中间价折算为人民币时产生的汇兑损失,除已经计入有关资产成本以及与向所有者进行利润分配相关的部分外,准予扣除。

8. 广告费和业务宣传费

1) 一般规定

企业发生的符合条件的广告费和业务宣传费支出,除国务院财政、税务主管部门另有规定外,不超过当年销售(营业)收入15％的部分,准予扣除;超过部分,准予结转以后纳税年度扣除。

当年销售(营业)收入包括《企业所得税法实施条例》第二十五条规定的视同销售(营业)收入额。

广告费和业务宣传费的税前扣除

以前,内资企业对广告费和业务宣传费支出分别实行比例扣除的政策,外资企业则允许据实扣除。企业所得税法实施条例第四十四条规定,企业每一纳税年度发生的符合条件的广告费和业务宣传费支出合并计算,除国务院财政、税务主管部门另有规定外,不超过当年销售(营业)收入15％的部分,准予扣除;超过部分,准予在以后纳税年度结转扣除。这主要考虑:

(1) 许多行业反映,业务宣传费与广告费性质相似,应统一处理。

(2) 广告费和业务宣传费是企业正常经营必须的营销费用,应允许在税前扣除。

(3) 广告费具有一次投入大、受益期长的特点。

(4) 目前我国的广告市场不规范,有的甚至以虚假广告欺骗消费者。实行每年比例限制扣除,有利于收入与支出配比,符合广告费支出一次投入大、受益期长的特点,也有利于规范广告费和业务宣传费支出。

企业申报扣除的广告费支出应与赞助支出严格区分。

企业申报扣除的广告费支出,必须符合下列条件:广告是通过工商部门批准的专门机构制作的;已实际支付费用,并已取得相应发票;通过一定的媒体传播。

2) 部分行业的特殊规定

对部分行业广告费和业务宣传费税前扣除的特殊规定。

自2021年1月1日起至2025年12月31日止,对化妆品制造或销售、医药制造和饮料制造(不含酒类制造)企业发生的广告费和业务宣传费支出,不超过当年销售(营业)收入30％的部分,准予扣除;超过部分,准予在以后纳税年度结转扣除。

烟草企业的烟草广告费和业务宣传费支出,一律不得在计算应纳税所得额时扣除。

3) 关联企业分摊协议

自2021年1月1日起至2025年12月31日止,对签订广告费和业务宣传费分摊协议(以下简称分摊协议)的关联企业,其中一方发生的不超过当年销售(营业)收入税前扣除限额比例内的广告费和业务宣传费支出可以在本企业扣除,也可以将其中的部分或全部按照分摊协议归集至另一方扣除。另一方在计算本企业广告费和业务宣传费支出企业所得税税前扣除限额时,可将按照上述办法归集至本企业的广告费和业务宣传费不计算在内。

4) 筹建期间发生的广告费和业务宣传费

企业在筹建期间,发生的广告费和业务宣

传费,可按实际发生额计入企业筹办费,并按有关规定在税前扣除。

9. 手续费及佣金支出

(1) 企业发生与生产经营有关的手续费及佣金支出,不超过以下规定计算限额以内的部分,准予扣除;超过部分,不得扣除:

① 保险企业。

自2019年1月1日起,保险企业发生与其经营活动有关的手续费及佣金支出,不超过当年全部保费收入扣除退保金等后余额的18%(含本数)的部分,在计算应纳税所得额时准予扣除;超过部分,允许结转以后年度扣除。

保险企业发生的手续费及佣金支出税前扣除的其他事项继续按照《财政部 国家税务总局关于企业手续费及佣金支出税前扣除政策的通知》(财税〔2009〕29号)中第二条至第五条相关规定处理。保险企业应建立健全手续费及佣金的相关管理制度,并加强手续费及佣金结转扣除的台账管理。

② 电信企业。

在发展客户、拓展业务等过程中,需向经纪人、代办商支付手续费及佣金的,其实际发生的相关手续费及佣金支出,不超过企业当年收入总额5%的部分,准予在企业所得税前据实扣除。

《国家税务总局关于企业所得税应纳税所得额若干税务处理问题的公告》(国家税务总局公告2012年第15号)第四条所称电信企业手续费及佣金支出,仅限于电信企业在发展客户、拓展业务等过程中因委托销售电话入网卡、电话充值卡等所发生的手续费及佣金支出。

③ 其他企业。

按与具有合法经营资格中介服务机构或个人(不含交易双方及其雇员、代理人和代表人等)所签订服务协议或合同确认的收入金额的5%计算限额。

(2) 企业应与具有合法经营资格的中介服务企业或个人签订代办协议或合同,并按国家有关规定支付手续费及佣金。除委托个人代理外,企业以现金等非转账方式支付的手续费及佣金不得在税前扣除。企业为发行权益性证券支付给有关证券承销机构的手续费及佣金不得在税前扣除。

(3) 企业不得将手续费及佣金支出计入回扣、业务提成、返利、进场费等费用。

(4) 企业已计入固定资产、无形资产等相关资产的手续费及佣金支出,应当通过折旧、摊销等方式分期扣除,不得在发生当期直接扣除。

(5) 企业支付的手续费及佣金不得直接冲减服务协议或合同金额,并如实入账。

(6) 企业应当如实向当地主管税务机关提供当年手续费及佣金计算分配表和其他相关资料,并依法取得合法真实凭证。

(7) 从事代理服务、主营业务收入为手续费、佣金的企业(如证券、期货、保险代理等企业),其为取得该类收入而实际发生的营业成本(包括手续费及佣金支出),准予在企业所得税前据实扣除。

10. 业务招待费、差旅费

1) 一般规定

企业发生的与生产经营活动有关的业务招待费支出,按照发生额的60%扣除,但最高不得超过当年销售(营业)收入的5‰。

> **延伸解读**
>
> **业务招待费的税前扣除**
>
> 业务招待是正常的商业做法,但商业招待又不可避免包括个人消费的成分,在许多情况下,无法将商业招待与个人消费区分开。所以,国际上许多国家采取对企业业务招待费支出在税前"打折"扣除的做法,比如意大利,业务招待费的30%属于商业招待可在税前扣除,加拿大为80%,美国、新西兰为50%。借鉴国际做法,结合原税法按销售收入的一定比例限制扣除的经验,同时考虑到业务招待费管理难度大,坚持从严控制的要求,企业所得税法实施条例规定,将企业发生的与生产经营活动有关的业务招待费,按照发生额的60%扣除,且扣除总额全年最高不得超过当年销售(营业)收入的5‰。

2) 基数的特别说明

(1) 当年销售(营业)收入包括《企业所得税法实施条例》第二十五条规定的视同销售(营业)收入额。

(2) 对从事股权投资业务的企业（包括集团公司总部、创业投资企业等），其从被投资企业所分配的股息、红利以及股权转让收入，可以按规定的比例计算业务招待费扣除限额。

3) 企业差旅费中人身意外保险费支出税前扣除

企业职工因公出差乘坐交通工具发生的人身意外保险费支出，准予企业在计算应纳税所得额时扣除。

4) 筹办期业务招待费等费用税前扣除

企业在筹建期间，发生的与筹办活动有关的业务招待费支出，可按实际发生额的60%计入企业筹办费，并按有关规定在税前扣除。

11. 投资企业撤回或减少投资

投资企业从被投资企业撤回或减少投资，其取得的资产中，相当于初始出资的部分，应确认为投资收回；相当于被投资企业累计未分配利润和累计盈余公积按减少实收资本比例计算的部分，应确认为股息所得；其余部分确认为投资资产转让所得。

被投资企业发生的经营亏损，由被投资企业按规定结转弥补；投资企业不得调整减低其投资成本，也不得将其确认为投资损失。

12. 责任保险费

企业参加雇主责任险、公众责任险等责任保险，按照规定缴纳的保险费，准予在企业所得税税前扣除（适用于2018年度及以后年度企业所得税汇算清缴）。

13. 维简费和高危行业企业安全生产费用

(1) 非煤矿企业。

自2013年1月1日起，企业实际发生的维简费支出，属于收益性支出的，可作为当期费用税前扣除；属于资本性支出的，应计入有关资产成本，并按企业所得税法规定计提折旧或摊销费用在税前扣除。企业按照有关规定预提的维简费，不得在当期税前扣除。

(2) 煤矿企业。

自2011年5月1日起，煤矿企业实际发生的维简费支出和高危行业企业实际发生的安全生产费用支出，属于收益性支出的，可直接作为当期费用在税前扣除；属于资本性支出的，应计入有关资产成本，并按企业所得税法规定计提折旧或摊销费用在税前扣除。企业按照有关规定预提的维简费和安全生产费用，不得在税前扣除。

14. 环境保护、生态恢复等方面专项资金

企业依照法律、行政法规有关规定提取的用于环境保护、生态恢复等方面的专项资金，准予扣除。上述专项资金提取后改变用途的，不得扣除。

15. 公益性捐赠支出

公益性捐赠，是指企业通过公益性社会团体或者县级以上人民政府及其部门，用于《中华人民共和国公益事业捐赠法》规定的公益事业的捐赠。

企业发生的公益性捐赠支出，不超过年度利润总额12%的部分，准予扣除。超过年度利润总额12%的部分，准予以后3年内在计算应纳税所得额时结转扣除。

年度利润总额，是指企业依照国家会计制度的规定计算的年度会计利润。

企业发生的公益性捐赠支出未在当年税前扣除的部分，准予向以后年度结转扣除，但结转年限自捐赠发生年度的次年起计算最长不得超过3年。企业在对公益性捐赠支出计算扣除时，应先扣除以前年度结转的捐赠支出，再扣除当年发生的捐赠支出。

自2021年1月1日起，企业或个人通过公益性群众团体用于符合法律规定的公益慈善事业捐赠支出，准予按税法规定在计算应纳税所得额时扣除。

以上所称公益慈善事业，应当符合《中华人民共和国公益事业捐赠法》第三条对公益事业范围的规定或者《中华人民共和国慈善法》第三条对慈善活动范围的规定。

以上所称公益性群众团体，包括依照《社会团体登记管理条例》规定不需进行社团登记的人民团体以及经国务院批准免予登记的社会团体（以下统称群众团体），且按规定条件和程序已经取得公益性捐赠税前扣除资格。

群众团体取得公益性捐赠税前扣除资格应当同时符合以下条件:

(1) 符合《企业所得税法实施条例》第五十二条第(一)项至第(八)项规定的条件。

(2) 县级以上各级机构编制部门直接管理其机构编制。

(3) 对接受捐赠的收入以及用捐赠收入进行的支出单独进行核算,且申报前连续3年接受捐赠的总收入中用于公益慈善事业的支出比例不低于70%。

公益性捐赠税前扣除资格的确认按以下规定执行:

(1) 由中央机构编制部门直接管理其机构编制的群众团体,向财政部、国家税务总局报送材料。

(2) 由县级以上地方各级机构编制部门直接管理其机构编制的群众团体,向省、自治区、直辖市和计划单列市财政、税务部门报送材料。

(3) 对符合条件的公益性群众团体,按照上述管理权限,由财政部、国家税务总局和省、自治区、直辖市、计划单列市财政、税务部门分别联合公布名单。企业和个人在名单所属年度内向名单内的群众团体进行的公益性捐赠支出,可以按规定进行税前扣除。

(4) 公益性捐赠税前扣除资格的确认对象包括:

① 公益性捐赠税前扣除资格将于当年末到期的公益性群众团体。

② 已被取消公益性捐赠税前扣除资格但又重新符合条件的群众团体。

③ 尚未取得或资格终止后未取得公益性捐赠税前扣除资格的群众团体。

(5) 每年年底前,省级以上财政、税务部门按权限完成公益性捐赠税前扣除资格的确认和名单发布工作,并按上述规定的不同审核对象,分别列示名单及其公益性捐赠税前扣除资格起始时间。

以上规定需报送的材料,应在申报年度6月30日前报送,包括:

(1) 申报报告。

(2) 县级以上各级党委、政府或机构编制部门印发的"三定"规定。

(3) 组织章程。

(4) 申报前3个年度的受赠资金来源、使用情况,财务报告,公益活动的明细,注册会计师的审计报告或注册会计师、(注册)税务师、律师的纳税审核报告(或鉴证报告)。

公益性捐赠税前扣除资格在全国范围内有效,有效期为3年。

公益性群众团体前3年接受捐赠的总收入中用于公益慈善事业的支出比例低于70%的,应当取消其公益性捐赠税前扣除资格。

公益性群众团体存在以下情形之一的,应当取消其公益性捐赠税前扣除资格,且被取消资格的当年及之后3个年度内不得重新确认资格:

(1) 违反规定接受捐赠的,包括附加对捐赠人构成利益回报的条件、以捐赠为名从事营利性活动、利用慈善捐赠宣传烟草制品或法律禁止宣传的产品和事项、接受不符合公益目的或违背社会公德的捐赠等情形。

(2) 开展违反组织章程的活动,或者接受的捐赠款项用于组织章程规定用途之外的。

(3) 在确定捐赠财产的用途和受益人时,指定特定受益人,且该受益人与捐赠人或公益性群众团体管理人员存在明显利益关系的。

(4) 受到行政处罚(警告或单次1万元以下罚款除外)的。

对存在上述(1)、(2)、(3)项情形的公益性群众团体,应对其接受捐赠收入和其他各项收入依法补征企业所得税。

公益性群众团体存在以下情形之一的,应当取消其公益性捐赠税前扣除资格且不得重新确认资格:

(1) 从事非法政治活动的。

(2) 从事、资助危害国家安全或者社会公共利益活动的。

对应当取消公益性捐赠税前扣除资格的公益性群众团体,由省级以上财政、税务部门核实相关信息后,按权限及时向社会发布取消资格名单公告。自发布公告的次月起,相关公益性群众团体不再具有公益性捐赠税前扣除资格。

公益性群众团体在接受捐赠时，应按照行政管理级次分别使用由财政部或省、自治区、直辖市财政部门监（印）制的公益事业捐赠票据，并加盖本单位的印章；对个人索取捐赠票据的，应予以开具。

企业或个人将符合条件的公益性捐赠支出进行税前扣除，应当留存相关票据备查。

除另有规定外，公益性群众团体在接受企业或个人捐赠时，按以下原则确认捐赠额：

（1）接受的货币性资产捐赠，以实际收到的金额确认捐赠额。

（2）接受的非货币性资产捐赠，以其公允价值确认捐赠额。捐赠方在向公益性群众团体捐赠时，应当提供注明捐赠非货币性资产公允价值的证明；不能提供证明的，接受捐赠方不得向其开具捐赠票据。

为方便纳税义务人查询，省级以上财政、税务部门应当及时在官方网站上发布具备公益性捐赠税前扣除资格的公益性群众团体名单公告。

企业或个人可通过上述渠道查询群众团体公益性捐赠税前扣除资格及有效期。

公益性捐赠的税前扣除

允许公益性捐赠支出按一定比例在税前扣除，主要是为了鼓励企业支持社会公益事业，促进我国社会公益事业的发展。我国企业所得税法规定，企业发生的公益性捐赠支出，在年度利润总额12%以内的部分，准予在计算应纳税所得额时扣除。

企业所得税法实施条例将公益性捐赠界定为，企业通过公益性社会团体或者县级以上人民政府及其部门，用于《中华人民共和国公益事业捐赠法》规定的公益事业的捐赠。同时规定，将计算公益性捐赠扣除比例的基数由应纳税所得额改为企业会计利润总额，并将年度利润总额界定为企业依照国家统一会计制度的规定计算的年度会计利润。这样更方便公益性捐赠税前扣除的计算，有利于纳税人正确申报，体现了国家对发展社会公益性事业的支持。

企业在非货币性资产捐赠过程中发生的运费、保险费、人工费用等相关支出，凡纳入国家机关、公益性社会组织开具的公益捐赠票据记载的数额中的，作为公益性捐赠支出按照规定在税前扣除；上述费用未纳入公益性捐赠票据记载的数额中的，作为企业相关费用按照规定在税前扣除。

自2019年1月1日至2025年12月31日，企业通过公益性社会组织或者县级（含县级）以上人民政府及其组成部门和直属机构，用于目标脱贫地区的扶贫捐赠支出，准予在计算企业所得税应纳税所得额时据实扣除。在政策执行期限内，目标脱贫地区实现脱贫的，可继续适用上述政策。

"目标脱贫地区"包括832个国家扶贫开发工作重点县、集中连片特困地区县（新疆阿克苏地区6县1市享受片区政策）和建档立卡贫困村。

企业同时发生扶贫捐赠支出和其他公益性捐赠支出，在计算公益性捐赠支出年度扣除限额时，符合上述条件的扶贫捐赠支出不计算在内。[《财政部 税务总局 人力资源社会保障部 国家乡村振兴局关于延长部分扶贫税收优惠政策执行期限的公告》（财政部 税务总局 人力资源社会保障部 国家乡村振兴局公告2021年第18号，2021年5月6日）]

企事业单位、社会团体以及其他组织捐赠住房作为公租房，符合税收法律法规规定的，对其公益性捐赠支出在年度利润总额12%以内的部分，准予在计算应纳税所得额时扣除，超过年度利润总额12%的部分，准予结转以后3年内在计算应纳税所得额时扣除。

享受上述税收优惠政策的公租房是指纳入省、自治区、直辖市、计划单列市人民政府及新疆生产建设兵团批准的公租房发展规划和年度计划，或者市、县人民政府批准建设（筹集），并按照《住房和城乡建设部 国家发展和改革委员会 财政部 国土资源部 中国人民银行 国家税务总局 中国银行业监督管理委员会关于加快发展公共租赁住房的指导意见》（建保〔2010〕87号）和市、县人民政府制定的具体管理办法进行管理的公租房。

纳税人享受上述优惠政策,应按规定进行免税申报,并将不动产权属证明、载有房产原值的相关材料、纳入公租房及用地管理的相关材料、配套建设管理公租房相关材料、购买住房作为公租房相关材料、公租房租赁协议等留存备查。

上述政策执行至 2025 年 12 月 31 日。[《财政部 税务总局关于继续实施公共租赁住房税收优惠政策的公告》(财政部 税务总局公告 2023 年第 33 号),2023 年 8 月 18 日]

16. 从事代理服务企业营业成本税前扣除

从事代理服务、主营业务收入为手续费、佣金的企业(如证券、期货、保险代理等企业),其为取得该类收入而实际发生的营业成本(包括手续费及佣金支出),准予在企业所得税前据实扣除。[《国家税务总局关于企业所得税应纳税所得额若干税务处理问题的公告》(国家税务总局公告 2012 年第 15 号,2012 年 4 月 24 日,适用于 2011 年度及以后各年度企业应纳税所得额的处理)]

17. 免税收入所对应的费用扣除

企业取得的各项免税收入所对应的各项成本费用,除另有规定者外,可以在计算企业应纳税所得额时扣除。[《国家税务总局关于贯彻落实企业所得税法若干税收问题的通知》(国税函〔2010〕79 号,2010 年 2 月 22 日)]

18. 总机构分摊的费用

非居民企业在中国境内设立的机构、场所,就其中国境外总机构发生的与该机构、场所生产经营有关的费用,能够提供总机构出具的费用汇集范围、定额、分配依据和方法等证明文件,并合理分摊的,准予扣除。

19. 以前年度发生应扣未扣支出

对企业发现以前年度实际发生的、按照税收规定应在企业所得税前扣除而未扣除或者少扣除的支出,企业作出专项申报及说明后,准予追补至该项目发生年度计算扣除,但追补确认期限不得超过 5 年。

企业由于上述原因多缴的企业所得税税款,可以在追补确认年度企业所得税应纳税款中抵扣,不足抵扣的,可以向以后年度递延抵扣或申请退税。

亏损企业追补确认以前年度未在企业所得税前扣除的支出,或盈利企业经过追补确认后出现亏损的,应首先调整该项支出所属年度的亏损额,然后再按照弥补亏损的原则计算以后年度多缴的企业所得税款,并按前述规定处理。

20. 开(筹)办费

新税法中开(筹)办费未明确列作长期待摊费用,企业可以在开始经营之日的当年一次性扣除,也可以按照新税法有关长期待摊费用的处理规定处理,但一经选定,不得改变。

企业在新税法实施以前年度的未摊销完的开办费,也可根据上述规定处理。[《国家税务总局关于企业所得税若干税务事项衔接问题的通知》(国税函〔2009〕98 号,2009 年 2 月 27 日)]

21. 税前扣除规定与企业实际会计处理之间的协调

对企业依据财务会计制度规定,并实际在财务会计处理上已确认的支出,凡没有超过《企业所得税法》和有关税收法规规定的税前扣除范围和标准的,可按企业实际会计处理确认的支出,在企业所得税前扣除,计算其应纳税所得额。

22. 依照有关法律、行政法规和国家有关税法规定准予扣除的其他项目

如会员费、合理的会议费、差旅费、违约金、诉讼费用等,准予税前扣除。

【案例 5-9】 赓升公司于当年受到另一家计算机公司怡平公司的起诉,原告声称赓升公司侵犯了该公司的软件版权,要求赓升公司予以赔偿,赔偿金额为 50 万元。在应诉过程中,赓升公司发现,诉讼所涉及的软件主体部分是有偿委托第三家计算机公司映东公司开发的。如果这套软件确有侵权问题,第三家公司应当承担连带责任,对赓升公司予以赔偿。

【分析】 (1)预计负债的确认及初始计量。

企业在年末编制会计报表时,根据法律诉讼的进展情况以及律师的意见,认为对原告予以赔偿的可能性在 50% 以上,最有可能发生的赔偿金额为 30 万元;从第三方映东公司得到补偿基本上可以确定,最有可能获得的赔偿金额

为20万元。假定诉讼费为3万元,同时确认一笔资产,金额为20万元,分录如下:

```
借:管理费用——诉讼费           30 000
   营业外支出——诉讼赔款       300 000
   贷:预计负债——未决诉讼             330 000
借:其他应收款                 200 000
   贷:营业外支出——诉讼赔款          200 000
```

按照《企业会计准则第13号——或有事项》规定,企业因或有事项确认的负债在资产负债表中单列反映,而与所确认负债有关的费用或支出,应在扣除确认的补偿金额后,在利润表中反映。那么,这部分在利润表中反映的"或有损失"能否在计算企业所得税前扣除呢?

由于"或有损失"只是当"很可能导致经济利益流出企业"时进行的合理估计金额,在确认"或有损失"时违背了我国企业所得税税法税前扣除的"确定性"原则。所以,对会计上确认的"或有损失"不得税前扣除。但是,当未来不确定事项的发生或不发生予以证实时,则应当按照实际发生的金额进行税前扣除。

上例中,因或有事项减少"本年利润"13万元,在申报所得税时应当作纳税调整处理。假设赓升公司当年税前利润总额为100万元,不考虑其他纳税调整因素,假设企业所得税税率为25%,当年应纳税所得额应为113万元,应纳企业所得税为28.25万元(113×25%)。

(2)第2年,根据法院判决的结果,进行账务处理,并根据该笔业务实际发生的损失确认税前扣除金额,进行纳税调整。

假设,经法院判决,赓升公司败诉,支付诉讼费4万元,向原告赔偿35万元,并收到第三家公司映东公司的补偿金额18万元。分录如下:

```
借:管理费用——诉讼费            10 000
   预计负债——未决诉讼         330 000
   营业外支出——诉讼赔偿        50 000
   贷:银行存款                       390 000
借:银行存款                   180 000
   营业外支出——诉讼赔偿       20 000
   贷:其他应收款                      200 000
```

该笔业务实际发生的损失为21万元(4+35-18),已计入本期损益的金额为8万元(1+5+2),应调减应纳税所得额为13万元(21-8)。

假设赓升公司次年税前利润总额为120万元,不考虑其他纳税调整因素,当年应纳税所得额应为107万元(120-13),应纳所得税额为26.75万元(107×25%)。

(四) 税前扣除凭证

为规范企业所得税税前扣除凭证(以下简称税前扣除凭证)管理,国家税务总局制定了《企业所得税税前扣除凭证管理办法》(国家税务总局公告2018年第28号,2018年6月6日,自2018年7月1日起施行)。

上述所称企业是指《企业所得税法》及其实施条例规定的居民企业和非居民企业。

上述所称税前扣除凭证,是指企业在计算企业所得税应纳税所得额时,证明与取得收入有关的、合理的支出实际发生,并据以税前扣除的各类凭证。

1. 税前扣除凭证在管理中遵循的原则

税前扣除凭证在管理中遵循真实性、合法性、关联性原则。真实性是指税前扣除凭证反映的经济业务真实,且支出已经实际发生;合法性是指税前扣除凭证的形式、来源符合国家法律、法规等相关规定;关联性是指税前扣除凭证与其反映的支出相关联且有证明力。

2. 企业发生支出,应取得税前扣除凭证

企业发生支出,应取得税前扣除凭证,作为计算企业所得税应纳税所得额时扣除相关支出的依据。

3. 取得税前扣除凭证的时限

企业应在当年度企业所得税法规定的汇算清缴期结束前取得税前扣除凭证。

4. 与税前扣除凭证相关的资料留存备查

企业应将与税前扣除凭证相关的资料,包括合同协议、支出依据、付款凭证等留存备查,以证实税前扣除凭证的真实性。

5. 税前扣除凭证的类型(外部凭证、内部凭证,发票或者收款凭证及内部凭证)

税前扣除凭证按照来源分为内部凭证和外部凭证。内部凭证是指企业自制用于成本、费用、损失和其他支出核算的会计原始凭证。内部凭证的填制和使用应当符合国家会计法律、法规等相关规定。外部凭证是指企业发生经营活动和其他事项时,从其他单位、个人取得的用于证明其支出发生的凭证,包括但不限于发票(包括纸质发票和电子发票)、财政票据、完税凭证、收款凭证、分割单等。

企业在境内发生的支出项目属于增值税应税项目(以下简称应税项目)的,对方为已办理税务登记的增值税纳税人,其支出以发票(包括按照规定由税务机关代开的发票)作为税前扣除凭证;对方为依法无需办理税务登记的单位或者从事小额零星经营业务的个人,其支出以税务机关代开的发票或者收款凭证及内部凭证作为税前扣除凭证,收款凭证应载明收款单位名称、个人姓名及身份证号、支出项目、收款金额等相关信息。小额零星经营业务的判断标准是个人从事应税项目经营业务的销售额不超过增值税相关政策规定的起征点。税务总局对应税项目开具发票另有规定的,以规定的发票或者票据作为税前扣除凭证。

6. 不属于应税项目的境内发生的支出项目的税前扣除凭证

企业在境内发生的支出项目不属于应税项目的,对方为单位的,以对方开具的发票以外的其他外部凭证作为税前扣除凭证;对方为个人的,以内部凭证作为税前扣除凭证。

企业在境内发生的支出项目虽不属于应税项目,但按税务总局规定可以开具发票的,可以发票作为税前扣除凭证。

7. 从境外购进货物或者劳务发生的支出的税前扣除凭证

企业从境外购进货物或者劳务发生的支出,以对方开具的发票或者具有发票性质的收款凭证、相关税费缴纳凭证作为税前扣除凭证。

8. 不合规发票及其他外部凭证,不得作为税前扣除凭证

企业取得私自印制、伪造、变造、作废、开票方非法取得、虚开、填写不规范等不符合规定的发票(以下简称不合规发票),以及取得不符合国家法律、法规等相关规定的其他外部凭证(以下简称不合规其他外部凭证),不得作为税前扣除凭证。

9. 补开、换开发票、其他外部凭证

企业应当取得而未取得发票、其他外部凭证或者取得不合规发票、不合规其他外部凭证的,若支出真实且已实际发生,应当在当年度汇算清缴期结束前,要求对方补开、换开发票、其他外部凭证。补开、换开后的发票、其他外部凭证符合规定的,可以作为税前扣除凭证。

企业在补开、换开发票、其他外部凭证过程中,因对方注销、撤销、依法被吊销营业执照、被税务机关认定为非正常户等特殊原因无法补开、换开发票、其他外部凭证的,可凭以下资料证实支出真实性后,其支出允许税前扣除:

(1)无法补开、换开发票、其他外部凭证原因的证明资料(包括工商注销、机构撤销、列入非正常经营户、破产公告等证明资料)。

(2)相关业务活动的合同或者协议。

(3)采用非现金方式支付的付款凭证。

(4)货物运输的证明资料。

(5)货物入库、出库内部凭证。

(6)企业会计核算记录以及其他资料。

上述第(1)项至第(3)项为必备资料。

汇算清缴期结束后,税务机关发现企业应当取得而未取得发票、其他外部凭证或者取得不合规发票、不合规其他外部凭证并且告知企业的,企业应当自被告知之日起60日内补开、换开符合规定的发票、其他外部凭证。其中,因对方特殊原因无法补开、换开发票、其他外部凭证的,企业应当按规定自被告知之日起60日内提供可以证实其支出真实性的相关资料。

企业在规定的期限未能补开、换开符合规定的发票、其他外部凭证,并且未能按规定提供相关资料证实其支出真实性的,相应支出不得在发生年度税前扣除。

10. 支出的追补扣除

除发生特定情形(指"汇算清缴期结束后,税务机关发现企业应当取得而未取得发票、其他外部凭证或者取得不合规发票、不合规其他外部外部凭证并且告知企业的,企业应当自被告知之日起60日内补开、换开符合规定的发票、其他外部凭证。其中,因对方特殊原因无法补开、换开发票、其他外部凭证的,企业应当按规定自被告知之日起60日内提供可以证实其支出真实性的相关资料")外,企业以前年度应当取得而未取得发票、其他外部凭证,且相应支出在该年度没有税前扣除的,在以后年度取得符合规定的发票、其他外部凭证或者按规定提供可以证实其支出真实性的相关资料,相应支出可以追补至该支出发生年度税前扣除,但追补年限不得超过五年。

11. 采取分摊方式的支出,以分割单作为税前扣除凭证

企业与其他企业(包括关联企业)、个人在境内共同接受应纳增值税劳务(简称应税劳务)发生的支出,采取分摊方式的,应当按照独立交易原则进行分摊,企业以发票和分割单作为税前扣除凭证,共同接受应税劳务的其他企业以企业开具的分割单作为税前扣除凭证。

企业与其他企业、个人在境内共同接受非应税劳务发生的支出,采取分摊方式的,企业以发票外的其他外部凭证和分割单作为税前扣除凭证,共同接受非应税劳务的其他企业以企业开具的分割单作为税前扣除凭证。

12. 企业租用办公、生产用房等资产发生的费用的税前扣除凭证

企业租用(包括企业作为单一承租方租用)办公、生产用房等资产发生的水、电、燃气、冷气、暖气、通信线路、有线电视、网络等费用,出租方作为应税项目开具发票的,企业以发票作为税前扣除凭证;出租方采取分摊方式的,企业以出租方开具的其他外部凭证作为税前扣除凭证。

(五) 不得扣除的项目

在计算应纳税所得额时,下列支出不得扣除:

(1) 向投资者支付的股息、红利等权益性投资收益款项。

(2) 企业所得税税款。

(3) 税收滞纳金。

指纳税人违反税收法规,被税务机关处以的滞纳金。

(4) 罚金、罚款和被没收财物的损失。

指纳税人违反国家有关法律、法规规定,被有关部门处以的罚款,以及被司法机关处以的罚金和被没收财物。

(5) 超过规定标准的捐赠支出。

(6) 赞助支出。

指企业发生的与生产经营活动无关的各种非广告性质支出。

(7) 未经核定的准备金支出。

指不符合国务院财政、税务主管部门规定的各项资产减值准备、风险准备等准备金支出。

除财政部和国家税务总局核准计提的准备金可以税前扣除外,其他行业、企业计提的各项资产减值准备、风险准备等均不得税前扣除。

│相关政策依据

6个文件规定的准备金税前扣除
政策到期后继续执行

《财政部 国家税务总局关于保险公司准备金支出企业所得税税前扣除有关政策问题的通知》(财税〔2016〕114号)等6个文件规定的准备金企业所得税税前扣除政策到期后继续执行,详见表5-2。

表5-2 准备金企业所得税税前扣除政策

序号	文件名称
1	《财政部 国家税务总局关于保险公司准备金支出企业所得税税前扣除有关政策问题的通知》(财税〔2016〕114号)
2	《财政部 税务总局关于中小企业融资(信用)担保机构有关准备金企业所得税税前扣除政策的通知》(财税〔2017〕22号)
3	《财政部 税务总局关于证券行业准备金支出企业所得税税前扣除有关政策问题的通知》(财税〔2017〕23号)

(续表)

序号	文件名称
4	《财政部 税务总局关于上海国际能源交易中心有关风险准备金和期货投资者保障基金支出企业所得税税前扣除政策问题的通知》(财税〔2019〕32号)
5	《财政部 税务总局关于金融企业涉农贷款和中小企业贷款损失准备金税前扣除有关政策的公告》(财政部 税务总局公告2019年第85号)
6	《财政部 税务总局关于金融企业贷款损失准备金企业所得税税前扣除有关政策的公告》(财政部 税务总局公告2019年第86号)

[法律依据:《财政部 税务总局关于延长部分税收优惠政策执行期限的公告》(财政部 税务总局公告2021年第6号,2021年3月15日)]

【案例5-10】 2021年4月赓升公司销售给怡平公司一批产品,货款为58 000元(含增值税)。怡平公司于5月收到所购物资并验收入库。按合同规定,怡平公司应于收到所购物资后一个月内付款。由于怡平公司财务状况不佳,到2021年12月31日仍未付款。赓升公司于12月31日编制2021年度财务报表时,已为该项应收账款提取坏账准备2 900元;12月31日资产负债表上"应收账款"项目的金额为76 000元,其中55 100元为该项应收账款。赓升公司于2022年2月2日(所得税汇算清缴前)收到法院通知,怡平公司已宣告破产清算,无力偿还所欠部分货款。赓升公司预计可收回应收账款的40%。

【分析】 赓升公司在收到法院通知后,首先可判断该事项属于资产负债表日后调整事项;然后应根据调整事项的处理原则进行处理。具体过程如下:

(1)补提坏账准备。

应补提的坏账准备=58 000×60%-2 900=31 900(元)。

借:以前年度损益调整　　31 900.00
　　贷:坏账准备　　　　　　31 900.00

(2)调整递延所得税资产。

借:递延所得税资产　　　7 975.00
　　贷:以前年度损益调整(31 900×25%)
　　　　　　　　　　　　　　7 975.00

(3)将"以前年度损益调整"科目的余额转入利润分配。

借:利润分配——未分配利润　　23 925.00
　　贷:以前年度损益调整(31 900-7 975)
　　　　　　　　　　　　　　23 925.00

(4)调整利润分配有关数字。

借:盈余公积　　　　　　2 392.50
　　贷:利润分配——未分配利润(23 925×10%)
　　　　　　　　　　　　　　2 392.50

(5)调整报告年度财务报表相关项目的数字(财务报表略)。

① 资产负债表项目的调整。调减应收账款净值31 900元;调增递延所得税资产7 975元;调减盈余公积2 392.50元;调减未分配利润21 532.5元。

② 利润表项目的调整。调增管理费用31 900元;调减所得税费用7 975元。

③ 所有者权益变动表项目的调整。调减净利润23 925元,调减提取盈余公积2 392.50元。

(6)调整2022年2月资产负债表相关项目的年初数(资产负债表略)。赓升公司在编制2022年1月的资产负债表时,按照调整前2021年12月31日的资产负债表的数字作为资产负债表的年初数。由于发生了资产负债表日后调整事项,赓升公司除调整2021年度资产负债表相关项目的数字外,还应当调整2022年2月及以后月份资产负债表相关项目的年初数,其年初数按照2021年12月31日调整后的数字填列。

(8)企业之间支付的管理费、企业内营业机构之间支付的租金和特许权使用费,以及非银行企业内营业机构之间支付的利息,不得扣除。

(9) 与取得收入无关的其他支出。

四、资产的企业所得税处理

《企业所得税法实施条例》规定：

企业的各项资产，包括固定资产、生物资产、无形资产、长期待摊费用、投资资产、存货等，以历史成本为计税基础。

前款所称历史成本，是指企业取得该项资产时实际发生的支出。

企业持有各项资产期间资产增值或者减值，除国务院财政、税务主管部门规定可以确认损益外，不得调整该资产的计税基础。

资产税务处理的原则

考虑到过去在资产取得、持有、使用、处置等税务处理上税法与财务会计制度存在一定的差异，并且主要是时间性差异，纳税调整繁琐，税务机关税收执行成本和纳税人遵从成本都较高，企业所得税法实施条例在资产税务处理的规定上，对资产分类、取得计税成本等问题，尽量与财务会计制度保持一致，比如固定资产取得计税成本与会计账面价值基本保持一致，残值处理一致，只是在折旧年限上有所差异，这样可以降低纳税人纳税调整的负担。

在企业重组的所得税处理方面，考虑到目前企业重组形式多样，发展变化较快，所得税处理较为复杂，很难用几个简单条款把企业重组的所有形式都规范清楚，有些规定还需要根据实际经验作适当调整，为保持企业所得税法实施条例的稳定性，企业所得税法实施条例第七十五条只对企业重组所得税处理内容进行了原则性概括，具体规定在部门规章中明确。

(一) 存货的税务处理

存货是指企业持有以备出售的产品或者商品、处在生产过程中的在产品、在生产或者提供劳务过程中耗用的材料和物料等。

1. 存货的计税基础

存货按照以下方法确定成本：

(1) 通过支付现金方式取得的存货，以购买价款和支付的相关税费为成本。

(2) 通过支付现金以外的方式取得的存货，以该存货的公允价值和支付的相关税费为成本。

(3) 生产性生物资产收获的农产品，以产出或者采收过程中发生的材料费、人工费和分摊的间接费用等必要支出为成本。

2. 存货的成本计算方法

企业使用或者销售的存货的成本计算方法，可以在先进先出法、加权平均法、个别计价法中选用一种。计价方法一经选用，不得随意变更。

企业转让以上资产，在计算应纳税所得额时，资产的净值允许扣除。

其中，资产的净值是指有关资产、财产的计税基础减除已经按照规定扣除的折旧、折耗、摊销、准备金等后的余额。

除国务院财政、税务主管部门另有规定外，企业在重组过程中，应当在交易发生时确认有关资产的转让所得或者损失，相关资产应当按照交易价格重新确定计税基础。

(二) 固定资产的税务处理

固定资产是指企业为生产产品、提供劳务、出租或者经营管理而持有的、使用时间超过12个月的非货币性资产，包括房屋、建筑物、机器、机械、运输工具以及其他与生产经营活动有关的设备、器具、工具等。

1. 固定资产的计税基础

(1) 外购的固定资产。

以购买价款和支付的相关税费以及直接归属于使该资产达到预定用途发生的其他支出为计税基础。

(2) 自行建造的固定资产。

以竣工结算前发生的支出为计税基础。

(3) 融资租入的固定资产。

以租赁合同约定的付款总额和承租人在签订租赁合同过程中发生的相关费用为计税基础，租赁合同未约定付款总额的，以该资产的公允价值和承租人在签订租赁合同过程中发生的相关费用为计税基础。

(4) 盘盈的固定资产。

以同类固定资产的重置完全价值为计税基础。

(5) 通过捐赠、投资、非货币性资产交换、债务重组等方式取得的固定资产。

以该资产的公允价值和支付的相关税费为计税基础。

(6) 改建的固定资产。

除已足额提取折旧的固定资产和租入的固定资产以外的其他固定资产，以改建过程中发生的改建支出增加计税基础。

企业按会计规定提取的固定资产减值准备，不得税前扣除，其折旧仍按税法确定的固定资产计税基础计算扣除。

基础设施领域不动产投资信托基金（REITs）税收政策

自2021年1月1日起实施（适用范围为证监会、发展改革委根据有关规定组织开展的基础设施REITs试点项目），设立基础设施REITs前，原始权益人向项目公司划转基础设施资产相应取得项目公司股权，适用特殊性税务处理，即项目公司取得基础设施资产的计税基础，以基础设施资产的原计税基础确定；原始权益人取得项目公司股权的计税基础，以基础设施资产的原计税基础确定。原始权益人和项目公司不确认所得，不征收企业所得税。

基础设施REITs设立阶段，原始权益人向基础设施REITs转让项目公司股权实现的资产转让评估增值，当期可暂不缴纳企业所得税，允许递延至基础设施REITs完成募资并支付股权转让价款后缴纳。其中，对原始权益人按照战略配售要求自持的基础设施REITs份额对应的资产转让评估增值，允许递延至实际转让时缴纳企业所得税。

原始权益人通过二级市场认购（增持）该基础设施REITs份额，按照先进先出原则认定优先处置战略配售份额。

对基础设施REITs运营、分配等环节涉及的税收，按现行税收法律法规的规定执行。

【案例5-11】 智董公司和贵琛公司均为增值税一般纳税人。经协商，智董公司和贵琛公司于2022年7月18日签订资产交换合同，当日生效。合同约定，智董公司用于交换的资产包括：一间生产用厂房，公允价值为330万元；一幢自购入时就全部用于经营出租的写字楼，公允价值为1 170万元。贵琛公司用于交换的资产包括：一块土地的使用权，公允价值为720万元；经营过程中使用的10台A机器，公允价值为900万元。智董公司以银行存款向贵琛公司支付补价120万元。双方于2022年8月1日完成了资产交换手续。交换当日，智董公司的厂房的账面价值为360万元（其中账面原价为450万元，已计提折旧90万元），作为采用成本模式计量的投资性房地产的写字楼的账面价值为1 080万元（其中账面原价为1 260万元，已计提折旧180万元），贵琛公司的土地使用权的账面价值为630万元（其中成本660万元，累计摊销额为30万元），10台A机器的账面价值为960万元（其中账面原价为1 200万元，已计提折旧240万元）。智董公司开具两张增值税专用发票，分别注明厂房的计税价格330万元、增值税额29.7万元；写字楼的计税价格1 170万元、增值税额105.3万元。贵琛公司开具两张增值税专用发票，分别注明土地使用权的计税价格720万元、增值税额64.8万元；10台A机器的计税价格900万元、增值税额117万元。智董公司以银行存款向贵琛公司支付增值税差额46.8万元。交易过程中，智董公司用银行存款支付了土地使用权的契税及过户费用15万元，贵琛公司用银行存款分别支付了厂房和写字楼的契税及过户费用9万元和30万元。

假设智董公司和贵琛公司此前均未对上述资产计提减值准备，上述资产交换后的用途不发生改变。不考虑其他税费。

【分析】 本例中，涉及收付货币性资产，应当计算货币性资产占整个资产交换的比例。补价120万元占整个资产交换金额1 620万元的比例为7.41%＜25%，属于非货币性资产交换。

本例中用于交换的厂房是通过在厂房使用寿命内与其他资产协同生产产品并对外销售而产生现金流量，写字楼是通过经营出租并定期收取租金而产生稳定均衡的现金流量，土地使用权是通过在其上建造房屋后与房屋共同产生现金流量，A机器是通过使用或提供服务而产生独立的现金流量,各项资产的未来现金流量在风险、时间和金额方面均明显不同,因而交换具有商业实质。同时,各项资产的公允价值都能够可靠地计量,符合以公允价值为基础计量的条件。假设均没有确凿证据表明换入资产的公允价值更加可靠,智董公司和贵琛公司均以换出资产的公允价值为基础确定各项换入资产的成本,并确认各项换出资产产生的损益。

智董公司的会计处理如下:

(1) 确定各项换入资产的初始计量金额(表5-3)。

(2) 确定各项换出资产终止确认的相关损益(表5-4)。

表5-3 各项换入资产的初始计量金额

换入资产	公允价值	换出资产公允价值总额＋补价	分摊额	相关税费	初始计量金额
无形资产——土地使用权	7 200 000	不适用	7 200 000	150 000	7 350 000
固定资产——A机器	9 000 000	不适用	9 000 000	0	9 000 000
合计	16 200 000	16 200 000	16 200 000	150 000	16 350 000

表5-4 各项换出资产终止确认的相关损益

换出资产	账面价值	公允价值	处置损益
固定资产——厂房	3 600 000	3 300 000	-300 000
投资性房地产	10 800 000	11 700 000	900 000
合计	14 400 000	15 000 000	600 000

(3) 智董公司的账务处理如下:

① 终止确认换出的厂房,转入固定资产清理。

借:固定资产清理　　　　　3 897 000
　　累计折旧——厂房　　　　900 000
　　贷:固定资产——厂房　　　　　4 500 000
　　　　应交税费——应交增值税(销项税额)
　　　　　　　　　　　　　　　　297 000

② 确认换入的土地使用权和A机器,同时确认换出资产相关损益。

借:无形资产——土地使用权　7 200 000
　　固定资产——A机器　　　 9 000 000
　　应交税费——应交增值税(进项税额)
　　　　　　　　　　　　　　　1 818 000
　　资产处置损益　　　　　　　300 000
　　贷:固定资产清理　　　　　　 3 897 000
　　　　其他业务收入　　　　　 11 700 000
　　　　应交税费——应交增值税(销项税额)
　　　　　　　　　　　　　　　　1 053 000
　　　　银行存款　　　　　　　　1 668 000

③ 确认换入的土地使用权的相关税费。

借:无形资产——土地使用权　　150 000
　　贷:银行存款　　　　　　　　150 000

④ 终止确认换出的投资性房地产,结转其他业务成本。

借:其他业务成本　　　　　10 800 000
　　投资性房地产累计折旧　 1 800 000
　　贷:投资性房地产　　　　　12 600 000

贵琛公司的会计处理如下:

(1) 确定各项换入资产的初始计量金额,见表5-5。

(2) 确定各项换出资产终止确认的相关损益,见表5-6。

(3) 贵琛公司的账务处理如下:

① 终止确认换出的10台A机器,转入固定资产清理。

表 5-5　各项换入资产的初始计量金额

换入资产	公允价值	换出资产公允价值总额－补价	分摊额	相关税费	初始计量金额
固定资产——厂房	3 300 000	不适用	3 300 000	90 000	3 390 000
投资性房地产	11 700 000	不适用	11 700 000	300 000	12 000 000
合计	15 000 000	15 000 000	15 000 000	390 000	15 390 000

表 5-6　各项换出资产终止确认的相关损益

换出资产	账面价值	公允价值	处置损益
无形资产——土地使用权	6 300 000	7 200 000	900 000
固定资产——A 机器	9 600 000	9 000 000	−600 000
合计	15 900 000	16 200 000	300 000

借：固定资产清理　　　　　　10 770 000
　　累计折旧——A 机器　　　　2 400 000
　贷：固定资产——A 机器　　　　12 000 000
　　　应交税费——应交增值税（销项税额）
　　　　　　　　　　　　　　　1 170 000

② 确认换入的厂房和写字楼，同时确认换出资产相关损益。

借：固定资产——厂房　　　　　3 300 000
　　投资性房地产　　　　　　　11 700 000
　　应交税费——应交增值税（进项税额）
　　　　　　　　　　　　　　　1 350 000
　　银行存款　　　　　　　　　1 668 000
　　累计摊销　　　　　　　　　　300 000
　贷：无形资产——土地使用权　　6 600 000
　　　应交税费——应交增值税（销项税额）
　　　　　　　　　　　　　　　　648 000
　　　资产处置损益　　　　　　　300 000
　　　固定资产清理　　　　　　10 770 000

③ 确认换入的厂房和写字楼的相关税费。

借：固定资产——厂房　　　　　　90 000
　　投资性房地产　　　　　　　　300 000
　贷：银行存款　　　　　　　　　390 000

【案例 5-12】 承接[案例 5-11]，假设其他条件不变，合同约定智董公司用于交换的资产还包括一项对继来公司的股票投资，智董公司将该投资作为交易性金融资产核算。该股票投资在 2022 年 7 月 18 日的公允价值为 90 万元，账面价值为 75 万元。由于该股票有较好的前景，按合同约定智董公司向贵琛公司支付补价 24 万元。

【分析】 本例中，沿用[案例 5-11]的分析，智董公司和贵琛公司均以换出资产的公允价值为基础确定各项换入资产的成本，并确认各项换出资产产生的损益。另外，智董公司和贵琛公司用于交换的非货币性资产中包含交易性金融资产，属于由《企业会计准则第 22 号——金融工具确认和计量》规范的金融资产。智董公司和贵琛公司应按照《企业会计准则第 22 号——金融工具确认和计量》和《企业会计准则第 23 号——金融资产转移》的规定分别对换出和换入的交易性金融资产进行会计处理。

智董公司的会计处理如下：

（1）确定各项换入资产的初始计量金额（表 5-7）。

（2）确定各项换出资产终止确认的相关损益（表 5-8）。

表 5-7 各项换入资产的初始计量金额

换入资产	公允价	换出资产公允价值总额＋补价	分摊额	相关税费	初始计量金额
无形资产——土地使用权	7 200 000	不适用	7 173 300	150 000	7 323 300
固定资产——A机器	9 000 000	不适用	8 966 700	0	8 966 700
合计	16 200 000	16 140 000	16 140 000	150 000	16 290 000

表 5-8 各项换出资产终止确认的相关损益

换出	账面价值	公允价值	处置损益
交易性金融资产——继来公司股票	750 000	900 000	150 000
固定资产——厂房	3 600 000	3 300 000	—
投资性房地产	10 800 000	11 700 000	900 000
合计	15 150 000	15 900 000	750 000

＊注：假定根据《企业会计准则第 22 号——金融工具确认和计量》和《企业会计准则第 23 号——金融资产转移》的相关规定，换出的"交易性金融资产——继来公司股票"满足整体终止确认的条件，智董公司应当按照上述准则的规定对终止确认进行会计处理。

(3) 智董公司的账务处理。

略。

贵琛公司的会计处理如下：

(1) 确定各项换入资产的初始计量金额。

贵琛公司换入的多项资产中包含由《企业会计准则第 22 号——金融工具确认和计量》规范的交易性金融资产，应当按照《企业会计准则第 22 号——金融工具确认和计量》的规定进行会计处理。贵琛公司在确定换入的其他多项资产的初始计量金额时，应当将该金融资产公允价值从换出资产公允价值总额（涉及补价的，加上支付补价的公允价值或减去收到补价的公允价值）中扣除。

用于分摊的金额计算如下：

换出资产的公允价值无形资产——土地使用权	7 200 000
固定资产——A机器	9 000 000
换出资产的公允价值总额	16 200 000
减：收到的补价	−240 000
	15 960 000
减：换入的金融资产的公允价值	−900 000
用于分摊的金额	15 060 000

分摊的计算过程如表 5-9 所示。

表 5-9 分摊的计算过程

换入资产	公允价值	换出资产公允价值总额－补价	分摊额	相关税费	初始计量金额
固定资产——厂房	3 300 000	不适用	3 313 200	90 000	3 403 200
投资性房地产	11 700 000	不适用	11 746 800	300 000	12 046 800
合计	15 000 000	15 060 000	15 060 000	390 000	15 450 000
交易性金融资产——继来公司股票	900 000	不适用	不适用	0	900 000

(2) 确定各项换出资产终止确认的相关损益。

同[案例 5-11]，此处略。

(3) 贵琛公司的账务处理。

略。

2. 固定资产的折旧

1) 固定资产折旧的范围

在计算应纳税所得额时，企业按照规定计

算的固定资产折旧,准予扣除。

下列固定资产不得计算折旧扣除:

(1) 房屋、建筑物以外未投入使用的固定资产。

(2) 以经营租赁方式租入的固定资产。

(3) 以融资租赁方式租出的固定资产。

(4) 已足额提取折旧仍继续使用的固定资产。

(5) 与经营活动无关的固定资产。

(6) 单独估价作为固定资产入账的土地。

(7) 其他不得计算折旧扣除的固定资产。

2) 固定资产的计提方法

固定资产按照直线法计算的折旧,准予扣除。

企业按税法规定实行加速折旧的,其按加速折旧办法计算的折旧额可全额在税前扣除。

3) 预计净残值

企业应当根据固定资产的性质和使用情况,合理确定固定资产的预计净残值。固定资产的预计净残值一经确定,不得变更。

4) 固定资产折旧的计提年限

除国务院财政、税务主管部门另有规定外,固定资产计算折旧的最低年限如下:

(1) 房屋、建筑物,为 20 年。

(2) 飞机、火车、轮船、机器、机械和其他生产设备,为 10 年。

(3) 与生产经营活动有关的器具、工具、家具等,为 5 年。

(4) 飞机、火车、轮船以外的运输工具,为 4 年。

(5) 电子设备,为 3 年。

① 企业固定资产会计折旧年限如果短于税法规定的最低折旧年限,其按会计折旧年限计提的折旧高于按税法规定的最低折旧年限计提的折旧部分,应调增当期应纳税所得额;企业固定资产会计折旧年限已期满且会计折旧已提足,但税法规定的最低折旧年限尚未到期且税收折旧尚未足额扣除的,其未足额扣除的部分准予在剩余的税收折旧年限继续按规定扣除。

② 企业固定资产会计折旧年限如果长于税法规定的最低折旧年限,其折旧应按会计折旧年限计算扣除,税法另有规定除外。

5) 起始时间

企业应当自固定资产投入使用月份的次月起计算折旧;停止使用的固定资产,应当自停止使用月份的次月起停止计算折旧。

6) 缩短折旧年限或者采取加速折旧

请参阅本书关于加速折旧优惠政策的章节。

7) 油气资产折耗(折旧)、开发资产的折旧

从事开采石油、天然气(包括煤层气,下同)的矿产资源油气企业(以下简称油气企业)在开始商业性生产前发生的费用和有关固定资产的折耗、摊销、折旧方法相关规定(2009 年 4 月 12 日起实施)如下:

《财政部 国家税务总局关于开采油(气)资源企业费用和有关固定资产折耗摊销 折旧税务处理问题的通知》(财税〔2009〕49 号)所称费用和有关固定资产,是指油气企业在开始商业性生产前取得矿区权益和勘探、开发的支出所形成的费用和固定资产。

财税〔2009〕49 号文件所称商业性生产,是指油(气)田(井)经过勘探、开发、稳定生产并商业销售石油、天然气的阶段。

(1) 矿区权益支出的折耗。

① 矿区权益支出,是指油气企业为了取得在矿区内的探矿权、采矿权、土地或海域使用权等所发生的各项支出,包括有偿取得各类矿区权益的使用费、相关中介费或其他可直接归属于矿区权益的合理支出。

② 油气企业在开始商业性生产前发生的矿区权益支出,可在发生的当期,从本企业其他油(气)田收入中扣除;或者自对应的油(气)田开始商业性生产月份的次月起,分 3 年按直线法计提的折耗准予扣除。

③ 油气企业对其发生的矿区权益支出未选择在发生的当期扣除的,由于未发现商业性油(气)构造而终止作业,其尚未计提折耗的剩余部分,可在终止作业的当年作为损失扣除。

(2) 勘探支出的摊销。

① 勘探支出,是指油气企业为了识别勘探

区域或探明油气储量而进行的地质调查、地球物理勘探、钻井勘探活动以及其他相关活动所发生的各项支出。

② 油气企业在开始商业性生产前发生的勘探支出（不包括预计可形成资产的钻井勘探支出），可在发生的当期，从本企业其他油（气）田收入中扣除；或者自对应的油（气）田开始商业性生产月份的次月起，分3年按直线法计提的摊销准予扣除。

③ 油气企业对其发生的勘探支出未选择在发生的当期扣除的，由于未发现商业性油（气）构造而终止作业，其尚未摊销的剩余部分，可在终止作业的当年作为损失扣除。

④ 油气企业的钻井勘探支出，凡确定该井可作商业性生产，且该钻井勘探支出形成的资产符合《企业所得税法实施条例》第五十七条*规定条件的，应当将该钻井勘探支出结转为开发资产的成本，按照本规定计提折旧。

*注：第五十七条　企业所得税法第十一条所称固定资产，是指企业为生产产品、提供劳务、出租或者经营管理而持有的、使用时间超过12个月的非货币性资产，包括房屋、建筑物、机器、机械、运输工具以及其他与生产经营活动有关的设备、器具、工具等。

（3）开发资产的折旧。

① 开发支出，是指油气企业为了取得已探明矿区中的油气而建造或更新井及相关设施活动所发生的各项支出。

② 油气企业在开始商业性生产之前发生的开发支出，可不分用途，全部累计作为开发资产的成本，自对应的油（气）田开始商业性生产月份的次月起，可不留残值，按直线法计提的折旧准予扣除，其最低折旧年限为8年。

③ 油气企业终止本油（气）田生产的，其开发资产尚未计提折旧的剩余部分可在该油（气）田终止生产的当年作为损失扣除。

（4）油气企业应按照本规定选择有关费用和资产的折耗、摊销、折旧方法和年限，一经确定，不得变更。

（5）油气企业在本油（气）田进入商业性生产之后对本油（气）田新发生的矿区权益、勘探支出、开发支出，按照本规定处理。

石油天然气开采企业在计提油气资产折耗（折旧）时，由于会计与税法规定计算方法不同导致的折耗（折旧）差异，应按税法规定进行纳税调整。

8）房屋、建筑物固定资产改扩建的企业所得税处理

企业对房屋、建筑物固定资产在未足额提取折旧前进行改扩建的，如属于推倒重置，该资产原值减除提取折旧后的净值，应并入重置后的固定资产计税成本，并在该固定资产投入使用后的次月起，按照税法规定的折旧年限，一并计提折旧；如属于提升功能、增加面积的，该固定资产的改扩建支出，并入该固定资产计税基础，并从改扩建完工投入使用后的次月起，重新按税法规定的该固定资产折旧年限计提折旧，如该改扩建后的固定资产尚可使用的年限低于税法规定的最低年限，可以按尚可使用的年限计提折旧。

（三）生物资产的税务处理

生物资产是指有生命的动物和植物。生物资产分为消耗性生物资产、生产性生物资产和公益性生物资产。

消耗性生物资产，是指为出售而持有的，或在将来收获为农产品的生物资产，包括生长中的大田作物、蔬菜、用材林以及存栏待售的牲畜等。

生产性生物资产，是指为产出农产品、提供劳务或出租等目的而持有的生物资产，包括经济林、薪炭林、产畜和役畜等。

公益性生物资产，是指以防护、环境保护为主要目的的生物资产，包括防风固沙林、水土保持林和水源涵养林等。

1. 生物资产的计税基础

生产性生物资产按照以下方法确定计税基础：

（1）外购的生产性生物资产，以购买价款和支付的相关税费为计税基础。

（2）通过捐赠、投资、非货币性资产交换、债务重组等方式取得的生产性生物资产，以该资产的公允价值和支付的相关税费为计税基础。

2. 生物资产的折旧方法

生产性生物资产按照直线法计算的折旧，准予扣除。企业应当自生产性生物资产投入使用月份的次月起计算折旧；停止使用的生产性生物资产，应当自停止使用月份的次月起停止计算折旧。

企业应当根据生产性生物资产的性质和使用情况，合理确定生产性生物资产的预计净残值。生产性生物资产的预计净残值一经确定，不得变更。

3. 生物资产的折旧年限

生产性生物资产计算折旧的最低年限如下：

（1）林木类生产性生物资产，为10年。

（2）畜类生产性生物资产，为3年。

（四）无形资产的税务处理

无形资产是指企业长期使用但没有实物形态的资产，包括专利权、商标权、著作权、土地使用权、非专利技术、商誉等。

1. 无形资产的计税基础

无形资产按照以下方法确定计税基础：

（1）外购的无形资产，以购买价款和支付的相关税费以及直接归属于使该资产达到预定用途发生的其他支出为计税基础。

（2）自行开发的无形资产，以开发过程中该资产符合资本化条件后至达到预定用途前发生的支出为计税基础。

（3）通过捐赠、投资、非货币性资产交换、债务重组等方式取得的无形资产，以该资产的公允价值和支付的相关税费为计税基础。

2. 无形资产摊销的范围

在计算应纳税所得额时，企业按照规定计算的无形资产摊销费用，准予扣除。下列无形资产不得计算摊销费用扣除：

（1）自行开发的支出已在计算应纳税所得额时扣除的无形资产。

（2）自创商誉。

（3）与经营活动无关的无形资产。

（4）其他不得计算摊销费用扣除的无形资产。

3. 无形资产的摊销方法及年限

无形资产的摊销，采取直线法计算。无形资产的摊销年限不得低于10年。作为投资或者受让的无形资产，有关法律规定或者合同约定了使用年限的，可以按照规定或者约定的使用年限分期摊销。外购商誉的支出，在企业整体转让或者清算时，准予扣除。

根据《财政部 国家税务总局关于进一步鼓励软件产业和集成电路产业发展企业所得税政策的通知》（财税〔2012〕27号）的规定，企事业单位购进软件，凡符合固定资产或无形资产确认条件的，可以按照固定资产或无形资产进行核算，其折旧或摊销年限可以适当缩短，最短可为2年（含）。

【案例5-13】 2022年10月8日，智董公司与贵琛公司签订不可撤销合同，将一项无形资产（非土地使用权）出售，取得不含税价款300万元，应缴纳的增值税为18万元（适用增值税税率为6%，不考虑其他税费，300×6%＝18万元），预计2023年1月将办理完毕相关手续。该无形资产系2020年7月8日购入，实际支付全部价款为720万元，预计法律剩余有效年限为8年，智董公司估计受益期限为5年，采用直线法摊销。2023年1月8日，智董公司办理完毕无形资产的相关手续。

【分析】 智董公司的相关会计处理如下：

（1）2022年10月末：

至2022年10月8日无形资产的累计摊销额＝720÷（5×12）×27＝324（万元）。

至2022年10月8日该无形资产的账面价值＝720－324＝396（万元）。

原账面价值高于调整后预计残值的差额，应作为资产减值损失计入当期损益。调整后预计净残值＝公允价值300－处置费用0＝300（万元）；原账面价值高于调整后预计残值的差额＝396－300＝96（万元）。

借：资产减值损失　　　　　　960 000
　　贷：无形资产减值准备　　　　　960 000

（2）2022年12月31日资产负债表列示"划分为持有待售的资产"项目为300万元。

(3) 2023年1月8日：

借：银行存款　　　　　　　3 180 000
　　累计摊销　　　　　　　 3 240 000
　　无形资产减值准备　　　 960 000
　　贷：无形资产　　　　　　　　　7 200 000
　　　　应交税费——应交增值税(销项税额)
　　　　　　　　　　　　　　　　　180 000

(五) 投资资产的税务处理

投资资产是指企业对外进行权益性投资和债权性投资而形成的资产。

1. 投资资产的成本

投资资产按以下方法确定投资成本：

(1) 通过支付现金方式取得的投资资产，以购买价款为成本。

(2) 通过支付现金以外的方式取得的投资资产，以该资产的公允价值和支付的相关税费为成本。

2. 投资资产成本的扣除方法

企业对外投资期间，投资资产的成本在计算应纳税所得额时不得扣除，企业在转让或者处置投资资产时，投资资产的成本准予扣除。

延伸解读

企业收藏文物、艺术品，怎么进行税务处理？

有些企业购买文物、艺术品等用于收藏、展示、保值增值等，实际上是一种投资行为，对文物、艺术品作为投资资产处理。在投资期间，文物、艺术品不得计提折旧、摊销在税前扣除。

3. 非货币性资产投资的企业所得税处理

(1) 居民企业(以下简称企业)以非货币性资产对外投资确认的非货币性资产转让所得，可在不超过5年期限内，分期均匀计入相应年度的应纳税所得额，按规定计算缴纳企业所得税。

(2) 企业以非货币性资产对外投资，应对非货币性资产进行评估并按评估后的公允价值扣除计税基础后的余额，计算确认非货币性资产转让所得。

企业以非货币性资产对外投资，应于投资协议生效并办理股权登记手续时，确认非货币性资产转让收入的实现。

(3) 企业以非货币性资产对外投资而取得被投资企业的股权，应以非货币性资产的原计税成本为计税基础，加上每年确认的非货币性资产转让所得，逐年进行调整。

被投资企业取得非货币性资产的计税基础，应按非货币性资产的公允价值确定。

(4) 企业在对外投资5年内转让上述股权或投资收回的，应停止执行递延纳税政策，并就递延期内尚未确认的非货币性资产转让所得，在转让股权或投资收回当年的企业所得税年度汇算清缴时，一次性计算缴纳企业所得税；企业在计算股权转让所得时，可按上述第三条第一款规定将股权的计税基础一次调整到位。

企业在对外投资5年内注销的，应停止执行递延纳税政策，并就递延期内尚未确认的非货币性资产转让所得，在注销当年的企业所得税年度汇算清缴时，一次性计算缴纳企业所得税。

(5) 以上所称非货币性资产，是指现金、银行存款、应收账款、应收票据以及准备持有至到期的债券投资等货币性资产以外的资产。

所称非货币性资产投资，限于以非货币性资产出资设立新的居民企业，或将非货币性资产注入现存的居民企业。

(6) 企业发生非货币性资产投资，符合《财政部 国家税务总局关于企业重组业务企业所得税处理若干问题的通知》(财税〔2009〕59号)等文件规定的特殊性税务处理条件的，也可选择按特殊性税务处理规定执行。

(7) 上述规定自2014年1月1日起执行。以前尚未处理的非货币性资产投资，符合上述规定的可按该规定执行。

(六) 长期待摊费用的税务处理

长期待摊费用是指企业发生的应在一个年度以上或几个年度进行摊销的费用。

在计算应纳税所得额时，企业发生的下列支出作为长期待摊费用，按照规定摊销的，准予扣除：

(1) 已足额提取折旧的固定资产的改建支出。

(2) 租入固定资产的改建支出。

(3) 固定资产的大修理支出。

(4) 其他应当作为长期待摊费用的支出。

企业的固定资产修理支出可在发生当期直接扣除。企业的固定资产改良支出，如果有关固定资产尚未提足折旧，可增加固定资产价值；如有关固定资产已提足折旧，可作为长期待摊费用，在规定的期间内平均摊销。

固定资产的改建支出，是指改变房屋或者建筑物结构、延长使用年限等发生的支出。

已足额提取折旧的固定资产的改建支出，按照固定资产预计尚可使用年限分期摊销；租入固定资产的改建支出，按照合同约定的剩余租赁期限分期摊销；改建的固定资产延长使用年限的，除已足额提取折旧的固定资产、租入固定资产的改建支出外，其他的固定资产发生改建支出，应当适当延长折旧年限。

大修理支出，按照固定资产尚可使用年限分期摊销。

税法所指固定资产的大修理支出，是指同时符合下列条件的支出：

(1) 修理支出达到取得固定资产时的计税基础50%以上。

(2) 修理后固定资产的使用年限延长2年以上。

其他应当作为长期待摊费用的支出，自支出发生月份的次月起，分期摊销，摊销年限不得低于3年。

(七) 企业接收政府和股东划入资产的企业所得税处理

1. 企业接收政府划入资产的企业所得税处理

(1) 县级以上人民政府（包括政府有关部门，下同）将国有资产明确以股权投资方式投入企业，企业应作为国家资本金（包括资本公积）处理。该项资产如为非货币性资产，应按政府确定的接收价值确定计税基础。

(2) 县级以上人民政府将国有资产无偿划入企业，凡指定专门用途并按《财政部 国家税务总局关于专项用途财政性资金企业所得税处理问题的通知》(财税〔2011〕70号)规定进行管理的，企业可作为不征税收入进行企业所得税处理。其中，该项资产属于非货币性资产的，应按政府确定的接收价值计算不征税收入。

(3) 县级以上人民政府将国有资产无偿划入企业，属于上述第(1)、(2)项以外情形的，应按政府确定的接收价值计入当期收入总额计算缴纳企业所得税。政府没有确定接收价值的，按资产的公允价值计算确定应税收入。

2. 企业接收股东划入资产的企业所得税处理

(1) 企业接收股东划入资产（包括股东赠与资产、上市公司在股权分置改革过程中接收原非流通股股东和新非流通股股东赠与的资产、股东放弃本企业的股权，下同），凡合同、协议约定作为资本金（包括资本公积）且在会计上已作实际处理的，不计入企业的收入总额，企业应按公允价值确定该项资产的计税基础。

(2) 企业接收股东划入资产，凡作为收入处理的，应按公允价值计入收入总额，计算缴纳企业所得税，同时按公允价值确定该项资产的计税基础。

(八) 资产损失税前扣除的所得税处理

1. 企业资产损失所得税税前扣除政策

1) 相关概念

(1) 资产是指企业拥有或者控制的、用于经营管理活动的相关的资产，包括现金、银行存款、应收及预付款项（包括应收票据、各类垫款、企业之间往来款项）等货币性资产，存货、固定资产、无形资产、在建工程、生产性生物资产等非货币性资产，以及债权性投资和股权（权益）性投资。[《企业资产损失所得税税前扣除管理办法》(国家税务总局公告2011年第25号，2011年3月31日，自2011年1月1日起施行)]

所称资产损失，是指企业在生产经营活动中实际发生的、与取得应税收入有关的资产损失，包括现金损失，存款损失，坏账损失，贷款损失，股权投资损失，固定资产和存货的盘亏、毁损、报废、被盗损失，自然灾害等不可抗力因素造成的损失以及其他损失。[《财政部 国家税务总局关于企业资产损失税前扣除政策的通知》(财税〔2009〕57号，2009年4月16日，自2008年1月1日起执行)]

(2) 准予在企业所得税税前扣除的资产损

失,是指企业在实际处置、转让上述资产过程中发生的合理损失(以下简称实际资产损失),以及企业虽未实际处置、转让上述资产,但符合《财政部 国家税务总局关于企业资产损失税前扣除政策的通知》(财税〔2009〕57号)和《国家税务总局关于发布〈企业资产损失所得税税前扣除管理办法〉的公告》(国家税务总局公告2011年第25号)规定条件计算确认的损失(以下简称法定资产损失)。[《企业资产损失所得税税前扣除管理办法》(国家税务总局公告2011年第25号,2011年3月31日,自2011年1月1日起施行)]

2) 现金损失

企业清查出的现金短缺减除责任人赔偿后的余额,作为现金损失在计算应纳税所得额时扣除。[《财政部 国家税务总局关于企业资产损失税前扣除政策的通知》(财税〔2009〕57号,2009年4月16日,自2008年1月1日起执行)]

3) 存款损失

企业将货币性资金存入法定具有吸收存款职能的机构,因该机构依法破产、清算,或者政府责令停业、关闭等原因,确实不能收回的部分,作为存款损失在计算应纳税所得额时扣除。[《财政部 国家税务总局关于企业资产损失税前扣除政策的通知》(财税〔2009〕57号,2009年4月16日,自2008年1月1日起执行)]

4) 坏账损失

企业除贷款类债权外的应收、预付账款符合下列条件之一的,减除可收回金额后确认的无法收回的应收、预付款项,可以作为坏账损失在计算应纳税所得额时扣除。

(1) 债务人依法宣告破产、关闭、解散、被撤销,或者被依法注销、吊销营业执照,其清算财产不足清偿的。

(2) 债务人死亡,或者依法被宣告失踪、死亡,其财产或者遗产不足清偿的。

(3) 债务人逾期3年以上未清偿,且有确凿证据证明已无力清偿债务的。

(4) 与债务人达成债务重组协议或法院批准破产重整计划后,无法追偿的。

(5) 因自然灾害、战争等不可抗力导致无法收回的。

(6) 国务院财政、税务主管部门规定的其他条件。[《财政部 税务总局关于企业资产损失税前扣除政策的通知》(财税〔2009〕57号,2009年4月16日,自2008年1月1日起执行)]

5) 贷款损失

企业经采取所有可能的措施和实施必要的程序之后,符合下列条件之一的贷款类债权,可以作为贷款损失在计算应纳税所得额时扣除。

(1) 借款人和担保人依法宣告破产、关闭、解散、被撤销,并终止法人资格,或者已完全停止经营活动,被依法注销、吊销营业执照,对借款人和担保人进行追偿后,未能收回的债权。

(2) 借款人死亡,或者依法被宣告失踪、死亡,依法对其财产或者遗产进行清偿,并对担保人进行追偿后,未能收回的债权。

(3) 借款人遭受重大自然灾害或者意外事故,损失巨大且不能获得保险补偿,或者以保险赔偿后,确实无力偿还部分或者全部债务,对借款人财产进行清偿和对担保人进行追偿后,未能收回的债权。

(4) 借款人触犯刑律,依法受到制裁,其财产不足归还所借债务,又无其他债务承担者,经追偿后确实无法收回的债权。

(5) 由于借款人和担保人不能偿还到期债务,企业诉诸法律,经法院对借款人和担保人强制执行,借款人和担保人均无财产可执行,法院裁定执行程序终结或终止(中止)后,仍无法收回的债权。

(6) 由于借款人和担保人不能偿还到期债务,企业诉诸法律后,经法院调解或经债权人会议通过,与借款人和担保人达成和解协议或重整协议,在借款人和担保人履行完还款义务后,无法追偿的剩余债权。

(7) 由于上述(1)至(6)项原因借款人不能偿还到期债务,企业依法取得抵债资产,抵债金额小于贷款本息的差额,经追偿后仍无法收回的债权。

(8) 开立信用证、办理承兑汇票、开具保函等发生垫款时,凡开证申请人和保证人由于上述1至7项原因,无法偿还垫款,金融企业经追偿后仍无法收回的垫款。

(9) 银行卡持卡人和担保人由于上述(1)至(7)项原因,未能还清透支款项,金融企业经追偿后仍无法收回的透支款项。

(10) 助学贷款逾期后,在金融企业确定的有效追索期限内,依法处置助学贷款抵押物(质押物),并向担保人追索连带责任后,仍无法收回的贷款。

(11) 经国务院专案批准核销的贷款类债权。

(12) 国务院财政、税务主管部门规定的其他条件。[《财政部 国家税务总局关于企业资产损失税前扣除政策的通知》(财税〔2009〕57号,2009年4月16日,自2008年1月1日起执行)]

6) 股权投资损失

企业的股权投资符合下列条件之一的,减除可收回金额后确认的无法收回的股权投资,可以作为股权投资损失在计算应纳税所得额时扣除:

(1) 被投资方依法宣告破产、关闭、解散、被撤销,或者被依法注销、吊销营业执照的。

(2) 被投资方财务状况严重恶化,累计发生巨额亏损,已连续停止经营3年以上,且无重新恢复经营改组计划的。

(3) 对被投资方不具有控制权,投资期限届满或者投资期限已超过10年,且被投资单位因连续3年经营亏损导致资不抵债的。

(4) 被投资方财务状况严重恶化,累计发生巨额亏损,已完成清算或清算期超过3年以上的。

(5) 国务院财政、税务主管部门规定的其他条件。

7) 固定资产或存货盘亏损失

对企业盘亏的固定资产或存货,以该固定资产的账面净值或存货的成本减除责任人赔偿后的余额,作为固定资产或存货盘亏损失在计算应纳税所得额时扣除。

8) 固定资产或存货毁损、报废损失

对企业毁损、报废的固定资产或存货,以该固定资产的账面净值或存货的成本减除残值、保险赔款和责任人赔偿后的余额,作为固定资产或存货毁损、报废损失在计算应纳税所得额时扣除。

9) 固定资产或存货被盗损失

对企业被盗的固定资产或存货,以该固定资产的账面净值或存货的成本减除保险赔款和责任人赔偿后的余额,作为固定资产或存货被盗损失在计算应纳税所得额时扣除。

10) 因存货盘亏、毁损、报废、被盗等原因不得从增值税销项税额中抵扣的进项税额

企业因存货盘亏、毁损、报废、被盗等原因不得从增值税销项税额中抵扣的进项税额,可以与存货损失一起在计算应纳税所得额时扣除。

11) 已经扣除的资产损失,在以后纳税年度全部或者部分收回

企业在计算应纳税所得额时已经扣除的资产损失,在以后纳税年度全部或者部分收回时,其收回部分应当作为收入计入收回当期的应纳税所得额。

12) 境外营业机构资产损失而产生的亏损,不得在计算境内应纳税所得额时扣除

企业境内、境外营业机构发生的资产损失应分开核算,对境外营业机构由于发生资产损失而产生的亏损,不得在计算境内应纳税所得额时扣除。

13) 扣除资产损失,应当提供证据

企业对其扣除的各项资产损失,应当提供能够证明资产损失确属已实际发生的合法证据,包括具有法律效力的外部证据、具有法定资质的中介机构的经济鉴证证明、具有法定资质的专业机构的技术鉴定证明等。

2. 企业资产损失所得税税前扣除管理办法

1) 申报年度

企业发生的资产损失,应在按税收规定实际确认或者实际发生的当年申报扣除,不得提前或延后扣除。

企业实际资产损失,应当在其实际发生且会计上已作损失处理的年度申报扣除;法定资产损失,应当在企业向主管税务机关提供证据资料证明该项资产已符合法定资产损失确认条

件，且会计上已作损失处理的年度申报扣除。

2）申报后方能在税前扣除

企业发生的资产损失，应按规定的程序和要求向主管税务机关申报后方能在税前扣除。未经申报的损失，不得在税前扣除。

3）追补扣除

（1）企业以前年度发生的资产损失未能在当年税前扣除的，可以按照前述办法的规定，向税务机关说明并进行专项申报扣除。其中，属于实际资产损失的，准予追补至该项损失发生年度扣除，其追补确认期限一般不得超过5年，但因计划经济体制转轨过程中遗留的资产损失、企业重组上市过程中因权属不清出现争议而未能及时扣除的资产损失、因承担国家政策性任务而形成的资产损失以及政策定性不明确而形成资产损失等特殊原因形成的资产损失，其追补确认期限经国家税务总局批准后可适当延长。属于法定资产损失，应在申报年度扣除。

（2）企业因以前年度实际资产损失未在税前扣除而多缴的企业所得税税款，可在追补确认年度企业所得税应纳税款中予以抵扣，不足抵扣的，向以后年度递延抵扣。

（3）企业实际资产损失发生年度扣除追补确认的损失后出现亏损的，应先调整资产损失发生年度的亏损额，再按弥补亏损的原则计算以后年度多缴的企业所得税税款，并按前述办法进行税务处理。

4）只要符合税法规定，就可以申报扣除

本办法没有涉及的资产损失事项，只要符合《企业所得税法》及其实施条例等法律、法规规定的，也可以向税务机关申报扣除。[《企业资产损失所得税税前扣除管理办法》(国家税务总局公告2011年第25号，2011年3月31日，自2011年1月1日起)]

5）申报管理

（1）报送材料。

企业在进行企业所得税年度汇算清缴申报时，可将资产损失申报材料和纳税资料作为企业所得税年度纳税申报表的附件一并向税务机关报送。

（2）申报形式。

① 概述。

企业资产损失按其申报内容和要求的不同，分为清单申报和专项申报两种申报形式。其中，属于清单申报的资产损失，企业可按会计核算科目进行归类、汇总，然后再将汇总清单报送税务机关，有关会计核算资料和纳税资料留存备查；属于专项申报的资产损失，企业应逐项（或逐笔）报送申请报告，同时附送会计核算资料及其他相关的纳税资料。

企业在申报资产损失税前扣除过程中不符合上述要求的，税务机关应当要求其改正，企业拒绝改正的，税务机关有权不予受理。

注：企业因国务院决定事项形成的资产损失税前扣除审批项已取消。[《国务院关于取消和下放一批行政审批项目的决定》(国发〔2013〕44号)]

② 清单申报。

下列资产损失，应以清单申报的方式向税务机关申报扣除：

A. 企业在正常经营管理活动中，按照公允价格销售、转让、变卖非货币资产的损失。

B. 企业各项存货发生的正常损耗。

C. 企业固定资产达到或超过使用年限而正常报废清理的损失。

D. 企业生产性生物资产达到或超过使用年限而正常死亡发生的资产损失。

E. 企业按照市场公平交易原则，通过各种交易场所、市场等买卖债券、股票、期货、基金以及金融衍生产品等发生的损失。

③ 专项申报。

除上述清单申报外的资产损失，应以专项申报的方式向税务机关申报扣除。企业无法准确判别是否属于清单申报扣除的资产损失，可以采取专项申报的形式申报扣除。

（3）跨地区经营的汇总纳税企业。

在中国境内跨地区经营的汇总纳税企业发生的资产损失，应按以下规定申报扣除。

① 总机构及其分支机构发生的资产损失，除应按专项申报和清单申报的有关规定，各自向当地主管税务机关申报外，各分支机构同时

还应上报总机构。

② 总机构对各分支机构上报的资产损失,除税务机关另有规定外,应以清单申报的形式向当地主管税务机关进行申报。

③ 总机构将跨地区分支机构所属资产捆绑(打包)转让所发生的资产损失,由总机构向当地主管税务机关进行专项申报。

(4) 延期申报。

属于专项申报的资产损失,企业因特殊原因不能在规定的时限内报送相关资料的,可以向主管税务机关提出申请,经主管税务机关同意后,可适当延期申报。

(5) 内部核销管理制度。

企业应当建立健全资产损失内部核销管理制度,及时收集、整理、编制、审核、申报、保存资产损失税前扣除证据材料,方便税务机关检查。

(6) 台账和纳税档案。

税务机关应按分项建档、分级管理的原则,建立企业资产损失税前扣除管理台账和纳税档案,及时进行评估。对资产损失金额较大或经评估后发现不符合资产损失税前扣除规定,或存有疑点、异常情况的资产损失,应及时进行核查。对有证据证明申报扣除的资产损失不真实、不合法的,应依法作出税收处理。

(7) 商业零售企业存货损失税前扣除规定。

① 商业零售企业存货因零星失窃、报废、废弃、过期、破损、腐败、鼠咬、顾客退换货等正常因素形成的损失,为存货正常损失,准予按会计科目进行归类、汇总,然后再将汇总数据以清单的形式进行企业所得税纳税申报,同时出具损失情况分析报告。

② 商业零售企业存货因风、火、雷、震等自然灾害,仓储、运输失事,重大案件等非正常因素形成的损失,为存货非正常损失,应当以专项申报形式进行企业所得税纳税申报。

③ 存货单笔(单项)损失超过500万元的,无论何种因素形成的,均应以专项申报方式进行企业所得税纳税申报。

6) 资产损失的确认

(1) 资产损失确认证据。

① 企业资产损失相关的证据包括具有法律效力的外部证据和特定事项的企业内部证据。

② 具有法律效力的外部证据,是指司法机关、行政机关、专业技术鉴定部门等依法出具的与本企业资产损失相关的具有法律效力的书面文件。主要包括:

A. 司法机关的判决或者裁定。

B. 公安机关的立案结案证明、回复。

C. 工商部门出具的注销、吊销及停业证明。

D. 企业的破产清算公告或清偿文件。

E. 行政机关的公文。

F. 专业技术部门的鉴定报告。

G. 具有法定资质的中介机构的经济鉴定证明。

H. 仲裁机构的仲裁文书。

I. 保险公司对投保资产出具的出险调查单、理赔计算单等保险单据。

J. 符合法律规定的其他证据。

③ 特定事项的企业内部证据,是指会计核算制度健全、内部控制制度完善的企业,对各项资产发生毁损、报废、盘亏、死亡、变质等内部证明或承担责任的声明。主要包括:

A. 有关会计核算资料和原始凭证。

B. 资产盘点表。

C. 相关经济行为的业务合同。

D. 企业内部技术鉴定部门的鉴定文件或资料。

E. 企业内部核批文件及有关情况说明。

F. 对责任人由于经营管理责任造成损失的责任认定及赔偿情况说明。

G. 法定代表人、企业负责人和企业财务负责人对特定事项真实性承担法律责任的声明。

(2) 货币资产损失的确认。

① 企业货币资产损失包括现金损失、银行存款损失和应收及预付款项损失等。

② 现金损失应依据以下证据材料确认:

A. 现金保管人确认的现金盘点表(包括倒推至基准日的记录)。

B. 现金保管人对于短缺的说明及相关核准文件。

C. 对责任人由于管理责任造成损失的责任

认定及赔偿情况的说明。

　　D. 涉及刑事犯罪的,应有司法机关出具的相关材料。

　　E. 金融机构出具的假币收缴证明。

　　③ 企业因金融机构清算而发生的存款类资产损失应依据以下证据材料确认:

　　A. 企业存款类资产的原始凭据。

　　B. 金融机构破产、清算的法律文件。

　　C. 金融机构清算后剩余资产分配情况资料。

　　金融机构应清算而未清算超过3年的,企业可将该款项确认为资产损失,但应有法院或破产清算管理人出具的未完成清算证明。

　　④ 企业应收及预付款项坏账损失应依据以下相关证据材料确认:

　　A. 相关事项合同、协议或说明。

　　B. 属于债务人破产清算的,应有人民法院的破产、清算公告。

　　C. 属于诉讼案件的,应出具人民法院的判决书或裁决书或仲裁机构的仲裁书,或者被法院裁定终(中)止执行的法律文书。

　　D. 属于债务人停止营业的,应有工商部门注销、吊销营业执照证明。

　　E. 属于债务人死亡、失踪的,应有公安机关等有关部门对债务人个人的死亡、失踪证明。

　　F. 属于债务重组的,应有债务重组协议及其债务人重组收益纳税情况说明。

　　G. 属于自然灾害、战争等不可抗力而无法收回的,应有债务人受灾情况说明以及放弃债权申明。

　　⑤ 企业逾期3年以上的应收款项在会计上已作为损失处理的,可以作为坏账损失,但应说明情况,并出具专项报告。

　　⑥ 企业逾期1年以上,单笔数额不超过5万元或者不超过企业年度收入总额万分之一的应收款项,会计上已经作为损失处理的,可以作为坏账损失,但应说明情况,并出具专项报告。

　　(3) 非货币资产损失的确认。

　　企业非货币资产损失包括存货损失、固定资产损失、无形资产损失、在建工程损失、生产性生物资产损失等。

　　① 存货。

　　A. 存货盘亏损失,为其盘亏金额扣除责任人赔偿后的余额,应依据以下证据材料确认:

　　a. 存货计税成本确定依据。

　　b. 企业内部有关责任认定、责任人赔偿说明和内部核批文件。

　　c. 存货盘点表。

　　d. 存货保管人对于盘亏的情况说明。

　　B. 存货报废、毁损或变质损失,为其计税成本扣除残值及责任人赔偿后的余额,应依据以下证据材料确认:

　　a. 存货计税成本的确定依据。

　　b. 企业内部关于存货报废、毁损、变质、残值情况说明及核销资料。

　　c. 涉及责任人赔偿的,应当有赔偿情况说明。

　　d. 该项损失数额较大的(指占企业该类资产计税成本10%以上,或减少当年应纳税所得、增加亏损10%以上,下同),应有专业技术鉴定意见或法定资质中介机构出具的专项报告等。

　　C. 存货被盗损失,为其计税成本扣除保险理赔以及责任人赔偿后的余额,应依据以下证据材料确认:

　　a. 存货计税成本的确定依据。

　　b. 向公安机关的报案记录。

　　c. 涉及责任人和保险公司赔偿的,应有赔偿情况说明等。

　　② 固定资产。

　　A. 固定资产盘亏、丢失损失,为其账面净值扣除责任人赔偿后的余额,应依据以下证据材料确认:

　　a. 企业内部有关责任认定和核销资料。

　　b. 固定资产盘点表。

　　c. 固定资产的计税基础相关资料。

　　d. 固定资产盘亏、丢失情况说明。

　　e. 损失金额较大的,应有专业技术鉴定报告或法定资质中介机构出具的专项报告等。

　　B. 固定资产报废、毁损损失,为其账面净值

扣除残值和责任人赔偿后的余额,应依据以下证据材料确认:

    a. 固定资产的计税基础相关资料。

    b. 企业内部有关责任认定和核销资料。

    c. 企业内部有关部门出具的鉴定材料。

    d. 涉及责任赔偿的,应当有赔偿情况的说明。

    e. 损失金额较大的或自然灾害等不可抗力原因造成固定资产毁损、报废的,应有专业技术鉴定意见或法定资质中介机构出具的专项报告等。

  C. 固定资产被盗损失,为其账面净值扣除责任人赔偿后的余额,应依据以下证据材料确认:

    a. 固定资产计税基础相关资料。

    b. 公安机关的报案记录,公安机关立案、破案和结案的证明材料。

    c. 涉及责任赔偿的,应有赔偿责任的认定及赔偿情况的说明等。

  ③ 在建工程。

  在建工程停建、报废损失,为其工程项目投资账面价值扣除残值后的余额,应依据以下证据材料确认:

    a. 工程项目投资账面价值确定依据。

    b. 工程项目停建原因说明及相关材料。

    c. 因质量原因停建、报废的工程项目和因自然灾害和意外事故停建、报废的工程项目,应出具专业技术鉴定意见和责任认定、赔偿情况的说明等。

  ④ 工程物资。

  工程物资发生损失,可比照上述存货损失的规定确认。

  ⑤ 生产性生物资产。

  A. 生产性生物资产盘亏损失,为其账面净值扣除责任人赔偿后的余额,应依据以下证据材料确认:

    a. 生产性生物资产盘点表。

    b. 生产性生物资产盘亏情况说明。

    c. 生产性生物资产损失金额较大的,企业应有专业技术鉴定意见和责任认定、赔偿情况的说明等。

  B. 因森林病虫害、疫情、死亡而产生的生产性生物资产损失,为其账面净值扣除残值、保险赔偿和责任人赔偿后的余额,应依据以下证据材料确认:

    a. 损失情况说明。

    b. 责任认定及其赔偿情况的说明。

    c. 损失金额较大的,应有专业技术鉴定意见。

  C. 对被盗伐、被盗、丢失而产生的生产性生物资产损失,为其账面净值扣除保险赔偿以及责任人赔偿后的余额,应依据以下证据材料确认:

    a. 生产性生物资产被盗后,向公安机关的报案记录或公安机关立案、破案和结案的证明材料。

    b. 责任认定及其赔偿情况的说明。

  ⑥ 抵押资产。

  企业由于未能按期赎回抵押资产,使抵押资产被拍卖或变卖,其账面净值大于变卖价值的差额,可认定为资产损失,按以下证据材料确认:

    a. 抵押合同或协议书。

    b. 拍卖或变卖证明、清单。

    c. 会计核算资料等其他相关证据材料。

  ⑦ 无形资产。

  被其他新技术所代替或已经超过法律保护期限,已经丧失使用价值和转让价值,尚未摊销完毕的无形资产损失,应提交以下证据备案:

    a. 会计核算资料。

    b. 企业内部核批文件及有关情况说明。

    c. 技术鉴定意见和企业法定代表人、主要负责人和财务负责人章证实无形资产已无使用价值或转让价值的书面申明。

    d. 无形资产的法律保护期限文件。

  (4) 投资损失的确认。

  ① 企业投资损失包括债权性投资损失和股权(权益)性投资损失。

  ② 企业债权投资损失应依据投资的原始凭证、合同或协议、会计核算资料等相关证据材料确认。下列情况债权投资损失的,还应出具相

关证据材料：

　　A. 债务人或担保人依法被宣告破产、关闭、被解散或撤销、被吊销营业执照、失踪或者死亡等，应出具资产清偿证明或者遗产清偿证明。无法出具资产清偿证明或者遗产清偿证明，且上述事项超过3年以上的，或债权投资（包括信用卡透支和助学贷款）余额在300万元以下的，应出具对应的债务人和担保人破产、关闭、解散证明、撤销文件、工商行政管理部门注销证明或查询证明以及追索记录等（包括司法追索、电话追索、信件追索和上门追索等原始记录）。

　　B. 债务人遭受重大自然灾害或意外事故，企业对其资产进行清偿和对担保人进行追偿后，未能收回的债权，应出具债务人遭受重大自然灾害或意外事故证明、保险赔偿证明、资产清偿证明等。

　　C. 债务人因承担法律责任，其资产不足归还所借债务，又无其他债务承担者的，应出具法院裁定证明和资产清偿证明。

　　D. 债务人和担保人不能偿还到期债务，企业提出诉讼或仲裁的，经人民法院对债务人和担保人强制执行，债务人和担保人均无资产可执行，人民法院裁定终结或终止（中止）执行的，应出具人民法院裁定文书。

　　E. 债务人和担保人不能偿还到期债务，企业提出诉讼后被驳回起诉的、人民法院不予受理或不予支持的，或经仲裁机构裁决免除（或部分免除）债务人责任，经追偿后无法收回的债权，应提交法院驳回起诉的证明，或法院不予受理或不予支持证明，或仲裁机构裁决免除债务人责任的文书。

　　F. 经国务院专案批准核销的债权，应提供国务院批准文件或经国务院同意后由国务院有关部门批准的文件。

　　③ 企业股权投资损失应依以下相关证据材料确认：

　　A. 股权投资计税基础证明材料。

　　B. 被投资企业破产公告、破产清偿文件。

　　C. 工商行政管理部门注销、吊销被投资单位营业执照文件。

　　D. 政府有关部门对被投资单位的行政处理决定文件。

　　E. 被投资企业终止经营、停止交易的法律或其他证明文件。

　　F. 被投资企业资产处置方案、成交及入账材料。

　　G. 企业法定代表人、主要负责人和财务负责人章证实有关投资（权益）性损失的书面申明。

　　H. 会计核算资料等其他相关证据材料。

　　④ 被投资企业依法宣告破产、关闭、解散或撤销、吊销营业执照、停止生产经营活动、失踪等，应出具资产清偿证明或者遗产清偿证明。

　　上述事项超过3年以上且未能完成清算的，应出具被投资企业破产、关闭、解散或撤销、吊销等的证明以及不能清算的原因说明。

　　⑤ 企业委托金融机构向其他单位贷款，或委托其他经营机构进行理财，到期不能收回贷款或理财款项，按照《企业资产损失所得税税前扣除管理办法》（国家税务总局公告2011年第25号）第六章投资损失的确认有关规定进行处理。

　　⑥ 企业对外提供与本企业生产经营活动有关的担保，因被担保人不能按期偿还债务而承担连带责任，经追索，被担保人无偿还能力，对无法追回的金额，比照国家税务总局公告2011年第25号文件规定的应收款项损失进行处理。

　　与本企业生产经营活动有关的担保是指企业对外提供的与本企业应税收入、投资、融资、材料采购、产品销售等生产经营活动相关的担保。

　　⑦ 企业按独立交易原则向关联企业转让资产而发生的损失，或向关联企业提供借款、担保而形成的债权损失，准予扣除，但企业应作专项说明，同时出具中介机构出具的专项报告及其相关的证明材料。

　　⑧ 下列股权和债权不得作为损失在税前扣除：

　　A. 债务人或者担保人有经济偿还能力，未按期偿还的企业债权。

　　B. 违反法律、法规的规定，以各种形式、借口逃废或悬空的企业债权。

C. 行政干预逃废或悬空的企业债权。

D. 企业未向债务人和担保人追偿的债权。

E. 企业发生非经营活动的债权。

F. 其他不应当核销的企业债权和股权。

(5) 其他资产损失的确认。

① 企业将不同类别的资产捆绑（打包），以拍卖、询价、竞争性谈判、招标等市场方式出售，其出售价格低于计税成本的差额，可以作为资产损失并准予在税前申报扣除，但应出具资产处置方案、各类资产作价依据、出售过程的情况说明、出售合同或协议、成交及入账证明、资产计税基础等确定依据。

② 企业正常经营业务因内部控制制度不健全而出现操作不当、不规范或因业务创新但政策不明确、不配套等原因形成的资产损失，应由企业承担的金额，可以作为资产损失并准予在税前申报扣除，但应出具损失原因证明材料或业务监管部门定性证明、损失专项说明。

③ 企业因刑事案件原因形成的损失，应由企业承担的金额，或经公安机关立案侦查两年以上仍未追回的金额，可以作为资产损失并准予在税前申报扣除，但应出具公安机关、人民检察院的立案侦查情况或人民法院的判决书等损失原因证明材料。

五、亏损弥补

亏损是指企业依照《企业所得税法》及其实施条例的规定，将每一纳税年度的收入总额减除不征税收入、免税收入和各项扣除后小于零的数额。

（一）一般规定

税法规定，企业某一纳税年度发生的亏损可以用下一年度的所得弥补，下一年度的所得不足以弥补的，可以逐年延续弥补，但最长不得超过5年。

（二）高新技术企业和科技型中小企业亏损结转年限延长至10年

自2018年1月1日起，高新技术企业和科技型中小企业亏损结转年限由5年延长至10年。

所称高新技术企业，是指按照《科技部 财政部 国家税务总局关于修订印发〈高新技术企业认定管理办法〉的通知》（国科发火〔2016〕32号）规定认定的高新技术企业；所称科技型中小企业，是指按照《科技部 财政部 国家税务总局关于印发〈科技型中小企业评价办法〉的通知》（国科发政〔2017〕115号）规定取得科技型中小企业登记编号的企业。

（三）广州南沙高新技术重点行业企业前8年尚未弥补完的亏损，准予后转13年

自2022年1月1日起执行至2026年12月31日，在广州南沙设立的高新技术重点行业企业，自2022年1月1日起，当年具备高新技术企业或科技型中小企业资格（以下统称资格）的，其具备资格年度之前8个年度发生的尚未弥补完的亏损，准予结转以后年度弥补，最长结转年限延长至13年。

（四）以前年度发生的资产损失未能在当年税前扣除时的处理

企业以前年度发生的资产损失未能在当年税前扣除的，可以按照《企业资产损失所得税税前扣除管理办法》（国家税务总局公告2011年第25号）的规定，向税务机关说明并进行专项申报扣除。其中，属于实际资产损失，准予追补至该项损失发生年度扣除，其追补确认期限一般不得超过5年，但因计划经济体制转轨过程中遗留的资产损失、企业重组上市过程中因权属不清出现争议而未能及时扣除的资产损失、因承担国家政策性任务而形成的资产损失以及政策定性不明确而形成资产损失等特殊原因形成的资产损失，其追补确认期限经国家税务总局批准后可适当延长。属于法定资产损失，应在申报年度扣除。

企业因以前年度实际资产损失未在税前扣除而多缴的企业所得税税款，可在追补确认年度企业所得税应纳税款中予以抵扣，不足抵扣的，向以后年度递延抵扣。企业实际资产损失发生年度扣除追补确认的损失后出现亏损的，应先调整资产损失发生年度的亏损额，再按弥补亏损的原则计算以后年度多缴的企业所得税

税款,并按前述办法进行税务处理。

(五) 企业筹办期间不计算为亏损年度

企业筹办期间不计算为亏损年度,企业开始生产经营的年度,为开始计算企业损益的年度。企业从事生产经营之前进行筹办活动期间发生筹办费用支出,不得计算为当期的亏损,企业可以在开始经营之日的当年一次性扣除,也可以按照新税法有关长期待摊费用的处理规定处理,但一经选定,不得改变。

(六) 查增应纳税所得额弥补以前年度亏损的处理

税务机关对企业以前年度纳税情况进行检查时调增的应纳税所得额,凡企业以前年度发生亏损,且该亏损属于《企业所得税法》规定允许弥补的,应允许调增的应纳税所得额弥补该亏损。弥补该亏损后仍有余额的,按照《企业所得税法》规定计算缴纳企业所得税。对检查调增的应纳税所得额应根据其情节,依照《税收征管法》有关规定进行处理或处罚。

(七) 技术开发费的加计扣除形成的亏损的处理

企业技术开发费加计扣除部分已形成企业年度亏损,可以用以后年度所得弥补,但结转年限最长不得超过5年。

(八) 境外营业机构的亏损不得抵减境内营业机构的盈利

企业在汇总计算缴纳企业所得税时,其境外营业机构的亏损不得抵减境内营业机构的盈利。

第四节 税 率

我国企业所得税实行比例税率。

一、基本税率

现行企业所得税基本税率设定为25%。

适用于居民企业和在中国境内设有机构、场所且所得与机构、场所有关联的非居民企业(认定为境内常设机构)。

二、低税率

适用于在中国境内未设立机构、场所,或者虽设立机构、场所但取得的所得与其所设机构、场所没有实际联系的非居民企业。

但对这类企业实际征税时适用10%的税率(请参阅本书关于税收优惠的介绍)。

三、实际优惠税率

(一) 小型微利企业

自2021年1月1日至2022年12月31日,对小型微利企业年应纳税所得额不超过100万元的部分,减按12.5%计入应纳税所得额,按20%的税率缴纳企业所得税。

自2023年1月1日至2024年12月31日,对小型微利企业年应纳税所得额不超过100万元的部分,减按25%计入应纳税所得额,按20%的税率缴纳企业所得税。[《财政部 税务总局关于小微企业和个体工商户所得税优惠政策的公告》(财政部 税务总局公告2023年第6号,2023年3月26日)]

自2022年1月1日至2024年12月31日,对小型微利企业年应纳税所得额超过100万元但不超过300万元的部分,减按25%计入应纳税所得额,按20%的税率缴纳企业所得税。[《财政部 税务总局关于进一步实施小微企业所得税优惠政策的公告》(财政部 税务总局公告2022年第13号,2022年3月14日)]

小型微利企业无论按查账征收方式或核定征收方式缴纳企业所得税,均可享受小型微利企业所得税优惠政策。[《国家税务总局关于落实小型微利企业所得税优惠政策征管问题的公告》(国家税务总局公告2023年第6号,2023年3月27日)]

(二) 高新技术企业

国家需要重点扶持的高新技术企业减按15%的税率征收企业所得税。

(三) 国家鼓励的重点软件企业

自 2020 年 1 月 1 日起，国家鼓励的重点软件企业，自获利年度起，第一年至第五年免征企业所得税，接续年度减按 10% 的税率征收企业所得税。

(四) 国家鼓励的重点集成电路设计企业

自 2020 年 1 月 1 日起，国家鼓励的重点集成电路设计企业，自获利年度起，第一年至第五年免征企业所得税，接续年度减按 10% 的税率征收企业所得税。

(五) 技术先进型服务企业

自 2017 年 1 月 1 日起，对经认定的技术先进型服务企业，减按 15% 的税率征收企业所得税。

享受企业所得税优惠政策的技术先进型服务企业必须同时符合以下条件：

(1) 在中国境内（不包括港、澳、台地区）注册的法人企业。

(2) 从事《技术先进型服务业务认定范围（试行）》中的一种或多种技术先进型服务业务，采用先进技术或具备较强的研发能力。

(3) 具有大专以上学历的员工占企业职工总数的 50% 以上。

(4) 从事《技术先进型服务业务认定范围（试行）》中的技术先进型服务业务取得的收入占企业当年总收入的 50% 以上。

(5) 从事离岸服务外包业务取得的收入不低于企业当年总收入的 35%。

(六) 注册在海南自由贸易港并实质性运营的鼓励类产业企业

自 2020 年 1 月 1 日起至 2024 年 12 月 31 日，对注册在海南自由贸易港并实质性运营的鼓励类产业企业，减按 15% 的税率征收企业所得税。

所称鼓励类产业企业，是指以海南自由贸易港鼓励类产业目录中规定的产业项目为主营业务，且其主营业务收入占企业收入总额 60% 以上的企业。所称实质性运营，是指企业的实际管理机构设在海南自由贸易港，并对企业生产经营、人员、账务、财产等实施实质性全面管理和控制。对不符合实质性运营的企业，不得享受优惠。

海南自由贸易港鼓励类产业目录包括《产业结构调整指导目录（2019 年本）》《鼓励外商投资产业目录（2019 年版）》[①]和海南自由贸易港新增鼓励类产业目录。上述目录在《财政部 税务总局关于海南自由贸易港企业所得税优惠政策的通知》（财税〔2020〕31 号）执行期限内修订的，自修订版实施之日起按新版本执行。

对总机构设在海南自由贸易港的符合条件的企业，仅就其设在海南自由贸易港的总机构和分支机构的所得，适用 15% 税率；对总机构设在海南自由贸易港以外的企业，仅就其设在海南自由贸易港内的符合条件的分支机构的所得，适用 15% 税率。

(七) 中国（上海）自贸试验区临港新片区重点产业

自 2020 年 1 月 1 日起，对中国（上海）自由贸易试验区临港新片区（简称新片区）内从事集成电路、人工智能、生物医药、民用航空等关键领域核心环节相关产品（技术）业务，并开展实质性生产或研发活动的符合条件的法人企业，自设立之日起 5 年内减按 15% 的税率征收企业所得税。

(八) 设在西部地区的鼓励类产业企业

自 2021 年 1 月 1 日至 2030 年 12 月 31 日，对设在西部地区的鼓励类产业企业减按 15% 的税率征收企业所得税。

(九) 从事污染防治的第三方企业

为鼓励污染防治企业的专业化、规模化发展，更好支持生态文明建设，自 2019 年 1 月 1 日起至 2027 年 12 月 31 日止，对符合条件的从事污染防治的第三方企业（以下简称第三方防治企业）减按 15% 的税率征收企业所得税。

以上所称第三方防治企业是指受排污企业或政府委托，负责环境污染治理设施（包括自动连续监测设施，下同）运营维护的企业。

以上所称第三方防治企业应当同时符合以下条件：

(1) 在中国境内（不包括港、澳、台地区）依

---

① 根据国家发展和改革委员会、商务部令 2022 年第 52 号，《鼓励外商投资产业目录（2022 年版）》自 2023 年 1 月 1 日起施行。

法注册的居民企业。

(2) 具有1年以上连续从事环境污染治理设施运营实践,且能够保证设施正常运行。

(3) 具有至少5名从事本领域工作且具有环保相关专业中级及以上技术职称的技术人员,或者至少2名从事本领域工作且具有环保相关专业高级及以上技术职称的技术人员。

(4) 从事环境保护设施运营服务的年度营业收入占总收入的比例不低于60%。

(5) 具备检验能力,拥有自有实验室,仪器配置可满足运行服务范围内常规污染物指标的检测需求。

(6) 保证其运营的环境保护设施正常运行,使污染物排放指标能够连续稳定达到国家或者地方规定的排放标准要求。

(7) 具有良好的纳税信用,近3年内纳税信用等级未被评定为C级或D级。

第三方防治企业,自行判断其是否符合上述条件,符合条件的可以申报享受税收优惠,相关资料留存备查。税务部门依法开展后续管理过程中,可转请生态环境部门进行核查,生态环境部门可以委托专业机构开展相关核查工作,具体办法由税务总局会同国家发展改革委、生态环境部制定。[《财政部 税务总局 国家发展改革委 生态环境部关于从事污染防治的第三方企业所得税政策问题的公告》(财政部公告2019年第60号);《财政部 税务总局关于延长部分税收优惠政策执行期限的公告》(财政部 税务总局公告2022年第4号);《财政部 税务总局 国家发展改革委 生态环境部关于从事污染防治的第三方企业所得税政策问题的公告》(财政部 税务总局 国家发展改革委 生态环境部公告2023年第38号)]

相关政策依据

国家税务总局 国家发展改革委 生态环境部
关于落实从事污染防治的第三方企业
所得税政策有关问题的公告

国家税务总局 国家发展改革委 生态环境部
公告2021年第11号 2021年4月29日

根据《中华人民共和国企业所得税法》及其实施条例、《财政部 税务总局 国家发展改革委 生态环境部关于从事污染防治的第三方企业所得税政策问题的公告》(2019年第60号,以下简称60号公告)的规定,为落实好从事污染防治的第三方企业(以下简称第三方防治企业)所得税优惠政策,现将有关问题公告如下:

一、优惠事项办理方式

第三方防治企业依照60号公告规定享受优惠政策时,按照《国家税务总局关于发布修订后的〈企业所得税优惠政策事项办理办法〉的公告》(2018年第23号)的规定,采取"自行判别、申报享受、相关资料留存备查"的方式办理。

二、主要留存备查资料

第三方防治企业依照60号公告规定享受优惠政策的,主要留存备查资料为:

(一) 连续从事环境污染治理设施运营实践一年以上的情况说明,与环境污染治理设施运营有关的合同、收入凭证。

(二) 当年有效的技术人员的职称证书或执(职)业资格证书、劳动合同及工资发放记录等材料。

(三) 从事环境保护设施运营服务的年度营业收入、总收入及其占比等情况说明。

(四) 可说明当年企业具备检验能力,拥有自有实验室,仪器配置可满足运行服务范围内常规污染物指标的检测需求的有关材料:

1. 污染物检测仪器清单,其中列入《实施强制管理计量器具目录》的检测仪器需同时留存备查相关检定证书;

2. 当年常规理化指标的化验检测全部原始记录,其中污染治理类别为危险废物的利用与处置的,还需留存备查危险废物转移联单。

(五) 可说明当年企业能保证其运营的环境保护设施正常运行,使污染物排放指标能够连续稳定达到国家或者地方规定的排放标准要求的有关材料:

1. 环境污染治理运营项目清单、项目简介。

2. 反映污染治理设施运营期间主要污染物排放连续稳定达标的所有自动监测日均值等记录,由具备资质的生态环境监测机构出具的全部检测报告。从事机动车船、非道路移动机械、餐饮油烟治理的,如未进行在线数据监测,也可不留存备查在线监测数据记录。

3. 运营期内能够反映环境污染治理设施日常运行情况的全部记录、能够说明自动监测仪器设备符合生态环境保护相关标准规范要求的材料。

(六) 仅从事自动连续监测运营服务的第三方企业,提供反映运营服务期间自动监测故障后及时修复、监测数据"真、准、全"等相关证明材料,无须提供反映污染物排放连续稳定达标相关材料。

三、相关后续管理

(一)第三方防治企业享受60号公告优惠政策后,税务部门将按照规定开展后续管理。

(二)税务部门在后续管理过程中,对享受优惠的企业是否符合60号公告第二条第五项、第六项规定条件有疑义的,可转请《环境污染治理范围》(见附件)所列的同级生态环境或发展改革部门核查。

(三)生态环境或发展改革部门收到同级税务部门转来的核查资料后,应组织专家或者委托第三方机构进行核查。核查可以采取案头审核或实地核查等方式。需要实地核查的,相关部门应协同进行,涉及异地核查的,企业运营项目所在地相关部门应予以配合。生态环境或发展改革部门应在收到核查要求后两个月内,将核查结果反馈同级税务部门。

本公告自2021年6月1日起施行。

特此公告。

附件:环境污染治理范围(略)

(十)非居民企业优惠

非居民企业减按10%的税率征收企业所得税。这里的非居民企业是指在中国境内未设立机构、场所,或者虽设立机构、场所但取得的所得与其所设机构、场所没有实际联系的企业。该类非居民企业取得下列所得免征企业所得税:

(1)外国政府向中国政府提供贷款取得的利息所得。

(2)国际金融组织向中国政府和居民企业提供优惠贷款取得的利息所得。

国际金融组织

《企业所得税法实施条例》第九十一条第(二)项所称国际金融组织,包括国际货币基金组织、世界银行、亚洲开发银行、国际开发协会、国际农业发展基金、欧洲投资银行以及财政部和国家税务总局确定的其他国际金融组织;所称优惠贷款,是指低于金融企业同期同类贷款利率水平的贷款。[《财政部 国家税务总局关于执行企业所得税优惠政策若干问题的通知》(财税〔2009〕69号,2009年4月24日)]

(3)经国务院批准的其他所得。

第五节 应纳税额的计算

一、居民企业应纳税额的计算

(一)查账征收——居民企业查账征收应纳税额的计算

居民企业应缴纳所得税额等于应纳税所得额乘以适用税率。

基本计算公式为:

$$应纳税额 = 应纳税所得额 \times 适用税率 - 减免税额 - 抵免税额$$

在实际过程中,应纳税所得额的计算一般有两种方法。

1. 直接计算法

在直接计算法下,企业每一纳税年度的收入总额减除不征税收入、免税收入、各项扣除以及允许弥补的以前年度亏损后的余额为应纳税所得额。计算公式与前述相同,即:

$$应纳税所得额 = 收入总额 - 不征税收入 - 免税收入 - 各项扣除金额 - 弥补亏损$$

2. 间接计算法

在间接计算法下,在会计利润总额的基础上加或减按照税法规定调整的项目金额后,即为应纳税所得额。现行企业所得税年度纳税申报表采取该方法。计算公式为:

$$应纳税所得额 = 会计利润总额 \pm 纳税调整项目金额$$

纳税调整项目金额包括两方面的内容:

(1)企业财务会计制度规定的项目范围与税收法规规定的项目范围不一致应予以调整的金额。

(2)企业财务会计制度规定的扣除标准与税法规定的扣除标准不一致的差异应予以调整

的金额。

【案例 5-14】 智董电器生产厂,2023年销售电器取得不含税收入 15 000 万元,应扣除的相关成本为 10 000 万元;转让技术所有权取得不含税收入 2 000 万元,应扣除的相关成本、费用等 600 万元;从居民企业分回股息 200 万元;发生期间费用 4 000 万元,上缴的税金及附加为 300 万元;企业自行计算的利润总额为 2 300 万元。经聘请的税务专家对其 2023 年度企业所得税进行指点,发现有关情况如下:

(1) 投入研发支出 1 000 万元研发新产品和新工艺,其中 600 万元形成了无形资产,2023 年 4 月 1 日取得专利证书并正式投入使用,该无形资产摊销期限为 10 年,当年未摊销费用;未形成无形资产的研发支出 400 万元已计入费用扣除。

(2) 期间费用包含的广告费为 2 600 万元,营业外支出包含通过市政府向目标脱贫地区扶贫捐款 20 万元。

(3) 外购商誉支出 100 万元,并在成本费用扣除了摊销费 10 万元。

(4) 6 月 1 日至 6 月 30 日对经营租入固定资产进行改建,发生改建支出 432 万元,一次性计入了当期费用中。该固资改建后从 7 月 1 日投入使用,租期为 3 年。

【分析】 1. 投入使用的研发用无形资产当年应扣除的摊销费用

投入使用的研发用无形资产当年应扣除的摊销费用 $=600\times175\%\div10\div12\times9=78.75$(万元)。

注:《财政部 税务总局关于进一步完善研发费用税前加计扣除政策的公告》(财政部 税务总局公告 2021 年第 13 号)规定,制造业企业开展研发活动中实际发生的研发费用,未形成无形资产计入当期损益的,在按规定据实扣除的基础上,自 2021 年 1 月 1 日起,再按照实际发生额的 100% 在税前加计扣除;形成无形资产的,自 2021 年 1 月 1 日起,按照无形资产成本的 200% 在税前摊销。

2. 广告费和扶贫捐款应调增应纳税所得额

广告费扣除限额 $=15\,000\times15\%=2\,250$(万元)$<$ 实际发生额 2 600 万元,应纳税调增 $=2\,600-2\,250=350$(万元)。企业通过公益性社会组织或者县级(含)以上人民政府及其组成部门的直属机构,用于目标脱贫地区的扶贫捐赠支出,准予在计算企业所得税应纳税所得额时据实扣除。扶贫捐款支出无须纳税调整。广告费和扶贫捐款应调增应纳税所得额为 350 万元。

3. 外购商誉和经营性租入固定资产发生的费用,应调增应纳税所得额

外购商誉的支出,在企业整体转让或者清算时,准予扣除。外购商誉应纳税调增 10 万元。经营租入固定资产改建支出计入长期待摊费用,按照合同约定的剩余租赁期限分期摊销扣除,经营性转入固定资产发生的费用应纳税调增 $=432-432\div3\div12\times6=360$(万元),外购商誉和经营性租入固定资产发生的费用合计纳税调增 $=360+10=370$(万元)。

4. 该企业 2023 年企业所得税的应纳税所得额

技术转让所得纳税调减 $=500+(2\,000-600-500)\times50\%=950$(万元);股息所得纳税调减 200 万元;费用化研发支出加计扣除,纳税调减 $=400\times75\%=300$(万元);该企业 2023 年企业所得税的应纳税所得额 $=2\,300-950-200-300-78.75+350+370=1\,491.25$(万元)。

5. 该企业 2023 年应缴纳企业所得税

该企业 2023 年应缴纳企业所得税 $=1\,491.25\times25\%=372.81$(万元)

(二) 核定征收——居民企业核定征收应纳税额的计算

为了加强企业所得税征收管理,规范核定征收企业所得税工作,保障国家税款及时足额入库,维护纳税人合法权益,根据《企业所得税法》及其实施条例、《税收征管法》及其实施细则的有关规定,国家税务总局制定了《企业所得税核定征收办法(试行)》。

相关要求

(1) 严格按照规定的范围和标准确定企业所得税的征收方式。不得违规扩大核定征收企业所得税范围。严禁按照行业或者企业规模大小,"一刀切"地搞企业所

得税核定征收。

(2) 按公平、公正、公开原则核定征收企业所得税。应根据纳税人的生产经营行业特点,综合考虑企业的地理位置、经营规模、收入水平、利润水平等因素,分类逐户核定应纳所得税额或者应税所得率,保证同一区域内规模相当的同类或者类似企业的所得税税负基本相当。

(3) 做好核定征收企业所得税的服务工作。核定征收企业所得税的工作部署与安排要考虑方便纳税人,符合纳税人的实际情况,并在规定的时限内及时办结鉴定和认定工作。

(4) 推进纳税人建账建制工作。税务机关应积极督促核定征收企业所得税的纳税人建账建制,改善经营管理,引导纳税人向查账征收方式过渡。对符合查账征收条件的纳税人,要及时调整征收方式,实行查账征收。

(5) 加强对核定征收方式纳税人的检查工作。对实行核定征收企业所得税方式的纳税人,要加大检查力度,将汇算清缴的审核检查和日常征管检查结合起来,合理确定年度稽查面,防止纳税人有意通过核定征收方式降低税负。

1. 适用对象、情形

《企业所得税核定征收办法(试行)》适用于居民企业纳税人。

纳税人具有下列情形之一的,核定征收企业所得税:

(1) 依照法律、行政法规的规定可以不设置账簿的。

(2) 依照法律、行政法规的规定应当设置但未设置账簿的。

(3) 擅自销毁账簿或者拒不提供纳税资料的。

(4) 虽设置账簿,但账目混乱或者成本资料、收入凭证、费用凭证残缺不全,难以查账的。

(5) 发生纳税义务,未按照规定的期限办理纳税申报,经税务机关责令限期申报,逾期仍不申报的。

(6) 申报的计税依据明显偏低,又无正当理由的。

特殊行业、特殊类型的纳税人和一定规模以上的纳税人不适用本办法。上述特定纳税人由国家税务总局另行明确。[《企业所得税核定征收办法(试行)》(国税发〔2008〕30号,2008年3月6日,自2008年1月1日起执行)]

国税发〔2008〕30号文件第三条第二款所称"特定纳税人"包括以下类型的企业:

(1) 享受《企业所得税法》及其实施条例和国务院规定的一项或几项企业所得税优惠政策的企业(不包括仅享受《企业所得税法》第二十六条规定免税收入优惠政策的企业)。

(2) 汇总纳税企业。

(3) 上市公司。

(4) 银行、信用社、小额贷款公司、保险公司、证券公司、期货公司、信托投资公司、金融资产管理公司、融资租赁公司、担保公司、财务公司、典当公司等金融企业。

(5) 会计、审计、资产评估、税务、房地产估价、土地估价、工程造价、律师、价格鉴证、公证机构、基层法律服务机构、专利代理、商标代理以及其他经济鉴证类社会中介机构。

(6) 国家税务总局规定的其他企业。

对上述规定之外的企业,主管税务机关要严格按照规定的范围和标准确定企业所得税的征收方式,不得违规扩大核定征收企业所得税范围;对其中达不到查账征收条件的企业核定征收企业所得税,并促使其完善会计核算和财务管理,达到查账征收条件后要及时转为查账征收。[《国家税务总局关于企业所得税核定征收若干问题的通知》(国税函〔2009〕377号,2009年7月14日,从2009年1月1日起执行)]

2. 核定应税所得率或者核定应纳所得税额

税务机关应根据纳税人具体情况,对核定征收企业所得税的纳税人,核定应税所得率或者核定应纳所得税额。

具有下列情形之一的,核定其应税所得率:

(1) 能正确核算(查实)收入总额,但不能正确核算(查实)成本费用总额的。

(2) 能正确核算(查实)成本费用总额,但不能正确核算(查实)收入总额的。

(3) 通过合理方法,能计算和推定纳税人收入总额或成本费用总额的。

纳税人不属于以上情形的,核定其应纳所得税额。[《企业所得税核定征收办法(试行)》(国税发〔2008〕30号,2008年3月6日,自2008年1月1日起执行)]

3. 核定方法

税务机关采用下列方法核定征收企业所得税:

(1) 参照当地同类行业或者类似行业中经营规模和收入水平相近的纳税人的税负水平核定。

(2) 按照应税收入额或成本费用支出额定率核定。

(3) 按照耗用的原材料、燃料、动力等推算或测算核定。

(4) 按照其他合理方法核定。

采用前款所列一种方法不足以正确核定应纳税所得额或应纳税额的,可以同时采用两种以上的方法核定。采用两种以上方法测算的应纳税额不一致时,可按测算的应纳税额从高核定。[《企业所得税核定征收办法(试行)》(国税发〔2008〕30号,2008年3月6日,自2008年1月1日起执行)]

4. 应纳所得税额计算公式

采用应税所得率方式核定征收企业所得税的,应纳所得税额计算公式如下:

应纳所得税额＝应纳税所得额×适用税率

应纳税所得额＝应税收入额×应税所得率

或: $$应纳税所得额 = \frac{成本(费用)支出额}{1-应税所得率} \times 应税所得率$$

[《企业所得税核定征收办法(试行)》(国税发〔2008〕30号,2008年3月6日,自2008年1月1日起执行)]

国税发〔2008〕30号文件第六条中的"应税收入额"等于收入总额减去不征税收入和免税收入后的余额。用公式表示为:

应税收入额＝收入总额－不征税收入－免税收入

其中,收入总额为企业以货币形式和非货币形式从各种来源取得的收入。[《国家税务总局关于企业所得税核定征收若干问题的通知》(国税函〔2009〕377号,2009年7月14日,从2009年1月1日起执行)]

5. 根据主营项目确定适用的应税所得率

实行应税所得率方式核定征收企业所得税的纳税人,经营多业的,无论其经营项目是否单独核算,均由税务机关根据其主营项目确定适用的应税所得率。

主营项目应为纳税人所有经营项目中,收入总额或者成本(费用)支出额或者耗用原材料、燃料、动力数量所占比重最大的项目。[《企业所得税核定征收办法(试行)》(国税发〔2008〕30号,2008年3月6日,自2008年1月1日起执行)]

6. 应税所得率的幅度标准

应税所得率按表5-10规定的幅度标准确定。

表5-10 应税所得率的幅度标准

行业	应税所得率
农、林、牧、渔业	3%～10%
制造业	5%～15%
批发和零售贸易业	4%～15%
交通运输业	7%～15%
建筑业	8%～20%
饮食业	8%～25%
娱乐业	15%～30%
其他行业	10%～30%

[《企业所得税核定征收办法(试行)》(国税发〔2008〕30号,2008年3月6日,自2008年1月1日起执行)]

7. 已确定的应纳税额或应税所得率的调整

纳税人的生产经营范围、主营业务发生重大变化,或者应纳税所得额或应纳税额增减变化达到20%的,应及时向税务机关申报调整已确定的应纳税额或应税所得率。[《企业所得税核定征收办法(试行)》(国税发〔2008〕30号,2008年3月6日,自2008年1月1日起执行)]

8. 企业所得税核定征收的鉴定

主管税务机关应及时向纳税人送达《企业所得税核定征收鉴定表》,及时完成对其核定征收企业所得税的鉴定工作。具体程序如下:

(1) 纳税人应在收到《企业所得税核定征收鉴定表》后10个工作日内,填好该表并报送主管税务机关。《企业所得税核定征收鉴定表》一式三联,主管税务机关和县税务机关各执一联,另一联送达纳税人执行。主管税务机关还可根据实际工作需要,适当增加联次备用。

(2) 主管税务机关应在受理《企业所得税核定征收鉴定表》后20个工作日内,分类逐户审查核实,提出鉴定意见,并报县税务机关复核、认定。

(3) 县税务机关应在收到《企业所得税核定征收鉴定表》后30个工作日内,完成复核、认定工作。

纳税人收到《企业所得税核定征收鉴定表》后,未在规定期限内填列、报送的,税务机关视同纳税人已经报送,按上述程序进行复核认定。

税务机关应在每年6月底前对上年度实行核定征收企业所得税的纳税人进行重新鉴定。重新鉴定工作完成前,纳税人可暂按上年度的核定征收方式预缴企业所得税;重新鉴定工作完成后,按重新鉴定的结果进行调整。[《企业所得税核定征收办法(试行)》(国税发〔2008〕30号,2008年3月6日,自2008年1月1日起执行)]

9. 公示和异议处理

主管税务机关应当分类逐户公示核定的应纳所得税额或应税所得率。主管税务机关应当按照便于纳税人及社会各界了解、监督的原则确定公示地点、方式。

纳税人对税务机关确定的企业所得税征收方式、核定的应纳所得税额或应税所得率有异议的,应当提供合法、有效的相关证据,税务机关经核实认定后调整有异议的事项。[《企业所得税核定征收办法(试行)》(国税发〔2008〕30号,2008年3月6日,自2008年1月1日起执行)]

10. 申报纳税

纳税人实行核定应税所得率方式的,按下列规定申报纳税:

(1)主管税务机关根据纳税人应纳税额的大小确定纳税人按月或者按季预缴,年终汇算清缴。预缴方法一经确定,一个纳税年度内不得改变。

(2)纳税人应依照确定的应税所得率计算纳税期间实际应缴纳的税额,进行预缴。按实际数额预缴有困难的,经主管税务机关同意,可按上一年度应纳税额的1/12或1/4预缴,或者按经主管税务机关认可的其他方法预缴。

(3)纳税人预缴税款或年终进行汇算清缴时,应按规定填写《中华人民共和国企业所得税月(季)度预缴纳税申报表(B类)》,在规定的纳税申报时限内报送主管税务机关。

纳税人实行核定应纳所得税额方式的,按下列规定申报纳税:

(1)纳税人在应纳所得税额尚未确定之前,可暂按上年度应纳所得税额的1/12或1/4预缴,或者按经主管税务机关认可的其他方法,按月或按季分期预缴。

(2)在应纳所得税额确定以后,减除当年已预缴的所得税额,余额按剩余月份或季度均分,以此确定以后各月或各季的应纳税额,由纳税人按月或按季填写《中华人民共和国企业所得税月(季)度预缴纳税申报表(B类)》,在规定的纳税申报期限内进行纳税申报。

(3)纳税人年度终了后,在规定的时限内按照实际经营额或实际应纳税额向税务机关申报纳税。申报额超过核定经营额或应纳税额的,按申报额缴纳税款;申报额低于核定经营额或应纳税额的,按核定经营额或应纳税额缴纳税款。[《企业所得税核定征收办法(试行)》(国税发〔2008〕30号,2008年3月6日,自2008年1月1日起执行)]

11. 取得股权(股票)收入企业的核定征收

(1)专门从事股权(股票)投资业务的企业,不得核定征收企业所得税。

(2)依法按核定应税所得率方式核定征收企业所得税的企业,取得的转让股权(股票)收入等转让财产收入,应全额计入应税收入额,按照主营项目(业务)确定适用的应税所得率计算征税;若主营项目(业务)发生变化,应在当年汇算清缴时,按照变化后的主营项目(业务)重新确定适用的应税所得率计算征税。

上述规定自2012年1月1日起施行。企业以前年度尚未处理的上述事项,按照上述规定处理;已经处理的,不再调整。

12. 跨境电子商务综合试验区零售出口企业所得税核定征收

跨境电子商务综合试验区(以下简称综试区),是指经国务院批准的跨境电子商务综合试验区。

跨境电商企业,是指自建跨境电子商务销售平台或利用第三方跨境电子商务平台开展电子商务出口的企业。

综试区内的跨境电子商务零售出口企业

(以下简称跨境电商企业)核定征收企业所得税有关政策(自2020年1月1日起施行)。

1) 条件

综试区内的跨境电商企业,同时符合下列条件的,试行核定征收企业所得税办法:

(1) 在综试区注册,并在注册地跨境电子商务线上综合服务平台登记出口货物日期、名称、计量单位、数量、单价、金额的。

(2) 出口货物通过综试区所在地海关办理电子商务出口申报手续的。

(3) 出口货物未取得有效进货凭证,其增值税、消费税享受免税政策的。

2) 应税所得率,统一按照4%确定

综试区内核定征收的跨境电商企业应准确核算收入总额,并采用应税所得率方式核定征收企业所得税。应税所得率统一按照4%确定。

3) 鉴定

税务机关应按照有关规定,及时完成综试区跨境电商企业核定征收企业所得税的鉴定工作。

4) 税收优惠

综试区内实行核定征收的跨境电商企业符合小型微利企业优惠政策条件的,可享受小型微利企业所得税优惠政策;其取得的收入属于《企业所得税法》第二十六条规定的免税收入的,可享受免税收入优惠政策。

13. 企业所得税由核定征收改为查账征收后,相关资产如何进行税收处理

我国企业所得税存在查账征税、核定征税等两种管理方式。随着纳税人核算水平提高,有些核定征税企业逐步改为查账征税。

为便于此类企业规范核算,依法纳税,保护其合法税收权益,对于原有资产的计税基础,凡能够提供发票等相关购置凭证的,以发票载明金额作为资产的计税基础;对于不能提供发票等购置凭证的,可以凭企业购置资产的合同、协议、资金支付证明、会计核算资料等,作为计税基础的凭证。

对于企业核定征税期间投入使用的资产,改为查账征税后,以税法规定的折旧、摊销年限,扣除该资产使用年限后,就剩余年限继续计提折旧、摊销额并在税前扣除。

二、非居民企业应纳税额的计算

(一) 查账征收——非居民企业查账征收应纳税额的计算

对于在中国境内未设立机构、场所,或者虽设立机构、场所但取得的所得与其所设机构、场所没有实际联系的非居民企业的所得,按照下列方法计算应纳税所得额。

(1) 股息、红利等权益性投资收益和利息、租金、特许权使用费所得,以收入全额为应纳税所得额。

(2) 转让财产所得,以收入全额减除财产净值后的余额为应纳税所得额。

(3) 其他所得,参照前两项规定的方法计算应纳税所得额。

财产净值是指财产的计税基础减除已经按照规定扣除的折旧、折耗、摊销、准备金等后的余额。

扣缴义务人在每次向非居民企业支付或者到期应支付所得时,应从支付或者到期应支付的款项中扣缴企业所得税。到期应支付的款项,是指支付人按照权责发生制原则应当计入相关成本、费用的应付款项。

扣缴企业所得税应纳税额计算公式如下:

$$\text{扣缴企业所得税应纳税额} = \text{应纳税所得额} \times \text{实际征收率}$$

应纳税所得额的计算,按上述1至3项的规定为标准;实际征收率是指《企业所得税法》及其实施条例等相关法律、法规规定的税率,或者税收协定规定的更低的税率。

(4) 非居民企业取得上述规定的相关所得,在计算缴纳企业所得税时,应以不含增值税的收入全额作为应纳税所得额。

(二) 核定征收——非居民企业核定征收应纳税额的计算

为了规范非居民企业所得税核定征收工作,国家税务总局制定了《非居民企业所得税核定征收管理办法》(国税发〔2010〕19号,2010年

2月20日,自2010年2月20日起施行)。

该办法适用于《企业所得税法》第三条第二款规定的非居民企业,外国企业常驻代表机构企业所得税核定办法按照有关规定办理。

非居民企业应当按照《税收征管法》及有关法律法规设置账簿,根据合法、有效凭证记账,进行核算,并应按照其实际履行的功能与承担的风险相匹配的原则,准确计算应纳税所得额,据实申报缴纳企业所得税。

非居民企业因会计账簿不健全,资料残缺难以查账,或者其他原因不能准确计算并据实申报其应纳税所得额的,税务机关有权采取以下方法核定其应纳税所得额。

(1) 按收入总额核定应纳税所得额:适用于能够正确核算收入或通过合理方法推定收入总额,但不能正确核算成本费用的非居民企业。计算公式如下:

$$\text{应纳税所得额} = \text{收入总额} \times \text{经税务机关核定的利润率}$$

(2) 按成本费用核定应纳税所得额:适用于能够正确核算成本费用,但不能正确核算收入总额的非居民企业。计算公式如下:

$$\text{应纳税所得额} = \text{成本费用总额} \div (1 - \text{经税务机关核定的利润率}) \times \text{经税务机关核定的利润率}$$

(3) 按经费支出换算收入核定应纳税所得额:适用于能够正确核算经费支出总额,但不能正确核算收入总额和成本费用的非居民企业。计算公式:

$$\text{应纳税所得额} = \text{本期经费支出额} \div (1 - \text{核定利润率}) \times \text{核定利润率}$$

税务机关可按照以下标准确定非居民企业的利润率:

(1) 从事承包工程作业、设计和咨询劳务的,利润率为15%~30%。

(2) 从事管理服务的,利润率为30%~50%。

(3) 从事其他劳务或劳务以外经营活动的,利润率不低于15%。

税务机关有根据认为非居民企业的实际利润率明显高于上述标准的,可以按照比上述标准更高的利润率核定其应纳税所得额。

非居民企业与中国居民企业签订机器设备或货物销售合同,同时提供设备安装、装配、技术培训、指导、监督服务等劳务,其销售货物合同中未列明提供上述劳务服务收费金额,或者计价不合理的,主管税务机关可以根据实际情况,参照相同或相近业务的计价标准核定劳务收入。无参照标准的,以不低于销售货物合同总价款的10%为原则,确定非居民企业的劳务收入。

非居民企业为中国境内客户提供劳务取得的收入,凡其提供的服务全部发生在中国境内的,应全额在中国境内申报缴纳企业所得税。凡其提供的服务同时发生在中国境内外的,应以劳务发生地为原则划分其境内外收入,并就其在中国境内取得的劳务收入申报缴纳企业所得税。税务机关对其境内外收入划分的合理性和真实性有疑义的,可以要求非居民企业提供真实有效的证明,并根据工作量、工作时间、成本费用等因素合理划分其境内外收入;如非居民企业不能提供真实有效的证明,税务机关可视同其提供的服务全部发生在中国境内,确定其劳务收入并据以征收企业所得税。

采取核定征收方式征收企业所得税的非居民企业,在中国境内从事适用不同核定利润率的经营活动,并取得应税所得的,应分别核算并适用相应的利润率计算缴纳企业所得税;凡不能分别核算的,应从高适用利润率,计算缴纳企业所得税。

主管税务机关应及时向非居民企业送达《非居民企业所得税征收方式鉴定表》(以下简称《鉴定表》),非居民企业应在收到《鉴定表》后10个工作日内,完成《鉴定表》的填写并送达主管税务机关,主管税务机关在受理《鉴定表》后20个工作日内,完成该项征收方式的确认工作。

税务机关发现非居民企业采用核定征收方式计算申报的应纳税所得额不真实,或者明显与其承担的功能风险不相匹配的,有权予以调整。

各省、自治区、直辖市和计划单列市税务局

可按照上述规定确定适用的核定利润率幅度，并根据本办法规定制定具体操作规程，报国家税务总局（国际税务司）备案。

【案例 5-15】 非居民企业 A 在中国境内未设立机构、场所，2023 年 4 月与居民企业 B 签订一项新型设备销售合同并提供安装、培训服务，该设备净值为 300 万元，双方在合同中约定 B 支付 A 的价款合计为 400 万元，未单独列明安装、培训服务的金额，A 派遣员工在境内外负责该项业务，但无法提供真实有效的材料证明其在境内外发生的劳务及金额，税务机关对其劳务部分核定征收企业所得税，核定利润率为 30%。（本案例不考虑其他税费）

【分析】 1. 税务机关对于未准确列明的安装、培训劳务收入采用最低标准进行核定，则核定的劳务收入

非居民企业与中国居民企业签订机器设备或货物销售合同，同时提供设备安装、装配、技术培训、指导、监督服务等劳务，未单独列明上述劳务的金额并且无参照标准的，以不低于销售货物合同总价款的 10% 为原则，确认非居民企业的劳务收入，所以，税务机关应该核定的劳务收入＝400×10%＝40（万元）。

2. 安装培训劳务收入按照核定征收的方式应纳企业所得税

应纳税所得额＝收入总额×核定的利润率＝40×30%＝12（万元），所以按照核定征收的方式应纳企业所得税＝12×10%＝1.2（万元）

（三）外国企业常驻代表机构税收

为规范外国企业常驻代表机构税收管理，国家税务总局制定了《外国企业常驻代表机构税收管理暂行办法》（国税发〔2010〕18 号，2010 年 2 月 20 日，自 2010 年 1 月 1 日起施行）。

该办法所称外国企业常驻代表机构，是指按照国务院有关规定，在工商行政管理部门登记或经有关部门批准，设立在中国境内的外国企业（包括港澳台企业）及其他组织的常驻代表机构（以下简称代表机构）。

代表机构应当就其归属所得依法申报缴纳企业所得税，就其应税收入依法申报缴纳增值税。

代表机构应当自领取工商登记证件（或有关部门批准）之日起 30 日内，持以下资料，向其所在地主管税务机关申报办理税务登记。

（1）工商营业执照副本或主管部门批准文件的原件及复印件。

（2）组织机构代码证书副本原件及复印件。

（3）注册地址及经营地址证明（产权证、租赁协议）原件及其复印件；如为自有房产，应提供产权证或买卖契约等合法的产权证明原件及其复印件；如为租赁的场所，应提供租赁协议原件及其复印件，出租人为自然人的还应提供产权证明的原件及复印件。

（4）首席代表（负责人）护照或其他合法身份证件的原件及复印件。

（5）外国企业设立代表机构的相关决议文件及在中国境内设立的其他代表机构名单（包括名称、地址、联系方式、首席代表姓名等）。

（6）税务机关要求提供的其他资料。

代表机构税务登记内容发生变化或者驻在期届满、提前终止业务活动的，应当按照税收征管法及相关规定，向主管税务机关申报办理变更登记或者注销登记；代表机构应当在办理注销登记前，就其清算所得向主管税务机关申报并依法缴纳企业所得税。

代表机构应当按照有关法律、行政法规和国务院财政、税务主管部门的规定设置账簿，根据合法、有效凭证记账，进行核算，并应按照实际履行的功能和承担的风险相配比的原则，准确计算其应税收入和应纳税所得额，在季度终了之日起 15 日内向主管税务机关据实申报缴纳企业所得税，并按照《增值税暂行条例》及其实施细则规定的纳税期限，向主管税务机关据实申报缴纳增值税。

对账簿不健全，不能准确核算收入或成本费用，以及无法按照上述规定据实申报的代表机构，税务机关有权采取以下两种方式核定其应纳税所得额。

（1）按经费支出换算收入：适用于能够准

确反映经费支出但不能准确反映收入或成本费用的代表机构。

① 计算公式：

$$应纳税所得额 = \frac{本期经费支出额}{1-核定利润率} \times 核定利润率$$

② 代表机构的经费支出额包括在中国境内、外支付给工作人员的工资薪金、奖金、津贴、福利费、物品采购费（包括汽车、办公设备等固定资产）、通信费、差旅费、房租、设备租赁费、交通费、交际费、其他费用等。

A. 购置固定资产所发生的支出，以及代表机构设立时或者搬迁等原因所发生的装修费支出，应在发生时一次性作为经费支出额换算收入计税。

B. 利息收入不得冲抵经费支出额；发生的交际应酬费，以实际发生数额计入经费支出额。

C. 以货币形式用于我国境内的公益、救济性质的捐赠、滞纳金、罚款，以及为其总机构垫付的不属于其自身业务活动所发生的费用，不应作为代表机构的经费支出额；

D. 其他费用包括：为总机构从中国境内购买样品所支付的样品费和运输费用；国外样品运往中国发生的中国境内的仓储费用、报关费用；总机构人员来华访问聘用翻译的费用；总机构为中国某个项目投标由代表机构支付的购买标书的费用，等等。

（2）按收入总额核定应纳税所得额：适用于可以准确反映收入但不能准确反映成本费用的代表机构。计算公式：

$$应纳企业所得税额 = 收入总额 \times 核定利润率 \times 企业所得税税率$$

代表机构的核定利润率不应低于15%。采取核定征收方式的代表机构，如能建立健全会计账簿，准确计算其应税收入和应纳税所得额，报主管税务机关备案，可调整为据实申报方式。

代表机构发生增值税应税行为，应按照增值税的相关法规计算缴纳应纳税款。

代表机构需要享受税收协定待遇，应依照税收协定以及《国家税务总局关于印发〈非居民享受税收协定待遇管理办法（试行）〉的通知》（国税发〔2009〕124号）的有关规定办理，并应按照上述规定的时限办理纳税申报事宜。

第六节　税　收　优　惠

一、免税收入

（一）国债利息收入

为鼓励企业积极购买国债，支援国家建设，企业因购买国债所得的利息收入，免征企业所得税。

（二）股息、红利等权益性收益

（1）符合条件的居民企业之间的股息、红利等权益性收益，免征企业所得税。

符合条件的居民企业之间的股息、红利等权益性收益是指居民企业直接投资于其他居民企业取得的投资收益。

（2）在中国境内设立机构、场所的非居民企业从居民企业取得与该机构、场所有实际联系的股息、红利等权益性投资收益，免征企业所得税。

居民企业和非居民企业取得的上述免税的投资收益不包括连续持有居民企业公开发行并上市流通的股票不足12个月取得的投资收益。

依据《财政部　国家税务总局　证监会关于沪港股票市场交易互联互通机制试点有关税收政策的通知》（财税〔2014〕81号）的规定，自2014年11月17日起，对内地企业投资者通过沪港通投资香港联交所上市股票取得的股息红利所得，计入其收入总额，依法计征企业所得税。其中，内地居民企业连续持有H股满12个月取得的股息红利所得，依法免征企业所得税。

中国香港联交所上市H股公司应向中国结算提出申请,由中国结算向H股公司提供内地企业投资者名册,H股公司对内地企业投资者不代扣股息红利所得税款,应纳税款由企业自行申报缴纳。

内地企业投资者自行申报缴纳企业所得税时,对香港联交所非H股上市公司已代扣代缴的股息红利所得税,可依法申请税收抵免。

(三) 符合条件的非营利组织的收入

符合条件的非营利组织的收入,免征企业所得税。

(1) 符合条件的非营利组织是指:

① 依法履行非营利组织登记手续。

② 从事公益性或者非营利性活动。

③ 取得的收入除用于与该组织有关的、合理的支出外,全部用于登记核定或者章程规定的公益性或者非营利性事业。

④ 财产及其孳息不用于分配。

⑤ 按照登记核定或者章程规定,该组织注销后的剩余财产用于公益性或者非营利性目的,或者由登记管理机关转赠给与该组织性质、宗旨相同的组织,并向社会公告。

⑥ 投入人对投入该组织的财产不保留或者享有任何财产权利。

⑦ 工作人员工资福利开支控制在规定的比例内,不变相分配该组织的财产。

⑧ 国务院财政、税务主管部门规定的其他条件。

(2)《企业所得税法》第二十六条第四项所称符合条件的非营利组织的收入,不包括非营利组织从事营利性活动取得的收入,但国务院财政、税务主管部门另有规定的除外。

(3) 非营利组织的下列收入为免税收入:

① 接受其他单位或者个人捐赠的收入。

② 除《企业所得税法》第七条规定的财政拨款以外的其他政府补助收入,但不包括因政府购买服务而取得的收入。

③ 按照省级以上民政、财政部门规定收取的会费。

④ 不征税收入和免税收入孳生的银行存款利息收入。

⑤ 财政部、国家税务总局规定的其他收入。

(四) 非营利性科研机构、高等学校接收企业、个人和其他组织机构基础研究资金收入

自2022年1月1日开始,对非营利性科研机构、高等学校接收企业、个人和其他组织机构基础研究资金收入,免征企业所得税。

(五) 取得地方政府债券利息所得

对企业取得的2009年及以后年度发行的地方政府债券利息所得,免征企业所得税。

地方政府债券是指经国务院批准,以省、自治区、直辖市和计划单列市政府为发行和偿还主体的债券。

二、减计收入

(一) 提供社区养老、托育、家政服务取得的收入

自2019年6月1日起执行至2025年12月31日,提供社区养老、托育、家政服务取得的收入,在计算应纳税所得额时,减按90%计入收入总额。

以上所称社区是指聚居在一定地域范围内的人们所组成的社会生活共同体,包括城市社区和农村社区。

为社区提供养老服务的机构,是指在社区依托固定场所设施,采取全托、日托、上门等方式,为社区居民提供养老服务的企业、事业单位和社会组织。社区养老服务是指为老年人提供的生活照料、康复护理、助餐助行、紧急救援、精神慰藉等服务。

为社区提供托育服务的机构,是指在社区依托固定场所设施,采取全日托、半日托、计时托、临时托等方式,为社区居民提供托育服务的企业、事业单位和社会组织。社区托育服务是指为3周岁(含)以下婴幼儿提供的照料、看护、膳食、保育等服务。

为社区提供家政服务的机构,是指以家庭为服务对象,为社区居民提供家政服务的企业、事业单位和社会组织。社区家政服务是指进入家庭成员住所或医疗机构为孕产妇、婴幼儿、老人、病人、残疾人提供的照护服务,以及进入家庭成员住所提供的保洁、烹饪等服务。

(二) 综合利用资源生产符合国家产业政策规定的产品

企业综合利用资源生产符合国家产业政策规定的产品所取得的收入,可以在计算应纳税所得额时减计收入。

综合利用资源指企业以《资源综合利用企业所得税优惠目录》规定的资源作为主要原材料,生产国家非限制和禁止并符合国家和行业相关标准的产品取得的收入,减按90%计入收入总额。

以上所称原材料占生产产品材料的比例不得低于《资源综合利用企业所得税优惠目录》规定的标准。

《资源综合利用企业所得税优惠目录(2021年版)》自2021年1月1日起施行。

企业从事资源综合利用属于《财政部 国家税务总局 国家发展改革委关于公布资源综合利用企业所得税优惠目录(2008年版)的通知》(财税〔2008〕117号)中目录规定范围,但不属于《资源综合利用企业所得税优惠目录(2021年版)》规定范围的,可按政策规定继续享受优惠至2021年12月31日止。

税务机关在后续管理中,如不能准确判定资源综合利用是否属于《资源综合利用企业所得税优惠目录(2021年版)》规定的范围,可提请省级以上(含省级)发展改革和生态环境等部门出具意见。[《财政部等四部门关于公布〈环境保护、节能节水项目企业所得税优惠目录(2021年版)〉以及〈资源综合利用企业所得税优惠目录(2021年版)〉的公告》(财政部 税务总局 发展改革委 生态环境部公告2021年第36号),2021年12月16日]

(三) 金融机构农户小额贷款的利息收入

至2023年12月31日,对金融机构农户小额贷款的利息收入,在计算应纳税所得额时,按90%计入收入总额。小额贷款,是指单笔且该农户贷款余额总额在10万元(含本数)以下的贷款。

(四) 小额贷款公司取得的农户小额贷款利息收入

至2023年12月31日,对经省级金融管理部门(金融办、局等)批准成立的小额贷款公司取得的农户小额贷款利息收入,在计算应纳税所得额时,按90%计入收入总额。小额贷款,是指单笔且该农户贷款余额总额在10万元(含本数)以下的贷款。

(五) 保险公司为种植业、养殖业提供保险业务取得的保费收入

至2023年12月31日,对保险公司为种植业、养殖业提供保险业务取得的保费收入,在计算应纳税所得额时,按90%计入收入总额。保费收入,是指原保险保费收入加上分保费收入减去分出保费后的余额。

三、加计扣除

加计扣除优惠包括以下内容。

(一) 高新技术企业新购置的设备、器具

高新技术企业在2022年10月1日至2022年12月31日新购置的设备、器具,允许当年一次性全额在计算应纳税所得额时扣除,并允许在税前实行100%加计扣除。

(二) 研发费用税前加计扣除

为更好地支持企业创新发展,根据《企业所得税法》及其实施条例等相关规定,国家税务总局、财政部发布了《关于优化预缴申报享受研发费用加计扣除政策有关事项的公告》(国家税务总局 财政部公告2023年第11号,2023年6月21日),自2023年1月1日起施行:

企业7月预缴申报第二季度(按季预缴)或6月(按月预缴)企业所得税时,能准确归集核算研发费用的,可以结合自身生产经营实际情况,自主选择就当年上半年研发费用享受加计扣除政策。对7月预缴申报期未选择享受优惠的企业,在10月预缴申报或年度汇算清缴时能够准确归集核算研发费用的,可结合自身生产经营实际情况,自主选择在10月预缴申报或年度汇算清缴时统一享受。

企业10月预缴申报第三季度(按季预缴)或9月(按月预缴)企业所得税时,能准确归集核算研发费用的,可结合自身生产经营实际情况,自主选择就当年前三季度研发费用享受加计扣除政策。对10月预缴申报期未选择享受优惠的企业,在年度汇算清缴时能够准确归集核算研发费用的,可结合自身生产经营实际情况,自主选择在年度汇算清缴时统一享受。

企业享受研发费用加计扣除优惠政策采取"真实发生、自行判别、申报享受、相关资料留存备查"的办理方式,由企业依据实际发生的研发费用支出,自行计算加计扣除金额,填报《中华人民共和国企业所得税月(季)度预缴纳税申报表(A类)》享受税收优惠,并根据享受加计扣除优惠的研发费用情况(上半年或前三季度)填写《研发费用加计扣除优惠明细表》(A107012)。《研发费用加计扣除优惠明细表》(A107012)与规定的其他资料一并留存备查。

1. 研发费用加计扣除的概念

对企业的研发费用实施加计扣除,即为研发费用加计扣除。加计扣除是企业所得税的一种税基式优惠方式,一般是指按照《企业所得税法》规定在实际扣除额的基础上,再加成一定比例,作为计算应纳税所得额时的扣除额。

小知识

"研发费用加计扣除"与
"研发费用据实扣除"的异同

"研发费用加计扣除"与"研发费用据实扣除"既有相同点又有不同点。

(1) 相同点。

主要体现在以下方面:

① 研发活动特征相同。

两者都是企业为获得科学与技术(不包括人文、社会科学)新知识,创造性运用科学技术新知识,或实质性改进技术、工艺、产品(服务)而持续进行的具有明确目标的研究开发活动。

② 研发费用处理方式相同。

企业实际发生的研发支出费用化与资本化处理的原则,按照"财务会计制度"规定执行。

③ 不允许税前扣除费用范围相同。

法律、行政法规和国务院财税主管部门规定不允许企业所得税前扣除的费用和支出项目,同样不允许加计扣除。

④ 核算要求基本相同。

企业未设立专门的研发机构或企业研发机构同时承担生产经营任务的,应对研发费用和生产经营费用分开进行核算,准确、合理地计算研发费用。

(2) 不同点。

主要体现在以下方面:

① 适用对象不同。

"研发费用加计扣除"仅适用于财务核算健全并能准确归集核算研发费用的居民企业,而"研发费用据实扣除"适用于能够准确核算研发费用的所有企业。

② 行业限制不同。

享受研发费用加计扣除的企业有负面清单行业的限制,而据实扣除则没有负面清单行业的限制。

③ 研发费用范围不同。

加计扣除的研发费用范围限于财税〔2015〕119号等文件列举的6项费用及明细项,而据实扣除的研发费用范围按照税收及财务会计制度的规定确定。

2. 研发费用加计扣除政策要点

研发费用加计扣除政策主要包括:

(1) 企业开展研发活动中实际发生的研发费用,未形成无形资产计入当期损益的,在按规定据实扣除的基础上,再按照实际发生额的100%在税前加计扣除;形成无形资产的,按照无形资产成本的200%在税前摊销。无形资产摊销年限不得低于10年。作为投资或者受让的无形资产,有关法律规定或者合同约定了使用年限的,可以按照法律规定或者合同约定的使用年限分期摊销。

(2) 委托、合作、集中研发费用的加计扣除:

① 企业委托境内的外部机构或个人进行研发活动发生的费用,按照费用实际发生额的80%计入委托方研发费用并按规定计算加计扣除;委托境外(不包括境外个人)进行研发活动所发生的费用,按照费用实际发生额的80%计入委托方的委托境外研发费用。委托境外研发费用不超过境内符合条件的研发费用三分之二的部分,可按规定在企业所得税前加计扣除。

② 企业共同合作开发的项目,由合作各方就自身实际承担的研发费用分别计算加计扣除。

③ 企业集团根据生产经营和科技开发的实际情况,对技术要求高、投资数额大,需要集中研发的项目,其实际发生的研发费用,可以按照权利和义务相一致、费用支出和收益分享相配

比的原则,合理确定研发费用的分摊方法,在受益成员企业间进行分摊,由相关成员企业分别计算加计扣除。

(3) 企业为获得创新性、创意性、突破性的产品进行创意设计活动而发生的相关费用,可以按照规定进行加计扣除。

(4) 企业可在当年7月预缴、10月预缴以及企业所得税年度汇算清缴时申报享受研发费用加计扣除政策。

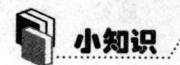

研发费用加计扣除政策沿革

现行《企业所得税法》和实施条例明确研发费用可享受加计扣除。近年来,国家多次优化完善研发费用加计扣除政策,加大政策优惠力度,具体政策沿革如表5-1所示。

表 5-1　研发费用加计扣除政策沿革

时间	政策	主要内容
2008年开始实施	《中华人民共和国企业所得税法》及其实施条例	以法律形式确认研发费用加计扣除政策
2008年12月	《国家税务总局关于印发〈企业研究开发费用税前扣除管理办法(试行)〉的通知》(国税发〔2008〕116号,已失效)	对研发费用加计扣除政策作出系统、详细规定
2015年11月	《财政部 国家税务总局 科技部关于完善研究开发费用税前加计扣除政策的通知》(财税〔2015〕119号)	放宽了享受优惠的企业研发活动及研发费用的范围,大幅减少了研发费用加计扣除口径与高新技术企业认定研发费用归集口径的差异
	《国家税务总局关于企业研究开发费用税前加计扣除政策有关问题的公告》(国家税务总局公告2015年第97号)	细化研发费用加计扣除政策口径及管理要求,提高政策可操作性
2017年5月	《财政部 税务总局 科技部关于提高科技型中小企业研究开发费用税前加计扣除比例的通知》(财税〔2017〕34号)	将科技型中小企业享受研发费用加计扣除比例由50%提高到75%
	《国家税务总局关于提高科技型中小企业研究开发费用税前加计扣除比例有关问题的公告》(国家税务总局公告2017年第18号,已失效)	进一步明确科技型中小企业研发费用加计扣除政策执行口径,保证优惠政策的贯彻实施
2017年11月	《国家税务总局关于研发费用税前加计扣除归集范围有关问题的公告》(国家税务总局公告2017年第40号)	进一步完善和明确了部分研发费用范围和归集口径
2018年6月	《财政部 税务总局 科技部关于企业委托境外研究开发费用税前加计扣除有关政策问题的通知》(财税〔2018〕64号)	允许委托境外研发费用加计扣除
2018年9月	《财政部 税务总局 科技部关于提高研究开发费用税前加计扣除比例的通知》(财税〔2018〕99号)	将全部研发费用加计扣除比例由50%提高到75%
2021年3月	《财政部 税务总局关于进一步完善研发费用税前加计扣除政策的公告》(财政部 税务总局公告2021年第13号,已失效)	将制造业企业的研发费用加计扣除比例由75%提高至100%
2021年9月	《国家税务总局关于进一步落实研发费用加计扣除政策有关问题的公告》(国家税务总局公告2021年第28号)	在2021年10月预缴申报时,允许企业自主选择享受前三季度研发费用加计扣除,优化研发费用辅助账样式,调整"其他相关费用"限额的计算方法
2022年3月	《财政部 税务总局 科技部关于进一步提高科技型中小企业研发费用税前加计扣除比例的公告》(财政部 税务总局 科技部公告2022年第16号,已失效)	将科技型中小企业的研发费用加计扣除比例由75%提高至100%
2022年5月	《国家税务总局关于企业预缴申报享受研发费用加计扣除优惠政策有关事项的公告》(国家税务总局公告2022年第10号,已失效)	将企业10月预缴申报享受研发费用加计扣除政策的举措予以长期化、制度化

(续表)

时间	政策	主要内容
2022年9月	《财政部 税务总局 科技部关于加大支持科技创新税前扣除力度的公告》(财政部 税务总局 科技部公告2022年第28号,已失效)	适用研发费用税前加计扣除比例75%的企业,在2022年10月1日至2022年12月31日,研发费用税前加计扣除比例提高至100%
2023年3月	《财政部 税务总局关于进一步完善研发费用税前加计扣除政策的公告》(财政部 税务总局公告2023年第7号)	将符合条件行业企业研发费用税前加计扣除比例由75%提高至100%的政策,作为制度性安排长期实施
2023年6月	《国家税务总局 财政部关于优化预缴申报享受研发费用加计扣除政策有关事项的公告》(国家税务总局 财政部公告2023年第11号)	再新增一个享受时点,即7月预缴申报时企业可就当年上半年发生的研发费用享受加计扣除政策

3. 研发费用加计扣除可以与其他企业所得税优惠事项叠加享受

根据《国家税务总局关于发布修订后的〈企业所得税优惠政策事项办理办法〉的公告》(国家税务总局公告2018年第23号)的规定,税收优惠,是指《企业所得税法》规定的优惠事项,以及国务院和民族自治地方根据《企业所得税法》授权制定的企业所得税优惠事项。税收优惠包括免税收入、减计收入、加计扣除、加速折旧、所得减免、抵扣应纳税所得额、减低税率、税额抵免等。

按照《财政部 国家税务总局关于执行企业所得税优惠政策若干问题的通知》(财税〔2009〕69号)的规定,《企业所得税法》及其实施条例中规定的各项税收优惠,凡企业符合规定条件的,可以同时享受。因此,企业既符合享受研发费用加计扣除政策条件,又符合享受其他优惠政策条件的,可以同时享受有关优惠政策。

例如,研发费用加计扣除政策可以叠加享受加速折旧政策。国家税务总局公告2017年第40号文件将加速折旧的加计扣除口径调整为"就税前扣除的折旧部分计算加计扣除"。某企业2022年12月购入并投入使用一专门用于研发活动的设备,单位价值1 200万元,会计处理时按8年折旧,《企业所得税法》规定的最低折旧年限为10年,不考虑残值。企业对该项设备选择缩短折旧年限的加速折旧方式,折旧年限缩短为6年(10×60%)。2023年企业会计处理计提折旧额150万元(1 200÷8),税收上因享受加速折旧优惠可以扣除的折旧额是200万元(1 200÷6),若该设备6年内用途未发生变化,每年均符合加计扣除政策规定,则企业在6年内每年直接就其税前扣除的"仪器、设备折旧费"200万元进行加计扣除200万元(200×100%)。

4. 当年符合条件未享受加计扣除优惠的可以追溯享受

企业符合财税〔2015〕119号文件规定的研发费用加计扣除条件而在2016年1月1日以后未及时享受该项税收优惠的,可以追溯享受,追溯期限最长为3年。

5. 研发费用加计扣除政策适用范围

1) 一般规定

研发费用加计扣除政策适用于会计核算健全、实行查账征收并能够准确归集研发费用的居民企业。

2) 相关规定

(1) 盈利企业和亏损企业都可以享受加计扣除政策。

现行《企业所得税法》第五条明确企业每一纳税年度的收入总额,减除不征税收入、免税收入、各项扣除以及允许弥补的以前年度亏损后的余额,为应纳税所得额。因此,企业发生的研发费用,不论企业当年是盈利还是亏损,其发生符合条件的研发费用均可以加计扣除。亏损企业享受研发费用加计扣除后,将加大亏损额,在结转以后年度弥补亏损时,将减少以后年度的应纳税所得额,从而享受到政策红利。

(2) 进行创意设计活动的企业发生的相关

费用,可以按规定进行加计扣除。

为获得创新性、创意性、突破性的产品进行创意设计活动的企业发生的相关费用,也可按照规定进行加计扣除。

(3) 核定征收企业不能享受加计扣除政策。

根据财税〔2015〕119号文件的规定,"研发费用加计扣除"政策适用于会计核算健全、实行查账征收并能够准确归集研发费用的居民企业。按"核定征收"方式缴纳企业所得税的企业不能享受此项优惠政策。

(4) 负面清单行业企业不能享受研发费用加计扣除政策。

财税〔2015〕119号文件第四条列举了不适用研发费用加计扣除政策的行业,包括烟草制造业、住宿和餐饮业、批发和零售业、房地产业、租赁和商务服务业、娱乐业、财政部和国家税务总局规定的其他行业。上述行业以《国民经济行业分类与代码(GB/T4754－2011)》为准,并随之更新。(目前最新版本为《国民经济行业分类与代码(GB/T4754－2017)》)

国家税务总局公告2015年第97号文件将负面清单行业企业的判断口径具体细化为:以列举的不适用税前加计扣除政策行业为主营业务,其研发费用发生当年的主营业务收入占企业按《企业所得税法》第六条规定计算的收入总额减除不征税收入和投资收益的余额50%(不含)以上的企业。从收入总额中减除的投资收益包括《企业所得税法》规定的股息、红利等权益性投资收益以及股权转让所得。

在计算收入总额时,应注意收入总额的完整性和准确性,税收上确认的收入总额不能简单等同于会计收入,应重点关注税会收入确认差异及调整情况。在判定主营业务时,应将企业当年取得的各项不适用加计扣除行业业务收入汇总确定。

6. 判断研发项目是否为研发活动

适用研发费用加计扣除政策的两大核心是"研发活动的判断"和"研发费用的准确核算归集",而两者都需要以研发项目为基础,即判断研发项目是否为研发活动且按照研发项目进行研发费用准确核算归集。

1) 研发项目

规范的研发项目管理是研发费用加计扣除政策适用的基础和前提。

(1) 研发项目的组织形式。

① 主要组织形式。

根据企业研发活动组织方式的不同,企业研发项目一般分为自主研发、委托研发、合作研发与集中研发。

A. 自主研发,是指企业依靠自身资源,独立进行研发,并对研发成果拥有完全独立的知识产权。

B. 委托研发,是指企业委托外部机构或个人基于企业研发需求而开展的研发项目,企业以支付报酬的形式获得受托方的研发成果所有权。如果研发成果所有权仅属于受托方,委托方不能享受研发费用加计扣除政策。

C. 合作研发,是指立项企业通过契约形式与其他企业共同投入资金、技术、人力等资源的研发项目。合作研发共同完成的知识产权,其归属由合同约定;如果合同没有约定的,由合作各方共同所有。

D. 集中研发,是指企业集团根据生产经营和科技开发的实际情况,对技术要求高、投资数额大、单个企业难以独立承担的项目进行集中开发。

② 委托研发与合作研发的确认。

《技术合同认定管理办法》(国科发政字〔2000〕63号印发)第六条规定,未申请认定登记和未予登记的技术合同,不得享受国家对有关促进科技成果转化规定的税收、信贷和奖励等方面的优惠政策。因此,委托研发与合作研发项目应签订合同,委托、合作研发的合同需经科技行政主管部门登记。其中,根据财税〔2018〕64号文件的规定,委托境外进行研发活动由委托方到科技行政主管部门进行登记。

(2) 研发项目的流程管理。

研发项目是以研发任务为中心,以研发团队为基本活动单位,在相应研发条件的保障之下,开展研发活动。企业对研发项目从立项、实施到结题,建议建立全流程的管理制度,以便可以更好地适用研发费用加计扣除政策。

① 研发项目的立项。

企业研发项目立项需要有企业决议文件与项目计划书。项目计划书需回答以下问题:为什么做、做什么、怎样做、做的条件、做后取得的成果和达到的水平、有什么创新点。

因此,项目计划书建议包括以下基本要素:

A. 研发目标,包括研发意义、国内外现状、预期研发成果、预期实现的技术指标、预期应用价值等。

B. 研发内容,包括技术难点或拟解决的关键技术问题、创新点、技术路线等。

C. 研发条件,包括研发基础、项目人员编制、经费预算等。

D. 项目进度安排,包括研发准备、技术攻关、试验测试等进度安排。

E. 成果形式与考核指标。

② 研发项目的实施。

为保证研发项目得以有效实施,并便利研发费用加计扣除政策享受,建议企业建立规范的研发项目实施管理制度。例如,企业可以根据实际情况,采取以下管理制度:

A. 研发项目归口管理制度。

企业可设立研发项目的归口管理部门,对项目实施全程管理,包括项目计划书的编制、项目招标、合同签订与管理、科技成果鉴定、资料归档等工作。

B. 项目责任人负责制度。

为保证项目的顺利进行,可明确项目的管理权责,实行项目责任人负责制,并明确权利与责任。每一个项目一般确定一或两个项目责任人。

C. 研发费用全流程记录制度。

为保证研发费用的准确归集,从每个研发项目开始实施,建议研发部门与财务部门协调配合,对该项目的资源投入情况进行全流程记录。例如,通过工时系统对研发活动人员参与某一研发项目的工时进行记录、通过材料领用单对某一研发项目的研发领用材料进行记录等。

D. 研发进度记录制度。

例如,可对研发新材料关键技术攻关节点进行记录,包括技术路线、使用的关键设备和材料等;可对新材料是否达到某一关键技术指标的测试过程进行记录,包括测试的方法、结果、结论等。

E. 项目调整制度。

在项目的执行过程中,如果出现技术路线或主要研究内容调整、主要研究人员变动以及其他可能影响项目顺利完成的重大事项,项目责任人可及时向归口的科研管理部门报告,并按规定的程序进行项目变更、暂停、终止等。

③ 研发项目的结题。

研发项目结束后,建议项目组形成结题报告,包括项目进展情况、知识产权成果、研发成果先进性、关键技术突破点、失败原因分析、技术测试报告等内容;建议财务部门形成财务决算报告。

④ 研发项目的资料管理。

建议企业建立研发项目资料全程规范化管理制度,明确企业内部相关部门的资料管理职能。每个研发项目从立项、实施到结题形成的各类文件、资料等,由相关部门归档管理,从而为享受研发费用加计扣除政策提供资料支撑。

税企双方对研发项目有异议的由税务机关转请科技部门鉴定

财税〔2015〕119号文件规定,税务机关对企业享受加计扣除优惠的研发项目有异议的,可以转请地市级(含)以上科技行政主管部门出具鉴定意见,科技部门应及时回复意见。企业承担省部级(含)以上科研项目的,以及以前年度已鉴定的跨年度研发项目,不再需要鉴定。

《科技部 财政部 国家税务总局关于进一步做好企业研发费用加计扣除政策落实工作的通知》(国科发政〔2017〕211号)规定,税务部门事中、事后对企业享受加计扣除优惠的研发项目有异议的,应及时通过县(区)级科技部门将项目资料送地市级(含)以上科技部门进行鉴定;由省直接管理的县、市,可直接由县级科技部门进行鉴定。鉴定部门在收到税务部门的鉴定需求后,应及时组织专家进行鉴定,并在规定时间内通过原渠道将鉴定意见反馈税务部门。鉴定时,应由3名以上相关领域的产业、技术、管理等专家参加。

2) 研发活动界定——判断研发项目是否为研发活动

(1) 研发活动的概念。

企业申请享受研发费用加计扣除政策,首先需要明确其研发项目是否为研发活动。根据财税〔2015〕119号文件的规定,研发活动是指企业为获得科学与技术新知识,创造性运用科学技术新知识,或实质性改进技术、产品(服务)、工艺而持续进行的具有明确目标的系统性活动。

该定义主要参照《弗拉斯卡蒂手册》《企业会计准则第6号——无形资产》(财会〔2006〕3号印发)、《企业会计制度》(财会〔2000〕25号印发)对研发活动的界定。

(2) 研发活动的类型。

研发活动可分为基础研究、应用研究、试验发展3种类型(表5-2)。

(3) 研发活动判断的基本要点。

根据研发活动的判断要点(表5-3),企业可自行判断其项目是否为研发活动。

表5-2 研发活动类型及形式

类型	研发活动		非研发活动
	主要目的	具体形式	
基础研究	基础研究不预设某一特定的应用或使用目的,主要是为获得关于现象和可观察事实的基本原理的新知识,可针对已知或具有前沿性的科学问题,或者针对人们普遍感兴趣的某些广泛领域开展研究,以未来广泛应用为目标	分为两种类型:一是自由探索性基础研究,即为了增进知识,不追求经济或社会效益,也不积极谋求将其应用于实际问题或把成果转移到负责应用的部门;二是目标导向(定向)基础研究,旨在获取某方面知识、期望为探索解决当前已知或未来可能发现的问题奠定基础	艺术或人文学方面的研究
应用研究	主要针对某一特定的实际应用目的或目标,为获取新知识或寻找已有知识的实际应用途径而开展的创造性研究	包括辨别基础研究成果的可应用性,或者研究出一套使企业能够完成预先设定的发展目标的新方案等	对某项科研成果的直接应用,对现存产品、服务、技术、材料或工艺流程进行的重复或简单改变
试验发展	主要是利用从科学研究和实际经验中获得的现有知识,为生产新材料、新产品、新设备,建立新工艺、新系统,或对已产生和已建立的上述各项进行实质性改进,而进行的开发、试制、小试、中试等试验性、系统性工作	原型样机设计、制造、测试,设计新工艺所需要的专用设备和架构,对新产品和新工艺的构思、开发和样品制造等	市场调查、质量控制、测试分析、维修维护、常规测试、为生产工艺而进行的设计、试生产等

表5-3 研发活动判断要点及内涵

要点		内涵
1	有明确创新目标	研发活动一般具有明确的创新目标,如获得新知识、新技术、新工艺、新材料、新产品、新标准等。可通过以下问题予以明确。例如,该活动是否要探索以前未发现的现象、结构或关系?是否在一定范围要突破现有的技术瓶颈?研发成果是否不可预期?如果回答为"是",则说明该活动具有明确的创新目标
2	有系统组织形式	研发活动以项目、课题等方式组织进行,围绕具体目标,有较为确定的人、财、物等支持,经过立项、实施、结题的组织过程,因此其整体是有边界的和可度量的
3	研发结果不确定	研发活动的结果是不能完全事先预期的,必须经过反复不断的试验、测试,具有较大的不确定性,存在失败的可能

(4) 不适用加计扣除政策的活动。

为提高政策的精准性、可操作性,财税〔2015〕119号文件明确以下活动不适用加计扣除政策:

① 企业产品(服务)的常规性升级。

② 对某项科研成果的直接应用,如直接采用公开的新工艺、材料、装置、产品、服务或知识等。

③ 企业在商品化后为顾客提供的技术支持活动。

④ 对现存产品、服务、技术、材料或工艺流程进行的重复或简单改变。

⑤ 市场调查研究、效率调查或管理研究。

⑥ 作为工业(服务)流程环节或常规的质量控制、测试分析、维修维护。

⑦ 社会科学、艺术或人文学方面的研究。

其中,①至⑥类活动虽与研发活动有密切关系,但都不属于研发活动。

(5) 研发活动判断的边界与说明。

在某些情况下,研发活动与生产活动、科技活动等较难区分,有时甚至同时进行。根据财税〔2015〕119号文件和《弗拉斯卡蒂手册》对研发活动的界定,下面进一步说明研发活动的边界。

① 研发活动与其他产业活动之间的边界说明(表5-4)。

表5-4 研发活动(R&D)与其他产业活动之间的边界说明

项目	处理方式	备注
原型	计入R&D	原型的设计、制造和测试都属于研发活动;但为了进行批量生产而试生产的首批产品不是原型,其制造不属于研发活动
小试	计入R&D	为了验证新产品、新工艺等能否正常运行的研发活动
中试	计入R&D	为了验证新产品、新工艺等在大规模投产前能否正常运行的研发活动
中试工厂(中试设施)	区别对待	主要目的是研发活动,其建造与运行则属于研发活动,包括为了对假设进行评估、编写新产品方案、确定新成品规则、设计新工艺所需要的专用设备和建筑物、编制工艺操作说明书或手册等搜集数据,或者获得经验;否则,不属于研发活动
工业设计	区别对待	为研发活动开展的设计属于研发活动,如设计程序、制定技术规格、开发其他用途等;为生产进行的设计不属于研发活动
工业工程和工装准备	区别对待	"反馈"研发及与创新过程中的工装准备和工程属于研发活动;为产品流程而进行的工作不属于研发活动
软件开发	区别对待	在不以软件为最终产品的情况下,如果软件开发是研发项目整体组成的一部分,属于研发活动;否则,需要进一步判断
试生产	区别对待	为新产品、新工艺全面测试及随后进一步的设计和工程化进行的试生产属于研发活动;否则,不属于研发活动
售后服务和故障排除	不属于R&D	"反馈"研发除外
专利与许可证工作	不属于R&D	与研发项目直接相关的专利工作除外
常规测试	不属于R&D	即使由R&D人员进行的常规测试也不属于研发活动
数据收集	区别对待	作为研发项目必不可少组成部分的数据收集属于研发活动;否则,不属于研发活动
公共检验控制、标准与规章的执行	不属于R&D	

注:"反馈"研发是指一项新产品或者新工艺转到生产部门后,仍然存在需要解决的技术问题,其中一些可能需要进一步开展的研发活动。

② 研发活动与其他科技活动之间的边界说明。

科技活动的范围更广,包括研究开发、科技服务、科技成果转化等与科学技术相关的各类活动总称。

很多科技活动单独看其本身并不是研发活动,但如果主要是为了实现研发需求,则可视为研发活动。例如,科技信息服务、通用信息收集和编制、测试与规范化、质量控制、可行性研究等;否则,不是研发活动。

以下科技服务活动不属于研发活动:

A. 以常规手段或者为生产经营目的进行一般加工、定作、修理、修缮、广告、印刷、测绘、标准化测试,建设工程的勘察、设计、安装、施工、监理等服务,但以非常规技术手段,解决复杂、特殊技术问题而提供的服务除外。

B. 描晒复印图纸、摄影摄像等服务。

C. 计量检定单位提供的强制性计量检定服务。

D. 理化测试分析单位提供的仪器设备的购售、租赁及用户服务。

③ 软件相关研发活动与非研发活动说明。

软件开发活动即使取得了软件著作权,也不一定是研发活动。只有当软件开发活动符合研发活动的界定时,才属于研发活动。

A. 软件研发活动的典型:

a. 在计算机科学领域产生新的原理、语言、操作系统。

b. 基于独创技术,对新搜索引擎的设计和执行。

c. 基于系统或者网络的流程再造,试图解决硬件或者软件的冲突。

d. 创建新的或者更有效的算法,开发计算专业领域中的软件工具,如图像处理、地理数据显示、字符识别等。

e. 建立新的、独创的加密技术或者安全技术。

f. 在操作系统、编程语言、数据管理、通讯软件和软件开发工具层面上的信息技术开发。

g. 开源软件的开发。

h. 互联网技术的发展。

i. 软件的设计、开发、配置和维护等方面方法的研究。

j. 在捕捉、传输、存储、检索、处理或显示信息等通用方法上产生进步的软件开发。

k. 开发软件程序或系统所必需的,旨在填补技术知识空白的试验发展。

l. 对现有程序或系统的升级、扩充或改变体现了科学和(或)技术的进步,并带来了知识存量的增加,可将其归为研发活动,如软件适配不同的操作系统或硬件、产品运行性能得以显著提升。

m. 针对新应用场景的软件开发,如算法的优化迭代、产品基础架构和功能模块的重新设计等。

B. 软件相关非研发活动的典型。

常规性的软件相关活动,由于不涉及科学和(或)技术的进步或技术不确定性的解决,不属于研发。例如:

a. 运用已知方法和现有软件工具进行商业应用软件和信息系统的开发。

b. 使用标准的加密方法进行安全性验证和数据完整性测试。

c. 使用现有工具对网页或者软件的制作。

d. 定制具有特殊用途的产品,在这个过程中,增加的知识对原有项目有重大改进的除外。

e. 为应用程序添加用户功能(包括基础数据输入功能)。

f. 试验发展过程结束后,对现有系统或者程序的日常调试,如功能、界面、性能等方面的简单优化。

g. 转换和(或)编译计算机语言。

h. 用户使用说明书的编写。

7. 可以加计扣除的研发费用

1)一般规定

(1)人员人工费用。

人员人工费用,指直接从事研发活动人员的工资薪金、基本养老保险费、基本医疗保险费、失业保险费、工伤保险费、生育保险费和住房公积金,以及外聘研发人员的劳务费用。

直接从事研发活动人员分为研究人员、技术人员和辅助人员三类。直接从事研发活动人员既可以是本企业的员工,也可以是外聘研发人员。外聘研发人员是指与本企业或劳务派遣企业签订劳务用工协议(合同)和临时聘用的研究人员、技术人员、辅助人员。接受劳务派遣的企业按照协议(合同)约定支付给劳务派遣企业,且由劳务派遣企业实际支付给外聘研发人员的工资薪金等费用,属于外聘研发人员的劳务费用。工资薪金包括按规定可以在税前扣除的对研发人员股权激励的支出。

(2)直接投入费用。

直接投入费用,指研发活动直接消耗的材料、燃料和动力费用;用于中间试验和产品试制的模具、工艺装备开发及制造费,不构成固定资产的样品、样机及一般测试手段购置费,试制产品的检验费;用于研发活动的仪器、设备的运行维护、调整、检验、维修等费用,以及通过经营租赁方式租入的用于研发活动的仪器、设备租赁费。

(3)折旧费用。

折旧费用,指用于研发活动的仪器、设备的折旧费。

(4)无形资产摊销。

无形资产摊销,指用于研发活动的软件、专利权、非专利技术(包括许可证、专有技术、设计和计算方法等)的摊销费用。

(5)新产品设计费、新工艺规程制定费、新药研制的临床试验费、勘探开发技术的现场试验费。

新产品设计费、新工艺规程制定费、新药研制的临床试验费、勘探开发技术的现场试验费,指企业在新产品设计、新工艺规程制定、新药研制的临床试验、勘探开发技术的现场试验过程中发生的与开展该项活动有关的各类费用。

(6)其他相关费用。

其他相关费用,指与研发活动直接相关的其他费用,如技术图书资料费、资料翻译费、专家咨询费、高新科技研发保险费,研发成果的检索、分析、评议、论证、鉴定、评审、评估、验收费用,知识产权的申请费、注册费、代理费,差旅费、会议费,职工福利费、补充养老保险费、补充医疗保险费。

此类费用总额不得超过可加计扣除研发费用总额的10%。

研发费用加计扣除"其他相关费用"限额计算方法

财税〔2015〕119号文件明确与研发活动直接相关的其他相关费用,不得超过可加计扣除研发费用总额的10%。根据国家税务局公告2021年第28号文件的规定,从2021年起,企业在一个纳税年度内同时开展多项研发活动的,由原来按照每一研发项目分别计算"其他相关费用"限额,改为统一计算全部研发项目"其他相关费用"限额。

例如,甲企业于2023年开展了A、B两个研发项目:A项目人员人工等五项费用之和为88万元,与研发活动直接相关的其他相关费用12万元;B项目人员人工等五项费用之和为84万元,与研发活动直接相关的其他相关费用8万元,假设两项研发活动均符合加计扣除相关规定。则2023年度该企业A、B两个项目的其他相关费用限额为19.11万元[(88+84)×10%÷(1-10%)],小于实际发生数20万元(12+8)。故该企业当年允许加计扣除的其他相关费用为19.11万元,允许加计扣除的研发费用为191.11万元(88+84+19.11)。

2023年该企业的研发费用加计扣除额为191.11万元(191.11×100%)。

资本化项目中"其他相关费用"处理

按照现行政策规定,2021年及以后年度,对于资本化项目"其他相关费用"的处理分以下四步:第一步,按当年全部费用化项目和当年已结束的资本化项目统一计算出当年全部项目"其他相关费用"限额;第二步,比较"其他相关费用"限额及其实际发生数的大小,确定可以加计扣除的"其他相关费用"金额;第三步,用可加计扣除的"其他相关费用"金额除以全部项目实际发生的"其他相关费用",得出可加计扣除比例;第四步,用可加计扣除比例乘以每个资本化项目实际发生的"其他相关费用",得出单个资本化项目可加计扣除的"其他相关费用",与该项目其他可加计扣除的研发费用一并在以后年度摊销。

小知识

研发费用的会计核算、高新技术企业认定和加计扣除口径对比

目前研发费用主要有三个口径:

(1) 会计核算口径,主要由《财政部关于企业加强研发费用财务管理的若干意见》(财企〔2007〕194号)规范。

(2) 高新技术企业认定口径,由《科技部 财政部 国家税务总局关于修订印发〈高新技术企业认定管理工作指引〉的通知》(国科发火〔2016〕195号)规范。

(3) 加计扣除口径,由财税〔2015〕119号和国家税务总局公告2015年第97号、国家税务总局公告2017年第40号等文件规范。

三个研发费用归集口径相比较,存在一定差异(表5-5)。形成差异的主要原因如下:

(1) 会计口径的研发费用,其主要目的是准确核算研发活动支出,而企业研发活动是企业根据自身生产经营情况自行判断的,除该项活动应属于研发活动外,并无过多限制条件,企业在产品、技术、材料、工艺、标准的研发过程中发生的各项费用均可计入研发费用。

(2) 高新技术企业认定口径的研发费用,其主要目的是判断企业研发投入强度、科技实力是否达到高新技术企业标准。为了保证口径统一,高新技术企业认定口径对研发费用有明确的范围,且对其他相关费用等部分费用有一定的限制。

(3) 研发费用加计扣除政策口径的研发费用,其主要目的是细化研发费用可以加计扣除的范围,引导企业加大核心研发投入。可加计扣除范围针对企业直接的、核心的研发投入,对其他相关费用有一定的比例限制。应关注的是,允许加计扣除的研发费用范围采取的是正列举方式,即政策规定中没有列举的研发费用,不可以加计扣除。

表5-5 研发费用归集口径比较

项目	研发费用加计扣除	高新技术企业认定	会计规定	备注
人员人工费用	直接从事研发活动人员的工资薪金、基本养老保险费、基本医疗保险费、失业保险费、工伤保险费、生育保险费和住房公积金,以及外聘研发人员的劳务费用	企业科技人员的工资薪金、基本养老保险费、基本医疗保险费、失业保险费、工伤保险费、生育保险费和住房公积金,以及外聘科技人员的劳务费用	企业在职研发人员的工资、奖金、津贴、补贴、社会保险费、住房公积金等人工费用以及外聘研发人员的劳务费用	会计核算范围大于税收范围。高新技术企业人员人工费用归集对象是科技人员
直接投入费用	(1) 研发活动直接消耗的材料、燃料和动力费用	(1) 直接消耗的材料、燃料和动力费用	(1) 研发活动直接消耗的材料、燃料和动力费用	
	(2) 用于中间试验和产品试制的模具、工艺装备开发及制造费,不构成固定资产的样品、样机及一般测试手段购置费,试制产品的检验费	(2) 用于中间试验和产品试制的模具、工艺装备开发及制造费,不构成固定资产的样品、样机及一般测试手段购置费,试制产品的检验费	(2) 用于中间试验和产品试制的模具、工艺装备开发及制造费,样品、样机及一般测试手段购置费,试制产品的检验费等	
	(3) 用于研发活动的仪器、设备的运行维护、调整、检验、维修等费用,以及通过经营租赁方式租入的用于研发活动的仪器、设备租赁费	(3) 用于研究开发活动的仪器、设备的运行维护、调整、检验、检测、维修等费用,以及通过经营租赁方式租入的用于研发活动的固定资产租赁费	(3) 用于研发活动的仪器、设备、房屋等固定资产的租赁费,设备调整及检验费,以及相关固定资产的运行维护、维修等费用	房屋租赁费不属于加计扣除范围。
折旧费用与长期待摊费用	用于研发活动的仪器、设备的折旧费	用于研究开发活动的仪器、设备和在用建筑物的折旧费研发设施的改建、改装、装修和修理过程中发生的长期待摊费用	用于研发活动的仪器、设备、房屋等固定资产的折旧费	房屋折旧费、研发设施的改建、改装、装修和修理过程中发生的长期待摊费用不计入加计扣除范围

(续表)

项目	研发费用加计扣除	高新技术企业认定	会计规定	备注
无形资产摊销	用于研发活动的软件、专利权、非专利技术（包括许可证、专有技术、设计和计算方法等）的摊销费用	用于研究开发活动的软件、知识产权、非专利技术（专有技术、许可证、设计和计算方法等）的摊销费用	用于研发活动的软件、专利权、非专利技术等无形资产的摊销费用	高新技术企业认定口径的研发费用包含"知识产权"摊销，而加计扣除口径的研发费用包含"专利权"摊销，二者存在一定差异
设计试验等费用	新产品设计费、新工艺规程制定费、新药研制的临床试验费、勘探开发技术的现场试验费	符合条件的设计费、装备调试费用、试验费用（包括新药研制的临床试验费、勘探开发技术的现场试验费、田间试验费等）		高新技术企业认定口径将装备调试费用、田间试验费用纳入范围；会计虽未对设计试验等费用进行列举，但规定研究、开发过程中发生的相关费用均可计入研发费用
其他相关费用	与研发活动直接相关的其他费用，如技术图书资料费、资料翻译费、专家咨询费、高新科技研发保险费，研发成果的检索、分析、评议、论证、鉴定、评审、评估、验收费用，知识产权的申请费、注册费、代理费、差旅费、会议费、职工福利费、补充养老保险费、补充医疗保险费。此项费用总额不得超过可加计扣除研发费用总额的10%	与研究开发活动直接相关的其他费用，包括技术图书资料费、资料翻译费、专家咨询费、高新科技研发保险费、研发成果的检索、论证、评审、鉴定、验收费用，知识产权的申请费、注册费、代理费，会议费、差旅费、通讯费等。此项费用一般不得超过研究开发总费用的20%，另有规定的除外	与研发活动直接相关的其他费用，包括技术图书资料费、资料翻译费、会议费、差旅费、办公费、外事费、研发人员培训费、培养费、专家咨询费、高新科技研发保险费等。研发成果的论证、评审、验收、评估以及知识产权的申请费、注册费、代理费等费用	加计扣除政策及高新技术企业认定研发费用范围中对其他相关费用总额有比例限制

2) 特别说明

(1) 失败的研发活动所发生的研发费用也可享受加计扣除。

① 企业的研发活动具有一定的风险和不可预测性，既可能成功也可能失败，政策是对研发活动予以鼓励，并非单纯强调结果。

② 失败的研发活动也并不是毫无价值的，在一般情况下的"失败"是指没有取得预期的结果，但可以取得其他有价值的成果。

③ 许多研发项目的执行是跨年度的，在研发项目执行当年，其发生的研发费用就可以享受加计扣除，而不是在项目执行完成并取得最终结果以后才可以申请加计扣除。在享受加计扣除时实际无法预知研发成果，如强调研发成功才能加计扣除，将极大地增加企业享受优惠的成本，降低政策激励的有效性。

(2) 创意设计活动发生的相关费用可以享受加计扣除政策。

为落实《国务院关于推进文化创意和设计服务与相关产业融合发展的若干意见》（国发〔2014〕10号）文件精神，财税〔2015〕119号文件特别规定了企业为获得创新性、创意性、突破性的产品进行创意设计活动而发生的相关费用，可按照规定进行加计扣除。

创意设计活动是指多媒体软件、动漫游戏软件开发，数字动漫、游戏设计制作；房屋建筑工程设计（绿色建筑评价标准为三星）、风景园林工程专项设计；工业设计、多媒体设计、动漫及衍生产品设计、模型设计等。

值得一提的是，财税〔2015〕119号文件虽允许"创意设计活动"适用加计扣除政策，但其属于一项单独的优惠政策，并不代表此类"创意设计活动"属于研发活动。

(3) 企业委托研发费用的有关规定。

企业委托境内的外部机构或个人开展研发活动发生的费用，可按规定税前扣除；加计扣除时按照研发活动发生费用的80%作为加计扣除基数。委托个人研发的，应凭个人出具的发票等合法有效凭证在税前加计扣除（个人可通过电子税务局等渠道申请发票或到税务机关申请代开发票)。其中"研发活动发生的费用"是指委托方实际支付给受托方的费用。无论委托方是否享受研发费用税前加计扣除政策,受托方均不得加计扣除。委托外部研究开发费用实际发生额应按照独立交易原则确定。

根据财税〔2018〕64号文件相关规定,企业委托境外进行研发活动所发生的费用,按照费用实际发生额的80%计入委托方的委托境外研发费用。委托境外研发费用不超过境内符合条件的研发费用三分之二的部分,可以按规定在企业所得税前加计扣除。要注意的是,委托境外个人进行研发活动所发生的费用不可加计扣除。

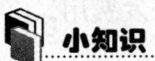

企业委托关联方和非关联方管理要求的区别

委托方委托关联方开展研发活动的,受托方需向委托方提供研发过程中实际发生的研发项目费用支出明细情况。

例如,A企业2023年委托B关联企业研发,假设该研发项目符合研发费用加计扣除的相关条件。A企业支付给B企业100万元。B企业实际发生研发费用90万元(其中按可加计扣除口径归集的费用为85万元),利润10万元。2023年,A企业可加计扣除的金额为100×80%×100%=80(万元),但B企业应向A企业提供实际发生费用90万元的明细情况。

委托方委托非关联方开展研发的,考虑到涉及商业秘密等原因,受托方无须向委托方提供研发过程中实际发生的研发项目费用支出明细情况。

(4)特殊收入应扣减可加计扣除的研发费用。

企业开展研发活动中实际发生的研发费用可按规定享受加计扣除政策。实务中常有已归集计入研发费用,但在当期取得的研发过程中形成的下脚料、残次品、中间试制品等特殊收入,此类收入均为与研发活动直接相关的收入,应冲减对应的可加计扣除的研发费用。为简便操作,企业取得研发过程中形成的下脚料、残次品、中间试制品等特殊收入,在计算确认收入当年的加计扣除研发费用时,应从已归集研发费用中扣减该特殊收入,不足扣减的,加计扣除研发费用按零计算。

(5)研发活动直接形成产品或作为组成部分形成的产品对外销售的特殊处理。

生产单机、单品的企业,研发活动直接形成产品或作为组成部分形成的产品对外销售,产品所耗用的料、工、费全部计入研发费用加计扣除不符合政策鼓励本意。考虑到材料费用占比较大且易于计量,企业研发活动直接形成产品或作为组成部分形成的产品对外销售的,研发费用中对应的材料费用不得加计扣除。产品销售与对应的材料费用发生在不同纳税年度且材料费用已计入研发费用的,可在销售当年以对应的材料费用发生额直接冲减当年的研发费用,不足冲减的,结转以后年度继续冲减。

(6)政府补助用于研发应区别处理。

根据国家税务总局公告2017年第40号文件的规定,企业取得的政府补助,会计处理时采用直接冲减研发费用方法且税务处理时未将其确认为应税收入的,应按冲减后的余额计算加计扣除金额。

根据《企业会计准则第16号——政府补助》(财会〔2017〕15号印发修订)的规定,政府补助有"总额法"和"净额法"两种会计处理方法。"净额法"是将政府补助确认为对相关资产账面价值或者所补偿成本费用等的扣减。根据《企业所得税法》的规定,企业取得的政府补助应确认为收入,计入收入总额。净额法产生了税会差异。企业在税收上将政府补助确认为应税收入,同时增加研发费用,加计扣除应以税前扣除的研发费用为基数。但企业未进行相应调整的,税前扣除的研发费用与会计的扣除金额相同,应以会计上冲减后的余额计算加计扣除金额。

例如,2023年,某企业发生研发费用200万元,取得政府补助50万元,当年会计上的研发费用为150万元,未进行相应的纳税调整,其税前加计扣除金额为150万元(150×100%)。

8. 按照研发项目进行研发费用准确核算归集

1)研发费用的核算必须做好部门间协调配合

研发费用的核算需要做大量的准备工作,

如研发费用加计扣除政策要求的留存备查资料涉及公司决议、研发合同、会计账簿、相关科技成果资料等，因此需要企业研发、财务等各职能部门密切配合。如果各部门不能有效配合，导致相关资料不全，会计核算不准确、不完整，会影响到准确归集研发费用以及享受优惠政策。

2) 享受研发费用加计扣除政策的会计核算要求

企业需要关注的是，财税〔2015〕119号文件对研发费用会计核算提出了若干要求：

(1) 遵照国家统一会计制度。

企业应按照国家财务会计制度要求，对研发支出进行会计处理。

(2) 设置研发支出辅助账。

对享受加计扣除的研发费用，按研发项目设置辅助账，准确归集核算当年可加计扣除的各项研发费用实际发生额。企业在一个纳税年度内进行多项研发活动的，应按照不同研发项目分别归集可加计扣除的研发费用。企业研发费用各项目的实际发生额归集不准确的，税务机关有权对其税前扣除额或加计扣除额进行合理调整。

① 研发支出辅助账的样式。

研发项目立项时应设置研发支出辅助账，由企业留存备查。国家税务总局公告2015年第97号文件和国家税务总局公告2021年第28号文件为指导企业设置研发支出辅助账，明确了研发支出辅助账样式，供企业参照使用，以帮助企业防范相关风险。研发支出辅助账样式包括以下几种：

A. 2015版研发支出辅助账样式及汇总表。

根据国家税务总局公告2015年第97号文件的规定，研发支出辅助账样式包括4种形式，分别为自主研发"研发支出"辅助账样式、委托研发"研发支出"辅助账样式、合作研发"研发支出"辅助账样式、集中研发"研发支出"辅助账样式。企业继续使用2015版研发支出辅助账样式的，可以参考2021版研发支出辅助账样式对委托境外研发费用、其他相关费用限额的计算公式等进行相应调整。

B. 2021版研发支出辅助账样式及汇总表。

与2015版研发支出辅助账样式相比，2021版研发支出辅助账样式将辅助账体系由"4张辅助账＋1张汇总表"精简为"1张辅助账＋1张汇总表"，并精简了辅助账填报项目，减少了企业填写工作量。

C. 自行设计的研发支出辅助账样式。

企业按照研发项目设置辅助账时，可以自主选择使用2015版研发支出辅助账样式，或者2021版研发支出辅助账样式，也可以参照上述样式自行设计研发支出辅助账样式。企业自行设计的研发支出辅助账样式，应当包括2021版研发支出辅助账样式所列数据项，且逻辑关系一致，能准确归集允许加计扣除的研发费用。

② 研发支出辅助账核算流程。

企业应根据研发项目的形式，在立项后按要求设置辅助账。其中，选择2015版研发支出辅助账样式的，应根据研发项目的形式选择相应的辅助账样式，如自主研发的项目选择自主研发"研发支出"辅助账样式，委托研发的项目选择委托研发"研发支出"辅助账样式等；选择2021版研发支出辅助账样式的，按研发项目设置辅助账即可。同一项目既涉及费用化，又涉及资本化的应分别设置辅助账。

企业应根据研发支出辅助账，汇总填报辅助账汇总表。需注意的是，研发支出辅助账汇总表应填报所属期间的费用化及已结束的资本化项目的研发支出金额。具体核算流程如图5-1所示。

(3) 研发费用与生产费用分别核算。

企业应对研发费用和生产经营费用分别核算，准确、合理归集各项费用支出，对划分不清的，不得实行加计扣除。

3) 研发费用的费用化或资本化处理方面的规定

企业开展研发活动中实际发生的研发费用形成无形资产的，其税收上资本化的时点应与会计处理保持一致。《企业会计准则第6号——无形资产》（财会〔2006〕3号印发）规定，企业内部研究开发项目的支出，应当区分研究阶段支出与开发阶段支出。

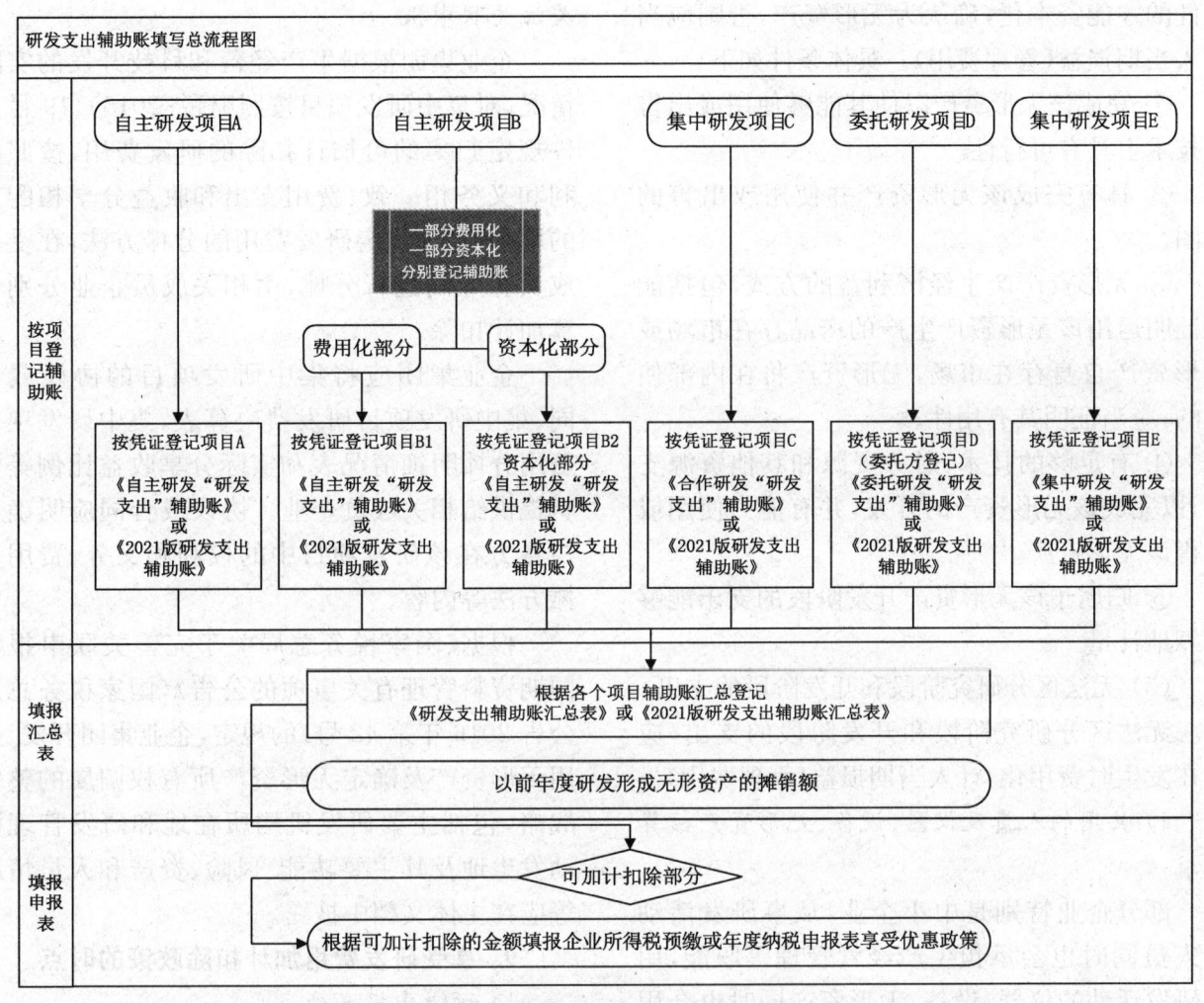

图 5-1 研发支出辅助账填写总流程图

注:"填报申报表"中的"预缴"是指 7 月预缴申报第二季度(按季预缴)或 6 月(按月预缴)企业所得税及 10 月预缴申报第三季度(按季预缴)或 9 月(按月预缴)企业所得税。

(1) 研究阶段支出。

研究,是指为获取新的科学或技术知识并理解它们而进行的独创性的有计划调查。例如,意在获取知识而进行的活动,研究成果或其他知识的应用研究、评价和最终选择,材料、设备、产品、工序、系统或服务替代品的研究,新的或经改进的材料、设备、产品、工序、系统或服务的可能替代品的配制、设计、评价和最终选择等,均属于研究活动。

研究阶段是探索性的,已进行的研究活动将来是否会转入开发、开发后是否会形成无形资产等均具有较大的不确定性。因此,对于企业内部研究开发项目,研究阶段的有关支出,应当在发生时全部费用化,计入当期损益(管理费用)。

(2) 开发阶段支出。

开发,是指在进行商业性生产或使用前,将研究成果或其他知识应用于某项计划或设计,以生产出新的或具有实质性改进的材料、装置、产品等。例如,生产前或使用前的原型和模型的设计、建造和测试,不具有商业性生产经济规模的试生产设施的设计、建造和运营等,均属于开发活动。

考虑到进入开发阶段的研发项目形成成果的可能性较大,如果企业能够证明开发支出符合无形资产的定义及相关确认条件,则可将其确认为无形资产。具体来讲,对于企业内部研究开发项目,开发阶段的支出同时满足了某些条件的才能资本化,确认为无形资产,否则应当计入当期损益(管理费用)。具体条件如下:

① 完成该无形资产以使其能够使用或出售在技术上具有可行性。

② 具有完成该无形资产并使用或出售的意图。

③ 无形资产产生经济利益的方式,包括能够证明运用该无形资产生产的产品存在市场或无形资产自身存在市场,无形资产将在内部使用的,应当证明其有用性。

④ 有足够的技术、财务资源和其他资源支持,以完成该无形资产的开发,并有能力使用或出售该无形资产。

⑤ 归属于该无形资产开发阶段的支出能够可靠地计量。

(3) 无法区分研究阶段和开发阶段的支出。

无法区分研究阶段和开发阶段的支出,应当在发生时费用化,计入当期损益(管理费用)。

4) 共用的人员及仪器、设备、无形资产核算要求

部分企业特别是中小企业,从事研发活动的人员同时也会承担生产经营管理等职能,用于研发活动的仪器、设备、无形资产同时也会用于非研发活动。财税〔2015〕119号文件对允许加计扣除的研发费用不再强调"专门用于",为准确核算研发费用,企业应对此类人员参与研发活动情况及仪器、设备、无形资产的使用情况做必要记录,并将其实际发生的相关费用按实际工时占比等合理方法在研发费用和生产经营费用间分配,未分配的不得加计扣除。

5) 合作研发项目核算要求

财税〔2015〕119号文件规定,企业共同合作开发的项目,由合作各方就自身实际承担的研发费用分别计算加计扣除。企业共同合作研发的项目,由合作各方就自身实际承担的研发费用,按照项目计划书,经登记的技术开发(合作)合同等进行分项目会计核算、设置研发支出辅助账,并按照研发费用归集范围分别计算加计扣除。

6) 企业集团集中开发的研发费用分摊需要关注关联申报

企业集团根据生产经营和科技开发的实际情况,对集中研发项目按照财税〔2015〕119号文件规定归集的可加计扣除的研发费用,按照权利和义务相一致、费用支出和收益分享相配比的原则,合理确定研发费用的分摊方法,在受益成员企业间进行分摊,由相关成员企业分别计算加计扣除。

企业集团应将集中研发项目的协议或合同、集中研发项目研发费决算表,集中研发项目费用分摊明细情况表和实际分享收益比例等资料提供给相关成员企业。协议或合同应明确参与各方在该研发项目中的权利和义务、费用分摊方法等内容。

根据《国家税务总局关于完善关联申报和同期资料管理有关事项的公告》(国家税务总局公告2016年第42号)的规定,企业集团开发、应用无形资产及确定无形资产所有权归属的整体战略,包括主要研发机构所在地和研发管理活动发生地及其主要功能、风险、资产和人员情况等应在主体文档中披露。

9. 享受研发费用加计扣除政策的时点

1) 预缴申报享受

(1) 企业7月预缴申报第二季度(按季预缴)或6月(按月预缴)企业所得税时,能准确归集核算研发费用的,可以结合自身生产经营实际情况,自主选择就当年上半年研发费用享受加计扣除政策。

对7月预缴申报期未选择享受优惠的企业,在10月预缴申报或年度汇算清缴时能够准确归集核算研发费用的,可结合自身生产经营实际情况,自主选择在10月预缴申报或年度汇算清缴时统一享受。

(2) 企业10月预缴申报第三季度(按季预缴)或9月(按月预缴)企业所得税时,能准确归集核算研发费用的,可结合自身生产经营实际情况,自主选择就当年前三季度研发费用享受加计扣除政策。

对10月预缴申报期未选择享受优惠的企

业,在年度汇算清缴时能够准确归集核算研发费用的,可结合自身生产经营实际情况,自主选择在年度汇算清缴时统一享受。

2) 汇缴申报享受

企业年度汇算清缴时能够准确归集核算研发费用的,可以就当年发生的研发费用享受加计扣除政策。

10. 享受研发费用加计扣除政策的办理方式

企业享受研发费用加计扣除优惠政策采取"真实发生、自行判别、申报享受、相关资料留存备查"的办理方式。具体流程如图 5-2 所示。

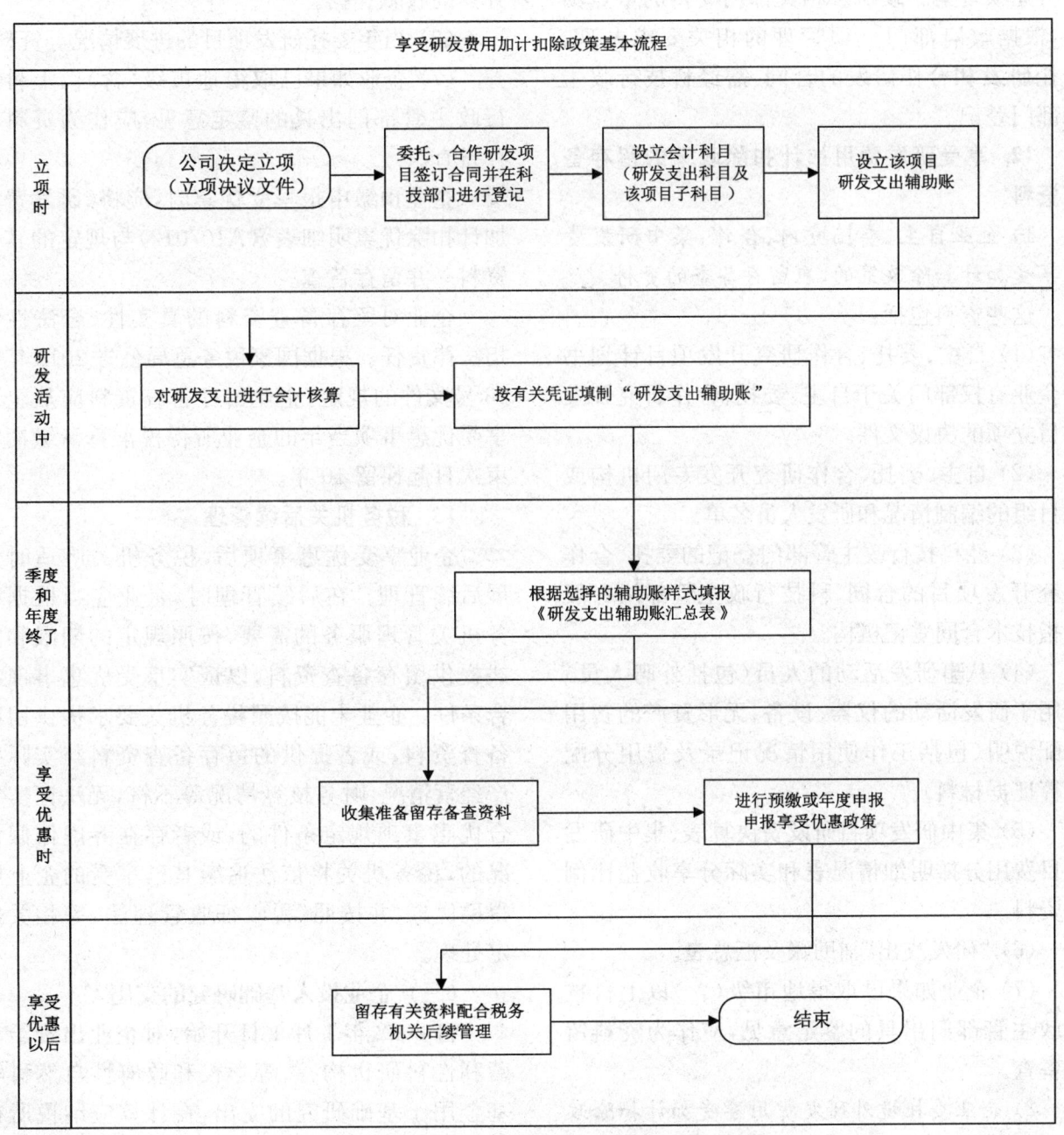

图 5-2 享受研发费用加计扣除政策基本流程

注:"季度和年度终了"中的"季度"是指"申报享受研发费用加计扣除政策的二季度和三季度";"享受优惠时"中的"预缴"是指7月预缴申报第二季度(按季预缴)或6月(按月预缴)企业所得税及10月预缴申报第三季度(按季预缴)或9月(按月预缴)企业所得税。

11. 享受研发费用加计扣除的研发项目无须事先通过相关部门鉴定或立项

企业申报享受研发费用加计扣除优惠,无须事前通过科技部门鉴定。企业研发项目立项,只需企业内部有决策权的部门,如董事会等作出决议即可,无须经过科技部门和税务部门进行立项备案。政府及相关部门支持的重点项目,根据政府部门立项管理的相关要求办理。委托研发和合作研发的合同,需经科技行政主管部门登记。

12. 享受研发费用加计扣除政策的留存备查资料

1) 企业自主、委托境内、合作、集中研发费用享受加计扣除政策的,应留存备查的资料

这些资料包括:

(1) 自主、委托、合作研究开发项目计划书和企业有权部门关于自主、委托、合作研究开发项目立项的决议文件。

(2) 自主、委托、合作研究开发专门机构或项目组的编制情况和研发人员名单。

(3) 经科技行政主管部门登记的委托、合作研究开发项目的合同,科技行政主管部门一般是指技术合同登记机构。

(4) 从事研发活动的人员(包括外聘人员)和用于研发活动的仪器、设备、无形资产的费用分配说明(包括工作使用情况记录及费用分配计算证据材料)。

(5) 集中研发项目研发费决算表、集中研发项目费用分摊明细情况表和实际分享收益比例等资料。

(6) "研发支出"辅助账及汇总表。

(7) 企业如果已取得地市级(含)以上科技行政主管部门出具的鉴定意见,应作为资料留存备查。

2) 企业委托境外研发费用享受加计扣除政策的,应留存备查的资料

这些资料包括:

(1) 企业委托研发项目计划书和企业有权部门立项的决议文件。

(2) 委托研究开发专门机构或项目组的编制情况和研发人员名单。

(3) 经科技行政主管部门登记的委托境外研发合同,科技行政主管部门一般是指技术合同登记机构。

(4) "研发支出"辅助账及汇总表。

(5) 委托境外研发银行支付凭证和受托方开具的收款凭据。

(6) 当年委托研发项目的进展情况等资料。

(7) 企业如果已取得地市级(含)以上科技行政主管部门出具的鉴定意见,应作为资料留存备查。

企业预缴申报享受优惠时,应将《研发费用加计扣除优惠明细表》(A107012)与规定的其他资料一并留存备查。

企业对留存备查资料的真实性、合法性承担法律责任。根据国家税务总局公告2018年第23号文件的规定,企业留存备查资料应从企业享受优惠事项当年的企业所得税汇算清缴期结束次日起保留10年。

13. 税务机关后续管理

企业享受优惠事项后,税务机关应适时开展后续管理。在后续管理时,企业应当根据税务机关管理服务的需要,按照规定的期限和方式提供留存备查资料,以证实享受优惠事项符合条件。企业未能按照税务机关要求提供留存备查资料,或者提供的留存备查资料与实际生产经营情况、财务核算情况等不符,无法证实符合优惠事项规定条件的,或者存在弄虚作假情况的,税务机关将依法追缴其已享受的企业所得税优惠,并按照《税收征收管理法》等相关规定处理。

(三) 企业投入基础研究的支出

自2022年1月1日开始,对企业出资给非营利性科研机构、高等学校和政府性自然科学基金用于基础研究的支出,在计算应纳税所得额时可按实际发生额在税前扣除,并可按100%在税前加计扣除。

相关规定如下:

(1) 非营利性科研机构、高等学校包括国家设立的科研机构和高等学校、民办非营利性科

研机构和高等学校,具体按以下条件确定:

① 国家设立的科研机构和高等学校是指利用财政性资金设立的、取得《事业单位法人证书》的科研机构和公办高等学校,包括中央和地方所属科研机构和高等学校。

② 民办非营利性科研机构和高等学校,是指同时满足以下条件的科研机构和高等学校:

A. 根据《民办非企业单位登记管理暂行条例》在民政部门登记,并取得《民办非企业单位(法人)登记证书》。

B. 对于民办非营利性科研机构,其《民办非企业单位(法人)登记证书》记载的业务范围应属于科学研究与技术开发、成果转让、科技咨询与服务、科技成果评估范围。对业务范围存在争议的,由税务机关转请县级(含)以上科技行政主管部门确认。

对于民办非营利性高等学校,应取得教育主管部门颁发的《民办学校办学许可证》,记载学校类型为"高等学校"。

C. 经认定取得企业所得税非营利组织免税资格。

(2) 政府性自然科学基金是指国家和地方政府设立的自然科学基金委员会管理的自然科学基金。

(3) 基础研究是指通过对事物的特性、结构和相互关系进行分析,从而阐述和检验各种假设、原理和定律的活动。具体依据以下内容判断:

① 基础研究不预设某一特定的应用或使用目的,主要是为获得关于现象和可观察事实的基本原理的新知识,可针对已知或具有前沿性的科学问题,或者针对人们普遍感兴趣的某些广泛领域,以未来广泛应用为目标。

② 基础研究可细分为两种类型。一是自由探索性基础研究,即为了增进知识,不追求经济或社会效益,也不积极谋求将其应用于实际问题或把成果转移到负责应用的部门。二是目标导向(定向)基础研究,旨在获取某方面知识、期望为探索解决当前已知或未来可能出现的问题奠定基础。

③ 基础研究成果通常表现为新原理、新理论、新规律或新知识,并以论文、著作、研究报告等形式为主。同时,由于基础研究具有较强的探索性、存在失败的风险,论文、著作、研究报告等也可以体现为试错或证伪等成果。

上述基础研究不包括在境外开展的研究,也不包括社会科学、艺术或人文学方面的研究。

【案例5-16】 我公司是一家批发和零售业,属于《财政部 国家税务总局 科技部关于完善研究开发费用税前加计扣除政策的通知》(财税〔2015〕119号)规定的不能享受研发费用加计扣除政策的六大行业,我公司出资给高等学校用于基础研究的支出,可以享受基础研究税收优惠政策吗?

【分析】《财政部 税务总局关于企业投入基础研究税收优惠政策的公告》(财政部 税务总局公告2022年第32号)未对适用基础研究税收优惠政策的行业进行限制,住宿和餐饮业、批发和零售业、房地产业、租赁和商务服务业、娱乐业、烟草制造业等六大行业,可以与其他行业一样,同等适用基础研究税收优惠政策。

你公司作为批发和零售业企业,出资给符合条件的高等学校用于基础研究的支出,不受财税〔2015〕119号文件规定的行业限制,在计算应纳税所得额时可以按实际发生额在税前扣除,并可按100%在税前加计扣除。

(四)企业安置残疾人员所支付的工资

企业安置残疾人员所支付工资费用的加计扣除,是指企业安置残疾人员的,在按照支付给残疾职工工资据实扣除的基础上,按照支付给残疾职工工资的100%加计扣除。

残疾人员的范围适用《中华人民共和国残疾人保障法》的有关规定。

依据《财政部 国家税务总局关于安置残疾人员就业有关企业所得税优惠政策问题的通知》(财税〔2009〕70号),对企业安置残疾人员所支付工资费用的加计扣除规定如下:

(1) 企业享受安置残疾职工工资100%加计扣除应同时具备如下条件。

① 依法与安置的每位残疾人签订了1年以

上（含1年）的劳动合同或服务协议，并且安置的每位残疾人在企业实际上岗工作。

② 为安置的每位残疾人按月足额缴纳了企业所在区、县人民政府根据国家政策规定的基本养老保险、基本医疗保险、失业保险和工伤保险等社会保险。

依据《国家税务总局关于促进残疾人就业税收优惠政策有关问题的公告》（国家税务总局公告2013年第78号）的规定，"基本养老保险"和"基本医疗保险"是指"职工基本养老保险"和"职工基本医疗保险"，不含"城镇居民社会养老保险""新型农村社会养老保险""城镇居民基本医疗保险"和"新型农村合作医疗"。

③ 定期通过银行等金融机构向安置的每位残疾人实际支付了不低于企业所在区、县适用的经省级人民政府批准的最低工资标准的工资。

④ 具备安置残疾人上岗工作的基本设施。

（2）企业应在年度终了进行企业所得税年度申报和汇算清缴时，向主管税务机关报送已安置残疾职工名单及其《中华人民共和国残疾人证》或《中华人民共和国残疾军人证（1至8级）》复印件和主管税务机关要求提供的其他资料，办理享受企业所得税加计扣除优惠的备案手续。

（3）在企业汇算清缴结束后，主管税务机关在对企业进行日常管理、纳税评估和纳税检查时，应对安置残疾人员企业所得税加计扣除优惠的情况进行核实。

四、加速折旧

（一）自2008年1月1日起由于技术进步，产品更新换代较快的或常年处于强震动、高腐蚀状态的固定资产

自2008年1月1日起，企业拥有并用于生产经营的主要或关键的固定资产，由于以下原因确需加速折旧的，可以缩短折旧年限或者采取加速折旧的方法。

（1）由于技术进步，产品更新换代较快的。

（2）常年处于强震动、高腐蚀状态的。

企业拥有并使用的固定资产符合上述规定的，可按以下情况分别处理：

（1）企业过去没有使用过与该项固定资产功能相同或类似的固定资产，但有充分的证据证明该固定资产的预计使用年限短于《企业所得税法实施条例》规定的计算折旧最低年限的，企业可根据该固定资产的预计使用年限和税法规定，对该固定资产采取缩短折旧年限或者加速折旧的方法。

（2）企业在原有的固定资产未达到《企业所得税法实施条例》规定的最低折旧年限前，使用功能相同或类似的新固定资产替代旧固定资产的，企业可根据旧固定资产的实际使用年限和税法规定，对新替代的固定资产采取缩短折旧年限或者加速折旧的方法。

企业采取缩短折旧年限方法的，对其购置的新固定资产，最低折旧年限不得低于《企业所得税法实施条例》第六十条规定的折旧年限的60%；若为购置已使用过的固定资产，其最低折旧年限不得低于《企业所得税法实施条例》规定的最低折旧年限减去已使用年限后剩余年限的60%。最低折旧年限一经确定，一般不得变更。

企业拥有并使用符合上述规定条件的固定资产采取加速折旧方法的，可以采用双倍余额递减法或者年数总和法。加速折旧方法一经确定，一般不得变更。

（1）双倍余额递减法。

是指在不考虑固定资产预计净残值的情况下，根据每期期初固定资产原值减去累计折旧后的金额和双倍的直线法折旧率计算固定资产折旧的一种方法。应用这种方法计算折旧额时，由于每年年初固定资产净值没有减去预计净残值，所以在计算固定资产折旧额时，应在其折旧年限到期前的两年期间，将固定资产净值减去预计净残值后的余额平均摊销。计算公式如下：

年折旧率＝2÷预计使用寿命（年）×100%

月折旧率＝年折旧率÷12

月折旧额＝月初固定资产账面净值×月折旧率

（2）年数总和法（亦称年限合计法）。

是指将固定资产的原值减去预计净残值后的余额，乘以一个以固定资产尚可使用寿命为分子、以预计使用寿命逐年数字之和为分母的逐年递减的分数计算每年的折旧额。计算公式如下：

$$年折旧率 = \frac{尚可使用年限}{预计使用寿命的年数总和} \times 100\%$$

$$月折旧率 = 年折旧率 \div 12$$

$$月折旧额 = (固定资产原值 - 预计净残值) \times 月折旧率$$

对于采取缩短折旧年限的固定资产，足额计提折旧后继续使用而未进行处置（包括报废等情形）超过12个月的，今后对其更新替代、改造改建后形成的功能相同或者类似的固定资产，不得再采取缩短折旧年限的方法。

对于企业采取缩短折旧年限或者采取加速折旧方法的，主管税务机关应设立相应的税收管理台账，并加强监督，实施跟踪管理。对发现不符合税法规定的，主管税务机关要及时责令企业进行纳税调整。

适用总、分机构汇总纳税的企业，对其所属分支机构使用的符合税法规定情形的固定资产采取缩短折旧年限或者采取加速折旧方法的，由其总机构向其所在地主管税务机关备案。分支机构所在地主管税务机关应负责配合总机构所在地主管税务机关实施跟踪管理。

（二）生物药品制造业，专用设备制造业，铁路、船舶、航空航天和其他运输设备制造业，计算机、通信和其他电子设备制造业，仪器仪表制造业，信息传输、软件和信息技术服务业等6个行业的企业2014年1月1日后新购进的固定资产

自2014年1月1日起，对生物药品制造业，专用设备制造业，铁路、船舶、航空航天和其他运输设备制造业，计算机、通信和其他电子设备制造业，仪器仪表制造业，信息传输、软件和信息技术服务业等6个行业的企业2014年1月1日后新购进的固定资产，可缩短折旧年限或采取加速折旧的方法。

对上述6个行业的小型微利企业2014年1月1日后新购进的研发和生产经营共用的仪器、设备，单位价值不超过100万元的，允许一次性计入当期成本费用在计算应纳税所得额时扣除，不再分年度计算折旧；单位价值超过100万元的，可缩短折旧年限或采取加速折旧的方法。

对所有行业企业2014年1月1日后新购进的专门用于研发的仪器、设备，单位价值不超过100万元的，允许一次性计入当期成本费用在计算应纳税所得额时扣除，不再分年度计算折旧；单位价值超过100万元的，可缩短折旧年限或采取加速折旧的方法。

对所有行业企业持有的单位价值不超过5 000元的固定资产，允许一次性计入当期成本费用在计算应纳税所得额时扣除，不再分年度计算折旧。

企业按上述规定缩短折旧年限的，最低折旧年限不得低于《企业所得税法实施条例》第六十条规定折旧年限的60%；采取加速折旧方法的，可采取双倍余额递减法或者年数总和法。上述规定之外的企业固定资产加速折旧所得税处理问题，继续按照《企业所得税法》及其实施条例和现行税收政策规定执行。

（三）轻工、纺织、机械、汽车等4个领域重点行业企业2015年1月1日后新购进的固定资产

对轻工、纺织、机械、汽车等4个领域重点行业（以下简称"4个领域重点行业"）企业2015年1月1日后新购进的固定资产（包括自行建造，下同），允许缩短折旧年限或采取加速折旧方法。

4个领域重点行业按照《轻工、纺织、机械、汽车四个领域重点行业范围》（财税〔2015〕106号附件）确定。今后国家有关部门更新国民经济行业分类与代码，从其规定。

4个领域重点行业企业是指以上述行业业务为主营业务，其固定资产投入使用当年的主营业务收入占企业收入总额50%（不含）以上的企业。所称收入总额，是指企业所得税法第六条规定的收入总额。

对4个领域重点行业小型微利企业2015年1月1日后新购进的研发和生产经营共用的仪器、设备，单位价值不超过100万元（含）的，允许在计算应纳税所得额时一次性全额扣除；单位价值超过 100 万元的,允许缩短折旧年限或采取加速折旧方法。用于研发活动的仪器、设备范围口径,按照《国家税务总局关于印发〈企业研究开发费用税前扣除管理办法(试行)〉的通知》(国税发〔2008〕116 号)或《科学技术部财政部国家税务总局关于印发〈高新技术企业认定管理工作指引〉的通知》(国科发火〔2008〕362 号)规定执行。小型微利企业,是指企业所得税法第二十八条规定的小型微利企业。

企业按上述规定缩短折旧年限的,对其购置的新固定资产,最低折旧年限不得低于《企业所得税法实施条例》第六十条规定的折旧年限的 60%;对其购置的已使用过的固定资产,最低折旧年限不得低于《企业所得税法实施条例》规定的最低折旧年限减去已使用年限后剩余年限的 60%。最低折旧年限一经确定,不得改变。

企业按上述规定采取加速折旧方法的,可以采用双倍余额递减法或者年数总和法。加速折旧方法一经确定,不得改变。

双倍余额递减法或者年数总和法,按照《国家税务总局关于固定资产加速折旧所得税处理有关问题的通知》(国税发〔2009〕81 号)第四条的规定执行。

企业的固定资产既符合上述优惠政策条件,又符合《国家税务总局关于企业固定资产加速折旧所得税处理有关问题的通知》(国税发〔2009〕81 号)、《财政部 国家税务总局关于进一步鼓励软件产业和集成电路产业发展企业所得税政策的通知》(财税〔2012〕27 号)中有关加速折旧优惠政策条件,可由企业选择其中一项加速折旧优惠政策执行,且一经选择,不得改变。

企业应将购进固定资产的发票、记账凭证等有关资料留存备查,并建立台账,准确反映税法与会计差异情况。

(四)企业在 2018 年 1 月 1 日至 2027 年 12 月 31 日新购进的设备、器具

企业在 2018 年 1 月 1 日至 2023 年 12 月 31 日新购进的设备、器具,单位价值不超过 500 万元的,允许一次性计入当期成本费用在计算应纳税所得额时扣除,不再分年度计算折旧;单位价值超过 500 万元的,仍按企业所得税法实施条例、《财政部 国家税务总局关于完善固定资产加速折旧企业所得税政策的通知》(财税〔2014〕75 号)、《财政部 国家税务总局关于进一步完善固定资产加速折旧企业所得税政策的通知》(财税〔2015〕106 号)等相关规定执行。

以上所称设备、器具,是指除房屋、建筑物以外的固定资产。

我国 2022 年加大中小微企业设备器具税前扣除力度,中小微企业 2022 年度内新购置的单位价值 500 万元以上的设备器具,折旧年限为 3 年的可选择一次性税前扣除,折旧年限为 4 年、5 年、10 年的可减半扣除;企业可按季度享受优惠,当年不足扣除形成的亏损,可按规定在以后 5 个纳税年度结转扣除。

适用政策的中小微企业范围:

(1)信息传输业、建筑业、租赁和商务服务业,标准为从业人员 2 000 人以下,或营业收入 10 亿元以下,或资产总额 12 亿元以下。

(2)房地产开发经营,标准为营业收入 20 亿元以下或资产总额 1 亿元以下。

(3)其他行业,标准为从业人员 1 000 人以下或营业收入 4 亿元以下。[《国家发展改革委等 12 部门关于印发促进工业经济平稳增长的若干政策的通知》(发改产业〔2022〕273 号,2022 年 2 月 18 日)]

企业在 2024 年 1 月 1 日至 2027 年 12 月 31 日期间新购进的设备、器具,单位价值不超过 500 万元的,允许一次性计入当期成本费用在计算应纳税所得额时扣除,不再分年度计算折旧;单位价值超过 500 万元的,仍按企业所得税法实施条例、《财政部 国家税务总局关于完善固定资产加速折旧企业所得税政策的通知》(财税〔2014〕75 号)、《财政部 国家税务总局关于进一步完善固定资产加速折旧企业所得税政策的通知》(财税〔2015〕106 号)等相关规定执行。上述设备、器具,是指除房屋、建筑物以外的固定资产。[《财政部 税务总局关于设备、器具扣除有关企业所得税政策的公告》(财政部 税务总局公告 2023 年第 37 号),2023 年 8 月 18 日]

五、抵扣所得额

创业投资企业从事国家需要重点扶持和鼓励的创业投资，可以按投资额的一定比例抵扣应纳税所得额。

创投企业优惠是指创业投资企业采取股权投资方式投资于未上市的中小高新技术企业2年以上的，可以按照其投资额的70%在股权持有满2年的当年抵扣该创业投资企业的应纳税所得额；当年不足抵扣的，可以在以后纳税年度结转抵扣。

延伸解读

投资于未上市的中小高新技术企业2年以上

《企业所得税法实施条例》第九十七条所称投资于未上市的中小高新技术企业2年以上的，包括发生在2008年1月1日以前满2年的投资；所称中小高新技术企业是指按照《高新技术企业认定管理办法》(国科发火〔2008〕172号)和《高新技术企业认定管理工作指引》(国科发火〔2008〕362号)取得高新技术企业资格，且年销售额和资产总额均不超过2亿元、从业人数不超过500人的企业，其中2007年底前已取得高新技术企业资格的，在其规定有效期内不需重新认定。[《财政部 国家税务总局关于执行企业所得税优惠政策若干问题的通知》(财税〔2009〕69号，2009年4月24日)]

例如：甲创业投资企业2016年1月1日向信达利公司(未上市的中小高新技术企业)投资100万元，股权持有到2017年12月31日。甲创业投资企业2017年度可抵扣的应纳税所得额为70万元。

依据《国家税务总局关于实施创业投资企业所得税优惠问题的通知》(国税发〔2009〕87号)，创业投资企业所得税优惠的有关问题规定如下：

（1）创业投资企业是指依照《创业投资企业管理暂行办法》(国家发展和改革委员会等十部委令2005年第39号)和《外商投资创业投资企业管理规定》(商务部等五部委令2003年第2号)在中华人民共和国境内设立的专门从事创业投资活动的企业或其他经济组织。

（2）创业投资企业采取股权投资方式投资于未上市的中小高新技术企业2年（24个月）以上，凡符合以下条件的，可以按照其对中小高新技术企业投资额的70%，在股权持有满2年的当年抵扣该创业投资企业的应纳税所得额；当年不足抵扣的，可以在以后纳税年度结转抵扣：

① 经营范围符合《创业投资企业管理暂行办法》规定，且工商登记为"创业投资有限责任公司""创业投资股份有限公司"等专业性法人创业投资企业。

② 按照《创业投资企业管理暂行办法》规定的条件和程序完成备案，经备案管理部门年度检查核实，投资运作符合《创业投资企业管理暂行办法》的有关规定。

③ 财政部、国家税务总局规定的其他条件。

（3）中小企业接受创业投资之后，经认定符合高新技术企业标准的，应自其被认定为高新技术企业的年度起，计算创业投资企业的投资期限。该期限内中小企业接受创业投资后，企业规模超过中小企业标准，但仍符合高新技术企业标准的，不影响创业投资企业享受有关税收优惠。

相关政策依据

财政部 税务总局
关于延续执行创业投资企业和天使投资个人
投资初创科技型企业有关政策条件的公告

财政部 税务总局公告2022年第6号 2022年2月9日

为进一步支持创业创新，现就创业投资企业和天使投资个人投资初创科技型企业所得税政策有关事项公告如下：

自2022年1月1日至2023年12月31日，对于初创科技型企业需符合的条件，从业人数继续按不超过300人、资产总额和年销售收入按均不超过5000万元执行，《财政部 税务总局关于创业投资企业和天使投资个人有关税收政策的通知》(财税〔2018〕55号)规定的其他条件不变。

在此期间已投资满2年及新发生的投资，可按财税〔2018〕55号文件和本公告规定适用税收政策。

注：对于初创科技型企业需符合的条件，从业人数继续按不超过300人、资产总额和年销售收入按均不超过5000万元执行，《财政部 税务总局关于创业投资企业和天使投资个人有关税收政策的通知》(财税〔2018〕55

号)规定的其他条件不变。

在此期间已投资满2年及新发生的投资,可按财税〔2018〕55号文件和本公告规定适用有关税收政策。

本公告执行至2027年12月31日。[《财政部 税务总局关于延续执行创业投资企业和天使投资个人投资初创科技型企业有关政策条件的公告》(财政部 税务总局公告2023年第17号),2023年8月1日]

对上海市浦东新区特定区域内公司型创业投资企业,转让持有3年以上股权的所得占年度股权转让所得总额的比例超过50%的,按照年末个人股东持股比例减半征收当年企业所得税;转让持有5年以上股权的所得占年度股权转让所得总额的比例超过50%的,按照年末个人股东持股比例免征当年企业所得税。[《财政部 税务总局 发展改革委 证监会关于上海市浦东新区特定区域公司型创业投资企业有关企业所得税试点政策的通知》(财税〔2021〕53号)]

六、税率降低

请参阅本书关于税率的介绍中的"实际优惠税率"内容。

七、免征与减征税额

企业的下列所得项目,可以免征、减征企业所得税;企业如果从事国家限制和禁止发展的项目,不得享受企业所得税优惠。

(一)技术转让

税法所称符合条件的技术转让所得免征、减征企业所得税,是指一个纳税年度内,居民企业转让技术所有权所得不超过500万元的部分,免征企业所得税;超过500万元的部分,减半征收企业所得税。自2015年10月1日起,全国范围内的居民企业转让5年(含,下同)以上非独占许可使用权取得的技术转让所得,也纳入上述享受企业所得税优惠的技术转让所得范围。

(1)技术转让的范围,包括居民企业转让专利技术、计算机软件著作权、集成电路布图设计权、植物新品种、生物医药新品种,以及财政部和国家税务总局确定的其他技术。其中:专利技术,是指法律授予独占权的发明、实用新型和非简单改变产品图案的外观设计。

(2)技术转让,是指居民企业转让其拥有的技术所有权或5年以上非独占许可使用权的行为。

符合条件的5年以上非独占许可使用权技术转让所得应按以下方法计算:

$$技术转让所得 = 技术转让收入 - 无形资产摊销费用 - 相关税费 - 应分摊期间费用$$

技术转让收入是指转让方履行技术转让合同后获得的价款,不包括销售或转让设备、仪器、零部件、原材料等非技术性收入。不属于与技术转让项目密不可分的技术咨询、服务、培训等收入,不得计入技术转让收入。技术许可使用权转让收入,应按转让协议约定的许可使用权人应付许可使用权使用费的日期确认收入的实现。

(3)技术转让应签订技术转让合同。

其中,境内的技术转让须经省级以上(含省级)科技部门认定登记,跨境的技术转让须经省级以上(含省级)商务部门认定登记,涉及财政经费支持产生技术的转让,须省级以上(含省级)科技部门审批。

居民企业技术出口应由有关部门按照商务部、科技部发布的《中国禁止出口限制出口技术目录》(商务部 科技部令2008年第12号附件)*进行审查。居民企业取得禁止出口和限制出口技术转让所得,不享受技术转让减免企业所得税优惠政策。

*注:2020年8月28日,商务部 科技部对《中国禁止出口限制出口技术目录》(商务部 科技部令2008年第12号附件)内容作部分调整[《关于调整发布〈中国禁止出口限制出口技术目录〉的公告》,(商务部 科技部公告2020年第38号)],属于军民两用技术的,纳入出口管制管理。

(4)居民企业从直接或间接持有股权之和达到100%的关联方取得的技术转让所得,不享受技术转让减免企业所得税优惠政策。

(5)享受减免企业所得税优惠的技术转让应符合以下条件:

① 享受优惠的技术转让主体是《企业所得税法》规定的居民企业。

② 技术转让属于财政部、国家税务总局规

定的范围。

③ 境内技术转让经省级以上科技部门认定。

④ 向境外转让技术经省级以上商务部门认定。

⑤ 国务院税务主管部门规定的其他条件。

（6）符合条件的技术转让所得应按以下方法计算：

$$\text{技术转让所得} = \text{技术转让收入} - \text{技术转让成本} - \text{相关税费}$$

技术转让收入是指当事人履行技术转让合同后获得的价款，不包括销售或转让设备、仪器、零部件、原材料等非技术性收入。不属于与技术转让项目密不可分的技术咨询、技术服务、技术培训等收入，不得计入技术转让收入。

依据《国家税务总局关于技术转让所得减免企业所得税有关问题的公告》（国家税务总局公告2013年第62号）的规定，可以计入技术转让收入的技术咨询、技术服务、技术培训收入，是指转让方为使受让方掌握所转让的技术投入使用、实现产业化而提供的必要的技术咨询、技术服务、技术培训所产生的收入，并应同时符合以下条件：

① 在技术转让合同中约定的与该技术转让相关的技术咨询、技术服务、技术培训。

② 技术咨询、技术服务、技术培训收入与该技术转让项目收入一并收取价款。

技术转让成本是指转让的无形资产的净值，即该无形资产的计税基础减除在资产使用期间按照规定计算的摊销扣除额后的余额。

相关税费是指技术转让过程中实际发生的有关税费，包括除企业所得税和允许抵扣的增值税以外的各项税金及其附加、合同签订费用、律师费等相关费用及其他支出。

（7）享受技术转让所得减免企业所得税优惠的企业，应单独计算技术转让所得，并合理分摊企业的期间费用；没有单独计算的，不得享受技术转让所得企业所得税优惠。

（8）企业发生技术转让，应在纳税年度终了后至报送年度纳税申报表以前，向主管税务机关办理减免税备案手续。

① 企业发生境内技术转让，向主管税务机关备案时应报送以下资料：

A. 技术转让合同（副本）。

B. 省级以上科技部门出具的技术合同登记证明。

C. 技术转让所得归集、分摊、计算的相关资料。

D. 实际缴纳相关税费的证明资料。

E. 主管税务机关要求提供的其他资料。

② 企业向境外转让技术，向主管税务机关备案时应报送以下资料：

A. 技术出口合同（副本）。

B. 省级以上商务部门出具的技术出口合同登记证书或技术出口许可证。

C. 技术出口合同数据表。

D. 技术转让所得归集、分摊、计算的相关资料。

E. 实际缴纳相关税费的证明资料。

F. 主管税务机关要求提供的其他资料。

相关政策依据

国家税务总局关于许可使用权技术转让所得企业所得税有关问题的公告

国家税务总局公告2015年第82号　2015年11月16日

根据《中华人民共和国企业所得税法》及其实施条例、《财政部　国家税务总局关于将国家自主创新示范区有关税收试点政策推广到全国范围实施的通知》（财税〔2015〕116号）规定，现就许可使用权技术转让所得企业所得税有关问题公告如下：

一、自2015年10月1日起，全国范围内的居民企业转让5年（含，下同）以上非独占许可使用权取得的技术转让所得，纳入享受企业所得税优惠的技术转让所得范围。居民企业的年度技术转让所得不超过500万元的部分，免征企业所得税；超过500万元的部分，减半征收企业所得税。

所称技术包括专利（含国防专利）、计算机软件著作权、集成电路布图设计专有权、植物新品种权、生物医药新品种，以及财政部和国家税务总局确定的其他技术。其中，专利是指法律授予独占权的发明、实用新型以及非简单改变产品图案和形状的外观设计。

二、企业转让符合条件的5年以上非独占许可使用权的技术，限于其拥有所有权的技术。技术所有权的权属由国务院行政主管部门确定。其中,专利由国家知识产权局确定权属;国防专利由总装备部确定权属;计算机软件著作权由国家版权局确定权属;集成电路布图设计专有权由国家知识产权局确定权属;植物新品种权由农业部确定权属;生物医药新品种由国家食品药品监督管理总局确定权属。

三、符合条件的5年以上非独占许可使用权技术转让所得应按以下方法计算:

$$技术转让所得 = 技术转让收入 - 无形资产摊销费用 - 相关税费 - 应分摊期间费用$$

技术转让收入是指转让方履行技术转让合同后获得的价款,不包括销售或转让设备、仪器、零部件、原材料等非技术性收入。不属于与技术转让项目密不可分的技术咨询、服务、培训等收入,不得计入技术转让收入。技术许可使用权转让收入,应按转让协议约定的许可使用权人应付许可使用权使用费的日期确认收入的实现。

无形资产摊销费用是指该无形资产按税法规定当年计算摊销的费用。涉及自用和对外许可使用的,应按照受益原则合理划分。

相关税费是指技术转让过程中实际发生的有关税费,包括除企业所得税和允许抵扣的增值税以外的各项税金及其附加、合同签订费用、律师费等相关费用。

应分摊期间费用(不含无形资产摊销费用和相关税费)是指技术转让按照当年销售收入占比分摊的期间费用。

四、企业享受技术转让所得企业所得税优惠的其他相关问题,仍按照《国家税务总局关于技术转让所得减免企业所得税有关问题的通知》(国税函〔2009〕212号)、《财政部 国家税务总局关于居民企业技术转让有关企业所得税政策问题的通知》(财税〔2010〕111号)、《国家税务总局关于技术转让所得减免企业所得税有关问题的公告》(国家税务总局公告2013年第62号)规定执行。

五、本公告自2015年10月1日起施行。本公告实施之日起,企业转让5年以上非独占许可使用权确认的技术转让收入,按本公告执行。

(二) 软件产业、集成电路产业、动漫企业

1. 软件企业税收优惠

1) 国家鼓励的软件企业定期减免企业所得税

(1) 享受主体。

国家鼓励的软件企业。

(2) 优惠内容。

自2020年1月1日起,国家鼓励的软件企业,自获利年度起,第一年至第二年免征企业所得税,第三年至第五年按照25%的法定税率减半征收企业所得税。

(3) 享受条件。

① 国家鼓励的软件企业是指同时符合下列条件的企业:

A. 在中国境内(不包括港、澳、台地区)依法设立,以软件产品开发及相关信息技术服务为主营业务并具有独立法人资格的企业;该企业的设立具有合理商业目的,且不以减少、免除或推迟缴纳税款为主要目的。

B. 汇算清缴年度具有劳动合同关系或劳务派遣、聘用关系,其中有本科及以上学历的月平均职工人数占企业月平均职工总人数的比例不低于40%,研究开发人员月平均数占企业月平均职工总数的比例不低于25%。

C. 拥有核心关键技术,并以此为基础开展经营活动,汇算清缴年度研究开发费用总额占企业销售(营业)收入总额的比例不低于7%,企业在中国境内发生的研究开发费用金额占研究开发费用总额的比例不低于60%。

D. 汇算清缴年度软件产品开发销售及相关信息技术服务(营业)收入占企业收入总额的比例不低于55%〔嵌入式软件产品开发销售(营业)收入占企业收入总额的比例不低于45%〕,其中软件产品自主开发销售及相关信息技术服务(营业)收入占企业收入总额的比例不低于45%〔嵌入式软件产品开发销售(营业)收入占企业收入总额的比例不低于40%〕。

E. 主营业务或主要产品具有专利或计算机软件著作权等属于本企业的知识产权。

F. 具有与软件开发相适应的生产经营场所、软硬件设施等开发环境(如合法的开发工具等),建立符合软件工程要求的质量管理体系并持续有效运行。

G. 汇算清缴年度未发生重大安全事故、重大质量事故、知识产权侵权等行为,企业合法经营。

② 符合原有政策条件且在2019年(含)之前已经进入优惠期的企业,2020年(含)起可按

原有政策规定继续享受至期满为止,如也符合本项优惠规定,可按规定享受相关优惠,其中定期减免税优惠,可按《财政部 税务总局 发展改革委 工业和信息化部关于促进集成电路产业和软件产业高质量发展企业所得税政策的公告》(财政部 税务总局 发展改革委 工业和信息化部公告2020年第45号)规定计算优惠期,并就剩余期限享受优惠至期满为止。符合原有政策条件,2019年(含)之前尚未进入优惠期的企业,2020年(含)起不再执行原有政策。

③ 原有政策是指:依法成立且符合条件的软件企业,在2019年12月31日前自获利年度起计算优惠期,第一年至第二年免征企业所得税,第三年至第五年按照25%的法定税率减半征收企业所得税,并享受至期满为止。其中,"符合条件"是指符合《财政部 国家税务总局关于进一步鼓励软件产业和集成电路产业发展企业所得税政策的通知》(财税〔2012〕27号)和《财政部 国家税务总局 发展改革委 工业和信息化部关于软件和集成电路产业企业所得税优惠政策有关问题的通知》(财税〔2016〕49号)规定的条件。

④ 软件企业按照《财政部 税务总局 发展改革委 工业和信息化部关于促进集成电路产业和软件产业高质量发展企业所得税政策的公告》(财政部 税务总局 发展改革委 工业和信息化部公告2020年第45号)规定同时符合多项定期减免税优惠政策条件的,由企业选择其中一项政策享受相关优惠。其中,已经进入优惠期的,可由企业在余期限内选择其中一项政策享受相关优惠。

2) 国家鼓励的重点软件企业减免企业所得税

(1) 享受主体。

国家鼓励的重点软件企业。

(2) 优惠内容。

自2020年1月1日起,国家鼓励的重点软件企业,自获利年度起,第一年至第五年免征企业所得税,接续年度减按10%的税率征收企业所得税。

(3) 享受条件。

① 国家鼓励的重点软件企业清单由国家发展改革委、工业和信息化部会同财政部、国家税务总局等相关部门制定。

② 国家鼓励的重点软件企业,除符合国家鼓励的软件企业条件外,还应至少符合下列条件中的一项:

A. 专业开发基础软件、研发设计类工业软件的企业,汇算清缴年度软件产品开发销售及相关信息技术服务(营业)收入(其中相关信息技术服务是指实现软件产品功能直接相关的咨询设计、软件运维、数据服务,下同)不低于5 000万元;汇算清缴年度研究开发费用总额占企业销售(营业)收入总额的比例不低于7%。

B. 专业开发生产控制类工业软件、新兴技术软件、信息安全软件的企业汇算清缴年度软件产品开发销售及相关信息技术服务(营业)收入不低于1亿元;应纳税所得额不低于500万元;研究开发人员月平均数占企业月平均职工总数的比例不低于30%;汇算清缴年度研究开发费用总额占企业销售(营业)收入总额的比例不低于8%。

C. 专业开发重点领域应用软件、经营管理类工业软件、公有云服务软件、嵌入式软件的企业,汇算清缴年度软件产品开发销售及相关信息技术服务(营业)收入不低于5亿元,应纳税所得额不低于2 500万元;研究开发人员月平均数占企业月平均职工总数的比例不低于30%;汇算清缴年度研究开发费用总额占企业销售(营业)收入总额的比例不低于7%。

③ 符合原有政策条件且在2019年(含)之前已经进入优惠期的企业,2020年(含)起可按原有政策规定继续享受至期满为止,如也符合本项优惠规定,可按规定享受相关优惠,其中定期减免税优惠,可按《财政部 税务总局 发展改革委 工业和信息化部关于促进集成电路产业和软件产业高质量发展企业所得税政策的公告》(财政部 税务总局 发展改革委 工业和信息化部公告2020年第45号)规定计算优惠期,并就剩余期限享受优惠至期满为止。符合原有

政策条件,2019年(含)之前尚未进入优惠期的企业,2020年(含)起不再执行原有政策。

④ 软件企业按照《财政部 税务总局 发展改革委 工业和信息化部关于促进集成电路产业和软件产业高质量发展企业所得税政策的公告》(财政部 税务总局 发展改革委 工业和信息化部公告2020年第45号)规定同时符合多项定期减免税优惠政策条件的由企业选择其中一项政策享受相关优惠。其中,已经进入优惠期的,可由企业在剩余期限内选择其中一项政策享受相关优惠。

相关政策依据

中华人民共和国工业和信息化部 国家发展改革委 财政部 国家税务总局公告2021年第10号
——国家鼓励的软件企业条件的公告

公告2021年第10号 2021年4月23日

为贯彻落实《国务院关于印发新时期促进集成电路产业和软件产业高质量发展若干政策的通知》(国发〔2020〕8号)精神,根据《关于促进集成电路产业和软件产业高质量发展企业所得税的公告》(财政部 税务总局 国家发展改革委 工业和信息化部公告2020年第45号),工业和信息化部、国家发展改革委、财政部、税务总局制定了国家鼓励的软件企业条件,现公告如下:

一、国家鼓励的软件企业是指同时符合下列条件的企业:

(一)在中国境内(不包括港、澳、台地区)依法设立,以软件产品开发及相关信息技术服务为主营业务并具有独立法人资格的企业;该企业的设立具有合理商业目的,且不以减少、免除或推迟缴纳税款为主要目的;

(二)汇算清缴年度具有劳动合同关系或劳务派遣、聘用关系,其中具有本科及以上学历的月平均职工人数占企业月平均职工总人数的比例不低于40%,研究开发人员月平均数占企业月平均职工总数的比例不低于25%;

(三)拥有核心关键技术,并以此为基础开展经营活动,汇算清缴年度研究开发费用总额占企业销售(营业)收入总额的比例不低于7%,企业在中国境内发生的研究开发费用金额占研究开发费用总额的比例不低于60%;

(四)汇算清缴年度软件产品开发销售及相关信息技术服务(营业)收入占企业收入总额的比例不低于55%[嵌入式软件产品开发销售(营业)收入占企业收入总额的比例不低于45%],其中软件产品自主开发销售及相关信息技术服务(营业)收入占企业收入总额的比例不低于45%[嵌入式软件产品开发销售(营业)收入占企业收入总额的比例不低于40%];

(五)主营业务或主要产品具有专利或计算机软件著作权等属于本企业的知识产权;

(六)具有与软件开发相适应的生产经营场所、软硬件设施等开发环境(如合法的开发工具等),建立符合软件工程要求的质量管理体系并持续有效运行;

(七)汇算清缴年度未发生重大安全事故、重大质量事故、知识产权侵权等行为,企业合法经营。

二、本公告第一条中所称研究开发费用政策口径,按照《财政部 国家税务总局 科技部关于完善研究开发费用税前加计扣除政策的通知》(财税〔2015〕119号)和《国家税务总局关于研发费用税前加计扣除归集范围有关问题的公告》(国家税务总局公告2017年第40号)等规定执行。

三、本公告自2020年1月1日起执行,由工业和信息化部会同国家发展改革委、财政部、税务总局负责解释。

3)符合条件的软件企业职工培训费用按实际发生额税前扣除

(1)享受主体。

符合条件的软件企业。

(2)优惠内容。

自2011年1月1日起,符合条件的软件企业的职工培训费用,应单独进行核算并按实际发生额在计算应纳税所得额时扣除。

(3)享受条件。

软件企业是指同时符合下列条件的企业:

① 在中国境内(不包括港、澳、台地区)依法设立,以软件产品开发及相关信息技术服务为主营业务并具有独立法人资格的企业;该企业的设立具有合理商业目的,且不以减少、免除或推迟缴纳税款为主要目的。

② 汇算清缴年度具有劳动合同关系或劳务派遣、聘用关系,其中具有本科及以上学历的月平均职工人数占企业月平均职工总人数的比例不低于40%,研究开发人员月平均数占企业月平均职工总数的比例不低于25%。

③ 拥有核心关键技术,并以此为基础开展经营活动,汇算清缴年度研究发费用总额占企业销售(营业)收入总额的比例不低于7%,企业

在中国境内发生的研究开发费用金额占研究开发费用总额的比例不低于60%。

④ 汇算清缴年度软件产品开发销售及相关信息技术服务（营业）收入占企业收入总额的比例不低于55%[嵌入式软件产品开发销售（营业）收入占企业收入总额的比例不低于45%]，其中软件产品自主开发销售及相关信息技术服务（营业）收入占企业收入总额的比例不低于45%[嵌入式软件产品开发销售（营业）收入占企业收入总额的比例不低于40%]。

⑤ 主营业务或主要产品具有专利或计算机软件著作权等属于本企业的知识产权。

⑥ 具有与软件开发相适应的生产经营场所、软硬件设施等开发环境（如合法的开发工具等），建立符合软件工程要求的质量管理体系并持续有效运行。

⑦ 汇算清缴年度未发生重大安全事故、重大质量事故、知识产权侵权等行为，企业合法经营。

4）企业外购软件缩短折旧或摊销年限

（1）享受主体。

企业纳税人。

（2）优惠内容。

企业外购的软件，凡符合固定资产或无形资产确认条件的，可以按照固定资产或无形资产进行核算，其折旧或摊销年限可以适当缩短，最短可为2年（含）。

（3）享受条件。

符合固定资产或无形资产确认条件。

5）软件企业取得即征即退增值税款用于软件产品研发和扩大再生产企业所得税政策

（1）享受主体。

符合条件的软件企业。

（2）优惠内容。

符合条件的软件企业按照《财政部 国家税务总局关于软件产品增值税政策的通知》（财税〔2011〕100号）规定取得的即征即退增值税款，由企业专项用于软件产品研发和扩大再生产并单独进行核算，可以作为不征税收入，在计算应纳税所得额时从收入总额中减除。

（3）享受条件。

软件企业，是指同时符合下列条件的企业：

① 在中国境内（不包括港、澳、台地区）依法设立，以软件产品开发及相关信息技术服务为主营业务并具有独立法人资格的企业；该企业的设立具有合理商业目的，且不以减少、免除或推迟缴纳税款为主要目的。

② 汇算清缴年度具有劳动合同关系或劳务派遣、聘用关系，其中具有本科及以上学历的月平均职工人数占企业月平均职工总人数的比例不低于40%，研究开发人员月平均数占企业月平均职工总数的比例不低于25%。

③ 拥有核心关键技术，并以此为基础开展经营活动，汇算清缴年度研究开发费用总额占企业销售（营业）收入总额的比例不低于7%，企业在中国境内发生的研究开发费用金额占研究开发费用总额的比例不低于60%。

④ 汇算清缴年度软件产品开发销售及相关信息技术服务（营业）收入占企业收入总额的比例不低于55%[嵌入式软件产品开发销售（营业）收入占企业收入总额的比例不低于45%]，其中软件产品自主开发销售及相关信息技术服务（营业）收入占企业收入总额的比例不低于45%[嵌入式软件产品开发销售（营业）收入占企业收入总额的比例不低于40%]。

⑤ 主营业务或主要产品具有专利或计算机软件著作权等属于本企业的知识产权。

⑥ 具有与软件开发相适应的生产经营场所、软硬件设施等开发环境（如合法的开发工具等），建立符合软件工程要求的质量管理体系并持续有效运行。

⑦ 汇算清缴年度未发生重大安全事故、重大质量事故、知识产权侵权等行为，企业合法经营。

2. 集成电路企业税费优惠

1）线宽小于0.8微米的集成电路生产企业定期减免企业所得税

（1）享受主体。

集成电路线宽小于0.8微米的集成电路生产企业。

（2）优惠内容。

2017年12月31日前设立且在2019年

12月31日前获利的集成电路线宽小于0.8微米(含)的集成电路生产企业,自获利年度起第一年至第二年免征企业所得税,第三年至第五年按照25%的法定税率减半征收企业所得税,并享受至期满为止。

(3) 享受条件。

① 集成电路生产企业,是指以单集成电路、多芯片集成电路、混合集成电路制造为主营业务并同时符合下列条件的企业:

A. 在中国境内(不包括港、澳、台地区)依法注册并在发展改革、工业和信息化部门备案的居民企业。

B. 汇算清缴年度具有劳动合同关系或劳务派遣、聘用关系且具有大学专科以上学历职工人数占企业月平均职工总人数的比例不低于40%,其中研究开发人员占企业月平均职工总数的比例不低于20%。

C. 拥有核心关键技术,并以此为基础开展经营活动,且汇算清缴年度研究开发费用总额占企业销售(营业)收入总额的比例不低于2%;其中,企业在中国境内发生的研究开发费用金额占研究开发费用总额的比例不低于60%;同时企业应持续加强研发活动,不断提高研发能力。

D. 汇算清缴年度集成电路制造销售(营业)收入占企业收入总额的比例不低于60%。

E. 具有保证产品生产的手段和能力,并获得有关资质认证(包括ISO质量体系认证)。

F. 汇算清缴年度未发生重大安全、重大质量事故或严重环境违法行为。

② 符合上述政策条件且在2019年(含)之前已经进入优惠期的企业,2020年(含)起可按上述政策规定继续享受至期满为止,如也符合《财政部 税务总局 发展改革委 工业和信息化部关于促进集成电路产业和软件产业高质量发展企业所得税政策的公告》(财政部 税务总局 发展改革委 工业和信息化部公告2020年第45号)规定,可按该公告规定计算优惠期,并就剩余期限享受优惠至期满为止。

符合上述政策条件,2019年(含)之前尚未进入优惠期的企业,2020年(含)起不再执行上述政策。

2) 线宽小于0.25微米的集成电路生产企业定期减免企业所得税

(1) 享受主体。

线宽小于0.25微米的集成电路生产企业。

(2) 优惠内容。

2017年12月31日前设立且在2019年12月31日前获利的集成电路线宽小于0.25微米,且经营期在15年以上的集成电路生产企业,自获利年度起第一年至第五年免征企业所得税,第六年至第十年按照25%的法定税率减半征收企业所得税,并享受至期满为止。

(3) 享受条件。

① 集成电路生产企业,是指以单片集成电路、多芯片集成电路、混合集成电路制造为主营业务并同时符合下列条件的企业:

A. 在中国境内(不包括港、澳、台地区)依法注册并在发展改革、工业和信息化部门备案的居民企业。

B. 汇算清缴年度具有劳动合同关系或劳务派遣、聘用关系且具有大学专科以上学历职工人数占企业月平均职工总人数的比例不低于40%,其中究开发人员占企业月平均职工总数的比例不低于20%。

C. 拥有核心关键技术,并以此为基础开展经营活动,且汇算清缴年度研究开发费用总额占企业销售(营业)收入总额的比例不低于2%;其中,企业在中国境内发生的研究开发费用金额占研究开发费用总额的比例不低于60%;同时企业应持续加强研发活动,不断提高研发能力。

D. 汇算清缴年度集成电路制造销售(营业)收入占企业收入总额的比例不低于60%。

E. 具有保证产品生产的手段和能力,并获得有关资质认证(包括ISO质量体系认证)。

F. 汇算清缴年度未发生重大安全、重大质量事故或严重环境违法行为。

② 符合上述政策条件且在2019年(含)之前已经进入优惠期的企业,2020年(含)起可按上述政策规定继续享受至期满为止,如也符合《财政部 税务总局 发展改革委 工业和信息化部关于促进集成电路产业和软件产业高质量发展企业所得税政策的公告》(财政部 税务总

局 发展改革委 工业和信息化部公告2020年第45号）规定，可按该公告规定享受相关优惠，其中定期减免税优惠，可按该公告规定计算优惠期，并就剩余期限享受优惠至期满为止。

符合上述政策条件，2019年（含）之前尚未进入优惠期的企业，2020（含）起不再执行上述政策。

3）投资额超过80亿元的集成电路生产企业定期减免企业所得税

（1）享受主体。

投资额超过80亿元的集成电路生产企业。

（2）优惠内容。

2017年12月31日前设立且在2019年12月31日前获利的投资额超过80亿元，且经营期在15年以上的集成电路生产企业，自获利年度起第一年至第五年免征企业所得税，第六年至第十年按照25%的法定税率减半征收企业所得税，并享受至期满为止。

（3）享受条件。

① 集成电路生产企业，是指以单片集成电路、多芯片集成电路、混合集成电路制造为主营业务并同时符合下列条件的企业：

A. 在中国境内（不包括港、澳、台地区）依法注册并在发展改革、工业和信息化部门备案的居民企业。

B. 汇算清缴年度具有劳动合同关系或劳务派遣、聘用关系且具有大学专科以上学历职工人数占企业月平均职工总人数的比例不低于40%，其中研究开发人员占企业月平均职工总数的比例不低于20%。

C. 拥有核心关键技术，并以此为基础开展经营活动，且汇算清缴年度研究开发费用总额占企业销售（营业）收入总额的比例不低于2%；其中，企业在中国境内发生的研究开发费用金额占研究开发费用总额的比例不低于60%；同时企业应持续加强研发活动，不断提高研发能力。

D. 汇算清缴年度集成电路制造销售（营业）收入占企业收入总额的比例不低于60%。

E. 具有保证产品生产的手段和能力，并获得有关资质认证（包ISO质量体系认证）。

F. 汇算清缴年度未发生重大安全、重大质量事故或严重环境违法行为。

② 符合上述政策条件且在2019年（含）之前已经进入优惠期的企业，2020年（含）起可按上述政策规定继续享受至期满为止，如也符合《财政部 税务总局 发展改革委 工业和信息化部关于促进集成电路产业和软件产业高质量发展企业所得税政策的公告》（财政部 税务总局 发展改革委 工业和信息化部公告2020年第45号）规定，可按该公告规定享受相关优惠，其中定期减免税优惠，可按该公告规定计算优惠期，并就剩余期限享受优惠至期满为止。

符合上述政策条件，2019年（含）之前尚未进入优惠期的企业，2020年（含）起不再执行上述政策。

4）投资额超过150亿元的集成电路生产企业或项目定期减免企业所得税

（1）享受主体。

集成电路投资额超过150亿元的集成电路生产企业或项目。

（2）优惠内容。

2018年1月1日后投资新设的集成电路投资额超过150亿元，经营期在15年以上且在2019年12月31日前获利的集成电路生产企业或项目，第一年至第五年免征企业所得税，第六年至第十年按照25%的法定税率减半征收企业所得税，并享受至期满为止。

（3）享受条件。

① 集成电路生产企业，是指以单片集成电路、多芯片集成电路、混合集成电路制造为主营业务并同时符合下列条件的企业：

A. 在中国境内（不包括港、澳、台地区）依法注册并在发展改革、工业和信息化部门备案的居民企业。

B. 汇算清缴年度具有劳动合同关或劳务派遣、聘用关系且具有大学专科以上学历职工人数占企业月平均职工总人数的比例不低于40%，其中研究开发人员占企业月平均职工总数的比例不低于20%。

C. 拥有核心关键技术，并以此为基础开展经营活动，且汇算清缴年度研究开发费用总额占企业销售（营业）收入（主营业务收入与其他业务收入之和）总额的比例不低于2%；其中，企业在中国境内发生的研究开发费用金额占研究开发费用总额的比例不低于60%；同时企业应持续加强研发活动，不断提高研发能力。

D. 汇算清缴年度集成电路制造销售（营业）收入占企业收入总额的比例不低于60%。

E. 具有保证产品生产的手段和能力，并获得有关资质认证（包括ISO质量体系认证）。

F. 汇算清缴年度未发生重大安全、重大质量事故或严重环境违法行为。

② 对于按照集成电路生产企业享受本税收优惠政策的，优惠期自企业获利年度起计算；对于按照集成电路生产项目享受上述优惠的，优惠期自项目取得第一笔生产经营收入所属纳税年度起计算。

③ 享受本税收优惠政策的集成电路生产项目，其主体企业应符合集成电路生产企业条件，且能够对该项目单独进行会计核算、计算所得，并合理分摊间费用。

④ 符合上述政策条件且在2019年（含）之前已经进入优惠期的企业或项目，2020年（含）起可按上述政策规定继续享受至期满为止，如也符合《财政部 税务总局 发展改革委 工业和信息化部关于促进集成电路产业和软件产业高质量发展企业所得税政策的公告》（财政部 税务总局 发展改革委 工业和信息化部公告2020年第45号）规定，可按该公告规定享受相关优惠，其中定期减免税优惠，可按该公告规定计算优惠期，并就剩余期限享受优惠至期满为止。

符合上述政策条件，2019年（含）之前尚未进入优惠期的企业或项目，2020年（含）起不再执行上述政策。

5）国家鼓励的线宽小于28纳米的集成电路生产企业或项目定期减免企业所得税

（1）享受主体。

国家鼓励的集成电路线宽小于28纳米（含），且经营期在15年以上的集成电路生产企业或项目。

（2）优惠内容。

2020年1月1日起，国家鼓励的集成电路线宽小于28纳米（含），且经营期在15年以上的集成电路生产企业或项目，第一年至第十年免征企业所得税。

（3）享受条件。

① 对于按照集成电路生产企业享受税收优惠政策的，优惠期自获利年度起计算；对于按照集成电路生产项目享受税收优惠政策的，优惠期自项目取得第一笔生产经营收入所属纳税年度起计算，集成电路生产项目需单独进行会计核算、计算所得，并合理分摊期间费用。

② 国家鼓励的集成电路生产企业或项目清单由国家发展改革委、工业和信息化部会同财政部、国家税务总局等相关部门制定。

③ 国家鼓励的集成电路线宽小于28纳米（含）的集成电路生产企业或项目享受税收优惠政策条件如下：

A. 在中国境内（不包括港、澳、台地区）依法注册并具有独立法人资格的企业。

B. 符合国家布局规划和产业政策。

C. 汇算清缴年度，具有劳动合同关系或劳务派遣、聘用关系，其中具有本科及以上学历月平均职工人数占企业月平均职工总人数的比例不低于30%，研究开发人员月平均数占企业月平均职工总数的比例不低于20%（从事8英寸及以下集成电路生产的不低于15%）。

D. 企业拥有关键核心技术和属于本企业的知识产权，并以此为基础开展经营活动，且汇算清缴年度研究开发费用总额占企业销售（营业）收入（主营业务收入与其他业务收入之和）总额的比例不低于2%。

E. 汇算清缴年度集成电路制造销售（营业）收入占企业收入总额的比例不低于60%。

F. 具有保证相关工艺线宽产品生产的手段和能力。

G. 汇算清缴年度未发生重大安全、重大质量事故或严重环境违法行为。

H. 对于按照集成电路生产项目享受税收优惠政策的，项目主体企业符合相应的集成电路生产企业条件,且能够对该项目单独进行会计核算、计算所得,并合理分摊期间费用。

④ 集成电路企业或项目按照《财政部 税务总局 发展改革委 工业和信息化部关于促进集成电路产业和软件产业高质量发展企业所得税政策的公告》财政部 税务总局 发展改革委 工业和信息化部公告规定同时符合多项定期减免税优惠政策条件的,由企业选择其中一项政策享受相关优惠。其中,已经进入优惠期的,可由企业在剩余期限内选择其中一项政策享受相关优惠。

6) 国家鼓励的线宽小于65纳米的集成电路生产企业或项目定期减免企业所得税

(1) 享受主体。

国家鼓励的集成电路线宽小于65纳米(含),且经营期在15年以上的集成路生产企业或项目。

(2) 优惠内容。

2020年1月1日起,国家鼓励的集成电路线宽小于65纳米(含),且经营期在15年以上的集成电路生产企业或项目,第一年至第五年免征企业所得税,第六年至第十年按照25%的法定税率减半征收企业所得税。

(3) 享受条件。

① 对于按照集成电路生产企业享受税收优惠政策的,优惠期自获利年度起计算;对于按照集成电路生产项目享受税收优惠政策的,优惠期自项目取得第一笔生产经营收入所属纳税年度起计算,集成电路生产项目需单独进行会计核算、计算所得,并合理分摊期间费用。

② 国家鼓励的集成电路生产企业或项目清单由国家发展改革委、工业和信息化部会同财政部、国家税务总局等相关部门制定。

③ 国家鼓励的集成电路线宽小于65纳米(含)的集成电路生产企业或项目享受税收优惠政策条件如下:

A. 在中国境内(不包括港、澳、台地区)依法注册并具有独立法人资格的企业。

B. 符合国家布局规划和产业政策。

C. 汇算清缴年度,具有劳合同关系或劳务派遣、聘用关系,其中具有本科及以上学历月平均职工人数占企业月平均职工总人数的比例不低于30%,研究开发人员月平均数占企业月均职工总数的比例不低于20%(从事8英寸及以下集成电路生产的不低于15%)。

D. 企业拥有关键核心技术和属于本企业的知识产权,并以此为基础开展经营活动,且汇算清缴年度研究开发费用总额占企业销售(营业)收入(主营业务收入与其他业务收入之和)总额的比例不低于2%。

E. 汇算清缴年度集成电路制造销售(营业)收入占企业收入总额的比例不低于60%。

F. 具有保证相关工艺线宽产品生产的手段和能力。

G. 汇算清缴年度未发生重大安全、重大质量事故或严重环境违法行为。

H. 对于按照集成电路生产项目享受税收优惠政策的,项目主体企业应符合相应的集成电路生产企业条件,且能够对该项目单独进行会计核算、计算所得,并合理分摊期间费用。

④ 符合原有政策条件且在2019年(含)之前已经进入优惠期的企业或项目,2020年(含)起可按原有政策规定继续享受至期满为止,如也符合《财政部 税务总局 发展改革委 工业和信息化部关于促进集成电路产业和软件业高质量发展企业所得税政策的公告》(财政部 税务总局 发展改革委 工业和信息化部公告2020年第45号)规定,可按规定享受相关优惠,其中定期减免税优惠,可按该公告规定计算优惠期,并就剩余期限享受优惠至期满为止。符合原有政策条件,2019年(含)之前尚未进入优惠期的企业或项目,2020年(含)起不再执行原有政策。

⑤ 集成电路企业或项目按照《财政部 税务总局 发展改革委 工业和信息化部关于促进集成电路产业和软件产业高质量发展企业所得税政策的公告》规定同时符合多项定期减免税优惠政策条件的,由企业选择其中一项政策享受相关优惠。其中,已经进入优惠期的,可由企业在剩余期限内选择其中一项政策享受相关

优惠。

7) 国家鼓励的线宽小于130纳米的集成电路生产企业或项目定期减免企业所得税

(1) 享受主体。

国家鼓励的集成电路线宽小于130纳米(含),且经营期在10年以上的集成电路生产企业或项目。

(2) 优惠内容。

2020年1月1日起,国家鼓励的集成电路线宽小于130纳米(含),且经营期在10年以上的集成电路生产企业或项目,第一年至第二年免征企业所得税,第三年至第五年按照25%的法定税率减半征收企业所得税。

(3) 享受条件。

① 对于按照集成电路生产企业享受税收优惠政策的,优惠期自获利年度起计算;对于按照集成电路生产项目享受税收优惠政策的,优惠期自项目取得第一笔生产经营收入所属纳税年度起计算,集成电路生产项目需单独进行会计核算、计算所得,并合理分摊期间费用。

② 国家鼓励的集成电路生产企业或项目清单由国家发展改革委、工业和信息化部会同财政部、国家税务总局等相关部门制定。

③ 国家鼓励的集成电路线宽小于130纳米(含)的集成电路生产企业或项目享受税收优惠政策条件如下:

A. 在中国境内(不包括港、澳、台地区)依法注册并具有独立法人资格的企业。

B. 符合国家布局规划和产业政策。

C. 汇算清缴年度,具有劳动合同关系或劳务派遣、聘用关系,其中具有本科及以上学历月平均职工人数占企业月平均职工总人数的比例不低于30%,研究开发人员月平均数占企业月平均职工总数的比例不低于20%(从事8英寸及以下集成电路生产的不低于15%)。

D. 企业拥有关键核心技术和属于本企业的知识产权,并以此为基础开展经营活动,且汇算清缴年度研究开发费用总额占企业销售(营业)收入(主营业务收入与其他业务收入之和)总额的比例不低于2%。

E. 汇算清缴年度集成电路制造销售(营业)收入占企业收入总额的比例不低于60%。

F. 具有保证相关工艺线宽产品生产的手段和能力。

G. 汇算清缴年度未发生重大安全、重大质量事故或严重环境违法行为。

H. 对于按照集成电路生产项目享受税收优惠政策的,项目主体企业符合相应的集成电路生产企业条件,且能够对该项目单独进行会计核算、计算所得,并合理分摊期间费用。

④ 符合原有政策条件且在2019年(含)之前已经进入优惠期的企业或项目,2020年(含)起可按原有政策规定继续享受至期满为止,如也符合《财政部 税务总局 发展改革委 工业和信息化部关于促进集成电路产业和软件产业高质量发展企业所得税政策的公告》(财政部 税务总局 发展改革委 工业和信息化部2020年第45号)规定,可按规定享受相关优惠,其中定期减免税优惠,可按该公告规定计算优惠期,并就剩余期限享受优惠至期满为止。符合原有政策条件,2019年(含)之前尚未进入优惠期的企业或项目,2020年(含)起不再执行原有政策。

⑤ 集成电路企业或项目按照《财政部 税务总局 发展改革委 工业和信息化部关于促进集成电路产业和软件产业高质量发展企业所得税政策的公告》(财政部 税务总局 发展改革委 工业和信息化部2020年第45号)规定同时符合多项定期减免税优惠政策条件的,由企业选择其中一项政策享受相关优惠。其中,已经进入优惠期的,可由企业在剩余期限内选择其中一项政策享受相关优惠。

8) 国家鼓励的线宽小于130纳米的集成电路生产企业延长亏损结转年限

(1) 享受主体。

国家鼓励的线宽小于130纳米的集成电路生产企业。

(2) 优惠内容。

自2020年1月1日起,国家鼓励的线宽小于130纳米(含)的集成电路生产企业,属于国家鼓励的集成电路生产企业清单年度之前5个纳税年度发生的尚未弥补完的亏损,准予向以后年度结转,总结转年限最长不得超过10年。

(3)享受条件。

国家鼓励的集成电路线宽小于130纳米(含)的集成电路生产企业享受税收优惠政策条件如下:

① 在中国境内(不包括港、澳、台地区)已注册并具有独立法人资格的企业。

② 符合国家布局规划和产业政策。

③ 汇算清缴年度,具有劳动合同关系或劳务派遣、聘用关系,其中具有本科及以上学历月平均职工人数占企业月平均职工总人数的比例不低于30%,研究开发人员月平均数占企业月平均职工总数的比例不低于20%(从事8英寸及以下集成电路生产的不低于15%)。

④ 企业拥有关键核心技术和属于本企业的知识产权,并以此为基础开展经营活动,且汇算清缴年度研究开发费用总额占企业销售(营业)收入(主营业务收入与其他业务收入之和)总额的比例不低于2%。

⑤ 汇算清缴年度集成电路制造销售(营业)收入占企业收入总额的比例不低于60%。

⑥ 具有保证相关工艺线宽产品生产的手段和能力。

⑦ 汇算清缴年度未发生重大安全、重大质量事故或严重环境违法行为。

⑧ 对于按照集成电路生产项目享受税收优惠政策的,项目主体企业应符合相应的集成电路生产企业条件,且能够对该项目单独进行会计核算、计算的,并合理分摊期间费用。

9)国家鼓励的集成电路设计、装备、材料、封装、测试企业定期减免企业所得税

(1)享受主体。

国家鼓励的集成电路设计、装备、材料、封装、测试企业。

(2)优惠内容。

2020年1月1日起,国家鼓励的集成电路设计、装备、材料、封装、测试企业,自获利年度起,第一年至第二年免征企业所得税,第三年至第五年按照25%的定税率减半征收企业所得税。

(3)享受条件。

① 国家鼓励的集成电路设计企业,必须同时满足以下条件:

A. 在中国境内(不包括港、澳、台地区)依法设立,从事集成电路设计、电子设计自动化(EDA)工具开发或知识产权(IP)核设计并具有独立法人资格的企业。

B. 汇算清缴年度具有劳动合同关系或劳务派遣、聘用关系的月平均职工人数不少于20人,其中具有本科及以上学历月平均职工人数占企业月平均职工总人数的比例不低于50%,研究开发人员月平均数占企业月平均职工总数的比例不低于40%。

C. 汇算清缴年度研究开发费用总额占企业销售(营业)收入(主营业务收入与其他业务收入之和,下同)总额的比例不低于6%。

D. 汇算清缴年度集成电路设计(含EDA工具、IP和设计服务,下同)销售(营业)收入占企业收入总额的比例不低于60%,其中自主设计销售(营业)收入占企业收入总额的比例不低于50%,且企业收入总额不低于(含)1500万元。

E. 拥有核心关键技术和属于本企业的知识产权,企业拥有与集成电路产品设计相关的已授权发明专利、布图设计登记、计算机软件著作权合计不少于8个。

F. 具有与集成电路设计相适应的软硬件设施等开发环境和经营场所,且必须使用正版的EDA等软硬件工具。

G. 汇算清缴年度未发生严重失信行为,重大安全、重大质量事故或严重环境违法行为。

② 国家鼓励的集成电路装备企业,必须同时满足以下条件:

A. 在中国境内(不包括港、澳、台地区)依法设立,从事集成电路专用装备或关键零部件研发、制造并具有独立法人资格的企业。

B. 汇算清缴年度具有劳动合同关系或劳务派遣、聘用关系且具有大学专科及以上学历月平均职工人数占企业当年月平均职工总人数的比例不低于40%,研究开发人员月平均数占企

业当年月平均职工总数的比例不低于20%。

C. 汇算清缴年度用于集成电路装备或关键零部件研究开发费用总额占企业销售(营业)收入总额的比例不低于5%。

D. 汇算清缴年度集成电路装备或关键零部件销售收入占企业销售(营业)收入总额的比例不低于30%,且企业销售(营业)收入总额不低于(含)1 500万元。

E. 拥有核心关键技术和属于本企业的知识产权,企业拥有与集成电路装备或关键零部件研发、制造相关的已授权发明专利数量不少于5个。

F. 具有与集成电路装备或关键零部件生产相适应的经营场所、软硬件设施等基本条件。

G. 汇算清缴年度未发生严重失信行为,重大安全、重大质量事故或严重环境违法行为。

③ 国家鼓励的集成电路材料企业,必须同时满足以下条件:

A. 在中国境内(不包括港、澳、台地区)依法设立,从事集成电路专用材料研发、生产并具有独立法人资格的企业。

B. 汇算清缴年度具有劳动合同关系或劳务派遣、聘用关系且具有大学专科及以上学历月平均职工人数占企业当年月平均职工总人数的比例不低于40%,研究开发人员月平均数占企业当年月平均职工总数的比例不低于15%。

C. 汇算清缴年度用于集成电路材料研究开发费用总额占企业销售(营业)收入总额的比例不低于5%。

D. 汇算清缴年度集成电路材料销售收入占企业销售(营业)收入总额的比例不低于30%,且企业销售(营业)收入总额不低(含)1 000万元。

E. 拥有核心关键技术和属于本企业的知识产权,且企业拥有与集成电路材料研发、生产相关的已授权发明专利数量不少于5个。

F. 具有与集成电路材料生产相适应的经营场所、软硬件设施等基本条件。

G. 汇算清缴年度未发生严重失信行为,重大安全、重大质量事故或严重环境违法行为。

④ 国家鼓励的集成电路封装、测试企业,必须同时满足以下条件:

A. 在中国境内(不包括港、澳、台地区)依法设立,从事集成电路封装、测试并具有独立法人资格的企业。

B. 汇算清缴年度具有劳动合同关系或劳务派遣、聘用关系且具有大学专科以上学历月平均职工人数占企业当年月平均职工总人数的比例不低于40%,研究开发人员月平均数占企业当年月平均职工总数的比例不低于15%。

C. 汇算清缴年度研究开发费用总额占企业销售(营业)收入总额的比例不低于3%。

D. 汇算清缴年度集成电路封装、测试销售(营收)收入占企业收入总额的比例不低于60%,且企业收入总额不低于(含)2 000万元。

E. 拥有核心关技术和属于本企业的知识产权,且企业拥有与集成电路封装、测试相关的已授权发明专利、计算机软件著作权合计不少于5个。

F. 具有与集成电路芯片封装、测试相适应的经营场所、软硬件设施等基本条件。

G. 汇算清缴年度未发生严重失信行为,重大安全、重大质量事故或严重环境违法行为。

⑤ 符合原有政策条件且在2019年(含)之前已经进入优惠期的企业,2020年(含)起可按原有政策规定继续享受至期满为止,如也符合本项优惠规定,可按规定享受相关优惠,其中定期减免税优惠,可按《财政部 税务总局 发展改革委 工业和信息化部关于促进集成电路产业和软件产业高质量发展企业所得税政策的公告》(财政部 税务总局 发展改革委 工业和信息化部公告2020年第45号)规定计算优惠期,并就剩余期限享受优惠至期满为止。符合原有政策条件,2019年(含)之前尚未进入优惠期的企业,2020年(含)起不再执行原有政策。

⑥ 原有政策是指依法成立且符合条件的集成电路设计企业,在2019年12月31日前自获利年度起计算优惠期,第一年至第二年免征企业所得税,第三年至第五年按照25%的法定税率减半征收企业所得税,并享受至期满为止。其中,"符合条件"是指符合《财政部 国家税务总局关于进一步鼓励软件产业和集成电路产业

发展企业所得税政策的通知》(财税〔2012〕27号)和《财政部 国家税务总局 发展改革委 工业和信息化部关于软件和集成电路产业企业所得税优惠政策有关问题的通知》(财税〔2016〕49号)规定的条件。

符合条件的集成电路封装、测试企业以及集成电路关键专用材料生产企业、集成电路专用设备生产企业,在2017年(含2017年)前实现获利的,自获利年度起,第一年至第二年免征企业所得税,第三年至第五年按照25%的法定税率减半征收企业所得税,并享受至期满为止;2017年前未实现获利的,自2017年起计算优惠期,享受至期满为止。其中,"符合条件"是指符合《财政部 国家税务总局 发展改革委 工业和信息化部关于进一步鼓励集成电路产业发展企业所得税政策的通知》(财税〔2015〕6号)规定的条件。

⑦ 集成电路企业按照《财政部 税务总局 发展改革委 工业和信息化部关于促进集成电路产业和软件产业高质量发展企业所得税政策的公告》规定同时符合多项定期减免税优惠政策条件的,由企业选择其中一项政策享受相关优惠。其中,已经进入优惠期的,可由企业在剩余期限内选择其中一项政策享受相关优惠。

10) 国家鼓励的重点集成电路设计企业定期减免企业所得税

(1) 享受主体。

国家励的重点集成电路设计企业。

(2) 优惠内容。

自2020年1月1日起,国家鼓励的重点集成电路设计企业,自获利年度起,第一年至第五年免征企业所得税,接续年度减按10%的税率征收企业所得税。

(3) 享受条件。

① 国家鼓励的重点集成电路设计清单由国家发展改革委、工业和信息化部会同财政部、国家税务总局等相关部门制定。

② 国家鼓励的重点集成电路设计企业除了应满足《工业和信息化部 国家发展改革委 财政部 国家税务总局公告》(2021年第9号)第一条中国家鼓励的集成电路设计企业条件,还应符合以下条件:

A. 汇算清缴年度具有劳动合同关系或劳务派遣、聘用关系,其中具有本科及以上学历月平均职工人数占企业月平均职工总人数的比例不低于50%,研究开发人员月平均数占企业月平均职工总数的比例不低于40%。

B. 拥有关键核心技术,并以此为基础开展经营活动,且汇算清缴年度研究开发费用总额占企业销售(营业)收入(主营业务收入与其他业务收入之和)总额的比例不低于6%。

C. 汇算清缴年度集成电路设计(含)EDA工具、IP和设计服务,下同销售(营业)收入占企业收入总额的比例不低于70%,其中集成电路自主设计销售(营业)收入占企业收入总额的比例不低于60%;对于集成电路设计销售(营业)收入超过50亿元的企业,汇算清缴年度集成电路设计销售(营业)收入占企业收入总额的比例不低于60%,其中集成电路自主设计销售(营业)收入占企业收入总额的比例不低于50%。

D. 企业拥有核心关键技术和属于本企业的知识产权,企业拥有与集成电路产品设计相关的已授权发明专利、布图设计登记、计算机软件著作权合计不少于8个。

除以上条件外,还应至少符合下列条件中的一项:

A. 汇算清缴年度,集成电路设计销售(营业)收入不低于5亿元,应纳税所得额不低于3 000万元;对于集成电路设计销售(营业)收入不低于50亿元的企业,可不要求应纳税所得额,但研究开发费用总额占企业销售(营业)收入(主营业务收入与其他业务收入之和)总额的比例不低于8%。

B. 在国家鼓励的重点集成电路设计领域内,汇算清缴年度集成电路设计销售(营业)收入不低于3 000万元,应纳税所得额不低于350万元。

③ 符合原有政策条件且在2019年(含)之

前已经进入优惠期的企业,2020年(含)起可按原有政策规定继续享受至期满为止,如也符合本项优惠规定,可按规享受相关优惠,其中定期减免税优惠,可按《财政部 税务总局 发展改革委 工业和信息化部关于促进集成电路产业和软件产业高质量发展企业所得税政策的公告》(财政部 税务总局 发展改革委 工业和信息化部公告2020年第45号)规定计算优惠期,并就剩余期限享受优惠至期满为止。符合原有政策条件,2019年(含)之前尚未进入优惠期的企业,2020年(含)起不再执行原有政策。

④ 集成电路企业按照《财政部 税务总局 发展改革委 工业和信息化部关于促进集成电路产业和软件产业高质量发展企业所得税政策的公告》规定同时符合多项定期减免税政策条件的,由企业选择其中一项政策享受相关优惠。其中,已经进入优惠期的,可由企业在剩余期限内选择其中一项政策享受相关优惠。

11) 集成电路生产企业生产设备缩短折旧年限

(1) 享受主体。

集成电路生产企业。

(2) 优惠内容。

集成电路生产企业的生产设备,其折旧年限可以适当缩短,最短可为3年(含)。

(3) 享受条件。

集成电路生产企业享受税收优惠政策条件如下:

① 在中国境内(不包括港、澳、台地区)依法注册并具有独立法人资格的企业。

② 符合国家布局规划和产业政策。

③ 汇算清缴年度,具有劳动合同关系或劳务派遣、聘用关系,其中具有本科及以上学历月平均职工人数占企业月平均职工总人数的比例不低于30%,研究开发人员月平均数占企业月平均职工总数的比例不低于20%(从事8英寸及以下集成电路生产的不低于15%)。

④ 企业拥有关键核心技术和属于本企业的知识产权,并以此为基础开展经营活动,且汇算清缴年度研究开发费用总额占企业销售(营业)收入(主业务收入与其他业务收入之和)总额的比例不低于2%。

⑤ 汇算清缴年度集成电路制造销售(营业)收入占企业收入总额的比例不低于60%。

⑥ 具有保证相关工艺线宽产品生产的手段和能力。

⑦ 汇算清缴年度未发生重大安全、重大质量事故或严重环境违法行为。

⑧ 对于按照集成电路生产项目享受税收优惠政策的,项目主体企业应符合相应的集成电路生产企业条件,且能够对该项目单独进行会计核算、计算所得,并合理分摊期间费用。

3. 符合条件的动漫企业可申请享受国家现行鼓励软件产业发展的企业所得税优惠政策

1) 享受主体

经认定的动漫企业。

2) 优惠内容

经认定的动漫企业自主开发、生产动漫产品,可申请享受国家现行鼓励软件产业发展的企业所得税优惠政策,即自获利年度起,第一年至第二年免征企业所得税,第三年至第五年按照25%的法定税率减半征收企业所得税。

3) 享受条件

(1) 享受本项政策的企业为经认定机构认定的动漫企业。

(2) 申请认定为动漫企业应同时符合以下标准:

① 在我国境内依法设立的企业。

② 动漫企业经营动漫产品的主营收入占企业当年总收入的60%以上。

③ 自主开发生产的动漫产品收入占主营收入的50%以上。

④ 具有大学专科以上学历的或通过国家动漫人才专业认证的、从事动漫产品开发或技术服务的专业人员占企业当年职工总数的30%以上,其中研发人员占企业当年职工总数的10%以上。

⑤ 具有从事动漫产品开发或相应服务等业务所需的技术装备和工作场所。

⑥ 动漫产品的研究开发经费占企业当年营

业收入8%以上。

⑦ 动漫产品内容积极健康,无法律法规禁止的内容。

⑧ 企业产权明晰,管理规范,守法经营。

(3) 自主开发、生产的动漫产品,是指动漫企业自主创作、研发、设计、生产、制作、表演的符合《动漫企业认定管理办法(试行)》(文市发〔2008〕51号)第五条规定的动漫产品(不含动漫衍生产品);仅对国外动漫创意进行简单外包、简单模仿或简单离岸制造,既无自主知识产权,也无核心竞争力的除外。

(三) 公共基础设施项目

从事国家重点扶持的公共基础设施项目投资经营的所得:

税法所称国家重点扶持的公共基础设施项目,是指《公共基础设施项目企业所得税优惠目录(2008年版)》(财税〔2008〕116号文件发布)规定的港口码头、机场、铁路、公路、电力、水利等项目。

企业从事国家重点扶持的公共基础设施项目投资经营的所得,自项目取得第一笔生产经营收入所属纳税年度起,第1年至第3年免征企业所得税,第4年至第6年减半征收企业所得税。

(1) 企业投资经营符合《公共基础设施项目企业所得税优惠目录》规定条件和标准的公共基础设施项目,采用一次核准、分批次(如码头、泊位、航站楼、跑道、路段、发电机组等)建设的,凡同时符合以下条件的,可按每一批次为单位计算所得,并享受企业所得税"三免三减半"优惠。

① 不同批次在空间上相互独立。

② 每一批次自身具备取得收入的功能。

③ 以每一批次为单位进行会计核算,单独计算所得,并合理分摊期间费用。

企业承包经营、承包建设和内部自建自用上述规定的项目,不得享受上述企业所得税优惠。

对饮水工程运营管理单位从事《公共基础设施项目企业所得税优惠目录》规定的饮水工程新建项目投资经营的所得,自项目取得第一笔生产经营收入所属纳税年度起,第一年至第三年免征企业所得税,第四年至第六年减半征收企业所得税。所称饮水工程,是指为农村居民提供生活用水而建设的供水工程设施。此处所称饮水工程运营管理单位,是指负责饮水工程运营管理的自来水公司、供水公司、供水(总)站(厂、中心)、村集体、农民用水合作组织等单位。[《财政部 税务总局关于继续实行农村饮水安全工程税收优惠政策的公告》(财政部 税务总局公告2019年第67号,2019年4月15日)]

(2) 根据《国家税务总局关于电网企业电网新建项目享受所得税优惠政策问题的公告》(国家税务总局公告2013年第26号)的规定,自2013年1月1日起,居民企业从事符合《公共基础设施项目企业所得税优惠目录〈2008年版〉》规定条件和标准的电网(输变电设施)的新建项目,可依法享受"三免三减半"的企业所得税优惠政策。基于企业电网新建项目的核算特点,暂以资产比例法,即以企业新增输变电固定资产原值占企业总输变电固定资产原值的比例,合理计算电网新建项目的应纳税所得额,并据此享受"三免三减半"的企业所得税优惠政策。电网企业新建项目享受优惠的具体计算方法如下:

① 对于企业能独立核算收入的330 kV以上跨省及长度超过200 km的交流输变电新建项目和500 kV以上直流输变电新建项目,应在项目投运后,按该项目营业收入、营业成本等单独计算其应纳税所得额;该项目应分摊的期间费用,可按照企业期间费用与分摊比例计算确定,计算公式为:

应分摊的期间费用=企业期间费用×分摊比例

第一年分摊比例=该项目输变电资产原值÷[(当年企业期初总输变电资产原值+当年企业期末总输变电资产原值)÷2]×(当年取得第一笔生产经营收入至当年底的月份数÷12)

第二年及以后年度分摊比例=该项目输变电资产原值÷[(当年企业期初总输变电资产原值+当年企业期末总输变电资产原值)÷2]

② 对于企业符合优惠条件但不能独立核算收入的其他新建输变电项目,可先依照《企业所

得税法》及相关规定计算出企业的应纳税所得额,再按照项目投运后的新增输变电固定资产原值占企业总输变电固定资产原值的比例,计算得出该新建项目减免的应纳税所得额。享受减免的应纳税所得额计算公式为:

$$\text{当年减免的应纳税所得额} = \text{当年企业应纳税所得额} \times \text{减免比例}$$

减免比例=[当年新增输变电资产原值÷(当年企业期初总输变电资产原值+当年企业期末总输变电资产原值)÷2]×$\frac{1}{2}$+(符合税法规定、享受到第二年和第三年输变电资产原值之和)÷[(当年企业期初总输变电资产原值+当年企业期末总输变电资产原值)÷2]+[(符合税法规定、享受到第四年至第六年输变电资产原值之和)÷(当年企业期初总输变电资产原值+当年企业期末总输变电资产原值)÷2]×$\frac{1}{2}$

③ 居民企业符合条件的2013年1月1日前的电网新建项目,已经享受企业所得税优惠的不再调整;未享受企业所得税优惠的可依照上述规定享受剩余年限的企业所得税优惠政策。

(四)环境保护、节能节水项目

从事符合条件的环境保护、节能节水项目的所得:

环境保护、节能节水项目的所得,自项目取得第一笔生产经营收入所属纳税年度起,第一年至第三年免征企业所得税,第四年至第六年减半征收企业所得税。

符合条件的环境保护、节能节水项目,包括公共污水处理、公共垃圾处理、沼气综合开发利用、节能减排技术改造、海水淡化等。

以上规定享受减免税优惠的项目,在减免税期限内转让的,受让方自受让之日起,可以在剩余期限内享受规定的减免税优惠;减免税期限届满后转让的,受让方不得就该项目重复享受减免税优惠。

《环境保护、节能节水项目企业所得税优惠目录(2021年版)》自2021年1月1日起施行。

企业从事属于《财政部 国家税务总局 国家发展改革委关于公布环境保护节能节水项目企业所得税优惠目录(试行)的通知》(财税〔2009〕166号)和《财政部 国家税务总局 国家发展改革委关于垃圾填埋沼气发电列入〈环境保护、节能节水项目企业所得税优惠目录(试行)〉的通知》(财税〔2016〕131号)中目录规定范围的项目,2021年12月31日前已进入优惠期的,可按政策规定继续享受至期满为止;企业从事属于《环境保护、节能节水项目企业所得税优惠目录(2021年版)》规定范围的项目,若2020年12月31日前已取得第一笔生产经营收入,可在剩余期限享受政策优惠至期满为止。

税务机关在后续管理中,如不能准确判定企业从事的项目是否属于《环境保护、节能节水项目企业所得税优惠目录(2021年版)》规定的范围,可提请省级以上(含省级)发展改革和生态环境等部门出具意见。

《财政部 国家税务总局 国家发展改革委关于公布环境保护节能节水项目企业所得税优惠目录(试行)的通知》(财税〔2009〕166号)以及《财政部 国家税务总局 国家发展改革委关于垃圾填埋沼气发电列入〈环境保护、节能节水项目企业所得税优惠目录(试行)〉的通知》(财税〔2016〕131号)自2022年1月1日起废止。[《财政部等四部门关于公布〈环境保护、节能节水项目企业所得税优惠目录(2021年版)〉以及〈资源综合利用企业所得税优惠目录(2021年版)〉的公告》(财政部 税务总局 发展改革委 生态环境部公告2021年第36号,2021年12月16日)]

延伸解读

促进节能服务产业发展的企业所得税优惠

1. 对符合条件的节能服务公司实施合同能源管理项目,符合《企业所得税法》有关规定的,自项目取得第一笔生产经营收入所属纳税年度起,第1年至第3年免征企业所得税,第4年至第6年按照25%的法定税率减半征收企业所得税。

2. 对符合条件的节能服务公司,以及与其签订节能效益分享型合同的用能企业,实施合同能源管理项目有关资产的企业所得税税务处理按以下规定执行:

(1)用能企业按照能源管理合同实际支付给节能服务公司的合理支出,均可以在计算当期应纳税所得额时扣除,不再区分服务费用和资产价款进行税务处理。

(2)能源管理合同期满后,节能服务公司转让给用能企业的因实施合同能源管理项目形成的资产,按折旧或摊销期满的资产进行税务处理,用能企业从节能服务公司接受有关资产的计税基础也应按折旧或摊销期满的资产进行税务处理。

(3)能源管理合同期满后,节能服务公司与用能企业办理有关资产的权属转移时,用能企业已支付的资产价款,不再另行计入节能服务公司的收入。

3.所称"符合条件"是指同时满足以下条件:

(1)具有独立法人资格,注册资金不低于100万元,且能够单独提供用能状况诊断、节能项目设计、融资、改造(包括施工、设备安装、调试、验收等)运行管理、人员培训等服务的专业化节能服务公司。

(2)节能服务公司实施合同能源管理项目相关技术应符合国家质量监督检验检疫总局和国家标准化管理委员会发布的《合同能源管理技术通则》(GB/T 24915—2010),规定的技术要求。

(3)节能服务公司与用能企业签订《节能效益分享型》合同,其合同格式和内容,符合《合同法》和国家质量监督检验检疫总局和国家标准化管理委员会发布的《合同能源管理技术通则》(GB/T 24915—2010),等规定。

(4)节能服务公司实施合同能源管理的项目符合《财政部 国家税务总局 国家发展改革委关于公布环境保护、节能节水项目企业所得税优惠目录(试行)的通知》(财税〔2009〕166号)"节能减排技术改造"类中第一项至第八项规定的项目和条件。

(5)节能服务公司投资额不低于实施合同能源管理项目投资总额的70%。

(6)节能服务公司拥有匹配的专职技术人员和合同能源管理人才,具有保障项目顺利实施和稳定运行的能力。

4.节能服务公司与用能企业之间的业务往来,应当按照独立企业之间的业务往来收取或者支付价款、费用。不按照独立企业之间的业务往来收取或者支付价款、费用,而减少其应纳税所得额的,税务机关有权进行合理调整。

5.用能企业对从节能服务公司取得的与实施合同能源管理项目有关的资产,应与企业其他资产分开核算,并建立辅助账或明细账。

6.节能服务公司同时从事适用不同税收政策待遇项目的,其享受税收优惠项目应当单独计算收入、扣除,并合理分摊企业的期间费用;没有单独计算的不得享受税收优惠政策。

7.合同能源管理项目企业所得税优惠政策有关征收管理规定:

(1)对实施节能效益分享型合同能源管理项目(以下简称项目)的节能服务企业,凡实行查账征收所得税的居民企业并符合有关规定的,该项目可享受《财政部 国家税务总局关于促进节能服务产业发展增值税、营业税和企业所得税政策问题的通知》(财税〔2010〕110号)规定的企业所得税"三免三减半"优惠政策。如节能服务企业的分享型合同约定的效益分享期短于6年的,按实际分享期享受优惠。

(2)节能服务企业享受"三免三减半"项目的优惠期限,应连续计算。对在优惠期限内转让所享受优惠的项目给其他符合条件的节能服务企业,受让企业承续经营该项目的,可自项目受让之日起,在剩余期限内享受规定的优惠;优惠期限届满后转让的,受让企业不得就该项目重复享受优惠。

(3)节能服务企业投资项目所发生的支出,应按税法规定作资本化或费用化处理。形成的固定资产或无形资产,应按合同约定的效益分享期计提折旧或摊销。

节能服务企业应分别核算各项目的成本费用支出额。对在合同约定的效益分享期内发生的期间费用划分不清的,应合理进行分摊,期间费用的分摊应按照项目投资额和销售(营业)收入额两个因素计算分摊比例,两个因素的权重各为50%。

(4)节能服务企业、节能效益分享型能源管理合同和合同能源管理项目应符合财税〔2010〕110号文件第二条第三项所规定的条件。

(5)享受企业所得税优惠政策的项目应属于《财政部 国家税务总局 国家发展改革委关于公布环境保护、节能节水项目企业所得税优惠目录(试行)的通知》(财税〔2009〕166号)规定的节能减排技术改造项目,包括余热余压利用、绿色照明等节能效益分享型合同能源管理项目。

(6)合同能源管理项目优惠实行事前备案管理

节能服务企业享受合同能源管理项目企业所得税优惠的,应向主管税务机关备案。涉及多个项目优惠的,应按各项目分别进行备案。节能服务企业应在项目取得第一笔收入的次年4个月内,完成项目享受优惠备案。办理备案手续时需提供以下资料:

① 减免税备案申请。

② 能源管理合同复印件。

③ 国家发展改革委、财政部公布的第三方机构出具的《合同能源管理项目情况确认表》,或者政府节能主管部门出具的合同能源管理项目确认意见。

④《合同能源管理项目应纳税所得额计算表》。

⑤ 项目第一笔收入的发票复印件。

⑥ 合同能源管理项目发生转让的,受让节能服务企业除提供上述材料外,还需提供项目转让合同、项目原

享受优惠的备案文件。

(7) 企业享受优惠条件发生变化的,应当自发生变化之日起15日内向主管税务机关书面报告。如不再符合享受优惠条件的,应停止享受优惠,并依法缴纳企业所得税。对节能服务企业采取虚假手段获取税收优惠的、享受优惠条件发生变化而未及时向主管税务机关报告的以及未按本规定报送备案资料而自行减免税的,主管税务机关应按照《税收征管法》等有关规定进行处理。税务部门应设立节能服务企业项目管理台账和统计制度,并会同节能主管部门建立监管机制。

(8) 合同能源管理项目确认由国家发展改革委、财政部公布的第三方节能量审核机构负责,并出具《合同能源管理项目情况确认表》,或者由政府节能主管部门出具合同能源管理项目确认意见。第三方机构在合同能源管理项目确认过程中应严格按照国家有关要求认真审核把关,确保审核结果客观、真实。对在审核过程中把关不严、弄虚作假的第三方机构,一经查实,将取消其审核资质,并按相关法律规定追究责任。

(五) 农、林、牧、渔业项目

企业从事农、林、牧、渔业项目的所得,包括免征和减征两部分。

1. 企业从事下列项目的所得,免征企业所得税

(1) 蔬菜、谷物、薯类、油料、豆类、棉花、麻类、糖料、水果、坚果的种植。

(2) 农作物新品种的选育。

(3) 中药材的种植。

(4) 林木的培育和种植。

(5) 牲畜、家禽的饲养。

(6) 林产品的采集。

(7) 灌溉、农产品初加工、兽医、农技推广、农机作业和维修等农、林、牧、渔服务业项目。

(8) 远洋捕捞。

2. 企业从事下列项目的所得,减半征收企业所得税

(1) 花卉、茶以及其他饮料作物和香料作物的种植。

(2) 海水养殖、内陆养殖。

3. 农、林、牧、渔业项目的所得税优惠政策和征收管理的有关事项

(1) 企业从事《企业所得税法实施条例》第八十六条规定的享受税收优惠的农、林、牧、渔业项目,除另有规定外,参照《国民经济行业分类》(GB/T 4754—2002)*的规定标准执行。凡属于《产业结构调整指导目录(2011年版)》(国家发展和改革委员会令2011年第9号)中限制和淘汰类的项目,不得享受优惠政策。

*注:国民经济行业分类是中华人民共和国国家标准,规定了全社会经济活动的分类与代码。1984年,由国家统计局、原国家标准局、原国家计委、财政部联合制定的《国民经济行业分类与代码》(GB4754—84)是国民经济行业分类国家标准的最初版本。1994年、2002年、2011年和2017年,国民经济行业分类国家标准历经四次修订,并更名为《国民经济行业分类》。

现行《国民经济行业分类》(GB/T 4754—2017)于2017年6月30日由原国家质检总局和国家标准委联合发布,并于2017年10月1日起实施。考虑到2018年《中华人民共和国宪法修正案》在"国家机构"中增设了监察委员会,为满足标准的时效性,国家标准委于2019年3月发布并实施了国民经济行业分类第1号修改单。

(2) 企业从事农作物新品种选育的免税所得,是指企业对农作物进行品种和育种材料选育形成的成果,以及由这些成果形成的种子(苗)等繁殖材料的生产、初加工、销售一体化取得的所得。

(3) 企业从事林木的培育和种植的免税所得,是指企业对树木、竹子的育种和育苗、抚育和管理以及规模造林活动取得的所得,包括企业通过拍卖或收购方式取得林木所有权并经过一定的生长周期,对林木进行再培育取得的所得。

(4) 企业从事下列项目所得的税务处理:

① 猪、兔的饲养,按"牲畜、家禽的饲养"项目处理。

② 饲养牲畜、家禽产生的分泌物、排泄物,按"牲畜、家禽的饲养"项目处理。

③ 观赏性作物的种植,按"花卉、茶及其他饮料作物和香料作物的种植"项目处理。

④ "牲畜、家禽的饲养"以外的生物养殖项目,按"海水养殖、内陆养殖"项目处理。

(5) 农产品初加工相关事项的税务处理。

① 企业根据委托合同,受托对符合《财政部

国家税务总局关于发布《享受企业所得税优惠政策的农产品初加工范围(试行)》的通知》(财税〔2008〕149号)和《财政部 国家税务总局关于享受企业所得税优惠的农产品初加工有关范围的补充通知》(财税〔2011〕26号)规定的农产品进行初加工服务,其所收取的加工费,可以按照农产品初加工的免税项目处理。

② 财税〔2008〕149号文件规定的"油料植物初加工"工序包括"冷却、过滤"等;"糖料植物初加工"工序包括"过滤、吸附、解析、碳脱、浓缩、干燥"等,其适用时间按照财税〔2011〕26号文件规定执行。

③ 企业从事《企业所得税法实施条例》第八十六条第(二)项适用企业所得税减半优惠的种植、养殖项目,并直接进行初加工且符合农产品初加工目录范围的,企业应合理划分不同项目的各项成本、费用支出,分别核算种植、养殖项目和初加工项目的所得,并各按适用的政策享受税收优惠。

④ 企业对外购茶叶进行筛选、分装、包装后进行销售的所得,不享受农产品初加工的优惠政策。

(6) 对取得农业部(现组建为农业农村部)颁发的"远洋渔业企业资格证书"并在有效期内的远洋渔业企业,从事远洋捕捞业务取得的所得免征企业所得税。

(7) 购入农产品进行再种植、养殖的税务处理:

企业将购入的农、林、牧、渔产品,在自有或租用的场地进行育肥、育秧等再种植、养殖,经过一定的生长周期,使其生物形态发生变化,且并非由于本环节对农产品进行加工而明显增加了产品的使用价值的,可视为农产品的种植、养殖项目享受相应的税收优惠。

主管税务机关对企业进行农产品的再种植、养殖是否符合上述条件难以确定的,可要求企业提供县级以上农、林、牧、渔业政府主管部门的确认意见。

(8) 企业同时从事适用不同企业所得税政策规定项目的,应分别核算,单独计算优惠项目的计税依据及优惠数额;分别核算不清的,可由主管税务机关按照比例分摊法或其他合理方法进行核定。

(9) 企业委托其他企业或个人从事《企业所得税法实施条例》第八十六条规定的农、林、牧、渔业项目取得的所得,可享受相应的税收优惠政策。

企业受托从事《企业所得税法实施条例》第八十六条规定的农、林、牧、渔业项目取得的收入,比照委托方享受相应的税收优惠政策。

(10) 企业购买农产品后直接进行销售的贸易活动产生的所得,不能享受农、林、牧、渔业项目的税收优惠政策。

(六) 生产和装配伤残人员专门用品企业

自2021年1月1日至2023年12月31日期间,对符合下列条件的居民企业,免征企业所得税:

(1) 生产和装配伤残人员专门用品,且在民政部发布的《中国伤残人员专门用品目录》范围之内。

(2) 以销售本企业生产或者装配的伤残人员专门用品为主,其所取得的年度伤残人员专门用品销售收入(不含出口取得的收入)占企业收入总额60%以上。

收入总额,是指《中华人民共和国企业所得税法》第六条规定的收入总额。

(3) 企业账证健全,能够准确、完整地向主管税务机关提供纳税资料,且本企业生产或者装配的伤残人员专门用品所取得的收入能够单独、准确核算。

(4) 企业拥有假肢制作师、矫形器制作师资格证书的专业技术人员不得少于1人;其企业生产人员如超过20人,则其拥有假肢制作师、矫形器制作师资格证书的专业技术人员不得少于全部生产人员的1/6。

(5) 具有与业务相适应的测量取型、模型加工、接受腔成型、打磨、对线组装、功能训练等生产装配专用设备和工具。

(6) 具有独立的接待室、假肢或者矫形器(辅助器具)制作室和假肢功能训练室,使用面积不少于115平方米。

相关政策依据

财政部 税务总局 民政部
关于生产和装配伤残人员专门用品企业
免征企业所得税的公告

财政部 税务总局 民政部公告2021年第14号
2021年4月2日

为帮助伤残人员康复或者恢复残疾肢体功能,现对生产和装配伤残人员专门用品的企业免征企业所得税政策明确如下:

一、自2021年1月1日至2023年12月31日期间,对符合下列条件的居民企业,免征企业所得税:

1. 生产和装配伤残人员专门用品,且在民政部发布的《中国伤残人员专门用品目录》范围之内。

2. 以销售本企业生产或者装配的伤残人员专门用品为主,其所取得的年度伤残人员专门用品销售收入(不含出口取得的收入)占企业收入总额60%以上。

收入总额,是指《中华人民共和国企业所得税法》第六条规定的收入总额。

3. 企业账证健全,能够准确、完整地向主管税务机关提供纳税资料,且本企业生产或者装配的伤残人员专门用品所取得的收入能够单独、准确核算。

4. 企业拥有假肢制作师、矫形器制作师资格证书的专业技术人员不得少于1人;其企业生产人员如超过20人,则其拥有假肢制作师、矫形器制作师资格证书的专业技术人员不得少于全部生产人员的1/6。

5. 具有与业务相适应的测量取型、模型加工、接受腔成型、打磨、对线组装、功能训练等生产装配专用设备和工具。

6. 具有独立的接待室、假肢或者矫形器(辅助器具)制作室和假肢功能训练室,使用面积不少于115平方米。

二、符合本公告规定条件的企业,按照《国家税务总局关于发布修订后的〈企业所得税优惠政策事项办理办法〉的公告》(国家税务总局公告2018年第23号)的规定,采取"自行判别、申报享受、相关资料留存备查"的办理方式享受税收优惠政策。

附件:中国伤残人员专门用品目录(略)

(七)沪港、深港股票市场交易互联互通

1. 深港股票市场交易互联互通机制试点有关税收政策(自2016年12月5日起执行)

(1)关于内地投资者通过深港通投资香港联合交易所有限公司(以下简称香港联交所)上市股票的所得税问题

① 内地企业投资者通过深港通投资香港联交所上市股票的转让差价所得税。

对内地企业投资者通过深港通投资香港联交所上市股票取得的转让差价所得,计入其收入总额,依法征收企业所得税。

② 内地企业投资者通过深港通投资香港联交所上市股票的股息红利所得税。

A. 对内地企业投资者通过深港通投资香港联交所上市股票取得的股息红利所得,计入其收入总额,依法计征企业所得税。其中,内地居民企业连续持有H股满12个月取得的股息红利所得,依法免征企业所得税。

B. 香港联交所上市H股公司应向中国结算提出申请,由中国结算向H股公司提供内地企业投资者名册,H股公司对内地企业投资者不代扣股息红利所得税款,应纳税款由企业自行申报缴纳。

C. 内地企业投资者自行申报缴纳企业所得税时,对香港联交所非H股上市公司已代扣代缴的股息红利所得税,可依法申请税收抵免。

(2)关于香港市场投资者通过深港通投资深圳证券交易所(以下简称深交所)上市A股的所得税问题

① 对香港市场投资者(包括企业和个人)投资深交所上市A股取得的转让差价所得,暂免征收所得税。

② 对香港市场投资者(包括企业和个人)投资深交所上市A股取得的股息红利所得,在香港中央结算有限公司(以下简称香港结算)不具备向中国结算提供投资者的身份及持股时间等明细数据的条件之前,暂不执行按持股时间实行差别化征税政策,由上市公司按照10%的税率代扣所得税,并向其主管税务机关办理扣缴申报。对于香港投资者中属于其他国家税收居民且其所在国与中国签订的税收协定规定股息红利所得税率低于10%的,企业或个人可以自行或委托代扣代缴义务人,向上市公司主管税务机关提出享受税收协定待遇退还多缴税款的申请,主管税务机关查实后,对符合退税条件的,应按已征税款和根据税收协定税率计算的

应纳税款的差额予以退税。

2. 沪港股票市场交易互联互通机制试点有关税收政策

自2014年11月17日起,沪港股票市场交易互联互通机制试点涉及的有关税收政策规定如下:中国香港联合交易所有限公司(以下简称香港联交所)。

(1) 对内地企业投资者通过沪港通投资香港联交所上市股票取得的转让差价所得,计入其收入总额,依法征收企业所得税。

(2) 对内地企业投资者通过沪港通投资香港联交所上市股票取得的股息红利所得,计入其收入总额,依法计征企业所得税。其中,内地居民企业连续持有H股满12个月取得的股息红利所得,依法免征企业所得税。

(3) 中国香港联交所上市H股公司应向中国结算提出申请,由中国结算向H股公司提供内地企业投资者名册,H股公司对内地企业投资者不代扣股息红利所得税款,应纳税款由企业自行申报缴纳。

(4) 内地企业投资者自行申报缴纳企业所得税时,对中国香港联交所非H股上市公司已代扣代缴的股息红利所得税,可依法申请税收抵免。

(5) 对中国香港市场投资者(企业)投资上交所上市A股取得的转让差价所得,暂免征收所得税。

(6) 对中国香港市场投资者(企业)投资上交所上市A股取得的股息红利所得,在中国香港中央结算有限公司(以下简称"香港结算")不具备向中国结算提供投资者的身份及持股时间等明细数据的条件之前,暂不执行按持股时间实行差别化征税政策,由上市公司按照10%的税率代扣所得税,并向其主管税务机关办理扣缴申报。对于中国香港投资者中属于其他国家税收居民且其所在国与中国签订的税收协定规定股息红利所得税率低于10%的,企业可以自行或委托代扣代缴义务人,向上市公司主管税务机关提出享受税收协定待遇的申请,主管税务机关审核后,应按已征税款和根据税收协定税率计算的应纳税款的差额予以退税。

(八) QFII和RQFII取得股票等转让所得

QFII和RQFII取得中国境内的股票等权益性投资资产转让所得:

依据《财政部 国家税务总局 证监会关于QFII和RQFII取得中国境内的股票等权益性投资资产转让所得暂免征收企业所得税问题的通知》(财税〔2014〕79号),自2014年11月17日起,对合格境外机构投资者(简称QFII)人民币合格境外机构投资者(简称RQFII)取得来源于中国境内的股票等权益性投资资产转让所得,暂免征收企业所得税。在2014年11月17日之前QFII和RQFII取得的上述所得应依法征收企业所得税。

上述规定适用于在中国境内未设立机构、场所,或者在中国境内虽设立机构、场所,但取得的上述所得与其所设机构、场所没有实际联系的QFII、RQFII。

(九) 铁路债券利息

对企业投资者持有2019—2023年发行的铁路债券取得的利息收入,减半征收企业所得税。

铁路债券是指以中国铁路总公司为发行和偿还主体的债券,包括中国铁路建设债券、中期票据、短期融资券等债务融资工具。

(十) 保险保障基金

自2018年1月1日起至2023年12月31日止,对中国保险保障基金有限责任公司(以下简称保险保障基金公司)根据《保险保障基金管理办法》取得的下列收入,免征企业所得税:

(1) 境内保险公司依法缴纳的保险保障基金。

(2) 依法从撤销或破产保险公司清算财产中获得的受偿收入和向有关责任方追偿所得,以及依法从保险公司风险处置中获得的财产转让所得。

(3) 接受捐赠收入。

(4) 银行存款利息收入。

(5) 购买政府债券、中央银行、中央企业和中央级金融机构发行债券的利息收入。

(6) 国务院批准的其他资金运用取得的收入。

八、暂不征收

(一) 鼓励证券投资基金发展的优惠政策

(1) 对证券投资基金从证券市场中取得的收入,包括买卖股票、债券的差价收入,股权的股息、红利收入,债券的利息收入及其他收入,暂不征收企业所得税。

(2) 对投资者从证券投资基金分配中取得的收入,暂不征收企业所得税。

(3) 对证券投资基金管理人运用基金买卖股票、债券的差价收入,暂不征收企业所得税。

(二) 支持原油等货物期货市场对外开放税收政策

自 2018 年 3 月 13 日起施行,对在中国境内未设立机构、场所的,或者虽设立机构、场所但取得的所得与其所设机构、场所没有实际联系的境外机构投资者(包括境外经纪机构),从事中国境内原油期货交易取得的所得(不含实物交割所得),暂不征收企业所得税;对境外经纪机构在境外为境外投资者提供中国境内原油期货经纪业务取得的佣金所得,不属于来源于中国境内的劳务所得,不征收企业所得税。

(三) 创新企业境内发行存托凭证(以下简称创新企业 CDR)涉及的有关税收政策

对公募证券投资基金(封闭式证券投资基金、开放式证券投资基金)转让创新企业 CDR 取得的差价所得和持有创新企业 CDR 取得的股息红利所得,按公募证券投资基金税收政策规定暂不征收企业所得税。[《财政部 税务总局 证监会关于创新企业境内发行存托凭证试点阶段有关税收政策的公告》(财政部 税务总局 证监会公告 2019 年第 52 号,2019 年 4 月 3 日)]

(1) 对企业投资者转让创新企业 CDR 取得的差价所得和持有创新企业 CDR 取得的股息红利所得,按转让股票差价所得和持有股票的股息红利所得政策规定征免企业所得税。

(2) 对公募证券投资基金(封闭式证券投资基金、开放式证券投资基金)转让创新企业 CDR 取得的差价所得和持有创新企业 CDR 取得的股息红利所得,按公募证券投资基金税收政策规定暂不征收企业所得税。

(3) 对合格境外机构投资者(QFII)、人民币合格境外机构投资者(RQFII)转让创新企业 CDR 取得的差价所得和持有创新企业 CDR 取得的股息红利所得,视同转让或持有据以发行创新企业 CDR 的基础股票取得的权益性资产转让所得和股息红利所得征免企业所得税。

[《财政部 税务总局 中国证监会关于继续实施创新企业境内发行存托凭证试点阶段有关税收政策的公告》(财政部 税务总局 中国证监会公告 2023 年第 22 号),2023 年 8 月 21 日]

(四) 境外投资者以分配利润直接投资暂不征收预提所得税

1. 适用范围

自 2018 年 1 月 1 日起执行,对境外投资者从中国境内居民企业分配的利润,用于境内直接投资暂不征收预提所得税政策的适用范围,由外商投资鼓励类项目扩大至所有非禁止外商投资的项目和领域。

以上所称"境外投资者",是指适用《企业所得税法》第三条第三款规定的非居民企业;所称"中国境内居民企业",是指依法在中国境内成立的居民企业。

2. 条件

境外投资者暂不征收预提所得税须同时满足以下条件:

(1) 境外投资者以分得利润进行的直接投资,包括境外投资者以分得利润进行的增资、新建、股权收购等权益性投资行为,但不包括新增、转增、收购上市公司股份(符合条件的战略投资除外)。具体是指:

① 新增或转增中国境内居民企业实收资本或者资本公积。

境外投资者以分得的利润用于补缴其在境内居民企业已经认缴的注册资本,增加实收资本或资本公积的,属于符合"新增或转增中国境内居民企业实收资本或者资本公积"情形。

② 在中国境内投资新建居民企业。

③ 从非关联方收购中国境内居民企业股权。

④ 财政部、税务总局规定的其他方式。

境外投资者采取上述投资行为所投资的企业统称为被投资企业。

(2) 境外投资者分得的利润属于中国境内居民企业向投资者实际分配已经实现的留存收益而形成的股息、红利等权益性投资收益。

(3) 境外投资者用于直接投资的利润以现金形式支付的,相关款项从利润分配企业的账户直接转入被投资企业或股权转让方账户,在直接投资前不得在境内外其他账户周转;境外投资者用于直接投资的利润以实物、有价证券等非现金形式支付的,相关资产所有权直接从利润分配企业转入被投资企业或股权转让方,在直接投资前不得由其他企业、个人代为持有或临时持有。

境外投资者按照金融主管部门的规定,通过人民币再投资专用存款账户划转再投资资金,并在相关款项从利润分配企业账户转入境外投资者人民币再投资专用存款账户的当日,再由境外投资者人民币再投资专用存款账户转入被投资企业或股权转让方账户的,视为符合"境外投资者用于直接投资的利润以现金形式支付的,相关款项从利润分配企业的账户直接转入被投资企业或股权转让方账户,在直接投资前不得在境内外其他账户周转"的规定。

3. 申报、提供资料、审核、备案

境外投资者符合上述规定条件的,应按照税收管理要求进行申报并如实向利润分配企业提供其符合政策条件的资料。

利润分配企业经适当审核后认为境外投资者符合本通知规定的,可暂不按照企业所得税法规定扣缴预提所得税,并向其主管税务机关履行备案手续。

利润分配企业应当按照规定审核境外投资者提交的资料信息,并确认以下结果后,执行暂不征税政策。

(1) 境外投资者填报的信息完整,没有缺项。

(2) 利润实际支付过程与境外投资者填报信息吻合。

(3) 境外投资者填报信息涉及利润分配企业的内容真实、准确。

境外投资者按照规定享受暂不征税政策时,应当填写《非居民企业递延缴纳预提所得税信息报告表》,并提交给利润分配企业。

利润分配企业已按照规定执行暂不征税政策的,应在实际支付利润之日起7日内,向主管税务机关提交以下资料:

(1) 由利润分配企业填写的《中华人民共和国扣缴企业所得税报告表》。

(2) 由境外投资者提交并经利润分配企业补填信息后的《非居民企业递延缴纳预提所得税信息报告表》。

利润分配企业主管税务机关应在收到《非居民企业递延缴纳预提所得税信息报告表》后10个工作日内,向规定的被投资企业(以下简称被投资企业)主管税务机关或其他相关税务机关发送《非居民企业税务事项联络函》,转发相关信息。

被投资企业主管税务机关或者其他税务机关发现以下情况的,应在5个工作日内以《非居民企业税务事项联络函》反馈给利润分配企业主管税务机关。

(1) 被投资企业不符合享受暂不征税政策条件的相关事实或信息。

(2) 境外投资者处置已享受暂不征税政策的投资的相关事实或信息。

主管税务机关在税务管理中可以依法要求境外投资者、利润分配企业、被投资企业、股权转让方等相关单位或个人限期提供与境外投资者享受暂不征税政策相关的资料和信息。

利润分配企业未按照规定审核确认境外投资者提交的资料信息,致使不应享受暂不征税政策的境外投资者实际享受了暂不征税政策的,利润分配企业主管税务机关依照有关规定追究利润分配企业应扣未扣税款的责任,并依法向境外投资者追缴应当缴纳的税款。

4. 后续管理

税务部门依法加强后续管理。境外投资者已享受本通知规定的暂不征收预提所得税政策,经税务部门后续管理核实不符合规定条件的,除属于利润分配企业责任外,视为境外投资者未按照规定申报缴纳企业所得税,依法追究延迟纳税责任,税款延迟缴纳期限自相关利润支付之日起计算。

注:境外投资者填报信息有误,致使其本不应享受暂不征税政策,但实际享受暂不征税政策的,利润分配企业主管税务机关依照上述规定处理。

5. 追补享受政策

境外投资者按照《财政部 税务总局 国家发展改革委 商务部关于扩大境外投资者以分配利润直接投资暂不征收预提所得税政策适用范围的通知》(财税〔2018〕102号)规定可以享受暂不征收预提所得税政策但未实际享受的,可在实际缴纳相关税款之日起3年内申请追补享受该政策,退还已缴纳的税款。

境外投资者按照规定追补享受暂不征税政策时,应向利润分配企业主管税务机关提交《非居民企业递延缴纳预提所得税信息报告表》以及相关合同、支付凭证等办理退税的其他资料。

6. 补缴递延的税款

境外投资者通过股权转让、回购、清算等方式实际收回享受暂不征收预提所得税政策待遇的直接投资,在实际收取相应款项后7日内,按规定程序向税务部门申报补缴递延的税款。

境外投资者享受本通知规定的暂不征收预提所得税政策待遇后,被投资企业发生重组符合特殊性重组条件,并实际按照特殊性重组进行税务处理的,可继续享受暂不征收预提所得税政策待遇,不按本通知第六条规定补缴递延的税款。

按照上述规定补缴税款的,境外投资者可按照有关规定享受税收协定待遇,但是仅可适用相关利润支付时有效的税收协定。后续税收协定另有规定的,按后续税收协定执行。

境外投资者按照规定补缴税款时,应当填写《中华人民共和国扣缴企业所得税报告表》,并提交给利润分配企业主管税务机关。

境外投资者部分处置持有的包含已享受暂不征税政策和未享受暂不征税政策的同一项中国境内居民企业投资,视为先行处置已享受暂不征税政策的投资。境外投资者未按照规定补缴递延税款的,利润分配企业主管税务机关追究境外投资者延迟缴纳税款责任,税款延迟缴纳期限自实际收取相关款项后第8日(含第8日)起计算。

九、税额抵免——环境保护、节能节水、安全生产等专用设备

税额抵免,是指企业购置并实际使用《环境保护专用设备企业所得税优惠目录》《节能节水专用设备企业所得税优惠目录》和《安全生产专用设备企业所得税优惠目录》规定的环境保护、节能节水、安全生产等专用设备的,该专用设备的投资额的10%可以从企业当年的应纳税额中抵免;当年不足抵免的,可以在以后5个纳税年度结转抵免。

享受上述企业所得税优惠的企业,应当实际购置并自身实际投入使用前述规定的专用设备;企业购置上述专用设备在5年内转让、出租的,应当停止享受企业所得税优惠,并补缴已经抵免的企业所得税税款。转让的受让方可以按照该专用设备投资额的10%抵免当年企业所得税应纳税额;当年应纳税额不足抵免的,可以在以后5个纳税年度结转抵免。

企业所得税优惠目录,由国务院财政、税务主管部门商国务院有关部门制定,报国务院批准后公布施行。

企业同时从事适用不同企业所得税待遇的项目的,其优惠项目应当单独计算所得,并合理分摊企业的期间费用;没有单独计算的,不得享受企业所得税优惠。

自2009年1月1日起,增值税一般纳税人购进固定资产发生的进项税额可从其销项税额中抵扣。如增值税进项税额允许抵扣,其专用设备投资额不再包括增值税进项税额;如增值税进项税额不允许抵扣,其专用设备投资额应为增值税专用发票上注明的价税合计金额。企业购买专用设备取得普通发票的,其专用设备投资额为普通发票上注明的金额。

十、扣减税额

自2023年1月1日至2027年12月31日，企业招用脱贫人口，以及在人力资源社会保障部门公共就业服务机构登记失业半年以上且持《就业创业证》或《就业失业登记证》（注明"企业吸纳税收政策"）的人员，与其签订1年以上期限劳动合同并依法缴纳社会保险费的，自签订劳动合同并缴纳社会保险当月起，在3年内按实际招用人数予以定额依次扣减增值税、城市维护建设税、教育费附加、地方教育附加和企业所得税优惠。定额标准为每人每年6 000元，最高可上浮30%，各省、自治区、直辖市人民政府可根据本地区实际情况在此幅度内确定具体定额标准。城市维护建设税、教育费附加、地方教育附加的计税依据是享受本项税收优惠政策前的增值税应纳税额。

按上述标准计算的税收扣减额应在企业当年实际应缴纳的增值税、城市维护建设税、教育费附加、地方教育附加和企业所得税税额中扣减，当年扣减不完的，不得结转下年使用。

以上所称企业是指属于增值税纳税人或企业所得税纳税人的企业等单位。

企业招用就业人员既可以适用《财政部 税务总局 人力资源社会保障部 农业农村部关于进一步支持重点群体创业就业有关税收政策的公告》（财政部 税务总局 人力资源社会保障部 农业农村部公告2023年第15号）规定的税收优惠政策，又可以适用其他扶持就业专项税收优惠政策的，企业可以选择适用最优惠的政策，但不得重复享受。[《财政部 税务总局 人力资源社会保障部 农业农村部关于进一步支持重点群体创业就业有关税收政策的公告》（财政部 税务总局 人力资源社会保障部 农业农村部公告2023年第15号），2023年8月2日]

自2023年1月1日至2027年12月31日，企业招用自主就业退役士兵，与其签订1年以上期限劳动合同并依法缴纳社会保险费的，自签订劳动合同并缴纳社会保险当月起，在3年内按实际招用人数予以定额依次扣减增值税、城市维护建设税、教育费附加、地方教育附加和企业所得税优惠。定额标准为每人每年6 000元，最高可上浮50%，各省、自治区、直辖市人民政府可根据本地区实际情况在此幅度内确定具体定额标准。

企业按招用人数和签订的劳动合同时间核算企业减免税总额，在核算减免税总额内每月依次扣减增值税、城市维护建设税、教育费附加和地方教育附加。企业实际应缴纳的增值税、城市维护建设税、教育费附加和地方教育附加小于核算减免税总额的，以实际应缴纳的增值税、城市维护建设税、教育费附加和地方教育附加为限；实际应缴纳的增值税、城市维护建设税、教育费附加和地方教育附加大于核算减免税总额的，以核算减免税总额为限。

纳税年度终了，如果企业实际减免的增值税、城市维护建设税、教育费附加和地方教育附加小于核算减免税总额，企业在企业所得税汇算清缴时以差额部分扣减企业所得税。当年扣减不完的，不再结转以后年度扣减。

自主就业退役士兵在企业工作不满1年的，应当按月换算减免税限额。计算公式为：

$$\text{企业核算减免税总额} = \sum \frac{\text{每名自主就业退役士兵本年度在本单位工作月份}}{12} \times \text{具体定额标准}$$

城市维护建设税、教育费附加、地方教育附加的计税依据是享受本项税收优惠政策前的增值税应纳税额。[《财政部 税务总局 退役军人事务部关于进一步扶持自主就业退役士兵创业就业有关税收政策的公告》（财政部 税务总局 退役军人事务部公告2023年第14号），2023年8月2日]

十一、小型微利企业所得税优惠

自2019年1月1日至2021年12月31日，对小型微利企业年应纳税所得额不超过100万元的部分，减按25%计入应纳税所得额，按20%的税率缴纳企业所得税；对年应纳税所得额超过100万元但不超过300万元的部分，减按50%计入应纳税所得额，按20%的税率缴纳企业所得税。

自2021年1月1日至2022年12月31日,小型微利企业年应纳税所得额不超过100万元、超过100万元但不超过300万元的部分,分别减按12.5%、50%计入应纳税所得额,按20%的税率缴纳企业所得税。

2022年我国进一步加大小型微利企业所得税减免力度。对小微企业年应纳税所得额100万元至300万元部分,再减半征收企业所得税,即:自2022年1月1日至2024年12月31日,对小型微利企业年应纳税所得额超过100万元但不超过300万元的部分,减按25%计入应纳税所得额,按20%的税率缴纳企业所得税。

财政部和国家税务总局2023年发布《财政部 税务总局关于小微企业和个体工商户所得税优惠政策的公告》(财政部 税务总局公告2023年第6号),对小型微利企业年应纳税所得额不超过100万元部分所得税优惠政策进行优化。

自2023年1月1日至2024年12月31日,对小型微利企业年应纳税所得额不超过100万元的部分,减按25%计入应纳税所得额,按20%的税率缴纳企业所得税。[《财政部 税务总局关于小微企业和个体工商户所得税优惠政策的公告》(财政部 税务总局公告2023年第6号,2023年3月26日)]

小型微利企业无论按查账征收方式或核定征收方式缴纳企业所得税,均可享受小型微利企业所得税优惠政策。[《国家税务总局关于落实小型微利企业所得税优惠政策征管问题的公告》(国家税务总局公告2023年第6号,2023年3月27日)]

(一) 小型微利企业是指什么

所称小型微利企业,是指从事国家非限制和禁止行业,且同时符合年度应纳税所得额不超过300万元、从业人数不超过300人、资产总额不超过5000万元等三个条件的企业。

从业人数,包括与企业建立劳动关系的职工人数和企业接受的劳务派遣用工人数。所称从业人数和资产总额指标,应按企业全年的季度平均值确定。具体计算公式如下:

季度平均值＝(季初值＋季末值)÷2

全年季度平均值＝全年各季度平均值之和÷4

年度中间开业或者终止经营活动的,以其实际经营期作为一个纳税年度确定上述相关指标。[《财政部 税务总局关于小微企业和个体工商户所得税优惠政策的公告》(财政部 税务总局公告2023年第6号,2023年3月26日)]

(二) 企业设立不具有法人资格的分支机构,如何适用小型微利企业所得税优惠政策

自2023年1月1日起,符合财政部、税务总局规定的小型微利企业条件的企业(以下简称小型微利企业),按照相关政策规定享受小型微利企业所得税优惠政策。

企业设立不具有法人资格分支机构的,应当汇总计算总机构及其各分支机构的从业人数、资产总额、年度应纳税所得额,依据合计数判断是否符合小型微利企业条件。[《国家税务总局关于落实小型微利企业所得税优惠政策征管问题的公告》(国家税务总局公告2023年第6号,2023年3月27日)]

(三) 小型微利企业所得税优惠政策的办理程序

小型微利企业在预缴和汇算清缴企业所得税时,通过填写纳税申报表,即可享受小型微利企业所得税优惠政策。小型微利企业应准确填报基础信息,包括从业人数、资产总额、年度应纳税所得额、国家限制或禁止行业等,信息系统将为小型微利企业智能预填优惠项目、自动计算减免税额。[《国家税务总局关于落实小型微利企业所得税优惠政策征管问题的公告》(国家税务总局公告2023年第6号,2023年3月27日)]

(四) 在预缴企业所得税时,企业如何享受优惠政策

小型微利企业所得税统一实行按季度预缴。按月度预缴企业所得税的企业,在当年度4月、7月、10月预缴申报时,若按相关政策标准判断符合小型微利企业条件的,下一个预缴申报期起调整为按季度预缴申报,一经调整,当年度内不再变更。[《国家税务总局关于落实小型微利企业所得税优惠政策征管问题的公告》(国家税务总局公告2023年第6号,2023年3月27日)]

【案例5-17】 A企业2022年成立,从事国家非限制和禁止行业,2023年第一季度季初、季末的从业人数分别为120人、200人,第一季度季初、季末的资产总额分别为2 000万元、

4 000万元，1季度的应纳税所得额为90万元。

【分析】 2023年第一季度，A企业"从业人数"的季度平均值为160人，"资产总额"的季度平均值为3 000万元，应纳税所得额为90万元。符合关于小型微利企业预缴企业所得税时的判断标准：从事国家非限制和禁止行业，且同时符合截至本期预缴申报所属期末资产总额季度平均值不超过5 000万元、从业人数季度平均值不超过300人、应纳税所得额不超过300万元，可以享受优惠政策。

《财政部 税务总局关于小微企业和个体工商户所得税优惠政策的公告》（财政部 税务总局公告2023年第6号）规定，对小型微利企业年应纳税所得额不超过100万元的部分，减按25%计入应纳税所得额，按20%的税率缴纳企业所得税。因此，A企业第一季度的应纳税额＝90×25%×20%＝4.5（万元）。

对小型微利企业减按25%计算应纳税所得额，按20%的税率缴纳企业所得税政策，延续执行至2027年12月31日。

此处所称小型微利企业，是指从事国家非限制和禁止行业，且同时符合年度应纳税所得额不超过300万元、从业人数不超过300人、资产总额不超过5 000万元等三个条件的企业。

从业人数，包括与企业建立劳动关系的职工人数和企业接受的劳务派遣用工人数。所称从业人数和资产总额指标，应按企业全年的季度平均值确定。具体计算公式如下：

季度平均值＝（季初值＋季末值）÷2
全年季度平均值＝全年各季度平均值之和÷4

年度中间开业或者终止经营活动的，以其实际经营期作为一个纳税年度确定上述相关指标。

小型微利企业的判定以企业所得税年度汇算清缴结果为准。登记为增值税一般纳税人的新设立的企业，从事国家非限制和禁止行业，且同时符合申报期上月末从业人数不超过300人、资产总额不超过5 000万元等两个条件的，可在首次办理汇算清缴前按照小型微利企业申报享受上述优惠政策。[《财政部 税务总局关于进一步支持小微企业和个体工商户发展有关税费政策的公告》（财政部 税务总局公告2023年第12号），2023年8月2日]

十二、高新技术企业所得税优惠

（一）减按15%的税率

国家需要重点扶持的高新技术企业减按15%的税率征收企业所得税。

延伸解读

高新技术企业执行15%优惠税率的规定

与原税收优惠政策相比，我国企业所得税法对高新技术企业优惠的主要变化，表现在以下方面。

(1) 扩大高新技术企业的生产经营范围。

企业所得税法实施条例将高新技术企业的界定范围，由现行按高新技术产品划分改为按高新技术领域划分，规定产品（服务）应在《国家重点支持的高新技术领域》的范围之内，以解决现行政策执行中产品列举不全、覆盖面偏窄、前瞻性欠缺等问题。

(2) 明确高新技术企业的具体认定标准。

企业所得税法实施条例将高新技术企业的认定标准原则化处理，对研究开发费用占销售收入的比例、高新技术产品（服务）收入占企业总收入的比例、科技人员占企业职工总数的比例以及其他条件等具体标准，放在由国务院科技、财政、税务主管部门会同国务院有关部门制订的认定办法中，便于今后根据发展需要适时调整。

(3) 强调核心自主知识产权问题。

企业所得税法实施条例采用"核心自主知识产权"作为高新技术企业的认定条件之一，相对容易操作，突出技术创新导向。

以境内、境外全部生产经营活动有关的研究开发费用总额、总收入、销售收入总额、高新技术产品（服务）收入等指标申请并经认定的高新技术企业，其来源于境外的所得可以享受高新技术企业所得税优惠政策，即对其来源于境外所得可以按照15%的优惠税率缴纳企业所得税，在计算境外抵免限额时，可按照15%的优惠税率计算境内外应纳税总额。

上述高新技术企业境外所得税收抵免的其他事项，仍按照《财政部 国家税务总局关于企业境外所得税收抵免有关问题的通知》（财税

〔2009〕125号）文件的有关规定执行。

企业获得高新技术企业资格后，自高新技术企业证书注明的发证时间所在年度起申报享受税收优惠，并按规定向主管税务机关办理备案手续。企业的高新技术企业资格期满当年，在通过重新认定前，其企业所得税暂按15%的税率预缴，在年底前仍未取得高新技术企业资格的，应按规定补缴相应期间的税款。

对取得高新技术企业资格且享受税收优惠的高新技术企业，税务部门如在日常管理过程中发现其在高新技术企业认定过程中或享受优惠期间不符合《科技部 财政部 国家税务总局关于修订印发〈高新技术企业认定管理办法〉的通知》（国科发火〔2016〕32号）第十一条规定的认定条件的，应提请认定机构复核。复核后确认不符合认定条件的，由认定机构取消其高新技术企业资格，并通知税务机关追缴其证书有效期内自不符合认定条件年度起已享受的税收优惠。

享受税收优惠的高新技术企业，每年汇算清缴时应按照《国家税务总局关于发布〈企业所得税优惠政策事项办理办法〉的公告》（国家税务总局公告2015年第76号）规定向税务机关提交企业所得税优惠事项备案表、高新技术企业资格证书履行备案手续，同时妥善保管以下资料留存备查：

（1）高新技术企业资格证书。

（2）高新技术企业认定资料。

（3）知识产权相关材料。

（4）年度主要产品（服务）发挥核心支持作用的技术属于《国家重点支持的高新技术领域》规定范围的说明，高新技术产品（服务）及对应收入资料。

（5）年度职工和科技人员情况证明材料。

（6）当年和前两个会计年度研发费用总额及占同期销售收入比例、研发费用管理资料以及研发费用辅助账，研发费用结构明细表〔具体格式见《科技部 财政部 国家税务总局关于修订印发〈高新技术企业认定管理工作指引〉的通知》（国科发火〔2016〕195号，以下简称《工作指引》）〕。

（7）省税务机关规定的其他资料。

（二）亏损结转年限

自2018年1月1日起，当年具备高新技术企业或科技型中小企业资格（以下统称资格）的企业，其具备资格年度之前5个年度发生的尚未弥补完的亏损，准予结转以后年度弥补，最长结转年限由5年延长至10年。

所称高新技术企业，是指按照《科技部 财政部 国家税务总局关于修订印发〈高新技术企业认定管理办法〉的通知》（国科发火〔2016〕32号）规定认定的高新技术企业。

十三、区域性企业所得税优惠

（一）设在西部地区的鼓励类产业企业

自2021年1月1日至2030年12月31日，对设在西部地区的鼓励类产业企业减按15%的税率征收企业所得税。

以上所称鼓励类产业企业是指以《西部地区鼓励类产业目录》中规定的产业项目为主营业务，且其主营业务收入占企业收入总额60%以上的企业。

《西部地区鼓励类产业目录》由发展和改革委牵头制定。该目录在上述执行期限内修订的，自修订版实施之日起按新版本执行。

税务机关在后续管理中，不能准确判定企业主营业务是否属于国家鼓励类产业项目时，可提请发展改革等相关部门出具意见。对不符合税收优惠政策规定条件的，由税务机关按税收征收管理法及有关规定进行相应处理。

以上所称西部地区包括内蒙古自治区、广西壮族自治区、重庆市、四川省、贵州省、云南省、西藏自治区、陕西省、甘肃省、青海省、宁夏回族自治区、新疆维吾尔自治区和新疆生产建设兵团。湖南省湘西土家族苗族自治州、湖北省恩施土家族苗族自治州、吉林省延边朝鲜族自治州和江西省赣州市，可以比照西部地区的企业所得税政策执行。

以上规定自2021年1月1日起执行。

（二）新疆困难地区新办鼓励发展产业企业

（1）自2021年1月1日至2030年12月

31日,对在新疆困难地区新办的属于《新疆困难地区重点鼓励发展产业企业所得税优惠目录》(以下简称《目录》)范围内的企业,自取得第一笔生产经营收入所属纳税年度起,第一年至第二年免征企业所得税,第三年至第五年减半征收企业所得税。

(2) 享受企业所得税定期减免税政策的企业,在减半期内,按照企业所得税25%的法定税率计算的应纳税额减半征税。

享受条件:

(1) 新疆困难地区包括南疆三地州、其他脱贫县(原国家扶贫开发重点县)和边境县市。

(2) 属于《目录》范围内的企业是指以《目录》中规定的产业项目为主营业务,其主营业务收入占企业收入总额60%以上的企业。

(3) 第一笔生产经营收入,是指产业项目已建成并投入运营后所取得的第一笔收入。

(4) 属于《新疆困难地区重点鼓励发展产业企业所得税优惠目录(试行)(2016版)》(以下简称《2016版目录》)范围内的企业,2020年12月31日前已经进入优惠期的,可按《财政部 国家税务总局关于新疆困难地区新办企业所得税优惠政策的通知》(财税〔2011〕53号)规定享受至优惠期满为止,如属于《目录》与《2016版目录》相同产业项目范围,可在剩余期限内按本通知规定享受至优惠期满为止;未进入优惠期的,不再享受财税〔2011〕53号,如属于《目录》与《2016版目录》相同产业项目范围,可视同新办企业按本通知规定享受相关税收优惠。

(三) 新疆喀什、霍尔果斯两个特殊经济开发区企业所得税优惠政策

自2021年1月1日至2030年12月31日,对在新疆喀什、霍尔果斯两个特殊经济开发区内新办的属于《新疆困难地区重点鼓励发展产业企业所得税优惠目录》(以下简称《目录》)范围内的企业,自取得第一笔生产经营收入所属纳税年度起,五年内免征企业所得税。

1) 享受条件

(1) 第一笔生产经营收入,是指产业项目已建成并投入运营后所取得的第一笔收入。

(2) 属于《目录》范围内的企业是指以《目录》中规定的产业项目为主营业务,其主营业务收入占企业收入总额60%以上的企业。

(3) 属于《新疆困难地区重点鼓励发展产业企业所得税优惠目录(试行)(2016版)》(以下简称《2016版目录》)范围内的企业,2020年12月31日前已经进入优惠期的,可按《财政部国家税务总局关于新疆喀什霍尔果斯两个特殊经济开发区企业所得税优惠政策的通知》(财税〔2011〕112号)规定享受至优惠期满为止,如属于《目录》与《2016版目录》相同产业项目范围,可在剩余期限内按本通知规定享受至优惠期满为止;未进入优惠期的,不再享受财税〔2011〕112号文件规定的税收优惠,如属于《目录》与《2016版目录》相同产业项目范围,可视同新办企业按本通知规定享受相关税收优惠。

[《财政部 国家税务总局关于新疆喀什霍尔果斯两个特殊经济开发区企业所得税优惠政策的通知》(财税〔2011〕112号)、《财政部 国家税务总局 国家发展改革委 工业和信息化部关于完善新疆困难地区重点鼓励发展产业企业所得税优惠目录的通知》(财税〔2016〕85号)、《财政部 税务总局关于新疆困难地区及喀什、霍尔果斯两个特殊经济开发区新办企业所得税优惠政策的通知》(财税〔2021〕27号)、《财政部 税务总局 发展改革委 工业和信息化部关于印发新疆困难地区重点鼓励发展产业企业所得税优惠目录的通知》(财税〔2021〕42号)]

(四) 民族自治地方

民族自治地方的自治机关对本民族自治地方的企业应缴纳的企业所得税中属于地方分享的部分,可以决定减征或者免征。自治州、自治县决定减征或者免征的,须报省、自治区、直辖市人民政府批准。

《企业所得税法》所称民族自治地方,是指依照《中华人民共和国民族区域自治法》的规定,实行民族区域自治的自治区、自治州、自治县。

对民族自治地方内国家限制和禁止行业的企业,不得减征或者免征企业所得税。

(五) 深圳前海深港现代服务业合作区

2021年5月27日,财政部、国家税务总局发布了《关于延续深圳前海深港现代服务业合作区企业所得税优惠政策的通知》(财税〔2021〕30号),明确对设立在前海深港现代服务业合作区("深圳前海"或"前海合作区")的符合条件的企业继续减按15%税率征收企业所得税。在此基础上,国家税务总局深圳市税务局于2021年7月2日发布了《国家税务总局深圳市税务局关于发布深圳前海深港现代服务业合作区企业所得税优惠政策操作指引的通告》,进一步明确申报流程、优化纳税服务、规范管理方式。

自2021年1月1日起执行至2025年12月31日,对设在前海深港现代服务业合作区的符合条件的企业减按15%的税率征收企业所得税。

享受上述优惠政策的企业需符合的条件,是指以《前海深港现代服务业合作区企业所得税优惠目录(2021版)》中规定的产业项目为主营业务,且其主营业务收入占收入总额60%以上。收入总额按照《中华人民共和国企业所得税法》第六条规定执行。

以上所称前海深港现代服务业合作区的范围,按照国务院2010年8月批复的《前海深港现代服务业合作区总体发展规划》执行。

对总机构设在前海深港现代服务业合作区的企业,仅就其设在合作区内符合上述条件的总机构和分支机构的所得适用15%税率;对总机构设在合作区以外的企业,仅就其设在合作区内符合上述条件的分支机构所得适用15%税率。

税务机关对企业主营业务是否属于《前海深港现代服务业合作区企业所得税优惠目录(2021版)》难以界定的,可提请深圳市政府有关行政主管部门或其授权的下一级行政主管部门出具意见。

(六)广州南沙先行启动区

自2022年1月1日起执行至2026年12月31日,对设在南沙先行启动区的符合条件的企业减按15%的税率征收企业所得税。[《财政部 税务总局关于广州南沙企业所得税优惠政策的通知》(财税〔2022〕40号,2022年9月25日)]

1. 广州南沙鼓励类产业企业减按15%税率征收企业所得税

1)享受主体

在南沙先行启动区的鼓励类产业企业。

2)优惠内容

对设在南沙先行启动区符合条件的鼓励类产业企业,减按15%的税率征收企业所得税。

3)享受条件

(1)以《广州南沙企业所得税优惠目录(2022版)》中规定的产业项目为主营业务,且其主营业务收入占收入总额60%以上。收入总额按照《企业所得税法》第六条规定执行。

(2)开展实质性运营。实质性运营,是指企业的实际管理机构设在南沙先行启动区,并对企业生产经营、人员、账务、财产等实施实质性全面管理和控制。对不符合实质性运营的企业,不得享受优惠。

(3)对总机构设在南沙先行启动区的企业,仅就其设在南沙先行启动区内符合规定条件的总机构和分支机构的所得适用15%税率;对总机构设在南沙先行启动区以外的企业,仅就其设在南沙先行启动区内符合规定条件的分支机构所得适用15%税率。

(4)南沙及南沙先行启动区的范围,按照《国务院关于印发广州南沙深化面向世界的粤港澳全面合作总体方案的通知》(国发〔2022〕13号)执行。[《财政部 税务总局关于广州南沙企业所得税优惠政策的通知》(财税〔2022〕40号)]

2. 广州南沙高新技术重点行业企业延长亏损结转年限

1)享受主体

南沙设立的高新技术重点行业企业。

2)优惠内容

在南沙设立的高新技术重点行业企业,自2022年1月1日起,当年具备高新技术企业或科技型中小企业资格的,其具备资格年度之前8个年度发生的尚未弥补完的亏损,准予结转以后年度弥补,最长结转年限延长至13年。

3)享受条件

(1)高新技术重点行业企业,应以《广州南沙企业所得税优惠目录(2022版)》中规定的高新技术重点行业为主营业务,且其主营业务收入占收入总额60%以上。收入总额按照《企业所得税法》第六条规定执行。

(2) 高新技术企业,是指按照《科技部 财政部国家税务总局关于修订印发〈高新技术企业认定管理办法〉的通知》(国科发火〔2016〕32号)规定认定的高新技术企业;科技型中小企业,是指按照《科技部 财政部 国家税务总局关于印发〈科技型中小企业评价办法〉的通知》(国科发政〔2017〕115号)规定取得科技型中小企业登记编号的企业。

(3) 企业享受优惠政策的其他政策口径和管理要求,按照现行关于延长高新技术企业和科技型中小企业亏损结转年限企业所得税优惠政策的有关规定执行。

(4) 南沙及南沙先行启动区的范围,按照《国务院关于印发广州南沙深化面向世界的粤港澳全面合作总体方案的通知》(国发〔2022〕13号)执行。[《财政部 税务总局关于广州南沙企业所得税优惠政策的通知》(财税〔2022〕40号)]

(七) 横琴粤澳深度合作区

1. 横琴粤澳深度合作区鼓励类产业企业减按15%税率征收企业所得税

1) 享受主体

设在横琴粤澳深度合作区的产业企业。

2) 优惠内容

对设在横琴粤澳深度合作区符合条件的产业企业,减按15%的税率征收企业所得税。

3) 享受条件

(1) 以《横琴粤澳深度合作区企业所得税优惠目录(2021版)》中规定的产业项目为主营业务,且其主营业务收入占收入总额60%以上。收入总额按照《企业所得税法》第六条规定执行。

(2) 进行实质性运营,实质性运营,是指企业的实际管理机构设在横琴粤澳深度合作区,并对企业生产经营、人员、账务、财产等实施实质性全面管理和控制。对不符合实质性运营的企业,不得享受优惠。

(3) 对总机构设在横琴粤澳深度合作区的企业,仅就其设在合作区内符合规定条件的总机构和分支机构的所得适用15%税率;对总机构设在合作区以外的企业,仅就其设在合作区内符合规定条件的分支机构所得适用15%税率。[《财政部 税务总局关于横琴粤澳深度合作区企业所得税优惠政策的通知》(财税〔2022〕19号)]

2. 横琴粤澳深度合作区企业固定资产及无形资产一次性扣除

1) 享受主体

横琴粤澳深度合作区的企业。

2) 优惠内容

对在横琴粤澳深度合作区设立的企业,新购置(含自建、自行开发)固定资产或无形资产,单位价值不超过500万元(含)的,允许一次性计入当期成本费用在计算应纳税所得额时扣除,不再分年度计算折旧和摊销。

3) 享受条件

(1) 固定资产,是指除房屋、建筑物以外的固定资产。

(2) 横琴粤澳深度合作区的范围,按照中共中央、国务院2021年印发的《横琴粤澳深度合作区建设总体方案》执行。[《财政部 税务总局关于横琴粤澳深度合作区企业所得税优惠政策的通知》(财税〔2022〕19号)]

3. 横琴粤澳深度合作区企业固定资产及无形资产加速折旧、摊销

1) 享受主体

横琴粤澳深度合作区的企业。

2) 优惠内容

对在横琴粤澳深度合作区设立的企业,新购置(含自建、自行开发)固定资产或无形资产,单位价值超过500万元的,可以缩短折旧、摊销年限或采取加速折旧、摊销的方法。

3) 享受条件

(1) 固定资产,是指除房屋、建筑物以外的固定资产。

(2) 横琴粤澳深度合作区的范围,按照中共中央、国务院2021年印发的《横琴粤澳深度合作区建设总体方案》执行。[《财政部 税务总局关于

横琴粤澳深度合作区企业所得税优惠政策的通知》(财税〔2022〕19号)]

4. 横琴粤澳深度合作区旅游业、现代服务业、高新技术产业企业新增境外直接投资取得的所得免征企业所得税

1) 享受主体

横琴粤澳深度合作区设立的旅游业、现代服务业、高新技术产业企业。

2) 优惠内容

对在横琴粤澳深度合作区设立的旅游业、现代服务业、高新技术产业企业新增境外直接投资取得的所得,免征企业所得税。

3) 享受条件

(1) 新增境外直接投资所得应当符合以下条件:

① 从境外新设分支机构取得的营业利润;或从持股比例超过20%(含)的境外子公司分回的,与新增境外直接投资相对应的股息所得。

② 被投资国(地区)的企业所得税法定税率不低于5%。

(2) 旅游业、现代服务业、高新技术产业,按照《横琴粤澳深度合作区企业所得税优惠目录(2021版)》中规定的旅游业、现代服务业、高新技术产业执行。

(3) 横琴粤澳深度合作区的范围,按照中共中央、国务院2021年印发的《横琴粤澳深度合作区建设总体方案》执行。[《财政部 税务总局关于横琴粤澳深度合作区企业所得税优惠政策的通知》(财税〔2022〕19号)]

(八) 福建平潭综合实验区

2021年5月27日,财政部、税务总局发布《关于延续福建平潭综合实验区企业所得税优惠政策的通知》(财税〔2021〕29号)。

自2021年1月1日起执行至2025年12月31日,对设在平潭综合实验区的符合条件的企业减按15%的税率征收企业所得税。

享受上述优惠政策的企业需符合的条件,是指以《平潭综合实验区企业所得税优惠目录(2021版)》中规定的产业项目为主营业务,且其主营业务收入占收入总额60%以上。收入总额按照《中华人民共和国企业所得税法》第六条规定执行。

以上所称平潭综合实验区的范围,按照国务院2011年11月批复的《平潭综合实验区总体发展规划》执行。

(九) 中关村国家自主创新示范区试行公司型创业投资企业

自2020年1月1日起,对中关村国家自主创新示范区内公司型创业投资企业,转让持有3年以上股权的所得占年度股权转让所得总额的比例超过50%的,按照年末个人股东持股比例减半征收当年企业所得税;转让持有5年以上股权的所得占年度股权转让所得总额的比例超过50%的,按照年末个人股东持股比例免征当年企业所得税。

上述两种情形下,应分别适用以下公式计算当年企业所得税免征额:

(1) 转让持有3年以上股权的所得占年度股权转让所得总额的比例超过50%的:

企业所得税免征额 = 年末个人股东持股比例 × 本年度企业所得税应纳税额 ÷ 2

(2) 转让持有5年以上股权的所得占年度股权转让所得总额的比例超过50%的:

企业所得税免征额 = 年末个人股东持股比例 × 本年度企业所得税应纳税额

享受条件:

(1) 公司型创业投资企业,应同时符合以下条件:

① 在示范区内注册成立,实行查账征收的居民企业。

② 符合《创业投资企业管理暂行办法》(发展改革委等10部门令第39号)或者《私募投资基金监督管理暂行办法》(证监会令第105号)要求,并按照规定完成备案且规范运作。

(2) 个人股东从公司型创业投资企业取得的股息红利,按照规定缴纳个人所得税。

(十) 中国(上海)自由贸易试验区临港新片区内重点产业

自2020年1月1日起,对新片区内从事集成电路、人工智能、生物医药、民用航空等关键领域核心环节相关产品（技术）业务，并开展实质性生产或研发活动的符合条件的法人企业，自设立之日起5年内减按15%的税率征收企业所得税。

2019年12月31日前已在新片区注册登记且从事《新片区集成电路、人工智能、生物医药、民用航空关键领域核心环节目录》（以下简称《目录》）所列业务的实质性生产或研发活动的符合条件的法人企业，可自2020年至该企业设立满5年期限内按照本政策执行。

享受条件：

上述所称"符合条件的法人企业"必须同时满足以下第(1)项、第(2)项条件，以及第(3)项或第(4)项条件中任一子条件：

(1) 自2020年1月1日起在新片区内注册登记（不包括从外区域迁入新片区的企业），主营业务为从事《目录》中相关领域环节实质性生产或研发活动的法人企业。

实质性生产或研发活动是指，企业拥有固定生产经营场所、固定工作人员，具备与生产或研发活动相匹配的软硬件支撑条件，并在此基础上开展相关业务。

(2) 企业主要研发或销售产品中至少包含1项关键产品（技术）。

关键产品（技术）是指在集成电路、人工智能、生物医药、民用航空等重点领域产业链中起到重要作用或不可或缺的产品（技术）。

(3) 企业投资主体条件：

① 企业投资主体在国际细分市场影响力排名居于前列，技术实力居于业内前列。

② 企业投资主体在国内细分市场居于领先地位，技术实力在业内领先。

(4) 企业研发生产条件：

① 企业拥有领军人才及核心团队骨干，在国内外相关领域长期从事科研生产工作。

② 企业拥有核心关键技术，对其主要产品具备建立自主知识产权体系的能力。

③ 企业具备推进产业链核心供应商多元化，牵引国内产业升级能力。

④ 企业具备高端供给能力，核心技术指标达到国际前列或国内领先。

⑤ 企业研发成果（技术或产品）已被国际国内一线终端设备制造商采用或已经开展紧密实质性合作（包括资本、科研、项目等领域）。

⑥ 企业获得国家或省级政府科技或产业化专项资金、政府性投资基金或取得知名投融资机构投资。

（十一）上海市浦东新区特定区域内公司型创业投资企业

自2021年1月1日起，对上海市浦东新区特定区域内公司型创业投资企业，转让持有3年以上股权的所得占年度股权转让所得总额的比例超过50%的，按照年末个人股东持股比例减半征收当年企业所得税；转让持有5年以上股权的所得占年度股权转让所得总额的比例超过50%的，按照年末个人股东持股比例免征当年企业所得税。

享受条件：

(1) 上述两种情形下，应分别适用以下公式计算当年企业所得税免征额：

① 转让持有3年以上股份的所得占年度股权转让所得总额的比例超过50%的：

企业所得税免征额＝年末个人股东持股比例×本年度企业所得税应纳税额÷2

② 转让持有5年以上股权的所得占年度股权转让所得总额的比例超过50%的：

企业所得税免征额＝年末个人股东持股比例×本年度企业所得税应纳税额

(2) 上述所称公司型创业投资企业，应同时符合以下条件：

① 在上海市浦东新区特定区域内注册成立，实行查账征收的居民企业。

② 符合《创业投资企业管理暂行办法》（发展改革委等10部门令第39号）或者《私募投资基金监督管理暂行办法》（证监会令第105号）要求，并按照规定完成备案且规范运作。

(3) 上述上海市浦东新区特定区域是指中国（上海）自由贸易试验区、中国（上海）自由贸易试验区临港新片区浦东部分和张江科学城。其中：中国（上海）自由贸易试验区，按照《国务院关于印发进一步深化中国（上海）自由贸易试验区改革开放方案的通知》（国发〔2015〕21号）规定的地理范围执行；中国（上海）自由贸易试验区临港新片区浦东部分，按照《国务院关于印发中国（上海）自由贸易试验区临港新片区总体方案的通知》（国发〔2019〕15号）规定的地理范围中位于浦东的部分执行；张江科学城，按照《上海市人民政府关于印发〈上海市张江科学城发展"十四五"规划〉的通知》（沪府发〔2021〕11号）规定的地理范围执行。

（十二）海南自由贸易港

自2020年1月1日起执行至2024年12月31日。

（1）对注册在海南自由贸易港并实质性运营的鼓励类产业企业，减按15%的税率征收企业所得税。

以上所称鼓励类产业企业，是指以海南自由贸易港鼓励类产业目录中规定的产业项目为主营业务，且其主营业务收入占企业收入总额60%以上的企业。所称实质性运营，是指企业的实际管理机构设在海南自由贸易港，并对企业生产经营、人员、账务、财产等实施实质性全面管理和控制。对不符合实质性运营的企业，不得享受优惠。

海南自由贸易港鼓励类产业目录包括《产业结构调整指导目录（2019年本）》《鼓励外商投资产业目录（2019年版）》和海南自由贸易港新增鼓励类产业目录。上述目录在《财政部 税务总局关于海南自由贸易港企业所得税优惠政策的通知》（财税〔2020〕31号）执行期限内修订的，自修订版实施之日起按新版本执行。

对总机构设在海南自由贸易港的符合条件的企业，仅就其设在海南自由贸易港的总机构和分支机构的所得，适用15%税率；对总机构设在海南自由贸易港以外的企业，仅就其设在海南自由贸易港内的符合条件的分支机构的所得，适用15%税率。具体征管办法按照税务总局有关规定执行。

（2）对在海南自由贸易港设立的旅游业、现代服务业、高新技术产业企业新增境外直接投资取得的所得，免征企业所得税。

以上所称新增境外直接投资所得应当符合以下条件：

① 从境外新设分支机构取得的营业利润；或从持股比例超过20%（含）的境外子公司分回的，与新增境外直接投资相对应的股息所得。

② 被投资国（地区）的企业所得税法定税率不低于5%。

以上所称旅游业、现代服务业、高新技术产业，按照海南自由贸易港鼓励类产业目录执行。

（3）对在海南自由贸易港设立的企业，新购置（含自建、自行开发）固定资产或无形资产，单位价值不超过500万元（含）的，允许一次性计入当期成本费用在计算应纳税所得额时扣除，不再分年度计算折旧和摊销；新购置（含自建、自行开发）固定资产或无形资产，单位价值超过500万元的，可以缩短折旧、摊销年限或采取加速折旧、摊销的方法。

以上所称固定资产，是指除房屋、建筑物以外的固定资产。

项目所得额按法定税率减半征收企业所得税叠加享受减免税优惠的计算

企业从事农林牧渔业项目、国家重点扶持的公共基础设施项目、符合条件的环境保护、节能节水项目、符合条件的技术转让、集成电路生产项目、其他专项优惠等所得额应按法定税率25%减半征收，同时享受小型微利企业、高新技术企业、技术先进型服务企业、集成电路线生产企业、重点软件企业和重点集成电路设计企业等优惠税率政策，对于按优惠税率减半叠加享受减免税优惠部分，进行调整（适用于2021年度及以后年度企业所得税汇算清缴）。

叠加享受减免税优惠金额的计算公式如下：

$A=$ 需要进行叠加调整的减免所得税优惠金额

$B=A\times[(减半项目所得\times 50\%)\div(纳税调整后所得-所得减免)]$

叠加享受减免税优惠金额＝A 和 B 的孰小值

下面，以小型微利企业为例说明叠加享受减免税优惠的计算方法。企业选择享受其他减免所得税优惠政策，可据此类推。

【案例 5-18】 智董公司从事非国家限制或禁止行业，2021 年度的资产总额、从业人数符合小型微利企业条件，纳税调整后所得 400 万元，其中 300 万元是符合所得减半征收条件的花卉种植项目所得。智董公司以前年度结转待弥补亏损为 0，不享受其他减免所得税额的优惠政策。此时，智董公司应先选择享受项目所得减半优惠政策，再享受小型微利企业所得税优惠政策，并对叠加享受减免税优惠部分进行调整，计算结果如表 5-11 所示。

表 5-11 计算过程和结果

项目	计算
纳税调整后所得	400
所得减免	300×50％＝150
弥补以前年度亏损	0
应纳税所得额	400－150＝250
应纳所得税额	250×25％＝62.5
享受小型微利企业所得税优惠政策的减免税额	100×(25％－12.5％×20％)＋(250－100)×(25％－50％×20％)＝45
叠加享受减免优惠金额	A＝45；B＝45×[(300×50％)÷(400－150)]＝27；A 和 B 的孰小值＝27
应纳税额	62.5－(45－27)＝44.5

【案例 5-19】 贵琛公司从事非国家限制或禁止行业，2021 年度的资产总额、从业人数符合小型微利企业条件，纳税调整后所得 1 000 万元，其中符合所得减半征收条件的花卉养殖项目所得 1 200 万元，符合所得免税条件的林木种植项目所得 100 万元。贵琛公司以前年度结转待弥补亏损 200 万元，不享受其他减免所得税额的优惠政策。此时，贵琛公司应先选择享受项目所得减半优惠政策，再享受小型微利企业所得税优惠政策，并对叠加享受减免税优惠进行调整，计算结果如表 5-12 所示。

表 5-12 计算过程和结果

项目	计算
纳税调整后所得	1 000
所得减免	100＋1 200×50％＝700
弥补以前年度亏损	200
应纳税所得额	1 000－700－200＝100
应纳所得税额	100×25％＝25
小型微利企业所得税优惠政策减免税额	100×(25％－12.5％×20％)＝22.5
叠加享受减免优惠金额	A＝22.5；B＝22.5×[(1 200×50％)÷(1 000－700)]＝45；A 和 B 的孰小值＝22.5
应纳税额	25－(22.5－22.5)＝25

【案例 5-20】 鑫裕公司从事非国家限制或禁止行业，2021 年度的资产总额、从业人数符合小型微利企业条件，纳税调整后所得 500 万元，其中符合所得减半征收条件的花卉养殖项目所得 150 万元，符合所得免税条件的林木种植项目所得 300 万元。鑫裕公司以前年度结转待弥补亏损 20 万元，不享受其他减免所得税额的优惠政策。此时，鑫裕公司享受项目所得减半优惠政策、小型微利企业所得税优惠政策时，有 2 种处理方式，计算结果如表 5-13 所示。

表 5-13 计算过程和结果

项目	享受小型微利企业所得税优惠政策，但不享受项目所得减半优惠政策	先选择享受项目所得减半优惠政策，再享受小型微利企业所得税优惠政策，并对叠加部分进行调整
纳税调整后所得	500	500
所得减免	300	300＋150×50％＝375

(续表)

项目	享受小型微利企业所得税优惠政策，但不享受项目所得减半优惠政策	先选择享受项目所得减半优惠政策，再享受小型微利企业所得税优惠政策，并对叠加部分进行调整
弥补以前年度亏损	20	20
应纳税所得额	500－300－20＝180	500－375－20＝105
应纳所得税额	180×25%＝45	105×25%＝26.25
小型微利企业所得税优惠政策减免税额	100×(25%－12.5%×20%)＋(180－100)×(25%－50%×20%)＝34.5	100×(25%－12.5%×20%)＋(105－100)×(25%－50%×20%)＝23.25
叠加享受减免优惠	0	A＝23.25；B＝23.25×[(150×50%)÷(500－375)]＝13.95；A和B的孰小值＝13.95
应纳税额	45－34.5＝10.5	26.25－(23.25－13.95)＝16.95

在[案例5-18]、[案例5-19]情形下，企业应选择同时享受项目所得减半和小型微利企业优惠政策。在[案例5-18]情形下，企业不选择享受项目所得减半优惠政策，只选择享受项目所得免税和小型微利企业优惠政策的，可以享受最大优惠力度。

综上，建议纳税人在申报时关注以下两方面：一是可以同时享受两类优惠政策时，建议纳税人根据自身实际情况综合分析，选择优惠力度最大的处理方式。二是纳税人通过电子税务局申报，申报系统将帮助纳税人自动计算叠加享受减免税优惠，无需纳税人再手动计算。

第七节 相关专题

一、境外所得税收抵免

为实施"走出去"战略，提高我国企业国际竞争力，企业所得税法保留了现行对境外所得直接负担的税收采取抵免法，同时引入了股息红利负担税收的间接抵免方式。

从国际惯例看，实行间接抵免一般要求以居民企业对外国公司有实质性股权参与为前提。如美国、加拿大、英国、澳大利亚、墨西哥等规定，本国公司直接或间接拥有外国公司10%以上有表决权的股票；日本、西班牙规定的比例为25%以上。我国企业所得税法中首次引入间接抵免，税收征管经验相对不足，为严格税收征管，企业所得税法实施条例规定，居民企业直接持有或间接持有外国企业20%以上股份，可以实行间接抵免。

间接抵免的母子公司的层次问题，目前各国的规定有所不同，如德国、日本为两层，西班牙为3层，美国为6层，英国不限层次。考虑到我国企业的海外投资状况和我国税收的征管水平，企业所得税法实施条例对间接抵免的规定比较原则，具体抵免层次和计算方法等详细规定，在部门规章或规范性文件中具体明确。

注： 自2017年1月1日起，企业在境外取得的股息所得，在按规定计算该企业境外股息所得的可抵免所得税额和抵免限额时，由该企业直接或者间接持有20%以上股份的外国企业，限于按照规定持股方式确定的5层外国企业。

居民企业以及非居民企业在中国境内设立的机构、场所,取得的下列所得已在境外缴纳的所得税税额,可以从其当期应纳税额中抵免,抵免限额为该项所得依照《企业所得税法》及其实施条例计算的应纳税额;超过抵免限额的部分,可以在以后5个年度内,用每年度抵免限额抵免当年应抵税额后的余额进行抵补:

(1) 居民企业来源于中国境外的应税所得。

(2) 非居民企业在中国境内设立机构、场所,取得发生在中国境外但与该机构、场所有实际联系的应税所得。

居民企业从其直接或者间接控制的外国企业分得的来源于中国境外的股息、红利等权益性投资收益,外国企业在境外实际缴纳的所得税税额中属于该项所得负担的部分,可以作为该居民企业的可抵免境外所得税税额,在抵免限额内抵免。

居民企业以及非居民企业在中国境内设立的机构、场所,应在其应纳税额中抵免在境外缴纳的所得税额的,具体抵免操作如下。

(一) 适用范围

1. 纳税人境外所得的范围

具体而言,可以适用境外(包括我国港澳台地区,下同)所得税收抵免的纳税人包括两类。

(1) 居民企业(包括按境外法律设立但实际管理机构在中国,被判定为中国税收居民的企业)可以就其取得的境外所得直接缴纳和间接负担的境外企业所得税性质的税额进行抵免。

(2) 非居民企业(外国企业)在中国境内设立的机构(场所)可以就其取得的发生在境外,但与其有实际联系的所得直接缴纳的境外企业所得税性质的税额进行抵免。

为缓解由于国家间对所得来源地判定标准的重叠而产生的国际重复征税,我国税法对非居民企业在中国境内分支机构取得的发生于境外的所得所缴纳的境外税额,给予了与居民企业类似的税额抵免待遇。对此类非居民给予的境外税额抵免仅涉及直接抵免。实际联系是指,据以取得所得的权利、财产或服务活动由非居民企业在中国境内的分支机构拥有、控制或实施,如外国银行在中国境内分行以其可支配的资金向中国境外贷款,境外借款人就该笔贷款向其支付的利息,即属于发生在境外与该分行有实际联系的所得。

企业取得来源于中国香港、中国澳门、中国台湾地区的应税所得,参照本办法执行。

中华人民共和国政府同外国政府订立的有关税收的协定与本办法有不同规定的,依照协定的规定办理。所称有关税收的协定包括,内地与中国香港、中国澳门地区等签订的相关税收安排。

2. 抵免办法

境外税额抵免分为直接抵免和间接抵免。

(1) 直接抵免。

直接抵免,是指企业直接作为纳税人就其境外所得在境外缴纳的所得税额在我国应纳税额中抵免。

直接抵免主要适用于企业就来源于境外的营业利润所得在境外所缴纳的企业所得税,以及就来源于或发生于境外的股息、红利等权益性投资所得、利息、租金、特许权使用费、财产转让等所得在境外被源泉扣缴的预提所得税。

(2) 间接抵免。

间接抵免,是指境外企业就分配股息前的利润缴纳的外国所得税额中由我国居民企业就该项分得的股息性质的所得间接负担的部分,在我国的应纳税额中抵免。

例如,我国居民企业(母公司)的境外子公司在所在国(地区)缴纳企业所得税后,将税后利润的一部分作为股息、红利分配给该母公司,子公司在境外就其应税所得实际缴纳的企业所得税税额中按母公司所得股息占全部税后利润之比的部分即属于该母公司间接负担的境外企业所得税税额。间接抵免的适用范围为居民企业从其符合规定的境外子公司取得的股息、红利等权益性投资收益所得。

(二) 境外所得税额抵免计算的基本项目

企业应按照税法的有关规定准确计算下列当期与抵免境外所得税有关的项目后,确定当期实际可抵免分国(地区)别的境外所得税税额和抵免限额。

(1) 境内所得的应纳税所得额(以下简称境内应纳税所得额)和分国(地区)别的境外所得的应纳税所得额(以下简称境外应纳税所得额)。

(2) 分国(地区)别的可抵免境外所得税税额。

(3) 分国(地区)别的境外所得税的抵免限额。

企业不能准确计算上述项目实际可抵免分国(地区)别的境外所得税税额的,在相应国家(地区)缴纳的税收均不得在该企业当期应纳税额中抵免,也不得结转以后年度抵免。

企业取得境外所得,其在中国境外已经实际直接缴纳和间接负担的企业所得税性质的税额,进行境外税额抵免计算的基本项目包括:境内、境外所得分国(地区)别的应纳税所得额、可抵免税额、抵免限额和实际抵免税额。不能按照有关税收法律法规准确计算实际可抵免的境外分国(地区)别的所得税税额的,不应给予税收抵免。

自2017年7月1日起,企业可以选择按国(地区)别分别计算[即"分国(地区)不分项"],或者不按国(地区)别汇总计算[即"不分国(地区)不分项"]其来源于境外的应纳税所得额,并按照有关规定分别计算其可抵免境外所得税税额和抵免限额。上述方式一经选择,5年内不得改变。

企业选择采用不同于以前年度的方式(以下简称新方式)计算可抵免境外所得税税额和抵免限额时,对该企业以前年度按照有关规定没有抵免完的余额,可在税法规定结转的剩余年限内,按新方式计算的抵免限额中继续结转抵免。

(三) 境外应纳税所得额的计算

企业应按照税法的有关规定,确定中国境外所得并按以下规定计算境外应纳所得税额。

根据境外所得,在计算适用境外税额直接抵免的应纳税所得额时,应为将该项境外所得直接缴纳的境外所得税额还原计算后的境外税前所得;上述直接缴纳税额还原后的所得中属于股息、红利所得的,在计算适用境外税额间接抵免的境外所得时,应再将该项境外所得间接负担的税额还原计算,即该境外股息、红利所得应为境外股息、红利税后净所得与就该项所得直接缴纳和间接负担的税额之和。

对上述税额还原后的境外税前所得,应再就计算企业应纳税所得总额时已按税法规定扣除的有关成本费用中与境外所得有关的部分进行对应调整扣除后,计算为境外应纳税所得额。

(1) 居民企业在境外投资设立不具有独立纳税地位的分支机构,其来源于境外的所得,以境外收入总额扣除与取得境外收入有关的各项合理支出后的余额为应纳税所得额。各项收入、支出按税法的有关规定确定。

居民企业在境外设立不具有独立纳税地位的分支机构取得的各项境外所得,无论是否汇回中国境内,均应计入该企业所属纳税年度的境外应纳税所得额。

① 由于分支机构不具有分配利润职能,因此居民企业在境外设立不具有独立纳税地位的分支机构取得的各项境外所得,无论是否汇回中国境内,均应计入该企业所属纳税年度的境外应纳税所得额。

② 确定与取得境外收入有关的合理的支出,应主要考察发生支出的确认和分摊方法是否符合一般经营常规和我国税收法律规定的基本原则。企业已在计算应纳税所得总额时扣除的,但属于应由各分支机构合理分摊的总部管理费等有关成本费用应作出合理的对应调整分摊。

境外分支机构的合理支出范围通常包括境外分支机构发生的人员工资、资产折旧、利息、相关税费和应分摊的总机构用于管理分支机构的管理费用等。

(2) 居民企业应就其来源于境外的股息、红利等权益性投资收益,以及利息、租金、特许权使用费、转让财产等收入,扣除按照《企业所得税法》及其实施条例等规定计算的与取得该项收入有关的各项合理支出后的余额为应纳税所得额。来源于境外的股息、红利等权益性投资收益,应按被投资方作出利润分配决定的日期确认收入实现;来源于境外的利息、租金、特许权使用费、转让财产等收入,应按有关合同约定应付交易对价款的日期确认收入实现。

从境外收到的股息、红利、利息等境外投资性所得一般表现为毛所得,应对在计算企业总所得额时已做统一扣除的成本费用中与境外所得有关的部分,在该境外所得中对应调整扣除后,才能作为计算境外税额抵免限额的境外应纳税所得额。

在就境外所得计算应对应调整扣除的有关成本费用时,应对如下成本费用予以特别注意。

① 股息、红利,应对应调整扣除与境外投资业务有关的项目研究、融资成本和管理费用。

② 利息,应对应调整扣除为取得该项利息而发生的相应的融资成本和相关费用。

③ 租金,属于融资租赁业务的,应对应调整扣除其融资成本;属于经营租赁业务的,应对应调整扣除租赁物相应的折旧或折耗。

④ 特许权使用费,应对应调整扣除提供特许使用的资产的研发、摊销等费用。

⑤ 财产转让,应对应调整扣除被转让财产的成本净值和相关费用。

企业应当根据税法的有关规定确认境外所得的实现年度及其税额抵免年度。

① 企业来源于境外的股息、红利等权益性投资收益所得,若实际收到所得的日期与境外被投资方作出利润分配决定的日期不在同一纳税年度的,应按被投资方作出利润分配日所在的纳税年度确认境外所得。

企业来源于境外的利息、租金、特许权使用费、转让财产等收入,若未能在合同约定的付款日期当年收到上述所得,仍应按合同约定付款日期所属的纳税年度确认境外所得。

② 企业收到某一纳税年度的境外所得已纳税凭证时,凡是迟于次年5月31日汇算清缴终止日的,可以对该所得境外税额抵免追溯计算。

(3) 非居民企业在境内设立机构、场所的,应就其发生在境外但与境内所设机构、场所有实际联系的各项应税所得,比照上述第(2)项的规定计算相应的应纳税所得额。

(4) 在计算境外应纳税所得额时,企业为取得境内、境外所得而在境内、境外发生的共同支出,与取得境外应税所得有关的、合理的部分,应在境内、境外[分国别(地区),下同]应税所得之间,按照合理比例进行分摊后扣除。

共同支出,是指与取得境外所得有关但未直接计入境外所得应纳税所得额的成本费用支出,通常包括未直接计入境外所得的营业费用、管理费用和财务费用等支出。

企业应对在计算总所得额时已统一归集并扣除的共同费用,按境外每一国别(地区)数额占企业全部数额的下列一种比例或几种比例的综合比例,在每一国别的境外所得中对应调整扣除,计算来自每一国别的应纳税所得额。

① 资产比例。

② 收入比例。

③ 员工工资支出比例。

④ 其他合理比例。

上述分摊比例确定后应报送主管税务机关备案;无合理原因不得改变。

(5) 在汇总计算境外应纳税所得额时,企业在境外同一国家(地区)设立不具有独立纳税地位的分支机构,按照《企业所得税法》及其实施条例的有关规定计算的亏损,不得抵减其境内或他国(地区)的应纳税所得额,但可以用同一国家(地区)其他项目或以后年度的所得按规定弥补。

这一规定基于分国别(地区)不分项计算抵免的原则及其要求,对在不同国家(地区)的分支机构发生的亏损不得相互弥补作出了规定,以避免出现同一笔亏损重复弥补或须进行繁复的还原弥补、还原抵免的现象。

企业在同一纳税年度的境内外所得加总为正数的,其境外分支机构发生的亏损,由于上述结转弥补的限制而发生的未予弥补的部分(以下简称非实际亏损额),今后在该分支机构的结转弥补期限不受5年期限制。即:

① 如果企业当期境内外所得盈利额与亏损

额加总后和为零或正数,则其当年度境外分支机构的非实际亏损额可无限期向后结转弥补;

② 如果企业当期境内外所得盈利额与亏损额加总后和为负数,则以境外分支机构的亏损额超过企业盈利额部分的实际亏损额,按《企业所得税法》第十八条规定的期限进行亏损弥补,未超过企业盈利额部分的非实际亏损额仍可无限期向后结转弥补。

企业应对境外分支机构的实际亏损额与非实际亏损额不同的结转弥补情况做好记录。

【案例 5-21】 境外分支机构亏损的弥补

中国居民企业智董公司 2022 年度境内外净所得为 160 万元。其中,境内所得的应纳税所得额为 300 万元;设在甲国的分支机构当年度应纳税所得额为 100 万元;设在乙国的分支机构当年度应纳税所得额为 -300 万元;智董公司当年度从乙国取得利息所得的应纳税所得额为 60 万元。

【分析】 调整计算该企业当年度境内、外所得的应纳税所得额如下:

(1) 智董公司当年度境内外净所得为 160 万元,但依据境外亏损不得在境内或他国盈利中抵减的规定,其发生在乙国分支机构的当年度亏损额 300 万元,仅可以用从该国取得的利息 60 万元弥补,未能弥补的非实际亏损额 240 万元,不得从当年度企业其他盈利中弥补。所以,相应调整后智董公司当年境内、外应纳税所得额为:

境内应纳税所得额 = 300 万元

甲国应纳税所得额 = 100 万元

乙国应纳税所得额 = -240 万元

智董公司当年度应纳税所得总额 = 400 万元。

(2) 智董公司当年度境外乙国未弥补的非实际亏损共 240 万元,允许智董公司以其来自乙国以后年度的所得无限期结转弥补。

【案例 5-22】 来源于境外利息收入的应纳税所得额的计算

中国 A 银行向甲国某企业贷出 500 万元,合同约定的利率为 5%。2022 年 A 银行收到甲国企业就应付利息 25 万元扣除已在甲国扣缴的预提所得税 2.5 万元(预提所得税税率为 10%)后的 22.5 万元税后利息。A 银行应纳税所得总额为 1 000 万元,已在应纳税所得总额中扣除的该笔境外贷款的融资成本为本金的 4%。

【分析】 分析并计算该银行应纳税所得总额中境外利息收入的应纳税所得额:

来源于境外利息收入的应纳税所得额,应为已缴纳境外预提所得税前的就合同约定的利息收入总额,再对应调整扣除相关筹资成本费用等。

境外利息收入总额 = 税后利息 + 已扣除税额 = 22.5 + 2.5 = 25(万元)

对应调整扣除相关成本费用后的应纳税所得额 = 25 - 500 × 4% = 5(万元)

该境外利息收入用于计算境外税额抵免限额的应纳税所得额为 5 万元,应纳税所得总额仍为 1 000 万元不变。

(四) 可予抵免境外所得税额的确认

可抵免境外所得税税额,是指企业来源于中国境外的所得依照中国境外税收法律以及相关规定应当缴纳并已实际缴纳的企业所得税性质的税款。

1. 不应作为可抵免境外所得税税额的情形分析

(1) 按照境外所得税法律及相关规定属于错缴或错征的境外所得税税款。

具体是指,属于境外所得税法律及相关规定适用错误而且企业不应缴纳而错缴的税额,企业应向境外税务机关申请予以退还,而不应作为境外已缴税额向中国申请抵免企业所得税。

(2) 按照税收协定规定不应征收的境外所得税税款。

具体是指,根据中国政府与其他国家(地区)政府签订的税收协定(或安排)的规定不属于对方国家的应税项目,却被对方国家(地区)就其征收的企业所得税,对此,企业应向征税国家申请退还不应征收的税额;该项税额还应包括,企业就境外所得在来源国纳税时适用税率高于税收协定限定税率所多缴纳的所得税税额。

(3) 因少缴或迟缴境外所得税而追加的利息、滞纳金或罚款。

(4) 境外所得税纳税人或者其利害关系人从境外征税主体得到实际返还或补偿的境外所得税税款。

具体是指,如果有关国家为了实现特定目标而规定不同形式和程度的税收优惠,并采取征收后由政府予以返还或补偿方式退还的已缴税额,对此,企业应从其境外所得可抵免税额中剔除该相应部分。

(5) 按照我国《企业所得税法》及其实施条例规定,已经免征我国企业所得税的境外所得负担的境外所得税税款。

具体是指,如果我国税收法律法规作出对某项境外所得给予免税优惠规定,企业取得免征我国企业所得税的境外所得的,该项所得的应纳税所得额及其缴纳的境外所得税额均应从计算境外所得税额抵免的境外应纳税所得额和境外已纳税额中减除。

(6) 按照国务院财政、税务主管部门有关规定已经从企业境外应纳税所得额中扣除的境外所得税税款。

如果我国税法规定就一项境外所得的已纳所得税额仅作为费用从该项境外所得额中扣除的,就该项所得及其缴纳的境外所得税额不应再纳入境外税额抵免计算。

2. 可抵免的境外所得税税额的基本条件

(1) 企业来源于中国境外的所得依照中国境外税收法律以及相关规定计算而缴纳的税额。

(2) 缴纳的属于企业所得税性质的税额,而不拘泥于名称。在不同的国家,对于企业所得税的称呼有着不同的表述,如法人所得税、公司所得税等。判定是否属于企业所得税性质的税额,主要看其是否是针对企业净所得征收的税额。

(3) 限于企业应当缴纳且已实际缴纳的税额。税收抵免旨在解决重复征税问题,仅限于企业应当缴纳且已实际缴纳的税额(除另有饶让抵免或其他规定外)。

(4) 可抵免的企业所得税税额,若是税收协定非适用所得税项目,或来自非协定国家的所得,无法判定是否属于对企业征收的所得税税额的,应层报国家税务总局裁定。

3. 可抵免境外所得税税额的换算

若企业取得的境外所得已直接缴纳和间接负担的税额为人民币以外货币的,在以人民币计算可予抵免的境外税额时,凡企业记账本位币为人民币的,应按企业就该项境外所得记入账内时使用的人民币汇率进行换算;凡企业以人民币以外其他货币作为记账本位币的,应统一按实现该项境外所得对应的我国纳税年度最后一日的人民币汇率中间价进行换算。

(五) 境外所得间接负担税额的计算

居民企业在用上述境外所得间接负担的税额进行税收抵免时,其取得的境外投资收益实际间接负担的税额,是指根据直接或者间接持股方式合计持股20%以上(含20%,下同)的规定层级的外国企业股份,由此应分得的股息、红利等权益性投资收益中,从最低1层外国企业起逐层计算的属于由上1层企业负担的税额,其计算公式如下:

本层企业所纳税额属于由一家上1层企业负担的税额=(本层企业就利润和投资收益所实际缴纳的税额+符合规定的由本层企业间接负担的税额)×本层企业向一家上1层企业分配的股息(红利)÷本层企业所得税后利润额

(1) 公式中的"本层企业"。

① 本层企业是指实际分配股息(红利)的境外被投资企业。

② 本层企业就利润和投资收益所实际缴纳的税额是指,本层企业按所在国税法就利润缴纳的企业所得税和在被投资方所在国就分得的股息等权益性投资收益被源泉扣缴的预提所得税。

③ 符合规定的由本层企业间接负担的税额是指该层企业由于从下1层企业分回股息(红利)而间接负担的由下1层企业就其利润缴纳的企业所得税税额。

④ 本层企业向一家上1层企业分配的股息

(红利)是指该层企业向上1层企业实际分配的扣缴预提所得税前的股息(红利)数额。

⑤ 本层企业所得税后利润额是指该层企业实现的利润总额减去就其利润实际缴纳的企业所得税后的余额。

(2) 每1层企业从其持股的下1层企业在一个年度中分得的股息(红利),若是由该下1层企业不同年度的税后未分配利润组成,则应按该股息(红利)对应的每一年度未分配利润,分别计算就该项分配利润所间接负担的税额;按各年度计算的间接负担税额之和,即为取得股息(红利)的企业该一个年度中分得的股息(红利)所得所间接负担的所得税额。

(3) 境外第2层及以下层级企业归属不同国家的,在计算居民企业负担境外税额时,均以境外第1层企业所在国(地区)为国别划分进行归集计算,而不论该第1层企业的下层企业归属何国(地区)。

(六) 适用间接抵免的外国企业持股比例的计算

除另有规定外,由居民企业直接或者间接持有20%以上股份的外国企业,限于符合以下持股方式的3层外国企业。

第1层:单一居民企业直接持有20%以上股份的外国企业。

第2层:单一第1层外国企业直接持有20%以上股份,且由单一居民企业直接持有或通过一个或多个符合规定持股条件的外国企业间接持有总和达到20%以上股份的外国企业。

第3层:单一第2层外国企业直接持有20%以上股份,且由单一居民企业直接持有或通过一个或多个符合规定持股条件的外国企业间接持有总和达到20%以上股份的外国企业。

上述符合规定的"持股条件",是指各层企业直接持股、间接持股以及为计算居民企业间接持股总和比例的每一个单一持股,均应达到20%的持股比例。

自2017年1月1日起,企业在境外取得的股息所得,在按规定计算该企业境外股息所得的可抵免所得税额和抵免限额时,由该企业直接或者间接持有20%以上股份的外国企业,限于按照规定持股方式确定的5层外国企业。即:

第1层:企业直接持有20%以上股份的外国企业。

第2层至第5层:单一上1层外国企业直接持有20%以上股份,且由该企业直接持有或通过一个或多个符合规定持股方式的外国企业间接持有总和达到20%以上股份的外国企业。

【案例5-23】 2层持股条件的判定

中国居民企业智董公司直接持有甲国贵琛公司20%股份,直接持有乙国鑫裕公司16%股份,并且贵琛公司直接持有鑫裕公司20%股份,如图5-1所示。

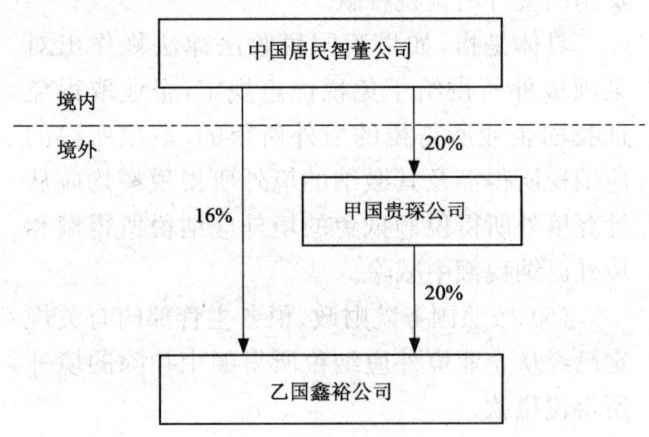

图5-1 股份持有图

【分析】(1) 中国居民企业智董公司直接持有甲国贵琛公司20%股份,满足直接持股20%(含20%)的条件。

(2) 中国居民企业智董公司直接持有乙国鑫裕公司16%股份,间接持有乙国鑫裕公司股份=20%×20%=4%,由于智董公司直接持有鑫裕公司的股份不足20%,故不能计入智董公司对鑫裕公司直接持股或间接持股的总和比例之中。所以,鑫裕公司未满足居民企业通过一个或多个符合规定持股条件的外国企业间接持有总和达到20%以上股份的外国企业的规定。

【案例5-24】 多层持股条件的综合判定

中国居民企业A分别控股了四家公司甲国B1、甲国B2、乙国B3、乙国B4,持股比例分别为

50%、50%、100%、100%；B1持有丙国C1公司30%股份，B2持有丙国C2公司50%股份，B3持有丁国C3公司50%股份，B4持有丁国C4公司50%股份；C1、C2、C3、C4分别持有戊国D公司20%、40%、25%、15%股份；D公司持有戊国E公司100%股份。图示如下（图5-2）。

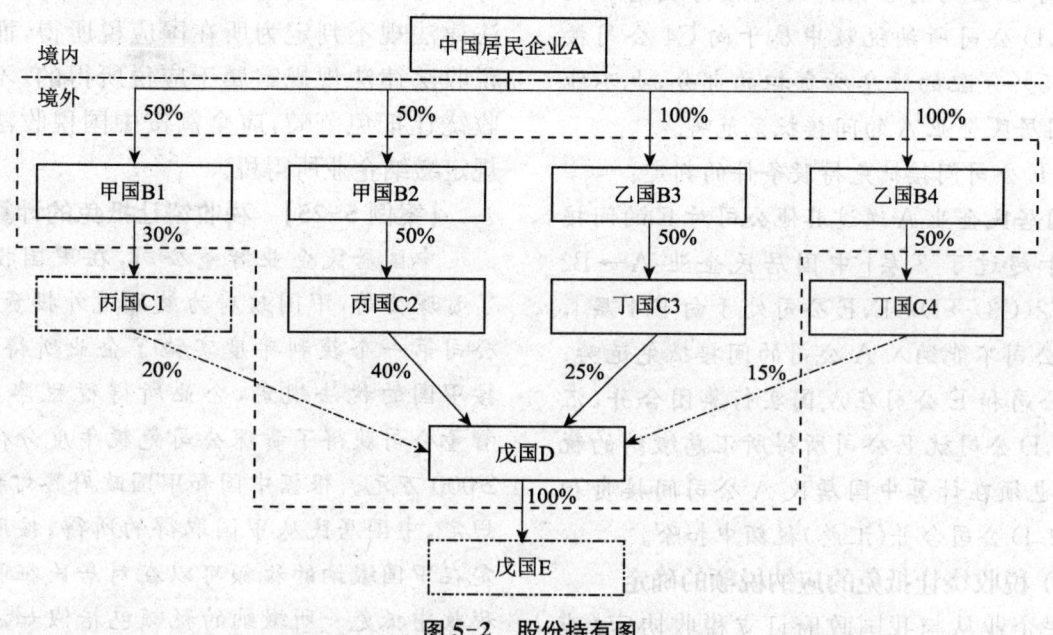

图5-2 股份持有图

注：虚线内为判定符合间接持股条件的公司及可就分配的股息计算间接抵免税额的所持股份。

【分析】（1）B层各公司间接抵免持股条件的判定：

B1、B2、B3、B4公司分别直接被A公司控股50%、50%、100%、100%，均符合间接抵免第1层公司的持股条件。

（2）C层各公司间接抵免持股条件的判定：

① C1公司虽然被符合条件的上一层公司B1控股30%，但仅受居民企业A间接控股15%（50%×30%），所以，属于不符合间接抵免持股条件的公司（但如果协定的规定为10%，则符合间接抵免条件）。

② C2公司被符合条件的上一层公司B2控股50%，且被居民企业A间接控股达到25%（50%×50%），所以，属于符合间接抵免持股条件的公司。

③ C3公司被符合条件的上一层公司B3控股50%，且被居民企业A间接控股达到50%（100%×50%），所以，属于符合间接抵免持股条件的公司。

④ C4公司情形与C3公司相同，属于符合间接抵免持股条件的公司。

（3）D公司间接抵免持股条件的判定：

① 虽然D公司被C1控股达到了20%，但由于C1属于不符合持股条件的公司，所以，C1对D公司的20%持股也不得再计入D公司间接抵免持股条件的范围，来源于D公司20%部分的所得的已纳税额不能进入居民企业A的抵免范畴。

② D公司被C2控股达到40%，但被A通过符合条件的B2、C2间接持股仅10%，未达到20%，所以，还不能由此判定D是否符合间接抵免条件。

③ D公司被C3控股达到25%，且由A通过符合条件的B3、C3间接控股达12.5%（100%×50%×25%），加上A通过B2、C2的间接控股10%，间接控股总和达到22.5%。所以，D公司符合间接抵免条件，其所纳税额中属于向C2和C3公司分配的65%股息所负担的部分，可进入中国居民企业A公司的间接抵免范畴。

④ D公司被C4控股15%，虽然C4自身为

符合持股条件的公司,但其对 D 公司的持股不符合直接控股达 20% 的持股条件。所以,该 C4 公司对 D 公司 15% 的持股,不能计入中国居民企业 A 对 D 公司符合条件的间接持股总和之中;同时,D 公司所纳税额中属于向 C4 公司按其持股 15% 分配的股息所负担的部分,也不能进入中国居民企业 A 的间接抵免范畴。

(4) E 公司间接抵免持股条件的判定:

中国居民企业 A 通过其他公司对 E 的间接控制由于超过了 3 层[中国居民企业 A→B2(B3)→C2(C3)→D→E,E 公司处于向下 4 层],所以,E 公司不能纳入 A 公司的间接抵免范畴;即使 D 公司和 E 公司在戊国实行集团合并(汇总)纳税,D 公司就 E 公司所得所汇总缴纳的税额部分,也须在计算中国居民 A 公司间接负担税额时在 D 公司合并(汇总)税额中扣除。

(七)税收饶让抵免的应纳税额的确定

居民企业从与我国政府订立税收协定(或安排)的国家(地区)取得的所得,按照该国(地区)税收法律享受了免税或减税待遇,且该免税或减税的数额按照税收协定规定应视同已缴税额在中国的应纳税额中抵免的,该免税或减税数额可作为企业实际缴纳的境外所得税额用于办理税收抵免。

(1)《企业所得税法》目前尚未单方面规定税收饶让抵免,但我国与有关国家签订的税收协定规定有税收饶让抵免安排。居民企业从与我国订立税收协定(或安排)的对方国家取得所得,并按该国税收法律享受了免税或减税待遇,且该所得已享受的免税或减税数额按照税收协定(或安排)规定应视同已缴税额在我国应纳税额中抵免的,经企业主管税务机关确认,可在其申报境外所得税额时视为已缴税额。

(2)税收饶让抵免应区别下列情况进行计算:

① 税收协定规定定率饶让抵免的,饶让抵免税额为按该定率计算的应纳境外所得税额超过实际缴纳的境外所得税额的数额。

② 税收协定规定列举一国税收优惠额给予饶让抵免的,饶让抵免税额为按协定国家(地区)税收法律规定税率计算的应纳所得税额超过实际缴纳税额的数额,即实际税收优惠额。

(3)境外所得采用简易办法计算抵免额的,不适用饶让抵免。

(4)企业取得的境外所得根据来源国税收法律法规不判定为所在国应税所得,而按中国税收法律法规规定属于应税所得的,不属于税收饶让抵免范畴,应全额按中国税收法律法规规定缴纳企业所得税。

【案例 5-25】 税收饶让抵免的计算

中国居民企业智董公司,在甲国投资设立了贵琛公司,甲国政府为鼓励境外投资,对贵琛公司第一个获利年度实施了企业所得税免税。按甲国的税法规定,企业所得税税率为 20%。智董公司获得了贵琛公司免税年度分得的利润 2 000 万元。根据中国和甲国政府签订税收协定规定,中国居民从甲国取得的所得,按照协定规定在甲国缴纳的税额可以在对居民征收的中国税收中抵免。所缴纳的税额包括假如没有按照该缔约国给予减免税或其他税收优惠而本应缴纳的税额。所缴纳的甲国税收应包括相当于所放弃的甲国税收的数额。

【分析】 计算如下:

智董公司在计算缴纳企业所得税时,贵琛公司的免税额=2 000×20%=400(万元),应计算为由智董公司抵免的间接负担的境外税额。

(八)抵免限额的计算

企业应按照有关规定分国(地区)别计算境外税额的抵免限额。

某国(地区)所得税抵免限额=中国境内、境外所得依照企业所得税法及实施条例的规定计算的应纳税总额×来源于某国(地区)的应纳税所得额÷中国境内、境外应纳税所得总额

1. 适用税率

中国境内外所得依照《企业所得税法》及其实施条例的规定计算的应纳税总额的税率是 25%,即使企业境内所得按税收法规规定享受企业所得税优惠的,在进行境外所得税额抵免限额计算中的中国境内、境外所得应纳税总额所适用的税率也应为 25%。今后若另有规定境外所得与境内所得享受相同企业所得税优惠政

策的,应按有关优惠政策的适用税率或税收负担率计算其应纳税总额和抵免限额。

以境内、境外全部生产经营活动有关的研究开发费用总额、总收入、销售收入总额、高新技术产品(服务)收入等指标申请并经认定的高新技术企业,其来源于境外的所得可以享受高新技术企业所得税优惠政策,即对其来源于境外所得可以按照15%的优惠税率缴纳企业所得税,在计算境外抵免限额时,可按照15%的优惠税率计算境内外应纳税总额。

2. 境内、境外所得之间的亏损弥补

企业按照税法的有关规定计算的当期境内、境外应纳税所得总额小于零的,应以零计算当期境内、境外应纳税所得总额,其当期境外所得税的抵免限额也为零。

若企业境内所得为亏损,境外所得为盈利,且企业已使用同期境外盈利全部或部分弥补了境内亏损,则境内已用境外盈利弥补的亏损不得再用以后年度境内盈利重复弥补。由此,在计算境外所得抵免限额时,形成当期境内、境外应纳税所得总额小于零的,应以零计算当期境内、境外应纳税所得总额,其当期境外所得税的抵免限额也为零。上述境外盈利在境外已纳的可予抵免但未能抵免的税额可以在以后5个纳税年度内进行结转抵免。

3. 如果企业境内为亏损,境外盈利分别来自多个国家

如果企业境内为亏损,境外盈利分别来自多个国家,则弥补境内亏损时,企业可以自行选择弥补境内亏损的境外所得来源国家(地区)顺序。

(九) 实际抵免境外税额的计算

在计算实际应抵免的境外已缴纳和间接负担的所得税税额时,企业在境外一国(地区)当年缴纳和间接负担的符合规定的所得税税额低于所计算的该国(地区)抵免限额的,应以该项税额作为境外所得税抵免额从企业应纳税总额中据实抵免;超过抵免限额的,当年应以抵免限额作为境外所得税抵免额进行抵免,超过抵免限额的余额允许从次年起在连续五个纳税年度内,用每年度抵免限额抵免当年应抵税额后的余额进行抵补。企业在境外一国(地区)当年缴纳和间接负担的符合规定的企业所得税税额的具体抵免方法,即企业每年应分国(地区)别在抵免限额内据实抵免境外所得税额,超过抵免限额的部分可在以后连续5个纳税年度延续抵免;企业当年境外一国(地区)可抵免税额中既有属于当年已直接缴纳或间接负担的境外所得税额,又有以前年度结转的未逾期可抵免税额时,应首先抵免当年已直接缴纳或间接负担的境外所得税额后,抵免限额有余额的,可再抵免以前年度结转的未逾期可抵免税额,仍抵免不足的,继续向以后年度结转。

【案例 5-26】 境外盈利弥补境内亏损时,境外已缴税额的处理见表5-14。

表5-14 境外盈利弥补境内亏损时,境外已缴税额的处理　　金额单位:万元

项目	境内企业	境外营业机构	境外已纳税额	抵免限额	结转以后年度抵免余额
税率	25%	30%	—	—	—
第一年利润	−100	100	30	0	30
第二年利润	100	100	30	25	35

【分析】 第一年:应纳税所得额=−100+100=0,抵免限额为0,境外已缴税额结转下一年度抵补余额为30万元。

第二年:应纳税所得额=100+100=200(万元)

当年境外所得税税额=30万元

抵免限额=200×25%×[100÷200]=25(万元)<30(万元)。

实际抵免境外所得税额=25万元

留待以后结转抵免税额=30−25+30=35(万元)

(十) 简易办法计算抵免

采用简易办法须遵循"分国不分项"原则。

适用简易办法计算抵免的两种情况:

（1）企业从境外取得营业利润所得以及符合境外税额间接抵免条件的股息所得，虽有所得来源国（地区）政府机关核发的具有纳税性质的凭证或证明，但因客观原因无法真实、准确地确认应当缴纳并已经实际缴纳的境外所得税税额的，除就该所得直接缴纳及间接负担的税额在所得来源国（地区）的实际有效税率低于12.5%以上的外，可按境外应纳税所得额的12.5%作为抵免限额，企业按该国（地区）税务机关或政府机关核发具有纳税性质凭证或证明的金额，其不超过抵免限额的部分，准予抵免；超过的部分不得抵免。

从所得来源国（地区）政府机关取得具有纳税性质的凭证或证明，是指向境外所在国家政府实际缴纳了具有综合税额（含企业所得税）性质的款项的有效凭证。

（2）企业从境外取得营业利润所得以及符合境外税额间接抵免条件的股息所得，凡就该所得缴纳及间接负担的税额在所得来源国（地区）的法定税率且其实际有效税率明显高于我国的，可直接以按规定计算的境外应纳税所得额和《企业所得税法》规定的税率计算的抵免限额作为可抵免的已在境外实际缴纳的企业所得税税额。实际有效税率，是指实际缴纳或负担的企业所得税税额与应纳税所得额的比率。

▍相关政策依据

法定税率明显高于我国的境外所得
来源国（地区）名单

美国、阿根廷、布隆迪、喀麦隆、古巴、法国、日本、摩洛哥、巴基斯坦、赞比亚、科威特、孟加拉国、叙利亚、约旦、老挝。

此类国家（地区）名单，由财政部和国家税务总局适时调整。

属于上述规定以外的股息、利息、租金、特许权使用费、转让财产等投资性所得，即居民企业从境外未达到直接持股20%条件的境外子公司取得的股息所得，以及取得利息、租金、特许权使用费、转让财产等所得，向所得来源国直接缴纳的预提所得税额，均应按有关直接抵免的规定正常计算抵免。

（十一）境外分支机构与我国对应纳税年度的确定

（1）企业在境外投资设立不具有独立纳税地位的分支机构，其计算生产、经营所得的纳税年度与我国规定的纳税年度不一致的，与我国纳税年度当年度相对应的境外纳税年度，应为在我国有关纳税年度中任何一日结束的境外纳税年度。

企业就其在境外设立的不具有独立纳税地位的分支机构每一纳税年度的营业利润，计入企业当年度应纳税所得总额时，如果分支机构所在国纳税年度的规定与我国规定的纳税年度不一致的，在确定该分支机构境外某一年度的税额如何对应我国纳税年度进行抵免时，境外分支机构按所在国规定计算生产经营所得的纳税年度与其境内总机构纳税年度相对应的纳税年度，应为该境外分支机构所在国纳税年度结束日所在的我国纳税年度。

（2）企业取得除第（1）项以外的境外所得实际缴纳或间接负担的境外所得税，应在该项境外所得实现日所在的我国对应纳税年度的应纳税额中计算抵免。

企业取得境外股息所得实现日为被投资方作出利润分配决定的日期，不论该利润分配是否包括以前年度未分配利润，均应作为该股息所得实现日所在的我国纳税年度所得计算抵免。

【案例5-27】 境外分支机构纳税年度的判定

某居民企业在A国的分公司，按A国法律规定，计算当期利润年度为每年10月1日至次年9月30日。

【分析】 该分公司按A国规定计算2021年10月1日至次年9月30日期间（即A国2021—2022年）的营业利润及其已纳税额，应在我国2022年度计算纳税及境外税额抵免。

（十二）境外所得税抵免时应纳所得税额的计算

企业抵免境外所得税额后实际应纳所得税

额的计算公式为:

企业实际应纳所得税额＝企业境内外所得应纳税总额－企业所得税减免、抵免优惠税额－境外所得税抵免额

公式中抵免优惠税额是指企业购置用于环境保护、节能节水、安全生产等专用设备的投资额,可以按一定比例实行税额抵免。

境外所得税抵免额是指按照规定计算的境外所得税额在抵免限额内实际可以抵免的税额。

【案例 5-28】 境外股息所得在我国计算抵免的时间

某居民企业的境外子公司于 2023 年 5 月 1 日股东会决定,将分别属于 2020 年、2021 年的未分配利润共计 2 000 万元分配。

【分析】 该 2 000 万元均属于该居民企业 2023 年取得的股息,就该股息被扣缴的预提所得税以及该股息间接负担的由境外子公司就其 2021 年度、2022 年度利润缴纳的境外所得税,均应按规定的适用条件在该居民企业 2023 年应纳我国企业所得税中计算抵免。

【案例 5-29】 我国某居民企业在 A 国设立一家分公司,在 B 国设立一家持股 80% 的子公司,2022 年该企业申报的利润总额为 4 000 万元。

相关涉税资料如下:

(1) A 国分公司按我国税法确认的销售收入为 300 万元,销售成本为 500 万元。

(2) 收到 B 国子公司投资收益 1 900 万元,子公司已在 B 国缴纳企业所得税 1 000 万元,子公司当年税后利润全部分配,B 国预提所得税率为 5%。

(注:该居民企业适用 25% 的企业所得税率,无纳税调整金额,境外已纳税额选择分国不分项抵免方式)

【分析】 1. 2022 年该居民企业来源于子公司投资收益的可抵免税额

预提所得税前的应纳税所得额＝1 900÷(1－5%)＝2 000(万元)

该企业缴纳的预提所得税额＝2 000×5%＝100(万元)

该企业间接负担的税额＝1 000×80%＝800(万元)。

该居民企业来源于子公司投资收益的可抵免税额＝800＋100＝900(万元)

2. 2022 年该居民企业来源于子公司的应纳税所得额

该居民企业来源于子公司的应纳税所得额＝1 900＋900＝2 800(万元)

3. 2022 年该居民企业子公司境外所得税的抵免限额

该居民企业子公司境外所得税的抵免限额＝2 800×25%＝700(万元)

4. 2022 年该居民企业实际缴纳企业所得税

该居民企业实际缴纳企业所得税＝[4 000＋(500－300)－1 900]×25%＋2 800×25%－700＝575(万元)

二、汇总纳税

我国企业所得税法规定,不具有法人资格的营业机构应实行法人汇总纳税制度。

(一)跨地区经营汇总纳税企业所得税征收管理办法

自 2013 年 1 月 1 日起,跨地区经营汇总纳税企业所得税征收管理按以下规定执行。

1. 基本原则和适用范围

(1) 居民企业在中国境内跨地区(指跨省、自治区、直辖市和计划单列市,下同)设立不具有法人资格分支机构的,该居民企业为跨地区经营汇总纳税企业(以下简称汇总纳税企业),除另有规定外,其企业所得税征收管理适用以下规定。

国有邮政企业(包括中国邮政集团公司及其控股公司和直属单位)铁路运输企业、中国工商银行股份有限公司、中国农业银行股份有限公司、中国银行股份有限公司、国家开发银行股份有限公司、中国农业发展银行、中国进出口银行、中国投资有限责任公司、中国建设银行股份有限公司、中国建银投资有限责任公司、中国信达资产管理股份有限公司、中国石油天然气股份有限公司、中国石油化工股份有限公司、海洋石油天然气企业[包括中国海洋石油总公司、中

海石油(中国)有限公司、中海油田服务股份有限公司、海洋石油工程股份有限公司]中国长江电力股份有限公司以及国家税务总局批准的企业所得税(包括滞纳金、罚款)为中央收入且全额上缴中央国库,不适用以下规定。

(2)汇总纳税企业实行"统一计算、分级管理、就地预缴、汇总清算、财政调库"的企业所得税征收管理办法(表5-15)。

表5-15 企业所得税征收管理办法

统一计算	是指总机构统一计算包括汇总纳税企业所属各个不具有法人资格分支机构在内的全部应纳税所得额、应纳税额
分级管理	是指总机构、分支机构所在地的主管税务机关都有对当地机构进行企业所得税管理的责任,总机构和分支机构应分别接受机构所在地主管税务机关的管理
就地预缴	是指总机构、分支机构应按照规定,分月或分季分别向所在地主管税务机关申报预缴企业所得税
汇总清算	是指在年度终了后,总机构统一计算汇总纳税企业的年度应纳税所得额、应纳所得税额,抵减总机构、分支机构当年已就地分期预缴的企业所得税款后,多退少补
财政调库	是指财政部定期将缴入中央国库的汇总纳税企业所得税待分配收入,按照核定的系数调整至地方国库

(3)总机构和具有主体生产经营职能的二级分支机构,就地分摊缴纳企业所得税。

二级分支机构,是指汇总纳税企业依法设立并领取非法人营业执照(登记证书),且总机构对其财务、业务、人员等直接进行统一核算和管理的分支机构。

(4)以下二级分支机构不就地分摊缴纳企业所得税。

① 不具有主体生产经营职能,且在当地不缴纳增值税的产品售后服务、内部研发、仓储等汇总纳税企业内部辅助性的二级分支机构,不就地分摊缴纳企业所得税。

② 上年度认定为小型微利企业的,其二级分支机构不就地分摊缴纳企业所得税。

③ 新设立的二级分支机构,设立当年不就地分摊缴纳企业所得税。

④ 当年撤销的二级分支机构,自办理注销税务登记之日所属企业所得税预缴期间起,不就地分摊缴纳企业所得税。

⑤ 汇总纳税企业在中国境外设立的不具有法人资格的二级分支机构,不就地分摊缴纳企业所得税。

2. 税款预缴和汇算清缴

(1)汇总纳税企业按照《企业所得税法》规定汇总计算的企业所得税,包括预缴税款和汇算清缴应缴应退税款,50%在各分支机构间分摊,各分支机构根据分摊税款就地办理缴库或退库;50%由总机构分摊缴纳,其中25%就地办理缴库或退库,25%就地全额缴入中央国库或退库。具体的税款缴库或退库程序按照《财政部 国家税务总局 中国人民银行关于印发〈跨省市总分机构企业所得税分配及预算管理办法〉的通知》(财预〔2012〕40号)第五条等相关规定执行。

(2)企业所得税分月或者分季预缴,由总机构所在地主管税务机关具体核定。

汇总纳税企业应根据当期实际利润额,按照办法规定的预缴分摊方法计算总机构和分支机构的企业所得税预缴额,分别由总机构和分支机构就地预缴;在规定期限内按实际利润额预缴有困难的,也可以按照上一年度应纳税所得额的1/12或1/4,按照办法规定的预缴分摊方法计算总机构和分支机构的企业所得税预缴额,分别由总机构和分支机构就地预缴。预缴方法一经确定,当年度不得变更。

(3)总机构应将本期企业应纳所得税额的50%部分,在每月或季度终了后15日内就地申报预缴。总机构应将本期企业应纳所得税额的另外50%部分,按照各分支机构应分摊的比例,在各分支机构之间进行分摊,并及时通知到各分支机构;各分支机构应在每月或季度终了之日起15日内,就其分摊的所得税额就地申报预缴。

分支机构未按税款分配数额预缴所得税造成少缴税款的,主管税务机关应按照《税收征管法》的有关规定对其处罚,并将处罚结果通知总机构所在地主管税务机关。

(4) 汇总纳税企业预缴申报时,总机构除报送企业所得税预缴申报表和企业当期财务报表外,还应报送汇总纳税企业分支机构所得税分配表和各分支机构上一年度的年度财务报表(或年度财务状况和营业收支情况);分支机构除报送企业所得税预缴申报表(只填列部分项目)外,还应报送经总机构所在地主管税务机关受理的汇总纳税企业分支机构所得税分配表。

在一个纳税年度内,各分支机构上一年度的年度财务报表(或年度财务状况和营业收支情况)原则上只需要报送一次。

(5) 汇总纳税企业应当自年度终了之日起5个月内,由总机构汇总计算企业年度应纳所得税额,扣除总机构和各分支机构已预缴的税款,计算出应缴应退税款,按照《跨地区经营汇总纳税企业所得税征收管理办法》(国家税务总局公告 2012 年第 57 号)规定的税款分摊方法计算总机构和分支机构的企业所得税应缴应退税款,分别由总机构和分支机构就地办理税款缴库或退库。

汇总纳税企业在纳税年度内预缴企业所得税税款少于全年应缴企业所得税税款的,应在汇算清缴期内由总、分机构分别结清应缴的企业所得税税款;预缴税款超过应缴税款的,主管税务机关应及时按有关规定分别办理退税。

注:纳税人在纳税年度内预缴企业所得税税款超过汇算清缴应纳税款的,纳税人应及时申请退税,主管税务机关应及时按有关规定办理退税,不再抵缴其下一年度应缴企业所得税税款。[《国家税务总局关于企业所得税年度汇算清缴有关事项的公告》(国家税务总局公告 2021 年第 34 号,2021 年 12 月 31 日,适用于 2021 年度及以后年度企业所得税汇算清缴)]

(6) 汇总纳税企业汇算清缴时,总机构除报送企业所得税年度纳税申报表和年度财务报表外,还应报送汇总纳税企业分支机构所得税分配表、各分支机构的年度财务报表和各分支机构参与企业年度纳税调整情况的说明;分支机构除报送企业所得税年度纳税申报表(只填列部分项目)外,还应报送经总机构所在地主管税务机关受理的汇总纳税企业分支机构所得税分配表、分支机构的年度财务报表(或年度财务状况和营业收支情况)和分支机构参与企业年度纳税调整情况的说明。

分支机构参与企业年度纳税调整情况的说明,可参照企业所得税年度纳税申报表附表"纳税调整项目明细表"中列明的项目进行说明,涉及需由总机构统一计算调整的项目不进行说明。

(7) 分支机构未按规定报送经总机构所在地主管税务机关受理的汇总纳税企业分支机构所得税分配表,分支机构所在地主管税务机关应责成该分支机构在申报期内报送,同时提请总机构所在地主管税务机关督促总机构按照规定提供上述分配表;分支机构在申报期内不提供的,由分支机构所在地主管税务机关对分支机构按照《税收征管法》的有关规定予以处罚;属于总机构未向分支机构提供分配表的,分支机构所在地主管税务机关还应提请总机构所在地主管税务机关对总机构按照《税收征管法》的有关规定予以处罚。

3. 总分机构分摊税款的计算

(1) 总机构按以下公式计算分摊税款:

$$\text{总机构分摊税款} = \text{汇总纳税企业当期应纳所得税额} \times 50\%$$

(2) 分支机构按以下公式计算分摊税款:

$$\text{所有分支机构分摊税款总额} = \text{汇总纳税企业当期应纳所得税额} \times 50\%$$

$$\text{某分支机构分摊税款} = \text{所有分支机构分摊税款总额} \times \text{该分支机构分摊比例}$$

(3) 总机构应按照上年度分支机构的营业收入、职工薪酬和资产总额三个因素计算各分支机构分摊所得税款的比例;三级及以下分支机构,其营业收入、职工薪酬和资产总额统一计入二级分支机构;三因素的权重依次为 0.35、0.35、0.30。

计算公式如下:

某分支机构分摊比例=(该分支机构营业收入/各分支机构营业收入之和)×0.35+(该分支机构职工薪酬/各分支机构职工薪酬之和)×0.35+(该分支机构资产总额/

各分支机构资产总额之和)×0.30

分支机构分摊比例按上述方法一经确定后,除出现《跨地区经营汇总纳税企业所得税征收管理办法》(国家税务总局公告2012年第57号印发)第五条第(四)项*和第十六条第二、三款**情形外,当年不作调整。

*注:"当年撤销的二级分支机构,自办理注销税务登记之日所属企业所得税预缴期间起,不就地分摊缴纳企业所得税"。

**注:"汇总纳税企业当年由于重组等原因从其他企业取得重组当年之前已存在的二级分支机构,并作为本企业二级分支机构管理的,该二级分支机构不视同当年新设立的二级分支机构,按本办法规定计算分摊并就地缴纳企业所得税。

汇总纳税企业内就地分摊缴纳企业所得税的总机构、二级分支机构之间,发生合并、分立、管理层级变更等形成的新设或存续的二级分支机构,不视同当年新设立的二级分支机构,按本办法规定计算分摊并就地缴纳企业所得税。"

(4)总机构设立具有主体生产经营职能的部门,且该部门的营业收入、职工薪酬和资产总额与管理职能部门分开核算的,可将该部门视同一个二级分支机构,按规定计算分摊并就地缴纳企业所得税;该部门与管理职能部门的营业收入、职工薪酬和资产总额不能分开核算的,该部门不得视同一个二级分支机构,不得计算分摊并就地缴纳企业所得税。

汇总纳税企业当年由于重组等原因从其他企业取得重组当年之前已存在的二级分支机构,并作为本企业二级分支机构管理的,该二级分支机构不视同当年新设立的二级分支机构,按规定计算分摊并就地缴纳企业所得税。

汇总纳税企业内就地分摊缴纳企业所得税的总机构、二级分支机构之间,发生合并、分立、管理层级变更等形成的新设或存续的二级分支机构,不视同当年新设立的二级分支机构,按规定计算分摊并就地缴纳企业所得税。

(5)所称分支机构营业收入,是指分支机构销售商品、提供劳务、让渡资产使用权等日常经营活动实现的全部收入。其中,生产经营企业分支机构营业收入是指生产经营企业分支机构销售商品、提供劳务、让渡资产使用权等取得的全部收入。金融企业分支机构营业收入是指金融企业分支机构取得的利息、手续费、佣金等全部收入。保险企业分支机构营业收入是指保险企业分支机构取得的保费等全部收入。

所称分支机构职工薪酬,是指分支机构为获得职工提供的服务而给予各种形式的报酬以及其他相关支出。

所称分支机构资产总额,是指分支机构在经营活动中实际使用的应归属于该分支机构的资产合计额。

所称上年度分支机构的营业收入、职工薪酬和资产总额,是指分支机构上年度全年的营业收入、职工薪酬数据和上年度12月31日的资产总额数据,是依照国家统一会计制度的规定核算的数据。

一个纳税年度内,总机构首次计算分摊税款时采用的分支机构营业收入、职工薪酬和资产总额数据,与此后经过中国注册会计师审计确认的数据不一致的,不作调整。

(6)对于按照税收法律、法规和其他规定,总机构和分支机构处于不同税率地区的,先由总机构统一计算全部应纳税所得额,然后按《跨地区经营汇总纳税企业所得税征收管理办法》(国家税务总局公告2012年57号)第六条规定的比例和按第十五条计算的分摊比例,计算划分不同税率地区机构的应纳税所得额,再分别按各自的适用税率计算应纳税额后加总计算出汇总纳税企业的应纳所得税总额,最后按《跨地区经营汇总纳税企业所得税征收管理办法》(国家税务总局公告2012年第57号)第六条规定的比例和按第十五条计算的分摊比例,向总机构和分支机构分摊就地缴纳的企业所得税款。

(7)分支机构所在地主管税务机关应根据经总机构所在地主管税务机关受理的汇总纳税企业分支机构所得税分配表、分支机构的年度财务报表(或年度财务状况和营业收支情况)等,对其主管分支机构计算分摊税款比例的三个因素、计算的分摊税款比例和应分摊缴纳的所得税税款进行查验核对；对查验项目有异议的，应于收到汇总纳税企业分支机构所得税分配表后30日内向企业总机构所在地主管税务机关提出书面复核建议，并附送相关数据资料。

总机构所在地主管税务机关必须于收到复核建议后30日内，对分摊税款的比例进行复核，作出调整或维持原比例的决定，并将复核结果函复分支机构所在地主管税务机关。分支机构所在地主管税务机关应执行总机构所在地主管税务机关的复核决定。

总机构所在地主管税务机关未在规定时间内复核并函复复核结果的，上级税务机关应对总机构所在地主管税务机关按照有关规定进行处理。

复核期间，分支机构应先按总机构确定的分摊比例申报缴纳税款。

(8)汇总纳税企业未按照规定准确计算分摊税款，造成总机构与分支机构之间同时存在一方(或几方)多缴另一方(或几方)少缴税款的，其总机构或分支机构分摊缴纳的企业所得税低于按《跨地区经营汇总纳税企业所得税征收管理办法》(国家税务总局公告2012年第57号)规定计算分摊的数额的，应在下一税款缴纳期内，由总机构将按《跨地区经营汇总纳税企业所得税征收管理办法》规定计算分摊的税款差额分摊到总机构或分支机构补缴；其总机构或分支机构就地缴纳的企业所得税高于按《跨地区经营汇总纳税企业所得税征收管理办法》(国家税务总局公告2012年第57号)规定计算分摊的数额的，应在下一税款缴纳期内，由总机构将按本办法规定计算分摊的税款差额从总机构或分支机构的分摊税款中扣减。

4. 日常管理

(1)汇总纳税企业总机构和分支机构应依法办理税务登记，接受所在地主管税务机关的监督和管理。

(2)总机构应将其所有二级及以下分支机构信息报其所在地主管税务机关备案，内容包括分支机构名称、层级、地址、邮编、纳税人识别号及企业所得税主管税务机关名称、地址和邮编。

分支机构应将其总机构、上级分支机构和下属分支机构信息报其所在地主管税务机关备案，内容包括总机构、上级机构和下属分支机构名称、层级、地址、邮编、纳税人识别号及企业所得税主管税务机关名称、地址和邮编。

上述备案信息发生变化的，除另有规定外，应在内容变化后30日内报总机构和分支机构所在地主管税务机关备案，并办理变更税务登记。

分支机构注销税务登记后15日内，总机构应将分支机构注销情况报所在地主管税务机关备案，并办理变更税务登记。

(3)以总机构名义进行生产经营的非法人分支机构，无法提供汇总纳税企业分支机构所得税分配表，应在预缴申报期内向其所在地主管税务机关报送非法人营业执照(或登记证书)的复印件、由总机构出具的二级及以下分支机构的有效证明和支持有效证明的相关材料(包括总机构拨款证明、总分机构协议或合同、公司章程、管理制度等)，证明其二级及以下分支机构身份。

二级及以下分支机构所在地主管税务机关应对二级及以下分支机构进行审核鉴定，对应按规定就地分摊缴纳企业所得税的二级分支机构，应督促其及时就地缴纳企业所得税。

(4)以总机构名义进行生产经营的非法人分支机构，无法提供汇总纳税企业分支机构所得税分配表，也无法提供《跨地区经营汇总纳税企业所得税征收管理办法》(国家税务总局公告2012年第57号)第二十三条规定相关证据证明其二级及以下分支机构身份的，应视同独立纳税人计算并就地缴纳企业所得税，不执行该办法的相关规定。

按上款规定视同独立纳税人的分支机构，其独立纳税人身份一个年度内不得变更。

(5)汇总纳税企业发生的资产损失，应按以下规定申报扣除：

① 总机构及二级分支机构发生的资产损失，除应按专项申报和清单申报的有关规定各自向所在地主管税务机关申报外，二级分支机

构还应同时上报总机构;三级及以下分支机构发生的资产损失不需向所在地主管税务机关申报,应并入二级分支机构,由二级分支机构统一申报。

② 总机构对各分支机构上报的资产损失,除税务机关另有规定外,应以清单申报的形式向所在地主管税务机关申报。

③ 总机构将分支机构所属资产捆绑打包转让所发生的资产损失,由总机构向所在地主管税务机关专项申报。

二级分支机构所在地主管税务机关应对二级分支机构申报扣除的资产损失强化后续管理。

(6) 对于按照税收法律、法规和其他规定,由分支机构所在地主管税务机关管理的企业所得税优惠事项,分支机构所在地主管税务机关应加强审批(核)备案管理,并通过评估、检查和台账管理等手段,加强后续管理。

(7) 总机构所在地主管税务机关应加强对汇总纳税企业申报缴纳企业所得税的管理,可以对企业自行实施税务检查,也可以与二级分支机构所在地主管税务机关联合实施税务检查。

总机构所在地主管税务机关应对查实项目按照《企业所得税法》的规定统一计算查增的应纳税所得额和应纳税额。

总机构应将查补所得税款(包括滞纳金、罚款,下同)的50%按照本办法规定计算的分摊比例,分摊给各分支机构[不包括《跨地区经营汇总纳税企业所得税征收管理暂行办法》(国家税务总局公告2012年第57号)第五条规定的分支机构*]缴纳,各分支机构根据分摊查补税款就地办理缴库;50%分摊给总机构缴纳,其中25%就地办理缴库,25%就地全额缴入中央国库。具体的税款缴库程序按照《财政部 国家税务总局中国人民银行关于印发〈跨省市总分机构企业所得税分配及预算管理办法〉的通知》(财预〔2012〕40号)第五条等相关规定执行。

*注:第五条 以下二级分支机构不就地分摊缴纳企业所得税:

(一) 不具有主体生产经营职能,且在当地不缴纳增值税的产品售后服务、内部研发、仓储等汇总纳税企业内部辅助性的二级分支机构,不就地分摊缴纳企业所得税。

(二) 上年度认定为小型微利企业的,其二级分支机构不就地分摊缴纳企业所得税。

(三) 新设立的二级分支机构,设立当年不就地分摊缴纳企业所得税。

(四) 当年撤销的二级分支机构,自办理注销税务登记之日所属企业所得税预缴期间起,不就地分摊缴纳企业所得税。

(五) 汇总纳税企业在中国境外设立的不具有法人资格的二级分支机构,不就地分摊缴纳企业所得税。

汇总纳税企业缴纳查补所得税款时,总机构应向其所在地主管税务机关报送汇总纳税企业分支机构所得税分配表和总机构所在地主管税务机关出具的税务检查结论,各分支机构也应向其所在地主管税务机关报送经总机构所在地主管税务机关受理的汇总纳税企业分支机构所得税分配表和税务检查结论。

(8) 二级分支机构所在地主管税务机关应配合总机构所在地主管税务机关对其主管二级分支机构实施税务检查,也可以自行对该二级分支机构实施税务检查。

二级分支机构所在地主管税务机关自行对其主管二级分支机构实施税务检查,可对查实项目按照《企业所得税法》的规定自行计算查增的应纳税所得额和应纳税额。

计算查增的应纳税所得额时,应减除允许弥补的汇总纳税企业以前年度亏损;对于需由总机构统一计算的税前扣除项目,不得由分支机构自行计算调整。

二级分支机构应将查补所得税款的50%分摊给总机构缴纳,其中25%就地办理缴库,25%就地全额缴入中央国库;50%分摊给该二级分支机构就地办理缴库。具体的税款缴库程序按照财预〔2012〕40号文件第五条等相关规定执行。

汇总纳税企业缴纳查补所得税款时,总机构应向其所在地主管税务机关报送经二级分支机构所在地主管税务机关受理的汇总纳税企业分支机构所得税分配表和二级分支机构所在地主管税务机关出具的税务检查结论,二级分支机构也应向其所在地主管税务机关报送汇总纳税企业分支机构所得税分配表和税务检查结论。

(9)税务机关应将汇总纳税企业总机构、分支机构的税务登记信息、备案信息、总机构出具的分支机构有效证明情况及分支机构审核鉴定情况、企业所得税月(季)度预缴纳税申报表和年度纳税申报表、汇总纳税企业分支机构所得税分配表、财务报表(或年度财务状况和营业收支情况)企业所得税款入库情况、资产损失情况、税收优惠情况、各分支机构参与企业年度纳税调整情况的说明、税务检查及查补税款分摊和入库情况等信息,定期分省汇总上传至国家税务总局跨地区经营汇总纳税企业管理信息交换平台。

(10)2008年年底之前已成立的汇总纳税企业,2009年起新设立的分支机构,其企业所得税的征管部门应与总机构企业所得税征管部门一致;2009年起新增汇总纳税企业,其分支机构企业所得税的管理部门也应与总机构企业所得税管理部门一致。

(11)自2015年1月1日起,取消"收入全额归属中央的企业下属二级及二级以下分支机构名单的备案审核"的后续管理。

收入全额归属中央的企业(以下简称中央企业)所属二级及二级以下分支机构名单发生变化的,按照以下规定分别向其主管税务机关报送相关资料:

① 中央企业所属二级分支机构名单发生变化的,中央企业总机构应将调整后情况及分支机构变化情况报送主管税务机关。

② 中央企业新增二级及以下分支机构的,二级分支机构应将营业执照和总机构出具的其为二级或二级以下分支机构证明文件,在报送企业所得税预缴申报表时,附送其主管税务机关。

新增的三级及以下分支机构,应将营业执照和总机构出具的其为三级或三级以下分支机构证明文件,报送其主管税务机关。

③ 中央企业撤销(注销)二级及以下分支机构的,被撤销分支机构应当按照《税收征管法》规定办理注销手续。二级分支机构应将撤销(注销)二级及以下分支机构情况报送其主管税务机关。

主管税务机关应根据中央企业二级及以下分支机构变更备案情况,及时调整完善税收管理信息。

(12)自2015年1月1日起,取消"汇总纳税企业组织结构变更审核"的后续管理。

汇总纳税企业改变组织结构的,总机构和相关二级分支机构应于组织结构改变后30日内,将组织结构变更情况报告主管税务机关。总机构所在省税务局按照《国家税务总局关于印发〈跨地区经营汇总纳税企业所得税征收管理办法〉的公告》(国家税务总局公告2012年第57号)第二十九条规定,将汇总纳税企业组织结构变更情况上传至企业所得税汇总纳税信息管理系统。

废止国家税务总局公告2012年第57号文件第二十四条第三款"汇总纳税企业以后年度改变组织结构的,该分支机构应按本办法第二十三条规定报送相关证据,分支机构所在地主管税务机关重新进行审核鉴定"的规定。

(13)汇总纳税企业不得核定征收企业所得税。

5. 其他相关规定

居民企业在中国境内没有跨地区设立不具有法人资格分支机构,仅在同一省、自治区、直辖市和计划单列市(以下简称"同一地区")内设立不具有法人资格分支机构的,其企业所得税征收管理办法,由各省、自治区、直辖市和计划单列市税务局参照上述规定联合制定。

居民企业在中国境内既跨地区设立不具有法人资格分支机构,又在同一地区内设立不具有法人资格分支机构的,其企业所得税征收管理实行上述规定。

(二)跨地区经营建筑企业

自2010年1月1日起,实行总分机构体制的跨地区经营建筑企业应严格执行国税发

〔2008〕28号文件。

注：2013年1月1日起改按国家税务总局公告2012年第57号文件规定，按照"统一计算，分级管理，就地预缴，汇总清算，财政调库"的办法计算缴纳企业所得税。

建筑企业所属二级或二级以下分支机构直接管理的项目部（包括与项目部性质相同的工程指挥部、合同段等，下同）不就地预缴企业所得税，其经营收入、职工工资和资产总额应汇总到二级分支机构统一核算，由二级分支机构按照规定的办法预缴企业所得税。

建筑企业总机构直接管理的跨地区设立的项目部，应按项目实际经营收入的0.2%按月或按季由总机构向项目所在地预分企业所得税，并由项目部向所在地主管税务机关预缴。

建筑企业总机构应汇总计算企业应纳所得税，按照以下方法进行预缴。

（1）总机构只设跨地区项目部的，扣除已由项目部预缴的企业所得税后，按照其余额就地缴纳。

（2）总机构只设二级分支机构的，按照规定计算总、分支机构应缴纳的税款。

（3）总机构既有直接管理的跨地区项目部，又有跨地区二级分支机构的，先扣除已由项目部预缴的企业所得税后，再按照规定计算总、分支机构应缴纳的税款。

建筑企业总机构应按照有关规定办理企业所得税年度汇算清缴，各分支机构和项目部不进行汇算清缴。总机构年终汇算清缴后应纳所得税额小于已预缴的税款时，由总机构主管税务机关办理退税或抵扣以后年度的应缴企业所得税。

跨地区经营的项目部（包括二级以下分支机构管理的项目部）应向项目所在地主管税务机关出具总机构所在地主管税务机关开具的《外出经营活动税收管理证明》，未提供上述证明的，项目部所在地主管税务机关应督促其限期补办；不能提供上述证明的，应作为独立纳税人就地缴纳企业所得税。同时，项目部应向所在地主管税务机关提供总机构出具的证明该项目部属于总机构或二级分支机构管理的证明文件。

注：自2017年10月30日起，纳税人跨省（自治区、直辖市和计划单列市）临时从事生产经营活动的，不再开具《外出经营活动税收管理证明》，改向机构所在地的税务机关填报《跨区域涉税事项报告表》。纳税人在省（自治区、直辖市和计划单列市）内跨县（市）临时从事生产经营活动的，是否实施跨区域涉税事项报验管理由各省（自治区、直辖市和计划单列市）税务机关自行确定。

建筑企业总机构在办理企业所得税预缴和汇算清缴时，应附送其所直接管理的跨地区经营项目部就地预缴税款的完税证明。

建筑企业在同一省、自治区、直辖市和计划单列市设立的跨地（市、县）项目部，其企业所得税的征收管理办法，由各省、自治区、直辖市和计划单列市税务局共同制定，并报国家税务总局备案。

三、合伙企业所得税的征管

（一）合伙企业所得税

自2008年1月1日起，合伙企业缴纳的所得税按下列规定处理，此前规定与下列规定有抵触的，以下列规定为准。

1. 纳税义务人

合伙企业以每一个合伙人为纳税义务人。合伙企业合伙人是自然人的，缴纳个人所得税；合伙人是法人和其他组织的，缴纳企业所得税。

2. 生产经营所得和其他所得采取"先分后税"的原则

合伙企业生产经营所得和其他所得采取"先分后税"的原则。

具体应纳税所得额的计算按照《财政部 国家税务总局关于个人独资企业和合伙企业投资者征收个人所得税的规定》（财税〔2000〕91号）等有关规定执行。

上述生产经营所得和其他所得，包括合伙企业分配给所有合伙人的所得和企业当年留存的所得（利润）。

3. 应纳税所得额的确定原则

合伙企业的合伙人按照下列原则确定应纳税所得额。

（1）合伙企业的合伙人以合伙企业的生产

经营所得和其他所得,按照合伙协议约定的分配比例确定应纳税所得额。

(2)合伙协议未约定或者约定不明确的,以全部生产经营所得和其他所得,按照合伙人协商决定的分配比例确定应纳税所得额。

(3)协商不成的,以全部生产经营所得和其他所得,按照合伙人实缴出资比例确定应纳税所得额。

(4)无法确定出资比例的,以全部生产经营所得和其他所得,按照合伙人数量平均计算每个合伙人的应纳税所得额。

合伙协议不得约定将全部利润分配给部分合伙人。

4. 不得用合伙企业的亏损抵减其盈利

合伙企业的合伙人是法人和其他组织的,合伙人在计算其缴纳企业所得税时,不得用合伙企业的亏损抵减其盈利。

(二)有限合伙制创业投资企业法人合伙人企业所得税

有限合伙制创业投资企业是指依照《中华人民共和国合伙企业法》《创业投资企业管理暂行办法》(国家发展和改革委员会令第39号)和《外商投资创业投资企业管理规定》(外经贸部 科技部 工商总局 税务总局 外汇管理局令2003年第2号)设立的专门从事创业投资活动的有限合伙企业。

有限合伙制创业投资企业的法人合伙人,是指依照《企业所得税法》及其实施条例以及相关规定,实行查账征收企业所得税的居民企业。

自2015年10月1日起,有限合伙制创业投资企业采取股权投资方式投资于未上市的中小高新技术企业满2年(24个月,下同)的,其法人合伙人可按照对未上市中小高新技术企业投资额的70%抵扣该法人合伙人从该有限合伙制创业投资企业分得的应纳税所得额,当年不足抵扣的,可以在以后纳税年度结转抵扣。所称满2年是指2015年10月1日起,有限合伙制创业投资企业投资于未上市中小高新技术企业的实缴投资满2年,同时,法人合伙人对该有限合伙制创业投资企业的实缴出资也应满2年。如果

法人合伙人投资于多个符合条件的有限合伙制创业投资企业,可合并计算其可抵扣的投资额和应分得的应纳税所得额。当年不足抵扣的,可结转以后纳税年度继续抵扣;当年抵扣后有结余的,应按照企业所得税法的规定计算缴纳企业所得税。

有限合伙制创业投资企业的法人合伙人对未上市中小高新技术企业的投资额,按照有限合伙制创业投资企业对中小高新技术企业的投资额和合伙协议约定的法人合伙人占有限合伙制创业投资企业的出资比例计算确定。其中,有限合伙制创业投资企业对中小高新技术企业的投资额按实缴投资额计算;法人合伙人占有限合伙制创业投资企业的出资比例按法人合伙人对有限合伙制创业投资企业的实缴出资额占该有限合伙制创业投资企业的全部实缴出资额的比例计算。

有限合伙制创业投资企业应纳税所得额的确定及分配,按照《财政部 国家税务总局关于合伙企业合伙人所得税问题的通知》(财税〔2008〕159号)相关规定执行。

有限合伙制创业投资企业法人合伙人符合享受优惠条件的,应在符合条件的年度终了后3个月内向其主管税务机关报送《有限合伙制创业投资企业法人合伙人应纳税所得额分配情况明细表》。

法人合伙人向其所在地主管税务机关备案享受投资抵扣应纳税所得额时,应提交《法人合伙人应纳税所得额抵扣情况明细表》以及有限合伙制创业投资企业所在地主管税务机关受理后的《有限合伙制创业投资企业法人合伙人应纳税所得额分配情况明细表》,同时将《国家税务总局关于实施创业投资企业所得税优惠问题的通知》(国税发〔2009〕87号)规定报送的备案资料留存备查。

四、房地产开发经营业务的企业所得税处理

企业房地产开发经营业务,是指包括土地的开发,建造、销售住宅、商业用房以及其他建

筑物、附着物、配套设施等开发产品的一系列经营活动。

在中国境内从事房地产开发经营业务的企业，除土地开发之外，其他开发产品符合下列条件之一的，应视为已经完工。

（1）开发产品竣工证明材料已报房地产管理部门备案。

（2）开发产品已开始投入使用。

（3）开发产品已取得了初始产权证明。

（一）收入的税务处理

（1）开发产品销售收入的范围为销售开发产品过程中取得的全部价款，包括现金、现金等价物及其他经济利益。企业代有关部门、单位和企业收取的各种基金、费用和附加等，凡纳入开发产品价内或由企业开具发票的，应按规定全部确认为销售收入；未纳入开发产品价内并由企业之外的其他收取部门、单位开具发票的，可作为代收代缴款项进行管理。

（2）企业通过正式签订《房地产销售合同》或《房地产预售合同》所取得的收入，应确认为销售收入的实现，具体按以下规定确认。

① 采取一次性全额收款方式销售开发产品的，应于实际收讫价款或取得索取价款凭据（权利）之日，确认收入的实现。

② 采取分期收款方式销售开发产品的，应按销售合同或协议约定的价款和付款日确认收入的实现。付款方提前付款的，在实际付款日确认收入的实现。

③ 采取银行按揭方式销售开发产品的，应按销售合同或协议约定的价款确定收入额，其首付款应于实际收到日确认收入的实现，余款在银行按揭贷款办理转账之日确认收入的实现。

④ 采取委托方式销售开发产品的，应按以下原则确认收入的实现：

A. 采取支付手续费方式委托销售开发产品的，应按销售合同或协议中约定的价款于收到受托方已销开发产品清单之日确认收入的实现。

B. 采取视同买断方式委托销售开发产品的，属于企业与购买方签订销售合同或协议，或企业、受托方、购买方三方共同签订销售合同或协议的，如果销售合同或协议中约定的价格高于买断价格，则应按销售合同或协议中约定的价格计算的价款于收到受托方已销开发产品清单之日确认收入的实现；如果属于前两种情况中销售合同或协议中约定的价格低于买断价格，以及属于受托方与购买方签订销售合同或协议的，则应按买断价格计算的价款于收到受托方已销开发产品清单之日确认收入的实现。

C. 采取基价（保底价）并实行超基价双方分成方式委托销售开发产品的，属于由企业与购买方签订销售合同或协议，或企业、受托方、购买方三方共同签订销售合同或协议的，如果销售合同或协议中约定的价格高于基价，则应按销售合同或协议中约定的价格计算的价款于收到受托方已销开发产品清单之日确认收入的实现，企业按规定支付受托方的分成额，不得直接从销售收入中减除；如果销售合同或协议约定的价格低于基价，则应按基价计算的价款于收到受托方已销开发产品清单之日确认收入的实现。属于由受托方与购买方直接签订销售合同的，则应按基价加上按规定取得的分成额于收到受托方已销开发产品清单之日确认收入的实现。

D. 采取包销方式委托销售开发产品的，包销期内可根据包销合同的有关约定，参照上述A至C项规定确认收入的实现；包销期满后尚未出售的开发产品，企业应根据包销合同或协议约定的价款和付款方式确认收入的实现。

（3）企业将开发产品用于捐赠、赞助、职工福利、奖励、对外投资、分配给股东或投资人、抵偿债务、换取其他企事业单位和个人的非货币性资产等行为，应视同销售，于开发产品所有权或使用权转移，或于实际取得利益权利时确认收入（或利润）的实现。确认收入（或利润）的方法和顺序为：

① 按本企业近期或本年度最近月份同类开发产品市场销售价格确定。

② 由主管税务机关参照当地同类开发产品市场公允价值确定。

③ 按开发产品的成本利润率确定。开发产品的成本利润率不得低于15%,具体比例由主管税务机关确定。

(4) 企业销售未完工开发产品的计税毛利率由各省、自治区、直辖市税务局按下列规定进行确定:

① 开发项目位于省、自治区、直辖市和计划单列市人民政府所在地城市城区和郊区的,不得低于15%。

② 开发项目位于地级市城区及郊区的,不得低于10%。

③ 开发项目位于其他地区的,不得低于5%。

④ 属于经济适用房、限价房和危改房的,不得低于3%。

(5) 企业销售未完工开发产品取得的收入,应先按预计计税毛利率分季(或月)计算出预计毛利额,计入当期应纳税所得额。开发产品完工后,企业应及时结算其计税成本并计算此前销售收入的实际毛利额,同时将其实际毛利额与其对应的预计毛利额之间的差额,计入当年度企业本项目与其他项目合并计算的应纳税所得额。

在年度纳税申报时,企业须出具对该项开发产品实际毛利额与预计毛利额之间差异调整情况的报告以及税务机关需要的其他相关资料。

(6) 企业新建的开发产品在尚未完工或办理房地产初始登记、取得产权证前,与承租人签订租赁预约协议的,自开发产品交付承租人使用之日起,出租方取得的预租价款按租金确认收入的实现。

(二) 成本、费用扣除的税务处理

(1) 企业在进行成本、费用的核算与扣除时,必须按规定区分期间费用和开发产品计税成本、已销开发产品计税成本与未销开发产品计税成本。

(2) 企业发生的期间费用、已销开发产品计税成本、税金及附加、土地增值税准予当期按规定扣除。

(3) 开发产品计税成本的核算应按有关计税成本核算方法的规定进行处理。

(4) 已销开发产品的计税成本,按当期已实现销售的可售面积和可售面积单位工程成本确认。可售面积单位工程成本和已销开发产品的计税成本按下列公式计算确定:

$$\text{可售面积单位工程成本} = \text{成本对象总成本} \div \text{成本对象总可售面积}$$

$$\text{已销开发产品的计税成本} = \text{已实现销售的可售面积} \times \text{可售面积单位工程成本}$$

(5) 企业对尚未出售的已完工开发产品和按照有关法律、法规或合同规定对已售开发产品(包括共用部位、共用设施设备)进行日常维护、保养、修理等实际发生的维修费用,准予在当期据实扣除。

(6) 企业将已计入销售收入的共用部位、共用设施设备维修基金按规定移交给有关部门、单位的,应于移交时扣除。

(7) 企业在开发区内建造的会所、物业管理场所、电站、热力站、水厂、文体场馆、幼儿园等配套设施,按以下规定进行处理:

① 属于非营利性且产权属于全体业主的,或无偿赠与地方政府、公用事业单位的,可将其视为公共配套设施,其建造费用按公共配套设施费的有关规定进行处理。

② 属于营利性的,或产权归企业所有的,或未明确产权归属的,或无偿赠与地方政府、公用事业单位以外的其他单位的,应当单独核算其成本。除企业自用应按建造固定资产进行处理外,其他一律按建造开发产品进行处理。

(8) 企业在房地产开发区内建造的邮电通讯、学校、医疗设施应单独核算成本,其中,由企业与国家有关业务管理部门、单位合资建设,完工后有偿移交的,国家有关业务管理部门、单位给予的经济补偿可直接抵扣该项目的建造成本,抵扣后的差额应调整当期应纳税所得额。

(9) 企业采取银行按揭方式销售开发产品,凡约定企业为购买方的按揭贷款提供担保的,其销售开发产品时向银行提供的保证金（担保金）不得从销售收入中减除，也不得作为费用在当期税前扣除，但实际发生损失时可据实扣除。

（10）企业委托境外机构销售开发产品的，其支付境外机构的销售费用（含佣金或手续费）不超过委托销售收入 10% 的部分，准予据实扣除。

（11）企业的利息支出按以下规定进行处理：

① 企业为建造开发产品借入资金而发生的符合税收规定的借款费用，可按企业会计准则的规定进行归集和分配，其中属于财务费用性质的借款费用，可直接在税前扣除。

② 企业集团或其成员企业统一向金融机构借款分摊集团内部其他成员企业使用的，借入方凡能出具从金融机构取得借款的证明文件，可以在使用借款的企业间合理地分摊利息费用，使用借款的企业分摊的合理利息准予在税前扣除。

（12）企业因国家无偿收回土地使用权而形成的损失，可作为财产损失按有关规定在税前扣除。

（13）企业开发产品（以成本对象为计量单位）整体报废或毁损，其净损失按有关规定审核确认后准予在税前扣除。

（14）企业开发产品转为自用的，其实际使用时间累计未超过 12 个月又销售的，不得在税前扣除折旧费用。

（三）计税成本的核算方法

（1）计税成本是指企业在开发、建造开发产品（包括固定资产，下同）过程中所发生的按照税收规定进行核算与计量的应归入某项成本对象的各项费用。

（2）成本对象是指为归集和分配开发产品开发、建造过程中的各项耗费而确定的费用承担项目。

计税成本对象的确定原则如表 5-16 所示。

房地产开发企业应依据计税成本对象确定原则确定已完工开发产品的成本对象，并就确定原则、依据，共同成本分配原则、方法，以及开发项目基本情况、开发计划等出具专项报告，在开发产品完工当年企业所得税年度纳税申报时，随同《企业所得税年度纳税申报表》一并报送主管税务机关。

房地产开发企业将已确定的成本对象报送主管税务机关后，不得随意调整或相互混淆。如确需调整成本对象的，应就调整的原因、依据和调整前后成本变化情况等出具专项报告，在调整当年企业所得税年度纳税申报时报送主管税务机关。

（3）开发产品计税成本支出的内容如表 5-17 所示。

表 5-16 计税成本对象的确定原则

可否销售原则	开发产品能够对外经营销售的，应作为独立的计税成本对象进行成本核算；不能对外经营销售的，可先作为过渡性成本对象进行归集，然后再将其相关成本摊入能够对外经营销售的成本对象
功能区分原则	开发项目某组成部分相对独立，且具有不同使用功能时，可以作为独立的成本对象进行核算
定价差异原则	开发产品因其产品类型或功能不同等而导致其预期售价存在较大差异的，应分别作为成本对象进行核算
成本差异原则	开发产品因建筑上存在明显差异可能导致其建造成本出现较大差异的，要分别作为成本对象进行核算
权益区分原则	开发项目属于受托代建的或多方合作开发的，应结合上述原则分别划分成本对象进行核算

表 5-17 开发产品计税成本支出的内容

土地征用费及拆迁补偿费	指为取得土地开发使用权（或开发权）而发生的各项费用，主要包括土地买价或出让金、大市政配套费、契税、耕地占用税、土地使用费、土地闲置费、土地变更用途和超面积补缴的地价及相关税费、拆迁补偿支出、安置及动迁支出、回迁房建造支出、农作物补偿费、危房补偿费等
前期工程费	指项目开发前期发生的水文地质勘察、测绘、规划、设计、可行性研究、筹建、场地通平等前期费用
建筑安装工程费	指开发项目开发过程中发生的各项建筑安装费用。主要包括开发项目建筑工程费和开发项目安装工程费等

(续表)

基础设施建设费	指开发项目在开发过程中所发生的各项基础设施支出,主要包括开发项目内道路、供水、供电、供气、排污、排洪、通信、照明等社区管网工程费和环境卫生、园林绿化等园林环境工程费
公共配套设施费	指开发项目内发生的、独立的、非营利性的,且产权属于全体业主的,或无偿赠与地方政府、政府公用事业单位的公共配套设施支出
开发间接费	指企业为直接组织和管理开发项目所发生的,且不能将其归属于特定成本对象的成本费用性支出。主要包括管理人员工资、职工福利费、折旧费、修理费、办公费、水电费、劳动保护费、工程管理费、周转房摊销以及项目营销设施建造费等

(4) 企业计税成本核算的一般程序如下。

① 对当期实际发生的各项支出,按其性质、经济用途及发生的地点、时间区进行整理、归类,并将其区分为应计入成本对象的成本和应在当期税前扣除的期间费用,同时还应按规定对有关预提费用和待摊费用进行计量与确认。

② 对应计入成本对象中的各项实际支出、预提费用、待摊费用等合理地划分为直接成本、间接成本和共同成本,并按规定将其合理地归集、分配至已完工成本对象、在建成本对象和未建成本对象。

③ 对期前已完工成本对象应负担的成本费用按已销开发产品、未销开发产品和固定资产进行分配,其中应由已销开发产品负担的部分,在当期纳税申报时进行扣除,未销开发产品应负担的成本费用待其实际销售时再予扣除。

④ 对本期已完工成本对象分类为开发产品和固定资产并对其计税成本进行结算

其中属于开发产品的,应按可售面积计算其单位工程成本,据此再计算已销开发产品计税成本和未销开发产品计税成本。对本期已销开发产品的计税成本,准予在当期扣除,未销开发产品计税成本待其实际销售时再予扣除。

⑤ 对本期未完工和尚未建造的成本对象应当负担的成本费用,应分别建立明细台账,待开发产品完工后再予结算。

(5) 企业开发、建造的开发产品应按制造成本法进行计量与核算。其中,应计入开发产品成本中的费用属于直接成本和能够分清成本对象的间接成本,直接计入成本对象,共同成本和不能分清负担对象的间接成本,应按受益的原则和配比的原则分配至各成本对象,具体分配方法可按表5-18规定选择其一。

表5-18 具体分配方法

占地面积法	指按已动工开发成本对象占地面积占开发用地总面积的比例进行分配。 (1) 一次性开发的。 按某一成本对象占地面积占全部成本对象占地总面积的比例进行分配。 (2) 分期开发的。 首先按本期全部成本对象占地面积占开发用地总面积的比例进行分配,然后再按某一成本对象占地面积占期内全部成本对象占地总面积的比例进行分配。期内全部成本对象应负担的占地面积为期内开发用地占地面积减除应由各期成本对象共同负担的占地面积
建筑面积法	指按已动工开发成本对象建筑面积占开发用地总建筑面积的比例进行分配。 (1) 一次性开发的。 按某一成本对象建筑面积占全部成本对象建筑面积的比例进行分配。 (2) 分期开发的。 首先按期内成本对象建筑面积占开发用地计划建筑面积的比例进行分配,然后再按某一成本对象建筑面积占期内成本对象总建筑面积的比例进行分配
直接成本法	指按期内某一成本对象的直接开发成本占期内全部成本对象直接开发成本的比例进行分配
预算造价法	指按期内某一成本对象预算造价占期内全部成本对象预算造价的比例进行分配

(6) 企业下列成本应按以下方法进行分配:

① 土地成本,一般按占地面积法进行分配。如果确需结合其他方法进行分配,应商税务机关同意。

土地开发同时联结房地产开发的,属于一次性取得土地分期开发房地产的情况,其土地开发成本经商税务机关同意后可先按土地整体预算成本进行分配,待土地整体开发完毕再行调整。

② 单独作为过渡性成本对象核算的公共配

套设施开发成本,应按建筑面积法进行分配。

③ 借款费用属于不同成本对象共同负担的,按直接成本法或按预算造价法进行分配。

④ 其他成本项目的分配法由企业自行确定。

(7) 企业以非货币交易方式取得土地使用权的,应按下列规定确定其成本。

① 企业、单位以换取开发产品为目的,将土地使用权投资企业的,按下列规定进行处理:

A. 换取的开发产品如为该项土地开发、建造的,接受投资的企业在接受土地使用权时暂不确认其成本,待首次分出开发产品时,再按应分出开发产品(包括首次分出的和以后应分出的)的市场公允价值和土地使用权转移过程中应支付的相关税费计算确认该项土地使用权的成本。如涉及补价,土地使用权的取得成本还应加上应支付的补价款或减除应收到的补价款。

B. 换取的开发产品如为其他土地开发、建造的,接受投资的企业在投资交易发生时,按应付出开发产品市场公允价值和土地使用权转移过程中应支付的相关税费计算确认该项土地使用权的成本。如涉及补价,土地使用权的取得成本还应加上应支付的补价款或减除应收到的补价款。

② 企业、单位以股权的形式,将土地使用权投资企业的,接受投资的企业应在投资交易发生时,按该项土地使用权的市场公允价值和土地使用权转移过程中应支付的相关税费计算确认该项土地使用权的取得成本。如涉及补价,土地使用权的取得成本还应加上应支付的补价款或减除应收到的补价款。

(8) 除以下几项预提(应付)费用外,计税成本均应为实际发生的成本。

① 出包工程未最终办理结算而未取得全额发票的,在证明资料充分的前提下,其发票不足金额可以预提,但最高不得超过合同总金额的10%。

② 公共配套设施尚未建造或尚未完工的,可按预算造价合理预提建造费用。此类公共配套设施必须符合已在售房合同、协议或广告、模型中明确承诺建造且不可撤销,或按照法律、法规规定必须配套建造的条件。

③ 应向政府上缴但尚未上缴的报批报建费用、物业完善费用可以按规定预提。物业完善费用是指按规定应由企业承担的物业管理基金、公建维修基金或其他专项基金。

⑨ 企业单独建造的停车场所,应作为成本对象单独核算。利用地下基础设施形成的停车场所,作为公共配套设施进行处理。

(10) 企业在结算计税成本时其实际发生的支出应当取得但未取得合法凭据的,不得计入计税成本,待实际取得合法凭据时,再按规定计入计税成本。

(11) 开发产品完工以后,企业可在完工年度企业所得税汇算清缴前选择确定计税成本核算的终止日,不得滞后。凡已完工开发产品在完工年度未按规定结算计税成本的,主管税务机关有权确定或核定其计税成本,据此进行纳税调整,并按《税收征管法》的有关规定对其进行处理。

(四) 特定事项的税务处理

(1) 企业以本企业为主体联合其他企业、单位、个人合作或合资开发房地产项目,且该项目未成立独立法人公司的,按下列规定进行处理:

① 凡开发合同或协议中约定向投资各方(即合作方、合资方,下同)分配开发产品的,企业在首次分配开发产品时,如该项目已经结算计税成本,其应分配给投资方开发产品的计税成本与其投资额之间的差额计入当期应纳税所得额;如未结算计税成本,则将投资方的投资额视同销售收入进行相关的税务处理。

② 凡开发合同或协议中约定分配项目利润的,应按以下规定进行处理:

A. 企业应将该项目形成的营业利润额并入当期应纳税所得额统一申报缴纳企业所得税,不得在税前分配该项目的利润。同时,不能因接受投资方投资额而在成本中摊销或在税前扣除相关的利息支出。

B. 投资方取得该项目的营业利润应视同股

息、红利进行相关的税务处理。

(2) 企业以换取开发产品为目的,将土地使用权投资其他企业房地产开发项目的,按以下规定进行处理:

企业应在首次取得开发产品时,将其分解为转让土地使用权和购入开发产品两项经济业务进行所得税处理,并按应从该项目取得的开发产品(包括首次取得的和以后应取得的)的市场公允价值计算确认土地使用权转让所得或损失。

(3) 土地增值税清算涉及企业所得税退税问题处理。

房地产开发企业(以下简称企业)由于土地增值税清算,导致多缴企业所得税的退税按以下规定处理:

① 企业按规定对开发项目进行土地增值税清算后,当年企业所得税汇算清缴出现亏损且有其他后续开发项目的,该亏损应按照税法规定向以后年度结转,用以后年度所得弥补。其中,后续开发项目,是指正在开发以及中标的项目。

② 企业按规定对开发项目进行土地增值税清算后,当年企业所得税汇算清缴出现亏损,且没有后续开发项目的,可以按照以下方法计算出该项目由于土地增值税原因导致的项目开发各年度多缴企业所得税税款,并申请退税:

A. 该项目缴纳的土地增值税总额,应按照该项目开发各年度实现的项目销售收入占整个项目销售收入总额的比例,在项目开发各年度进行分摊,具体按以下公式计算:

各年度应分摊的土地增值税=土地增值税总额×(项目年度销售收入÷整个项目销售收入总额)

公式中的销售收入包括视同销售房地产的收入,但不包括企业销售的增值额未超过扣除项目金额20%的普通标准住宅的销售收入。

B. 该项目各年度应分摊的土地增值税减去该年度已经在企业所得税前扣除的土地增值税后,余额属于当年应补充扣除的土地增值税;企业应调整当年度的应纳税所得额,并按规定计算当年度应退的企业所得税税款;当年度已缴纳的企业所得税税款不足退税的,应作为亏损向以后年度结转,并调整以后年度的应纳税所得额。

C. 按照上述方法进行土地增值税分摊调整后,相应年度应纳税所得额为正数的,应按规定计算缴纳企业所得税。

D. 企业按上述方法计算的累计退税额,不得超过其在该项目开发各年度累计实际缴纳的企业所得税;超过部分作为项目清算年度产生的亏损,向以后年度结转。

③ 企业在申请退税时,应向主管税务机关提供书面材料说明应退企业所得税款的计算过程,包括该项目缴纳的土地增值税总额、项目销售收入总额、项目年度销售收入额、各年度应分摊的土地增值税和已经税前扣除的土地增值税、各年度的适用税率,以及是否存在后续开发项目等情况。

上述规定自2016年12月9日起施行,施行前企业凡已经对土地增值税进行清算且没有后续开发项目的,仍存在尚未弥补的因土地增值税清算导致的亏损,按照上述第②项规定的方法计算多缴企业所得税税款,并申请退税。

【案例5-30】 智董房地产开发公司2022年开发一栋写字楼,相关资料如下:

(1) 取得土地使用权支付土地出让金4 000万元、市政配套设施费600万元,缴纳契税184万元。

(2) 支付前期工程费、建筑安装工程费、基础设施工程费共计6 800万元,支付公共配套设施费400万元。

(3) 写字楼地上建筑面积为12 000平方米,地下配套车位不可售面积为3 000平方米。

(4) 公司采取基价并实行超基价五五分成方式委托代销写字楼面积的80%,每平方米不含税基价为1.9万元,剩余面积办公自用;公司、受托方、购买方三方共同签订销售合同,取得不含税收入19 200万元。

(5) 取得地下车位临时停车费不含税收入18万元。

(6) 发生期间费用1 500万元,缴纳城市维护建设税、教育费附加、城镇土地使用税、印花税、土地增值税等税金及附加共计2 100万元。

【分析】 1. 该公司2022年企业所得税应税收入

（1）采取基价（保底价）并实行超基价双方分成方式委托销售开发产品的，属于由开发企业与购买方签订销售合同或协议，或开发企业、受托方、购买方三方共同签订销售合同或协议的，则应比较销售合同或协议中约定的价格与基价，遵循从高原则，于收到受托方已销开发产品清单之日确认收入的实现。

（2）公司、受托方、购买方三方共同签订销售合同对应的不含税收入19 200万元＞基价＝12 000×80%×1.9＝18 240（万元），故委托代销确认的收入为19 200万元。该公司2022年企业所得税应税收入＝19 200＋18＝19 218（万元）。

2. 该公司2022年企业所得税前应扣除的土地成本（含契税）

该公司2022年企业所得税前应扣除的土地成本（含契税）＝（4 000＋600＋184）×80%＝3 827.2（万元）

3. 该公司2022年企业所得税前应扣除土地成本以外的开发成本

该公司2022年企业所得税前应扣除土地成本以外的开发成本＝（6 800＋400）×80%＝5 760（万元）

4. 该公司2022年应缴纳企业所得税

该公司2022年应缴纳企业所得税＝（19 218－3 827.2－5 760－1 500－2 100）×25%＝1 507.7（万元）

五、境外注册中资控股居民企业所得税管理

为规范和加强对依据实际管理机构标准被认定为居民企业的境外注册中资控股企业的所得税管理，国家税务总局制定了《境外注册中资控股居民企业所得税管理办法（试行）》（国家税务总局公告2011年第45号）。

（1）境外注册中资控股企业（以下简称境外中资企业）是指由中国内地企业或者企业集团作为主要控股投资者，在中国内地以外国家或地区（含中国香港、中国澳门、中国台湾）注册成立的企业。

（2）境外注册中资控股居民企业（以下简称非境内注册居民企业）是指因实际管理机构在中国境内而被认定为中国居民企业的境外注册中资控股企业。

（3）非境内注册居民企业应当按照《企业所得税法》及其实施条例和相关管理规定的要求，履行居民企业所得税纳税义务，并在向非居民企业支付《企业所得税法》第三条第三款规定的款项时，依法代扣代缴企业所得税。

（4）非境内注册居民企业的实际管理机构所在地与境内主要控股投资者所在地一致的，其主管税务机关为境内主要控股投资者的企业所得税主管税务机关。

（5）非境内注册居民企业的实际管理机构所在地与境内主要控股投资者所在地不一致的，其主管税务机关为实际管理机构所在地的主管税务机关；经共同的上级税务机关批准，企业也可以选择境内主要控股投资者的企业所得税主管税务机关为其主管税务机关。

（6）非境内注册居民企业存在多个实际管理机构所在地的，其主管税务机关由相关税务机关报共同的上级税务机关确定。

主管税务机关确定后，不得随意变更；确需变更的，应当层报税务总局批准。

（一）居民身份认定管理

（1）境外中资企业居民身份的认定，采用企业自行判定提请税务机关认定和税务机关调查发现予以认定两种形式。

（2）境外中资企业应当根据生产经营和管理的实际情况，自行判定实际管理机构是否设立在中国境内。如其判定符合《国家税务总局关于境外注册中资控股企业依据实际管理机构标准认定为居民企业有关问题的通知》（国税发〔2009〕82号）第二条规定的居民企业条件，应当向其中国境内主要投资者注册地主管税务机关书面提出居民身份认定申请，同时提供以下

资料：

① 企业法律身份证明文件。

② 企业集团组织结构说明及生产经营概况。

③ 企业最近一个纳税年度的公证会计师审计报告。

④ 负责企业生产经营等事项的高层管理机构履行职责场所的地址证明。

⑤ 企业董事及高层管理人员在中国境内居住的记录。

⑥ 企业重大事项的董事会决议及会议记录。

⑦ 主管税务机关要求提供的其他资料。

国税发〔2009〕82号文件规定的条件包括：

A. 企业负责实施日常生产经营管理运作的高层管理人员及其高层管理部门履行职责的场所主要位于中国境内。

B. 企业的财务决策（如借款、放款、融资、财务风险管理等）和人事决策（如任命、解聘和薪酬等）由位于中国境内的机构或人员决定，或需要得到位于中国境内的机构或人员批准。

C. 企业的主要财产、会计账簿、公司印章、董事会和股东会议纪要档案等位于或存放于中国境内。

D. 企业1/2（含1/2）以上有投票权的董事或高层管理人员经常居住于中国境内。

(3) 主管税务机关发现境外中资企业符合国税发〔2009〕82号文件第二条规定但未申请成为中国居民企业的，可以对该境外中资企业的实际管理机构所在地情况进行调查，并要求境外中资企业提供规定的资料〔上述第(2)项〕。调查过程中，主管税务机关有权要求该企业的境内投资者提供相关资料。

(4) 主管税务机关对其居民企业身份进行初步判定后，层报省级税务机关确认。经省级税务机关确认后抄送其境内其他投资地相关省级税务机关，30日内抄报国家税务总局，由国家税务总局网站统一对外公布。国家税务总局适时开展检查，对不符合条件的，责令其纠正。

(5) 非境内注册居民企业的主管税务机关收到税务总局关于境外中资企业居民身份的认定结果后，应当在10日内向该企业下达《境外注册中资控股企业居民身份认定书》，通知其从企业居民身份确认年度开始按照我国居民企业所得税管理规定及本办法规定办理有关税收事项。

(6) 非境内注册居民企业发生下列重大变化情形之一的，应当自变化之日起15日内报告主管税务机关，主管税务机关应当按照规定层报税务总局确定是否取消其居民身份：

① 企业实际管理机构所在地变更为中国境外的；

② 中方控股投资者转让企业股权，导致中资控股地位发生变化的。

(7) 税务总局认定终止非境内注册居民企业居民身份的，应当将相关认定结果同时书面告知境内投资者、境内被投资者的主管税务机关。企业应当自主管税务机关书面告知之日起停止履行中国居民企业的所得税纳税义务与扣缴义务，同时停止享受中国居民企业税收待遇。上述主管税务机关应当依法做好减免税款追缴等后续管理工作。

(二) 税务登记管理

(1) 非境内注册居民企业应当自收到居民身份认定书之日起30日内向主管税务机关提供以下资料申报办理税务登记，主管税务机关核发临时税务登记证及副本。

① 居民身份认定书。

② 境外注册登记证件。

③ 税务机关要求提供的其他资料。

(2) 非境内注册居民企业经税务总局确认终止居民身份的，应当自收到主管税务机关书面通知之日起15日内向主管税务机关申报办理注销税务登记。

(3) 发生扣缴义务的非境内注册居民企业应当自扣缴义务发生之日起30日内，向主管税务机关申报办理扣缴税款登记。

(三) 账簿凭证管理

(1) 非境内注册居民企业应当按照中国有关法律、法规和国务院财政、税务主管部门的规定，编制财务、会计报表，并在领取税务登记证件之日起 15 日内将企业的财务、会计制度或者财务会计、处理办法及有关资料报送主管税务机关备案。

(2) 非境内注册居民企业存放在中国境内的会计账簿和境内税务机关要求提供的报表等资料,应当使用中文。

(3) 发生扣缴义务的非境内注册居民企业应当设立代扣代缴税款账簿和合同资料档案,准确记录扣缴企业所得税情况。

(4) 非境内注册居民企业与境内单位或者个人发生交易的,应当按照发票管理办法规定使用发票,发票存根应当保存在中国境内,以备税务机关查验。

(四) 申报征收管理

(1) 非境内注册居民企业按照分季预缴、年度汇算清缴方法申报缴纳所得税。

(2) 非境内注册居民企业发生终止生产经营或者居民身份变化情形的,应当自停止生产经营之日或者税务总局取消其居民企业之日起 60 日内,向其主管税务机关办理当期企业所得税汇算清缴。

非境内注册居民企业需要申报办理注销税务登记的,应在注销税务登记前,就其清算所得向主管税务机关申报缴纳企业所得税。

(3) 非境内注册居民企业应当以人民币计算缴纳企业所得税;所得以人民币以外的货币计算的,应当按照《企业所得税法》及其实施条例有关规定折合成人民币计算并缴纳企业所得税。

(4) 对非境内注册居民企业未依法履行居民企业所得税纳税义务的,主管税务机关应依据《税收征管法》及其实施细则的有关规定追缴税款、加收滞纳金,并处罚款。

主管税务机关应当在非境内注册居民企业年度申报和汇算清缴结束后两个月内,判定其构成居民身份的条件是否发生实质性变化。对实际管理机构转移至境外或者企业中资控股地位发生变化的,主管税务机关应层报税务总局终止其居民身份。

对于境外中资企业频繁转换企业身份,又无正当理由的,主管税务机关应层报国家税务总局核准后追回其已按居民企业享受的股息免税待遇。

(5) 主管税务机关应按季度核查非境内注册居民企业向非居民企业支付股息、利息、租金、特许权使用费、转让财产收入及其他收入依法扣缴企业所得税的情况,发现该企业未依法履行相关扣缴义务的,应按照《税收征管法》及其实施细则和《企业所得税法》及其实施条例等有关规定对其进行处罚,并向非居民企业追缴税款。

(五) 特定事项管理

(1) 非境内注册居民企业取得来源于中国境内的股息、红利等权益性投资收益和利息、租金、特许权使用费所得、转让财产所得以及其他所得,应当向相关支付方出具本企业的《境外注册中资控股企业居民身份认定书》复印件。

依据《国家税务总局关于依据实际管理机构标准实施居民企业认定有关问题的公告》(国家税务总局公告 2014 年第 9 号)的规定,境外注册中资控股企业自其被认定为居民企业的年度起,从中国境内其他居民企业取得以前年度(限于 2008 年 1 月 1 日以后)的股息、红利等权益性投资收益,应按照《企业所得税法》第二十六条及《企业所得税法实施条例》第十七条、第八十三条的规定处理。

(2) 非居民企业转让非境内注册居民企业股权所得,属于来源于中国境内所得,被转让的非境内注册居民企业应当自股权转让协议签订之日起 30 日内,向其主管税务机关报告并提供股权转让合同及相关资料。

(3) 非境内注册居民企业应当按照《企业所得税法》及其实施条例以及《特别纳税调整实施办法(试行)》(国税发〔2009〕2 号印发)的相关规定,履行关联申报及同期资料准备等义务。

(4) 境外税务当局拒绝给予非境内注册居民企业税收协定待遇,或者将其认定为所在国家(地区)税收居民的,该企业可按有关规定书面申请启动税务相互协商程序。

主管税务机关受理企业提请协商的申请

后,应当及时将申请及有关资料层报国家税务总局,由国家税务总局与有关国家(地区)税务当局进行协商。

六、企业政策性搬迁的所得税处理

(一)企业政策性搬迁

1. 企业政策性搬迁

企业政策性搬迁是指由于社会公共利益的需要,在政府主导下企业进行整体搬迁或部分搬迁。

企业由于下列需要之一,提供相关文件证明资料的,属于政策性搬迁:

(1)国防和外交的需要。

(2)由政府组织实施的能源、交通、水利等基础设施的需要。

(3)由政府组织实施的科技、教育、文化、卫生、体育、环境和资源保护、防灾减灾、文物保护、社会福利、市政公用等公共事业的需要。

(4)由政府组织实施的保障性安居工程建设的需要。

(5)由政府依照《中华人民共和国城乡规划法》有关规定组织实施的对危房集中、基础设施落后等地段进行旧城区改建的需要。

(6)法律、行政法规规定的其他公共利益的需要。

2. 核算和管理

企业应按《企业政策性搬迁所得税管理办法》(国家税务总局公告2012年第40号)的要求,就政策性搬迁过程中涉及的搬迁收入、搬迁支出、搬迁资产税务处理、搬迁所得等所得税征收管理事项,单独进行税务管理和核算。不能单独进行税务管理和核算的,应视为企业自行搬迁或商业性搬迁等非政策性搬迁进行所得税处理。

(二)搬迁收入

(1)企业的搬迁收入,包括搬迁过程中从本企业以外(包括政府或其他单位)取得的搬迁补偿收入,以及本企业搬迁资产处置收入等。

(2)企业取得的搬迁补偿收入,是指企业由于搬迁取得的货币性和非货币性补偿收入。具体包括:

① 对被征用资产价值的补偿。

② 因搬迁、安置而给予的补偿。

③ 对停产停业形成的损失而给予的补偿。

④ 资产搬迁过程中遭到毁损而取得的保险赔款。

⑤ 其他补偿收入。

(3)企业搬迁资产处置收入,是指企业由于搬迁而处置企业各类资产所取得的收入。企业由于搬迁处置存货而取得的收入,应按正常经营活动取得的收入进行所得税处理,不作为企业搬迁收入。

(三)搬迁支出

(1)企业的搬迁支出,包括搬迁费用支出以及由于搬迁所发生的企业资产处置支出。

(2)搬迁费用支出,是指企业搬迁期间所发生的各项费用,包括安置职工实际发生的费用、停工期间支付给职工的工资及福利费、临时存放搬迁资产而发生的费用、各类资产搬迁安装费用以及其他与搬迁相关的费用。

(3)资产处置支出,是指企业由于搬迁而处置各类资产所发生的支出,包括变卖及处置各类资产的净值、处置过程中所发生的税费等支出。

企业由于搬迁而报废的资产,如无转让价值,其净值作为企业的资产处置支出。

(四)搬迁资产税务处理

(1)企业搬迁的资产,简单安装或不需要安装即可继续使用的,在该项资产重新投入使用后,就其净值按《企业所得税法》及其实施条例规定的该资产尚未折旧或摊销的年限,继续计提折旧或摊销。

(2)企业搬迁的资产,需要进行大修理后才能重新使用的,应就该资产的净值,加上大修理过程所发生的支出,为该资产的计税成本。在该项资产重新投入使用后,按该资产尚可使用的年限,计提折旧或摊销。

(3)企业搬迁中被征用的土地,采取土地置换的,换入土地的计税成本按被征用土地的净值,以及该换入土地投入使用前所发生的各项费用支出,为该换入土地的计税成本,在该换入土地投入使用后,按《企业所得税法》及其实施条例规定年限摊销。

(4) 企业搬迁期间新购置的各类资产,应按《企业所得税法》及其实施条例等有关规定,计算确定资产的计税成本及折旧或摊销年限。企业发生的购置资产支出,不得从搬迁收入中扣除。

(五) 应税所得

(1) 企业在搬迁期间发生的搬迁收入和搬迁支出,可以暂不计入当期应纳税所得额,而在完成搬迁的年度,对搬迁收入和支出进行汇总清算。

(2) 企业的搬迁收入,扣除搬迁支出后的余额,为企业的搬迁所得。

(3) 企业应在搬迁完成年度,将搬迁所得计入当年度企业应纳税所得额计算纳税。

(4) 下列情形之一的,为搬迁完成年度,企业应进行搬迁清算,计算搬迁所得:

① 从搬迁开始,5年内(包括搬迁当年度)任何一年完成搬迁的。

② 从搬迁开始,搬迁时间满5年(包括搬迁当年度)的年度。

(5) 企业搬迁收入扣除搬迁支出后为负数的,应为搬迁损失。搬迁损失可在下列方法中选择其一进行税务处理:

① 在搬迁完成年度,一次性作为损失进行扣除。

② 自搬迁完成年度起分3个年度,均匀在税前扣除。上述方法由企业自行选择,但一经选定,不得改变。

(6) 企业同时符合下列条件的,视为已经完成搬迁:

① 搬迁规划已基本完成;

② 当年生产经营收入占规划搬迁前年度生产经营收入50%以上。

(7) 企业边搬迁、边生产的,搬迁年度应从实际开始搬迁的年度计算。

(8) 企业以前年度发生尚未弥补的亏损的,凡企业由于搬迁停止生产经营无所得的,从搬迁年度次年起,至搬迁完成年度前一年度止,可作为停止生产经营活动年度,从法定亏损结转弥补年限中减除;企业边搬迁、边生产的,其亏损结转年度应连续计算。

(六) 征收管理

(1) 企业应当自搬迁开始年度,至次年5月31日前,向主管税务机关(包括迁出地和迁入地)报送政策性搬迁依据、搬迁规划等相关材料。逾期未报的,除特殊原因并经主管税务机关认可外,按非政策性搬迁处理,不得执行本办法的规定。

(2) 企业应向主管税务机关报送的政策性搬迁依据、搬迁规划等相关材料,包括:

① 政府搬迁文件或公告。

② 搬迁重置总体规划。

③ 拆迁补偿协议。

④ 资产处置计划。

⑤ 其他与搬迁相关的事项。

(3) 企业迁出地和迁入地主管税务机关发生变化的,由迁入地主管税务机关负责企业搬迁清算。

(4) 企业搬迁完成当年,其向主管税务机关报送企业所得税年度纳税申报表时,应同时报送《企业政策性搬迁清算利润表》及相关材料。

(5) 凡在国家税务总局公告2012年第40号文件生效前(2012年10月1日施行)已经签订搬迁协议且尚未完成搬迁清算的企业政策性搬迁项目,企业在重建或恢复生产过程中购置的各类资产,可以作为搬迁支出,从搬迁收入中扣除。但购置的各类资产,应剔除该搬迁补偿收入后,作为该资产的计税基础,并按规定计算折旧或费用摊销。凡在国家税务总局公告2012年第40号文件生效后(2012年10月1日施行)签订搬迁协议的政策性搬迁项目,一律按上述规定执行。

企业政策性搬迁被征用的资产,采取资产置换的,其换入资产的计税成本按被征用资产的净值,加上换入资产所支付的税费(涉及补价,还应加上补价款)计算确定。

(6) 企业搬迁税务事项未尽事宜,按照《企业所得税法》及其实施条例等相关规定进行税务处理。

七、企业重组的所得税处理

(一) 综合知识

1. 企业重组的概念、类型

《财政部 国家税务总局关于企业重组业务企业所得税处理若干问题的通知》(财税〔2009〕59号,2009年4月30日)所称企业重组,是指企业在日常经营活动以外发生的法律结构或经济结构重大改变的交易,包括企业法律形式改变、债务重组、股权收购、资产收购、合并、分立等。

(1) 企业法律形式改变。

企业法律形式改变是指企业注册名称、住所以及企业组织形式等的简单改变,但符合《财政部 国家税务总局关于企业重组业务企业所得税处理若干问题的通知》(财税〔2009〕59号,2009年4月30日)规定其他重组的类型除外。

(2) 债务重组。

债务重组是指在债务人发生财务困难的情况下,债权人按照其与债务人达成的书面协议或者法院裁定书,就其债务人的债务作出让步的事项。

(3) 股权收购。

股权收购是指一家企业(以下简称收购企业)购买另一家企业(以下简称被收购企业)的股权,以实现对被收购企业控制的交易。收购企业支付对价的形式包括股权支付、非股权支付或两者的组合。

(4) 资产收购。

资产收购是指一家企业(以下简称受让企业)购买另一家企业(以下简称转让企业)实质经营性资产的交易。受让企业支付对价的形式包括股权支付、非股权支付或两者的组合。

所称实质经营性资产,是指企业用于从事生产经营活动、与产生经营收入直接相关的资产,包括经营所用各类资产、企业拥有的商业信息和技术、经营活动产生的应收款项、投资资产等。[《国家税务总局关于发布〈企业重组业务企业所得税管理办法〉的公告》(国家税务总局公告2010年第4号,2010年7月26日,自2010年1月1日起施行)]

(5) 合并。

合并是指一家或多家企业(以下简称被合并企业)将其全部资产和负债转让给另一家现存或新设企业(以下简称合并企业),被合并企业股东换取合并企业的股权或非股权支付,实现两个或两个以上企业的依法合并。

(6) 分立。

分立是指一家企业(以下简称被分立企业)将部分或全部资产分离转让给现存或新设的企业(以下简称分立企业),被分立企业股东换取分立企业的股权或非股权支付,实现企业的依法分立。[《财政部 国家税务总局关于企业重组业务企业所得税处理若干问题的通知》(财税〔2009〕59号,2009年4月30日,自2008年1月1日起执行)]

延伸解读

股权支付、非股权支付

所称股权支付,是指企业重组中购买、换取资产的一方支付的对价中,以本企业或其控股企业的股权、股份作为支付的形式;

所称非股权支付,是指以本企业的现金、银行存款、应收款项、本企业或其控股企业股权和股份以外的有价证券、存货、固定资产、其他资产以及承担债务等作为支付的形式。[《财政部 国家税务总局关于企业重组业务企业所得税处理若干问题的通知》(财税〔2009〕59号,2009年4月30日,自2008年1月1日起执行)]

所称控股企业,是指由本企业直接持有股份的企业。[《国家税务总局关于发布〈企业重组业务企业所得税管理办法〉的公告》(国家税务总局公告2010年第4号,2010年7月26日,自2010年1月1日起施行)]

2. 企业重组的当事各方

按照重组类型,企业重组的当事各方是指:

(1) 债务重组中当事各方,指债务人、债权人。

(2) 股权收购中当事各方,指收购方、转让方及被收购企业。

(3) 资产收购中当事各方,指收购方、转让方。

(4) 合并中当事各方,指合并企业、被合并企业及被合并企业股东。

（5）分立中当事各方，指分立企业、被分立企业及被分立企业股东。

上述重组交易中，股权收购中转让方、合并中被合并企业股东和分立中被分立企业股东，可以是自然人。

当事各方中的自然人应按个人所得税的相关规定进行税务处理。[《国家税务总局关于企业重组业务企业所得税征收管理若干问题的公告》（国家税务总局公告2015年第48号，2015年6月24日，适用于2015年度及以后年度企业所得税汇算清缴）]

3. 一致税务处理原则

同一重组业务的当事各方应采取一致税务处理原则，即统一按一般性或特殊性税务处理。[《国家税务总局关于发布〈企业重组业务企业所得税管理办法〉的公告》（国家税务总局公告2010年第4号，2010年7月26日，自2010年1月1日起施行）]

4. 税务处理的分类

企业重组的税务处理区分不同条件分别适用一般性税务处理规定和特殊性税务处理规定。[《财政部 国家税务总局关于企业重组业务企业所得税处理若干问题的通知》（财税〔2009〕59号，2009年4月30日，自2008年1月1日起执行）]

1）一般性税务处理

企业重组，除符合规定适用特殊性税务处理规定的外，按一般性规定进行税务处理。

2）特殊性税务处理

（1）条件。

企业重组同时符合下列条件的，适用特殊性税务处理规定：

① 具有合理的商业目的，且不以减少、免除或者推迟缴纳税款为主要目的。

② 被收购、合并或分立部分的资产或股权比例符合《财政部 国家税务总局关于企业重组业务企业所得税处理若干问题的通知》（财税〔2009〕59号，2009年4月30日）规定的比例。

③ 企业重组后的连续12个月内不改变重组资产原来的实质性经营活动。

④ 重组交易对价中涉及股权支付金额符合《财政部 国家税务总局关于企业重组业务企业所得税处理若干问题的通知》（财税〔2009〕59号，2009年4月30日）规定比例。

⑤ 企业重组中取得股权支付的原主要股东，在重组后连续12个月内，不得转让所取得的股权。[《财政部 国家税务总局关于企业重组业务企业所得税处理若干问题的通知》（财税〔2009〕59号，2009年4月30日，自2008年1月1日起执行）]

以上所称"企业重组后的连续12个月内"，是指自重组日起计算的连续12个月内。[《国家税务总局关于发布〈企业重组业务企业所得税管理办法〉的公告》（国家税务总局公告2010年第4号，2010年7月26日，自2010年1月1日起施行）]

原主要股东，是指原持有转让企业或被收购企业20%以上股权的股东。[《国家税务总局关于发布〈企业重组业务企业所得税管理办法〉的公告》（国家税务总局公告2010年第4号，2010年7月26日，自2010年1月1日起施行）]

（2）非股权支付部分的税务处理——仍应在交易当期确认相应的资产转让所得或损失，并调整相应资产的计税基础。

企业重组符合《财政部 国家税务总局关于企业重组业务企业所得税处理若干问题的通知》（财税〔2009〕59号，2009年4月30日）第五条规定条件的，交易各方对其交易中的股权支付部分，可以按以下规定进行特殊性税务处理：

① 企业债务重组确认的应纳税所得额占该企业当年应纳税所得额50%以上，可以在5个纳税年度的期间内，均匀计入各年度的应纳税所得额。

企业发生债权转股权业务，对债务清偿和股权投资两项业务暂不确认有关债务清偿所得或损失，股权投资的计税基础以原债权的计税基础确定。企业的其他相关所得税事项保持不变。

② 股权收购，收购企业购买的股权不低于被收购企业全部股权的50%，且收购企业在该股权收购发生时的股权支付金额不低于其交易支付总额的85%，可以选择按以下规定处理：

A. 被收购企业的股东取得收购企业股权的计税基础，以被收购股权的原有计税基础确定。

B. 收购企业取得被收购企业股权的计税基础，以被收购股权的原有计税基础确定。

C. 收购企业、被收购企业的原有各项资产和负债的计税基础和其他相关所得税事项保持不变。

③ 资产收购,受让企业收购的资产不低于转让企业全部资产的50%,且受让企业在该资产收购发生时的股权支付金额不低于其交易支付总额的85%,可以选择按以下规定处理:

A. 转让企业取得受让企业股权的计税基础,以被转让资产的原有计税基础确定。

B. 受让企业取得转让企业资产的计税基础,以被转让资产的原有计税基础确定。

④ 企业合并,企业股东在该企业合并发生时取得的股权支付金额不低于其交易支付总额的85%,以及同一控制下且不需要支付对价的企业合并,可以选择按以下规定处理:

A. 合并企业接受被合并企业资产和负债的计税基础,以被合并企业的原有计税基础确定。

B. 被合并企业合并前的相关所得税事项由合并企业承继。

C. 可由合并企业弥补的被合并企业亏损的限额 = 被合并企业净资产公允价值 × 截至合并业务发生当年年末国家发行的最长期限的国债利率。

D. 被合并企业股东取得合并企业股权的计税基础,以其原持有的被合并企业股权的计税基础确定。

⑤ 企业分立,被分立企业所有股东按原持股比例取得分立企业的股权,分立企业和被分立企业均不改变原来的实质经营活动,且被分立企业股东在该企业分立发生时取得的股权支付金额不低于其交易支付总额的85%,可以选择按以下规定处理:

A. 分立企业接受被分立企业资产和负债的计税基础,以被分立企业的原有计税基础确定。

B. 被分立企业已分立出去资产相应的所得税事项由分立企业承继。

C. 被分立企业未超过法定弥补期限的亏损额可按分立资产占全部资产的比例进行分配,由分立企业继续弥补。

D. 被分立企业的股东取得分立企业的股权(以下简称新股),如需部分或全部放弃原持有的被分立企业的股权(以下简称旧股),"新股"的计税基础应以放弃"旧股"的计税基础确定。如不需放弃"旧股",则其取得"新股"的计税基础可从以下两种方法中选择确定:直接将"新股"的计税基础确定为零;或者以被分立企业分立出去的净资产占被分立企业全部净资产的比例先调减原持有的"旧股"的计税基础,再将调减的计税基础平均分配到"新股"上。

⑥ 重组交易各方按上述①至⑤项规定对交易中股权支付暂不确认有关资产的转让所得或损失的,其非股权支付仍应在交易当期确认相应的资产转让所得或损失,并调整相应资产的计税基础。

非股权支付对应的资产转让所得或损失 =(被转让资产的公允价值 − 被转让资产的计税基础)×(非股权支付金额 ÷ 被转让资产的公允价值)[《财政部 国家税务总局关于企业重组业务企业所得税处理若干问题的通知》(财税〔2009〕59号,2009年4月30日,自2008年1月1日起执行)]

(3) 重组主导方的确定。

重组当事各方企业适用特殊性税务处理的(指重组业务符合财税〔2009〕59号文件和财税〔2014〕109号文件第一条、第二条规定条件并选择特殊性税务处理的,下同),应按如下规定确定重组主导方:

① 债务重组,主导方为债务人。

② 股权收购,主导方为股权转让方,涉及两个或两个以上股权转让方,由转让被收购企业股权比例最大的一方作为主导方(转让股权比例相同的可协商确定主导方)。

③ 资产收购,主导方为资产转让方。

④ 合并,主导方为被合并企业,涉及同一控制下多家被合并企业的,以净资产最大的一方为主导方。

⑤ 分立,主导方为被分立企业。[《国家税务总局关于企业重组业务企业所得税征收管理若干问题的公告》(国家税务总局公告2015年第48号,2015年

(4) 特殊性税务处理报告表及附表。

企业重组业务适用特殊性税务处理的,除财税〔2009〕59号文件第四条第(一)项所称企业发生其他法律形式简单改变情形外,重组各方应在该重组业务完成当年,办理企业所得税年度申报时,分别向各自主管税务机关报送《企业重组所得税特殊性税务处理报告表及附表》和申报资料。合并、分立中重组一方涉及注销的,应在尚未办理注销税务登记手续前进行申报。

重组主导方申报后,其他当事方向其主管税务机关办理纳税申报。申报时还应附送重组主导方经主管税务机关受理的《企业重组所得税特殊性税务处理报告表及附表》(复印件)。[《国家税务总局关于企业重组业务企业所得税征收管理若干问题的公告》(国家税务总局公告2015年第48号,2015年6月24日,适用于2015年度及以后年度企业所得税汇算清缴)]

(5) 申报时,提交书面备案资料予以证明符合条件。

企业发生符合规定的特殊性重组条件并选择特殊性税务处理的,当事各方应在该重组业务完成当年企业所得税年度申报时,向主管税务机关提交书面备案资料,证明其符合各类特殊性重组规定的条件。企业未按规定书面备案的,一律不得按特殊重组业务进行税务处理。[《财政部 国家税务总局关于企业重组业务企业所得税处理若干问题的通知》(财税〔2009〕59号,2009年4月30日,自2008年1月1日起执行)]

适用财税〔2009〕59号文第五条第(三)项和第(五)项的当事各方应在完成重组业务后的下一年度的企业所得税年度申报时,向主管税务机关提交书面情况说明,以证明企业在重组后的连续12个月内,有关符合特殊性税务处理的条件未发生改变。[《国家税务总局关于发布〈企业重组业务企业所得税管理办法〉的公告》(国家税务总局公告2010年第4号,2010年7月26日,自2010年1月1日起施行)]

(6) 说明企业重组具有合理的商业目的。

企业重组业务适用特殊性税务处理的,申报时,应从以下方面逐条说明企业重组具有合理的商业目的:

① 重组交易的方式。
② 重组交易的实质结果。
③ 重组各方涉及的税务状况变化。
④ 重组各方涉及的财务状况变化。
⑤ 非居民企业参与重组活动的情况。[《国家税务总局关于企业重组业务企业所得税征收管理若干问题的公告》(国家税务总局公告2015年第48号,2015年6月24日,适用于2015年度及以后年度企业所得税汇算清缴)]

(7) 与该重组相关的其他股权、资产交易情况的说明。

企业重组业务适用特殊性税务处理的,申报时,当事各方还应向主管税务机关提交重组前连续12个月内有无与该重组相关的其他股权、资产交易情况的说明,并说明这些交易与该重组是否构成分步交易,是否作为一项企业重组业务进行处理。[《国家税务总局关于企业重组业务企业所得税征收管理若干问题的公告》(国家税务总局公告2015年第48号,2015年6月24日,适用于2015年度及以后年度企业所得税汇算清缴)]

(8) 不再符合特殊性税务处理条件时的处理。

当事方的其中一方在规定时间内发生生产经营业务、公司性质、资产或股权结构等情况变化,致使重组业务不再符合特殊性税务处理条件的,发生变化的当事方应在情况发生变化的30天内书面通知其他所有当事方。主导方在接到通知后30日内将有关变化通知其主管税务机关。

上款所述情况发生变化后60日内,应按照财税〔2009〕59号文件第四条的规定调整重组业务的税务处理。原交易各方应各自按原交易完成时资产和负债的公允价值计算重组业务的收益或损失,调整交易完成纳税年度的应纳税所得额及相应的资产和负债的计税基础,并向各自主管税务机关申请调整交易完成纳税年度的企业所得税年度申报表。逾期不调整申报的,按照《税收征管法》的相关规定处理。[《国家税务总局关于发布〈企业重组业务企业所得税管理办法〉的公告》(国家税务总局公告2010年第4号,2010年7月

26日,自2010年1月1日起施行)]

(9) 以后年度转让或处置。

适用特殊性税务处理的企业,在以后年度转让或处置重组资产(股权)时,应在年度纳税申报时对资产(股权)转让所得或损失情况进行专项说明,包括特殊性税务处理时确定的重组资产(股权)计税基础与转让或处置时的计税基础的比对情况,以及递延所得税负债的处理情况等。

适用特殊性税务处理的企业,在以后年度转让或处置重组资产(股权)时,主管税务机关应加强评估和检查,将企业特殊性税务处理时确定的重组资产(股权)计税基础与转让或处置时的计税基础及相关的年度纳税申报表比对,发现问题的,应依法进行调整。[《国家税务总局关于企业重组业务企业所得税征收管理若干问题的公告》(国家税务总局公告2015年第48号,2015年6月24日,适用于2015年度及以后年度企业所得税汇算清缴)]

(10) 跟踪监管。

各当事方的主管税务机关应当对企业申报或确认适用特殊性税务处理的重组业务进行跟踪监管,了解重组企业的动态变化情况。发现问题,应及时与其他当事方主管税务机关沟通联系,并按照规定给予调整。[《国家税务总局关于发布〈企业重组业务企业所得税管理办法〉的公告》(国家税务总局公告2010年第4号,2010年7月26日,自2010年1月1日起施行)]

(11) 统计和归档。

税务机关应对适用特殊性税务处理的企业重组做好统计和相关资料的归档工作。各省、自治区、直辖市和计划单列市税务局应于每年8月底前将《企业重组所得税特殊性税务处理统计表》上报国家税务总局(所得税司)。[《国家税务总局关于企业重组业务企业所得税征收管理若干问题的公告》(国家税务总局公告2015年第48号,2015年6月24日,适用于2015年度及以后年度企业所得税汇算清缴)]

附件:(1)企业重组所得税特殊性税务处理报告表及附表(略)。

(2) 企业重组所得税特殊性税务处理申报资料一览表(略)。

(3) 企业重组所得税特殊性税务处理统计表(略)。

5. 剩余期限的税收优惠的继续享受

在企业吸收合并中,合并后的存续企业性质及适用税收优惠的条件未发生改变的,可以继续享受合并前该企业剩余期限的税收优惠,其优惠金额按存续企业合并前一年的应纳税所得额(亏损计为零)计算。[《财政部 国家税务总局关于企业重组业务企业所得税处理若干问题的通知》(财税〔2009〕59号,2009年4月30日,自2008年1月1日起执行)]

在企业存续分立中,分立后的存续企业性质及适用税收优惠的条件未发生改变的,可以继续享受分立前该企业剩余期限的税收优惠,其优惠金额按该企业分立前一年的应纳税所得额(亏损计为零)乘以分立后存续企业资产占分立前该企业全部资产的比例计算。[《财政部 国家税务总局关于企业重组业务企业所得税处理若干问题的通知》(财税〔2009〕59号,2009年4月30日,自2008年1月1日起执行)]

企业合并或分立,合并各方企业或分立企业涉及享受《企业所得税法》第五十七条规定中就企业整体(即全部生产经营所得)享受的税收优惠过渡政策尚未期满的,仅就存续企业未享受完的税收优惠,按照财税〔2009〕59号文第九条的规定执行;注销的被合并或被分立企业未享受完的税收优惠,不再由存续企业承继;合并或分立而新设的企业不得再承继或重新享受上述优惠。合并或分立各方企业按照《企业所得税法》的税收优惠规定和税收优惠过渡政策中就企业有关生产经营项目的所得享受的税收优惠承继问题,按照《企业所得税法实施条例》第八十九条规定执行。[《国家税务总局关于发布〈企业重组业务企业所得税管理办法〉的公告》(国家税务总局公告2010年第4号,2010年7月26日,自2010年1月1日起施行)]

根据财税〔2009〕59号文件第六条第(四)项第二目的规定,被合并企业合并前的相关所得税事项由合并企业承继,以及根据财税〔2009〕59号文件第六条第(五)项第二目规定,企业分立,已分立资产相应的所得税事项由分立企业承继,这些事项包括尚未确认的资产损失、分期确认收入的处理以及尚未享受期满的税收优惠政策承继处理问题等。其中,对税收优惠政策承继处理问题,凡属于依照《企业所得税法》第五十七条规定中就企业整体(即全部生产经营所得)享受税收优惠过渡政策的,合并或分立后的企业性质及适用税收优惠条件未发生改变的,可以继续享受合并前各企业或分立前被分立企业剩余期限的税收优惠。合并前各企业剩余的税收优惠年限不一致的,合并后企业每年度的应纳税所得额,应统一按合并日各合并前企业资产占合并后企业总资产的比例进行划分,再分别按相应的剩余优惠计算应纳税额。合并前各企业或分立前被分立企业按照《企业所得税法》的税收优惠规定以及税收优惠过渡政策中就有关生产经营项目所得享受的税收优惠承继处理问题,按照《企业所得税法实施条例》第八十九条规定执行。[《国家税务总局关于发布〈企业重组业务企业所得税管理办法〉的公告》(国家税务总局公告2010年第4号,2010年7月26日,自2010年1月1日起施行)]

6. 分步的资产、股权交易——按实质重于形式原则作为一项企业重组交易进行处理

企业在重组发生前后连续12个月内分步对其资产、股权进行交易,应根据实质重于形式原则将上述交易作为一项企业重组交易进行处理。[《财政部 国家税务总局关于企业重组业务企业所得税处理若干问题的通知》(财税〔2009〕59号,2009年4月30日,自2008年1月1日起执行)]

上述跨年度分步交易,若当事方在首个纳税年度不能预计整个交易是否符合特殊性税务处理条件,应适用一般性税务处理。在下一纳税年度全部交易完成后,适用特殊性税务处理的,可以调整上一纳税年度的企业所得税年度申报表,涉及多缴税款的,各主管税务机关应退税,或抵缴当年应纳税款。[《国家税务总局关于发布〈企业重组业务企业所得税管理办法〉的公告》(国家税务总局公告2010年第4号,2010年7月26日,自2010年1月1日起施行)]

若同一项重组业务涉及在连续12个月内分步交易,且跨两个纳税年度,当事各方在首个纳税年度交易完成时预计整个交易符合特殊性税务处理条件,经协商一致选择特殊性税务处理的,可以暂时适用特殊性税务处理,并在当年企业所得税年度申报时提交书面申报资料。

在下一纳税年度全部交易完成后,企业应判断是否适用特殊性税务处理。如适用特殊性税务处理的,当事各方应按国家税务总局公告2015年第48号要求申报相关资料;如适用一般性税务处理的,应调整相应纳税年度的企业所得税年度申报表,计算缴纳企业所得税。[《国家税务总局关于企业重组业务企业所得税征收管理若干问题的公告》(国家税务总局公告2015年第48号,2015年6月24日,适用于2015年度及以后年度企业所得税汇算清缴)]

7. 需要特别处理的企业所得税事项

对企业在重组过程中涉及的需要特别处理的企业所得税事项,由国务院财政、税务主管部门另行规定。[《财政部 国家税务总局关于企业重组业务企业所得税处理若干问题的通知》(财税〔2009〕59号,2009年4月30日,自2008年1月1日起执行)]

8. 取得并保管相关凭证、资料

企业重组的当事各方应该取得并保管与该重组有关的凭证、资料,保管期限按照《税收征管法》的有关规定执行。[《国家税务总局关于发布〈企业重组业务企业所得税管理办法〉的公告》(国家税务总局公告2010年第4号,2010年7月26日,自2010年1月1日起施行)]

(二)企业法律形式改变

1. 一般性税务处理

企业由法人转变为个人独资企业、合伙企业等非法人组织,或将登记注册地转移至中华人民共和国境外(包括港澳台地区),应视同企业进行清算、分配,股东重新投资成立新企业。企业的全部资产以及股东投资的计税基础均应以公允价值为基础确定。

企业发生其他法律形式简单改变的,可直接变更税务登记,除另有规定外,有关企业所得税纳税事项(包括亏损结转、税收优惠等权益和义务)由变更后企业承继,但因住所发生变化而不符合税收优惠条件的除外。[《财政部 国家税务总局关于企业重组业务企业所得税处理若干问题的通知》(财税〔2009〕59号,2009年4月30日,自2008年1月1日起执行)]

企业发生财税〔2009〕59号文件第四条第1.项规定的由法人转变为个人独资企业、合伙企业等非法人组织，或将登记注册地转移至中华人民共和国境外（包括港澳台地区），应按照《财政部 国家税务总局关于企业清算业务企业所得税处理若干问题的通知》（财税〔2009〕60号）规定进行清算。

企业在报送《企业清算所得纳税申报表》时，应附送以下资料：

（1）企业改变法律形式的工商部门或其他政府部门的批准文件。

（2）企业全部资产的计税基础以及评估机构出具的资产评估报告。

所称评估机构，是指具有合法资质的中国资产评估机构。[《国家税务总局关于发布〈企业重组业务企业所得税管理办法〉的公告》（国家税务总局公告2010年第4号，2010年7月26日，自2010年1月1日起施行）]

（3）企业债权、债务处理或归属情况说明。

（4）主管税务机关要求提供的其他资料证明。[《国家税务总局关于发布〈企业重组业务企业所得税管理办法〉的公告》（国家税务总局公告2010年第4号，2010年7月26日，自2010年1月1日起施行）]

2. 特殊性税务处理

未额外规定。

（三）股权收购、划转

1. 一般性税务处理

企业股权收购、资产收购重组交易，相关交易应按以下规定处理：

（1）被收购方应确认股权、资产转让所得或损失。

（2）收购方取得股权或资产的计税基础应以公允价值为基础确定。

（3）被收购企业的相关所得税事项原则上保持不变。[《财政部 国家税务总局关于企业重组业务企业所得税处理若干问题的通知》（财税〔2009〕59号，2009年4月30日，自2008年1月1日起执行）]

2. 特殊性税务处理

交易各方对其交易中的股权支付部分，可以按以下规定进行特殊性税务处理：

股权收购，收购企业购买的股权不低于被收购企业全部股权的75%，且收购企业在该股权收购发生时的股权支付金额不低于其交易支付总额的85%，可以选择按以下规定处理：

（1）被收购企业的股东取得收购企业股权的计税基础，以被收购股权的原有计税基础确定。

（2）收购企业取得被收购企业股权的计税基础，以被收购股权的原有计税基础确定。

（3）收购企业、被收购企业的原有各项资产和负债的计税基础和其他相关所得税事项保持不变。[《财政部 国家税务总局关于企业重组业务企业所得税处理若干问题的通知》（财税〔2009〕59号，2009年4月30日，自2008年1月1日起执行）]

将《财政部 国家税务总局关于企业重组业务企业所得税处理若干问题的通知》（财税〔2009〕59号）第六条第（二）项中有关"股权收购，收购企业购买的股权不低于被收购企业全部股权的75%"规定调整为"股权收购，收购企业购买的股权不低于被收购企业全部股权的50%"。[《财政部 国家税务总局关于促进企业重组有关企业所得税处理问题的通知》（财税〔2014〕109号，2014年12月25日，自2014年1月1日起执行）]

3. 股权、资产划转的税务处理

对100%直接控制的居民企业之间，以及受同一或相同多家居民企业100%直接控制的居民企业之间按账面净值划转股权或资产，凡具有合理商业目的、不以减少、免除或者推迟缴纳税款为主要目的，股权或资产划转后连续12个月内不改变被划转股权或资产原来实质性经营活动，且划出方企业和划入方企业均未在会计上确认损益的，可以选择按以下规定进行特殊性税务处理：

（1）划出方企业和划入方企业均不确认所得。

（2）划入方企业取得被划转股权或资产的计税基础，以被划转股权或资产的原账面净值确定。

（3）划入方企业取得的被划转资产，应按其原账面净值计算折旧扣除。[《财政部 国家税务总局关于促进企业重组有关企业所得税处理问题的通知》（财税〔2014〕109号，2014年12月25日，自2014年1月1日起执行）]

4. 准备资料备查,记录、台账

(1) 一般性税务处理情形下。

企业发生财税〔2009〕59号文件第四条第(三)项规定的股权收购、资产收购重组业务,应准备以下相关资料,以备税务机关检查。

① 当事各方所签订的股权收购、资产收购业务合同或协议。

② 相关股权、资产公允价值的合法证据。

[《国家税务总局关于发布〈企业重组业务企业所得税管理办法〉的公告》(国家税务总局公告2010年第4号,2010年7月26日,自2010年1月1日起施行)]

(2) 特殊性税务处理情形下。

未额外要求。

(四) 资产收购

1. 一般性税务处理

企业股权收购、资产收购重组交易,相关交易应按以下规定处理:

(1) 被收购方应确认股权、资产转让所得或损失。

(2) 收购方取得股权或资产的计税基础应以公允价值为基础确定。

(3) 被收购企业的相关所得税事项原则上保持不变。[《财政部 国家税务总局关于企业重组业务企业所得税处理若干问题的通知》(财税〔2009〕59号,2009年4月30日,自2008年1月1日起执行)]

2. 特殊性税务处理

交易各方对其交易中的股权支付部分,可以按以下规定进行特殊性税务处理:

资产收购,受让企业收购的资产不低于转让企业全部资产的75%,且受让企业在该资产收购发生时的股权支付金额不低于其交易支付总额的85%,可以选择按以下规定处理:

(1) 转让企业取得受让企业股权的计税基础,以被转让资产的原有计税基础确定。

(2) 受让企业取得转让企业资产的计税基础,以被转让资产的原有计税基础确定。[《财政部 国家税务总局关于企业重组业务企业所得税处理若干问题的通知》(财税〔2009〕59号,2009年4月30日,自2008年1月1日起执行)]

将财税〔2009〕59号文件第六条第(三)项中有关"资产收购,受让企业收购的资产不低于转让企业全部资产的75%"规定调整为"资产收购,受让企业收购的资产不低于转让企业全部资产的50%"。[《财政部 国家税务总局关于促进企业重组有关企业所得税处理问题的通知》(财税〔2014〕109号,2014年12月25日,自2014年1月1日起执行)]

3. 股权、资产划转的税务处理

对100%直接控制的居民企业之间,以及受同一或相同多家居民企业100%直接控制的居民企业之间按账面净值划转股权或资产,凡具有合理商业目的、不以减少、免除或者推迟缴纳税款为主要目的,股权或资产划转后连续12个月内不改变被划转股权或资产原来实质性经营活动,且划出方企业和划入方企业均未在会计上确认损益的,可以选择按以下规定进行特殊性税务处理:

(1) 划出方企业和划入方企业均不确认所得。

(2) 划入方企业取得被划转股权或资产的计税基础,以被划转股权或资产的原账面净值确定。

(3) 划入方企业取得的被划转资产,应按其原账面净值计算折旧扣除。[《财政部 国家税务总局关于促进企业重组有关企业所得税处理问题的通知》(财税〔2014〕109号,2014年12月25日,自2014年1月1日起执行)]

4. 准备资料备查,记录、台账

(1) 一般性税务处理情形下。

企业发生财税〔2009〕59号文件第四条第(三)项规定的股权收购、资产收购重组业务,应准备以下相关资料,以备税务机关检查。

① 当事各方所签订的股权收购、资产收购业务合同或协议。

② 相关股权、资产公允价值的合法证据。

[《国家税务总局关于发布〈企业重组业务企业所得税管理办法〉的公告》(国家税务总局公告2010年第4号,2010年7月26日,自2010年1月1日起施行)]

(2) 特殊性税务处理情形下。

未额外要求。

(五) 合并

1. 一般性税务处理

企业合并,当事各方应按下列规定处理:

(1) 合并企业应按公允价值确定接受被合

并企业各项资产和负债的计税基础。

（2）被合并企业及其股东都应按清算进行所得税处理。

（3）被合并企业的亏损不得在合并企业结转弥补。[《财政部 国家税务总局关于企业重组业务企业所得税处理若干问题的通知》（财税〔2009〕59号，2009年4月30日，自2008年1月1日起执行）]

企业发生财税〔2009〕59号文件第四条第（四）项规定的合并，应按照财税〔2009〕60号文件规定进行清算。

被合并企业在报送《企业清算所得纳税申报表》时，应附送以下资料：

（1）企业合并的工商部门或其他政府部门的批准文件。

（2）企业全部资产和负债的计税基础以及评估机构出具的资产评估报告。

（3）企业债务处理或归属情况说明。

（4）主管税务机关要求提供的其他资料证明。[《国家税务总局关于发布〈企业重组业务企业所得税管理办法〉的公告》（国家税务总局公告2010年第4号，2010年7月26日，自2010年1月1日起施行）]

2. 特殊性税务处理

交易各方对其交易中的股权支付部分，可以按以下规定进行特殊性税务处理：

企业合并，企业股东在该企业合并发生时取得的股权支付金额不低于其交易支付总额的85%，以及同一控制下且不需要支付对价的企业合并，可以选择按以下规定处理：

（1）合并企业接受被合并企业资产和负债的计税基础，以被合并企业的原有计税基础确定。

（2）被合并企业合并前的相关所得税事项由合并企业承继。

被合并企业合并前的相关所得税事项由合并企业承继，企业分立，已分立资产相应的所得税事项由分立企业承继，这些事项包括尚未确认的资产损失、分期确认收入的处理以及尚未享受期满的税收优惠政策承继处理问题等。其中，对税收优惠政策承继处理问题，凡属于依照《企业所得税法》第五十七条规定中就企业整体（即全部生产经营所得）享受税收优惠过渡政策的，合并或分立后的企业性质及适用税收优惠条件未发生改变的，可以继续享受合并前各企业或分立前被分立企业剩余期限的税收优惠。合并前各企业剩余的税收优惠年限不一致的，合并后企业每年度的应纳税所得额，应统一按合并日各合并前企业资产占合并后企业总资产的比例进行划分，再分别按相应的剩余优惠计算应纳税额。合并前各企业或分立前被分立企业按照《企业所得税法》的税收优惠规定以及税收优惠过渡政策中就有关生产经营项目所得享受的税收优惠承继处理问题，按照《企业所得税法实施条例》第八十九条规定执行。[《国家税务总局关于发布〈企业重组业务企业所得税管理办法〉的公告》（国家税务总局公告2010年第4号，2010年7月26日，自2010年1月1日起施行）]

（3）可由合并企业弥补的被合并企业亏损的限额＝被合并企业净资产公允价值×截至合并业务发生当年年末国家发行的最长期限的国债利率。

（4）被合并企业股东取得合并企业股权的计税基础，以其原持有的被合并企业股权的计税基础确定。[《财政部 国家税务总局关于企业重组业务企业所得税处理若干问题的通知》（财税〔2009〕59号，2009年4月30日，自2008年1月1日起执行）]

同一控制，是指参与合并的企业在合并前后均受同一方或相同的多方最终控制，且该控制并非暂时性的。能够对参与合并的企业在合并前后均实施最终控制权的相同多方，是指根据合同或协议的约定，对参与合并企业的财务和经营政策拥有决定控制权的投资者群体。在企业合并前，参与合并各方受最终控制方的控制在12个月以上，企业合并后所形成的主体在最终控制方的控制时间也应达到连续12个月。[《国家税务总局关于发布〈企业重组业务企业所得税管理办法〉的公告》（国家税务总局公告2010年第4号，2010年7月26日，自2010年1月1日起施行）]

可由合并企业弥补的被合并企业亏损的限额，是指按《企业所得税法》规定的剩余结转年限内，每年可由合并企业弥补的被合并企业亏损的限额。[《国家税务总局关于发布〈企业重组业务企业所得税管理办法〉的公告》（国家税务总局公告2010年第

4号,2010年7月26日,自2010年1月1日起施行)]

(六) 分立

1. 一般性税务处理

企业分立,当事各方应按下列规定处理:

(1) 被分立企业对分立出去资产应按公允价值确认资产转让所得或损失。

(2) 分立企业应按公允价值确认接受资产的计税基础。

(3) 被分立企业继续存在时,其股东取得的对价应视同被分立企业分配进行处理。

(4) 被分立企业不再继续存在时,被分立企业及其股东都应按清算进行所得税处理。

(5) 企业分立相关企业的亏损不得相互结转弥补。[《财政部 国家税务总局关于企业重组业务企业所得税处理若干问题的通知》(财税[2009]59号,2009年4月30日,自2008年1月1日起执行)]

企业发生财税[2009]59号文件第四条第(五)项规定的分立,被分立企业不再继续存在,应按照财税[2009]60号文件规定进行清算。

被分立企业在报送《企业清算所得纳税申报表》时,应附送以下资料:

(1) 企业分立的工商部门或其他政府部门的批准文件。

(2) 被分立企业全部资产的计税基础以及评估机构出具的资产评估报告。

(3) 企业债务处理或归属情况说明。

(4) 主管税务机关要求提供的其他资料证明。[《国家税务总局关于发布〈企业重组业务企业所得税管理办法〉的公告》(国家税务总局公告2010年第4号,2010年7月26日,自2010年1月1日起施行)]

2. 特殊性税务处理

交易各方对其交易中的股权支付部分,可以按以下规定进行特殊性税务处理:

企业分立,被分立企业所有股东按原持股比例取得分立企业的股权,分立企业和被分立企业均不改变原来的实质经营活动,且被分立企业股东在该企业分立发生时取得的股权支付金额不低于其交易支付总额的85%,可以选择按以下规定处理:

(1) 分立企业接受被分立企业资产和负债的计税基础,以被分立企业的原有计税基础确定。

(2) 被分立企业已分立出去资产相应的所得税事项由分立企业承继。

被合并企业合并前的相关所得税事项由合并企业承继,企业分立,已分立资产相应的所得税事项由分立企业承继,这些事项包括尚未确认的资产损失、分期确认收入的处理以及尚未享受期满的税收优惠政策承继处理问题等。其中,对税收优惠政策承继处理问题,凡属于依照《企业所得税法》第五十七条规定中就企业整体(即全部生产经营所得)享受税收优惠过渡政策的,合并或分立后的企业性质及适用税收优惠条件未发生改变的,可以继续享受合并前各企业或分立前被分立企业剩余期限的税收优惠。合并前各企业剩余的税收优惠年限不一致的,合并后企业每年度的应纳税所得额,应统一按合并日各合并前企业资产占合并后企业总资产的比例进行划分,再分别按相应的剩余优惠计算应纳税额。合并前各企业或分立前被分立企业按照《企业所得税法》的税收优惠规定以及税收优惠过渡政策中就有关生产经营项目所得享受的税收优惠承继处理问题,按照《企业所得税法实施条例》第八十九条规定执行。[《国家税务总局关于发布〈企业重组业务企业所得税管理办法〉的公告》(国家税务总局公告2010年第4号,2010年7月26日,自2010年1月1日起施行)]

(3) 被分立企业未超过法定弥补期限的亏损额可按分立资产占全部资产的比例进行分配,由分立企业继续弥补。

(4) 被分立企业的股东取得分立企业的股权(以下简称新股),如需部分或全部放弃原持有的被分立企业的股权(以下简称旧股),新股的计税基础应以放弃旧股的计税基础确定。如不需放弃旧股,则其取得新股的计税基础可从以下两种方法中选择确定:直接将新股的计税基础确定为零;或者以被分立企业分立出去的净资产占被分立企业全部净资产的比例先调减原持有的旧股的计税基础,再将调减的计税基础平均分配到新股上。[《财政部 国家税务总局关于企业重组业务企业所得税处理若干问题的通知》(财税[2009]59号,2009年4月30日,自2008年1月1日起执行)]

（七）债务重组

1. 一般性税务处理

企业债务重组，相关交易应按以下规定处理：

（1）以非货币资产清偿债务，应当分解为转让相关非货币性资产、按非货币性资产公允价值清偿债务两项业务，确认相关资产的所得或损失。

（2）发生债权转股权的，应当分解为债务清偿和股权投资两项业务，确认有关债务清偿所得或损失。

（3）债务人应当按照支付的债务清偿额低于债务计税基础的差额，确认债务重组所得；债权人应当按照收到的债务清偿额低于债权计税基础的差额，确认债务重组损失。

（4）债务人的相关所得税纳税事项原则上保持不变。[《财政部 国家税务总局关于企业重组业务企业所得税处理若干问题的通知》（财税〔2009〕59号，2009年4月30日，自2008年1月1日起执行）]

2. 特殊性税务处理

交易各方对其交易中的股权支付部分，可以按以下规定进行特殊性税务处理：

企业债务重组确认的应纳税所得额占该企业当年应纳税所得额50%以上，可以在5个纳税年度的期间内，均匀计入各年度的应纳税所得额。

企业发生债权转股权业务，对债务清偿和股权投资两项业务暂不确认有关债务清偿所得或损失，股权投资的计税基础以原债权的计税基础确定。企业的其他相关所得税事项保持不变。[《财政部 国家税务总局关于企业重组业务企业所得税处理若干问题的通知》（财税〔2009〕59号，2009年4月30日，自2008年1月1日起执行）]

3. 债务重组收入确认

企业发生债务重组，应在债务重组合同或协议生效时确认收入的实现。[《国家税务总局关于贯彻落实企业所得税法若干税收问题的通知》（国税函〔2010〕79号，2010年2月22日）]

延伸解读

可转换债券转为股权，如何进行税收处理？

可转换债券是一种新型融资工具，也是一种金融衍生工具，是指持券人在持有债券一定时间后，可以按照发行时的约定时间、约定价格将债券转换成公司普通股。如债券持有人不想转换，可以继续持有债券，期满收取本金和利息，或者在流通市场交易；如持有人看好发债公司的预期发展，也可以行使转股权，按照预定转换价格将债券转换成为股票。可转换债券增加了债券持有人的选择权，有利于降低发债公司的筹资成本。

对于债券购买人（持券人）而言，如未行使转股权，该可转换债券即为普通债权，持券人将购买支出计入债券的计税成本，持券人取得利息收入应当计入应纳税所得额征税。持券人将可转换债券转为股票时，除将债券本身转为股票外，还会将本年应收未收利息一并转为股票，对该应收未收利息应视为收入实现，申报缴纳企业所得税；可转换债券转股后，该债券原购买价款、应收未收利息、相关费用均可计入所转股票的计税成本。

对于可转换债券的发行人而言，发行可转换债券支付的利息，是其一项正常融资成本，允许税前扣除。对于持券人将应收未收利息一并转换股票的，发行人应付未付利息支出，可以税前扣除。

【案例5-31】 2021年11月5日，智董公司（增值税一般纳税人，税率为13%）赊销一批材料给贵琛公司（增值税一般纳税人，税率为13%），价格702万元（含税）。

2022年9月10日，贵琛公司因发生财务困难，无法按合同约定偿还债务，双方协商进行债务重组。智董公司同意贵琛公司用其生产的商品、作为固定资产管理的机器设备和一项债券投资抵偿欠款。

抵债资产于2022年9月20日转让完毕。

不考虑其他相关税费，相关资料见表5-19。

表5-19 相关资料

情形	债务人（贵琛公司）		债权人（智董公司）		备注
	9月10日	9月20日	9月10日	9月20日	
相关说明	—	贵琛公司以摊余成本计量该项债务 当日，该项债务的账面价值仍为702万元。	当日，该债权的公允价值为630万元	智董公司以摊余成本计量该项债权 已计提坏账准备57万元	—

(续表)

情形	债务人(贵琛公司)		债权人(智董公司)		备注
	9月10日	9月20日	9月10日	9月20日	
债务人用商品抵债	市价(不含增值税)为270万元	成本为210万元	—	作为周转材料——低值易耗品核算	计税价格为270万元
债务人用设备抵债	公允价值为225万元	账面原价为450万元,累计折旧为120万元,已计提减值准备54万元 发生设备运输费用1.95万元	—	作为固定资产核算 发生设备安装费用4.5万元	计税价格为225万元
债务人用债券抵债	市价为70.65万元	贵琛公司以摊余成本计量用于抵债的债券投资票面价值总额为45万元 票面利率与实际利率一致,按年付息,假定贵琛公司尚未对债券确认利息收入	—	作为以公允价值计量且其变动计入当期损益的金融资产核算 债券投资市价为63万元	—

【分析】 1. 债权人的会计处理

债权人受让多项非金融资产,或者包括金融资产、非金融资产在内的多项资产的,应当按照《企业会计准则第22号——金融工具确认和计量》的规定确认和计量受让的金融资产;按照受让的金融资产以外的各项资产在债务重组合同生效日的公允价值比例,对放弃债权在合同生效日的公允价值扣除受让金融资产当日公允价值后的净额进行分配,并以此为基础分别确定各项资产的成本。

放弃债权的公允价值与账面价值之间的差额,记入"投资收益"科目。

低值易耗品可抵扣增值税=270×13%=35.1(万元)

设备可抵扣增值税=225×13%=29.25(万元)

低值易耗品和固定资产的成本应当以其公允价值比例(270:225)对放弃债权公允价值扣除受让金融资产公允价值后的净额进行分配后的金额为基础确定。

低值易耗品的成本=270÷(270+225)×(630-70.65-35.1-29.25)=270(万元)

固定资产的成本=225÷(270+225)×(630-70.65-35.1-29.25)=225(万元)

2022年9月20日,智董公司的账务处理如下:

(1)结转债务重组相关损益。

借:周转材料——低值易耗品 2 700 000
　　在建工程——在安装设备 2 250 000
　　应交税费——应交增值税 643 500
　　交易性金融资产 630 000
　　坏账准备 570 000
　　投资收益 226 500
　贷:应收账款——贵琛公司 7 020 000

(2)支付安装费用。

借:在建工程——在安装设备 45 000
　贷:银行存款 45 000

(3)安装完毕达到可使用状态。

借:固定资产——××设备 2 295 000
　贷:在建工程——在安装设备 2 295 000

2. 债务人的会计处理

贵琛公司9月20日的账务处理如下:

借:固定资产清理 2 760 000
　　累计折旧 1 200 000
　　固定资产减值准备 540 000
　贷:固定资产 4 500 000

借:固定资产清理 19 500
　贷:银行存款 19 500

借:应付账款 7 020 000
　贷:固定资产清理 2 779 500
　　　库存商品 2 100 000
　　　应交税费——应交增值税 643 500
　　　债权投资——面值 450 000
　　　其他收益——债务重组收益 1 047 000

4. 准备资料备查,记录、台账

(1) 一般性税务处理情形下。

企业发生财税〔2009〕59号文件第四条第(二)项规定的债务重组,应准备以下相关资料,以备税务机关检查。

① 以非货币资产清偿债务的,应保留当事各方签订的清偿债务的协议或合同,以及非货币资产公允价格确认的合法证据等;

② 债权转股权的,应保留当事各方签订的债权转股权协议或合同。[《国家税务总局关于发布〈企业重组业务企业所得税管理办法〉的公告》(国家税务总局公告2010年第4号,2010年7月26日,自2010年1月1日起施行)]

(2) 特殊性税务处理情形下。

企业发生财税〔2009〕59号文件第六条第(一)项规定的债务重组,应准确记录应予确认的债务重组所得,并在相应年度的企业所得税汇算清缴时对当年确认额及分年结转额的情况做出说明。

主管税务机关应建立台账,对企业每年申报的债务重组所得与台账进行比对分析,加强后续管理。[《国家税务总局关于企业重组业务企业所得税征收管理若干问题的公告》(国家税务总局公告2015年第48号,2015年6月24日,适用于2015年度及以后年度企业所得税汇算清缴)]

(八) 股权、资产划转

自2014年1月1日起,对100%直接控制的居民企业之间,以及受同一或相同多家居民企业100%直接控制的居民企业之间按账面净值划转股权或资产,凡具有合理商业目的、不以减少、免除或者推迟缴纳税款为主要目的,股权或资产划转后连续12个月内不改变被划转股权或资产原来实质性经营活动,且划出方企业和划入方企业均未在会计上确认损益的,可以选择按以下规定进行特殊性税务处理:

(1) 划出方企业和划入方企业均不确认所得。

(2) 划入方企业取得被划转股权或资产的计税基础,以被划转股权或资产的原账面净值确定。

(3) 划入方企业取得的被划转资产,应按其原账面净值计算折旧扣除。

(九) 跨境重组税收管理

1. 适用特殊性税务处理规定的条件

企业重组同时符合下列条件的,适用特殊性税务处理规定:

(1) 具有合理的商业目的,且不以减少、免除或者推迟缴纳税款为主要目的。

(2) 被收购、合并或分立部分的资产或股权比例符合《财政部 国家税务总局关于企业重组业务企业所得税处理若干问题的通知》(财税〔2009〕59号,2009年4月30日)规定的比例。

(3) 企业重组后的连续12个月内不改变重组资产原来的实质性经营活动。

财税〔2009〕59号文件第五条第(三)项和第(五)项所称"企业重组后的连续12个月内",是指自重组日起计算的连续12个月内。[《国家税务总局关于发布〈企业重组业务企业所得税管理办法〉的公告》(国家税务总局公告2010年第4号,2010年7月26日,自2010年1月1日起施行)]

(4) 重组交易对价中涉及股权支付金额符合《财政部 国家税务总局关于企业重组业务企业所得税处理若干问题的通知》(财税〔2009〕59号,2009年4月30日)规定比例。

(5) 企业重组中取得股权支付的原主要股东,在重组后连续12个月内,不得转让所取得的股权。[《财政部 国家税务总局关于企业重组业务企业所得税处理若干问题的通知》(财税〔2009〕59号,2009年4月30日,自2008年1月1日起执行)]

财税〔2009〕59号文件第五条第(五)项规定的原主要股东,是指原持有转让企业或被收购企业20%以上股权的股东。[《国家税务总局关于发布〈企业重组业务企业所得税管理办法〉的公告》(国家税务总局公告2010年第4号,2010年7月26日,自2010年1月1日起施行)]

企业发生涉及中国境内与境外之间(包括我国港澳台地区)的股权和资产收购交易,除应符合《财政部 国家税务总局关于企业重组业务企业所得税处理若干问题的通知》(财税〔2009〕59号 2009年4月30日)第五条规定的条件外,还应同时符合下列条件,才可选择适用特殊性

税务处理规定:

(1) 非居民企业向其100%直接控股的另一非居民企业转让其拥有的居民企业股权,没有因此造成以后该项股权转让所得预提税负担变化,且转让方非居民企业向主管税务机关书面承诺在3年(含3年)内不转让其拥有受让方非居民企业的股权。

(2) 非居民企业向与其具有100%直接控股关系的居民企业转让其拥有的另一居民企业股权。

(3) 居民企业以其拥有的资产或股权向其100%直接控股的非居民企业进行投资。

所指的居民企业以其拥有的资产或股权向其100%直接控股关系的非居民企业进行投资,其资产或股权转让收益如选择特殊性税务处理,可以在10个纳税年度内均匀计入各年度应纳税所得额。[《财政部 国家税务总局关于企业重组业务企业所得税处理若干问题的通知》(财税〔2009〕59号,2009年4月30日,自2008年1月1日起执行)]

(4) 财政部、国家税务总局核准的其他情形。[《财政部 国家税务总局关于企业重组业务企业所得税处理若干问题的通知》(财税〔2009〕59号,2009年4月30日,自2008年1月1日起执行)]

2. 税务处理规定

发生财税〔2009〕59号文件第七条规定的重组,凡适用特殊性税务处理规定的,应按照国家税务总局公告2010年第4号第三章"企业重组特殊性税务处理管理相关规定执行"。

3. 资料报送、记录、台账

发生财税〔2009〕59号文件第七条第(三)项规定的重组(即居民企业以其拥有的资产或股权向其100%直接控股的非居民企业进行投资),居民企业应向其所在地主管税务机关报送以下资料:

(1) 当事方的重组情况说明,申请文件中应说明股权转让的商业目的。

(2) 双方所签订的股权转让协议。

(3) 双方控股情况说明。

(4) 由评估机构出具的资产或股权评估报告。报告中应分别列示涉及的各单项被转让资产和负债的公允价值。

(5) 证明重组符合特殊性税务处理条件的资料,包括股权或资产转让比例,支付对价情况,以及12个月内不改变资产原来的实质性经营活动、不转让所取得股权的承诺书等。

(6) 税务机关要求的其他材料。[《国家税务总局关于发布〈企业重组业务企业所得税管理办法〉的公告》(国家税务总局公告2010年第4号,2010年7月26日,自2010年1月1日起施行)]

企业发生财税〔2009〕59号文件第七条第(三)项规定的重组(即"居民企业以其拥有的资产或股权向其100%直接控股的非居民企业进行投资"),居民企业应准确记录应予确认的资产或股权转让收益总额,并在相应年度的企业所得税汇算清缴时对当年确认额及分年结转额的情况做出说明。

主管税务机关应建立台账,对居民企业取得股权的计税基础和每年确认的资产或股权转让收益进行比对分析,加强后续管理。[《国家税务总局关于企业重组业务企业所得税征收管理若干问题的公告》(国家税务总局公告2015年第48号,2015年6月24日,适用于2015年度及以后年度企业所得税汇算清缴)]

八、企业清算、关停、撤销的所得税处理

企业清算的所得税处理,是指企业在不再持续经营,发生结束自身业务、处置资产、偿还债务以及向所有者分配剩余财产等经济行为时,对清算所得、清算所得税、股息分配等事项的处理。

企业依法清算时,以其清算终了后的清算所得为应纳税所得额,按规定缴纳企业所得税。

所谓清算所得,是指企业的全部资产可变现价值或者交易价格减除资产净值、清算费用以及相关税费等后的余额。

投资方企业从被清算企业分得的剩余资产,其中相当于从被清算企业累计未分配利润和累计盈余公积中应当分得的部分,应当确认为股息所得;剩余资产减除上述股息所得后的余额,超过或者低于投资成本的部分,应当确认为投资资产转让所得或者损失。

(1) 下列企业应进行清算的所得税处理:

① 按《公司法》《企业破产法》等规定需要进行清算的企业。

② 企业重组中需要按清算处理的企业。

(2) 企业清算的所得税处理包括以下内容：

① 全部资产均应按可变现价值或交易价格，确认资产转让所得或损失。

② 确认债权清理、债务清偿的所得或损失。

③ 改变持续经营核算原则，对预提或待摊性质的费用进行处理。

④ 依法弥补亏损，确定清算所得。

⑤ 计算并缴纳清算所得税。

⑥ 确定可向股东分配的剩余财产、应付股息等。

(3) 企业的全部资产可变现价值或交易价格，减除资产的计税基础、清算费用、相关税费，加上债务清偿损益等后的余额，为清算所得。

企业应将整个清算期作为一个独立的纳税年度计算清算所得。

(4) 企业全部资产的可变现价值或交易价格减除清算费用，职工的工资、社会保险费用和法定补偿金，结清清算所得税、以前年度欠税等税款，清偿企业债务，按规定计算可以向所有者分配的剩余资产。

被清算企业的股东分得的剩余资产的金额，其中相当于被清算企业累计未分配利润和累计盈余公积中按该股东所占股份比例计算的部分，应确认为股息所得；剩余资产减除股息所得后的余额，超过或低于股东投资成本的部分，应确认为股东的投资转让所得或损失。被清算企业的股东从被清算企业分得的资产应按可变现价值或实际交易价格确定计税基础。

九、非居民企业所得税源泉扣缴

源泉扣缴是指依照有关法律规定或者合同约定对非居民企业直接负有支付相关款项义务的单位或者个人，依据《企业所得税法》相关规定对其应缴纳的企业所得税进行扣缴管理的一种征收方法。

为规范和加强非居民企业所得税源泉扣缴管理，对非居民企业取得来源于中国境内的股息、红利等权益性投资收益和利息、租金、特许权使用费所得、转让财产所得以及其他所得应当缴纳的企业所得税，实行源泉扣缴。

(一) 适用对象

依照《企业所得税法》第三十七条、第三十九条和第四十条规定办理非居民企业所得税源泉扣缴相关事项，适用《国家税务总局关于非居民企业所得税源泉扣缴有关问题的公告》（国家税务总局公告2017年第37号，2017年10月17日，自2017年12月1日起施行）。

与执行《企业所得税法》第三十八条规定（即非居民企业在中国境内取得工程作业和劳务所得应缴纳的所得税）相关的事项不适用。

[《国家税务总局关于非居民企业所得税源泉扣缴有关问题的公告》（国家税务总局公告2017年第37号，2017年10月17日，自2017年12月1日起施行）]

(二) 扣缴义务人

(1) 对非居民企业在中国境内未设立机构、场所，或者虽设立机构、场所但取得的所得与其所设机构、场所没有实际联系的，应缴纳的所得税，实行源泉扣缴，以支付人为扣缴义务人。税款由扣缴义务人在每次支付或者到期应支付时，从支付或者到期应支付的款项中扣缴。

以上所称支付人，是指依照有关法律规定或者合同约定对非居民企业直接负有支付相关款项义务的单位或者个人；所称支付，包括现金支付、汇拨支付、转账支付和权益兑价支付等货币支付和非货币支付；所称到期应支付的款项，是指支付人按照权责发生制原则应当计入相关成本、费用的应付款项。

(2) 对非居民企业在中国境内取得工程作业和劳务所得应缴纳的所得税，税务机关可以指定工程价款或者劳务费的支付人为扣缴义务人。

(三) 扣缴方法

(1) 扣缴义务人扣缴税款时，按税法中非居民企业应纳税额计算方法计算税款。

(2) 应当扣缴的所得税，扣缴义务人未依法扣缴或者无法履行扣缴义务的，由企业在所得发生地缴纳。企业未依法缴纳的，税务机关可以从该企业在中国境内其他收入项目的支付人应付的款项中,追缴该企业的应纳税款。

所得发生地,是指依照《企业所得税法实施条例》第七条规定的原则确定的所得发生地。在中国境内存在多处所得发生地的,由企业选择其中之一申报缴纳企业所得税。

该企业在中国境内其他收入,是指该企业在中国境内取得的其他各种来源的收入。

(3)税务机关在追缴该企业应纳税款时,应当将追缴理由、追缴数额、缴纳期限和缴纳方式等告知该企业。

(4)扣缴义务人每次代扣的税款,应当自代扣之日起7日内缴入国库,并向所在地的税务机关报送扣缴企业所得税报告表。

(四)扣缴义务人未依法扣缴或者无法履行扣缴义务

按照《企业所得税法》第三十七条的规定,应当扣缴的所得税,扣缴义务人未依法扣缴或者无法履行扣缴义务的,取得所得的非居民企业应当按照《企业所得税法》第三十九条的规定,向所得发生地主管税务机关申报缴纳未扣缴税款,并填报《中华人民共和国扣缴企业所得税报告表》。

非居民企业未按照《企业所得税法》第三十九条规定申报缴纳税款的,税务机关可以责令限期缴纳,非居民企业应当按照税务机关确定的期限申报缴纳税款;非居民企业在税务机关责令限期缴纳前自行申报缴纳税款的,视为已按期缴纳税款。[《国家税务总局关于非居民企业所得税源泉扣缴有关问题的公告》(国家税务总局公告2017年第37号,2017年10月17日,自2017年12月1日起施行)]

(五)税源管理

(1)扣缴义务人与非居民企业首次签订与应税所得有关的业务合同或协议(以下简称合同)的,扣缴义务人应当自合同签订之日起30日内,向其主管税务机关申报办理扣缴税款登记。

(2)扣缴义务人每次与非居民企业签订与应税所得有关的业务合同时,应当自签订合同(包括修改、补充、延期合同)之日起30日内,向

其主管税务机关报送《扣缴企业所得税合同备案登记表》、合同复印件及相关资料。文本为外文的应同时附送中文译本。

股权转让交易双方均为非居民企业且在境外交易的,被转让股权的境内企业在依法变更税务登记时,应将股权转让合同复印件报送主管税务机关。

(3)扣缴义务人应当设立代扣代缴税款账簿和合同资料档案,准确记录企业所得税的扣缴情况,并接受税务机关的检查。

(六)资料、账簿、档案

主管税务机关可以要求纳税人、扣缴义务人和其他知晓情况的相关方提供与应扣缴税款有关的合同和其他相关资料。扣缴义务人应当设立代扣代缴税款账簿和合同资料档案,准确记录非居民企业所得税扣缴情况。[《国家税务总局关于非居民企业所得税源泉扣缴有关问题的公告》(国家税务总局公告2017年第37号,2017年10月17日,自2017年12月1日起施行)]

(七)征收管理

(1)扣缴义务人在每次向非居民企业支付或者到期应支付应税所得时,应从支付或者到期应支付的款项中扣缴企业所得税。到期应支付的款项,是指支付人按照权责发生制原则应当计入相关成本、费用的应付款项,并自代扣之日起7日内缴入国库。

扣缴义务人每次代扣代缴税款时,应当向其主管税务机关报送《中华人民共和国扣缴企业所得税报告表》及相关资料。

(2)扣缴义务人对外支付或者到期应支付的款项为人民币以外货币的,在申报扣缴企业所得税时,应当按照扣缴当日国家公布的人民币汇率中间价,折合成人民币计算应纳税所得额。

(3)扣缴义务人与非居民企业签订与应税所得有关的业务合同时,凡合同中约定由扣缴义务人负担应纳税款的,应将非居民企业取得的不含税所得换算为含税所得后计算征税。

(4)按照《企业所得税法》及其实施条例和相关税收法规规定,给予非居民企业减免税优惠的,应按相关税收减免管理办法和行政审批

程序的规定办理。对未经审批或者减免税申请未得到批准之前,扣缴义务人发生支付款项的,应按规定代扣代缴企业所得税。

(5) 非居民企业可以适用的税收协定与国内税收法规有不同规定的,可申请执行税收协定规定;非居民企业未提出执行税收协定规定申请的,按国内税收法律、法规的有关规定执行。

(6) 非居民企业已按国内税收法律、法规的有关规定征税后,提出享受减免税或税收协定待遇申请的,主管税务机关经审核确认应享受减免税或税收协定待遇的,对多缴纳的税款应依据《税收征管法》及其实施细则的有关规定予以退税。

(7) 非居民企业拒绝代扣税款的,扣缴义务人应当暂停支付相当于非居民企业应纳税款的款项,并在1日之内向其主管税务机关报告,并报送书面情况说明。

(8) 扣缴义务人未依法扣缴或者无法履行扣缴义务的,非居民企业应于扣缴义务人支付或者到期应支付之日起7日内,到所得发生地主管税务机关申报缴纳企业所得税。

股权转让交易双方为非居民企业且在境外交易的,由取得所得的非居民企业自行或委托代理人向被转让股权的境内企业所在地主管税务机关申报纳税。被转让股权的境内企业应协助税务机关向非居民企业征缴税款。

扣缴义务人所在地与所得发生地不在一地的,扣缴义务人所在地主管税务机关应自确定扣缴义务人未依法扣缴或者无法履行扣缴义务之日起5个工作日内,向所得发生地主管税务机关发送《非居民企业税务事项联络函》,告知非居民企业的申报纳税事项。

(9) 非居民企业依照上述第(8)项规定申报缴纳企业所得税,但在中国境内存在多处所得发生地,并选定其中之一申报缴纳企业所得税的,应向申报纳税所在地主管税务机关如实报告有关情况。申报纳税所在地主管税务机关在受理申报纳税后,应将非居民企业申报缴纳所得税情况书面通知扣缴义务人所在地和其他所得发生地主管税务机关。

(10) 非居民企业未依上述第(8)项的规定申报缴纳企业所得税,由申报纳税所在地主管税务机关责令限期缴纳,逾期仍未缴纳的,申报纳税所在地主管税务机关可以收集、查实该非居民企业在中国境内其他收入项目及其支付人(以下简称其他支付人)的相关信息,并向其他支付人发出《税务事项通知书》,从其他支付人应付的款项中,追缴该非居民企业的应纳税款和滞纳金。

其他支付人所在地与申报纳税所在地不在一地的,其他支付人所在地主管税务机关应给予配合和协助。

(11) 对多次付款的合同项目,扣缴义务人应当在履行合同最后一次付款前15日内,向主管税务机关报送合同全部付款明细、前期扣缴表和完税凭证等资料,办理扣缴税款清算手续。

(八) 换算为含税所得

扣缴义务人与非居民企业签订与《企业所得税法》第三条第三款规定的所得有关的业务合同时,凡合同中约定由扣缴义务人实际承担应纳税款的,应将非居民企业取得的不含税所得换算为含税所得计算并解缴应扣税款。[《国家税务总局关于非居民企业所得税源泉扣缴有关问题的公告》(国家税务总局公告2017年第37号,2017年10月17日,自2017年12月1日起施行)]

(九) 外币折算

扣缴义务人支付或者到期应支付的款项以人民币以外的货币支付或计价的,分别按以下情形进行外币折算:

(1) 扣缴义务人扣缴企业所得税的,应当按照扣缴义务发生之日人民币汇率中间价折合成人民币,计算非居民企业应纳税所得额。扣缴义务发生之日为相关款项实际支付或者到期应支付之日。

(2) 取得收入的非居民企业在主管税务机关责令限期缴纳税款前自行申报缴纳应源泉扣缴税款的,应当按照填开税收缴款书之日前一日人民币汇率中间价折合成人民币,计算非居民企业应纳税所得额。

(3) 主管税务机关责令取得收入的非居民企业限期缴纳应源泉扣缴税款的,应当按照主管税务机关作出限期缴税决定之日前一日人民币汇率中间价折合成人民币,计算非居民企业应纳税所得额。

财产转让收入或财产净值以人民币以外的货币计价的,分扣缴义务人扣缴税款、纳税人自行申报缴纳税款和主管税务机关责令限期缴纳税款三种情形,先将以非人民币计价项目金额比照《国家税务总局关于非居民企业所得税源泉扣缴有关问题的公告》(国家税务总局公告2017年第37号,2017年10月17日,自2017年12月1日起施行)第四条规定折合成人民币金额;再按《企业所得税法》第十九条第(二)项及相关规定计算非居民企业财产转让所得应纳税所得额。

财产净值或财产转让收入的计价货币按照取得或转让财产时实际支付或收取的计价币种确定。原计价币种停止流通并启用新币种的,按照新旧货币市场转换比例转换为新币种后进行计算。[《国家税务总局关于非居民企业所得税源泉扣缴有关问题的公告》(国家税务总局公告2017年第37号,2017年10月17日,自2017年12月1日起施行)]

(十)存在多个所得发生地,涉及多个主管税务机关的

非居民企业取得的同一项所得在境内存在多个所得发生地,涉及多个主管税务机关的,在按照《企业所得税法》第三十九条规定自行申报缴纳未扣缴税款时,可以选择一地办理《国家税务总局关于非居民企业所得税源泉扣缴有关问题的公告》(国家税务总局公告2017年第37号)第九条规定的申报缴税事宜。受理申报地主管税务机关应在受理申报后5个工作日内,向扣缴义务人所在地和同一项所得其他发生地主管税务机关发送《非居民企业税务事项联络函》,告知非居民企业涉税事项。[《国家税务总局关于非居民企业所得税源泉扣缴有关问题的公告》(国家税务总局公告2017年第37号,2017年10月17日,自2017年12月1日起施行)]

(十一)主管税务机关的确定

扣缴义务人所在地主管税务机关为扣缴义务人所得税主管税务机关。

对《企业所得税法实施条例》第七条规定的不同所得,所得发生地主管税务机关按以下原则确定。

(1)不动产转让所得,为不动产所在地税务机关。

(2)权益性投资资产转让所得,为被投资企业的所得税主管税务机关。

(3)股息、红利等权益性投资所得,为分配所得企业的所得税主管税务机关。

(4)利息所得、租金所得、特许权使用费所得,为负担、支付所得的单位或个人的所得税主管税务机关。[《国家税务总局关于非居民企业所得税源泉扣缴有关问题的公告》(国家税务总局公告2017年第37号,2017年10月17日,自2017年12月1日起施行)]

(十二)扣缴时间、地点

扣缴义务人应当自扣缴义务发生之日起7日内向扣缴义务人所在地主管税务机关申报和解缴代扣税款。扣缴义务人发生到期应支付而未支付情形,应按照《国家税务总局关于非居民企业所得税管理若干问题的公告》(国家税务总局公告2011年第24号)第一条规定进行税务处理。

非居民企业取得应源泉扣缴的所得为股息、红利等权益性投资收益的,相关应纳税款扣缴义务发生之日为股息、红利等权益性投资收益实际支付之日。

非居民企业采取分期收款方式取得应源泉扣缴所得税的同一项转让财产所得的,其分期收取的款项可先视为收回以前投资财产的成本,待成本全部收回后,再计算并扣缴应扣税款。[《国家税务总局关于非居民企业所得税源泉扣缴有关问题的公告》(国家税务总局公告2017年第37号,2017年10月17日,自2017年12月1日起施行)]

(十三)报表

扣缴义务人在申报和解缴应扣税款时,应填报《中华人民共和国扣缴企业所得税报告表》。

扣缴义务人可以在申报和解缴应扣税款前报送有关申报资料;已经报送的,在申报时不再重复报送。[《国家税务总局关于非居民企业所得税源泉扣缴有关问题的公告》(国家税务总局公告2017年第37号,2017年10月17日,自2017年12月1日起施行)]

(十四) 协定

《国家税务总局关于非居民企业所得税源泉扣缴有关问题的公告》(国家税务总局公告2017年第37号,2017年10月17日,自2017年12月1日起施行)与税收协定及其相关规定不一致的,按照税收协定及其相关规定执行。[《国家税务总局关于非居民企业所得税源泉扣缴有关问题的公告》(国家税务总局公告2017年第37号,2017年10月17日,自2017年12月1日起施行)]

(十五) 后续管理

(1) 主管税务机关应当建立《扣缴企业所得税管理台账》加强合同履行情况的跟踪监管,及时了解合同签约内容与实际履行中的动态变化,监控合同款项支付、代扣代缴税款等情况。必要时应查核企业相关账簿,掌握股息、利息、租金、特许权使用费、转让财产收益等支付和列支情况,特别是未实际支付但已计入成本费用的利息、租金、特许权使用费等情况,有无漏扣企业所得税问题。

主管税务机关应根据备案合同资料、扣缴企业所得税管理台账记录等监管资料和已申报扣缴税款情况,核对办理税款清算手续。

(2) 主管税务机关可根据需要对代扣代缴企业所得税的情况实施专项检查,实施检查的主管税务机关应将检查结果及时传递给同级税务局。

(3) 税务机关在企业所得税源泉扣缴管理中,遇有需要向税收协定缔约对方获取涉税信息或告知非居民企业在中国境内的税收违法行为时,可按照《国家税务总局关于印发〈国际税收情报交换工作规程〉的通知》(国税发〔2006〕70号)的规定办理。

(十六) 法律责任

(1) 扣缴义务人未按照规定办理扣缴税款登记的,主管税务机关应当按照《税务登记管理办法》(国家税务总局令第36号)第四十五条、第四十六条的规定处理。

转让股权的境内企业未依法变更税务登记的,主管税务机关应当按照《税务登记管理办法》(国家税务总局令第36号)第四十二条的规定处理。

(2) 扣缴义务人未按规定的期限向主管税务机关报送《扣缴企业所得税合同备案登记表》、合同复印件及相关资料,未按规定期限向主管税务机关报送扣缴表,未履行扣缴义务不缴或者少缴已扣税款或者应扣未扣税款,非居民企业未按规定期限申报纳税、不缴或者少缴应纳税款的,主管税务机关应当按照《税收征管法》及其实施细则的有关规定处理。

第八节 纳税期限

企业所得税按年计征,分月或者分季预缴,年终汇算清缴,多退少补。

一、预缴

企业所得税应当按照月度或者季度的实际利润额预缴;按照月度或者季度的实际利润额预缴有困难的,可以按照上一纳税年度应纳税所得额的月度或者季度平均额预缴,或者按照经税务机关认可的其他方法预缴。为确保税款足额及时入库,各级税务机关对纳入当地重点税源管理的企业,原则上应按照实际利润额预缴方法征收企业所得税。

各级税务机关根据企业上年度企业所得税预缴和汇算清缴情况,对全年企业所得税预缴税款占企业所得税应缴税款比例明显偏低的,要及时查明原因,调整预缴方法或预缴税额。

各级税务机关要处理好企业所得税预缴和汇算清缴税款入库的关系,原则上各地企业所得税年度预缴税款占当年企业所得税入库税款(预缴数+汇算清缴数)应不少于70%。

各级税务机关要进一步加大监督管理力度。对未按规定申报预缴企业所得税的,按照

《税收征管法》及其实施细则的有关规定进行处理。

二、汇算清缴

正常情况下,企业自年度终了之日起5个月内,向税务机关报送年度企业所得税纳税申报表,并汇算清缴,结清应缴应退税款。

企业在年度中间终止经营活动的,应当自实际经营终止之日起60日内,向税务机关办理当期企业所得税汇算清缴。

三、纳税年度

(一)一般规定

企业所得税的纳税年度,自公历1月1日起至12月31日止。

自2008年1月1日起,外国企业一律以公历年度为纳税年度,按照《企业所得税法》规定的税率计算缴纳企业所得税。

企业在一个纳税年度的中间开业,或者由于合并、关闭等原因终止经营活动,使该纳税年度的实际经营期不足12个月的,应当以其实际经营期为一个纳税年度。

企业清算时,应当以清算期间作为一个纳税年度。企业应当自清算结束之日起15日内,向主管税务机关报送企业所得税纳税申报表,并结清税款。

(二)特别规定——对于持续时间跨越纳税年度的收入的确认

企业受托加工、制造大型机械设备、船舶等,以及从事建筑、安装、装配工程业务和提供劳务,持续时间通常分属于不同的纳税年度,甚至会跨越数个纳税年度,而且涉及的金额一般比较大。为了及时反映各纳税年度的应税收入,一般情况下,不能等到合同完工时或进行结算时才确定应税收入。企业按照完工进度或者完成的工作量对跨年度的特殊劳务确认收入和扣除进行纳税,也有利于保证跨纳税年度的收入在不同纳税年度得到及时确认,保证税收收入的均衡入库。所以,企业所得税法实施条例对企业受托加工、制造大型机械设备、船舶等,以及从事建筑、安装、装配工程业务和提供劳务,持续时间跨越纳税年度的,应当按照纳税年度内完工进度或者完成的工作量确定收入。

除受托加工、制造大型机械设备、船舶等,以及从事建筑、安装、装配工程业务和提供劳务之外,其他跨纳税年度的经营活动,通常情况下持续时间短、金额小,按照纳税年度内完工进度或者完成的工作量确定应税收入没有实际意义。另外,这些经营活动在纳税年度末收入和相关的成本费用不易确定,相关的经济利益能否流入企业也不易判断,所以,一般不采用按照纳税年度内完工进度或者完成的工作量确定收入的办法。

第九节 纳税地点

一、居民企业纳税地点

(1)除税收法律、行政法规另有规定外,居民企业以企业登记注册地为纳税地点;但登记注册地在境外的,以实际管理机构所在地为纳税地点。

企业注册登记地是指企业依照国家有关规定登记注册的住所地。

(2)居民企业在中国境内设立不具有法人资格的营业机构的,应当汇总计算并缴纳企业所得税。

二、非居民企业纳税地点

(1)非居民企业在中国境内设立机构、场所的,应当就其所设机构、场所取得的来源于中国境内的所得,以及发生在中国境外但与其所设机构、场所有实际联系的所得,以机构、场所所在地为纳税地点。

非居民企业在中国境内设立两个或者两个以上机构、场所的,经税务机关审核批准,可以选择由其主要机构、场所汇总缴纳企业所得税。非居民企业经批准汇总缴纳企业所得税后,需要增设、合并、迁移、关闭机构、场所或者停止机构、场所业务的,应当事先由负责汇总申报缴纳企业所得税的主要机构、场所向其所在地税务机关报告;需要变更汇总缴纳企业所得税的主要机构、场所的,依照前述规定办理。

(2) 非居民企业在中国境内未设立机构、场所,或者虽设立机构、场所但取得的所得与其所设机构、场所没有实际联系的,以扣缴义务人所在地为纳税地点。

三、合并纳税

除国务院另有规定外,企业之间不得合并缴纳企业所得税。

第十节 汇算清缴

一、居民企业所得税汇算清缴

企业所得税汇算清缴,是指纳税人自纳税年度终了之日起 5 个月内或实际经营终止之日起 60 日内,依照税收法律、法规、规章及其他有关企业所得税的规定,自行计算本纳税年度应纳税所得额和应纳所得税额,根据月度或季度预缴企业所得税的数额,确定该纳税年度应补或者应退税额,并填写企业所得税年度纳税申报表,向主管税务机关办理企业所得税年度纳税申报、提供税务机关要求提供的有关资料、结清全年企业所得税税款的行为。

为加强企业所得税征收管理,进一步规范企业所得税汇算清缴管理工作,国家税务总局制定了《企业所得税汇算清缴管理办法》(国税发〔2009〕79号印发,2009年4月16日,自2009年1月1日起执行)。

(一) 对象

《企业所得税汇算清缴管理办法》适用于企业所得税居民企业纳税人。

凡在纳税年度内从事生产、经营(包括试生产、试经营),或在纳税年度中间终止经营活动的纳税人,无论是否在减税、免税期间,也无论盈利或亏损,均应按照《企业所得税法》及其实施条例和《企业所得税汇算清缴管理办法》的有关规定进行企业所得税汇算清缴。

实行核定定额征收企业所得税的纳税人,不进行汇算清缴。

(二) 时限

纳税人应当自纳税年度终了之日起 5 个月内,进行汇算清缴,结清应缴应退企业所得税税款。

纳税人在年度中间发生解散、破产、撤销等终止生产经营情形,需进行企业所得税清算的,应在清算前报告主管税务机关,并自实际经营终止之日起 60 日内进行汇算清缴,结清应缴应退企业所得税税款;纳税人有其他情形依法终止纳税义务的,应当自停止生产、经营之日起 60 日内,向主管税务机关办理当期企业所得税汇算清缴。

(三) 预缴纳税申报

纳税人12月或者第四季度的企业所得税预缴纳税申报,应在纳税年度终了后15日内完成,预缴申报后进行当年企业所得税汇算清缴。

(四) 纳税人责任

纳税人需要报经税务机关审批、审核或备案的事项,应按有关程序、时限和要求报送材料等有关规定,在办理企业所得税年度纳税申报前及时办理。

纳税人应当按照《企业所得税法》及其实施条例和企业所得税的有关规定,正确计算应纳税所得额和应纳所得税额,如实、正确填写企业所得税年度纳税申报表及其附表,完整、及时报送相关资料,并对纳税申报的真实性、准确性和完整性负法律责任。

(五)纳税申报资料

纳税人办理企业所得税年度纳税申报时,应如实填写和报送下列有关资料:

(1)企业所得税年度纳税申报表及其附表。

(2)财务报表。

(3)备案事项相关资料。

(4)总机构及分支机构基本情况、分支机构征税方式、分支机构的预缴税情况。

(5)委托中介机构代理纳税申报的,应出具双方签订的代理合同,并附送中介机构出具的包括纳税调整的项目、原因、依据、计算过程、调整金额等内容的报告。

(6)涉及关联方业务往来的,同时报送《中华人民共和国企业年度关联业务往来报告表》。

(7)主管税务机关要求报送的其他有关资料。

纳税人采用电子方式办理企业所得税年度纳税申报的,应按照有关规定保存有关资料或附报纸质纳税申报资料。

(六)延期纳税申报

纳税人因不可抗力,不能在汇算清缴期内办理企业所得税年度纳税申报或备齐企业所得税年度纳税申报资料的,应按照税收征管法及其实施细则的规定,申请办理延期纳税申报。

(七)申报有误时的处理

纳税人在汇算清缴期内发现当年企业所得税申报有误的,可在汇算清缴期内重新办理企业所得税年度纳税申报。

(八)补缴、退税或抵缴

纳税人在纳税年度内预缴企业所得税税款少于应缴企业所得税税款的,应在汇算清缴期内结清应补缴的企业所得税税款;预缴税款超过应纳税款的,主管税务机关应及时按有关规定办理退税。

为减轻纳税人办税负担,避免占压纳税人资金,自2021年度企业所得税汇算清缴起,纳税人在纳税年度内预缴企业所得税税款超过汇算清缴应纳税款的,不再抵缴其下一年度应缴企业所得税税款。纳税人应及时申请退税,主管税务机关应及时按有关规定办理退税。

注:纳税人在纳税年度内预缴企业所得税税款超过汇算清缴应纳税款的,纳税人应及时申请退税,主管税务机关应及时按有关规定办理退税,不再抵缴其下一年度应缴企业所得税税款。[《国家税务总局关于企业所得税年度汇算清缴有关事项的公告》(国家税务总局公告2021年第34号,2021年12月31日,适用于2021年度及以后年度企业所得税汇算清缴)]

(九)延期缴纳税款

纳税人因有特殊困难,不能在汇算清缴期内补缴企业所得税款的,应按照税收征管法及其实施细则的有关规定,办理申请延期缴纳税款手续。

(十)跨地区经营汇总缴纳企业所得税的纳税人的汇算清缴

实行跨地区经营汇总缴纳企业所得税的纳税人,由统一计算应纳税所得额和应纳所得税额的总机构,按照上述规定,在汇算清缴期内向所在地主管税务机关办理企业所得税年度纳税申报,进行汇算清缴。分支机构不进行汇算清缴,但应将分支机构的营业收支等情况在报总机构统一汇算清缴前报送分支机构所在地主管税务机关。总机构应将分支机构及其所属机构的营业收支纳入总机构汇算清缴等情况报送各分支机构所在地主管税务机关。

(十一)企业集团的汇算清缴

经批准实行合并缴纳企业所得税的企业集团,由集团母公司(以下简称汇缴企业)在汇算清缴期内,向汇缴企业所在地主管税务机关报送汇缴企业及各个成员企业合并计算填写的企业所得税年度纳税申报表,以及规定的有关资料及各个成员企业的企业所得税年度纳税申报表,统一办理汇缴企业及其成员企业的企业所得税汇算清缴。

汇缴企业应根据汇算清缴的期限要求,自行确定其成员企业向汇缴企业报送规定的有关资料的期限。成员企业向汇缴企业报送的上述资料,应经成员企业所在地的主管税务机关审核。

(十二)税务机关的汇算清缴工作

各级税务机关要结合当地实际,对每一纳

税年度的汇算清缴工作进行统一安排和组织部署。汇算清缴管理工作由具体负责企业所得税日常管理的部门组织实施。税务机关内部各职能部门应充分协调和配合，共同做好汇算清缴的管理工作。

1. 税收服务

各级税务机关应在汇算清缴开始之前和汇算清缴期间，主动为纳税人提供税收服务。

（1）采用多种形式进行宣传，帮助纳税人了解企业所得税政策、征管制度和办税程序。

（2）积极开展纳税辅导，帮助纳税人知晓汇算清缴范围、时间要求、报送资料及其他应注意的事项。

（3）必要时组织纳税培训，帮助纳税人进行企业所得税自核自缴。

延伸解读

为纳税人提供企业所得税税收政策风险提示服务

税收政策风险提示服务是指纳税人进行企业所得税汇算清缴时，税务机关在纳税人正式申报纳税前，依据现行税收法律法规及相关管理规定，利用税务登记信息、纳税申报信息、财务会计信息、备案资料信息、第三方涉税信息等内在规律和联系，依托现代技术手段，就税款计算的逻辑性、申报数据的合理性、税收与财务指标关联性等，提供风险提示服务。目的是帮助纳税人提高税收遵从度，减少纳税风险。

税收政策风险提示服务对象为查账征收，且通过互联网进行纳税申报的居民企业纳税人。

税收政策风险提示服务流程：

(1)纳税人在互联网上填报完成《中华人民共和国企业所得税年度纳税申报表》(A类,2014年版)后,选择"风险提示服务"，系统即对纳税人提交的申报表数据和信息进行风险扫描,并在很短时间内将风险提示信息推送给纳税人。

(2)针对系统推送的风险提示信息,由纳税人自愿选择是否修正,可以自行确定是否调整、修改、补充数据或信息,也可以直接进入纳税申报程序。

(3)纳税人完成风险提示信息修正后,可以再次选择"风险提示服务"，查看是否已经处理风险提示问题,也可以直接进入纳税申报程序。

有关说明：

(1)税收政策风险提示服务不改变纳税人依法自行计算申报缴纳税额、享受法定权益、承担法律责任的权利和义务。

(2)税收政策风险提示服务是税务机关为纳税人提供的一项纳税服务,纳税人可以根据自身经营情况,自愿选择风险提示服务,自行决定风险修正。

(3)税收政策风险提示服务是在纳税人正式申报纳税前进行的,需要纳税人提前一天将本企业的财务报表、企业所得税优惠事项备案表等信息,通过互联网报送至税务机关。纳税人之前已经完成以上信息报送的,无需重复报送。

2. 发放汇算清缴的表、证、单、书

主管税务机关应及时向纳税人发放汇算清缴的表、证、单、书。

3. 补齐补正

主管税务机关受理纳税人企业所得税年度纳税申报表及有关资料时，如发现企业未按规定报齐有关资料或填报项目不完整的，应及时告知企业在汇算清缴期内补齐补正。

4. 审核

主管税务机关受理纳税人年度纳税申报后，应对纳税人年度纳税申报表的逻辑性和有关资料的完整性、准确性进行审核。审核重点主要包括：

（1）纳税人企业所得税年度纳税申报表及其附表与企业财务报表有关项目的数字是否相符，各项目之间的逻辑关系是否对应，计算是否正确。

（2）纳税人是否按规定弥补以前年度亏损额和结转以后年度待弥补的亏损额。

（3）纳税人是否符合税收优惠条件、税收优惠的确认和申请是否符合规定程序。

（4）纳税人税前扣除的财产损失是否真实、是否符合有关规定程序。跨地区经营汇总缴纳企业所得税的纳税人，其分支机构税前扣除的财产损失是否由分支机构所在地主管税务机关出具证明。

（5）纳税人有无预缴企业所得税的完税凭证，完税凭证上填列的预缴数额是否真实。跨地区经营汇总缴纳企业所得税的纳税人及其所属分支机构预缴的税款是否与《中华人民共和国企业所得税汇总纳税分支机构分配表》中分配的数额一致。

(6) 纳税人企业所得税和其他各税种之间的数据是否相符、逻辑关系是否吻合。

5. 补、退税

主管税务机关应结合纳税人企业所得税预缴情况及日常征管情况,对纳税人报送的企业所得税年度纳税申报表及其附表和其他有关资料进行初步审核后,按规定程序及时办理企业所得税补、退税等事项。

注：纳税人在纳税年度内预缴企业所得税税款超过汇算清缴应纳税款的,纳税人应及时申请退税,主管税务机关应及时按有关规定办理退税,不再抵缴其下一年度应缴企业所得税税款。[《国家税务总局关于企业所得税年度汇算清缴有关事项的公告》（国家税务总局公告2021年第34号,2021年12月31日,适用于2021年度及以后年度企业所得税汇算清缴）]

6. 跨地区经营汇总纳税企业和合并纳税企业汇算清缴的协同管理

税务机关应做好跨地区经营汇总纳税企业和合并纳税企业汇算清缴的协同管理。

（1）总机构和汇缴企业所在地主管税务机关在对企业的汇总或合并纳税申报资料审核时,发现其分支机构或成员企业申报内容有疑点需进一步核实的,应向其分支机构或成员企业所在地主管税务机关发出有关税务事项协查函;该分支机构或成员企业所在地主管税务机关应在要求的时限内就协查事项进行调查核实,并将核查结果函复总机构或汇缴企业所在地主管税务机关。

（2）总机构和汇缴企业所在地主管税务机关收到分支机构或成员企业所在地主管税务机关反馈的核查结果后,应对总机构和汇缴企业申报的应纳税所得额及应纳所得税额作相应调整。

7. 数据分析、纳税评估和检查

汇算清缴工作结束后,税务机关应组织开展汇算清缴数据分析、纳税评估和检查。纳税评估和检查的对象、内容、方法、程序等按照国家税务总局的有关规定执行。

8. 总结

汇算清缴工作结束后,各级税务机关应认真总结,写出书面总结报告逐级上报。各省、自治区、直辖市和计划单列市税务局应在每年7月底前将汇算清缴工作总结报告、年度企业所得税汇总报表报送国家税务总局（所得税司）。总结报告的内容应包括：

（1）汇算清缴工作的基本情况。

（2）企业所得税税源结构的分布情况。

（3）企业所得税收入增减变化及原因。

（4）企业所得税政策和征管制度贯彻落实中存在的问题和改进建议。

二、非居民企业所得税汇算清缴

为规范非居民企业所得税汇算清缴工作,根据《企业所得税法》及其实施条例和《税收征管法》及其实施细则的有关规定,国家税务总局制定了《非居民企业所得税汇算清缴管理办法》（国税发〔2009〕6号,2009年1月22日,自2008年1月1日起执行）。

（一）汇算清缴对象

（1）依照外国（地区）法律成立且实际管理机构不在中国境内,但在中国境内设立机构、场所的非居民企业（以下简称企业）,无论盈利或者亏损,均应按照企业所得税法及本办法规定参加所得税汇算清缴。

（2）企业具有下列情形之一的,可不参加当年度的所得税汇算清缴：

① 临时来华承包工程和提供劳务不足1年,在年度中间终止经营活动,且已经结清税款。

② 汇算清缴期内已办理注销。

③ 其他经主管税务机关批准可不参加当年度所得税汇算清缴。

（二）汇算清缴时限

（1）企业应当自年度终了之日起5个月内,向税务机关报送年度企业所得税纳税申报表,并汇算清缴,结清应缴应退税款。

（2）企业在年度中间终止经营活动的,应当自实际经营终止之日起60日内,向税务机关办理当期企业所得税汇算清缴。

（三）申报纳税

（1）企业办理所得税年度申报时,应当如实填写和报送下列报表、资料：

① 年度企业所得税纳税申报表及其附表。

② 年度财务会计报告。

③ 税务机关规定应当报送的其他有关资料。

（2）企业因特殊原因，不能在规定期限内办理年度所得税申报，应当在年度终了之日起5个月内，向主管税务机关提出延期申报申请。主管税务机关批准后，可以适当延长申报期限。

（3）企业采用电子方式办理纳税申报的，应附报纸质纳税申报资料。

（4）企业委托中介机构代理年度企业所得税纳税申报的，应附送委托人签章的委托书原件。

（5）企业申报年度所得税后，经主管税务机关审核，需补缴或退还所得税的，应在收到主管税务机关送达的《非居民企业所得税汇算清缴涉税事宜通知书》后，按规定时限将税款补缴入库，或按照主管税务机关的要求办理退税手续。

（6）企业补缴税款确因特殊困难需延期缴纳的，按税收征管法及其实施细则的有关规定办理。

（7）企业在所得税汇算清缴期限内，发现当年度所得税申报有误的，应当在年度终了之日起5个月内向主管税务机关重新办理年度所得税申报。

（8）企业报送报表期限的最后1日是法定休假日的，以休假日期满的次日为期限的最后1日；在期限内有连续3日以上法定休假日的，按休假日天数顺延。

（四）法律责任

（1）企业未按规定期限办理年度所得税申报，且未经主管税务机关批准延期申报，或报送资料不全、不符合要求的，应在收到主管税务机关送达的《责令限期改正通知书》后按规定时限补报。

企业未按规定期限办理年度所得税申报，且未经主管税务机关批准延期申报的，主管税务机关除责令其限期申报外，可按照税收征管法的规定处以2 000元以下的罚款，逾期仍不申报的，可处以2 000元以上10 000元以下的罚款，同时核定其年度应纳税额，责令其限期缴纳。企业在收到主管税务机关送达的《非居民企业所得税应纳税款核定通知书》后，应在规定时限内缴纳税款。

（2）企业未按规定期限办理所得税汇算清缴，主管税务机关除责令其限期办理外，对发生税款滞纳的，按照《税收征管法》的规定，加收滞纳金。

（3）企业同税务机关在纳税上发生争议时，依照《税收征管法》相关规定执行。

第六章 个人所得税

个人所得税是以个人（即自然人）取得的各项应税所得为征税对象而征收的一种所得税，是政府利用税收对个人收入进行调节的一种手段。个人所得税的征税对象不仅包括个人还包括具有自然人性质的主体。

根据2018年8月31日第十三届全国人民代表大会常务委员会第五次会议《关于修改〈中华人民共和国个人所得税法〉的决定》第7次修正。此次《个人所得税法》修改，建立了综合与分类相结合的个人所得税制，对部分劳动性所得实行综合征税，优化调整了税率结构，提高了综合所得基本减除费用标准，设立了专项附加扣除项目，并相应健全了个人所得税征管制度。修订后的《个人所得税法》自2019年1月1日起施行。

2018年12月18日，根据《中华人民共和国个人所得税法》（以下简称《个人所得税法》），公布修订后的《中华人民共和国个人所得税法实施条例》（中华人民共和国国务院令第707号，第4次修订）。修改的主要内容包括：加大对符合居民个人标准的境外人士税收优惠力度，以更好吸引境外人才；为支持鼓励自主创业，对个体工商户等经营主体在计算经营所得时给予家庭生计必要支出减除；明确个人缴付符合国家规定的企业年金、职业年金，购买符合国家规定的商业健康保险、税收递延型商业养老保险的支出，以及国务院规定的其他项目可以依法扣除；优化与专项附加扣除政策相关的纳税服务，明确工资、薪金所得可以由扣缴义务人在扣缴税款时减除专项附加扣除，其他综合所得在汇算清缴时减除专项附加扣除，纳税人可以委托扣缴义务人或者其他单位和个人办理汇算清缴。修订后的《个人所得税法实施条例》自2019年1月1日起与修订后的《个人所得税法》同步施行。

自2023年1月1日起，我国提高3岁以下婴幼儿照护、子女教育和赡养老人3项专项附加扣除标准。其中，3岁以下婴幼儿照护、子女教育专项附加扣除标准由现行每孩每月1 000元提高到2 000元。也就是说，每个孩子从出生到完成学历教育，其父母每个月可以在税前扣除2 000元，每年2.4万元，这些扣除可以由父母双方分别享受，也可以由其中一方享受。赡养老人专项附加扣除标准由每月2 000元提高到3 000元，独生子女按照每月3 000元的标准定额扣除，非独生子女与兄弟姐妹分摊每月3 000元的扣除额度，每人分摊的额度不超过每月1 500元。

延伸解读

个人所得税的征收模式

一般来说，个人所得税的征收模式有三种：分类征收制、综合征收制与混合征收制。

分类征收制，就是将纳税人不同来源、性质的所得项目，分别规定不同的税率征税；综合征收制，是对纳税人全年的各项所得加以汇总，就其总额进行征税；混合征收制，是对纳税人不同来源、性质的所得先分别按照不同的税率征税，然后将全年的各项所得进行汇总征税。

三种不同的征收模式各有其优缺点。就第一种征收模式而言，其优点是对纳税人全部所得区分性质进行区别征税，能够体现国家的政治、经济与社会政策；缺点是对纳税人整体所得把握得不一定全面，容易导致实际税负的不公平；就第二种方式而言，可以对纳税人的全部所得征税，从收入的角度体现税收公平的原则，但它不利于针对不同收入进行调节，不利于体现国家的有关社会、经济政策；就第三种方式而言，集中了前面两种的优点，既可实现税收的政策性调节功能，也可体现税收的公平原则。

我国个人所得税的征收在2019年1月1日前采用的是第一种模式,即分类征收制。在我国开征个人所得税之初,居民个人的收入水平比较低,收入来源比较单一,政府征税的目的主要在于对一部分居民畸高的收入进行调节。当前,我国居民个人的收入水平有了很大提高,而且收入的来源种类呈日益多样化趋势。在这样的情况下,仅仅按照居民收入的类型进行个人所得税的征收就不能达到调节收入分配的目的了。因为,在之前的税制下,不同收入种类所得的税率是不完全相同的,这样就会出现两种情况:一是纳税人有意把自己的收入在不同类型收入间进行转换,以达到不缴税或少缴税的目的;二是纳税人就其单个来源的收入可能不用纳税或者纳税不多,但如果把其全年收入加总起来考虑,则是一笔不小的收入。从结果上看,就不可能完全达到对收入进行公平调节的目的。因而我国对个人所得税制模式进行改革,把个人所得税制由分类征收制向综合与分类相结合的模式转变,"逐步建立综合与分类相结合的个人所得税制"。

第一节 纳 税 人

个人所得税以所得人为纳税人,以支付所得的单位或者个人为扣缴义务人。

延伸解读

个人独资企业投资者个人和合伙企业自然人合伙人涉及个人所得税

个人独资企业和合伙企业不缴纳企业所得税,只对投资者个人或自然人合伙人取得的生产经营所得征收个人所得税。

个人独资企业和合伙企业分别是指依照我国相关法律登记成立的个人独资、合伙性质的企业以及其他相关机构或组织。个人独资企业以投资者个人为纳税义务人,合伙企业以每一个合伙人为纳税义务人。

个人独资企业投资人以其个人财产对企业债务承担无限责任。普通合伙企业合伙人对合伙企业债务承担无限连带责任。有限合伙企业由普通合伙人和有限合伙人组成,普通合伙人对合伙企业债务承担无限连带责任,有限合伙人以其认缴的出资额为限对合伙企业债务承担责任。

个人所得税的纳税人可以泛指取得所得的自然人,包括居民纳税人和非居民纳税人。在实际生活中,自然人的情况比较复杂。一个自然人在一国有无住所、是否居住、居住多长时间,情况各异。根据什么样的标准确定其纳税人身份和应当承担的纳税义务,涉及纳税人身份尤其是居民纳税人身份如何确定的问题。对此,各国的税收立法和税收政策有所不同。为了有效地行使税收管辖权,我国根据国际惯例,对居民纳税人和非居民纳税人的划分,采用了国际上常用的住所标准和居住时间标准。

延伸解读

居民纳税人与非居民纳税人的判定标准

(1)住所标准。

住所通常指公民长期生活和活动的主要场所。由于公民实际的生活和活动场所很多,所以,我国《民法典》规定:"自然人以户籍登记或者其他有效身份登记记载的居所为住所;经常居所与住所不一致的,经常居所视为住所。"

住所分为永久性住所和习惯性住所。《民法典》上规定的住所,通常是指永久性的住所,具有法律意义。经常性居住地则属于习惯性住所,它与永久性住所有时是一致的,有时又是不一致的。根据这种情况,我国税法将在中国境内有住所的个人界定为:"因户籍、家庭、经济利益关系而在中国境内习惯性居住的个人。"可见,我国目前采用的住所标准实际是习惯性住所标准。采用这一标准,就把中、外籍人员,以及把港、澳、台同胞与在境内居住的中国公民区别开来。

所谓习惯性居住或住所,是在税收上判断居民和非居民的一个法律意义上的标准,不是指实际居住或在某一特定时期内的居住地。例如,个人因学习、工作、探亲、旅游等而在中国境外居住的,当其在境外居住的原因消除之后,则必须回到中国境内居住。那么,即使该人并未居住在中国境内,仍应将其判定为在中国习惯性居住。所以,我国《个人所得税法》中所说的"住所",其概念与通常所说的住所是有区别的。

(2)居住时间标准。

居住时间是指个人在一国境内实际居住的日数。

在实际生活中，有时个人在一国境内并无住所，又没有经常性居住地，但是却在该国内停留的时间较长，从该国取得了收入，应对其行使税收管辖权，甚至视为该国的居民征税。各国在对个人所得征税的实践中，逐渐形成以个人居住时间长短作为衡量居民与非居民的居住时间标准。我国《个人所得税法》也采用了这一标准。

各国判断居民身份的居住时间不尽一致。我国规定的时间是一个纳税年度内在中国境内住满183日，达到这个标准的个人即为居民纳税人。在中国境内居住累计满183天的任一年度中有1次离境超过30天的，其在中国境内居住累计满183天的年度的连续年限重新起算。

我国税法规定的住所标准和居住时间标准，是判定居民身份的两个并列性标准，个人只要符合或达到其中任何一个标准，就可以被认定为居民纳税人。

一、居民个人

在中国境内有住所，或者无住所而一个纳税年度内在中国境内居住累计满183天的个人，为居民个人。

所称在中国境内有住所，是指因户籍、家庭、经济利益关系而在中国境内习惯性居住。

纳税年度，自公历1月1日起至12月31日止。

（一）纳税义务范围

居民个人从中国境内和境外取得的所得，依照个人所得税法规定缴纳个人所得税。

所称从中国境内和境外取得的所得，分别是指来源于中国境内的所得和来源于中国境外的所得。

（二）税收优惠

在中国境内无住所的个人，在中国境内居住累计满183天的年度连续不满6年的，经向主管税务机关备案，其来源于中国境外且由境外单位或者个人支付的所得，免予缴纳个人所得税；在中国境内居住累计满183天的任一年度中有1次离境超过30天的，其在中国境内居住累计满183天的年度的连续年限重新起算。

二、非居民个人

在中国境内无住所又不居住，或者无住所而一个纳税年度内在中国境内居住累计不满183天的个人，为非居民个人。

（一）纳税义务范围

非居民个人从中国境内取得的所得，依照个人所得税法规定缴纳个人所得税。

（二）税收优惠

在中国境内无住所的个人，在一个纳税年度内在中国境内居住累计不超过90天的，其来源于中国境内的所得，由境外雇主支付并且不由该雇主在中国境内的机构、场所负担的部分，免予缴纳个人所得税。

专家点拨 从国际惯例看，一般将个人所得税纳税人分为居民个人和非居民个人两类，两类纳税人在纳税义务和征税方式上均有所区别。原先《个人所得税法》规定的两类纳税人实质上是居民个人和非居民个人，但没有明确作出概念上的分类。为适应个人所得税改革对两类纳税人在征税方式等方面的不同要求，便于税法和有关税收协定的贯彻执行，修订后的《个人所得税法》借鉴国际惯例，明确引入了居民个人和非居民个人的概念，并将在中国境内居住的时间这一判定居民个人和非居民个人的标准，由原先的是否满1年调整为是否满183天，以更好地行使税收管辖权，维护国家税收权益。

【案例6-1】 某日本人在深圳工作，在深圳居住了183天，在日本居住了182天，合计全年365天，他在日本工作期间取得的工资薪金收入中国是否有征税权？

【分析】 以前没有征税权，因为此人不是中国个人所得税的居民个人，既在深圳无住所，又居住未满一年，但是修订后的《个人所得税法》，就把他套到中国居民个人了。

在境内无住所而在境内居住满183天的个人也纳入居民管辖权，一般发达国家才会干这个，延伸扩张居民管辖权而限制地域管辖权，比如在加拿大居住超过183天、配偶及其子女在加拿大居住的非居民都被视作税务居民，应当主动报税。

在中国境内无住所而在一个纳税年度中在中国境内连续或累计工作超过183日但不满1年的个人，其实际在中国境内和境外工作期间取得的由中国境内企业或个人雇主支付和由境外企业或个人雇主支付的工资薪金所得，均应申报缴纳个人所得税;其在中国境外工作期间取得的工资薪金所得,也要向中国缴纳个人所得税。

三、纳税义务范围

在确定个人所得税纳税义务范围问题上,有两个重要的概念:所得来源地和所得支付地。

所得的来源地与所得的支付地并不是同一概念,有时两者是一致的,有时却是不相同的。

(一) 所得来源地

1. 一般规定

判断所得来源地,是确定该项所得是否应该征收个人所得税的重要依据。对于居民纳税义务人,因为要承担无限纳税义务,所以,有关判断其所得来源地的问题,相对来说不那么重要。但是,对于非居民纳税义务人,由于只就其来源于中国境内的所得征税,因此判断其所得来源地,就显得十分重要。

除国务院财政、税务主管部门另有规定外,下列所得,不论支付地点是否在中国境内,均为来源于中国境内的所得。

(1) 因任职、受雇、履约等在中国境内提供劳务取得的所得。

(2) 将财产出租给承租人在中国境内使用而取得的所得。

(3) 许可各种特许权在中国境内使用而取得的所得。

(4) 转让中国境内的不动产等财产或者在中国境内转让其他财产取得的所得;

(5) 从中国境内企业、事业单位、其他组织以及居民个人取得的利息、股息、红利所得。

2. 非居民个人和无住所居民个人所得来源地

(1) 工资薪金所得来源地。

个人取得归属于中国境内(以下简称境内)工作期间的工资薪金所得为来源于境内的工资薪金所得。

境内工作期间按照个人在境内工作天数计算,包括其在境内的实际工作日以及境内工作期间在境内、境外享受的公休假、个人休假、接受培训的天数。在境内、境外单位同时担任职务或者仅在境外单位任职的个人,在境内停留的当天不足24小时的,按照半天计算境内工作天数。

非居民个人和无住所居民个人在境内、境外单位同时担任职务或者仅在境外单位任职,且当期同时在境内、境外工作的,按照工资薪金所属境内、境外工作天数占当期公历天数的比例计算确定来源于境内、境外工资薪金所得的收入额。境外工作天数按照当期公历天数减去当期境内工作天数计算。

(2) 数月奖金以及股权激励所得来源地。

非居民个人和无住所居民个人取得的数月奖金或者股权激励所得按照上述第(1)项规定确定所得来源地的,非居民个人和无住所居民个人在境内履职或者执行职务时收到的数月奖金或者股权激励所得,归属于境外工作期间的部分,为来源于境外的工资薪金所得;非居民个人和无住所居民个人停止在境内履约或者执行职务离境后收到的数月奖金或者股权激励所得,对属于境内工作期间的部分,为来源于境内的工资薪金所得。具体计算方法为:数月奖金或者股权激励乘以数月奖金或者股权激励所属工作期间境内工作天数与所属工作期间公历天数之比。

非居民个人和无住所居民个人一个月内取得的境内外数月奖金或者股权激励包含归属于不同期间的多笔所得的,应当先分别按照《财政部 税务总局关于非居民个人和无住所居民个人有关个人所得税政策的公告》(财政部 税务总局公告2019年第35号)规定计算不同归属期间来源于境内的所得,然后再加总计算当月来源于境内的数月奖金或者股权激励收入额。

财政部、税务总局公告2019年第35号文件所称数月奖金是指一次取得归属于数月的奖金、年终加薪、分红等工资薪金所得,不包括每月固定发放的奖金及一次性发放的数月工资。财政部、税务总局公告2019年第35号文件所称股权激励包括股票期权、股权期权、限制性股票、股票增值权、股权奖励以及其他因认购股票等有价证券而从雇主取得的折扣或者补贴。

（3）董事、监事及高层管理人员取得报酬所得来源地。

对于担任境内居民企业的董事、监事及高层管理职务的个人（以下统称高管人员），无论是否在境内履行职务，取得由境内居民企业支付或者负担的董事费、监事费、工资薪金或者其他类似报酬（以下统称高管人员报酬，包含数月奖金和股权激励），属于来源于境内的所得。

财政部、税务总局公告2019年第35号文件所称高层管理职务包括企业正、副（总）经理、各职能总师、总监及其他类似公司管理层的职务。

（4）稿酬所得来源地。

由境内企业、事业单位、其他组织支付或者负担的稿酬所得，为来源于境内的所得。

（二）所得支付地

所得来源地与所得支付地有时是一致的，例如，一中国居民在境内一家公司任职，其个人工资、薪金所得来源于中国境内，同时也是境内支付的。但两者有时也可能是不一致的，例如，外国一工程师在华工作两年，两年期间，其任职的中国公司支付月薪一份，而其派遣方（国外公司）方面也支付其一份报酬，该工程师所获的两份报酬皆为境内所得，即来源于中国境内，但分别为境内支付和境外支付。

如果将所得来源地与所得支付地进行组合，可以得出四种类型，即境内支付的境内所得、境外支付的境内所得、境内支付的境外所得、境外支付的境外所得。

（三）在中国境内无住所的个人居住时间判定标准及免税条件

2019年3月14日，财政部、国家税务总局联合印发《财政部 税务总局关于在中国境内无住所的个人居住时间判定标准的公告》（财政部 税务总局公告2019年第34号）。

1. 来源于中国境外且由境外单位或者个人支付的所得，免缴"来源于中国境外且由境外单位或者个人支付的所得"个人所得税的条件

自2019年1月1日起，在中国境内无住所的个人（以下简称无住所个人）一个纳税年度在中国境内累计居住满183天的，如果此前六年在中国境内每年累计居住天数都满183天而且没有任何一年单次离境超过30天，该纳税年度来源于中国境内、境外所得应当缴纳个人所得税。

如果此前六年的任一年在中国境内累计居住天数不满183天或者单次离境超过30天，该纳税年度来源于中国境外且由境外单位或者个人支付的所得，免予缴纳个人所得税。

以上所称此前六年，是指该纳税年度的前一年至前六年的连续六个年度，此前六年的起始年度自2019年（含）以后年度开始计算。

（1）境外人士享受境外所得免税优惠的条件的变化。

新的个人所得税法将居民个人的时间判定标准由境内居住满一年调整为满183天，为了吸引外资和鼓励外籍人员来华工作，促进对外交流，新的《个人所得税法实施条例》继续保留了原条例对境外支付的境外所得免予征税优惠制度安排，并进一步放宽了免税条件。

① 将免税条件由构成居民纳税人不满五年，放宽到连续不满六年。

② 在任一年度中，只要有一次离境超过30天的，就重新计算连续居住年限。

③ 将管理方式由主管税务机关批准改为备案，简化了流程，方便了纳税人。

《财政部 税务总局关于在中国境内无住所的个人居住时间判定标准的公告》（财政部 税务总局公告2019年第34号）还明确：在境内停留的当天不足24小时的，不计入境内居住天数；连续居住"满六年"的年限从2019年1月1日起计算，2019年之前的年限不再纳入计算范围。

这样一来，在境内工作的境外人士（包括我国港澳台居民）的境外所得免税条件比原来就更为宽松了。

（2）境外人士（包括我国港澳台居民）在境内连续居住"满六年"的起算年度。

在境内居住累计满183天的年度连续"满六年"的起点，是自2019年（含）以后年度开始计算，2018年（含）之前已经居住的年度一律"清零"，不计算在内。按此规定，2024年（含）之前，所有无住所个人在境内居住年限都不满六年,其取得境外支付的境外所得都能享受免税优惠。此外,自2019年起任一年度如果有单次离境超过30天的情形,此前连续年限"清零",重新计算。

【案例6-2】 张先生为中国香港居民,2013年1月1日来深圳工作,2026年8月30日回到中国香港工作,在此期间,除2025年2月1日至3月15日临时回中国香港处理公务外,其余时间一直停留在深圳。

【分析】 张先生在境内居住累计满183天的年度,如果从2013年开始计算,实际上已经满六年,但是由于2018年之前的年限一律"清零",自2019年开始计算,所以,2019年至2024年期间,张先生在境内居住累计满183天的年度连续不满六年,其取得的境外支付的境外所得,就可免缴个人所得税。

2025年,张先生在境内居住满183天,且从2019年开始计算,他在境内居住累计满183天的年度已经连续满六年(2019年至2024年),且没有单次离境超过30天的情形,2025年,张先生应就在境内和境外取得的所得缴纳个人所得税。

2026年,由于张先生2025年有单次离境超过30天的情形(2025年2月1日至3月15日),其在内地居住累计满183天的连续年限清零,重新起算,2026年当年张先生取得的境外支付的境外所得,可以免缴个人所得税。

2. 境外人士(包括港澳台居民)在境内居住的天数的计算

无住所个人一个纳税年度内在中国境内累计居住天数,按照个人在中国境内累计停留的天数计算。在中国境内停留的当天满24小时的,计入中国境内居住天数,在中国境内停留的当天不足24小时的,不计入中国境内居住天数。

专家点拨 在中国境内停留的当天满24小时的,计入境内居住天数;不足24小时的,不计入境内居住天数。

【案例6-3】 李先生为中国香港居民,在深圳工作,每周一早上来深圳上班,周五晚上回中国香港。

【分析】 周一和周五当天停留都不足24小时,因此不计入境内居住天数,再加上周六、周日2天也不计入,这样,每周可计入的天数仅为3天,按全年52周计算,李先生全年在境内居住天数为156天,未超过183天,不构成居民个人,李先生取得的全部境外所得,就可免缴个人所得税。

延伸解读

关于非居民个人和无住所居民个人预计境内居住时间的规定

非居民个人和无住所居民个人在一个纳税年度内首次申报时,应当根据合同约定等情况预计一个纳税年度内境内居住天数以及在税收协定规定的期间内境内停留天数,按照预计情况计算缴纳税款。实际情况与预计情况不符的,分别按照以下规定处理:

(1) 无住所个人预先判定为非居民个人,因延长居住天数达到居民个人条件的,一个纳税年度内税款扣缴方法保持不变,年度终了后按照居民个人有关规定办理汇算清缴,但该个人在当年离境且预计年度内不再入境的,可以选择在离境之前办理汇算清缴。

(2) 无住所个人预先判定为居民个人,因缩短居住天数不能达到居民个人条件的,在不能达到居民个人条件之日起至年度终了15天内,应当向主管税务机关报告,按照非居民个人重新计算应纳税额,申报补缴税款,不加收税收滞纳金。需要退税的,按照规定办理。

(3) 无住所个人预计一个纳税年度境内居住天数累计不超过90天,但实际累计居住天数超过90天的,或者对方税收居民个人预计在税收协定规定的期间内境内停留天数不超过183天,但实际停留天数超过183天的,待达到90天或者183天的月度终了后15天内,应当向主管税务机关报告,就以前月份工资薪金所得重新计算应纳税款,并补缴税款,不加收税收滞纳金。

由于非居民纳税义务是有限的,故其中存在一些特殊规定。我们可将非居民或原本非居民(如非中国公民)按其在中国境内居住时间等划分其纳税义务。

延伸解读

税收管辖权

税收管辖权,是一个主权国家在税收管理方面所行使的在一定范围内的征税权力,属于国家主权在税收领域中的体现。税收管辖权并不是在国际税收形成后才出现的,而是在税收产生的同时就存在了。只不过在国际税收形成以前,税收管辖权是一个国家对本国国内的人和物来行使的。由于局限在本国领土之内,比较简单,没有引起国际社会的广泛注意,在国际税收形成以后,出现了两个甚至两个以上的国家对同一征税对象征税,形成税收管辖权交叉重叠的现象,使得税收管辖权问题变得日益突出和复杂了。

一个主权国家,按照领土原则(亦称属地原则)所确立起来的税收管辖权,称为地域管辖权。在实行地域管辖权的国家,以收益、所得来源地或财产存在地为征税标志。也就是说,它要求纳税人就来源于本国领土范围内的全部收益、所得和财产缴税。

居民管辖权,就是一个主权国家,按照属人原则所确立的税收管辖权。该原则规定,在实行居民管辖权的国家,只对居住在本国的居民,或者属于本国居民的一切收益、所得和财产征税。而不必考虑是否在本国居住。换言之,一个国家征税的范围可以跨越国境,只要是属于本国居民取得的所得,不论是境内所得还是境外所得,国家均享有征税的权力。实行居民管辖权的理论基础是:国家对居民提供了社会公共服务和法律保护,那么居民就应该对国家履行纳税义务,这是一种权利与义务相对等的关系。所以,对居民的境外收入而言,收入来源国不能独占税收管辖权,税收权益应该在收入来源国和居住国之间进行分配。那么,如何判断一个人是否是一国的居民呢?在国际税收上的判定标准是看自然人在该国是否有住所或居所,前者是指永久性居住地,后者是指一般居住地。

双重管辖权,就是一国政府同时运用地域管辖权和居民管辖权,即对本国居民,运用居民管辖权,对其境内、境外的收益、所得和财产征税。对非居民(外国居民),则运用地域管辖权,对其在该国境内取得的收益、所得和财产征税。采取双重管辖权的理由,是认为在只运用单一管辖权的情况下,不足以保证本国的税收权益。如只运用地域管辖权,则本国居民在境外的税收就会损失;而只运用居民管辖权,则本国非居民的税收就会损失;因此必须综合运用两种管辖权,以保证本国的经济利益。我国也是选择双重管辖权的国家。

第二节 征税对象、范围、税目

按照"逐步建立综合与分类相结合的个人所得税制"的要求,结合当前征管能力和配套条件等实际情况,我国新个人所得税法将工资、薪金所得,劳务报酬所得,稿酬所得,特许权使用费所得等4项劳动性所得(以下简称综合所得)纳入综合征税范围,适用统一的超额累进税率,居民个人按年合并计算个人所得税,非居民个人按月或者按次分项计算个人所得税。同时,适当简并应税所得分类,将"个体工商户的生产、经营所得"调整为"经营所得",不再保留"对企事业单位的承包经营、承租经营所得",该项所得根据具体情况,分别并入综合所得或者经营所得。对经营所得,利息、股息、红利所得,财产租赁所得,财产转让所得,偶然所得以及其他所得,仍采用分类征税方式,按照规定分别计算个人所得税。

一、综合所得

下列各项个人所得,应当缴纳个人所得税。

(一)工资、薪金所得

工资、薪金所得是指个人因任职或者受雇取得的工资、薪金、奖金、年终加薪、劳动分红、津贴、补贴以及与任职或者受雇有关的其他所得。

(二)劳务报酬所得

劳务报酬所得是指个人从事劳务取得的所得,包括从事设计、装潢、安装、制图、化验、测试、医疗、法律、会计、咨询、讲学、翻译、审稿、书画、雕刻、影视、录音、录像、演出、表演、广告、展览、技术服务、介绍服务、经纪服务、代办服务以及其他劳务取得的所得。

📒 延伸解读

工资、薪金所得与劳务报酬所得的区别

一般来说,工资、薪金所得属于非独立个人劳动所得。所谓非独立个人劳动,是指个人所从事的是由他人指定、安排并接受管理的劳动、工作,或服务于公司、工厂、行政、事业单位(私营企业主除外)。非独立劳动者从上述单位取得的劳动报酬,是以工资、薪金的形式体现的。在这类报酬中,工资和薪金的收入主体略有差异。通常情况下,把直接从事生产、经营或服务的劳动者(工人)的收入称为工资,即所谓"蓝领阶层"所得;而将从事社会公职或管理活动的劳动者(即公职人员)的收入称为薪金,即所谓"白领阶层"所得。但实际立法过程中,各国都从简便易行的角度考虑,将工资、薪金合并为一个项目计征个人所得税。除工资、薪金以外,奖金、年终加薪、劳动分红、津贴、补贴也被确定为工资、薪金范畴。其中,年终加薪、劳动分红不分种类和取得情况,一律按工资、薪金所得课税;津贴、补贴等则有例外。

劳务报酬所得,是指个人独立从事各种非雇佣的各种劳务所取得的所得。

在实际操作过程中,还可能出现难以判定一项所得是属于工资、薪金所得,还是属于劳务报酬所得的情况。这两者的区别在于:工资、薪金所得是属于非独立个人劳务活动,即在机关、团体、学校、部队、企业、事业单位及其他组织中任职、受雇而得到的报酬;而劳务报酬所得,则是个人独立从事各种技艺、提供各项劳务取得的报酬。

(三) 稿酬所得

稿酬所得是指个人因其作品以图书、报刊等形式出版、发表而取得的所得。

这里所说的作品,包括文学作品、书画作品、摄影作品,以及其他作品。作者去世后,财产继承人取得的遗作稿酬,亦应征收个人所得税。

稿酬所得具有特许权使用费、劳务报酬等的性质。《个人所得税法》将稿酬所得单列为一个独立征税项目,不仅因为稿酬所得有着不完全等同于特许权使用费所得和一般劳务报酬所得的特点,而且,对稿酬所得单列征税,有利于体现国家的优惠、照顾政策。

(四) 特许权使用费所得

特许权使用费所得是指个人提供专利权、商标权、著作权、非专利技术以及其他特许权的使用权取得的所得;提供著作权的使用权取得的所得,不包括稿酬所得。

居民个人取得工资、薪金所得,劳务报酬所得,稿酬所得,特许权使用费所得(以下简称综合所得),按纳税年度合并计算个人所得税;非居民个人取得上述工资、薪金所得,劳务报酬所得,稿酬所得,特许权使用费所得,按月或者按次分项计算个人所得税。

特许权主要涉及以下四种权利:

(1) 专利权。

专利权是指由国家专利主管机关依法授予专利申请人在一定的时期内对某项发明创造享有的专有利用的权利,它是工业产权的一部分,具有专有性(独占性)、地域性、时间性。

(2) 商标权。

商标权是指商标注册人依法律规定而取得的对其注册商标在核定商品上使用的独占使用权。商标权也是一种工业产权,可以依法取得、转让、许可使用、继承、丧失、请求排除侵害。

(3) 著作权。

著作权即版权,是指作者对其创作的文学、科学和艺术作品依法享有的某些特殊权利。著作权是公民的一项民事权利,既具有民法中的人身权性质,也具有民法中的财产权性质,主要包括发表权、署名权、修改权、保护权、使用权和获得报酬权。

(4) 非专利技术。

非专利技术即专利技术以外的专有技术。这类技术大多尚处于保密状态,仅为特定人知晓并占有。

上述4种权利及其他权利由个人提供或转让给他人使用时,会取得相应的收入。这类收入不同于一般所得,所以单独列为一类征税项目。对特许权使用费所得的征税办法,各国不尽一致。如有的国家对转让专利权所得征收资本利得税,而我国是将提供和转让合在一起,一并列入个人所得税的征税范围。

根据税法规定,提供著作权的使用权取得的所得,不包括稿酬的所得,对于作者将自己的文字作品手稿原件或复印件公开拍卖(竞价)取得的所得,属于提供著作权的使用所得,故应按特许权使用费所得项目征收个人所得税。

个人取得特许权的经济赔偿收入,应按"特许权使用费所得"应税项目缴纳个人所得税,税款由支付赔款的单位或个人代扣代缴。

从2002年5月1日起,编剧从电视剧的制作单位取得的剧本使用费,不再区分剧本的使用方是否为其任职单位,统一按特许权使用所得项目计征个人所得税。

二、分类所得

（一）经营所得

经营所得是指：

（1）个体工商户从事生产、经营活动取得的所得，个人独资企业投资人、合伙企业的个人合伙人来源于境内注册的个人独资企业、合伙企业生产、经营的所得。

（2）个人依法从事办学、医疗、咨询以及其他有偿服务活动取得的所得。

（3）个人对企业、事业单位承包经营、承租经营以及转包、转租取得的所得。

（4）个人从事其他生产、经营活动取得的所得。

（二）利息、股息、红利所得

利息、股息、红利所得是指个人拥有债权、股权等而取得的利息、股息、红利所得。

其中：利息一般是指存款、贷款和债券的利息。股息、红利是指个人拥有股权取得的公司、企业分红，按照一定的比率派发的每股息金，称为股息；根据公司、企业应分配的、超过股息部分的利润，按股派发的红股，称为红利。

（三）财产租赁所得

财产租赁所得是指个人出租不动产、机器设备、车船以及其他财产取得的所得。

（四）财产转让所得

财产转让所得是指个人转让有价证券、股权、合伙企业中的财产份额、不动产、机器设备、车船以及其他财产取得的所得。

（五）偶然所得

偶然所得是指个人得奖、中奖、中彩以及其他偶然性质的所得。

其中，得奖，是指参加各种有奖竞赛活动，取得名次获得的奖金；中奖、中彩，是指参加各种有奖活动，如有奖销售、有奖储蓄或购买彩票，经过规定程序，抽中、摇中号码而取得的奖金。

自2019年1月1日起，个人为单位或他人提供担保获得收入，按照"偶然所得"项目计算缴纳个人所得税。

自2019年1月1日起，房屋产权所有人将房屋产权无偿赠与他人的，受赠人因无偿受赠房屋取得的受赠收入，按照"偶然所得"项目计算缴纳个人所得税。按照《财政部 国家税务总局关于个人无偿受赠房屋有关个人所得税问题的通知》（财税〔2009〕78号）第一条规定，符合以下情形的，对当事双方不征收个人所得税：

（1）房屋产权所有人将房屋产权无偿赠与配偶、父母、子女、祖父母、外祖父母、孙子女、外孙子女、兄弟姐妹。

（2）房屋产权所有人将房屋产权无偿赠与对其承担直接抚养或者赡养义务的抚养人或者赡养人。

（3）房屋产权所有人死亡，依法取得房屋产权的法定继承人、遗嘱继承人或者受遗赠人。

上述受赠收入的应纳税所得额按照《财政部 国家税务总局关于个人无偿受赠房屋有关个人所得税问题的通知》（财税〔2009〕78号）第四条规定计算。

自2019年1月1日起，企业在业务宣传、广告等活动中，随机向本单位以外的个人赠送礼品（包括网络红包，下同），以及企业在年会、座谈会、庆典以及其他活动中向本单位以外的个人赠送礼品，个人取得的礼品收入，按照"偶然所得"项目计算缴纳个人所得税，但企业赠送的具有价格折扣或折让性质的消费券、代金券、抵用券、优惠券等礼品除外。前述礼品收入的应纳税所得额按照《财政部 国家税务总局关于企业促销展业赠送礼品有关个人所得税问题的通知》（财税〔2011〕50号）第三条规定计算。

纳税人取得上述所得（经营所得，利息、股息、红利所得，财产租赁所得，财产转让所得，偶然所得），依照《个人所得税法》规定分别计算个人所得税。

个人取得的所得，难以界定应纳税所得项目的，由国务院税务主管部门确定。

专家点拨 按照"逐步建立综合与分类相结合的个人所得税制"的要求，结合当前征管能力和配套条件等实际情况，新个人所得税法将工资、薪金所得，劳务报酬所得，稿酬所得，特许权使用费所得等4项劳动性所得（以下简称综合所得)纳入综合征税范围,适用统一的超额累进税率,居民个人按年合并计算个人所得税,非居民个人按月或者按次分项计算个人所得税。

同时,适当简并应税所得分类,将"个体工商户的生产、经营所得"调整为"经营所得",不再保留"对企事业单位的承包经营、承租经营所得",该项所得根据具体情况,分别并入综合所得或者经营所得。对经营所得,利息、股息、红利所得,财产租赁所得,财产转让所得,偶然所得以及其他所得,仍采用分类征税方式,按照规定分别计算个人所得税。

第三节 计税依据

一、个人所得的形式

个人所得的形式,包括现金、实物、有价证券和其他形式的经济利益;所得为实物的,应当按照取得的凭证上所注明的价格计算应纳税所得额,无凭证的实物或者凭证上所注明的价格明显偏低的,参照市场价格核定应纳税所得额;所得为有价证券的,根据票面价格和市场价格核定应纳税所得额;所得为其他形式的经济利益的,参照市场价格核定应纳税所得额。

二、应纳税所得额的计算

(一)居民个人的综合所得

以每一纳税年度的收入额减除费用 6 万元以及专项扣除、专项附加扣除和依法确定的其他扣除后的余额,为应纳税所得额。

劳务报酬所得、稿酬所得、特许权使用费所得以收入减除 20% 的费用后的余额为收入额。稿酬所得的收入额减按 70% 计算。

专家点拨 按照原先《个人所得税法》的规定,工资、薪金所得的基本减除费用标准为 3 500 元/月,劳务报酬所得、稿酬所得、特许权使用费所得,每次收入不超过 4 000 元的,减除费用 800 元;4 000 元以上的,减除 20% 的费用。修订后的《个人所得税法》将上述综合所得的基本减除费用标准提高到 5 000 元/月(6 万元/年)。这一标准综合考虑了人民群众消费支出水平增长等各方面因素,并体现了一定前瞻性。按此标准并结合税率结构调整测算,取得工资、薪金等综合所得的纳税人,总体上税负都有不同程度下降,特别是中等以下收入群体税负下降明显,有利于增加居民收入、增强消费能力。该标准对于在中国境内无住所而在中国境内取得工资、薪金所得的纳税人和在中国境内有住所而在中国境外取得工资、薪金所得的纳税人统一适用,不再保留专门的附加减除费用(1 300 元/月)。

延伸解读

别搞错了,5 000 元是个人所得税起征点还是免征额?

问:中华第一财税网课程分网的答疑老师,您好!我在网上看到个人所得税 3 500 元从 2018 年 10 月 1 日起提高到 5 000 元,这个 5 000 元到底是起征点还是免征额?有点乱感觉,大部分媒体上或者文章上都是"起征点"呢?

答:5 000 元属于免征额,不是起征点,起征点这个说法是不正确的。

区别:

(1)起征点(亦称征税起点或起税点)是指税法规定对征税对象开始征税的起点数额。征税对象的数额达到起征点的就全部数额征税,未达到起征点的不征税。

(2)免征额是在征税对象总额中免予征税的数额。它是按照一定标准从征税对象总额中预先减除的数额。免征额部分不征税,只对超过免征额部分征税。

【案例 6-4】 刘先生 2022 年 10 月发放工资 6 000 元,不考虑五险一金以及其他扣除项目。试计算 5 000 元分别属于免征额、起征点时其应纳个人所得税。

【分析】 1. 如果 5 000 元属于免征额,个人所得税=(6 000-5 000)×3%-0=30(元)。

2. 如果 5 000 元属于起征点,个人所得税=6 000×10%-210=390(元)。

延伸解读

全年一次性奖金 2027 年 12 月 31 日前暂不并入当年综合所得缴纳个人所得税

居民个人取得全年一次性奖金,符合规定的,在 2027 年 12 月 31 日前,不并入当年综合所得;但自 2028 年 1 月 1 日起,应并入当年综合所得计算缴纳个人所得税。

(二)非居民个人的工资、薪金所得,劳务报酬所得、稿酬所得、特许权使用费所得

1. 非居民个人的工资、薪金所得

非居民个人的工资、薪金所得以每月收入额减除费用5 000元后的余额为应纳税所得额。

2. 劳务报酬所得、稿酬所得、特许权使用费所得

劳务报酬所得、稿酬所得、特许权使用费所得以每次收入额为应纳税所得额。

劳务报酬所得、稿酬所得、特许权使用费所得,属于一次性收入的,以取得该项收入为1次;属于同一项目连续性收入的,以1个月内取得的收入为1次。

(三)经营所得

经营所得以每一纳税年度的收入总额减除成本、费用以及损失后的余额,为应纳税所得额。

所称成本、费用,是指生产、经营活动中发生的各项直接支出和分配计入成本的间接费用以及销售费用、管理费用、财务费用;所称损失,是指生产、经营活动中发生的固定资产和存货的盘亏、毁损、报废损失,转让财产损失,坏账损失,自然灾害等不可抗力因素造成的损失以及其他损失。

取得经营所得的个人,没有综合所得的,计算其每一纳税年度的应纳税所得额时,应当减除费用6万元、专项扣除、专项附加扣除以及依法确定的其他扣除。专项附加扣除在办理汇算清缴时减除。

注:纳税人取得经营所得,平时也没有取得工资薪金所得的,根据《个人所得税法》等有关规定,可以在办理年度经营所得汇算清缴时享受提高后的专项附加扣除标准。

从事生产、经营活动,未提供完整、准确的纳税资料,不能正确计算应纳税所得额的,由主管税务机关核定应纳税所得额或者应纳税额。

(四)财产租赁所得

财产租赁所得每次收入不超过4 000元的,减除费用800元;4 000元以上的,减除20%的费用,其余额为应纳税所得额。

财产租赁所得,以1个月内取得的收入为1次。

(五)财产转让所得

财产转让所得以转让财产的收入额减除财产原值和合理费用后的余额,为应纳税所得额。

财产原值,按照下列方法确定:

(1)有价证券,为买入价以及买入时按照规定交纳的有关费用。

(2)建筑物,为建造费或者购进价格以及其他有关费用。

(3)土地使用权,为取得土地使用权所支付的金额、开发土地的费用以及其他有关费用。

(4)机器设备、车船,为购进价格、运输费、安装费以及其他有关费用。

其他财产,参照上述规定的方法确定财产原值。

纳税人未提供完整、准确的财产原值凭证,不能按照上述规定的方法确定财产原值的,由主管税务机关核定财产原值。

所称合理费用,是指卖出财产时按照规定支付的有关税费。

财产转让所得,按照1次转让财产的收入额减除财产原值和合理费用后的余额计算纳税。

(六)利息、股息、红利所得和偶然所得

利息、股息、红利所得和偶然所得以每次收入额为应纳税所得额。

利息、股息、红利所得,以支付利息、股息、红利时取得的收入为1次。偶然所得,以每次取得该项收入为1次。

捐 赠 扣 除

个人将其所得对教育、扶贫、济困等公益慈善事业进行捐赠,捐赠额未超过纳税人申报的应纳税所得额30%的部分,可以从其应纳税所得额中扣除;国务院规定对公益慈善事业捐赠实行全额税前扣除的,从其规定。

所称个人将其所得对教育、扶贫、济困等公益慈善事业进行捐赠,是指个人将其所得通过中国境内的公益性社会组织、国家机关向教育、扶贫、济困等公益慈善事业的捐赠;所称应纳税所得额,是指计算扣除捐赠额之前的应纳税所得额。

注:个人捐赠住房作为公租房,符合税收法律法规

规定的,对其公益性捐赠支出未超过其申报的应纳税所得额30%的部分,准予从其应纳税所得额中扣除。

享受上述税收优惠政策的公租房是指纳入省、自治区、直辖市、计划单列市人民政府及新疆生产建设兵团批准的公租房发展规划和年度计划,或者市、县人民政府批准建设(筹集),并按照《住房和城乡建设部 国家发展和改革委员会 财政部 国土资源部 中国人民银行 国家税务总局 中国银行业监督管理委员会关于加快发展公共租赁住房的指导意见》(建保〔2010〕87号)和市、县人民政府制定的具体管理办法进行管理的公租房。

纳税人享受上述优惠政策,应按规定进行免税申报,并将不动产权属证明、载有房产原值的相关材料、纳入公租房及用地管理的相关材料、配套建设管理公租房相关材料、购买住房作为公租房相关材料、公租房租赁协议等留存备查。

上述政策执行至2025年12月31日。[《财政部 税务总局关于继续实施公共租赁住房税收优惠政策的公告》(财政部 税务总局公告2023年第33号),2023年8月18日]

三、专项扣除、专项附加扣除、其他扣除

(一)构成

1. 专项扣除

专项扣除包括居民个人按照国家规定的范围和标准缴纳的基本养老保险、基本医疗保险、失业保险等社会保险费和住房公积金等。

2. 专项附加扣除

专项附加扣除包括3岁以下婴幼儿照顾、子女教育、继续教育、大病医疗、住房贷款利息或者住房租金、赡养老人等支出,具体范围、标准和实施步骤由国务院确定,并报全国人民代表大会常务委员会备案。

专家点拨 我国新《个人所得税法》在提高综合所得基本减除费用标准,明确原先的个人基本养老保险、基本医疗保险、失业保险、住房公积金等专项扣除项目以及依法确定的其他扣除项目继续执行的同时,增加规定子女教育支出、继续教育支出、大病医疗支出、住房贷款利息和住房租金等与人民群众生活密切相关的专项附加扣除。专项附加扣除考虑了个人负担的差异性,更符合个人所得税基本原理,有利于税制公平。

我国2022年完善三孩生育政策配套措施,自2022年1月1日起将3岁以下婴幼儿照护费用纳入个人所得税专项附加扣除,发展普惠托育服务,减轻家庭养育负担。为进一步减轻家庭生育养育和赡养老人的支出负担,自2023年1月1日起,3岁以下婴幼儿照护专项附加扣除标准,由每个婴幼儿每月1 000元提高到2 000元;子女教育专项附加扣除标准,由每个子女每月1 000元提高到2 000元;赡养老人专项附加扣除标准,由每月2 000元提高到3 000元,其中,独生子女按照每月3 000元的标准定额扣除,非独生子女与兄弟姐妹分摊每月3 000元的扣除额度,每人分摊的额度不能超过每月1 500元。

3. 依法确定的其他扣除

其他扣除包括个人缴付符合国家规定的企业年金、职业年金,个人购买符合国家规定的商业健康保险、税收递延型商业养老保险的支出,以及国务院规定可以扣除的其他项目。

延伸解读

符合条件的个人养老金可以在汇算中予以扣除

个人养老金又被称为养老第三支柱,与基本养老保险、企业年金和职业年金共同组成养老保障体系的"三大支柱"。

自2022年1月1日起在个人养老金先行城市实施(上海市、福建省、苏州工业园区等已实施个人税收递延型商业养老保险试点的地区,自2022年1月1日起统一按照本规定的税收政策执行):对个人养老金实施递延纳税优惠政策。在缴费环节,个人向个人养老金资金账户的缴费,按照12 000元/年的限额标准,在综合所得或经营所得中据实扣除;在投资环节,计入个人养老金资金账户的投资收益暂不征收个人所得税;在领取环节,个人领取的个人养老金,不并入综合所得,单独按照3%的税率计算缴纳个人所得税,其缴纳的税款计入"工资、薪金所得"项目。

个人缴费享受税前扣除优惠时,以个人养老金信息管理服务平台出具的扣除凭证为扣税凭据。取得工资薪金所得、按累计预扣法预扣预缴个人所得税劳务报酬所得的,其缴费可以选择在当年预扣预缴或次年汇算清缴时在限额标准内据实扣除。选择在当年预扣预缴的,应及时将相关凭证提供给扣缴单位。扣缴单位应按照本公告有关要求,为纳税人办理税前扣除有关事项。取得其他劳务报酬、稿酬、特许权使用费等所得或经营所

得的,其缴费在次年汇算清缴时在限额标准内据实扣除。个人按规定领取个人养老金时,由开立个人养老金资金账户所在市的商业银行机构代扣代缴其应缴的个人所得税。[《财政部 税务总局关于个人养老金有关个人所得税政策的公告》(财政部 税务总局公告2022年第34号,2022年11月3日)]

(二) 扣除的限额、余额不能结转

专项扣除、专项附加扣除和依法确定的其他扣除,以居民个人一个纳税年度的应纳税所得额为限额;一个纳税年度扣除不完的,不结转以后年度扣除。

四、专项附加扣除专题

为了贯彻落实《中共中央 国务院关于优化生育政策促进人口长期均衡发展的决定》,规范个人所得税专项附加扣除行为,切实维护纳税人合法权益,根据《个人所得税法》及其实施条例、《税收征管法》及其实施细则、《国务院关于印发个人所得税专项附加扣除暂行办法的通知》(国发〔2018〕41号)、《国务院关于设立3岁以下婴幼儿照护个人所得税专项附加扣除的通知》(国发〔2022〕8号)的规定,国家税务总局制定了《个人所得税专项附加扣除操作办法(试行)》(国家税务总局公告2022年第7号,2022年3月25日,以下简称本办法,自2022年1月1日起施行)。

纳税人享受子女教育、继续教育、大病医疗、住房贷款利息或者住房租金、赡养老人、3岁以下婴幼儿照护专项附加扣除的,依照本办法规定办理。

享受子女教育、继续教育、住房贷款利息或者住房租金、赡养老人、3岁以下婴幼儿照护专项附加扣除的纳税人,自符合条件开始,可以向支付工资、薪金所得的扣缴义务人提供上述专项附加扣除有关信息,由扣缴义务人在预扣预缴税款时,按其在本单位本年可享受的累计扣除额办理扣除;也可以在次年3月1日至6月30日内,向汇缴地主管税务机关办理汇算清缴申报时扣除。享受大病医疗专项附加扣除的纳税人,由其在次年3月1日至6月30日内,自行向汇缴地主管税务机关办理汇算清缴申报时扣除。

纳税人未取得工资、薪金所得,仅取得劳务报酬所得、稿酬所得、特许权使用费所得需要享受专项附加扣除的,应当在次年3月1日至6月30日内,自行向汇缴地主管税务机关报送《个人所得税专项附加扣除信息表》,并在办理汇算清缴申报时扣除。

(一) 专项附加扣除综述

个人所得税专项附加扣除,是指个人所得税法规定的3岁以下婴幼儿照护、子女教育、继续教育、大病医疗、住房贷款利息或者住房租金、赡养老人等7项专项附加扣除。

所称父母,是指生父母、继父母、养父母。所称子女,是指婚生子女、非婚生子女、继子女、养子女。父母之外的其他人担任未成年人的监护人的,比照执行。

1. 施行时间

专项附加扣除政策规定,自2019年1月1日起施行。

3岁以下婴幼儿照护个人所得税专项附加扣除政策规定,自2022年1月1日起实施。自2023年1月1日起,3岁以下婴幼儿照护专项附加扣除标准,由每个婴幼儿每月1 000元提高到2 000元;子女教育专项附加扣除标准,由每个子女每月1 000元提高到2 000元;赡养老人专项附加扣除标准,由每月2 000元提高到3 000元。

2. 扣除原则

个人所得税专项附加扣除遵循公平合理、利于民生、简便易行的原则。

3. 扣除额不能结转以后年度扣除

个人所得税专项附加扣除额一个纳税年度扣除不完的,不能结转以后年度扣除。

4. 暂停、补扣措施

一个纳税年度内,纳税人在扣缴义务人预扣预缴税款环节未享受或未足额享受专项附加扣除的,可以在当年内向支付工资、薪金的扣缴义务人申请在剩余月份发放工资、薪金时补充扣除,也可以在次年3月1日至6月30日内,向汇缴地主管税务机关办理汇算清缴时申报扣除。

居民个人填报专项附加扣除信息存在明显错误,经税务机关通知,居民个人拒不更正或者不说明情况的,税务机关可暂停纳税人享受专项附加扣除。居民个人按规定更正相关信息或者说明情况后,经税务机关确认,居民个人可继续享受专项附加扣除,以前月份未享受扣除的,可按规定追补扣除。[《财政部 税务总局关于个人所得税综合所得汇算清缴涉及有关政策问题的公告》(财政部 税务总局公告2019年第94号,2019年12月7日)]

5. 同时从两处以上取得工资、薪金所得

纳税人同时从两处以上取得工资、薪金所得,并由扣缴义务人办理上述专项附加扣除的,对同一专项附加扣除项目,一个纳税年度内,纳税人只能选择从其中一处扣除。

6. 征管方式

为了让专项附加扣除制度更好地落实,方便纳税人享受,税务部门实行"申报信息即可享受,部门协作事后核验,严重失信联合惩戒"征管方式。根据规定,纳税人应当留存与专项附加扣除相关的资料备查。同时,在填报信息时,相关资料既不用提供给扣缴单位,也不用给税务机关,仅自己留存备查即可。

7. 资料保存

纳税人应当将《个人所得税专项附加扣除信息表》及相关留存备查资料,自法定汇算清缴期结束后保存5年。

纳税人报送给扣缴义务人的《个人所得税专项附加扣除信息表》,扣缴义务人应当自预扣预缴年度的次年起留存5年。

信 息 资 料

不论由单位办理扣除,还是自行申报办理扣除,纳税人都需要如实填报个人所得税专项附加扣除信息。

如果在单位办理专项附加扣除,扣除信息发生了变化,纳税人需要及时将变化信息进行更新并提交单位,由单位按照新信息办理扣除。并且,每年12月份,纳税人也需要对次年享受专项附加扣除的内容向单位进行确认;如未及时确认,单位将于次年1月起暂停办理扣除,待纳税人确认后再继续办理。

需要特别提醒纳税人注意的是,专项附加扣除相关佐证资料,纳税人需要在次年的汇算清缴期(即次年3月1日至6月30日)结束后5年内留存备查;按照规定,纳税人还要为提供或确认的专项附加扣除信息的真实性、准确性、完整性负责。

8. 专项附加扣除办理的两种主要途径

1) 由单位按月发工资预扣税款时办理

除大病医疗以外,对其他6项扣除,纳税人可以选择在单位发放工资薪金时,按月享受专项附加扣除政策。

扣缴义务人办理工资、薪金所得预扣预缴税款时,应当根据纳税人报送的《个人所得税专项附加扣除信息表》为纳税人办理专项附加扣除。首次享受时,需要填写《个人所得税专项附加扣除信息表》并报送给任职受雇单位,单位在每个月发放工资时,像"三险一金"*一样,为纳税人办理专项附加扣除。

*注:"五险一金"中,个人不需要缴纳工伤保险费、生育保险费,因此此处称"三险一金"(下同)。

3岁以下婴幼儿照护专项附加扣除
也可以在每月发工资时就享受扣除吗?

3岁以下婴幼儿照护专项附加扣除同子女教育等其他五项专项附加扣除一样,预缴阶段就可以享受。纳税人通过手机个人所得税App或纸质《个人所得税专项附加扣除信息表》将有关信息提供给任职受雇单位后,单位就可以根据个人的实际情况进行扣除,这样在每个月预缴个税时就可以享受到减税红利。如果纳税人没来得及在婴幼儿出生时将有关信息告知单位,也可以在年度内向单位申请在剩余月份发放工资、薪金时补充扣除。平时发工资的预缴环节没有扣除的,也可以在次年3月1日至6月30日内办理汇算清缴时补充申报扣除。

2) 自行在年度综合所得汇算清缴申报时办理

一般来讲,有以下情形之一的,纳税人可以选择在次年3月1日至6月30日内,自行向汇缴地主管税务机关办理汇算清缴申报时进行专项附加扣除,税款多退少补;个人所得税专项附加扣除信息随纳税申报表一并报送。

(1) 不愿意通过单位办理扣除,未将相关专

项附加扣除信息报送给任职受雇单位的。

（2）没有工资、薪金所得，但有劳务报酬所得、稿酬所得、特许权使用费所得的。

（3）有大病医疗支出项目的。

（4）纳税年度内未享受或未足额享受专项附加扣除等情形。

如果同时有两个以上发工资的单位，那么对同一个专项附加扣除项目，在一个纳税年度内，纳税人只能选择从其中的一个单位办理扣除。

这里的汇缴地主管税务机关是指：有任职受雇单位的，为任职受雇单位所在地主管税务机关；有两个以上任职受雇单位的，选择其中一处为主管税务机关；没有任职受雇单位的，为户籍所在地或者经常居住地主管税务机关。

9. 扣缴义务人义务

1）不得拒绝，要保密

纳税人向扣缴义务人提供专项附加扣除信息的，扣缴义务人应当按照规定予以扣除，不得拒绝。扣缴义务人应当为纳税人报送的专项附加扣除信息保密。

2）及时计算、申报，不得擅自更改，与实际情况不符时的修改、报告，信息提供

扣缴义务人应当及时按照纳税人提供的信息计算办理扣缴申报，不得擅自更改纳税人提供的相关信息。

扣缴义务人发现纳税人提供的信息与实际情况不符，可以要求纳税人修改。纳税人拒绝修改的，扣缴义务人应当向主管税务机关报告，税务机关应当及时处理。

除纳税人另有要求外，扣缴义务人应当于年度终了后2个月内，向纳税人提供已办理的专项附加扣除项目及金额等信息。

对单位的要求

根据《个人所得税法》第十一条的规定，纳税人向扣缴义务人提供专项附加扣除信息的，扣缴义务人应当按照规定予以扣除，不得拒绝。

任职受雇单位作为个人所得税扣缴义务人，要根据员工提交的专项附加扣除信息，依规定按月为员工办理专项附加扣除并计算预缴的个人所得税。同时，在办理个人所得税扣缴申报时，要将员工填写的专项附加扣除信息，报送税务机关。

如果单位发现员工提供的专项附加扣除信息与实际情况不符，可以要求员工修改；员工拒绝修改的，应当报告税务机关，税务机关会及时处理。

10. 与专项附加扣除相关信息的抽查

税务机关定期对纳税人提供的专项附加扣除信息开展抽查。

11. 核查、佐证、协助

税务机关核查时，纳税人无法提供留存备查资料，或者留存备查资料不能支持相关情况的，税务机关可以要求纳税人提供其他佐证；不能提供其他佐证材料，或者佐证材料仍不足以支持的，不得享受相关专项附加扣除。

税务机关核查专项附加扣除情况时，可以提请有关单位和个人协助核查，相关单位和个人应当协助。

12. 纳税人不得提供虚假信息

税务机关发现纳税人提供虚假信息的，应当责令改正并通知扣缴义务人；情节严重的，有关部门应当依法予以处理，纳入信用信息系统并实施联合惩戒。

13. 相关保障措施

纳税人向收款单位索取发票、财政票据、支出凭证，收款单位不能拒绝提供。

有关部门和单位有责任和义务向税务部门提供或者协助核实以下与专项附加扣除有关的信息。

（1）公安部门有关户籍人口基本信息、户成员关系信息、出入境证件信息、相关出国人员信息、户籍人口死亡标识等信息。

（2）卫生健康部门有关出生医学证明信息、独生子女信息。

（3）民政部门、外交部门、法院有关婚姻状况信息。

（4）教育部门有关学生学籍信息（包括学历继续教育学生学籍、考籍信息）、在相关部门备案的境外教育机构资质信息。

（5）人力资源社会保障等部门有关技工院

校学生学籍信息、技能人员职业资格继续教育信息、专业技术人员职业资格继续教育信息。

（6）住房城乡建设部门有关房屋（含公租房）租赁信息、住房公积金管理机构有关住房公积金贷款还款支出信息。

（7）自然资源部门有关不动产登记信息。

（8）人民银行、金融监督管理部门有关住房商业贷款还款支出信息。

（9）医疗保障部门有关在医疗保障信息系统记录的个人负担的医药费用信息。

（10）国务院税务主管部门确定需要提供的其他涉税信息。

上述数据信息的格式、标准、共享方式，由国务院税务主管部门及各省、自治区、直辖市和计划单列市税务局商有关部门确定。

有关部门和单位拥有专项附加扣除涉税信息，但未按规定要求向税务部门提供的，拥有涉税信息的部门或者单位的主要负责人及相关人员承担相应责任。

税务机关核查专项附加扣除情况时，纳税人任职受雇单位所在地、经常居住地、户籍所在地的公安派出所、居民委员会或者村民委员会等有关单位和个人应当协助核查。

14. 法律责任

纳税人有下列情形之一的，主管税务机关应当责令其改正；情形严重的，应当纳入有关信用信息系统，并按照国家有关规定实施联合惩戒；涉及违反《税收征管法》等法律法规的，税务机关依法进行处理。

（1）报送虚假专项附加扣除信息。

（2）重复享受专项附加扣除。

（3）超范围或标准享受专项附加扣除。

（4）拒不提供留存备查资料。

（5）税务总局规定的其他情形。

纳税人在任职、受雇单位报送虚假扣除信息的，税务机关责令改正的同时，通知扣缴义务人。

（二）专项附加扣除专题

1. 子女教育

（1）政策享受的条件。

如纳税人的子女符合下列情形之一，该纳税人和配偶即可以享受子女教育专项附加扣除：

① 子女年满3周岁以上至小学前，此时，不论是否在幼儿园学习。

② 子女正在接受小学、初中、高中阶段教育（普通高中、中等职业教育、技工教育）。

③ 子女正在接受高等教育（大学专科、大学本科、硕士研究生、博士研究生教育）。

上述受教育地点，包括在中国境内和在境外接受教育。

我的孩子正在读硕士研究生，我能填报子女教育专项附加扣除吗？

如果纳税人子女接受的硕士研究生或博士研究生教育属于全日制学历教育，纳税人可以填报子女教育专项附加扣除；如果属于非全日制的学历（学位）继续教育，应由子女本人填报继续教育专项附加扣除。

（2）扣除的标准和方式。

每个子女，自2019年1月1日起每月可扣除1000元，自2023年1月1日起每月可扣除2000元，如果有多个符合扣除条件的子女，每个子女均可享受扣除。比如，有2个子女，则自2023年1月1日起每月可以扣除4000元，以此类推。具体由谁来扣除，父母双方可选择确定，假如一个家庭中，子女教育自2023年1月1日起每月有2000元的扣除额（即只有1个子女），既可以由父母一方全额扣除，也可以父母分别扣除1000元。只是扣除方式确定后，一个纳税年度内不能变更。

（3）政策享受的起止时间。

如果是学前教育，可以享受子女教育专项附加扣除政策的起止时间为：子女年满3周岁的当月至小学入学前一月；如果是全日制学历教育，则起止时间为子女接受义务教育、高中教育、高等教育的入学当月至教育结束的当月。提醒大家的是，享受子女教育专项附加扣除政策起止时间的计算，包含因病或其他非主观原因休学但学籍继续保留的期间，以及施教机构按规定组织实施的寒暑假等假期。

(4) 应当填报的信息。

应当填报配偶及子女的姓名、身份证件类型及号码、子女当前受教育阶段及起止时间、子女就读学校以及本人与配偶之间扣除分配比例等信息。

(5) 需要留存备查的资料。

如果纳税人的子女在境内接受教育，不需要特别留存资料；如果纳税人的子女在境外接受教育，则需要留存境外学校录取通知书、留学签证等境外教育佐证资料，并积极配合税务机关的查验。

请参阅图 6-1。

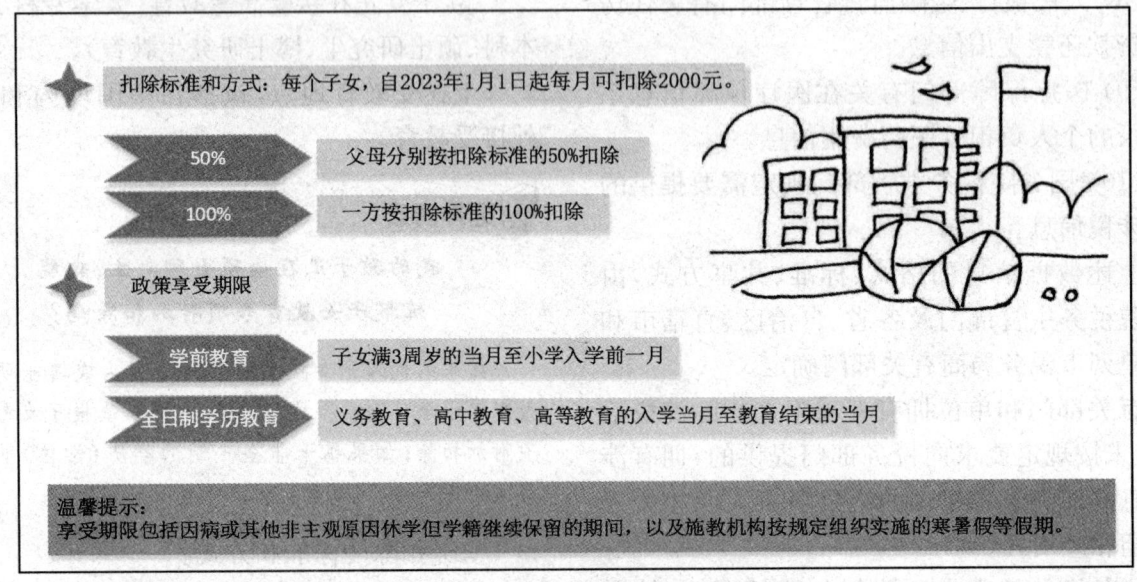

图 6-1 子女教育专项附加扣除

子女教育专项附加扣除

(1) 学前教育。

年满 3 岁至小学入学前处于学前教育阶段的子女，按照每个子女自 2019 年 1 月 1 日起每月 1000 元、自 2023 年 1 月 1 日起每月 2000 元的标准定额扣除。

父母可以选择由其中一方按扣除标准的 100% 扣除，也可以选择由双方分别按扣除标准的 50% 扣除，具体扣除方式在一个纳税年度内不能变更。

(2) 全日制学历教育。

纳税人的子女接受全日制学历教育的相关支出，按照每个子女自 2019 年 1 月 1 日起每月 1000 元、自 2023 年 1 月 1 日起每月 2000 元的标准定额扣除。

学历教育包括义务教育（小学、初中教育）、高中阶段教育（普通高中、中等职业、技工教育）、高等教育（大学专科、大学本科、硕士研究生、博士研究生教育）。

(3) 在中国境外接受教育。

纳税人子女在中国境外接受教育的，纳税人应当留存境外学校录取通知书、留学签证等相关教育的证明资料备查。

【案例 6-5】 老刘与前妻生有 1 个孩子，读初中；与现任妻子生有 1 个孩子，4 岁；现任妻子带来与前夫所生孩子 1 个，读小学；老刘与隔壁女子育有 1 个私生子，读小学，请问老刘最多能税前扣除多少子女教育经费？

【分析】 老刘自 2023 年 1 月 1 日起最多能税前扣除子女教育经费 8 000 元（4 个孩子，不管是亲生还是继子还是私生子）。

【案例 6-6】 周先生夫妇二人育有一个 13 岁女儿，正就读于深圳某中学。针对这一事项，周先生夫妇在计算个人所得税综合所得时，应当如何选择专项附加扣除？

【分析】 符合专项附加扣除政策。个人所得税纳税人的子女接受全日制学历教育的相关支出，按照每个子女自 2023 年 1 月 1 日起每月 2 000 元的标准定额扣除；经周先生夫妇约定，双方可以分别按每月 1 000 元标准定额扣除；也可以由父母其中一方按2 000元/月扣除。须提醒注意的是，扣除方式一经选择，一个纳税年度内不得变更。

【案例6-7】 周先生夫妇二人育有一个2岁半的女儿，正就读于某私立幼儿园托班。针对这一事项，周先生夫妇二人在计算个人所得税综合所得时，应当如何选择专项附加扣除？

【分析】 不符合专项附加扣除政策。个人所得税纳税人的子女接受全日制学历教育的相关支出，按照每个子女自2023年1月1日起每月2 000元的标准定额扣除；这里的学前教育，包括年满3岁至小学入学前教育。本案例两人的女儿不满3岁，因此不符合专项附加扣除政策。

【案例6-8】 周先生夫妇二人育有两个女儿，大女儿13岁，正就读深圳某中学，小女儿4岁，正就读某私立幼儿园小班。针对这一事项，周先生夫妇二人在计算个人所得税综合所得时，应当如何选择专项附加扣除？

【分析】 （1）周先生夫妇的两个女儿接受全日制学历教育，可以按自2023年1月1日起每人每月2 000元的标准定额扣除，合计每月4 000元标准定额扣除。

（2）经周先生夫妇约定，双方可以分别按每名子女每月1 000元标准定额扣除；也可以由父母其中一方按2 000元/月扣除。所以，夫妻双方可以选择由一方按4 000元/月标准定额扣除；也可以选择夫妻双方均按2 000元/月标准定额扣除；还可以选择由其中一方按3 000元/月标准定额扣除、另一方按1 000元/月标准定额扣除。同时须提醒注意的是，扣除方式一经选择，一个纳税年度内不得变更。

【案例6-9】 周先生夫妇二人（假设周先生夫妇均为个人所得税纳税人，属非居民个人）共育有一个儿子，正就读中国境内某公立中学。针对这一事项，周先生夫妇二人在计算个人所得税综合所得时，可否选择专项附加扣除？

【分析】 不可以。依据《个人所得税法》的规定，"居民个人取得综合所得时，以每一纳税年度的收入额减除费用6万元以及专项扣除、专项附加扣除和依法确定的其他扣除后的余额，为应纳税所得额"。周先生夫妇二人均属非居民个人，没有专项附加扣除项目。

【案例6-10】 周先生夫妇二人育有一个儿子，正就读新加坡某大学。针对这一事项，周先生夫妇二人在计算个人所得税综合所得时，可否选择专项附加扣除？

【分析】 可以。周先生、刘女士可以自2023年1月1日起分别按1 000元/月标准扣除；也可以经双方约定，由其中一方按2 000元/月标准扣除。须提醒注意的是，扣除方式一个纳税年度内不得变更。

周先生、刘女士的子女在境外接受教育，应当留存境外学校录取通知书、留学签证等境外教育佐证资料。

【案例6-11】 周先生夫妇二人育有一个儿子周先生；周先生高中毕业后参加工作、2019年开始参加成人本科继续教育（自学考试）。针对这一事项，周先生一家三口在计算个人所得税综合所得时，可否选择专项附加扣除？

【分析】 有两种选择：

（1）可以选择由周先生夫妇计算个人所得税综合所得时扣除子女教育专项附加扣除。

周先生、刘女士可以分别按自2019年1月1日起500元/月、自2023年1月1日起1 000元/月标准扣除；也可以经双方约定，由其中一方按自2019年1月1日起1 000元/月、自2023年1月1日起2 000元/月标准扣除。须提醒注意的是，扣除方式一个纳税年度内不得变更。

（2）也可以选择由周先生计算个人所得税综合所得时扣除继续教育专项附加扣除。

依据政策，周先生在接受本科继续教育期间，按照每月400元定额扣除。这里需要注意的是，同一学历继续教育的扣除期限不能超过48个月。

注：以上两种专项附加扣除方式只能选择其中一种，不能重复享受。

2. 继续教育

1）政策享受的条件

纳税人在中国境内接受的继续教育，符合

下列情形之一的,就可以享受继续教育专项附加扣除政策。

(1) 纳税人正在接受学历(学位)继续教育。

(2) 纳税人在纳税年度内取得了技能人员或专业技术人员的职业资格证书。

技能人员和专业技术人员职业资格证书的具体范围,以人力资源社会保障部公布的国家职业资格目录为准。在此范围外的继续教育支出,不在扣除范围内。

2) 扣除的标准和方式

如果纳税人接受的是学历(学位)继续教育,每月可以扣除 400 元;如果纳税人接受的是职业资格继续教育,则在取得相关证书的当年,按年扣除 3 600 元。

由于接受继续教育的纳税人一般都已经就业,所以,继续教育专项附加扣除一般由本人扣除。但有一个例外,如果纳税人已经就业,并且正在接受本科以下学历继续教育,可以选择由纳税人的父母扣除,也可以由纳税人本人扣除。

3) 政策享受的起止时间

(1) 学历(学位)继续教育。

纳税人享受符合规定的专项附加扣除的计算时间,为在中国境内接受学历(学位)继续教育入学的当月至学历(学位)继续教育结束的当月,同一学历(学位)继续教育的扣除期限最长不得超过 48 个月。

注:上述学历(学位)继续教育的期间,包含因病或其他非主观原因休学但学籍继续保留的休学期间,以及施教机构按规定组织实施的寒暑假等假期。

(2) 技能人员职业资格继续教育、专业技术人员职业资格继续教育。

纳税人享受符合规定的专项附加扣除的计算时间,为取得相关证书的当年。

需要提醒的是,专项附加扣除政策从 2019 年 1 月 1 日开始实施,纳税人需要填报的是在此之后取得的职业资格继续教育证书。

4) 应当填报的信息

纳税人享受继续教育专项附加扣除,接受学历(学位)继续教育的,应当填报教育起止时间、教育阶段等信息;接受技能人员或者专业技术人员职业资格继续教育的,应当填报证书名称、证书编号、发证机关、发证(批准)时间等信息。

5) 需要留存备查的资料

纳税人需要留存备查资料包括:纳税人接受技能人员职业资格继续教育、专业技术人员职业资格继续教育的,应当留存职业资格相关证书等资料。

继续教育专项附加扣除

(1) 学历(学位)继续教育。

纳税人在中国境内接受学历(学位)继续教育的支出,在学历(学位)教育期间按照每月 400 元定额扣除。同一学历(学位)继续教育的扣除期限不能超过 48 个月。

个人接受本科及以下学历(学位)继续教育,符合规定扣除条件的,可以选择由其父母扣除,也可以选择由本人扣除。

(2) 技能人员职业资格继续教育、专业技术人员职业资格继续教育。

纳税人接受技能人员职业资格继续教育、专业技术人员职业资格继续教育的支出,在取得相关证书的当年,按照 3 600 元定额扣除。

纳税人接受技能人员职业资格继续教育、专业技术人员职业资格继续教育的,应当留存相关证书等资料备查。

3. 住房贷款利息

(1) 政策享受的条件。

纳税人或者纳税人的配偶,单独或者共同使用商业银行或住房公积金个人住房贷款,为自己或配偶购买中国境内住房,发生的首套住房贷款利息支出允许扣除。

这里的首套住房贷款,是指购买住房享受首套或首次贷款利率的住房贷款。如果纳税人难以确定自己的住房贷款是否符合扣除条件,可以通过查阅贷款合同(协议),或者向办理贷款的银行、住房公积金中心咨询等方式确认。

(2) 扣除的标准和方式。

住房贷款利息支出,在实际发生贷款利息

支出期间,按照每月1 000元的标准扣除,扣除期限最长不超过240个月。具体由谁来扣除,夫妻双方可以约定,可以选择由其中一方扣除。但扣除方式确定后,一个纳税年度内就不能再变更了。

(3) 政策享受的起止时间。

住房贷款利息支出,享受扣除政策的起止时间为:贷款合同约定开始还款的当月至贷款全部归还或贷款合同终止的当月,但扣除期限最长不得超过240个月。

(4) 应当填报的信息。

应当填报住房权属信息、住房坐落地址、贷款方式、贷款银行、贷款合同编号、贷款期限、首次还款日期等信息;纳税人有配偶的,填写配偶姓名、身份证件类型及号码。

(5) 需要留存备查的资料。

享受住房贷款利息专项附加扣除政策,纳税人需要保存好住房贷款合同、贷款还款支出凭证等资料,积极配合税务机关查验。

请参阅图6-2。

图6-2 住房贷款利息专项附加扣除

延伸解读

住房贷款利息专项附加扣除

纳税人本人或者配偶单独或者共同使用商业银行或者住房公积金个人住房贷款为本人或者其配偶购买中国境内住房,发生的首套住房贷款利息支出,在实际发生贷款利息的年度,按照每月1 000元的标准定额扣除,扣除期限最长不超过240个月。纳税人只能享受一次首套住房贷款的利息扣除。所称首套住房贷款是指购买住房享受首套住房贷款利率的住房贷款。

经夫妻双方约定,可以选择由其中一方扣除,具体扣除方式在一个纳税年度内不能变更。夫妻双方婚前分别购买住房发生的首套住房贷款,其贷款利息支出,婚后可以选择其中一套购买的住房,由购买方按扣除标准的100%扣除,也可以由夫妻双方对各自购买的住房分别按扣除标准的50%扣除,具体扣除方式在一个纳税年度内不能变更。

纳税人应当留存住房贷款合同、贷款还款支出凭证备查。

延伸解读

"首套房贷"认定标准

购买住房享受首套住房贷款利率的住房贷款。

4. 住房租金

1) 政策享受的条件

如果纳税人在主要工作城市租了住房,同时符合以下条件,就可以享受住房租金专项附加扣除政策。

(1) 纳税人以及纳税人的配偶在主要工作的城市没有自有住房。

(2) 纳税人以及纳税人的配偶在同一纳税年度内,均没有享受住房贷款利息专项附加扣除政策。也就是说,住房贷款利息与住房租金两项扣除政策只能享受其中一项,不能同时享受。

2) 扣除的标准和方式

(1) 扣除标准。

按纳税人租房的城市不同,分三档扣除标准。

① 如果是直辖市、省会(首府)城市、计划单列市以及国务院确定的其他城市,每月扣除1 500元。

② 除①外的、市辖区户籍人口超过100万人的城市,则每月扣除1 100元。

③ 除①外的、市辖区户籍人口不超过100万人(含)的城市,则每月扣除800元。

这里市辖区的户籍人口,以国家统计局公布的数据为准。

(2) 扣除方式。

住房租金支出,具体由谁来扣除,需要有所区分。

如果纳税人和纳税人的配偶主要工作城市相同的,只能由一方申请扣除,并且是签订租赁住房合同的承租人来扣除;如果纳税人和纳税人的配偶主要工作城市不相同的,且双方均在两地没有购买住房的,则可以按照规定的标准分别进行扣除。

3) 政策享受的起止时间

纳税人享受符合规定的专项附加扣除的计算时间,为租赁合同(协议)约定的房屋租赁期开始的当月至租赁期结束的当月。提前终止合同(协议)的,以实际租赁期限为准。

4) 应当填报的信息

纳税人享受住房租金专项附加扣除,应当填报主要工作城市、租赁住房坐落地址、出租人姓名及身份证件类型和号码或者出租方单位名称及纳税人识别号(社会统一信用代码)、租赁起止时间等信息;纳税人有配偶的,填写配偶姓名、身份证件类型及号码。

房租抵扣个人所得税申请
不再需要房东信息

专项附加扣除——住房租金一项中的房东信息改为了非必填选项,这意味着用户目前只需要填写房屋地址、租赁时间及租赁合同编号即可进行住房租金抵扣个人所得税的操作。

5) 需要留存备查的资料

纳税人需要留存备查资料包括:住房租赁合同或协议等资料。

住房租金专项附加扣除

纳税人在主要工作城市没有自有住房而发生的住房租金支出,可以按照以下标准定额扣除:

(1) 直辖市、省会(首府)城市、计划单列市以及国务院确定的其他城市,扣除标准为每月1 500元。

(2) 除第(1)项所列城市以外,市辖区户籍人口超过100万的城市,扣除标准为每月1 100元;市辖区户籍人口不超过100万的城市,扣除标准为每月800元。

纳税人的配偶在纳税人的主要工作城市有自有住房的,视同纳税人在主要工作城市有自有住房。

市辖区户籍人口,以国家统计局公布的数据为准。

所称主要工作城市是指纳税人任职受雇的直辖市、计划单列市、副省级城市、地级市(地区、州、盟)全部行政区域范围;纳税人无任职受雇单位的,为受理其综合所得汇算清缴的税务机关所在城市。夫妻双方主要工作城市相同的,只能由一方扣除住房租金支出。

住房租金支出由签订租赁住房合同的承租人扣除。

纳税人及其配偶在一个纳税年度内不能同时分别享受住房贷款利息和住房租金专项附加扣除。

纳税人应当留存住房租赁合同、协议等有关资料备查。

5. 赡养老人

(1) 政策享受的条件。

如果纳税人赡养的老人年满60周岁(含),即可享受赡养老人专项附加扣除。这里的老人,包括生父母、继父母、养父母,以及子女均已去世的祖父母、外祖父母。

赡养岳父母或公公婆婆是否可以
享受赡养老人专项附加扣除?

根据现行政策规定,赡养老人专项附加扣除政策中的老人(被赡养人),是指年满60岁的父母,以及子女均已去世的年满60岁的祖父母、外祖父母,不包括配偶的父母。

(2) 扣除的标准和方式。

如果纳税人是独生子女,则自2019年1月1日起每月扣除2 000元自2023年1月1日起每月扣除3 000元。如果纳税人不是独生子女,则需与兄弟姐妹自2019年1月1日起分摊每月2 000元、自2023年1月1日起分摊每月3 000元的扣除额度,但每人每月自2019年1月

1日起最多扣除不能超过1 000元、自2023年1月1日起不能超过1 500元;具体分摊时,可兄弟姐妹平均分摊,也可以约定分摊或由老人指定分摊。其中,约定或指定分摊的,需要纳税人和兄弟姐妹签分摊协议留存备查。具体分摊方式和额度确定后,一个纳税年度内不能变更。

延伸解读

两个子女中的一个无赡养父母的能力,是否可以由另一个享受3 000元赡养老人专项附加扣除标准?

按照《国务院关于印发个人所得税专项附加扣除暂行办法的通知》(国发〔2018〕41号)、《国务院关于提高个人所得税有关专项附加扣除标准的通知》(国发〔2023〕13号)的规定,纳税人为非独生子女的,在兄弟姐妹之间分摊每月3 000元的扣除额度,每人分摊的额度不能超过每月1 500元。也就是说,这种情况下不能由其中一人单独享受全部扣除。

(3) 政策享受的起止时间。

享受赡养老人专项附加扣除政策的起止时间为,被赡养人年满60周岁的当月至赡养义务终止的年末。

(4) 应当填报的信息。

应当填报纳税人是否为独生子女、月扣除金额、被赡养人姓名及身份证件类型和号码、与纳税人关系;有共同赡养人的,需填报分摊方式、共同赡养人姓名及身份证件类型和号码等信息。

(5) 需要留存备查的资料。

如果纳税人是非独生子女,并且采取了约定分摊或者指定分摊的扣除方式,则需要注意留存好相关书面协议等资料,积极配合税务机关查验。

请参阅图6-3。

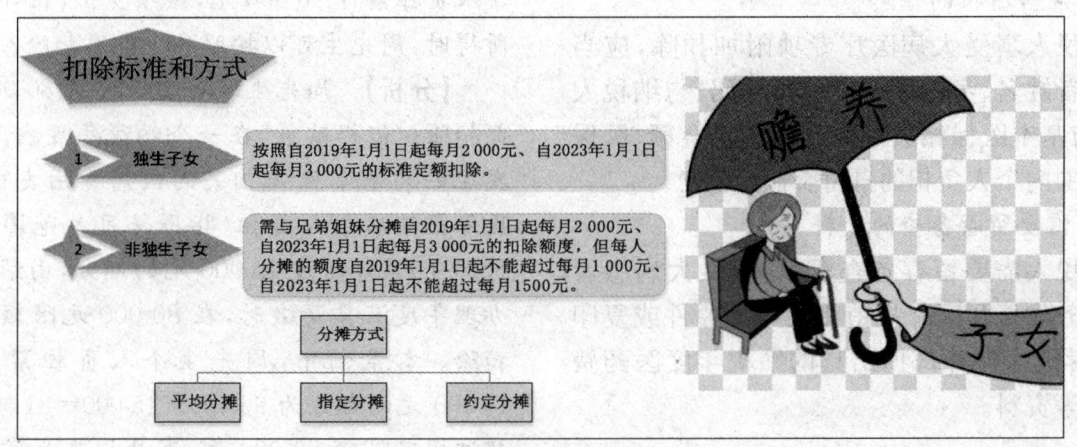

图6-3 赡养老人专项附加扣除

延伸解读

赡养老人专项附加扣除

纳税人赡养一位及以上被赡养人的赡养支出,统一按照以下标准定额扣除:

(1) 纳税人为独生子女的,按照自2019年1月1日起每月2 000元、自2023年1月1日起每月3 000元的标准定额扣除。

(2) 纳税人为非独生子女的,由其与兄弟姐妹分摊自2019年1月1日起每月2 000元、自2023年1月1日起每月3 000元的扣除额度,每人分摊的额度不能超过自2019年1月1日起每月1 000元、自2023年1月1日起每月1 500元。可以由赡养人均摊或者约定分摊,也可以由被赡养人指定分摊。约定或者指定分摊的须签订书面分摊协议,指定分摊优先于约定分摊。具体分摊方式和额度在一个纳税年度内不能变更。

所称被赡养人是指年满60岁的父母,以及子女均已去世的年满60岁的祖父母、外祖父母。

6. 大病医疗

1) 政策享受的条件

在一个纳税年度内,纳税人本人,或者其配偶,或者其未成年子女,发生的与基本医保相关的医药费用支出,扣除医保报销后个人负担(指医保目录范围内的自付部分)累计有超过15 000元的情况。

2) 扣除的标准和方式

大病医疗的扣除,只能在年度汇算清缴申报时进行扣除。就个人负担超过15 000元的部分,限额据实扣除,最多可以扣除80 000元。

具体扣除时,纳税人或配偶发生的大病医疗支出,既可以由纳税人本人扣除,也可以由配偶扣除。对未成年子女发生的大病医疗支出,可以由父母双方选择在其中一方扣除。

3) 政策享受的时间

纳税人享受符合规定的专项附加扣除的计算时间,为医疗保障信息系统记录的医药费用实际支出的当年。

注:大病医疗专项附加扣除政策按年享受,具体时间为,医疗保障信息系统记录的医药费用实际支出的当年。纳税人需要在一个纳税年度终了后,在次年汇算清缴时办理扣除。

4) 应当填报的信息

纳税人享受大病医疗专项附加扣除,应当填报患者姓名、身份证件类型及号码、与纳税人关系、与基本医保相关的医药费用总金额、医保目录范围内个人负担的自付金额等信息。

5) 需要留存备查的资料

纳税人需要留存备查资料包括:大病患者医药服务收费及医保报销相关票据原件或复印件,或者医疗保障部门出具的纳税年度医药费用清单等资料。

延伸解读

大病医疗专项附加扣除

在一个纳税年度内,纳税人发生的与基本医保相关的医药费用支出,扣除医保报销后个人负担(指医保目录范围内的自付部分)累计超过15 000元的部分,由纳税人在办理年度汇算清缴时,在80 000元限额内据实扣除。纳税人及其配偶、未成年子女发生的医药费用支出,按此规定分别计算扣除额。

纳税人发生的医药费用支出可以选择由本人或者其配偶扣除;未成年子女发生的医药费用支出可以选择由其父母一方扣除。

纳税人应当留存医药服务收费及医保报销相关票据原件(或者复印件)等资料备查。医疗保障部门应当向患者提供在医疗保障信息系统记录的本人年度医药费用信息查询服务。

【案例6-12】 周先生2022年发生与基本医保相关的医药费用支出,扣除医保报销后个人负担累计16 000元,该项支出,在计算综合所得时,周先生可以按照16 000元标准据实扣除吗?(假设周先生为个人所得税纳税人,属居民个人,下例同)

【分析】 依据政策,在一个纳税年度内,纳税人发生的与基本医保相关的医药费用支出,扣除医保报销后个人负担(指医保目录范围内的自付部分)累计超过15 000元的部分,由纳税人在办理年度汇算清缴时,在80 000元限额内据实扣除。所以,本案例中,周先生应按照1 000元(16 000−15 000)标准据实扣除。

【案例6-13】 周先生2022年发生的与基本医保相关的医药费用支出,扣除医保报销后个人负担累计96 000元,该项支出,在计算综合所得时,周先生可以按照多少标准扣除?

【分析】 周先生该年度应按照80 000元限额扣除。依据政策,在一个纳税年度内,纳税人发生的与基本医保相关的医药费用支出,扣除医保报销后个人负担(指医保目录范围内的自付部分)累计超过15 000元的部分,由纳税人在办理年度汇算清缴时,在80 000元限额内据实扣除。本案例中,周先生个人负担累积超过15 000元的部分为96 000−15 000=81 000(元),超过规定限额80 000元,因此周先生该年度应按照80 000元标准据实扣除。

【案例6-14】 周先生2022年发生的与基本医保相关的医药费用支出,扣除医保报销后个人负担累计40 000元,该项支出对应的专项附加扣除,周先生一家可以选择如何扣除?

【分析】 依据政策,纳税人发生的医药费用支出可以选择由本人或者其配偶扣除。本案例中,既可以选择由周先生在计算本人个人所得税综合所得时按照25 000元(40 000−15 000)标准据实扣除;也可以选择由周先生配偶计算其本人个人所得税综合所得时按照25 000元(40 000−15 000)标准据实扣除。

【案例6-15】 2022年周先生三口之家共有

两名家庭成员发生医药费用支出(与基本医保相关)。其中:扣除医保报销后周先生个人负担部分为 25 000 元、周先生未成年的女儿个人负担部分为 5 000 元。周先生一家可否合并计算,也就是按 15 000 元(25 000+5 000-15 000)标准据实扣除?

【分析】 依据政策,纳税人及其配偶、未成年子女发生的医药费用支出,分别计算扣除额。

在本案例中,周先生个人负担 25 000 元,在计算本人个人所得税综合所得时按照 10 000 元(25 000-15 000)标准据实扣除。周先生未成年女儿负担 5 000 元,未超过 15 000 元,扣除标准为 0。

7. 3 岁以下婴幼儿照护

1) 政策享受的条件

照护 3 岁以下婴幼儿的监护人(包括生父母、继父母、养父母,父母之外的其他人担任未成年人的监护人),可享受本专项附加扣除政策。

2) 扣除的标准和方式

(1) 扣除标准。

自 2022 年 1 月 1 日起,纳税人照护 3 岁以下婴幼儿子女的相关支出,按照每个婴幼儿每月 1 000 元的标准定额扣除;自 2023 年 1 月 1 日起,3 岁以下婴幼儿照护专享附加扣除标准,由每个婴幼儿每月 1 000 元提高到每月 2 000 元。

(2) 扣除方式。

自 2022 年 1 月 1 日起,父母可以选择由其中一方按扣除标准的 100% 扣除,也可以选择由双方分别按扣除标准的 50% 扣除,具体扣除方式在一个纳税年度内不能变更。

3 岁以下婴幼儿照护专项附加扣除方式

(1) 3 岁以下婴幼儿照护专项附加扣除的金额能在父母之间分配吗?

答:可以。父母可以选择由其中一方按扣除标准的 100% 扣除,即一人按照自 2022 年 1 月 1 日起每月 1 000元、自 2023 年 1 月 1 日起每月 2 000 元标准扣除;也可以选择由双方分别按扣除标准的 50% 扣除,即两人各按照自 2022 年 1 月 1 日起每月 500 元、自 2023 年 1 月 1 日起每月 1 000 元扣除。这两种分配方式,父母可以根据情况自行选择。

(2) 3 岁以下婴幼儿照护专项附加扣除分配方式在选定之后还可以变更吗?

答:3 岁以下婴幼儿照护专项附加扣除,可以选择由父母一方扣除或者双方平摊扣除,选定扣除方式后在一个纳税年度内不能变更。

(3) 有多个婴幼儿的父母,可以对不同的婴幼儿选择不同的扣除方式吗?

答:可以。有多个婴幼儿的父母,可以对不同的婴幼儿选择不同的扣除方式。即对婴幼儿甲可以选择由一方按照自 2022 年 1 月 1 日起每月 1 000 元的标准扣除,对婴幼儿乙可以选择由双方分别按照自 2022 年 1 月 1 日起每月 500 元、自 2023 年 1 月 1 日起,每月 1 000 元的标准扣除。

(4) 对于存在重组情况的家庭而言,如何享受 3 岁以下婴幼儿照护专项附加扣除?

答:具体扣除方法由父母双方协商决定,一个孩子扣除总额自 2022 年 1 月 1 日起不能超过每月 1 000 元、自 2023 年 1 月 1 日起,不能超过每月 2 000 元,扣除主体不能超过两人。

3) 政策享受的起止时间

纳税人享受符合规定的专项附加扣除的计算时间,为婴幼儿出生的当月至年满 3 周岁的前一个月。

享受 3 岁以下婴幼儿照护专项附加扣除的起算时间是什么?

从婴幼儿出生的当月至年满 3 周岁的前一个月,纳税人可以享受该项专项附加扣除。这一期限,起始时间与婴幼儿出生月份保持一致,终止时间与子女教育专项附加扣除时间有效衔接,纳税人终止享受 3 岁以下婴幼儿照护专项附加扣除后,可按规定接续享受子女教育专项附加扣除。

比如:2022 年 5 月出生的婴幼儿,一直到 2025 年 4 月,其父母都可以按规定享受此项专项附加扣除政策。

4) 应当填报的信息

纳税人享受 3 岁以下婴幼儿照护专项附加扣除,应当填报配偶及子女的姓名、身份证件类型(如居民身份证、子女出生医学证明等)及号码以及本人与配偶之间扣除分配比例等信息。

纳税人享受政策应当填报哪些信息?

纳税人享受3岁以下婴幼儿照护专项附加扣除,可以直接在手机个人所得税App上按照引导填报,也可以填写纸质的《个人所得税专项附加扣除信息表》,填报内容包括配偶及子女的姓名、身份证件类型(如居民身份证、子女出生医学证明等)及号码以及本人与配偶之间扣除分配比例等信息。税务部门专门修订了《个人所得税扣缴申报表》《个人所得税专项附加扣除信息表》,并优化系统、升级了手机个人所得税App和扣缴义务人端,方便纳税人享受专项附加扣除。

婴幼儿的身份信息应当如何填报?

一般来讲,婴幼儿出生后,会获得载明其姓名、出生日期、父母姓名等信息的《出生医学证明》,纳税人通过手机个人所得税App或纸质《个人所得税专项附加扣除信息表》填报子女信息时,证件类型可选择"出生医学证明",并填写相应编号和婴幼儿出生时间即可;婴幼儿已被赋予居民身份证号码的,证件类型也可选择"居民身份证",并填写身份证号码和婴幼儿出生时间即可;婴幼儿名下是中国护照、外国护照、港澳居民来往内地通行证、台湾居民来往大陆通行证等身份证件信息,也可作为填报证件。

极少数暂未获取上述证件的,也可选择"其他个人证件"并在备注中如实填写相关情况,不影响纳税人享受扣除。后续纳税人取得婴幼儿的出生医学证明或者居民身份证号的,及时补充更新即可。如税务机关联系纳税人核实有关情况,纳税人可通过手机个人所得税App将证件照片等证明资料推送给税务机关证明真实性,以便继续享受扣除。

5)需要留存备查的资料

纳税人需要留存备查资料包括子女的出生医学证明等资料。

出生证明等资料需要提交给税务部门吗?

3岁以下婴幼儿照护专项附加扣除与其他六项专项附加扣除一样,实行"申报即可享受、资料留存备查"的服务管理模式,纳税人在申报时无需向税务机关报送资料,留存备查即可。纳税人应当对报送的专项附加扣除信息的真实性、准确性、完整性负责,税务机关将通过税收大数据、部门间信息共享等方式,对纳税人报送的专项附加扣除信息进行核验,对发现虚扣、乱扣的,将按有关规定予以严肃处理。

3岁以下婴幼儿照护专项附加扣除

(1)3岁以下婴幼儿照护专项附加扣除由谁来扣除?

答:该项政策的扣除主体是3岁以下婴幼儿的监护人,包括生父母、继父母、养父母,父母之外的其他人担任未成年人的监护人的,可以比照执行。

(2)不是亲生父母可以享受3岁以下婴幼儿照护专项附加扣除政策吗?

答:可以,但其必须是担任3岁以下婴幼儿监护人的人员。

(3)婴幼儿子女的范围包括哪些?

答:婴幼儿子女包括婚生子女、非婚生子女、养子女、继子女等受到本人监护的3岁以下婴幼儿。

(4)在国外出生的婴幼儿,其父母可以享受扣除吗?

答:可以。无论婴幼儿在国内还是国外出生,其父母都可以享受扣除。

(5)3岁以下婴幼儿照护专项附加扣除可以在每月发工资时就享受吗?

答:可以。纳税人通过手机个人所得税App或纸质《信息报告表》将有关信息提供给任职受雇单位后,单位根据个人的实际情况进行扣除,这样在每个月预缴个税时就可以享受到减税红利。

(6)纳税人在婴幼儿出生的当月没享受专项附加扣除政策,后续还可以享受吗?

答:可以。如果纳税人在婴幼儿出生当月没有享受专项附加扣除,可以在当年的后续月份发工资时追溯享受专项附加扣除,也可以在次年办理汇算清缴时享受。

(7)3岁以下婴幼儿照护专项附加扣除需要发票吗?

答:不需要发票,只需要按规定填报相关信息即可享受政策。相关信息包括:配偶及子女姓名、身份证件类型(如身份证、子女出生医学证明等)及号码、本人扣除比例等。

专项附加扣除范围和标准的调整

根据教育、医疗、住房、养老等民生支出变化情况,适时调整专项附加扣除范围和标准。

(三) 享受专项附加扣除项目的信息的采集、报送(申报)专述

纳税人应当对报送的专项附加扣除信息的真实性、准确性、完整性负责。

1. 个人工资不达5 000元免征额，专项附加扣除是否还要采集

新修改的《个人所得税法》规定，居民个人取得综合所得，按年计算个人所得税。居民个人的综合所得（包含工资、薪金所得，劳务报酬所得、稿酬所得、特许权使用费所得等4项），以每一纳税年度的收入额减除费用6万元以及专项扣除、专项附加扣除和依法确定的其他扣除后的余额，为应纳税所得额，适用超额累进税率计算个人所得税应纳税额。

所以，即使月度工资薪金不到5 000元，但如果纳税人判断自己全年4项综合所得的合计收入额减除相关扣除后为正值，那么就应积极采集专项附加扣除；为负值的，可不采集专项附加扣除。

2. 选择不同的享受扣除方式（时间）时信息的报送、确认、受理等等

1）选择在扣缴义务人发放工资、薪金所得时享受专项附加扣除的

（1）纳税人。

① 首次享受时。

纳税人选择在扣缴义务人发放工资、薪金所得时享受专项附加扣除的，首次享受时应当填写并向扣缴义务人报送《个人所得税专项附加扣除信息表》。

② 纳税年度中间相关信息发生变化的。

纳税年度中间相关信息发生变化的，纳税人应当更新《个人所得税专项附加扣除信息表》相应栏次，并及时报送给扣缴义务人。

③ 更换工作单位的。

更换工作单位的纳税人，需要由新任职、受雇扣缴义务人办理专项附加扣除的，应当在入职的当月，填写并向扣缴义务人报送《个人所得税专项附加扣除信息表》。

注：纳税人年度中间更换工作单位的，在原单位任职、受雇期间已享受的专项附加扣除金额，不得在新任职、受雇单位扣除。原扣缴义务人应当自纳税人离职不再发放工资薪金所得的当月起，停止为其办理专项附加扣除。

④ 每年12月。

纳税人次年需要由扣缴义务人继续办理专项附加扣除的，应当于每年12月对次年享受专项附加扣除的内容进行确认，并报送至扣缴义务人。纳税人未及时确认的，扣缴义务人于次年1月起暂停扣除，待纳税人确认后再行办理专项附加扣除。

（2）扣缴义务人。

扣缴义务人应当将纳税人报送的专项附加扣除信息，在次月办理扣缴申报时一并报送至主管税务机关。

2）选择在汇算清缴申报时享受专项附加扣除的

纳税人选择在汇算清缴申报时享受专项附加扣除的，应当填写并向汇缴地主管税务机关报送《个人所得税专项附加扣除信息表》。

纳税人将需要享受的专项附加扣除项目信息填报至《个人所得税专项附加扣除信息表》相应栏次。填报要素完整的，扣缴义务人或者主管税务机关应当受理；填报要素不完整的，扣缴义务人或者主管税务机关应当及时告知纳税人补正或重新填报。纳税人未补正或重新填报的，暂不办理相关专项附加扣除，待纳税人补正或重新填报后再行办理。

3. 信息报送方式

纳税人可以通过远程办税端、电子或者纸质报表等方式，向扣缴义务人或者主管税务机关报送个人专项附加扣除信息。

扣缴义务人和税务机关应当告知纳税人办理专项附加扣除的方式和渠道，鼓励并引导纳税人采用远程办税端报送信息。

1）选择纳税年度内由扣缴义务人办理专项附加扣除的

纳税人选择纳税年度内由扣缴义务人办理专项附加扣除的，按下列规定办理：

（1）纳税人通过远程办税端选择扣缴义务人并报送专项附加扣除信息的，扣缴义务人根据接收的扣除信息办理扣除。

(2)纳税人通过填写电子或者纸质《个人所得税专项附加扣除信息表》直接报送扣缴义务人的,扣缴义务人将相关信息导入或者录入扣缴端软件,并在次月办理扣缴申报时提交给主管税务机关。《个人所得税专项附加扣除信息表》应当一式两份,纳税人和扣缴义务人签字(章)后分别留存备查。

2)选择年度终了后办理汇算清缴申报时享受专项附加扣除的

纳税人选择年度终了后办理汇算清缴申报时享受专项附加扣除的,既可以通过远程办税端报送专项附加扣除信息,也可以将电子或者纸质《个人所得税专项附加扣除信息表》(一式两份)报送给汇缴地主管税务机关。

报送电子《个人所得税专项附加扣除信息表》的,主管税务机关受理打印,交由纳税人签字后,一份由纳税人留存备查,一份由税务机关留存;报送纸质《个人所得税专项附加扣除信息表》的,纳税人签字确认、主管税务机关受理签章后,一份退还纳税人留存备查,一份由税务机关留存。

五、非居民个人和无住所居民个人工资薪金所得收入额的计算

非居民个人和无住所居民个人取得工资薪金所得,按以下规定计算在境内应纳税的工资薪金所得的收入额(以下简称工资薪金收入额)。

(一)非居民个人和无住所居民个人为非居民个人的情形

非居民个人取得工资薪金所得,除以下第(三)项规定以外,当月工资薪金收入额分别按照以下两种情形计算。

1. 非居民个人境内居住时间累计不超过90天的情形

在一个纳税年度内,在境内累计居住不超过90天的非居民个人,仅就归属于境内工作期间并由境内雇主支付或者负担的工资薪金所得计算缴纳个人所得税。当月工资薪金收入额的计算公式如下:

$$当月工资薪金收入额 = 当月境内外工资薪金总额 \times \frac{当月境内支付工资薪金数额}{当月境内外工资薪金总额} \times \frac{当月工资薪金所属工作期间境内工作天数}{当月工资薪金所属工作期间公历天数}$$

《财政部 税务总局关于非居民个人和无住所居民个人有关个人所得税政策的公告》(财政部 税务总局公告2019年第35号)所称境内雇主包括雇佣员工的境内单位和个人以及境外单位或者个人在境内的机构、场所。凡境内雇主采取核定征收所得税或者无营业收入未征收所得税的,非居民个人和无住所居民个人为其工作取得工资薪金所得,不论是否在该境内雇主会计账簿中记载,均视为由该境内雇主支付或者负担。财政部、税务总局公告2019年第35号文件所称工资薪金所属工作期间的公历天数,是指非居民个人和无住所居民个人取得工资薪金所属工作期间按公历计算的天数。

财政部、税务总局公告2019年第35号文件所列公式中当月境内外工资薪金包含归属于不同期间的多笔工资薪金的,应当先分别按照财政部、税务总局公告2019年第35号文件规定计算不同归属期间工资薪金收入额,然后再加总计算当月工资薪金收入额。

2. 非居民个人境内居住时间累计超过90天不满183天的情形

在一个纳税年度内,在境内累计居住超过90天但不满183天的非居民个人,取得归属于境内工作期间的工资薪金所得,均应当计算缴纳个人所得税;其取得归属于境外工作期间的工资薪金所得,不征收个人所得税。当月工资薪金收入额的计算公式如下:

$$当月工资薪金收入额 = 当月境内外工资薪金总额 \times \frac{当月工资薪金所属工作期间境内工作天数}{当月工资薪金所属工作期间公历天数}$$

(二)非居民个人和无住所居民个人为居民个人的情形

在一个纳税年度内,在境内累计居住满

183天的无住所居民个人取得工资薪金所得,当月工资薪金收入额按照以下规定计算:

1. 无住所居民个人在境内居住累计满183天的年度连续不满六年的情形

在境内居住累计满183天的年度连续不满六年的无住所居民个人,符合《个人所得税法实施条例》第四条*优惠条件的,其取得的全部工资薪金所得,除归属于境外工作期间且由境外单位或者个人支付的工资薪金所得部分外,均应计算缴纳个人所得税。工资薪金所得收入额的计算公式如下:

$$当月工资薪金收入额 = \left(1 - \frac{当月境外支付工资薪金数额}{当月境内外工资薪金总额} \times \frac{当月工资薪金所属工作期间境外工作天数}{当月工资薪金所属工作期间公历天数}\right) \times 当月境内外工资薪金总额$$

*注:第四条 在中国境内无住所的个人,在中国境内居住累计满183天的年度连续不满6年的,经向主管税务机关备案,其来源于中国境外且由境外单位或者个人支付的所得,免予缴纳个人所得税;在中国境内居住累计满183天的任一年度中有一次离境超过30天的,其在中国境内居住累计满183天的年度的连续年限重新起算。

2. 无住所居民个人在境内居住累计满183天的年度连续满6年的情形

在境内居住累计满183天的年度连续满6年后,不符合实施条例第四条优惠条件的无住所居民个人,其从境内、境外取得的全部工资薪金所得均应计算缴纳个人所得税。

(三)非居民个人和无住所居民个人为高管人员的情形

(1)无住所居民个人为高管人员的,工资薪金收入额按照以上第(二)项规定计算纳税。

(2)非居民个人为高管人员的,按照以下规定处理:

① 高管人员在境内居住时间累计不超过90天的情形。

在一个纳税年度内,在境内累计居住不超过90天的高管人员,其取得由境内雇主支付或者负担的工资薪金所得应当计算缴纳个人所得税;不是由境内雇主支付或者负担的工资薪金所得,不缴纳个人所得税。当月工资薪金收入额为当月境内支付或者负担的工资薪金收入额。

② 高管人员在境内居住时间累计超过90天不满183天的情形。

在一个纳税年度内,在境内居住累计超过90天但不满183天的高管人员,其取得的工资薪金所得,除归属于境外工作期间且不是由境内雇主支付或者负担的部分外,应当计算缴纳个人所得税。当月工资薪金收入额计算适用财政部、税务总局公告2019年第35号文件:

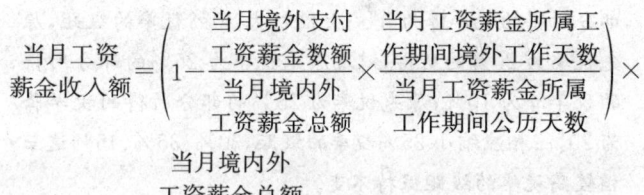

第四节 税 率

一、综合所得税率

(一)个人所得税税率表

财政部和国家税务总局按照综合与分类相结合税制改革的总体要求,设计了与社会主义市场经济发展阶段、居民收入能力和减税规模相匹配的综合所得税率表(表6-1)。

此次税改,综合所得适用3%至45%的7级超额累进税率,进一步拉长3%、10%、20%三档较低税率对应的级距,同步缩减25%税率的级距,30%、35%、45%三档较高税率的级距维持不变。主要考虑是通过适当扩大低档税率级距,进一步降低中低收入者的税负。我国个人所得税纳税人群呈金字塔型分布,适用中低档税率人数最多,在纳税人收入分布密集区间实行更精细调节,适度扩大中低档税率(20%以下)级距,进一步减轻中低收入者的税收负担。

表 6-1　个人所得税税率表一
（综合所得适用）

级数	全年应纳税所得额	税率	速算扣除数
1	不超过 36 000 元的	3%	0
2	超过 36 000 元至 144 000 元的部分	10%	2 520
3	超过 144 000 元至 300 000 元的部分	20%	16 920
4	超过 300 000 元至 420 000 元的部分	25%	31 920
5	超过 420 000 元至 660 000 元的部分	30%	52 920
6	超过 660 000 元至 960 000 元的部分	35%	85 920
7	超过 960 000 元的部分	45%	181 920

注1：本表所称全年应纳税所得额，居民个人取得综合所得以每一纳税年度收入额减除费用 6 万元以及专项扣除、专项附加扣除和依法确定的其他扣除后的余额。

注2：非居民个人取得工资、薪金所得，劳务报酬所得，稿酬所得和特许权使用费所得，依照本表按月换算后计算应纳税额。

专家点拨　修订后的《个人所得税法》以原先工资、薪金所得税率（3%至45%的7级超额累进税率）为基础，将按月计算应纳税所得额调整为按年计算，并优化调整部分税率的级距。具体是：扩大 3%、10%、20% 三档低税率的级距，3%税率的级距扩大一倍，原先税率为 10% 的部分所得的税率降为 3%；大幅扩大 10% 税率的级距，原先税率为 20% 的所得，以及原先税率为 25% 的部分所得的税率降为 10%；原先税率为 25% 的部分所得的税率降为 20%；相应缩小 25% 税率的级距，30%、35%、45% 这三档较高税率的级距保持不变。

（二）个人所得税预扣率表（居民个人工资、薪金所得预扣预缴适用）

《个人所得税预扣率表（居民个人工资、薪金所得预扣预缴适用）》见表 6-2。

表 6-2　个人所得税预扣率表
（居民个人工资、薪金所得预扣预缴适用）

级数	累计预扣预缴应纳税所得额	预扣率	速算扣除数
1	不超过 36 000 元的部分	3%	0
2	超过 36 000 元至 144 000 元的部分	10%	2 520
3	超过 144 000 元至 300 000 元的部分	20%	16 920
4	超过 300 000 元至 420 000 元的部分	25%	31 920
5	超过 420 000 元至 660 000 元的部分	30%	52 920
6	超过 660 000 元至 960 000 元的部分	35%	85 920
7	超过 960 000 元的部分	45%	181 920

（续表）

（三）个人所得税预扣率表（居民个人劳务报酬所得预扣预缴适用）

《个人所得税预扣率表（居民个人劳务报酬所得预扣预缴适用）》见表 6-3。

表 6-3　个人所得税预扣率表
（居民个人劳务报酬所得预扣预缴适用）

级数	预扣预缴应纳税所得额	预扣率	速算扣除数
1	不超过 20 000 元的	20%	0
2	超过 20 000 元至 50 000 元的部分	30%	2 000
3	超过 50 000 元的部分	40%	7 000

（四）个人所得税税率表（非居民个人工资、薪金所得，劳务报酬所得，稿酬所得，特许权使用费所得）

《个人所得税税率表（非居民个人工资、薪金所得，劳动报酬所得，稿酬所得，特许权使用费所得）》见表 6-4。

表 6-4　个人所得税税率表
（非居民个人工资、薪金所得，劳务报酬所得，稿酬所得，特许权使用费所得适用）

级数	应纳税所得额	税率	速算扣除数
1	不超过 3 000 元的	3%	0
2	超过 3 000 元至 12 000 元的部分	10%	210
3	超过 12 000 元至 25 000 元的部分	20%	1 410
4	超过 25 000 元至 35 000 元的部分	25%	2 660

(续表)

级数	应纳税所得额	税率	速算扣除数
5	超过 35 000 元至 55 000 元的部分	30%	4 410
6	超过 55 000 元至 80 000 元的部分	35%	7 160
7	超过 80 000 元的部分	45%	15 160

二、经营所得税率

经营所得，适用 5% 至 35% 的超额累进税率，见表 6-5。

表 6-5　个人所得税税率表
（经营所得适用）

级数	全年应纳税所得额	税率
1	不超过 30 000 元的	5%
2	超过 30 000 元至 90 000 元的部分	10%
3	超过 90 000 元至 300 000 元的部分	20%
4	超过 300 000 元至 500 000 元的部分	30%
5	超过 500 000 元的部分	35%

（注：本表所称全年应纳税所得额，以每一纳税年度的收入总额减除成本、费用以及损失后的余额。）

专家点拨　修订后的《个人所得税法》以原先个体工商户的生产、经营所得和对企事业单位的承包经营、承租经营所得税率为基础，保持 5% 至 35% 的 5 级税率不变，适当调整各档税率的级距，其中最高档税率级距下限从 10 万元提高至 50 万元（表 6-6）。

表 6-6　个人所得税税率表
（经营所得适用）

级数	全年应纳税所得额	税率	速算扣除数
1	不超过 30 000 元的	5%	0
2	超过 30 000 元至 90 000 元的部分	10%	1 500
3	超过 90 000 元至 300 000 元的部分	20%	10 500
4	超过 300 000 元至 500 000 元的部分	30%	40 500
5	超过 500 000 元的部分	35%	65 500

三、利息、股息、红利所得，财产租赁所得，财产转让所得和偶然所得税率

利息、股息、红利所得，财产租赁所得，财产转让所得和偶然所得，适用比例税率，税率为 20%。

第五节　应纳税额的计算

一、一般规定

（一）综合所得

1. 居民个人

居民个人取得综合所得，按年计算个人所得税；有扣缴义务人的，由扣缴义务人按月或者按次预扣预缴税款；需要办理汇算清缴的，应当在取得所得的次年 3 月 1 日至 6 月 30 日内办理汇算清缴。

居民个人向扣缴义务人提供专项附加扣除信息的，扣缴义务人按月预扣预缴税款时应当按照规定予以扣除，不得拒绝。

年度计算个人所得税：

$$\text{应纳个人所得税税额} = \text{应纳税所得额} \times \text{适用税率} - \text{速算扣除数}$$

应纳税所得额 = 年度收入额 − 准予扣除额

准予扣除额 = 基本扣除费用 60 000 元 + 专项扣除 + 专项附加扣除 + 依法确定的其他扣除

2. 非居民个人

非居民个人取得工资、薪金所得，劳务报酬所得，稿酬所得和特许权使用费所得，有扣缴义务人的，由扣缴义务人按月或者按次代扣代缴税款，不办理汇算清缴。

专家点拨　非居民个人在中国居住不满 1 年，按 1 年算综合所得"不靠谱"，所以分次或分项计算。

（二）经营所得

纳税人取得经营所得，按年计算个人所得税，由纳税人在月度或者季度终了后 15 日内向税务机关报送纳税申报表，并预缴税款；在取得

所得的次年3月31日前办理汇算清缴。

计算公式：

$$应纳个人所得税税额 = 应纳税所得额 \times 适用税率 - 速算扣除数$$

应纳税所得额＝年应税收入额－准予税前扣除金额

（三）特定所得——利息、股息、红利所得，财产租赁所得，财产转让所得和偶然所得

纳税人取得利息、股息、红利所得，财产租赁所得，财产转让所得和偶然所得，按月或者按次计算个人所得税，有扣缴义务人的，由扣缴义务人按月或者按次代扣代缴税款。

1. 利息、股息、红利所得

应纳个人所得税税额＝每次收入额×20%

2. 财产租赁所得

财产租赁所得按照每次租赁收入的大小，区别情况计算。

每次收入不超过4 000元：

应纳个人所得税税额＝（每次收入－费用800元）×20%

每次收入4 000元以上：

应纳个人所得税税额＝每次收入×（1－20%）×20%

3. 财产转让所得

$$应纳个人所得税税额 = \left[转让财产的收入额 - \left(财产原值 + 合理费用 \right) \right] \times 20\%$$

4. 偶然所得

偶然所得应纳个人所得税税额计算公式如下：

应纳个人所得税税额＝每次收入额×20%

注意：如果另行给予优惠税率或者减半征收的，则按优惠税率或者减半计算。

计算单位、外币折合

各项所得的计算，以人民币为单位。所得为人民币以外的货币的，按照人民币汇率中间价折合成人民币缴纳税款。

所得为人民币以外货币的，按照办理纳税申报或者扣缴申报的上一月最后一日人民币汇率中间价，折合成人民币计算应纳税所得额。年度终了后办理汇算清缴的，对已经按月、按季或者按次预缴税款的人民币以外货币所得，不再重新折算；对应当补缴税款的所得部分，按照上一纳税年度最后一日人民币汇率中间价，折合成人民币计算应纳税所得额。

二、特别规定

（一）两个以上的个人共同取得同一项目收入

两个以上的个人共同取得同一项目收入的，应当对每个人取得的收入分别按照个人所得税法的规定计算纳税。

（二）居民个人从中国境内和境外取得所得

居民个人从中国境内和境外取得的综合所得、经营所得，应当分别合并计算应纳税额；从中国境内和境外取得的其他所得，应当分别单独计算应纳税额。

（三）权益性投资经营所得个人所得税征收管理

自2022年1月1日起，持有股权、股票、合伙企业财产份额等权益性投资的个人独资企业、合伙企业（以下简称独资合伙企业），一律适用查账征收方式计征个人所得税。

独资合伙企业应自持有上述权益性投资之日起30日内，主动向税务机关报送持有权益性投资的情况；公告实施前独资合伙企业已持有权益性投资的，应当在2022年1月30日前向税务机关报送持有权益性投资的情况。税务机关接到核定征收独资合伙企业报送持有权益性投资情况的，调整其征收方式为查账征收。

各级财政、税务部门应做好服务辅导工作，积极引导独资合伙企业建立健全账簿、完善会计核算和财务管理制度、如实申报纳税。独资合伙企业未如实报送持有权益性投资情况的，依据税收征收管理法相关规定处理。[《财政部 税务总局关于权益性投资经营所得个人所得税征收管理的公告》（财政部 税务总局公告2021年第41号，2021年12月30日）]

相关政策依据

国家税务总局关于个人保险代理人税收征管有关问题的公告

国家税务总局公告2016年第45号 2016年7月7日

现将个人保险代理人为保险企业提供保险代理服

务税收征管有关问题公告如下:

一、个人保险代理人为保险企业提供保险代理服务应当缴纳的增值税和城市维护建设税、教育费附加、地方教育附加,税务机关可以根据《国家税务总局关于发布〈委托代征管理办法〉的公告》(国家税务总局公告2013年第24号)的有关规定,委托保险企业代征。

个人保险代理人为保险企业提供保险代理服务应当缴纳的个人所得税,由保险企业按照现行规定依法代扣代缴。

二、个人保险代理人以其取得的佣金、奖励和劳务费等相关收入(以下简称"佣金收入",不含增值税)减去地方税费附加及展业成本,按照规定计算个人所得税。

展业成本,为佣金收入减去地方税费附加余额的40%。

三、接受税务机关委托代征税款的保险企业,向个人保险代理人支付佣金费用后,可代个人保险代理人统一向主管税务机关申请汇总代开增值税普通发票或增值税专用发票。

四、保险企业代个人保险代理人申请汇总代开增值税发票时,应向主管税务机关出具个人保险代理人的姓名、身份证号码、联系方式、付款时间、付款金额、代征税款的详细清单。

保险企业应将个人保险代理人的详细信息,作为代开增值税发票的清单,随发票入账。

五、主管税务机关为个人保险代理人汇总代开增值税发票时,应在备注栏内注明"个人保险代理人汇总代开"字样。

六、本公告所称个人保险代理人,是指根据保险企业的委托,在保险企业授权范围内代为办理保险业务的自然人,不包括个体工商户。

七、证券经纪人、信用卡和旅游等行业的个人代理人比照上述规定执行。信用卡、旅游等行业的个人代理人计算个人所得税时,不执行本公告第二条有关展业成本的规定。

个人保险代理人和证券经纪人其他个人所得税问题,按照《国家税务总局关于保险营销员取得佣金收入征免个人所得税问题的通知》(国税函〔2006〕454号)、《国家税务总局关于证券经纪人佣金收入征收个人所得税问题的公告》(国家税务总局公告2012年第45号)执行。

本公告自发布之日起施行。

三、非居民个人和无住所居民个人税款计算

(一) 无住所居民个人税款计算

无住所居民个人取得综合所得,年度终了后,应按年计算个人所得税;有扣缴义务人的,由扣缴义务人按月或者按次预扣预缴税款;需要办理汇算清缴的,按照规定办理汇算清缴。年度综合所得应纳税额计算公式如下:

年度综合所得应纳税额=(年度工资薪金收入额+年度劳务报酬收入额+年度稿酬收入额+年度特许权使用费收入额-减除费用-专项扣除-专项附加扣除-依法确定的其他扣除)×适用税率-速算扣除数

无住所居民个人为外籍个人的,2022年1月1日前计算工资薪金收入额时,已经按规定减除住房补贴、子女教育费、语言训练费等八项津补贴的,不能同时享受专项附加扣除。

年度工资薪金、劳务报酬、稿酬、特许权使用费收入额分别按年度内每月工资薪金以及每次劳务报酬、稿酬、特许权使用费收入额合计数额计算。

(二) 非居民个人税款计算

(1) 非居民个人当月取得工资薪金所得,以按照财政部、税务总局公告2019年第35号文件第二条规定计算的当月收入额,减去税法规定的减除费用后的余额,为应纳税所得额,适用财政部 税务总局公告2019年第35号文件所附按月换算后的综合所得税率表(以下简称月度税率表)见表6-7计算应纳税额。

表6-7 按月换算后的综合所得税率表

级数	全月应纳税所得额	税率	速算扣除数
1	不超过3 000元的	3%	0
2	超过3 000元至12 000元的部分	10%	210
3	超过12 000元至25 000元的部分	20%	1 410
4	超过25 000元至35 000元的部分	25%	2 660
5	超过35 000元至55 000元的部分	30%	4 410
6	超过55 000元至80 000元的部分	35%	7 160
7	超过80 000元的部分	45%	15 160

(2) 非居民个人一个月内取得数月奖金，单独按照财政部、税务总局公告2019年第35号文件第二条规定计算当月收入额，不与当月其他工资薪金合并，按6个月分摊计税，不减除费用，适用月度税率表计算应纳税额，在一个公历年度内，对每一个非居民个人，该计税办法只允许适用一次。计算公式如下：

当月数月奖金应纳税额 = (数月奖金收入额 ÷ 6 × 适用税率 − 速算扣除数) × 6

(3) 非居民个人一个月内取得股权激励所得，单独按照财政部、税务总局公告2019年第35号文件第二条规定计算当月收入额，不与当月其他工资薪金合并，按6个月分摊计税（一个公历年度内的股权激励所得应合并计算），不减除费用，适用月度税率表计算应纳税额，计算公式如下：

当月股权激励所得应纳税额 =（本公历年度内股权激励所得合计额 ÷ 6 × 适用税率 − 速算扣除数）× 6 − 本公历年度内股权激励所得已纳税额

(4) 非居民个人取得来源于境内的劳务报酬所得、稿酬所得、特许权使用费所得，以税法规定的每次收入额为应纳税所得额，适用月度税率表计算应纳税额。

四、境外所得的税额抵免

居民个人从中国境外取得的所得，可以从其应纳税额中抵免已在境外缴纳的个人所得税税额，但抵免额不得超过该纳税人境外所得依照个人所得税法规定计算的应纳税额。

所称已在境外缴纳的个人所得税税额，是指居民个人来源于中国境外的所得，依照该所得来源国家（地区）的法律应当缴纳并且实际已经缴纳的所得税税额。

所称纳税人境外所得依照个人所得税法规定计算的应纳税额，是居民个人抵免已在境外缴纳的综合所得、经营所得以及其他所得的所得税税额的限额（以下简称抵免限额）。除国务院财政、税务主管部门另有规定外，来源于中国境外一个国家（地区）的综合所得抵免限额、经营所得抵免限额以及其他所得抵免限额之和，为来源于该国家（地区）所得的抵免限额。

居民个人在中国境外一个国家（地区）实际已经缴纳的个人所得税税额，低于依照上述规定计算出的来源该国家（地区）所得的抵免限额的，应当在中国缴纳差额部分的税款；超过来源于该国家（地区）所得的抵免限额的，其超过部分不得在本纳税年度的应纳税额中抵免，但是可以在以后纳税年度来源于该国家（地区）所得的抵免限额的余额中补扣。补扣期限最长不得超过5年。

居民个人申请抵免已在境外缴纳的个人所得税税额，应当提供境外税务机关出具的税款所属年度的有关纳税凭证。

延伸解读

关于境外所得有关个人所得税政策

【政策依据】《财政部 税务总局关于境外所得有关个人所得税政策的公告》（财政部 税务总局公告2020年第3号，2020年1月17日）

(1) 来源于中国境外的所得。

下列所得，为来源于中国境外的所得：

① 因任职、受雇、履约等在中国境外提供劳务取得的所得。

② 中国境外企业以及其他组织支付且负担的稿酬所得。

③ 许可各种特许权在中国境外使用而取得的所得。

④ 在中国境外从事生产、经营活动而取得的与生产、经营活动相关的所得。

⑤ 从中国境外企业、其他组织以及非居民个人取得的利息、股息、红利所得。

⑥ 将财产出租给承租人在中国境外使用而取得的所得。

⑦ 转让中国境外的不动产、转让对中国境外企业以及其他组织投资形成的股票、股权以及其他权益性资产（以下简称权益性资产）或者在中国境外转让其他财产取得的所得。但转让对中国境外企业以及其他组织投资形成的权益性资产，该权益性资产被转让前三年（连续36个公历月份）内的任一时间，被投资企业或其他组织的资产公允价值50%以上直接或间接来自位于中国境内的不动产的，取得的所得为来源于中国境内的所得。

⑧ 中国境外企业、其他组织以及非居民个人支付且负担的偶然所得。

⑨ 财政部、国家税务总局另有规定的，按照相关规定执行。

(2) 当期境内和境外所得应纳税额的计算。

居民个人应当依照个人所得税法及其实施条例规定，按照以下方法计算当期境内和境外所得应纳税额：

① 居民个人来源于中国境外的综合所得，应当与境内综合所得合并计算应纳税额。

② 居民个人来源于中国境外的经营所得，应当与境内经营所得合并计算应纳税额。居民个人来源于境外的经营所得，按照个人所得税法及其实施条例的有关规定计算的亏损，不得抵减其境内或他国（地区）的应纳税所得额，但可以用来源于同一国家（地区）以后年度的经营所得按中国税法规定弥补。

③ 居民个人来源于中国境外的利息、股息、红利所得，财产租赁所得，财产转让所得和偶然所得（以下简称"其他分类所得"），不与境内所得合并，应当分别单独计算应纳税额。

(3) 抵免限额的计算。

居民个人在一个纳税年度内来源于中国境外的所得，依照所得来源国家（地区）税收法律规定在中国境外已缴纳的所得税税额允许在抵免限额内从其该纳税年度应纳税额中抵免。

居民个人来源于一国（地区）的综合所得、经营所得以及其他分类所得项目的应纳税额为其抵免限额，按照下列公式计算：

① 来源于一国（地区）综合所得的抵免限额＝中国境内和境外综合所得依照《关于境外所得有关个人所得税政策的公告》第二条规定计算的综合所得应纳税额×来源于该国（地区）的综合所得收入额÷中国境内和境外综合所得收入额合计。

② 来源于一国（地区）经营所得的抵免限额＝中国境内和境外经营所得依照《关于境外所得有关个人所得税政策的公告》第二条规定计算的经营所得应纳税额×来源于该国（地区）的经营所得应纳税所得额÷中国境内和境外经营所得应纳税所得额合计。

③ 来源于一国（地区）其他分类所得的抵免限额＝该国（地区）的其他分类所得依照《关于境外所得有关个人所得税政策的公告》第二条规定计算的应纳税额。

④ 来源于一国（地区）所得的抵免限额＝来源于该国（地区）综合所得抵免限额＋来源于该国（地区）经营所得抵免限额＋来源于该国（地区）其他分类所得抵免限额。

(4) 可抵免的境外所得税税额。

可抵免的境外所得税税额，是指居民个人取得境外所得，依照该所得来源国（地区）税收法律应当缴纳且实际已经缴纳的所得税性质的税额。

可抵免的境外所得税额不包括以下情形：

① 按照境外所得税法律属于错缴或错征的境外所得税税额。

② 按照我国政府签订的避免双重征税协定以及内地与香港、澳门签订的避免双重征税安排（以下统称税收协定）规定不应征收的境外所得税税额。

③ 因少缴或迟缴境外所得税而追加的利息、滞纳金或罚款。

④ 境外所得税纳税人或者其利害关系人从境外征税主体得到实际返还或补偿的境外所得税税款。

⑤ 按照我国个人所得税法及其实施条例规定，已经免税的境外所得负担的境外所得税税款。

(5) 税收协定待遇、税收饶让。

居民个人从与我国签订税收协定的国家（地区）取得的所得，按照该国（地区）税收法律享受免税或减税待遇，且该免税或减税的数额按照税收协定饶让条款规定应视同已缴税额在中国的应纳税额中抵免的，该免税或减税数额可作为居民个人实际缴纳的境外所得税税额按规定申报税收抵免。

(6) 境外实际已经缴纳的所得税税额低于或高于抵免限额时的处理。

居民个人一个纳税年度内来源于一国（地区）的所得实际已经缴纳的所得税税额，低于依照《关于境外所得有关个人所得税政策的公告》第三条规定计算出的来源该国（地区）该纳税年度所得的抵免限额的，应以实际缴纳税额作为抵免额进行抵免；超过来源于该国（地区）该纳税年度所得的抵免限额的，应在限额内进行抵免，超过部分可以在以后五个纳税年度内结转抵免。

(7) 境外取得所得的申报纳税期间。

居民个人从中国境外取得所得的，应当在取得所得的次年3月1日至6月30日内申报纳税。

(8) 境外取得所得的申报纳税地点。

居民个人取得境外所得，应当向中国境内任职、受雇单位所在地主管税务机关办理纳税申报；在中国境内没有任职、受雇单位的，向户籍所在地或中国境内经常居住地主管税务机关办理纳税申报；户籍所在地与中国境内经常居住地不一致的，选择其中一地主管税务机关办理纳税申报；在中国境内没有户籍的，向中国境内经常居住地主管税务机关办理纳税申报。

(9) 取得境外所得的纳税年度。

居民个人取得境外所得的境外纳税年度与公历年

度不一致的,取得境外所得的境外纳税年度最后一日所在的公历年度,为境外所得对应的我国纳税年度。

(10) 申报境外所得税收抵免时,要提供符合要求的纳税凭证。

居民个人申报境外所得税收抵免时,除另有规定外,应当提供境外征税主体出具的税款所属年度的完税证明、税收缴款书或者纳税记录等纳税凭证,未提供符合要求的纳税凭证,不予抵免。

居民个人已申报境外所得、未进行税收抵免,在以后纳税年度取得纳税凭证并申报境外所得税收抵免的,可以追溯至该境外所得所属纳税年度进行抵免,但追溯年度不得超过五年。自取得该项境外所得的五个年度内,境外征税主体出具的税款所属纳税年度纳税凭证载明的实际缴纳税额发生变化的,按实际缴纳税额重新计算并办理补退税,不加收税收滞纳金,不退还利息。

纳税人确实无法提供纳税凭证的,可同时凭境外所得纳税申报表(或者境外征税主体确认的缴税通知书)以及对应的银行缴款凭证办理境外所得抵免事宜。

(11) 派往境外工作,个人所得税的预扣预缴。

居民个人被境内企业、单位、其他组织(以下简称"派出单位")派往境外工作,取得的工资薪金所得或者劳务报酬所得,由派出单位或者其他境内单位支付或负担的,派出单位或者其他境内单位应按照个人所得税法及其实施条例规定预扣预缴税款。

居民个人被派出单位派往境外工作,取得的工资薪金所得或者劳务报酬所得,由境外单位支付或负担的,如果境外单位为境外任职、受雇的中方机构(以下简称中方机构)的,可以由境外任职、受雇的中方机构预扣税款,并委托派出单位向主管税务机关申报纳税。

中方机构未预扣税款的或者境外单位不是中方机构的,派出单位应当于次年2月28日前向其主管税务机关报送外派人员情况,包括:外派人员的姓名、身份证件类型及身份证件号码、职务、派往国家和地区、境外工作单位名称和地址、派遣期限、境内外收入及缴税情况等。

中方机构包括中国境内企业、事业单位、其他经济组织以及国家机关所属的境外分支机构、子公司、使(领)馆、代表处等。

(12) 外币折合计算。

居民个人取得来源于境外的所得或者实际已经在境外缴纳的所得税税额为人民币以外货币,应当按照《中华人民共和国个人所得税法实施条例》第三十二条折合计算。

(13) 法律责任。

纳税人和扣缴义务人未按《财政部 税务总局关于境外所得有关个人所得税政策的公告》(财政部 税务总局公告2020年第3号,2020年1月17日)规定申报缴纳、扣缴境外所得个人所得税以及报送资料的,按照《中华人民共和国税收征收管理法》和个人所得税法及其实施条例等有关规定处理,并按规定纳入个人纳税信用管理。

(14) 适用对象、废止文件条款。

《财政部 税务总局关于境外所得有关个人所得税政策的公告》(财政部 税务总局公告2020年第3号,2020年1月17日)适用于2019年度及以后年度税收处理事宜。

以前年度尚未抵免完毕的税额,可按《财政部 税务总局关于境外所得有关个人所得税政策的公告》(财政部 税务总局公告2020年第3号,2020年1月17日)第六条规定处理。下列文件或文件条款同时废止:

①《财政部 国家税务总局关于个人股票期权所得征收个人所得税问题的通知》(财税〔2005〕35号)第三条。

②《国家税务总局关于境外所得征收个人所得税若干问题的通知》(国税发〔1994〕44号)。

③《国家税务总局关于企业和个人的外币收入如何折合成人民币计算缴纳税款问题的通知》(国税发〔1995〕173号)。

第六节 税收优惠

一、免征

下列各项个人所得,免征个人所得税:

(1) 省级人民政府、国务院部委和中国人民解放军军以上单位,以及外国组织、国际组织颁发的科学、教育、技术、文化、卫生、体育、环境保护等方面的奖金。

(2) 国债和国家发行的金融债券利息。

所称国债利息,是指个人持有中华人民共和国财政部发行的债券而取得的利息;所称国家发行的金融债券利息,是指个人持有经国务院批准发行的金融债券而取得的利息。

(3) 按照国家统一规定发给的补贴、津贴。

所称按照国家统一规定发给的补贴、津贴,是指按照国务院规定发给的政府特殊津贴、院士津贴,以及国务院规定免予缴纳个人所得税的其他补贴、津贴。

(4) 福利费、抚恤金、救济金。

所称福利费,是指根据国家有关规定,从企业、事业单位、国家机关、社会组织提留的福利费或者工会经费中支付给个人的生活补助费。

所称救济金,是指各级人民政府民政部门支付给个人的生活困难补助费。

(5) 保险赔款。

(6) 军人的转业费、复员费、退役金。

(7) 按照国家统一规定发给干部、职工的安家费、退职费、基本养老金或者退休费、离休费、离休生活补助费。

(8) 对符合地方政府规定条件的城镇住房保障家庭从地方政府领取的住房租赁补贴,免征个人所得税。

享受上述税收优惠政策的公租房是指纳入省、自治区、直辖市、计划单列市人民政府及新疆生产建设兵团批准的公租房发展规划和年度计划,或者市、县人民政府批准建设(筹集),并按照《住房和城乡建设部 国家发展和改革委员会 财政部 国土资源部 中国人民银行 国家税务总局 中国银行业监督管理委员会关于加快发展公共租赁住房的指导意见》(建保〔2010〕87号)和市、县人民政府制定的具体管理办法进行管理的公租房。

纳税人享受上述优惠政策,应按规定进行免税申报,并将不动产权属证明、载有房产原值的相关材料、纳入公租房及用地管理的相关材料、配套建设管理公租房相关材料、购买住房作为公租房相关材料、公租房租赁协议等留存备查。

上述政策执行至2025年12月31日。[《财政部 税务总局关于继续实施公共租赁住房税收优惠政策的公告》(财政部 税务总局公告2023年第33号),2023年8月18日]

(9) 自2022年1月1日起,对法律援助人员按照《中华人民共和国法律援助法》规定获得的法律援助补贴,免征增值税和个人所得税。

(10) 依照有关法律规定应予免税的各国驻华使馆、领事馆的外交代表、领事官员和其他人员的所得。

所称依照有关法律规定应予免税的各国驻华使馆、领事馆的外交代表、领事官员和其他人员的所得,是指依照《中华人民共和国外交特权与豁免条例》和《中华人民共和国领事特权与豁免条例》规定免税的所得。

(11) 中国政府参加的国际公约、签订的协议中规定免税的所得。

(12) 国务院规定的其他免税所得,由国务院报全国人民代表大会常务委员会备案。

专家点拨 修订后的《个人所得税法》将原《个人所得税法》第四条中的"免纳"修改为"免征"。

在第(六)项中的"复员费"后增加"退役金"。

将第(七)项中的"退休工资、离休工资"修改为"基本养老金或者退休费、离休费"。

删除第(八)项中的"我国"。

将第(十)项修改为:"国务院规定的其他免税所得。"

增加一款,作为第二款:"前款第十项免税规定,由国务院报全国人民代表大会常务委员会备案。"

内地个人投资者取得香港股票、基金转让差价所得,暂免

对内地个人投资者通过沪港通、深港通投资香港联交所上市股票取得的转让差价所得和通过基金互认买卖香港基金份额取得的转让差价所得,继续暂免征收个人所得税,执行至2027年12月31日。[《财政部 税务总局 中国证监会关于延续实施沪港、深港股票市场交易互联互通机制和内地与香港基金互认有关个人所得税政策的公告》(财政部 税务总局 中国证监会公告2023年第23号),2023年8月21日]。

二、减征

有下列情形之一的,可以减征个人所得税,具

体幅度和期限,由省、自治区、直辖市人民政府规定,并报同级人民代表大会常务委员会备案:

(1) 残疾、孤老人员和烈属的所得。

(2) 因自然灾害遭受重大损失的。

国务院可以规定其他减税情形,报全国人民代表大会常务委员会备案。

远洋船员,工资薪金减半计入收入

自 2019 年 1 月 1 日起至 2027 年 12 月 31 日止,一个纳税年度内在船航行时间累计满 183 天的远洋船员,其取得的工资薪金收入减按 50% 计入应纳税所得额,依法缴纳个人所得税。远洋船员可选择在当年预扣预缴税款或者次年个人所得税汇算清缴时享受上述优惠政策。[《财政部 税务总局关于延续实施远洋船员个人所得税政策的公告》(财政部 税务总局公告 2023 年第 31 号)]

自 2019 年 1 月 1 日起,个人按照《财政部 税务总局 人力资源社会保障部 中国银行保险监督管理委员会 证监会关于开展个人税收递延型商业养老保险试点的通知》(财税〔2018〕22 号)的规定,领取的税收递延型商业养老保险的养老金收入,其中 25% 部分予以免税,其余 75% 部分按照 10% 的比例税率计算缴纳个人所得税,税款计入"工资、薪金所得"项目,由保险机构代扣代缴后,在个人购买税延养老保险的机构所在地办理全员全额扣缴申报。

支持个体工商户发展的个人所得税优惠政策如下:

自 2023 年 1 月 1 日至 2027 年 12 月 31 日,对个体工商户年应纳税所得额不超过 200 万元的部分,减半征收个人所得税。个体工商户在享受现行其他个人所得税优惠政策的基础上,可叠加享受此项优惠政策。[《财政部 税务总局关于进一步支持小微企业和个体工商户发展有关税费政策的公告》(财政部 税务总局公告 2023 年第 12 号),2023 年 8 月 2 日]

个体工商户在预缴税款时即可享受,其年应纳税所得额暂按截至本期申报所属期末的情况进行判断,并在年度汇算清缴时按年计算、多退少补。若个体工商户从两处以上取得经营所得,需在办理年度汇总纳税申报时,合并个体工商户经营所得年应纳税所得额,重新计算减免税额,多退少补。

(1) 个体工商户减半征收个人所得税政策的优惠力度。

为进一步支持个体工商户发展,国家提高了政策优惠力度。自 2023 年 1 月 1 日至 2027 年 12 月 31 日,将个体工商户减半征收个人所得税的年应纳税所得额范围,由不超过 100 万元提高为不超过 200 万元。

(2) 适用减半征收个人所得税政策的个体工商户范围。

个体工商户不论是查账征收还是核定征收个人所得税,均可享受减半征税政策。

(3) 个体工商户享受减半征收个人所得税政策是否需要办理备案?

个体工商户在预缴和汇算清缴个人所得税时均可享受减半征税政策,享受政策时无须进行备案,通过填写个人所得税纳税申报表和减免税事项报告表相关栏次,即可享受。

(4) 个体工商户如何申报享受减半征收个人所得税政策?

对于通过电子税务局申报的个体工商户,税务机关将自动为其提供申报表和报告表中该项政策的预填服务。实行简易申报的定期定额个体工商户,税务机关按照减免后的应纳税额自动进行税款划缴。

(5) 取得多处经营所得的个体工商户如何享受优惠政策?

按照现行政策规定,纳税人从两处以上取得经营所得的,应当选择向其中一处经营管理所在地主管税务机关办理年度汇总申报。若个体工商户从两处以上取得经营所得,需在办理年度汇总纳税申报时,合并个体工商户经营所得年应纳税所得额,重新计算减免税额,多退少补。举例如下:

【例 6-16】 纳税人王某同时经营个体工商户甲和个体工商户乙,年应纳税所得额分别为 80 万元和 150 万元,那么王某在年度汇总纳税申报时,可以享受减半征收个人所得税政策的应纳税所得额为 200 万元。

（6）个体工商户减半征收个人所得税政策的减免税额如何计算？

计算公式如下：

减免税额=（经营所得应纳税所得额不超过 200 万元部分的应纳税额－其他政策减免税额×经营所得应纳税所得额不超过 200 万元部分÷经营所得应纳税所得额）×50%

举例说明如下：

【例 6-17】 纳税人刘某经营个体工商户丙，年应纳税所得额为 80 000 元（适用税率 10%，速算扣除数 1 500），同时可以享受残疾人政策减免税额 2 000 元，那么刘某该项政策的减免税额＝[（80 000×10%－1 500）－2 000]×50%＝2 250（元）。

【例 6-18】 纳税人赖某经营个体工商户丁，年应纳税所得额为 2 400 000 元（适用税率 35%，速算扣除数 65 500），同时可以享受残疾人政策减免税额 6 000 元，那么赖某该项政策的减免税额＝[（2 000 000×35%－65 500）－6 000×2 000 000÷2 400 000]×50%＝314 750（元）。

这一计算规则已经内嵌到电子税务局信息系统中，税务机关将为纳税人提供申报表和报告表预填服务，符合条件的纳税人准确、如实填报经营情况数据，系统即可自动计算出减免税金额。

三、税负差额免税补贴、超额免征

（一）粤港澳大湾区个人所得税优惠政策

为支持粤港澳大湾区建设，2019 年 3 月 14 日，财政部、国家税务总局联合印发《财政部 税务总局关于粤港澳大湾区个人所得税优惠政策的通知》（财税〔2019〕31 号）。为继续支持粤港澳大湾区建设，2023 年 8 月 18 日，财政部 税务总局又联合印发了《关于延续实施粤港澳大湾区个人所得税优惠政策的通知》（财税〔2023〕34 号）。

1. 政策内容

广东省、深圳市按内地与香港个人所得税税负差额，对在大湾区工作的境外（含港澳台，下同）高端人才和紧缺人才给予补贴，该补贴免征个人所得税。

2. 政策背景和重要意义

推进粤港澳大湾区建设，是以习近平同志为核心的党中央作出的重大决策，是推动"一国两制"事业发展的新实践。按照中共中央、国务院印发的《粤港澳大湾区发展规划纲要》，粤港澳大湾区不仅要建成充满活力的世界级城市群、国际科技创新中心、"一带一路"建设的重要支撑、内地与港澳深度合作示范区，还要打造成宜居宜业宜游的优质生活圈，成为高质量发展的典范。

为支持粤港澳大湾区建设，吸引境外（含港澳台）高端人才和紧缺人才来大湾区工作，按照党中央、国务院的统一部署，财政部、国家税务总局制定出台了粤港澳大湾区个人所得税优惠政策，对在大湾区工作的境外（含港澳台）高端人才和紧缺人才，按内地与香港个人所得税税负差额给予补贴，并对补贴免征个人所得税。这一政策的出台，使得在大湾区工作的境外人才实际的税负水平明显降低，对于大湾区广聚英才将起到积极的引导和推动作用。

3. 境外（含港澳台）高端人才和紧缺人才的认定

目前，国际上和我国对于"人才"并无统一适用的判定标准，不同地区、不同行业对于"人才"的需求和界定也各不相同。为了更好地满足大湾区的实际需要，《财政部 税务总局关于粤港澳大湾区个人所得税优惠政策的通知》（财税〔2019〕31 号）规定，在大湾区工作的境外高端人才和紧缺人才的认定办法，按照广东省、深圳市的有关规定执行，即由广东省、深圳市确定境外高端人才和紧缺人才的认定办法。这样使优惠政策与地方的实际需求相吻合，更好地发挥政策的激励效果。

4. 适用范围

包括广东省广州市、深圳市、珠海市、佛山市、惠州市、东莞市、中山市、江门市和肇庆市等大湾区珠三角 9 市。

5. 执行时间

自 2019 年 1 月 1 日起至 2027 年 12 月

31日止执行。

6. 广东横琴、深圳前海原有的个人所得税优惠政策文件的废止

《财政部 国家税务总局关于广东横琴新区个人所得税优惠政策的通知》(财税〔2014〕23号)、《财政部 国家税务总局关于深圳前海深港现代服务业合作区个人所得税优惠政策的通知》(财税〔2014〕25号)自2019年1月1日起废止。

专家点拨 自2013年起,已在广东横琴、深圳前海,以及福建平潭实施了港、澳、台居民、境外高端人才个人所得税税负差额补贴政策。广东横琴、深圳前海属于粤港澳大湾区的范围,此次出台的大湾区个人所得税优惠政策实施后,将覆盖横琴、前海两地的已有政策,所以,广东横琴、深圳前海原有的两项个人所得税优惠政策文件自新政策实施之日起废止。

(二) 广州南沙工作的香港居民和澳门居民个人所得税超税负部分免征

1. 享受主体

在广州南沙工作的香港居民和澳门居民。

2. 优惠内容

2022年1月1日至2026年12月31日,对在广州南沙工作的香港居民,其个人所得税税负超过香港税负的部分予以免征;对在广州南沙工作的澳门居民,其个人所得税税负超过澳门税负的部分予以免征。

3. 享受条件

(1) 所得包括来源于广州南沙的综合所得(包括工资薪金、劳务报酬、稿酬、特许权使用费四项所得)、经营所得以及经地方政府认定的人才补贴性所得。

(2) 纳税人在广州南沙办理个人所得税年度汇算清缴时享受上述优惠政策。

(3) 实施范围是《广州南沙深化面向世界的粤港澳全面合作总体方案》规划的广州市南沙区全域。[《财政部 税务总局关于广州南沙个人所得税优惠政策的通知》(财税〔2022〕29号)]

(三) 横琴粤澳深度合作区境内外高端人才和紧缺人才个人所得税优惠

1. 享受主体

在横琴粤澳深度合作区工作的境内外高端人才和紧缺人才。

2. 优惠内容

2021年1月1日至2025年12月31日,对在横琴粤澳深度合作区工作的境内外高端人才和紧缺人才,其个人所得税负超过15%的部分予以免征。

3. 享受条件

(1) 对享受优惠政策的高端人才和紧缺人才实行清单管理。

(2) 规定的所得包括来源于横琴粤澳深度合作区的综合所得(包括工资薪金、劳务报酬、稿酬、特许权使用费四项所得)、经营所得以及经地方政府认定的人才补贴性所得。

(3) 按照清单管理办法列入人才清单的高端人才和紧缺人才在横琴粤澳深度合作区办理个人所得税年度汇算清缴时享受上述优惠政策。

(4) 横琴粤澳深度合作区是指《横琴粤澳深度合作区建设总体方案》规划的横琴粤澳深度合作区范围。[《财政部 税务总局关于横琴粤澳深度合作区个人所得税优惠政策的通知》(财税〔2022〕3号)]

(四) 横琴粤澳深度合作区工作的澳门居民个人所得税超税负部分免征

1. 享受主体

在横琴粤澳深度合作区工作的澳门居民。

2. 优惠内容

2021年1月1日起至2025年12月31日止,对在横琴粤澳深度合作区工作的澳门居民,其个人所得税负超过澳门税负的部分予以免征。

3. 享受条件

(1) 所得包括来源于横琴粤澳深度合作区的综合所得(包括工资薪金、劳务报酬、稿酬、特许权使用费四项所得)、经营所得以及经地方政府认定的人才补贴性所得。

(2) 在横琴粤澳深度合作区工作的澳门居民,在横琴粤澳深度合作区办理个人所得税年度汇算清缴时享受上述优惠政策。

(3) 横琴粤澳深度合作区是指《横琴粤澳深度合作区建设总体方案》规划的横琴粤澳深度

合作区范围。[《财政部 税务总局关于横琴粤澳深度合作区个人所得税优惠政策的通知》(财税〔2022〕3号)]

(五)海南自由贸易港高端紧缺人才个人所得税超税负部分免征

自2020年1月1日起执行至2024年12月31日,对在海南自由贸易港工作的高端人才和紧缺人才,其个人所得税实际税负超过15%的部分,予以免征。

享受上述优惠政策的所得包括来源于海南自由贸易港的综合所得(包括工资薪金、劳务报酬、稿酬、特许权使用费四项所得)、经营所得以及经海南省认定的人才补贴性所得。

纳税人在海南省办理个人所得税年度汇算清缴时享受上述优惠政策。

对享受上述优惠政策的高端人才和紧缺人才实行清单管理,由海南省商财政部、税务总局制定具体管理办法。

1. 享受主体

海南自由贸易港工作的高端人才和紧缺人才。

2. 优惠内容

对在海南自由贸易港工作的高端人才和紧缺人才,其个人所得税实际税负超过15%的部分,予以免征。

3. 享受条件

(1)享受优惠政策的所得包括来源于海南自由贸易港的综合所得(包括工资薪金、劳务报酬、稿酬、特许权使用费四项所得)、经营所得以及经海南省认定的人才补贴性所得。

(2)纳税人在海南省办理个人所得税年度汇算清缴时享受上述优惠政策。

(3)对享受上述优惠政策的高端人才和紧缺人才实行清单管理。[《财政部 税务总局关于海南自由贸易港高端紧缺人才个人所得税政策的通知》(财税〔2020〕32号)]

(六)福建平潭综合实验区差额免征个人所得税

1. 享受主体

平潭综合实验区工作的台湾居民。

2. 优惠内容

2013年1月1日起至2025年12月31日,福建省人民政府根据《国务院关于平潭综合实验区总体发展规划的批复》(国函〔2021〕142号)以及《平潭综合实验区总体发展规划》有关规定,按不超过大陆与台湾地区个人所得税负差额,给予在平潭综合实验区工作的台湾居民的补贴,免征个人所得税。

3. 享受条件

(1)在平潭综合实验区工作的台湾居民,应按照《个人所得税法》的有关规定,缴纳个人所得税。

(2)台湾居民,是指持有《台湾居民来往大陆通行证》的个人。

(3)平潭综合实验区是指国务院2011年11月批复的《平潭综合实验区总体发展规划》规划的平潭综合实验区范围。[《财政部 国家税务总局关于福建平潭综合实验区个人所得税优惠政策的通知》(财税〔2014〕24号)、《财政部 税务总局关于延长部分税收优惠政策执行期限的公告》(财政部 税务总局公告2021年第6号)]

四、优惠政策衔接及继续有效的个人所得税优惠政策

《财政部 国家税务总局关于个人所得税法修改后有关优惠政策衔接问题的通知》(财税〔2018〕164号,2018年12月27日)规定,自2019年1月1日起,除指定衔接事项(即关于全年一次性奖金、中央企业负责人年度绩效薪金延期兑现收入和任期奖励的政策、关于上市公司股权激励的政策、关于保险营销员、证券经纪人佣金收入的政策、关于个人领取企业年金、职业年金的政策、关于解除劳动关系、提前退休、内部退养的一次性补偿收入的政策、关于单位低价向职工售房的政策、关于外籍个人有关津补贴的政策)外,其他个人所得税优惠政策继续按照原文件规定执行。

(一)优惠政策衔接

1. 关于全年一次性奖金、中央企业负责人年度绩效薪金延期兑现收入和任期奖励的政策(自2019年1月1日起执行)

(1)居民个人取得全年一次性奖金,符合

《国家税务总局关于调整个人取得全年一次性奖金等计算征收个人所得税方法问题的通知》(国税发〔2005〕9号)规定的,在2027年12月31日前,不并入当年综合所得,以全年一次性奖金收入除以12个月得到的数额,按照以下所附按月换算后的综合所得税率表(以下简称月度税率表)见表6-8,确定适用税率和速算扣除数,单独计算纳税。计算公式为:

$$应纳税额 = 全年一次性奖金收入 \times 适用税率 - 速算扣除数$$

居民个人取得全年一次性奖金,也可以选择并入当年综合所得计算纳税。

上述政策执行至2027年12月31日。[《财政部 税务总局关于延续实施全年一次性奖金个人所得税政策的公告》(财政部 税务总局公告2023年第30号,2023年8月18日)]

表6-8 按月换算后的综合所得税率表

级数	全月应纳税所得额	税率	速算扣除数
1	不超过3 000元的	3%	0
2	超过3 000元至12 000元的部分	10%	210
3	超过12 000元至25 000元的部分	20%	1 410
4	超过25 000元至35 000元的部分	25%	2 660
5	超过35 000元至55 000元的部分	30%	4 410
6	超过55 000元至80 000元的部分	35%	7 160
7	超过80 000元的部分	45%	15 160

相关政策依据

国家税务总局关于调整个人取得
全年一次性奖金等计算征收个人所得税
方法问题的通知

国税发〔2005〕9号 2005年1月21日

为了合理解决个人取得全年一次性奖金征税问题,经研究,现就调整征收个人所得税的有关办法通知如下:

一、全年一次性奖金是指行政机关、企事业单位等扣缴义务人根据其全年经济效益和对雇员全年工作业绩的综合考核情况,向雇员发放的一次性奖金。

上述一次性奖金也包括年终加薪、实行年薪制和绩效工资办法的单位根据考核情况兑现的年薪和绩效工资。

……

三、在一个纳税年度内,对每一个纳税人,该计税办法只允许采用一次。

四、实行年薪制和绩效工资的单位,个人取得年终兑现的年薪和绩效工资按本通知第二条、第三条执行。

五、雇员取得除全年一次性奖金以外的其他各种名目奖金,如半年奖、季度奖、加班奖、先进奖、考勤奖等,一律与当月工资、薪金收入合并,按税法规定缴纳个人所得税。

六、对无住所个人取得本通知第五条所述的各种名目奖金,如果该个人当月在我国境内没有纳税义务,或者该个人由于出入境原因导致当月在我国工作时间不满一个月的,仍按照《国家税务总局关于在我国境内无住所的个人取得奖金征税问题的通知》(国税发〔1996〕183号)计算纳税。

七、本通知自2005年1月1日起实施,以前规定与本通知不一致的,按本通知规定执行。《国家税务总局关于在中国境内有住所的个人取得奖金征税问题的通知》(国税发〔1996〕206号)和《国家税务总局关于企业经营者试行年薪制后如何计征个人所得税的通知》(国税发〔1996〕107号)同时废止。

注:第二条废止,此处已经删除、不予列示。参见:《财政部 税务总局关于个人所得税法修改后有关优惠政策衔接问题的通知》财税〔2018〕164号。

(2)中央企业负责人取得年度绩效薪金延期兑现收入和任期奖励,符合《国家税务总局关于中央企业负责人年度绩效薪金延期兑现收入和任期奖励征收个人所得税问题的通知》(国税发〔2007〕118号)规定的,在2023年12月31日前,参照财税〔2018〕164号文件第一条第(一)项执行。[《财政部 税务总局关于延续实施外籍个人津补贴等有关个人所得税优惠政策的公告》(财政部 税务总局公告2021年第43号,2021年12月31日)]

【案例6-16】 刘小姐月收入12 000元(扣除社保等),每月可享受专项附加扣除4 000元,全年一次性奖金60 000元;李小姐月收入

8 000元(扣除社保等),每月可享受专项附加扣除4 000元,全年一次性奖金60 000元。

【分析】 1. 刘小姐应纳个人所得税

(1) 如果单独计算全年一次性奖金的年应纳税额:(收入12 000×12－免征额5 000×12－专项附加扣除4 000×12)×3％＋奖金60 000×10％－210＝6 870(元)。

(2) 如果并入当年综合所得计算的年应纳税额:(收入12 000×12－免征额5 000×12－专项附加扣除4 000×12＋奖金60 000)×10％－2 520＝7 080(元)。

所以,第一种方式更加划算。

2. 李小姐应纳个人所得税

(1) 因为李小姐的月收入减去专项附加扣除为4 000元,已经低于免征额,如果单独计算全年一次性奖金的年应纳税额:0＋奖金60 000×10％－210＝5 790(元)。

(2) 如果并入当年综合所得计算的年应纳税额:(收入8 000×12－免征额5 000×12－专项附加扣除4 000×12＋奖金60 000)×10％－2 520＝2 280(元)。

所以,第二种更加划算。

总结下来就是:一般来说,收入、单次年终奖较高、专项附加扣除比较少的群体,用全年一次性奖金单独计算的方式比较优惠;否则,则使用年终奖并入综合的方式会更实惠。

年终奖并不是拿的越多越好,如果您的年终奖是在表6-9这个范围内的,那么就会出现多发钱反而少拿钱的状况,即个人所得税"陷阱"。

表6-9 个人所得税"陷阱"

3.6万元～3.856万元
14.4万元～16.05万元
30万元～31.83万元
42万元～44.75万元
66万元～70.65万元
96万元～112万元

2. 关于上市公司股权激励的政策(自2019年1月1日起执行)

(1) 居民个人取得股票期权、股票增值权、限制性股票、股权奖励等股权激励(以下简称股权激励),符合《财政部 国家税务总局关于个人股票期权所得征收个人所得税问题的通知》(财税〔2005〕35号)、《财政部 国家税务总局关于股票增值权所得和限制性股票所得征收个人所得税有关问题的通知》(财税〔2009〕5号)、《财政部 国家税务总局关于将国家自主创新示范区有关税收试点政策推广到全国范围实施的通知》(财税〔2015〕116号)第四条、《财政部 国家税务总局关于完善股权激励和技术入股有关所得税政策的通知》(财税〔2016〕101号)第四条第(一)项规定的相关条件的,在2022年12月31日前,不并入当年综合所得,全额单独适用综合所得税率表,计算纳税。计算公式为:

应纳税额＝股权激励收入×适用税率－速算扣除数

(2) 居民个人一个纳税年度内取得两次以上(含两次)股权激励的,应合并按上述规定计算纳税。[《财政部 税务总局关于延续实施上市公司股权激励有关个人所得税政策的公告》(财政部 税务总局公告2023年第25号,2023年8月18日)]

【案例6-17】 李某为一境内上市公司员工,每月工资12 000元,该公司实行股权激励计划,2020年李某被授予股票期权,授予价为4.5元/股,共60 000股。按公司股权激励计划的有关规定,李某于2021年3月2日进行第一次行权,行权数量为30 000股,该股票当日收盘价为12元/股,2022年3月9日进行第二次行权,行权数量为20 000股,该股票当日收盘价为10.5元/股,2022年8月18日李某将已行权的50 000股股票全部转让,取得转让收入650 000元,缴纳相关税费1 625元。

【分析】 (1) 李某第一次行权所得应缴纳个人所得税。

个人在纳税年度内取得股票期权所得的,上市公司应按照"工资、薪金所得"项目的个人所得税计税方法扣缴其个人所得税,第一次行权取得股票期权形式的工资、薪金所得应纳税所得额＝（12－4.5）×30 000＝225 000（元），所以李某第一次行权所得应缴纳个人所得税＝225 000×20%－16 920＝28 080（元）。

（2）李某第二次行权所得应缴纳个人所得税。

李某第二次行权已经是2022年度，按照2022年度取得的股票期权收入来计算缴纳个人所得税。李某第二次行权所得应缴纳个人所得税＝20 000×（10.5－4.5）×10%－2 520＝9 480（元）。

（3）李某转让已行权的50 000股股票应缴纳个人所得税。

个人将行权后的境内上市公司股票再转让而取得的所得，暂不征收个人所得税；个人转让境外上市公司的股票而取得的所得，应按税法的规定计算应纳税所得额和应纳税额，依法缴纳税款。

（4）李某以上各项交易合计应缴纳个人所得税。

此题是根据上面的计算结果进行简单的加总求和，李某以上各项交易合计应缴纳个人所得税＝28 080＋9 480＝37 560（元）。

延伸解读

股权激励和技术入股所得税政策

一、对符合条件的非上市公司股票期权、股权期权、限制性股票和股权奖励实行递延纳税政策

（一）非上市公司授予本公司员工的股票期权、股权期权、限制性股票和股权奖励，符合规定条件的，经向主管税务机关备案，可实行递延纳税政策，即员工在取得股权激励时可暂不纳税，递延至转让该股权时纳税；股权转让时，按照股权转让收入减除股权取得成本以及合理税费后的差额，适用"财产转让所得"项目，按照20%的税率计算缴纳个人所得税。

股权转让时，股票（权）期权取得成本按行权价确定，限制性股票取得成本按实际出资额确定，股权奖励取得成本为零。

（二）享受递延纳税政策的非上市公司股权激励（包括股票期权、股权期权、限制性股票和股权奖励，下同）须同时满足以下条件：

1. 属于境内居民企业的股权激励计划。
2. 股权激励计划经公司董事会、股东（大）会审议通过。未设股东（大）会的国有单位，经上级主管部门审核批准。股权激励计划应列明激励目的、对象、标的、有效期、各类价格的确定方法、激励对象获取权益的条件、程序等。

3. 激励标的应为境内居民企业的本公司股权。股权奖励的标的可以是技术成果投资入股到其他境内居民企业所取得的股权。激励标的股票（权）包括通过增发、大股东直接让渡以及法律法规允许的其他合理方式授予激励对象的股票（权）。

4. 激励对象应为公司董事会或股东（大）会决定的技术骨干和高级管理人员，激励对象人数累计不得超过本公司最近6个月在职职工平均人数的30%。

最近6个月在职职工平均人数确定方法：

非上市公司实施符合条件的股权激励，本公司最近6个月在职职工平均人数，按照股票（权）期权行权、限制性股票解禁、股权奖励获得之上月起前6个月"工资薪金所得"项目全员全额扣缴明细申报的平均人数确定。[《国家税务总局关于股权激励和技术入股所得税征管问题的公告》（国家税务总局公告2016年第62号，2016年9月28日）]

注：《财政部 国家税务总局关于完善股权激励和技术入股有关所得税政策的通知》（财税〔2016〕101号）规定，非上市公司实施符合条件的股权激励，激励对象人数累计不得超过本公司最近6个月在职职工平均人数的30%。为便于操作，《国家税务总局关于股权激励和技术入股所得税征管问题的公告》（国家税务总局公告2016年第62号）明确，公司近6个月在职职工平均人数，按照股票（权）期权行权、限制性股票解禁、股权奖励获得之上月起向前6个月"工资薪金所得"项目全员全额扣缴明细申报的平均人数确定。例如，某公司实施一批股票期权并于2017年1月行权，计算在职职工平均人数时，以该公司2016年7月、8月、9月、10月、11月、12月全员全额扣缴明细申报的平均人数计算。

5. 股票（权）期权自授予日起应持有满3年，且自行权日起持有满1年；限制性股票自授予日起应持有满3年，且解禁后持有满1年；股权奖励自获得奖励之日起应持有满3年。上述时间条件须在股权激励计划中列明。

6. 股票（权）期权自授予日至行权日的时间不得超过10年。

7. 实施股权奖励的公司及其奖励股权标的公司所属行业均不属于《股权奖励税收优惠政策限制性行业目录》（表6-10）范围。公司所属行业按公司上一纳税年度主营业务收入占比最高的行业确定。

表 6-10　股权奖励税收优惠政策限制性行业目录

门类代码	类别名称
A(农、林、牧、渔业)	(1) 03 畜牧业(科学研究、籽种繁育性质项目除外) (2) 04 渔业(科学研究、籽种繁育性质项目除外)
B(采矿业)	(3) 采矿业(除第 11 类开采辅助活动)
C(制造业)	(4) 16 烟草制品业 (5) 17 纺织业(除第 178 类非家用纺织制成品制造) (6) 19 皮革、毛皮、羽毛及其制品和制鞋业 (7) 20 木材加工和木、竹、藤、棕、草制品业 (8) 22 造纸和纸制品业(除第 223 类纸制品制造) (9) 31 黑色金属冶炼和压延加工业(除第 314 类钢压延加工)
F(批发和零售业)	(10) 批发和零售业
G(交通运输、仓储和邮政业)	(11) 交通运输、仓储和邮政业
H(住宿和餐饮业)	(12) 住宿和餐饮业
J(金融业)	(13) 66 货币金融服务 (14) 68 保险业
K(房地产业)	(15) 房地产业
L(租赁和商务服务业)	(16) 租赁和商务服务业
O(居民服务、修理和其他服务业)	(17) 79 居民服务业
Q(卫生和社会工作)	(18) 84 社会工作
R(文化、体育和娱乐业)	(19) 88 体育 (20) 89 娱乐业
S(公共管理、社会保障和社会组织)	(21) 公共管理、社会保障和社会组织(除第 9421 类专业性团体和 9422 类行业性团体)
T(国际组织)	(22) 国际组织

说明：以上目录按照《国民经济行业分类》(GB/T 4754—2011)编制。

(三) 以上所称股票(权)期权是指公司给予激励对象在一定期限内以事先约定的价格购买本公司股票(权)的权利；所称限制性股票是指公司按照预先确定的条件授予激励对象一定数量的本公司股权，激励对象只有工作年限或业绩目标符合股权激励计划规定条件的才可以处置该股权；所称股权奖励是指企业无偿授予激励对象一定份额的股权或一定数量的股份。

(四) 股权激励计划所列内容不同时满足第一条第(二)款规定的全部条件，或递延纳税期间公司情况发生变化，不再符合第一条第(二)款第 4 至 6 项条件的，不得享受递延纳税优惠，应按规定计算缴纳个人所得税。[《财政部　国家税务总局关于完善股权激励和技术入股有关所得税政策的通知》(财税〔2016〕101 号，2016 年 9 月 20 日，自 2016 年 9 月 1 日起施行)]

不符合递延纳税条件的税务处理：

递延纳税期间，非上市公司情况发生变化，不再同时符合《财政部　国家税务总局关于完善股权激励和技术入股有关所得税政策的通知》(财税〔2016〕101 号)第一条第(二)项第四目至六目条件的，应于情况发生变化之次月 15 日内，按《财政部　国家税务总局关于完善股权激励和技术入股有关所得税政策的通知》(财税〔2016〕101 号)第四条第(一)款规定计算缴纳个人所得税。[《国家税务总局关于股权激励和技术入股所得税征管问题的公告》(国家税务总局公告 2016 年第 62 号，2016 年 9 月 28 日)]

注：股权激励计划不符合递延纳税条件的，不能享受递延纳税。递延纳税期间公司情况发生变化、不再同时符合《财政部　国家税务总局关于完善股权激励和技术入股有关所得税政策的通知》(财税〔2016〕101 号)第一条第(二)项第四目至第六目条件的，应于情况发生变化之次月 15 日内按照相关规定计算纳税。

员工取得符合递延纳税条件和不符合递延纳税条件的股权激励的税收处理：

员工以在一个公历月份中取得的股票(权)形式工资薪金所得为一次。员工取得符合条件、实行递延纳税政策的股权激励,与不符合递延纳税条件的股权激励分别计算。

[《国家税务总局关于股权激励和技术入股所得税征管问题的公告》(国家税务总局公告2016年第62号,2016年9月28日)]

注:员工取得的股权激励,区分符合条件、实行递延纳税政策的股权激励和不符合条件、未递延纳税的股权激励,适用不同的税收政策分别计算纳税。

公平市场价格的确定:

《财政部 国家税务总局关于完善股权激励和技术入股有关所得税政策的通知》(财税〔2016〕101号)所称公平市场价格按以下方法确定:

(1)上市公司股票的公平市场价格,按照取得股票当日的收盘价确定。取得股票当日为非交易日的,按照上一个交易日收盘价确定。

(2)非上市公司股票(权)的公平市场价格,依次按照净资产法、类比法和其他合理方法确定。净资产法按照取得股票(权)的上年末净资产确定。[《国家税务总局关于股权激励和技术入股所得税征管问题的公告》(国家税务总局公告2016年第62号,2016年9月28日)]

注:《财政部 国家税务总局关于完善股权激励和技术入股有关所得税政策的通知》(财税〔2016〕101号)规定,对不符合递延纳税条件的股权激励,需对其实际取得成本低于公平市场价格的差额,按照"工资薪金所得"计征个人所得税。《国家税务总局关于股权激励和技术入股所得税征管问题的公告》(国家税务总局公告2016年第62号)对公平市场价格作了进一步明确。对于上市公司而言,公平市场价格按照取得股票当日的收盘价确定,取得股票当日为非交易日的,按照上一个交易日收盘价确定。对非上市公司而言,公平市场价格依次按照净资产法、类比法和其他合理方法确定。净资产法按照取得股票(权)的上年末净资产确定。

股权转让等时需要提供的资料:

个人因非上市公司实施股权激励或以技术成果投资入股取得的股票(权),实行递延纳税期间,扣缴义务人应于每个纳税年度终了后30日内,向主管税务机关报送《个人所得税递延纳税情况年度报告表》(附件4)。[《国家税务总局关于股权激励和技术入股所得税征管问题的公告》(国家税务总局公告2016年第62号,2016年9月28日)]

递延纳税股票(权)转让、办理纳税申报时,扣缴义务人、个人应向主管税务机关一并报送能够证明股票(权)转让价格、递延纳税股票(权)原值、合理税费的有关资料,具体包括转让协议、评估报告和相关票据等。资料不全或无法充分证明有关情况,造成计税依据偏低,又无正当理由的,主管税务机关可依据税收征管法有关规定进行核定。[《国家税务总局关于股权激励和技术入股所得税征管问题的公告》(国家税务总局公告2016年第62号,2016年9月28日)]

注:《财政部 国家税务总局关于完善股权激励和技术入股有关所得税政策的通知》(财税〔2016〕101号)规定,企业实施股权激励或个人以技术成果投资入股,以实施股权激励或取得技术成果的企业为个人所得税扣缴义务人。因此,个人转让递延纳税的股票(权)时,扣缴义务人需按照规定扣缴相关的税款。为便于操作,《国家税务总局关于股权激励和技术入股所得税征管问题的公告》规定,递延纳税股票(权)转让、办理纳税申报时,扣缴义务人、个人应向主管税务机关一并提供能够证明股票(权)转让价格、递延纳税股票(权)原值、合理税费的有关资料,具体包括转让协议、评估报告和相关票据等。资料不全或无法充分证明有关情况,造成计税依据偏低,又无正当理由的,主管税务机关可依据《税收征管法》有关规定进行核定。

二、对上市公司股票期权、限制性股票和股权奖励适当延长纳税期限

(一)上市公司授予个人的股票期权、限制性股票和股权奖励,经向主管税务机关备案,个人可自股票期权行权、限制性股票解禁或取得股权奖励之日起,在不超过12个月的期限内缴纳个人所得税。《财政部 国家税务总局关于上市公司高管人员股票期权所得缴纳个人所得税有关问题的通知》(财税〔2009〕40号)自2016年9月1日起废止。

(二)上市公司股票期权、限制性股票应纳税款的计算,继续按照《财政部 国家税务总局关于个人股票期权所得征收个人所得税问题的通知》(财税〔2005〕35号)、《财政部 国家税务总局关于股票增值权所得和限制性股票所得征收个人所得税有关问题的通知》(财税〔2009〕5号)、《国家税务总局关于股权激励有关个人所得税问题的通知》(国税函〔2009〕461号)等相关规定执行。股权奖励应纳税款的计算比照上述规定执行。

适用上述规定的上市公司是指其股票在上海证券交易所、深圳证券交易所上市交易的股份有限公司。[《财政部 国家税务总局关于完善股权激励和技术入股有关所得税政策的通知》(财税〔2016〕101号,2016年9月20日,自2016年9月1日起施行)]

企业备案的规定:

企业备案具体按以下规定执行:

1. 非上市公司实施符合条件的股权激励,个人选择递延纳税的,非上市公司应于股票(权)期权行权、限制性股票解禁、股权奖励获得之次月15日内,向主管税务机关报送《非上市公司股权激励个人所得税递延纳税备案表》(附件1)、股权激励计划、董事会或股东大会决议、激励对象任职或从事技术工作情况说明等。实施股权奖励的企业同时报送本企业及其奖励股权标的企业上一纳税年度主营业务收入构成情况说明。

2. 上市公司实施股权激励,个人选择在不超过12个月期限内缴税的,上市公司应自股票期权行权、限制性股票解禁、股权奖励获得之次月15日内,向主管税务机关报送《上市公司股权激励个人所得税延期纳税备案表》(附件2)。上市公司初次办理股权激励备案时,还应一并向主管税务机关报送股权激励计划、董事会或股东大会决议。

3. 个人以技术成果投资入股境内公司并选择递延纳税的,被投资公司应于取得技术成果并支付股权之次月15日内,向主管税务机关报送《技术成果投资入股个人所得税递延纳税备案表》(附件3)、技术成果相关证书或证明材料、技术成果投资入股协议、技术成果评估报告等资料。[《国家税务总局关于股权激励和技术入股所得税征管问题的公告》(国家税务总局公告2016年第62号,2016年9月28日)]

注:《国家税务总局关于股权激励和技术入股所得税征管问题的公告》明确了备案手续办理的时间要求及需要报送的相关资料。对于非上市公司实施符合条件的股权激励、上市公司实施股权激励、技术成果投资入股,享受税收优惠无需纳税人本人办理备案手续,只需由实施股权激励的企业或被投资企业代为办理即可。同时,《国家税务总局关于股权激励和技术入股所得税征管问题的公告》还明确了递延纳税期间扣缴义务人按年报送相关情况的具体要求。

三、对技术成果投资入股实施选择性税收优惠政策

(一)企业或个人以技术成果投资入股到境内居民企业,被投资企业支付的对价全部为股票(权)的,企业或个人可选择继续按现行有关税收政策执行,也可选择适用递延纳税优惠政策。

选择技术成果投资入股递延纳税政策的,经向主管税务机关备案,投资入股当期可暂不纳税,允许递延至转让股权时,按股权转让收入减去技术成果原值和合理税费后的差额计算缴纳所得税。

(二)企业或个人选择适用上述任一项政策,均允许被投资企业按技术成果投资入股时的评估值入账并在企业所得税前摊销扣除。

(三)技术成果是指专利技术(含国防专利)、计算机软件著作权、集成电路布图设计专有权、植物新品种权、生物医药新品种,以及科技部、财政部、国家税务总局确定的其他技术成果。

(四)技术成果投资入股,是指纳税人将技术成果所有权让渡给被投资企业、取得该企业股票(权)的行为。[《财政部 国家税务总局关于完善股权激励和技术入股有关所得税政策的通知》(财税〔2016〕101号,2016年9月20日,自2016年9月1日起施行)]

1. 政策对企业类型的要求

选择适用《财政部 国家税务总局关于完善股权激励和技术入股有关所得税政策的通知》(财税〔2016〕101号)中递延纳税政策的,应当为实行查账征收的居民企业以技术成果所有权投资。[《国家税务总局关于股权激励和技术入股所得税征管问题的公告》(国家税务总局公告2016年第62号,2016年9月28日)]

注:《国家税务总局关于股权激励和技术入股所得税征管问题的公告》规定,实行查账征收的居民企业可以享受企业技术成果投资入股递延纳税政策。考虑到核定征收企业通常不能准确核算收入或支出情况,公告明确只有实行查账征收的居民企业才能适用上述政策。

2. 政策的征管规定

企业适用递延纳税政策的,应在投资完成后首次预缴申报时,将相关内容填入《技术成果投资入股企业所得税递延纳税备案表》(附件5)。[《国家税务总局关于股权激励和技术入股所得税征管问题的公告》(国家税务总局公告2016年第62号,2016年9月28日)]

注:为加强对技术成果投资入股递延纳税政策的企业所得税管理,根据《财政部 国家税务总局关于完善股权激励和技术入股有关所得税政策的通知》(财税〔2016〕101号)第三条第一款中有关"选择技术成果投资入股递延纳税政策的,经向主管税务机关备案"的规定,《国家税务总局关于股权激励和技术入股所得税征管问题的公告》为纳税人设计了《技术成果投资入股企业所得税递延纳税备案表》。此表由企业在投资完成后首次预缴申报时向主管税务机关报送,旨在确认企业技术成果投资入股应递延的应纳税所得额,为税务机关加强后续管理奠定基础。

企业接受技术成果投资入股,技术成果评估值明显不合理的,主管税务机关有权进行调整。[《国家税务总局关于股权激励和技术入股所得税征管问题的公告》(国家税务总局公告2016年第62号,2016年9月28日)]

注:为防止企业明显有意高估技术成果价值,侵蚀企业所得税税基,《国家税务总局关于股权激励和技术入

股所得税征管问题的公告》（国家税务总局公告2016年第62号）强调了对技术成果评估明显不合理的，主管税务机关有权进行调整。

四、相关政策

（一）个人从任职受雇企业以低于公平市场价格取得股票（权）的，凡不符合递延纳税条件，应在获得股票（权）时，对实际出资额低于公平市场价格的差额，按照"工资、薪金所得"项目，参照《财政部 国家税务总局关于个人股票期权所得征收个人所得税问题的通知》（财税〔2005〕35号）有关规定计算缴纳个人所得税。

（二）个人因股权激励、技术成果投资入股取得股权后，非上市公司在境内上市的，处置递延纳税的股权时，按照现行限售股有关征税规定执行。

（三）个人转让股权时，视同享受递延纳税优惠政策的股权优先转让。递延纳税的股权成本按照加权平均法计算，不与其他方式取得的股权成本合并计算。

（四）持有递延纳税的股权期间，因该股权产生的转增股本收入，以及以该递延纳税的股权再进行非货币性资产投资的，应在当期缴纳税款。

（五）全国中小企业股份转让系统挂牌公司按照"对符合条件的非上市公司股票期权、股权期权、限制性股票和股权奖励实行递延纳税政策"规定执行。[《财政部 国家税务总局关于完善股权激励和技术入股有关所得税政策的通知》（财税〔2016〕101号，2016年9月20日，自2016年9月1日起施行）]

五、配套管理措施

（一）备案。

对股权激励或技术成果投资入股选择适用递延纳税政策的，企业应在规定期限内到主管税务机关办理备案手续。未办理备案手续的，不得享受上述递延纳税优惠政策。

（二）扣缴义务人。

企业实施股权激励或个人以技术成果投资入股，以实施股权激励或取得技术成果的企业为个人所得税扣缴义务人。递延纳税期间，扣缴义务人应在每个纳税年度终了后向主管税务机关报告递延纳税有关情况。

（三）股权变更信息共享。

工商部门应将企业股权变更信息及时与税务部门共享，暂不具备联网实时共享信息条件的，工商部门应在股权变更登记3个工作日内将信息与税务部门共享。[《财政部 国家税务总局关于完善股权激励和技术入股有关所得税政策的通知》（财税〔2016〕101号，2016年9月20日，自2016年9月1日起施行）]

附件：1.《非上市公司股权激励个人所得税递延纳税备案表》及填报说明（略）。

2.《上市公司股权激励个人所得税延期纳税备案表》及填报说明（略）。

3.《技术成果投资入股个人所得税递延纳税备案表》及填报说明（略）。

4.《个人所得税递延纳税情况年度报告表》及填报说明（略）。

5.《技术成果投资入股企业所得税递延纳税备案表》及填报说明（略）。

相关政策依据

财政部 国家税务总局
关于个人股票期权所得征收个人
所得税问题的通知

财税〔2005〕35号　2005年3月28日

注：条款失效，第四条第（一）项废止。参见：《财政部 税务总局关于个人所得税法修改后有关优惠政策衔接问题的通知》财税〔2018〕164号。第三条废止。参见：《财政部 税务总局关于境外所得有关个人所得税政策的公告》（财政部 税务总局公告2020年第3号）。

为适应企业（包括内资企业、外商投资企业和外国企业在中国境内设立的机构场所）薪酬制度改革，加强个人所得税征管，现对企业员工（包括在中国境内有住所和无住所的个人）参与企业股票期权计划而取得的所得征收个人所得税问题通知如下：

一、关于员工股票期权所得征税问题

实施股票期权计划企业授予该企业员工的股票期权所得，应按《中华人民共和国个人所得税法》及其实施条例有关规定征收个人所得税。

企业员工股票期权（以下简称股票期权）是指上市公司按照规定的程序授予本公司及其控股企业员工的一项权利，该权利允许被授权员工在未来时间内以某一特定价格购买本公司一定数量的股票。

上述"某一特定价格"被称为"授予价"或"施权价"，即根据股票期权计划可以购买股票的价格，一般为股票期权授予日的市场价格或该价格的折扣价格，也可以是按照事先设定的计算方法约定的价格；"授予日"，也称"授权日"，是指公司授予员工上述权利的日期；"行权"，也称"执行"，是指员工根据股票期权计划选择购买股票的过程；员工行使上述权利的当日为"行权日"，也称"购买日"。

二、关于股票期权所得性质的确认及其具体征税规定

（一）员工接受实施股票期权计划企业授予的股票期权时，除另有规定外，一般不作为应税所得征税。

（二）员工行权时，其从企业取得股票的实际购买价（施权价）低于购买日公平市场价（指该股票当日的收盘价，下同）的差额，是因员工在企业的表现和业绩情况而取得的与任职、受雇有关的所得，应按"工资、薪金所得"适用的规定计算缴纳个人所得税。

对因特殊情况，员工在行权日之前将股票期权转让的，以股票期权的转让净收入，作为工资薪金所得征收个人所得税。

员工行权日所在期间的工资薪金所得，应按下列公式计算工资薪金应纳税所得额：

股票期权形式的工资薪金应纳税所得额＝（行权股票的每股市场价－员工取得该股票期权支付的每股施权价）×股票数量

（三）员工将行权后的股票再转让时获得的高于购买日公平市场价的差额，是因个人在证券二级市场上转让股票等有价证券而获得的所得，应按照"财产转让所得"适用的征免规定计算缴纳个人所得税。

（四）员工因拥有股权而参与企业税后利润分配取得的所得，应按照"利息、股息、红利所得"适用的规定计算缴纳个人所得税。

……

四、关于应纳税款的计算

……

（二）转让股票（销售）取得所得的税款计算。对于员工转让股票等有价证券取得的所得，应按现行税法和政策规定征免个人所得税。即：个人将行权后的境内上市公司股票再行转让而取得的所得，暂不征收个人所得税；个人转让境外上市公司的股票而取得的所得，应按税法的规定计算应纳税所得额和应纳税额，依法缴纳税款。

（三）参与税后利润分配取得的所得的税款计算。员工因拥有股权参与税后利润分配而取得的股息、红利所得，除依照有关规定可以免税或减税的外，应全额按规定税率计算纳税。

五、关于征收管理

（一）扣缴义务人。实施股票期权计划的境内企业为个人所得税的扣缴义务人，应按税法规定履行代扣代缴个人所得税的义务。

（二）自行申报纳税。员工从两处或两处以上取得股票期权形式的工资薪金所得和没有扣缴义务人的，该个人应在个人所得税法规定的纳税申报期限内自行申报缴纳税款。

（三）报送有关资料。实施股票期权计划的境内企业，应在股票期权计划实施之前，将企业的股票期权计划或实施方案、股票期权协议书、授权通知书等资料报送主管税务机关；应在员工行权之前，将股票期权行权通知书和行权调整通知书等资料报送主管税务机关。

扣缴义务人和自行申报纳税的个人在申报纳税或代扣代缴税款时，应在税法规定的纳税申报期限内，将个人接受或转让的股票期权以及认购的股票情况（包括种类、数量、施权价格、行权价格、市场价格、转让价格等）报送主管税务机关。

（四）处罚。实施股票期权计划的企业和因股票期权计划而取得应税所得的自行申报员工，未按规定报送上述有关报表和资料，未履行申报纳税义务或者扣缴税款义务的，按《中华人民共和国税收征收管理法》及其实施细则的有关规定进行处理。

六、关于执行时间

本通知自2005年7月1日起执行。《国家税务总局关于个人认购股票等有价证券而从雇主取得折扣或补贴收入有关征收个人所得税问题的通知》（国税发〔1998〕9号）的规定与本通知不一致的，按本通知规定执行。

相关政策依据

财政部　国家税务总局
关于股票增值权所得和限制性股票所得
征收个人所得税有关问题的通知

财税〔2009〕5号　2009年1月7日

根据《中华人民共和国个人所得税法》《中华人民共和国税收征收管理法》等有关规定，现就股票增值权所得和限制性股票所得征收个人所得税有关问题通知如下：

一、对于个人从上市公司（含境内、外上市公司，下同）取得的股票增值权所得和限制性股票所得，比照《财政部国家税务总局关于个人股票期权所得征收个人所得税问题的通知》（财税〔2005〕35号）、《国家税务总局关于个人股票期权所得缴纳个人所得税有关问题的补充通知》（国税函〔2006〕902号）的有关规定，计算征收个人所得税。

二、本通知所称股票增值权，是指上市公司授予公司员工在未来一定时期和约定条件下，获得规定数量的股票价格上升所带来收益的权利。被授权人在约定条件下行权，上市公司按照行权日与授权日二级市场股票差价乘以授权股票数量，发放给被授权人现金。

三、本通知所称限制性股票，是指上市公司按照股权激励计划约定的条件，授予公司员工一定数量本公司的股票。

四、实施股票增值权计划或限制性股票计划的境内上市公司,应在向中国证监会报备的同时,将企业股票增值权计划、限制性股票计划或实施方案等有关资料报送主管税务机关备案。

五、实施股票增值权计划或限制性股票计划的境内上市公司,应在做好个人所得税扣缴工作的同时,按照《国家税务总局关于印发〈个人所得税全员全额扣缴申报管理暂行办法〉的通知》(国税发〔2005〕205号)的有关规定,向主管税务机关报送其员工行权等涉税信息。

相关政策依据

国家税务总局关于股权激励有关个人所得税问题的通知

国税函〔2009〕461号　2009年8月24日

注:条款失效,第七条第(一)项括号内"间接控股限于上市公司对二级子公司的持股"废止。参见:《国家税务总局关于个人所得税有关问题的公告》(国家税务总局公告2011年第27号)。

为适应上市公司(含境内、境外上市公司,下同)薪酬制度改革和实施股权激励计划,根据《中华人民共和国个人所得税法》(以下简称个人所得税法)、《中华人民共和国个人所得税法实施条例》(以下简称实施条例)有关精神,财政部、国家税务总局先后下发了《关于个人股票期权所得征收个人所得税问题的通知》(财税〔2005〕35号)和《关于股票增值权所得和限制性股票所得征收个人所得税有关问题的通知》(财税〔2009〕5号)等文件。现就执行上述文件有关事项通知如下:

一、关于股权激励所得项目和计税方法的确定

根据个人所得税法及其实施条例和财税〔2009〕5号文件等规定,个人因任职、受雇从上市公司取得的股票增值权所得和限制性股票所得,由上市公司或其境内机构按照"工资、薪金所得"项目和股票期权所得个人所得税计税方法,依法扣缴其个人所得税。

二、关于股票增值权应纳税所得额的确定

股票增值权被授权人获取的收益,是由上市公司根据授权日与行权日股票差价乘以被授权股数,直接向被授权人支付的现金。上市公司应于向股票增值权被授权人兑现时依法扣缴其个人所得税。被授权人股票增值权应纳税所得额计算公式为:

股票增值权某次行权应纳税所得额=(行权日股票价格-授权日股票价格)×行权股票份数。

三、关于限制性股票应纳税所得额的确定

按照个人所得税法及其实施条例等有关规定,原则上应在限制性股票所有权归属于被激励对象时确认其限制性股票所得的应纳税所得额。即:上市公司实施限制性股票计划时,应以被激励对象限制性股票在中国证券登记结算公司(境外为证券登记托管机构)进行股票登记日期的股票市价(指当日收盘价,下同)和本批次解禁股票当日市价(指当日收盘价,下同)的平均价格乘以本批次解禁股票份数,减去被激励对象本批次解禁股份数所对应的为获取限制性股票实际支付资金数额,其差额为应纳税所得额。被激励对象限制性股票应纳税所得额计算公式为:

应纳税所得额=(股票登记日股票市价+本批次解禁股票当日市价)÷2×本批次解禁股票份数-被激励对象实际支付的资金总额×(本批次解禁股票份数÷被激励对象获取的限制性股票总份数)

四、关于股权激励所得应纳税额的计算

(一)个人在纳税年度内第一次取得股票期权、股票增值权所得和限制性股票所得的,上市公司应按照财税〔2005〕35号文件第四条第一项所列公式计算扣缴其个人所得税。

(二)个人在纳税年度内两次以上(含两次)取得股票期权、股票增值权和限制性股票等所得,包括两次以上(含两次)取得同一种股权激励形式所得或者同时兼有不同股权激励形式所得的,上市公司应将其纳税年度内各次股权激励所得合并,按照《国家税务总局关于个人股票期权所得缴纳个人所得税有关问题的补充通知》(国税函〔2006〕902号)第七条、第八条所列公式计算扣缴个人所得税。

五、关于纳税义务发生时间

(一)股票增值权个人所得税纳税义务发生时间为上市公司向被授权人兑现股票增值权所得的日期。

(二)限制性股票个人所得税纳税义务发生时间为每一批次限制性股票解禁的日期。

六、关于报送资料的规定

(一)实施股票期权、股票增值权计划的境内上市公司,应按照财税〔2005〕35号文件第五条第(三)项规定报送有关资料。

(二)实施限制性股票计划的境内上市公司,应在中国证券登记结算公司(境外为证券登记托管机构)进行股票登记、并经上市公司公示后15日内,将本公司限制性股票计划或实施方案、协议书、授权通知书、股票登记日期及当日收盘价、禁售期限和股权激励人员名单等资料报送主管税务机关备案。

境外上市公司的境内机构,应向其主管税务机关报送境外上市公司实施股权激励计划的中(外)文资料

备案。

(三)扣缴义务人和自行申报纳税的个人在代扣代缴税款或申报纳税时,应在税法规定的纳税申报期限内,将个人接受或转让的股权以及认购的股票情况(包括种类、数量、施权价格、行权价格、市场价格、转让价格等)、股权激励人员名单、应纳税所得额、应纳税额等资料报送主管税务机关。

七、其他有关问题的规定

(一)财税〔2005〕35号、国税函〔2006〕902号和财税〔2009〕5号以及本通知有关股权激励个人所得税政策,适用于上市公司(含所属分支机构)和上市公司控股企业的员工,其中上市公司占控股企业股份比例最低为30%(间接控股限于上市公司对二级子公司的持股)。

注:根据《国家税务总局关于个人所得税有关问题的公告》(国家税务总局公告2011年第27号)的规定,本条第(一)项括号内"间接控股限于上市公司对二级子公司的持股"自2011年5月1日起废止。

间接持股比例,按各层持股比例相乘计算,上市公司对一级子公司持股比例超过50%的,按100%计算。

(二)具有下列情形之一的股权激励所得,不适用本通知规定的优惠计税方法,直接计入个人当期所得征收个人所得税:

1. 除本条第(一)项规定之外的集团公司、非上市公司员工取得的股权激励所得。

2. 公司上市之前设立股权激励计划,待公司上市后取得的股权激励所得。

3. 上市公司未按照本通知第六条规定向其主管税务机关报备有关资料的。

(三)被激励对象为缴纳个人所得税款而出售股票,其出售价格与原计税价格不一致的,按原计税价格计算其应纳税所得额和税额。

八、本通知自发文之日起执行。本文下发之前已发生但尚未处理的事项,按本通知执行。

我国居民企业实行股权激励计划有关企业所得税处理问题

为推进我国资本市场改革,促进企业建立健全激励与约束机制,根据国务院证券管理委员会发布的《上市公司股权激励管理办法(试行)》(证监公司字〔2005〕151号,以下简称《管理办法》)的规定,一些在我国境内上市的居民企业(以下简称上市公司),为其职工建立了股权激励计划。

就上市公司实施股权激励计划有关企业所得税处理问题,国家税务总局下发了《国家税务总局关于我国居民企业实行股权激励计划有关企业所得税处理问题的公告》(国家税务总局公告2012年第18号,2012年5月23日,自2012年7月1日起施行)。

本公告所称股权激励,是指《管理办法》中规定的上市公司以本公司股票为标的,对其董事、监事、高级管理人员及其他员工(以下简称激励对象)进行的长期性激励。股权激励实行方式包括授予限制性股票、股票期权以及其他法律法规规定的方式。

限制性股票,是指《管理办法》中规定的激励对象按照股权激励计划规定的条件,从上市公司获得的一定数量的本公司股票。

股票期权,是指《管理办法》中规定的上市公司按照股权激励计划授予激励对象在未来一定期限内,以预先确定的价格和条件购买本公司一定数量股票的权利。

上市公司依照《管理办法》要求建立职工股权激励计划,并按我国企业会计准则的有关规定,在股权激励计划授予激励对象时,按照该股票的公允价格及数量,计算确定作为上市公司相关年度的成本或费用,作为换取激励对象提供服务的对价。上述企业建立的职工股权激励计划,其企业所得税的处理,按以下规定执行:

(1)对股权激励计划实行后立即可以行权的,上市公司可以根据实际行权时该股票的公允价格与激励对象实际行权支付价格的差额和数量,计算确定作为当年上市公司工资薪金支出,依照税法规定进行税前扣除。

(2)对股权激励计划实行后,需待一定服务年限或者达到规定业绩条件(以下简称等待期)方可行权的。上市公司等待期内会计上计算确认的相关成本费用,不得在对应年度计算缴纳企业所得税时扣除。在股权激励计划可行权后,上市公司方可根据该股票实际行权时的公允价格与当年激励对象实际行权支付价格的差额及数量,计算确定作为当年上市公司工资薪金支出,依照税法规定进行税前扣除。

(3)本条所指股票实际行权时的公允价格,以实际行权日该股票的收盘价格确定。

在我国境外上市的居民企业和非上市公司,凡比照《管理办法》的规定建立职工股权激励计划,且在企业会计处理上,也按我国会计准则的有关规定处理的,其股权激励计划有关企业所得税处理问题,可以按照上述规定执行。

3. 关于保险营销员、证券经纪人佣金收入的政策(自2019年1月1日起执行)

保险营销员、证券经纪人取得的佣金收入,

属于劳务报酬所得,以不含增值税的收入减除20%的费用后的余额为收入额,收入额减去展业成本以及附加税费后,并入当年综合所得,计算缴纳个人所得税。保险营销员、证券经纪人展业成本按照收入额的25%计算。

扣缴义务人向保险营销员、证券经纪人支付佣金收入时,应按照《个人所得税扣缴申报管理办法(试行)》(国家税务总局公告2018年第61号)规定的累计预扣法计算预扣税款。

4. 关于个人领取企业年金、职业年金的政策(自2019年1月1日起执行)

个人达到国家规定的退休年龄,领取的企业年金、职业年金,符合《财政部 人力资源社会保障部 国家税务总局关于企业年金职业年金个人所得税有关问题的通知》(财税〔2013〕103号)规定的,不并入综合所得,全额单独计算应纳税款。其中按月领取的,适用月度税率表计算纳税;按季领取的,平均分摊计入各月,按每月领取额适用月度税率表计算纳税;按年领取的,适用综合所得税率表计算纳税。

个人因出境定居而一次性领取的年金个人账户资金,或个人死亡后,其指定的受益人或法定继承人一次性领取的年金个人账户余额,适用综合所得税率表计算纳税。对个人除上述特殊原因外一次性领取年金个人账户资金或余额的,适用月度税率表计算纳税。

5. 关于解除劳动关系、提前退休、内部退养的一次性补偿收入的政策(自2019年1月1日起执行)

(1) 个人与用人单位解除劳动关系取得一次性补偿收入(包括用人单位发放的经济补偿金、生活补助费和其他补助费),在当地上年职工平均工资3倍数额以内的部分,免征个人所得税;超过3倍数额的部分,不并入当年综合所得,单独适用综合所得税率表,计算纳税。

(2) 个人办理提前退休手续而取得的一次性补贴收入,应按照办理提前退休手续至法定离退休年龄之间实际年度数平均分摊,确定适用税率和速算扣除数,单独适用综合所得税率表,计算纳税。计算公式:

应纳税额=[(一次性补贴收入÷办理提前退休手续至法定退休年龄的实际年度数−费用扣除标准)×适用税率−速算扣除数]×办理提前退休手续至法定退休年龄的实际年度数

(3) 个人办理内部退养手续而取得的一次性补贴收入,按照《国家税务总局关于个人所得税有关政策问题的通知》(国税发〔1999〕58号)规定计算纳税。

6. 关于单位低价向职工售房的政策(自2019年1月1日起执行)

单位按低于购置或建造成本价格出售住房给职工,职工因此而少支出的差价部分,符合《财政部 国家税务总局关于单位低价向职工售房有关个人所得税问题的通知》(财税〔2007〕13号)第二条规定的,不并入当年综合所得,以差价收入除以12个月得到的数额,按照月度税率表确定适用税率和速算扣除数,单独计算纳税。计算公式为:

应纳税额=职工实际支付的购房价款低于该房屋的购置或建造成本价格的差额×适用税率−速算扣除数

7. 关于外籍个人有关津补贴的政策(自2019年1月1日起执行)

2019年1月1日至2027年12月31日期间,外籍个人符合居民个人条件的,可以选择享受个人所得税专项附加扣除,也可以选择按照《财政部 国家税务总局关于个人所得税若干政策问题的通知》(财税〔1994〕20号)、《国家税务总局关于外籍个人取得有关补贴征免个人所得税执行问题的通知》(国税发〔1997〕54号)和《财政部 国家税务总局关于外籍个人取得港澳地区住房等补贴征免个人所得税的通知》(财税〔2004〕29号)规定,享受住房补贴、语言训练费、子女教育费等津补贴免税优惠政策,但不得同时享受。外籍个人一经选择,在一个纳税年度内不得变更。

[《财政部 税务总局关于延续实施外籍个人有关津补贴个人所得税政策的公告》(财政部 税务总局公告2023年第29号,2023年8月18日)]

(二)继续有效的个人所得税优惠政策

为贯彻落实修改后的《中华人民共和国个人所得税法》,财政部、国家税务总局2018年

12月29日发布了《关于继续有效的个人所得税优惠政策目录的公告》(财政部 税务总局公告2018年第177号),公布了继续有效的个人所得税优惠政策涉及的文件目录(表6-11)。

表6-11 继续有效的个人所得税优惠政策涉及的文件目录

序号	制定机关	优惠政策文件名称	文号
1	财政部	财政部关于外国来华工作人员缴纳个人所得税问题的通知	财税字〔1980〕189号
2	财政部、国家税务总局	财政部 国家税务总局关于个人所得税若干政策问题的通知	财税字〔1994〕020号
3	财政部、国家税务总局	财政部 国家税务总局关于西藏自治区贯彻施行《中华人民共和国个人所得税法》有关问题的批复	财税字〔1994〕021号
4	国家税务总局	国家税务总局关于印发《征收个人所得税若干问题的规定》的通知	国税发〔1994〕089号
5	国家税务总局	国家税务总局关于社会福利有奖募捐发行收入税收问题的通知	国税发〔1994〕127号
6	国家税务总局	国家税务总局关于曾宪梓教育基金会教师奖免征个人所得税的函	国税函发〔1994〕376号
7	财政部、国家税务总局	财政部 国家税务总局关于发给见义勇为者的奖金免征个人所得税问题的通知	财税字〔1995〕25号
8	国家税务总局	国家税务总局关于个人取得青苗补偿费收入征免个人所得税的批复	国税函发〔1995〕079号
9	财政部、国家税务总局	财政部 税务总局关于军队干部工资薪金收入征收个人所得税的通知	财税字〔1996〕14号
10	财政部、国家税务总局	财政部 国家税务总局关于西藏特殊津贴免征个人所得税的批复	财税字〔1996〕91号
11	财政部、国家税务总局	财政部 国家税务总局关于国际青少年消除贫困奖免征个人所得税的通知	财税字〔1997〕51号
12	国家税务总局	国家税务总局关于股份制企业转增股本和派发红股征免个人所得税的通知	国税发〔1997〕198号
13	财政部、国家税务总局	财政部 国家税务总局关于个人取得体育彩票中奖所得征免个人所得税问题的通知	财税字〔1998〕12号
14	财政部、国家税务总局	财政部 国家税务总局关于证券投资基金税收问题的通知	财税字〔1998〕55号
15	财政部、国家税务总局	财政部 国家税务总局关于个人转让股票所得继续暂免征收个人所得税的通知	财税字〔1998〕61号
16	国家税务总局	国家税务总局关于原城市信用社在转制为城市合作银行过程中个人股增值所得应纳个人所得税的批复	国税函〔1998〕289号
17	国家税务总局	国家税务总局关于"长江学者奖励计划"有关个人收入免征个人所得税的通知	国税函〔1998〕632号

(续表)

序号	制定机关	优惠政策文件名称	文号
18	财政部、国家税务总局	财政部 国家税务总局关于促进科技成果转化有关税收政策的通知	财税字〔1999〕45号
19	国家税务总局	国家税务总局关于个人所得税有关政策问题的通知	国税发〔1999〕58号
20	国家税务总局	国家税务总局关于促进科技成果转化有关个人所得税问题的通知	国税发〔1999〕125号
21	财政部、国家税务总局	财政部 国家税务总局关于住房公积金 医疗保险金 基本养老保险金 失业保险基金个人账户存款利息所得免征个人所得税的通知	财税字〔1999〕267号
22	国家税务总局	国家税务总局关于"特聘教授奖金"免征个人所得税的通知	国税函〔1999〕525号
23	国家税务总局	国家税务总局关于企业改组改制过程中个人取得的量化资产征收个人所得税问题的通知	国税发〔2000〕60号
24	财政部、国家税务总局	财政部 国家税务总局关于随军家属就业有关税收政策的通知①	财税〔2000〕84号
25	财政部、国家税务总局	财政部 国家税务总局关于调整住房租赁市场税收政策的通知	财税〔2000〕125号
26	国家税务总局	国家税务总局关于律师事务所从业人员取得收入征收个人所得税有关业务问题的通知	国税发〔2000〕149号
27	国家税务总局	国家税务总局关于"长江小小科学家"奖金免征个人所得税的通知	国税函〔2000〕688号
28	国家税务总局	国家税务总局关于《关于个人独资企业和合伙企业投资者征收个人所得税的规定》执行口径的通知	国税函〔2001〕84号
29	财政部、国家税务总局	财政部 国家税务总局关于个人与用人单位解除劳动关系取得的一次性补偿收入征免个人所得税问题的通知②	财税〔2001〕157号
30	财政部、国家税务总局	财政部 国家税务总局关于开放式证券投资基金有关税收问题的通知	财税〔2002〕128号
31	财政部、国家税务总局	财政部 国家税务总局关于自主择业的军队转业干部有关税收政策问题的通知③	财税〔2003〕26号
32	国家税务总局	国家税务总局关于个人取得"母亲河(波司登)奖"奖金所得免征个人所得税问题的批复	国税函〔2003〕961号

① 随军家属从事个体经营,自领取税务登记证之日起,3年内免征个人所得税。
随军家属从事个体经营,须有师以上政治机关出具的可以表明其身份的证明;每一随军家属只能按上述规定,享受一次免税政策。
② 第一条废止。参见《财政部 税务总局关于个人所得税法修改后有关优惠政策衔接问题的通知》(财税〔2018〕164号)。
③ 自主择业的军队转业干部从事个体经营,自领取税务登记证之日起,3年内免征个人所得税。自主择业的军队转业干部必须持有师以上部队颁发的转业证件。

(续表)

序号	制定机关	优惠政策文件名称	文号
33	财政部、国家税务总局	财政部 国家税务总局关于外籍个人取得港澳地区住房等补贴征免个人所得税的通知	财税〔2004〕29号
34	财政部、国家税务总局	财政部 国家税务总局关于农村税费改革试点地区有关个人所得税问题的通知	财税〔2004〕30号
35	财政部、国家税务总局	财政部 国家税务总局关于教育税收政策的通知	财税〔2004〕39号
36	国家税务总局	国家税务总局关于国际组织驻华机构 外国政府驻华使领馆和驻华新闻机构雇员个人所得税征收方式的通知	国税函〔2004〕808号
37	财政部、国家税务总局	财政部 国家税务总局关于城镇房屋拆迁有关税收政策的通知	财税〔2005〕45号
38	财政部、国家税务总局	财政部 国家税务总局关于股权分置试点改革有关税收政策问题的通知	财税〔2005〕103号
39	财政部、国家税务总局	财政部 国家税务总局关于基本养老保险费基本医疗保险费失业保险费住房公积金有关个人所得税政策的通知	财税〔2006〕10号
40	国家税务总局	国家税务总局关于陈嘉庚科学奖获奖个人取得的奖金收入免征个人所得税的通知	国税函〔2006〕561号
41	财政部、国家税务总局	财政部 国家税务总局关于单位低价向职工售房有关个人所得税问题的通知①	财税〔2007〕13号
42	财政部、国家税务总局	财政部 国家税务总局关于个人取得有奖发票奖金征免个人所得税问题的通知	财税〔2007〕34号
43	财政部、国家税务总局	财政部 国家税务总局关于《建立亚洲开发银行协定》有关个人所得税问题的补充通知	财税〔2007〕93号
44	财政部、国家税务总局	财政部 国家税务总局关于高级专家延长离休退休期间取得工资薪金所得有关个人所得税问题的通知	财税〔2008〕7号
45	财政部、国家税务总局	财政部 国家税务总局关于生育津贴和生育医疗费有关个人所得税政策的通知	财税〔2008〕8号
46	财政部、国家税务总局	财政部 国家税务总局关于廉租住房经济适用住房和住房租赁有关税收政策的通知	财税〔2008〕24号
47	财政部、国家税务总局	财政部 国家税务总局关于认真落实抗震救灾及灾后重建税收政策问题的通知	财税〔2008〕62号
48	财政部、国家税务总局	财政部 国家税务总局关于储蓄存款利息所得有关个人所得税政策的通知	财税〔2008〕132号
49	财政部、国家税务总局	财政部 国家税务总局关于证券市场个人投资者证券交易结算资金利息所得有关个人所得税政策的通知	财税〔2008〕140号

---

① 条款废止。参见《财政部 税务总局关于个人所得税法修改后有关优惠政策衔接问题的通知》(财税〔2018〕164号)。

(续表)

序号	制定机关	优惠政策文件名称	文号
50	财政部、国家税务总局	财政部 国家税务总局关于个人无偿受赠房屋有关个人所得税问题的通知	财税〔2009〕78号
51	国家税务总局	国家税务总局关于明确个人所得税若干政策执行问题的通知	国税发〔2009〕121号
52	国家税务总局	国家税务总局关于刘东生青年科学家奖和刘东生地球科学奖学金获奖者奖金免征个人所得税的通知	国税函〔2010〕74号
53	国家税务总局	国家税务总局关于全国职工职业技能大赛奖金免征个人所得税的通知	国税函〔2010〕78号
54	财政部、国家税务总局	财政部 国家税务总局关于个人独资企业和合伙企业投资者取得种植业 养殖业 饲养业 捕捞业所得有关个人所得税问题的批复	财税〔2010〕96号
55	国家税务总局	国家税务总局关于中华宝钢环境优秀奖奖金免征个人所得税问题的通知	国税函〔2010〕130号
56	财政部、国家税务总局	财政部 国家税务总局关于企业促销展业赠送礼品有关个人所得税问题的通知	财税〔2011〕50号
57	国家税务总局	国家税务总局关于2011年度李四光地质科学奖奖金免征个人所得税的公告	国家税务总局公告2011年第68号
58	财政部、国家税务总局	财政部 国家税务总局关于退役士兵退役金和经济补助免征个人所得税问题的通知①	财税〔2011〕109号
59	国家税务总局	国家税务总局关于第五届黄汲清青年地质科学技术奖奖金免征个人所得税问题的公告	国家税务总局公告2012年第4号
60	国家税务总局	国家税务总局关于明天小小科学家奖金免征个人所得税问题的公告	国家税务总局公告2012年第28号
61	财政部、国家税务总局	财政部 国家税务总局关于工伤职工取得的工伤保险待遇有关个人所得税政策的通知	财税〔2012〕40号
62	财政部、国家税务总局	财政部 国家税务总局关于地方政府债券利息免征所得税问题的通知	财税〔2013〕5号
63	财政部、国家税务总局	财政部 国家税务总局关于棚户区改造有关税收政策的通知	财税〔2013〕101号
64	财政部、人力资源社会保障部、国家税务总局	财政部 人力资源社会保障部 国家税务总局关于企业年金职业年金个人所得税有关问题的通知②	财税〔2013〕103号

---

① 自2011年11月1日起,对退役士兵按照《退役士兵安置条例》规定,取得的一次性退役金以及地方政府发放的一次性经济补助,免征个人所得税。
② 第三条第1项和第3项条款废止。参见《财政部 税务总局关于个人所得税法修改后有关优惠政策衔接问题的通知》(财税〔2018〕164号)。

(续表)

序号	制定机关	优惠政策文件名称	文号
65	财政部、国家税务总局	财政部 国家税务总局关于广东横琴新区个人所得税优惠政策的通知①	财税〔2014〕23号
66	财政部、国家税务总局	财政部 国家税务总局关于福建平潭综合实验区个人所得税优惠政策的通知②	财税〔2014〕24号
67	财政部、国家税务总局	财政部 国家税务总局关于深圳前海深港现代服务业合作区个人所得税优惠政策的通知③	财税〔2014〕25号
68	财政部、国家税务总局、证监会	财政部 国家税务总局 证监会关于沪港股票市场交易互联互通机制试点有关税收政策的通知	财税〔2014〕81号
69	财政部、海关总署、国家税务总局	财政部 海关总署 国家税务总局关于支持鲁甸地震灾后恢复重建有关税收政策问题的通知	财税〔2015〕27号
70	财政部、国家税务总局	财政部 国家税务总局关于个人非货币性资产投资有关个人所得税政策的通知	财税〔2015〕41号
71	财政部、国家税务总局、证监会	财政部 国家税务总局 证监会关于上市公司股息红利差别化个人所得税政策有关问题的通知	财税〔2015〕101号
72	财政部、国家税务总局	财政部 国家税务总局关于将国家自主创新示范区有关税收试点政策推广到全国范围实施的通知	财税〔2015〕116号
73	财政部、国家税务总局、证监会	财政部 国家税务总局 证监会关于内地与香港基金互认有关税收政策的通知	财税〔2015〕125号
74	财政部、国家税务总局	财政部 国家税务总局关于行政和解金有关税收政策问题的通知	财税〔2016〕100号
75	财政部、国家税务总局	财政部 国家税务总局关于完善股权激励和技术入股有关所得税政策的通知	财税〔2016〕101号
76	财政部、国家税务总局、证监会	财政部 国家税务总局 证监会关于深港股票市场交易互联互通机制试点有关税收政策的通知	财税〔2016〕127号

---

① 自2019年1月1日起废止。改为执行《财政部 税务总局关于粤港澳大湾区个人所得税优惠政策的通知》(财税〔2019〕31号),自2019年1月1日起至2023年12月31日止执行。

广东省、深圳市按内地与香港个人所得税税负差额,对在大湾区工作的境外(含港澳台,下同)高端人才和紧缺人才给予补贴,该补贴免征个人所得税。

在大湾区工作的境外高端人才和紧缺人才的认定和补贴办法,按照广东省、深圳市的有关规定执行。

适用范围包括广东省广州市、深圳市、珠海市、佛山市、惠州市、东莞市、中山市、江门市和肇庆市等大湾区珠三角九市。

② 《财政部 税务总局关于福建平潭综合实验区个人所得税优惠政策的通知》(财税〔2014〕24号)规定的税收优惠政策,执行期限延长至2025年12月31日。[政策依据:《财政部 税务总局关于延长部分税收优惠政策执行期限的公告》(财政部 税务总局公告2021年第6号,2021年3月15日)]

③ 自2019年1月1日起废止。改为执行《财政部 税务总局关于粤港澳大湾区个人所得税优惠政策的通知》(财税〔2019〕31号),自2019年1月1日起至2023年12月31日止执行。

(续表)

序号	制定机关	优惠政策文件名称	文号
77	财政部、国家税务总局、民政部	财政部 税务总局 民政部关于继续实施扶持自主就业退役士兵创业就业有关税收政策的通知①	财税〔2017〕46号
78	财政部、国家税务总局、人力资源社会保障部	财政部 税务总局 人力资源社会保障部关于继续实施支持和促进重点群体创业就业有关税收政策的通知②	财税〔2017〕49号
79	财政部、国家税务总局、海关总署	财政部 税务总局 海关总署关于北京2022年冬奥会和冬残奥会税收政策的通知	财税〔2017〕60号
80	财政部、国家税务总局、证监会	财政部 税务总局 证监会关于沪港股票市场交易互联互通机制试点有关税收政策的通知	财税〔2017〕78号
81	财政部、国家税务总局、证监会	财政部 税务总局 证监会关于支持原油等货物期货市场对外开放税收政策的通知	财税〔2018〕21号
82	财政部、国家税务总局、人力资源社会保障部、中国银行保险监督管理委员会、证监会	财政部 税务总局 人力资源社会保障部 中国银行保险监督管理委员会 证监会关于开展个人税收递延型商业养老保险试点的通知	财税〔2018〕22号
83	财政部、国家税务总局	财政部 税务总局关于创业投资企业和天使投资个人有关税收政策的通知	财税〔2018〕55号
84	财政部、国家税务总局、科技部	财政部 税务总局 科技部关于科技人员取得职务科技成果转化现金奖励有关个人所得税政策的通知	财税〔2018〕58号

---

① 自2019年1月1日起停止执行,改按《财政部 税务总局 退役军人部关于进一步扶持自主就业退役士兵创业就业有关税收政策的通知》(财税〔2019〕21号)、《财政部 税务总局关于延长部分税收优惠政策执行期限的公告》(财政部 税务总局公告2022年第4号)执行。

自2023年1月1日至2027年12月31日,自主就业退役士兵从事个体经营的,自办理个体工商户登记当月起,在3年内按每户每年20 000元为限额依次扣减其当年实际应缴纳的增值税、城市维护建设税、教育费附加、地方教育附加和个人所得税。限额标准最高可上浮20%,各省、自治区、直辖市人民政府可根据本地区实际情况在此幅度内确定具体限额标准。

纳税人年度应缴纳税款小于上述扣减限额的,减免税额以其实际缴纳的税款为限;大于上述扣减限额的,以上述扣减限额为限。纳税人的实际经营期不足1年的,应当按月换算其减免税限额。换算公式为:

减免税限额 = 年度减免税限额 ÷ 12 × 实际经营月数

城市维护建设税、教育费附加、地方教育附加的计税依据是享受本项税收优惠政策前的增值税应纳税额。[《财政部 税务总局 退役军人事务部关于进一步扶持自主就业退役士兵创业就业有关税收政策的公告》(财政部 税务总局 退役军人事务部公告2023年第14号),2023年8月2日]

② 自2019年1月1日起停止执行,改按《财政部 税务总局 人力资源社会保障部 国务院扶贫办关于进一步支持和促进重点群体创业就业有关税收政策的通知》(财税〔2019〕22号)等执行。

自2023年1月1日至2027年12月31日,脱贫人口、持《就业创业证》(注明"自主创业税收政策"或"毕业年度内自主创业税收政策")或《就业失业登记证》(注明"自主创业税收政策")的人员,从事个体经营的,自办理个体工商户登记当月起,在3年内按每户每年20 000元为限额依次扣减其当年实际应缴纳的增值税、城市维护建设税、教育费附加、地方教育附加和个人所得税。限额标准最高可上浮20%,各省、自治区、直辖市人民政府可根据本地区实际情况在此幅度内确定具体限额标准。

纳税人年度应缴纳税款小于上述扣减限额的,减免税额以其实际缴纳的税款为限;大于上述扣减限额的,以上述扣减限额为限。

上述人员具体包括:纳入全国防止返贫监测和衔接推进乡村振兴信息系统的脱贫人口;在人力资源社会保障部门公共就业服务机构登记失业半年以上的人员;零就业家庭、享受城市居民最低生活保障家庭劳动年龄内的登记失业人员;毕业年度内高校毕业生。高校毕业生,是指实施高等学历教育的普通高等学校、成人高等学校应届毕业的学生;毕业年度,是指毕业所在自然年,即1月1日至12月31日。[《财政部 税务总局 人力资源社会保障部 农业农村部关于进一步支持重点群体创业就业有关税收政策的公告》(财政部 税务总局 人力资源社会保障部 农业农村部公告2023年第15号),2023年8月2日]

(续表)

序号	制定机关	优惠政策文件名称	文号
85	财政部、国家税务总局	财政部 税务总局关于易地扶贫搬迁税收优惠政策的通知	财税〔2018〕135号
86	财政部、国家税务总局、证监会	财政部 税务总局 证监会关于个人转让全国中小企业股份转让系统挂牌公司股票有关个人所得税政策的通知①	财税〔2018〕137号
87	财政部、国家税务总局、证监会	财政部 税务总局 证监会关于继续执行内地与香港基金互认有关个人所得税政策的通知	财税〔2018〕154号
88	财政部、国家税务总局	财政部 税务总局关于个人所得税法修改后有关优惠政策衔接问题的通知	财税〔2018〕164号

注：上述文件中个人所得税优惠政策继续有效，已废止或者失效的部分条款除外。

个人养老金有关个人所得税政策

自2022年1月1日起在个人养老金先行城市实施（上海市、福建省、苏州工业园区等已实施个人税收递延型商业养老保险试点的地区，自2022年1月1日起统一按照本规定的税收政策执行）：对个人养老金实施递延纳税优惠政策。在缴费环节，个人向个人养老金资金账户的缴费，按照12 000元/年的限额标准，在综合所得或经营所得中据实扣除；在投资环节，计入个人养老金资金账户的投资收益暂不征收个人所得税；在领取环节，个人领取的个人养老金，不并入综合所得，单独按照3%的税率计算缴纳个人所得税，其缴纳的税款计入"工资、薪金所得"项目。[《财政部 税务总局关于个人养老金有关个人所得税政策的公告》（财政部 税务总局公告2022年第34号，2022年11月3日）]

支持居民换购住房个人所得税

在2022年10月1日至2023年12月31日期间，对出售自有住房并在现住房出售后1年内在市场重新购买住房的纳税人，对其出售现住房已缴纳的个人所得税予以退税。

自2024年1月1日至2025年12月31日，对出售自有住房并在现住房出售后1年内在市场重新购买住房的纳税人，对其出售现住房已缴纳的个人所得税予以退税优惠。其中，新购住房金额大于或等于现住房转让金额的，全部退还已缴纳的个人所得税；新购住房金额小于现住房转让金额的，按新购住房金额占现住房转让金额的比例退还出售现住房已缴纳的个人所得税。

以上所称现住房转让金额为该房屋转让的市场成交价格。新购住房为新房的，购房金额为纳税人在住房城乡建设部门网签备案的购房合同中注明的成交价格；新购住房为二手房的，购房金额为房屋的成交价格。

享受上述优惠政策的纳税人须同时满足以下条件：

（1）纳税人出售和重新购买的住房应在同一城市范围内。同一城市范围是指同一直辖市、副省级城市、地级市（地区、州、盟）所辖全部行政区划范围。

（2）出售自有住房的纳税人与新购住房之间须直接相关，应为新购住房产权人或产权人之一。

符合退税优惠政策条件的纳税人应向主管税务机关提供合法、有效的售房、购房合同和主管税务机关要求提供的其他有关材料，经主管税务机关审核后办理退税。

---

① 全国中小企业股份转让系统（以下简称"新三板"）精选层公司转为北京证券交易所（以下简称"北交所"）上市公司，以及创新层挂牌公司通过公开发行股票进入北交所上市后，投资北交所上市公司涉及的个人所得税、印花税相关政策，暂按照现行新三板适用的税收规定执行。涉及企业所得税、增值税相关政策，按企业所得税法及其实施条例、《财政部 国家税务总局关于全面推开营业税改征增值税试点的通知》（财税〔2016〕36号）及有关规定执行。[《财政部 税务总局关于北京证券交易所税收政策适用问题的公告》（财政部 税务总局公告2021年第33号，2021年11月14日）]

各级住房城乡建设部门应与税务部门建立信息共享机制,将本地区房屋交易合同网签备案等信息(含撤销备案信息)实时共享至当地税务部门;暂未实现信息实时共享的地区,要建立健全工作机制,确保税务部门及时获取审核退税所需的房屋交易合同备案信息。

延伸解读

我国延续实施创业投资企业个人合伙人所得税政策

为继续支持创业投资企业(含创投基金,以下统称创投企业)发展,财政部、税务总局、国家发展改革委、中国证监会将有关个人所得税政策问题公告如下:

(1) 创投企业可以选择按单一投资基金核算或者按创投企业年度所得整体核算两种方式之一,对其个人合伙人来源于创投企业的所得计算个人所得税应纳税额。

上述所称创投企业,是指符合《创业投资企业管理暂行办法》(国家发展改革委 科技部 财政部 商务部 人民银行 税务总局 工商总局 银监会 证监会 外汇局令第39号)或者《私募投资基金监督管理暂行办法》(证监会令第105号)关于创业投资企业(基金)的有关规定,并按照上述规定完成备案且规范运作的合伙制创业投资企业(基金)。

(2) 创投企业选择按单一投资基金核算的,其个人合伙人从该基金应分得的股权转让所得和股息、红利所得,按照20%税率计算缴纳个人所得税。

创投企业选择按年度所得整体核算的,其个人合伙人应从创投企业取得的所得,按照"经营所得"项目、5%~35%的超额累进税率计算缴纳个人所得税。

(3) 单一投资基金核算,是指单一投资基金(包括不以基金名义设立的创投企业)在一个纳税年度内从不同创业投资项目取得的股权转让所得和股息红利所得按下述方法分别核算纳税:

① 股权转让所得。单个投资项目的股权转让所得,按年度股权转让收入扣除对应股权原值和转让环节合理费用后的余额计算,股权原值和转让环节合理费用的确定方法,参照股权转让所得个人所得税有关政策规定执行;单一投资基金的股权转让所得,按一个纳税年度内不同投资项目的所得和损失相互抵减后的余额计算,余额大于或等于零的,即确认为该基金的年度股权转让所得;余额小于零的,该基金年度股权转让所得按零计算且不能跨年结转。

个人合伙人按照其应从基金年度股权转让所得中分得的份额计算其应纳税额,并由创投企业在次年3月31日前代扣代缴个人所得税。如符合《财政部 税务总局关于创业投资企业和天使投资个人有关税收政策的通知》(财税〔2018〕55号)规定条件的,创投企业个人合伙人可以按照被转让项目对应投资额的70%抵扣其应从基金年度股权转让所得中分得的份额后再计算其应纳税额,当期不足抵扣的,不得向以后年度结转。

② 股息、红利所得。单一投资基金的股息、红利所得,以其来源于所投资项目分配的股息、红利收入以及其他固定收益类证券等收入的全额计算。

个人合伙人按照其应从基金股息红利所得中分得的份额计算其应纳税额,并由创投企业按次代扣代缴个人所得税。

③ 除前述可以扣除的成本、费用之外,单一投资基金发生的包括投资基金管理人的管理费和业绩报酬在内的其他支出,不得在核算时扣除。

本条规定的单一投资基金核算方法仅适用于计算创投企业个人合伙人的应纳税额。

(4) 创投企业年度所得整体核算,是指将创投企业以每一纳税年度的收入总额减除成本、费用以及损失后,计算应分配给个人合伙人的所得。如符合《财政部 税务总局关于创业投资企业和天使投资个人有关税收政策的通知》(财税〔2018〕55号)规定条件的,创投企业个人合伙人可以按照被转让项目对应投资额的70%抵扣其可以从创投企业应分得的经营所得后再计算其应纳税额。年度核算亏损的,准予按有关规定向以后年度结转。

按照"经营所得"项目计税的个人合伙人,没有综合所得的,可依法减除基本减除费用、专项扣除、专项附加扣除以及国务院确定的其他扣除。从多处取得经营所得的,应汇总计算个人所得税,只减除一次上述费用和扣除。

(5) 创投企业选择按单一投资基金核算或按创投企业年度所得整体核算后,3年内不能变更。

(6) 创投企业选择按单一投资基金核算的,应当在按照上述第(1)项规定完成备案的30日内,向主管税务机关进行核算方式备案;未按规定备案的,视同选择按创投企业年度所得整体核算。创投企业选择一种核算方式满3年需要调整的,应当在满3年的次年1月31日前,重新向主管税务机关备案。

(7) 税务部门依法开展税收征管和后续管理工作,可转请发展改革部门、证券监督管理部门对创投企业及其所投项目是否符合有关规定进行核查,发展改革部门、证券监督管理部门应当予以配合。

上述政策执行至 2027 年 12 月 31 日。[《财政部 税务总局 国家发展改革委 中国证监会关于延续实施创业投资企业个人合伙人所得税政策的公告》(财政部 税务总局 国家发展改革委 中国证监会公告 2023 年第 24 号),2023 年 8 月 21 日]

> **延伸解读**
>
> **创新企业境内发行存托凭证**
>
> (1) 自 2023 年 9 月 21 日至 2025 年 12 月 31 日,对个人投资者转让创新企业 CDR 取得的差价所得,暂免征收个人所得税。
>
> (2) 自 2023 年 9 月 21 日至 2025 年 12 月 31 日,对个人投资者持有创新企业 CDR 取得的股息、红利所得,实施股息红利差别化个人所得税政策,具体参照《财政部 国家税务总局 证监会关于实施上市公司股息红利差别化个人所得税政策有关问题的通知》(财税〔2012〕85 号)、《财政部 国家税务总局 证监会关于上市公司股息红利差别化个人所得税政策有关问题的通知》(财税〔2015〕101 号)的相关规定执行,由创新企业在其境内的存托机构代扣代缴税款,并向存托机构所在地税务机关办理全员全额明细申报。对于个人投资者取得的股息红利在境外已缴纳的税款,可按照《个人所得税法》以及双边税收协定(安排)的相关规定予以抵免。

> **延伸解读**
>
> **我国延续实施支持原油等货物期货市场对外开放个人所得税政策**
>
> 对境外个人投资者投资经国务院批准对外开放的中国境内原油等货物期货品种取得的所得,暂免征收个人所得税。上述政策执行至 2027 年 12 月 31 日。[《财政部 税务总局 中国证监会关于延续实施支持原油等货物期货市场对外开放个人所得税政策的公告》(财政部 税务总局 中国证监会公告 2023 年第 26 号),2023 年 8 月 21 日]

第七节 纳税期限

一、扣缴申报情形下的纳税期限

扣缴义务人每月或者每次预扣、代扣的税款,应当在次月 15 日内缴入国库,并向税务机关报送《个人所得税扣缴申报表》。

二、自行申报情形下的纳税期限

(一) 取得综合所得需要办理汇算清缴

需要办理汇算清缴的纳税人,应当在取得所得的次年 3 月 1 日至 6 月 30 日内,向任职、受雇单位所在地主管税务机关办理纳税申报。

(二) 取得经营所得

纳税人取得经营所得,按年计算个人所得税,由纳税人在月度或季度终了后 15 日内,向经营管理所在地主管税务机关办理预缴纳税申报,并报送《个人所得税经营所得纳税申报表(A 表)》。在取得所得的次年 3 月 31 日前,向经营管理所在地主管税务机关办理汇算清缴,并报送《个人所得税经营所得纳税申报表(B 表)》。

(三) 取得应税所得,扣缴义务人未扣缴税款

纳税人取得应税所得,扣缴义务人未扣缴税款的,应当区别以下情形办理纳税申报。

1. 居民个人取得综合所得的

按照"(一) 取得综合所得需要办理汇算清缴的纳税申报"办理。

2. 非居民个人取得工资、薪金所得,劳务报酬所得,稿酬所得,特许权使用费所得的

应当在取得所得的次年 6 月 30 日前,向扣缴义务人所在地主管税务机关办理纳税申报,并报送《个人所得税自行纳税申报表(A 表)》。有两个以上扣缴义务人均未扣缴税款的,选择向其中一处扣缴义务人所在地主管税务机关办理纳税申报。

非居民个人在次年6月30日前离境(临时离境除外)的,应当在离境前办理纳税申报。

3. 纳税人取得利息、股息、红利所得,财产租赁所得,财产转让所得和偶然所得的

应当在取得所得的次年6月30日前,按相关规定向主管税务机关办理纳税申报,并报送《个人所得税自行纳税申报表(A表)》。

(四)取得境外所得

居民个人从中国境外取得所得的,应当在取得所得的次年3月1日至6月30日内,向中国境内任职、受雇单位所在地主管税务机关办理纳税申报;在中国境内没有任职、受雇单位的,向户籍所在地或中国境内经常居住地主管税务机关办理纳税申报;户籍所在地与中国境内经常居住地不一致的,选择其中一地主管税务机关办理纳税申报;在中国境内没有户籍的,向中国境内经常居住地主管税务机关办理纳税申报。

(五)因移居境外注销中国户籍

纳税人因移居境外注销中国户籍的,应当在申请注销中国户籍前,向户籍所在地主管税务机关办理纳税申报,进行税款清算。

(六)非居民个人在中国境内从两处以上取得工资、薪金所得

非居民个人在中国境内从两处以上取得工资、薪金所得的,应当在取得所得的次月15日内,向其中一处任职、受雇单位所在地主管税务机关办理纳税申报,并报送《个人所得税自行纳税申报表(A表)》。

第八节 纳税地点

纳税人办理纳税申报的地点以及其他有关事项的具体办法,由国务院税务主管部门制定。

可以通过税法规定的个人所得税的主管税务机关判定个人所得税的纳税地点。

一、扣缴申报情形下个人所得税的纳税地点

扣缴义务人向居民个人支付工资、薪金所得,劳务报酬所得,稿酬所得,特许权使用费所得时,按规定方法预扣预缴个人所得税,并向主管税务机关报送《个人所得税扣缴申报表》。

年度预扣预缴税额与年度应纳税额不一致的,由居民个人于次年3月1日至6月30日向主管税务机关办理综合所得年度汇算清缴,税款多退少补。

扣缴义务人向非居民个人支付工资、薪金所得,劳务报酬所得,稿酬所得和特许权使用费所得时,应当按规定方法按月或者按次代扣代缴个人所得税。

二、自行纳税申报情形下个人所得税的纳税地点

(一)"取得综合所得需要办理汇算清缴的纳税申报"情形下个人所得税的纳税地点

取得综合所得且符合下列情形之一的纳税人,应当依法办理汇算清缴:

(1) 从两处以上取得综合所得,且综合所得年收入额减除专项扣除后的余额超过6万元。

(2) 取得劳务报酬所得、稿酬所得、特许权使用费所得中一项或者多项所得,且综合所得年收入额减除专项扣除的余额超过6万元。

(3) 纳税年度内预缴税额低于应纳税额。

(4) 纳税人申请退税。

需要办理汇算清缴的纳税人,应当在取得所得的次年3月1日至6月30日内,向任职、受雇单位所在地主管税务机关办理纳税申报,并报送《个人所得税年度自行纳税申报表》。纳税人有两处以上任职、受雇单位的,选择向其中一处任职、受雇单位所在地主管税务机关办理纳

税申报;纳税人没有任职、受雇单位的,向户籍所在地或经常居住地主管税务机关办理纳税申报。

(二)"取得经营所得的纳税申报"情形下个人所得税的纳税地点

个体工商户业主、个人独资企业投资者、合伙企业个人合伙人、承包承租经营者个人以及其他从事生产、经营活动的个人取得经营所得,包括以下情形:

(1) 个体工商户从事生产、经营活动取得的所得,个人独资企业投资人、合伙企业的个人合伙人来源于境内注册的个人独资企业、合伙企业生产、经营的所得。

(2) 个人依法从事办学、医疗、咨询以及其他有偿服务活动取得的所得。

(3) 个人对企业、事业单位承包经营、承租经营以及转包、转租取得的所得。

(4) 个人从事其他生产、经营活动取得的所得。

纳税人取得经营所得,按年计算个人所得税,由纳税人在月度或季度终了后15日内,向经营管理所在地主管税务机关办理预缴纳税申报,并报送《个人所得税经营所得纳税申报表(A表)》。在取得所得的次年3月31日前,向经营管理所在地主管税务机关办理汇算清缴,并报送《个人所得税经营所得纳税申报表(B表)》;从两处以上取得经营所得的,选择向其中一处经营管理所在地主管税务机关办理年度汇总申报,并报送《个人所得税经营所得纳税申报表〈C表〉》。

(三)"取得应税所得,扣缴义务人未扣缴税款的纳税申报"情形下个人所得税的纳税地点

纳税人取得应税所得,扣缴义务人未扣缴税款的,应当区别以下情形办理纳税申报:

(1) 居民个人取得综合所得的,按照"取得综合所得需要办理汇算清缴的纳税申报"相关规定办理。

(2) 非居民个人取得工资、薪金所得,劳务报酬所得,稿酬所得,特许权使用费所得的,应当在取得所得的次年6月30日前,向扣缴义务人所在地主管税务机关办理纳税申报,并报送《个人所得税自行纳税申报表(A表)》。有两个以上扣缴义务人均未扣缴税款的,选择向其中一处扣缴义务人所在地主管税务机关办理纳税申报。

非居民个人在次年6月30日前离境(临时离境除外)的,应当在离境前办理纳税申报。

(3) 纳税人取得利息、股息、红利所得,财产租赁所得,财产转让所得和偶然所得的,应当在取得所得的次年6月30日前,按相关规定向主管税务机关办理纳税申报,并报送《个人所得税自行纳税申报表(A表)》。

(四)"取得境外所得的纳税申报"情形下个人所得税的纳税地点

居民个人从中国境外取得所得的,应当在取得所得的次年3月1日至6月30日内,向中国境内任职、受雇单位所在地主管税务机关办理纳税申报;在中国境内没有任职、受雇单位的,向户籍所在地或中国境内经常居住地主管税务机关办理纳税申报;户籍所在地与中国境内经常居住地不一致的,选择其中一地主管税务机关办理纳税申报;在中国境内没有户籍的,向中国境内经常居住地主管税务机关办理纳税申报。

(五)"因移居境外注销中国户籍的纳税申报"情形下个人所得税的纳税地点

纳税人因移居境外注销中国户籍的,应当在申请注销中国户籍前,向户籍所在地主管税务机关办理纳税申报,进行税款清算。

(六)"非居民个人在中国境内从两处以上取得工资、薪金所得的纳税申报"情形下个人所得税的纳税地点

非居民个人在中国境内从两处以上取得工资、薪金所得的,应当在取得所得的次月15日内,向其中一处任职、受雇单位所在地主管税务机关办理纳税申报,并报送《个人所得税自行纳税申报表(A表)》。

第九节 税款征缴

一、综合知识

（一）税务机关通知限期缴纳

税务机关通知限期缴纳的，纳税人应当按照期限缴纳税款。

（二）延期缴纳税款

纳税人确有延期缴税需要的，根据《税收征管法》规定办理。

（三）因移居境外注销中国户籍

纳税人因移居境外注销中国户籍的，应当在注销中国户籍前办理税款清算。

（四）完税证明/纳税记录

为配合个人所得税制度改革，进一步落实国务院减证便民要求，优化纳税服务，国家税务总局决定将个人所得税《税收完税证明》（文书式）调整为《纳税记录》。

（1）从2019年1月1日起，纳税人申请开具税款所属期为2019年1月1日（含）以后的个人所得税缴（退）税情况证明的，税务机关不再开具《税收完税证明》（文书式），调整为开具《纳税记录》；纳税人申请开具税款所属期为2018年12月31日（含）以前个人所得税缴（退）税情况证明的，税务机关继续开具《税收完税证明》（文书式）。

（2）纳税人2019年1月1日以后取得应税所得并由扣缴义务人向税务机关办理了全员全额扣缴申报，或根据税法规定自行向税务机关办理纳税申报的，不论是否实际缴纳税款，均可以申请开具《纳税记录》。

（3）纳税人可以通过电子税务局、手机App申请开具本人的个人所得税《纳税记录》，也可到办税服务厅申请开具。

（4）纳税人可以委托他人持下列证件和资料到办税服务厅代为开具个人所得税《纳税记录》：

① 委托人及受托人有效身份证件原件。
② 委托人书面授权资料。

（5）纳税人对个人所得税《纳税记录》存在异议的，可以向该项记录中列明的税务机关申请核实。

（6）税务机关提供个人所得税《纳税记录》的验证服务，支持通过电子税务局、手机App等方式进行验证。具体验证方法见个人所得税《纳税记录》中的相关说明。

二、代扣代缴、预扣预缴

（一）综合知识

实施新税制后扣缴义务的主要变化点

（1）修订后的《个人所得税法》建立了对居民个人工资薪金、劳务报酬、稿酬和特许权使用费4项劳动性所得实行综合计税的制度。为方便纳税人，尽可能实现绝大部分仅有一处工薪收入纳税人日常税款的精准预扣，扣缴义务人支付居民个人工资、薪金所得时，需按照"累计预扣法"规定预扣个人所得税，并按月办理全员全额扣缴申报、缴入国库。

（2）修订后的《个人所得税法》首次设立了子女教育、继续教育、大病医疗、住房贷款利息或者住房租金、赡养老人六项专项附加扣除。依据税法规定，居民个人提供专项附加扣除信息（大病医疗除外）给任职受雇单位的，任职受雇单位作为扣缴义务人，应依法在工资薪金所得按月预扣税款时进行扣除。

1. 预扣或者代扣税款义务

扣缴义务人向个人支付应税款项时，应当依照《个人所得税法》规定预扣或者代扣税款，按时缴库，并专项记载备查。

此处所称支付，包括现金支付、汇拨支付、转账支付和以有价证券、实物以及其他形式的支付。

需要代扣代缴税款的所得项目

扣缴义务人应代扣代缴的应税所得项目包括：
（1）工资、薪金所得。

(2) 劳务报酬所得。
(3) 稿酬所得。
(4) 特许权使用费所得。
(5) 利息、股息、红利所得。
(6) 财产租赁所得。
(7) 财产转让所得。
(8) 偶然所得。

换句话说，除了经营所得，其他所得项目均需代扣代缴税款。

2. 没有扣缴义务人

纳税人取得应税所得没有扣缴义务人的，应当在取得所得的次月15日内向税务机关缴纳税款。

3. 扣缴义务人未扣缴税款

纳税人取得应税所得，扣缴义务人未扣缴税款的，纳税人应当在取得所得的次年6月30日前，缴纳税款。

4. 享受税收协定待遇

纳税人需要享受税收协定待遇的，应当在取得应税所得时主动向扣缴义务人提出，并提交相关信息、资料，扣缴义务人代扣代缴税款时按照享受税收协定待遇有关办法办理。

5. 纳税人不得拒绝扣缴义务人依法履行代扣代缴义务

扣缴义务人依法履行代扣代缴义务，纳税人不得拒绝。纳税人拒绝的，扣缴义务人应当及时报告税务机关。

6. 扣缴义务人不得拒绝居民个人的合法专项附加扣除要求

居民个人向扣缴义务人提供有关信息并依法要求办理专项附加扣除的，扣缴义务人应当按照规定在工资、薪金所得按月预扣预缴税款时予以扣除，不得拒绝。

7. 预扣、代扣的税款缴入国库的时限

扣缴义务人每月或者每次预扣、代扣的税款，应当在次月15日内缴入国库。

8. 个人所得税扣缴申报法律责任

扣缴义务人有未按照规定向税务机关报送资料和信息、未按照纳税人提供信息虚报虚扣专项附加扣除、应扣未扣税款、不缴或少缴已扣税款、借用或冒用他人身份等行为的，依照《税收征管法》等相关法律、行政法规处理。

9. "按次"具体规定

劳务报酬所得、稿酬所得、特许权使用费所得，属于一次性收入的，以取得该项收入为一次；属于同一项目连续性收入的，以一个月内取得的收入为一次。财产租赁所得，以一个月内取得的收入为一次。

利息、股息、红利所得，以支付利息、股息、红利时取得的收入为一次。偶然所得，以每次取得该项收入为一次。

10. 扣缴税款的手续费

对扣缴义务人按照规定扣缴的税款（不包括税务机关、司法机关等查补或者责令补扣的税款），税务机关按年付给2％的手续费，应当填开退还书。扣缴义务人凭退还书，按照国库管理有关规定办理退库手续。

扣缴义务人领取的扣缴手续费可用于提升办税能力、奖励办税人员。

（二）扣缴方法

为尽可能使居民个人日常被扣缴义务人预扣预缴的税款与其年度应纳税款接近，同时便于扣缴义务人和纳税人顺利适应税制转换，居民个人的工资、薪金所得个人所得税，日常采取累计预扣法进行预扣预缴；劳务报酬所得、稿酬所得、特许权使用费所得个人所得税，采取基本平移此前规定的做法预扣预缴；非居民个人则依照税法规定计算并扣缴个人所得税。

扣缴义务人向居民个人支付工资、薪金所得，劳务报酬所得，稿酬所得，特许权使用费所得时，按以下方法预扣预缴个人所得税，并向主管税务机关报送《个人所得税扣缴申报表》。

年度预扣预缴税额与年度应纳税额不一致的，由居民个人于次年3月1日至6月30日向主管税务机关办理综合所得年度汇算清缴，税款多退少补。

下面介绍全面实施新《个人所得税法》后扣缴义务人对居民个人工资、薪金所得，劳务报酬所得，稿酬所得，特许权使用费所得预扣预缴个人所得税的计算方法，对非居民个人上述4项所得扣缴个人所得税的计算方法(自2019年1月1日起施行)。

1.【预扣预缴】居民个人综合所得预扣预缴税款的计算方法(支付工资薪金所得、劳务报酬所得、稿酬所得、特许权使用费所得时)

居民个人取得工资、薪金所得、劳务报酬所得、稿酬所得、特许权使用费4项综合所得时,由扣缴义务人按月或者按次预扣预缴税款,具体方法规定如下。

1) 工资、薪金所得税款计算方法——扣缴义务人向居民个人支付工资、薪金所得时,应当按照累计预扣法计算预扣税款,并按月办理全员全额扣缴申报

(1) 个人所得税预扣预缴计算方法。

扣缴义务人向居民个人支付工资、薪金所得时,应当按照累计预扣法计算预扣税款,并按月办理全员全额扣缴申报。

累计预扣法这种个人所得税的计征方法类似于企业所得税的计征方法,按月预缴、年度清缴、多退少补,使得个人所得税的计征方法越来越贴近企业所得税,越发正规化。

累计预扣法,是指扣缴义务人在一个纳税年度内预扣预缴税款时,以纳税人在本单位截至当前月份工资、薪金所得累计收入减除累计免税收入、累计减除费用、累计专项扣除、累计专项附加扣除和累计依法确定的其他扣除后的余额为累计预扣预缴应纳税所得额,适用个人所得税预扣率表,计算累计应预扣预缴税额,再减除累计减免税额和累计已预扣预缴税额,其余额为本期应预扣预缴税额。余额为负值时,暂不退税。纳税年度终了后余额仍为负值时,由纳税人通过办理综合所得年度汇算清缴,税款多退少补。

具体计算公式如下:

本期应预扣预缴税额=(累计预扣预缴应纳税所得额×预扣率-速算扣除数)-累计减免税额-累计已预扣预缴税额

累计预扣预缴应纳税所得额=累计收入-累计免税收入-累计减除费用-累计专项扣除-累计专项附加扣除-累计依法确定的其他扣除

其中:累计减除费用,按照5 000元/月乘以纳税人当年截至本月在本单位的任职受雇月份数计算。自2021年1月1日起,对上一完整纳税年度内每月均在同一单位预扣预缴工资、薪金所得个人所得税且全年工资、薪金收入不超过6万元的居民个人,扣缴义务人在预扣预缴本年度工资、薪金所得个人所得税时,累计减除费用自1月份起直接按照全年6万元计算扣除。即,在纳税人累计收入不超过6万元的月份,暂不预扣预缴个人所得税;在其累计收入超过6万元的当月及年内后续月份,再预扣预缴个人所得税。

扣缴义务人应当按规定办理全员全额扣缴申报,并在《个人所得税扣缴申报表》相应纳税人的备注栏注明"上年各月均有申报且全年收入不超过6万元"字样。

上述公式中,计算居民个人工资、薪金所得预扣预缴税额的预扣率、速算扣除数,按个人所得税预扣率表一(居民个人工资、薪金所得预扣预缴适用)(表6-12)执行。

表6-12 个人所得税预扣率表一

(居民个人工资、薪金所得预扣预缴适用)

级数	累计预扣预缴应纳税所得额	预扣率	速算扣除数
1	不超过36 000元的部分	3%	0
2	超过36 000元至144 000元的部分	10%	2 520
3	超过144 000元至300 000元的部分	20%	16 920
4	超过300 000元至420 000元的部分	25%	31 920
5	超过420 000元至660 000元的部分	30%	52 920
6	超过660 000元至960 000元的部分	35%	85 920
7	超过960 000元的部分	45%	181 920

延伸解读

新税制下各月工薪所得扣缴税款的新变化

累计预扣法针对人数众多的工资、薪金所得纳税人设计。居民个人每月获得工资、薪金所得时,首先根据截止到当月的累计工薪收入减去累计的税法规定的各项扣除,得到累计预扣预缴应纳税所得额。然后,用该

累计应纳税所得额对应个人所得税预扣率表,计算出应预缴税额。需要注意的是,这里计算出的应预缴税额是截止到当月的累计应预缴税额,并非当月应缴。所以,最后,还需在这个累计应预缴税额的基础上,减去截止到上月的累计已预缴税额,方能得到当月的应预缴税额。那么简单地说,累计预扣法就是用截止到本月的累计应预缴税额,减去已预缴税额,从而确定本月应预缴税额的一种方法。

对于大多数纳税人而言,累计收入随时间增加。又由于个人所得税预扣率表为7级超额累进,当累计应纳税所得额增加到应适用更高一级的预扣率时,纳税人的预缴税款就会相应增加。比如2月的累计收入是1月和2月收入的合计,此时可能适用较低的预扣率;12月的累计收入是12月加前11个月收入的合计,此时很可能会适用更高的预扣率。所以,即使纳税人每月收入(应纳税所得额)相同,每月预扣的税款也会随着累计收入增加导致的预扣率上升而增加。这样一来,不同于我们所熟悉的各月税款大致相等的情形,累计预扣法下,一个纳税年度内,纳税人各月的预扣税款会呈现前低后高的分布。

但是,这种各月预扣税款的前低后高,只是由于对工资、薪金实行了累计预扣的做法,并不会影响纳税人全年的应纳税额。此外,对于单一工资、薪金收入来源的纳税人,如果能够在预扣税款阶段提供包括专项附加扣除在内的全部资料,基本无须汇算清缴,还可免除大量补税或退税的麻烦。

部分纳税人个人所得税预扣预缴方法的进一步简便优化

个人所得税制改革后,为尽可能使大多数纳税人在预扣预缴环节就精准预缴税款、提前享受改革红利,参考国际通行做法,对居民个人工资薪金所得采取累计预扣法来预扣预缴个人所得税。这样大部分仅有一处工资薪金所得的纳税人预缴税款与全年应纳税款一致,次年就不用再进行汇算清缴,办税负担得以有效减轻。从新税制实施首年情况看,这一预扣预缴制度安排发挥了积极有效作用,相当部分纳税人预缴阶段即充分享受改革红利并且不用办理汇算清缴。但也发现,有部分固定从一处取薪且年收入低于6万元的纳税人,虽然全年算账不用缴税,但因其各月间收入波动较大或者前高后低等原因,年中无法判断全年所得情况而某一个或几个月份被预扣预缴了税款,年度终了后仍需申请退税。

对此,考虑到新税制实施已有一个完整的纳税周期,纳税人也有了执行新税制后的全年收入纳税数据,对该部分工作稳定且年收入低于6万元的群体,在享受原税改红利基础上,可对其税款预扣预缴方法进行优化,进一步减轻其办税负担。根据《个人所得税法》及其实施条例有关规定,统筹考虑纳税人预扣预缴阶段税收负担和财政收入稳定性,国家税务总局出台了《关于进一步简便优化部分纳税人个人所得税预扣预缴方法的公告》(国家税务总局公告2020年第19号,自2021年1月1日起施行),这也有助于更好地支持稳就业、保就业、促消费,助力构建新发展格局。

《国家税务总局关于进一步简便优化部分纳税人个人所得税预扣预缴方法的公告》(国家税务总局公告2020年第19号)主要优化了两类纳税人的预扣预缴方法:

(1)上一完整纳税年度各月均在同一单位扣缴申报了工资薪金所得个人所得税且全年工资薪金收入不超过6万元的居民个人

具体来说需同时满足三个条件:

① 上一纳税年度1~12月均在同一单位任职且预扣预缴申报了工资薪金所得个人所得税;

② 上一纳税年度1~12月的累计工资薪金收入(包括全年一次性奖金等各类工资薪金所得,且不扣减任何费用及免税收入)不超过6万元;

③ 本纳税年度自1月起,仍在该单位任职受雇并取得工资薪金所得。

(2)按照累计预扣法预扣预缴劳务报酬所得个人所得税的居民个人,如保险营销员和证券经纪人

同样需同时满足以下三个条件:

① 上一纳税年度1~12月均在同一单位取酬且按照累计预扣法预扣预缴申报了劳务报酬所得个人所得税。

② 上一纳税年度1~12月的累计劳务报酬(不扣减任何费用及免税收入)不超过6万元。

③ 本纳税年度自1月起,仍在该单位取得按照累计预扣法预扣预缴税款的劳务报酬所得。

【案例6-18】 小李2021年至2022年都是A单位员工。A单位2021年1~12月每月均为小李办理了全员全额扣缴明细申报。

【分析】 假设小李2021年工薪收入合计54 000元,则小李2022年可适用本公告。

【案例6-19】 小赵2021年3~12月在B单位工作且全年工薪收入54 000元。

【分析】 假设小赵2022年还在B单位工

作,但因其上年并非都在B单位,则不适用本公告。

对符合《国家税务总局关于进一步简便优化部分纳税人个人所得税预扣预缴方法的公告》(国家税务总局公告2020年第19号)规定的纳税人,扣缴义务人在预扣预缴本纳税年度个人所得税时,累计减除费用自1月起直接按照全年6万元计算扣除。即,在纳税人累计收入不超过6万元的月份,不用预扣预缴个人所得税;在其累计收入超过6万元的当月及年内后续月份,再预扣预缴个人所得税。同时,依据税法规定,扣缴义务人仍应按税法规定办理全员全额扣缴申报。

【案例6-20】 小张为A单位员工,2021年1~12月在A单位取得工资薪金50 000元,单位为其办理了2021年1~12月的工资薪金所得个人所得税全员全额明细申报。2022年,A单位1月给其发放10 000元工资,2~12月每月发放4 000元工资。

【分析】 在不考虑"三险一金"等各项扣除情况下,按照原预扣预缴方法,小张1月需预缴个税=(10 000−5 000)×3%=150(元),其他月份无需预缴个税;全年算账,因其年收入不足6万元,故通过汇算清缴可退税150元。采用新预扣预缴方法后,小张自1月起即可直接扣除全年累计减除费用6万元而无需预缴税款,年度终了也就不用办理汇算清缴。

【案例6-21】 小周为A单位员工,2021年1~12月在A单位取得工资薪金50 000元,单位为其办理了2021年1~12月的工资薪金所得个人所得税全员全额明细申报。2022年,A单位每月给其发放工资8 000元、个人按国家标准缴付"三险一金"2 000元。

【分析】 在不考虑其他扣除情况下,按照原预扣预缴方法,小周每月需预缴个税30元。采用新预扣预缴方法后,1~7月,小周因其累计收入56 000元(8 000×7)不足6万元而无需缴税;从8月起,小周累计收入超过6万元,每月需要预扣预缴的税款计算如下:

8月预扣预缴税款=(8 000×8−2 000×8−60 000)×3%−0=0(元)

9月预扣预缴税款=(8 000×9−2 000×9−60 000)×3%−0=0(元)

10月预扣预缴税款=(8 000×10−2 000×10−60 000)×3%−0=0(元)

11月预扣预缴税款=(8 000×11−2 000×11−60 000)×3%−0=180(元)

12月预扣预缴税款=(8 000×12−2 000×12−60 000)×3%−180=180(元)

需要说明的是,对符合《国家税务总局关于进一步简便优化部分纳税人个人所得税预扣预缴方法的公告》(国家税务总局公告2020年第19号)条件的纳税人,如扣缴义务人预计本年度发放给其的收入将超过6万元,纳税人需要纳税记录或者本人有多处所得合并后全年收入预计超过6万元等原因,扣缴义务人与纳税人可在当年1月份税款扣缴申报前经双方确认后,按照原预扣预缴方法计算并预缴个人所得税。

上例中,假设A单位预计2022年为小周全年发放工资96 000元,可在2022年1月工资发放前和小周确认后,按照原预扣预缴方法每月扣缴申报30元税款。

采用自然人电子税务局扣缴客户端和自然人电子税务局WEB端扣缴功能申报的,扣缴义务人在计算并预扣本年度1月个人所得税时,系统会根据上一年度扣缴申报情况,自动汇总并提示可能符合条件的员工名单,扣缴义务人根据实际情况核对、确认后,即可按《国家税务总局关于进一步简便优化部分纳税人个人所得税预扣预缴方法的公告》(国家税务总局公告2020年第19号)规定的方法预扣预缴个人所得税。采用纸质申报的,扣缴义务人则需根据上一年度扣缴申报情况,判断符合《国家税务总局关于进一步简便优化部分纳税人个人所得税预扣预缴方法的公告》(国家税务总局公告2020年第19号)规定的纳税人,再按上述规定执行,并需从当年1月份税款扣缴申报起,在《个人所得税扣缴申报表》相应纳税人的备注栏填写"上年各月均有申报且全年收入不超过6万元"。

相关政策依据

国家税务总局关于进一步简便优化部分纳税人个人所得税预扣预缴方法的公告

国家税务总局公告2020年第19号　2020年12月4日

为进一步支持稳就业、保就业、促消费,助力构建新发展格局,按照《中华人民共和国个人所得税法》及其实施条例有关规定,现就进一步简便优化部分纳税人个人所得税预扣预缴方法有关事项公告如下:

一、对上一完整纳税年度内每月均在同一单位预扣预缴工资、薪金所得个人所得税且全年工资、薪金收入不超过6万元的居民个人,扣缴义务人在预扣预缴本年度工资、薪金所得个人所得税时,累计减除费用自1月份起直接按照全年6万元计算扣除。即,在纳税人累计收入不超过6万元的月份,暂不预扣预缴个人所得税;在其累计收入超过6万元的当月及年内后续月份,再预扣预缴个人所得税。

扣缴义务人应当按规定办理全员全额扣缴申报,并在《个人所得税扣缴申报表》相应纳税人的备注栏注明"上年各月均有申报且全年收入不超过6万元"字样。

二、对按照累计预扣法预扣预缴劳务报酬所得个人所得税的居民个人,扣缴义务人比照上述规定执行。

本公告自2021年1月1日起施行。

(2) 采用累计预扣法的考虑。

累计预扣法主要是通过各月累计收入减去对应扣除,对照综合所得税率表计算累计应缴税额,再减去已缴税额,确定本期应缴税额的一种方法。这种方法,一方面对于大部分只有一处工资薪金所得的纳税人,纳税年度终了时预扣预缴的税款基本上等于年度应纳税款,因此无须再办理自行纳税申报、汇算清缴;另一方面,对需要补退税的纳税人,预扣预缴的税款与年度应纳税款差额相对较小,不会占用纳税人过多资金。

【案例6-22】 赖先生2022年应发工资:1月10 000元、2月12 000元、3月40 000元,每月减除费用5 000元,"三险一金"等专项扣除为800元,从1月起享受子女教育专项附加扣除1 000元,没有减免收入及减免税额等情况。试分析、计算赖先生2022年各月工资薪金所得应预交个人所得税。

【分析】 以前3月为例(假设),预扣预缴计算个人所得税方法如下:

1月:$(10\,000-5\,000-800-1\,000)\times 3\% = 96(元)$

2月:$(10\,000+12\,000-5\,000\times 2-800\times 2-1\,000\times 2)\times 3\% - 96 = 156(元)$

3月:$(10\,000+12\,000+40\,000-5\,000\times 3-800\times 3-1\,000\times 3)\times 10\% - 2\,520-96-156 = 1\,388(元)$

1~12月合计收入15万元,工资薪金所得预交个人所得税4 320元。

需要注意的是,年度中间月份入职的员工,比如6月入职的员工,从6月起开始累计收入、减除费用、五险一金和专项附加扣除,之前1~5月在其他单位的工资薪金所得单位在代扣个人所得税时不用考虑。年终个人有两处所得,自行汇算清缴。

【案例6-23】 周先生2019年入职智董公司,自2022年1月1日起,公司每月支付工资20 000元(税前)。周先生个人所得税的专项扣除标准为1 000元/月,专项附加扣除标准为1 000元/月;除工资薪金所得外周先生无其他所得,无其他减免及特殊事项。请计算自2022年1月至3月,智董公司作为扣缴义务人每个月应预扣预缴具体税额。

【分析】 扣缴义务人向居民个人支付工资、薪金所得时,应当按照累计预扣法计算预扣税款,并按月办理全员全额扣缴申报。具体计算过程如下:

(1) 2022年1月:

第一步:

累计预扣预缴应纳税所得额 = 累计收入 − 累计免税收入 − 累计减除费用 − 累计专项扣除 − 累计专项附加扣除 − 累计依法确定的其他扣除 = $20\,000 - 0 - 5\,000 - 1\,000 - 1\,000 - 0 = 13\,000(元)$

第二步:

对照《个人所得税预扣率表一》(国家税务总局公告2018年第56号附件2),当月预扣率为3%,速算扣除数为0。

第三步:

本期应预扣预缴税额 = (累计预扣预缴应纳税所得额 × 预扣率 − 速算扣除数) − 累计减

免税额－累计已预扣预缴税额＝（13 000×3％－0）－0－0＝390（元）

(2) 2022年2月：

第一步：

累计预扣预缴应纳税所得额＝累计收入－累计免税收入－累计减除费用－累计专项扣除－累计专项附加扣除－累计依法确定的其他扣除＝20 000×2－0－5 000×2－1 000×2－1 000×2－0＝26 000（元）

第二步：

对照《个人所得税预扣率表一》（国家税务总局公告2018年第56号附件2），当月预扣率为3％，速算扣除数为0。

第三步：

本期应预扣预缴税额＝（累计预扣预缴应纳税所得额×预扣率－速算扣除数）－累计减免税额－累计已预扣预缴税额＝（26 000×3％－0）－0－390＝390（元）

注：其中的390元为1月已预扣预缴税额。

(3) 2022年3月：

第一步：

累计预扣预缴应纳税所得额＝累计收入－累计免税收入－累计减除费用－累计专项扣除－累计专项附加扣除－累计依法确定的其他扣除＝20 000×3－5 000×3－1 000×3－1 000×3－0＝39 000（元）

第二步：

对照《个人所得税预扣率表一》（国家税务总局公告2018年第56号附件2），当月预扣率为10％，速算扣除数为2 520。

第三步：

本期应预扣预缴税额＝（累计预扣预缴应纳税所得额×预扣率－速算扣除数）－累计减免税额－累计已预扣预缴税额＝（39 000×10％－2 520）－0－（390＋390）＝600（元）

注：第三步中的（390＋390）分别为1月、2月已预扣预缴税额。

需要注意的是，扣缴义务人每月预扣、代扣的税款，应当在次月15日内缴入国库，并向税务机关报送《个人所得税扣缴申报表》。年度预扣预缴税额与年度应纳税额不一致的，由居民个人于次年3月1日至6月30日向主管税务机关办理综合所得年度汇算清缴，税款多退少补。

专家点拨 工资、薪金所得税款计算方法：

扣缴义务人向居民个人支付工资、薪金所得时，需要按照"累计预扣法"计算预扣预缴税款。

具体方法为：

① 计算累计预扣预缴应纳税所得额。

对居民个人，按照其在本单位截至当前月份工资、薪金所得的累计收入，减除累计免税收入、累计减除费用、累计专项扣除、累计专项附加扣除和累计依法确定的其他扣除计算预扣预缴应纳税所得额。具体公式：

累计预扣预缴应纳税所得额＝累计收入－累计免税收入－累计减除费用－累计专项扣除－累计专项附加扣除－累计依法确定的其他扣除

② 计算本期应预扣预缴税额。

根据累计预扣预缴应纳税所得额，对照个人所得税预扣率表一（表6-13），查找适用预扣率和速算扣除数，据此计算累计应预扣预缴税额，再减除累计减免税额和累计已预扣预缴税额。如果计算本月应预扣预缴税额为负值时，暂不退税。纳税年度终了后余额仍为负值时，由纳税人通过办理综合所得年度汇算清缴，税款多退少补。

具体公式：

本期应预扣预缴税额＝（累计预扣预缴应纳税所得额×预扣率－速算扣除数）－累计减免税额－累计已预扣预缴税额。

表6-13 个人所得税预扣率表一

（居民个人工资、薪金所得预扣预缴适用）

级数	累计预扣预缴应纳税所得额	预扣率	速算扣除数
1	不超过36 000元的	3％	0
2	超过36 000元至144 000元的部分	10％	2 520
3	超过144 000元至300 000元的部分	20％	16 920
4	超过300 000元至420 000元的部分	25％	31 920
5	超过420 000元至660 000元的部分	30％	52 920
6	超过660 000元至960 000元的部分	35％	85 920
7	超过960 000元的部分	45％	181 920

员工当期可扣除的专项附加扣除金额,为该员工在本单位截至当前月份符合政策条件的扣除金额,扣除标准、范围和条件等见表6-14。

表6-14 个人所得税专项附加扣除政策指引一览表

专项附加扣除名称	扣除标准		适用范围和条件	享受扣除政策对象	享受环节	纳税人留存备查资料	其他口径
	每年	每月					
3岁以下婴幼儿照护费用	—	每个婴幼儿自2022年1月1日起每月1000元,自2023年1月1日起每月2000元	婴幼儿出生的当月至年满3周岁的前一个月,3岁以下婴幼儿照护费用。婴幼儿子女包括婚生子女、非婚生子女、养子女、继子女等受到本人监护的3岁以下婴幼儿	照护3岁以下婴幼儿的监护人(包括生父母、继父母、养父母,父母之外的其他人担任未成年人的监护人)。可以选择由其中一方按扣除标准的100%扣除,也可以选择由双方分别按扣除标准的50%扣除	纳税人选择在预扣预缴或年度汇算清缴环节享受	子女的出生医学证明等资料	无论婴幼儿在国内还是国外出生,其父母都可以享受扣除
子女教育	—	每个子女自2019年1月1日起每月1000元,自2023年1月1日起每月2000元	学前教育:年满3岁前至小学入学前	对每个子女,父母可以选择由一方自2019年1月1日起每月扣除1000元、自2023年1月1日起每月扣除2000元,或者双方分别自2019年1月1日起每月扣除500元、自2023年1月1日起每月扣除1000元,一经确定一个纳税年度内不能变更	纳税人选择在预扣预缴或年度汇算清缴环节享受	子女在境外接受教育,留存境外学校录取通知书、留学签证等境外教育佐证资料	入学前是指入学的前一月
			学历教育:义务教育、高中阶段教育、高等教育阶段				含入学当月、寒暑假以及因病和非主观因素保留学籍的休学期间
继续教育	—	400元	学历(学位)教育	接受教育的本人;符合规定条件的本科以下学历教育,可选择父母或本人扣除	纳税人选择在预扣预缴或年度汇算清缴环节享受	无需留存资料	最长不能超过48个月
	3600元	—	技能人员职业资格教育、专业技术人员职业资格继续教育	接受教育本人扣除	纳税人选择在预扣预缴或年度汇算清缴环节享受	职业资格相关证书等	取得证书月份一次性预扣3600元
住房贷款利息	—	1000元	纳税人本人或者配偶单独或者共同使用银行或住房公积金个人住房贷款为本人或其配偶购买中国境内住房	实际发生首套贷款利息支出的期间,夫妻双方协商确定由一方扣除;夫妻双方婚前分别购买,婚后选择其中一套由购买方继续扣除,也可以由夫妻双方对各自购买住房分别按标准的50%扣除。一经确定一个纳税年度内不能变更	纳税人选择在预扣预缴或年度汇算清缴环节享受	住房贷款合同、贷款还款支出凭证等资料	首套住房贷款是指购买住房享受首套住房贷款利率的住房贷款,以银行标识为准

(续表)

专项附加扣除名称	扣除标准 每年	扣除标准 每月	适用范围和条件	享受扣除政策对象	享受环节	纳税人留存备查资料	其他口径
住房租金	—	1 500元	直辖市、省会(首府)、计划单列市以及国务院确定的其他城市	纳税人主要工作城市没有自有住房,且由签订租赁住房合同的承租人扣除	纳税人选择在预扣预缴或年度汇算清缴环节享受	住房租赁合同、协议等	纳税人及其配偶在一个纳税年度内不能同时分别享受住房贷款利息和住房租金专项附加扣除,夫妻双方主要工作城市相同的,只能由一方扣除住房租金支出
住房租金	—	1 100元	除第一项所列城市以外,市辖区户籍人口超过100万的城市				
住房租金	—	800元	市辖区户籍人口不超过100万(含)的城市				
赡养老人	—	自2019年1月1日起每月2 000元、自2023年1月1日起每月3 000元	独生子女	独生子女本人	纳税人选择在预扣预缴或年度汇算清缴环节享受	无需留存资料	被赡养人是指年满60岁的父母以及子女均已去世的祖父母、外祖父母
赡养老人	—	具体分摊金额(自2019年1月1日起每人每月不超过1 000元、自2023年1月1日起每人每月不超过1 500元)	非独生子女	子女按规定协商,一经确定一个纳税年度内不能变更		均摊的,无需留存资料;约定或指定分摊的书面分摊协议等资料	
大病医疗	80 000元限额内据实	—	在医保目录范围内	纳税人发生的医药费用支出可以选择由本人或配偶扣除;未成年子女发生的医药费用可以选择由父母一方扣除	年度汇算清缴	大病患者医药服务收费及医保报销相关票据原件或复印件,或者医疗保障部门出具的纳税年度医药费用清单等资料	个人负担累计超过15 000元的部分,在80 000元限额内据实扣除

附:本表所称父母,是指父母、继父母、养父母;子女,是指婚生子女、非婚生子女、继子女、养子女。父母之外的其他担任未成年人的监护人的,比照执行。

【案例6-24】 刘先生2023年9月向单位首次报送其正在上幼儿园的4岁女儿相关信息。另一员工2023年9月向单位首次报送其正在上幼儿园的女儿相关信息,且女儿9月刚满3周岁。

【分析】 2023年9月刘先生可在本单位发工资时扣除子女教育支出18 000元(2 000元/月×9个月)。

另一员工2023年9月向单位首次报送其正在上幼儿园的女儿相关信息,且女儿9月刚满3周岁,可以扣除子女教育支出仅为2 000元(2 000元/月×1个月)。

【案例6-25】 刘先生2023年9月新入职本单位开始领工资,其11月才首次向单位报送正在上幼儿园的4岁女儿相关信息。

【分析】 11月该员工可在本单位发工资时扣除的子女教育支出金额为6 000元(2 000元/月×3个月)。

2) 劳务报酬所得、稿酬所得、特许权使用费所得税款的计算方法——扣缴义务人向居民个人支付劳务报酬所得、稿酬所得、特许权使用费所得(以下简称3项综合所得),按次或者按月预扣预缴个人所得税

(1) 个人所得税预扣预缴计算方法。

扣缴义务人向居民个人支付劳务报酬所得、稿酬所得、特许权使用费所得时,按次或者按月预扣预缴个人所得税(表6-15)。

表6-15 个人所得税预扣率表二
(居民个人劳务报酬所得预扣预缴适用)

级数	预扣预缴应纳税所得额	预扣率	速算扣除数
1	不超过20 000元的	20%	0
2	超过20 000元至50 000元的部分	30%	2 000
3	超过50 000元的部分	40%	7 000

具体预扣预缴税款计算方法为:

劳务报酬所得、稿酬所得、特许权使用费所得以每次收入减除费用后的余额为收入额,稿酬所得的收入额减按70%计算。

减除费用:劳务报酬所得、稿酬所得、特许权使用费所得预扣预缴税款时,每次收入不超过4 000元的,减除费用按800元计算;每次收入4 000元以上的,减除费用按20%计算。

应纳税所得额:劳务报酬所得、稿酬所得、特许权使用费所得,以每次收入额为预扣预缴应纳税所得额。劳务报酬所得适用20%至40%的超额累进预扣率,稿酬所得、特许权使用费所得适用20%的比例预扣率。

$$\text{劳务报酬所得应预扣预缴税额} = \text{预扣预缴应纳税所得额} \times \text{预扣率} - \text{速算扣除数}$$

$$\text{稿酬所得、特许权使用费所得应预扣预缴税额} = \text{预扣预缴应纳税所得额} \times 20\%$$

(2) 预扣预缴方法的考虑。

居民个人劳务报酬所得、稿酬所得、特许权使用费所得个人所得税的预扣预缴方法,基本平移了此前税法的扣缴方法,特别是平移了对每次收入不超过4 000元、费用按800元计算的规定。这种预扣预缴方法对扣缴义务人和纳税人来讲既容易理解,也简便易行,方便扣缴义务人和纳税人操作。

A. 劳务报酬。

劳务报酬所得,是指个人独立从事某项劳务取得的收入,和工资薪金所得最大的区别是是否存在雇佣关系,是否签订劳动合同。比如,大学老师校外讲学、老中医多个医院坐诊、外卖小哥送外卖、滴滴司机这些人员取得的所得可以按劳务报酬计算。

计算公式如下:

$$\text{劳务报酬所得应预扣预缴税额} = \text{预扣预缴应纳税所得额} \times \text{预扣率} - \text{速算扣除数}$$

【案例6-28】 赖先生业余时间喜欢画漫画,2022年5月为一家公司绘画取得劳务报酬8 000元。(不考虑增值税)

【分析】 收入额:$8\,000 \times (1-20\%) = 6\,400$(元)。

应预扣预缴税额:$6\,400 \times 20\% = 1\,280$(元)。

需要注意的是,劳务报酬年终并入综合所得,有子女教育、继续教育、住房贷款利息等六项专项附加扣除的,平常不扣除,年终汇算清缴时在税前扣除,因此六项专项附加扣除也是可以在劳务报酬税前扣除的。

注:自2021年1月1日起,对按照累计预扣法预扣预缴劳务报酬所得个人所得税的居民个人,扣缴义务人在预扣预缴本年度劳务报酬所得个人所得税时,累计减除费用自1月份起直接按照全年6万元计算扣除。即,在纳税人累计收入不超过6万元的月份,暂不预扣预缴个

人所得税;在其累计收入超过6万元的当月及年内后续月份,再预扣预缴个人所得税。

B. 稿酬所得。

计算公式如下:

$$\text{稿酬所得应预扣预缴税额} = \text{预扣预缴应纳税所得额} \times 20\%$$

稿酬所得适用20%的比例预扣率。

【案例 6-29】 2022年赖先生将自己的漫画出版,取得稿酬20 000元。(不考虑增值税)

【分析】 收入额=20 000×(1-20%)×70%=11 200(元)

应预扣预缴税额=11 200×20%=2 240(元)

需要注意的是,稿酬所得有优惠政策,收入额可以打7折。

C. 特许权使用费所得

计算公式如下:

$$\text{特许权使用费所得应预扣预缴税额} = \text{预扣预缴应纳税所得额} \times 20\%$$

特许权使用费所得适用20%的比例预扣率。

【案例 6-30】 2022年赖先生将自己的漫画版权卖给一家取得50 000元。(不考虑增值税)

【分析】 收入额=50 000×(1-20%)=40 000(元)

应预扣预缴税额=40 000×20%=8 000(元)

重点来了,年终怎么汇算清缴呢?

综合收入包括:工资8折的劳务费用、5.6折的稿酬、8折的特许权使用费*

注:劳务报酬所得、稿酬所得、特许权使用费所得以收入减除20%的费用后的余额为收入额。稿酬所得的收入额减按70%计算(表6-16)。

表6-16 计算过程

年综合所得收入	150 000+8 000×80%+20 000×56%+50 000×80%=207 600
减除费用	60 000
三险一金	800×12=9 600
专项附加扣除	1 000×12=12 000
应纳税所得额	126 000
应缴个人所得税	126 000×10%-2 520=10 080
预缴个人所得税	4 320+1 280+2 240+8 000=15 840
应退个人所得税	5 760

【案例 6-31】 2023年5月,孙先生在贵琛公司(非任职公司)参加商务活动,取得贵琛公司支付的一次性劳务报酬20 000元(税前)。假设孙先生为居民个人,个人所得税无其他减免及特殊事项。请计算2023年5月,贵琛公司作为扣缴义务人,应当预扣预缴的个人所得税具体税额。

【分析】 扣缴义务人向居民个人支付劳务报酬所得、稿酬所得、特许权使用费所得,按次或者按月预扣预缴个人所得税。具体计算过程如下:

第一步:

劳务报酬收入额=收入-费用=20 000-20 000×20%=16 000(元)

(该笔劳务报酬收入超过4 000元,因此减除费用按20%计算。)

第二步:

预扣预缴应纳税所得额=劳务报酬收入额=16 000(元)

第三步:

对照国家税务总局公告2018年第56号附件二《个人所得税预扣率表二》,当月预扣率为

20%,速算扣除数为0。

第四步:

应预扣预缴税额＝预扣预缴应纳税所得额×预扣率－速算扣除数＝16 000×20％－0＝3 200(元)

需要注意的是,扣缴义务人每月或者每次预扣、代扣的税款,应当在次月15日内缴入国库,并向税务机关报送《个人所得税扣缴申报表》。居民个人办理年度综合所得汇算清缴时,应当依法计算劳务报酬所得、稿酬所得、特许权使用费所得的收入额,并入年度综合所得计算应纳税款,税款多退少补。

专家点拨 劳务报酬所得、稿酬所得、特许权使用费所得税款的计算方法:

扣缴义务人向居民个人支付劳务报酬所得、稿酬所得、特许权使用费所得时(以下简称3项综合所得),按以下方法按月或者按次预扣预缴个人所得税:

① 计算预扣预缴应纳税所得额。

3项综合所得以每次收入减除费用后的余额为收入额,其中稿酬所得的收入额减按70％计算。当3项综合所得每次收入不超过4 000元的,减除费用按800元计算;当每次收入在4 000元以上的,减除费用按20％计算。3项综合所得以每次收入额为预扣预缴应纳税所得额。

② 计算预扣预缴应纳税额。

根据预扣预缴应纳税所得额乘以适用预扣率计算应预扣预缴税额。其中,劳务报酬所得适用个人所得税预扣率表二,稿酬所得、特许权使用费所得适用20％的比例预扣率。

【案例6-32】 假如居民个人刘先生取得劳务报酬所得2 000元,请计算这笔所得应预扣预缴个人所得税税额。

【分析】 这笔所得应预扣预缴税额计算过程为:

收入额＝2 000－800＝1 200(元)

应预扣预缴税额＝1 200×20％＝240(元)

【案例6-33】 假如居民个人刘先生取得稿酬所得40 000元,请计算这笔所得应预扣预缴个人所得税税额。

【分析】 这笔所得应预扣预缴税额计算过程为:

预扣预缴应纳税所得额＝(40 000－40 000×20％)×70％＝22 400(元)

应预扣预缴税额＝22 400×20％＝4 480(元)

特别说明事项 上述3项所得预扣预缴税款的计算,和年度汇算清缴税款的计算方法是有区别的。主要差别为:

① 收入额的计算方法不同。

年度汇算清缴时,收入额为收入减除20％的费用后的余额;预扣预缴时收入额为每次收入减除费用后的余额,其中,"收入不超过4 000元的,费用按800元计算;每次收入4 000元以上的,费用按20％计算"。

② 可扣除的项目不同。

居民个人的上述3项所得和工资、薪金所得属于综合所得,年度汇算清缴时以4项所得的合计收入额减除费用6万元以及专项扣除、专项附加扣除和依法确定的其他扣除后的余额,为应纳税所得额。而根据个人所得税法及实施条例规定,上述3项所得日常预扣预缴税款时暂不减除专项附加扣除。

③ 适用的税率/预扣率不同。

年度汇算清缴时,各项所得合并适用百分之三至40％五的超额累进税率;预扣预缴时,劳务报酬所得适用个人所得税预扣率表二,稿酬所得、特许权使用费所得适用20％的比例预扣率。

劳务报酬、稿酬所得、特许权使用费所得3项综合所得,属于一次性收入的,以取得该项收入为一次;属于同一项目连续性收入的,以一个月内取得的收入为一次。

3) 年度中间首次取得工资、薪金所得等人员有关个人所得税预扣预缴方法

自2020年7月1日起,为进一步支持稳就业、保就业,减轻当年新入职人员个人所得税预扣预缴阶段的税收负担,国家税务总局对年度中间首次取得工资、薪金所得等人员有关个人所得税预扣预缴方法进行了完善调整[《国家税务总局关于完善调整部分纳税人个人所得税预扣预缴方法的公告》(国家税务总局公告2020年第13号,2020年7月28日)]:

所称首次取得工资、薪金所得的居民个人,是指自纳税年度首月起至新入职时,未取得工资、薪金所得或者未按照累计预扣法预扣预缴过连续性劳务报酬所得个人所得税的居民个人。

(1)对一个纳税年度内首次取得工资、薪金所得的居民个人,扣缴义务人在预扣预缴个人所得税时,可按照5 000元/月乘以纳税人当年截至本月月份数计算累计减除费用。

(2)正在接受全日制学历教育的学生因实习取得劳务报酬所得的,扣缴义务人预扣预缴个人所得税时,可按照《国家税务总局关于发布〈个人所得税扣缴申报管理办法(试行)〉的公告》(国家税务总局公告2018年第61号)规定的累计预扣法计算并预扣预缴税款。

(3)符合规定并可按上述条款预扣预缴个人所得税的纳税人,应当及时向扣缴义务人申明并如实提供相关佐证资料或承诺书,并对相关资料及承诺书的真实性、准确性、完整性负责。相关资料或承诺书,纳税人及扣缴义务人需留存备查。

部分纳税人个人所得税预扣预缴方法的完善调整

为了进一步减轻毕业学生等年度中间首次入职人员以及实习学生预扣预缴阶段的税收负担,国家税务总局制发了《关于完善调整部分纳税人个人所得税预扣预缴方法的公告》(国家税务总局公告2020年第13号,2020年7月28日),自2020年7月1日起施行。2020年7月1日之前就业或者实习的纳税人,如存在多预缴个人所得税的,仍可在次年办理综合所得汇算清缴时申请退税。

1. 当年首次入职居民个人取得的工资、薪金所得,预扣预缴方法进行了什么完善调整?

对一个纳税年度内首次取得工资、薪金所得的居民个人,扣缴义务人在预扣预缴工资、薪金个人所得税时,可扣除从年初开始计算的累计减除费用(5 000元/月)。如,大学生小李2020年7月毕业后进入某公司工作,公司发放7月工资、计算当期应预扣预缴的个人所得税时,可减除费用35 000元(7个月×5 000元/月)。

2. 哪些人属于首次取得工资、薪金所得的居民个人?

国家税务总局公告2020年第13号文件所称首次取得工资、薪金所得的居民个人,是指自纳税年度首月起至新入职时,没有取得过工资、薪金所得或者连续性劳务报酬所得的居民个人。在入职新单位前取得过工资、薪金所得或者按照累计预扣法预扣预缴过连续性劳务报酬所得个人所得税的纳税人不包括在内。如果纳税人仅是在新入职前偶然取得过劳务报酬、稿酬、特许权使用费所得的,则不受影响,仍然可适用该公告规定。如,纳税人小赵2020年1月到8月份一直未找到工作,没有取得过工资、薪金所得,仅有过一笔8 000元的劳务报酬且按照单次收入适用20%的预扣率预扣预缴了税款,9月初找到新工作并开始领薪,那么新入职单位在为小赵计算并预扣9月工资、薪金所得个人所得税时,可以扣除自年初开始计算的累计减除费用45 000元(9个月×5 000元/月)。

3. 学生实习取得劳务报酬所得的,预扣预缴方法进行了什么完善调整?

正在接受全日制学历教育的学生因实习取得劳务报酬所得的,扣缴义务人预扣预缴个人所得税时,可按照《国家税务总局关于发布〈个人所得税扣缴申报管理办法(试行)〉的公告》(国家税务总局公告2018年第61号)规定的累计预扣法计算并预扣预缴税款。根据《个人所得税法》及其实施条例有关规定,累计预扣法预扣预缴个人所得税的具体计算公式为:

本期应预扣预缴税额=(累计收入额-累计减除费用)×预扣率-速算扣除数-累计减免税额-累计已预扣预缴税额

其中,累计减除费用按照5 000元/月乘以纳税人在本单位开始实习月份起至本月的实习月份数计算。

上述公式中的预扣率、速算扣除数,按照《个人所得税预扣率表一》(国家税务总局公告2018年第61号附件)执行。

如,学生小张7月在某公司实习取得劳务报酬3 000元。扣缴单位在为其预扣预缴劳务报酬所得个人所得税时,可采取累计预扣法预扣预缴税款。如采用该方法,那么小张7月份劳务报酬扣除5 000元减除费用后则无需预缴税款,比预扣预缴方法完善调整前少预缴440元。如小张年内再无其他综合所得,也就无需办理年度汇算退税。

4. 纳税人如何适用上述完善调整后的预扣预缴个人所得税方法?

纳税人可根据自身情况判断是否符合规定的条件。符合条件并按照规定的方法预扣预缴税款的,应及时向扣缴义务人申明并如实提供相关佐证资料或者承诺书。如新入职的毕业大学生,可以向单位出示毕业证或者派遣证等佐证资料;实习生取得实习单位支付的劳务报酬所得,如采取累计预扣法预扣税款的,可以向单位出示学生证等佐证资料;其他年中首次取得工资、薪金所得的纳税人,如确实没有其他佐证资料的,可以提供承诺书。

扣缴义务人收到相关佐证资料或承诺书后,即可按照完善调整后的预扣预缴方法为纳税人预扣预缴个人所得税。

同时,纳税人需就向扣缴义务人提供的佐证资料及承诺书的真实性、准确性、完整性负责。相关佐证资料及承诺书的原件或复印件,纳税人及扣缴义务人需留存备查。

相关政策依据

国家税务总局关于完善调整部分纳税人
个人所得税预扣预缴方法的公告

国家税务总局公告2020年第13号 2020年7月28日

为进一步支持稳就业、保就业,减轻当年新入职人员个人所得税预扣预缴阶段的税收负担,现就完善调整年度中间首次取得工资、薪金所得等人员有关个人所得税预扣预缴方法事项公告如下:

一、对一个纳税年度内首次取得工资、薪金所得的居民个人,扣缴义务人在预扣预缴个人所得税时,可按照5 000元/月乘以纳税人当年截至本月月份数计算累计减除费用。

二、正在接受全日制学历教育的学生因实习取得劳务报酬所得的,扣缴义务人预扣预缴个人所得税时,可按照《国家税务总局关于发布〈个人所得税扣缴申报管理办法(试行)〉的公告》(2018年第61号)规定的累计预扣法计算并预扣预缴税款。

三、符合本公告规定并可按上述条款预扣预缴个人所得税的纳税人,应当及时向扣缴义务人申明并如实提供相关佐证资料或承诺书,并对相关资料及承诺书的真实性、准确性、完整性负责。相关资料或承诺书,纳税人及扣缴义务人需留存备查。

四、本公告所称首次取得工资、薪金所得的居民个人,是指自纳税年度首月起至新入职时,未取得工资、薪金所得或者未按照累计预扣法预扣预缴过连续性劳务报酬所得个人所得税的居民个人。

本公告自2020年7月1日起施行。

2.【代扣代缴】非居民个人工资、薪金所得,劳务报酬所得,稿酬所得和特许权使用费所得应代扣代缴的计算方法(支付工资、薪金所得,劳务报酬所得,稿酬所得和特许权使用费所得时)

扣缴义务人向非居民个人支付工资、薪金所得,劳务报酬所得,稿酬所得和特许权使用费所得时,应当按以下方法按月或者按次代扣代缴个人所得税:

非居民个人的工资、薪金所得,以每月收入额减除费用5 000元后的余额为应纳税所得额;劳务报酬所得、稿酬所得、特许权使用费所得,以每次收入额为应纳税所得额,适用按月换算后的非居民个人月度税率表(即《个人所得税税率表三》见表6-17)计算应纳税额。其中,劳务报酬所得、稿酬所得、特许权使用费所得以收入减除20%的费用后的余额为收入额。稿酬所得的收入额减按70%计算。

表6-17 个人所得税税率表三
(非居民个人工资、薪金所得,劳务报酬所得,稿酬所得,特许权使用费所得适用)

级数	应纳税所得额	税率	速算扣除数
1	不超过3 000元的	3%	0
2	超过3 000元至12 000元的部分	10%	210
3	超过12 000元至25 000元的部分	20%	1 410
4	超过25 000元至35 000元的部分	25%	2 660
5	超过35 000元至55 000元的部分	30%	4 410
6	超过55 000元至80 000元的部分	35%	7 160
7	超过80 000元的部分	45%	15 160

非居民个人工资、薪金所得,劳务报酬所得,稿酬所得,特许权使用费所得应纳税额=应纳税所得额×税率-速算扣除数

非居民个人在一个纳税年度内税款扣缴方法保持不变,达到居民个人条件时,应当告知扣缴义务人基础信息变化情况,年度终了后按照居民个人有关规定办理汇算清缴。

专家点拨 根据修订后的《个人所得税法》第六条"非居民个人的工资、薪金所得,以每月收入额减除费用5 000元后的余额为应纳税所得额;劳务报酬所得、稿酬所得、特许权使用费所得,以每次收入额为应纳税所得额",以及第十一条"非居民个人取得工资、薪金所得,劳务报酬所得,稿酬所得和特许权使用费所得,有扣缴义务人的,由扣缴义务人按月或者按次代扣代缴税款,不办理

汇算清缴"的规定,《国家税务总局关于全面实施新个人所得税法若干征管衔接问题的公告》(国家税务总局公告2018年第56号)明确,扣缴义务人向非居民个人支付工资、薪金所得,劳务报酬所得,稿酬所得和特许权使用费所得时,个人所得税按以下方法按月或者按次代扣代缴:

非居民个人的工资、薪金所得,以每月收入额减除费用5 000元后的余额为应纳税所得额;劳务报酬所得、稿酬所得、特许权使用费所得,以每次收入额为应纳税所得额。其中,劳务报酬所得、稿酬所得、特许权使用费所得以收入减除20%的费用后的余额为收入额。稿酬所得的收入额减按70%计算。

上述4项所得的应纳税额=应纳税所得额×税率-速算扣除数

税率表为按月换算后的综合所得税率表。

【案例6-34】 假如某非居民个人取得劳务报酬所得20 000元,请计算这笔所得应预扣预缴个人所得税税额。

【分析】 这笔所得应扣缴税额为:

(20 000-20 000×20%)×20%-1 410=1 790(元)

【案例6-35】 假如某非居民个人取得稿酬所得10 000元,请计算这笔所得应预扣预缴个人所得税税额。

【分析】 这笔所得应扣缴税额为:

(10 000-10 000×20%)×70%×10%-210=350(元)

【案例6-36】 2023年1月至2月间孙先生在中国境内更升公司任职,更升公司按月支付工资10 000元(税前)。假设孙先生为非居民个人,个人所得税无其他减免及特殊事项。请计算2023年1月和2月,更升公司作为扣缴义务人代扣代缴税额。

【分析】 (1)2023年1月:

第一步:非居民个人工资薪金所得=收入额-减除费用=10 000-5 000=5 000(元)

第二步:对照《个人所得税预扣率表三》(国家税务总局公告2018年第61号附件),当月预扣率为10%,速算扣除数为210。

第三步:代扣代缴个人所得税税额=应纳税所得额×税率-速算扣除数=5 000×10%-210=290(元)

(2)2023年2月:

第一步:非居民个人工资薪金所得=收入额-减除费用=10 000-5 000=5 000(元)

第二步:对照《个人所得税预扣率表三》,当月预扣率为10%,速算扣除数为210。

第三步:

代扣代缴个人所得税税额=应纳税所得额×税率-速算扣除数=5 000×10%-210=290(元)

需要注意的是,非居民个人取得工资、薪金所得,以每月收入额减除费用5 000元后的余额为应纳税所得额,不同于居民个人所采取的累计预扣方法。非居民个人在一个纳税年度内税款扣缴方法保持不变,达到居民个人条件时,应当告知扣缴义务人基础信息变化情况,年度终了后按照居民个人有关规定办理汇算清缴。

【案例6-37】 2023年1月,孙先生在中国境内更升公司参加商务活动,更升公司支付一次性劳务报酬10 000元(税前)。假设孙先生为非居民个人,个人所得税无其他减免及特殊事项。请计算2023年1月更升公司作为扣缴义务人代扣代缴税额。

【分析】 第一步:非居民个人劳务报酬=收入-费用=收入-收入×20%=10 000-10 000×20%=8 000(元)

第二步:对照《个人所得税预扣率表三》(国家税务总局公告2018年第61号),当月预扣率为10%,速算扣除数为210。

第三步:代扣代缴个人所得税税额=应纳税所得额×税率-速算扣除数=8 000×10%-210=590(元)

需要注意的是,非居民个人取得劳务报酬所得、稿酬所得、特许权使用费所得以收入减除20%的费用后的余额为收入额。稿酬所得的收入额减按70%计算。非居民个人工资、薪金所得,劳务报酬所得,稿酬所得,特许权使用费所得应纳税额=应纳税所得额×税率-速算扣除数。

3.【代扣代缴】其他分类所得代扣代缴税款的计算方法——扣缴义务人支付利息、股息、红利所得,财产租赁所得,财产转让所得或者偶然所得时

扣缴义务人支付利息、股息、红利所得,财产租赁所得,财产转让所得或者偶然所得时,不用区分纳税人是否为居民个人,应当依法按次或者按月代扣代缴税款。

(1) 财产租赁所得。

支付财产租赁所得的,每次收入不超过4 000元的,减除费用800元;4 000元以上的,减除20%的费用,其余额为应纳税所得额,乘以20%的比例税率计算税款。

(2) 财产转让所得。

支付财产转让所得的,以转让财产的收入额减除财产原值和合理费用后的余额为应纳税所得额,乘以20%的比例税率计算税款。

(3) 利息、股息、红利所得和偶然所得。

支付利息、股息、红利所得和偶然所得的,以每次收入额为应纳税所得额,乘以20%的比例税率计算税款。

三、汇算清缴

年度汇算清缴指的是年度终了后,纳税人汇总工资薪金、劳务报酬、稿酬、特许权使用费等四项综合所得的全年收入额,减去全年的费用和扣除,得出应纳税所得额并按照综合所得年度税率表,计算全年应纳个人所得税,再减去年度内已经预缴的税款,向税务机关办理年度纳税申报并结清应退或应补税款的过程。

延伸解读

什么是个人所得税年度汇算清缴?

与以前实行的分类税制相比,我国个人所得税的计算方法发生了改变,即将纳税人取得的工资薪金、劳务报酬、稿酬、特许权使用费四项所得合并为"综合所得",以"年"为一个周期计算应该缴纳的个人所得税。平时取得这四项收入时,先由支付方(即扣缴义务人)依税法规定按月或者按次预扣预缴税款。年度终了,纳税人需要将上述四项所得的全年收入和可以扣除的费用进行汇总,收入额减去费用、扣除后,适用3%~45%的综合所得年度税率表,计算全年应纳个人所得税,再减去年度内已经预缴的税款,向税务机关办理年度纳税申报并结清应退或应补税款,这个过程就是汇算清缴。通俗地说,就是在平时已预缴税款的基础上"查遗补漏,汇总收支,按年算账,多退少补",这是我国建立综合与分类相结合的个人所得税制的内在要求,也是国际通行做法。

需要说明的是:

(1) 我国个人所得税的纳税人分为居民个人和非居民个人,两者判定条件不同,所负有的纳税义务也不相同。

所称居民个人,是指个人所得税法第一条规定的"在中国境内有住所,或者无住所而一个纳税年度内在中国境内居住累计满一百八十三天的个人"。也就是说,只有居民个人,才需要办理年度汇算。

(2) 年度汇算之所以称为"年度",是指仅限于计算并结清纳税年度的应退或者应补税款,不涉及以前年度,也不涉及以后年度。

(3) 年度汇算的范围和内容,仅指此次个人所得税改革纳入综合所得范围的工资薪金、劳务报酬、稿酬、特许权使用费等四项所得;经营所得、利息股息红利所得、财产租赁所得、财产转让所得和偶然所得,依法均不纳入综合所得计税。同时,按照《财政部 税务总局关于个人所得税法修改后有关优惠政策衔接问题的通知》(财税〔2018〕164号)规定,纳税人取得的可以不并入综合所得计算纳税的收入,也不在年度汇算范围内,如选择单独计税的全年一次性奖金,解除劳动关系、提前退休、内部退养取得的一次性补偿收入,等等。

延伸解读

为什么要进行个人所得税年度汇算清缴?

考虑到综合所得预扣预缴个人所得税额与居民个人年度综合所得应纳税额的计算方法存在一定差异,居民个人预缴税额与年度应纳税额之间的差额,年度终了后可通过综合所得汇算清缴申报,税款多退少补。

(1) 年度汇算可以更加精准、全面落实各项税前扣除和税收优惠政策,更好保障纳税人的权益。

比如,有的纳税人由于工作繁忙,可享受的税前扣除项目在平时没来得及申报享受;还有一些扣除项目,比如专项附加扣除中的大病医疗支出,只有年度结束,才能确切地知道支出金额是多少,这些扣除都可以通过年度汇算来补充享受办理。为此,我国税法分三类情形列出了年度汇算期间可以享受的税前扣除项目,既有平时可以扣除但纳税人未来得及申报扣除或没有足额扣除的,也有在年度汇算期间办理的扣除,提醒纳税人"查遗补漏",充分享受改革红利。

(2) 通过年度汇算,准确计算纳税人综合所得全年应该缴纳的个人所得税,如果预缴税额大于全年应纳税额,就要退还给纳税人。

税法规定,纳税人平时取得综合所得时,仍需要依照一定的规则,先按月或按次计算并预扣预缴税款,这几乎是世界上所有开征个人所得税国家的普遍做法。但由于实践中的情形十分复杂,因此无论采取怎样的预扣预缴方法,都不可能使所有的纳税人平时已预缴税额与年度应纳税额完全一致,此时两者之间就会产生"差额"。比如:年度中间,纳税人取得综合所得的收入波动过大或时断时续,在收入较高或有收入的月份按规定预缴了税款,但全年综合所得的收入额总计还不到6万元,减去全年基本减除费用6万元后,按年计算则无需缴纳个人所得税。这时,平时已预缴税款就需要通过年度汇算退还纳税人。

(一) 汇算清缴的办理主体

年度汇算的主体,仅指依据个人所得税法规定的居民个人。

非居民个人,无需办理年度汇算。

(二) 汇算清缴的办理范围、内容、情形

年度汇算的范围和内容,仅指纳入综合所得范围的工资薪金、劳务报酬、稿酬、特许权使用费等四项所得。

经营所得、利息股息红利所得、财产租赁所得等分类所得均不纳入年度汇算。

同时,纳税人取得的可以不并入综合所得计算纳税的收入,也不在年度汇算范围内,如选择单独计税的全年一次性奖金等。

年度汇算的内容

以2021年度的个人所得税的汇算清缴为例。2021年度终了后,居民个人(以下简称纳税人)需要汇总2021年1月1日至12月31日取得的工资薪金、劳务报酬、稿酬、特许权使用费等四项所得(以下简称综合所得)的收入额,减除费用6万元以及专项扣除、专项附加扣除、依法确定的其他扣除和符合条件的公益慈善事业捐赠(以下简称捐赠)后,适用综合所得个人所得税税率并减去速算扣除数,计算本年度最终应纳税额,再减去2021年度已预缴税额,得出应退或应补税额,向税务机关申报并办理退税或补税。具体计算公式如下:

应退或应补税额=[(综合所得收入额-60 000元-"三险一金"等专项扣除-子女教育等专项附加扣除-依法确定的其他扣除-捐赠)×适用税率-速算扣除数]-2021年已预缴税额

依据税法规定,年度汇算不涉及财产租赁等分类所得,以及纳税人按规定选择不并入综合所得计算纳税的全年一次性奖金等所得。

自2019年1月1日起,纳税人取得综合所得和经营所得,应当进行汇算清缴并自行申报纳税。

根据《个人所得税法》第十条第一款第(一)项的规定:"有下列情形之一的,纳税人应当依法办理纳税申报:(一)取得综合所得需要办理汇算清缴"的规定,汇算清缴的范围主要是居民个人取得综合所得,也就是工资、薪金所得、劳务报酬所得、稿酬所得、特许权使用费所得之一的,需要办理汇算清缴。

根据《个人所得税法》第十二条的规定:"纳税人取得经营所得,按年计算个人所得税,由纳税人在月度或者季度终了后十五日内向税务机关报送纳税申报表,并预缴税款;在取得所得的次年三月三十一日前办理汇算清缴"的规定,纳税人取得经营所得的,也需要办理汇算清缴。由于原个人所得税法对个体工商户生产经营所得和企事业单位承包经营所得也要求汇算清缴,所以,这一块内容变化不大。

取得综合所得需要办理汇算清缴的情形

取得综合所得(即工资、薪金所得,劳务报酬所得,稿酬所得,特许权使用费所得)需要办理汇算清缴的情形包括:

(1) 从两处以上取得综合所得,且综合所得年收入额减除专项扣除的余额超过6万元。

(2) 取得劳务报酬所得、稿酬所得、特许权使用费所得中一项或者多项所得,且综合所得年收入额减除专项扣除的余额超过6万元。

(3) 纳税年度内预缴税额低于应纳税额。

(4) 纳税人申请退税。

纳税人申请退税,应当提供其在中国境内开设的银行账户,并在汇算清缴地就地办理税款退库。

(三) 需要或不需要办理年度汇算的人

依据税法规定,符合下列情形之一的,纳税人需要办理年度汇算:

(1) 已预缴税额大于年度应纳税额且申请退税的。

(2) 综合所得收入全年超过 12 万元且需要补税金额超过 400 元的。

1. 需要办理年度汇算的情形

需要办理年度汇算的情形,分为退税、补税两类。

一类是预缴税额高于应纳税额,需要申请退税的纳税人。依法申请退税是纳税人的权利。只要纳税人多预缴了税款,都可以依法申请退税。实践中有一些比较典型的情形,将产生或者可能产生退税,主要如下:

(1) 年度综合所得年收入额不足 6 万元,但平时预缴过个人所得税的。

(2) 年度有符合享受条件的专项附加扣除,但预缴税款时没有申报扣除的。

(3) 因年中就业、退职或者部分月份没有收入等原因,减除费用 6 万元、"三险一金"等专项扣除、子女教育等专项附加扣除、企业(职业)年金以及商业健康保险、税收递延型养老保险等扣除不充分的。

(4) 没有任职受雇单位,仅取得劳务报酬、稿酬、特许权使用费所得,需要通过年度汇算办理各种税前扣除的。

(5) 纳税人取得劳务报酬、稿酬、特许权使用费所得,年度中间适用的预扣预缴率高于全年综合所得年适用税率的。

(6) 预缴税款时,未申报享受或者未足额享受综合所得税收优惠的,如残疾人减征个人所得税优惠等。

(7) 有符合条件的公益慈善事业捐赠支出,但预缴税款时未办理扣除的,等等。

另一类是预缴税额小于应纳税额,应当补税的纳税人。依法补税是纳税人的义务。综合所得年收入超过 12 万元且年度汇算补税金额超过 400 元的纳税人,需要依法办理年度汇算并及时补税。实践中有一些常见情形,将导致年度汇算时需要或可能需要补税,主要如下:

(1) 在两个以上单位任职受雇并领取工资薪金,预缴税款时重复扣除了减除费用(5 000 元/月)。

(2) 除工资薪金外,纳税人还有劳务报酬、稿酬、特许权使用费所得,各项综合所得的收入加总后,导致适用综合所得年税率高于预扣预缴率;等等。

2. 不需要办理汇算清缴的情形

一般来讲,只要纳税人平时已预缴税额与年度应纳税额不一致,都需要办理年度汇算。为切实减轻纳税人负担,持续释放改革红利,国务院专门明确对部分需补税的中低收入纳税人免除年度汇算义务,财政部、国家税务总局据此制发了《关于个人所得税综合所得汇算清缴涉及有关政策问题的公告》(财政部 税务总局公告 2019 年第 94 号,以下简称 94 号财税公告),细化明确了免予办理年度汇算的情形。

无需办理年度汇算的纳税人:

一类是对部分本来应当办理年度汇算且需要补税的纳税人,免除其办理的义务。包括:纳税人只要综合所得年收入不超过 12 万元,则不论补税金额多少,均不需办理年度汇算;纳税人只要补税金额不超过 400 元,则不论综合所得年收入的高低,均不需办理年度汇算。需要说明的是,依据 94 号财税公告,纳税人取得综合所得时存在扣缴义务人未依法预扣预缴税款的情形,不包括在免予办理情形范围内。

第二类是"已预缴税额与年度应纳税额一致或者不申请年度汇算退税的"纳税人。也就是说,如果纳税人平时已预缴税额与年度应纳税额完全一致,既不需要退税也不需要补税,也就无需办理年度汇算。如果纳税人自愿放弃退税,也无需办理年度汇算。

如果纳税人不太清楚记得自己全年收入到底有多少,或者不知晓怎样才能算出自己应该补税还是退税,具体补多少或者退多少,确定不了是否符合免予办理的条件,可以采取以下途径予以解决:一是纳税人可以向扣缴单位提出要求,按照税法规定,单位有责任将已发放的收入和已预缴税额等情况告诉纳税人;二是纳税人可以登录网上税务局(包括手机个人所得税

App),查询本人的年度收入和纳税申报明细记录;三是办理年度汇算时,税务机关将通过网上税务局,根据一定规则为纳税人提供申报表预填服务,如果纳税人对预填信息没有异议,系统就会自动计算出应补或应退税款,纳税人就可以知道自己是否符合豁免政策要求了。

注:《财政部 税务总局关于个人所得税综合所得汇算清缴涉及有关政策问题的公告》(财政部 税务总局公告2019年第94号)规定的免于办理个人所得税综合所得汇算清缴优惠政策,执行期限延长至2023年12月31日。[《财政部 税务总局关于延续实施全年一次性奖金等个人所得税优惠政策的公告》(财政部 税务总局公告2021年第42号,2021年12月31日)]

2024年1月1日至2027年12月31日,居民个人取得的综合所得,年度综合所得收入不超过12万元且需要汇算清缴补税的,或者年度汇算清缴补税金额不超过400元的,居民个人可免于办理个人所得税综合所得汇算清缴。居民个人取得综合所得时存在扣缴义务人未依法预扣预缴税款的情形除外。[《财政部 税务总局关于延续实施个人所得税综合所得汇算清缴有关政策的公告》(财政部 税务总局公告2023年第32号),2023年8月18日]

延伸解读

哪些情形不需要办理汇算清缴?

(1)对于只取得一处工资薪金所得的纳税人,可在日常预缴环节缴纳全部税款的,不需办理汇算清缴。

(2)非居民个人取得工资、薪金所得,劳务报酬所得,稿酬所得和特许权使用费所得,有扣缴义务人的,由扣缴义务人按月或者按次代扣代缴税款,不办理汇算清缴。

(3)利息、股息、红利所得,财产租赁所得,财产转让所得和偶然所得不需办理汇算清缴。

纳税人取得利息、股息、红利所得,财产租赁所得,财产转让所得和偶然所得,按月或者按次计算个人所得税,有扣缴义务人的,由扣缴义务人按月或者按次代扣代缴税款,不需办理汇算清缴。

(四)汇算清缴的办理方式

纳税人可以自行办理汇算清缴,也可以委托扣缴义务人或者其他单位和个人办理汇算清缴。

由于经营所得的纳税人主要是个体工商户和企事业单位承包经营者,这部分纳税人如果属于核定征收,税务机关一般不要求汇算清缴,如果属于查账征收,一般都聘请有财务人员,由财务人员进行汇算清缴,这和原个人所得税法下基本是一致的,变化不大。

根据《个人所得税法》第十四条第二款的规定:"纳税人办理汇算清缴退税或者扣缴义务人为纳税人办理汇算清缴退税的,税务机关审核后,按照国库管理的有关规定办理退税。"可见,取得综合所得的纳税人,可以由本人进行汇算清缴(或委托代理人以本人名义办理),也可以由扣缴义务人进行汇算清缴。

办理年度汇算的三种方式:自己办、单位办、请人办。

1. 自己办,即纳税人自行办理

纳税人可以自行办理年度汇算。税务机关将推出系列优化服务措施,加强年度汇算的政策解读和操作辅导力度,分类编制办税指引,通俗解释政策口径、专业术语和操作流程,通过手机个人所得税App、网页端、12366纳税缴费服务热线等渠道提供涉税咨询,解决办理年度汇算中的疑难问题,帮助纳税人顺利完成年度汇算。对于因年长、行动不便等独立完成年度汇算存在特殊困难的,纳税人提出申请,税务机关还可以提供个性化年度汇算服务。

2. 单位办,即请任职受雇单位办理

考虑到任职受雇单位对纳税人的涉税信息掌握得比较全面、准确,与纳税人联系也比较紧密,有利于更好地帮助纳税人办理年度汇算,纳税人可以通过任职受雇单位代办年度汇算。任职受雇单位除支付工资薪金的单位外,还包括按累计预扣法预扣预缴劳务报酬所得个人所得税的单位,主要是保险营销员、证券经纪人或正在接受全日制学历教育的实习生等情形。如纳税人向单位提出代办要求的,单位应当办理,或者培训、辅导纳税人通过网上税务局自行完成年度汇算申报和退(补)税。税务机关将为单位提供申报软件,方便其为本单位人员集中办理年度汇算申报。

注 纳税人选择由单位代办年度汇算的,需在4月30日前与单位进行确认。我国对个人所得税年度汇算确认现已扩充了电子方式,纳税人可通过电子邮件、短信、微信等进行确认,与书面方式有同等法律效力。为维护纳税

人合法权益,在纳税人确认前,单位不得为纳税人代办年度汇算。完成确认后,纳税人需要将除本单位以外的年度全部综合所得收入、扣除、享受税收优惠等信息资料如实提供给单位,并对信息的真实性、准确性、完整性负责。

3. 请人办,即委托涉税专业服务机构或其他单位及个人办理

纳税人可根据自己的情况和条件,自主委托涉税专业服务机构或其他单位、个人(以下简称受托人)办理年度汇算。选择这种方式,受托人需与纳税人签订委托授权书,明确双方的权利、责任和义务。

需要提醒的是,扣缴义务人或者受托人为纳税人办理年度汇算后,应当及时将办理情况告知纳税人。纳税人如果发现申报信息存在错误,可以要求其办理更正申报,也可以自行办理更正申报。

(五)汇算清缴的办理渠道

为方便纳税人,税务机关提供了高效、快捷的网络办税渠道,纳税人可通过网上税务局办理年度汇算,税务机关还将按一定规则给纳税人提供申报表预填服务,因此建议纳税人优先选择使用网络渠道办理。如果纳税人不方便使用网络,也可以通过邮寄方式或者到办税服务厅办理。

选择邮寄申报的,各省(区、市)将指定专门受理邮寄申报的税务机关并向社会公告。纳税人如选择邮寄申报的,需根据自己实际情况,将申报表寄送至相应地址:有任职受雇单位的,需将申报表寄送至任职受雇单位所在省(区、市)税务局公告指定的税务机关;没有任职受雇单位的,寄送至户籍或者经常居住地所在省(区、市)税务局公告指定的税务机关。同时,为避免因信息填报有误或寄送地址不清而带来不必要的麻烦,纳税人应清晰、真实、准确填写本人的相关信息,尤其是姓名、纳税人识别号、有效联系方式等关键信息。为提高辨识度,寄送的申报表,建议使用电脑填报并打印、签字。

办理年度汇算的三个渠道:网络办、邮寄办、大厅办。

1. 网络办

税务机关提供了高效、快捷的网络办税渠道,建议纳税人优先选择通过网上税务局办理年度汇算,特别是手机个人所得税 App 掌上办税。在网上税务局,税务机关已把符合条件纳税人的四项综合所得的预缴申报数据,全部直接预填到了申报表,纳税人办理年度汇算更加方便快捷。此外,为进一步提升纳税人境外所得申报的便利性,年度汇算还开放网上税务局(网页端)境外所得申报功能。

2. 邮寄办

如果纳税人不方便使用网络,也可以邮寄申报表办理年度汇算。各省(区、市)税务局将指定专门受理邮寄申报的税务机关并向社会公告。纳税人需将申报表寄送至主管税务机关所在省(区、市)税务局公告的地址。邮寄申报需要清晰、真实、准确填写本人的相关信息,尤其是姓名、纳税人识别号、有效联系方式等关键信息,建议使用电脑填报并打印、签字。

3. 大厅办

如果纳税人不方便使用网络或邮寄,也可以到主管税务机关办税服务厅办理。

(六)汇算清缴的办理时间

根据《个人所得税法》第十一条第一款的规定:"居民个人取得综合所得,按年计算个人所得税;需要办理汇算清缴的,应当在取得所得的次年三月一日至六月三十日内办理汇算清缴。"

延伸解读

居民个人取得综合所得汇算清缴的时间、地点、报表

纳税人应当在取得所得的次年 3 月 1 日至 6 月 30 日内,向任职、受雇单位所在地主管税务机关办理汇算清缴纳税申报,并报送《个人所得税年度自行纳税申报表》,税款多退少补。

根据《个人所得税法》第十二条第一款的规定:"纳税人取得经营所得,按年计算个人所得税,在取得所得的次年三月三十一日前办理汇算清缴。"

需要关注的是,综合所得和经营所得的汇算清缴时间是不一致的。

以 2022 年为例。年度汇算时间是 2022 年 3 月 1 日至 6 月 30 日。其中,在中国境内无住所的纳税人如果在 2022 年 3 月 1 日前离境的,可以在离境前办理年度汇算。需要说明的是,为帮助纳税人高效便捷、合理有序地完成年度汇算,税务机关将通过一定方式分批分期通知提醒纳税人在确定的时间段内错峰办理,建议纳税人尽量在约定的时间内办理,以免产生办税拥堵,影响办税体验。

(七) 汇算清缴的办理地点

按照方便就近原则,纳税人自行办理或受托人为纳税人代为办理年度汇算的,向纳税人任职受雇单位的主管税务机关申报;有两处及以上任职受雇单位的,可自主选择向其中一处申报。

纳税人没有任职受雇单位的,向其户籍所在地、经常居住地或者主要收入来源地的主管税务机关申报。主要收入来源地,是指纳税人纳税年度内取得的劳务报酬、稿酬及特许权使用费三项所得累计收入最大的扣缴义务人所在地。

单位为纳税人代办年度汇算的,向单位的主管税务机关申报。

(八) 纳税人办理年度汇算需要提交的资料

为减轻纳税人负担,纳税人办理年度汇算,一般只需报送年度汇算申报表。如果修改本人相关基础信息、新增享受扣除或者税收优惠,才需一并报送修改或新增的相关信息。纳税人需仔细核对填报的信息,确保真实、准确、完整。

为便于后续服务和管理,纳税人及为其代办年度汇算的单位需各自将办理年度汇算的相关资料,自年度汇算期结束之日起留存 5 年(自当年 7 月 1 日至 5 年后的 6 月 30 日)。

(九) 汇算期间办理扣除或补充扣除

下列在上年度发生的,且未申报扣除或未足额扣除的税前扣除项目,纳税人可在年度汇算期间办理扣除或补充扣除:

(1) 纳税人及其配偶、未成年子女符合条件的大病医疗支出。

(2) 纳税人符合条件的子女教育、继续教育、住房贷款利息或住房租金、赡养老人专项附加扣除,以及减除费用、专项扣除、依法确定的其他扣除。

(3) 纳税人符合条件的捐赠支出。

(十) 纳税人办理年度汇算退税、补税的方法

纳税人办理汇算清缴退税或者扣缴义务人为纳税人办理汇算清缴退税的,税务机关审核后,按照国库管理的有关规定办理退税。

纳税人申请退税时提供的汇算清缴信息有错误的,税务机关应当告知其更正;纳税人更正的,税务机关应当及时办理退税。

扣缴义务人未将扣缴的税款解缴入库的,不影响纳税人按照规定申请退税,税务机关应当凭纳税人提供的有关资料办理退税。

纳税人获取退税、办理补税的方式和渠道。

1. 办理退税

纳税人申请年度汇算退税,应当提供其在中国境内开设的符合条件的银行账户。税务机关按规定审核后,按照国库管理有关规定,在确定的接受年度汇算申报的税务机关所在地(即汇算清缴地)就地办理税款退库。纳税人未提供本人有效银行账户,或者提供的信息资料有误的,税务机关将通知纳税人更正,纳税人按要求更正后依法办理退税。

为方便纳税人获取退税,综合所得全年收入额不超过 6 万元且已预缴个人所得税的,税务机关在网上税务局提供便捷退税功能。纳税人可以在 3 月 1 日至 5 月 31 日期间,通过简易申报表办理年度汇算退税。

2. 办理补税

纳税人办理年度汇算补税的,可以通过网上银行、办税服务厅 POS 机刷卡、银行柜台、非银行支付机构等方式缴纳。邮寄申报并补税的,纳税人需通过网上税务局或者主管税务机关办税服务厅及时关注申报进度并缴纳税款。

纳税人因申报信息填写错误造成年度汇算多退或少缴税款的,纳税人主动或经税务机关提醒后及时改正的,税务机关可以按照"首违不罚"原则免予处罚。

(十一) 汇算清缴服务

税务机关推出系列优化服务措施,加强汇算的政策解读和操作辅导力度,分类编制办税指引,通俗解释政策口径、专业术语和操作流程,多渠道、多形式开展提示提醒服务,并通过个人所得税 App 及网站、12366 纳税缴费服务热线等渠道提供涉税咨询，帮助纳税人解决疑难问题，积极回应纳税人诉求。

汇算开始前，纳税人可登录个人所得税 App 及网站，查看自己的综合所得和纳税情况，核对银行卡、专项附加扣除涉及人员身份信息等基础资料，为汇算做好准备。

为合理有序引导纳税人办理汇算，提升纳税人办理体验，主管税务机关将分批分期通知提醒纳税人在确定的时间段内办理。同时，税务部门推出预约办理服务，有汇算初期（3月1日至3月20日）办理需求的纳税人，可以根据自身情况，在2月16日后通过个税 App 及网站预约上述时间段中的任意一天办理。3月21日至6月30日，纳税人无需预约，可以随时办理。

对符合汇算退税条件且生活负担较重的纳税人，税务机关提供优先退税服务。独立完成汇算存在困难的年长、行动不便等特殊人群提出申请，税务机关可提供个性化便民服务。[《国家税务总局关于办理 2022 年度个人所得税综合所得汇算清缴事项的公告》（国家税务总局公告 2023 年第 3 号 2023 年 2 月 2 日）]

（十二）汇算清缴的其他相关政策

残疾、孤老人员和烈属取得综合所得办理汇算清缴时，汇算清缴地与预扣预缴地规定不一致的，用预扣预缴地规定计算的减免税额与用汇算清缴地规定计算的减免税额相比较，按照孰高值确定减免税额。[《财政部 税务总局关于个人所得税综合所得汇算清缴涉及有关政策问题的公告》（财政部 税务总局公告 2019 年第 94 号，2019 年 12 月 7 日）]

第四篇

财产和行为税篇

第七章 房产税

现行房产税法的基本规范是《中华人民共和国房产税暂行条例》(国发〔1986〕90号，2011年1月8日中华人民共和国国务院令第588号修订，以下简称《房产税暂行条例》)。

1986年9月15日，国务院发布了《房产税暂行条例》，从1986年10月1日开始施行。各省、自治区、直辖市政府根据条例规定，先后制定了施行细则。2008年12月31日国务院发布第546号令，自2009年1月1日起废止《城市房地产税暂行条例》，外商投资企业、外国企业和组织以及外籍个人依照《房产税暂行条例》缴纳房产税。至此，在全国范围内实行内外统一的房产税。2011年1月8日，国务院令第588号对《房产税暂行条例》进行了修改。

第一节 纳税人

房产税以在征税范围内的房屋产权所有人为纳税人。

一、产权属国家所有

产权属国家所有的，由经营管理单位纳税。

二、产权属集体和个人所有

产权属集体和个人所有的，由集体单位和个人纳税。

三、产权出典

产权出典的，由承典人纳税。

所谓产权出典，是指产权所有人将房屋、生产资料等的产权，在一定期限内典当给他人使用，而取得资金的一种融资业务。这种业务大多发生于出典人急需用款，但又想保留产权回赎权的情况。承典人向出典人交付一定的典价之后，在质典期内即获抵押物品的支配权，并可转典。产权的典价一般要低于卖价。出典在规定期间内须归还典价的本金和利息，方可赎回出典房屋的产权。由于在房屋出典期间，产权所有人已无权支配房屋，所以，税法规定由对房屋具有支配权的承典人为纳税人。

四、产权所有人、承典人不在房屋所在地

产权所有人、承典人不在房屋所在地的，由房产代管人或者使用人纳税。

五、产权未确定及租典纠纷未解决

产权未确定及租典纠纷未解决的，由房产代管人或者使用人纳税。

所谓租典纠纷，是指产权所有人在房产出典和租赁关系上，与承典人、租赁人发生各种争议，特别是权利和义务的争议悬而未决的。

对租典纠纷尚未解决的房产，规定由代管人或使用人为纳税人，主要目的在于加强征收管理，保证房产税及时入库。

六、无租使用其他房产

纳税单位和个人无租使用房产管理部门、免税单位及纳税单位的房产，应由使用人代为缴纳房产税。

第二节 征税对象、范围

房产税以房产为征税对象。

征收房产税的房产,是以房屋形态表现的财产。房屋则是指有屋面和围护结构(有墙或两边有柱),能够遮风避雨,可供人们在其中生产、工作、学习、娱乐、居住或储藏物资的场所。

独立于房屋之外的建筑物,如围墙、烟囱、水塔、变电塔、油池油柜、酒窖菜窖、酒精池、糖蜜池、室外游泳池、玻璃暖房、砖瓦石灰窑以及各种油气罐等,不属于房产。

房产税的征税范围为城市、县城、建制镇和工矿区。具体规定如下:

(1) 城市是指国务院批准设立的市。

(2) 县城是指县人民政府所在地的地区。

(3) 建制镇是指经省、自治区、直辖市人民政府批准设立的建制镇。

(4) 工矿区是指工商业比较发达、人口比较集中、符合国务院规定的建制镇标准但尚未设立建制镇的大中型工矿企业所在地。开征房产税的工矿区须经省、自治区、直辖市人民政府批准。

房产税的征税范围不包括农村,主要是因为农村的房屋,除农副业生产用房外,大部分是农民居住用房。对农村房屋不纳入房产税征税范围,有利于减轻农民负担,繁荣农村经济,促进农业发展和社会稳定。

房地产开发企业建造的商品房,在出售前,不征收房产税;但对出售前房地产开发企业已使用或出租、出借的商品房应按规定征收房产税。

第三节 计税依据

房产税的计税依据是房产的计税余值或房产的租金收入。按照房产计税余值征税的,称为从价计征;按照房产租金收入计征的,称为从租计征。

一、从价计征

从价计征房产税的计税余值,是指依照税法规定按房产原值一次减除10%~30%损耗价值以后的余值。各地扣除比例由当地省、自治区、直辖市人民政府确定。

(1) 房产原值,是指纳税人按照会计制度规定,在会计核算账簿"固定资产"科目中记载的房屋原价。所以,凡按会计制度规定在账簿中记载有房屋原价的,应以房屋原价按规定减除一定比例后作为房产余值计征房产税;没有记载房屋原价的,按照上述原则,并参照同类房屋确定房产原值,按规定计征房产税。

注:自2009年1月1日起,对依照房产原值计税的房产,不论是否记载在会计账簿固定资产科目中,均应按照房屋原价计算缴纳房产税。房屋原价应根据国家有关会计制度规定进行核算。对纳税人未按国家会计制度规定核算并记载的,应按规定予以调整或重新评估。

自2010年12月21日起,对按照房产原值计税的房产,无论会计上如何核算,房产原值均应包含地价,包括为取得土地使用权支付的价款、开发土地发生的成本费用等。宗地容积率低于0.5的,按房产建筑面积的2倍计算土地面积并据此确定计入房产原值的地价。

(2) 房产原值应包括与房屋不可分割的各种附属设备或一般不单独计算价值的配套设施。

主要有:暖气、卫生、通风、照明、煤气等设备;各种管线,如蒸汽、压缩空气、石油、给水排水等管道及电力、电信、电缆导线;电梯、升降机、过道、晒台等。属于房屋附属设备的水管、下水道、暖气管、煤气管等应从最近的探视井或三通管起,计算原值;电灯网、照明线从进线盒连接管起,计算原值。

自2006年1月1日起,为了维持和增加房屋的使用功能或使房屋满足设计要求,凡以房屋为载体,不可随意移动的附属设备和配套设施,如给排水、采暖、消防、中央空调、电气及智能化楼宇设备等,无论在会计核算中是否单独记账与核算,都应计入房产原值,计征房产税。对于更换房屋附属设备和配套设施的,在将其价值计入房产原值时,可扣减原来相应设备和设施的价值;对附属设备和配套设施中易损坏、需要经常更换的零配件,更新后不再计入房产原值。

(3) 纳税人对原有房屋进行改建、扩建的,要相应增加房屋的原值。

二、从租计征

房产出租的,以房产租金收入为房产税的计税依据。

所谓房产的租金收入,是房屋产权所有人出租房产使用权所得的报酬,包括货币收入和实物收入。

如果是以劳务或者其他形式为报酬抵付房租收入的,应根据当地同类房产的租金水平,确定一个标准租金额从租计征。

对出租房产,租赁双方签订的租赁合同约定有免收租金期限的,免收租金期间由产权所有人按照房产原值缴纳房产税。

出租的地下建筑,按照出租地上房屋建筑的有关规定计算征收房产税。

相关特殊情况的计税依据

1. 具备房屋功能的地下建筑

凡在房产税征收范围内的具备房屋功能的地下建筑,包括与地上房屋相连的地下建筑以及完全建在地面以下的建筑、地下人防设施等,均应当依照有关规定征收房产税。

上述具备房屋功能的地下建筑是指有屋面和维护结构,能够遮风避雨,可供人们在其中生产、经营、工作、学习、娱乐、居住或储藏物资的场所。自用的地下建筑,按以下方式计税:

(1) 工业用途房产,以房屋原价的50%~60%作为应税房产原值。

应纳房产税的税额=应税房产原值×[1-(10%~30%)]×1.2%

(2) 商业和其他用途房产,以房屋原价的70%~80%作为应税房产原值。

应纳房产税的税额=应税房产原值×[1-(10%~30%)]×1.2%

房屋原价折算为应税房产原值的具体比例,由各省、自治区、直辖市和计划单列市财政和税务部门在上述幅度内自行确定。

(3) 对于与地上房屋相连的地下建筑,如房屋的地下室、地下停车场、商场的地下部分等,应将地下部分与地上房屋视为一个整体,按照地上房屋建筑的有关规定计算征收房产税。

2. 居民住宅区内业主共有的经营性房产

居民住宅区内业主共有的经营性房产缴纳房产税。从2007年1月1日起,对居民住宅区内业主共有的经营性房产,由实际经营(包括自营和出租)的代管人或使用人缴纳房产税。其中自营的,依照房产原值减除10%~30%后的余值计征,没有房产原值或不能将业主共有房产与其他房产的原值准确划分开的,由房产所在地税务机关参照同类房产核定房产原值;出租的,依照租金收入计征。

3. 投资联营的房产

对投资联营的房产,在计征房产税时应予以区别对待。对于以房产投资联营,投资者参与投资利润分红,共担风险的,按房产的计税余值作为计税依据计征房产税;对以房产投资,收取固定收入,不承担联营风险的,实际是以联营名义取得房产租金,应根据《房产税暂行条例》的有关规定,由出租方按租金收入计算缴纳房产税。

4. 融资租赁的房产

对融资租赁房产的情况,由于租赁费包括购进房屋的价款、手续费、借款利息等,与一般房屋出租的"租金"内涵不同,且租赁期满后,当承租方偿还最后一笔租赁费时,房屋产权要转移到承租方。这实际是一种变相的分期付款购买固定资产的形式,所以在计征房产税时应以房产余值计算征收。

融资租赁的房产,由承租人自融资租赁合同约定开始日的次月起依照房产余值缴纳房产税。合同未约定开始日的,由承租人自合同签订的次月起依照房产余值缴纳房产税。

第四节 税 率

房产税采用比例税率,依据房产计税余值计税的,税率为1.2%;依据房产租金收入计税的,税率为12%。

自2001年1月1日起,对个人居住用房出租仍用于居住的,其应缴纳的房产税暂减按4%的税率征收;自2008年3月1日起,对个人出租住房,不区分实际用途,均按4%的税率征收房产税。

对企事业单位、社会团体以及其他组织按市场价格向个人出租用于居住的住房,减按4%的税率征收房产税。

自2021年10月1日起,对企事业单位、社会团体以及其他组织向个人、专业化规模化住房租赁企业出租住房的,减按4%的税率征收房产税。企事业单位、社会团体以及其他组织向个人、专业化规模化住房租赁企业出租上述保障性租赁住房,比照适用前述的房产税政策。

第五节 应纳税额的计算

一、从价计征的计算

从价计征是按房产的原值减除一定比例后的余值计征,其计算公式为:

应纳税额=应税房产原值×(1−扣除比例)×1.2%

【案例7-1】 智董公司的经营用房原值为10 000万元,按照当地规定允许减除30%后按余值计税,适用税率为1.2%。

【分析】 计算其应纳房产税税额。

应纳税额=10 000×(1−30%)×1.2%=84(万元)

二、从租计征的计算

从租计征是按房产的租金收入计征,其计算公式为:

应纳税额=租金收入×12%(或4%)

【案例7-2】 江西省一企业2022年度自有房屋10栋,其中8栋用于经营生产,房产原值880万元,不包括冷暖通风设备120万元;2栋房屋租给某公司作经营用房,年租金收入100万元(不含增值税)。假设该省规定按房产原值一次扣除30%后的余值计税。

【分析】 计算该企业当年应纳的房产税。

(1) 自用房产应纳税额=[(880+120)×(1−30%)]×1.2%=8.4(万元)。

(2) 租金收入应纳税额=100×12%=12(万元)。

(3) 全年应纳房产税额=8.4+12=20.4(万元)。

以人民币以外的货币为记账本位币的外资企业及外籍个人在缴纳房产税时,均应将其根据记账本位币计算的税款按照缴款上月最后一日的人民币汇率中间价折合成人民币。

第六节 税收优惠

纳税单位与免税单位共同使用的房屋,按各自使用的部分划分,分别征收或免征房产税。

一、减免税基本规定

下列房产免征房产税:

(一) 国家机关、人民团体、军队自用的房产

人民团体,是指经国务院授权的政府部门批准设立或登记备案的各种社会团体。如从事广泛群众性社会活动的团体,从事文学艺术、美术、音乐、戏剧的文艺工作团体,从事某种专门学术研究团体,从事社会公益事业的社会公益团体,等等。

自用的房产,是指这些单位本身的办公用房和公务用房。

(二) 国家财政部门拨付事业经费单位自用的房产

事业单位自用的房产,是指这些单位本身的业务用房。

实行差额预算管理的事业单位,虽然有一定的收入,但收入不够本身经费开支的部分,还要由国家财政部门拨付经费补助。所以,实行差额预算管理的事业单位,也属于由国家财政部门拨付事业经费的单位,对其本身自用的房产免征房产税。

由国家财政部门拨付事业经费的单位,其经费来源实行自收自支后,应征收房产税。但为了鼓励事业单位经济自立,由国家财政部门拨付事业经费的单位,1990年以前经费来源实行自收自支后,从事业单位经费实行自收自支的年度起,免征房产税3年。1990年1月1日后,对经费来源实行自收自支的事业单位,不再享受3年免税照顾,应照章征收房产税。

(三) 宗教寺庙、公园、名胜古迹自用的房产

宗教寺庙自用的房产,是指举行宗教仪式等的房屋和宗教人员使用的生活用房屋。

公园、名胜古迹自用的房产,是指供公共参观游览的房屋及其管理单位的办公用房屋。公园、名胜古迹中附设的营业单位,如影剧院、饮食部、茶社、照相馆等所使用的房产及出租的房产,应征收房产税。

对国家机关、人民团体、军队、国家财政部门拨付事业经费的单位,以及宗教寺庙、公园、名胜古迹自用的房产免征房产税,主要是考虑到这些单位的经费来源由国家财政部门拨款,本身没有纳税能力。至于这些单位非自用的房产,例如,出租或作营业用的,因为已有收入来源和纳税能力,所以应按照规定征收房产税。

(四) 个人所有的非营业用的房产

对个人所有的非营业用房产给予免税,当时主要是为了照顾我国城镇居民住房的实际状况,鼓励个人改善居住条件,配合城市住房制度的改革。但是,对个人所有的营业用房或出租等非自用的房产,应按照规定征收房产税。

二、减免税特殊规定

下列房产可免征房产税:

(一) 毁损不堪居住的房屋和危险房屋

经有关部门鉴定,对毁损不堪居住的房屋和危险房屋,在停止使用后,可免征房产税。

(二) 大修期间的房屋

自2004年7月1日起,纳税人因房屋大修导致连续停用半年以上的,在房屋大修期间免征房产税。

(三) 企业办学校、医院、托儿所、幼儿园自用的房产

企业办的各类学校、医院、托儿所、幼儿园自用的房产,免征房产税;

(四) 公有住房和廉租住房出租

(1) 自2001年1月1日起,对按政府规定价格出租的公有住房和廉租住房,包括企业和自收自支事业单位向职工出租的单位自有住房;房管部门向居民出租的公有住房;落实私房政策中带户发还产权并以政府规定租金标准向居民出租的私有住房等,暂免征收房产税。

暂免征收房产税、增值税的企业和自收自支事业单位向职工出租的单位自有住房,是指按照公有住房管理或纳入县级以上政府廉租住房管理的单位自有住房。

(2) 为继续支持公共租赁住房(公租房)建设和运营,对公租房免征房产税。公租房经营管理单位应单独核算公租房租金收入,未单独核算的,不得享受免征房产税优惠政策。

(3) 自 2021 年 10 月 1 日起,对企事业单位、社会团体以及其他组织向个人、专业化规模化住房租赁企业出租住房的,减按 4% 的税率征收房产税。

对利用非居住存量土地和非居住存量房屋(含商业办公用房、工业厂房改造后出租用于居住的房屋)建设的保障性租赁住房,取得保障性租赁住房项目认定书后,比照适用上述的税收政策,具体为:企事业单位、社会团体以及其他组织向个人、专业化规模化住房租赁企业出租上述保障性租赁住房,比照适用上述的房产税政策。保障性租赁住房项目认定书由市、县人民政府组织有关部门联合审查建设方案后出具。

以上所称住房租赁企业,是指按规定向住房城乡建设部门进行开业报告或者备案的从事住房租赁经营业务的企业。

以上所称专业化规模化住房租赁企业的标准为:企业在开业报告或者备案城市内持有或者经营租赁住房 1000 套(间)及以上或者建筑面积 3 万平方米及以上。各省、自治区、直辖市住房城乡建设部门会同同级财政、税务部门,可根据租赁市场发展情况,对本地区全部或者部分城市在 50% 的幅度内下调标准。

各地住房和城乡建设、税务部门应加强信息共享。市、县住房城乡建设部门应将本地区住房租赁企业、专业化规模化住房租赁企业名单以及保障性租赁住房项目认定书传递给同级税务部门,并将住房租赁企业、专业化规模化住房租赁企业名单予以公布并动态更新,共享信息具体内容和共享实现方式由各省、自治区、直辖市住房城乡建设部门会同税务部门共同研究确定。

纳税人享受上述优惠政策,应按规定进行减免税申报,并将不动产权属、房屋租赁合同、保障性租赁住房项目认定书等相关资料留存备查。[《财政部 税务总局 住房城乡建设部关于完善住房租赁有关税收政策的公告》(财政部 税务总局 住房城乡建设部公告 2021 年第 24 号,2021 年 7 月 15 日)]

(4) 对公租房免征房产税。公租房经营管理单位应单独核算公租房租金收入,未单独核算的,不得享受免征房产税优惠政策。

享受上述税收优惠政策的公租房是指纳入省、自治区、直辖市、计划单列市人民政府及新疆生产建设兵团批准的公租房发展规划和年度计划,或者市、县人民政府批准建设(筹集),并按照《住房和城乡建设部 国家发展和改革委员会 财政部 国土资源部 中国人民银行 国家税务总局 中国银行业监督管理委员会关于加快发展公共租赁住房的指导意见》(建保〔2010〕87 号)和市、县人民政府制定的具体管理办法进行管理的公租房。

纳税人享受上述优惠政策,应按规定进行免税申报,并将不动产权属证明、载有房产原值的相关材料、纳入公租房及用地管理的相关材料、配套建设管理公租房相关材料、购买住房作为公租房相关材料、公租房租赁协议等留存备查。

上述政策执行至 2025 年 12 月 31 日。[《财政部 税务总局关于继续实施公共租赁住房税收优惠政策的公告》(财政部 税务总局公告 2023 年第 33 号,2023 年 8 月 18 日)]

(五) 高校学生公寓

对为高校学生提供住宿服务,按照国家规定的收费标准收取住宿费的高校学生公寓免征房产税。

自 2019 年 1 月 1 日至 2023 年 12 月 31 日,对高校学生公寓免征房产税。

所称高校学生公寓,是指为高校学生提供住宿服务,按照国家规定的收费标准收取住宿费的学生公寓。

企业享受上述免税政策,应按规定进行免

税申报,并将不动产权属证明、载有房产原值的相关材料、房产用途证明、租赁合同等资料留存备查。[《财政部 税务总局关于高校学生公寓房产税、印花税政策的通知》(财税〔2019〕14号);《财政部 税务总局关于延长部分税收优惠政策执行期限的公告》(财政部 税务总局公告2022年第4号)]

(六) 军队空余房产租赁

自2004年8月1日起,对军队空余房产租赁收入暂免征收房产税;此前已征税款不予退还,未征税款不再补征。暂免征收房产税的军队空余房产,在出租时必须悬挂《军队房地产租赁许可证》,以备查验。

(七) 基建工地临时性房屋

凡是在基建工地为基建工地服务的各种工棚、材料棚、休息棚和办公室、食堂、茶炉房、汽车房等临时性房屋,不论是施工企业自行建造还是由基建单位出资建造,交施工企业使用时,在施工期间,一律免征房产税。但是,如果在基建工程结束以后,施工企业将这种临时性房屋交还或者估价转让给基建单位的,应当从基建单位接收的次月起,依照规定征收房产税。

(八) 房地产开发企业建造的商品房

对房地产开发企业建造的商品房,在出售前不征收房产税。但对出售前房地产开发企业已使用或出租、出借的商品房应按规定征收房产税。

(九) 老年服务机构

老年服务机构自用的房产暂免征收房产税。

老年服务机构是指专门为老年人提供生活照料、文化、护理、健身等多方面服务的福利性、非营利性的机构,主要包括:老年社会福利院、敬老院(养老院)老年服务中心、老年公寓(含老年护理院、康复中心、托老所)等。

(十) 提供社区养老、托育、家政服务的房产

自2019年6月1日至2025年12月31日,为社区提供养老、托育、家政等服务的机构自有或其通过承租、无偿使用等方式取得并用于提供社区养老、托育、家政服务的房产,免征房产税。

(十一) 为居民供热所使用的厂房

自2019年1月1日至2023年供暖期结束,对向居民供热收取采暖费的"三北"地区供热企业,为居民供热所使用的厂房免征房产税;对供热企业其他厂房,应当按照规定征收房产税。

对专业供热企业,按其向居民供热取得的采暖费收入占全部采暖费收入的比例,计算免征的房产税。

对兼营供热企业,视其供热所使用的厂房与其他生产经营活动所使用的厂房是否可以区分,按照不同方法计算免征的房产税。可以区分的,对其供热所使用厂房,按向居民供热取得的采暖费收入占全部采暖费收入的比例,计算免征的房产税。难以区分的,对其全部厂房,按向居民供热取得的采暖费收入占其营业收入的比例,计算免征的房产税。

对自供热单位,按向居民供热建筑面积占总供热建筑面积的比例,计算免征供热所使用的厂房及土地的房产税。

(十二) 饮水工程运营管理单位自用的生产、办公用房产

为支持农村饮水安全工程(以下简称"饮水工程")巩固提升,自2019年1月1日至2023年12月31日,对饮水工程运营管理单位自用的生产、办公用房产,免征房产税。

饮水工程,是指为农村居民提供生活用水而建设的供水工程设施。饮水工程运营管理单位,是指负责饮水工程运营管理的自来水公司、供水公司、供水(总)站(厂、中心)村集体、农民用水合作组织等单位。

对于既向城镇居民供水,又向农村居民供水的饮水工程运营管理单位,依据向农村居民供水量占总供水量的比例免征房产税。无法提供具体比例或所提供数据不实的,不得享受优惠政策。

(十三) 中国铁路总公司、地方铁路运输企业

铁道部(现为中国铁路总公司)所属铁路运输企业自用的房产,继续免征房产税。地方铁路运输企业自用的房产,应缴纳的房产税比照

铁道部(现为中国铁路总公司)所属铁路运输企业的政策执行。

(十四)国有经营性文化事业单位转企改制

为推进国有经营性文化事业单位转企改制,对经营性文化事业单位由财政部门拨付事业经费的文化单位转制为企业,自转制注册之日起五年内对其自用房产免征房产税。2018年12月31日之前已完成转制的企业,自2019年1月1日起,对其自用房产可继续免征5年房产税。

(十五)飞机(发动机)研制项目自用的科研、生产、办公房产

对从事大型民用客机发动机、中大功率民用涡轴涡桨发动机研制项目的纳税人及其全资子公司从事大型民用客机发动机、中大功率民用涡轴涡桨发动机研制项目自用的科研、生产、办公房产及土地,免征房产税、城镇土地使用税;对从事空载重量大于45吨的民用客机研制项目的纳税人及其全资子公司自用的科研、生产、办公房产及土地,免征房产税、城镇土地使用税。上述政策执行至2027年12月31日。

(十六)提供给在孵对象使用的房产

自2019年1月1日至2027年12月31日,对国家级、省级科技企业孵化器、大学科技园和国家备案众创空间自用以及无偿或通过出租等方式提供给在孵对象使用的房产、土地,免征房产税和城镇土地使用税;对其向在孵对象提供孵化服务取得的收入,免征增值税。

所称孵化服务是指为在孵对象提供的经纪代理、经营租赁、研发和技术、信息技术、鉴证咨询服务。

所称在孵对象是指符合前款认定和管理办法规定的孵化企业、创业团队和个人。

国家级、省级科技企业孵化器、大学科技园和国家备案众创空间应当单独核算孵化服务收入。

国家级、省级科技企业孵化器、大学科技园和国家备案众创空间应按规定申报享受免税政策,并将房产土地权属资料、房产原值资料、房产土地租赁合同、孵化协议等留存备查,税务部门依法加强后续管理。[《财政部 税务总局 科技部 教育部关于科技企业孵化器 大学科技园和众创空间税收政策的通知》(财税〔2018〕120号);《财政部 税务总局关于延长部分税收优惠政策执行期限的公告》(财政部 税务总局公告2022年第4号);《财政部 税务总局 科技部 教育部关于继续实施科技企业孵化器、大学科技园和众创空间有关税收政策的公告》(财政部 税务总局 科技部 教育部公告2023年第42号)]

(十七)农产品批发市场、农贸市场房产

自2019年1月1日至2023年12月31日,对农产品批发市场、农贸市场(包括自有和承租,下同)专门用于经营农产品的房产、土地,暂免征收房产税和城镇土地使用税。对同时经营其他产品的农产品批发市场和农贸市场使用的房产、土地,按其他产品与农产品交易场地面积的比例确定征免房产税和城镇土地使用税。

农产品批发市场和农贸市场,是指经工商登记注册,供买卖双方进行农产品及其初加工品现货批发或零售交易的场所。农产品包括粮油、肉禽蛋、蔬菜、干鲜果品、水产品、调味品、棉麻、活畜、可食用的林产品以及由省、自治区、直辖市财税部门确定的其他可食用的农产品。

享受上述税收优惠的房产、土地,是指农产品批发市场、农贸市场直接为农产品交易提供服务的房产、土地。农产品批发市场、农贸市场的行政办公区、生活区,以及商业餐饮娱乐等非直接为农产品交易提供服务的房产、土地,不属于以上规定的优惠范围,应按规定征收房产税和城镇土地使用税。

企业享受上述免税政策,应按规定进行免税申报,并将不动产权属证明、载有房产原值的相关材料、租赁协议、房产土地用途证明等资料留存备查。[《财政部 税务总局关于继续实行农产品批发市场 农贸市场房产税 城镇土地使用税优惠政策的通知》(财税〔2019〕12号);《财政部 税务总局关于延长部分税收优惠政策执行期限的公告》(财政部 税务总局公告2022年第4号)]

(十八)小微企业普惠性税收减免

2019年1月17日,财政部、税务总局联合发布《关于实施小微企业普惠性税收减免政策的通知》,其中指出,由省、自治区、直辖市人民政府根据本地区实际情况,以及宏观调控需要确定,对增值税小规模纳税人可以在50%的税额幅度内减征资源税、城市维护建设税、房产税、城镇土地使用税、印花税(不含证券交易印花税)、耕地占用税和教育费附加、地方教育附加。政策执行时间为2019年1月1日至2021年12月31日。

我国2022年扩大地方"六税两费"减免政策适用主体范围,将省级人民政府在50%税额幅度内减征资源税、城市维护建设税、房产税、城镇土地使用税、印花税(不含证券交易印花税)、耕地占用税和教育费附加、地方教育附加等"六税两费"的适用主体,由增值税小规模纳税人扩展至小型微利企业和个体工商户。执行期限为2022年1月1日至2024年12月31日。

自2023年1月1日至2027年12月31日,对增值税小规模纳税人、小型微利企业和个体工商户减半征收资源税(不含水资源税)、城市维护建设税、房产税、城镇土地使用税、印花税(不含证券交易印花税)、耕地占用税和教育费附加、地方教育附加。

增值税小规模纳税人、小型微利企业和个体工商户已依法享受资源税、城市维护建设税、房产税、城镇土地使用税、印花税、耕地占用税、教育费附加、地方教育附加等其他优惠政策的,可叠加享受上述优惠政策。[《财政部 税务总局关于进一步支持小微企业和个体工商户发展有关税费政策的公告》(财政部 税务总局公告2023年第12号),2023年8月2日]

(十九)房产税、城镇土地使用税——商品储备管理公司及其直属库自用的承担商品储备业务的房产、土地

我国2022年延续执行部分商品储备税收优惠政策,自2022年1月1日至2023年12月31日,对商品储备管理公司及其直属库自用的承担商品储备业务的房产、土地,免征房产税、城镇土地使用税。

注:对减免租金的房屋业主,2022年缴纳房产税、城镇土地使用税确有困难的,国务院鼓励各地根据条例授权和地方实际给予减免。

第七节 纳税义务发生时间

(1) 纳税人将原有房产用于生产经营,从生产经营之月起,缴纳房产税。

(2) 纳税人自行新建房屋用于生产经营,从建成之次月起,缴纳房产税。

(3) 纳税人委托施工企业建设的房屋,从办理验收手续之次月起,缴纳房产税。

验收手续前已使用或出租、出借的新建房屋,应从使用或出租、出借的当月起按规定计征房产税。

(4) 纳税人购置新建商品房,自房屋交付使用之次月起,缴纳房产税。

(5) 纳税人购置存量房,自办理房屋权属转移、变更登记手续,房地产权属登记机关签发房屋权属证书之次月起,缴纳房产税。

(6) 纳税人出租、出借房产,自交付出租、出借房产之次月起,缴纳房产税。

(7) 房地产开发企业自用、出租、出借本企业建造的商品房,自房屋使用或交付之次月起,缴纳房产税。

(8) 纳税人因房产的实物或权利状态发生变化而依法终止房产税纳税义务的,其应纳税款的计算应截止到房产的实物或权利状态发生变化的当月末。

第八节 纳税期限

房产税实行按年征收,分期缴纳。纳税期限由省、自治区、直辖市人民政府规定。各地一般按季或半年征收。

第九节 纳税地点

房产税在房产所在地缴纳。房产不在同一地方的纳税人,应按房产的坐落地点分别向房产所在地的税务机关缴纳。

第八章

城镇土地使用税

现行城镇土地使用税法的基本规范,是《中华人民共和国城镇土地使用税暂行条例》(1988年9月27日中华人民共和国国务院令第17号发布;根据2006年12月31日《国务院关于修改〈中华人民共和国城镇土地使用税暂行条例〉的决定》第一次修订;根据2011年1月8日《国务院关于废止和修改部分行政法规的决定》第二次修订;根据2013年12月7日《国务院关于修改部分行政法规的决定》第三次修订;根据2019年3月2日《国务院关于修改部分行政法规的决定》第四次修订,以下简称《城镇土地使用税暂行条例》)。

第一节 纳 税 人

在城市、县城、建制镇、工矿区范围内使用土地的单位和个人,为城镇土地使用税的纳税人。

上述所称单位,包括国有企业、集体企业、私营企业、股份制企业、外商投资企业、外国企业以及其他企业和事业单位、社会团体、国家机关、军队以及其他单位;所称个人,包括个体工商户以及其他个人。

城镇土地使用税的纳税人通常包括以下几类:

(1) 拥有土地使用权的单位和个人。

(2) 拥有土地使用权的单位和个人不在土地所在地的,其土地的实际使用人和代管人为纳税人。

(3) 土地使用权未确定或权属纠纷未解决的,其实际使用人为纳税人。

(4) 土地使用权共有的,共有各方都是纳税人,由共有各方分别纳税。

(5) 在城镇土地使用税征税范围内,承租集体所有建设用地的,由直接从集体经济组织承租土地的单位和个人,缴纳城镇土地使用税。

几个人或几个单位共同拥有一块土地的使用权,这块土地的城镇土地使用税的纳税人应是对这块土地拥有使用权的每一个人或每一个单位。他们应以其实际使用的土地面积占总面积的比例,分别计算缴纳土地使用税。

第二节 征税对象、范围

城镇土地使用税的征税范围,包括在城市、县城、建制镇和工矿区内的国家所有和集体所有的土地。

上述城市、县城、建制镇和工矿区分别按以下标准确认:

(1) 城市是指经国务院批准设立的市。

(2) 县城是指县人民政府所在地。

(3) 建制镇是指经省、自治区、直辖市人民政府批准设立的建制镇。

(4) 工矿区是指工商业比较发达,人口比较集中,符合国务院规定的建制镇标准,但尚未设立建制镇的大中型工矿企业所在地,工矿区须经省、自治区、直辖市人民政府批准。

上述城镇土地使用税的征税范围中,城市的土地包括市区和郊区的土地,县城的土地是指县人民政府所在地的城镇的土地,建制镇的土地是指镇人民政府所在地的土地。建立在城市、县城、建制镇和工矿区以外的工矿企业不需要缴纳城镇土地使用税。

对位于城镇土地使用税征收范围内的煤炭企业已取得土地使用权、但未利用的塌陷地,自2006年9月1日起恢复征收城镇土地使用税。
[《财政部 国家税务总局关于煤炭企业未利用塌陷地城镇土地使用税政策的通知》(财税〔2006〕74号)]

第三节 计税依据

城镇土地使用税以纳税人实际占用的土地面积为计税依据,土地面积计量标准为每平方米。即税务机关根据纳税人实际占用的土地面积,按照规定的税额计算应纳税额,向纳税人征收城镇土地使用税。

纳税人实际占用的土地面积按下列办法确定:

(1) 由省、自治区、直辖市人民政府确定的单位组织测定土地面积的,以测定的面积为准。

(2) 尚未组织测定,但纳税人持有政府部门核发的土地使用证书的,以证书确认的土地面积为准。

(3) 尚未核发土地使用证书的,应由纳税人申报土地面积,并据以纳税,待核发土地使用证书以后再作调整。

(4) 对在城镇土地使用税征税范围内单独建造的地下建筑用地,按规定征收城镇土地使用税。其中,已取得地下土地使用权证的,按土地使用权证确认的土地面积计算应征税款;未取得地下土地使用权证或地下土地使用权证上未标明土地面积的,按地下建筑垂直投影面积计算应征税款。

对上述地下建筑用地暂按应征税款的50%征收城镇土地使用税。

第四节 税率

城镇土地使用税采用定额税率,即采用有幅度的差别税额,按大、中、小城市和县城、建制镇、工矿区分别规定每平方米城镇土地使用税年应纳税额。

具体标准如下:

(1) 大城市 1.5~30 元。
(2) 中等城市 1.2~24 元。
(3) 小城市 0.9~18 元。
(4) 县城、建制镇、工矿区 0.6~12 元。

大、中、小城市以公安部门登记在册的非农业正式户口人数为依据,按照国务院颁布的《城市规划条例》中规定的标准划分。人口在 50 万人以上者为大城市;人口在 20 万~50 万人者为中等城市;人口在 20 万人以下者为小城市。城镇土地使用税税率见表 8-1。

表 8-1 城镇土地使用税税率

级别	人口(人)	每平方米税额(元)
大城市	50 万以上	1.5~30
中等城市	20 万~50 万	1.2~24
小城市	20 万以下	0.9~18
县城、建制镇、工矿区		0.6~12

各省、自治区、直辖市人民政府可根据市政建设情况和经济繁荣程度在规定税额幅度内，确定所辖地区的适用税额幅度。经济落后地区，城镇土地使用税的适用税额标准可适当降低，但降低额不得超过上述规定最低税额的30%。经济发达地区的适用税额标准可以适当提高，但须报财政部批准。

城镇土地使用税规定幅度税额主要考虑到我国各地区存在着悬殊的土地级差收益，同一地区内不同地段的市政建设情况和经济繁荣程度也有较大的差别。把城镇土地使用税税额定为幅度税额，拉开档次，而且每个幅度税额的差距规定为20倍。这样，各地政府在划分本辖区不同地段的等级，确定适用税额时，有选择余地，便于具体操作。幅度税额还可以调节不同地区、不同地段之间的土地级差收益，尽可能地平衡税负。

第五节　应纳税额的计算

城镇土地使用税的应纳税额可以通过纳税人实际占用的土地面积乘以该土地所在地段的适用税额求得。

其计算公式为：

$$\text{全年应纳税额} = \text{实际占用应税土地面积(平方米)} \times \text{适用税额}$$

【案例8-1】　设在某城市的一家企业使用土地面积为8 000平方米，经税务机关核定，该土地为应税土地，每平方米年税额为500元。

【分析】　计算其全年应纳的城镇土地使用税税额。全年应纳税额 = 8 000 × 500 = 4 000 000(元)。

第六节　税收优惠

免税单位无偿使用纳税单位的土地（如公安、海关等单位使用铁路、民航等单位的土地），免征城镇土地使用税。纳税单位无偿使用免税单位的土地，纳税单位应照章缴纳城镇土地使用税。纳税单位与免税单位共同使用、共有使用权土地上的多层建筑，对纳税单位可按其占用的建筑面积占建筑总面积的比例计征城镇土地使用税。

一、基本规定

(一)国家机关、人民团体、军队自用的土地

国家机关、人民团体、军队自用的土地，免征城镇土地使用税。

上述土地是指这些单位本身的办公用地和公务用地。如国家机关、人民团体的办公楼用地，军队的训练场用地等。

(二)由国家财政部门拨付事业经费的单位自用的土地

由国家财政部门拨付事业经费的单位自用的土地，免征城镇土地使用税。

上述土地是指这些单位本身的业务用地。如学校的教学楼、操场、食堂等占用的土地。

(三)宗教寺庙、公园、名胜古迹自用的土地

宗教寺庙、公园、名胜古迹自用的土地，免征城镇土地使用税。

宗教寺庙自用的土地，是指举行宗教仪式等的用地和寺庙内的宗教人员生活用地。公园、名胜古迹自用的土地，是指供公共参观游览的用地及其管理单位的办公用地。

以上单位的生产、经营用地和其他用地，不

属于免税范围,应按规定缴纳城镇土地使用税,如公园、名胜古迹中附设的营业单位如影剧院、饮食部、茶社、照相馆等使用的土地。

(四) 市政街道、广场、绿化地带等公共用地

市政街道、广场、绿化地带等公共用地,免征城镇土地使用税。

但非社会性的公共用地不能免税,如企业内的广场、道路、绿化等占用的土地。

(五) 直接用于农、林、牧、渔业的生产用地

直接用于农、林、牧、渔业的生产用地,免征城镇土地使用税。

上述土地是指直接从事于种植养殖、饲养的专业用地,不包括农副产品加工场地和生活办公用地。

(六) 开山填海整治的土地

经批准开山填海整治的土地和改造的废弃土地,从使用的月份起免征城镇土地使用税5～10年。具体免税期限由各省、自治区、直辖市税务局在《城镇土地使用税暂行条例》规定的期限内自行确定。

(七) 省、自治区、直辖市税务局确定的城镇土地使用税减免优惠

(1) 个人所有的居住房屋及院落用地。

(2) 房产管理部门在房租调整改革前经租的居民住房用地。

(3) 免税单位职工家属的宿舍用地。

(4) 集体和个人办的各类学校、医院、托儿所、幼儿园用地。

二、特殊规定

(一) 学校、托儿所、幼儿园自用的房产土地

对国家拨付事业经费和企业办的各类学校、托儿所、幼儿园自用的房产、土地,免征城镇土地使用税。

(二) 卫生机构和非营利性科研机构自用的土地

对非营利性医疗机构、疾病控制机构和妇幼保健机构等卫生机构和非营利性科研机构自用的土地,免征城镇土地使用税。

(三) 公租房用地

对公租房建设期间用地及公租房建成后占地,免征城镇土地使用税。在其他住房项目中配套建设公租房,按公租房建筑面积占总建筑面积的比例免征建设、管理公租房涉及的城镇土地使用税。

享受上述税收优惠政策的公租房是指纳入省、自治区、直辖市、计划单列市人民政府及新疆生产建设兵团批准的公租房发展规划和年度计划,或者市、县人民政府批准建设(筹集),并按照《住房和城乡建设部 国家发展和改革委员会 财政部 国土资源部 中国人民银行 国家税务总局 中国银行业监督管理委员会关于加快发展公共租赁住房的指导意见》(建保〔2010〕87号)和市、县人民政府制定的具体管理办法进行管理的公租房。

纳税人享受上述优惠政策,应按规定进行免税申报,并将不动产权属证明、载有房产原值的相关材料、纳入公租房及用地管理的相关材料、配套建设管理公租房相关材料、购买住房作为公租房相关材料、公租房租赁协议等留存备查。

上述政策执行至2025年12月31日。[《财政部 税务总局关于继续实施公共租赁住房税收优惠政策的公告》(财政部 税务总局公告2023年第33号),2023年8月18日]

(四) 改造安置住房建设用地

对改造安置住房建设用地免征城镇土地使用税。

在商品住房等开发项目中配套建造安置住房的,依据政府部门出具的相关材料、房屋征收(拆迁)补偿协议或棚户区改造合同(协议),按改造安置住房建筑面积占总建筑面积的比例免征城镇土地使用税。

(五) 物流企业大宗商品仓储设施用地

自2020年1月1日至2022年12月31日,对物流企业自有(包括自用和出租)或承租的大宗商品仓储设施用地,减按所属土地等级适用税额标准的50%计征城镇土地使用税。

为促进物流业健康发展,2023年3月24日国务院常务会议决定,将减半征收物流企业大宗商品仓储用地城镇土地使用税政策,延续实施至2027年年底。自2023年1月1日起至2027年12月31日,对物流企业自有(包括自用和出租)或承租的大宗商品仓储设施用地,减按所属土地等级适用税额标准的50%计征城镇土地使用税。

以上所称物流企业,是指至少从事仓储或运输一种经营业务,为工农业生产、流通、进出口和居民生活提供仓储、配送等第三方物流服务,实行独立核算、独立承担民事责任,并在工商部门注册登记为物流、仓储或运输的专业物流企业。

以上所称大宗商品仓储设施,是指同一仓储设施占地面积在6000平方米及以上,且主要储存粮食、棉花、油料、糖料、蔬菜、水果、肉类、水产品、化肥、农药、种子、饲料等农产品和农业生产资料,煤炭、焦炭、矿砂、非金属矿产品、原油、成品油、化工原料、木材、橡胶、纸浆及纸制品、钢材、水泥、有色金属、建材、塑料、纺织原料等矿产品和工业原材料的仓储设施。

以上所称仓储设施用地,包括仓库库区内的各类仓房(含配送中心)、油罐(池)、货场、晒场(堆场)、罩棚等储存设施和铁路专用线、码头、道路、装卸搬运区域等物流作业配套设施的用地。

物流企业的办公、生活区用地及其他非直接用于大宗商品仓储的土地,不属于上述减税范围,应按规定征收城镇土地使用税。

(六)提供给在孵对象使用的土地

自2019年1月1日至2023年12月31日,对国家级、省级科技企业孵化器、大学科技园和国家备案众创空间自用以及无偿或通过出租等方式提供给在孵对象使用的房产、土地,免征房产税和城镇土地使用税;对其向在孵对象提供孵化服务取得的收入,免征增值税。

所称孵化服务是指为在孵对象提供的经纪代理、经营租赁、研发和技术、信息技术、鉴证咨询服务。

所称在孵对象是指符合前款认定和管理办法规定的孵化企业、创业团队和个人。

国家级、省级科技企业孵化器、大学科技园和国家备案众创空间应当单独核算孵化服务收入。

国家级、省级科技企业孵化器、大学科技园和国家备案众创空间应按规定申报享受免税政策,并将房产土地权属资料、房产原值资料、房产土地租赁合同、孵化协议等留存备查,税务部门依法加强后续管理。[《财政部 国家税务总局 科技部 教育部关于科技企业孵化器大学科技园和众创空间税收政策的通知》(财税〔2018〕120号);《财政部 税务总局关于延长部分税收优惠政策执行期限的公告》(财政部 税务总局公告2022年第4号)]

(七)城市公交站场、道路客运站场、城市轨道交通系统运营用地

自2019年1月1日至2023年12月31日,对城市公交站场、道路客运站场、城市轨道交通系统运营用地,免征城镇土地使用税。

城市公交站场运营用地,包括城市公交首末车站、停车场、保养场、站场办公用地、生产辅助用地。

道路客运站场运营用地,包括站前广场、停车场、发车位、站务用地、站场办公用地、生产辅助用地。

城市轨道交通系统运营用地,包括车站(含出入口、通道、公共配套及附属设施)、运营控制中心、车辆基地(含单独的综合维修中心、车辆段)以及线路用地,不包括购物中心、商铺等商业设施用地。

城市公交站场、道路客运站场,是指经县级以上(含县级)人民政府交通运输主管部门等批准建设的,为公众及旅客、运输经营者提供站务服务的场所。

城市轨道交通系统,是指依规定批准建设的,采用专用轨道导向运行的城市公共客运交通系统,包括地铁系统、轻轨系统、单轨系统、有轨电车、磁浮系统、自动导向轨道系统、市域快速轨道系统,不包括旅游景区等单位内部为特定人群服务的轨道系统。

纳税人享受上述免税政策,应按规定进行免税申报,并将不动产权属证明、土地用途证明等资料留存备查。[《财政部 国家税务总局关于继续对城市公交站场道路客运站场城市轨道交通系统减免城镇土地使用税优惠政策的通知》(财税〔2019〕11号);《财

政部 税务总局关于延长部分税收优惠政策执行期限的公告》(财政部 税务总局公告2022年第4号)]

(八) 农产品批发市场、农贸市场土地

自2019年1月1日至2023年12月31日，对农产品批发市场、农贸市场(包括自有和承租，下同)专门用于经营农产品的房产、土地，暂免征收房产税和城镇土地使用税。对同时经营其他产品的农产品批发市场和农贸市场使用的房产、土地，按其他产品与农产品交易场地面积的比例确定征免房产税和城镇土地使用税。

农产品批发市场和农贸市场，是指经工商登记注册，供买卖双方进行农产品及其初加工品现货批发或零售交易的场所。农产品包括粮油、肉禽蛋、蔬菜、干鲜果品、水产品、调味品、棉麻、活畜、可食用的林产品以及由省、自治区、直辖市财税部门确定的其他可食用的农产品。

享受上述税收优惠的房产、土地，是指农产品批发市场、农贸市场直接为农产品交易提供服务的房产、土地。农产品批发市场、农贸市场的行政办公区、生活区，以及商业餐饮娱乐等非直接为农产品交易提供服务的房产、土地，不属于以上规定的优惠范围，应按规定征收房产税和城镇土地使用税。

企业享受上述免税政策，应按规定进行免税申报，并将不动产权属证明、载有房产原值的相关材料、租赁协议、房产土地用途证明等资料留存备查。[《财政部 税务总局关于继续实行农产品批发市场 农贸市场房产税 城镇土地使用税优惠政策的通知》(财税〔2019〕12号);《财政部 税务总局关于延长部分税收优惠政策执行期限的公告》(财政部 税务总局公告2022年第4号)]

(九) 某些特殊用地

为了体现国家的产业政策，支持重点产业的发展，对石油、电力、煤炭等能源用地，民用港口、铁路等交通用地和水利设施用地，盐业、采石场、邮电等一些特殊用地划分了征免税界限和给予政策性减免税照顾。具体规定如下：

(1) 对石油天然气生产建设中用于地质勘探、钻井、井下作业、油气田地面工程等施工临时用地，石油天然气生产企业厂区以外的铁路专用线、公路及输油(气、水)管道用地，油气长输管线用地，暂免征收城镇土地使用税。

(2) 对企业的铁路专用线、公路等用地，在厂区以外、与社会公用地段未加隔离的，暂免征收城镇土地使用税。

(3) 对企业厂区以外的公共绿化用地和向社会开放的公园用地，暂免征收城镇土地使用税；对企业厂区(包括生产、办公及生活区)以内的绿化用地，应照章征收城镇土地使用税。

(4) 对盐场的盐滩、盐矿的矿井用地，暂免征收城镇土地使用税。

(十) 小微企业普惠性税收减免

2019年1月17日，财政部、税务总局联合发布《关于实施小微企业普惠性税收减免政策的通知》(财税〔2019〕13号)，其中指出，由省、自治区、直辖市人民政府根据本地区实际情况，以及宏观调控需要确定，对增值税小规模纳税人可以在50%的税额幅度内减征资源税、城市维护建设税、房产税、城镇土地使用税、印花税(不含证券交易印花税)、耕地占用税和教育费附加、地方教育附加。政策执行时间为2019年1月1日至2021年12月31日。

我国2022年扩大地方"六税两费"减免政策适用主体范围，将省级人民政府在50%税额幅度内减征资源税、城市维护建设税、房产税、城镇土地使用税、印花税(不含证券交易印花税)、耕地占用税和教育费附加、地方教育附加等"六税两费"的适用主体，由增值税小规模纳税人扩展至小型微利企业和个体工商户。执行期限为2022年1月1日至2024年12月31日。

自2023年1月1日至2027年12月31日，对增值税小规模纳税人、小型微利企业和个体工商户减半征收资源税(不含水资源税)、城市维护建设税、房产税、城镇土地使用税、印花税(不含证券交易印花税)、耕地占用税和教育费附加、地方教育附加。

增值税小规模纳税人、小型微利企业和个体工商户已依法享受资源税、城市维护建设税、房产税、城镇土地使用税、印花税、耕地占用税、教育费附加、地方教育附加等其他优惠政策的，可叠加享受上述优惠政策。[《财政部 税务总局关

于进一步支持小微企业和个体工商户发展有关税费政策的公告》（财政部 税务总局公告2023年第12号），2023年8月2日）

（十一）商品储备管理公司及其直属库自用的承担商品储备业务的土地

我国2022年延续执行部分商品储备税收优惠政策，自2022年1月1日至2023年12月31日，对商品储备管理公司及其直属库自用的承担商品储备业务的房产、土地，免征房产税、城镇土地使用税。

注： 对减免租金的房屋业主，2022年缴纳房产税、城镇土地使用税确有困难的，国务院鼓励各地根据条例授权和地方实际给予减免。

（十二）飞机（发动机）研制项目自用的科研、生产、办公用土地

对从事大型民用客机发动机、中大功率民用涡轴涡桨发动机研制项目的纳税人及其全资子公司从事大型民用客机发动机、中大功率民用涡轴涡桨发动机研制项目自用的科研、生产、办公房产及土地，免征房产税、城镇土地使用税；对从事空载重量大于45吨的民用客机研制项目的纳税人及其全资子公司自用的科研、生产、办公房产及土地，免征房产税、城镇土地使用税。上述政策执行至2027年12月31日。

第七节 纳税义务发生时间

（1）纳税人购置新建商品房，自房屋交付使用之次月起，缴纳城镇土地使用税。

（2）纳税人购置存量房，自办理房屋权属转移、变更登记手续，房地产权属登记机关签发房屋权属证书之次月起，缴纳城镇土地使用税。

（3）纳税人出租、出借房产，自交付出租、出借房产之次月起，缴纳城镇土地使用税。

（4）以出让或转让方式有偿取得土地使用权的，应由受让方从合同约定交付土地时间之次月起缴纳城镇土地使用税；合同未约定交付土地时间的，由受让方从合同签订之次月起缴纳城镇土地使用税。

延伸解读

通过招拍挂方式取得土地缴纳城镇土地使用税问题

城镇土地使用税暂行条例第九条第一款规定：新征用的耕地，自批准征用之日起满一年时开始缴纳土地使用税。这是基于20世纪80年代由土地使用人直接征地的情形所做的规定。随着我国土地使用制度改革的深化和土地管理方式的逐步规范，目前土地出让的主要方式是，由地方土地储备中心征用土地，经过前期开发，然后以招标、拍卖、挂牌等方式出让给土地使用人。因此，《财政部 国家税务总局关于房产税、城镇土地使用税有关政策的通知》（财税〔2006〕186号）规定：以出让或转让方式有偿取得土地使用权的，应由受让方从合同约定交付土地时间的次月起缴纳城镇土地使用税；合同未约定交付土地时间的，由受让方从合同签订的次月起缴纳城镇土地使用税。

目前，地方土地储备中心征用耕地后，对应缴纳的耕地占用税有两种处理方式，一种方式是由地方土地储备中心缴纳，作为土地开发成本费用的一部分，体现在招拍挂的价格当中；另一种方式是由受让土地者缴纳耕地占用税。对后一种情形，需要进一步明确纳税义务发生时间的政策适用问题。

根据《中华人民共和国土地管理法》和《国务院关于促进节约集约用地的通知》（国发〔2008〕3号）的有关规定，未利用的土地出让前，应当完成必要的前期开发，经过前期开发的土地，才能依法由市、县人民政府国土资源部门统一组织出让。因此，通过招拍挂方式取得的土地都是建设用地，不属于直接取得耕地，无论耕地占用税以何种方式缴纳，都应当适用以出让或转让方式有偿取得土地使用权的纳税义务发生时间的政策规定。

因此，通过招标、拍卖、挂牌方式取得的建设用地，不属于新征用的耕地，纳税人均应按照《财政部 国家税务总局关于房产税城镇土地使用税有关政策的通知》（财税〔2006〕186号）第二条规定，从合同约定交付土地时间的次月起缴纳城镇土地使用税；合同未约定交付土地时间的，从合同签订的次月起缴纳城镇土地使用税。

(5) 自 2009 年 1 月 1 日起,纳税人因土地的权利发生变化而依法终止城镇土地使用税纳税义务的,其应纳税款的计算应截止到土地权利发生变化的当月末。

第八节 纳税期限

城镇土地使用税实行按年计算、分期缴纳的征收方法,具体纳税期限由省、自治区、直辖市人民政府确定。

第九节 纳税地点

城镇土地使用税在土地所在地缴纳。

纳税人使用的土地不属于同一省、自治区、直辖市管辖的,由纳税人分别向土地所在地的税务机关缴纳城镇土地使用税;在同一省、自治区、直辖市管辖范围内,纳税人跨地区使用的土地,其纳税地点由各省、自治区、直辖市税务局确定。

第九章 城市维护建设税

现行城市维护建设税的基本法律规范,是2020年8月11日第十三届全国人大常委会第二十一次会议表决通过,并于2021年9月1日施行的《中华人民共和国城市维护建设税法》(以下简称《城市维护建设税法》)。

延伸解读

与《城市维护建设税暂行条例》相比的主要变化

(1)《城市维护建设税法》取消了专项用途规定。

随着预算制度的不断改革,自2016年起城市维护建设税收入已由一般公共预算统筹安排,不再指定专项用途。同时,考虑税收分配和使用属于财政体制和预算管理问题,一般不在税法中规定,所以,城市维护建设税法不再规定城市维护建设税专项用途。

(2)《城市维护建设税法》增加了增值税留抵退税涉及城市维护建设税的相关规定。

为避免增加留抵退税企业的负担,2018年,财政部税务总局发文明确,对实行增值税期末留抵退税的纳税人,允许其从城市维护建设税的计税依据中扣除退还的增值税税额。城市维护建设税法将该规定上升为法律,明确从城市维护建设税的计税依据中扣除期末留抵退税退还的增值税税额。

(3)规定了城市维护建设税的纳税义务发生时间、扣缴义务人、扣缴义务发生时间。

为规范城市维护建设税的征管,城市维护建设税法明确规定了城市维护建设税的纳税义务发生时间、扣缴义务人、扣缴义务发生时间。

(4)平移了现行税率规定。

为不增加纳税人税负,城市维护建设税立法平移了现行税率规定。

(5)没有对纳税人所在地作统一规定,授权各省具体确定。

考虑到城市维护建设税属于地方税,各地实际情况有所不同,城市维护建设税法没有对纳税人所在地作统一规定,授权各省、自治区、直辖市具体确定。

确定纳税人所在地是为了确定城市维护建设税具体适用税率,与纳税地点不是一个概念,如海洋油气勘探开发所在地在海上,不属于市区、县城或者镇,适用1%税率,但其纳税地点不在海上。

城市维护建设税的征收管理等事项,比照增值税、消费税两税的有关规定办理。

第一节 纳税人

在中华人民共和国境内缴纳增值税、消费税的单位和个人,为城市维护建设税的纳税人,应当依照《城市维护建设税法》规定缴纳城市维护建设税。

第二节 征税对象、范围

城市维护建设税的征收范围具体包括市区、县城、建制镇,以及税法规定的其他地区。

对进口货物或者境外单位和个人向境内销售劳务、服务、无形资产缴纳的增值税、消费税税额,不征收城市维护建设税。

第三节 计税依据

城市维护建设税以纳税人依法实际缴纳的增值税、消费税税额(以下简称两税税额)为计税依据。

城市维护建设税的计税依据应当按照规定扣除期末留抵退税退还的增值税税额。

城市维护建设税计税依据的具体确定办法,由国务院依据《城市维护建设税法》和有关税收法律、行政法规规定,报全国人民代表大会常务委员会备案。

违法行为的经济制裁,不作为城市维护建设税的计税依据;但纳税人在被查补增值税、消费税并被处以罚款时,应同时对其偷漏的城市维护建设税进行补税、征收滞纳金、并处罚款。

城市维护建设税以增值税、消费税税额为计税依据并同时征收,如果要免征或者减征增值税、消费税,也就要同时免征或者减征城市维护建设税。

但对出口产品退还增值税、消费税的,不退还已缴纳的城市维护建设税。

生产企业出口货物实行免、抵、退税办法后,经税务局正式审核批准的当期免抵的增值税税额应纳入城市维护建设税的计征范围,分别按规定的税(费)率征收城市维护建设税和教育费附加。

延伸解读

城市维护建设税计税依据如何确定?

根据《城市维护建设税法》等相关政策的规定,城市维护建设税计税依据为纳税人依法实际缴纳的增值税、消费税两税税额。

自2021年9月1日起施行,依法实际缴纳的增值税、消费税两税税额,是指纳税人依照增值税、消费税相关法律法规和税收政策规定计算的应当缴纳的两税税额(不含因进口货物或境外单位和个人向境内销售劳务、服务、无形资产缴纳的两税税额),加上增值税免抵税额,扣除直接减免的两税税额和期末留抵退税退还的增值税税额后的金额。

依法实际缴纳的增值税税额,是指纳税人依照增值税相关法律法规和税收政策规定计算应当缴纳的增值税税额,加上增值税免抵税额,扣除直接减免的增值税税额和期末留抵退税退还的增值税税额(以下简称留抵退税额)后的金额。

依法实际缴纳的消费税税额,是指纳税人依照消费税相关法律法规和税收政策规定计算应当缴纳的消费税税额,扣除直接减免的消费税税额后的金额。

1. 具体计算公式

具体计算公式如下:

城市维护建设税计税依据=依法实际缴纳的增值税税额+依法实际缴纳的消费税税额

依法实际缴纳的增值税税额=纳税人依照增值税相关法律法规和税收政策规定计算应当缴纳的增值税税额+增值税免抵税额-直接减免的增值税税额-留抵退税额

依法实际缴纳的消费税税额=纳税人依照消费税相关法律法规和税收政策规定计算应当缴纳的消费税税额-直接减免的消费税税额

【案例9-1】 位于某市市区的智董公司(城市维护建设税适用税率为7%),2022年10月申报期,享受直接减免增值税优惠(不包含先征后退、即征即退,下同)后申报缴纳增值税50万元,9月已核准增值税免抵税额10万元(其中涉及出口货物6万元,涉及增值税零税率应税服务4万元),9月收到增值税留抵退税额5万元,该企业10月应申报缴纳的城市维护建设税为:

$(50+6+4-5)\times 7\%=3.85$(万元)

【案例9-2】 位于某县县城的贵琛公司(城市维护建设税适用税率为5%),2022年10月申报期,享受直接减免增值税优惠后申报缴纳增值税90万元,享受直接减免消费税优惠后申报缴纳消费税30万元,该企业10月应申报缴纳的城市维护建设税为:

$(90+30)×5\%=6(万元)$

2. 直接减免的增值税、消费税两税税额

直接减免的增值税、消费税两税税额，是指依照增值税、消费税相关法律法规和税收政策规定，直接减征或免征的增值税、消费税两税税额，不包括实行先征后返、先征后退、即征即退办法退还的增值税、消费税两税税额。

3. 不是所有增值税、消费税两税税额都纳入城市维护建设税计税依据

纳税人因进口货物或境外单位和个人向境内销售劳务、服务、无形资产缴纳的增值税、消费税两税税额不纳入城市维护建设税计税依据，不需要缴纳城市维护建设税。

【案例9-3】 位于某市市区的智董公司（城市维护建设税适用税率为7%），2022年10月申报期，申报缴纳增值税100万元，其中50万元增值税是进口货物产生的，该企业10月应申报缴纳的城市维护建设税为：

$(100-50)×7\%=3.5(万元)$

4. 留抵退税额在城市维护建设税计税依据中扣除的具体规则

纳税人自收到留抵退税额之日起，应当在以后纳税申报期从城市维护建设税计税依据中扣除。

留抵退税额仅允许在按照增值税一般计税方法确定的城市维护建设税计税依据中扣除。当期未扣除完的余额，在以后纳税申报期按规定继续扣除。

对于增值税小规模纳税人更正、查补此前按照一般计税方法确定的城市维护建设税计税依据，允许扣除尚未扣除完的留抵退税额。

【案例9-4】 位于某市市区的智董公司（城市维护建设税适用税率为7%），2022年9月收到增值税留抵退税200万元。2022年10月申报期，申报缴纳增值税120万元（其中按照一般计税方法100万元，按照简易计税方法20万元），该企业10月应申报缴纳的城市维护建设税为：

$(100-100)×7\%+20×7\%=1.4(万元)$

2021年11月申报期，该企业申报缴纳增值税200万元，均为按照一般计税方法产生的，该企业11月应申报缴纳的城市维护建设税为：

$(200-100)×7\%=7(万元)$

第四节 税 率

城市维护建设税税率如下：

(1) 纳税人所在地在市区的，税率为7%。

(2) 纳税人所在地在县城、镇的，税率为5%。

(3) 纳税人所在地不在市区、县城或者镇的，税率为1%。

以上所称纳税人所在地，是指纳税人住所地或者与纳税人生产经营活动相关的其他地点，具体地点由省、自治区、直辖市确定。

延伸解读

行政区划变更导致城市维护建设税适用税率变化，从何时起适用新税率？

行政区划变更的，自变更完成当月起适用新行政区划对应的城市维护建设税税率，纳税人在变更完成当月的下一个纳税申报期按新税率申报缴纳。

第五节　应纳税额的计算

城市维护建设税的应纳税额按照计税依据乘以具体适用税率计算。

城市维护建设税的应纳税额按以下公式计算：

应纳税额 =（实际缴纳的增值税额 + 实际缴纳的消费税额）× 适用税率

【案例9-5】　智董公司（位于市区）为增值税一般纳税人，当期销售货物应纳增值税100万元、消费税75万元，进口货物缴纳进口环节增值税10万元。

【分析】　该企业当期应缴纳城市维护建设税：

第一步：确定城市维护建设税的计税依据。

城市维护建设税的计税依据是纳税人实际缴纳的增值税、消费税"两税"税额。本例中，实际缴纳的"两税"为当期销售货物应纳的增值税100万元、消费税75万元，由于海关对进口产品代征增值税、消费税的，不征收城市维护建设税，因此"进口货物缴纳进口环节增值税10万元"不作为计税依据。

城市维护建设税计税依据 = 100 + 75 = 175（万元）

第二步：确定城市维护建设税的税率。

城市维护建设税实行地区差别比例税率，纳税人所在地在市区的，税率为7%；纳税人所在地在县城、镇的，税率为5%；纳税人不在市区、县城或者镇的，税率为1%。

本例中，智董公司位于市区，税率为7%。

第三步：计算应缴纳的城市维护建设税。

应纳税额 =（实际缴纳的增值税 + 实际缴纳的消费税）× 适用税率 = 175 × 7% = 12.25（万元）

延伸解读

已缴纳城市维护建设税的退还

在退税环节，因纳税人多缴发生的增值税、消费税两税退税，同时退还已缴纳的城市维护建设税。但是，增值税、消费税两税实行先征后返、先征后退、即征即退的，除另有规定外，不予退还随增值税、消费税两税附征的城市维护建设税。"另有规定"主要指在增值税实行即征即退等情形下，城市维护建设税可以给予免税的特殊规定，比如，《财政部　国家税务总局关于黄金税收政策问题的通知》（财税〔2002〕142号）规定，黄金交易所会员单位通过黄金交易所销售标准黄金（持有黄金交易所开具的《黄金交易结算凭证》），发生实物交割的，由税务机关按照实际成交价格代开增值税专用发票，并实行增值税即征即退的政策，同时免征城市维护建设税。

【案例9-6】　位于某市市区的智董公司（城市维护建设税适用税率为7%），由于申报错误未享受优惠政策，2021年12月申报期，申请退还了多缴的增值税和消费税共150万元，同时当月享受增值税即征即退税款100万元，该企业12月应退税的城市维护建设税为：

150 × 7% = 10.5（万元）

第六节　税 收 优 惠

根据国民经济和社会发展的需要，国务院对重大公共基础设施建设、特殊产业和群体以及重大突发事件应对等情形可以规定减征或者免征城市维护建设税，报全国人民代表大会常务委员会备案。

针对一些特殊情况，财政部和国家税务总局作出了一些特别税收优惠规定：

（1）对由于减免增值税、消费税而发生的退税，同时退还已纳的城市维护建设税。但对出口产品退还增值税、消费税的，不退还已缴纳的城市维护建设税。

（2）为支持国家重大水利工程建设，对国家重大水利工程建设基金自2010年5月25日免征城市维护建设税。

（3）经中国人民银行依法决定撤销的金融机构及其分设于各地的分支机构（包括被依法撤销的商业银行、信托投资公司、财务公司、金融租赁公司、城市信用社和农村信用社），用其财产清偿债务时，免征被撤销金融机构转让货物、不动产、无形资产、有价证券、票据等应缴纳的城市维护建设税。

此外，对增值税、消费税"两税"实行先征后返、先征后退、即征即退办法的，除另有规定外，对随增值税、消费税"两税"附征的城市维护建设税，一律不予退（返）还。

地方"六税两费"的减征

2019年1月17日，财政部、税务总局联合发布《关于实施小微企业普惠性税收减免政策的通知》（财税〔2019〕13号），其中指出，由省、自治区、直辖市人民政府根据本地区实际情况，以及宏观调控需要确定，对增值税小规模纳税人可以在50%的税额幅度内减征资源税、城市维护建设税、房产税、城镇土地使用税、印花税（不含证券交易印花税）、耕地占用税和教育费附加、地方教育附加。政策执行时间为2019年1月1日至2021年12月31日。

2022年我国扩大地方"六税两费"减免政策适用主体范围，将省级人民政府在50%税额幅度内减征资源税、城市维护建设税、房产税、城镇土地使用税、印花税（不含证券交易印花税）、耕地占用税和教育费附加、地方教育附加等"六税两费"的适用主体，由增值税小规模纳税人扩展至小型微利企业和个体工商户。

为贯彻落实党中央、国务院决策部署，进一步减轻小微企业税费负担，更好服务市场主体发展，财政部、税务总局联合下发了《财政部 税务总局关于进一步实施小微企业"六税两费"减免政策的公告》（财政部 税务总局公告2022年第10号），国家税务总局制定了《国家税务总局关于进一步实施小微企业"六税两费"减免政策有关征管问题的公告》（国家税务总局公告2022年第3号），明确由省、自治区、直辖市人民政府根据本地区实际情况以及宏观调控需要，确定对增值税小规模纳税人、小型微利企业、个体工商户可以在50%的税额幅度内减征资源税、城市维护建设税、房产税、城镇土地使用税、印花税（不含证券交易印花税）、耕地占用税和教育费附加、地方教育附加（以下简称"六税两费"）。执行期限为2022年1月1日至2024年12月31日。

1. 小型微利企业如何确定是否能够申报享受"六税两费"减免优惠？

按照企业所得税有关规定，纳税人在办理年度汇算清缴后才能最终确定是否属于小型微利企业。为增强政策确定性和可操作性，将政策红利及时送达市场主体，避免因汇算清缴后追溯调整增加办税负担，小型微利企业的判定以企业所得税年度汇算清缴（以下简称汇算清缴）结果为准。企业办理汇算清缴后确定是小型微利企业的，可自办理汇算清缴当年的7月1日至次年6月30日享受"六税两费"减免优惠；2022年1月1日至6月30日期间，纳税人依据2021年办理2020年度汇算清缴的结果确定是否按照小型微利企业享受"六税两费"减免优惠。

【案例9-7】 贵琛公司于2022年6月成立，9月1日登记为增值税一般纳税人。2021年5月，贵琛公司办理了2020年度汇算清缴申报，确定不属于小型微利企业。2022年4月，贵琛公司办理了2021年度汇算清缴申报，确定是小型微利企业。

【分析】 1. 贵琛公司于2022年4月征期申报3月的"六税两费"时，可以享受减免优惠吗？

不可以。根据《国家税务总局关于进一步实施小微企业"六税两费"减免政策有关征管问题的公告》（国家税务总局公告2022年第3号）第一条第（一）项的规定，纳税人2021年办理2020年度汇算清缴申报后确定不属于小型微利企业，申报2022年1月1日至6月30日的"六税两费"时，不能享受减免优惠。

2. 贵琛公司于2022年7月征期申报6月的"六税两费"时，可以享受减免优惠吗？

不可以。根据《国家税务总局关于进一步实施小微企业"六税两费"减免政策有关征管问题的公告》（国家税务总局公告2022年第3号）第一条第（一）项的规定，纳税人2021年办理2020年度汇算清缴申报后确定不属于小型微利企业，申报2022年1月1日至6月30日"六税两费"时，不能享受减免优惠。

3. 贵琛公司于2022年8月征期申报7月的"六税两费"时,可以享受减免优惠吗？

可以。根据《国家税务总局关于进一步实施小微企业"六税两费"减免政策有关征管问题的公告》（国家税务总局公告2022年第3号）第一条第（一）项的规定,纳税人2022年办理2021年度汇算清缴申报后确定是小型微利企业,申报2022年7月1日至2023年6月30日的"六税两费"时,可以享受减免优惠。

2. 新设立企业首次办理汇算清缴前,如何确定是否能申报享受"六税两费"减免优惠？

在首次办理汇算清缴前,新设立企业尚无法准确预判是否属于小型微利企业。为增强政策确定性和可操作性：

（1）登记为增值税一般纳税人的新设立企业,从事国家非限制和禁止行业,且同时符合申报期上月末从业人数不超过300人、资产总额不超过5000万元两项条件的,在首次办理汇算清缴前,可按照小型微利企业申报享受"六税两费"减免优惠。

（2）登记为增值税一般纳税人的新设立企业,从事国家非限制和禁止行业,且同时符合设立时从业人数不超过300人、资产总额不超过5000万元两项条件的,设立当月依照有关规定按次申报有关"六税两费"时,可申报享受"六税两费"减免优惠。

3. 新设立企业首次办理汇算清缴后,对于申报前已按规定申报缴纳的"六税两费"是否需要进行更正？

新设立企业按规定办理首次汇算清缴申报前,已按规定申报缴纳"六税两费"的,不再根据首次汇算清缴结果进行更正。

4. 新设立企业完成首次汇算清缴申报的当月,按次申报"六税两费"如何确定是否可申报享受减免优惠？

按规定办理首次汇算清缴后确定不属于小型微利企业的一般纳税人,按次申报的,自首次办理汇算清缴确定不属于小型微利企业之日起至次年6月30日,不得再申报享受"六税两费"减免优惠。

5. 新设立企业完成首次汇算清缴申报后,按规定申报之前的"六税两费",如何确定是否可申报享受减免优惠？按年申报的如何处理？

新设立企业按规定办理首次汇算清缴后确定不属于小型微利企业,自办理汇算清缴的次月1日至次年6月30日,不得申报享受"六税两费"减免优惠；新设立企业按规定办理首次汇算清缴后,按规定申报当月及之前的"六税两费"的,依据首次汇算清缴结果确定是否可申报享受减免优惠。

6. 逾期办理汇算清缴或更正汇算清缴申报是否需要对"六税两费"的申报进行相应更正？

登记为增值税一般纳税人的小型微利企业、新设立企业,逾期办理或更正汇算清缴申报的,应当依据逾期办理或更正申报的结果,按照规定的"六税两费"减免税期间申报享受减免优惠,并应当对"六税两费"申报进行相应更正。

7. 增值税小规模纳税人按规定转登记为一般纳税人,或应登记为一般纳税人而逾期未登记的,是否可适用"六税两费"减免优惠？

为进一步明确纳税人类型发生变化时享受减免优惠的具体时间,按照有利于纳税人和简化申报的原则,增值税小规模纳税人按规定登记为一般纳税人的,自一般纳税人生效之日起不再按照增值税小规模纳税人适用"六税两费"减免政策。增值税年应税销售额超过小规模纳税人标准应当登记为一般纳税人而未登记,经税务机关通知,逾期仍不办理登记的,自逾期次月起不再按照增值税小规模纳税人申报享受"六税两费"减免优惠。纳税人如果符合《国家税务总局关于进一步实施小微企业"六税两费"减免政策有关征管问题的公告》（国家税务总局公告2022年第3号）第一条规定的小型微利企业和新设立企业的情形,或登记为个体工商户,仍可申报享受"六税两费"减免优惠。

8. 申报"六税两费"减免优惠时需要向税务机关提交资料吗？

为贯彻落实深化"放管服"改革和优化税收营商环境有关要求,减轻纳税人报送资料负担,本次减免优惠实行自行申报享受方式,不需额外提交资料。

9. 纳税人未及时享受减免优惠如何处理？

为确保纳税人足额享受减免优惠,纳税人符合条件但未及时申报享受减免优惠的,可依法申请抵减以后纳税期的应纳税费款或者申请退还。对申请抵减以后纳税期的应纳税费款的,系统将在纳税人下次申报时,自动抵减同税费种的应纳税费款。

10. 政策衔接

为做好与政策执行期限的衔接,2021年新设立企业,登记为增值税一般纳税人的,在首次办理汇算清缴前,按照《国家税务总局关于进一步实施小微企业"六税两费"减免政策有关征管问题的公告》（国家税务总局公告2022年第3号）第一条第（二）项规定的新设立企业条件判定是否可按照小型微利企业申报享受"六税两费"减免优惠。2024年办理2023年度汇算清缴后确定为小型微利企业的,纳税人申报享受"六税两费"减免优惠的日期截止到2024年12月31日。

自2023年1月1日至2027年12月31日，对增值税小规模纳税人、小型微利企业和个体工商户减半征收资源税（不含水资源税）、城市维护建设税、房产税、城镇土地使用税、印花税（不含证券交易印花税）、耕地占用税和教育费附加、地方教育附加。

增值税小规模纳税人、小型微利企业和个体工商户已依法享受资源税、城市维护建设税、房产税、城镇土地使用税、印花税、耕地占用税、教育费附加、地方教育附加等其他优惠政策的，可叠加享受上述优惠政策。[《财政部 税务总局关于进一步支持小微企业和个体工商户发展有关税费政策的公告》（财政部 税务总局公告2023年第12号），2023年8月2日]

自2023年1月1日至2027年12月31日，脱贫人口、持《就业创业证》（注明"自主创业税收政策"或"毕业年度内自主创业税收政策"）或《就业失业登记证》（注明"自主创业税收政策"）的人员，从事个体经营的，自办理个体工商户登记当月起，在3年内按每户每年20000元为限额依次扣减其当年实际应缴纳的增值税、城市维护建设税、教育费附加、地方教育附加和个人所得税。限额标准最高可上浮20%，各省、自治区、直辖市人民政府可根据本地区实际情况在此幅度内确定具体限额标准。

纳税人年度应缴纳税款小于上述扣减限额的，减免税额以其实际缴纳的税款为限；大于上述扣减限额的，以上述扣减限额为限。

上述人员具体包括：纳入全国防止返贫监测和衔接推进乡村振兴信息系统的脱贫人口；在人力资源社会保障部门公共就业服务机构登记失业半年以上的人员；零就业家庭、享受城市居民最低生活保障家庭劳动年龄内的登记失业人员；毕业年度内高校毕业生。高校毕业生，是指实施高等学历教育的普通高等学校、成人高等学校应届毕业的学生；毕业年度，是指毕业所在自然年，即1月1日至12月31日。[《财政部 税务总局 人力资源社会保障部 农业农村部关于进一步支持重点群体创业就业有关税收政策的公告》（财政部 税务总局 人力资源社会保障部 农业农村部公告2023年第15号），2023年8月2日]

自2023年1月1日至2027年12月31日，企业招用脱贫人口，以及在人力资源社会保障部门公共就业服务机构登记失业半年以上且持《就业创业证》或《就业失业登记证》（注明"企业吸纳税收政策"）的人员，与其签订1年以上期限劳动合同并依法缴纳社会保险费的，自签订劳动合同并缴纳社会保险当月起，在3年内按实际招用人数予以定额依次扣减增值税、城市维护建设税、教育费附加、地方教育附加和企业所得税优惠。定额标准为每人每年6000元，最高可上浮30%，各省、自治区、直辖市人民政府可根据本地区实际情况在此幅度内确定具体定额标准。城市维护建设税、教育费附加、地方教育附加的计税依据是享受本项税收优惠政策前的增值税应纳税额。

按上述标准计算的税收扣减额应在企业当年实际应缴纳的增值税、城市维护建设税、教育费附加、地方教育附加和企业所得税税额中扣减，当年扣减不完的，不得结转下年使用。

以上所称企业是指属于增值税纳税人或企业所得税纳税人的企业等单位。

企业招用就业人员既可以适用《财政部 税务总局 人力资源社会保障部 农业农村部关于进一步支持重点群体创业就业有关税收政策的公告》（财政部 税务总局 人力资源社会保障部 农业农村部公告2023年第15号）规定的税收优惠政策，又可以适用其他扶持就业专项税收优惠政策的，企业可以选择适用最优惠的政策，但不得重复享受。[《财政部 税务总局 人力资源社会保障部 农业农村部关于进一步支持重点群体创业就业有关税收政策的公告》（财政部 税务总局 人力资源社会保障部 农业农村部公告2023年第15号），2023年8月2日]

自2023年1月1日至2027年12月31日，自主就业退役士兵从事个体经营的，自办理个体工商户登记当月起，在3年内按每户每年20000元为限额依次扣减其当年实际应缴纳的增值税、城市维护建设税、教育费附加、地方教育附加和个人所得税。限额标准最高可上浮20%，各省、自治区、直辖市人民政府可根据本地区实际情况在此幅度内确定具体限额标准。

纳税人年度应缴纳税款小于上述扣减限额的,减免税额以其实际缴纳的税款为限;大于上述扣减限额的,以上述扣减限额为限。纳税人的实际经营期不足1年的,应当按月换算其减免税限额。换算公式为:

减免税限额＝年度减免税限额÷12×实际经营月数

城市维护建设税、教育费附加、地方教育附加的计税依据是享受本项税收优惠政策前的增值税应纳税额。[《财政部 税务总局 退役军人事务部关于进一步扶持自主就业退役士兵创业就业有关税收政策的公告》(财政部 税务总局 退役军人事务部公告2023年第14号),2023年8月2日]

自2023年1月1日至2027年12月31日,企业招用自主就业退役士兵,与其签订1年以上期限劳动合同并依法缴纳社会保险费的,自签订劳动合同并缴纳社会保险当月起,在3年内按实际招用人数予以定额依次扣减增值税、城市维护建设税、教育费附加、地方教育附加和企业所得税优惠。定额标准为每人每年6 000元,最高可上浮50%,各省、自治区、直辖市人民政府可根据本地区实际情况在此幅度内确定具体定额标准。

企业按招用人数和签订的劳动合同时间核算企业减免税总额,在核算减免税总额内每月依次扣减增值税、城市维护建设税、教育费附加和地方教育附加。企业实际应缴纳的增值税、城市维护建设税、教育费附加和地方教育附加小于核算减免税总额的,以实际应缴纳的增值税、城市维护建设税、教育费附加和地方教育附加为限;实际应缴纳的增值税、城市维护建设税、教育费附加和地方教育附加大于核算减免税总额的,以核算减免税总额为限。纳税年度终了,如果企业实际减免的增值税、城市维护建设税、教育费附加和地方教育附加小于核算减免税总额,企业在企业所得税汇算清缴时以差额部分扣减企业所得税。当年扣减不完的,不再结转以后年度扣减。

自主就业退役士兵在企业工作不满1年的,应当按月换算减免税限额。计算公式为:

$$\text{企业核算减免税总额} = \sum \frac{\text{每名自主就业退役士兵本年度在本单位工作月份}}{12} \times \text{具体定额标准}$$

城市维护建设税、教育费附加、地方教育附加的计税依据是享受本项税收优惠政策前的增值税应纳税额。[《财政部 税务总局 退役军人事务部关于进一步扶持自主就业退役士兵创业就业有关税收政策的公告》(财政部 税务总局 退役军人事务部公告2023年第14号),2023年8月2日]

第七节 纳税义务发生时间

城市维护建设税的纳税义务发生时间与增值税、消费税的纳税义务发生时间一致,分别与增值税、消费税同时缴纳。

城市维护建设税的扣缴义务人为负有增值税、消费税扣缴义务的单位和个人,在扣缴增值税、消费税的同时扣缴城市维护建设税。

注:在缴税环节,城市维护建设税的纳税义务发生时间与增值税、消费税两税的纳税义务发生时间一致,分别在缴纳增值税、消费税两税的同一缴纳地点、同一缴纳期限内,一并缴纳对应的城市维护建设税。委托代征、代扣代缴、代收代缴、预缴、补缴等方式缴纳增值税、消费税两税的,也应当同时缴纳城市维护建设税。

《城市维护建设税法》规定对进口货物或者境外单位和个人向境内销售劳务、服务、无形资产缴纳的增值税、消费税两税税额,不征收城市维护建设税。因此,上述的代扣代缴,不含因境外单位和个人向境内销售劳务、服务、无形资产代扣代缴增值税情形。

第八节 纳税期限

由于城市维护建设税是由纳税人在缴纳增值税、消费税时同时缴纳的,所以其纳税期限分别与增值税、消费税的纳税期限一致。增值税、消费税的纳税期限分别为1日、3日、5日、10日、15日或者1个月。增值税、消费税的纳税人的具体纳税期限,由主管税务机关根据纳税人应纳税额大小分别核定;不能按照固定期限纳税的,可以按次纳税。

注:对增值税免抵税额征收的城市维护建设税,纳税人应在税务机关核准免抵税额的下一个纳税申报期内向主管税务机关申报缴纳。

第九节 纳税地点

城市维护建设税以纳税人实际缴纳的增值税、消费税税额为计税依据,分别与增值税、消费税同时缴纳。所以,一般而言,纳税人缴纳增值税、消费税的地点,就是该纳税人缴纳城市维护建设税的地点。

第十章 印花税

第一节 纳税人

一、纳税人

在中华人民共和国境内书立应税凭证、进行证券交易的单位和个人,为印花税的纳税人,应当依照《中华人民共和国印花税法》(以下简称《印花税法》)规定缴纳印花税。

在中华人民共和国境外书立在境内使用的应税凭证的单位和个人,应当依照《印花税法》规定缴纳印花税。

《印花税法》所称应税凭证,是指《印花税法》所附《印花税税目税率表》列明的合同、产权转移书据和营业账簿。

《印花税法》所称证券交易,是指转让在依法设立的证券交易所、国务院批准的其他全国性证券交易场所交易的股票和以股票为基础的存托凭证。

证券交易印花税对证券交易的出让方征收,不对受让方征收。

自2022年7月1日起施行:

(1) 书立应税凭证的纳税人,为对应税凭证有直接权利义务关系的单位和个人。

(2) 采用委托贷款方式书立的借款合同纳税人,为受托人和借款人,不包括委托人。

(3) 按买卖合同或者产权转移书据税目缴纳印花税的拍卖成交确认书纳税人,为拍卖标的的产权人和买受人,不包括拍卖人。

二、扣缴义务人

纳税人为境外单位或者个人,在境内有代理人的,以其境内代理人为扣缴义务人;在境内没有代理人的,由纳税人自行申报缴纳印花税,具体办法由国务院税务主管部门规定。

证券登记结算机构为证券交易印花税的扣缴义务人,应当向其机构所在地的主管税务机关申报解缴税款以及银行结算的利息。

第二节 征税对象、范围、税目

印花税的税目,依照《印花税法》所附《印花税税目税率表》执行。

自2022年7月1日起施行:

(1) 在中华人民共和国境外书立在境内使用的应税凭证,应当按规定缴纳印花税。包括以下几种情形:

① 应税凭证的标的为不动产的,该不动产在境内。

② 应税凭证的标的为股权的,该股权为中国居民企业的股权。

③ 应税凭证的标的为动产或者商标专用权、著作权、专利权、专有技术使用权的,其销售

方或者购买方在境内,但不包括境外单位或者个人向境内单位或者个人销售完全在境外使用的动产或者商标专用权、著作权、专利权、专有技术使用权。

④ 应税凭证的标的为服务的,其提供方或者接受方在境内,但不包括境外单位或者个人向境内单位或者个人提供完全在境外发生的服务。

(2) 企业之间书立的确定买卖关系、明确买卖双方权利义务的订单、要货单等单据,且未另外书立买卖合同的,应当按规定缴纳印花税。

(3) 发电厂与电网之间、电网与电网之间书立的购售电合同,应当按买卖合同税目缴纳印花税。

(4) 下列情形的凭证,不属于印花税征收范围:

① 人民法院的生效法律文书,仲裁机构的仲裁文书,监察机关的监察文书。

② 县级以上人民政府及其所属部门按照行政管理权限征收、收回或者补偿安置房地产书立的合同、协议或者行政类文书。

③ 总公司与分公司、分公司与分公司之间书立的作为执行计划使用的凭证。

印花税相关知识

1. 发展历程

1988年8月,国务院发布《中华人民共和国印花税暂行条例》(以下简称《印花税暂行条例》),规定在中华人民共和国境内书立或者领受合同、产权转移书据、营业账簿和权利、许可证照等应税凭证的单位和个人应当缴纳印花税。1992年,国家统一对上海证券交易所、深圳证券交易所的股票交易征收印花税。2018年,国务院同意对存托凭证的出让方征收印花税。《印花税暂行条例》施行以来,印花税运行平稳。

《中共中央关于全面深化改革若干重大问题的决定》提出"落实税收法定原则"。为贯彻落实党中央、国务院决策部署,推动完善税收法律制度,提高印花税规范化、法治化水平,减少自由裁量权,使税收征管更加科学规范,中华人民共和国第十三届全国人民代表大会常务委员会第二十九次会议于2021年6月10日通过了《中华人民共和国印花税法》,自2022年7月1日起施行。

2. 主要变化

《印花税法》总体上维持现行税制框架和税负水平基本不变,适当简并税目税率、适当降低税率、减轻税负、进一步明确征税范围、完善税收优惠规定,将《暂行条例》和证券交易印花税有关规定上升为法律。

3. 计征方式

印花税按季、按年或者按次计征。实行按季、按年计征的,纳税人应当自季度、年度终了之日起15日内申报缴纳税款;实行按次计征的,纳税人应当自纳税义务发生之日起15日内申报缴纳税款。

证券交易印花税按周解缴。证券交易印花税扣缴义务人应当自每周终了之日起5日内申报解缴税款以及银行结算的利息。

4. 缴纳方式、印花税票的使用管理

印花税可以采用粘贴印花税票或者由税务机关依法开具其他完税凭证的方式缴纳。

印花税票粘贴在应税凭证上的,由纳税人在每枚税票的骑缝处盖戳注销或者画销。

印花税票由国务院税务主管部门监制。

5. 征收管理

印花税由税务机关依照《印花税法》和《中华人民共和国税收征收管理法》的规定征收管理。

6. 法律责任

纳税人、扣缴义务人和税务机关及其工作人员违反本法规定的,依照《中华人民共和国税收征收管理法》和有关法律、行政法规的规定追究法律责任。

7. 施行时间

本法自2022年7月1日起施行。1988年8月6日国务院发布的《暂行条例》同时废止。

第三节 计税依据

注：应税凭证的计税依据为合同和产权转移书据所列的金额、营业账簿记载的金额，证券交易的计税依据为证券交易成交金额。

印花税的计税依据如下。

一、应税合同的计税依据

应税合同的计税依据，为合同所列的金额，不包括列明的增值税税款。

二、应税产权转移书据的计税依据

应税产权转移书据的计税依据，为产权转移书据所列的金额，不包括列明的增值税税款。

三、应税营业账簿的计税依据

应税营业账簿的计税依据，为账簿记载的实收资本（股本）、资本公积合计金额。

四、证券交易的计税依据

证券交易的计税依据，为成交金额。

应税合同、产权转移书据未列明金额的，印花税的计税依据按照实际结算的金额确定。

计税依据按照上述规定仍不能确定的，按照书立合同、产权转移书据时的市场价格确定；依法应当执行政府定价或者政府指导价的，按照国家有关规定确定。

证券交易无转让价格的，按照办理过户登记手续时该证券前一个交易日收盘价计算确定计税依据；无收盘价的，按照证券面值计算确定计税依据。

延伸解读

关于计税依据、补税和退税的具体情形

自2022年7月1日起施行：

（1）应税合同、产权转移书据未列明金额，在后续实际结算时确定金额的，纳税人应当于书立应税合同、产权转移书据的首个纳税申报期申报应税合同、产权转移书据书立情况，在实际结算后下一个纳税申报期，以实际结算金额计算申报缴纳印花税。

（2）同一应税合同、应税产权转移书据中涉及两方以上纳税人，且未列明纳税人各自涉及金额的，以纳税人平均分摊的应税凭证所列金额（不包括列明的增值税税款）确定计税依据。

（3）应税合同、应税产权转移书据所列的金额与实际结算金额不一致，不变更应税凭证所列金额的，以所列金额为计税依据；变更应税凭证所列金额的，以变更后的所列金额为计税依据。已缴纳印花税的应税凭证，变更后所列金额增加的，纳税人应当就增加部分的金额补缴印花税；变更后所列金额减少的，纳税人可以就减少部分的金额向税务机关申请退还或者抵缴印花税。

（4）纳税人因应税凭证列明的增值税税款计算错误导致应税凭证的计税依据减少或者增加的，纳税人应当按规定调整应税凭证列明的增值税税款，重新确定应税凭证计税依据。已缴纳印花税的应税凭证，调整后计税依据增加的，纳税人应当就增加部分的金额补缴印花税；调整后计税依据减少的，纳税人可以就减少部分的金额向税务机关申请退还或者抵缴印花税。

（5）纳税人转让股权的印花税计税依据，按照产权转移书据所列的金额（不包括列明的认缴后尚未实际出资权益部分）确定。

（6）应税凭证金额为人民币以外的货币的，应当按照凭证书立当日的人民币汇率中间价折合人民币确定计税依据。

（7）境内的货物多式联运，采用在起运地统一结算全程运费的，以全程运费作为运输合同的计税依据，由起运地运费结算双方缴纳印花税；采用分程结算运费的，以分程的运费作为计税依据，分别由办理运费结算的各方缴纳印花税。

（8）未履行的应税合同、产权转移书据，已缴纳的印花税不予退还及抵缴税款。

（9）纳税人多贴的印花税票，不予退税及抵缴税款。

第四节 税 率

印花税的税率,依照《印花税法》所附《印花税税目税率表》(表10-1)执行。

表10-1 印花税税目税率表

税目		税率	备注
合同(指书面合同)	借款合同	借款金额的0.5‰	指银行业金融机构、经国务院银行业监督管理机构批准设立的其他金融机构与借款人(不包括同业拆借)的借款合同
	融资租赁合同	租金的0.5‰	
	买卖合同	价款的3‰	指动产买卖合同(不包括个人书立的动产买卖合同)
	承揽合同	报酬的3‰	
	建设工程合同	价款的3‰	
	运输合同	运输费用的3‰	指货运合同和多式联运合同(不包括管道运输合同)
	技术合同	价款、报酬或者使用费的3‰	不包括专利权、专有技术使用权转让书据
	租赁合同	租金的1‰	
	保管合同	保管费的1‰	
	仓储合同	仓储费的1‰	
	财产保险合同	保险费的1‰	不包括再保险合同
产权转移书据	土地使用权出让书据	价款的5‰	转让包括买卖(出售)、继承、赠与、互换、分割
	土地使用权、房屋等建筑物和构筑物所有权转让书据(不包括土地承包经营权和土地经营权转移)	价款的5‰	
	股权转让书据(不包括应缴纳证券交易印花税的)	价款的5‰	
	商标专用权、著作权、专利权、专有技术使用权转让书据	价款的3‰	
营业账簿		实收资本(股本)、资本公积合计金额的2.5‱	
证券交易		成交金额的1‰	

注1:税目税率表将"买卖合同"税目界定为"动产买卖合同",超出了《印花税暂行条例》"购销合同"税目中纳税人仅限于生产经营者的限定,实际上扩大了纳税人范围。经研究,在税目税率表中明确,"动产买卖合同"不

包括个人书立的动产买卖合同。

注 2：基本维持现行税率水平，适当简并税目税率、减轻税负。

（1）借款合同、买卖合同、技术合同、证券交易等税目维持现行税率不变。

（2）将加工承揽合同、建设工程勘察设计合同、货物运输合同的税率由 5‰降为 3‰。

（3）按照减税降费的要求，支持创新发展，鼓励知识产权实施应用，降低知识产权转让税目的税率。"商标专用权、著作权、专利权、专有技术使用权转让书据"的税率由 5‰降低至 3‰。

（4）将营业账簿的税率由 5‰降为 2.5‰。

（5）取消对权利、许可证照每件征收 5 元印花税的规定。

创新企业境内发行存托凭证

在上海证券交易所、深圳证券交易所转让创新企业 CDR，按照实际成交金额，由出让方按 1‰的税率缴纳证券交易印花税。

以上所称创新企业 CDR，是指符合《国务院办公厅转发证监会关于开展创新企业境内发行股票或存托凭证试点若干意见的通知》（国办发〔2018〕21 号）规定的试点企业，以境外股票为基础证券，由存托人签发并在中国境内发行，代表境外基础证券权益的证券。

第五节　应纳税额的计算

印花税的应纳税额按照计税依据乘以适用税率计算。

同一应税凭证载有两个以上税目事项并分别列明金额的，按照各自适用的税目税率分别计算应纳税额；未分别列明金额的，从高适用税率。

同一应税凭证由两方以上当事人书立的，按照各自涉及的金额分别计算应纳税额。

已缴纳印花税的营业账簿，以后年度记载的实收资本（股本）、资本公积合计金额比已缴纳印花税的实收资本（股本）、资本公积合计金额增加的，按照增加部分计算应纳税额。

第六节　税　收　优　惠

《印花税法》总体维持以前税收优惠政策不变，在保留《印花税暂行条例》中免税规定的同时，将有关文件规定的部分税收优惠政策上升为法律。同时规定，根据国民经济和社会发展的需要，国务院可以规定减征或者免征印花税的情形，报全国人民代表大会常务委员会备案。

对应税凭证适用印花税减免优惠的，书立该应税凭证的纳税人均可享受印花税减免政策，明确特定纳税人适用印花税减免优惠的除外。

《印花税法》实施后，纳税人享受印花税优惠政策，继续实行"自行判别、申报享受、有关资料留存备查"的办理方式。纳税人对留存备查资料的真实性、完整性和合法性承担法律责任。

下列凭证免征印花税。

一、副本或者抄本

应税凭证的副本或者抄本，免征印花税。

二、电子订单

个人与电子商务经营者订立的电子订单，免征印花税。

享受印花税免税优惠的电子商务经营者，具体范围按《中华人民共和国电子商务法》有关规定执行。

注：对"电子商务经营者与用户订立的电子订单"免征印花税，可能导致线上和线下交易活动税负不公平；个人线下交易活动通常不需要缴纳印花税，可以对个人用户与电子商务经营者订立的电子订单实行免税，保持个人线上线下税负一致。经研究，正式印花税法将草案中相应免税规定限定为"个人与电子商务经营者订立的电子订单"。

三、居民住房，企业改制重组、破产，支持小型微型企业、个体工商户等

根据国民经济和社会发展的需要，国务院对居民住房需求保障、企业改制重组、破产、支持小型微型企业发展等情形可以规定减征或者免征印花税，报全国人民代表大会常务委员会备案。

注：采纳了关于在上述减免税情形中增加"破产"的情形的建议。

自2017年1月1日起，对因农村集体经济组织以及代行集体经济组织职能的村民委员会、村民小组进行清产核资收回集体资产而签订的产权转移书据，免征印花税。

自2022年1月1日至2024年12月31日，由省、自治区、直辖市人民政府根据本地区实际情况，以及宏观调控需要确定，对增值税小规模纳税人、小型微利企业和个体工商户可以在50%的税额幅度内减征资源税、城市维护建设税、房产税、城镇土地使用税、印花税（含证券交易印花税）、耕地占用税和教育费附加、地方教育附加。

享受条件：

（1）小型微利企业，是指从事国家非限制和禁止行业，且同时符合年度应纳税所得额不超过300万元、从业人数不超过300人、资产总额不超过5 000万元等三个条件的企业。

从业人数，包括与企业建立劳动关系的职工人数和企业接受的劳务派遣用工人数。所称从业人数和资产总额指标，应按企业全年的季度平均值确定。具体计算公式如下：

季度平均值＝（季初值＋季末值）÷2

全年季度平均值＝全年各季度平均值之和÷4

年度中间开业或者终止经营活动的，以其实际经营期作为一个纳税年度确定上述相关指标。

小型微利企业的判定以企业所得税年度汇算清缴结果为准。登记为增值税一般纳税人的新设立的企业，从事国家非限制和禁止行业，且同时符合申报期上月末从业人数不超过300人、资产总额不超过5 000万元等两个条件的，可在首次办理汇算清缴前按照小型微利企业申报享受《财政部 税务总局关于进一步实施小微企业"六税两费"减免政策的公告》（财政部 税务总局公告2022年第10号）第一条规定的优惠政策。

（2）增值税小规模纳税人、小型微利企业和个体工商户已依法享受资源税、城市维护建设税、房产税、城镇土地使用税、印花税、耕地占用税、教育费附加、地方教育附加其他优惠政策的，可叠加享受《财政部 税务总局关于进一步实施小微企业"六税两费"减免政策的公告》（财政部 税务总局公告2022年第10号）第一条规定的优惠政策。

自2023年1月1日至2027年12月31日，对增值税小规模纳税人、小型微利企业和个体工商户减半征收资源税（不含水资源税）、城市维护建设税、房产税、城镇土地使用税、印花税（不含证券交易印花税）、耕地占用税和教育费附加、地方教育附加。

增值税小规模纳税人、小型微利企业和个体工商户已依法享受资源税、城市维护建设税、房产税、城镇土地使用税、印花税、耕地占用税、教育费附加、地方教育附加等其他优惠政策的，可叠加享受上述优惠政策。[《财政部 税务总局关于进一步支持小微企业和个体工商户发展有关税费政策的公告》（财政部 税务总局公告2023年第12号），2023年8月2日]

对公租房经营管理单位免征建设、管理公租房涉及的印花税。在其他住房项目中配套建设公租房，按公租房建筑面积占总建筑面积的比例免征建设、管理公租房涉及的印花税。

对公租房经营管理单位购买住房作为公租

房,免征契税、印花税;对公租房租赁双方免征签订租赁协议涉及的印花税。

享受上述税收优惠政策的公租房是指纳入省、自治区、直辖市、计划单列市人民政府及新疆生产建设兵团批准的公租房发展规划和年度计划,或者市、县人民政府批准建设(筹集),并按照《住房和城乡建设部 国家发展和改革委员会 财政部 国土资源部 中国人民银行 国家税务总局 中国银行业监督管理委员会关于加快发展公共租赁住房的指导意见》(建保〔2010〕87号)和市、县人民政府制定的具体管理办法进行管理的公租房。

纳税人享受上述优惠政策,应按规定进行免税申报,并将不动产权属证明、载有房产原值的相关材料、纳入公租房及用地管理的相关材料、配套建设管理公租房相关材料、购买住房作为公租房相关材料、公租房租赁协议等留存备查。

上述政策执行至2025年12月31日。[《财政部 税务总局关于继续实施公共租赁住房税收优惠政策的公告》(财政部 税务总局公告2023年第33号),2023年8月18日]

四、高校学生公寓租赁

自2019年1月1日至2023年12月31日,对与高校学生签订的高校学生公寓租赁合同,免征印花税。

所称高校学生公寓,是指为高校学生提供住宿服务,按照国家规定的收费标准收取住宿费的学生公寓。

企业享受上述免税政策,应按规定进行免税申报,并将不动产权属证明、载有房产原值的相关材料、房产用途证明、租赁合同等资料留存备查。[《财政部 税务总局关于高校学生公寓房产税印花税政策的通知》(财税〔2019〕14号);《财政部 税务总局关于延长部分税收优惠政策执行期限的公告》(财政部 税务总局公告2022年第4号)]

五、借款

无息或者贴息借款合同、国际金融组织向中国提供优惠贷款书立的借款合同,免征印花税。

对金融机构与小型企业、微型企业签订的借款合同免征印花税。

以上所称小型企业、微型企业,是指符合《中小企业划型标准规定》(工信部联企业〔2011〕300号印发)的小型企业和微型企业。其中,资产总额和从业人员指标均以贷款发放时的实际状态确定;营业收入指标以贷款发放前12个自然月的累计数确定,不满12个自然月的,按照以下公式计算:

$$营业收入(年) = \frac{企业实际存续期间营业收入}{企业实际存续月数} \times 12$$

上述政策执行至2027年12月31日。

六、证券交易

为活跃资本市场、提振投资者信心,自2023年8月28日起,证券交易印花税实施减半征收。[《财政部 税务总局关于减半征收证券交易印花税的公告》(财政部 税务总局公告2023年第39号),2023年8月27日]

七、赠与

财产所有权人将财产赠与政府、学校、社会福利机构、慈善组织书立的产权转移书据,免征印花税。

享受印花税免税优惠的学校,具体范围为经县级以上人民政府或者其教育行政部门批准成立的大学、中学、小学、幼儿园,实施学历教育的职业教育学校、特殊教育学校、专门学校,以及经省级人民政府或者其人力资源社会保障行政部门批准成立的技工院校。

享受印花税免税优惠的社会福利机构,具体范围为依法登记的养老服务机构、残疾人服务机构、儿童福利机构、救助管理机构、未成年人救助保护机构。

享受印花税免税优惠的慈善组织,具体范围为依法设立、符合《中华人民共和国慈善法》规定,以面向社会开展慈善活动为宗旨的非营利性组织。

八、涉农

农民、家庭农场、农民专业合作社、农村集体经济组织、村民委员会购买农业生产资料或者销售农产品书立的买卖合同和农业保险合同,免征印花税。

享受印花税免税优惠的家庭农场,具体范围为以家庭为基本经营单元,以农场生产经营为主业,以农场经营收入为家庭主要收入来源,从事农业规模化、标准化、集约化生产经营,纳入全国家庭农场名录系统的家庭农场。

九、医疗卫生

非营利性医疗卫生机构采购药品或者卫生材料书立的买卖合同,免征印花税。

享受印花税免税优惠的非营利性医疗卫生机构,具体范围为经县级以上人民政府卫生健康行政部门批准或者备案设立的非营利性医疗卫生机构。

十、部分国家商品储备

我国2022年延续执行部分商品储备税收优惠政策,自2022年1月1日至2023年12月31日,对商品储备管理公司及其直属库资金账簿免征印花税;对其承担商品储备业务过程中书立的购销合同免征印花税,对合同其他各方当事人应缴纳的印花税照章征收。

十一、军警

中国人民解放军、中国人民武装警察部队书立的应税凭证,免征印花税。

十二、外国驻华使馆、领事馆和国际组织驻华代表机构获得馆舍

依照法律规定应当予以免税的外国驻华使馆、领事馆和国际组织驻华代表机构为获得馆舍书立的应税凭证,免征印花税。

印花税法实施后有关优惠政策衔接问题

自2022年7月1日起施行,继续执行表10-2所列文件及相关条款规定的印花税优惠政策。

表10-2 继续执行的印花税优惠政策文件及条款目录

序号	文件标题及条款	文号
1	《国家税务局关于印花税若干具体问题的规定》第6条	国税地字〔1988〕25号
2	《国家税务局关于对保险公司征收印花税有关问题的通知》第二条	国税地字〔1988〕37号
3	《国家税务局关于图书、报刊等征订凭证征免印花税问题的通知》第二条	(1989)国税地字第142号
4	《国家税务总局关于货运凭证征收印花税几个具体问题的通知》第五条第1项、第2项	国税发〔1990〕173号
5	《财政部 国家税务总局关于铁道部所属单位恢复征收印花税问题的补充通知》第二条、第三条、第四条	财税字〔1997〕182号
6	《财政部 国家税务总局关于中国信达等4家金融资产管理公司税收政策问题的通知》第三条第4项中"对资产公司成立时设立的资金账簿免征印花税。对资产公司收购、承接和处置不良资产,免征购销合同和产权转移书据应缴纳的印花税"的政策	财税〔2001〕10号
7	《国家税务总局关于中国石油天然气集团和中国石油化工集团使用的"成品油配置计划表"有关印花税问题的通知》	国税函〔2002〕424号
8	《财政部 国家税务总局关于4家资产管理公司接收资本金项下的资产在办理过户时有关税收政策问题的通知》第一条和第二条中关于印花税的政策	财税〔2003〕21号
9	《财政部 国家税务总局关于全国社会保障基金有关印花税政策的通知》第一条、第二条	财税〔2003〕134号
10	《财政部 国家税务总局关于被撤销金融机构有关税收政策问题的通知》第二条第1项	财税〔2003〕141号

(续表)

序号	文件标题及条款	文号
11	《财政部 国家税务总局关于企业改制过程中有关印花税政策的通知》第一条第1项、第2项,第二条,第三条	财税〔2003〕183号
12	《财政部 国家税务总局关于中国东方资产管理公司处置港澳国际(集团)有限公司有关资产税收政策问题的通知》第二条第1项、第三条第1项、第四条第1项	财税〔2003〕212号
13	《国家税务总局关于办理上市公司国有股权无偿转让暂不征收证券(股票)交易印花税有关审批事项的通知》第一条	国税函〔2004〕941号
14	《财政部 国家税务总局关于股权分置试点改革有关税收政策问题的通知》第一条	财税〔2005〕103号
15	《财政部 国家税务总局关于信贷资产证券化有关税收政策问题的通知》第一条第(三)项、第(四)项、第(五)项	财税〔2006〕5号
16	《财政部 国家税务总局关于证券投资者保护基金有关印花税政策的通知》第一条、第二条、第三条、第四条	财税〔2006〕104号
17	《财政部 国家税务总局关于印花税若干政策的通知》第二条	财税〔2006〕162号
18	《财政部 国家税务总局关于青藏铁路公司运营期间有关税收等政策问题的通知》第二条	财税〔2007〕11号
19	《财政部 国家税务总局关于外国银行分行改制为外商独资银行有关税收问题的通知》第三条	财税〔2007〕45号
20	《财政部 国家税务总局关于廉租住房经济适用住房和住房租赁有关税收政策的通知》第一条第(四)项中关于经济适用住房的印花税政策、第二条第(二)项	财税〔2008〕24号
21	《财政部 国家税务总局关于调整房地产交易环节税收政策的通知》第二条	财税〔2008〕137号
22	《财政部 国家税务总局关于境内证券市场转持部分国有股充实全国社会保障基金有关证券(股票)交易印花税政策的通知》	财税〔2009〕103号
23	《国家税务总局关于中国海洋石油总公司使用的"成品油配置计划表"有关印花税问题的公告》	税务总局公告2012年第58号
24	《财政部 国家税务总局关于棚户区改造有关税收政策的通知》第一条中关于印花税的政策	财税〔2013〕101号
25	《财政部 国家税务总局关于融资租赁合同有关印花税政策的通知》第二条	财税〔2015〕144号
26	《财政部 国家税务总局关于落实降低企业杠杆率税收支持政策的通知》第二条第(七)项中关于印花税的政策	财税〔2016〕125号
27	《财政部 国家税务总局 证监会关于深港股票市场交易互联互通机制试点有关税收政策的通知》第五条	财税〔2016〕127号
28	《财政部 税务总局关于支持农村集体产权制度改革有关税收政策的通知》第二条中关于印花税的政策	财税〔2017〕55号
29	《财政部 税务总局 海关总署关于北京2022年冬奥会和冬残奥会税收政策的通知》第一条第(九)项、第二条第(二)项、第二条第(五)和(六)项中关于印花税的政策、第三条第(四)项	财税〔2017〕60号
30	《财政部 税务总局关于支持小微企业融资有关税收政策的通知》第二条	财税〔2017〕77号
31	《财政部 税务总局关于保险保障基金有关税收政策问题的通知》第二条	财税〔2018〕41号
32	《财政部 税务总局关于全国社会保障基金有关投资业务税收政策的通知》第三条	财税〔2018〕94号
33	《财政部 税务总局关于基本养老保险基金有关投资业务税收政策的通知》第三条	财税〔2018〕95号
34	《财政部 税务总局关于易地扶贫搬迁税收优惠政策的通知》第二条第(一)项、第(二)项、第(四)项、第(五)项中关于印花税的政策	财税〔2018〕135号

(续表)

序号	文件标题及条款	文号
35	《财政部 税务总局关于高校学生公寓房产税印花税政策的通知》第二条	财税〔2019〕14 号
36	《财政部 税务总局 中央宣传部关于继续实施文化体制改革中经营性文化事业单位转制为企业若干税收政策的通知》第一条第(四)项中关于印花税的政策	财税〔2019〕16 号
37	《财政部 人力资源社会保障部 国资委 税务总局 证监会关于全面推开划转部分国有资本充实社保基金工作的通知》第五条第(二十四)项中关于印花税的政策	财资〔2019〕49 号
38	《财政部 税务总局关于公共租赁住房税收优惠政策的公告》第二条和第三条中关于印花税的政策	财政部 税务总局公告 2019 年第 61 号
39	《财政部 税务总局关于继续实行农村饮水安全工程税收优惠政策的公告》第二条	财政部 税务总局公告 2019 年第 67 号
40	《财政部 税务总局 海关总署关于北京 2022 年冬奥会和冬残奥会税收优惠政策的公告》第六条	财政部 税务总局 海关总署公告 2019 年第 92 号
41	《财政部 税务总局 海关总署关于杭州 2022 年亚运会和亚残运会税收政策的公告》第七条、第八条	财政部 税务总局 海关总署公告 2020 年第 18 号
42	《财政部 税务总局 海关总署关于第 18 届世界中学生运动会等三项国际综合运动会税收政策的公告》第七条、第八条	财政部 税务总局 海关总署公告 2020 年第 19 号
43	《财政部 税务总局关于延长部分税收优惠政策执行期限的公告》中关于印花税的政策	财政部 税务总局公告 2021 年第 6 号
44	《财政部 税务总局关于延长部分税收优惠政策执行期限的公告》中关于印花税的政策	财政部 税务总局公告 2022 年第 4 号
45	《财政部 税务总局关于延续执行部分国家商品储备税收优惠政策的公告》第一条	财政部 税务总局公告 2022 年第 8 号
46	《财政部 税务总局关于进一步实施小微企业"六税两费"减免政策的公告》第一条中关于印花税的政策	财政部 税务总局公告 2022 年第 10 号

注：2019 年 1 月 17 日，财政部、税务总局联合发布《关于实施小微企业普惠性税收减免政策的通知》(财税〔2019〕13 号)，其中指出，由省、自治区、直辖市人民政府根据本地区实际情况，以及宏观调控需要确定，对增值税小规模纳税人可以在 50%的税额幅度内减征资源税、城市维护建设税、房产税、城镇土地使用税、印花税(不含证券交易印花税)、耕地占用税和教育费附加、地方教育附加。政策执行时间为 2019 年 1 月 1 日至 2021 年 12 月 31 日。

我国 2022 年扩大地方"六税两费"减免政策适用主体范围，将省级人民政府在 50%税额幅度内减征资源税、城市维护建设税、房产税、城镇土地使用税、印花税(不含证券交易印花税)、耕地占用税和教育费附加、地方教育附加等"六税两费"的适用主体，由增值税小规模纳税人扩展至小型微利企业和个体工商户。执行期限为 2022 年 1 月 1 日至 2024 年 12 月 31 日。

第七节 纳税义务发生时间

印花税的纳税义务发生时间为纳税人书立应税凭证或者完成证券交易的当日。

证券交易印花税扣缴义务发生时间为证券交易完成的当日。

自 2022 年 7 月 1 日起施行，应税合同、产权转移书据未列明金额，在后续实际结算时确定金额的，纳税人应当于书立应税合同、产权转移书据的首个纳税申报期申报应税合同、产权转移书据书立情况，在实际结算后下一个纳税申报期，以实际结算金额计算申报缴纳印花税。

第八节 纳税期限

纳税人在书立应税凭证或者完成证券交易的当日缴纳印花税。

证券交易印花税在证券交易完成的当日缴纳。

自2022年7月1日起施行,印花税按季、按年或者按次计征。应税合同、产权转移书据印花税可以按季或者按次申报缴纳,应税营业账簿印花税可以按年或者按次申报缴纳,具体纳税期限由各省、自治区、直辖市、计划单列市税务局结合征管实际确定。

境外单位或者个人的应税凭证印花税可以按季、按年或者按次申报缴纳,具体纳税期限由各省、自治区、直辖市、计划单列市税务局结合征管实际确定。

第九节 纳税地点

纳税人为单位的,应当向其机构所在地的主管税务机关申报缴纳印花税;纳税人为个人的,应当向应税凭证书立地或者纳税人居住地的主管税务机关申报缴纳印花税。

不动产产权发生转移的,纳税人应当向不动产所在地的主管税务机关申报缴纳印花税。

纳税人为境外单位或者个人情形下的申报缴纳方式、地点

自2022年7月1日起施行,纳税人为境外单位或者个人,在境内有代理人的,以其境内代理人为扣缴义务人。境外单位或者个人的境内代理人应当按规定扣缴印花税,向境内代理人机构所在地(居住地)主管税务机关申报解缴税款。

纳税人为境外单位或者个人,在境内没有代理人的,纳税人应当自行申报缴纳印花税。境外单位或者个人可以向资产交付地、境内服务提供方或者接受方所在地(居住地)、书立应税凭证境内书立人所在地(居住地)主管税务机关申报缴纳;涉及不动产产权转移的,应当向不动产所在地主管税务机关申报缴纳。

第十一章 资　源　税

2019年8月26日第十三届全国人民代表大会常务委员会第十二次会议通过了《中华人民共和国资源税法》(以下简称《资源税法》)，并自2020年9月1日起施行。

资源税由税务机关依照《资源税法》和《税收征管法》的规定征收管理。

税务机关与自然资源等相关部门应当建立工作配合机制，加强资源税征收管理。

延伸解读

新的资源税法与原条例相比体现的主要变化

按照落实税收法定的要求，资源税立法保持了原来的税制方向和税负水平总体不变的原则，对不适应社会经济发展和改革的要求做了适当的调整，将资源税暂行条例上升到了现在的资源税法。

相比《中华人民共和国资源税暂行条例》，《资源税法》吸收了近年来税收征管与服务上的有效做法，践行了以纳税人为中心的服务理念，体现了深化"放管服"改革的要求。

新的《资源税法》与原条例相比体现了三方面的变化：

(1) 规范了税目税率，有利于简化纳税申报。

原条例中，国家层面列举了30多种主要的资源品种税目，其余没有列举的由省级人民政府确定。

新税法将目前所有的应征税的资源品种都一一列明，共计164个税目，涵盖了目前所有已发现的矿种。

新税法以正列举的方式统一规范了税目，分类确定了税率，为简化纳税申报提供了制度基础。税务部门据此优化纳税申报表，提高征管信息化水平，为纳税人提供更加便捷高效的申报服务。

(2) 调整了具体税率确定的权限。

按照原来规定，资源税按照不同的资源品目分别施行固定税率和浮动税率，浮动税率由省级人民政府确定。

新税法明确，继续采用固定税率和幅度税率两类税率，对施行浮动税率的应税资源，其具体的适用税率由省级人民政府提出，报同级人大常委会确定。

(3) 规范了减免税政策。

原来的资源税减免政策，既有长期性政策、也有阶段性政策。对原来长期施行且实践证明行之有效的政策，新税法做出了明确规定，包括对在开采原油及在油田范围内运输原油过程中的自用资源、在煤炭开采企业因安全生产需要抽采的煤成（层）气等免征资源税，对低丰度油气田开采的原油、天然气减征20%资源税，对高含硫天然气、三次采油和深水油气田减征30%资源税，对稠油、高凝油减征40%资源税，对衰竭期矿山减征30%资源税等。

低丰度油气田，包括陆上低丰度油田、陆上低丰度气田、海上低丰度油田、海上低丰度气田。陆上低丰度油田是指每平方公里原油可开采储量丰度低于25万立方米的油田；陆上低丰度气田是指每平方公里天然气可开采储量丰度低于25 000万立方米的气田；海上低丰度油田是指每平方公里原油可开采储量丰度低于60万立方米的油田；海上低丰度气田是指每平方公里天然气可开采储量丰度低于6亿立方米的气田。

高含硫天然气，是指硫化氢含量在每立方米30克以上的天然气。

三次采油，是指二次采油后继续以聚合物驱、复合驱、泡沫驱、气水交替驱、二氧化碳驱、微生物驱等方式进行采油。

深水油气田，是指水深超过300米的油气田。

稠油，是指地层原油粘度大于或等于每秒50毫帕或原油密度大于或等于每立方厘米0.92克的原油。

高凝油，是指凝固点高于40℃的原油。

衰竭期矿山，是指设计开采年限超过15年，且剩余可开采储量下降到原设计可开采储量的20%以下或者剩余开采年限不超过5年的矿山。衰竭期矿山以开采企业下属的单个矿山为单位确定。

(4) 简并了征收期限，有利于减轻办税负担。

原条例规定的纳税期限是1日、3日、5日、10日、

15日或者1个月,具体期限还要由主管税务机关根据实际情况核定,与大多数税种的申报期限不统一、不衔接。新税法规定由纳税人选择按月或按季申报缴纳,并将申报期限由10日内改为15日内,与其他税种保持一致,这将明显降低纳税人的申报频次,切实减轻办税负担。

(5) 强化了部门协同,有利于维护纳税人权益。

资源税征管工作专业性、技术性强,特别是对减免税情形的认定,需要有关部门的配合协助。例如,税法规定对衰竭期矿山开采的矿产品减征30%资源税,授权各省对低品位矿减免资源税,落实该政策的前提条件就是衰竭期矿山和低品位矿的认定。新税法明确规定,税务机关与自然资源等相关部门应当建立工作配合机制。良好的部门协作,有利于减少征纳争议,维护纳税人合法权益。

(6) 其他方面。

此外,新税法还明确,为了更好地适应实际需要,便于相机调控,税法授权国务院对有利于资源节约集约利用、保护环境等情形可以规定减免资源税,并报全国人大常委会备案;对共伴生矿、低品位矿、尾矿以及因意外事故和自然灾害等原因遭受重大损失的,税法授权各省、自治区、直辖市确定减免资源税的具体办法。

延伸解读

我国特点的新型矿产资源权益金制度

2017年4月13日,国务院印发《矿产资源权益金制度改革方案》(国发〔2017〕29号),建立符合我国特点的新型矿产资源权益金制度,明确提出四项改革措施:在矿业权出让环节建立矿业权出让收益制度;在矿业权占有环节建立矿业权占用费制度;在矿产开采环节,继续征收资源税;在矿山环境治理恢复环节建立矿山环境治理恢复基金制度。

1. 主要措施

(1) 在矿业权出让环节,将探矿权采矿权价款调整为矿业权出让收益。

将现行只对国家出资探明矿产地收取、反映国家投资收益的探矿权采矿权价款,调整为适用于所有国家出让矿业权、体现国家所有者权益的矿业权出让收益。以拍卖、挂牌方式出让的,竞得人报价金额为矿业权出让收益;以招标方式出让的,依据招标条件,综合择优确定竞得人,并将其报价金额确定为矿业权出让收益。以协议方式出让的,矿业权出让收益按照评估价值、类似条件的市场基准价就高确定。矿业权出让收益在出让时一次性确定,以货币资金方式支付,可以分期缴纳。具体征收办法由财政部会同国土资源部另行制定。同时,加快推进矿业权出让制度改革,实现与矿产资源权益金制度有机衔接。全面实现矿业权竞争性出让,严格限制协议出让行为,合理调整矿业权审批权限。

矿业权出让收益中央与地方分享比例确定为4∶6,兼顾矿产资源国家所有与矿产地利益,保持现有中央和地方财力格局总体稳定,与我国矿产资源主要集中在中西部地区的国情相适应,同时有效抑制私挖乱采、贱卖资源行为。

(2) 在矿业权占有环节,将探矿权采矿权使用费整合为矿业权占用费。

将现行主要依据占地面积、单位面积按年定额征收的探矿权采矿权使用费,整合为根据矿产品价格变动情况和经济发展需要实行动态调整的矿业权占用费,有效防范矿业权市场中的"跑马圈地""圈而不探"行为,提高矿产资源利用效率。

矿业权占用费中央与地方分享比例确定为2∶8,不再实行探矿权采矿权使用费按照登记机关分级征收的办法。具体办法由财政部会同国土资源部制定。

(3) 在矿产开采环节,组织实施资源税改革。

贯彻落实党中央、国务院决策部署,做好资源税改革组织实施工作,对绝大部分矿产资源品目实行从价计征,使资源税与反映市场供求关系的资源价格挂钩,建立税收自动调节机制,增强税收弹性。同时,按照清费立税原则,将矿产资源补偿费并入资源税,取缔违规设立的各项收费基金,改变税费重复、功能交叉状况,规范税费关系。

(4) 在矿山环境治理恢复环节,将矿山环境治理恢复保证金调整为矿山环境治理恢复基金。

按照"放管服"改革的要求,将现行管理方式不一、审批动用程序复杂的矿山环境治理恢复保证金,调整为管理规范、责权统一、使用便利的矿山环境治理恢复基金,由矿山企业单设会计科目,按照销售收入的一定比例计提,计入企业成本,由企业统筹用于开展矿山环境保护和综合治理。有关部门根据各自职责,加强事中事后监管,建立动态监管机制,督促企业落实矿山环境治理恢复责任。

2. 配套政策

(1) 将矿业权出让收益、矿业权占用费纳入一般公共预算管理。

并按照矿产资源法、物权法、预算法和《国务院关于印发推进财政资金统筹使用方案的通知》(国发〔2015〕35号)等有关规定精神,由各级财政统筹用于地质调查和矿山生态保护修复等方面支出。

(2) 取消国有地勘单位探矿权采矿权价款转增国家资本金政策。

营造公平竞争的市场环境,维护国家矿产资源权益,推动国有地勘单位加快转型,促进实现市场化运作。

已转增国家资本金的探矿权采矿权价款可不再补缴,由国家出资的企业履行国有资本保值增值责任,并接受履行国有资产出资人职责的机构监管。

(3)建立健全矿业权人信用约束机制。

建立以企业公示、社会监督、政府抽查、行业自律为主要特点的矿业权人信息公示制度,将矿山环境治理恢复与土地复垦方案、矿产资源税费缴纳情况纳入公示内容,设置违法"黑名单",形成政府部门协同联动、行业组织自律管理、信用服务机构积极参与、社会舆论广泛监督的治理格局。

第一节 纳税人

在中华人民共和国领域和中华人民共和国管辖的其他海域开发应税资源的单位和个人,为资源税的纳税人。

资源税规定仅对在中国境内开发应税资源的单位和个人征收,所以,进口的矿产品和盐不征收资源税。由于对进口应税产品不征收资源税,相应地,对出口应税产品也不免征或退还已纳资源税。

纳税人自用应税产品,如果属于应当缴纳资源税的情形,应按规定缴纳资源税。纳税人自用应税产品应当缴纳资源税的情形包括:纳税人以应税产品用于非货币性资产交换、捐赠、偿债、赞助、集资、投资、广告、样品、职工福利、利润分配或者连续生产非应税产品等。纳税人开采或者生产应税产品自用于连续生产应税产品的,不缴纳资源税。如铁原矿用于继续生产铁精粉的,在移送铁原矿时不缴纳资源税;但对于生产非应税产品的,如将铁精粉继续用于冶炼的,应当在移送环节缴纳资源税。

关于中外合作开采油气资源缴纳资源税问题

中外合作开采陆上、海上石油资源的企业依法缴纳资源税。

2011年11月1日前已依法订立中外合作开采陆上、海上石油资源合同的,在该合同有效期内,继续依照国家有关规定缴纳矿区使用费,不缴纳资源税;合同期满后,依法缴纳资源税。

国务院根据国民经济和社会发展需要,依照《资源税法》的原则,对取用地表水或者地下水的单位和个人试点征收水资源税。征收水资源税的,停止征收水资源费。

第二节 征税对象、范围、税目

资源税的税目反映征收资源税的具体范围,是资源税课征对象的具体表现形式。

资源税的税目,依照《资源税法》所附《资源税税目税率表》(以下简称《税目税率表》)执行。《资源税法》采取正列举的方式,共设置5个一级税目,17个二级子税目,具体税目有164个。除包括原来中央层面(财政部、国家税务总局)列举名称的税目外,还将原来授权地方层面(各省、自治区、直辖市人民政府)列举名称的税目统一纳入,进一步规范资源税税目。

各税目的征税对象包括原矿或选矿,涵盖了所有已经发现的矿种和盐。根据《资源税法》的规定,对取用地表水或者地下水的单位和个人试点征收水资源税。

一、能源矿产

能源矿产包括以下7个子税目。

(一)原油

原油的其征税对象是原矿。

(二) 天然气、页岩气、天然气水合物

天然气、页岩气、天然气水合物的征税对象是原矿。

(三) 煤

煤的征税对象是原矿或者选矿。

(四) 煤成(层)气

煤成(层)气的征税对象是原矿。

(五) 铀、钍

铀、钍的征税对象是原矿。

(六) 油页岩、油砂、天然沥青、石煤

油页岩、油砂、天然沥青、石煤的征税对象是原矿或者选矿。

(七) 地热

地热征税对象是原矿。

二、金属矿产

金属矿产包括以下2个子税目。

(一) 黑色金属

黑色金属包括铁、锰、铬、钒和钛。其征税对象是原矿或者选矿。

(二) 有色金属

有色金属包括铜、铅、锌、锡、镍、锑、镁、钴、铋、汞;铝土矿;钨;钼;金;银;铂、钯、钌、锇、铱、铑;轻稀土;中重稀土;铍、锂、锆、锶、铷、铯、铌、钽、锗、镓、铟、铊、铪、铼、镉、硒、碲。其中,钨、钼、轻稀土、中重稀土的征税对象是选矿,其他有色金属矿产的征税对象是原矿或者选矿。

三、非金属矿产

非金属矿产包括以下3类子税目。

(一) 矿物类

矿物类包括高岭土;石灰岩;磷;石墨;萤石、硫铁矿、自然硫;天然石英砂、脉石英、粉石英、水晶、工业用金刚石、冰洲石、蓝晶石、硅线石(矽线石)长石、滑石、刚玉、菱镁矿、颜料矿物、天然碱、芒硝、钠硝石、明矾石、砷、硼、碘、溴、膨润土、硅藻土、陶瓷土、耐火粘土、铁矾土、凹凸棒石粘土、海泡石粘土、伊利石粘土、累托石粘土;叶蜡石、硅灰石、透辉石、珍珠岩、云母、沸石、重晶石、毒重石、方解石、蛭石、透闪石、工业用电气石、白垩、石棉、蓝石棉、红柱石、石榴子石、石膏;其他粘土(铸型用粘土、砖瓦用粘土、陶粒用粘土、水泥配料用粘土、水泥配料用红土、水泥配料用黄土、水泥配料用泥岩、保温材料用粘土)。

(二) 岩石类

岩石类包括大理岩、花岗岩、白云岩、石英岩、砂岩、辉绿岩、安山岩、闪长岩、板岩、玄武岩、片麻岩、角闪岩、页岩、浮石、凝灰岩、黑曜岩、霞石正长岩、蛇纹岩、麦饭石、泥灰岩、含钾岩石、含钾砂页岩、天然油石、橄榄岩、松脂岩、粗面岩、辉长岩、辉石岩、正长岩、火山灰、火山渣、泥炭;砂石。

(三) 宝玉石类

宝玉石类包括:宝石、玉石、宝石级金刚石、玛瑙、黄玉、碧玺。所有非金属矿产的征税对象是原矿或者选矿。

四、水气矿产

水气矿产的征税对象是原矿。包括"二氧化碳气、硫化氢气、氦气、氡气"和"矿泉水"2个子税目。

其中,矿泉水是含有符合国家标准的矿物质元素的一种水气矿产,可供饮用或医用等。

五、盐

盐包括以下3个子税目。

(一) 钠盐、钾盐、镁盐和锂盐

钠盐、钾盐、镁盐和锂盐的征税对象是选矿。

(二) 天然卤水

天然卤水的征税对象是原矿。

(三) 海盐

应税资源的具体范围,由《资源税法》所附《税目税率表》确定。

第三节 计税依据

资源税的计税依据为应税产品的销售额或销售量,各税目的征税对象包括原矿、精矿等。

一、从价定率征收的计税依据

(一)一般规定

资源税应税产品(以下简称应税产品)的销售额,按照纳税人销售应税产品向购买方收取的全部价款确定,不包括增值税税款。

计入销售额中的相关运杂费用,凡取得增值税发票或者其他合法有效凭据的,准予从销售额中扣除。相关运杂费用是指应税产品从坑口或者洗选(加工)地到车站、码头或者购买方指定地点的运输费用、建设基金以及随运销产生的装卸、仓储、港杂费用。

(二)特殊规定

1. 纳税人申报的应税产品销售额明显偏低且无正当理由的,或者有自用应税产品行为而无销售额的

主管税务机关可以按下列方法和顺序确定其应税产品销售额:

(1)按纳税人最近时期同类产品的平均销售价格确定。

(2)按其他纳税人最近时期同类产品的平均销售价格确定。

(3)按后续加工非应税产品销售价格,减去后续加工环节的成本利润后确定。

(4)按应税产品组成计税价格确定。

$$组成计税价格 = 成本 \times \left(1 + \frac{成本利润率}{}\right) \div \left(1 - 资源税税率\right)$$

上述公式中的成本利润率由省、自治区、直辖市税务机关确定。

(5)按其他合理方法确定。

2. 外购应税产品购进金额、购进数量的扣减

纳税人外购应税产品与自采应税产品混合销售或者混合加工为应税产品销售的,在计算应税产品销售额或者销售数量时,准予扣减外购应税产品的购进金额或者购进数量;当期不足扣减的,可结转下期扣减。纳税人应当准确核算外购应税产品的购进金额或者购进数量,未准确核算的,一并计算缴纳资源税。

纳税人核算并扣减当期外购应税产品购进金额、购进数量,应当依据外购应税产品的增值税发票、海关进口增值税专用缴款书或者其他合法有效凭据。

纳税人以外购原矿与自采原矿混合为原矿销售,或者以外购选矿产品与自产选矿产品混合为选矿产品销售的,在计算应税产品销售额或者销售数量时,直接扣减外购原矿或者外购选矿产品的购进金额或者购进数量。

纳税人以外购原矿与自采原矿混合洗选加工为选矿产品销售的,在计算应税产品销售额或者销售数量时,按照下列方法进行扣减:

准予扣减的外购应税产品购进金额(数量)= 外购原矿购进金额(数量)×(本地区原矿适用税率÷本地区选矿产品适用税率)

不能按照上述方法计算扣减的,按照主管税务机关确定的其他合理方法进行扣减。

📖 延伸解读

不同情形下外购应税产品扣减的计算方法

对于纳税人以外购原矿与自采原矿混合为原矿销售,或者以外购选矿产品与自产选矿产品混合为选矿产品销售的两种情形,在计算应税产品销售额或者销售数量时,直接扣减外购原矿或者外购选矿产品的购进金额或者购进数量。

当纳税人以外购原矿与自采原矿混合洗选加工为选矿产品销售时,由于在洗选加工过程中产生了增值或数量消耗,为确保税负公平,在计算应税产品销售额或者销售数量时,需要按照《国家税务总局关于资源税征收管理若干问题的公告》(国家税务总局公告2022年第14号)规定的公式计算准予扣减的外购应税产品的购进金额或者购进数量。

【案例 11-1】 智董煤炭生产公司位于甲地,2023年1月从位于乙地的贵琛煤炭生产公司购进原煤,取得增值税专用发票,注明金额200万元。智董公司将其与部分自采原煤混合为原煤并在本月全部销售,取得不含税销售额为1 000万元,该批自采原煤同类产品不含税销售价格为600万元。已知甲地和乙地原煤资源税税率均为3%。

【分析】 计算智董公司2023年1月上述业务应纳资源税。

智董公司应纳资源税＝(1 000－200)×3%＝24(万元)

【案例 11-2】 某煤炭企业将外购300万元原煤与自采600万元原煤混合洗选加工为选煤销售,选煤销售额为1 350万元。当地原煤税率为3%,选煤税率为2%。

【分析】 在计算应税产品销售额时,准予扣减的外购应税产品购进金额＝外购原煤购进金额×(本地区原煤适用税率÷本地区选煤适用税率)＝300×(3%÷2%)＝450(万元)。

二、从量定额征收的计税依据

实行从量定额征收的,以应税产品的销售数量为计税依据。

应税产品的销售数量,包括纳税人开采或者生产应税产品的实际销售数量和自用于应当缴纳资源税情形的应税产品数量。

第四节 税 率

一、税率形式

资源税法规定,对大部分资源税应税产品(以下简称应税产品)实行从价计征,部分应税产品从量计征,所以,税率形式有比例税率和定额税率两种。

《税目税率表》规定了固定和幅度两种税率。适用固定税率的应税产品包括原油、天然气、铀、钨、钼、中重稀土等税目。实行幅度税率的应税产品包括煤、铁、铜、铝土矿、金、银、轻稀土等税目。

二、税率标准

资源税的税率标准,依照《税目税率表》执行。具体情况见表11-1。

表11-1 资源税税目税率表

税目		征税对象	税率
能源矿产	原油	原矿	6%
	天然气、页岩气、天然气水合物	原矿	6%
	煤	原矿或者选矿	2%～10%
	煤成(层)气	原矿	1%～2%
	铀、钍	原矿	4%
	油页岩、油砂、天然沥青、石煤	原矿或者选矿	1%～4%
	地热	原矿	1%～20%或者每立方米1～30元

(续表)

税目			征税对象	税率
金属矿产	黑色金属	铁、锰、铬、钒、钛	原矿或者选矿	1%～9%
	有色金属	铜、铅、锌、锡、镍、锑、镁、钴、铋、汞	原矿或者选矿	2%～10%
		铝土矿	原矿或者选矿	2%～9%
		钨	选矿	6.5%
		钼	选矿	8%
金属矿产	有色金属	金、银	原矿或者选矿	2%～6%
		铂、钯、钌、锇、铱、铑	原矿或者选矿	5%～10%
		轻稀土	选矿	7%～12%
		中重稀土	选矿	20%
		铍、锂、锆、锶、铷、铯、铌、钽、锗、镓、铟、铊、铪、铼、镉、硒、碲	原矿或者选矿	2%～10%
非金属矿产		高岭土	原矿或者选矿	1%～6%
		石灰岩	原矿或者选矿	1%～6%或者每吨（或者每立方米）1～10元
		磷	原矿或者选矿	3%～8%
		石墨	原矿或者选矿	3%～12%
		萤石、硫铁矿、自然硫	原矿或者选矿	1%～8%
	矿物类	天然石英砂、脉石英、粉石英、水晶、工业用金刚石、冰洲石、蓝晶石、硅线石（矽线石）长石、滑石、刚玉、菱镁矿、颜料矿物、天然碱、芒硝、钠硝石、明矾石、砷、硼、碘、溴、膨润土、硅藻土、陶瓷土、耐火粘土、铁矾土、凹凸棒石粘土、海泡石粘土、伊利石粘土、累托石粘土	原矿或者选矿	1%～12%
		叶蜡石、硅灰石、透辉石、珍珠岩、云母、沸石、重晶石、毒重石、方解石、蛭石、透闪石、工业用电气石、白垩、石棉、蓝石棉、红柱石、石榴子石、石膏	原矿或者选矿	2%～12%
		其他粘土（铸型用粘土、砖瓦用粘土、陶粒用粘土、水泥配料用粘土、水泥配料用红土、水泥配料用黄土、水泥配料用泥岩、保温材料用粘土）	原矿或者选矿	1%～5%或者每吨（或者每立方米）0.1～5元
	岩石类	大理岩、花岗岩、白云岩、石英岩、砂岩、辉绿岩、安山岩、闪长岩、板岩、玄武岩、片麻岩、角闪岩、页岩、浮石、凝灰岩、黑曜岩、霞石正长岩、蛇纹岩、麦饭石、泥灰岩、含钾岩石、含钾砂页岩、天然油石、橄榄岩、松脂岩、粗面岩、辉长岩、辉石岩、正长岩、火山灰、火山渣、泥炭	原矿或者选矿	1%～10%
		砂石	原矿或者选矿	1%～5%或者每吨（或者每立方米）0.1～5元
	宝玉石类	宝石、玉石、宝石级金刚石、玛瑙、黄玉、碧玺	原矿或者选矿	4%～20%

(续表)

税目		征税对象	税率
水气矿产	二氧化碳气、硫化氢气、氮气、氧气	原矿	2%～5%
	矿泉水	原矿	1%～20%或者每立方米1～30元
盐	钠盐、钾盐、镁盐、锂盐	选矿	3%～15%
	天然卤水	原矿	3%～15%或者每吨（或者每立方米）1～10元
	海盐		2%～5%

相关解读

1. 幅度税率

《税目税率表》中规定实行幅度税率的，其具体适用税率由省、自治区、直辖市人民政府统筹考虑该应税资源的品位、开采条件以及对生态环境的影响等情况，在《税目税率表》规定的税率幅度内提出，报同级人民代表大会常务委员会决定，并报全国人民代表大会常务委员会和国务院备案。

2. 原矿或者选矿应分别确定税率

《税目税率表》中规定征税对象为原矿或者选矿的，应当分别确定具体适用税率。

纳税人以自采原矿（经过采矿过程采出后未进行选矿或者加工的矿石）直接销售，或者自用于应当缴纳资源税情形的，按照原矿计征资源税。

纳税人以自采原矿洗选加工为选矿产品（通过破碎、切割、洗选、筛分、磨矿、分级、提纯、脱水、干燥等过程形成的产品，包括富集的精矿和研磨成粉、粒级成型、切割成型的原矿加工品）销售，或者将选矿产品自用于应当缴纳资源税情形的，按照选矿产品计征资源税，在原矿移送环节不缴纳资源税。对于无法区分原生岩石矿种的粒级成型砂石颗粒，按照砂石税目征收资源税。

3. 水资源税差别税率

水资源税根据当地水资源状况、取用水类型和经济发展等情况实行差别税率。

4. 分别核算

纳税人开采或者生产不同税目应税产品的，应当分别核算不同税目应税产品的销售额或者销售数量；未分别核算或者不能准确提供不同税目应税产品的销售额或者销售数量的，从高适用税率。

纳税人开采或者生产同一税目下适用不同税率应税产品的，应当分别核算不同税率应税产品的销售额或者销售数量；未分别核算或者不能准确提供不同税率应税产品的销售额或者销售数量的，从高适用税率。

第五节 应纳税额的计算

一、计征办法

资源税实行从价计征或者从量计征。资源税的应纳税额，按照从价定率或者从量定额的办法，分别以应税产品的销售额乘以纳税人具体适用的比例税率或者以应税产品的销售数量乘以纳税人具体适用的定额税率计算。

《税目税率表》中规定可以选择实行从价计征或者从量计征的，具体计征方式由省、自治区、直辖市人民政府提出，报同级人民代表大会常务委员会决定，并报全国人民代表大会常务委员会和国务院备案。

纳税人开采或者生产应税产品自用的，应当依照《资源税法》规定缴纳资源税；但是，自用于连续生产应税产品的，不缴纳资源税。

纳税人自用应税产品应当缴纳资源税的情形，包括纳税人以应税产品用于非货币性资产交换、捐赠、偿债、赞助、集资、投资、广告、样品、职工福利、利润分配或者连续生产非应税产品等。

实行从价计征的,应纳税额按照应税资源产品(以下简称应税产品)的销售额乘以具体适用税率计算。实行从量计征的,应纳税额按照应税产品的销售数量乘以具体适用税率计算。

根据《税目税率表》,可以选择实行从价计征或者从量计征的有地热、石灰岩、其他粘土、砂石、矿泉水、天然卤水等6个税目。

应税产品为矿产品的,包括原矿和选矿产品。

二、从价定率方式应纳税额的计算

实行从价定率方式征收资源税的,根据应税产品的销售额和规定的适用税率计算应纳税额,具体计算公式为:

应纳税额＝销售额×适用税率

【案例11-3】 智董石化公司为增值税一般纳税人,2023年4月发生以下业务:

(1) 从国外某石油公司进口原油40 000吨,支付不含税价款折合人民币8 000万元,其中包含包装费及保险费折合人民币20万元。

(2) 开采原油10 000吨,并将开采的原油对外销售6 000吨,取得含税销售额2 260万元,同时向购买方收取延期付款利息2.26万元,包装费1.13万元,另外支付运输费用6.78万元。

(3) 用开采的原油2 000吨加工生产汽油1 300吨。

当地2023年原油的资源税税率为10%。

【分析】 计算该石化公司当月应纳资源税:

(1) 由于资源税仅对在中国境内开采或生产应税产品的单位和个人征收,因此业务(1)中该石化公司进口原油无须缴纳资源税。

(2) 业务(2)应缴纳的资源税＝(2 260＋2.26＋1.13)÷(1＋13%)×10%＝200.3(万元)。

(3) 每吨原油的含税销售价格＝2 260÷6 000＝0.38(万元)。

业务(3)应缴纳的资源税＝0.38×2 000÷(1＋13%)×10%＝67.26(万元)

(4) 该石化公司当月应纳资源税＝200.3＋67.26＝267.56(万元)。

【案例11-4】 2023年4月,智董锡矿开采公司开采锡矿原矿300吨。本月销售锡矿原矿200吨,取得不含税销售额600万元;剩余锡矿原矿100吨移送加工选矿80吨,本月全部销售,取得不含税销售额250万元。锡矿原矿和锡矿选矿资源税税率分别为5%和4.5%。

【分析】 计算该企业2023年4月应缴纳的资源税:

(1) 锡矿原矿为资源税的应税产品,开采销售锡矿原矿应计算缴纳资源税。

销售锡矿原矿应缴纳资源税＝600×5%＝30(万元)

(2) 将锡矿原矿移送加工选矿,不征收资源税,生产销售的锡矿选矿属于资源税应税产品,应计算缴纳资源税。

销售锡矿选矿应缴纳资源税＝250×4.5%＝11.25(万元)

该企业2023年4月应缴纳资源税＝30＋11.25＝41.25(万元)

三、从量定额方式应纳税额的计算

实行从量定额征收资源税的,根据应税产品的课税数量和规定的单位税额计算应纳税额,具体计算公式为:

应纳税额＝课税数量×单位税额

【案例11-5】 智董矿泉水生产公司2023年4月开发生产矿泉水6 900立方米,本月销售8 000立方米。该企业所在省政府规定,矿泉水实行定额征收资源税,资源税税率为5元/立方米。

【分析】 计算该企业2023年4月应缴纳的资源税税额。

该企业2023年4月应缴纳资源税＝5×8 000＝40 000(元)

第六节 税收优惠

一、免征规定

有下列情形之一的,免征资源税:

(1) 开采原油以及油田范围内运输原油过程中用于加热的原油、天然气。

(2) 煤炭开采企业因安全生产需要抽采的煤成(层)气。

二、减征规定

有下列情形之一的,减征资源税:

(1) 从低丰度油气田开采的原油、天然气减征20%资源税。

陆上低丰度油田是指每平方公里原油可采储量丰度低于25万立方米的油田;陆上低丰度气田是指每平方公里天然气可采储量丰度低于2.5亿立方米的气田。

海上低丰度油田是指每平方公里原油可开采储量丰度低于60万立方米的油田;海上低丰度气田是指每平方公里天然气可开采储量丰度低于6亿立方米的气田。

(2) 高含硫天然气、三次采油和从深水油气田开采的原油、天然气,减征30%资源税。

高含硫天然气是指硫化氢含量在每立方米30克以上的天然气。

三次采油是指二次采油后继续以聚合物驱、复合驱、泡沫驱、二氧化碳驱、气水交替驱、微生物驱等方式进行采油。

深水油气田是指水深超过300米的油气田。

(3) 稠油、高凝油减征40%资源税。

稠油是指地层原油黏度大于或等于50毫帕/秒,或原油密度大于或等于0.92克/立方厘米的原油。

高凝油是指凝固点高于40℃的原油。

(4) 从衰竭期矿山开采的矿产品,减征30%资源税。

衰竭期矿山是指设计开采年限超过15年,且剩余可采储量下降到原设计可采储量的20%以下或者剩余开采年限不超过5年的矿山,衰竭期矿山以开采企业下属的单个矿山为单位确定。

自2022年1月1日至2024年12月31日,由省、自治区、直辖市人民政府根据本地区实际情况,以及宏观调控需要确定,对增值税小规模纳税人、小型微利企业和个体工商户可以在50%的税额幅度内减征资源税、城市维护建设税、房产税、城镇土地使用税、印花税(含证券交易印花税)、耕地占用税和教育费附加、地方教育附加。

享受条件:

(1) 小型微利企业,是指从事国家非限制和禁止行业,且同时符合年度应纳税所得额不超过300万元、从业人数不超过300人、资产总额不超过5 000万元等三个条件的企业。

从业人数,包括与企业建立劳动关系的职工人数和企业接受的劳务派遣用工人数。所称从业人数和资产总额指标,应按企业全年的季度平均值确定。具体计算公式如下:

季度平均值=(季初值+季末值)÷2

全年季度平均值=全年各季度平均值之和÷4

年度中间开业或者终止经营活动的,以其实际经营期作为一个纳税年度确定上述相关指标。

小型微利企业的判定以企业所得税年度汇算清缴结果为准。登记为增值税一般纳税人的新设立的企业,从事国家非限制和禁止行业,且同时符合申报期上月末从业人数不超过300人、资产总额不超过5 000万元等两个条件的,可在首次办理汇算清缴前按照小型微利企业申报享受《财政部 税务总局关于进一步实施小微企业"六税两费"减免政策的公告》(财政部 税务总局公告2022年第10号)第一条规定的优惠政策。

(2) 增值税小规模纳税人、小型微利企业和个体工商户已依法享受资源税、城市维护建设税、房产税、城镇土地使用税、印花税、耕地占用税、教育费附加、地方教育附加其他优惠政策的,可叠加享受《财政部 税务总局关于进一步实施小微企业"六税两费"减免政策的公告》(财政部 税务总局公告2022年第10号)第一条规定的优惠政策。

自2023年1月1日至2027年12月31日,对增值税小规模纳税人、小型微利企业和个体工商户减半征收资源税(不含水资源税)、城市维护建设税、房产税、城镇土地使用税、印花税(不含证券交易印花税)、耕地占用税和教育费附加、地方教育附加。

增值税小规模纳税人、小型微利企业和个体工商户已依法享受资源税、城市维护建设税、房产税、城镇土地使用税、印花税、耕地占用税、教育费附加、地方教育附加等其他优惠政策的,可叠加享受上述优惠政策。[《财政部 税务总局关于进一步支持小微企业和个体工商户发展有关税费政策的公告》(财政部 税务总局公告2023年第12号),2023年8月2日]

三、规定/决定免征或者减征

(1) 根据国民经济和社会发展需要,国务院对有利于促进资源节约集约利用、保护环境等情形可以规定免征或者减征资源税,报全国人民代表大会常务委员会备案。

(2) 有下列情形之一的,省、自治区、直辖市可以决定免征或者减征资源税:

① 纳税人开采或者生产应税产品过程中,因意外事故或者自然灾害等原因遭受重大损失。

② 纳税人开采共伴生矿、低品位矿、尾矿。

上述的免征或者减征资源税的具体办法,由省、自治区、直辖市人民政府提出,报同级人民代表大会常务委员会决定,并报全国人民代表大会常务委员会和国务院备案。

四、其他减免税规定

(1) 对青藏铁路公司及其所属单位运营期间自采自用的砂、石等材料免征资源税。

(2) 自2014年12月1日至2027年8月31日,对充填开采置换出来的煤炭,资源税减征50%。

五、管理规定

纳税人的免税、减税项目,应当单独核算销售额或者销售数量;未单独核算或者不能准确提供销售额或者销售数量的,不予免税或者减税。

纳税人开采或者生产同一应税产品,其中既有享受减免税政策的,又有不享受减免税政策的,按照免税、减税项目的产量占比等方法分别核算确定免税、减税项目的销售额或者销售数量。

纳税人开采或者生产同一应税产品同时符合两项或者两项以上减征资源税优惠政策的,除另有规定外,只能选择其中一项执行。

纳税人享受资源税优惠政策,实行"自行判别、申报享受、有关资料留存备查"的办理方式,另有规定的除外。纳税人对资源税优惠事项留存材料的真实性和合法性承担法律责任。

延伸解读

简化办理优惠事项,优化办税流程

明确纳税人享受资源税优惠政策,实行"自行判别、申报享受、有关资料留存备查"的办理方式,另有规定的除外。纳税人享受优惠事项前无需再履行备案手续、报送备案资料,只需要将相关资料留存备查。纳税人对资源税优惠事项留存材料的真实性和合法性承担法律责任。

"另有规定的除外"的主要考虑是,根据资源税法授权,部分资源税优惠政策由各省制定具体管理办法,《国家税务总局关于资源税征收管理若干问题的公告》(国家税务总局公告2020年第14号)不宜对其做出统一规定。

第七节 水资源税改革试点实施办法

关于水资源税改革试点问题

国务院根据国民经济和社会发展需要,依照《资源税法》的原则,对取用地表水或者地下水的单位和个人试点征收水资源税。征收水资源税的,停止征收水资源费。

水资源税根据当地水资源状况、取用水类型和经济发展等情况实行差别税率。

水资源税试点实施办法由国务院规定,报全国人民代表大会常务委员会备案。

国务院自《资源税法》施行之日起五年内,就征收水资源税试点情况向全国人民代表大会常务委员会报告,并及时提出修改法律的建议。

自2019年12月1日起,北京、天津、山西、内蒙古、河南、山东、四川、陕西、宁夏9个省、自治区、直辖市纳入水资源税改革试点,由征收水资源费改为征收水资源税。

一、纳税义务人

除规定情形外,水资源税的纳税人为直接取用地表水、地下水的单位和个人,包括直接从江、河、湖泊(含水库)和地下取用水资源的单位和个人。

下列情形,不缴纳水资源税:

(1)农村集体经济组织及其成员从本集体经济组织的水塘、水库中取用水的。

(2)家庭生活和零星散养、圈养畜禽饮用等少量取用水的。

(3)水利工程管理单位为配置或者调度水资源取水的。

(4)为保障矿井等地下工程施工安全和生产安全必须进行临时应急取用(排)水的。

(5)为消除对公共安全或者公共利益的危害临时应急取水的。

(6)为农业抗旱和维护生态与环境必须临时应急取水的。

二、税率

除中央直属和跨省(区、市)水力发电取用水外,由试点省区市人民政府统筹考虑本地区水资源状况、经济社会发展水平和水资源节约保护要求,在《扩大水资源税改革试点实施办法》(财税〔2017〕80号印发)所附《试点省份水资源税最低平均税额表》(表11-2)规定的最低平均税额基础上,分类确定具体适用税额。

表11-2 试点省份水资源税最低平均税额表

单位:元/立方米

省(区、市)	地表水最低平均税额	地下水最低平均税额
北京	1.6	4.0
天津	0.8	4.0
山西	0.5	2.0
内蒙古	0.5	2.0
山东	0.4	1.5
河南	0.4	1.5
四川	0.1	0.2
陕西	0.3	0.7
宁夏	0.3	0.7

为发挥水资源税调控作用,按不同取用水性质实行差别税额,地下水税额要高于地表水,超采区地下水税额要高于非超采区,严重超采地区的地下水税额要大幅高于非超采地区。对超计划或超定额用水加征1~3倍,对特种行业从高征税,对超过规定限额的农业生产取用水、农村生活集中式饮水工程取用水从低征税。具体适用税额,授权省级人民政府统筹考虑本地区水资源状况、经济社会发展水平和水资源节约保护的要求确定。

三、应纳税额的计算

水资源税实行从量计征。对一般取用水按照实际取用水量征税,对采矿和工程建设疏干排水按照排水量征税；对水力发电和火力发电贯流式（不含循环式）冷却取用水按照实际发电量征税。

计算公式为：

一般取用水应纳税额＝实际取用水量×适用税额

疏干排水应纳税额＝实际取用水量×适用税额

疏干排水的实际取用水量按照排水量确定。疏干排水，是指在采矿和工程建设过程中破坏地下水层、发生地下涌水的活动。

水力发电和火力发电贯流式（不含循环式）冷却取用水应纳税额＝实际发电量×适用税额

火力发电贯流式冷却取用水，是指火力发电企业从江河、湖泊（含水库）等水源取水，并对机组冷却后将水直接排入水源的取用水方式。火力发电循环式冷却取用水，是指火力发电企业从江河、湖泊（含水库）地下等水源取水并引入自建冷却水塔，对机组冷却后返回冷却水塔循环利用的取用水方式。

四、税收减免

下列情形，予以免征或者减征水资源税：

（1）规定限额内的农业生产取用水，免征水资源税。

（2）取用污水处理再生水，免征水资源税。

（3）除接入城镇公共供水管网以外，军队、武警部队通过其他方式取用水的，免征水资源税。

（4）抽水蓄能发电取用水，免征水资源税。

（5）采油排水经分离净化后在封闭管道回注的，免征水资源税。

（6）财政部、国家税务总局规定的其他免征或者减征水资源税情形。

五、征收管理

为加强税收征管、提高征管效率，《扩大水资源税改革试点实施办法》（财税〔2017〕80号）确定了"税务征管、水利核量、自主申报、信息共享"的征管模式，即税务机关依法征收管理；水行政主管部门负责核定取用水量；纳税人依法办理纳税申报；税务机关与水行政主管部门建立涉税信息共享平台和工作配合机制，定期交换征税和取用水信息资料。

水资源税的纳税义务发生时间为纳税人取用水资源的当日。除农业生产取用水外，水资源税按季或者按月征收，由主管税务机关根据实际情况确定。对超过规定限额的农业生产取用水水资源税可按年征收。不能按固定期限计算纳税的，可以按次申报纳税。纳税人应当自纳税期满或者纳税义务发生之日起15日内申报纳税。

水资源税由生产经营所在地的主管税务机关征收管理，跨省（区、市）调度的水资源，由调入区域所在地的税务机关征收水资源税。在试点省份内取用水，其纳税地点需要调整的，由省级财政、税务部门决定。

六、征收机关

资源税由税务机关按照《资源税法》和《税收征管法》的规定征收管理。海上开采的原油和天然气资源税由海洋石油税务管理机构征收管理。税务机关与自然资源等相关部门应当建立工作配合机制，加强资源税征收管理。

第八节 纳税义务发生时间

纳税人销售应税产品，缴纳资源税纳税义务发生时间为收讫销售款或者取得索取销售款凭据的当日；自用应税产品的，纳税义务发生时间为移送应税产品的当日。

第九节 纳税期限

资源税按月或者按季申报缴纳；不能按固定期限计算缴纳的，可以按次申报缴纳。

纳税人按月或者按季申报缴纳的，应当自月度或者季度终了之日起15日内，向税务机关办理纳税申报并缴纳税款；按次申报缴纳的，应当自纳税义务发生之日起15日内，向税务机关办理纳税申报并缴纳税款。

第十节 纳税地点

纳税人应当向应税矿产品开采地或者海盐生产地的税务机关申报缴纳资源税。

第十二章

土地增值税

土地增值税是对有偿转让国有土地使用权及地上建筑物和其他附着物产权并取得增值性收入的单位和个人所征收的一种税。

国务院于1993年12月13日发布了《中华人民共和国土地增值税暂行条例》(以下简称《土地增值税暂行条例》),财政部于1995年1月27日颁布了《中华人民共和国土地增值税暂行条例实施细则》(以下简称《土地增值税暂行条例实施细则》),决定自1994年1月1日起在全国开征土地增值税,这是我国(除台湾地区外)第一个专门对土地增值额或土地收益额征税的税种。

按照党的十八届三中全会决定关于落实税收法定原则要求,以及健全地方税体系改革方案有关内容,2019年7月,财政部、国家税务总局联合起草了《中华人民共和国土地增值税法(征求意见稿)》。

第一节 纳 税 人

土地增值税的纳税人为转让国有土地使用权、地上的建筑物及其附着物(以下简称转让房地产)并取得收入的单位和个人。

第二节 征税对象、范围

一、征税范围的一般规定

土地增值税是对转让国有土地使用权及其地上建筑物和附着物的行为征税,不包括国有土地使用权出让所取得的收入。

国有土地使用权出让,是指国家以土地所有者的身份将土地使用权在一定年限内让与土地使用者,并由土地使用者向国家支付土地使用权出让金的行为,属于土地买卖的一级市场。土地使用权出让的出让方是国家,国家凭借土地的所有权向土地使用者收取土地的租金。出让的目的是实行国有土地的有偿使用制度,合理开发、利用、经营土地,所以,土地使用权的出让不属于土地增值税的征税范围。

国有土地使用权的转让,是指土地使用者通过出让等形式取得土地使用权后,将土地使用权再转让的行为,包括出售、交换和赠与,它属于土地买卖的二级市场。土地使用权转让,其地上的建筑物、其他附着物的所有权随之转让。土地使用权的转让,属于土地增值税的征税范围。

土地增值税的征税范围不包括未转让土地使用权、房产产权的行为,是否发生转让行为主要以房地产权属(指土地使用权和房产产权)的变更为标准。凡土地使用权、房产产权未转让的(如房地产的出租),不征收土地增值税。

土地增值税的基本范围包括:

(1)转让国有土地使用权。

国有土地,是指按国家法律规定属于国家所有的土地。出售国有土地使用权是指土地使用者通过出让方式,向政府缴纳了土地出让金,有偿受让土地使用权后,仅对土地进行通水、通电、通路和平整地面等土地开发,不进行房产开发,即所谓"将生地变熟地",然后直接将空地出售出去。

(2)地上的建筑物及其附着物连同国有土地使用权一并转让。

地上的建筑物,是指建于土地上的一切建筑物,包括地上地下的各种附属设施。附着物,是指附着于土地上的不能移动或一经移动即遭损坏的物品。纳税人取得国有土地使用权后进行房屋开发建造然后出售的,这种情况即是一般所说的房地产开发。虽然这种行为通常被称作卖房,但按照国家有关房地产法律和法规的规定,卖房的同时,土地使用权也随之发生转让。由于这种情况既发生了产权的转让又取得了收入,所以应纳入土地增值税的征税范围。

存量房地产的买卖

存量房地产是指已经建成并已投入使用的房地产,其房屋所有人将房屋产权和土地使用权一并转让给其他单位和个人。这种行为按照国家有关的房地产法律和法规,应当到有关部门办理房产产权和土地使用权的转移变更手续;原土地使用权属于无偿划拨的,还应到土地管理部门补交土地出让金。

二、征税范围的特殊规定

(一)合作建房

对于一方出土地,一方出资金,双方合作建房,建成后分房自用的,暂免征收土地增值税;建成后转让的,应征土地增值税。

(二)房地产交换

房地产交换,是指一方以房地产与另一方的房地产进行交换的行为。由于房地产交换行为既发生了房产产权、土地使用权的转移,交换双方又取得了实物形态的收入,属于土地增值税征收范围。但对个人之间互换自有居住用房地产的,经当地税务机关核实,可以免征土地增值税。

(三)房地产抵押

房地产抵押,是指房产的产权所有人、依法取得土地使用权的土地使用人作为债务人或第三人向债权人提供不动产作为清偿债务的担保而不转移房地产权属的法律行为。这种情况由于房产的产权、土地使用权在抵押期间并没有发生权属变更,房产的产权所有人、取得土地使用权的土地使用人仍拥有房地产的占有、使用、收益等权利,所以,在抵押期间不征收土地增值税。待抵押期满后,视该房地产是否转移产权来确定是否征收土地增值税。以房地产抵债而发生房地产产权转让的,属于征收土地增值税的范围。

(四)房地产出租

房地产出租,是指房产的产权所有人、取得土地使用权的土地使用人,将房产、土地使用权租赁给承租人使用,由承租人向出租人支付租金的行为。房地产出租,出租人虽然取得了收入,但没有发生房产产权、土地使用权的转让,不属于征收土地增值税的范围。

(五)房地产评估增值

房地产评估增值,是指企业在清产核资时对房地产进行重新评估而使其账面价值升值。虽然房地产在评估过程中增值,但是并没有发生房地产权属的转让,不属于征收土地增值税的范围。

(六)国家收回国有土地使用权、征收地上建筑物及附着物

国家收回或征收的房地产,虽然发生了权属的变更,原房地产所有人也取得了收入,但按照《土地增值税暂行条例》的有关规定,免征土地增值税。

(七)房地产的代建房行为

代建房,是指房地产开发公司代客户进行

房地产开发,开发完成后向客户收取代建收入的行为。对于房地产开发公司而言,虽然取得了收入,但没有发生房地产权属的转移,其收入属于劳务收入性质,故不属于土地增值税的征税范围。

(八) 房地产的继承

房地产的继承,是指房产的原产权所有人、依照法律规定取得土地使用权的土地使用人死亡以后,由其继承人依法承受死者房产产权和土地使用权的民事法律行为。这种行为虽然发生了房地产的权属变更,但作为房产产权、土地使用权的原所有人(即被继承人)并没有因为权属变更而取得任何收入。所以,这种房地产的继承不属于土地增值税的征税范围。

(九) 房地产的赠与

房地产的赠与,是指房产所有人、土地使用权所有人将自己所拥有的房地产无偿地交给其他单位与个人的行为。房地产的赠与虽发生了房地产的权属变更,但作为房产所有人、土地使用权的所有人并没有因为权属的转让而取得任何收入。所以,房地产的赠与不属于土地增值税的征税范围。但是,不征收土地增值税的房地产赠与行为只包括以下两种情况:

(1) 房产所有人、土地使用权所有人将房屋产权、土地使用权赠与直系亲属或承担直接赡养义务人的行为。

(2) 房产所有人、土地使用权所有人通过中国境内非营利的社会团体、国家机关将房屋产权、土地使用权赠与教育、民政和其他社会福利、公益事业的行为。其中,社会团体是指中国青少年发展基金会、希望工程基金会、宋庆龄基金会、减灾委员会、中国红十字会、中国残疾人联合会、全国老年基金会、老区促进会,以及经民政部门批准成立的其他非营利的公益性组织。

(十) 土地使用者转让、抵押或置换土地

1. 贯彻实质重于形式原则,只对企业、单位和个人等经济主体转让国有土地使用权的行为课税

国有土地使用权,是指土地使用人根据国家法律、合同等的规定,对国家所有的土地享有的使用权利。

土地使用者转让、抵押或置换土地,无论其是否取得了该土地的使用权属证书,无论其在转让、抵押或置换土地过程中是否与对方当事人办理了土地使用权属证书变更登记手续,只要土地使用者享有占有、使用、收益或处分该土地的权利,且有合同等证据表明其实质转让、抵押或置换了土地并取得了相应的经济利益,土地使用者及其对方当事人应当依照税法规定缴纳土地增值税等相关税收。

2. 出让国有土地,不征土地增值税

国有土地出让是指国家以土地所有者的身份将土地使用权在一定年限内让与土地使用者,并由土地使用者向国家支付土地出让金的行为。由于土地使用权的出让方是国家,出让收入在性质上属于政府凭借所有权在土地一级市场上收取的租金,所以,政府出让土地的行为及取得的收入也不在土地增值税的征税之列。

3. 转让集体土地使用权,不征土地增值税

对属于集体所有的土地,按现行规定须先由国家征用后才能转让。根据《中华人民共和国土地管理法》,国家为了公共利益,可以依照法律规定征用集体土地,依法被征用后的土地属于国家所有。未经国家征用的集体土地不得转让。自行转让集体土地是一种违法行为,应由有关部门依照相关法律来处理,而不应纳入土地增值税的征税范围。

4. 土地增值税只对有偿转让的房地产征税,对以继承、赠与等方式无偿转让的房地产,不予征税

1) 房地产的继承

房地产的继承是指房产的原产权所有人、依照法律规定取得土地使用权的土地使用人死亡以后,由其继承人依法承受死者房产产权和土地使用权的民事法律行为。

这种行为虽然发生了房地产的权属变更,但作为房产产权、土地使用权的原所有人(即被继承人)并没有因为权属变更而取得任何收入。所以,这种房地产的继承不属于土地增值税的征税范围。

2) 房地产的赠与

房地产的赠与是指房产所有人、土地使用权所有人将自己所拥有的房地产无偿地交给其他单位与个人的行为。

房地产的赠与虽发生了房地产的权属变更,但作为房产所有人、土地使用权的所有人并没有因为权属的转让而取得任何收入。所以,房地产的赠与不属于土地增值税的征税范围。但是,不征收土地增值税的房地产赠与行为只包括以下两种情况:

(1) 房产所有人、土地使用权所有人将房屋产权、土地使用权赠与直系亲属或承担直接赡养义务人的行为。

(2) 房产所有人、土地使用权所有人通过中国境内非营利的社会团体、国家机关将房屋产权、土地使用权赠与教育、民政和其他社会福利、公益事业的行为。其中,社会团体是指中国青少年发展基金会、希望工程基金会、宋庆龄基金会、减灾委员会、中国红十字会、中国残疾人联合会、全国老年基金会、老区促进会,以及经民政部门批准成立的其他非营利的公益性组织。

第三节　计税依据

土地增值税的计税依据是转让房地产所取得的增值额。

转让房地产的增值额,是转让房地产的收入减除税法规定的扣除项目金额后的余额。

一、转让房地产的收入额

纳税人转让房地产所取得的应税收入,是指转让房地产的全部价款及有关的经济收益,包括货币收入、实物收入和其他收入在内的全部价款及有关的经济利益。营改增后,纳税人转让房地产的土地增值税应税收入为不含增值税的收入。

(一) 收入形式

1. 货币收入

货币收入是指纳税人转让房地产取得的现金、银行存款、支票、银行本票、汇票等各种信用票据和国库券、金融债券、企业债券、股票等有价证券。

2. 实物收入

实物收入是指纳税人转让房地产取得的各种实物形态的收入。实物收入的价值不太容易确定,一般要对这些实物形态的财产进行估价。

对取得的实物收入,要按取得收入时的市场价格折算成货币收入。

3. 其他收入

其他收入是指纳税人转让房地产取得的无形资产或具有财产价值的权利,如专利权、商标权、著作权、专有技术使用权、土地使用权、商誉等。这种类型的收入比较少见,其价值需要进行专门评估确定。

对取得的无形资产收入,要进行专门的评估,在确定其价值后折算成货币收入。

(二) 外币收入折合成人民币收入

取得的收入为外国货币的,应当以取得收入当天或当月1日国家公布的市场汇价折合成人民币,据以计算土地增值税税额。对于以分期收款方式取得的外币收入,也应按实际收款日或收款当月1日国家公布的市场汇价折合成人民币。

(三) 代收费用

对于县级及县级以上人民政府要求房地产开发企业在售房时代收的各项费用,如果代收费用是计入房价中向购买方一并收取的,可作为转让房地产所取得的收入计税;如果代收费用未计入房价中,而是在房价之外单独收取的,可以不作为转让房地产的收入。

(四) 房地产评估价格

纳税人有下列情形之一的,按照房地产评

估价格计算征收。

1. 隐瞒、虚报房地产成交价格的

隐瞒、虚报房地产成交价格的情况主要有两种：

（1）指纳税人不报转让房地产的成交价格，即根本不申报。

（2）指纳税人有意低报转让土地使用权、地上建筑物及其附着物价款的行为，即少申报。

对隐瞒、虚报房地产成交价格的，应由评估机构参照同类房地产的市场交易价格进行评估。这里的市场交易价格，是指在评估被转让房地产时，选取多座与该被评估的房地产在地理位置、外观形状、面积大小、建筑材料、内在结构、性质功能、使用年限、转让时间等诸因素相同或相近的房地产，以这些房地产的交易价格作为参照物，进行价格的比较，并且，依照科学的评估方法对有关数据进行筛选，再分析各种与房地产交易相关的因素对价格的影响程度，对有关数据进行调整，最后确定一个比较适合该房地产的市场评估价格。通过这种市场比较法的评估，确定一个较为公平的市场交易价格作为正常情况下的转让房地产价格。税务机关在征收土地增值税时，根据上述评估价格确定转让房地产的收入。

2. 提供扣除项目金额不实的

提供扣除项目金额不实，是指纳税人在纳税申报时，不据实提供扣除项目金额，而是虚增被转让房地产扣除项目的内容或金额，使税务机关无法从纳税人方面了解计征土地增值税所需的正确的扣除项目金额，以达到通过虚增成本少缴或不缴税款的目的。

对于纳税人申报扣除项目金额不实的，应由评估机构对该房屋按照评估出的房屋重置成本价，乘以房屋的成新度折扣率，确定房产的扣除项目金额，并用该房产所坐落土地取得时的基准地价或标定地价来确定土地的扣除项目金额，房产和土地的扣除项目金额之和即为该房地产的扣除项目金额。

3. 转让房地产的成交价格低于房地产评估价格，又无正当理由的

转让房地产的成交价格低于房地产评估价格且无正当理由，是指纳税人申报的转让房地产成交价低于房地产评估机构通过市场比较法进行房地产评估时所确定的正常市场交易价，对此，纳税人又不能提供有效凭据或无正当理由进行解释的行为。

对这种情况，应按评估的市场交易价确定其实际成交价，并以此作为转让房地产的收入计算征收土地增值税。

二、转让房地产的扣除项目及其金额

在确定房地产转让的增值额时，允许从房地产转让收入总额中扣除国家规定的各项扣除项目金额。

（一）基本规定

准予纳税人从转让收入额中减除的扣除项目包括以下几项。

1. 取得土地使用权所支付的金额

取得土地使用权所支付的金额，是指纳税人为取得土地使用权所支付的地价款和按国家统一规定交纳的有关费用。

包括两部分：

1）纳税人为取得土地使用权支付的地价款

取得土地使用权所支付的地价款可以有3种形式：

（1）以出让方式取得土地使用权的，为支付的土地出让金。

（2）以行政划拨方式取得土地使用权的，为转让土地使用权时按规定补缴的出让金。

（3）以转让方式取得土地使用权的，为支付的地价款。

2）纳税人为取得土地使用权按国家统一规定交纳的有关费用（如登记、过户手续费）

按国家统一规定交纳的有关费用，是指纳税人在取得土地使用权过程中为办理有关手续，按国家统一规定交纳的有关登记、过户手续费。

注：房地产开发企业为取得土地使用权所支付的契税，应视同"按国家统一规定交纳的有关费用"，计入"取得土地使用权所支付的金额"中扣除。

2. 房地产开发成本

房地产开发成本是开发土地和新建房及配

套设施的成本简称,是指纳税人开发房地产项目实际发生的成本,这些成本允许按实际发生数扣除。

(1) 土地征用及拆迁补偿费。

土地征用及拆迁补偿费包括土地征用费、耕地占用税、劳动力安置费及有关地上、地下附着物拆迁补偿的净支出、安置动迁用房支出等。

(2) 前期工程费。

前期工程费包括规划、设计、项目可行性研究和水文、地质、勘察、测绘、"三通一平"等支出。

(3) 建筑安装工程费。

建筑安装工程费是指以出包方式支付给承包单位的建筑安装工程费,以自营方式发生的建筑安装工程费。

营改增后,土地增值税纳税人接受建筑安装服务取得的增值税发票,在发票的备注栏注明建筑服务发生地县(市、区)名称及项目名称,否则不得计入土地增值税扣除项目金额。

(4) 基础设施费。

基础设施费包括开发小区内的道路、供水、供电、供气、排污、排洪、通信、照明、环卫、绿化等工程发生的支出。

(5) 公共配套设施费。

公共配套设施费包括不能有偿转让的开发小区内公共配套设施发生的支出。

(6) 开发间接费用。

开发间接费用是指直接组织、管理开发项目所发生的费用,包括工资、职工福利费、折旧费、修理费、办公费、水电费、劳动保护费、周转房摊销等。

3. 房地产开发费用

房地产开发费用是开发土地和新建房及配套设施的费用简称,是指与房地产开发项目有关的销售费用、管理费用、财务费用。这些费用作为与房地产开发有关的期间费用直接计入当年损益,不完全按房地产项目进行归集或分摊。

土地增值税扣除项目中的开发费用按照《土地增值税暂行条例实施细则》规定的标准进行扣除。

(1) 财务费用中的利息支出,凡能够按转让房地产项目计算分摊并提供金融机构证明的,允许据实扣除,但最高不能超过按商业银行同类同期贷款利率计算的金额。其他房地产开发费用,以取得土地使用权所支付的金额和房地产开发成本计算的金额之和的5%以内计算扣除。

(2) 凡不能按转让房地产项目计算分摊利息支出或不能提供金融机构证明的,房地产开发费用以取得土地使用权所支付的金额和房地产开发成本计算的金额之和的10%以内计算扣除。

上述计算扣除的具体比例,由各省、自治区、直辖市人民政府规定。

专家延伸辅导

计算土地增值税时,房地产开发费用的具体含义

(1) 纳税人能够按转让房地产项目计算分摊利息并提供金融机构证明的,其允许扣除的房地产开发费用为:

利息+(取得土地使用权所支付的金额+房地产开发成本)×5%以内(注:利息最高不能超过按商业银行同类同期贷款利率计算的金额)。

(2) 纳税人不能按转让房地产项目计算分摊利息支出或不能提供金融机构证明的,其允许扣除的房地产开发费用为:

(取得土地使用权所支付的金额+房地产开发成本)×10%以内全部使用自有资金,没有利息支出的,按照以上方法扣除,上述计算扣除的具体比例由省、自治区、直辖市人民政府规定。

(3) 房地产开发企业既向金融机构借款,又有其他借款的,其房地产开发费用计算扣除时不能同时适用上述第(1)项、第(2)项所述的两种办法。

(4) 土地增值税清算时,已经计入房地产开发成本的利息支出,应调整至财务费用中计算扣除。

注:利息的上浮幅度按国家的有关规定执行,超过上浮幅度的部分不允许扣除;

对于超过贷款期限的利息部分和加罚的利息不允许扣除。

4. 与转让房地产有关的税金

(1) 印花税、城市维护建设税,教育费附加。

与转让房地产有关的税金,是指在转让房

地产时缴纳的印花税、城市维护建设税,教育费附加也可视同税金扣除。

在计算土地增值税时,允许扣除在转让房地产环节缴纳的印花税。

营改增后,房地产开发企业实际缴纳的城市维护建设税、教育费附加,凡能够按清算项目准确计算的,允许据实扣除。凡不能按清算项目准确计算的,则按该清算项目预缴增值税时实际缴纳的城市维护建设税、教育费附加扣除。

(2) 不能抵扣的增值税进项税额。

营改增后,计算土地增值税增值额的扣除项目中,"与转让房地产有关的税金"中的增值税进项税额,允许抵扣销项税额的不能扣除,不允许抵扣销项税额的可扣除。

(3) 关于契税。

对于个人购入房地产再转让的,其在购入环节缴纳的契税,由于已经包含在旧房及建筑物的评估价格之中,所以,计征土地增值税时,不另作为"与转让房地产有关的税金"予以扣除。

5. 财政部确定的其他扣除项目

(1) 从事房地产开发的纳税人加计 20% 扣除。

对从事房地产开发的纳税人,允许按取得土地使用权时所支付的金额和房地产开发成本之和,加计 20% 扣除。

由于房地产开发项目从取得土地使用权后投入资金开发房地产,开发周期长,投入资金量大,为了给正常房地产开发以合理的投资回报,调动其从事房地产开发的积极性,准予其按取得土地使用权时所支付的金额和房地产开发成本之和,加计 20% 扣除。

此项优惠只适用于从事房地产开发的纳税人的房地产开发项目,除此之外的其他纳税人不适用该项优惠。

(2) 代收的各项费用的扣除。

对于县级及县级以上人民政府要求房地产开发企业在售房时代收的各项费用,可以根据代收费用是否计入房价和是否作为转让收入,确定能否扣除。

① 如果代收费用计入房价向购买方一并收取,则应作为转让房地产所取得的收入计税。相应地,在计算扣除项目金额时,代收费用可以扣除,但不得作为加计 20% 扣除的基数。

② 如果代收费用未计入房价中,而是在房价之外单独收取,则不作为转让房地产的收入征税。相应地,在计算增值额时,代收费用就不得在收入中扣除。

(二) 特别规定——转让旧房及建筑物的扣除项目金额

旧房,是指已使用一定时间或达到一定磨损程度的房产。使用时间和磨损程度标准可由各省、自治区、直辖市财政厅(局)和税务局具体规定。

纳税人转让旧房及建筑物的扣除项目金额的确定分 3 种情况。

1. 转让旧房及建筑物能够取得评估价格

纳税人转让旧房能够取得评估价的,应按房屋及建筑物的评估价格、取得土地使用权所支付的地价款和按国家统一规定交纳的有关费用以及在转让环节缴纳的税金作为扣除项目金额计征土地增值税。

(1) 房屋及建筑物的评估价格。

旧房及建筑物的评估价格,是指转让已使用过的房屋及建筑物时,由政府批准设立的房地产评估机构评定的重置成本价乘以成新度折扣率后的价格。

评估价格须经当地税务机关确认。

$$旧房及建筑物的评估价格 = 重置成本价 \times 成新度折扣率$$

① 重置成本价(亦称重新购建成本)。

它是指假设在估价时点重新取得全新状况的估价对象的必要支出,或者重新开发全新状况的估价对象的必要支出及应得利润。

② 房屋的成新度折扣。

它不同于会计核算中的折旧。房屋的成新度折扣是根据房屋在评估时的实际新旧程度,按专业机构规定的房屋新旧等级标准进行对照,并参考房屋的使用时间、使用程度和保养情况,综合确定的房屋新旧度比例,一般用几成新来表示。

(2) 取得土地使用权所支付的地价款。

对取得土地使用权时未支付地价款或不能提供已支付的地价款凭据的,不允许扣除取得土地使用权时所支付的金额。

(3) 按国家统一规定交纳的有关费用。

纳税人转让旧房及建筑物时,因计算纳税需要对房地产进行评估,其支付的评估费用允许在计算土地增值税时予以扣除。但是,对纳税人因隐瞒、虚报房地产成交价格等情形而按房地产评估价格计算征收土地增值税时所发生的评估费用,则不允许在计算土地增值税时予以扣除。

(4) 在转让环节缴纳的税金。

与转让房地产有关的税金,是指在转让房地产时缴纳的印花税、城市维护建设税,教育费附加也可视同税金扣除。允许抵扣销项税额的不能扣除,不允许抵扣销项税额的增值税进项税额可扣除。

2. 转让旧房及建筑物不能取得评估价格,但能提供购房发票

纳税人转让旧房及建筑物,凡不能取得评估价格,但能提供购房发票的,经当地税务部门确认,取得土地使用权所支付的金额、旧房及建筑物的评估价格,可按发票所载金额并从购买年度起至转让年度止每年加计5%计算扣除。计算扣除项目时"每年"是指按购房发票所载日期起至售房发票开具之日止,每满12个月计一年;超过一年,未满12个月但超过6个月的,可以视同为一年。

对纳税人购房时缴纳的契税,凡能提供契税完税凭证的,准予作为"与转让房地产有关的税金"予以扣除,但不作为加计5%的基数。

营改增后,纳税人转让旧房及建筑物,凡不能取得评估价格,但能提供购房发票的,扣除项目的金额按照下列方法计算。

(1) 提供的购房凭据为营改增前取得的营业税发票的,按照发票所载金额(不扣减营业税)并从购买年度起至转让年度止每年加计5%计算。

(2) 提供的购房凭据为营改增后取得的增值税普通发票的,按照发票所载价税合计金额从购买年度起至转让年度止每年加计5%计算。

(3) 提供的购房发票为营改增后取得的增值税专用发票的,按照发票所载不含增值税金额加上不允许抵扣的增值税进项税额之和,从购买年度起至转让年度止每年加计5%计算。

3. 转让旧房及建筑物不能取得评估价,也不能提供购房发票

对转让旧房及建筑物,既没有评估价格,又不能提供购房发票的,税务机关可以根据《税收征管法》第三十五条的规定,实行核定征收。

三、转让房地产的增值额

确定增值额是计算土地增值税的基础。核算增值额需要有准确的房地产转让收入和扣除项目金额。

增值额=转让房地产取得的收入-扣除项目金额

在实际房地产交易活动中,有些纳税人由于各种原因不能准确提供房地产转让价格或扣除项目金额,无法准确确定房地产转让的增值额,从而影响应纳土地增值税的计算和缴纳。

第四节 税 率

土地增值税实行四级超率累进税率见表12-1。

(1) 增值额未超过扣除项目金额50%的部分,税率为30%。

(2) 增值额超过扣除项目金额50%、未超过扣除项目金额100%的部分,税率为40%。

(3) 增值额超过扣除项目金额100%、未超过扣除项目金额200%的部分,税率为50%。

(4) 增值额超过扣除项目金额200%的部分,税率为60%。

上述所列四级超率累进税率,每级"增值额未超过扣除项目金额"的比例,均包括本比例数。

表12-1 土地增值税四级超率累进税率表

级数	增值额与扣除项目金额的比率	税率	速算扣除系数
1	未超过50%的部分	30%	0
2	超过50%,未超过100%的部分	40%	5
3	超过100%,未超过200%的部分	50%	15
4	超过200%的部分	60%	35

第五节 应纳税额的计算

土地增值税以纳税人房地产成本核算的最基本的核算项目或核算对象为单位计算。

土地增值税按照纳税人转让房地产所取得的增值额和规定的税率计算征收。

计算的基本原理和方法是:首先以转让房地产的总收入减除扣除项目金额,求得增值额;然后将增值额同扣除项目金额相比,其比值即为土地增值率;最后根据土地增值率的高低确定适用税率,按照超率累进税率的计算原理计算应纳税额。

一、转让土地使用权和出售新建房及配套设施应纳税额的计算方法

土地增值税以纳税人转让房地产取得的增值额为计税依据,按照规定的超率累进税率计算征收。

应纳土地增值税税额可按增值额乘以适用的税率减去扣除项目金额乘以速算扣除系数的简便方法计算。

土地增值税税额 = 增值额 × 适用税率 − 扣除项目金额 × 速算扣除系数

增值额 = 收入额 − 扣除项目金额

增值率 = 增值额 ÷ 扣除项目金额 × 100%

根据增值率不同,土地增值税计算具体公式如下。

(1) 增值额未超过扣除项目金额50%。

土地增值税税额 = 增值额 × 30%

(2) 增值额超过扣除项目金额50%未超过100%。

土地增值税税额 = 增值额 × 40% − 扣除项目金额 × 5%

(3) 增值额超过扣除项目金额100%未超过200%。

土地增值税税额 = 增值额 × 50% − 扣除项目金额 × 15%

(4) 增值额超过扣除项目金额200%。

土地增值税税额 = 增值额 × 60% − 扣除项目金额 × 35%

公式中的5%、15%、35%为速算扣除系数。每级"增值额未超过扣除项目金额"的比例,均包括本比例数。

【案例12-1】 2022年智董房地产开发公司出售一幢已竣工验收的写字楼,应税收入总额为20 000万元。开发该写字楼有关支出为:支付地价款及各种费用2 000万元;房地产开发成本6 000万元;财务费用中的利息支出为1 000万元(可按转让项目计算分摊并提供金融机构证明),但其中有100万元属加罚的利息;转让环节缴纳的有关税费共计为1 110万元;该单位所在地政府规定的其他房地产开发费用计算扣除比例为5%。

【分析】 计算该房地产开发公司应纳的土地增值税税额。

(1) 取得土地使用权支付的地价款及有关费用为2 000万元。

(2) 房地产开发成本为 6 000 万元。

(3) 房地产开发费用 = 1 000 − 100 + (2 000 + 6 000) × 5% = 1 300(万元)。

(4) 允许扣除的税费为 1 110 万元。

(5) 从事房地产开发的纳税人加计扣除 20%。

加计扣除额 = (2 000 + 6 000) × 20% = 1 600(万元)

(6) 扣除项目金额 = 2 000 + 6 000 + 1 300 + 1 110 + 1 600 = 12 010(万元)。

(7) 增值额 = 20 000 − 12 010 = 7 990(万元)。

(8) 增值率 = 7 990 ÷ 12 010 × 100% = 66.53%。

(9) 应纳税额 = 7 990 × 40% − 12 010 × 5% = 2 595.5(万元)。

二、出售旧房应纳税额的计算方法

(一) 转让旧房及建筑物能够取得评估价格时，应纳税额的计算步骤

1. 确定转让房地产的收入额

2. 计算转让房地产的扣除项目金额

(1) 计算土地征收及相关费用。

(2) 计算旧房及建筑物评估价格。

旧房及建筑物评估价格 = 重置成本价 × 成新度折扣率

(3) 计算转让过程中发生的相关税费。

3. 计算土地增值额

土地增值额 = 收入总额 − 扣除项目金额

4. 计算土地增值率，查找适用税率及速算扣除率

土地增值率 = 土地增值额 ÷ 扣除项目金额 × 100%

5. 计算应纳税额

应纳税额 = 土地增值额 × 适用税率 − 扣除项目金额 × 速算扣除率

(二) 转让旧房及建筑物不能取得评估价格但能提供购房发票时，应纳税额的计算的步骤

1. 确定转让房地产的收入额

2. 计算转让房地产的扣除项目金额

(1) 计算土地征收及相关费用。

(2) 计算旧房及建筑物扣除成本。

转让旧房及建筑物的扣除成本 = 购买价格 × (1 + 5% × 持有年限)

(3) 计算转让过程中发生的相关税费

3. 计算土地增值额

土地增值额 = 收入总额 − 扣除项目金额

4. 计算土地增值率，查找适用税率及速算扣除率

土地增值率 = 土地增值额 ÷ 扣除项目金额 × 100%

5. 计算应纳税额

应纳税额 = 土地增值额 × 适用税率 − 扣除项目金额 × 速算扣除率

三、特殊售房方式应纳税额的计算方法——预征 + 清算

房地产业经营方式较为特殊，征收管理难度也比较大，其中，最突出的是纳税人成片受让土地使用权后分期分批开发、转让房地产，以及纳税人采取预售方式出售商品房。

为了加强土地增值税的征收管理，堵塞漏洞，保证税收及时足额入库，土地增值税以纳税人房地产成本核算的最基本核算项目或核算对象为单位计算。依据这项原则，对上述两种经营方式采取先按比例预征(预征率为：东部地区省份不得低于 2%，中部和东北地区省份不得低于 1.5%，西部地区省份不得低于 1%)，然后清算的办法。

具体方法如下：

纳税人成片受让土地使用权后，分期分批开发、转让房地产的，对允许扣除项目的金额可按转让土地使用权的面积占总面积的比例计算分摊。若按此办法难以计算或明显不合理，也可按建筑面积或税务机关确认的其他方式计算分摊。

按转让土地使用权的面积占总面积的比例，计算分摊扣除项目金额的计算公式为：

扣除项目金额 = (转让土地使用权的面积或建筑面积 ÷ 受让土地使用权的总面积) × 扣除项目的总金额

【案例 12-2】 2023年3月18日，智董房地产开发公司（增值税一般纳税人）收到主管税务机关的《土地增值税清算通知书》，要求对其建设的 A 项目进行清算。该项目总建筑面积为 18 000 平方米，其中可售建筑面积为 17 000 平方米，不可售建筑面积为 1 000 平方米（产权属于全体业主所有的公共配套设施）。该项目 2018 年 4 月通过全部工程质量验收。2018 年 5 月，该公司开始销售 A 项目，截至清算前，可售建筑面积中已出售 15 000.80 平方米，取得含税销售收入 50 000 万元。该公司对 A 项目选择简易计税方法。经审核，A 项目取得土地使用权所支付的金额合计 8 240 万元，房地产开发成本 15 000 万元，管理费用 4 000 万元，销售费用 4 500 万元，财务费用 3 500 万元（其中利息支出 3 300 万元，无法提供金融机构证明）。

已知：A 项目所在省政府规定，房地产开发费用扣除比例为 10%。A 项目清算前已预缴土地增值税 1 000 万元。其他各项税费均已及时足额缴纳。城市维护建设税税率为 7%，教育费附加为 3%，地方教育附加为 2%，不考虑印花税。

【分析】（1）A 项目的清算比例。

已转让的房地产建筑面积占整个项目可售建筑面积的比例在 85% 以上时，主管税务机关可要求纳税人进行土地增值税清算。

由此可知，清算比例 = 已转让的房地产建筑面积 ÷ 整个项目可售建筑面积 × 100% = 15 000.80 ÷ 17 000 × 100% = 88.24%。

（2）A 项目清算时允许扣除的与转让房地产有关的税金。

增值税应纳税额 = 含税全价 ÷ (1+5%) × 5% = 50 000 ÷ (1+5%) × 5% = 2 380.95（万元）

城市维护建设税税率为 7%，教育费附加为 3%，地方教育附加为 2%。

与转让房地产有关的税金 = 2 380.95 × (7%+3%+2%) = 285.71（万元）

（3）A 项目清算时允许扣除的房地产开发费用金额。

纳税人转让房地产的，其扣除项目金额的确定，可按已转让房地产建筑面积占整个项目可售建筑面积的比例计算分摊。而道路、绿化等公共设施用地是不能转让的，在确定分摊比例时不应考虑在内。根据规定，不能有偿转让的公共配套设施的费用是计算增值额的扣除项目。

允许扣除的取得土地使用权所支付的金额 = 8 240 × 88.24% = 7 270.98（万元）

允许扣除的房地产开发成本 = 15 000 × 88.24% = 13 236（万元）

允许扣除的房地产开发费用 = (取得土地使用权所支付的金额 + 房地产开发成本) × 10% = (7 270.98 + 13 236) × 10% = 2 050.70（万元）

（4）A 项目清算时允许扣除项目金额合计。

允许扣除的项目有：取得土地使用权所支付的金额、房地产开发成本、房地产开发费用、与转让房地产有关的税金、其他扣除项目。

扣除项目金额合计 = 7 270.98 + 13 236 + 2 050.70 + 285.71 + (7 270.98 + 13 236) × 20% = 26 944.79（万元）

（5）A 项目清算后应补缴土地增值税。

不含增值税收入 = 50 000 − 2 380.95 = 47 619.05（万元）

增值额 = 收入额 − 扣除项目金额 = 47 619.05 − 26 944.79 = 20 674.26（万元）

增值率 = 增值额 ÷ 扣除项目金额 × 100% = 20 674.26 ÷ 26 944.79 × 100% = 76.73%

确定适用税率为 40%，速算扣除系数为 5%

应纳税额 = 增值额 × 适用税率 − 扣除项目金额 × 速算扣除系数 = 20 674.26 × 40% − 26 944.79 × 5% = 6 922.46（万元）

A 项目清算后应补缴土地增值税 = 6 922.46 − 1 000 = 5 922.46（万元）

第六节 税收优惠

注：国家税务总局要求，将土地增值税税收优惠由事前备案改为纳税人"自行判别、申报享受、资料留存备查"，进一步减少纳税人报送资料，简化办理流程。[《国家税务总局关于开展2022年"我为纳税人缴费人办实事暨便民办税春风行动"的意见》(税总纳服发〔2022〕5号,2022年1月11日)]

自2022年7月1日起，土地增值税原备案类优惠政策，实行纳税人"自行判别、申报享受、有关资料留存备查"的办理方式。纳税人在土地增值税纳税申报时按规定填写申报表相应减免税栏次即可享受，相关政策规定的材料留存备查。纳税人对留存备查资料的真实性、完整性和合法性承担法律责任。[《国家税务总局关于实施〈中华人民共和国印花税法〉等有关事项的公告》(国家税务总局公告2022年第14号),2022年6月28日]

一、转让普通标准住宅、安置住房、旧房和公共租赁住房的税收优惠

(一) 建造普通标准住宅的税收优惠

纳税人建造普通标准住宅出售，增值额未超过扣除项目金额之和20%(含20%)的，免征土地增值税；增值额超过扣除项目金额之和20%的，应就其全部增值额按规定计税(包括未超过扣除项目金额20%的部分)。

普通标准住宅，是指按所在地一般民用住宅标准建造的居住用住宅。高级公寓、别墅、度假村等不属于普通标准住宅。从2005年6月1日起，享受优惠政策的住房原则上应同时满足以下条件：住宅小区建筑容积率在1.0以上，单套建筑面积在120平方米以下，实际成交价格低于同级别土地上住房平均交易价格1.2倍以下。各省、自治区、直辖市要根据实际情况，制定本地区享受优惠政策普通住房的具体标准。允许单套建筑面积和价格标准适当浮动，但向上浮动的比例不得超过上述标准的20%。普通标准住宅与其他住宅的具体划分界限由各省、自治区、直辖市人民政府规定。各直辖市和省会城市的具体标准要报建设部、财政部、国家税务总局备案。

对纳税人既建普通标准住宅，又建造其他房地产开发的，应分别核算增值额；不分别核算增值额或不能准确核算增值额的，其建造的普通标准住宅不适用该免税规定。

(二) 对企事业单位、社会团体以及其他组织转让旧房作为改造安置住房或公共租赁住房房源的税收优惠

对企事业单位、社会团体以及其他组织转让旧房作为改造安置住房或公共租赁住房房源且增值额未超过扣除项目金额20%的，免征土地增值税。

享受上述税收优惠政策的改造安置住房，是指相关部门和单位与棚户区被征收人签订的房屋征收(拆迁)补偿协议或棚户区改造合同(协议)中明确用于安置被征收人的住房或通过改建、扩建、翻建等方式实施改造的住房；公共租赁住房，是指纳入省、自治区、直辖市、计划单列市人民政府及新疆生产建设兵团批准的公共租赁住房发展规划和年度计划，并按照《关于加快发展公共租赁住房的指导意见》(建保〔2010〕87号)和市、县人民政府制定的具体管理办法进行管理的公共租赁住房。

对企事业单位、社会团体以及其他组织转让旧房作为公租房房源，且增值额未超过扣除项目金额20%的，免征土地增值税。

享受上述税收优惠政策的公租房是指纳入省、自治区、直辖市、计划单列市人民政府及新疆生产建设兵团批准的公租房发展规划和年度计划，或者市、县人民政府批准建设(筹集)，并按照《住房和城乡建设部 国家发展和改革委员会 财政部 国土资源部 中国人民银行 国家税务总局 中国银行业监督管理委员会关于加快发展公共租赁住房的指导意见》(建保〔2010〕87号)和市、县人民政府制定的具体管理办法进行管理的公租房。

纳税人享受上述优惠政策,应按规定进行免税申报,并将不动产权属证明、载有房产原值的相关材料、纳入公租房及用地管理的相关材料、配套建设管理公租房相关材料、购买住房作为公租房相关材料、公租房租赁协议等留存备查。

上述政策执行至2025年12月31日。[《财政部 税务总局关于继续实施公共租赁住房税收优惠政策的公告》(财政部 税务总局公告2023年第33号),2023年8月18日]

二、国家征收、收回的房地产的税收优惠

因国家建设需要依法征收、收回的房地产,免征土地增值税。

因国家建设需要依法征收、收回的房地产,是指因城市实施规划、国家建设的需要而被政府批准征收的房产或收回的土地使用权。

三、对个人销售住房暂免征收土地增值税

自2008年11月1日,对个人销售住房暂免征收土地增值税。

四、因城市规划、国家建设需要而搬迁由纳税人自行转让原房地产的税收优惠

因城市实施规划、国家建设的需要而搬迁,由纳税人自行转让原房地产的,免征土地增值税。

因"城市实施规划"而搬迁,是指因旧城改造或因企业污染、扰民(指产生过量废气、废水、废渣和噪音,使城市居民生活受到一定危害),而由政府或政府有关主管部门根据已审批通过的城市规划确定进行搬迁的情况;因"国家建设的需要"而搬迁,是指因实施国务院、省级人民政府、国务院有关部委批准的建设项目而进行搬迁的情况。

五、企业改制重组的税收优惠

2021年1月1日至2023年12月31日,企业按照《中华人民共和国公司法》有关规定整体改制,包括非公司制企业改制为有限责任公司或股份有限公司,有限责任公司变更为股份有限公司,股份有限公司变更为有限责任公司,对改制前的企业将国有土地使用权、地上的建筑物及其附着物(以下简称房地产)转移、变更到改制后的企业,暂不征土地增值税。

以上所称整体改制是指不改变原企业的投资主体,并承继原企业权利、义务的行为。

按照法律规定或者合同约定,两个或两个以上企业合并为一个企业,且原企业投资主体存续的,对原企业将房地产转移、变更到合并后的企业,暂不征土地增值税。

按照法律规定或者合同约定,企业分设为两个或两个以上与原企业投资主体相同的企业,对原企业将房地产转移、变更到分立后的企业,暂不征土地增值税。

单位、个人在改制重组时以房地产作价入股进行投资,对其将房地产转移、变更到被投资的企业,暂不征土地增值税。

上述改制重组有关土地增值税政策不适用于房地产转移任意一方为房地产开发企业的情形。

改制重组后再转让房地产并申报缴纳土地增值税时,对"取得土地使用权所支付的金额",按照改制重组前取得该宗国有土地使用权所支付的地价款和按国家统一规定缴纳的有关费用确定;经批准以国有土地使用权作价出资入股的,为作价入股时县级及以上自然资源部门批准的评估价格。按购房发票确定扣除项目金额的,按照改制重组前购房发票所载金额并从购买年度起至本次转让年度止每年加计5%计算扣除项目金额,购买年度是指购房发票所载日期的当年。

纳税人享受上述税收政策,应按税务机关规定办理。

以上所称不改变原企业投资主体、投资主体相同,是指企业改制重组前后出资人不发生变动,出资人的出资比例可以发生变动;投资主体存续,是指原企业出资人必须存在于改制重组后的企业,出资人的出资比例可以发生变动。

第七节 相关专题——房地产开发企业土地增值税清算

土地增值税清算,是指纳税人在符合土地增值税清算条件后,依照税收法律、法规及土地增值税有关政策规定,计算房地产开发项目应缴纳的土地增值税税额,并填写《土地增值税清算申报表》,向主管税务机关提供有关资料,办理土地增值税清算手续,结清该房地产项目应缴纳土地增值税税款的行为。

纳税人进行土地增值税清算时应当如实申报应缴纳的土地增值税税额,保证清算申报的真实性、准确性和完整性。税务机关应当为纳税人提供纳税服务,加强土地增值税政策宣传辅导。主管税务机关应及时对纳税人清算申报的收入、扣除项目金额、增值额、增值率以及税款计算等情况进行审核,依法征收土地增值税。

一、清算单位

土地增值税以国家有关部门审批的房地产开发项目为单位进行清算,对于分期开发的项目,以分期项目为单位清算。

开发项目中同时包含普通住宅和非普通住宅的,应分别计算增值额。

二、清算条件

1)纳税人符合下列条件之一的,应进行土地增值税的清算

(1) 房地产开发项目全部竣工、完成销售的。

(2) 整体转让未竣工决算房地产开发项目的。

(3) 直接转让土地使用权的。

2)符合以下条件之一的,主管税务机关可要求纳税人进行土地增值税清算

(1) 已竣工验收的房地产开发项目,已转让的房地产建筑面积占整个项目可售建筑面积的比例在85%以上,或该比例虽未超过85%,但剩余的可售建筑面积已经出租或自用的。

(2) 取得销售(预售)许可证满3年仍未销售完毕的。

(3) 纳税人申请注销税务登记但未办理土地增值税清算手续的。

(4) 省(自治区、直辖市、计划单列市)税务机关规定的其他情况。

对第(3)项情形,应在办理注销登记前进行土地增值税清算。

三、清算时间

(1) 对于符合清算条件应进行土地增值税清算的项目,纳税人应当在满足条件之日起90日内到主管税务机关办理清算手续。

(2) 对于符合清算条件,税务机关可要求纳税人进行土地增值税清算的项目,由主管税务机关确定是否进行清算;对于确定需要进行清算的项目,由主管税务机关下达清算通知,纳税人应当在收到清算通知之日起90日内办理清算手续。

(3) 应进行土地增值税清算的纳税人或经主管税务机关确定需要进行清算的纳税人,在上述规定的期限内拒不清算或不提供清算资料的,主管税务机关可依据《税收征管法》的有关规定处理。

四、清算时收入确认

(一) 已销售的房地产项目收入的确认

土地增值税清算时,已全额开具商品房销售发票的,按照发票所载金额确认收入;未开具发票或未全额开具发票的,以交易双方签订的销售合同所载的售房金额及其他收益确认收入。销售合同所载商品房面积与有关部门实际测量面积不一致,在清算前已发生补、退房款的,应在计算土地增值税时予以调整。

房地产开发企业在营改增后进行房地产开发项目土地增值税清算时,按以下方法确定相关金额:

$$\text{土地增值税应税收入} = \text{营改增前转让房地产取得的收入} + \text{营改增后转让房地产取得的不含增值税收入}$$

(二) 非直接销售和自用房地产的收入确定

房地产开发企业将开发产品用于职工福利、奖励、对外投资、分配给股东或投资人、抵偿债务、换取其他单位和个人的非货币性资产等，发生所有权转移时应视同销售房地产，其收入按下列方法和顺序确认：

（1）按本企业在同一地区、同一年度销售的同类房地产的平均价格确定。

（2）由主管税务机关参照当地当年、同类房地产的市场价格或评估价值确定。

（3）房地产开发企业将开发的部分房地产转为企业自用或用于出租等商业用途时，如果产权未发生转移，不征收土地增值税，在税款清算时不列收入，不扣除相应的成本和费用。

五、清算时扣除项目

（1）房地产开发企业办理土地增值税清算时，计算与清算项目有关的扣除项目金额，应根据《土地增值税暂行条例》第六条及《土地增值税暂行条例实施细则》第七条的规定执行，即扣除项目包括取得土地使用权所支付的金额、房地产开发成本、房地产开发费用、与转让房地产有关税金以及加计扣除20%。除另有规定外，扣除的土地使用权所支付的金额、房地产开发成本、房地产开发费用、与转让房地产有关税金须提供合法有效凭证；不能提供合法有效凭证的，不予扣除。

（2）房地产开发企业办理土地增值税清算所附送的前期工程费、建筑安装工程费、基础设施费、开发间接费用的凭证或资料不符合清算要求或不实的，税务机关可参照当地建设工程造价管理部门公布的建安造价定额资料，结合房屋结构、用途、区位等因素，核定上述四项开发成本的单位面积金额标准，并据以计算扣除。具体核定方法由省税务机关确定。

（3）房地产开发企业开发建造的与清算项目配套的居委会和派出所用房、会所、停车场（库）物业管理场所、变电站、热力站、水厂、文体场馆、学校、幼儿园、托儿所、医院、邮电通讯等公共设施，按以下原则处理：

① 建成后产权属于全体业主所有的，其成本、费用可以扣除。

② 建成后无偿移交给政府、公用事业单位用于非营利性社会公共事业的，其成本、费用可以扣除。

③ 建成后有偿转让的，应计算收入，并准予扣除成本、费用。

（4）房地产开发企业销售已装修的房屋，其装修费用可以计入房地产开发成本。房地产开发企业的预提费用，除另有规定外，不得扣除。

（5）属于多个房地产项目共同的成本费用，应按清算项目可售建筑面积占多个项目可售总建筑面积的比例或其他合理的方法，计算确定清算项目的扣除金额。

（6）房地产开发企业在工程竣工验收后，根据合同约定，扣留建筑安装施工企业一定比例的工程款，作为开发项目的质量保证金，在计算土地增值税时，建筑安装施工企业就质量保证金对房地产开发企业开具发票的，按发票所载金额予以扣除；未开具发票的，扣留的质量保证金不得计算扣除。

（7）房地产开发费用的扣除问题。

详见"转让房地产的扣除项目及其金额"相关内容。

（8）房地产开发企业逾期开发缴纳的土地闲置费不得扣除。

（9）房地产开发企业取得土地使用权时支付的契税，应视同"按国家统一规定交纳的有关费用"，计入"取得土地使用权所支付的金额"中扣除。

（10）拆迁安置费扣除的相关规定。

① 房地产企业用建造的本项目房地产安置回迁户的，安置用房视同销售处理，按《国家税务总局关于房地产开发企业土地增值税清算管理有关问题的通知》（国税发〔2006〕187号）第三条第（一）项规定确认收入，即按本企业在同一地区、同一年度销售的同类房地产的平均价格确定，或由主管税务机关参照当地当年、同类房

地产的市场价格或评估价值确定。同时,将此确认为房地产开发项目的拆迁补偿费。房地产开发企业支付给回迁户的补差价款,计入拆迁补偿费;回迁户支付给房地产开发企业的补差价款,应抵减本项目拆迁补偿费。

② 开发企业采取异地安置,异地安置的房屋属于自行开发建造的,房屋价值按国税发〔2006〕187号文件第三条第(一)项的规定计算,计入本项目的拆迁补偿费;异地安置的房屋属于购入的,以实际支付的购房支出计入拆迁补偿费。

③ 货币安置拆迁的,房地产开发企业凭合法有效凭据计入拆迁补偿费。

六、清算应报送的资料

纳税人办理土地增值税清算应报送以下资料:

(1) 土地增值税清算表及其附表。

(2) 房地产开发项目清算说明。

主要内容应包括房地产开发项目立项、用地、开发、销售、关联方交易、融资、税款缴纳等基本情况及主管税务机关需要了解的其他情况。

(3) 项目竣工决算报表、取得土地使用权所支付的地价款凭证、国有土地使用权出让合同、银行贷款利息结算通知单、项目工程合同结算单、商品房购销合同统计表、销售明细表、预售许可证等与转让房地产的收入、成本和费用有关的证明资料。

主管税务机关需要相应项目记账凭证的,纳税人还应提供记账凭证复印件。

(4) 纳税人委托税务中介机构审核鉴证的清算项目,还应报送中介机构出具的《土地增值税清算税款鉴证报告》。

土地增值税清算资料应按照档案化管理的要求,妥善保存。

七、清算的受理

主管税务机关收到纳税人清算资料后,对符合清算条件的项目,且报送的清算资料完备的,予以受理;对纳税人符合清算条件,但报送的清算资料不全的,应要求纳税人在规定限期内补报,纳税人在规定的期限内补齐清算资料后,予以受理;对不符合清算条件的项目,不予受理。上述具体期限由各省、自治区、直辖市、计划单列市税务机关确定。主管税务机关已受理的清算申请,纳税人无正当理由不得撤销。

主管税务机关按《土地增值税清算管理规程》(国税发〔2009〕91号)第六条规定进行项目管理时,对符合税务机关可要求纳税人进行清算情形的,应当作出评估,并经分管领导批准,确定要求纳税人进行清算的时间。对确定暂不清算的,应继续做好项目管理,每年作出评估,及时确定清算时间并通知纳税人办理清算。

八、清算项目的审核鉴证

主管税务机关受理纳税人清算资料后,应在一定期限内及时组织清算审核。具体期限由各省、自治区、直辖市、计划单列市税务机关确定。

税务中介机构受托对清算项目审核鉴证时,应按税务机关规定的格式对审核鉴证情况出具鉴证报告。对符合要求的鉴证报告,税务机关可以采信。

税务机关要对从事土地增值税清算鉴证工作的税务中介机构在准入条件、工作程序、鉴证内容、法律责任等方面提出明确要求,并做好必要的指导和管理工作。

九、清算审核方法

清算审核包括案头审核、实地审核。

案头审核,是指对纳税人报送的清算资料进行数据、逻辑审核,重点审核项目归集的一致性、数据计算的准确性等。实地审核,是指在案头审核的基础上,通过对房地产开发项目实地查验等方式,对纳税人申报情况的客观性、真实性、合理性进行审核。

(1) 清算审核时,应审核房地产开发项目是否以国家有关部门审批、备案的项目为单位进行清算;对于分期开发的项目,是否以分期项目为单位清算;对同项目中的不同类型房地产(如普通住宅和非普通住宅)是否分别计算增值额、增值率,缴纳土地增值税。

(2)审核收入情况时,应结合销售发票、销售合同(含房管部门网上备案登记资料)商品房销售(预售)许可证、房产销售分户明细表及其他有关资料,重点审核销售明细表、房地产销售面积与项目可售面积的数据关联性,以核实计税收入;对销售合同所载商品房面积与有关部门实际测量面积不一致,而发生补、退房款的收入调整情况进行审核;对销售价格进行评估,审核有无价格明显偏低的情况。

必要时,主管税务机关可通过实地查验,确认有无少计、漏计事项,确认有无将开发产品用于职工福利、奖励、对外投资、分配给股东或投资人、抵偿债务、换取其他单位和个人的非货币性资产等情况。

(3)土地增值税扣除项目审核的内容。

① 取得土地使用权所支付的金额。

② 房地产开发成本,包括:土地征用及拆迁补偿费、前期工程费、建筑安装工程费、基础设施费、公共配套设施费、开发间接费用。

③ 房地产开发费用。

④ 与转让房地产有关的税金。

见扣除项目及其金额相关内容。

⑤ 国家规定的其他扣除项目。

(4)扣除项目的审核要求。

审核扣除项目是否符合下列要求:

① 在土地增值税清算中,计算扣除项目金额时,其实际发生的支出应当取得但未取得合法凭据的不得扣除。

② 扣除项目金额中所归集的各项成本和费用,必须是实际发生的。

③ 扣除项目金额应当准确地在各扣除项目中分别归集,不得混淆。

④ 扣除项目金额中所归集的各项成本和费用,必须是在清算项目开发中直接发生的或应当分摊的。

⑤ 纳税人分期开发项目或者同时开发多个项目的,或者同一项目中建造不同类型房地产的,应按照受益对象,采用合理的分配方法,分摊共同的成本费用。

⑥ 对同一类事项,应当采取相同的会计政策或处理方法。会计核算与税务处理规定不一致的,以税务处理规定为准。

(5)审核取得土地使用权支付金额和土地征用及拆迁补偿费时应当重点关注。

① 同一宗土地有多个开发项目,是否予以分摊,分摊办法是否合理、合规,具体金额的计算是否正确。

② 是否存在将房地产开发费用计入取得土地使用权支付金额以及土地征用及拆迁补偿费的情形。

③ 拆迁补偿费是否实际发生,尤其是支付给个人的拆迁补偿款、拆迁(回迁)合同和签收花名册或签收凭证是否一一对应。

(6)审核前期工程费、基础设施费时应当重点关注。

① 前期工程费、基础设施费是否真实发生,是否存在虚列情形。

② 是否将房地产开发费用计入前期工程费、基础设施费。

③ 多个(或分期)项目共同发生的前期工程费、基础设施费,是否按项目合理分摊。

(7)审核公共配套设施费时应当重点关注。

① 公共配套设施的界定是否准确,公共配套设施费是否真实发生,有无预提公共配套设施费的情况。

② 是否将房地产开发费用计入公共配套设施费。

③ 多个(或分期)项目共同发生的公共配套设施费,是否按项目合理分摊。

(8)审核建筑安装工程费时应当重点关注。

① 发生的费用是否与决算报告、审计报告、工程结算报告、工程施工合同记载的内容相符。

② 房地产开发企业自购建筑材料时,自购建材费用是否重复计算扣除项目。

③ 参照当地当期同类开发项目单位平均建安成本或当地建设部门公布的单位定额成本,验证建筑安装工程费支出是否存在异常。

④ 房地产开发企业采用自营方式自行施工

建设的,还应当关注有无虚列、多列施工人工费、材料费、机械使用费等情况。

⑤ 建筑安装发票是否在项目所在地税务机关开具。

(9) 审核开发间接费用时应当重点关注。

① 是否存在将企业行政管理部门(总部)为组织和管理生产经营活动而发生的管理费用计入开发间接费用的情形。

② 开发间接费用是否真实发生,有无预提开发间接费用的情况,取得的凭证是否合法、有效。

(10) 审核利息支出时应当重点关注。

① 是否将利息支出从房地产开发成本中调整至开发费用。

② 分期开发项目或者同时开发多个项目的,其取得的一般性贷款的利息支出,是否按照项目合理分摊。

③ 利用闲置专项借款对外投资取得收益,其收益是否冲减利息支出。

(11) 代收费用的审核。

对于县级以上人民政府要求房地产开发企业在售房时代收的各项费用,审核其代收费用是否计入房价并向购买方一并收取;当代收费用计入房价时,审核有无将代收费用计入加计扣除以及房地产开发费用计算基数的情形。

(12) 关联方交易行为的审核。

在审核收入和扣除项目时,应重点关注关联企业交易是否按照公允价值和营业常规进行业务往来。

应当关注企业大额应付款余额,审核交易行为是否真实。

(13) 纳税人委托中介机构审核鉴证的清算项目,主管税务机关应当采取适当方法对有关鉴证报告的合法性、真实性进行审核。对纳税人委托中介机构审核鉴证的清算项目,主管税务机关未采信或部分未采信鉴证报告的,应当告知其理由。

(14) 土地增值税清算审核结束,主管税务机关应当将审核结果书面通知纳税人,并确定办理补、退税期限。

十、土地增值税的核定征收

在土地增值税清算过程中,发现纳税人符合核定征收条件的,应按原则上不得低于5%的核定征收率对房地产项目进行清算。

(1) 在土地增值税清算中符合以下条件之一的,可实行核定征收:

① 依照法律、行政法规的规定应当设置但未设置账簿的。

② 擅自销毁账簿或者拒不提供纳税资料的。

③ 虽设置账簿,但账目混乱或者成本资料、收入凭证、费用凭证残缺不全,难以确定转让收入或扣除项目金额的。

④ 符合土地增值税清算条件,企业未按照规定的期限办理清算手续,经税务机关责令限期清算,逾期仍不清算的。

⑤ 申报的计税依据明显偏低,又无正当理由的。

(2) 符合上述核定征收条件的,由主管税务机关发出核定征收的税务事项告知书后,税务人员对房地产项目开展土地增值税核定征收核查,经主管税务机关审核合议,通知纳税人申报缴纳应补缴税款或办理退税。

(3) 对于分期开发的房地产项目,各期清算的方式应保持一致。

十一、清算后再转让房地产的处理

在土地增值税清算时未转让的房地产,清算后销售或有偿转让的,纳税人应按规定进行土地增值税的纳税申报,扣除项目金额按清算时的单位建筑面积成本费用乘以销售或转让面积计算。

$$\text{单位建筑面积成本费用} = \frac{\text{清算时的扣除项目总金额}}{\text{清算的总建筑面积}}$$

十二、清算后应补缴的土地增值税加收滞纳金问题

纳税人按规定预缴土地增值税后,清算补缴的土地增值税,在主管税务机关规定的期限内补缴的,不加收滞纳金。

延伸解读

房地产开发企业土地增值税清算涉及企业所得税退税有关问题

房地产开发企业由于土地增值税清算造成的亏损,在企业注销税务登记时还没有弥补的,企业可在注销前提出申请,税务机关将多缴的企业所得税予以退税。但是,由于多种原因,房地产开发企业在开发产品销售完成后,短期内无法注销,导致多缴的企业所得税无法申请退税。

1. 房地产开发企业申请退税时间

房地产开发企业可以申请退税的时间为所有开发项目清算后,即房地产开发企业按规定对开发项目进行土地增值税清算后,如土地增值税清算当年汇算清缴出现亏损,且没有后续开发项目的,可申请退税。后续开发项目,包括正在开发以及中标的项目。

2. 多缴企业所得税款计算方法

房地产开发企业开发项目缴纳的土地增值税总额,应按照该项目开发各年度实现的项目销售收入占整个项目销售收入总额的比例,在项目开发各年度进行分摊,并计算各年度及累计应退的税款。

【案例12-3】 智董房地产开发公司2020年1月开始开发某房地产项目,2022年10月项目全部竣工并销售完毕,12月进行土地增值税清算,整个项目共缴纳土地增值税1 100万元,其中2020年至2022年预缴土地增值税分别为240万元、300万元、60万元;2022年清算后补缴土地增值税500万元。2020年至2022年实现的项目销售收入分别为12 000万元、15 000、3 000万元,缴纳的企业所得税分别为45万元、310万元、0万元。该企业2022年度汇算清缴出现亏损,应纳税所得额为−400万元。企业没有后续开发项目,拟申请退税,具体计算详见表12-2。

表12-2 计算过程资料

项目	2020年	2021年	2022年
预缴土地增值税	240	300	60
补缴土地增值税	—	—	500
分摊土地增值税	440[1 100×(12 000÷30 000)]	550[1 100×(15 000÷30 000)]	110[1 100×(3 000÷30 000)]
应纳税所得额调整	−200(240−440)	−270(300−550−20)	450(60+500−110)
调整后应纳税所得额	—	—	50(−400+450)
应退企业所得税	50(200×25%)	67.5(270×25%)	—
已缴纳企业所得税	45	310	0
实退企业所得税	45	67.5	
亏损结转(调整后)	−20[(45−50)÷25%]		
应补企业所得税	—	—	12.5(50×25%)
累计退税额			100(45+67.5−12.5)

3. 报送资料

房地产开发企业在申请退税时,应向主管税务机关提供书面材料说明应退企业所得税款的计算过程,包括该项目缴纳的土地增值税总额、项目销售收入总额、项目年度销售收入额、各年度应分摊的土地增值税和已经税前扣除的土地增值税、各年度的适用税率,以及是否存在后续开发项目等情况。

相关政策依据

国家税务总局
关于房地产开发企业土地增值税清算涉及企业所得税退税有关问题的公告

国家税务总局公告2016年第81号　2016年12月9日

根据《中华人民共和国企业所得税法》及其实施条例、《中华人民共和国税收征收管理法》及其实施细则的

相关规定,现就房地产开发企业(以下简称"企业")由于土地增值税清算,导致多缴企业所得税的退税问题公告如下:

一、企业按规定对开发项目进行土地增值税清算后,当年企业所得税汇算清缴出现亏损且有其他后续开发项目的,该亏损应按照税法规定向以后年度结转,用以后年度所得弥补。后续开发项目,是指正在开发以及中标的项目。

二、企业按规定对开发项目进行土地增值税清算后,当年企业所得税汇算清缴出现亏损,且没有后续开发项目的,可以按照以下方法,计算出该项目由于土地增值税原因导致的项目开发各年度多缴企业所得税税款,并申请退税:

(一)该项目缴纳的土地增值税总额,应按照该项目开发各年度实现的项目销售收入占整个项目销售收入总额的比例,在项目开发各年度进行分摊,具体按以下公式计算:

各年度应分摊的土地增值税=土地增值税总额×(项目年度销售收入÷整个项目销售收入总额)

本公告所称销售收入包括视同销售房地产的收入,但不包括企业销售的增值额未超过扣除项目金额20%的普通标准住宅的销售收入。

(二)该项目开发各年度应分摊的土地增值税减去该年度已经在企业所得税税前扣除的土地增值税后,余额属于当年应补充扣除的土地增值税;企业应调整当年度的应纳税所得额,并按规定计算当年度应退的企业所得税税款;当年度已缴纳的企业所得税税款不足退税的,应作为亏损向以后年度结转,并调整以后年度的应纳税所得额。

(三)按照上述方法进行土地增值税分摊调整后,导致相应年度应纳税所得额出现正数的,应按规定计算缴纳企业所得税。

(四)企业按上述方法计算的累计退税额,不得超过其在该项目开发各年度累计实际缴纳的企业所得税;超过部分作为项目清算年度产生的亏损,向以后年度结转。

三、企业在申请退税时,应向主管税务机关提供书面材料说明应退企业所得税款的计算过程,包括该项目缴纳的土地增值税总额、项目销售收入总额、项目年度销售收入额、各年度应分摊的土地增值税和已经税前扣除的土地增值税、各年度的适用税率,以及是否存在后续开发项目等情况。

四、本公告自发布之日起施行。本公告发布之日前,企业凡已经对土地增值税进行清算且没有后续开发项目的,在本公告发布后仍存在尚未弥补的因土地增值税清算导致的亏损,按照本公告第二条规定的方法计算多缴企业所得税税款,并申请退税。

《国家税务总局关于房地产开发企业注销前有关企业所得税处理问题的公告》(国家税务总局公告2010年第29号)同时废止。

第八节 纳税义务发生时间

一、以一次交割、付清价款方式转让房地产

对于这种情况,主管税务机关可在纳税人办理纳税申报后,根据其应纳税额的大小及向有关部门办理过户、登记手续的期限等,规定其在办理过户、登记手续前数日内一次性缴纳全部土地增值税。

二、以分期收款方式转让房地产

对于这种情况,主管税务机关可根据合同规定的收款日期来确定具体的纳税期限。即先计算出应缴纳的全部土地增值税税额,再按总税额除以转让房地产的总收入,求得应纳税额占总收入的比例。然后,在每次收到价款时,按收到价款的数额乘以这个比例来确定每次应纳的税额,并规定其应在每次收款后数日内缴纳土地增值税。

三、项目全部竣工结算前转让房地产

纳税人在项目全部竣工结算前转让房地产取得的收入,由于涉及成本确定或其他原因,无法据实计算土地增值税的,可以预征土地增值税,待该项目全部竣工、办理结算后再进行清算,多退少补。主要涉及两种情况:

(1) 纳税人进行小区开发建设的,其中一部分房地产项目因先行开发并已转让出去,但小区内的部分配套设施往往在转让后才建成。在这种情况下,税务机关可以对先行转让的项目,在取得收入时预征土地增值税。

(2) 纳税人以预售方式转让房地产的,对在办理结算和转交手续前就取得的收入,税务机关也可以预征土地增值税。

为方便纳税人,简化土地增值税预征税款计算,房地产开发企业采取预收款方式销售自行开发的房地产项目的,可按照以下方法计算土地增值税预征计征依据:

$$\text{土地增值税预征的计征依据} = \text{预收款} - \text{应预缴增值税税款}$$

凡采用预征方法征收土地增值税的,在该项目全部竣工办理结算时,都需要对土地增值税进行清算,根据应征税额和已征税额进行清算,多退少补。

土地增值税预征

由于房地产开发与转让周期较长,造成土地增值税征管难度大,对纳税人在项目全部竣工结算前转让房地产取得的收入,可以预征土地增值税,具体办法由各省、自治区、直辖市税务局根据当地情况制定。为了发挥土地增值税在预征阶段的调节作用,对已经实行预征办法的地区,可根据不同类型房地产的实际情况,确定适当的预征率。除保障性住房外,东部地区省份预征率不得低于2%,中部和东北地区省份不得低于1.5%,西部地区省份不得低于1%。

对于纳税人预售房地产所取得的收入,凡当地税务机关规定预征土地增值税的,纳税人应当到主管税务机关办理纳税申报,并按规定比例预交税款,待办理决算后,多退少补;凡当地税务机关规定不预征土地增值税的,也应在取得收入时先到税务机关登记或备案。

第九节 纳税期限

纳税人应自转让房地产合同签订之日起7日内,向房地产所在地的主管税务机关办理纳税申报,并在税务机关核定的期限内缴纳土地增值税。

第十节 纳税地点

土地增值税的纳税人应向房地产所在地主管税务机关办理纳税申报,并在税务机关核定的期限内缴纳土地增值税。

房地产所在地,是指房地产的坐落地。

纳税人转让的房地产坐落在两个或两个以上地区的,应按房地产所在地分别申报纳税。

在实际工作中,纳税地点的确定又可分为以下两种情况。

(1) 纳税人是法人。

当转让的房地产坐落地与其机构所在地或经营所在地一致时,则在办理税务登记的原管辖税务机关申报纳税即可;如果转让的房地产坐落地与其机构所在地或经营所在地不一致时,则应在房地产坐落地所管辖的税务机关申报纳税。

(2) 纳税人是自然人。

当转让的房地产坐落地与其居住所在地一致时,则在住所所在地税务机关申报纳税;当转让的房地产坐落地与其居住所在地不一致时,则在房地产坐落地的税务机关申报纳税。

第十三章

车 船 税

现行车船税法的基本规范,是《中华人民共和国车船税法》(2011年2月25日第十一届全国人民代表大会常务委员会第十九次会议通过,根据2019年4月23日第十三届全国人民代表大会常务委员会第十次会议《关于修改〈中华人民共和国建筑法〉等八部法律的决定》修正)和《中华人民共和国车船税法实施条例》(2011年12月5日中华人民共和国国务院令第611号公布,根据2019年3月2日《国务院关于修改部分行政法规的决定》修订,以下简称《车船税法》)。

车船税相关知识

1. 保险机构代收代缴

从事机动车第三者责任强制保险业务的保险机构为机动车车船税的扣缴义务人,应当在收取保险费时依法代收车船税,并出具代收税款凭证。

(1) 代收凭证。

保险机构在代收车船税时,应当在"交强险"的保险单以及保费发票上注明已收税款的信息和减免税信息,作为代收税款凭证。

(2) 拒收处理。

不能提供完税凭证或者减免税证明,且拒绝扣缴义务人代收代缴车船税的纳税人,扣缴义务人不得出具保单、保险标志和保费发票等,同时报告主管税务机关处理。

(3) 发票开具。

保险机构作为车船税扣缴义务人,代收车船税并开具增值税发票时,应在增值税发票备注栏中注明代收车船税税款信息。

具体包括:保险单号、税款所属期(详细至月)代收车船税金额、滞纳金金额、金额合计等。该增值税发票可作为纳税人缴纳车船税及滞纳金的会计核算原始凭证。

2. 交通运输部门海事管理机构受托代为征收船舶车船税

自2013年2月1日起,税务机关可以委托交通运输部门海事管理机构代为征收船舶车船税税款。

(1) 代征范围。

在交通运输部直属海事管理机构(以下简称海事管理机构)登记的应税船舶,其车船税由船籍港所在地的税务机关委托当地海事管理机构代征。

(2) 代征环节。

海事管理机构受税务机关委托,在办理船舶登记手续或受理年度船舶登记信息报告时代征船舶车船税。

(3) 计算方法。

海事管理机构代征船舶车船税的计算方法:

① 船舶按一个年度计算车船税。计算公式为:

年应纳税额＝计税单位×年基准税额

② 购置的新船舶,购置当年的应纳税额自纳税义务发生时间起至该年度终了按月计算。计算公式为:

应纳税额＝年应纳税额×应纳税月份数÷12

应纳税月份数＝12－纳税义务发生时间(取月份)＋1

其中,纳税义务发生时间为纳税人取得船舶所有权或管理权的当月,以购买船舶的发票或者其他证明文件所载日期的当月为准。

(4) 减免管理。

税务机关出具减免税证明和完税凭证的船舶,海事管理机构对免税和完税船舶不代征车船税,对减税船舶根据减免税证明规定的实际年应纳税额代征车船税。海事管理机构应记录上述凭证的凭证号和出具该凭证的单位名称,并将上述凭证的复印件存档备查。

(5) 欠税追缴。

对于以前年度未依照《车船税法》及其实施条例的规定缴纳船舶车船税的,海事管理机构应代征欠缴税款,并按规定代加收滞纳金。

(6) 完税凭证。

海事管理机构在代征税款时,应向纳税人开具税务机关提供的完税凭证。完税凭证的管理应当遵守税务机关的相关规定。

3. 车船税的申报缴纳

车船税按年申报,分月计算,一次性缴纳。纳税年度为公历1月1日至12月31日。车船税按年申报缴纳。具体申报纳税期限由省、自治区、直辖市人民政府规定。

(1) 税务机关可以在车船管理部门、车船检验机构的办公场所集中办理车船税征收事宜。

(2) 公安机关交通管理部门在办理车辆相关登记和定期检验手续时,对未提交自上次检验后各年度依法纳税或者免税证明的,不予登记,不予发放检验合格标志。

第一节　纳　税　人

在中华人民共和国境内属于《车船税法》所附《车船税税目税额表》规定的车辆、船舶的所有人或者管理人,为车船税的纳税人,应当依照《车船税法》缴纳车船税。管理人是指对车船具有管理权或者使用权,不具有所有权的单位和个人。

第二节　征税对象、范围

车船税的征税范围是指在中华人民共和国境内属于《车船税法》所附《车船税税目税额表》规定的车辆、船舶。

车辆、船舶是指:

(1) 依法应当在车船管理部门登记的机动车辆和船舶。

(2) 依法不需要在车船管理部门登记、在单位内部场所行驶或者作业的机动车辆和船舶。

车船管理部门,是指公安、交通运输、农业、渔业、军队、武装警察部队等依法具有车船登记管理职能的部门;单位,是指依照中国法律、行政法规规定,在中国境内成立的行政机关、企业、事业单位、社会团体以及其他组织。

(3) 境内单位和个人租入外国籍船舶的,不征收车船税。境内单位和个人将船舶出租到境外的,应依法征收车船税。

第三节　计税依据

《车船税法》及其实施条例所涉及的排气量、整备质量、核定载客人数、净吨位、千瓦、艇身长度,以车船管理部门核发的车船登记证书或者行驶证相应项目所载数据为准。

依法不需要办理登记、依法应当登记而未办理登记或者不能提供车船登记证书、行驶证的,以车船出厂合格证明或者进口凭证相应项目标注的技术参数、所载数据为准;不能提供车船出厂合格证明或者进口凭证的,由主管税务机关参照国家相关标准核定,没有国家相关标准的参照同类车船核定。

第四节　税　率

车船税采用定额幅度税率,即对征税的车船规定单位上下限税额标准,税额确定总的原则是:排气量低的车辆的税负轻于排气量高的车辆;小吨位船舶的税负轻于大船舶。依照《车船税法》所附《车船税税目税额表》(表13-1)执行。

车辆的具体适用税额由省、自治区、直辖市人民政府依照《车船税税目税额表》规定的税额幅度和国务院的规定确定。船舶的具体适用税额由国务院在《车船税税目税额表》规定的税额幅度内确定。

省、自治区、直辖市人民政府根据《车船税税目税额表》确定车辆具体适用税额时,应当遵循以下原则:

(1)综合考虑本地区车辆保有情况和税负状况。

(2)乘用车应当依排气量从小到大递增税额。

(3)客车应当依照大型(核定载客人数大于或者等于20人)中型(核定载客人数大于9人且小于20人)分别确定适用税额。

(4)根据本地区情况变化适时调整。

表13-1 车船税税目税额表

税目		计税单位	年基准税额	备注
乘用车[按发动机汽缸容量(排气量)分档]	1.0升(含)以下的	每辆	60元至360元	核定载客人数9人(含)以下
	1.0升以上至1.6升(含)的		300元至540元	
	1.6升以上至2.0升(含)的		360元至660元	
	2.0升以上至2.5升(含)的		660元至1 200元	
	2.5升以上至3.0升(含)的		1 200元至2 400元	
	3.0升以上至4.0升(含)的		2 400元至3 600元	
	4.0升以上的		3 600元至5 400元	
商用车	客车	每辆	480元至1 440元	核定载客人数9人以上,包括电车
	货车	整备质量每吨	16元至120元	包括半挂牵引车、三轮汽车和低速载货汽车等
挂车		整备质量每吨	按照货车税额的50%计算	
其他车辆	专用作业车	整备质量每吨	16元至120元	不包括拖拉机
	轮式专用机械车		16元至120元	
摩托车		每辆	36元至180元	
船舶	机动船舶	净吨位每吨	3元至6元	拖船、非机动驳船分别按照机动船舶税额的50%计算
	游艇	艇身长度每米	600元至2 000元	

1. 机动船舶

机动船舶具体适用税额为:

(1)净吨位不超过200吨的,每吨3元。

(2)净吨位超过200吨但不超过2 000吨的,每吨4元。

(3)净吨位超过2 000吨但不超过10 000吨的,每吨5元。

(4)净吨位超过10 000吨的,每吨6元。

拖船按照发动机功率每1千瓦折合净吨位0.67吨计算征收车船税。

2. 游艇

游艇具体适用税额为:

(1)艇身长度不超过10米的游艇,每米600元。

(2)艇身长度超过10米但不超过18米的游艇,每米900元。

(3)艇身长度超过18米但不超过30米的游艇,每米1 300元。

(4) 艇身长度超过30米的游艇,每米2 000元。

(5) 辅助动力帆艇,每米600元。游艇艇身长度是指游艇的总长。

延伸解读

《车船税税目税额表》中车辆、船舶的含义

乘用车,是指在设计和技术特性上主要用于载运乘客及随身行李,核定载客人数包括驾驶员在内不超过9人的汽车。乘用车以车辆登记管理部门核发的机动车登记证书或者行驶证书所载的排气量毫升数确定税额区间。

商用车,是指除乘用车外,在设计和技术特性上用于载运乘客、货物的汽车,划分为客车和货车。

客货两用车(亦称多用途货车),是指在设计和结构上主要用于载运货物,但在驾驶员座椅后带有固定或折叠式座椅,可运载3人以上乘客的货车。客货两用车依照货车的计税单位和年基准税额计征车船税。

半挂牵引车,是指装备有特殊装置用于牵引半挂车的商用车。

三轮汽车,是指最高设计车速不超过每小时50公里,具有三个车轮的货车。

低速载货汽车,是指以柴油机为动力,最高设计车速不超过每小时70公里,具有四个车轮的货车。

挂车,是指就其设计和技术特性需由汽车或者拖拉机牵引,才能正常使用的一种无动力的道路车辆。

专用作业车,是指在其设计和技术特性上用于特殊工作的车辆。《车船税税目税额表》中的专用作业车,是指在设计和技术特性上用于特殊工作,并装置有专用设备或器具的汽车,应认定为专用作业车,如汽车起重机、消防车、混凝土泵车、清障车、高空作业车、洒水车、扫路车等。以载运人员或货物为主要目的的专用汽车,如救护车,不属于专用作业车。

轮式专用机械车,是指有特殊结构和专门功能,装有橡胶车轮可以自行行驶,最高设计车速大于每小时20公里的轮式工程机械车。

摩托车,是指无论采用何种驱动方式,最高设计车速大于每小时50公里,或者使用内燃机,其排量大于50毫升的两轮或者三轮车辆。

船舶,是指各类机动、非机动船舶以及其他水上移动装置,但是船舶上装备的救生艇筏和长度小于5米的艇筏除外。其中,机动船舶是指用机器推进的船舶;拖船是指专门用于拖(推)动运输船舶的专业作业船舶;非机动驳船,是指在船舶登记管理部门登记为驳船的非机动船舶;游艇是指具备内置机械推进动力装置,长度在90米以下,主要用于游览观光、休闲娱乐、水上体育运动等活动,并应当具有船舶检验证书和适航证书的船舶。

《车船税法》及其实施条例涉及的整备质量、净吨位、艇身长度等计税单位,有尾数的一律按照含尾数的计税单位据实计算车船税应纳税额。计算得出的应纳税额小数点后超过两位的可四舍五入保留两位小数。

第五节 应纳税额的计算

纳税人按照纳税地点所在的省、自治区、直辖市人民政府确定的具体适用税额缴纳车船税。车船税由税务机关负责征收。

一、购置的新车船的纳税计算

购置的新车船,购置当年的应纳税额自纳税义务发生的当月起按月计算。计算公式为:

应纳税额=年应纳税额÷12×应纳税月份数

应纳税月份数=12-纳税义务发生时间(取月份)+1

二、车船被盗抢、报废、灭失时的退税

在一个纳税年度内,已完税的车船被盗抢、报废、灭失的,纳税人可以凭有关管理机关出具的证明和完税证明,向纳税所在地的主管税务机关申请退还自被盗抢、报废、灭失月份起至该纳税年度终了期间的税款。

已办理退税的被盗抢车船,失而复得的,纳税人应当从公安机关出具相关证明的当月起计算缴纳车船税。

三、车船因质量问题发生退货时的退税

已经缴纳车船税的车船,因质量原因,车船被退回生产企业或者经销商的,纳税人可以向纳税所在地的主管税务机关申请退还自退货月份起至该纳税年度终了期间的税款。退货月份

以退货发票所载日期的当月为准。

四、转让过户

已缴纳车船税的车船在同一纳税年度内办理转让过户的,不另纳税,也不退税。

【案例13-1】 智董运输公司拥有载货汽车18辆(每辆货车整备质量为10吨);载人大客车25辆;小客车12辆。载货汽车每吨年税额90元,载人大客车每辆年税额1 200元,小客车每辆年税额800元。

【分析】 计算该公司应纳车船税。

(1) 载货汽车应纳税额 $= 90 \times 18 \times 10 = 16\,200$(元)。

(2) 大客车应纳税额 $= 1\,200 \times 25 = 30\,000$(元)。

(3) 小客车应纳税额 $= 800 \times 12 = 9\,600$(元)。

全年应纳车船税额 $= 16\,200 + 30\,000 + 9\,600 = 55\,800$(元)。

【案例13-2】 智董运输公司2023年年初拥有小轿车40辆,2023年4月外购货车96辆(整备质量为10吨)并于当月办理登记手续。假设货车年税额为整备质量每吨50元,小轿车年税额为每辆500元。

【分析】 智董公司2023年应纳车船税 $= 40 \times 500 + 96 \times 10 \times 50 \div 12 \times 10 = 60\,000$(元)。

第六节 税 收 优 惠

一、法定减免

(一) 节约能源、使用新能源的车辆

对节约能源、使用新能源的车船可以减征或者免征车船税。

免征或者减半征收车船税的车船的范围,由国务院财政、税务主管部门商国务院有关部门制订,报国务院批准。

> **延伸解读**
>
> **节能、新能源车船减免**
>
> 1. 对节能汽车,减半征收车船税。
>
> (1) 减半征收车船税的节能乘用车应同时符合以下标准:
>
> ① 获得许可在中国境内销售的排量为1.6升以下(含1.6升)的燃用汽油、柴油的乘用车(含非插电式混合动力、双燃料和两用燃料乘用车)。
>
> ② 综合工况燃料消耗量应符合标准。
>
> (2) 减半征收车船税的节能商用车应同时符合以下标准:
>
> ① 获得许可在中国境内销售的燃用天然气、汽油、柴油的轻型和重型商用车(含非插电式混合动力、双燃料和两用燃料轻型和重型商用车)。
>
> ② 燃用汽油、柴油的轻型和重型商用车综合工况燃料消耗量应符合标准。
>
> 2. 对新能源车船,免征车船税。
>
> (1) 免征车船税的新能源汽车是指纯电动商用车、插电式(含增程式)混合动力汽车、燃料电池商用车。
>
> 纯电动乘用车和燃料电池乘用车不属于车船税征税范围,对其不征车船税。
>
> (2) 免征车船税的新能源汽车应同时符合以下标准:
>
> ① 获得许可在中国境内销售的纯电动商用车、插电式(含增程式)混合动力汽车、燃料电池商用车。
>
> ② 符合新能源汽车产品技术标准。
>
> ③ 通过新能源汽车专项检测,符合新能源汽车标准。
>
> ④ 新能源汽车生产企业或进口新能源汽车经销商在产品质量保证、产品一致性、售后服务、安全监测、动力电池回收利用等方面符合相关要求。
>
> (3) 免征车船税的新能源船舶应符合以下标准:
>
> 船舶的主推进动力装置为纯天然气发动机。发动机采用微量柴油引燃方式且引燃油热值占全部燃料总热值的比例不超过5%的,视同纯天然气发动机。
>
> 3. 符合上述第1条、第2条标准的节能、新能源汽车,由工业和信息化部、国家税务总局不定期联合发布《享受车船税减免优惠的节约能源使用新能源汽车车型目录》予以公告。

（二）农用摩托车、三轮汽车和低速载货汽车

省、自治区、直辖市人民政府根据当地实际情况，可以对公共交通车船，农村居民拥有并主要在农村地区使用的摩托车、三轮汽车和低速载货汽车定期减征或者免征车船税。

（三）捕捞、养殖渔船

捕捞、养殖渔船免征车船税。

捕捞、养殖渔船，是指在渔业船舶管理部门登记为捕捞船或者养殖船的船舶。

（四）军队、武装警察部队专用的车船

军队、武装警察部队专用的车船免征车船税。

军队、武装警察部队专用的车船，是指按照规定在军队、武装警察部队车船管理部门登记，并领取军队、武警牌照的车船。

（五）警用车船

警用车船免征车船税。

警用车船，是指公安机关、国家安全机关、监狱、劳动教养管理机关和人民法院、人民检察院领取警用牌照的车辆和执行警务的专用船舶。

（六）消防救援专用车船

悬挂应急救援专用号牌的国家综合性消防救援车辆和国家综合性消防救援专用船舶免征车船税。

（七）外国驻华使领馆、国际组织驻华代表机构及其有关人员的车船

对依照法律规定应当予以免税的外国驻华使领馆、国际组织驻华代表机构及其有关人员的车船免征车船税。

（八）受灾或特殊困难

对受严重自然灾害影响纳税困难以及有其他特殊原因确需减税、免税的，可以减征或者免征车船税。具体减免期限和数额由省、自治区、直辖市人民政府确定，报国务院备案。

二、特定减免

（一）临时入境的外国或港澳台车船

经批准临时入境的外国车船和香港特别行政区、澳门特别行政区、台湾地区的车船，不征收车船税。

（二）缴纳船舶吨税的机动船舶

按照规定缴纳船舶吨税的机动船舶，自《车船税法》实施之日（2012年1月1日）起5年内免征车船税。

（三）机场、港口内部行驶或作业的车船

机场、港口内部行驶或作业的车船，自《车船税法》实施之日（2012年1月1日）起5年内免征车船税。

第七节 纳税义务发生时间

车船税纳税义务发生时间为取得车船所有权或者管理权的当月，即为购买车船的发票或者其他证明文件所载日期的当月。

对于在国内购买的机动车，购买日期以《机动车销售统一发票》所载日期为准；对于进口机动车，购买日期以《海关关税专用缴款书》所载日期为准；对于购买的船舶，以购买船舶的发票或者其他证明文件所载日期的当月为准。

第八节 纳税期限

车船税纳税义务发生时间为取得车船所有权或者管理权的当月。以购买车船的发票或其他证明文件所载日期的当月为准。

车船税扣缴义务人代收代缴欠缴税款的滞纳金，从各省、自治区、直辖市人民政府规定的申报纳税期限截止日期的次日起计算。

第九节 纳税地点

车船税的纳税地点为车船的登记地或者车船税扣缴义务人所在地。扣缴义务人代收代缴车船税的,纳税地点为扣缴义务人所在地。纳税人自行申报缴纳车船税的,纳税地点为车船登记地的主管税务机关所在地。

依法不需要办理登记的车船,其车船税的纳税地点为车船的所有人或者管理人所在地。

扣缴义务人代收代缴后车辆登记地主管税务机关不再征收车船税。纳税人在购买机动车交通事故责任强制保险时,由扣缴义务人代收代缴车船税的,凭注明已收税款信息的"交强险"保险单,车辆登记地的主管税务机关不再征收该纳税年度的车船税。再次征收的,车辆登记地主管税务机关应予退还。

第十四章 烟叶税

2006年4月28日,国务院公布了《中华人民共和国烟叶税暂行条例》,并自公布之日起施行。2017年12月27日第十二届全国人民代表大会常务委员会第三十一次会议通过了《中华人民共和国烟叶税法》(以下简称《烟叶税法》),自2018年7月1日起施行。

第一节 纳税人

在中华人民共和国境内,依照《中华人民共和国烟草专卖法》的规定收购烟叶的单位为烟叶税的纳税人。

第二节 征税对象、范围

烟叶税的征税对象是烟叶,包括烤烟叶、晾晒烟叶。

第三节 计税依据

烟叶税的计税依据是收购烟叶实际支付的价款总额。

实际支付的价款总额,包括纳税人支付给烟叶生产销售单位和个人的烟叶收购价款和价外补贴。按照简化手续、方便征收的原则,对价外补贴统一按烟叶收购价款的10%计算。收购金额计算公式如下:

实际支付的价款总额=收购价款×(1+10%)

第四节 税率

烟叶税实行比例税率,税率为20%。

烟叶税实行全国统一的税率,主要是考虑烟叶属于特殊的专卖品,其税率不宜存在地区间的差异,否则会形成各地之间的不公平竞争,不利于烟叶种植的统一规划和烟叶市场、烟叶收购价格的统一。

第五节　应纳税额的计算

烟叶税的应纳税额按照纳税人收购烟叶实际支付的价款总额乘以税率计算,计算公式为:

应纳税额＝实际支付价款×税率

纳税人收购烟叶实际支付的价款总额包括纳税人支付给烟叶生产销售单位和个人的烟叶收购价款和价外补贴。其中,价外补贴统一按烟叶收购价款的10%计算。

实际支付价款＝收购价款×(1＋10%)

【案例14-1】 2023年3月,智董烟草公司向烟农收购一批烟叶,收购价款为1 000万元(不含价外补贴),另外支付的价外补贴为烟叶收购价款的10%,烟叶税税率为20%。

【分析】 计算该烟草公司应缴纳的烟叶税。

应纳税额＝1 000×(1＋10%)×20%＝220(万元)

【案例14-2】 智董卷烟厂为增值税一般纳税人,2023年3月收购烟叶5 000公斤,实际支付价款总额325万元,已开具烟叶收购发票。烟叶税税率为20%。

【分析】 烟叶税的计算:

第一步:确定计税依据。

烟叶税的计税依据是收购烟叶实际支付的价款总额,包括纳税人支付给烟叶生产销售单位和个人的烟叶收购价款和价外补贴,而价外补贴统一按烟叶收购价款的10%计算。

本例中,实际支付的价款总额属于已知条件,为325万元。

这里应注意区分实际支付的价款总额与收购价款,实际支付的价款总额是包含收购价款和10%价外补贴的总额,不要混淆,计算公式如下:

实际支付的价款总额＝收购价款×(1＋10%)

第二步:计算应缴纳的烟叶税。

烟叶税的税率属于固定的比例税率,为20%。

应纳税额＝实际支付的价款总额×税率＝325×20%＝65(万元)

第六节　纳税义务发生时间

烟叶税的纳税义务发生时间为纳税人收购烟叶的当日。

收购烟叶的当日是指纳税人向烟叶销售者付讫收购烟叶款项或者开具收购烟叶凭据的当日。

第七节　纳　税　期　限

烟叶税按月计征,纳税人应当于纳税义务发生月终了之日起15日内申报并缴纳税款。

第八节 纳 税 地 点

纳税人收购烟叶,应当向烟叶收购地的主管税务机关申报纳税。

第十五章 契 税

2020年8月11日,《中华人民共和国契税法》由第十三届全国人民代表大会常务委员会第二十一次会议通过,自2021年9月1日起施行。

延伸解读

与契税暂行条例相比的主要变化

(1) 契税法适当拓展了税收优惠政策。

契税法基本延续了契税暂行条例关于税收优惠的规定,同时还增加了其他税收优惠政策:为体现对公益事业的支持,增加对非营利性学校、医疗机构、社会福利机构承受土地、房屋用于办公、教学、医疗、科研、养老、救助免征契税等规定。

(2) 纳税申报更简化了。

申报缴税期限由契税暂行条例规定的纳税义务发生后10日内申报并在税务机关核定期限内缴税,修改为办理土地、房屋权属登记手续前申报缴税。

(3) 契税法还增加了退税规定。

为保护纳税人权益,契税法规定纳税人在依法办理土地、房屋权属登记前,因合同不生效、无效、被撤销或者被解除的,纳税人可以向税务机构申请退还已缴纳的税款,税务机关应当依法办理退税。

(4) 契税法将契税申报和缴纳时间合二为一。

减轻纳税人负担,促进纳税遵从,提高征管效率。

(5) 契税法授权省、自治区、直辖市可以对不同主体、不同地区、不同类型的住房权属转移确定差别税率。

这一规定体现了健全地方税体系改革思路,赋予了地方一定税政管理权限,有利于调动地方加强税政管理的积极性,因城施策促进房地产市场健康发展。

延伸解读

契税相关知识

(1) 为什么契税申报的基本单位是不动产单元?

根据《不动产登记暂行条例》及其实施细则规定,不动产单元是权属界线封闭且具有独立使用价值的空间,且不动产单元具有唯一编码。为进一步提升契税纳税申报的规范性,便于纳税人理解和办理,并与不动产登记有关规定统一衔接,《公告》明确了纳税人申报契税的基本单位为不动产单元。

因共有不动产份额变化或者增减共有人导致土地、房屋权属转移的,纳税人也应以不动产单元为单位申报契税。

(2) 契税完税凭证的开具及土地、房屋权属登记。

纳税人办理纳税事宜后,税务机关应当开具契税完税凭证。

纳税人办理土地、房屋权属登记,不动产登记机构应当查验契税完税、减免税凭证或者有关信息。未按照规定缴纳契税的,不动产登记机构不予办理土地、房屋权属登记。

(3) 涉税信息共享和工作配合机制、保密。

税务机关应当与相关部门建立契税涉税信息共享和工作配合机制。自然资源、住房和城乡建设、民政、公安等相关部门应当及时向税务机关提供与转移土地、房屋权属有关的信息,协助税务机关加强契税征收管理。

税务机关及其工作人员对税收征收管理过程中知悉的纳税人的个人信息,应当依法予以保密,不得泄露或者非法向他人提供。

纳税人提交的资料,各省、自治区、直辖市和计划单列市税务局能够通过信息共享即时查验的,可公告明确不再需要纳税人提交。

为更好落实契税"先税后证"的管理要求,方便完税后的纳税人办理不动产登记事项,《关于契税纳税服务和征收管理若干事项的公告》明确,税务机关在契税足额入库或办理免税(不征税)手续后,应通过契税的税收缴款书、税收完税证明或契税信息联系单等,将完税或免税(不征税)信息传递给不动产登记机构。《契税法》实施后,税务机关启用统一样式的契税信息联系单,作为向不动产登记机构传递纳税人办税信息的载体之一,可以更好满足部门协作的管理要求。对于契税足额入库或办理免税(不征税)手续的,税务机关如无法通过契税的税收缴款书、税收完税证明传递信息的,可提供契税信息联系单。同时,如果能够通过信息共享即时传递办税信息的,税务机关可不再向不动产登记机构提供完税凭证或开具联系单。

【案例 15-1】 自然人 A 整体购买某幢住宅楼。在办理不动产权属登记时,不动产登记机构将该幢住宅楼登记为 2 个不动产单元,则 A 应就 2 个不动产单元分别向税务机关申报契税。

第一节 纳 税 人

在中华人民共和国境内转移土地、房屋权属,承受的单位和个人为契税的纳税人,应当依照《中华人民共和国契税法》(以下简称《契税法》)规定缴纳契税。

所称转移土地、房屋权属,是指下列行为:

(1) 土地使用权出让。

(2) 土地使用权转让,包括出售、赠与、互换,不包括土地承包经营权和土地经营权的转移。

(3) 房屋买卖、赠与、互换。

以作价投资(入股)、偿还债务、划转、奖励等方式转移土地、房屋权属的,应当依照《中华人民共和国契税法》规定征收契税。

延伸解读

以作价投资(入股)、偿还债务、划转、奖励等方式转移土地、房屋权属应申报契税的,如何确定适用税率、计税依据等?

《契税法》第二条第三款规定,以作价投资(入股)、偿还债务、划转、奖励等方式转移土地、房屋权属的,应当征收契税。

为方便纳税人确定上述应税行为契税申报的适用税率、计税依据等,以作价投资(入股)、偿还债务等应交付经济利益的方式转移土地、房屋权属的,参照土地使用权出让、出售或房屋买卖确定契税适用税率、计税依据等。以划转、奖励等没有价格的方式转移土地、房屋权属的,参照土地使用权或房屋赠与确定契税适用税率、计税依据等。

【案例 15-2】 为支持合理住房需求,某省依法规定本地区住房买卖契税适用税率为 3%。若纳税人 A 作为债权人承受某债务人抵偿债务的一套住房,A 应参照住房买卖的适用税率 3%,以及抵债合同(协议)确定的成交价格申报契税。

以招拍挂方式出让国有土地使用权的,纳税人为最终与土地管理部门签订出让合同的土地使用权承受人。

第二节 征税对象、范围

契税的征税对象为发生土地使用权和房屋所有权权属转移的土地和房屋。

具体征税范围包括:国有土地使用权出让;土地使用权转让,包括出售、赠与和交换;房屋买卖、赠与、互换。即以货币为媒介,出卖者向购买者过渡房产所有权的交易行为。

一、土地使用权出让

土地使用权出让是指国家或集体以土地所有者的身份将土地使用权在一定年限内让渡给土地使用者,并由土地使用者向国家或集体支付土地使用权出让金的行为。可以使用拍卖、招标、双方协议的方式。

以出让方式或国家作价出资(入股)方式承受原改制重组企业、事业单位划拨用地的,不属规定的免税范围,对承受方应按规定征收契税。

二、土地使用权转让

土地使用权转让是指土地使用者将土地使用权再转移的行为。可以使用出售、交换、赠与的方式。不包括土地承包经营权和土地经营权的转移。以作价投资(入股)偿还债务、划转、奖励等方式转移土地、房屋权属的,应当依照规定征收契税。

三、房屋买卖、赠与、互换

(一) 房屋买卖

1. 以房产抵债或实物交换房屋

经当地政府和有关部门批准,以房抵债和实物交换房屋,均视同房屋买卖,应由产权承受人按房屋现值缴纳契税。

例如,甲某因无力偿还乙某债务,而以自有的房产折价抵偿债务。经双方同意,有关部门批准,乙某取得甲某的房屋产权,在办理产权过户手续时,按房产折价款缴纳契税。如以实物(金银首饰等价物品)交换房屋,应视同以货币购买房屋。

2. 以房产作投资或作股权转让

这种交易业务属房屋产权转移,应根据国家房地产管理的有关规定,办理房屋产权交易和产权变更登记手续,视同房屋买卖,由产权承受方按投资房产价值或房产买价缴纳契税。

以自有房产作股投入本人经营企业,免纳契税。因为以自有的房地产投入本人独资经营的企业,房屋产权所有人和土地使用权人未发生变化,无须办理房产变更手续,也不办理契税手续。

3. 买房拆料或翻建新房,应照章征收契税

例如,甲某购买乙某房产,不论其目的是取得该房产的建筑材料或是翻建新房,实际构成房屋买卖。甲某应首先办理房屋产权变更手续,并按买价缴纳契税。

(二) 房屋赠与

房屋赠与是指房屋产权所有人将房屋无偿转让给他人所有。其中,将自己的房屋转交给他人的法人和自然人,称作房屋赠与人,接受他人房屋的法人和自然人,称为受赠人。房屋的受赠人要按规定缴纳契税。

对于法定继承人(包括配偶、子女、父母、兄弟姐妹、祖父母、外祖父母)继承土地、房屋权属,不征契税;非法定继承人根据遗嘱承受死者生前的土地、房屋权属,属于赠与行为,应征收契税。

以获奖方式取得房屋产权的,其实质是接受赠与房产,应缴纳契税。

(三) 房屋互换

房屋互换,是指房屋住户、用户、所有人为了生活工作方便,相互之间交换房屋的使用权或所有权的行为。行为的主体有公民、房地产管理机关,以及企事业单位、机关团体。互换的标的性质有公房(包括直管房和自管房)和私房;标的种类有住宅、店面及办公用房等。互换行为包括:

(1) 房屋使用权互换。

经房屋所有人同意,使用者可以通过变更租赁合同,办理过户手续,交换房屋使用权。交换房屋的价值相等的不征收契税。

(2) 房屋所有权互换。

交换双方应订立交换契约,办理房屋产权变更手续和契税手续。房屋产权相互交换,双方交换价值相等,免纳契税,办理免征契税手续。其价值不相等的,按超出部分由支付差价方缴纳契税。

四、房屋附属设施有关契税政策

(1) 对于承受与房屋相关的附属设施(包括停车位、汽车库、自行车库、顶层阁楼以及储藏室,下同)所有权或土地使用权的行为,按照契税法律、法规的规定征收契税;对于不涉及土地使用权和房屋所有权转移变动的,不征收契税。

(2) 采取分期付款方式购买房屋附属设施土地使用权、房屋所有权的,应按合同规定的总价款计征契税。

(3) 承受的房屋附属设施权属单独计价的,按照当地确定的适用税率征收契税;与房屋统一计价的,适用与房屋相同的契税税率。

(4) 对承受国有土地使用权应支付的土地出让金,要征收契税。不得因减免出让金而减免契税。

(5) 对纳税人因改变土地用途而签订土

使用权出让合同变更协议或者重新签订土地使用权出让合同的,应征收契税。计税依据为因改变土地用途应补缴的土地收益金及应补缴政府的其他费用。

（6）土地使用者将土地使用权及所附建筑物、构筑物等（包括在建的房屋、其他建筑物、构筑物和其他附着物）转让给他人的,应按照转让的总价款计征契税。

（7）土地使用者转让、抵押或置换土地,无论其是否取得了该土地的使用权属证书,无论其在转让、抵押或置换土地过程中是否与对方当事人办理了土地使用权属证书变更登记手续,只要土地使用者享有占有、使用、收益或处分该土地的权利,且有合同等证据表明其实质转让、抵押或置换了土地并取得了相应的经济利益,土地使用者及其对方当事人应当依照税法规定缴纳契税。

五、不征收契税的若干情形

在股权（股份）转让中,单位、个人承受公司股权（股份）,公司土地、房屋权属不发生转移,不征收契税。

单位、个人以房屋、土地以外的资产增资,相应扩大其在被投资公司的股权持有比例,无论被投资公司是否变更工商登记,其房屋、土地权属不发生转移,不征收契税。

自2017年1月1日起,对农村集体土地所有权、宅基地和集体建设用地使用权及地上房屋确权登记,不征收契税。

第三节　计税依据

契税的计税依据：

（1）土地使用权出让、出售,房屋买卖,为土地、房屋权属转移合同确定的成交价格,包括应交付的货币以及实物、其他经济利益对应的价款。

（2）土地使用权互换、房屋互换,为所互换的土地使用权、房屋价格的差额。

（3）土地使用权赠与、房屋赠与以及其他没有价格的转移土地、房屋权属行为,为税务机关参照土地使用权出售、房屋买卖的市场价格依法核定的价格。

纳税人申报的成交价格、互换价格差额明显偏低且无正当理由的,由税务机关依照《税收征管法》的规定核定。

延伸解读

契税计税依据不包括增值税具体指什么？

《财政部　税务总局关于贯彻实施契税法若干事项执行口径的公告》（财政部　税务总局公告2021年第23号）第二条第（九）项规定,契税的计税依据不包括增值税。为方便纳税人确定契税申报的计税依据,《国家税务总局关于契税纳税服务和征收管理若干事项的公告》（国家税务总局公告2021年第25号）按照土地使用权出让、房屋买卖,土地使用权互换、房屋互换,税务机关核定契税计税价格等三类情形,作出契税计税依据不包括增值税的具体规定。

一是土地使用权出售、房屋买卖的,承受方计征契税的成交价格不含增值税；实际取得增值税发票的,成交价格以发票上注明的不含税价格确定。

二是土地使用权互换、房屋互换的,应分别确定互换土地使用权、房屋的不含税价格,再确定互换价格的差额。

三是土地使用权赠与、房屋赠与以及其他没有价格的转移土地、房屋权属行为的,税务机关核定的契税计税价格为不含增值税价格。

需要说明的是,土地、房屋权属转让方免征增值税的,承受方计征契税的成交价格不扣减增值税额。

【**案例15-3**】 某一般纳税人智董公司销售其自建的房屋,含税价为328万元,并适用一般计税方法,2021年1月,智董公司向纳税人B开具第1张增值税发票,注明的增值税额为10万元、不含税价格为100万元;2023年9月,智董公司向纳税人开具第2张发票,注明的增值税额为18万元、不含税价格为200万元。则B申报契税的计税依据=100+200=300(万元)。

【案例15-4】 自然人A与自然人B互换房屋,A的房屋不含税销售价格为145万元,B的房屋不含税销售价格为100万元。则A申报契税的计税依据为0;B申报契税的计税依据=145-100=45(万元)。

【案例15-5】 自然人A将一套购买满2年的住房销售给自然人B,合同确定的交易含税价为210万元,A符合免征增值税条件,向税务机关申请代开增值税发票上注明增值税额为0,不含税价格为210万元。则B申报缴纳契税的计税依据为210万元。

企业承受土地使用权用于房地产开发,并在该土地上代政府建设保障性住房的,计税价格为取得全部土地使用权的成交价格。

第四节 税 率

契税税率为3%至5%。

契税的具体适用税率,由省、自治区、直辖市人民政府在上述规定的税率幅度内提出,报同级人民代表大会常务委员会决定,并报全国人民代表大会常务委员会和国务院备案。

省、自治区、直辖市可以依照上述规定的程序对不同主体、不同地区、不同类型的住房的权属转移确定差别税率。

自2010年10月1日起,对个人购买90平方米及以下且属家庭唯一住房的普通住房,减按1%的税率征收契税。

第五节 应纳税额的计算

契税的应纳税额按照计税依据乘以具体适用税率计算。

应纳税额的计算公式为:

$$应纳税额=计税依据\times税率$$

应纳税额以人民币计算。转移土地、房屋权属以外汇结算的,按照纳税义务发生之日中国人民银行公布的人民币市场汇率中间价,折合成人民币计算。

【案例15-6】 居民A有两套住房,将一套出售给居民B,成交价格为500 000元;将另一套两室住房与居民C交换成两处一室住房,并支付换房差价款200 000元。假定税率为3%,所有金额均不含增值税。

【分析】 计算A、B、C相关行为应缴纳的契税。

(1) A应缴纳契税=200 000×3%=6 000(元)。

(2) B应缴纳契税=500 000×3%=15 000(元)。

(3) C不缴纳契税。

对已缴纳契税的购房单位和个人,在未办理房屋权属变更登记前退房的,退还已纳契税;在办理房屋权属变更登记后退房的,不予退还已纳契税。

契税的退还

在依法办理土地、房屋权属登记前,权属转移合同、权属转移合同性质凭证不生效、无效、被撤销或者被解除的,纳税人可以向税务机关申请退还已缴纳的税款,税务机关应当依法办理。

《关于契税纳税服务和征收管理若干事项的公告》实施后，纳税人申请办理退税应提供资料有所简化。纳税人依照《契税法》及《财政部 税务总局关于贯彻实施契税法若干事项执行口径的公告》(2021年第23号)规定向税务机关申请退还已缴纳契税的，应提供纳税人身份证件(单位纳税人为营业执照，或者统一社会信用代码证书或者其他有效登记证书；个人纳税人中，自然人为居民身份证，或者居民户口簿或者入境的身份证件，个体工商户为营业执照)，税收缴款书或税收完税证明复印件，并根据不同情形提交相关资料。

(1) 在依法办理土地、房屋权属登记前，权属转移合同或合同性质凭证不生效、无效、被撤销或者被解除的，提交合同或合同性质凭证不生效、无效、被撤销或者被解除的证明材料。

(2) 因人民法院判决或者仲裁委员会裁决导致土地、房屋权属转移行为无效、被撤销或者被解除，且土地、房屋权属变更至原权利人的，提交人民法院、仲裁委员会的生效法律文书。

(3) 在出让土地使用权交付时，因容积率调整或实际交付面积小于合同约定面积需退还土地出让价款的，提交补充合同(协议)和退款凭证。

(4) 在新建商品房交付时，因实际交付面积小于合同约定面积需返还房价款的，提交补充合同(协议)和退款凭证。

为进一步简化办税流程和资料，纳税人办理退税时无需提交不动产权属证明材料。《关于契税纳税服务和征收管理若干事项的公告》明确，收取纳税人退税资料后，税务机关应向不动产登记机构核实有关土地、房屋权属登记情况。

第六节 税 收 优 惠

一、免征

(一) 国家机关、事业单位、社会团体、军事单位

国家机关、事业单位、社会团体、军事单位承受土地、房屋权属用于办公、教学、医疗、科研、军事设施，免征契税。

(二) 非营利性的学校、医疗机构、社会福利机构

非营利性的学校、医疗机构、社会福利机构承受土地、房屋权属用于办公、教学、医疗、科研、养老、救助，免征契税。

(三) 农村集体经济组织、村民委员会、村民小组

自2017年1月1日起，对进行股份合作制改革后的农村集体经济组织承受原集体经济组织的土地、房屋权属，免征契税。

自2017年1月1日起，对农村集体经济组织以及代行集体经济组织职能的村民委员会、村民小组进行清产核资收回集体资产而承受土地、房屋权属，免征契税。

(四) 外国驻华使馆、领事馆和国际组织驻华代表机构

依照法律规定应当予以免税的外国驻华使馆、领事馆和国际组织驻华代表机构承受土地、房屋权属，免征契税。

(五) 购买住房作为公租房

对公租房经营管理单位购买住房作为公租房，免征契税。

对公租房经营管理单位购买住房作为公租房，免征契税、印花税。

享受上述税收优惠政策的公租房是指纳入省、自治区、直辖市、计划单列市人民政府及新疆生产建设兵团批准的公租房发展规划和年度计划，或者市、县人民政府批准建设(筹集)，并按照《住房和城乡建设部 国家发展和改革委员会 财政部 国土资源部 中国人民银行 国家税务总局 中国银行业监督管理委员会关于加快发展公共租赁住房的指导意见》(建保〔2010〕87号)和市、县人民政府制定的具体管理办法进行管理的公租房。

纳税人享受上述优惠政策，应按规定进行免

税申报，并将不动产权属证明、载有房产原值的相关材料、纳入公租房及用地管理的相关材料、配套建设管理公租房相关材料、购买住房作为公租房相关材料、公租房租赁协议等留存备查。

上述政策执行至 2025 年 12 月 31 日。[《财政部 税务总局关于继续实施公共租赁住房税收优惠政策的公告》（财政部 税务总局公告 2023 年第 33 号），2023 年 8 月 18 日]

(六) 征收居民房屋

市、县级人民政府根据《国有土地上房屋征收与补偿条例》有关规定征收居民房屋，居民因个人房屋被征收而选择货币补偿用以重新购置房屋，并且购房成交价格不超过货币补偿的，对新购房屋免征契税；购房成交价格超过货币补偿的，对差价部分按规定征收契税。居民因个人房屋被征收而选择房屋产权调换，并且不缴纳房屋产权调换差价的，对新换房屋免征契税；缴纳房屋产权调换差价的，对差价部分按规定征收契税。

(七) 棚户区改造

依据《财政部 国家税务总局关于棚户区改造有关税收政策的通知》（财税〔2013〕101 号），棚户区改造相关税收政策规定如下：

对经营管理单位回购已分配的改造安置住房继续作为改造安置房源的，免征契税。

个人首次购买 90 平方米以下改造安置住房，按 1% 的税率计征契税；购买超过 90 平方米，但符合普通住房标准的改造安置住房，按法定税率减半计征契税。

个人因房屋被征收而取得货币补偿并用于购买改造安置住房，或因房屋被征收而进行房屋产权调换并取得改造安置住房，按有关规定减免契税。

改造安置住房是指相关部门和单位与棚户区被征收人签订的房屋征收（拆迁）补偿协议或棚户区改造合同（协议）中明确用于安置被征收人的住房或通过改建、扩建、翻建等方式实施改造的住房。

(八) 夫妻之间变更、法定继承

婚姻关系存续期间夫妻之间变更土地、房屋权属，免征契税。

法定继承人通过继承承受土地、房屋权属，免征契税。

(九) 个体工商户、合伙人房屋、土地权属转移

个体工商户的经营者将其个人名义下的房屋、土地权属转移至个体工商户名下，或个体工商户将其名下的房屋、土地权属转回原经营者个人名下，免征契税。

合伙企业的合伙人将其名下的房屋、土地权属转移至合伙企业名下，或合伙企业将其名下的房屋、土地权属转回原合伙人名下，免征契税。

(十) 社区养老、托育、家政服务

自 2019 年 6 月 1 日至 2025 年 12 月 31 日，为社区提供养老、托育、家政等服务的机构，承受房屋、土地用于提供社区养老、托育、家政服务的，免征契税。

(十一) 荒山、荒地、荒滩

承受荒山、荒地、荒滩土地使用权用于农、林、牧、渔业生产，免征契税。

(十二) 建设农村饮水工程

自 2019 年 1 月 1 日至 2023 年 12 月 31 日，对饮水工程运营管理单位为建设饮水工程而承受土地使用权，免征契税。对于既向城镇居民供水，又向农村居民供水的饮水工程运营管理单位[负责饮水工程运营管理的自来水公司、供水公司、供水（总）站（厂、中心）村集体、农民用水合作组织等单位]，涉及应征契税的，依据向农村居民供水量占总供水量的比例免征契税。

(十三) 国家石油储备基地

对国家石油储备基地第一期项目建设过程中涉及的契税予以免征。

(十四) 金融租赁公司售后回租业务

对金融租赁公司开展售后回租业务，承受承租人房屋、土地权属的，照章征税。对售后回租合同期满，承租人回购原房屋、土地权属的，免征契税。

(十五) 企业事业单位改制重组

自 2021 年 1 月 1 日起至 2023 年 12 月

31日执行。

1. 企业改制

企业按照《中华人民共和国公司法》有关规定整体改制,包括非公司制企业改制为有限责任公司或股份有限公司,有限责任公司变更为股份有限公司,股份有限公司变更为有限责任公司,原企业投资主体存续并在改制(变更)后的公司中所持股权(股份)比例超过75%,且改制(变更)后公司承继原企业权利、义务的,对改制(变更)后公司承受原企业土地、房屋权属,免征契税。

2. 事业单位改制

事业单位按照国家有关规定改制为企业,原投资主体存续并在改制后企业中出资(股权、股份)比例超过50%的,对改制后企业承受原事业单位土地、房屋权属,免征契税。

3. 公司合并

两个或两个以上的公司,依照法律规定、合同约定,合并为一个公司,且原投资主体存续的,对合并后公司承受原合并各方土地、房屋权属,免征契税。

4. 公司分立

公司依照法律规定、合同约定分立为两个或两个以上与原公司投资主体相同的公司,对分立后公司承受原公司土地、房屋权属,免征契税。

5. 企业破产

企业依照有关法律法规规定实施破产,债权人(包括破产企业职工)承受破产企业抵偿债务的土地、房屋权属,免征契税;对非债权人承受破产企业土地、房屋权属,凡按照《中华人民共和国劳动法》等国家有关法律法规政策妥善安置原企业全部职工规定,与原企业全部职工签订服务年限不少于3年的劳动用工合同的,对其承受所购企业土地、房屋权属,免征契税;与原企业超过30%的职工签订服务年限不少于3年的劳动用工合同的,减半征收契税。

6. 资产划转

对承受县级以上人民政府或国有资产管理部门按规定进行行政性调整、划转国有土地、房屋权属的单位,免征契税。

同一投资主体内部所属企业之间土地、房屋权属的划转,包括母公司与其全资子公司之间,同一公司所属全资子公司之间,同一自然人与其设立的个人独资企业、一人有限公司之间土地、房屋权属的划转,免征契税。

母公司以土地、房屋权属向其全资子公司增资,视同划转,免征契税。

7. 债权转股权

经国务院批准实施债权转股权的企业,对债权转股权后新设立的公司承受原企业的土地、房屋权属,免征契税。

以上所称企业、公司,是指依照我国有关法律法规设立并在中国境内注册的企业、公司。

以上所称投资主体存续,是指原改制重组企业、事业单位的出资人必须存在于改制重组后的企业,出资人的出资比例可以发生变动。

以上所称投资主体相同,是指公司分立前后出资人不发生变动,出资人的出资比例可以发生变动。[《财政部 税务总局关于继续执行企业事业单位改制重组有关契税政策的公告》(财政部 税务总局公告2021年第17号,2021年4月26日)]

二、减征

自2010年10月1日起,个人购买属家庭唯一的普通住房,才能享受契税优惠政策。普通住房标准:住宅小区建筑容积率在1.0以上、单套建筑面积在120平方米以下、实际成交价格低于同级别土地上住房平均交易价格1.2倍以下。各省、自治区、直辖市根据本地区享受优惠政策普通住房的具体标准,允许单套建筑面积和价格标准适当浮动,但向上浮动的比例不得超过上述标准的20%。

(一)个人购买家庭唯一住房

对个人购买家庭唯一住房(家庭成员范围包括购房人、配偶以及未成年子女),面积为90平方米及以下的,减按1%的税率征收契税;面积为90平方米以上的,减按1.5%的税率征收契税。

(二)个人购买家庭第二套改善性住房

对个人购买家庭第二套改善性住房,面积

为90平方米及以下的,减按1%的税率征收契税;面积为90平方米以上的,减按2%的税率征收契税。家庭第二套改善性住房是指已拥有一套住房的家庭,购买的家庭第二套住房。

三、国务院可以规定免征或者减征契税的情形

根据国民经济和社会发展的需要,国务院对居民住房需求保障、企业改制重组、灾后重建等情形可以规定免征或者减征契税,报全国人民代表大会常务委员会备案。

四、省、自治区、直辖市可以决定免征或者减征契税的情形

省、自治区、直辖市可以决定对下列情形免征或者减征契税:

(1)因土地、房屋被县级以上人民政府征收、征用,重新承受土地、房屋权属。

(2)因不可抗力灭失住房,重新承受住房权属。

上述规定的免征或者减征契税的具体办法,由省、自治区、直辖市人民政府提出,报同级人民代表大会常务委员会决定,并报全国人民代表大会常务委员会和国务院备案。

五、应当缴纳已经免征、减征税款的情形

纳税人改变有关土地、房屋的用途,或者有其他不再属于《中华人民共和国契税法》第六条规定的免征、减征契税情形的,应当缴纳已经免征、减征的税款。

六、享受契税减免税优惠政策的办理方式

根据《关于契税纳税服务和征收管理若干事项的公告》的规定,契税纳税人符合减免税条件的,应按规定附送有关资料。对享受公共租赁住房、农村饮水安全工程等契税减免税政策的纳税人,根据《财政部 税务总局关于公共租赁住房税收优惠政策的公告》(财政部 税务总局公告2019年第61号)、《财政部 税务总局关于继续实行农村饮水安全工程税收优惠政策的公告》(财政部 税务总局公告2019年第67号)等规定,实行资料留存备查的优惠办理方式。

第七节 纳税义务发生时间

契税的纳税义务发生时间,为纳税人签订土地、房屋权属转移合同的当日,或者纳税人取得其他具有土地、房屋权属转移合同性质凭证的当日。

第八节 纳税期限

纳税人应当在依法办理土地、房屋权属登记手续前申报缴纳契税。

第九节 纳税地点

契税在土地、房屋所在地的征收机关缴纳。

第十六章 耕地占用税

为了合理利用土地资源，加强土地管理，保护耕地，国务院于1987年4月1日发布了《中华人民共和国耕地占用税暂行条例》(以下简称《耕地占用税暂行条例》)。2007年12月1日，国务院重新修改公布了《耕地占用税暂行条例》，2008年2月26日，财政部、国家税务总局公布了《中华人民共和国耕地占用税暂行条例实施细则》。2018年12月29日第十三届全国人民代表大会常务委员会第七次会议通过了《中华人民共和国耕地占用税法》(以下简称《耕地占用税法》)，自2019年9月1日起施行。2007年12月1日国务院公布的《中华人民共和国耕地占用税暂行条例》同时废止。

为贯彻落实《中华人民共和国耕地占用税法》(以下简称《耕地占用税法》)，财政部、税务总局、自然资源部、农业农村部、生态环境部制定了《中华人民共和国耕地占用税法实施办法》，自2019年9月1日起施行。《国家税务总局关于农业税、牧业税、耕地占用税、契税征收管理暂参照〈中华人民共和国税收征收管理法〉执行的通知》(国税发〔2001〕110号)、《国家税务总局关于耕地占用税征收管理有关问题的通知》(国税发〔2007〕129号)、《国家税务总局关于发布〈耕地占用税管理规程(试行)〉的公告》(国家税务总局公告2016年第2号发布，国家税务总局公告2018年第31号修改)自2019年9月1日起废止。[《国家税务总局关于耕地占用税征收管理有关事项的公告》(国家税务总局公告2019年第30号，2019年8月30日，自2019年9月1日起施行)]

耕地占用税由税务机关负责征收。土地管理部门在通知单位或者个人办理占用耕地手续时，应当同时通知耕地所在地同级税务机关。

第一节 纳 税 人

在中华人民共和国境内占用耕地建设建筑物、构筑物或者从事非农业建设的单位和个人，为耕地占用税的纳税人。

所称单位，包括国有企业、集体企业、私营企业、股份制企业、外商投资企业、外国企业以及其他企业和事业单位、社会团体、国家机关、军队以及其他单位；所称个人，包括个体工商户以及其他个人。

所称耕地，是指用于种植农作物的土地。

经批准占用耕地的，纳税人为农用地转用审批文件中标明的建设用地人；农用地转用审批文件中未标明建设用地人的，纳税人为用地申请人，其中用地申请人为各级人民政府的，由同级土地储备中心、自然资源主管部门或政府委托的其他部门、单位履行耕地占用税申报纳税义务。

未经批准占用耕地的，纳税人为实际用地人。

第二节 征税对象、范围

一、一般规定

耕地占用税的征税范围包括纳税人占用耕地建设建筑物、构筑物或者从事非农业建设的国家所有和集体所有的耕地。

所称耕地,是指用于种植农作物的土地,包括菜地、园地。其中园地,包括花圃、苗圃、茶园、果园、桑园和其他种植经济林木的土地。

占用鱼塘及其他农用土地建房或从事其他非农业建设,也视同占用耕地,必须依法征收耕地占用税。

占用已开发从事种植、养殖的滩涂、草场、水面和林地等从事非农业建设,由省、自治区、直辖市本着有利于保护土地资源和生态平衡的原则,结合具体情况确定是否征收耕地占用税。

占用耕地建设农田水利设施的,不缴纳耕地占用税。

二、临时占用耕地

纳税人因建设项目施工或者地质勘查临时占用耕地,应当依照《耕地占用税法》的规定缴纳耕地占用税。纳税人在批准临时占用耕地期满之日起1年内依法复垦,恢复种植条件的,全额退还已经缴纳的耕地占用税。

临时占用耕地,是指经自然资源主管部门批准,在一般不超过2年内临时使用耕地并且没有修建永久性建筑物的行为。

依法复垦应由自然资源主管部门会同有关行业管理部门认定并出具验收合格确认书。

纳税人符合《耕地占用税法》第十一条、《〈中华人民共和国耕地占用税法〉实施办法》第十九条的规定申请退税的,纳税人应提供身份证明查验,并提交以下材料复印件:

(1)税收缴款书、税收完税证明。
(2)复垦验收合格确认书。

三、占用园地、林地、草地、农田水利用地、养殖水面、渔业水域滩涂以及其他农用地建设建筑物、构筑物或者从事非农业建设

占用园地、林地、草地、农田水利用地、养殖水面、渔业水域滩涂以及其他农用地建设建筑物、构筑物或者从事非农业建设的,依照《耕地占用税法》的规定缴纳耕地占用税。

占用前述规定的农用地的,适用税额可以适当低于本地区按照《耕地占用税法》第四条第二款确定的适用税额,但降低的部分不得超过50%。具体适用税额由省、自治区、直辖市人民政府提出,报同级人民代表大会常务委员会决定,并报全国人民代表大会常务委员会和国务院备案。

占用上述规定的农用地建设直接为农业生产服务的生产设施的,不缴纳耕地占用税。

因挖损、采矿塌陷、压占、污染等损毁耕地属于税法所称的非农业建设,应依照税法规定缴纳耕地占用税;自自然资源、农业农村等相关部门认定损毁耕地之日起3年内依法复垦或修复,恢复种植条件的,比照《耕地占用税法》第十一条规定办理退税。

1. 园地

园地包括果园、茶园、橡胶园、其他园地。其他园地包括种植桑树、可可、咖啡、油棕、胡椒、药材等其他多年生作物的园地。

2. 林地

林地包括乔木林地、竹林地、红树林地、森林沼泽、灌木林地、灌丛沼泽、其他林地,不包括城镇村庄范围内的绿化林木用地,铁路、公路征地范围内的林木用地,以及河流、沟渠的护堤林用地。其他林地包括疏林地、未成林地、迹地、苗圃等林地。

3. 草地

草地包括天然牧草地、沼泽草地、人工牧草地,以及用于农业生产并已由相关行政主管部

门发放使用权证的草地。

4. 农田水利用地

农田水利用地包括农田排灌沟渠及相应附属设施用地。

5. 养殖水面

养殖水面包括人工开挖或者天然形成的用于水产养殖的河流水面、湖泊水面、水库水面、坑塘水面及相应附属设施用地。

6. 渔业水域滩涂

渔业水域滩涂包括专门用于种植或者养殖水生动植物的海水潮浸地带和滩地，以及用于种植芦苇并定期进行人工养护管理的苇田。

7. 直接为农业生产服务的生产设施

直接为农业生产服务的生产设施是指直接为农业生产服务而建设的建筑物和构筑物。具体包括：储存农用机具和种子、苗木、木材等农业产品的仓储设施；培育、生产种子、种苗的设施；畜禽养殖设施；木材集材道、运材道；农业科研、试验、示范基地；野生动植物保护、护林、森林病虫害防治、森林防火、木材检疫的设施；专为农业生产服务的灌溉排水、供水、供电、供热、供气、通讯基础设施；农业生产者从事农业生产必需的食宿和管理设施；其他直接为农业生产服务的生产设施。

第三节 计税依据

耕地占用税以纳税人实际占用的属于耕地占用税征税范围的土地（以下简称应税土地）面积为计税依据，以每平方米为计量单位，按应税土地当地适用税额计税，实行一次性征收。

实际占用的耕地面积，包括经批准占用的耕地面积和未经批准占用的耕地面积。

第四节 税 率

由于我国不同地区之间人口和耕地资源的分布极不均衡，有些地区人烟稠密，耕地资源相对匮乏；而有些地区则人烟稀少，耕地资源比较丰富。各地区之间的经济发展水平也有很大差异。考虑到不同地区之间客观条件的差别以及与此相关的税收调节力度和纳税人负担能力方面的差别，耕地占用税在税率设计上采用了地区差别定额税率。

税率规定如下：

（1）人均耕地不超过1亩的地区（以县、自治县、不设区的市、市辖区为单位，下同），每平方米为10～50元。

（2）人均耕地超过1亩但不超过2亩的地区，每平方米为8～40元。

（3）人均耕地超过2亩但不超过3亩的地区，每平方米为6～30元。

（4）人均耕地超过3亩以上的地区，每平方米为5～25元。

各地区耕地占用税的适用税额，由省、自治区、直辖市人民政府根据人均耕地面积和经济发展等情况，在规定的税额幅度内提出，报同级人民代表大会常务委员会决定，并报全国人民代表大会常务委员会和国务院备案。

在人均耕地低于0.5亩的地区，省、自治区、直辖市可以根据当地经济发展情况，适当提高耕地占用税的适用税额，但提高的部分不得超过上述确定的适用税额的50%。

占用基本农田的，应当按照确定的当地适用税额，加按150%征收。基本农田，是指依据《基本农田保护条例》划定的基本农田保护区范围内的耕地。

各省、自治区、直辖市耕地占用税适用税额的平均水平，不得低于耕地占用税法所附《各省、自治区、直辖市耕地占用税平均税额表》规定的平均税额。各地平均税额见表16-1。

表16-1 各省、自治区、直辖市耕地占用税平均税额表

地区	每平方米平均税额（元）
上海	45
北京	40
天津	35
江苏、浙江、福建、广东	30
辽宁、湖北、湖南	25
河北、安徽、江西、山东、河南、重庆、四川	22.5
广西、海南、贵州、云南、陕西	20
山西、吉林、黑龙江	17.5
内蒙古、西藏、甘肃、青海、宁夏、新疆	12.5

第五节 应纳税额的计算

耕地占用税按照规定的适用税额一次性征收，应纳税额为纳税人实际占用的耕地面积（平方米）乘以适用税额。

耕地占用税计算公式为：

应纳税额＝应税土地面积×适用税额

应税土地面积包括经批准占用面积和未经批准占用面积，以平方米为单位。

当地适用税额是指省、自治区、直辖市人民代表大会常务委员会决定的应税土地所在地县级行政区的现行适用税额。

【案例16-1】 假设某市一家企业新占用50 000平方米耕地用于工业建设，所占耕地适用的定额税率为18元/平方米。

【分析】 计算该企业应纳的耕地占用税：

应纳税额＝50 000×18＝900 000（元）

按照《耕地占用税法》第六条规定，加按150%征收耕地占用税。

计算公式为：

应纳税额＝应税土地面积×适用税额×150%

【案例16-2】 农村居民温某，2023年11月经批准占用耕地2 000平方米，其中1 500平方米用于种植大棚蔬菜，500平方米用于新建自用住宅（符合当地规定标准）。假设耕地占用税为20元/平方米。

【分析】 温某当年应缴纳耕地占用税：

第一步：确定需要征税的土地面积。

① 建设直接为农业生产服务的生产设施占用林地、牧草地、农田水利用地、养殖水面以及渔业水域滩涂等其他农用地的，不征收耕地占用税，故1 500平方米的大棚蔬菜不需要计算缴纳耕地占用税。

② 农村居民在规定用地标准以内占用耕地新建住宅，故500平方米需要计算缴纳耕地占用税。

第二步：确定耕地占用税的适用税额。

本例中，农村居民在规定用地标准内新建自用住宅，按照当地适用税额减半征收耕地占用税，即按10(20÷2)元/平方米征税。

第三步：计算应缴纳的耕地占用税：

$$应缴纳的耕地占用税 = 实际占用耕地面积 \times 适用税额$$

温某当年应缴纳耕地占用税＝500×10＝5 000（元）。

第六节 税收优惠

一、综合知识

(一) 办理

耕地占用税减免优惠实行"自行判别、申报享受、有关资料留存备查"办理方式。

纳税人根据政策规定自行判断是否符合优惠条件，符合条件的，纳税人申报享受税收优惠，并将有关资料留存备查。纳税人对留存材料的真实性和合法性承担法律责任。

符合耕地占用税减免条件的纳税人，应留存下列材料：

(1) 军事设施占用应税土地的证明材料。

(2) 学校、幼儿园、社会福利机构、医疗机构占用应税土地的证明材料。

(3) 铁路线路、公路线路、飞机场跑道、停机坪、港口、航道、水利工程占用应税土地的证明材料。

(4) 农村居民建房占用土地及其他相关证明材料。

(5) 其他减免耕地占用税情形的证明材料。

在农用地转用环节，用地申请人能证明建设用地人符合《耕地占用税法》第七条第一款规定的免税情形的，免征用地申请人的耕地占用税；在供地环节，建设用地人使用耕地用途符合《耕地占用税法》第七条第一款规定的免税情形的，由用地申请人和建设用地人共同申请，按退税管理的规定退还用地申请人已经缴纳的耕地占用税。

纳税人、建设用地人符合《〈中华人民共和国耕地占用税法〉实施办法》第二十九条规定共同申请退税的，纳税人、建设用地人应提供身份证明查验，并提交以下材料复印件：

① 纳税人应提交税收缴款书、税收完税证明。

② 建设用地人应提交使用耕地用途符合免税规定的证明材料。

(二) 补缴

依照《耕地占用税法》第七条第一款、第二款规定免征或者减征耕地占用税后，纳税人改变原占地用途，不再属于免征或者减征耕地占用税情形的，应当按照当地适用税额补缴耕地占用税。

根据《耕地占用税法》第八条的规定，纳税人改变原占地用途，不再属于免征或减征情形的，应自改变用途之日起30日内申报补缴税款，补缴税款按改变用途的实际占用耕地面积和改变用途时当地适用税额计算。

二、军事设施、学校、幼儿园、社会福利机构、医疗机构占用耕地

军事设施、学校、幼儿园、社会福利机构、医疗机构占用耕地，免征耕地占用税。

免税的军事设施，具体范围为《中华人民共和国军事设施保护法》规定的军事设施。

免税的学校，具体范围包括县级以上人民政府教育行政部门批准成立的大学、中学、小学，学历性职业教育学校和特殊教育学校，以及经省级人民政府或其人力资源社会保障行政部门批准成立的技工院校。

学校内经营性场所和教职工住房占用耕地的，按照当地适用税额缴纳耕地占用税。

免税的幼儿园，具体范围限于县级以上人民政府教育行政部门批准成立的幼儿园内专门用于幼儿保育、教育的场所。

免税的社会福利机构，具体范围限于依法登记的养老服务机构、残疾人服务机构、儿童福利机构、救助管理机构、未成年人救助保护机构内，专门为老年人、残疾人、未成年人、生活无着的流浪乞讨人员提供养护、康复、托管等服务的场所。

免税的医疗机构，具体范围限于县级以上人民政府卫生健康行政部门批准设立的医疗机构内专门从事疾病诊断、治疗活动的场所及其

配套设施。

医疗机构内职工住房占用耕地的,按照当地适用税额缴纳耕地占用税。

三、铁路线路、公路线路、飞机场跑道、停机坪、港口、航道、水利工程占用耕地

铁路线路、公路线路、飞机场跑道、停机坪、港口、航道、水利工程占用耕地,减按每平方米2元的税额征收耕地占用税。

减税的铁路线路,具体范围限于铁路路基、桥梁、涵洞、隧道及其按照规定两侧留地、防火隔离带。

专用铁路和铁路专用线占用耕地的,按照当地适用税额缴纳耕地占用税。

减税的公路线路,具体范围限于经批准建设的国道、省道、县道、乡道和属于农村公路的村道的主体工程以及两侧边沟或者截水沟。

专用公路和城区内机动车道占用耕地的,按照当地适用税额缴纳耕地占用税。

减税的飞机场跑道、停机坪,具体范围限于经批准建设的民用机场专门用于民用航空器起降、滑行、停放的场所。

减税的港口,具体范围限于经批准建设的港口内供船舶进出、停靠以及旅客上下、货物装卸的场所。

减税的航道,具体范围限于在江、河、湖泊、港湾等水域内供船舶安全航行的通道。

减税的水利工程,具体范围限于经县级以上人民政府水行政主管部门批准建设的防洪、排涝、灌溉、引(供)水、滩涂治理、水土保持、水资源保护等各类工程及其配套和附属工程的建筑物、构筑物占压地和经批准的管理范围用地。

四、农村居民,占用耕地新建自用住宅

农村居民在规定用地标准以内占用耕地新建自用住宅,按照当地适用税额减半征收耕地占用税;其中农村居民经批准搬迁,新建自用住宅占用耕地不超过原宅基地面积的部分,免征耕地占用税。

五、农村烈士遗属、因公牺牲军人遗属、残疾军人以及符合农村最低生活保障条件的农村居民,占用耕地新建自用住宅

农村烈士遗属、因公牺牲军人遗属、残疾军人以及符合农村最低生活保障条件的农村居民,在规定用地标准以内新建自用住宅,免征耕地占用税。

六、其他情形

根据国民经济和社会发展的需要,国务院可以规定免征或者减征耕地占用税的其他情形,报全国人民代表大会常务委员会备案。

纳税人符合《耕地占用税法》第七条规定情形,享受免征或者减征耕地占用税的,应当留存相关证明资料备查。

注: 2019年1月17日,财政部、税务总局联合发布《关于实施小微企业普惠性税收减免政策的通知》(财税〔2019〕13号),其中指出,由省、自治区、直辖市人民政府根据本地区实际情况,以及宏观调控需要确定,对增值税小规模纳税人可以在50%的税额幅度内减征资源税、城市维护建设税、房产税、城镇土地使用税、印花税(不含证券交易印花税)、耕地占用税和教育费附加、地方教育附加。政策执行时间为2019年1月1日—2021年12月31日。

我国2022年扩大地方"六税两费"减免政策适用主体范围,将省级人民政府在50%税额幅度内减征资源税、城市维护建设税、房产税、城镇土地使用税、印花税(不含证券交易印花税)、耕地占用税和教育费附加、地方教育附加等"六税两费"的适用主体,由增值税小规模纳税人扩展至小型微利企业和个体工商户。执行期限为2022年1月1日至2024年12月31日。

自2023年1月1日至2027年12月31日,对增值税小规模纳税人、小型微利企业和个体工商户减半征收资源税(不含水资源税)、城市维护建设税、房产税、城镇土地使用税、印花税(不含证券交易印花税)、耕地占用税和教育费附加、地方教育附加。

增值税小规模纳税人、小型微利企业和个体工商户已依法享受资源税、城市维护建设税、房产税、城镇土地使用税、印花税、耕地占用税、

教育费附加、地方教育附加等其他优惠政策的,可叠加享受上述优惠政策。[《财政部 税务总局关于进一步支持小微企业和个体工商户发展有关税费政策的公告》(财政部 税务总局公告2023年第12号),2023年8月2日]

第七节　纳税义务发生时间

耕地占用税的纳税义务发生时间为纳税人收到自然资源主管部门办理占用耕地手续的书面通知的当日。纳税人应当自纳税义务发生之日起30日内申报缴纳耕地占用税。

自然资源主管部门凭耕地占用税完税凭证或者免税凭证和其他有关文件发放建设用地批准书。

未经批准占用耕地的,耕地占用税纳税义务发生时间为自然资源主管部门认定的纳税人实际占用耕地的当日。

因挖损、采矿塌陷、压占、污染等损毁耕地的纳税义务发生时间为自然资源、农业农村等相关部门认定损毁耕地的当日。

纳税人改变原占地用途,需要补缴耕地占用税的,其纳税义务发生时间为改变用途当日,具体为:经批准改变用途的,纳税义务发生时间为纳税人收到批准文件的当日;未经批准改变用途的,纳税义务发生时间为自然资源主管部门认定纳税人改变原占地用途的当日。

第八节　纳税期限

纳税人应当自纳税义务发生之日起30日内申报缴纳耕地占用税。

第九节　纳税地点

纳税人占用耕地,应当在耕地所在地申报纳税。

第十七章

环境保护税

2016年12月25日,《中华人民共和国环境保护税法》(以下简称《环境保护税法》)在第十二届全国人大常委会第二十五次会议上获表决通过,并于2018年1月1日起施行。2018年10月26日,第十三届全国人大常委会第六次会议审议通过《环境保护税法》修订。

环境保护税相关知识

1. 征管方式

环境保护税采用"企业申报、税务征收、环保协同、信息共享"的征管方式。纳税人应当依法如实办理纳税申报,对申报的真实性和完整性承担责任。

2. 税务机关与生态环境主管部门职责分工

生态环境主管部门和税务机关应当建立涉税信息共享平台和工作配合机制。生态环境主管部门应当将排污单位的排污许可、污染物排放数据、环境违法和受行政处罚情况等环境保护相关信息,定期交送税务机关。税务机关应当将纳税人的纳税申报、税款入库、减免税额、欠缴税款以及风险疑点等环境保护税涉税信息,定期交送生态环境主管部门。

1) 税务机关职责

税务机关依法履行环境保护税纳税申报受理、涉税信息比对、组织税款入库等职责。同时还需做好以下工作:

(1) 纳税人识别。

税务机关应当依据生态环境主管部门交送的排污单位信息进行纳税人识别。在生态环境主管部门交送的排污单位信息中没有对应信息的纳税人,由税务机关在纳税人首次办理环境保护税纳税申报时进行纳税人识别,并将相关信息交送生态环境主管部门。

(2) 信息比对。

税务机关应当将纳税人的纳税申报数据资料与生态环境主管部门交送的相关数据资料进行比对。纳税人申报的污染物排放数据与生态环境主管部门交送的相关数据不一致的,按照生态环境主管部门交送的数据确定应税污染物的计税依据。

税务机关发现纳税人的纳税申报数据资料异常或者纳税人未按照规定期限办理纳税申报的,可以提请生态环境主管部门进行复核,生态环境主管部门应当自收到税务机关的数据资料之日起15日内向税务机关出具复核意见。税务机关应当按照生态环境主管部门复核的数据资料调整纳税人的应纳税额。

纳税人的纳税申报数据资料异常,包括但不限于下列情形:

① 纳税人当期申报的应税污染物排放量与上一年同期相比明显偏低,且无正当理由。

② 纳税人单位产品污染物排放量与同类型纳税人相比明显偏低,且无正当理由。

(3) 涉税信息提交。

税务机关应当通过涉税信息共享平台向生态环境主管部门交送下列环境保护税涉税信息:

① 纳税人基本信息。

② 纳税申报信息。

③ 税款入库、减免税额、欠缴税款以及风险疑点等信息。

④ 纳税人涉税违法和受行政处罚情况。

⑤ 纳税人的纳税申报数据资料异常或者纳税人未按照规定期限办理纳税申报的信息。

⑥ 与生态环境主管部门商定交送的其他信息。

2) 生态环境主管部门职责

生态环境主管部门依法负责应税污染物的监测管理,制定和完善污染物监测规范。同时还需做好以下工作:

(1) 污染物排放信息纠正。

生态环境主管部门发现纳税人申报的应税污染物排放信息或者适用的排污系数、物料衡算方法有误的,应当通知税务机关处理。

(2) 涉税信息提交。

生态环境主管部门应当通过涉税信息共享平台向税务机关交送在环境保护监督管理中获取的下列信息:

① 排污单位的名称、统一社会信用代码以及污染物排放口、排放污染物种类等基本信息。

② 排污单位的污染物排放数据（包括污染物排放量以及大气污染物、水污染物的浓度值等数据）。

③ 排污单位环境违法和受行政处罚情况。

④ 对税务机关提请复核的纳税人的纳税申报数据资料异常或者纳税人未按照规定期限办理纳税申报的复核意见。

⑤ 与税务机关商定交送的其他信息。

3）其他管理职责

（1）纳税人跨区域排放应税污染物，税务机关对税收征收管辖有争议的，由争议各方按照有利于征收管理的原则协商解决；不能协商一致的，报请共同的上级税务机关决定。

（2）税务机关依法实施环境保护税的税务检查，生态环境主管部门予以配合。

（3）税务机关、生态环境主管部门应当无偿为纳税人提供与缴纳环境保护税有关的辅导、培训和咨询服务。

3. 不再征收排污费

自2018年1月1日起，依照《环境保护税法》规定征收环境保护税，不再征收排污费。

4. 税外责任

直接向环境排放应税污染物的企业事业单位和其他生产经营者，除依照《环境保护税法》规定缴纳环境保护税外，应当对所造成的损害依法承担责任。

第一节 纳 税 人

在中华人民共和国领域和中华人民共和国管辖的其他海域，直接向环境排放应税污染物的企业事业单位和其他生产经营者为环境保护税的纳税人，应当依照《环境保护税法》规定缴纳环境保护税。

所称应税污染物，是指《环境保护税法》所附《环境保护税税目税额表》《应税污染物和当量值表》（表17-1）规定的大气污染物、水污染物、固体废物和噪声。

表17-1　应税污染物和当量值表

一、第一类水污染物污染当量值

污染物	污染当量值（千克）
1. 总汞	0.000 5
2. 总镉	0.005
3. 总铬	0.04
4. 六价铬	0.02
5. 总砷	0.02
6. 总铅	0.025
7. 总镍	0.025
8. 苯并(a)芘	0.000 000 3
9. 总铍	0.01
10. 总银	0.02

注：污染当量，是指根据污染物或者污染排放活动对环境的有害程度以及处理的技术经济性，衡量不同污染物对环境污染的综合性指标或者计量单位。同一介质相同污染当量的不同污染物，其污染程度基本相当。

二、第二类水污染物污染当量值

污染物	污染当量值（千克）	备注
11. 悬浮物(SS)	4	
12. 生化需氧量(BOD_5)	0.5	同一排放口中的化学需氧量、生化需氧量和总有机碳，只征收一项
13. 化学需氧量(CODcr)	1	
14. 总有机碳(TOC)	0.49	
15. 石油类	0.1	
16. 动植物油	0.16	
17. 挥发酚	0.08	
18. 总氰化物	0.05	
19. 硫化物	0.125	
20. 氨氮	0.8	
21. 氟化物	0.5	
22. 甲醛	0.125	
23. 苯胺类	0.2	
24. 硝基苯类	0.2	
25. 阴离子表面活性剂(LAS)	0.2	
26. 总铜	0.1	

(续表)

污染物	污染当量值（千克）	备注
27. 总锌	0.2	
28. 总锰	0.2	
29. 彩色显影剂(CD-2)	0.2	
30. 总磷	0.25	
31. 单质磷(以P计)	0.05	
32. 有机磷农药(以P计)	0.05	
33. 乐果	0.05	
34. 甲基对硫磷	0.05	
35. 马拉硫磷	0.05	
36. 对硫磷	0.05	
37. 五氯酚及五氯酚钠（以五氯酚计）	0.25	
38. 三氯甲烷	0.04	
39. 可吸附有机卤化物（AOX）(以Cl计)	0.25	
40. 四氯化碳	0.04	
41. 三氯乙烯	0.04	
42. 四氯乙烯	0.04	
43. 苯	0.02	
44. 甲苯	0.02	
45. 乙苯	0.02	
46. 邻-二甲苯	0.02	
47. 对-二甲苯	0.02	
48. 间-二甲苯	0.02	
49. 氯苯	0.02	
50. 邻二氯苯	0.02	
51. 对二氯苯	0.02	
52. 对硝基氯苯	0.02	
53. 24-二硝基氯苯	0.02	
54. 苯酚	0.02	
55. 间-甲酚	0.02	
56. 24-二氯酚	0.02	
57. 24,6-三氯酚	0.02	
58. 邻苯二甲酸二丁酯	0.02	
59. 邻苯二甲酸二辛酯	0.02	
60. 丙烯腈	0.125	
61. 总硒	0.02	

三、pH值、色度、大肠菌群数、余氯量水污染物污染当量值

污染物		污染当量值	备注
1. pH值	1. 0-1|13-14	0.06 吨污水	pH值5～6指大于等于5，小于6；pH值9～10指大于9，小于等于10，其余类推
	2. 1-2|12-13	0.125 吨污水	
	3. 2-3|11-12	0.25 吨污水	
	4. 3-4|10-11	0.5 吨污水	
	5. 4-4.5|9-10	1 吨污水	
	6. 5-6	5 吨污水	
2. 色度		5 吨水·倍	
3. 大肠菌群数(超标)		3.3 吨污水	大肠菌群数和余氯量只征收一项
4. 余氯量(用氯消毒的医院废水)		3.3 吨污水	

四、禽畜养殖业、小型企业和第三产业水污染物污染当量值

（本表仅适用于计算无法进行实际监测或者物料衡算的禽畜养殖业、小型企业和第三产业等小型排污者的水污染物污染当置数）

类型		污染当量值	备注
禽畜养殖场	1. 牛	0.1 头	仅对存栏规模大于50头牛、500头猪、5 000羽鸡鸭等的禽畜养殖场征收
	2. 猪	1 头	
	3. 鸡、鸭等家禽	30 羽	
4. 小型企业		1.8 吨污水	
5. 饮食娱乐服务业		0.5 吨污水	
6. 医院	消毒	0.14 床	医院病床数大于20张的按照本表计算污染当量数
		2.8 吨污水	
	不消毒	0.07 床	
		1.4 吨污水	

五、大气污染物污染当量值

污染物	污染当量值（千克）
1. 二氧化硫	0.95
2. 氮氧化物	0.95
3. 一氧化碳	16.7
4. 氯气	0.34
5. 氯化氢	10.75
6. 氟化物	0.87
7. 氰化氢	0.005

(续表)

污染物	污染当量值(千克)
8. 硫酸雾	0.6
9. 铬酸雾	0.000 7
10. 汞及其化合物	0.000 1
11. 一般性粉尘	4
12. 石棉尘	0.53
13. 玻璃棉尘	2.13
14. 碳黑尘	0.59
15. 铅及其化合物	0.02
16. 镉及其化合物	0.03
17. 铍及其化合物	0.000 4
18. 镍及其化合物	0.13
19. 锡及其化合物	0.27
20. 烟尘	2.18
21. 苯	0.05
22. 甲苯	0.18
23. 二甲苯	0.27
24. 苯并(a)芘	0.000 002
25. 甲醛	0.09

(续表)

污染物	污染当量值(千克)
26. 乙醛	0.45
27. 丙烯醛	0.06
28. 甲醇	0.67
29. 酚类	0.35
30. 沥青烟	0.19
31. 苯胺类	0.21
32. 氯苯类	0.72
33. 硝基苯	0.17
34. 丙烯腈	0.22
35. 氯乙烯	0.55
36. 光气	0.04
37. 硫化氢	0.29
38. 氨	9.09
39. 三甲胺	0.32
40. 甲硫醇	0.04
41. 甲硫醚	0.28
42. 二甲二硫	0.28
43. 苯乙烯	25
44. 二硫化碳	20

第二节　征税对象、范围、税目

一、征税对象、范围

环境保护税的征税对象为纳税人直接向环境排放的应税污染物，是《环境保护税法》所附《环境保护税税目税额表》《应税污染物和当量值表》规定的大气污染物、水污染物、固体废物和噪声。

有下列情形之一的，不属于直接向环境排放污染物，不缴纳相应污染物的环境保护税：

（1）企业事业单位和其他生产经营者向依法设立的污水集中处理、生活垃圾集中处理场所排放应税污染物的。

（2）企业、事业单位和其他生产经营者在符合国家和地方环境保护标准的设施、场所贮存或者处置固体废物的。

依法设立的城乡污水集中处理、生活垃圾集中处理场所超过国家和地方规定的排放标准向环境排放应税污染物的，应当缴纳环境保护税。

注：城乡污水集中处理场所，是指为社会公众提供生活污水处理服务的场所，不包括为工业园区、开发区等工业聚集区域内的企业、事业单位和其他生产经营者提供污水处理服务的场所，以及企业事业单位和其他生产经营者自建自用的污水处理场所。

企业事业单位和其他生产经营者贮存或者处置固体废物不符合国家和地方环境保护标准的,应当缴纳环境保护税。

达到省级人民政府确定的规模标准并且有污染物排放口的畜禽养殖场,应当依法缴纳环境保护税;依法对畜禽养殖废弃物进行综合利用和无害化处理的,不属于直接向环境排放污染物,不缴纳环境保护税。

二、税目

环境保护税的税目、税额,依照《环境保护税法》所附《环境保护税税目税额表》(表17-2)执行。

应税大气污染物和水污染物的具体适用税额的确定和调整以及其他固体废物的具体范围的确定,由省、自治区、直辖市人民政府统筹考虑本地区环境承载能力、污染物排放现状和经济社会生态发展目标要求,在《环境保护税法》所附《环境保护税税目税额表》规定的税额幅度内提出,报同级人民代表大会常务委员会决定,并报全国人民代表大会常务委员会和国务院备案。

▌相关政策依据

关于应税污染物适用问题

燃烧产生废气中的颗粒物,按照烟尘征收环境保护税。排放的扬尘、工业粉尘等颗粒物,除可以确定为烟尘、石棉尘、玻璃棉尘、炭黑尘的外,按照一般性粉尘征收环境保护税。[《财政部 税务总局 生态环境部关于明确环境保护税应税污染物适用等有关问题的通知》(财税〔2018〕117号,2018年10月25日)]

表17-2 环境保护税税目税额表

税目		计税单位	税额	备注
大气污染物		每污染当量	1.2元至12元	
水污染物		每污染当量	1.4元至14元	
固体废物	煤矸石	每吨	5元	
	尾矿	每吨	15元	
	危险废物	每吨	1 000元	
	冶炼渣、粉煤灰、炉渣、其他固体废物(含半固态、液态废物)	每吨	25元	
噪声	工业噪声	超标1~3分贝	每月350元	1. 一个单位边界上有多处噪声超标,根据最高一处超标声级计算应纳税额;当沿边界长度超过100米有两处以上噪声超标,按照两个单位计算应纳税额。 2. 一个单位有不同地点作业场所的,应当分别计算应纳税额,合并计征。 3. 昼、夜均超标的环境噪声,昼、夜分别计算应纳税额,累计计征。 4. 声源一个月内超标不足15天的,减半计算应纳税额。 5. 夜间频繁突发和夜间偶然突发厂界超标噪声,按等效声级和峰值噪声两种指标中超标分贝值高的一项计算应纳税额
		超标4~6分贝	每月700元	
		超标7~9分贝	每月1 400元	
		超标10~12分贝	每月2 800元	
		超标13~15分贝	每月5 600元	
		超标16分贝以上	每月11 200元	

第三节 计税依据

一、一般规定

应税污染物的计税依据，按照下列方法确定：

（1）应税大气污染物按照污染物排放量折合的污染当量数确定。

（2）应税水污染物按照污染物排放量折合的污染当量数确定。

（3）应税固体废物按照固体废物的排放量确定。

（4）应税噪声按照超过国家规定标准的分贝数确定。

二、应税大气污染物、水污染物的污染当量数

应税大气污染物、水污染物的污染当量数，以该污染物的排放量除以该污染物的污染当量值计算。每种应税大气污染物、水污染物的具体污染当量值，依照《环境保护税法》所附《应税污染物和当量值表》执行。

相关政策依据

关于应税水污染物污染当量数的计算问题

应税水污染物的污染当量数，以该污染物的排放量除以该污染物的污染当量值计算。其中，色度的污染当量数，以污水排放量乘以色度超标倍数再除以适用的污染当量值计算。畜禽养殖业水污染物的污染当量数，以该畜禽养殖场的月均存栏量除以适用的污染当量值计算。畜禽养殖场的月均存栏量按照月初存栏量和月末存栏量的平均数计算。[《财政部 税务总局 生态环境部关于环境保护税有关问题的通知》（财税〔2018〕23号，2018年3月30日）]

每一排放口或者没有排放口的应税大气污染物，按照污染当量数从大到小排序，对前三项污染物征收环境保护税。每一排放口的应税水污染物，按照《环境保护税法》所附《应税污染物和当量值表》，区分第一类水污染物和其他类水污染物，按照污染当量数从大到小排序，对第一类水污染物按照前五项征收环境保护税，对其他类水污染物按照前三项征收环境保护税。省、自治区、直辖市人民政府根据本地区污染物减排的特殊需要，可以增加同一排放口征收环境保护税的应税污染物项目数，报同级人民代表大会常务委员会决定，并报全国人民代表大会常务委员会和国务院备案。

三、应税固体废物排放量

应税固体废物的排放量为当期应税固体废物的产生量减去当期应税固体废物贮存量、处置量、综合利用量的余额。纳税人应当准确计量应税固体废物的贮存量、处置量和综合利用量，未准确计量的，不得从其应税固体废物的产生量中减去。纳税人依法将应税固体废物转移至其他单位和个人进行贮存、处置或者综合利用的，固体废物的转移量相应计入其当期应税固体废物的贮存量、处置量或者综合利用量；纳税人接收的应税固体废物转移量，不计入其当期应税固体废物的产生量。纳税人对应税固体废物进行综合利用的，应当符合工业和信息化部制定的工业固体废物综合利用评价管理规范。

纳税人申报纳税时，应当向税务机关报送应税固体废物的产生量、贮存量、处置量和综合利用量，同时报送能够证明固体废物流向和数量的纳税资料，包括固体废物处置利用委托合同、受委托方资质证明、固体废物转移联单、危险废物管理台账复印件等。有关纳税资料已在环境保护税基础信息采集表中采集且未发生变化的，纳税人不再报送。纳税人应当参照危险废物台账管理要求，建立其他应税固体废物管理台账，如实记录产生固体废物的种类、数量、流向以及贮存、处置、综合利用、接收转入等信息，并将应税固体废物管理台账和相关资料留

存备查。[《财政部 税务总局 生态环境部关于环境保护税有关问题的通知》（财税〔2018〕23号，2018年3月30日）]

四、计算方法和顺序

应税大气污染物、水污染物、固体废物的排放量和噪声的分贝数，按照下列方法和顺序计算：

（1）纳税人安装使用符合国家规定和监测规范的污染物自动监测设备的，按照污染物自动监测数据计算。

（2）纳税人未安装使用污染物自动监测设备的，按照监测机构出具的符合国家有关规定和监测规范的监测数据计算。

属于本情形的纳税人，自行对污染物进行监测所获取的监测数据，符合国家有关规定和监测规范的，视同按规定的监测机构出具的监测数据。

|相关政策依据

关于应税污染物排放量的监测计算问题

（1）纳税人按照规定须安装污染物自动监测设备并与生态环境主管部门联网的，当自动监测设备发生故障、设备维护、启停炉、停运等状态时，应当按照相关法律法规和《固定污染源烟气（SO_2·NO_x、颗粒物）排放连续监测技术规范》（HJ75—2017）、《水污染源在线监测系统数据有效性判别技术规范》（HJ/T356—2007）等规定，对数据状态进行标记，以及对数据缺失、无效时段的污染物排放量进行修约和替代处理，并按标记、处理后的自动监测数据计算应税污染物排放量。相关纳税人当月不能提供符合国家规定和监测规范的自动监测数据的，应当按照排污系数、物料衡算方法计算应税污染物排放量。纳入排污许可管理行业的纳税人，其应税污染物排放量的监测计算方法按照排污许可管理要求执行。

纳税人主动安装使用符合国家规定和监测规范的污染物自动监测设备，但未与生态环境主管部门联网的，可以按照自动监测数据计算应税污染物排放量；不能提供符合国家规定和监测规范的自动监测数据的，应当按照监测机构出具的符合监测规范的监测数据或者排污系数、物料衡算方法计算应税污染物排放量。

（2）纳税人委托监测机构监测应税污染物排放量的，应当按照国家有关规定制定监测方案，并将监测数据资料及时报送生态环境主管部门。监测机构实施的监测项目、方法、时限和频次应当符合国家有关规定和监测规范要求。监测机构出具的监测报告应当包括应税水污染物种类、浓度值和污水流量；应税大气污染物种类、浓度值、排放速率和烟气量；执行的污染物排放标准和排放浓度限值等信息。监测机构对监测数据的真实性、合法性负责，凡发现监测数据弄虚作假的，依照相关法律法规的规定追究法律责任。

纳税人采用委托监测方式，在规定监测时限内当月无监测数据的，可以沿用最近一次的监测数据计算应税污染物排放量，但不得跨季度沿用监测数据。纳税人采用监测机构出具的监测数据申报减免环境保护税的，应当取得申报当月的监测数据；当月无监测数据的，不予减免环境保护税。有关污染物监测浓度值低于生态环境主管部门规定的污染物检出限的，除有特殊管理要求外，视同该污染物排放量为零。生态环境主管部门、计量主管部门发现委托监测数据失真或者弄虚作假的，税务机关应当按照同一纳税期内的监督性监测数据或者排污系数、物料衡算方法计算应税污染物排放量。

（3）在建筑施工、货物装卸和堆存过程中无组织排放应税大气污染物的，按照生态环境部规定的排污系数、物料衡算方法计算应税污染物排放量；不能按照生态环境部规定的排污系数、物料衡算方法计算的，按照省、自治区、直辖市生态环境主管部门规定的抽样测算的方法核定计算应税污染物排放量。

（4）纳税人因环境违法行为受到行政处罚的，应当依据相关法律法规和处罚信息计算违法行为所属期的应税污染物排放量。生态环境主管部门发现纳税人申报信息有误的，应当通知税务机关处理。[《财政部 税务总局 生态环境部关于明确环境保护税应税污染物适用等有关问题的通知》（财税〔2018〕117号，2018年10月25日）]

注：排污系数，是指在正常技术经济和管理条件下，生产单位产品所应排放的污染物量的统计平均值。

物料衡算，是指根据物质质量守恒原理对生产过程中使用的原料、生产的产品和产生的废物等进行测算的一种方法。

|相关政策依据

关于应税大气污染物和水污染物排放量的监测计算问题

纳税人委托监测机构对应税大气污染物和水污染物排放量进行监测时，其当月同一个排放口排放的同一种污染物有多个监测数据的,应税大气污染物按照监测数据的平均值计算应税污染物的排放量;应税水污染物按照监测数据以流量为权的加权平均值计算应税污染物的排放量。在环境保护主管部门规定的监测时限内当月无监测数据的,可以跨月沿用最近一次的监测数据计算应税污染物排放量。纳入排污许可管理行业的纳税人,其应税污染物排放量的监测计算方法按照排污许可管理要求执行。

因排放污染物种类多等原因不具备监测条件的,纳税人应当按照《关于发布计算污染物排放量的排污系数和物料衡算方法的公告》(原环境保护部公告2017第81号)的规定计算应税污染物排放量。其中,相关行业适用的排污系数方法中产排污系数为区间值的,纳税人结合实际情况确定具体适用的产排污系数值;纳入排污许可管理行业的纳税人按照排污许可证的规定确定。生态环境部尚未规定适用排污系数、物料衡算方法的,暂由纳税人参照缴纳排污费时依据的排污系数、物料衡算方法及抽样测算方法计算应税污染物的排放量。
[《财政部 税务总局 生态环境部关于环境保护税有关问题的通知》(财税〔2018〕23号,2018年3月30日)]

(3) 因排放污染物种类多等原因不具备监测条件的,按照国务院生态环境主管部门规定的排污系数、物料衡算方法计算。

相关政策依据

生态环境部 财政部 税务总局
关于发布计算环境保护税应税污染物排放量的
排污系数和物料衡算方法的公告

生态环境部 财政部 税务总局公告
2021年第16号 2021年4月28日

为贯彻落实《中华人民共和国环境保护税法》,进一步规范因排放污染物种类多等原因不具备监测条件的排污单位应税污染物排放量计算方法,现公告如下:

一、属于排污许可管理的排污单位,适用生态环境部发布的排污许可证申请与核发技术规范中规定的排(产)污系数、物料衡算方法计算应税污染物排放量;排污许可证申请与核发技术规范未规定相关排(产)污系数的,适用生态环境部发布的排放源统计调查制度规定的排(产)污系数方法计算应税污染物排放量。

二、不属于排污许可管理的排污单位,适用生态环境部发布的排放源统计调查制度规定的排(产)污系数方法计算应税污染物排放量。

三、上述情形中仍无相关计算方法的,由各省、自治区、直辖市生态环境主管部门结合本地实际情况,科学合理制定抽样测算方法。

四、本公告自2021年5月1日起施行,《关于发布计算污染物排放量的排污系数和物料衡算方法的公告》(环境保护部公告2017年第81号)同时废止。《财政部 税务总局 生态环境部关于环境保护税有关问题的通知》(财税〔2018〕23号)第一条第二款同时改按本公告规定执行。

生态环境部将适时对排污许可证申请与核发技术规范、排放源统计调查制度规定的排(产)污系数、物料衡算方法进行制修订,排污单位自制修订后的排(产)污系数、物料衡算方法实施之日的次月起(未明确实施日期的,以发布日期为实施日期),依据新的系数和方法计算应税污染物排放量。

附件:1. 生态环境部已发布的排污许可证申请与核发技术规范清单(略)

2. 生态环境部已发布的排放源统计调查制度排(产)污系数清单(略)

(4) 不能按照上述第(1)~(3)项规定的方法计算的,按照省、自治区、直辖市人民政府生态环境主管部门规定的抽样测算的方法核定计算(由税务机关会同生态环境主管部门核定污染物排放种类、数量和应纳税额)。

第四节 税 率

应税污染物的适用税率有两种,一是全国统一定额税,二是浮动定额税。对于固体废物和噪声实行的是全国统一的定额税制,对于大气和水污染物实行各省浮动定额税制,既有上限也有下限,税额上限设定为下限的10倍。各省可以在此幅度范围内自行选择定额税的金额。

环境保护税的税额,依照《环境保护税法》所附《环境保护税税目税额表》执行。

应税大气污染物和水污染物的具体适用税额的确定和调整,由省、自治区、直辖市人民政府统筹考虑本地区环境承载能力、污染物排放现状和经济社会生态发展目标要求,在《环境保护税税目税额表》规定的税额幅度内提出,报同级人民代表大会常务委员会决定,并报全国人民代表大会常务委员会和国务院备案。

第五节 应纳税额的计算

环境保护税应纳税额按照下列方法计算:

(1) 应税大气污染物的应纳税额为污染当量数乘以具体适用税额。

(2) 应税水污染物的应纳税额为污染当量数乘以具体适用税额。

(3) 应税固体废物的应纳税额为固体废物排放量乘以具体适用税额。

(4) 应税噪声的应纳税额为超过国家规定标准的分贝数对应的具体适用税额。

相关政策依据

关于应税噪声应纳税额的计算问题

应税噪声的应纳税额为超过国家规定标准分贝数对应的具体适用税额。噪声超标分贝数不是整数值的,按四舍五入取整。一个单位的同一监测点当月有多个监测数据超标的,以最高一次超标声级计算应纳税额。声源一个月内累计昼间超标不足15昼或者累计夜间超标不足15夜的,分别减半计算应纳税额。[《财政部 税务总局 生态环境部关于环境保护税有关问题的通知》(财税〔2018〕23号,2018年3月30日)]

一、大气污染物应纳税额的计算

应税大气污染物应纳税额为污染当量数乘以具体适用税额。

计算公式为:

大气污染物的应纳税额=污染当量数×适用税额

【案例17-1】 胡为公司2023年6月向大气直接排放二氧化硫160吨、氮氧化物228吨,烟尘45吨、一氧化碳20吨,该企业所在地区大气污染物的税额标准为1.2元/污染当量,该企业只有一个排放口。已知二氧化硫、氮氧化物的污染当量值为0.95、烟尘污染当量值为2.18,一氧化碳污染当量值为16.7。

【分析】 计算该企业6月大气污染物应缴纳的环境保护税(结果保留两位小数)。

第一步,计算各污染物的污染当量数。

二氧化硫:160×1 000÷0.95=168 421.05;氮氧化物:228×1 000÷0.95=240 000;烟尘:45×1 000÷2.18=20 642.20;一氧化碳:20×1 000÷16.7=1 197.60

第二步,按污染物的污染当量数排序。

氮氧化物(240 000)>二氧化硫(168 421.05)>烟尘(20 642.20)>一氧化碳(1 197.60)

第三步,选取前三项污染物计算应纳税额。

氮氧化物:240 000×1.2=288 000(元);二氧化硫:168 421.05×1.2=202 105.26(元);烟尘:20 642.20×1.2=24 770.64(元)

该企业6月应纳环境保护税税额=288 000+202 105.26+24 770.64=514 875.90(元)

二、水污染物应纳税额的计算

应税水污染物的应纳税额为污染当量数乘以具体适用税额。

(一)适用监测数据法的水污染物应纳税额的计算

适用监测数据法的水污染物(包括第一类水污染物和第二类水污染物)的应纳税额为污染当量数乘以具体适用税额。计算公式为:

水污染物的应纳税额=污染当量数×适用税额

【案例17-2】 智董化工厂是环境保护税纳税人,该厂仅有1个污水排放口且直接向河流排放污水,已安装使用符合国家规定和监测规范的污染物自动监测设备。检测数据显示,该排放口 2023 年 3 月共排放污水 30 万吨(折合 30 万立方米),应税污染物为六价铬,浓度为 0.5 毫克/升。

【分析】 计算该化工厂 3 月应缴纳的环境保护税(该厂所在省的水污染物税率为 2.8 元/污染当量,六价铬的污染当量值为 0.02 千克)。

计算过程如下:

(1) 计算污染当量数。

六价铬污染当量数=排放总量×浓度值÷当量值=300 000 000×0.5÷1 000 000÷0.02=7 500

(2) 应纳税额=7 500×2.8=21 000(元)。

(二)适用抽样测算法的水污染物应纳税额的计算

适用抽样测算法的情形,纳税人按照《环境保护税法》所附《禽畜养殖业、小型企业和第三产业水污染物污染当量值》所规定的当量值计算污染当量数。

1. 规模化禽畜养殖业排放的水污染物应纳税额

禽畜养殖业的水污染物应纳税额为污染当量数乘以具体适用税额。其污染当量数以禽畜养殖数量除以污染当量值计算。

【案例 17-3】 智董养殖场,2023 年 3 月养牛存栏量为 4 000 头,污染当量值为 0.1 头,假设当地水污染物适用税额为每污染当量 2.8 元。

【分析】 当月应纳环境保护税税额计算如下:

水污染物当量数=4 000÷0.1=40 000
应纳税额=40 000×2.8=112 000(元)

2. 小型企业和第三产业排放的水污染物应纳税额

小型企业和第三产业的水污染物应纳税额为污染当量数乘以具体适用税额。其污染当量数以污水排放量(吨)除以污染当量值(吨)计算。计算公式为:

$$应纳税额 = \frac{污水排放量(吨)}{污染当量值(吨)} \times 适用税额$$

【案例 17-4】 智董餐饮公司,通过安装水流量计测得 2023 年 3 月排放污水量为 60 吨,污染当量值为 0.5 吨。假设当地水污染物适用税额为每污染当量 2.8 元。

【分析】 当月应纳环境保护税税额计算如下:

水污染物当量数=60÷0.5=120
应纳税额=120×2.8=336(元)

3. 医院排放的水污染物应纳税额

医院排放的水污染物应纳税额为污染当量数乘以具体适用税额。其污染当量数以病床数或者污水排放量除以相应的污染当量值计算。计算公式为:

应纳税额=医院床位数÷污染当量值×适用税额
应纳税额=污水排放量÷污染当量值×适用税额

【案例 17-5】 某市医院,床位 112 张,每月按时消毒,无法计量月污水排放量,污染当量值为 0.28 床,假设当地水污染物适用税额为每污染当量 2.8 元。

【分析】 当月应纳环境保护税税额计算如下:

水污染物当量数=112÷0.28=400
应纳税额=400×2.8=1 120(元)

【案例 17-6】 胡为公司 2023 年 3 月向水体直接排放第一类水污染物总汞、总镉、总铬、总砷、总铅、总银各 20 千克。排放第二类水污染物悬浮物(SS)、总有机碳(TOC)、挥发酚、氨氮各 20 千克。已知水污染物污染当量值分别为总汞 0.000 5、总镉 0.005、总铬 0.04、总砷 0.02、总铅 0.025、总银 0.02、悬浮物(SS)4、总有机碳(TOC)0.49、挥发酚 0.08、氨氮 0.8。该企业所在地区水污染物税额标准统一为 1.4 元/污染当量。

【分析】 计算该企业 3 月水污染物应缴纳的环境保护税(结果保留两位小数)。

第一步,计算第一类水污染物的污染当量数。

总汞:20÷0.000 5=40 000;总镉:20÷0.005=4 000;总铬:20÷0.04=500;总砷:20÷0.02=1 000;总铅:20÷0.025=800;总银:20÷0.02=1 000

第二步，对第一类水污染物污染当量数排序。

总汞(40 000)＞总镉(4 000)＞总砷(1 000)＝总银(1 000)＞总铅(800)＞总铬(500)

第三步，选取前五项污染物计算第一类水污染物应纳税额。

总汞：$40\,000×1.4=56\,000$（元）；总镉：$4\,000×1.4=5\,600$（元）；总砷：$1\,000×1.4=1\,400$（元）；总银：$1\,000×1.4=1\,400$（元）；总铅：$800×1.4=1\,120$（元）

第四步，计算第二类水污染物的污染当量数。

悬浮物(SS)：$20÷4=5$；总有机碳(TOC)：$20÷0.49=40.82$；挥发酚：$20÷0.08=250$；氨氮：$20÷0.8=25$

第五步，对第二类水污染物污染当量数排序。

挥发酚(250)＞总有机碳(40.82)＞氨氮(25)＞悬浮物(5)。

第六步，选取前三项污染物计算第二类水污染物应纳税额。挥发酚：$250×1.4=350$（元）；总有机碳：$40.82×1.4=57.15$（元）；氨氮：$25×1.4=35$（元）

该企业3月应纳环境保护税税额＝$56\,000+5\,600+1\,400+1\,400+1\,120+350+57.15+35=65\,962.15$（元）

三、固体废物应纳税额的计算

固体废物的应纳税额为固体废物排放量乘以具体适用税额，其排放量为当期应税固体废物的产生量减去当期应税固体废物的贮存量、处置量、综合利用量的余额。

计算公式为：

$$\text{固体废物的应纳税额}=(\text{当期固体废物的产生量}-\text{当期固体废物的综合利用量}-\text{当期固体废物的贮存量}-\text{当期固体废物的处置量})×\text{适用税额}$$

【案例17-7】 假设胡为公司2023年3月产生尾矿5 000吨，其中综合利用的尾矿1 500吨（符合国家相关规定），在符合国家和地方环境保护标准的设施贮存1 500吨。

【分析】 计算该企业当月尾矿应缴纳的环境保护税。

环境保护税应纳税额＝$(5\,000-1\,500-1\,500)×15=30\,000$（元）

四、噪声应纳税额的计算

应税噪声的应纳税额为超过国家规定标准的分贝数对应的具体适用税额。

【案例17-8】 假设智董工厂只有一个生产场所，只在昼间生产，边界处声环境功能区类型为1类，生产时产生噪声为63分贝，《工业企业厂界环境噪声排放标准》规定1类功能区昼间的噪声排放限值为55分贝，当月超标天数为18天。

【分析】 计算该企业当月噪声污染应缴纳的环境保护税。

超标分贝数＝$63-55=8$（分贝）

根据《环境保护税税目税额表》，可得出该企业当月噪声污染应缴纳环境保护税为1 400元。

第六节 海洋工程环境保护税

纳税人从事海洋工程向中华人民共和国管辖海域排放应税大气污染物、水污染物或者固体废物，申报缴纳环境保护税的具体办法，由国务院税务主管部门会同国务院生态环境主管部门规定。为规范海洋工程环境保护税征收管理，根据《环境保护税法》、《税收征管法》及《中华人民共和国海洋环境保护法》，国家税务总局 国家海洋局2017年12月27日发布了《海洋工程环境保护税申报征收办法》(国家税务总局公告2017年第50号)。本办法自2018年1月1日起施行。《国家海洋局关于印发〈海洋工程排污费征收标准实施办法〉的通知》(国海环字〔2003〕214号)同时废止。

一、适用范围

本办法适用于在中华人民共和国内水、领海、毗连区、专属经济区、大陆架以及中华人民共和国管辖的其他海域内从事海洋石油、天然气勘探开发生产等作业活动,并向海洋环境排放应税污染物的企业事业单位和其他生产经营者(以下简称纳税人)。

本办法所称应税污染物,是指大气污染物、水污染物和固体废物。

二、征收机关

海洋工程环境保护税由纳税人所属海洋石油税务(收)管理分局负责征收。纳税人同属两个海洋石油税务(收)管理分局管理的,由国家税务总局确定征收机关。

三、计征方法

纳税人排放应税污染物,按照下列方法计征环境保护税。

(一)大气污染物

对向海洋环境排放大气污染物的,按照每一排放口或者没有排放口的应税污染物排放量折合的污染当量数从大到小排序后的前三项污染物计征。

(二)水污染物

对向海洋水体排放生产污水和机舱污水、钻井泥浆(包括水基泥浆和无毒复合泥浆,下同)和钻屑及生活污水的,按照应税污染物排放量折合的污染当量数计征。其中,生产污水和机舱污水,按照生产污水和机舱污水中石油类污染物排放量折合的污染当量数计征;钻井泥浆和钻屑按照泥浆和钻屑中石油类、总镉、总汞的污染物排放量折合的污染当量数计征;生活污水按照生活污水中化学需氧量(COD_{cr})排放量折合的污染当量数计征。

(三)固体废物

对向海洋水体排放生活垃圾的,按照排放量计征。

四、税额标准

海洋工程环境保护税的具体适用税额按照负责征收环境保护税的海洋石油税务(收)管理分局所在地适用的税额标准执行。

生活垃圾按照环境保护税法"其他固体废物"税额标准执行。

五、污染物监测

国家海洋行政主管部门应当建立健全污染物监测规范,加强应税污染物排放的监测管理。

六、排放量计算

纳税人应当使用符合国家环境监测、计量认证规定和技术规范的污染物流量自动监控仪器对大气污染物和水污染物的排放进行计量,其计量数据作为应税污染物排放数量的依据。

纳税人对生活垃圾排放量应当建立台账管理,留存备查。

从事海洋石油勘探开发生产的纳税人,应当按规定对生产污水和机舱污水的含油量进行检测,并使用化学需氧量(COD_{cr})自动检测仪对生活污水的化学需氧量(COD_{cr})进行检测。其检测值作为计算应税污染物排放量的依据。

纳税人应当留取钻井泥浆和钻屑的排放样品,按规定定期进行污染物含量检测,其检测值作为计算应税污染物排放量的依据。

七、应纳税额的计算

海洋工程环境保护税应纳税额按照下列方法计算:

(1)应税大气污染物的应纳税额为污染当量数乘以具体适用税额。

(2)应税水污染物的应纳税额为污染当量数乘以具体适用税额。

(3)应税固体废物的应纳税额为固体废物

排放量乘以具体适用税额。

八、纳税期限

海洋工程环境保护税实行按月计算,按季申报缴纳。纳税人应当自季度终了之日起15日内,向税务机关办理纳税申报并缴纳税款。

不能按固定期限计算缴纳的,可以按次申报缴纳。纳税人应当自纳税义务发生之日起15日内,向税务机关办理纳税申报并缴纳税款。

九、信息填报、资料留存备查

纳税人应根据排污许可有关规定,向税务机关如实填报纳税人及排放应税污染物的基本信息。纳税人基本信息发生变更的,应及时到税务机关办理变更手续。

纳税人应当按照税收征收管理有关规定,妥善保存应税污染物的监测资料以及税务机关要求留存备查的其他涉税资料。

十、涉税信息共享和协作机制

海洋行政主管部门和税务机关应当建立涉税信息共享和协作机制。

海洋行政主管部门应当将纳税人的基本信息、污染物排放数据、污染物样品检测校验结果、处理处罚等海洋工程环境保护涉税信息,定期交送税务机关。

税务机关应当将纳税人的纳税申报数据、异常申报情况等环境保护税涉税信息,定期交送海洋行政主管部门。

十一、运回陆域处理的海洋工程应税污染物

纳税人运回陆域处理的海洋工程应税污染物,应当按照《环境保护税法》及其相关规定,向污染物排放地税务机关申报缴纳环境保护税。

第七节 税 收 优 惠

一、免征规定

下列情形,暂予免征环境保护税:

(1) 农业生产(不包括规模化养殖)排放应税污染物的。

(2) 机动车、铁路机车、非道路移动机械、船舶和航空器等流动污染源排放应税污染物的。

(3) 依法设立的城乡污水集中处理、生活垃圾集中处理场所排放相应应税污染物,不超过国家和地方规定的排放标准的。

注:城乡污水集中处理场所,是指为社会公众提供生活污水处理服务的场所,不包括为工业园区、开发区等工业聚集区域内的企业事业单位和其他生产经营者提供污水处理服务的场所,以及企业事业单位和其他生产经营者自建自用的污水处理场所。

> **相关政策依据**
>
> **关于税收减免适用问题**
>
> 依法设立的生活垃圾焚烧发电厂、生活垃圾填埋场、生活垃圾堆肥厂,属于生活垃圾集中处理场所,其排放应税污染物不超过国家和地方规定的排放标准的,依法予以免征环境保护税。纳税人任何一个排放口排放应税大气污染物、水污染物的浓度值,以及没有排放口排放应税大气污染物的浓度值,超过国家和地方规定的污染物排放标准的,依法不予减征环境保护税。[《财政部 税务总局 生态环境部关于明确环境保护税应税污染物适用等有关问题的通知》(财税〔2018〕117号,2018年10月25日)]

(4) 纳税人综合利用的固体废物,符合国家和地方环境保护标准的。

(5) 国务院批准免税的其他情形。

上述第(5)项免税规定,由国务院报全国人民代表大会常务委员会备案。

二、减征规定

纳税人排放应税大气污染物或者水污染物的浓度值低于国家和地方规定的污染物排放标准30%的,减按75%征收环境保护税。纳税人排放应税大气污染物或者水污染物的浓度值低于国家和地方规定的污染物排放标准50%的,减按50%征收环境保护税。

所称应税大气污染物或者水污染物的浓度值,是指纳税人安装使用的污染物自动监测设备当月自动监测的应税大气污染物浓度值的小时平均值再平均所得数值或者应税水污染物浓度值的日平均值再平均所得数值,或者监测机构当月监测的应税大气污染物、水污染物浓度值的平均值。依照本规定减征环境保护税的,前述的应税大气污染物浓度值的小时平均值或者应税水污染物浓度值的日平均值,以及监测机构当月每次监测的应税大气污染物、水污染物的浓度值,均不得超过国家和地方规定的污染物排放标准。

依照上述规定减征环境保护税的,应当对每一排放口排放的不同应税污染物分别计算。

第八节 纳税义务发生时间

纳税义务发生时间为纳税人排放应税污染物的当日。

第九节 纳税期限

环境保护税按月计算,按季申报缴纳。不能按固定期限计算缴纳的,可以按次申报缴纳。

纳税人申报缴纳时,应当向税务机关报送所排放应税污染物的种类、数量,大气污染物、水污染物的浓度值,以及税务机关根据实际需要要求纳税人报送的其他纳税资料。

纳税人按季申报缴纳的,应当自季度终了之日起15日内,向税务机关办理纳税申报并缴纳税款。纳税人按次申报缴纳的,应当自纳税义务发生之日起15日内,向税务机关办理纳税申报并缴纳税款。

纳税人应当依法如实办理纳税申报,对申报的真实性和完整性承担责任。

第十节 纳税地点

纳税人应当向应税污染物排放地的税务机关申报缴纳环境保护税。

所称应税污染物排放地是指:

(1) 应税大气污染物、水污染物排放口所在地。

(2) 应税固体废物产生地。

(3) 应税噪声产生地。

纳税人跨区域排放应税污染物,税务机关对税收征收管辖有争议的,由争议各方按照有利于征收管理的原则协商解决;不能协商一致的,报请共同的上级税务机关决定。

第五篇

社会保险费和非税收入篇

第十八章 社会保险费

第一节 基本养老保险费

一、概述

(一) 养老保险概述

养老保险是指劳动者在达到国家规定的解除劳动义务的劳动年龄界限,或因年老丧失劳动能力的情况下,能够依法获得经济收入、物质帮助和相关服务的社会保险制度。

我国"十四五"(2021—2025 年)规划纲要提出,基本养老保险参保率提高到 95%,发展多层次、多支柱养老保险体系。

养老保险按照保障的层次划分可分为基本养老保险、补充养老保险和个人储蓄性养老保险,国际上通常分别称之为养老保险的第一支柱、第二支柱和第三支柱。

1. 基本养老保险

基本养老保险(亦称法定养老保险),是由国家立法强制实行的政府行为,通过参保人、用人单位和政府多渠道筹集资金形成基金,对参保并缴纳费用、达到待遇领取条件者依法提供物质帮助,使其因年老而退出劳动后,享有基本生活保障的一项社会保险制度,一般情况下全体劳动者必须参加。

我国的基本养老保险根据保障人群的不同,划分为企业职工基本养老保险、机关事业单位工作人员基本养老保险和城乡居民基本养老保险 3 个险种。

2. 补充养老保险

补充养老保险(亦称年金)是指由雇主单独缴费或雇主与雇员双方缴费的、与职业相关的养老金(退休金)制度。

发达国家在建立和完善基本养老保险制度的同时,都建立了补充养老保险制度,通常称为"年金"。

其最突出的特点是形式灵活,且待遇相对丰厚,它越来越成为各国养老保险体系的重要支柱。

补充养老保险通常是非强制性的,各国政府通过各种优惠政策加以鼓励发展。

我国补充养老保险根据举办主体不同分为企业补充养老保险(企业年金)、机关事业单位工作人员补充养老保险(职业年金)。

企业年金

企业年金(亦称企业补充养老保险),是指企业及其职工在依法参加基本养老保险的基础上,依据国家政策和本企业经济状况自愿建立的、旨在提高职工退休后生活水平、对国家基本养老保险进行重要补充的一种养老保险形式。

2017 年人力资源社会保障部、财政部印发了《企业年金办法》。

企业及职工自主建立,并依据自身经济负担能力确定缴费规模。

1. 企业年金缴费标准

企业年金由企业和职工共同缴费。其中企业缴费规模每年不超过本企业工资总额的 8%,加上职工个人缴费,合计缴费不超过工资总额的 12%。

2. 企业年金管理

企业年金基金实行完全积累,主要采用个人账户方式管理,按照以下3项政策执行:

(1) 个人账户本金(包括职工个人缴费和企业缴费按规定记入部分)及投资收益均归属职工个人。

(2) 各企业对单位缴费记入职工个人账户的数额,可以根据个人情况有所不同,但最高额与平均额的差距不得超过5倍。

(3) 企业缴费暂时未分配至职工个人账户的资金及其投资收益,记入企业年金的企业账户,留待日后分配。

3. 企业年金待遇给付

参加企业年金计划的职工在达到国家规定退休年龄、完全丧失劳动能力、出国(境)定居时,可从本人企业年金个人账户中领取企业年金待遇,作为基本养老保险的补充;可以按月、分次或一次性领取,也可以全部或者部分购买商业养老保险产品。职工或者退休人员死亡后,其企业年金个人账户余额可以继承。在税收政策上,按月或分次(按年、按季分摊到各月)领取的企业年金,每月全额纳入综合所得中的"工资、薪金所得"项目的税率计征个人所得税;而一次性领取企业年金个人账户资金,除出境定居、死亡继承者可以按12个月分摊计税外,其他都要作为一个月的工资薪金所得计征个人所得税。这项政策的实施是引导职工采用按月、分期领取企业年金方式,而不鼓励一次性领取。

延伸解读

职业年金

1. 职业年金概述

职业年金(亦称机关事业单位补充养老保险)是指机关事业单位及其工作人员在依法参加机关事业单位基本养老保险的基础上,建立的旨在保障机关事业单位工作人员退休后的生活水平,促进人力资源合理流动的补充养老保险制度。

2. 职业年金计征

(1) 征缴范围。

职业年金计划实行参保即加入的原则。鉴于机关事业单位人事管理的特殊性,凡纳入机关事业单位基本养老保险制度的单位和人员均须建立职业年金,国家在改革基本养老保险制度的同时,为机关事业单位改革范围内的所有工作人员(不含已退休人员)建立职业年金。参加职业年金的机关事业单位和工作人员范围与参加机关事业单位基本养老保险的范围一致。

(2) 缴费基数和缴费比例。

职业年金所需费用由单位和工作人员个人共同承担。单位和个人缴费基数与机关事业单位工作人员基本养老保险缴费基数一致。单位缴纳本单位职工缴费基数之和的8%,个人缴纳本人缴费工资的4%,由单位代扣代缴。国家适时调整单位和个人职业年金缴费比例。

3. 职业年金管理

(1) 职业年金基金组成。

职业年金基金由以下几项组成:

① 单位缴费。

② 个人缴费。

③ 职业年金基金投资运营收益。

④ 国家规定的其他收入。

(2) 个人账户管理方式。

职业年金基金个人账户,在管理上分为实账积累和虚账积累两种方式。个人缴费实行实账积累。对财政全额供款的单位,单位缴费根据单位提供的信息采取记账方式(即虚账积累),每年按照国家统一公布的记账利率计算利息,工作人员退休前,本人职业年金账户的累计储存额由同级财政拨付资金记实;对非财政全额供款的单位,单位缴费实行实账积累。实账积累形成的职业年金基金,实行市场化投资运营,按实际收益计息。

单位缴费按照个人缴费基数的8%记入本人职业年金个人账户;个人缴费直接记入本人职业年金个人账户。职业年金基金投资运营收益,按规定记入职业年金个人账户。

实际运行中,部分省份对财政全额供款单位的缴费也有实行实账积累方式的。

4. 职业年金待遇给付

机关事业单位工作人员退休时,依据其职业年金积累情况和相关约定按月领取职业年金待遇。具体分以下3种情况:

(1) 工作人员在达到国家规定的退休条件并依法办理退休手续后,由本人选择按月领取职业年金待遇的方式。可一次性用于购买商业养老保险产品,依据保险契约领取待遇并享受相应的继承权;可选择按照本人退休时对应的计发月数计发职业年金月待遇标准,发完为止,同时职业年金个人账户余额享有继承权。本人选择任一领取方式后不再更改。

(2) 出国(境)定居人员的职业年金个人账户资金,可根据本人要求一次性支付给本人。

(3) 工作人员在职期间死亡的,其职业年金个人账户余额可以继承。

未达到上述职业年金领取条件之一的,不得从个人账户中提前提取资金。

3. 个人储蓄性养老保险

个人储蓄性养老保险是一种个人自愿建立和管理的养老储蓄计划。

早在1991年,《国务院关于企业职工养老保险制度改革的决定》(国发〔1991〕33号)就提出"个人储蓄性养老保险"的概念,作为基本养老保险和企业补充养老保险之后的第三方面。但在当时个人储蓄性养老保险的推进步履维艰。党的十八届三中全会提出"制定实施免税、延期征税等优惠政策,加快发展企业年金、职业年金、商业保险,构建多层次社会保障体系"。2018年4月,财政部、国家税务总局、人力资源社会保障部、银保监会(现为国家金融监督管理总局)、证监会五部门发布《关于开展个人税收递延型商业养老保险试点的通知》(财税〔2018〕22号),选择上海市、福建省(含厦门市)和苏州工业园区实施个人税收递延型商业养老保险试点,养老保险第三支柱建设开启了"破冰之旅",进入了实践阶段。

我国规范发展第三支柱养老保险,推动出台个人养老金制度

什么是多层次、多支柱养老保险体系?

目前,我国已初步构建起以基本养老保险为基础、以企业(职业)年金为补充、与个人储蓄性养老保险和商业养老保险相衔接的"三支柱"养老保险体系。

第一支柱即基本养老保险制度,由国家、单位和个人共同负担,坚持全覆盖、保基本。截至2020年底,职工基本养老保险参保人数4.56亿人(其中领取待遇人数1.28亿人),积累基金4.83万亿元;城乡居民基本养老保险参保人数5.42亿人(其中实际领取待遇人数1.61亿人),积累基金9 759亿元。

第二支柱为企业(职业)年金制度,由单位和个人共同负担,实行完全积累,市场化运营。截至2020年底,全国参加企业(职业)年金6 953万人,积累基金3.6万亿元。

第三支柱即个人储蓄性养老保险和商业养老保险。目前,尚没有正式制度安排。

第一支柱主要发挥保基本生活的作用,第二支柱、第三支柱用于增加退休人员收入。近年来,我国企业(职业)年金制度发展迅速,2007—2019年企业年金基金平均年化收益率达7.07%。但对大量灵活就业人员而言,企业(职业)年金制度无法将其纳入,发展养老保险第三支柱迫在眉睫。

目前,发展"第三支柱"已有基本思路,总体考虑是建立以账户制为基础,个人自愿参加,国家财政从税收上给予支持,资金形成市场化投资运营的个人养老金制度。银行理财、储蓄存款、商业养老保险、公募基金都可以是个人养老金的投资范围。我国将一方面提高企业年金覆盖率,并推动职业年金市场化投资运营平稳规范;另一方面,规范发展第三支柱养老保险,推动出台个人养老金制度,研究制定配套政策,尽快落地。

(二)基本养老保险概述

1. 企业职工基本养老保险

企业职工基本养老保险实行社会统筹与个人账户相结合的原则,个人账户用于记录职工个人缴纳的基本养老保险费和从企业缴费中划转记入的基本养老保险费,以及上述两部分的利息金额。

2. 公职人员基本养老保险(机关事业单位工作人员基本养老保险)

我国机关事业单位职工原实行退休养老制度,与企业养老保险制度双轨运行。2015年初,国家决定结束"双轨制",将全国机关事业单位工作人员的退休保障制度改革为社会化的养老保险制度。

自2014年10月1日起实施机关事业单位工作人员养老保险制度改革。机关事业单位工作人员养老保险与企业职工养老保险并轨,实施相同的社会统筹与个人缴费相结合的养老保险制度模式。同时,为每位在职工作人员建立职业年金。自此,机关事业单位工作人员告别退休制度,实现老年保障的重大变革(从原来的单位保障方式改为社会保险方式):由财政或单位直接支付退休费改为单位和个人共同缴费形成基金,由基金支付基本养老金;在退休待遇确定机制方面,改革前,根据人员退休时的工作年限和所任职务(职称)按有关规定计发退休费,改革后,则主要按照参保职工本人历年缴费多少、缴费长短来计算基本养老金标准,与企业职工的基本养老金待遇计发办法相一致,体现出基本规则的公平;机关事业单位工作人员统一建立职业年金(强制性),由单一的退休费改为基本养老保险加补充养老保险的多层次结构。

3. 城乡居民基本养老保险（农民、城镇居民社会养老保险）

我国20世纪80年代以后开始探索建立农村社会养老保险制度，2009年启动新型农村社会养老保险制度（简称"新农保"）的试点，2011年启动城镇居民社会养老保险制度（简称"城居保"）试点，2014年国务院发布《关于建立统一的城乡居民基本养老保险制度的意见》（国发〔2014〕8号），将"新农保"和"城居保"两项制度合并实施，在全国范围内建立起统一的城乡居民基本养老保险制度。

城乡居民养老保险和职工养老保险不能同时交，不能重复参保，不能重复享受待遇。

> **延伸解读**
> **城乡居民基本养老保险费个人账户建立**
>
> 国家为每个参保人员建立终身记录的养老保险个人账户，个人缴费、地方人民政府对参保人的缴费补贴、集体补助及其他社会经济组织、公益慈善组织、个人对参保人的缴费资助，全部记入个人账户。个人缴费、补助、资助按缴入国库时间记账，从次月开始计息。城乡居民养老保险个人账户的结息年度一般为每年的1月1日至12月31日。

> **延伸解读**
> **农民工养老保险关系转移**
>
> 农民工中断就业或返乡没有继续缴费的，由原参保地社会保险经办机构保留其基本养老保险关系，保存其全部参保记录及个人账户，个人账户储存额继续按规定计息。农民工返回城镇就业并继续参保缴费的，无论其回到原参保地就业还是到其他城镇就业，累计计算其缴费年限，合并计算其个人账户储存额，符合待遇领取条件的，其在城镇参保缴费记录及个人账户全部有效，并根据实际情况，或在其达到规定领取条件时享受职工基本养老保险待遇，或转入城乡居民基本养老保险。

> **延伸解读**
> **2021年内建成企业职工基本养老保险全国统筹信息系统**
>
> 我国"十四五"规划纲要明确提出，实现基本养老保险全国统筹。当前，实现基本养老保险全国统筹已具备较好的基础。
>
> ——省级统筹进一步规范。截至2020年底，31个省份和新疆生产建设兵团企业职工基本养老保险基金管理均实现省级统收统支，均衡了省内各地基金负担。多数省份已经实现养老保险业务全省通办，参保人员在省内流动就业，其养老保险关系自动接续，不需要转移基金。
>
> ——中央调剂制度已经建立。作为实现全国统筹的第一步，我国于2018年启动实施了企业职工基本养老保险基金中央调剂制度。通过中央对部分基金进行统一调剂使用，适度均衡省际基金负担，有力支持了中西部地区和老工业基地养老金按时足额发放。
>
> ——各省份养老保险政策已逐步统一。目前，养老保险单位缴费比例、缴费基数核定办法等政策全国已基本实现统一，降低了企业和参保人员的缴费成本，促进了制度公平和市场公平。
>
> ——全国统一的社会保险公共服务平台已经建成。社会保险公共服务平台已于2019年正式上线，为参保人员提供社保查询、参保登记、转移接续、申领失业金等服务，办理社保业务更加方便快捷。
>
> 接下来，人社部门将坚持公平统一、权责一致、循序渐进的原则，抓紧推进各项准备工作，包括制定出台全国统筹的具体实施办法、建设全国统一的信息系统、优化经办流程等。我国人社部于2021年内建成企业职工基本养老保险全国统筹信息系统，加快实现养老保险数据全国集中管理。
>
> 养老保险实现全国统筹后，从制度上解决基金的结构性矛盾，制度更加公平更可持续，养老金按时足额发放更有保障，转移接续更加方便快捷。

相关政策依据

财政部 国家税务总局
关于基本养老保险费 基本医疗保险费 失业保险费
住房公积金有关个人所得税政策的通知

财税〔2006〕10号 2006年6月27日

根据国务院2005年12月公布的《中华人民共和国个人所得税法实施条例》有关规定，现对基本养老保险费、基本医疗保险费、失业保险费、住房公积金有关个人所得税政策问题通知如下：

一、企事业单位按照国家或省（自治区、直辖市）人民政府规定的缴费比例或办法实际缴付的基本养老保险费、基本医疗保险费和失业保险费，免征个人所得税；

个人按照国家或省(自治区、直辖市)人民政府规定的缴费比例或办法实际缴付的基本养老保险费、基本医疗保险费和失业保险费,允许在个人应纳税所得额中扣除。

企事业单位和个人超过规定的比例和标准缴付的基本养老保险费、基本医疗保险费和失业保险费,应将超过部分并入个人当期的工资、薪金收入,计征个人所得税。

二、根据《住房公积金管理条例》《建设部 财政部 中国人民银行关于住房公积金管理若干具体问题的指导意见》(建金管〔2005〕5号)等规定精神,单位和个人分别在不超过职工本人上一年度月平均工资12%的幅度内,其实际缴存的住房公积金,允许在个人应纳税所得额中扣除。单位和职工个人缴存住房公积金的月平均工资不得超过职工工作地所在设区城市上一年度职工月平均工资的3倍,具体标准按照各地有关规定执行。

单位和个人超过上述规定比例和标准缴付的住房公积金,应将超过部分并入个人当期的工资、薪金收入,计征个人所得税。

三、个人实际领(支)取原提存的基本养老保险金、基本医疗保险金、失业保险金和住房公积金时,免征个人所得税。

四、上述职工工资口径按照国家统计局规定列入工资总额统计的项目计算。

五、各级财政、税务机关要按照依法治税的要求,严格执行本通知的各项规定。对于各地擅自提高上述保险费和住房公积金税前扣除标准的,财政、税务机关应予坚决纠正。

六、本通知发布后,《财政部 国家税务总局关于住房公积金、医疗保险金、养老保险金征收个人所得税问题的通知》(财税字〔1997〕144号)第一条、第二条和《国家税务总局关于失业保险费(金)征免个人所得税问题的通知》(国税发〔2000〕83号)同时废止。

│相关政策依据│

财政部 国家税务总局
关于住房公积金 医疗保险金 基本养老保险金
失业保险基金个人账户存款利息所得免征
个人所得税的通知

财税字〔1999〕267号 1999年10月8日

根据国务院《对储蓄存款利息所得征收个人所得税的实施办法》第五条"对个人取得的教育储蓄存款利息所得以及国务院财政部门确定的其他专项储蓄存款或者储蓄性专项基金存款的利息所得,免征个人所得税"的规定,为了保证和支持社会保障制度和住房制度改革的顺利实施,现明确按照国家或省级地方政府规定的比例缴付的下列专项基金或资金存入银行个人账户所取得的利息收入免征个人所得税:

(一)住房公积金;
(二)医疗保险金;
(三)基本养老保险金;
(四)失业保险基金。

二、缴纳人

(一)企业职工基本养老保险

《社会保险法》规定:"职工应当参加基本养老保险,由用人单位和职工共同缴纳基本养老保险费""无雇工的个体工商户、未在用人单位参加基本养老保险的非全日制从业人员以及其他灵活就业人员可以参加基本养老保险,由个人缴纳基本养老保险费"。所以,以职工身份参保的,用人单位和职工个人都是基本养老保险缴费义务人;以个人身份参保的,个人是企业职工基本养老保险缴费义务人。

(二)公职人员基本养老保险(机关事业单位工作人员基本养老保险)

基本养老保险费由单位和个人共同负担。个人缴纳的基本养老保险费,由所在单位代扣代缴。[《国务院关于机关事业单位工作人员养老保险制度改革的决定》(国发〔2015〕2号)]

(三)城乡居民基本养老保险(农民、城镇居民社会养老保险)

年满16周岁(不含在校学生),非国家机关和事业单位工作人员及不属于职工基本养老保险制度覆盖范围的城乡居民。(非强制性)

延伸解读
我国放开灵活就业人员在就业地参保户籍限制

合并新型农村社会养老保险、城镇居民社会养老保险,稳妥推进机关事业单位养老保险制度改革,推动企业职工基本养老保险基金实现省级统收统支……党的十八大以来,我国基本建成覆盖全民、城乡统筹、权责清晰、保障适度、可持续的多层次社会保障体系。截至2021年3月底,我国基本养老保险参保人数达10.07亿人,基本养老保险参保率超过90%。

特别是我国不断完善城乡居民养老保险困难群体帮扶政策，自2019年9月以来，全国建档立卡贫困人员参保率长期稳定在99.99%。2020年底超过3 014万贫困老年人按月领取基本养老保险待遇，其中建档立卡贫困老人1 735万人。

目前，我国基本养老保险体系包括城镇职工和城乡居民基本养老保险两大制度平台。其中，机关事业单位、城镇各类企业、社会组织等各类单位就业人员应当参加城镇职工基本养老保险，单位和职工共同缴纳基本养老保险费；无雇工的个体工商户、未在用人单位参加基本养老保险的非全日制从业人员以及其他灵活就业人员可以参加企业职工基本养老保险，由个人缴纳基本养老保险费。

目前基本养老保险未参保人员主要集中在农民工、灵活就业人员、新业态从业人员等重点群体。接下来，我国人社部门将深入推进全民参保计划，聚焦重点人群，依托全民参保登记数据等精准定位未参保人员，实施精准推送式宣传服务，以实现基本养老保险参保率达95%的目标。

同时，我国人社部将推动放开外省户籍灵活就业人员在就业地参保的户籍限制，积极推动在城镇就业的新业态从业人员、灵活就业人员等重点群体参加企业职工基本养老保险。

三、征缴对象、范围

（一）企业职工基本养老保险

我国企业职工基本养老保险的人员覆盖范围是逐步扩大的，最初只限于国有企业职工，后来扩大到各类企业职工，再扩大到个体工商户和灵活就业人员。目前，除机关事业单位编制内人员外，城镇各类从业人员都可以参加企业职工基本养老保险。

关于企业职工基本养老保险的人员覆盖范围的规定散见于《社会保险法》《社会保险费征缴暂行条例》、国务院有关规定及人力资源和社会保障部（原劳动部、原劳动保障部）等部门的相关规定中。

1. 应参加人员

（1）国有企业、城镇集体企业、外商投资企业、城镇私营企业和其他城镇企业职工，实行企业化管理的事业单位职工。

（2）依法在各级民政部门登记的社会团体（包括社会团体分支机构和代表机构）基金会（包括基金会分支机构和代表机构）民办非企业单位、境外非政府组织驻华代表机构及其签订聘用合同或劳动合同的专职工作人员（不包括兼职人员、劳务派遣人员、返聘的离退休人员和纳入行政事业编制的人员）。

（3）划分为生产经营类，但尚未转企改制到位的事业单位，已参加企业职工基本养老保险的事业单位职工。

（4）机关事业单位编制外人员。

（5）在中国境内依法注册或者登记的企业、事业单位、社会团体、民办非企业单位、基金会、律师事务所、会计师事务所等组织依法招用的外国人以及与境外雇主订立雇用合同后，被派遣到在中国境内注册或者登记的分支机构、代表机构工作的外国人。

（6）在内地（大陆）依法注册或者登记的企业、事业单位、社会组织、有雇工的个体经济组织等用人单位依法聘用、招用的港澳台居民。

2. 可以参加人员

（1）无雇工的个体工商户、未在用人单位参加基本养老保险的非全日制从业人员以及其他灵活就业人员。

（2）在内地（大陆）依法从事个体工商经营的港澳台居民，可以按照注册地有关规定参加职工基本养老保险和职工基本医疗保险；在内地（大陆）灵活就业且办理港澳台居民居住证的港澳台居民。

3. 将来可能参加的人员

划分为生产经营类，但尚未转企改制到位的事业单位职工，尚未参加企业职工基本养老保险的，暂参加机关事业单位基本养老保险，待其转企改制到位后，按有关规定纳入企业职工基本养老保险范围。

4. 特殊情况

符合与中国签订双边社会保险协定规定的在华短暂就业的外国人可以不参加企业职工基本养老保险。

已在中国香港、中国澳门、中国台湾参加当地社会保险，并继续保留社会保险关系的港澳台居民,可以持相关授权机构出具的证明,不在内地(大陆)参加基本养老保险。

(二) 公职人员基本养老保险(机关事业单位工作人员基本养老保险)

从 2014 年 10 月 1 日起,我国对机关事业单位工作人员养老保险制度进行改革,机关事业单位基本养老保险的实施范围,与现行机关事业单位编制管理和经费保障相适应。

符合纳入参保范围条件的在职人员,是指经机构编制部门同意,组织或人力资源社会保障等部门按规定程序办理了相关手续的人员。

参加机关事业单位基本养老保险的工作人员,需满足两个基本条件:

(1) 所在单位为机关事业单位。
(2) 属于所在单位编制内的工作人员。

1. 应参保人员

(1) 按照《公务员法》管理的单位的工作人员。
(2) 参照《公务员法》管理的机关(单位)的工作人员。
(3) 事业单位编制内的工作人员。
(4) 机关事业单位编制内劳动合同制工人。
(5) 军队文职人员。
(6) 计划分配到机关事业单位工作的军队转业干部和退役士兵。

2. 暂时参保人员

(1) 目前划分为生产经营类,但尚未转企改制到位的事业单位职工,尚未参加企业职工基本养老保险的,暂参加机关事业单位基本养老保险,待其转企改制到位后,按有关规定纳入企业职工基本养老保险范围。
(2) 目前尚未确定分类类型的事业单位职工,尚未参加企业职工基本养老保险的,暂参加机关事业单位基本养老保险,待其分类类型确定并改革到位后,纳入相应的养老保险制度。

3. 将来可能参保人员

(1) 自主择业的军队转业干部被党和国家机关、人民团体或者财政拨款的事业单位选用为正式工作人员的,按照国家规定参加机关事业单位基本养老保险。
(2) 编制管理不规范的单位,先按照有关规定进行清理规范,待明确工作人员身份后再纳入相应的养老保险制度。

(三) 城乡居民基本养老保险(农民、城镇居民社会养老保险)

年满 16 周岁(不含在校学生),非国家机关和事业单位工作人员及不属于职工基本养老保险制度覆盖范围的城乡居民,可以在户籍地参加城乡居民养老保险。

(1) 所有未被职工基本养老保险制度覆盖的人员都属于城乡居民养老保险覆盖范围,但不包括劳动年龄以下的少年儿童和在校学生、现役军人,服刑人员等。
(2) 实行自愿参保的原则,不同于职工养老保险的强制原则,这是根据我国农村实际确定的方针。
(3) 明确在户籍地参保。

四、费率、征收率

(一) 企业职工基本养老保险

除少数省市单位费率低于 16% 外,其他省全部为 16%。目前低于 16% 的省市,国家已经提出过渡办法,逐步过渡到 16%。职工个人费率全部为 8%。

> **延伸解读**
>
> **以个人身份参加基本养老保险的缴费基数和费率**
>
> 个体工商户和灵活就业人员参加企业职工基本养老保险,可以在本省全口径城镇单位就业人员平均工资的 60%~300% 之间选择适当的缴费基数。2019 年底,个人身份参保人员的费率除上海执行 24%,浙江、宁波执行 18%,深圳执行 21% 外,其他省市统一为 20%。

(二) 公职人员基本养老保险(机关事业单位工作人员基本养老保险)

自 2019 年 5 月 1 日起,全国机关事业单位基本养老保险单位费率统一为 16%。

机关事业单位工作人员基本养老保险费率统一为 8%。

(三) 城乡居民基本养老保险(农民、城镇居民社会养老保险)

城乡居民养老保险基金由个人缴费、集体

补助、政府补贴等构成。

国家规定,60周岁以下参加城乡居民养老保险的人员应当按规定缴纳养老保险费。缴费标准设为每年100元、200元、300元、400元、500元、600元、700元、800元、900元、1 000元、1 500元、2 000元 12个档次,省(区、市)人民政府可以根据实际情况增设缴费档次,最高缴费档次标准原则上不超过当地灵活就业人员参加职工基本养老保险的年缴费额,并报人力资源社会保障部备案。人力资源社会保障部会同财政部依据城乡居民收入增长等情况适时调整缴费档次标准。参保人自主选择档次缴费,多缴多得。

(1) 城乡居民养老保险按年度缴费,原则上当年费用当年缴纳,也可以当年缴纳以前年度费用,而不是像职工社会保险制度那样按月计缴,符合居民非工薪收入者的特点。

(2) 缴费标准按绝对额形式设定,而不采取按工资或收入基数一定比例确定费率的形式,更便于居民特别是农民理解。

(3) 设置多个缴费档次,由居民依据自身经济承受能力自主选择,体现了弹性原则,适应居民收入水平的差异性。

(4) 国家既设置了全国统一的缴费标准档次,又允许各省在此基础上增设缴费档次,适应地区经济社会发展的差别,体现了统一性与灵活性相结合。

同时规定地方增设的缴费标准最高不能超过当地灵活就业人员参加职工养老保险的年度缴费额,也是考虑到居民的经济承受能力以及与其他群体缴费负担的平衡。

五、应纳费款的计算

(一) 企业职工基本养老保险

1. 计算公式

企业职工基本养老保险应缴费额的计算公式如下:

$$\text{企业职工基本养老保险费应缴费额} = \text{企业职工基本养老保险费缴费基数} \times \text{费率}$$

2. 缴费基数

1) 用人单位缴费基数

《社会保险法》第十二条规定:"用人单位应当按照国家规定的本单位职工工资总额的比例缴纳基本养老保险费。"

目前,用人单位企业职工基本养老保险费缴费基数的确定有两种口径,一种是本单位职工工资总额,一种是职工个人缴费基数之和。

参保企业的缴费工资基数,是职工基本养老保险制度运行的重要参数,直接影响养老保险基金收支状况。目前,各省份确定单位缴费基数有3种方法:

(1) 按单位职工缴费工资基数之和确定,即"单基数"法。

(2) 单位基数按单位职工工资总额确定,职工个人基数按本人工资确定,即"双基数"法。

(3) 按两者当中数值较高者确定单位基数,即实行"双基数对比"法。

1995年,《国务院关于深化企业职工养老保险制度改革的通知》(国发〔1995〕6号)明确了两个"实施办法",各地可以选择其中之一执行。"实施办法一"规定:企业按照职工工资总额的一定比例缴纳基本养老保险费,职工个人按照上一年度本人月平均工资缴纳基本养老保险费。"实施办法二"规定:企业以全部职工缴费工资基数之和作为缴费基数。社会保险法规定,用人单位应当按照国家规定的本单位职工工资总额的比例缴纳基本养老保险费。此项规定属于授权性规定,两个"实施办法"与其并无冲突。原劳动和社会保障部社保中心《关于规范社会保险缴费基数有关问题的通知》(劳社险中心函〔2006〕60号)明确:"参保企业缴纳基本养老保险费的基数可以为职工工资总额,也可以为本企业职工个人缴费工资基数之和,但在全省区市范围内应统一为一种核定办法。"缴费基数政策的不统一,造成了不同地区间企业缴费负担的差异,影响了制度的公平和统一。为统一缴费基数政策,为养老保险省级统筹、全国统筹奠定基础,2019年人力资源和社会保障部、财政部、国家税务总局发文要求,统一单位缴费工资基数核定政策,逐步实现按职工缴费工资基数之和核定单位缴费基数,不得使用单位职工工资总额与职工缴费基数之和对比的方法。

此外,根据人力资源社会保障部有关规定,社会组织、机关事业单位为其编制外人员缴纳基本养老保险费的缴费基数为全部专职工作人员或编制外人员个人缴费工资基数之和。

2) 职工个人缴费基数

一般地,职工个人基本养老保险费的缴费基数为本人工资。本人工资高于本省上年全口径社会平均工资300%的,以本省上年全口径社会平均工资300%为本人缴费基数;低于本省上年全口径社会平均工资60%的,以本省上年全口径社会平均工资60%为本人缴费基数。

原劳动部办公厅印发的《职工基本养老保险个人账户管理暂行办法》(劳办发〔1997〕116号)对特殊情况下个人缴费基数的确定方法进行了明确规定:新招职工(包括研究生、大学生、大中专毕业生等)以起薪当月工资收入作为缴费工资基数;从第二年起,按上一年实发工资的月平均工资作为缴费工资基数。单位派出的长期脱产学习人员、经批准请长假的职工,保留工资关系的,以脱产或请假的上年月平均工资作为缴费工资基数。单位派到境外、国外工作的职工,按本人出境(国)上年在本单位领取的月平均工资作为缴费工资基数;次年的缴费工资基数按上年本单位平均工资增长率进行调整。失业后再就业的职工,以再就业起薪当月的工资收入作为缴费工资基数;从第二年起,按上一年实发工资的月平均工资作为缴费工资基数。

(二) 公职人员基本养老保险(机关事业单位工作人员基本养老保险)

1. 计算公式

机关事业单位基本养老保险费应缴费额公式为:

应缴费额 = 机关事业单位基本养老保险费缴费基数 × 费率

2. 缴费基数

1) 机关事业单位基本养老保险费缴费基数

单位缴纳机关事业单位基本养老保险费的基数为"本单位工资总额"。[《国务院关于机关事业单位工作人员养老保险制度改革的决定》(国发〔2015〕2号)]

"本单位工资总额"是"参加机关事业单位养老保险工作人员的个人缴费工资基数之和"。[《人力资源社会保障部 财政部关于贯彻落实〈国务院关于机关事业单位工作人员养老保险制度改革的决定〉的通知》(人社部发〔2015〕28号)]

2) 机关事业单位工作人员基本养老保险费缴费基数

个人缴纳机关事业单位基本养老保险费基数为"本人缴费工资",工作人员个人月缴费基数根据本人上年度月平均工资确定,即工作人员本人上一自然年度内应该发放的、按国家和省规定纳入缴费工资基数项目的全年工资收入的月平均值。工作人员个人月平均工资高于本省上年全口径社平工资300%的,以本省上年全口径社平工资300%为本人缴费基数;低于本省上年全口径社平工资60%的,以本省上年全口径社平工资60%为本人缴费基数。

新设立单位和参保单位新增的工作人员按照本人起薪当月的月工资确定缴费基数。

注:在单位工资总额和个人工资中包含了现行规定不纳入退休费计发基数的部分,需要在计算缴费工资基数中予以扣除。

延伸解读

机关事业单位纳入个人缴费工资基数的工资项目

机关单位(含参公管理的单位)工作人员纳入个人缴费工资基数的工资项目,包括:本人上年度工资收入中的基本工资、国家统一的津贴补贴(艰苦边远地区津贴、西藏特贴、特区津贴、警衔津贴、海关津贴等国家统一规定纳入原退休费计发基数的项目)、规范后的津贴补贴(地区附加津贴)、年终一次性奖金。

事业单位工作人员纳入个人缴费工资基数的工资项目,包括:本人上一年度工资收入中的基本工资、国家统一的津贴补贴(艰苦边远地区津贴、西藏特贴特区津贴等国家统一规定纳入原退休费计发基数的项目)、绩效工资。

不属于上述规定范围的其余项目,暂不纳入个人缴费工资基数。

(三) 城乡居民基本养老保险(农民、城镇居民社会养老保险)

计算比较简单，请参阅上述关于缴费标准的内容介绍。

六、优惠政策

(一) 一般规定

降低社会保险费率是党中央、国务院作出的重大决策部署，是实施更大规模减税降费措施的重要内容，对于减轻企业负担、激发微观主体活力、促进经济增长具有重要作用，事关改革发展稳定全局。

按照党中央、国务院决策部署，人力资源和社会保障部、财政部、税务总局印发《关于阶段性减免企业社会保险费的通知》(人社部发〔2020〕11号)，自2020年2月起阶段性减免企业基本养老保险、失业保险、工伤保险(以下简称三项社会保险)单位缴费部分，减轻了企业负担，有力支持了企业复工复产。

各省、自治区、直辖市及新疆生产建设兵团(以下统称省)对中小微企业三项社会保险单位缴费部分免征的政策，执行到2020年12月底。各省(除湖北省外)对大型企业等其他参保单位(不含机关事业单位，下同)三项社会保险单位缴费部分减半征收的政策，执行到2020年6月底。湖北省对大型企业等其他参保单位三项社会保险单位缴费部分免征的政策，执行到2020年6月底。受疫情影响生产经营出现严重困难的企业，缓缴社会保险费政策执行至2020年12月底，缓缴期间免收滞纳金。

降低养老保险单位缴费比例：

各地企业职工基本养老保险单位缴费比例高于16%的，可降至16%；低于16%的，要研究提出过渡办法。各地机关事业单位基本养老保险单位缴费比例可降至16%。

减轻困难群体参保缴费负担：

党中央、国务院要求持续做好脱贫人口、困难群体社会保险帮扶，促进社会保险高质量可持续发展，助力全面实施乡村振兴战略。

对参加城乡居民养老保险的低保对象、特困人员、返贫致贫人口、重度残疾人等缴费困难群体，地方人民政府为其代缴部分或全部最低缴费档次养老保险费。在提高最低缴费档次时，对上述困难群体和其他已脱贫人口可保留现行最低缴费档次。支持和鼓励有条件的集体经济组织和其他社会经济组织、公益慈善组织、个人为参加城乡居民养老保险的困难人员参保缴费提供资助。对灵活就业的进城务工人员，引导其参加企业职工基本养老保险，对符合就业困难人员条件的，按规定落实社会保险补贴政策。[《人力资源社会保障部等6部门关于巩固拓展社会保险扶贫成果助力全面实施乡村振兴战略的通知》(人社部发〔2021〕64号，2021年8月13日)]

(二) 城乡居民基本养老保险(农民、城镇居民社会养老保险)相关补助、补贴

1. 集体补助

政策要求有条件的村集体经济组织应当对参保人缴费给予补助，补助标准由村民委员会召开村民会议民主确定，鼓励有条件的社区将集体补助纳入社区公益事业资金筹集范围。鼓励其他社会经济组织、公益慈善组织、个人为参保人缴费提供资助。

在经济条件较好的地区，这是一条补充的资金渠道；但为防止以此完全替代个人缴费义务，这些补助、资助的金额不超过当地设定的最高缴费档次标准。

2. 政府补贴

政府对城乡居民养老保险制度给予财政补贴，具体分为两部分：一是在参保缴费环节(俗称"人口"补贴)，规定地方政府应当对参保人缴费给予补贴，具体标准和办法由省级政府确定，但国家统一明确了政策标准。

(1) 地方人民政府应当对参保人缴费给予补贴，对选择最低档次标准缴费的，补贴标准不低于每人每年30元。

(2) 对选择较高档次标准缴费的，适当增加补贴金额，其中对选择500元及以上档次标准缴费的，补贴标准不低于每人每年60元。

(3) 对重度残疾人等缴费困难群体，地方人民政府为其代缴部分或全部最低标准的养老保险费。

二是在支付环节(俗称"出口"补贴),政府对符合领取城乡居民养老保险待遇条件的参保人全额支付基础养老金。其中,中央财政对中西部地区按中央确定的基础养老金标准给予全额补助,对东部地区给予50%的补助。换句话说,就是按规定参加基本养老保险的城乡居民,60岁以后都将享受到国家普惠式的养老金。

2017年,人力资源和社会保障部、财政部、国务院扶贫开发领导小组办公室下发《关于切实做好社会保险扶贫工作的意见》,要求完善并落实社会保险扶贫政策,减轻贫困人员参保缴费负担。对建档立卡未标注脱贫的贫困人口、低保对象、特困人员等困难群体,参加城乡居民基本养老保险的,地方人民政府为其代缴部分或全部最低标准养老保险费,并在提高最低缴费档次时,对其保留现行最低缴费档次。

2019年共为2529.4万建档立卡贫困人口、1278.7万低保对象、特困人员等贫困群体代缴城乡居民养老保险费近42亿元。全国5978万符合条件的建档立卡贫困人员参加基本养老保险,基本实现贫困人员基本养老保险应保尽保。

七、缴纳时间(期限)

社会保险费征收期限是指根据相关规定,缴费人申报缴纳社会保险费款的时限。目前,各省市之间征收期限规定不尽相同。

八、缴纳地点

(一) 企业职工基本养老保险

企业职工基本养老保险原则上实行属地化管理,缴纳地点为职工所在用人单位的所在地。灵活就业人员以个人身份参保的,参照执行。

(二) 公职人员基本养老保险(机关事业单位工作人员基本养老保险)

机关事业单位养老保险原则上实行属地化管理。人力资源社会保障部设立中央国家机关养老保险管理中心,负责在北京的中央国家机关及所属事业单位基本养老保险管理工作,集中受托管理其职业年金基金。中央国家机关所属京外单位的基本养老保险实行属地化管理,一般由省级社会保险经办机构管理。

(三) 城乡居民基本养老保险(农民、城镇居民社会养老保险)

城乡居民基本养老保险的缴纳地点为户籍地。

第二节 基本医疗保险费

一、概述

医疗保险,是为补偿因疾病风险造成的经济损失而建立的一种保险制度。

我国已初步建立以基本医疗保险为主体,医疗救助为托底,补充医疗保险、商业健康保险、慈善捐赠、医疗互助共同发展的医疗保障制度体系。基本医疗保险包括职工基本医疗保险和城乡居民基本医疗保险,已基本覆盖全体国民。

医疗保险的分类

1. 社会医疗保险、商业健康保险

按保险经营的性质可将医疗保险划分为社会医疗保险和商业健康保险。

(1) 社会医疗保险。

社会医疗保险是指为因健康原因造成损失的人口提供收入或补偿的一种社会和经济制度。

一般由政府部门承办,借助经济、行政和法律手段强制实施并进行组织管理。在医疗保险基金遇到特大风险时,政府将给予适当帮助,如政府财政补助等。必要时,政府还出面协调医疗保险机构与有关各方的关系,使社会医疗保险得以顺利推行。

(2) 商业健康保险。

商业健康保险是以被保险人的身体为保险标的,保证被保险人在疾病或意外事故所致伤害时的直接费用或间接损失获得补偿的保险。

一般由商业保险公司经办,以营利为目的,政府不参与,采取自愿参加的原则。

2. 基本医疗保险、补充医疗保险

按保险待遇的层次可将医疗保险划分为基本医疗保险和补充医疗保险。

基本医疗保险与补充医疗保险互为补充、不可替代,目的都是为了给参保人提供更多、更全面的医疗保障。

(1) 基本医疗保险。

基本医疗保险是指对参保人提供的医疗服务仅限于基本的范畴,即基本用药、基本技术、基本服务和基本收费。

在一定的经济条件下,医疗保险允许的报销范围是有限的,例如,某些价格昂贵的药和滋补药就不是基本用药,住带豪华病房就不是基本服务。

基本医疗保险是义务性、强制性的,不以营利为目的。

(2) 补充医疗保险。

补充医疗保险是为满足更高层次的医疗保障需求而设立的,是对基本医疗保险的补充。在参加补充医疗保险之前一般要先参加基本医疗保险。补充医疗保险通常是自愿性的、非营利性的,有时也可以是营利性的。

3. 职工基本医疗保险、城乡居民基本医疗保险

(1) 职工基本医疗保险。

职工基本医疗保险是以职工身份参保的。

(2) 城乡居民基本医疗保险。

城乡居民基本医疗保险覆盖除职工基本医疗保险应参保人员以外的其他所有城乡居民。

(一) 职工基本医疗保险

职工基本医疗保险原则上以地级以上行政区(包括地、市、州、盟)为统筹单位,也可以县(市)为统筹单位,北京、天津、上海原则上在全市范围内实行统筹(以下简称统筹地区)。所有用人单位及其职工都要按照属地管理原则参加所在统筹地区的基本医疗保险,执行统一政策,实行基本医疗保险基金的统一筹集、使用和管理。

相关政策依据

国家医保局 财政部 国家税务总局
关于加强和改进基本医疗保险参保工作的指导意见

医保发〔2020〕33号 2020年8月24日

基本医疗保险(以下简称"基本医保")制度为参保群众依法合理享受基本医疗保障、促进人民健康发挥了重要作用。为深入推进全民参保计划,进一步提高基本医保参保质量,保障参保群众权益,优化参保缴费服务,建好国家医疗保障信息平台基础信息管理子系统,现就加强和改进基本医保参保工作提出以下指导意见:

一、总体要求

(一) 指导思想

以习近平新时代中国特色社会主义思想为指导,全面贯彻党的十九大和十九届二中、三中、四中全会精神,坚持以人民为中心的发展思想,坚持推进高质量发展,以实现覆盖全民、依法参保为目标,以完善经办管理政策为重点,以信息系统互联互通为手段,巩固提高统筹层次,加强部门数据共享比对,严格控制重复参保,大力提升参保质量,切实维护参保人医保权益,稳步做实全民参保计划,为医疗保障高质量发展奠定坚实基础。

(二) 总体原则

坚持全面覆盖,补齐短板。落实全民参保计划和依法参保要求,着眼保基本、全覆盖,有针对性加强重点人群特别是困难人群参保缴费服务,改进参保薄弱环节服务。

坚持分类完善,精准施策。对建档立卡贫困人口、学生、新生儿、缴费中断人员等参保对象,根据实际情况,不搞"一刀切",分类制定针对性政策,保障合理待遇。

坚持优化服务,保障待遇。持续加强参保政策宣传,提升参保缴费服务便利化水平,保障参保人依法享有基本医疗保障待遇,增强群众获得感。

坚持技术支撑,提高质量。依托全国医疗保障信息平台基础信息管理子系统参保功能模块,清理无效、虚假、重复数据,实时识别参保人参保缴费状态,提升参保质量。

(三) 主要目标

深入实施全民参保计划,自2021年参保年度起,全国参保信息实现互联互通、动态更新、实时查询,参保信息质量明显提升;到2025年,基本医保参保率稳中有升,管理服务水平明显提升,群众获得感满意度持续

增强。

二、主要任务

(一)合理设定参保扩面目标

各地要根据本地区常住人口、户籍人口、就业人口、城镇化率等指标,科学合理确定年度参保扩面目标。职工基本医疗保险(以下简称"职工医保")要逐步以本地区劳动就业人口作为参保扩面对象,城乡居民基本医疗保险(以下简称"居民医保")逐步实现以本地区非就业居民为参保扩面对象。进一步落实持居住证参保政策。

(二)落实参保缴费政策

坚持和完善覆盖全民、依法参加的基本医疗保险制度。各级医疗保障部门要完善与本地区公安、民政、人力资源社会保障、卫生健康、市场监管、税务、教育、司法、扶贫、残联等部门的数据共享交换机制,加强人员信息比对和共享,核实断保、停保人员情况,精准锁定未参保人群,形成本地区全民参保计划库。与用人单位签订劳动合同并与用人单位建立稳定劳动关系的人员,按照规定参加职工医保。落实对符合条件的困难人员参加居民医保个人缴费补贴政策。以农民工、城乡居民、残疾人、灵活就业人员、生活困难人员为重点,加强参保服务,落实各项参保政策。完善新就业形态从业人员参保缴费方式。

(三)做好跨制度参保的待遇衔接

参保人已连续2年(含2年)以上参加基本医疗保险的,因就业等个人状态变化在职工医保和居民医保间切换参保关系的,且中断缴费时间不超过3个月的,缴费后即可正常享受待遇,确保参保人待遇无缝衔接。中断缴费时间超过3个月的,各统筹地区可根据自身情况设置不超过6个月的待遇享受等待期,待遇享受等待期满后暂停原参保关系。

(四)有序清理重复参保

重复参保是指同一参保人重复参加同一基本医疗保险制度(制度内重复参保)或重复参加不同基本医疗保险制度(跨制度重复参保),具体表现为同一时间段内同一参保人有两条及以上参保缴费状态正常的参保信息记录。原则上不允许重复参保。

重复参加职工医保的,原则上保留就业地参保关系;重复参加居民医保的,原则上保留常住地参保关系;学生重复参保,原则上保留学籍地参保关系;跨制度重复参保且连续参加职工医保1年以上(含1年)的,原则上保留职工医保参保关系。以上各类情形在保留一个参保关系同时,应及时终止重复的参保关系。以非全日制、临时性工作等灵活就业形式的跨制度重复参保,保留一个可享受待遇的参保关系,暂停重复的参保关系。

(五)完善个人参保缴费服务机制

国家医保信息平台基础信息管理子系统建成后,各级医疗保障部门要利用国家统一医保信息平台基础信息管理子系统实时核对功能,及时查询参保人缴费状态,联合税务部门完善参保缴费服务,减少重复参保缴费。加大参保缴费宣传引导力度,推动服务向基层下沉,加大医保电子凭证推广使用力度,利用移动端、在线平台、共享经济平台等多种途径,拓展多样化的参保缴费渠道,提高参保缴费政策知晓度,提升服务便利性。

参保人在居民医保缴费后,在相应待遇享受期未开始前因重复缴费、参加职工医保或其他统筹地区居民医保,可在终止相关居民医保参保关系的同时,依申请为个人办理退费。待遇享受期开始后,对暂停的居民医保参保关系,原则上个人缴费不再退回;已通过医疗救助渠道享受参保缴费补贴的救助对象,可根据其需要终止的参保关系所在地缴费渠道依申请完成退费;灵活就业人员按年度一次性缴纳职工医保费以后,中途就业随单位参加职工医保的,可依申请退回其就业后当年剩余月份以灵活就业人员身份缴纳的职工医保费;对其他情况,由省级医疗保障部门会同相关部门,结合各地实际,明确可以退费和不予退费的具体情形。

(六)加强财政补助资金管理

除大中专学生入学当年重复参加居民医保情形外,其他重复参加居民医保的,需终止相关居民医保参保关系,并扣减重复参保当年涉及的各级财政补助资金。跨制度重复参保且连续参加职工医保1年以上(含1年)、参保缴费状态正常的,在按本意见规定的原则处理后扣减重复参保当年居民医保的各级财政补助资金。

三、加强改进重点人群参保缴费服务

(一)建档立卡贫困人口

按照精准到人要求,建立与扶贫、税务部门沟通机制,实行参保专项台账管理。按规定落实分类资助参保政策,确保动态参保、应保尽保。用好医疗保障信息系统脱贫攻坚运行调度模块、政策监测模块、督战模块,实时监测建档立卡贫困人口参保情况。为确保贫困人口稳定脱贫,贫困人口在职工医保和居民医保之间切换参保、转移接续参保关系时,不设等待期,不受居民医保规定缴费时间限制,在参保缴费后,即可享受相应待遇,医疗保障经办机构应及时暂停原参保关系。对在户籍地和居住地重复参加城乡居民医保的贫困人口,在征得本人同意后,确定需要保留的居民医保参保关系,应由本人作出书面承诺交医疗保障部门留存备案。

(二)大中专学生(含全日制研究生)

大中专学生原则上应在学籍地参加居民医保。若大中专学生为建档立卡贫困人口,可以选择在建档立卡贫困人口身份认定地参保。因入学形成的重复参保,学籍地医疗保障部门应依托全国信息平台参保功能模块,及时通知原参保地医疗保障部门终止参保关系。就业后形成的重复参保,就业地医疗保障部门应依托全国信息平台参保功能模块,及时通知原学籍地医疗保障部门暂停参保关系。具备条件的统筹地区在确保与学生原参保地医疗保险待遇无缝衔接的前提下,可将大中专学生参加居民医保的参保缴费期从学年调整为自然年度,作出调整的统筹地区学生在入学当年学籍地如发生医疗费用,采用异地就医直接结算报销费用,报销比例不受转外就医调减比例规定限制。

(三)新生儿

新生儿参保登记应使用本人真实姓名和身份证明。原则上新生儿出生后90天内由监护人按相关规定办理参保登记,自出生之日所发生的医疗费用均可纳入医保报销。对已使用父母姓名参保的新生儿,医疗保障部门应要求其监护人尽快更新信息。新生儿未在规定时间内参加居民医保的,按所在统筹地区具体规定执行。

(四)退役军人

军人退出现役后,由部队保障的随军未就业军人配偶实现就业后,按规定参加基本医疗保险并办理关系转移接续的,不受待遇享受等待期限制。已参加基本医疗保险的随军未就业军人配偶,在军人退出现役后,按所在统筹地区规定办理参保和关系转移接续。医疗保障部门要为相关人群业务办理提供便利,做好管理服务。

(五)短期季节性务工人员及灵活就业人员

已经参加居民医保的短期季节性务工人员或灵活就业人员,在居民医保待遇享受期内参加职工医保,医疗保障部门应保证参保人享受新参加的医保待遇,暂停原居民医保待遇;参保人短期务工结束后,医疗保障部门及时恢复原居民医保待遇,确保待遇有效衔接。

(六)被征地农民

被征地农民在政府代缴医保费期间就业并参加职工医保的,医疗保障部门应做好参保关系转移接续,并及时暂停原居民医保待遇。

四、工作要求

(一)落实工作责任

各地要统一思想认识,强化责任担当,狠抓贯彻落实,确保让参保人获得更加满意的服务。各级医疗保障部门应加强源头把关,注重全过程动态管理,确保参保人身份真实,保障合理待遇。要将参保计划完成情况、参保质量等工作纳入对省级医疗保障部门的绩效考核,

各地可结合实际制定实施细则。

(二)加强宣传引导

进一步做好参保缴费宣传,创新宣传方式,拓展宣传渠道,对未参保人员实行精准推送式宣传,使群众全面了解医保政策和参保意义,调动群众参保缴费积极性,切实维护参保人合法权益。

(三)注重部门协作

医疗保障、税务部门要优化完善信息系统和数据共享平台,对清理的重复参保信息妥善保管,以备后续查验。医疗保障、财政、税务部门要密切协作,加强沟通,稳妥有序做好参保工作,遇有重大情况和问题,及时向国家医保局、财政部 税务总局报告。

(二)城乡居民基本医疗保险(非职业人群和低收入人群医疗保险)

在职工医疗保险基本普及之后,我国积极探索新型农村合作医疗和城镇居民基本医疗保险,建立了城乡居民基本医疗保险制度,推进大病保险,形成基本医疗保险、大病保险、城乡居民医疗救助三重保障体系,医疗保险覆盖面迅速扩大。

《国务院关于整合城乡居民基本医疗保险制度的意见》(国发〔2016〕3号)要求,整合城镇居民基本医疗保险(简称城镇居民医保)和新型农村合作医疗(简称新农合)两项制度,建立统一的城乡居民基本医疗保险(以下简称城乡居民医保)制度。

城乡居民大病保险

我国城乡居民大病保险自2012年开始实施,2015年覆盖所有城乡居民基本医疗保险参保人群。

城乡居民大病保险是在基本医疗保障的基础上,对大病患者发生的高额医疗费用给予进一步保障的一项制度性安排,是基本医疗保险制度的拓展和延伸,是对基本医疗保险的有益补充。

城乡居民大病保险保障对象为城乡居民基本医疗保险参保人。

城乡居民大病保险资金可以从城乡居民基本医疗保险基金中划出一定比例或额度作为大病保险资金。城乡居民基本医疗保险基金有结余的地区,利用结余筹集大病保险资金;结余不足或没有结余的地区,在年度筹集的基金中予以安排。

各地结合当地经济社会发展水平、医疗保险筹资能力、患大病发生高额医疗费用的情况、基本医疗保险补偿水平,以及大病保险保障水平等因素,精细测算,科学合理确定大病保险的筹资标准。

二、缴纳人

(一) 职工基本医疗保险

1. 缴费义务人

以职工身份参保的,用人单位和职工个人都是基本医疗保险缴费义务人;以个人身份参保的,个人是职工基本医疗保险缴费义务人。

2. 扣(代)缴义务人

用人单位是本单位职工医疗保险费的扣缴义务人。

领取失业保险金期间的失业人员的职工基本医疗保险费,由社会保险经办机构代缴,个人不缴费,费用从失业保险基金中列支。

(二) 城乡居民基本医疗保险(非职业人群和低收入人群医疗保险)

参保人即缴费人,以自然人个人名义缴费。

三、征缴对象、范围

(一) 职工基本医疗保险

职工应当参加职工基本医疗保险,由用人单位和职工共同缴纳基本医疗保险费用;无雇工的个体工商户、未在用人单位参加职工基本医疗保险的非全日制从业人员以及其他灵活就业人员可以参加职工基本医疗保险,由个人按照国家规定缴纳基本医疗保险费用。

有关职工基本医疗保险人员覆盖范围的规定散见于《社会保险法》《社会保险费征缴暂行条例》、国务院及有关部门的相关规定中。

1. 应参加人员

(1) 用人单位职工。

用人单位包括企业(国有企业、集体企业、外商投资企业、私营企业等)机关、事业单位、社会团体、民办非企业单位、部队所属用人单位和有雇工的个体经济组织。

(2) 领取失业保险金期间的失业人员。

(3) 军队文职人员。

(4) 离休人员、老红军以及二等乙级以上革命伤残军人、退休人员。

(5) 在内地(大陆)依法注册或者登记的企业、事业单位、社会组织、有雇工的个体经济组织等用人单位(以下简称用人单位)依法聘用、招用的港澳台居民。

(6) 在中国境内依法注册或者登记的企业、事业单位、社会团体、民办非企业单位、基金会、律师事务所、会计师事务所等组织(以下简称用人单位)依法招用的外国人,以及与境外雇主订立雇用合同后,被派遣到在中国境内注册或者登记的分支机构、代表机构(以下简称境内工作单位)工作的外国人。

2. 可以参加人员

(1) 无雇工的个体工商户、未在用人单位参加职工基本医疗保险的非全日制从业人员以及其他灵活就业人员。

(2) 在内地(大陆)依法从事个体工商经营的港澳台居民、在内地(大陆)灵活就业且办理港澳台居民居住证的港澳台居民。

(二) 城乡居民基本医疗保险(非职业人群和低收入人群医疗保险)

城乡居民基本医疗保险制度覆盖范围包括现有城镇居民医疗保险和新农合所有应参保(合)人员,即覆盖除职工基本医疗保险应参保人员以外的其他所有城乡居民。[《国务院关于整合城乡居民基本医疗保险制度的意见》(国发〔2016〕3号)]

具体包括:

(1) 农村居民。

(2) 不属于城镇职工基本医疗保险制度覆盖范围的中小学阶段的学生(包括职业高中、中专、技校学生)少年儿童和其他非从业城镇居民。

(3) 依法参加职工基本医疗保险有困难的进城务工农村居民和灵活就业人员。

(4) 新生儿、大学生以及已取得居住证的常住人口等特殊人群。

(5) 在内地(大陆)居住且办理港澳台居民居住证的未就业港澳台居民、在内地(大陆)就读的港澳台大学生。

(6) 持有中国《外国人永久居留证》在中国

境内居住但未就业,且符合统筹地区规定的外籍人员。

未就业的城镇居民和在城镇就业的农民工既可以参加职工基本医疗保险,也可以参加城乡居民基本医疗保险,法律法规没有作出限制性的规定。

四、费率、征收率

(一) 职工基本医疗保险

1. 用人单位和职工费率

职工基本医疗保险制度建立之初,用人单位缴费率按规定控制在职工工资总额的6%左右,职工缴费率一般为本人工资收入的2%。具体缴费比例主要由各统筹地区根据实际情况确定。随着经济发展,各统筹地区用人单位和职工的缴费率都相应作了调整。

为了将部分缴费困难企业纳入基本医疗保险,部分地区在适当降低单位缴费费率的基础上,单独建立基本医疗保险统筹基金,暂不建立个人账户,以保障其职工相应的医疗保险待遇。

生育保险和职工基本医疗保险(以下简称两险)合并实施后,新的用人单位职工基本医疗保险费率按照用人单位参加两险的缴费比例之和确定。同时,各地根据职工基本医疗保险基金支出情况和生育待遇的需求,按照收支平衡的原则,建立费率确定和调整机制。两险合并实施后,用人单位费率全国平均为8.5%左右;个人费率全国平均为2%。[《国务院办公厅关于全面推进生育保险和职工基本医疗保险合并实施的意见》(国办发〔2019〕10号)]

2. 以个人身份参加职工基本医疗保险的费率

(1) 无雇工的个体工商户、未在用人单位参加职工基本医疗保险的非全日制从业人员以及其他灵活就业人员的费率。

灵活就业人员参加基本医疗保险要坚持权利和义务相对应、缴费水平与待遇水平相挂钩的原则。在参保政策和管理办法上既要与城镇职工基本医疗保险制度相衔接,又要适应灵活就业人员的特点。灵活就业人员参加基本医疗保险的缴费率原则上按照当地规定的费率确定。

(2) 失业人员的费率。

领取失业保险金人员参加职工基本医疗保险的缴费费率原则上按照统筹地区的缴费费率确定。

实际工作中,各统筹地区普遍将用人单位缴费费率与个人缴费费率之和确定为灵活就业人员的缴费费率;部分统筹地区参照当地基本医疗保险建立统筹基金的缴费水平,给低收入灵活就业人员设置了低缴费费率,缴费人暂不建立个人账户,保障其相应的医疗保险待遇。领取失业保险金人员的缴费费率普遍与该统筹地区用人单位职工基本医疗保险缴费费率一致。

(二) 城乡居民基本医疗保险(非职业人群和低收入人群医疗保险)

请参见"应纳费款的计算"中相关内容介绍。

城乡居民基本医疗保险普遍采取按年缴费的方式,每年确定一次缴费标准。各统筹区根据本地区医保政策调整范围和基金收支情况,充分考虑参保人个人身份、家庭经济状况等因素,在国家规定的标准范围内对不同人群确定不同的缴费标准。

五、应纳费款的计算

(一) 职工基本医疗保险

1. 计算公式

职工基本医疗保险的计征取决于单位和个人缴费基数和费率。

计算公式:

$$职工基本医疗保险费应缴额 = 职工基本医疗保险缴费基数 \times 费率$$

2. 缴费基数

1) 职工基本医疗保险单位缴费基数

用人单位的缴费基数为职工工资总额。用人单位的缴费基数每年核定一次,年度内一般不作调整。用人单位职工人数发生改变的除外。[《国务院关于建立城镇职工基本医疗保险制度的决定》(国发〔1998〕44号)]

工资总额是指直接支付给全部职工的劳动

报酬,不论是计入成本的还是不计入成本的,不论是以货币形式支付的还是以实物形式支付的,均应包括在内。

用人单位作为缴费基数的工资总额是指没有扣除各项社会保险费和个人所得税的工资总额。

实践中,地区之间对用人单位缴费基数的计算略有差异,有的地区采用与养老保险相同的缴费基数,以职工个人缴费基数之和作为单位缴费基数,有的地区以职工工资总额作为单位缴费基数。

2)职工基本医疗保险个人缴费基数

企业职工的缴费基数是职工本人全部工资收入,即由单位支付的劳动报酬,包括计时工资、计件工资、奖金、津贴和补贴、加班加点工资、特殊情况下支付的工资。

行政机关和参照《公务员法》管理的事业单位工作人员的缴费基数,目前全国尚未统一。有些地方采用机关事业单位养老保险的缴费基数,有的地方采用职工全部工资收入。

其他事业单位人员,按人力资源社会保障部门核定的工资项目加绩效工资项目计算,即按岗位工资、薪级工资、教师(护士)按基本工资标准提高10%的部分、教(护)龄补贴、生活补贴、岗位津贴、工龄补贴、奖励性绩效工资项目之和确定。

新进本单位的人员以职工本人起薪当月的足月工资收入作为缴费基数。

实际工作中,为了便于职工基本医疗保险的征缴,很多地方一般以上一年度个人月平均工资为缴费基数。

职工月平均工资超过当地全口径城镇单位就业人员平均工资300%以上的部分,不计入个人缴费基数;低于当地全口径城镇单位就业人员平均工资60%的,按60%计算缴费基数。职工工资介于当地全口径城镇单位就业人员平均工资60%和300%之间的,采取据实征收的办法。

3)其他人员缴费基数

(1)灵活就业人员的缴费基数。

城镇灵活就业人员的缴费基数可以以当地上一年度职工年平均工资或当地上一年度职工年平均工资的一定比例作为缴费基数。[《劳动和社会保障部办公厅关于城镇灵活就业人员参加基本医疗保险的指导意见》(劳社厅发〔2003〕10号)]

实际工作中,有的统筹地区参照用人单位,按全口径城镇单位就业人员平均工资的300%和60%设置上下限,核定缴费基数;有的统筹地区在全口径城镇单位就业人员平均工资的60%~300%区间设置若干档,由灵活就业人员自行选择一档作为缴费基数;有的统筹地区按全口径城镇单位就业人员平均工资的一定比例确定统一的缴费基数。

(2)失业人员的缴费基数。

领取失业保险金人员应按规定参加其失业前失业保险参保地的职工医疗保险,缴费基数按照统筹地区全口径城镇单位就业人员平均工资的一定比例确定,最低不低于60%。

(3)退休人员的缴费基数。

参加职工基本医疗保险的个人,达到法定退休年龄时累计缴费达到国家规定年限的,退休后不再缴纳基本医疗保险费。未达到国家规定年限的,可以缴费至国家规定年限,缴费基数按统筹地区上年度全口径城镇单位就业人员平均工资的一定比例确定,但最低比例不得低于60%。

(二)城乡居民基本医疗保险(非职业人群和低收入人群医疗保险)

城乡居民基本医疗保险费用的筹集实行个人缴费和政府补贴相结合为主的筹资方式。鼓励集体、单位或其他社会经济组织给予扶持或资助。各统筹地区综合考虑城乡居民基本医疗保险与大病保险保障需求,按照基金收支平衡的原则,合理确定城乡统一的筹资标准。

1. 个人缴费

城乡居民基本医疗保险一般采取定额缴纳方式。各地根据当地经济发展水平以及成年人和未成年人等不同人群的基本医疗消费需求,同时考虑当地居民家庭和财政负担能力,合理确定筹资水平,并随着客观情况的变化适度调整。2020年城乡居民基本医疗保险个人缴费标准原则上同步提高30元,达到每人每年280元。

各统筹地区根据本地实际情况,确定具体筹资标准并划分政府和个人分担比例。年人均财政补助和个人缴费水平已达到国家规定的最低标准的地区,在确保各项待遇落实的前提下,可根据实际合理确定年筹资标准。

2. 集体扶持

有条件的乡村集体经济组织对本地城乡居民基本医疗保险制度给予适当扶持。扶持城乡居民基本医疗保险的乡村集体经济组织类型、出资标准由县级人民政府确定,但集体出资部分不得向农民摊派。鼓励社会团体和个人资助城乡居民基本医疗保险制度。

3. 政府补助

政府对城乡居民基本医疗保险予以财政补助,补助标准每年由省级医疗保障部门、财政部门确定。各统筹地区可结合当地实际,确定财政补助标准,但不得低于省级医疗保障部门、财政部门规定的最低标准。

2021年城乡居民基本医疗保险人均财政补助标准新增30元,达到每人每年不低于580元。中央财政按规定对地方实行分档补助,地方各级财政要按规定足额安排财政补助资金并及时拨付到位。

六、优惠政策

(一)职工基本医疗保险

自2020年2月起,各省、自治区、直辖市及新疆生产建设兵团(以下统称省)可指导统筹地区根据基金运行情况和实际工作需要,在确保基金收支中长期平衡的前提下,对职工医保单位缴费部分实行减半征收,减征期限不超过5个月。

(二)城乡居民基本医疗保险(非职业人群和低收入人群医疗保险)

政府对困难人员参加城乡居民基本医疗保险的缴费给予补贴,具体办法由各地确定。

缴费困难人员主要包括以下4类。

1. 享受最低生活保障的人

最低生活保障制度的保障对象是家庭人均收入低于当地最低生活保障标准的居民。主要是以下3类人员:

(1)无生活来源、无劳动能力、无法定赡养人或抚养人的居民。

(2)领取失业救济金期间或失业救济期满仍未能重新就业,家庭人均收入低于最低生活保障标准的居民。

(3)在职人员和下岗人员在领取工资或最低工资、基本生活费后以及退休人员领取退休金后,其家庭人均收入仍低于最低生活保障标准的居民。

2. 丧失劳动能力的重度残疾人

丧失劳动能力,是指已经失去劳动的能力。丧失劳动能力又分完全丧失劳动能力和大部分丧失劳动能力两个程度档次。

3. 低收入家庭60周岁以上的老年人和未成年人

低收入家庭,是指家庭成员人均收入和家庭财产状况符合当地人民政府规定的低收入标准的家庭;家庭成员是指具有法定赡养、抚养或扶养关系并共同生活的人员。

4. 建档立卡贫困人员

建档立卡贫困人员是指按照扶贫工作要求,政府为其建立专门的贫困档案信息,纳入统一管理的农村贫困人员。通过建档立卡,对贫困户和贫困村进行精准识别,了解贫困状况,分析致贫原因,摸清帮扶需求,明确帮扶主体。

建档立卡贫困人员以2013年农民人均纯收入2736元的国家农村扶贫标准为识别标准。各省、自治区、直辖市在确保完成国家农村扶贫标准识别任务的基础上,可结合本地实际,按本省标准开展贫困户识别工作。

农村建档立卡贫困人口作为医疗救助对象,应实现基本医保、大病保险和医疗救助全覆盖,其中对特困人员参保缴费给予全额补贴、对农村建档立卡贫困人口给予定额补贴,逐步将资助参保资金统一通过医疗救助渠道解决。

七、缴纳时间(期限)

社会保险费征收期限是指根据相关规定,缴费人申报缴纳社会保险费款的时限。目前,各省市之间征收期限规定不尽相同。

八、缴纳地点

(一)职工基本医疗保险

所有用人单位及其职工都要按照属地管理原则参加所在统筹地区的基本医疗保险,执行统一政策,实行基本医疗保险基金的统一筹集、使用和管理。

(二)城乡居民基本医疗保险(非职业人群和低收入人群医疗保险)

按照属地管理原则参加所在统筹地区的城乡居民基本医疗保险。

第三节 生育保险费

一、概述

生育保险是国家通过社会保险立法,对生育职工因生育而暂时中断劳动,提供必要的经济补偿和医疗保健的一项社会制度。

生育保险与职工基本医疗保险合并实施以后,两险统一参保登记、统一基金管理、统一医疗服务管理、统一经办和信息服务。

根据《社会保险法》规定,职工应当参加生育保险。2012年发布的《女职工劳动保护特别规定》(国务院令第619号)规定的各项生育保障权利适用于我国境内国家机关、企业、事业单位、社会团体、个体经济组织以及其他社会组织等用人单位及其女职工。理论上讲,我国生育保险覆盖国家机关、企业、事业单位、社会团体、个体经济组织以及其他社会组织等用人单位及其职工。但同时,《社会保险法》和《女职工劳动保护特别规定》承认部分用人单位没有参加生育保险、缴纳生育保险费的现实情况,只是要求未参加生育保险的单位按规定支付女职工的各项生育保险待遇,实行单位保障。所以,我国生育保障方面是两种制度并存的:

(1)社会保险制度,包括所有缴纳生育保险费的单位,职工生育津贴和医疗费用由生育保险基金支付;

(2)单位保障制度,包括所有未缴纳生育保险的单位,职工生育津贴和医疗费用由所在单位支付。

2019年3月6日,国务院办公厅提出《关于全面推进生育保险和职工基本医疗保险合并实施的意见》(国办发〔2019〕10号)。生育保险基金并入职工基本医疗保险基金,统一征缴,统筹层次一致。按照用人单位参加生育保险和职工基本医疗保险的缴费比例之和确定新的用人单位职工基本医疗保险费率,个人不缴纳生育保险费。同时,根据职工基本医疗保险基金支出情况和生育待遇的需求,按照收支平衡的原则,建立费率确定和调整机制。职工基本医疗保险基金严格执行社会保险基金财务制度,不再单列生育保险基金收入,在职工基本医疗保险统筹基金待遇支出中设置生育待遇支出项目。探索建立健全基金风险预警机制,坚持基金运行情况公开,加强内部控制,强化基金行政监督和社会监督,确保基金安全运行。

相关政策依据

国务院办公厅关于全面推进生育保险和职工基本医疗保险合并实施的意见

国办发〔2019〕10号 2019年3月6日

全面推进生育保险和职工基本医疗保险(以下简称"两项保险")合并实施,是保障职工社会保险待遇、增强基金共济能力、提升经办服务水平的重要举措。根据《中华人民共和国社会保险法》有关规定,经国务院同意,现就两项保险合并实施提出以下意见。

一、指导思想

以习近平新时代中国特色社会主义思想为指导,全面贯彻党的十九大和十九届二中、三中全会精神,认真落实党中央、国务院决策部署,统筹推进"五位一体"总体布局和协调推进"四个全面"战略布局,坚持以人民为中心,牢固树立新发展理念,遵循保留险种、保障待遇、统一管理、降低成本的总体思路,推进两项保险合并实施,实现参保同步登记、基金合并运行、征缴管理一致、监督管理统一、经办服务一体化。通过整合两项保险基金及管理资源,强化基金共济能力,提升管理综合效能,降低管理运行成本,建立适应我国经济发展水平、优化保险管理资源、实现两项保险长期稳定可持续发展的制度体系和运行机制。

二、主要政策

(一)统一参保登记。参加职工基本医疗保险的在职职工同步参加生育保险。实施过程中要完善参保范围,结合全民参保登记计划摸清底数,促进实现应保尽保。

(二)统一基金征缴和管理。生育保险基金并入职工基本医疗保险基金,统一征缴,统筹层次一致。按照用人单位参加生育保险和职工基本医疗保险的缴费比例之和确定新的用人单位职工基本医疗保险费率,个人不缴纳生育保险费。同时,根据职工基本医疗保险基金支出情况和生育待遇的需求,按照收支平衡的原则,建立费率确定和调整机制。

职工基本医疗保险基金严格执行社会保险基金财务制度,不再单列生育保险基金收入,在职工基本医疗保险统筹基金待遇支出中设置生育待遇支出项目。探索建立健全基金风险预警机制,坚持基金运行情况公开,加强内部控制,强化基金行政监督和社会监督,确保基金安全运行。

(三)统一医疗服务管理。两项保险合并实施后实行统一定点医疗服务管理。医疗保险经办机构与定点医疗机构签订相关医疗服务协议时,要将生育医疗服务有关要求和指标增加到协议内容中,并充分利用协议管理,强化对生育医疗服务的监控。执行基本医疗保险、工伤保险、生育保险药品目录以及基本医疗保险诊疗项目和医疗服务设施范围。

促进生育医疗服务行为规范。将生育医疗费用纳入医保支付方式改革范围,推动住院分娩等医疗费用按病种、产前检查按人头等方式付费。生育医疗费用原则上实行医疗保险经办机构与定点医疗机构直接结算。充分利用医保智能监控系统,强化监控和审核,控制生育医疗费用不合理增长。

(四)统一经办和信息服务。两项保险合并实施后,要统一经办管理,规范经办流程。经办管理统一由基本医疗保险经办机构负责,经费列入同级财政预算。充分利用医疗保险信息系统平台,实行信息系统一体化运行。原有生育保险医疗费用结算平台可暂时保留,待条件成熟后并入医疗保险结算平台。完善统计信息系统,确保及时全面准确反映生育保险基金运行、待遇享受人员、待遇支付等方面情况。

(五)确保职工生育期间的生育保险待遇不变。生育保险待遇包括《中华人民共和国社会保险法》规定的生育医疗费用和生育津贴,所需资金从职工基本医疗保险基金中支付。生育津贴支付期限按照《女职工劳动保护特别规定》等法律法规规定的产假期限执行。

(六)确保制度可持续。各地要通过整合两项保险基金增强基金统筹共济能力;研判当前和今后人口形势对生育保险支出的影响,增强风险防范意识和制度保障能力;按照"尽力而为、量力而行"的原则,坚持从实际出发,从保障基本权益做起,合理引导预期;跟踪分析合并实施后基金运行情况和支出结构,完善生育保险监测指标;根据生育保险支出需求,建立费率动态调整机制,防范风险转嫁,实现制度可持续发展。

三、保障措施

(一)加强组织领导。两项保险合并实施是党中央、国务院作出的一项重要部署,也是推动建立更加公平更可持续社会保障制度的重要内容。各省(自治区、直辖市)要高度重视,加强领导,有序推进相关工作。国家医保局、财政部、国家卫生健康委要会同有关方面加强工作指导,及时研究解决工作中遇到的困难和问题,重要情况及时报告国务院。

(二)精心组织实施。各地要高度重视两项保险合并实施工作,按照本意见要求,根据当地生育保险和职工基本医疗保险参保人群差异、基金支付能力、待遇保障水平等因素进行综合分析和研究,周密组织实施,确保参保人员相关待遇不降低、基金收支平衡,保证平稳过渡。各省(自治区、直辖市)要加强工作部署,督促指导各统筹地区加快落实,2019年底前实现两项保险合并实施。

(三)加强政策宣传。各统筹地区要坚持正确的舆论导向,准确解读相关政策,大力宣传两项保险合并实施的重要意义,让社会公众充分了解合并实施不会影响参保人员享受相关待遇,且有利于提高基金共济能力、减轻用人单位事务性负担、提高管理效率,为推动两项保险合并实施创造良好的社会氛围。

二、缴纳人

用人单位按照国家规定缴纳生育保险费,职工不缴纳生育保险费。所以,凡是按规定参加了生育保险的各类城镇企业等用人单位,都是生育保险的缴费义务人。

三、征缴对象、范围

所有城镇企业职工,既包括男职工,也包括女职工都应参加生育保险。[《企业职工生育保险试行办法》(劳部发〔1994〕504号)]

此外,以下政策文件特别强调将以下人员纳入生育保险范围:

(1) 在中国境内依法注册或者登记的企业单位等组织依法招用的外国人,以及与境外雇主订立雇用合同后,被派遣到在中国境内注册或者登记的分支机构、代表机构工作的外国人。

(2) 合同制农民工。

(3) 在内地(大陆)依法注册或者登记的企业、事业单位、社会组织、有雇工的个体经济组织等用人单位依法聘用、招用的港澳台居民。

单位没有女职工,为什么也要缴纳生育保险费?

国家之所以要做出这样的规定,既是为了维护女职工的合法权益,保障她们在生育期间得到必要的经济补偿和医疗保健,也是在市场经济条件下,均衡单位负担,实现公平竞争和促进男女平等就业的需要。如果不能有效地均衡用人单位的生育费用负担,不仅会影响单位间的公平竞争,而且会导致一些单位不愿意招用女职工,从而增加女性的就业难度,侵害女性平等就业权。所以,单位不管有没有女职工,都应参加生育保险。

生完孩子还需要交生育险

我国法律规定,只要员工和企业建立了劳动关系,员工单位应不论员工性别必须为其缴纳生育险,无论员工是否婚配、是否生育、是否继续生育都必须为其缴纳生育险。

四、费率、征收率

生育保险费的费率由当地人民政府根据计划内生育人数和生育津贴、生育医疗费等项费用确定,并可根据费用支出情况适时调整,但最高不得超过工资总额的1%。由于各地生育保险统筹层次不一,各地的生育保险费率也不相同。

为提高基金使用效率,降低企业成本,2015年人力资源和社会保障部、财政部联合印发《关于适当降低生育保险费率的通知》(人社部发〔2015〕70号),要求生育保险基金累计结余超过9个月的统筹地区,应将生育保险基金费率调整到用人单位职工工资总额的0.5%以内,具体费率应按照"以支定收、收支平衡"的原则,根据近年来生育保险基金的收支和结余情况确定。较多地区根据要求下调了生育保险费率。随着"二孩"政策效应的显现,生育保险支出增长较快,生育保险基金收支矛盾凸显,部分统筹区支付能力由原来的超过9个月下降到9个月以内,一些地区生育保险恢复下调前的费率。

生育保险基金并入职工基本医疗保险基金后,按照用人单位参加生育保险和职工基本医疗保险的缴费比例之和确定新的用人单位职工基本医疗保险费率。同时,根据职工基本医疗保险基金支出情况和生育待遇的需求,按照收支平衡的原则,建立费率确定和调整机制。

五、应纳费款的计算

(一) 计算公式

生育保险费应缴费额公式为:

$$应缴费额 = 生育保险费缴费基数 \times 费率$$

(二) 缴费基数

生育保险根据"以支定收,收支基本平衡"的原则筹集资金,由用人单位按照其工资总额的一定比例缴纳生育保险费。2019年3月,国务院办公厅印发《关于全面推进生育保险和职工基本医疗保险合并实施的意见》(国办发〔2019〕10号),明确生育保险基金并入职工基本医疗保险基金,统一征缴,统筹层次一致。所以,生育保险和职工基本医疗保险合并实施后,生育保险的缴费基数原则上统一为职工基本医疗保险的缴费基数。

职工个人不缴纳生育保险费。

【案例21-1】 2023年3月,张三工资为5 000元,所在的企业2022年度工资总额为135 000元。企业所在统筹地区实施生育保险缴费比例按照本单位上年度职工月平均工资的

0.5%确定。

【分析】（1）张三2023年3月需要缴纳多少生育保险费？

根据《企业职工生育保险试行办法》（劳部发〔1994〕504号）第四条"职工个人不缴纳生育保险"，张三不需要缴纳生育保险费。

（2）张三所在的企业2022年度需要缴纳多少生育保险费？（企业所在统筹地区在岗职工月平均工资为4 500元）

张三所在的企业2022年度需要缴纳的生育保险费＝135 000×0.5％＝675（元）

六、优惠政策

《国务院办公厅关于全面推进生育保险和职工基本医疗保险合并实施的意见》（国办发〔2019〕10号）中明确了生育保险和职工基本医疗保险合并实施后，仍保留两个险种，保障待遇，两险基金合并统一管理，不再单列。《国家医保局 财政部 税务总局关于阶段性减征职工基本医疗保险费的指导意见》（医保发〔2020〕6号）明确规定的是职工基本医疗保险单位缴费部分可以实行减半征收，未对生育保险进行规定。

七、缴纳时间（期限）

社会保险费征收期限是指根据相关规定，缴费人申报缴纳社会保险费款的时限。目前，各省市之间征收期限规定不尽相同。

八、缴纳地点

生育保险费的缴纳地点为用人单位所在地。

第四节 工伤保险费

一、概述

工伤保险（亦称职业伤害保险、工业伤害保险、工人伤害补偿保险或因工伤害保险），是对因工作原因遭受事故伤害或患职业病的劳动者提供物质帮助的一项社会保障制度。

工伤保险不要求个人缴费，工伤保险费由雇主（用人单位）缴纳，是典型的雇主责任险。

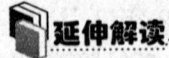

工伤认定的情形

《工伤保险条例》相关规定：

1. 认定工伤

职工有下列情形之一的，应当认定为工伤：

（1）在工作时间和工作场所内，因工作原因受到事故伤害的。

（2）工作时间前后在工作场所内，从事与工作有关的预备性或者收尾性工作受到事故伤害的。

（3）在工作时间和工作场所内，因履行工作职责受到暴力等意外伤害的。

（4）患职业病的。

（5）因工外出期间，由于工作原因受到伤害或者发生事故下落不明的。

（6）在上下班途中，受到非本人主要责任的交通事故或者城市轨道交通、客运轮渡、火车事故伤害的。

（7）法律、行政法规规定应当认定为工伤的其他情形。

2. 视同工伤

职工有下列情形之一的，视同工伤：

（1）在工作时间和工作岗位，突发疾病死亡或者在48小时之内经抢救无效死亡的。

（2）在抢险救灾等维护国家利益、公共利益活动中受到伤害的。

（3）职工原在军队服役，因战、因公负伤致残，已取得革命伤残军人证，到用人单位后旧伤复发的。

职工有上述第（1）项、第（2）项情形的，按照《工伤保险条例》的有关规定享受工伤保险待遇；职工有上述第（3）项情形的，按照《工伤保险条例》的有关规定享受除一次性伤残补助金以外的工伤保险待遇。

3. 不得认定或视同工伤的情形

职工符合《工伤保险条例》第十四条、第十五条规定认定或视同工伤，但是有下列情形之一的，不得认定为工伤或者视同工伤：

（1）故意犯罪的。

（2）醉酒或者吸毒的。

(3) 自残或者自杀的。
(4) 法律、行政法规规定的其他情形。

4. 用人单位雇用未成年人发生工伤的处理

未成年人没有达到法定劳动年龄，与用人单位不能形成合法的用工关系，不能享受工伤保险待遇，但是发生工伤后，应当由用人单位负责解决工伤待遇。

▎相关政策依据

财政部　国家税务总局
关于工伤职工取得的工伤保险待遇
有关个人所得税政策的通知

财税〔2012〕40号　2012年5月3日

为贯彻落实《工伤保险条例》（国务院令第586号），根据个人所得税法第四条中"经国务院财政部门批准免税的所得"的规定，现就工伤职工取得的工伤保险待遇有关个人所得税政策通知如下：

一、对工伤职工及其近亲属按照《工伤保险条例》（国务院令第586号）规定取得的工伤保险待遇，免征个人所得税。

二、本通知第一条所称的工伤保险待遇，包括工伤职工按照《工伤保险条例》（国务院令第586号）规定取得的一次性伤残补助金、伤残津贴、一次性工伤医疗补助金、一次性伤残就业补助金、工伤医疗待遇、住院伙食补助费、外地就医交通食宿费用、工伤康复费用、辅助器具费用、生活护理费等，以及职工因工死亡，其近亲属按照《工伤保险条例》（国务院令第586号）规定取得的丧葬补助金、供养亲属抚恤金和一次性工亡补助金等。

三、本通知自2011年1月1日起执行。对2011年1月1日之后已征税款，由纳税人向主管税务机关提出申请，主管税务机关按相关规定予以退还。

二、缴纳人

《社会保险法》规定："职工应当参加工伤保险，由用人单位缴纳工伤保险费，职工不缴纳工伤保险费。"所以，用人单位是工伤保险缴费义务人。

三、征缴对象、范围

我国工伤保险的人员覆盖范围。

（一）应参加人员

(1) 我国境内的企业、事业单位、社会团体、民办非企业单位、基金会、律师事务所、会计师事务所等组织和有雇工的个体工商户（以下简称用人单位）的职工或者雇工。

(2) 我国已经有超过2/3的省份和地区出台办法，将公务员和参照《公务员法》管理的事业单位工作人员纳入了工伤保险制度，全国统一的公务员工伤保险办法也正在制定中。

（二）特殊情况

(1) 达到或超过法定退休年龄，但未办理退休手续或者未依法享受城镇职工基本养老保险待遇，继续在原用人单位工作期间受到事故伤害或患职业病的，用人单位依法承担工伤保险责任。用人单位招用已经达到、超过法定退休年龄或已经领取城镇职工基本养老保险待遇的人员，在用工期间因工作原因受到事故伤害或患职业病的，如招用单位已按项目参保等方式为其缴纳工伤保险费的，应适用《工伤保险条例》。

(2) 职工在两个或两个以上用人单位同时就业的，每个用人单位都应当为该职工缴纳工伤保险费。

四、费率、征收率

（一）行业差别费率

工伤保险费率是所有社会保险费费率中最为复杂的。我国工伤保险实行行业差别费率和浮动费率制度。工伤保险实行行业差别费率，不同工伤风险类别的行业执行不同的工伤保险行业基准费率。行业差别费率是工伤保险费率确定的基础。差别费率使用人单位的缴费与所属行业风险程度、事故发生频率相挂钩。

我国将工伤保险行业风险类别确定为八类，企业各行业工伤风险类别对应的全国工伤保险行业基准费率为：一类至八类分别控制在该行业用人单位职工工资总额的0.2%、0.4%、0.7%、0.9%、1.1%、1.3%、1.6%、1.9%左右。

［《人力资源社会保障部　财政部关于调整工伤保险费率政策的通知》（人社部发〔2015〕71号）］

按照《国民经济行业分类》（GB/T 4754—2011）对行业的划分，根据不同行业的工伤风险程度，由低到高，依次将行业工伤风险类别划分为一类至八类。工伤保险行业风险分类见表18-1。

表 18-1 工伤保险行业风险分类表

行业类别	基准费率	行业名称
一类	0.2%	软件和信息技术服务业,货币金融服务,资本市场服务,保险业,其他金融业,科技推广和应用服务业,社会工作,广播、电视、电影和影视录音制作业,中国共产党机关,国家机构,人民政协、民主党派,社会保障,群众团体、社会团体和其他成员组织,基层群众自治组织,国际组织
二类	0.4%	批发业,零售业,仓储业,邮政业,住宿业,餐饮业,电信、广播电视和卫星传输服务,互联网和相关服务,房地产业,租赁业,商务服务业,研究和试验发展,专业技术服务业,居民服务业,其他服务业,教育,卫生,新闻和出版业,文化艺术业
三类	0.7%	农副食品加工业,食品制造业,酒、饮料和精制茶制造业,烟草制品业,纺织业,木材加工和木、竹、藤、棕、革制品业,文教、工美、体育和娱乐用品制造业,计算机、通信和其他电子设备制造业,仪器仪表制造业,其他制造业,水的生产和供应业,机动车、电子产品和日用产品修理业,水利管理业,生态保护和环境治理业,公共设施管理业,娱乐业
四类	0.9%	农业、畜牧业,农、林、牧、渔服务业,纺织服装、服饰业,皮革、毛皮、羽毛及其制品和制鞋业,印刷和记录媒介复制业,医药制造业,化学纤维制造业,橡胶和塑料制品业,金属制品业,通用设备制造业,专用设备制造业,汽车制造业,铁路、船舶、航空航天和其他运输设备制造业,电气机械和器材制造业,废弃资源综合利用业,金属制品、机械和设备修理业,电力、热力生产和供应业,燃气生产和供应业,铁路运输业,航空运输业,管道运输业,体育
五类	1.1%	林业,开采辅助活动,家具制造业,造纸和纸制品业,建筑安装业,建筑装饰和其他建筑业,道路运输业,水上运输业,装卸搬运和运输代理业
六类	1.3%	渔业,化学原料和化学制品制造业,非金属矿物制品业,黑色金属冶炼和压延加工业,有色金属冶炼和压延加工业,房屋建筑业,土木工程建筑业
七类	1.6%	石油和天然气开采业,其他采矿业,石油加工、炼焦和核燃料加工业
八类	1.9%	煤炭开采和洗选业,黑色金属矿采选业,有色金属矿采选业,非金属矿采选业

(二) 浮动费率

浮动费率是指在差别费率的基础上根据企业在一定时期内安全生产状况和工伤保险费用支出情况,在评估基础上,定期对企业费率给予浮动的办法。

我国在实行行业差别费率的基础上,根据用人单位工伤保险出现情况、工伤保险基金使用情况、工伤发生率等因素实行浮动费率。

通过费率浮动办法确定各类行业内的费率档次为:

一类行业分为3个档次,即在基准费率的基础上,可向上浮动至120%、150%。

二类至八类行业分为5个档次,即在基准费率的基础上,可分别向上浮动至120%、150%或向下浮动至80%、50%。

(三) 费率的确定

工伤保险费率的确定,先是根据用人单位的工商登记行业类别,确定用人单位的行业风险类别、工伤保险行业基准费率,再根据单位出险情况确定浮动费率。

1. 基准费率的确定

各统筹地区按照"以支定收、收支平衡"的原则,确定本地区工伤保险行业基准费率具体标准,并征求工会组织、用人单位代表的意见,报统筹地区人民政府批准后实施。基准费率的具体标准可根据统筹地区经济产业结构变动、工伤保险基金使用等情况适时调整。

2. 用人单位费率的确定

统筹地区根据用人单位工伤保险基金使用、工伤发生率、职业病危害程度等因素,确定其工伤保险费率,并可依据上述因素变化情况,每1～3年确定其在所属行业不同费率档次间是否浮动。对符合浮动条件的用人单位,每次可上下浮动一档或两档。统筹地区工伤保险最低费率不低于本地区一类风险行业基准费率。

我国2022年延续实施阶段性降低失业保

险、工伤保险费率政策,降低企业社保负担。

阶段性降低失业保险、工伤保险费率政策

【享受主体】

失业保险、工伤保险参保单位

【优惠内容】

自2022年5月1日,延续实施阶段性降低失业保险、工伤保险费率政策1年,执行期限至2023年4月30日。

按照现行阶段性降率政策规定,失业保险总费率为1%。在省(区、市)行政区域内,单位及个人的费率应当统一,个人费率不得超过单位费率。本地具体费率由各省(区、市)确定。工伤保险基金累计结余可支付月数在18至23个月的统筹地区可以现行费率为基础下调20%累计结余可支付月数在24个月以上的统筹地区可以现行费率为基础下调50%。

【政策依据】

1.《人力资源社会保障部 财政部 国家税务总局关于做好失业保险稳岗位提技能防失业工作的通知》(人社部发〔2022〕23号)

2.《人力资源社会保障部 财政部关于继续阶段性降低社会保险费率的通知》(人社部发〔2018〕25号)

3.《人力资源社会保障部 财政部关于阶段性降低失业保险费率有关问题的通知》(人社部发〔2017〕14号)

五、应纳费款的计算

工伤保险费应缴费额公式为:

应缴费额=工伤保险费缴费基数×工伤保险费费率

(一)工伤保险费缴费基数的确定

用人单位应当按照本单位职工工资总额确定缴费基数,即按上年用人单位月平均工资总额或上月工资总额确定缴费基数。

工伤保险没有明确的缴费基数上下限规定。但实际操作中,由于常与养老保险同时申报,一般采用企业职工养老保险缴费基数上下限规定。部分统筹地区根据实际情况规定了工伤保险缴费基数的上限和下限,还有部分地区对工伤保险缴费基数不设上限。

(二)特殊情况

难以直接按照工资总额计算缴纳工伤保险费的建筑施工企业、小型服务企业、小型矿山企业等部分行业企业缴纳工伤保险费的具体方式。

(1)建筑施工企业。

可以实行以建筑施工项目为单位,按照项目工程总造价的一定比例,计算缴纳工伤保险费。

(2)商贸、餐饮、住宿、美容美发、洗浴以及文体娱乐等小型服务业企业以及有雇工的个体工商户。

可以按照营业面积的大小核定应参保人数,按照所在统筹地区上一年度职工月平均工资的一定比例和相应的费率,计算缴纳工伤保险费;也可以按照营业额的一定比例计算缴纳工伤保险费。

(3)小型矿山企业。

可以按照总产量、吨矿工资含量和相应的费率计算缴纳工伤保险费。[《部分行业企业工伤保险费缴纳办法》(人力资源社会保障部令第10号)]

【案例18-2】 2023年3月,张三工资为3 000元,所在的企业2022年度工资总额为135 000元。所在企业属于《国民经济行业分类》二类中等风险行业。企业所在统筹地区社会保险经办机构在行业基准费率的基础上,上浮第一档。

【分析】(1)张三2023年3月需要缴纳多少工伤保险费?

根据《工伤保险条例》第七条"工伤保险基金由用人单位缴纳的工伤保险费、工伤保险基金的利息和依法纳入工伤保险基金的其他资金构成"的规定,张三不需要缴纳工伤保险费。

(2)张三所在的企业2022年需要缴纳多少工伤保险费?(企业所在统筹地区在岗职工月平均工资为4 500元)

《人力资源社会保障部 财政部关于调整工伤保险费率政策的通知》(人社部发〔2015〕71号)第二条规定:"关于行业差别费率及其档次确认。不同工伤风险类别的行业执行不同的工伤保险行业基准费率。各行业工伤风险类别对应的全国工伤保险行业基准费率为,一类至八类分别控制在该行业用人单位职工工资总额的 0.2%、0.4%、0.7%、0.9%、1.1%、1.3%、1.6%、1.9%左右。

通过费率浮动的办法确定每个行业内的费率档次。一类行业分为 3 个档次,即在基准费率的基础上,可向上浮动至 120%、150%,二类至八类行业分为 5 个档次,即在基准费率的基础上,可分别向上浮动至 120%、150%或向下浮动至 80%、50%。"

可以得出,张三所在的企业 2022 年需要缴纳的工伤保险费 = 135 000 × 120% × 0.4% = 648(元)。

六、优惠政策

降低社会保险费率是党中央、国务院作出的重大决策部署,是实施更大规模减税降费措施的重要内容,对于减轻企业负担、激发微观主体活力、促进经济增长具有重要作用,事关改革发展稳定全局。

按照党中央、国务院决策部署,人力资源和社会保障部、财政部、税务总局印发《关于阶段性减免企业社会保险费的通知》(人社部发〔2020〕11 号),自 2020 年 2 月起阶段性减免企业基本养老保险、失业保险、工伤保险(以下简称三项社会保险)单位缴费部分,减轻了企业负担,有力支持了企业复工复产。

各省、自治区、直辖市及新疆生产建设兵团(以下统称省)对中小微企业三项社会保险单位缴费部分免征的政策,执行到 2020 年 12 月底。各省(除湖北省外)对大型企业等其他参保单位(不含机关事业单位,下同)三项社会保险单位缴费部分减半征收的政策,执行到 2020 年 6 月底。湖北省对大型企业等其他参保单位三项社会保险单位缴费部分免征的政策,执行到 2020 年 6 月底。受疫情影响生产经营出现严重困难的企业,缓缴社会保险费政策执行至 2020 年 12 月底,缓缴期间免收滞纳金。

自 2023 年 5 月 1 日起,按照《国务院办公厅关于印发降低社会保险费率综合方案的通知》(国办发〔2019〕13 号)有关实施条件,继续实施阶段性降低工伤保险费率政策,实施期限延长至 2024 年年底。[《人力资源社会保障部 财政部 国家税务总局关于阶段性降低失业保险、工伤保险费率有关问题的通知》(人社部发〔2023〕19 号,2023 年 3 月 29 日)]

七、缴纳时间(期限)

社会保险费征收期限是指根据相关规定,缴费人申报缴纳社会保险费款的时限。目前,各省市之间征收期限规定不尽相同。

八、缴纳地点

工伤保险费,由用人单位缴纳,缴纳地点为用人单位所在地。

第五节 失业保险费

一、概述

失业保险是对在劳动年龄范围内,有就业能力并有就业愿望的人由于非本人原因而失去工作,无法获得维持生活所需的工资收入,在一定期间内由国家和社会为其提供基本生活保障的社会保险制度。

二、缴纳人

《社会保险法》第四十四条规定:"职工应当参加失业保险,由用人单位和职工按照国家规定共同缴纳失业保险费。"所以,以职工身份参保的,用人单位和职工个人都是失业保险缴费义务人。

三、征缴对象、范围

我国失业保险制度建立以来,覆盖范围在逐步扩大。在《失业保险条例》发布前,失业保险费由单位缴纳,职工个人不缴费。1999年国务院颁布了《失业保险条例》,进一步扩大了失业保险的覆盖范围,将城镇企业事业单位及其职工都纳入了失业保险的范围,并且规定各省、自治区、直辖市人民政府可以确定将社会团体及其专职人员、民办非企业单位及其职工、城镇有雇工的个体工商户及其雇工纳入失业保险范围。

目前,公务员和参照《公务员法》管理的工作人员未纳入失业保险范围。

(一) 应参加人员

城镇企业事业单位、城镇企业事业单位职工。

其中,城镇企业是指国有企业、城镇集体企业、外商投资企业、城镇私营企业以及其他城镇企业。

(二) 可以参加人员

省、自治区、直辖市人民政府根据当地情况,可以决定失业保险适用于社会团体专职人员、民办非企业职工、城镇个体工商户雇工。

(三) 特殊情况

符合与中国签订双边社保协定规定的在华短暂就业的外国人可以不参加失业保险。

四、费率、征收率

《失业保险条例》规定,失业保险单位费率为2%,个人费率为1%。省、自治区、直辖市人民政府根据本行政区域失业人员数量和失业保险基金数额,报经国务院批准,可以适当调整本行政区域失业保险费的费率。2015年以来,国家先后多次阶段性降低失业保险费率:

从2015年3月1日起,失业保险总费率暂由3%降至2%,单位和个人缴费的具体费率由各省、自治区、直辖市人民政府确定。在省、自治区、直辖市行政区域内,单位及职工的费率应当统一。

从2016年5月1日起,失业保险总费率在2015年已降低1个百分点基础上可以阶段性降至1%~1.5%,其中个人费率不超过0.5%,降低费率的期限暂按两年执行。具体方案由各省(区、市)确定。

从2017年1月1日起,失业保险总费率为1.5%的省(区、市),可以将总费率降至1%,降低费率的期限执行至2018年4月30日。在省(区、市)行政区域内,单位及个人的费率应当统一,个人费率不得超过单位费率。

自2018年5月1日起,按照《人力资源社会保障部 财政部关于阶段性降低失业保险费率的通知》(人社部发〔2018〕25号),实施失业保险总费率1%的省(区、市),延长阶段性降低费率的期限至2019年4月30日。

按照《国务院办公厅关于印发降低社会保险费率综合方案的通知》(国办发〔2019〕13号),实施失业保险总费率1%的省,延长阶段性降低失业保险费率的期限至2020年4月30日。

按照《国务院关于进一步做好稳就业工作的意见》(国发〔2019〕28号),阶段性降低失业保险费率的政策,实施期限延长至2021年4月30日。

我国2022年延续实施阶段性降低失业保险、工伤保险费率政策,降低企业社保负担。对不裁员、少裁员的企业继续实施普惠性失业保险稳岗返还政策,在2022年度将中小微企业返还比例从60%最高提至90%。

延伸解读

阶段性降低失业保险、工伤保险费率政策

【享受主体】

失业保险、工伤保险参保单位

【优惠内容】

自2022年5月1日,延续实施阶段性降低失业保险、工伤保险费率政策1年,执行期限至2023年4月30日。

按照现行阶段性降率政策规定,失业保险总费率为1%。在省(区、市)行政区域内,单位及个人的费率应当统一,个人费率不得超过单位费率。本地具体费率由各省(区、市)确定。工伤保险基金累计结余可支付月数在18至23个月的统筹地区可以现行费率为基础下调20%

累计结余可支付月数在 24 个月以上的统筹地区可以现行费率为基础下调 50%。

【政策依据】

1.《人力资源社会保障部 财政部 国家税务总局关于做好失业保险稳岗位提技能防失业工作的通知》（人社部发〔2022〕23 号）

2.《人力资源社会保障部 财政部关于继续阶段性降低社会保险费率的通知》（人社部发〔2018〕25 号）

3.《人力资源社会保障部 财政部关于阶段性降低失业保险费率有关问题的通知》（人社部发〔2017〕14 号）

五、应纳费款的计算

（一）计算公式

失业保险费应缴费额公式为：

$$应缴费额 = 失业保险费缴费基数 \times 费率$$

（二）缴费基数

1. 缴费基数的确定

用人单位的缴费基数为本单位工资总额，个人缴费基数为本人工资额。

实践中，目前大部分省市失业保险和养老保险执行相同的单位缴费基数。单位缴费基数主要有两种确定方法：

（1）本单位工资总额。

（2）职工个人缴费工资基数之和。

2. 特殊规定

（1）部分地区个体工商户和灵活就业人员可以参加失业保险，在全省全口径城镇单位就业人员平均工资的 60%~300% 之间选择适当的缴费基数。

（2）城镇企业事业单位招用的农民合同制工人本人不缴纳失业保险费。

3. 个人缴费基数的上下限

失业保险没有明确的个人缴费基数上下限规定。但实际操作中，由于多与养老保险同时参保或需要填报参保人的缴费工资，一般采用企业职工养老保险对个人缴费基数上下限的规定。部分统筹区根据实际情况规定了个人缴费基数的上限和下限，还有部分地区对失业保险个人缴费基数不设上限。

【案例18-3】 2023 年 3 月，张三工资为 3 000 元，所在的企业 2022 年度工资总额为 135 000 元。企业所在统筹地区实施用人单位及个人的失业保险费率统一，均为 0.5%。

【分析】（1）张三 2023 年 3 月需要缴纳多少失业保险费？

《失业保险条例》第二条规定："城镇企业事业单位、城镇企业事业单位职工依照本条例的规定，缴纳失业保险费。"

张三 2023 年 3 月需要缴纳失业保险费 = 3 000×0.5% = 15（元）

（2）张三所在的企业 2022 年需要缴纳多少失业保险费？（企业所在统筹地区在岗职工月平均工资为 4 500 元）

张三所在的企业 2022 年需要缴纳的失业保险费 = 135 000×0.5% = 675（元）

六、优惠政策

降低社会保险费率是党中央、国务院作出的重大决策部署，是实施更大规模减税降费措施的重要内容，对于减轻企业负担、激发微观主体活力、促进经济增长具有重要作用，事关改革发展稳定全局。

按照党中央、国务院决策部署，人力资源和社会保障部、财政部、税务总局印发《关于阶段性减免企业社会保险费的通知》（人社部发〔2020〕11 号），自 2020 年 2 月起阶段性减免企业基本养老保险、失业保险、工伤保险（以下简称三项社会保险）单位缴费部分，减轻了企业负担，有力支持了企业复工复产。

各省、自治区、直辖市及新疆生产建设兵团（以下统称省）对中小微企业三项社会保险单位缴费部分免征的政策，执行到 2020 年 12 月底。各省（除湖北省外）对大型企业等其他参保单位（不含机关事业单位，下同）三项社会保险单位缴费部分减半征收的政策，执行到 2020 年 6 月底。湖北省对大型企业等其他参保单位三项社会保险单位缴费部分免征的政策，执行到 2020 年 6 月底。受疫情影响生产经营出现严重困难的企业，缓缴社会保险费政策执行至 2020 年 12 月底，缓缴期间免收滞纳金。

自 2023 年 5 月 1 日起，继续实施阶段性降低失业保险费率至1%的政策,实施期限延长至2024年底。在省(区、市)行政区域内,单位及个人的费率应当统一,个人费率不得超过单位费率。[《人力资源社会保障部 财政部 国家税务总局关于阶段性降低失业保险、工伤保险费率有关问题的通知》(人社部发〔2023〕19号,2023年3月29日)]

七、缴纳时间(期限)

社会保险费征收期限是指根据相关规定,缴费人申报缴纳社会保险费款的时限。目前,各省市之间征收期限规定不尽相同。

八、缴纳地点

失业保险费的缴纳地点是用人单位所在地。

第十九章

非税收入

第一节 教育费附加

一、概述

教育费附加是以单位和个人缴纳的增值税、消费税税额为计算依据征收的一种附加费（政府性基金）。

主要政策依据：

(1)《中华人民共和国教育法》。

(2)《国务院关于征收教育费附加的暂行规定》（国发〔1986〕50号），（1990年国务院令第60号第一次修改，2005年国务院令第448号第二次修改，2011年国务院令第588号第三次修改）。

(3)《国务院关于修改〈征收教育费附加的暂行规定〉的决定》（国发〔1990〕60号）。

(4)《国务院关于教育费附加征收问题的紧急通知》（国发明电〔1994〕2号）。

(5)《国务院关于教育费附加征收问题的补充通知》（国发明电〔1994〕23号）。

(6)《财政部关于确保财政教育经费投入和加强教育费附加征收工作的通知》（财文字〔1997〕23号）。

(7)《国家税务总局关于印发〈黄金交易增值税征收管理办法〉的通知》（国税发明电〔2002〕47号）。

(8)《财政部 国家税务总局关于黄金税收政策问题的通知》（财税〔2002〕142号）。

(9)《财政部 国家税务总局关于黄金期货交易有关税收政策的通知》（财税〔2008〕5号）。

(10)《国务院关于统一内外资企业和个人城市维护建设税和教育费附加制度的通知》（国发〔2010〕35号）。

(11)《财政部 国家税务总局关于免征国家重大水利工程建设基金的城市维护建设税和教育费附加的通知》（财税〔2010〕44号）。

(12)《财政部关于免征全国中小学校舍安全工程建设有关政府性基金的通知》（财综〔2010〕54号）。

(13)《财政部 国家税务总局关于对外资企业征收城市维护建设税和教育费附加有关问题的通知》（财税〔2010〕103号）。

(14)《国务院关于进一步加大财政教育投入的意见》（国发〔2011〕22号）。

(15)《财政部关于做好城市棚户区改造相关工作的通知》（财综〔2015〕57号）。

(16)《财政部 国家税务总局关于扩大有关政府性基金免征范围的通知》（财税〔2016〕12号）。

(17)《财政部 税务总局关于增值税期末留抵退税有关城市维护建设税教育费附加和地方教育附加政策的通知》（财税〔2018〕80号）。

(18)《财政部 税务总局关于实施小微企业普惠性税收减免政策的通知》（财税〔2019〕13号）。

(19)《财政部 税务总局 退役军人部关于进一步扶持自主就业退役士兵创业就业有关税收政策的通知》（财税〔2019〕21号）。

(20)《财政部 税务总局 人力资源社会保

障部 国务院扶贫办关于进一步支持和促进重点群体创业就业有关税收政策的通知》(财税〔2019〕22号)。

(21)《国家税务总局关于调整部分政府性基金有关征管事项的公告》(国家税务总局公告2019年第24号)。

(22)《财政部关于调整部分政府性基金有关政策的通知》(财税〔2019〕46号)。

(23)《国家税务总局关于支持新型冠状病毒感染的肺炎疫情防控有关税收征收管理事项的公告》(国家税务总局公告2020年第4号)。

(24)《财政部 税务总局关于支持新型冠状病毒感染的肺炎疫情防控有关捐赠税收政策的公告》(财政部 税务总局公告2020年第9号)。

二、缴纳义务人

实际缴纳增值税、消费税税额的单位和个人,为教育费附加的缴纳义务人。

代扣代缴增值税、消费税的单位和个人,亦为教育费附加的扣缴义务人,应在代扣增值税、消费税的同时,代扣教育费附加。

三、征缴范围

凡实际缴纳增值税、消费税的单位和个人(包括外商投资企业、外国企业及外籍个人),都应当依照规定缴纳教育费附加和地方教育附加。教育费附加、地方教育附加与增值税、消费税的征收范围相同。

自2010年12月1日起,对外商投资企业、外国企业及外籍个人开始征收教育费附加。

对海关进口的产品征收的增值税、消费税,不征收教育费附加。

四、征缴标准

自1994年1月1日至今,教育费附加比率为3%,以各单位和个人实际缴纳增值税、消费税税额的3%计征。

五、应纳费款的计算

计算公式:

$$\text{应纳教育费附加} = (\text{实际缴纳的增值税额} + \text{实际缴纳的消费税额}) \times 3\%$$

对海关代征的进口商品增值税、消费税,不征收教育费附加、地方教育附加。

经税务部门正式审核批准的当期免抵的增值税税额应纳入教育费附加、地方教育附加的计征范围,按规定的附加率征收教育费附加、地方教育附加。

注:教育费附加计征依据与城市维护建设税计税依据一致。

自2021年9月1日起施行,依法实际缴纳的增值税、消费税两税税额,是指纳税人依照增值税、消费税相关法律法规和税收政策规定计算的应当缴纳的增值税、消费税两税税额(不含因进口货物或境外单位和个人向境内销售劳务、服务、无形资产缴纳的增值税、消费税两税税额),加上增值税免抵税额,扣除直接减免的增值税、消费税两税税额和期末留抵退税退还的增值税税额后的金额。

直接减免的增值税、消费税两税税额,是指依照增值税、消费税相关法律法规和税收政策规定,直接减征或免征的增值税、消费税两税税额,不包括实行先征后返、先征后退、即征即退办法退还的增值税、消费税两税税额。

【**案例19-1**】 智董设备材料公司(增值税一般纳税人),2022年1月,实际缴纳增值税500万元,进口设备一台,海关代征增值税15万元。

【**分析**】 计算智董设备材料公司2022年1月应缴纳的教育费附加、地方教育附加:

对海关代征的进口商品增值税、消费税,不征收教育附加。

应缴纳教育费附加=500×3%=15(万元)

应缴纳地方教育附加=500×2%=10(万元)

【**案例19-2**】 智董服装公司(增值税一般纳税人,有进出口经营权),2022年1月实际缴纳增值税100万元,经税务部门正式审核批准的当期免抵的增值税税额30万元。

【**分析**】 计算智董服装公司2022年1月应缴纳的教育费附加、地方教育附加:

经税务部门正式审核批准的当期免抵的增值税税额应纳入教育费附加的计征范围,按规定的附加比例征收教育费附加。

应缴纳教育费附加＝(100＋30)×3％＝3.9(万元)

应缴纳地方教育附加＝(100＋30)×2％＝2.6(万元)

对由于减免增值税、消费税而发生退税的，可以同时退还已征收的教育费附加。但对出口产品退还增值税、消费税的，不退还已征的教育费附加。

六、优惠政策

(1) 自2016年2月1日起，将免征教育费附加和地方教育附加的范围，由按月纳税的月销售额或营业额不超过3万元(按季度纳税的季度销售额或营业额不超过9万元)的缴纳义务人，扩大到按月纳税的月销售额或营业额不超过10万元(按季度纳税的季度销售额或营业额不超过30万元)的缴纳义务人。[《财政部 国家税务总局关于扩大有关政府性基金免征范围的通知》(财税〔2016〕12号)]

(2) 2019年1月1日至2021年12月31日，对增值税小规模纳税人可以在50％的税额幅度内减征教育费附加和地方教育附加。增值税小规模纳税人已依法享受教育费附加和地方教育附加其他优惠政策的，可叠加享受以上规定的优惠政策。[《财政部 税务总局关于实施小微企业普惠性税收减免政策的通知》(财税〔2019〕13号)]

(3) 自2018年7月27日起对实行增值税期末留抵退税的纳税人，允许其从教育费附加和地方教育附加的计税(征)依据中扣除退还的增值税税额。[《财政部 税务总局关于增值税期末留抵退税有关城市维护建设税教育费附加和地方教育附加政策的通知》(财税〔2018〕80号)]

(4) 对新办的商贸企业(从事批发、批零兼营以及其他非零售业务的商贸企业除外)，当年新招用下岗失业人员达到职工总数30％以上(含30％)，并与其签订1年以上期限劳动合同的，经劳动保障部门认定，税务机关审核，3年内免征教育费附加。

(5) 对下岗失业人员从事个体经营(除建筑业、娱乐业以及广告业、桑拿、按摩、网吧、氧吧外)的，自领取税务登记证之日起，3年内免征教育费附加。

(6) 自2004年1月1日起，对为安置自谋职业的城镇退役士兵就业而新办的服务型企业(除广告业、桑拿、按摩、网吧、氧吧外)当年新安置自谋职业的城镇退役士兵达到职工总数30％以上，并与其签订1年以上期限劳动合同的，经县以上民政部门认定，税务机关审核，3年内免征教育费附加。

对为安置自谋职业的城镇退役士兵就业而新办的商业零售企业当年新安置自谋职业的城镇退役士兵达到职工总数30％以上，并与其签订1年以上期限劳动合同的，经县以上民政部门认定，税务机关审核，3年内免征教育费附加。

对自谋职业的城镇退役士兵，在《国务院办公厅转发民政部等部门关于扶持城镇退役士兵自谋职业优惠政策意见的通知》(国办发〔2004〕10号)下发后从事个体经营(除建筑业、娱乐业以及广告业、桑拿、按摩、网吧、氧吧外)的，自领取税务登记证之日起，3年内免征教育费附加。

(7) 2019年1月1日至2023年12月31日，对自主就业退役士兵从事个体经营的，在3年内按每户每年12 000元为限额依次扣减其当年实际应缴纳的增值税、城市维护建设税、教育费附加、地方教育附加和个人所得税。限额标准最高可上浮20％；企业招用自主就业退役士兵，在3年内按实际招用人数予以定额依次扣减增值税、城市维护建设税、教育费附加、地方教育附加和企业所得税优惠。定额标准为每人每年6 000元，最高可上浮50％。[《财政部 税务总局 退役军人部关于进一步扶持自主就业退役士兵创业就业有关税收政策的通知》(财税〔2019〕21号)。《关于延长部分税收优惠政策执行期限的公告》(财政部 税务总局公告2022年第4号，2022年1月29日)]

自2023年1月1日至2027年12月31日，自主就业退役士兵从事个体经营的，自办理个体工商户登记当月起，在3年内按每户每年20 000元为限额依次扣减其当年实际应缴纳的增值税、城市维护建设税、教育费附加、地方教育附加和个人所得税。限额标准最高可上浮20％，各省、自治区、直辖市人民政府可根据本地区实际情况在此幅度内确定具体限额标准。

纳税人年度应缴纳税款小于上述扣减限额的,减免税额以其实际缴纳的税款为限;大于上述扣减限额的,以上述扣减限额为限。纳税人的实际经营期不足1年的,应当按月换算其减免税限额。换算公式为:

减免税限额=年度减免税限额÷12×实际经营月数

城市维护建设税、教育费附加、地方教育附加的计税依据是享受本项税收优惠政策前的增值税应纳税额。[《财政部 税务总局 退役军人事务部关于进一步扶持自主就业退役士兵创业就业有关税收政策的公告》(财政部 税务总局 退役军人事务部公告2023年第14号),2023年8月2日]

自2023年1月1日至2027年12月31日,企业招用自主就业退役士兵,与其签订1年以上期限劳动合同并依法缴纳社会保险费的,自签订劳动合同并缴纳社会保险当月起,在3年内按实际招用人数予以定额依次扣减增值税、城市维护建设税、教育费附加、地方教育附加和企业所得税优惠。定额标准为每人每年6 000元,最高可上浮50%,各省、自治区、直辖市人民政府可根据本地区实际情况在此幅度内确定具体定额标准。

企业按招用人数和签订的劳动合同时间核算企业减免税总额,在核算减免税总额内每月依次扣减增值税、城市维护建设税、教育费附加和地方教育附加。企业实际应缴纳的增值税、城市维护建设税、教育费附加和地方教育附加小于核算减免税总额的,以实际应缴纳的增值税、城市维护建设税、教育费附加和地方教育附加为限;实际应缴纳的增值税、城市维护建设税、教育费附加和地方教育附加大于核算减免税总额的,以核算减免税总额为限。

纳税年度终了,如果企业实际减免的增值税、城市维护建设税、教育费附加和地方教育附加小于核算减免税总额,企业在企业所得税汇算清缴时以差额部分扣减企业所得税。当年扣减不完的,不再结转以后年度扣减。

自主就业退役士兵在企业工作不满1年的,应当按月换算减免税限额。计算公式为:

$$企业核算减免税总额 = \sum \frac{每名自主就业退役士兵本年度在本单位工作月份}{12} \times 具体定额标准$$

城市维护建设税、教育费附加、地方教育附加的计税依据是享受本项税收优惠政策前的增值税应纳税额。[《财政部 税务总局 退役军人事务部关于进一步扶持自主就业退役士兵创业就业有关税收政策的公告》(财政部 税务总局 退役军人事务部公告2023年第14号),2023年8月2日]

(8)对城市棚户区改造项目,按照财政部规定免收教育费附加和地方教育附加。[《财政部关于做好城市棚户区改造相关工作的通知》(财综〔2015〕57号)]

(9)对全国城乡公办和民办、教育系统和非教育系统的所有中小学校"校舍安全工程"建设所涉及的教育费附加和地方教育附加予以免收。[《财政部关于免征全国中小学校舍安全工程建设有关政府性基金的通知》(财综〔2010〕54号)]

(10)自2019年1月1日起,纳入产教融合型企业建设培育范围的试点企业,兴办职业教育的投资符合该通知规定的,可按投资额的30%比例,抵免该企业当年应缴教育费附加和地方教育附加。试点企业属于集团企业的,其下属成员单位(包括全资子公司、控股子公司)对职业教育有实际投入的,可按该通知规定抵免教育费附加和地方教育附加。允许抵免的投资是指试点企业当年实际发生的,独立举办或参与举办职业教育的办学投资和办学经费支出,以及按照有关规定与职业院校稳定开展校企合作,对产教融合实训基地等国家规划布局的产教融合重大项目建设投资和基本运行费用的支出。试点企业当年应缴教育费附加和地方教育附加不足抵免的,未抵免部分可在以后年度继续抵免。试点企业有撤回投资和转让股权等行为的,应当补缴已经抵免的教育费附加和地方教育附加。[《财政部关于调整部分政府性基金有关政策的通知》(财税〔2019〕46号)]

(11)黄金交易所会员单位通过黄金交易所销售标准黄金,发生实物交割的,由税务机关按照实际成交价格代开增值税专用发票,并实行增值税即征即退的政策,同时免征教育费附加。[《财政部 国家税务总局关于黄金税收政策问题的通

知》(财税〔2002〕142号)〕

(12)黄金交易所可享受增值税即征即返的优惠政策,同时免征城市维护建设税、教育费附加。〔《国家税务总局关于印发〈黄金交易增值税征收管理办法〉的通知》(国税发明电〔2002〕47号)〕

(13)自2018年1月1日起上海期货交易所会员和客户通过上海期货交易所销售标准黄金(持上海期货交易所开具的《黄金结算专用发票》)发生实物交割并已出库的,由税务机关按照实际交割代开增值税专用发票,并实行增值税即征即退的政策,同时免征城市维护建设税、教育费附加。〔《财政部 国家税务总局关于黄金期货交易有关税收政策的通知》(财税〔2008〕5号)〕

(14)经中国人民银行依法决定撤销的金融机构及其分设于各地的分支机构(包括被依法撤销的商业银行、信托投资公司、财务公司、金融租赁公司、城市信用社和农村信用社),用其财产清偿债务时,免征被撤销金融机构转让货物、不动产、无形资产、有价证券、票据等应缴纳的教育费附加。

(15)自2010年5月25日起对国家重大水利工程建设基金免征教育费附加。〔《财政部 国家税务总局关于免征国家重大水利工程建设基金的城市维护建设税和教育费附加的通知》(财税〔2010〕44号)〕

(16)自2019年1月1日起至2021年12月31日建档立卡贫困人口、持《就业创业证》或《就业失业登记证》的人员从事个体经营的,在3年内按每户每年12 000元为限额依次扣减其当年实际应缴纳的增值税、城市维护建设税、教育费附加、地方教育附加和个人所得税。限额标准最高可上浮20%;企业招用建档立卡贫困人口,以及在人力资源社会保障部门公共就业服务机构登记失业半年以上且持《就业创业证》或《就业失业登记证》人员,在3年内按实际招用人数予以定额依次扣减增值税、城市维护建设税、教育费附加、地方教育附加和企业所得税优惠。定额标准为每人每年6 000元,最高可上浮30%。财税〔2021〕18号文件规定其优惠期限延长到2025年12月31日。〔《财政部 税务总局 人力资源社会保障部 国务院扶贫办关于进一步支持和促进重点群体创业就业有关税收政策的通知》(财税〔2019〕22号)〕

自2023年1月1日至2027年12月31日,脱贫人口、持《就业创业证》(注明"自主创业税收政策"或"毕业年度内自主创业税收政策")或《就业失业登记证》(注明"自主创业税收政策")的人员,从事个体经营的,自办理个体工商户登记当月起,在3年内按每户每年20 000元为限额依次扣减其当年实际应缴纳的增值税、城市维护建设税、教育费附加、地方教育附加和个人所得税。限额标准最高可上浮20%,各省、自治区、直辖市人民政府可根据本地区实际情况在此幅度内确定具体限额标准。

纳税人年度应缴纳税款小于上述扣减限额的,减免税额以其实际缴纳的税款为限;大于上述扣减限额的,以上述扣减限额为限。

上述人员具体包括:纳入全国防止返贫监测和衔接推进乡村振兴信息系统的脱贫人口;在人力资源社会保障部门公共就业服务机构登记失业半年以上的人员;零就业家庭、享受城市居民最低生活保障家庭劳动年龄内的登记失业人员;毕业年度内高校毕业生。高校毕业生,是指实施高等学历教育的普通高等学校、成人高等学校应届毕业的学生;毕业年度,是指毕业所在自然年,即1月1日至12月31日。〔《财政部 税务总局 人力资源社会保障部 农业农村部关于进一步支持重点群体创业就业有关税收政策的公告》(财政部 税务总局 人力资源社会保障部 农业农村部公告2023年第15号),2023年8月2日〕

自2023年1月1日至2027年12月31日,企业招用脱贫人口,以及在人力资源社会保障部门公共就业服务机构登记失业半年以上且持《就业创业证》或《就业失业登记证》(注明"企业吸纳税收政策")的人员,与其签订1年以上期限劳动合同并依法缴纳社会保险费的,自签订劳动合同并缴纳社会保险当月起,在3年内按实际招用人数予以定额依次扣减增值税、城市维护建设税、教育费附加、地方教育附加和企业所得税优惠。定额标准为每人每年6 000元,最高可上浮30%,各省、自治区、直辖市人民政府可根据本地区实际情况在此幅度内确定具体定额标准。城市维护建设税、教育费附加、地方教育附加的计税依据是享受本项税收优惠政策前的增值税应纳税额。

按上述标准计算的税收扣减额应在企业当年实际应缴纳的增值税、城市维护建设税、教育费附加、地方教育附加和企业所得税税额中扣减,当年扣减不完的,不得结转下年使用。

以上所称企业是指属于增值税纳税人或企业所得税纳税人的企业等单位。

企业招用就业人员既可以适用《财政部 税务总局 人力资源社会保障部 农业农村部关于进一步支持重点群体创业就业有关税收政策的公告》规定的税收优惠政策,又可以适用其他扶持就业专项税收优惠政策的,企业可以选择适用最优惠的政策,但不得重复享受。[《财政部 税务总局 人力资源社会保障部 农业农村部关于进一步支持重点群体创业就业有关税收政策的公告》(财政部 税务总局 人力资源社会保障部 农业农村部公告2023年第15号),2023年8月2日]

(17) 单位和个体工商户将自产、委托加工或购买的货物,通过公益性社会组织和县级以上人民政府及其部门等国家机关,或者直接向承担疫情防治任务的医院,无偿捐赠用于应对新型冠状病毒感染的肺炎疫情的,免征增值税、消费税、城市维护建设税、教育费附加、地方教育附加。执行期从2020年1月1日起至2021年3月31日。[《财政部 税务总局关于支持新型冠状病毒感染的肺炎疫情防控有关捐赠税收政策的公告》(财政部 税务总局2020年第9号)]

(18) 自2020年1月1日起,对纳税人运输疫情防控重点保障物资取得的收入,免征增值税,相应免征城市维护建设税、教育费附加、地方教育附加。自2020年1月1日起,对纳税人提供公共交通运输服务、生活服务,以及为居民提供必需生活物资快递收派服务取得的收入,免征增值税,相应免征城市维护建设税、教育费附加、地方教育附加。优惠期延长到2021年3月31日。[《财政部 税务总局关于支持新型冠状病毒感染的肺炎疫情防控有关税收政策的公告》(财政部 税务总局公告2020年第8号);《国家税务总局关于支持新型冠状病毒感染的肺炎疫情防控有关税收征收管理事项的公告》(国家税务总局公告2020年第4号)]

(19) 2019年1月17日,财政部、税务总局联合发布《关于实施小微企业普惠性税收减免政策的通知》(财税〔2019〕13号),其中指出,由省、自治区、直辖市人民政府根据本地区实际情况,以及宏观调控需要确定,对增值税小规模纳税人可以在50%的税额幅度内减征资源税、城市维护建设税、房产税、城镇土地使用税、印花税(不含证券交易印花税)、耕地占用税和教育费附加、地方教育附加。政策执行时间为2019年1月1日至2021年12月31日。

我国2022年扩大地方"六税两费"减免政策适用主体范围,将省级人民政府在50%税额幅度内减征资源税、城市维护建设税、房产税、城镇土地使用税、印花税(不含证券交易印花税)、耕地占用税和教育费附加、地方教育附加等"六税两费"的适用主体,由增值税小规模纳税人扩展至小型微利企业和个体工商户。执行期限为2022年1月1日至2024年12月31日。

自2023年1月1日至2027年12月31日,对增值税小规模纳税人、小型微利企业和个体工商户减半征收资源税(不含水资源税)、城市维护建设税、房产税、城镇土地使用税、印花税(不含证券交易印花税)、耕地占用税和教育费附加、地方教育附加。

增值税小规模纳税人、小型微利企业和个体工商户已依法享受资源税、城市维护建设税、房产税、城镇土地使用税、印花税、耕地占用税、教育费附加、地方教育附加等其他优惠政策的,可叠加享受上述优惠政策。[《财政部 税务总局关于进一步支持小微企业和个体工商户发展有关税费政策的公告》(财政部 税务总局公告2023年第12号),2023年8月2日]

七、缴纳时间(期限)

教育费附加与增值税、消费税同时缴纳,其纳税期限分别与增值税、消费税的纳税期限一致。

增值税、消费税的代扣代缴义务人,应在代扣增值税、消费税的同时代扣教育费附加。

自2016年4月1日起,增值税小规模纳税人缴纳增值税、消费税,以及随增值税、消费税附征的城市维护建设税、教育费附加、地方教育附加等税费,原则上实行按季申报。随增值税、消费税附征的城市维护建设税、教育费附加、地方教育附加免于零申报。

八、缴纳地点

与增值税、消费税同时缴纳。所以,纳税人缴纳增值税、消费税的地点,就是该纳税人缴纳教育费附加的地点。

第二节 地方教育附加

一、概述

地方教育附加,是指省、自治区、直辖市人民政府根据《中华人民共和国教育法》和国务院的有关规定,开征的用于教育的政府性基金。

主要政策依据:

(1)《中华人民共和国教育法》。

(2)《财政部关于免征全国中小学校舍安全工程建设有关政府性基金的通知》(财综〔2010〕54号)。

(3)《财政部关于统一地方教育附加政策有关问题的通知》(财综〔2010〕98号)。

(4)《国务院关于进一步加大财政教育投入的意见》(国发〔2011〕22号)。

(5)《财政部关于做好城市棚户区改造相关工作的通知》(财综〔2015〕57号)。

(6)《财政部 国家税务总局关于扩大有关政府性基金免征范围的通知》(财税〔2016〕12号)。

(7)《财政部 税务总局关于增值税期末留抵退税有关城市维护建设税教育费附加和地方教育附加政策的通知》(财税〔2018〕80号)。

(8)《财政部 税务总局关于实施小微企业普惠性税收减免政策的通知》(财税〔2019〕13号)。

(9)《国家税务总局关于调整部分政府性基金有关征管事项的公告》(国家税务总局公告2019年第24号)。

(10)《财政部 税务总局 退役军人部关于进一步扶持自主就业退役士兵创业就业有关税收政策的通知》(财税〔2019〕21号)。

(11)《财政部 税务总局 人力资源社会保障部 国务院扶贫办关于进一步支持和促进重点群体创业就业有关税收政策的通知》(财税〔2019〕22号)。

(12)《财政部关于调整部分政府性基金有关政策的通知》(财税〔2019〕46号)。

(13)《国家税务总局关于支持新型冠状病毒感染的肺炎疫情防控有关税收征收管理事项的公告》(国家税务总局公告2020年第4号)。

(14)《财政部 税务总局关于支持新型冠状病毒感染的肺炎疫情防控有关捐赠税收政策的公告》(财政部 税务总局公告2020年第9号)。

二、缴纳义务人

实际缴纳增值税、消费税税额的单位和个人,为地方教育附加的缴纳义务人。

代扣代缴增值税、消费税的单位和个人,亦为教育费附加的扣缴义务人,应在代扣增值税、消费税的同时,代扣地方教育附加。

三、征缴范围

凡实际缴纳增值税、消费税的单位和个人(包括外商投资企业、外国企业及外籍个人),除按照《国务院关于筹措农村学校办学经费的通知》(国发〔1984〕174号)的规定,缴纳农村教育事业费附加的单位外,都应当依照规定缴纳教育费附加和地方教育附加。

教育费附加、地方教育附加与增值税、消费税的征收范围相同。

四、征缴标准

各地统一开征地方教育附加,地方教育附加的征收标准统一为单位和个人(包括外商投资企业、外国企业和外籍个人)实际缴纳的增值税、消费税税额的2%。

五、应纳费款的计算

教育费附加、地方教育附加以各单位和个人实际缴纳的增值税、消费税的税额为计征依据,附加率分别为3%、2%,与增值税、消费税同时计算缴纳。

计算公式:

$$\text{应缴教育费附加或地方教育附加} = \text{实际缴纳的增值税、消费税的税额} \times \text{附加率}$$

对海关代征的进口商品增值税、消费税,不征收教育费附加、地方教育附加。经税务部门正式审核批准的当期免抵的增值税税额应纳入教育费附加、地方教育附加的计征范围,按规定的附加率征收教育费附加、地方教育附加。

注:教育费附加、地方教育附加计征依据与城市维护建设税计税依据一致。

自2021年9月1日起施行,依法实际缴纳的增值税、消费税两税税额,是指纳税人依照增值税、消费税相关法律法规和税收政策规定计算的应当缴纳的增值税、消费税两税税额(不含因进口货物或境外单位和个人向境内销售劳务、服务、无形资产缴纳的增值税、消费税两税税额),加上增值税免抵税额,扣除直接减免的增值税、消费税两税税额和期末留抵退税退还的增值税税额后的金额。

直接减免的增值税、消费税两税税额,是指依照增值税、消费税相关法律法规和税收政策规定,直接减征或免征的增值税、消费税两税税额,不包括实行先征后返、先征后退、即征即退办法退还的增值税、消费税两税税额。

【案例19-4】 智董设备材料公司(增值税一般纳税人),2023年2月,实际缴纳增值税90万元,进口设备一台,海关代征增值税15万元。

【分析】 计算智董设备材料公司2023年2月应缴纳的教育费附加、地方教育附加:

对海关代征的进口商品增值税、消费税,不征收教育费附加。

应缴纳教育费附加=90×3%=2.7(万元)。

应缴纳地方教育附加=90×2%=1.8(万元)。

【案例19-5】 智董服装公司(增值税一般纳税人,有进出口经营权),2023年2月实际缴纳增值税100万元,经税务部门正式审核批准的当期免抵的增值税税额30万元。

【分析】 计算智董服装公司2023年2月应缴纳的教育费附加、地方教育附加:

经税务部门正式审核批准的当期免抵的增值税税额应纳入教育费附加的计征范围,按规定的附加比例征收教育费附加。

应缴纳教育费附加=(100+30)×3%=3.90(万元)

应缴纳地方教育附加=(100+30)×2%=2.60(万元)

六、优惠政策

(1)自2016年2月1日起,将免征教育费附加和地方教育附加的范围,由按月纳税的月销售额或营业额不超过3万元(按季度纳税的季度销售额或营业额不超过9万元)的缴纳义务人,扩大到按月纳税的月销售额或营业额不超过10万元(按季度纳税的季度销售额或营业额不超过30万元)的缴纳义务人。[《财政部 国家税务总局关于扩大有关政府性基金免征范围的通知》(财税〔2016〕12号)]

(2)2019年1月1日至2021年12月31日,对增值税小规模纳税人可以在50%的税额幅度内减征教育费附加和地方教育附加。增值税小规模纳税人已依法享受教育费附加和地方教育附加其他优惠政策的,可叠加享受以上规定的优惠政策。[《财政部 税务总局关于实施小微企业普惠性税收减免政策的通知》(财税〔2019〕13号)]

(3)自2018年7月27日起,对实行增值税期末留抵退税的纳税人,允许其从教育费附加和地方教育附加的计税(征)依据中扣除退还的增值税税额。[《财政部 税务总局关于增值税期末留抵退税有关城市维护建设税教育费附加和地方教育附加政策的通知》(财税〔2018〕80号)]

(4) 对新办的商贸企业（从事批发、批零兼营以及其他非零售业务的商贸企业除外），当年新招用下岗失业人员达到职工总数30%以上（含30%），并与其签订1年以上期限劳动合同的，经劳动保障部门认定，税务机关审核，3年内免征教育费附加。

(5) 对下岗失业人员从事个体经营（除建筑业、娱乐业以及广告业、桑拿、按摩、网吧、氧吧外）的，自领取税务登记证之日起，3年内免征教育费附加。

(6) 自2004年1月1日起，对为安置自谋职业的城镇退役士兵就业而新办的服务型企业（除广告业、桑拿、按摩、网吧、氧吧外）当年新安置自谋职业的城镇退役士兵达到职工总数30%以上，并与其签订1年以上期限劳动合同的，经县以上民政部门认定，税务机关审核，3年内免征教育费附加。

对为安置自谋职业的城镇退役士兵就业而新办的商业零售企业当年新安置自谋职业的城镇退役士兵达到职工总数30%以上，并与其签订1年以上期限劳动合同的，经县以上民政部门认定，税务机关审核，3年内免征教育费附加。

对自谋职业的城镇退役士兵，在《国务院办公厅转发民政部等部门关于扶持城镇退役士兵自谋职业优惠政策意见的通知》（国办发〔2004〕10号）下发后从事个体经营（除建筑业、娱乐业以及广告业、桑拿、按摩、网吧、氧吧外）的，自领取税务登记证之日起，3年内免征教育费附加。

(7) 2019年1月1日至2023年12月31日，对自主就业退役士兵从事个体经营的，在3年内按每户每年12 000元为限额依次扣减其当年实际应缴纳的增值税、城市维护建设税、教育费附加、地方教育附加和个人所得税。限额标准最高可上浮20%；企业招用自主就业退役士兵，在3年内按实际招用人数予以定额依次扣减增值税、城市维护建设税、教育费附加、地方教育附加和企业所得税优惠。定额标准为每人每年6 000元，最高可上浮50%。[《财政部 税务总局 退役军人部关于进一步扶持自主就业退役士兵创业就业有关税收政策的通知》（财税〔2019〕21号）；《关于延长部分税收优惠政策执行期限的公告》（财政部 税务总局公告2022年第4号，2022年1月29日）]

自2023年1月1日至2027年12月31日，自主就业退役士兵从事个体经营的，自办理个体工商户登记当月起，在3年内按每户每年20 000元为限额依次扣减其当年实际应缴纳的增值税、城市维护建设税、教育费附加、地方教育附加和个人所得税。限额标准最高可上浮20%，各省、自治区、直辖市人民政府可根据本地区实际情况在此幅度内确定具体限额标准。

纳税人年度应缴纳税款小于上述扣减限额的，减免税额以其实际缴纳的税款为限；大于上述扣减限额的，以上述扣减限额为限。纳税人的实际经营期不足1年的，应当按月换算其减免税限额。换算公式为：

减免税限额＝年度减免税限额÷12×实际经营月数

城市维护建设税、教育费附加、地方教育附加的计税依据是享受本项税收优惠政策前的增值税应纳税额。[《财政部 税务总局 退役军人事务部关于进一步扶持自主就业退役士兵创业就业有关税收政策的公告》（财政部 税务总局 退役军人事务部公告2023年第14号），2023年8月2日]

自2023年1月1日至2027年12月31日，企业招用自主就业退役士兵，与其签订1年以上期限劳动合同并依法缴纳社会保险费的，自签订劳动合同并缴纳社会保险当月起，在3年内按实际招用人数予以定额依次扣减增值税、城市维护建设税、教育费附加、地方教育附加和企业所得税优惠。定额标准为每人每年6 000元，最高可上浮50%，各省、自治区、直辖市人民政府可根据本地区实际情况在此幅度内确定具体定额标准。

企业按招用人数和签订的劳动合同时间核算企业减免税总额，在核算减免税总额内每月依次扣减增值税、城市维护建设税、教育费附加和地方教育附加。企业实际应缴纳的增值税、城市维护建设税、教育费附加和地方教育附加小于核算减免税总额的，以实际应缴纳的增值税、城市维护建设税、教育费附加和地方教育附加为限；实际应缴纳的增值税、城市维护建设税、教育费附加和地方教育附加大于核算减免税总额的,以核算减免税总额为限。

纳税年度终了,如果企业实际减免的增值税、城市维护建设税、教育费附加和地方教育附加小于核算减免税总额,企业在企业所得税汇算清缴时以差额部分扣减企业所得税。当年扣减不完的,不再结转以后年度扣减。

自主就业退役士兵在企业工作不满1年的,应当按月换算减免税限额。计算公式为:

$$\text{企业核算减免税总额} = \sum \frac{\text{每名自主就业退役士兵本年度在本单位工作月份}}{12} \times \text{具体定额标准}$$

城市维护建设税、教育费附加、地方教育附加的计税依据是享受本项税收优惠政策前的增值税应纳税额。[《财政部 税务总局 退役军人事务部关于进一步扶持自主就业退役士兵创业就业有关税收政策的公告》(财政部 税务总局 退役军人事务部公告2023年第14号),2023年8月2日]

(8) 对城市棚户区改造项目,按照财政部规定免收教育费附加和地方教育附加。[《财政部关于做好城市棚户区改造相关工作的通知》(财综〔2015〕57号)]

(9) 对全国城乡公办和民办、教育系统和非教育系统的所有中小学校"校舍安全工程"建设所涉及的教育费附加和地方教育附加予以免收。[《财政部关于免征全国中小学校舍安全工程建设有关政府性基金的通知》(财综〔2010〕54号)]

(10) 自2019年1月1日起,纳入产教融合型企业建设培育范围的试点企业,兴办职业教育的投资符合该通知规定的,可按投资额的30%比例,抵免该企业当年应缴教育费附加和地方教育附加。试点企业属于集团企业的,其下属成员单位(包括全资子公司、控股子公司)对职业教育有实际投入的,可按该通知规定抵免教育费附加和地方教育附加。允许抵免的投资是指试点企业当年实际发生的,独立举办或参与举办职业教育的办学投资和办学经费支出,以及按照有关规定与职业院校稳定开展校企合作,对产教融合实训基地等国家规划布局的产教融合重大项目建设投资和基本运行费用的支出。试点企业当年应缴教育费附加和地方教育附加不足抵免的,未抵免部分可在以后年度继续抵免。试点企业有撤回投资和转让股权等行为的,应当补缴已经抵免的教育费附加和地方教育附加。[《财政部关于调整部分政府性基金有关政策的通知》(财税〔2019〕46号)]

(11) 经中国人民银行依法决定撤销的金融机构及其分设于各地的分支机构(包括被依法撤销的商业银行、信托投资公司、财务公司、金融租赁公司、城市信用社和农村信用社),用其财产清偿债务时,免征被撤销金融机构转让货物、不动产、无形资产、有价证券、票据等应缴纳的教育费附加。

(12) 自2019年1月1日起到2021年12月31日,建档立卡贫困人口、持《就业创业证》或《就业失业登记证》的人员从事个体经营的,在3年内按每户每年12 000元为限额依次扣减其当年实际应缴纳的增值税、城市维护建设税、教育费附加、地方教育附加和个人所得税。限额标准最高可上浮20%;企业招用建档立卡贫困人口,以及在人力资源社会保障部门公共就业服务机构登记失业半年以上且持《就业创业证》或《就业失业登记证》人员,在3年内按实际招用人数予以定额依次扣减增值税、城市维护建设税、教育费附加、地方教育附加和企业所得税优惠。定额标准为每人每年6 000元,最高可上浮30%。根据财税〔2021〕18号文件规定,优惠期限延长到2025年12月31日。[《财政部 税务总局 人力资源社会保障部 国务院扶贫办关于进一步支持和促进重点群体创业就业有关税收政策的通知》(财税〔2019〕22号)]

自2023年1月1日至2027年12月31日,脱贫人口、持《就业创业证》(注明"自主创业税收政策"或"毕业年度内自主创业税收政策")或《就业失业登记证》(注明"自主创业税收政策")的人员,从事个体经营的,自办理个体工商户登记当月起,在3年内按每户每年20 000元为限额依次扣减其当年实际应缴纳的增值税、城市维护建设税、教育费附加、地方教育附加和个人所得税。限额标准最高可上浮20%,各省、自治区、直辖市人民政府可根据本地区实际情况在此幅度内确定具体限额标准。

纳税人年度应缴纳税款小于上述扣减限额的,减免税额以其实际缴纳的税款为限;大于上述扣减限额的,以上述扣减限额为限。

上述人员具体包括:纳入全国防止返贫监测和衔接推进乡村振兴信息系统的脱贫人口;在人力资源社会保障部门公共就业服务机构登记失业半年以上的人员;零就业家庭、享受城市居民最低生活保障家庭劳动年龄内的登记失业人员;毕业年度内高校毕业生。高校毕业生,是指实施高等学历教育的普通高等学校、成人高等学校应届毕业的学生;毕业年度,是指毕业所在自然年,即1月1日至12月31日。[《财政部 税务总局 人力资源社会保障部 农业农村部关于进一步支持重点群体创业就业有关税收政策的公告》(财政部 税务总局 人力资源社会保障部 农业农村部公告2023年第15号),2023年8月2日]

自2023年1月1日至2027年12月31日,企业招用脱贫人口,以及在人力资源社会保障部门公共就业服务机构登记失业半年以上且持《就业创业证》或《就业失业登记证》(注明"企业吸纳税收政策")的人员,与其签订1年以上期限劳动合同并依法缴纳社会保险费的,自签订劳动合同并缴纳社会保险当月起,在3年内按实际招用人数予以定额依次扣减增值税、城市维护建设税、教育费附加、地方教育附加和企业所得税优惠。定额标准为每人每年6 000元,最高可上浮30%,各省、自治区、直辖市人民政府可根据本地区实际情况在此幅度内确定具体定额标准。城市维护建设税、教育费附加、地方教育附加的计税依据是享受本项税收优惠政策前的增值税应纳税额。

按上述标准计算的税收扣减额应在企业当年实际应缴纳的增值税、城市维护建设税、教育费附加、地方教育附加和企业所得税额中扣减,当年扣减不完的,不得结转下年使用。

以上所称企业是指属于增值税纳税人或企业所得税纳税人的企业等单位。

企业招用就业人员既可以适用《财政部 税务总局 人力资源社会保障部 农业农村部关于进一步支持重点群体创业就业有关税收政策的公告》(财政部 税务总局 人力资源社会保障部 农业农村部公告2023年第15号)规定的税收优惠政策,又可以适用其他扶持就业专项税收优惠政策的,企业可以选择适用最优惠的政策,但不得重复享受。[《财政部 税务总局 人力资源社会保障部 农业农村部关于进一步支持重点群体创业就业有关税收政策的公告》(财政部 税务总局 人力资源社会保障部 农业农村部公告2023年第15号),2023年8月2日]

(13)单位和个体工商户将自产、委托加工或购买的货物,通过公益性社会组织和县级以上人民政府及其部门等国家机关,或者直接向承担疫情防治任务的医院,无偿捐赠用于应对新型冠状病毒感染的肺炎疫情的,免征增值税、消费税、城市维护建设税、教育费附加、地方教育附加。执行期从2020年1月1日起到2021年3月31日。[《财政部 税务总局关于支持新型冠状病毒感染的肺炎疫情防控有关捐赠税收政策的公告》(财政部 税务总局2020年第9号)]

(14)自2020年1月1日起,对纳税人运输疫情防控重点保障物资取得的收入,免征增值税,相应免征城市维护建设税、教育费附加、地方教育附加。自2020年1月1日起,对纳税人提供公共交通运输服务、生活服务,以及为居民提供必需生活物资快递收派服务取得的收入,免征增值税,相应免征城市维护建设税、教育费附加、地方教育附加。优惠期限延长至2021年3月31日。[《财政部 税务总局关于支持新型冠状病毒感染的肺炎疫情防控有关税收政策的公告》(财政部 税务总局公告2020年第8号),《国家税务总局关于支持新型冠状病毒感染的肺炎疫情防控有关税收征收管理事项的公告》(国家税务总局公告2020年第4号)]

(15)2019年1月17日,财政部、税务总局联合发布《关于实施小微企业普惠性税收减免政策的通知》(财税〔2019〕13号),其中指出,由省、自治区、直辖市人民政府根据本地区实际情况,以及宏观调控需要确定,对增值税小规模纳税人可以在50%的税额幅度内减征资源税、城市维护建设税、房产税、城镇土地使用税、印花税(不含证券交易印花税)、耕地占用税和教育费附加、地方教育附加。政策执行时间为2019年1月1日—2021年12月31日。

我国2022年扩大地方"六税两费"减免政策适用主体范围,将省级人民政府在50%税额幅度内减征资源税、城市维护建设税、房产税、城镇土地使用税、印花税(不含证券交易印花税)、耕地占用税和教育费附加、地方教育附加等"六税两费"的适用主体,由增值税小规模纳税人扩展至小型微利企业和个体工商户。执行期限为2022年1月1日至2024年12月31日。

自2023年1月1日至2027年12月31日,对增值税小规模纳税人、小型微利企业和个体工商户减半征收资源税(不含水资源税)、城市维护建设税、房产税、城镇土地使用税、印花税(不含证券交易印花税)、耕地占用税和教育费附加、地方教育附加。

增值税小规模纳税人、小型微利企业和个体工商户已依法享受资源税、城市维护建设税、房产税、城镇土地使用税、印花税、耕地占用税、教育费附加、地方教育附加等其他优惠政策的,可叠加享受上述优惠政策。[《财政部 税务总局关于进一步支持小微企业和个体工商户发展有关税费政策的公告》(财政部 税务总局公告2023年第12号),2023年8月2日]

七、缴纳时间(期限)

地方教育附加与增值税、消费税同时缴纳,其纳税期限分别与增值税、消费税的纳税期限一致。

增值税、消费税的代扣代缴义务人,应在代扣增值税、消费税的同时代扣地方教育附加。

自2016年4月1日起,增值税小规模纳税人缴纳增值税、消费税,以及随增值税、消费税附征的城市维护建设税、教育费附加、地方教育附加等税费,原则上实行按季申报。随增值税、消费税附征的城市维护建设税、教育费附加、地方教育附加免于零申报。

八、缴纳地点

与增值税、消费税同时缴纳。所以,纳税人缴纳增值税、消费税的地点,就是该纳税人缴纳地方教育附加的地点。

第三节 文化事业建设费

一、概述

文化事业建设费,是国家为了促进社会主义文化事业的健康发展,进一步完善文化经济政策,拓宽文化事业资金投入渠道而对广告、娱乐行业征收的一种政府性基金。

主要政策依据:

(1)《财政部 国家税务总局关于营业税改征增值税试点有关文化事业建设费政策及征收管理问题的通知》(财税〔2016〕25号)。

(2)《财政部 国家税务总局关于营业税改征增值税试点有关文化事业建设费政策及征收管理问题的补充通知》(财税〔2016〕60号)。

(3)《国务院关于进一步完善文化经济政策的若干规定》(国发〔1996〕37号)。

(4)《财政部关于开征文化事业建设费有关预算管理问题的通知》(财预字〔1996〕469号)。

(5)《财政部 中宣部关于颁发〈文化事业建设费使用管理办法〉的通知》(财文字〔1997〕243号)。

(6)《国务院办公厅转发财政部 中宣部〈关于进一步支持文化事业发展若干经济政策〉的通知》(国办发〔2006〕43号)。

(7)《国家税务总局关于营业税改征增值税试点有关文化事业建设费登记与申报事项的公告》(国家税务总局公告2013年第64号)。

(8)《财政部 国家税务总局关于对部分营业税纳税人免征文化事业建设费的通知》(财综

〔2013〕102号)。

(9)《财政部 国家税务总局关于营业税改征增值税试点有关文化事业建设费政策及征收管理问题的通知》(财税〔2016〕25号)。

(10)《财政部 国家税务总局关于营业税改征增值税试点有关文化事业建设费政策及征收管理问题的补充通知》(财税〔2016〕60号)。

(11)《财政部关于调整部分政府性基金有关政策的通知》(财税〔2019〕46号)。

(12)《国家税务总局关于调整部分政府性基金有关征管事项的公告》(国家税务总局公告2019年第24号)。

二、缴纳义务人

在中华人民共和国境内提供广告服务的广告媒介单位和户外广告经营单位,以及在中华人民共和国境内提供娱乐服务的单位和个人,是文化事业建设费的缴费义务人。

注:广告服务业的征缴范围不包括个人,而娱乐服务业包括个人。

中华人民共和国境外的广告媒介单位和户外广告经营单位在境内提供广告服务,在境内未设有经营机构的,以广告服务接受方为文化事业建设费的扣缴义务人。

三、征缴范围

文化事业建设费的征缴范围限于在中华人民共和国境内提供的广告服务、娱乐服务。

(一)广告服务

广告服务是指利用图书、报纸、杂志、广播、电视、电影、幻灯、路牌、招贴、橱窗、霓虹灯、灯箱、互联网等各种形式为客户的商品、经营服务项目、文体节目或者通告、声明等委托事项进行宣传和提供相关服务的业务活动。

包括广告代理和广告的发布、播映、宣传、展示等。

(二)娱乐服务

娱乐服务是指为娱乐活动同时提供场所和服务的业务。

具体包括歌厅、舞厅、夜总会、酒吧、台球、高尔夫球、保龄球、网吧、游艺(包括射击、狩猎、跑马、游戏机、蹦极、卡丁车、热气球、动力伞、射箭、飞镖)等娱乐场所。

四、征缴标准

文化事业建设费的计征费率为3%。

五、应纳费款的计算

文化事业建设费按提供广告服务、娱乐服务取得的计费销售额和3%的费率计征。

广告服务计费销售额,为纳税人提供广告服务取得的全部含税价款和价外费用,减除支付给其他广告公司或广告发布者的含税广告发布费后的余额。

娱乐服务计费销售额,为缴费人提供娱乐服务取得的全部含税价款和价外费用。

【案例19-6】 智董广告公司2023年4月收到客户广告发布费,价税合计530万元,并开具了增值税专用发票,款已收到。支付给广告发布者贵琛媒体广告费265万元(含税),并取得了增值税专用发票;取得鑫裕广告公司由税务机关代开的价税合计50万元的增值税普通发票;上述款项均已支付。

【分析】 (1)收到广告发布费时:

借:银行存款　　　　　　　　5 300 000
　　贷:主营业务收入——广告服务收入
　　　　　　　　　　　　　　5 000 000
　　　　应交税费——应交增值税(销项税额)
　　　　　　　　　　　　　　　300 000

(2)支付贵琛媒体广告费时:

借:主营业务成本　　　　　　2 500 000
　　应交税费——应交增值税(进项税额)
　　　　　　　　　　　　　　　150 000
　　贷:银行存款　　　　　　　2 650 000

(3)支付鑫裕广告公司时:

借:主营业务成本　　　　　　　500 000
　　贷:银行存款　　　　　　　　500 000

(4)由于企业还有其他进项税额抵扣,计算增值税、城市维护建设税和教育费附加计算及会计分录从略。

(5) 计算文化事业建设费时：

应缴费额＝(530－265－50)×3%＝6.45(万元)

借：税金及附加　　　　　　64 500
　　贷：应交税费——应交文化事业建设费
　　　　　　　　　　　　　　64 500

(6) 上交文化事业建设费时：

借：应交税费——应交文化事业建设费
　　　　　　　　　　　　　　64 500
　　贷：银行存款　　　　　　64 500

【案例19-7】 欣奕广告公司为小规模纳税人。2023年4月收到客户广告发布费51.5万元(含税)，已收款并开具增值税普通发票。支付给广告发布者赓升媒体广告费25万元(含税)，并取得了增值税专用发票；支付怡平广告公司广告发布费10万元，取得怡平公司开具的增值税普通发票；上述款项均已支付。

【分析】(1) 收到广告发布费：

借：银行存款　　　　　　　515 000
　　贷：主营业务收入——广告服务收入
　　　　　　　　　　　　　　500 000
　　　　应交税费——应交增值税
　　　　　　　　　　　　　　15 000

(2) 支付赓升媒体广告费时：

借：主营业务成本　　　　　250 000
　　贷：银行存款　　　　　250 000

(3) 支付怡平广告公司时：

借：主营业务成本　　　　　100 000
　　贷：银行存款　　　　　100 000

(4) 计算城市维护建设税和教育费附加计算及会计分录从略。

(5) 计算文化事业建设费时：

应缴费额＝(515 000－250 000－100 000)×3%＝4 950(元)。

借：税金及附加　　　　　　4 950
　　贷：应交税费——应交文化事业建设费
　　　　　　　　　　　　　　4 950

(6) 上交文化事业建设费时：

借：应交税费——应交文化事业建设费
　　　　　　　　　　　　　　4 950
　　贷：银行存款　　　　　　4 950

六、优惠政策

(1) 自2016年5月1日起，对未达到增值税起征点的提供娱乐服务的单位和个人，免征文化事业建设费。[《财政部 国家税务总局关于营业税改征增值税试点有关文化事业建设费政策及征收管理问题的补充通知》(财税〔2016〕60号)]

(2) 自2016年5月1日起，广告媒介单位和户外广告经营单位，符合增值税小规模纳税人中月销售额不超过2万元(按季纳税6万元)的企业和非企业性单位提供的应税服务，免征文化事业建设费。[《财政部 国家税务总局关于营业税改征增值税试点有关文化事业建设费政策及征收管理问题的通知》(财税〔2016〕25号)]

(3) 自2019年7月1日至2024年12月31日，对归属中央收入的文化事业建设费，按照缴纳义务人应缴费额的50%减征；对归属地方收入的文化事业建设费，各省(区、市)财政、党委宣传部门可以结合当地经济发展水平、宣传思想文化事业发展等因素，在应缴费额50%的幅度内减征。[《财政部关于调整部分政府性基金有关政策的通知》(财税〔2019〕46号)]

(4) 自2020年1月1日至2021年12月31日，免征文化事业建设费。[《财政部 税务总局关于电影等行业税费支持政策的公告》(财政部 税务总局公告2020年第25号)；《财政部 税务总局关于延续实施应对疫情部分税费优惠政策的公告》(财政部 税务总局公告2021年第7号)]

七、缴纳时间(期限)

文化事业建设费原则上与增值税同步缴纳(按次、按月或按季)。

增值税一般纳税人按月申报缴纳。

增值税小规模纳税人原则上实行按季申报。

八、缴纳地点

文化事业建设费原则上与增值税同步缴纳。

第四节 工会经费

一、概述

工会经费,是指工会组织开展各项活动所需要的费用,工会经费属于会费,不属于政府非税收入。

工会建会筹备金,是建立工会所需使用的资金。具备设立工会组织条件的企业、事业单位、机关应当建立但未建立工会的,上级工会可以督促并派员帮助和指导筹建工会组织,筹建工作开始的下个月起,该单位按规定向上级工会全额拨缴的经费称为建会筹备金。筹建工作结束,并经上级工会批准正式建立工会组织后,有关单位不再向上级工会拨缴建会筹备金。

主要政策依据:

(1)《中华人民共和国工会法》。

(2)《中国工会章程》(2018年10月26日,中国工会第十七次全国代表大会通过)。

(3)《中华全国总工会财政部关于新〈工会法〉中有关工会经费问题的具体规定》(工总财字〔1992〕19号)。

(4)《中华全国总工会办公厅关于基层工会组织筹建期间拨缴工会经费(筹备金)事项的通知》(总工办发〔2004〕29号)。

(5)《中华全国总工会国家税务总局关于进一步加强工会经费税前扣除管理的通知》(总工发〔2005〕9号)。

(6)《全国总工会财政部关于委托税务部门代收工会经费手续费的补充规定》(工财字〔2006〕59号)。

(7)《国家税务总局关于工会经费企业所得税税前扣除凭据问题的公告》(国家税务总局公告2010年第24号)。

(8)《国家税务总局关于税务机关代收工会经费企业所得税税前扣除凭据问题的公告》(国家税务总局公告2011年第30号)。

二、缴纳义务人

(1)工会经费的缴费主体是组建工会组织的企业、事业单位、机关和其他组织。

(2)建会筹备金的缴费主体是应组建但尚未组建工会组织的企业、事业单位、机关和其他组织,上级工会派员帮助和指导其筹建工会组织,在筹建期间向上级工会拨缴建会筹备金。

三、征缴范围

工会经费的来源有5个:

(1)会员缴纳的会费。

(2)企业、事业单位、机关和其他社会组织按全部职工工资总额的2%向工会拨缴的经费或者建会筹备金。

(3)工会所属的企业、事业单位上缴的收入。

(4)人民政府和企业、事业单位、机关和其他社会组织的补助。

(5)其他收入。

税务部门代收的工会经费一般是指企业、事业单位、机关和其他社会组织按全部职工工资总额的2%向工会拨缴的经费或者建会筹备金。

四、征缴标准

工会经费(工会筹备金)的征缴标准一般为全部职工工资总额的2%。

五、应纳费款的计算

除中华全国总工会批准的按照系统管理经费的铁路、民航、金融系统,各省、自治区、直辖市产业工会批准的个别自管经费的个别行业按照相应标准缴纳外,一般按照全部职工工资总额的2%全额缴纳工会经费(工会筹备金)。

应缴纳的费额 = 计费依据 × 费率
　　　　　　 = 全部职工工资总额 × 2%

全部职工和工资总额的组成按照国家统计

局《关于工资总额组成的规定》(1990年第1号令)和有关劳动统计新增指标的解释等规定执行。

相关政策依据

关于工资总额组成的规定

(1989年9月30日国务院批准
1990年1月1日国家统计局发布)

第一章 总 则

第一条 为了统一工资总额的计算范围，保证国家对工资进行统一的统计核算和会计核算，有利于编制、检查计划和进行工资管理以及正确地反映职工的工资收入，制定本规定。

第二条 全民所有制和集体所有制企业、事业单位，各种合营单位，各级国家机关、政党机关和社会团体，在计划、统计、会计上有关工资总额范围的计算，均应遵守本规定。

第三条 工资总额是指各单位在一定时期内直接支付给本单位全部职工的劳动报酬总额。

工资总额的计算应以直接支付给职工的全部劳动报酬为根据。

第二章 工资总额的组成

第四条 工资总额由下列六个部分组成：

（一）计时工资；

（二）计件工资；

（三）奖金；

（四）津贴和补贴；

（五）加班加点工资；

（六）特殊情况下支付的工资。

第五条 计时工资是指按计时工资标准(包括地区生活费补贴)和工作时间支付给个人的劳动报酬。

包括：

（一）对已做工作按计时工资标准支付的工资；

（二）实行结构工资制的单位支付给职工的基础工资和职务(岗位)工资；

（三）新参加工作职工的见习工资(学徒的生活费)；

（四）运动员体育津贴。

第六条 计件工资是指对已做工作按计件单价支付的劳动报酬。

包括：

（一）实行超额累进计件、直接无限计件、限额计件、超定额计件等工资制，按劳动部门或主管部门批准的定额和计件单价支付给个人的工资；

（二）按工作任务包干方法支付给个人的工资；

（三）按营业额提成或利润提成办法支付给个人的工资。

第七条 奖金是指支付给职工的超额劳动报酬和增收节支的劳动报酬。

包括：

（一）生产奖；

（二）节约奖；

（三）劳动竞赛奖；

（四）机关、事业单位的奖励工资；

（五）其他奖金。

第八条 津贴和补贴是指为了补偿职工特殊或额外的劳动消耗和因其他特殊原因支付给职工的津贴，以及为了保证职工工资水平不受物价影响支付给职工的物价补贴。

（一）津贴。

包括：补偿职工特殊或额外劳动消耗的津贴，保健性津贴，技术性津贴，年功性津贴及其他津贴。

（二）物价补贴。

包括：为保证职工工资水平不受物价上涨或变动影响而支付的各种补贴。

第九条 加班加点工资是指按规定支付的加班工资和加点工资。

第十条 特殊情况下支付的工资。

包括：

（一）根据国家法律、法规和政策规定，因病、工伤、产假、计划生育假、婚丧假、事假、探亲假、定期休假、停工学习、执行国家或社会义务等原因按计时工资标准或计时工资标准的一定比例支付的工资；

（二）附加工资、保留工资。

第三章 工资总额不包括的项目

第十一条 下列各项不列入工资总额的范围：

（一）根据国务院发布的有关规定颁发的创造发明奖、自然科学奖、科学技术进步奖和支付的合理化建议和技术改进奖以及支付给运动员、教练员的奖金；

（二）有关劳动保险和职工福利方面的各项费用；

（三）有关离休、退休、退职人员待遇的各项支出；

（四）劳动保护的各项支出；

（五）稿费、讲课费及其他专门工作报酬；

（六）出差伙食补助费、误餐补助、调动工作的旅费和安家费；

（七）对自带工具、牲畜来企业工作职工所支付的工具、牲畜等的补偿费用；

（八）实行租赁经营单位的承租人的风险性补偿

收入；

（九）对购买本企业股票和债券的职工所支付的股息（包括股金分红）和利息；

（十）劳动合同制职工解除劳动合同时由企业支付的医疗补助费、生活补助费等；

（十一）因录用临时工而在工资以外向提供劳动力单位支付的手续费或管理费；

（十二）支付给家庭工人的加工费和按加工订货办法支付给承包单位的发包费用；

（十三）支付给参加企业劳动的在校学生的补贴；

（十四）计划生育独生子女补贴。

第十二条 前条所列各项按照国家规定另行统计。

第四章 附 则

第十三条 中华人民共和国境内的私营单位、华侨及港、澳、台工商业者经营单位和外商经营单位有关工资总额范围的计算，参照本规定执行。

第十四条 本规定由国家统计局负责解释。

第十五条 各地区、各部门可依据本规定制定有关工资总额组成的具体范围的规定。

第十六条 本规定自发布之日起施行。国务院一九五五年五月二十一日批准颁发的《关于工资总额组成的暂行规定》同时废止。

六、优惠政策

对会员25人以下的企业、事业单位、机关，部分省份规定不征收工会经费和建会筹备金，或者征收后全部返还。

另外，部分地区还对应征费对象出台了降低征缴比例的优惠政策。

七、缴纳时间（期限）

工会经费一般实行按月代收。缴费单位应于每月10日前向主管税务部门办理工会经费申报手续，15日前向银行解缴工会经费。部分地区明确按季度征收或按半年征收。

八、缴纳地点

工会经费收缴实行属地管理。

第五节 残疾人就业保障金

一、概述

残疾人就业保障金（以下简称残保金），是指为保障残疾人权益，由未按规定安排残疾人就业的机关、团体、企业、事业单位和民办非企业单位（以下简称用人单位）缴纳，主要用于支持残疾人就业和保障残疾人生活的资金。

注：国家税务总局要求，结合残疾人按比例就业情况联网认证跨省通办工作，加强与各级残联的双向数据共享，优化残疾人保障金申报表单，方便企业办理残疾人安置情况认证和申报缴纳残疾人就业保障金。《国家税务总局关于开展2022年"我为纳税人缴费人办实事暨便民办税春风行动"的意见》（税总纳服发〔2022〕5号，2022年1月11日）

主要政策依据：

（1）《中华人民共和国残疾人保障法》。

（2）《残疾人就业条例》（国务院令第488号，2007年5月1日起施行）。

（3）《财政部 中国残疾人联合会关于中央部门所属单位残疾人就业保障有关问题的函》（财综〔2001〕16号）。

（4）《财政部 国家税务总局 中国残疾人联合会关于印发〈残疾人就业保障金征收使用管理办法〉的通知》（财税〔2015〕72号，2015年9月9日发布）。

（5）《财政部关于取消、调整部分政府性基金有关政策的通知》（财税〔2017〕18号）。

（6）《财政部关于降低部分政府性基金征收标准的通知》（财税〔2018〕39号）。

（7）《国家发展改革委关于印发〈关于完善残疾人就业保障金制度更好促进残疾人就业的总体方案〉的通知》（发改价格规〔2019〕2015号，2020年1月1日起施行）。

（8）《财政部关于调整残疾人就业保障金征

收政策的公告》(财政部公告2019年第98号)。

(9)《国家税务总局关于修订〈残疾人就业保障金缴费申报表〉的公告》(国家税务总局公告2019年第49号)。

二、缴纳义务人

残疾人就业保障金的缴纳义务人,是未按规定比例安排残疾人就业的机关、团体、企业、事业单位和民办非企业单位。

三、征缴范围

用人单位安排残疾人就业的比例不得低于本单位在职职工总数的1.5%。具体比例由各省、自治区、直辖市人民政府根据本地区的实际情况规定。

用人单位安排残疾人就业达不到其所在地省、自治区、直辖市人民政府规定比例的,应当缴纳残疾人就业保障金。

四、征缴标准

用人单位应当按照其所在地省、自治区、直辖市人民政府规定的比例安排残疾人就业。用人单位未安置残疾职工或安置残疾职工达不到其所在地省、自治区、直辖市人民政府规定比例的,残保金按上年用人单位安排残疾人就业未达到规定比例的差额人数和本单位在职职工年平均工资(或当地社平工资的2倍,取低值)之积计算缴纳。

五、应纳费款的计算

残保金的计算公式如下:

残保金年缴纳额=(上年用人单位在职职工人数×所在地省、自治区、直辖市人民政府规定的安排残疾人就业比例-上年用人单位实际安排的残疾人就业人数)×上年用人单位在职职工年平均工资(或当地社平工资的2倍,取低值)

【案例19-8】 ABC公司(系增值税一般纳税人企业,成立于2015年)2022年在职职工人数1000人,其中实际安置就业残疾人10人。当年在职职工工资总额9 000万元,不含残疾职工工资总额100万元。

2022年该市社会平均工资为90 500元,上年用人单位安排残疾人就业比例规定为1.5%。

【分析】 该企业2022年度应缴纳残疾人保障金=(1 000×1.5%-10)×90 000=450 000(元)。

残保金计算的相关口径

(1)上年用人单位在职职工,是指用人单位在编人员或依法与用人单位签订1年以上(含1年)劳动合同(服务协议)的人员。季节性用工应当折算为年平均用工人数。用人单位应向主管的残疾人联合会申报核定按比例安排残疾人就业情况,由残疾人联合会对用人单位安排就业的残疾人人数进行核实,并出具核定书。

(2)上年用人单位安排残疾人就业未达到规定比例的差额人数,以公式计算结果为准,可以不是整数。用人单位应于规定时间,向本级残疾人就业服务机构申报上年实际安排残疾人就业人数。残疾人就业服务机构对用人单位安排就业的残疾人人数进行核实,出具核定书,并及时将审核情况提供给主管税务部门。用人单位应按规定时限,如实向残疾人就业服务机构申报上年本单位安排的残疾人就业人数。用人单位未在规定时限申报的,视为未安排残疾人就业。

(3)上年用人单位在职职工年平均工资,按用人单位上年在职职工工资总额除以用人单位上年在职职工人数计算。职工工资总额由工资、奖金、津贴、补贴组成。计算口径以国家统计局指标解释为准。

(4)社会平均工资,为城镇私营单位和非私营单位就业人员加权平均工资,以当地统计行政部门公布的数据为准。

安置残疾人注意事项

(1)残疾人,是指持有《中华人民共和国残疾人证》上注明属于视力残疾、听力残疾、言语残疾、肢体残疾、智力残疾、精神残疾和多重残疾的人员,或者持有《中华人民共和国残疾军人证》(1至8级)的人员。

(2)用人单位将残疾人录用为在编人员或者依法与就业年龄段内的残疾人签订1年以上(含1年)劳动合同(服务协议),且实际支付的工资不低于当地最低工资标准,并足额缴纳社会保险费的,方可计入用人单位所安排的残疾人就业人数。

(3) 用人单位安排1名持有《中华人民共和国残疾人证》(1至2级)或《中华人民共和国残疾军人证》(1至3级)的人员就业的,按照安排2名残疾人就业计算。

(4) 用人单位跨地区招用残疾人的,应当计入所安排的残疾人就业人数。

六、优惠政策

(1) 自2017年4月1日起,自工商登记注册之日起3年内,对安排残疾人就业未达到规定比例、在职职工总数30人以下(含30人)的小微企业,免征残疾人就业保障金。[《财政部关于取消、调整部分政府性基金有关政策的通知》(财税〔2017〕18号)]

(2) 自2020年1月1日起至2022年12月31日,在职职工人数在30人(含)以下的企业,暂免征收残疾人就业保障金。[《财政部关于调整残疾人就业保障金征收政策的公告》(财政部公告2019年第98号)]

为促进小微企业发展,进一步减轻用人单位负担,自2023年1月1日起至2027年12月31日,在职职工人数在30人(含)以下的企业,继续免征残疾人就业保障金。[《财政部关于延续实施残疾人就业保障金优惠政策的公告》(财政部公告2023年第8号,2023年3月26日)]

(3) 设置残疾人就业保障金征收标准上限自2018年4月1日起,将残疾人就业保障金征收标准上限,由当地社会平均工资的3倍降低至2倍。其中,用人单位在职职工年平均工资未超过上年社会平均工资2倍(含)的,按本单位实际在职职工年平均工资计算;超过上年社会平均工资2倍的,按上年社会平均工资2倍计算。[《财政部关于降低部分政府性基金征收标准的通知》(财税〔2018〕39号)]

(4) 自2020年1月1日起至2022年12月31日,对残疾人就业保障金实行分档减缴政策。其中,用人单位安排残疾人就业比例达到1%(含)以上,但未达到所在地省、自治区、直辖市人民政府规定比例的,按规定应缴费额的50%缴纳残疾人就业保障金;用人单位安排残疾人就业比例在1%以下的,按规定应缴费额的90%缴纳残疾人就业保障金。[《国家发展和改革委员会 财政部 民政部 人力资源和社会保障部 国家税务总局 中国残疾人联合会关于印发〈关于完善残疾人就业保障金制度更好促进残疾人就业的总体方案〉的通知》(发改价格规〔2019〕2015号)]

为促进小微企业发展,进一步减轻用人单位负担,自2023年1月1日起至2027年12月31日,延续实施残疾人就业保障金分档减缴政策。其中:用人单位安排残疾人就业比例达到1%(含)以上,但未达到所在地省、自治区、直辖市人民政府规定比例的,按规定应缴费额的50%缴纳残疾人就业保障金;用人单位安排残疾人就业比例在1%以下的,按规定应缴费额的90%缴纳残疾人就业保障金。[《财政部关于延续实施残疾人就业保障金优惠政策的公告》(财政部公告2023年第8号,2023年3月26日)]

(5) 自2015年10月1日起,用人单位遇不可抗力自然灾害或其他突发事件遭受重大直接经济损失,可以申请减免或者缓缴残疾人就业保障金。[《残疾人就业保障金征收使用管理办法》(财税〔2015〕72号印发)]

七、缴纳时间(期限)

山西、江苏、新疆按年计算,分季缴纳。湖北、湖南、广西、陕西按年计算,分月缴纳。

北京、天津、河北、浙江、宁波等29省(区、市)按年计征,一次缴纳,主要集中在下半年申报缴纳。

八、缴纳地点

用人单位应向所在地的主管税务机关申报缴纳残疾人就业保障金。

第六节 废弃电器电子产品处理基金

一、概述

废弃电器电子产品处理基金,是国家为了规范废弃电器电子产品的回收处理活动,促进资源综合利用和循环经济发展,保护环境,保障人体健康,依据《中华人民共和国清洁生产促进法》和《中华人民共和国固体废物污染环境防治法》等法律设立的政府性基金。

主要政策依据:

(1)《废弃电器电子产品回收处理管理条例》(国务院令第551号)。

(2)《财政部 环境保护部 国家发展改革委 工业和信息化部 海关总署 国家税务总局关于印发〈废弃电器电子产品处理基金征收使用管理办法〉的通知》(财综〔2012〕34号)。

(3)《财政部 环境保护部 国家发展改革委 工业和信息化部关于公布第一批废弃电器电子产品处理基金补贴企业名单的通知》(财综〔2012〕48号)。

(4)《财政部 国家税务总局关于进一步明确废弃电器电子产品处理基金征收产品范围的通知》(财综〔2012〕80号)。

(5)《国家税务总局关于发布〈废弃电器电子产品处理基金征收管理规定〉的公告》(国家税务总局公告2012年第41号)。

(6)《海关总署关于对进口电器电子产品征收废弃电器》(海关总署公告2012年第33号)。

(7)《财政部 环境保护部 国家发展和改革委员会 工业和信息化部关于公布第三批废弃电器电子产品处理基金补贴企业名单的通知》(财综〔2013〕109号)。

(8)《财政部 环境保护部 国家发展改革委 工业和信息化部关于完善废弃电器电子产品处理基金等政策的通知》(财综〔2013〕110号)。

(9)《财政部 国家税务总局 海关总署关于进(来)料受托加工复出口免征基金有关问题公告》(财政部 国家税务总局 海关总署公告2014年第29号)。

(10)《财政部 环境保护部 国家发展改革委 工业和信息化部关于公布第四批废弃电器电子产品处理基金补贴企业名单等问题的通知》(财综〔2014〕45号)。

(11)《财政部 环境保护部 国家发展改革委 工业和信息化部关于公布第五批废弃电器电子产品处理基金补贴企业名单等问题的通知》(财税〔2015〕81号)。

(12)《废弃电器电子产品处理基金补贴标准》(财政部 环境保护部 发展改革委 工业和信息化部公告2015年第91号)*。

*注:财政部、生态环境部、国家发展改革委 工业和信息化部于2021年3月22日发布了《关于调整废弃电器电子产品处理基金补贴标准的通知》(财税〔2021〕10号),对废弃电器电子产品处理基金补贴标准予以调整,自2021年4月1日起施行。

(13)《国家发展和改革委员会 环境保护部 工业和信息化部 财政部 海关总署 国家税务总局关于公布〈废弃电器电子产品处理目录(2014年版)〉的公告》(国家税务总局公告2015年第5号)。

(14)《国家税务总局关于修订〈废弃电器电子产品处理基金申报表〉的公告》(国家税务总局公告2015年第62号)。

(15)《国家发展和改革委员会办公厅 环境保护部办公厅 工业和信息化部办公厅 财政部办公厅 海关总署办公厅 国家税务总局办公厅关于印发〈废弃电器电子产品处理目录(2014年版)〉释义的通知》(发改办环资〔2016〕1050号)。

二、缴纳义务人

废弃电器电子处理基金缴费主体是电器电

子产品生产者、进口电器电子产品的收货人或者其代理人。

废弃电器电子处理基金缴纳义务人是电器电子产品生产者,包括自主品牌生产企业和代工生产企业。

电器电子产品来源于进口和国内生产,流向是出口和国内销售,最终走向回收处理。电器电子产品在生产销售、进口产品环节缴纳废弃电器电子处理基金。废弃电器电子处理基金全额上缴中央国库,纳入中央政府性基金预算管理,用于补贴废弃电器电子产品的回收处理。由于基金用于补贴取得废弃电器电子产品处理资格的企业,因此销往境外的电器电子产品免征废弃电器电子处理基金。

三、征缴范围

纳入废弃电器电子产品处理基金征收范围按照《废弃电器电子产品处理目录》执行。

四、征缴标准

2012年,《废弃电器电子产品处理目录(第一批)》规定对电视机、电冰箱、洗衣机、房间空调器、微型计算机5类产品进行征收,征收标准见表19-1。

表19-1 废弃电器电子产品处理目录征收标准

序号	产品种类	产品范围	征收标准(元/台)
1	电视机	阴极射线管(黑白;彩色)电视机;等离子电视机;液晶电视机;背投电视机;其他用于接收信号并还原出图像及伴音的终端设备	13
2	电冰箱	冷藏冷冻箱(柜);冷藏箱(柜);冷冻箱(柜);其他具有制冷系统;消耗能量以获取冷量的隔热箱体	12
3	洗衣机	波轮式洗衣机;滚筒式洗衣机;搅拌式洗衣机;脱水机;其他依靠机械作用洗涤衣物(含兼有干衣功能)的器具	7
4	房间空调器	整体式空调(窗机、穿墙机等);分体式空调(分体壁挂、分体柜机等);一拖多空调器;其他制冷量在14 000 W及以下的房间空气调节器具	7
5	微型计算机	台式微型计算机的显示器;主机、显示器一体形式的台式微型计算机;便携式微型计算机(含平板电脑、掌上电脑);其他信息事务处理实体	10

注:本表仅为废弃电器电子产品处理目录(第一批)征收标准。

相关政策依据

财政部 国家税务总局
关于进一步明确废弃电器电子产品处理
基金征收产品范围的通知

财综〔2012〕80号 2012年10月15日

根据《财政部 环境保护部 国家发展改革委 工业和信息化部 海关总署 国家税务总局关于印发〈废弃电器电子产品处理基金征收使用管理办法〉的通知》(财综〔2012〕34号)的规定,现就国家税务局对电器电子产品生产者征收废弃电器电子产品处理基金(以下简称基金)的产品范围通知如下:

一、纳入基金征收范围的电视机,是指含有电视调谐器(高频头)的用于接收信号并还原出图像及伴音的终端设备,包括阴极射线管(黑白、彩色)电视机、液晶电视机、等离子电视机、背投电视机以及其他用于接收信号并还原出图像及伴音的终端设备。

二、纳入基金征收范围的电冰箱,是指具有制冷系统、消耗能量以获取冷量的隔热箱体,包括各自装有单独外门的冷藏冷冻箱(柜)、容积≤500升的冷藏箱(柜)、制冷温度>－40℃且容积≤500升的冷冻箱(柜),以及其他具有制冷系统、消耗能量以获取冷量的隔热箱体。

对上述产品中分体形式的设备,按其制冷系统设备的数量计征基金。对自动售货机、容积<50升的车载冰箱以及不具有制冷系统的柜体,不征收基金。

三、纳入基金征收范围的洗衣机,是指干衣量≤10 kg的依靠机械作用洗涤衣物(含兼有干衣功能)的器具,包括波轮式洗衣机、滚筒式洗衣机、搅拌式洗衣机、脱水机以及其他依靠机械作用洗涤衣物(含兼有干衣功能)的器具。

四、纳入基金征收范围的房间空调器,是指制冷量≤14 000 W(12 046大卡/时)的房间空气调节器具,包括整体式空调(窗机、穿墙机、移动式等)、分体形式空调(分体壁挂、分体柜机、一拖多、单元式空调器等)以及其他房间空气调节器。

对分体形式空调器,按室外机的数量计征基金。对不具有制冷系统的空气调节器,不征收基金。

五、纳入基金征收范围的微型计算机,是指接口类型仅包括VGA(模拟信号接口)、DVI(数字视频接口)或HDMI(高清晰多媒体接口)的台式微型计算机的显示器、主机和显示器一体形式的台式微型计算机、便携式微型计算机(含笔记本电脑、平板电脑、掌上电脑)以及其他信息事务处理实体。

六、本通知自2012年7月1日起执行。

2015年,《废弃电器电子产品处理目录》(2014年版)明确,从2016年3月1日起,基金征收范围增加了吸油烟机、电热水器、燃气热水器、打印机、复印机、传真机、监视器、移动通信手持机、电话单机9类产品,共对14类产品征收。

> **相关政策依据**

中华人民共和国国家发展和改革委员会
中华人民共和国环境保护部 中华人民共和国工业和信息化部 中华人民共和国财政部
中华人民共和国海关总署 国家税务总局
关于公布《废弃电器电子产品处理目录(2014年版)》的公告

国家发展和改革委员会公告2015年第5号
2015年2月9日

根据《废弃电器电子产品回收处理管理条例》(国务院令第551号)规定,经国务院批准,现公布《废弃电器电子产品处理目录(2014年版)》,自2016年3月1日起实施。《废弃电器电子产品处理目录(第一批)》同时废止。

附件:废弃电器电子产品处理目录(2014年版)(表19-2)。

表19-2 废弃电器电子产品处理目录(2014年版)

序号	产品名称	产品范围及定义
1	电冰箱	冷藏冷冻箱(柜)、冷冻箱(柜)、冷藏箱(柜)及其他具有制冷系统,消耗能量以获取冷量的隔热箱体(容积≤800升)
2	空气调节器	整体式空调器(窗式、穿墙式等)、分体式空调器(挂壁式、落地式等)、一拖多空调器等制冷量在14 000 W及以下(一拖多空调时,按室外机制冷量计算)的房间空气调节器具
3	吸油烟机	深型吸排油烟机、欧式塔型吸排油烟机、侧吸式吸排油烟机和其他安装在炉灶上部,用于收集、处理被污染空气的电动器具
4	洗衣机	波轮式洗衣机、滚筒式洗衣机、搅拌式洗衣机、脱水机及其他依靠机械作用洗涤衣物(含兼有干衣功能)的器具(干衣量≤10公斤)
5	电热水器	储水式电热水器、快热式电热水器和其他将电能转换为热能,并将热能传递给水,使水产生一定温度的器具(容量≤500升)
6	燃气热水器	以燃气作为燃料,通过燃烧加热方式将热量传递到流经热交换器的冷水中以达到制备热水目的的一种燃气用具(热负荷≤70kW)
7	打印机	激光打印机、喷墨打印机、针式打印机、热敏打印机和其他与计算机联机工作或利用云打印平台,将数字信息转换成文字和图像并以硬拷贝形式输出的设备,包括以打印功能为主,兼有其他功能设备(印刷幅面<A2,印刷速度≤80张/分钟)
8	复印机	静电复印机、喷墨复印机和其他用各种不同成像过程产生原稿复印品的设备,包括以复印功能为主,兼有其他功能的设备(印刷幅面<A2,印刷速度≤80张/分钟)
9	传真机	利用扫描和光电变换技术,把文字、图表、相片等静止图像变换成电信号发送出去,接收时以记录形式获取复制稿的通信终端设备,包括以传真功能为主,兼有其他功能的设备
10	电视机	阴极射线管(黑白、彩色)电视机、等离子电视机、液晶电视机、OLED电视机、背投电视机、移动电视接收终端及其他含有电视调谐器(高频头)的用于接收信号并还原出图像及伴音的终端设备

(续表)

序号	产品名称	产品范围及定义
11	监视器	阴极射线管(黑白、彩色)监视器、液晶监视器等由显示器件为核心组成的图像输出设备(不含高频头)
12	微型计算机	台式微型计算机(含一体机)和便携式微型计算机(含平板电脑、掌上电脑)等信息事务处理实体
13	移动通信手持机	GSM 手持机、CDMA 手持机、SCDMA 手持机、3G 手持机、4G 手持机、小灵通等手持式的,通过蜂窝网络的电磁波发送或接收两地讲话或其他声音、图像、数据的设备
14	电话单机	PSTN 普通电话机、网络电话机(IP 电话机)、特种电话机和其他通信中实现声能与电能相互转换的用户设备

五、应纳费款的计算

废弃电器电子处理基金分别按照电器电子产品生产者销售、进口电器电子产品的收货人或者其代理人进口的电器电子产品数量定额征收。

废弃电器电子处理基金缴纳义务人销售或受托加工生产相关电器电子产品,按照从量定额的办法计算应缴纳废弃电器电子处理基金。

应缴纳废弃电器电子处理基金的计算公式为:

$$\text{应缴纳废弃电器电子处理基金} = \text{销售数量(受托加工数量)} \times \text{征收标准}$$

【**案例 19-9**】 智董集团公司 9 月生产销售等离子电视机 10 000 台、一拖多空调器 5 000 台、平板电脑 37 000 台,其中用于出口的平板电脑 12 000 台。

【**分析**】 计算该企业 9 月应缴纳的废弃电器电子产品处理基金:

应缴纳废弃电器电子产品处理基金 = $10\,000 \times 13 + 5\,000 \times 7 + (37\,000 - 12\,000) \times 10 = 415\,000$(元)。

六、优惠政策

(1) 自 2012 年 7 月 1 日起,缴费人(电器电子产品生产者)生产用于出口的电器电子产品免征废弃电器电子处理基金,由电器电子产品生产者依据《中华人民共和国海关出口货物报关单》列明的出口产品名称和数量,向税务局申请从应缴纳废弃电器电子处理基金的产品销售数量中扣除。[《财政部 环境保护部 国家发展改革委 工业和信息化部 海关总署 国家税务总局关于印发〈废弃电器电子产品处理基金征收使用管理办法〉的通知》(财综〔2012〕34 号)]

(2) 自 2014 年 6 月 1 日起,缴费人(以下简称受托方)受外贸公司(以下简称委托方)委托加工电器电子产品,其海关贸易方式为"进料加工"或"来料加工"且由委托方收回后复出口的,免征废弃电器电子处理基金。海关贸易方式为"进料加工"的,受托方受托加工业务免征废弃电器电子处理基金,应当同时符合以下条件:

① 委托方拥有加工贸易业务批准证(已取消商务主管部门加工贸易业务批准证的省份除外)。

② 受托方提供与委托方签订的加工贸易合同备案委托书、协议书等证明业务真实发生的资料。

③ 委托方进料加工手(账)册注明的加工单位是该受托方。

④ 受托方向委托方开具增值税专用发票收取加工费(含辅料费等相关费用)。

⑤ 原材料进口报关单上注明收货单位为该受托方。

⑥ 委托方出口电器电子产品,出口报关单备案号栏中载明的加工手(账)册号与第三项中加工手(账)册号一致,且注明发货单位为该受托方。海关贸易方式为"来料加工"的,受托方受托加工业务免征废弃电器电子处理基金,应当取得委托方税务机关出具的《来料加工免税证明》。[《财政部 国家税务总局 海关总署关于进(来)料受托加工复出口免征废弃电器电子产品处理基金有关问题的公告》(财政部 国家税务总局 海关总署公告 2014 年第 29 号)]

(3) 缴费人(电器电子产品生产者)进口电器电子产品已缴纳废弃电器电子处理基金的,

国内销售时免征废弃电器电子处理基金，由电器电子产品生产者依据《中华人民共和国海关进口货物报关单》和《进口废弃电器电子产品处理基金缴款书》列明的进口产品名称和数量，向税务局申请从应缴纳废弃电器电子处理基金的产品销售数量中扣除。[《财政部 环境保护部 国家发展改革委 工业和信息化部 海关总署 国家税务总局关于印发〈废弃电器电子产品处理基金征收使用管理办法〉的通知》（财综〔2012〕34号）]

（4）对采用有利于资源综合利用和无害化处理的设计方案以及使用环保和便于回收利用材料生产的电器电子产品，可以减征废弃电器电子处理基金，具体办法由财政部会同环境保护部、国家发展改革委、工业和信息化部、税务总局、海关总署另行制定。[《财政部 环境保护部 国家发展改革委 工业和信息化部 海关总署 国家税务总局关于印发〈废弃电器电子产品处理基金征收使用管理办法〉的通知》（财综〔2012〕34号）]

七、缴纳时间（期限）

废弃电器电子处理基金按季度申报，缴纳义务人应当自季度终了之日起15日内申报缴纳废弃电器电子处理基金。

八、缴纳地点

基金缴纳义务人向其主管税务机关申报缴纳。

第七节 国家重大水利工程建设基金

一、概述

国家重大水利工程建设基金，是为筹集国家重大水利工程建设资金，确保国家重大水利工程建设的顺利实施，促进经济社会可持续发展而设立的政府性基金。

主要政策依据：

（1）《国家重大水利工程建设基金征收使用管理暂行办法》（财综〔2009〕90号）。

（2）《财政部 国家税务总局关于免征国家重大水利工程建设基金的城市维护建设税和教育费附加的通知》（财税〔2010〕44号）。

（3）《财政部关于征收国家重大水利工程建设基金有关问题的通知》（财综〔2010〕97号）。

（4）《财政部关于对分布式光伏发电自发自用电量免征政府性基金有关问题的通知》（财综〔2013〕103号）。

（5）《财政部关于对国家电网四川省电力公司有关政府性基金上缴问题的批复》（财税〔2015〕80号）。

（6）《财政部关于降低国家重大水利工程建设基金和大中型水库移民后期扶持基金征收标准的通知》（财税〔2017〕51号）。

（7）《财政部关于明确国家重大水利工程建设基金和大中型水库移民后期扶持基金征收标准有关问题的函》（财办税〔2017〕60号）。

（8）《财政部关于降低部分政府性基金征收标准的通知》（财税〔2018〕39号）。

（9）《财政部关于调整部分政府性基金有关政策的通知》（财税〔2019〕46号）。

（10）《国家税务总局关于水利建设基金等政府非税收入项目征管职责划转有关事项的公告》（国家税务总局公告2020年第2号）。

二、缴纳义务人

国家重大水利工程建设基金的缴纳义务人，主要为除西藏自治区以外全国范围内的电力用户。

三、征缴范围

国家重大水利工程建设基金在除西藏自治区以外的全国范围内筹集。

各省、自治区、直辖市全部销售电量包括省级电网企业销售给电力用户的电量、省级电网企业扣除合理线损后的趸售电量（即实际销售给转供单位的电量)、省级电网企业销售给子公司的电量和对境外销售电量、企业自备电厂自发自用电量、地方独立电网销售电量(不含省级电网企业销售给地方独立电网企业的电量)。

跨省(自治区、直辖市)电力交易,计入受电省份销售电量。

资源综合利用(利用余热余压发电、煤矸石发电等)、热电联产的企业自备电厂纳入国家重大水利工程建设基金征收范围,不得免征。

四、征缴标准

各省、自治区、直辖市扣除国家扶贫开发工作重点县农业排灌用电后的全部销售电量和规定征收标准之积。[《财政部关于调整部分政府性基金有关政策的通知》(财税〔2019〕46号)]

征收标准按每千瓦计算征收,各地标准不同。《财政部 国家发展改革委 水利部关于印发〈国家重大水利工程建设基金征收使用管理暂行办法〉的通知》(财综〔2009〕90号)规定各省(区、市)最初征收标准。根据《财政部关于调整部分政府性基金有关政策的通知》(财税〔2019〕46号)的规定,从2019年7月1日起实行新的标准。

国家重大水利工程建设基金征收标准见表19-3。

表19-3 国家重大水利工程建设基金征收标准 单位:厘/千瓦时

省(自治区、直辖市)	征收标准	省(自治区、直辖市)	征收标准
北京	1.968 75	河南	3.189 375
天津	1.968 75	湖北	0
上海	3.915	湖南	1.054 687 5
河北	1.968 75	广东	1.968 75
山西	1.968 75	广西	1.125
内蒙古	1.125	海南	1.125
辽宁	1.125	重庆	1.968 75
吉林	1.125	四川	1.968 75
黑龙江	1.125	贵州	1.125
江苏	4.193 437 5	云南	1.125
浙江	4.038 75	陕西	1.125
安徽	3.633 75	甘肃	1.125
福建	1.968 75	青海	1.125
江西	1.552 5	宁夏	1.125
山东	1.968 75	新疆	1.125

拥有自备电厂企业、地方独立电网企业应准确计量自发自用电量和销售电量,不能准确计量的,由税务部门按照其最大发电(售电)能力核定自发自用电量和销售电量,并确定国家重大水利工程建设基金征收数额。

五、应纳费款的计算

计算公式如下:

国家重大水利工程建设基金=全部销售电量(扣除国家扶贫开发工作重点县农业排灌用电)×征收标准

六、优惠政策

(1)将国家重大水利工程建设基金征收标准统一降低25%自2017年7月1日起施行。

自2018年7月1日起,将国家重大水利工程建设基金征收标准在《财政部关于降低国家重大水利工程建设基金和大中型水库移民后期扶持基金征收标准的通知》(财税〔2017〕51号)基础上,再降低25%。

自2019年7月1日起,将国家重大水利工程建设基金征收标准降低 50%。[《财政部关于降低国家重大水利工程建设基金和大中型水库移民后期扶持基金征收标准的通知》（财税〔2017〕51 号）；《财政部关于降低部分政府性基金征收标准的通知》（财税〔2018〕39 号）；《财政部关于调整部分政府性基金有关政策的通知》（财税〔2019〕46 号）]

（2）自 2013 年 11 月 19 日起，对分布式光伏发电自发自用电量免收可再生能源电价附加、国家重大水利工程建设基金、大中型水库移民后期扶持基金、农网还贷资金 4 项针对电量征收的政府性基金。[《财政部关于对分布式光伏发电自发自用电量免征政府性基金有关问题的通知》（财综〔2013〕103 号）]

延伸解读

基金免征城市维护建设税和教育费附加

为支持国家重大水利工程建设，自 2010 年 5 月 25 日起，对国家重大水利工程建设基金免征城市维护建设税和教育费附加。[《财政部 国家税务总局关于免征国家重大水利工程建设基金的城市维护建设税和教育费附加的通知》（财税〔2010〕44 号）]

七、缴纳时间（期限）

国家重大水利工程建设基金按月申报缴纳，按年汇算清缴。

国家重大水利工程建设基金应于每月 15 日前申报缴纳。

省级电网企业、拥有自备电厂企业和地方独立电网企业应在次年 3 月底前完成汇算清缴申报缴纳。

八、缴纳地点

税务部门按照属地原则征收国家重大水利工程建设基金项目，具体征收机关由国家税务总局各省、自治区、直辖市和计划单列市税务局按照"便民、高效"原则确定。[《国家税务总局关于水利建设基金等政府非税收入项目征管职责划转有关事项的公告》（国家税务总局公告 2020 年第 2 号，2020 年 1 月 19 日）]

税务部门按照属地原则征收划转的原由财政部驻地方财政监察专员办事处负责征收的国家重大水利工程建设基金，具体征收机关由国家税务总局各省、自治区、直辖市和计划单列市税务局按照"便民、高效"原则确定。[《国家税务总局关于国家重大水利工程建设基金等政府非税收入项目征管职责划转有关事项的公告》（国家税务总局公告 2018 年第 63 号，2018 年 12 月 25 日）]

第八节　农网还贷资金

一、概述

农网还贷资金，是指国家对农网改造贷款"一省多贷"的省、自治区、直辖市电力用户征收的，专项用于解决农村电网改造贷款还本付息问题的政府性基金。

主要政策依据：

（1）《农网还贷资金征收使用管理办法》（财企〔2001〕820 号）。

（2）《财政部关于农网还贷资金征收使用管理有关问题的通知》（财企〔2002〕266 号）。

（3）《财政部关于农网还贷资金征缴工作有关问题的通知》（财企〔2006〕347 号）。

（4）《财政部关于延续农网还贷资金等 17 项政府性基金政策问题的通知》（财综〔2007〕3 号）。

（5）《财政部关于调整云南省农网还贷资金缴库比例的批复》（财综〔2012〕7 号）。

（6）《财政部关于对分布式光伏发电自发自用电量免征政府性基金有关问题的通知》（财综〔2013〕103 号）。

（7）《财政部关于调整重庆市农网还贷资金中央和地方缴库比例有关问题的批复》（财税〔2015〕59 号）。

二、缴纳义务人

农网还贷资金的缴纳义务人,是农网改造贷款"一省多贷"的省、自治区、直辖市的电力用户。

三、征缴范围

农网改造贷款"一省多贷"的省、自治区、直辖市的社会用电量属于农网还贷资金征收范围。

农网改造贷款"一省多贷"的省、自治区、直辖市,是指对农网改造贷款一省多贷的山西、吉林、湖南、湖北、广东、广西、四川、重庆、云南、陕西等省、自治区、直辖市。

山西、陕西、广西3省区农网改造还贷加价收入,均应纳入农网还贷资金征收和使用范围。

四、征缴标准

每度电2分钱(农网改造贷款"一省多贷"的省、自治区、直辖市的社会用电量)。

五、应纳费款的计算

除规定的减免用量外,农网改造贷款"一省多贷"的省、自治区、直辖市的社会用电量按每度电2分钱的征收标准征收。

六、优惠政策

(1)农业排灌、抗灾救灾及氮肥、磷肥、钾肥和原化工部颁发生产许可证的复合肥生产用电免征农网还贷资金;国有重点煤炭企业生产用电、核工业铀扩散厂和堆化工厂生产用电农网还贷资金暂按每千瓦时用电量三厘钱标准征收。从2001年1月1日开始执行。[《农网还贷资金征收使用管理办法》(财企〔2001〕820号)]

(2)自2013年11月19日起,对分布式光伏发电自发自用电量免收可再生能源电价附加、国家重大水利工程建设基金、大中型水库移民后期扶持基金、农网还贷资金4项针对电量征收的政府性基金。[《财政部关于对分布式光伏发电自发自用电量免征政府性基金有关问题的通知》(财综〔2013〕103号)]

七、缴纳时间(期限)

农网还贷资金实行按月(每月月底前)申报缴费。

八、缴纳地点

税务部门按照属地原则征收划转的农网还贷资金,具体征收机关由国家税务总局各省、自治区、直辖市和计划单列市税务局按照"便民、高效"原则确定。[《国家税务总局关于国家重大水利工程建设基金等政府非税收入项目征管职责划转有关事项的公告》(国家税务总局公告2018年第63号,2018年12月25日)]

第九节 可再生能源发展基金

一、概述

可再生能源发展基金,是指为了促进可再生能源的开发利用,根据《中华人民共和国可再生能源法》有关规定设立的包括国家财政公共预算安排的专项资金和依法向电力用户征收的可再生能源电价附加收入等的政府性基金。

可再生能源发展专项资金由中央财政从年度公共预算中予以安排(不含国务院投资主管部门安排的中央预算内基本建设专项资金)。可再生能源电价附加在除西藏自治区以外的全国范围内,对各省、自治区、直辖市扣除农业生产用电(含农业排灌用电)后的销售电量征收。

主要政策依据:

(1)《可再生能源发展基金征收使用管理办法》(财综〔2011〕115号)。

(2)《财政部关于调整可再生能源电价附加征收标准的通知》(财综〔2013〕89号)。

(3)《财政部关于对分布式光伏发电自发自用电量免征政府性基金有关问题的通知》(财综〔2013〕103号)。

(4)《财政部关于印发〈可再生能源发展专项资金管理暂行办法〉的通知》(财建〔2015〕87号)。

(5)《财政部 国家发展改革委关于提高可再生能源发展基金征收标准等有关问题的通知》(财税〔2016〕4号)。

二、缴纳义务人

可再生能源电价附加的缴费主体是除西藏自治区以外全国范围内的电力用户。[《可再生能源发展基金征收使用管理暂行办法》(财综〔2011〕115号)]

三、征缴范围

可再生能源电价附加在除西藏自治区以外的全国范围内,对各省、自治区、直辖市扣除农业生产用电(含农业排灌用电)后的销售电量征收。

各省、自治区、直辖市纳入可再生能源电价附加征收范围的销售电量包括:

(1)省级电网企业(含各级子公司)销售给电力用户的电量。

(2)省级电网企业扣除合理线损后的趸售电量(即实际销售给转供单位的电量,不含趸售给各级子公司的电量)。

(3)省级电网企业对境外销售电量。

(4)企业自备电厂自发自用电量。

(5)地方独立电网(含地方供电企业,下同)销售电量(不含省级电网企业销售给地方独立电网的电量)。

(6)大用户与发电企业直接交易的电量。

省(自治区、直辖市)际间交易电量,计入受电省份的销售电量征收可再生能源电价附加。

四、征缴标准

各省、自治区、直辖市扣除农业生产用电(含农业排灌用电)后的销售电量和规定征收标准之积。

居民生活用电征收标准为8厘/千瓦时。

各省(自治区、直辖市,不含新疆维吾尔自治区、西藏自治区)居民生活和农业生产以外全部销售电量的可再生能源发展基金征收标准为1.9分/千瓦时。

新疆维吾尔自治区征收标准为1.5分/千瓦时,西藏自治区不予征收。

五、应纳费款的计算

计算公式如下:

可再生能源电价附加=销售电量×征收标准

六、优惠政策

自2013年11月19日起,对分布式光伏发电自发自用电量免收可再生能源电价附加、国家重大水利工程建设基金、大中型水库移民后期扶持基金、农网还贷资金4项针对电量征收的政府性基金。[《财政部关于对分布式光伏发电自发自用电量免征政府性基金有关问题的通知》(财综〔2013〕103号)]

七、缴纳时间(期限)

可再生能源电价附加实行按月(每月15日前)申报,次年3月底前省级电网企业和地方独立电网企业根据全年实际销售电量进行汇算清缴。

八、缴纳地点

税务部门按照属地原则征收划转的可再生能源发展基金,具体征收机关由国家税务总局各省、自治区、直辖市和计划单列市税务局按照"便民、高效"原则确定。[《国家税务总局关于国家重大水利工程建设基金等政府非税收入项目征管职责划转有关事项的公告》(国家税务总局公告2018年第63号,2018年12月25日)]

第十节 大中型水库移民后期扶持基金

一、概述

大中型水库移民后期扶持基金，是国家为扶持大中型水库农村移民解决生产生活问题而设立的政府性基金。

主要政策依据：

（1）《国务院办公厅转发水利电力部关于抓紧处理水库移民问题报告的通知》（国办发〔1986〕56号）。

（2）《国家计委 财政部电力工业部水利部关于设立水电站和水库库区后期扶持基金的通知》（计建设〔1996〕526号）。

（3）《国务院关于完善大中型水库移民后期扶持政策的意见》（国发〔2006〕17号）。

（4）《财政部关于印发〈大中型水库移民后期扶持基金征收使用管理暂行办法〉的通知》（财综〔2006〕29号）。

（5）《财政部关于印发〈财政监察专员办事处大中型水库移民后期扶持基金征收管理操作规程〉的通知》（财监〔2006〕95号）。

（6）《财政部关于对分布式光伏发电自发自用电量免征政府性基金有关问题的通知》（财综〔2013〕103号）。

（7）《财政部关于降低国家重大水利工程建设基金和大中型水库移民后期扶持基金征收标准的通知》（财税〔2017〕51号）。

（8）《财政部关于明确国家重大水利工程建设基金和大中型水库移民后期扶持基金征收标准有关问题的函》（财办税〔2017〕60号）。

二、缴纳义务人

除西藏外，其余省（自治区、直辖市）范围内的电力用户为缴费人，由各省级电网企业在向电力用户收取电费时一并代征。

三、征缴范围

大中型水库移民后期扶持基金对省级电网企业在本省（区、市）区域内扣除农业生产用电后的全部销售电量加价征收，但下列电量实行免征：

（1）农业生产用电。

（2）省级电网企业间销售电量（由买入方在最终销售环节向用户收取）。

（3）经国务院批准，可以免除交纳后期扶持基金的其他电量。

四、征缴标准

按照扣除农业用电后的全部销售电量加价征收。各地标准不同（每千瓦时计算）。

五、应纳费款的计算

根据水库和水电站实际上网销售电量（扣除免征电量）加价征收，各地征收标准不完全相同（表19-4）。

计算公式：

应缴大中型水库移民后期扶持基金＝实际上网销售电量（扣除免征电量）×各地征收标准

表19-4 各省（区、市）从销售电价加价中征收的后期扶持基金标准　　单位：厘/千瓦时

省（区、市）	征收标准	省（区、市）	征收标准
北京	8.3	河南	8.3
天津	8.3	湖北	8.3
上海	8.3	湖南	8.3

(续表)

省(区、市)	征收标准	省(区、市)	征收标准
河北	3.5	广东	8.3
山西	3.2	广西	8.3
内蒙古	3.1	海南	8.3
辽宁	8.3	重庆	8.3
吉林	5.5	四川	8.3
黑龙江	3.9	贵州	6.3
江苏	8.3	云南	5.0
浙江	8.3	陕西	8.3
安徽	8.3	甘肃	3.5
福建	8.3	青海	1.9
江西	8.3	宁夏	2.1
山东	8.3	新疆	2.8

注：根据《财政部关于降低国家重大水利工程建设基金和大中型水库移民后期扶持基金征收标准的通知》(财税〔2017〕51号)规定，现行征收标准在此基础上降低25%。

六、优惠政策

(1) 大中型水库移民后期扶持基金的征收范围是省级电网企业在本省(区、市)区域内全部销售电量，但下列电量实行免征：

① 农业生产用电量。

② 省级电网企业网间销售电量(由买入方在最终销售环节向用户收取)。

③ 经国务院批准，可以免除交纳后期扶持基金的其他电量。自2006年7月1日起执行。[《财政部关于印发〈财政监察专员办事处大中型水库移民后期扶持基金征收管理操作规程〉的通知》(财监〔2006〕95号)]

(2) 将大中型水库移民后期扶持基金的征收标准降低25%，自2017年7月1日起施行。[《财政部关于降低国家重大水利工程建设基金和大中型水库移民后期扶持基金征收标准的通知》(财税〔2017〕51号)]

(3) 对分布式光伏发电自发自用电量免收大中型水库移民后期扶持基金。自2013年10月19日起施行。[《财政部关于对分布式光伏发电自发自用电量免征政府性基金有关问题的通知》(财综〔2013〕103号)]

七、缴纳时间(期限)

大中型水库移民后期扶持基金划转税务部门征收后，由电网企业于每月15日前申报缴纳。根据省级电网企业全年实际销售电量，在次年3月底前完成对当地省级电网企业全年应缴大中型水库移民后期扶持基金的清算和征缴。

八、缴纳地点

税务部门按照属地原则征收划转的中央水库移民扶持基金(含大中型水库移民后期扶持基金、三峡水库库区基金、跨省际大中型水库库区基金)，具体征收机关由国家税务总局各省、自治区、直辖市和计划单列市税务局按照"便民、高效"原则确定。[《国家税务总局关于国家重大水利工程建设基金等政府非税收入项目征管职责划转有关事项的公告》(国家税务总局公告2018年第63号，2018年12月25日)]

第十一节 跨省际大中型水库库区基金

一、概述

跨省际大中型水库库区基金,是指对装机容量在2.5万千瓦及以上有发电收入的跨省、自治区、直辖市大中型水库征收的库区基金。

主要政策依据:

(1)《大中型水库库区基金征收使用管理暂行办法》(财综〔2007〕26号)。

(2)《财政部关于征收跨省际大中型水库库区基金有关问题的通知》(财综〔2009〕59号)。

二、缴纳义务人

跨省际大中型水库库区基金的缴费主体目前为22家跨省际大中型水库(水电站)[《财政部关于征收跨省际大中型水库库区基金有关问题的通知》(财综〔2009〕59号)]

已经审定但未列入上述22家名单的跨省际大中型水库,其库区基金征收政策,待水库发电企业所在省、自治区、直辖市按规定程序向财政部报送该地区大中型水库库区基金征收使用管理实施细则时一并考虑,并按财政部会同国家发展改革委、水利部批准后的相关征收政策执行。符合征收条件的新建跨省际大中型水库,其库区基金征收政策,由水库发电企业所在省、自治区、直辖市按规定程序上报,经财政部会同国家发展改革委、水利部批准后执行。

跨省际大中型水库名单、库区基金征收标准、征收机关和分配比例见表19-5。

表19-5 跨省际大中型水库名单、库区基金征收标准、征收机关和分配比例

序号	工程名称	征收标准	税务征收机关	涉及省份	分配比例
1	桓仁水库	8厘/千瓦时	辽宁	辽宁	75.00%
				吉林	25.00%
2	水丰水库	8厘/千瓦时	辽宁	辽宁	66.00%
				吉林	34.00%
3	万家寨水利枢纽	8厘/千瓦时	山西	山西	2.80%
				内蒙古	97.20%
4	丹江口水库	8厘/千瓦时	湖北	湖北	61.00%
				河南	39.00%
5	江垭水库	8厘/千瓦时	湖南	湖南	85.00%
				湖北	15.00%
6	纳吉滩水电站	8厘/千瓦时	湖北	湖北	38.40%
				湖南	61.60%
7	塘口	8厘/千瓦时	湖北	湖北	40.00%
				湖南	60.00%
8	碗米坡电站	8厘/千瓦时	湖南	湖南	93.80%
				重庆	6.20%
9	宝珠寺电站	8厘/千瓦时	四川	四川	81.40%
				陕西	9.40%
				甘肃	9.20%

(续表)

序号	工程名称	征收标准	税务征收机关	涉及省份	分配比例
10	炳灵水电站	8厘/千瓦时	甘肃	甘肃	31.30%
				青海	68.70%
11	张窝电站	8厘/千瓦时	四川	四川	5.40%
				云南	94.60%
12	大洪河水库	8厘/千瓦时	重庆	重庆	37.00%
				四川	63.00%
13	向家坝电站	8厘/千瓦时	四川	四川	45.40%
				云南	54.60%
14	溪洛渡电站	8厘/千瓦时	四川	四川	33.00%
				石陶	67.00%
15	彭水电站	8厘/千瓦时	重庆	重庆	34.60%
				贵州	65.40%
16	龙滩电站	8厘/千瓦时	广西	广西	42.20%
				贵州	57.80%
17	鲁布革电站	8厘/千瓦时	石南	石南	48.50%
				贵州	51.50%
18	天生桥一级水电站	8厘/千瓦时	贵州	广西	43.60%
				云南	5.70%
				贵州	50.70%
19	天生桥二级水电站	8厘/千瓦时	广西	广西	74.50%
				贵州	25.50%
20	洞巴水电站	8厘/千瓦时	广西	广西	54.80%
				云南	45.20%
21	百色水利枢纽	8厘/千瓦时	广西	广西	67.50%
				云南	32.50%
22	平班水电站	8厘/千瓦时	广西	广西	58.60%
				贵州	41.40%

跨省际大中型水库为独立法人的,由水库(水电站)缴纳库区基金;跨省际大中型水库为非独立法人的,由其归属企业缴纳库区基金。

三、征缴范围

跨省际大中型水库库区基金的征收范围是装机容量在2.5万千瓦及以上有发电收入的跨省际大中型水库实际上网销售的电量。

四、征缴标准

按照水库发电企业所在省份的大中型水库库区基金征收标准执行,不高于8厘/千瓦时。

五、应纳费款的计算

跨省际大中型水库实际上网销售电量和规定征收标准之积。

计算公式如下:

$$\text{应缴跨省际大中型水库库区基金} = \text{实际上网销售电量} \times \text{各地征收标准}$$

六、优惠政策

确因特殊情况需减免、缓征或停征库区基金的省份，应由省级财政部门报省级人民政府同意后，由省级人民政府向国务院提出申请。

七、缴纳时间（期限）

跨省际大中型水库库区基金划转税务部门征收后，水库（水电站）或其归属企业应于每月15日前申报缴纳。根据水库（水电站）全年实际销售电量，在次年3月底前完成全年应缴跨省际大中型水库库区基金的清算和征缴。

八、缴纳地点

税务部门按照属地原则征收划转的中央水库移民扶持基金（含大中型水库移民后期扶持基金、三峡水库库区基金、跨省际大中型水库库区基金），具体征收机关由国家税务总局各省、自治区、直辖市和计划单列市税务局按照"便民、高效"原则确定。[《国家税务总局关于国家重大水利工程建设基金等政府非税收入项目征管职责划转有关事项的公告》（国家税务总局公告2018年第63号，2018年12月25日）]

第十二节 地方水库移民扶持基金

地方水库移民扶持基金自2021年2月1日起，由缴费人按月向税务部门自行申报缴纳，申报缴纳期限按现行规定执行。

一、概述

地方水库移民扶持基金属于政府性基金，具体包括省级大中型水库库区基金、小型水库移民扶助基金两个征收项目，基金收入归属省级财政。

主要政策依据：

(1)《国务院关于完善大中型水库移民后期扶持政策的意见》（国发〔2006〕17号）。

(2)《财政部关于印发〈大中型水库库区基金征收使用管理暂行办法〉的通知》（财综〔2007〕26号）。

(3)《财政部关于加强大中型水库库区基金征收管理有关问题的通知》（财综〔2009〕51号）。

(4)《财政部关于取消、停征和整合部分政府性基金项目等有关问题的通知》（财税〔2016〕11号）。

(5)《财政部关于抽水蓄能电站征收大中型水库库区基金有关问题的通知》（财税〔2016〕13号）。

(6)《财政部关于取消、调整部分政府性基金有关政策的通知》（财税〔2017〕18号）。

(7)《财政部关于水土保持补偿费等四项非税收入划转税务部门征收的通知》（财税〔2020〕58号）。

(8)《国家税务总局关于水土保持补偿费等政府非税收入项目征管职责划转有关事项的公告》（国家税务总局公告2020年第21号）。

(9)《财政部关于印发〈大中型水库库区基金征收使用管理暂行办法〉的通知》（财综〔2007〕26号）。

二、缴纳义务人

省级大中型水库库区基金缴纳义务人为装机容量2.5万千瓦及以上有发电收入的水库和水电站；小型水库移民扶持基金缴纳义务人为装机容量2.5万千瓦及以下有发电收入的水库和水电站。

三、征缴范围

地方水库移民扶持基金在除内蒙古、上海、江苏、西藏、宁夏、新疆6个省（区、市）以外的全国25个省（区、市）征收，大连、宁波、厦门、青岛、深圳5个计划单列市由省税务局统一征收。

截至2020年12月31日，省级大中型水库库区基金在北京、天津、安徽、山东、湖南5省（市）停征，小型水库移民扶助基金在北京、天津、山西、吉林、浙江、安徽、福建、江西、山东、湖北、湖南、四川、陕西13个省（市）停征；尚有20个省（区、市）征收省级大中型水库库区基金，12个省（区、市）征收小型水库移民扶助基金。

四、征缴标准

各省在财政部规定范围内自行制定征收标准。其中：陕西省省级大中型水库库区基金按6.2厘/千瓦时标准征收；甘肃省小型水库移民扶助基金按每千瓦时0.2厘的标准征收；青海省省级大中型水库库区基金按7厘/千瓦时标准征收；其余省市省级大中型水库库区基金按8厘/千瓦时标准征收、小型水库移民扶助基金按0.5厘/千瓦时的标准征收。

五、应纳费款的计算

计算公式如下：

$$省级大中型水库库区基金 = 费率 \times 实际上网销售电量$$

$$小型水库移民后期扶助基金 = 费率 \times 实际上网销售电量（部分省份规定扣除农业生产等用电）$$

六、优惠政策

"十三五"期间（2016—2020年），北京、天津、山西、吉林、浙江、安徽、福建、江西、山东、湖北、湖南、四川、陕西13个省市均出台了有关停征政策，黑龙江出台了降率减征政策。

七、缴纳时间（期限）

申报缴纳期限、具体入库时间各省规定不同：

1. 省级大中型水库库区基金按月缴纳，具体入库时间各地规定不完全相同

例如，浙江规定每月终了后5个工作日内缴纳，江西、河北规定每月终了后7日内缴纳，四川规定每月终了后10日内缴纳，黑龙江规定每月终了后15日内缴纳。

2. 小型水库移民扶助基金有按月、按季、按半年、按年缴纳，具体入库时间各地规定不完全相同

例如，广东规定在每月15日前，将征缴的扶助基金及时足额上缴省国库；辽宁、浙江、福建、河南、湖南等省规定每季度首月15日前缴纳上季度基金；重庆规定上半年7月10日前，下半年12月20日前缴纳；江西、海南按年缴纳。

八、缴纳地点

税务部门按照属地原则征收地方水库移民扶持基金项目，具体征收机关由国家税务总局各省、自治区、直辖市和计划单列市税务局按照"便民、高效"原则确定。[《国家税务总局关于水土保持补偿费等政府非税收入项目征管职责划转有关事项的公告》（国家税务总局公告2020年第21号，2020年12月11日）]

第十三节 三峡电站水资源费

一、概述

三峡电站水资源费，是指为加强水资源管理和保护，促进水资源的节约与合理开发利用，根据《取水许可和水资源费征收管理条例》（国务院令第460号）和《财政部 国家发展改革委 水利部关于印发〈水资源费征收使用管理办法〉的通知》（财综〔2008〕79号）规定，按三峡电站发电量对其业主单位征收的水资源费。

主要政策依据：

（1）《取水许可和水资源费征收管理条例》（国务院令第460号发布，2017年3月1日国务院令第676号修订）。

（2）《财政部 国家发展改革委 水利部 中国人民银行关于三峡电站水资源费征收使用管理有关问题的通知》（财综〔2011〕19号）。

(3)《国家发展改革委 财政部 水利部关于中央直属和跨省水利工程水资源费征收标准及有关问题的通知》(发改价格〔2009〕1779号)。

二、缴纳义务人

三峡电站水资源费的缴费主体是中国长江电力股份有限公司。

三、征缴范围

三峡电站水资源费的征收范围是三峡电站实际发电量。

四、征缴标准

三峡电站实际发电量和规定的征收标准之积,三峡电站的水资源费按0.3分/千瓦时执行。

五、应纳费款的计算

三峡电站实际发电量和规定的征收标准之积,三峡电站的水资源费按0.3分/千瓦时标准执行。

【案例19-10】 中国长江电力股份有限公司三峡水电站2022年累计发电量1118.0亿千瓦时。

【分析】 三峡电站水资源费=实际发电量×征收标准=1118.0×0.003=3.354(亿元)。

六、优惠政策

三峡电站水资源费暂无优惠政策。

七、缴纳时间(期限)

按月(每月15日前申报缴纳,次年3月底前完成全年应缴水资源费的清算和征缴)。

八、缴纳地点

税务部门按照属地原则征收划转的三峡电站水资源费,具体征收机关由国家税务总局各省、自治区、直辖市和计划单列市税务局按照"便民、高效"原则确定。三峡电站水资源费的中央分成和湖北省分成部分,由缴费人向湖北省税务部门申报缴纳;重庆市分成部分,由缴费人向重庆市税务部门申报缴纳。[《国家税务总局关于国家重大水利工程建设基金等政府非税收入项目征管职责划转有关事项的公告》(国家税务总局公告2018年第63号,2018年12月25日)]

第十四节 水利建设基金

一、概述

水利建设基金,是由中央水利建设基金和地方水利建设基金组成,用于水利建设的专项资金。中央水利建设基金从车辆购置税、铁路建设基金、港口建设费中提取,主要用于关系经济社会发展全局的重点水利工程建设。地方水利建设基金一部分从其他税费中提取,一部分向企事业单位和个体经营者征收,主要用于地方水利工程建设。

主要政策依据:

(1)《财政部 国家发展和改革委员会 水利部关于印发〈水利建设基金筹集和使用管理办法〉的通知》(财综〔2011〕2号)。

(2)《国家税务总局关于水利建设基金等政府非税收入项目征管职责划转有关事项的公告》(国家税务总局公告2020年第2号)。

(3)《财政部 国家税务总局关于扩大有关政府性基金免征范围的通知》(财税〔2016〕12号)。

(4)《财政部关于取消、调整部分政府性基金有关政策的通知》(财税〔2017〕18号)。

二、缴纳义务人

水利建设基金的缴费主体是企事业单位和个体经营者。

三、征缴范围

水利建设基金由中央水利建设基金和地方

水利建设基金组成。

（一）中央水利建设基金

主要来自两个方面：

（1）从车辆购置税收入中定额提取。

（2）从铁路建设基金、港口建设费收入中提取3%。

（二）地方水利建设基金

主要来自四个方面：

（1）从地方收取的政府性基金和行政事业性收费收入中提取3%。

（2）经财政部批准，各省、自治区、直辖市向企事业单位和个体经营者征收的水利建设基金。

（3）地方人民政府按规定从中央对地方成品油价格和税费改革转移支付资金中足额安排资金，划入水利建设基金。

（4）有重点防洪任务和水资源严重短缺的城市要从征收的城市维护建设税中划出不少于15%的资金。

四、征缴标准

请参阅以下关于应纳费款的计算的内容介绍。

五、应纳费款的计算

水利建设基金主要有五种计费方式。

（一）按比例提取

主要是安徽、湖南、陕西、山西、河南、湖北、广东、海南、重庆、贵州、青海等省市对地方收取的政府性基金和行政事业性收费收入按3%的比例提取；河南、湖南、贵州、青海等省从中央对成品油价格和税费改革转移支付资金中按比例提取；安徽、陕西、湖北、广东、贵州、青海、新疆省（自治区）从征收的城市维护建设税中划出15%；山东、青岛、河南等省市对缴纳增值税、消费税的企事业单位和个体经营者，按照"两税"实际缴纳额的1‰征收。

（二）按定额提取

主要是湖北、陕西、重庆每年从成品油价格和税费改革转移支付资金中定额提取（湖北8 000万元、陕西2 200万元、重庆5 000万元）。

（三）按收入计征

主要是安徽、吉林、湖南、宁夏、陕西、福建、内蒙古、甘肃等省（区、市）对销售收入和营业收入的企事业单位和个体经营者按比例计征，不同的地方比例存在差异（安徽、吉林、湖南是0.6‰，宁夏是0.7‰，陕西是0.8‰，福建是0.9‰，内蒙古、甘肃是1‰）。

（四）按土地面积征收

主要是吉林、陕西、江苏、安徽等省对非农业建设征用土地，按照土地面积一次性征收。

（五）按实际电量计征

云南省对行政区域内的企事业单位和个体经营者实际用电量按照2分/千瓦时的标准征收。

【案例19-11】 智董汽车制造厂是增值税一般纳税人，生产的汽车消费税税率为9%。2019年1月销售小汽车取得不含税销售额5 000万元。本月共消耗电力12万千瓦。

如果该纳税人在陕西省，本月应缴纳水利建设基金多少元？（陕西省以销售收入为水利建设基金的计费依据，费率为0.8‰）

【分析】 如果该纳税人在陕西省，水利建设基金的计费依据为销售收入。

应缴纳水利建设基金＝销售收入×费率＝5 000×0.8‰×10 000＝40 000（元）

六、优惠政策

自2016年2月1日起，按月纳税的月销售额或营业额不超过10万元（按季度纳税的季度销售额或营业额不超过30万元）的缴纳义务人免征水利建设基金。[《财政部 国家税务总局关于扩大有关政府性基金免征范围的通知》（财税〔2016〕12号）]

七、缴纳时间（期限）

按月或按季征收，各地征收期限存在差异。

（1）以实际用电量为计费依据的，云南省的申报规定，实行一级核算的供电企业按月代收基金，于每月15日前向属地税务机关申报缴纳代收的基金。属地税务机关在次年3月底前完成对供电企业全年代收基金的汇算清缴工作。

（2）以实际缴纳的增值税、消费税税额和销售收入（经营收入）为计费依据的，一般与主体税种同步。按当年销售收入或营业收入计征的，一般按月或按季缴纳；个体工商户于当年6月或7月按年缴纳。

八、缴纳地点

税务部门按照属地原则征收水利建设基金项目，具体征收机关由国家税务总局各省、自治区、直辖市和计划单列市税务局按照"便民、高效"原则确定。[《国家税务总局关于水利建设基金等政府非税收入项目征管职责划转有关事项的公告》（国家税务总局公告2020年第2号，2020年1月19日）]

第十五节 核电站乏燃料处理处置基金

一、概述

核电站乏燃料处理处置基金，是为规范乏燃料处理处置，促进核电事业发展而设立的政府性基金。

主要政策依据：

（1）《核电站乏燃料处理处置基金征收使用管理暂行办法》（财综〔2010〕58号）。

（2）《国防科工局关于印发〈核电站乏燃料处理处置基金项目管理办法〉的通知》（科工二司〔2014〕314号）。

二、缴纳义务人

乏燃料处理处置基金的缴费义务人，是拥有已投入商业运行5年以上压水堆核电机组的核电厂（以下简称核电厂）。

三、征缴范围

核电站乏燃料处理处置基金按照核电厂已投入商业运行5年以上压水堆核电机组的实际上网销售电量征收。

四、征缴标准

按照核电厂已投入商业运行5年以上压水堆核电机组的实际上网销售电量征收，征收标准为0.026元/千瓦时。

财政部可会同相关部门根据核电发展规模及乏燃料处理处置资金需求的变化，适时调整征收标准。

五、应纳费款的计算

核电站乏燃料处理处置基金的计算比较简单，请参阅上述关于征缴标准的内容介绍。

【案例19-12】 智董核电厂共四个机组，其中A号机组已投入商业运行8年，为压水堆机组，B号机组已投入商业运行7年，为重水堆机组，C号、D号机组投入商业运行不满5年。2022年，A号机组实际上网销售电量50亿千瓦时，B号机组实际上网销售电量25亿千瓦时，C号机组实际上网销售电量2亿千瓦时，D号机组实际上网销售电量8亿千瓦时。

【分析】 计算该核电厂2022年应缴纳的核电站乏燃料处理处置基金：

核电站乏燃料处理处置基金仅对投入商业运行5年以上的压水堆核电机组征收，故在本例题中仅对A号机组征收。

应缴纳的乏燃料处理处置基金＝$50 \times 0.026 \times 10^4 = 13\,000$（万元）。

六、优惠政策

核电站乏燃料处理处置基金暂无优惠政策。

七、缴纳时间（期限）

核电厂应于每年1月（25日前）申报缴纳上年度实际上网销售电量应缴纳的乏燃料处理处置基金。

八、缴纳地点

税务部门按照属地原则征收划转的核电站乏燃料处理处置基金,具体征收机关由国家税务总局各省、自治区、直辖市和计划单列市税务局按照"便民、高效"原则确定。[《国家税务总局关于国家重大水利工程建设基金等政府非税收入项目征管职责划转有关事项的公告》(国家税务总局公告2018年第63号,2018年12月25日)]

第十六节 核事故应急准备专项收入

一、概述

核事故应急准备专项收入,是指国家征收的用于核事故各项应急准备工作的专项资金。

税务部门负责征收的主要是核事故应急准备专项收入中由核电企业按规定承担上缴的场外核应急专项收入。

主要政策依据:

(1)《核电厂核事故应急管理条例》(国务院令第124号)。

(2)《核电厂核事故应急准备专项收入管理规定》(财防〔2007〕181号)。

二、缴纳义务人

场外核应急专项收入的缴纳义务人,是核电企业。

三、征缴范围

场外核应急专项收入的征收范围分为两类:

(1)核电企业在基建期,按设计额定容量征收。

(2)在运行期,按年度上网销售电量征收。

四、征缴标准

(1)基建期按设计额定容量每千瓦5元人民币的标准缴纳。基建期应在核电工程浇灌第一罐混凝土的当年起3年内按规定承担数额的30%、40%和30%分年度缴清。

(2)运行期按年度上网销售电量每千瓦时0.2厘人民币的标准缴纳。

五、应纳费款的计算

核电企业承担上缴的场外核应急专项收入,在基建期和运行期分别按以下标准缴纳:

(1)基建期按设计额定容量5元/千瓦时的标准缴纳。基建期应在核电工程浇灌第一罐混凝土的当年起3年内分别按规定承担数额的30%、40%和30%,分年度缴清。

(2)运行期按年度上网销售电量0.2厘/千瓦时的标准缴纳。

【案例19-13】 智董核电企业设计额定容量50万千瓦时,2018年至2021年为基建期,2022年正式上网运行,2022年实际上网销售电量20亿千瓦时。请分别计算该核电企业基建期、运行期应缴纳的场外核应急专项收入。

【分析】 基建期应缴纳的场外核应急专项收入$=50\times 5=250$(万元)。

运行期应缴纳的场外核应急专项收入$=20\times 10^4\times 0.2\times 10^{-3}=20\times 0.2\times 10=40$(万元)

六、优惠政策

场外核应急专项收入暂无优惠政策。

七、缴纳时间(期限)

核电企业承担上缴的场外核应急专项收入,基建期应在核电工程浇灌第一罐混凝土的当年起3年内按规定承担数额的30%、40%和30%分年度缴清;运行期应在商业运行后的次年开始,根据上一年的实际上网销售电量按规定标准缴纳。

核电企业应于每年3月底前将当年应缴纳

中央和地方管理的场外核应急专项收入分别及时足额缴库。

八、缴纳地点

税务部门按照属地原则征收划转的核事故应急准备专项收入,具体征收机关由国家税务总局各省、自治区、直辖市和计划单列市税务局按照"便民、高效"原则确定。[《国家税务总局关于国家重大水利工程建设基金等政府非税收入项目征管职责划转有关事项的公告》(国家税务总局公告2018年第63号,2018年12月25日)]

第十七节 油价调控风险准备金

一、概述

油价调控风险准备金,是指当国际市场原油价格低于国家规定的成品油价格调控下限时,由中华人民共和国境内生产、委托加工和进口汽、柴油的成品油生产经营企业按照汽油、柴油的销售数量和规定的征收标准(成品油价格未调金额)全额上缴并纳入中央财政预算管理的政策性收入。

主要政策依据:

(1)《国家发展改革委关于进一步完善成品油价格形成机制有关问题的通知》(发改价格〔2016〕64号)。

(2)《油价调控风险准备金征收管理办法》(财税〔2016〕137号)。

(3)《财政部关于做好2016年油价调控风险准备金收缴工作的通知》(财税〔2016〕142号)。

二、缴纳义务人

油价调控风险准备金缴费义务人,是在中华人民共和国境内生产、委托加工和进口汽、柴油的成品油生产经营企业。

三、征缴范围

油价调控风险准备金按照汽、柴油的销售数量和规定的征收标准缴纳。

四、征缴标准

按照汽、柴油的销售数量和规定的征收标准缴纳风险准备金。

汽、柴油的销售数量指缴纳义务人于相邻两个调价窗口期之间实际销售数量;征收标准按照成品油价格未调金额确定,具体由国家发展改革委、财政部根据国际原油价格变动情况,按照现行成品油价格形成机制计算核定。

五、应纳费款的计算

按照汽、柴油的销售数量和规定的征收标准(成品油价格未调金额)缴纳油价调控风险准备金。

(一)汽、柴油销售数量

汽、柴油销售数量,是指缴纳义务人于相邻两个调价窗口期之间实际销售数量。

汽、柴油实际销售数量的确定方法:

(1)直接生产销售汽、柴油的(不包括销售未经生产加工的外购汽、柴油),其销售数量以发票开具日期及数量为准。如无法提供发票的,以无法确定销售日期的全月销售量和窗口期占全月时间比合理确定。

(2)进口汽、柴油的,其销售数量以报关日期及报关数量为准。

(3)委托加工汽、柴油的,其销售数量按已委托加工合同签署日期及交货凭证确认。如没有交货凭证的,以月度总交货量和窗口期占全月时间比合理确定。

(4)来料加工贸易以及直接用于一般贸易出口的汽、柴油,不纳入风险准备金征收范围。

(二)风险准备金征收标准

按照成品油价格未调金额确定,具体由国

家发展改革委、财政部根据国际原油价格变动情况,按照现行成品油价格形成机制计算核定,于每季度前10个工作日内,将上季度每次调价窗口期的征收标准,书面告知征收机关。

举例:2020年第四季度征收标准见表19-6。

表19-6 2020年第四季度油价调控风险准备金征收标准

调价窗口期	调价周期天数	汽油89#	柴油0#
	天	元/吨	元/吨
2020年11月6日—11月19日	14	15	15

备注:上述金额为低于调控下限国内成品油价格应调未调金额,含13%增值税。

【案例19-14】 智董成品油生产企业,2023年4月7日,销售柴油(0#)3 000吨,假设国家发展改革委明确该调价窗口期的征收标准分别为15元/吨。

【分析】 应缴纳的油价调控风险准备金=15×3 000=45 000(元)。

六、优惠政策

油价调控风险准备金暂无优惠政策。

七、缴纳时间(期限)

缴纳义务人可以选择按季度或者按年度缴纳油价调控风险准备金。具体缴纳方式由缴纳义务人报征收机关核准。缴纳方式一经确定,不得随意变更。

按季缴纳的,缴纳义务人应当于季度终了2个月内申报并缴纳应缴费款,征收机关根据缴纳义务人实际销售的汽、柴油数量,在次年3月底完成对缴纳义务人全年油价调控风险准备金的汇算清缴工作。

按年度缴纳的,缴纳义务人应当于次年2月底前申报缴纳应缴费款。

八、缴纳地点

税务部门按照属地原则征收划转的油价调控风险准备金,具体征收机关由国家税务总局各省、自治区、直辖市和计划单列市税务局按照"便民、高效"原则确定。[《国家税务总局关于国家重大水利工程建设基金等政府非税收入项目征管职责划转有关事项的公告》(国家税务总局公告2018年第63号,2018年12月25日)]

第十八节 国家留成油收入

一、概述

国家留成油,是指在中华人民共和国陆地领域和所辖海域对外合作勘探开发生产石油的企业(以下简称石油企业),按规定缴纳增值税和矿区使用费后,在余额油分配时根据石油合同的约定比例留给国家的权益,是以实物形态表现的财政资金。

国家留成油收入,是指石油企业应上缴的国家留成油随合作油田生产的原油对外销售实现的变价款收入,属于中央财政非税收入。

主要政策依据:

《财政部关于中国石油天然气集团公司和中国石油化工集团公司对外合作项目国家留成油收入(处理)政策的通知》(财企〔2008〕7号)。

二、缴纳义务人

中国石油天然气集团公司、中国石油化工集团公司负责对外合作开采陆上石油资源的经营业务;负责与外国企业谈判、签订、执行合作开采陆上石油资源的合同;在国务院批准的对外合作开采陆上石油资源的区域内享有与外国企业合作进行石油勘探、开发、生产的专营权。中华人民共和国对外合作开采海洋石油资源的业务,由中国海洋石油集团有限公司(以下简称中海油)全面负责。中海油享有在对外合作海区内进行石油勘探、开发、生产和销售的专营权。(《中华人民共和国对外合作开采陆上石油资源条例》)

依据上述规定，国家留成油收入的缴费主体为中国海洋石油总公司、中国石油天然气集团公司、中国石油化工集团公司三大石油企业。

国家留成油的计算以对外合作项目石油合同约定为依据。一般情况下，公司上缴的留成油收入等于总收入减除增值税、矿区使用费等费用的余额，乘以合同约定的比例。

三、征缴范围

国家留成油收入的征缴范围在中华人民共和国陆地领域和所辖海域内，对外合作勘探开发生产石油的企业实现的国家留成油变价款。

中国石油天然气集团公司和中国石油化工集团公司对外合作项目的国家留成油收入自2007年1月1日起，全部上缴中央财政。

四、征缴标准

按照国家留成油实际销售额扣除其本身所发生的销售费用进行核定。中国石油天然气集团公司和中国石油化工集团公司于国家留成油收入实现的次年第二季度，向财政部报送缴纳国家留成油收入的申请文件，并按照财政部确认应上缴的国家留成油收入金额缴纳。

五、应纳费款的计算

合作油田标准分成模式如表19-7所示。

留成油＝余额油－分成油
　　　＝余额油－(余额油×分成率)
　　　＝余额油×(1－分成率)
　　　＝(总收入－增值税－矿区使用费－费用回收油)×
　　　　(1－分成率)

表19-7　合作油田标准分配模式(举例)

5%	缴纳增值税	
62.5% 矿区使用费和 费用回收油	缴纳矿区使用费	
	回收作业费	
	回收合同者勘探费	
	回收开发费用及利息	
32.5% 余额油	国家留成油	
	分成油	中方分成油
		合同者分成油

六、优惠政策

国家留成油收入暂无优惠政策。

七、缴纳时间(期限)

国家留成油收入的征缴期限由石油企业报财政部核准。

按照现行规定，中国海洋石油集团有限公司按月申报缴纳，中国石油化工集团公司、中国石油天然气集团公司按年申报缴纳。

八、缴纳地点

税务部门按照属地原则征收划转的国家留成油收入，具体征收机关由国家税务总局各省、自治区、直辖市和计划单列市税务局按照"便民、高效"原则确定。[《国家税务总局关于国家重大水利工程建设基金等政府非税收入项目征管职责划转有关事项的公告》(国家税务总局公告2018年第63号，2018年12月25日)]

第十九节　石油特别收益金

一、概述

石油特别收益金，是指国家对石油开采企业销售国产原油因价格超过一定水平所获得的超额收入按比例征收的收益金。

主要政策依据：

(1)《国务院关于开征石油特别收益金的决定》(国发〔2006〕13号)。

(2)《财政部关于印发〈石油特别收益经征收管理办法〉的通知》(财企〔2012〕72号)。

(3)《财政部关于征收石油特别收益金有关问题的补充通知》(财企〔2006〕183号)。

(4)《财政部关于中国石油天然气集团公司和中国石油化工集团公司对外合作项目国家留成油收入(处理)政策的通知》(财企〔2008〕7号)。

(5)《财政部 中国人民银行关于增设石油特别收益金收入和退库科目的通知》(财预〔2008〕92号)。

(6)《财政部关于提高石油特别收益金起征点的通知》(财企〔2011〕480号)。

(7)《财政部关于调整石油特别收益金征收方式的通知》(财企〔2012〕42号)。

(8)《财政部关于提高石油特别收益金起征点的通知》(财税〔2014〕115号)。

二、缴纳义务人

石油特别收益金的缴费主体是,在中华人民共和国陆地领域和所辖海域独立开采并销售原油的企业,以及在上述领域以合资、合作等方式开采并销售原油的其他企业。

合资合作企业应当缴纳的石油特别收益金,由合资合作的各方中拥有石油勘探和开采许可证的一方企业统一向征收机关申报。

三、征缴范围

凡在中华人民共和国陆地领域和所辖海域开采的石油,无论其是否在中国境内销售,均应按规定缴纳石油特别收益金。

中外合作油田按规定上缴国家的石油增值税、矿区使用费、国家留成油不征收石油特别收益金。

四、征缴标准

石油特别收益金实行5级超额累进从价定率计征,按月计算、按季申报,按月缴纳。石油特别收益金征收比率按石油开采企业销售原油的月加权平均价格确定。为便于参照国际市场油价水平,原油价格按美元/桶计价,起征点为65美元/桶。

五、应纳费款的计算

石油特别收益金征收比率按石油开采企业销售原油的月加权平均价格确定。为便于参照国际市场油价水平,原油价格按美元/桶计价,起征点为65美元/桶。

具体征收比率及速算扣除数见表19-8。

表19-8 石油特别收益金征收比率及速算扣除数

原油价格(美元/桶)	征收比率	速算扣除数(美元/桶)
65~70(含)	20%	0
70~75(含)	25%	0.25
75~80(含)	30%	0.75
80~85(含)	35%	1.5
85以上(含)	40%	2.5

石油特别收益金=[(石油开采企业销售原油的月加权平均价格-65)×征收率-速算扣除数]×销售量×美元兑换人民币汇率

【案例19-15】 智董公司2023年4月开采原油10 000桶,销售价格为78美元/桶,中国人民银行当月每日发布美元兑换人民币汇率中间价的月平均假设为6.369 6。

【分析】 该企业2023年4月应缴纳石油特别收益金人民币=[(78-65)×30%-0.75]×10 000×6.369 6=200 642.40(元)。

六、优惠政策

石油特别收益金暂无优惠政策。

七、缴纳时间(期限)

石油特别收益金实行按月计算、按季申报,按月缴纳。

八、缴纳地点

税务部门按照属地原则征收划转的石油特别收益金,具体征收机关由国家税务总局各省、自治区、直辖市和计划单列市税务局按照"便民、高效"原则确定。[《国家税务总局关于国家重大水利工程建设基金等政府非税收入项目征管职责划转有关事项的公告》(国家税务总局公告2018年第63号,2018年12月25日)]

第二十节 免税商品特许经营费

一、概述

免税商品,是指免征关税、进口环节税的进口商品和实行退(免)税(增值税、消费税)进入免税店销售的国产商品。

免税商品特许经营费,是指对中国免税品(集团)总公司的免税商品经营业务,以及设立在机场、港口、车站和陆路边境口岸和海关监管特定区域的免税商店,以及在出境飞机、火车、轮船上向出境的国际旅客、驻华外交官和国际海员等提供免税商品购物服务的特种销售业务征收的一项政府非税收入。

主要政策依据:

(1)《财政部关于印发〈免税商品特许经营费缴纳办法〉的通知》(财企〔2004〕241号)。

(2)《财政部关于印发〈免税商品特许经营费缴纳办法〉的补充通知》(财企〔2006〕70号)。

(3)《财政部 商务部海关总署 税务总局关于印发〈海南离岛旅客免税购物商店管理暂行办法〉的通知》(财企〔2011〕429号)。

二、缴纳义务人

免税商品特许经营费的缴费主体包括中国免税品(集团)总公司、深圳市国有免税商品(集团)有限公司、珠海免税企业(集团)有限公司、中国中旅(集团)公司、中国出国人员服务总公司、上海浦东国际机场免税店、海南离岛旅客免税购物商店,以及其他经营免税商品或代理销售免税商品的企业。

中国免税品(集团)总公司、深圳市国有免税商品(集团)有限公司、珠海免税企业(集团)有限公司、中国中旅(集团)公司、中国出国人员服务总公司、上海浦东国际机场免税店以及其他经营免税商品或代理销售免税商品的企业。

三、征缴范围

免税商品经营业务包括中国免税品(集团)总公司的免税商品经营业务,以及设立在机场、港口、车站、陆路边境口岸和海关监管特定区域的免税商店以及在出境飞机、火车、轮船上向出境的国际旅客、驻华外交官和国际海员等提供免税商品购物服务的特种销售业务。

海南离岛旅客免税购物商店,是指对乘飞机离岛(不包括离境)旅客实行限次、限值、限量和限品种免进口税购物的经营场所。

免税商品经营业务包括:中国免税品(集团)总公司的免税商品经营业务,以及设立在机场、港口、车站、陆路边境口岸和海关监管特定区域的免税商店以及在出境飞机、火车、轮船上向出境的国际旅客、驻华外交官和国际海员等提供免税商品购物服务的特种销售业务。海南离岛旅客免税购物商店,是指对乘飞机离岛(不包括离境)旅客实行限次、限值、限量和限品种免进口税购物的经营场所。

四、征缴标准

一般为1%,海南离岛旅客免税店按经营免税商品业务年销售收入的4%缴纳。

五、应纳费款的计算

一般按照经营免税商品业务年销售收入的1%上缴;海南离岛旅客免税购物商店按经营免税商品业务年销售收入的4%缴纳。

六、优惠政策

免税商品特许经营费暂无优惠政策。

七、缴纳时间(期限)

免税商品特许经营费缴纳企业应于年度终

了后5个月内向税务部门申报缴纳。

八、缴纳地点

税务部门按照属地原则征收划转的油价调控风险准备金、核事故应急准备专项收入,以及国家留成油收入、石油特别收益金,具体征收机关由国家税务总局各省、自治区、直辖市和计划单列市税务局按照"便民、高效"原则确定。[《国家税务总局关于国家重大水利工程建设基金等政府非税收入项目征管职责划转有关事项的公告》(国家税务总局公告2018年第63号,2018年12月25日)]

第二十一节 水土保持补偿费

水土保持补偿费自2021年1月1日起,由缴费人向税务部门自行申报缴纳。按次缴纳的,应于项目开工前或建设活动开始前,缴纳水土保持补偿费。按期缴纳的,在期满之日起15日内申报缴纳水土保持补偿费。

一、概述

水土保持补偿费是对损坏水土保持设施和地貌植被、不能恢复原有水土保持功能的生产建设单位和个人征收并专项用于水土流失预防治理的资金。

主要政策依据:

(1)《中华人民共和国水土保持法》。

(2)《中华人民共和国水土保持法实施条例》。

(3)《财政部 国家发展改革委 水利部 中国人民银行关于印发〈水土保持补偿费征收使用管理办法〉的通知》(财综〔2014〕8号)。

(4)《财政部 国家发展改革委 水利部关于水土保持补偿费收费标准(试行)的通知》(发改价格〔2014〕886号)。

(5)《国家发展改革委 财政部关于降低电信网码号资源占用费等部分行政事业性收费标准的通知》(发改价格〔2017〕1186号)。

(6)《财政部关于水土保持补偿费等四项非税收入划转税务部门征收的通知》(财税〔2020〕58号)。

(7)《国家税务总局关于水土保持补偿费等政府非税收入项目征管职责划转有关事项的公告》(国家税务总局公告2020年第21号)。

各地均根据本地区实际出台了相应的征收管理办法及标准。

二、缴纳义务人

水土保持补偿费的缴纳义务人,是在山区、丘陵区、风沙区以及水土保持规划确定的容易发生水土流失的其他区域开办生产建设项目或者从事其他生产建设活动,损坏水土保持设施、地貌植被,不能恢复原有水土保持功能的单位和个人。

三、征缴范围

在山区、丘陵区、风沙区以及水土保持规划确定的容易发生水土流失的其他区域开办生产建设项目或者从事其他生产建设活动,损坏水土保持设施、地貌植被,不能恢复原有水土保持功能的单位和个人,应当缴纳水土保持补偿费。其中从事其他生产建设活动包括取土、挖砂、采石(不含河道采砂);烧制砖、瓦、瓷、石灰;排放废弃土、石、渣。

四、征缴标准

(1)对一般性生产建设项目,按照征占用土地面积一次性计征,东部地区每平方米不超过1.4元(不足1立方米的按1立方米计,下同),中部地区每平方米不超过1.5元,西部地区每平方米不超过1.7元。

对水利水电工程建设项目,水库淹没区不在水土保持补偿费计征范围之内。

(2)开采矿产资源的,建设期间,按照征占用土地面积一次性计征。开采期间,石油、天然气以外的矿产资源按照开采量(采掘、采剥总量)计征。石油、天然气根据油、气生产井(不包括水井、勘探井)占地面积按年征收,每口油、气生产井占地面积按不超过2 000平方米计算;对丛式井每增加一口井,增加计征面积按不超过400平方米计算,每平方米每年收费不超过1.4元。各地在核定具体收费标准时,应充分评估损害程度,对生产技术先进、管理水平较高、生态环境治理投入较大的资源开采企业,在核定收费标准时应按照从低原则制定。

(3)取土、挖砂(河道采砂除外)、采石以及烧制砖、瓦、瓷、石灰的,根据取土、挖砂、采石量,按照每立方米0.3~1.4元计征。对缴纳义务人已按前两种方式计征水土保持补偿的,不再重复计征。

(4)排放废弃土、石、渣的,根据土、石、渣量,按照每立方米0.3~1.4元计征。对缴纳义务人已按前3种方式计征水土保持补偿费的,不再重复计征。

各省、自治区、直辖市根据本地实际还出台了具体标准。

五、应纳费款的计算

水土保持补偿费的计算比较简单,请参阅上述关于征缴标准的内容介绍。

六、优惠政策

有下列情形之一者,可免征水土保持补偿费:

(1)建设学校、幼儿园、医院、养老服务设施、孤儿院、福利院等公益性工程项目的。

(2)农民依法利用农村集体土地新建、翻新自用住房的。

(3)按照相关规划开展小型农田水利建设、田间土地整治建设和农村集中供水工程建设的。

(4)建设保障性安居工程、市政生态环境保护基础设施项目的。

(5)建设军事设施的。

(6)按照水土保持规划开展水土流失治理活动的。

(7)法律、行政法规和国务院规定免征水土保持补偿费的其他情形。

七、缴纳时间(期限)

按次缴纳的,应于项目开工前或建设活动开始前,缴纳水土保持补偿费。按期缴纳的,在期满之日起15日内申报缴纳水土保持补偿费。

八、缴纳地点

税务部门按照属地原则征收水土保持补偿费项目,具体征收机关由国家税务总局各省、自治区、直辖市和计划单列市税务局按照"便民、高效"原则确定。[《国家税务总局关于水土保持补偿费等政府非税收入项目征管职责划转有关事项的公告》(国家税务总局公告2020年第21号,2020年12月11日)]

第二十二节 排污权出让收入

已征收排污权出让收入的地区自2021年1月1日起,由缴费人向税务部门自行申报缴纳。其他地区有关排污权出让收入的征管事项,待国务院相关部门确定深化排污权有偿使用和交易改革方案后,由国家税务总局另行明确。

一、概述

排污权出让收入,是指政府以有偿出让方式配置排污权取得的收入,包括采取定额出让方式出让排污权收取的排污权使用费和通过公开拍卖等方式出让排污权取得的收入。

主要政策依据：

（1）《国务院办公厅关于进一步推进排污权有偿使用和交易试点工作的指导意见》（国办发〔2014〕38号）。

（2）《财政部关于水土保持补偿费等四项非税收入划转税务部门征收的通知》（财税〔2020〕58号）。

（3）《国家税务总局关于水土保持补偿费等政府非税收入项目征管职责划转有关事项的公告》（国家税务总局公告2020年第21号）。

（4）《财政部 国家发展改革委 环境保护部关于印发〈排污权出让收入管理暂行办法〉的通知》（财税〔2015〕61号）。

二、缴纳义务人

排污权出让收入的缴纳义务人：现有排污单位；市场公开出让新建项目排污权和改建、扩建项目新增排污权时的中标人为缴费主体。

三、征缴范围

部分试点地区选取纳入"十二五"规划国家约束性总量指标的四项主要污染物（二氧化硫、氮氧化物、化学需氧量和氨氮）作为交易的污染因子，另有部分地区结合当地实际的污染特征进行了扩展，例如，山西和甘肃兰州增加了烟粉尘，湖南省将重金属纳入交易试点范围，广东省顺德区因其臭氧污染突出而将挥发性有机污染物（VOCs）纳入交易试点范围。

四、征缴标准

排污权使用费的征收标准由试点地区省级价格、财政、环境保护部门根据当地环境资源稀缺程度、经济发展水平、污染治理成本等因素确定。

五、应纳费款的计算

排污权出让收入的计算比较简单，请参阅上述关于征缴标准的内容介绍。

六、优惠政策

（1）自2015年10月1日起，对现有排污单位取得排污权，考虑其承受能力，经试点地区省级人民政府批准，在试点初期可暂免缴纳排污权使用费。[《财政部 国家发展改革委 环境保护部关于印发〈排污权出让收入管理暂行办法〉的通知》（财税〔2015〕61号）]

（2）自2015年10月1日起，缴纳排污权使用费金额较大、一次性缴纳确有困难的排污单位，可在排污权有效期内分次缴纳，首次缴款不得低于应缴总额的40%。分次缴纳排污权使用费的具体办法由试点地区确定。[《财政部 国家发展改革委 环境保护部关于印发〈排污权出让收入管理暂行办法〉的通知》（财税〔2015〕61号）]

七、缴纳时间（期限）

自接到排污权使用费缴纳通知单之日起7日内。

八、缴纳地点

税务部门按照属地原则征收排污权出让收入项目，具体征收机关由国家税务总局各省、自治区、直辖市和计划单列市税务局按照"便民、高效"原则确定。[《国家税务总局关于水土保持补偿费等政府非税收入项目征管职责划转有关事项的公告》（国家税务总局公告2020年第21号，2020年12月11日）]

第二十三节 防空地下室易地建设费

防空地下室易地建设费自2021年1月1日起，由缴费人根据人防部门核定的收费金额向税务部门申报缴纳。

一、概述

防空地下室易地建设费，是指在人防重点

城市的市区（直辖市含近郊区）新建民用建筑，因条件限制不能同步配套建设防空地下室，由建设单位提出易地建设申请，经有批准权限的人防主管部门批准后，按应建防空地下室的建筑面积和规定的易地建设费标准缴纳的建设费用。

主要政策依据：

（1）《国家计委 财政部 国家国防动员委员会 建设部印发关于规范防空地下室易地建设收费的规定的通知》（计价格〔2000〕474号）。

（2）《国家国防动员委员会 国家发展计划委员会 建设部 财政部关于颁发〈人民防空工程建设管理规定〉的通知》（国人防办字〔2003〕18号）。

（3）《财政部关于贯彻落实国务院关于解决城市低收入家庭住房困难若干意见的通知》（财综〔2007〕53号）。

（4）《财政部 国家发展改革委关于免收全国中小学校舍安全工程建设有关收费的通知》（财综〔2010〕57号）。

（5）《财政部关于免征监狱布局调整建设项目有关行政事业性收费和政府性基金政策执行问题的通知》（财税函〔2014〕243号）。

（6）《财政部 国家发展改革委关于减免养老和医疗机构行政事业性收费有关问题的通知》（财税〔2014〕77号）。

（7）《财政部 国家税务总局关于免征易地扶贫搬迁有关政府性基金和行政事业性收费政策的通知》（财税〔2019〕53号）。

（8）《财政部 税务总局 发展改革委 民政部 商务部 卫生健康委关于养老、托育、家政等社区家庭服务业税费优惠政策的公告》（财政部公告2019年第76号）。

（9）《财政部关于水土保持补偿费等四项非税收入划转税务部门征收的通知》（财税〔2020〕58号）。

（10）《国家税务总局关于水土保持补偿费等政府非税收入项目征管职责划转有关事项的公告》（国家税务总局公告2020年第21号）。

（11）《中华人民共和国人民防空法》。

二、缴纳义务人

防空地下室易地建设费的缴纳义务人为需要缴纳防空地下室易地建设费的建设单位。

对按规定需要同步配套建设，但确因下列条件限制不能同步配套建设的，建设单位可以申请易地建设：

（1）采用桩基且桩基承台顶面埋置深度小于3米（或者不足规定的地下室空间净高）的。

（2）按规定指标应建防空地下室的面积只占地面建筑首层的局部，结构和基础处理困难，且经济很不合理的。

（3）建在流砂、暗河、基岩埋深很浅等地段的项目，因地质条件不适于修建的。

（4）因建设地段房屋或地下管道设施密集，防空地下室不能施工或者难以采取措施保证施工安全的。

三、征缴范围

防空地下室易地建设费在全国范围征收，征收对象为城市新建民用建筑。

四、征缴标准

防空地下室易地建设费的收费标准，由省、自治区、直辖市价格主管部门会同同级财政、人防主管部门按照当地防空地下室的造价制定，报国家计委、财政部、国家人防办备案。[《国家计委 财政部 国家国防动员委员会 建设部印发关于规范防空地下室易地建设收费的规定的通知》（计价格〔2000〕474号）]

五、应纳费款的计算

计算公式如下：

延伸解读

计征依据

应建防空地下室建筑面积：

《国家国防动员委员会 国家发展计划委员会 建设部 财政部关于颁发〈人民防空工程建设管理规定〉的

通知》(国人防办字〔2003〕18号)第四十七条规定,新建民用建筑应当按照下列标准修建防空地下室:

(1) 新建10层(含)以上或者基础埋深3米(含)以上的民用建筑,按照地面首层建筑面积修建6级(含)以上防空地下室。

(2) 新建除(1)规定和居民住宅以外的其他民用建筑,地面总建筑面积在2 000平方米以上的,按照地面建筑面积的2%~5%修建6级(含)以上防空地下室。

(3) 开发区、工业园区、保税区和重要经济目标区除(1)规定和居民住宅以外的新建民用建筑,按照一次性规划地面总建筑面积的2%~5%集中修建6级(含)以上防空地下室;按(2)和(3)规定的幅度具体划分:一类人民防空重点城市按照4%~5%修建;二类人民防空重点城市按照3%~4%修建;三类人民防空重点城市和其他城市(含县城)按照2%~3%修建。

(4) 新建除(1)规定以外的人民防空重点城市的居民住宅楼,按照地面首层建筑面积修建6B级防空地下室。

(5) 人民防空重点城市危房翻新住宅项目,按照翻新住宅地面首层建筑面积修建6B级防空地下室。

六、优惠政策

(1) 享受政府优惠政策建设的廉租房、经济适用房等居民住房,减半收取;新建幼儿园、学校教学楼、养老院及为残疾人修建的生活服务设施等民用建筑,减半收取;临时民用建筑和不增加面积的危房翻新改造商品住宅项目,予以免收;因遭受水灾、火灾或其他不可抗拒的灾害造成损坏后按原面积修复的民用建筑,予以免收。自颁布之日(2000年4月27日)起执行。〔《国家计委 财政部 国家国防动员委员会 建设部印发关于规范防空地下室易地建设收费的规定的通知》(计价格〔2000〕474号)〕

(2) 廉租住房和经济适用住房建设、棚户区改造、旧住宅区整治,一律免收各项行政事业性收费和政府性基金。〔《财政部关于贯彻落实国务院关于解决城市低收入家庭住房困难若干意见的通知》(财综〔2007〕53号)〕

(3) 对非营利性养老和医疗机构建设全额免征行政事业性收费,对营利性养老和医疗机构建设减半收取行政事业性收费。自2015年1月1日起执行。〔《财政部 国家发展改革委关于减免养老和医疗机构行政事业性收费有关问题的通知》(财税〔2014〕77号)〕

(4) 用于提供社区养老、托育、家政服务的建设项目,确因地质条件等原因无法修建防空地下室的,免征防空地下室易地建设费。自2019年6月1日起执行至2025年12月31日。〔《财政部 税务总局 发展改革委 民政部 商务部 卫生健康委关于养老、托育、家政等社区家庭服务业税费优惠政策的公告》(财政部 税务总局 发展改革委 民政部 商务部 卫生健康委公告2019年第76号)〕

(5) 所有中小学校"校舍安全工程"建设所涉及的行政事业性收费,一律予以全额免收。〔《财政部 国家发展改革委关于免收全国中小学校舍安全工程建设有关收费的通知》(财综〔2010〕57号)〕

(6) 对确因地质条件等原因无法修建防空地下室的易地扶贫搬迁项目,免征防空地下室易地建设费。自2019年7月1日起执行。〔《财政部 国家税务总局关于免征易地扶贫搬迁有关政府性基金和行政事业性收费政策的通知》(财税〔2019〕53号)〕

(7) 对以下新建民用建筑项目应适当减免防空地下室易地建设费:

① 享受政府优惠政策建设的廉租房、经济适用房等居民住房,减半收取。

② 新建幼儿园、学校教学楼、养老院及为残疾人修建的生活服务设施等民用建筑,减半收取。

③ 临时民用建筑和不增加面积的危房翻新改造商品住宅项目,予以免收。

④ 因遭受水灾、火灾或其他不可抗拒的灾害造成损坏后按原面积修复的民用建筑,予以免收。〔《国家计委 财政部 国家国防动员委员会 建设部印发关于规范防空地下室易地建设收费的规定的通知》(计价格〔2000〕474号)〕

七、缴纳时间(期限)

防空地下室易地建设费按次申报缴纳。

八、缴纳地点

税务部门按照属地原则征收防空地下室易地建设费项目,具体征收机关由国家税务总局各省、自治区、直辖市和计划单列市税务局按照"便民、高效"原则确定。[《国家税务总局关于水土保持补偿费等政府非税收入项目征管职责划转有关事项的公告》(国家税务总局公告2020年第21号,2020年12月11日)]

第二十四节 国有土地使用权出让收入

一、概述

(一) 相关概念

土地使用权出让是指国家以土地所有者的身份将土地使用权在一定年限内让与土地使用者,并由土地使用者向国家支付土地使用权出让金的行为。[《中华人民共和国城镇国有土地使用权出让和转让暂行条例》(1990年5月19日中华人民共和国国务院令第55号发布,根据2020年11月29日《国务院关于修改和废止部分行政法规的决定》修订)]

注: 随着《中华人民共和国物权法》的颁布,以前法律中所称的"国有土地使用权"改称为"建设用地使用权"。但《中华人民共和国物权法》颁布前,有关的房地产法律、法规仍称为国有土地使用权。所以,本书的国有土地使用权与建设用地使用权是作为一个词来使用的,这涉及新法和旧法的衔接问题。

土地使用权出让,属于我国房地产一级市场中的活动。

土地使用权出让收入,即"土地使用权出让金"是政府将土地使用权出让给土地使用者,并向受让人收取的政府放弃若干年土地使用权的全部货币或其他物品及权利折合成货币的补偿。

(二) 土地使用权出让方式

土地使用权出让可以采取下列方式:
(1) 协议。
(2) 招标。
(3) 拍卖。

依照前款规定方式出让土地使用权的具体程序和步骤,由省、自治区、直辖市人民政府规定。[《中华人民共和国城镇国有土地使用权出让和转让暂行条例》(1990年5月19日中华人民共和国国务院令第55号发布,根据2020年11月29日《国务院关于修改和废止部分行政法规的决定》修订)]

| 相关政策依据

国土资源部 监察部
关于严格实行经营性土地使用权招标
拍卖挂牌出让的通知

国土资发〔2002〕265号 2002年8月26日

严格实行商业、旅游、娱乐和商品住宅等各类经营性土地(以下简称经营性土地)使用权以招标、拍卖或者挂牌的方式出让。

(三) 土地使用权出让最高年限

土地使用权出让最高年限按下列用途确定:
(1) 居住用地70年。
(2) 工业用地50年。
(3) 教育、科技、文化、卫生、体育用地50年。
(4) 商业、旅游、娱乐用地40年。
(5) 综合或者其他用地50年。[《中华人民共和国城镇国有土地使用权出让和转让暂行条例》(1990年5月19日中华人民共和国国务院令第55号发布,根据2020年11月29日《国务院关于修改和废止部分行政法规的决定》修订)]

(四) 征收部门

2021年5月21日起,将由自然资源部门负责征收的国有土地使用权出让收入,全部划转给税务部门负责征收。

(五) 主要政策依据

(1)《中华人民共和国城镇国有土地使用权出让和转让暂行条例》,1990年5月19日中华人民共和国国务院令第55号发布,根据2020年11月29日《国务院关于修改和废止部分行政法规的决定》修订。

(2)《财政部 国土资源部关于印发〈已购公有住房和经济适用住房上市出售土地出让金和收

益分配管理的若干规定〉的通知》(财综字〔1999〕113号,1999年7月15日)。

(3)《国土资源部关于发布实施〈全国工业用地出让最低价标准〉的通知》(国土资发〔2006〕307号,2006年12月23日)。

(4)《国土资源部关于调整工业用地出让最低价标准实施政策的通知》(国土资发〔2009〕56号,2009年5月11日)。

(5)《国土资源部关于坚持和完善土地招标拍卖挂牌出让制度的意见》(国土资发〔2011〕63号,2011年5月11日)。

(6)《国土资源部办公厅关于印发〈国有建设用地使用权出让地价评估技术规范〉的通知》(国土资厅发〔2018〕4号,2019年5月21日)。

相关政策依据

中华人民共和国城镇国有土地使用权出让和转让暂行条例

(1990年5月19日中华人民共和国国务院令第55号发布,根据2020年11月29日《国务院关于修改和废止部分行政法规的决定》修订)

......

第二章 土地使用权出让

......

第十一条 土地使用权出让合同应当按照平等、自愿、有偿的原则,由市、县人民政府土地管理部门(以下简称出让方)与土地使用者签订。

......

第十五条 出让方应当按照合同规定,提供出让的土地使用权。未按合同规定提供土地使用权的,土地使用者有权解除合同,并可请求违约赔偿。

第十六条 土地使用者在支付全部土地使用权出让金后,应当依照规定办理登记,领取土地使用证,取得土地使用权。

第十七条 土地使用者应当按照土地使用权出让合同的规定和城市规划的要求,开发、利用、经营土地。

未按合同规定的期限和条件开发、利用土地的,市、县人民政府土地管理部门应当予以纠正,并根据情节可以给予警告、罚款直至无偿收回土地使用权的处罚。

第十八条 土地使用者需要改变土地使用权出让合同规定的土地用途的,应当征得出让方同意并经土地管理部门和城市规划部门批准,依照本章的有关规定重新签订土地使用权出让合同,调整土地使用权出让金,并办理登记。

......

(六)《民法典》中关于建设用地使用权的规定

建设用地使用权,是指按照法律规定,对国家所有的土地享有的占有、使用和收益的权利。

建设用地使用权人依法对国家所有的土地享有占有、使用和收益的权利,有权利用该土地建造建筑物、构筑物及其附属设施。

1. 建设用地使用权的设立

(1)建设用地使用权的分层设立。

建设用地使用权可以在土地的地表、地上或者地下分别设立。

(2)建设用地使用权的设立原则。

设立建设用地使用权,应当符合节约资源、保护生态环境的要求,遵守法律、行政法规关于土地用途的规定,不得损害已经设立的用益物权。

重要修订说明 《民法典》第三百四十六条宣示性地强调"设立建设用地使用权应当符合节约资源、保护生态环境的要求"。

(3)建设用地使用权的设立方式。

设立建设用地使用权,可以采取出让或者划拨等方式。

工业、商业、旅游、娱乐和商品住宅等经营性用地以及同一土地有两个以上意向用地者的,应当采取招标、拍卖等公开竞价的方式出让。

严格限制以划拨方式设立建设用地使用权。

重要修订说明 《民法典》第三百四十七条删除了宣示性条款"采取划拨方式的,应当遵守法律、行政法规关于土地用途的规定。"

2. 建设用地使用权出让合同

通过招标、拍卖、协议等出让方式设立建设用地使用权的,当事人应当采用书面形式订立建设用地使用权出让合同。

建设用地使用权出让合同一般包括下列条款:

(1) 当事人的名称和住所。
(2) 土地界址、面积等。
(3) 建筑物、构筑物及其附属设施占用的空间。
(4) 土地用途、规划条件。
(5) 建设用地使用权期限。
(6) 出让金等费用及其支付方式。
(7) 解决争议的方法。

重要修订说明　《民法典》第三百四十八条将"规划条件"增加入建设用地使用权出让合同的通常内容示例。

3. 建设用地使用权的登记

设立建设用地使用权的,应当向登记机构申请建设用地使用权登记。建设用地使用权自登记时设立。登记机构应当向建设用地使用权人发放权属证书。

重要修订说明　《民法典》第三百四十九条将"建设用地使用权证书"概括表述为"权属证书"。

4. 土地用途管制制度

建设用地使用权人应当合理利用土地,不得改变土地用途;需要改变土地用途的,应当依法经有关行政主管部门批准。

5. 建设用地使用权人支付出让金等费用的义务

建设用地使用权人应当依照法律规定以及合同约定支付出让金等费用。

6. 建设用地使用权人建造的建筑物等设施的权属

建设用地使用权人建造的建筑物、构筑物及其附属设施的所有权属于建设用地使用权人,但是有相反证据证明的除外。

7. 建设用地使用权的流转方式

(1) 建设用地使用权的流转方式。

建设用地使用权人有权将建设用地使用权转让、互换、出资、赠与或者抵押,但是法律另有规定的除外。

(2) 处分建设用地使用权的合同形式和期限。

建设用地使用权转让、互换、出资、赠与或者抵押的,当事人应当采用书面形式订立相应的合同。使用期限由当事人约定,但是不得超过建设用地使用权的剩余期限。

(3) 建设用地使用权流转后变更登记。

建设用地使用权转让、互换、出资或者赠与的,应当向登记机构申请变更登记。

(4) 建筑物等设施随建设用地使用权的流转而一并处分。

建设用地使用权转让、互换、出资或者赠与的,附着于该土地上的建筑物、构筑物及其附属设施一并处分。

(5) 建设用地使用权随建筑物等设施的流转而一并处分。

建筑物、构筑物及其附属设施转让、互换、出资或者赠与的,该建筑物、构筑物及其附属设施占用范围内的建设用地使用权一并处分。

8. 建设用地使用权提前收回及其补偿

建设用地使用权期限届满前,因公共利益需要提前收回该土地的,应当依据《民法典》第二百四十三条的规定对该土地上的房屋以及其他不动产给予补偿,并退还相应的出让金。

9. 建设用地使用权的续期

住宅建设用地使用权期限届满的,自动续期。续期费用的缴纳或者减免,依照法律、行政法规的规定办理。

非住宅建设用地使用权期限届满后的续期,依照法律规定办理。该土地上的房屋以及其他不动产的归属,有约定的,按照约定;没有约定或者约定不明确的,依照法律、行政法规的规定办理。

重要修订说明　《民法典》第三百五十九条增加住宅建设用地使用权期续期费用的缴纳或者减免,依照法律、行政法规的规定办理的宣示性规定。

10. 建设用地使用权注销登记

建设用地使用权消灭的,出让人应当及时办理注销登记。登记机构应当收回权属证书。

重要修订说明　《民法典》第三百六十条将"建设用地使用权证书"概括表述为"权属证书"。

11. 集体所有土地作为建设用地的法律适用

集体所有的土地作为建设用地的,应当依照土地管理的法律规定办理。

(七) 征缴流程(国有土地使用权出让收入)

请参阅图 19-1、图 19-2。

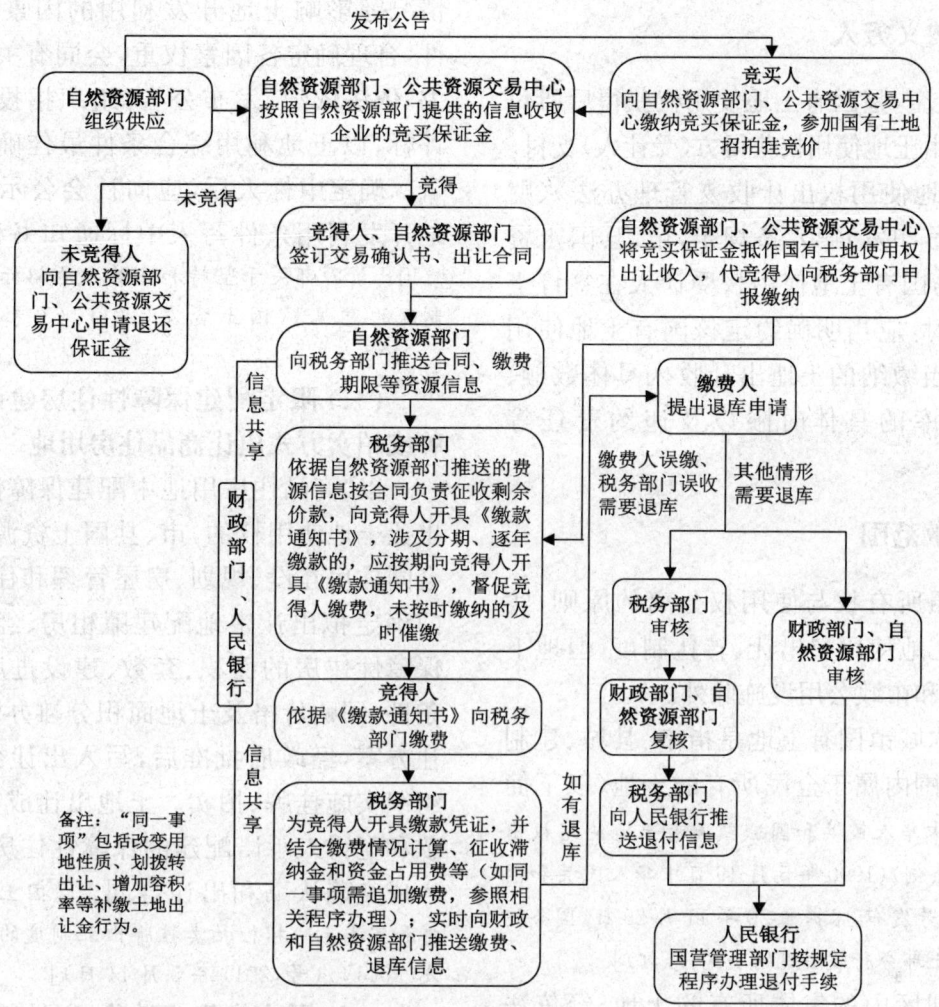

图 19-1 国有土地使用权出让收入征缴流程(涉及竞买保证金的情形)

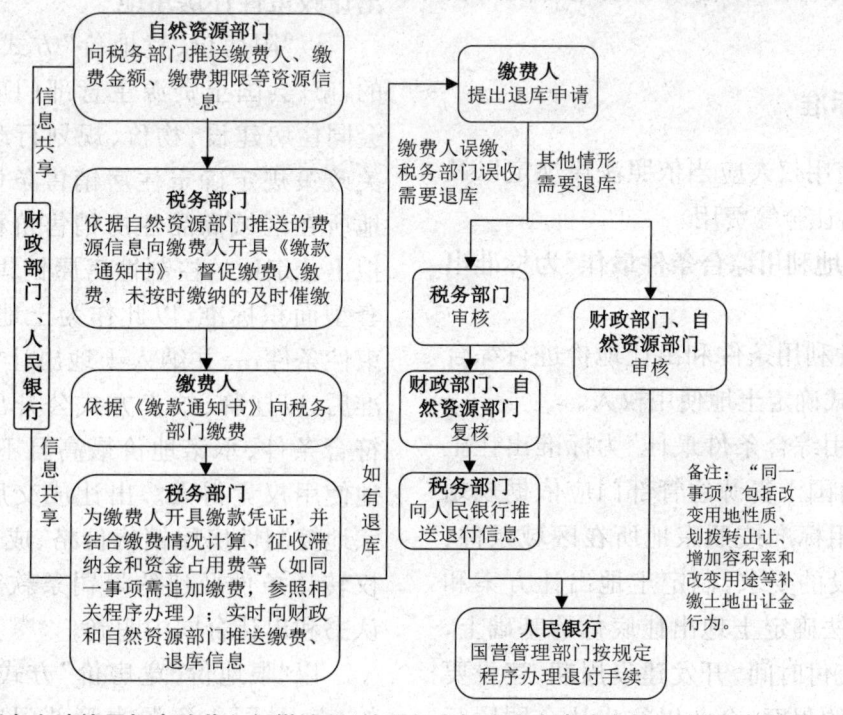

图 19-2 国有土地使用权出让收入征缴流程(按照规定标准确定出让金额,不涉及竞买保证金的情形)

二、缴纳义务人

土地出让金，是国有土地使用权获得后所付的金额，一般由土地使用权获得方（受让人）支付。

《国有土地使用权出让收支管理办法》（财综〔2006〕68号印发）第六条规定，市、县国土资源管理部门与国有土地使用权受让人在签订土地出让合同时，应当明确约定该国有土地使用权受让人应当缴纳的土地出让收入具体数额、缴交地方国库的具体时限以及违约责任等内容。

三、征缴范围

国家按照所有权与使用权分离的原则，实行城镇国有土地使用权出让、转让制度，但地下资源、埋藏物和市政公用设施除外。

前述所称城镇国有土地是指市、县城、建制镇、工矿区范围内属于全民所有的土地（以下简称土地）。[《中华人民共和国城镇国有土地使用权出让和转让暂行条例》（1990年5月19日中华人民共和国国务院令第55号发布，根据2020年11月29日《国务院关于修改和废止部分行政法规的决定》修订）]

城市规划区内的集体所有的土地，经依法征用转为国有土地后，该幅国有土地的使用权方可有偿出让。

四、征缴标准

建设用地使用权人应当依照法律规定以及合同约定支付出让金等费用。

（一）以"土地利用综合条件最佳"为标准出让土地使用权

对土地开发利用条件和出让地价进行综合评定，以招标方式确定土地使用权人。

以"土地利用综合条件最佳"为标准出让土地使用权，市、县国土资源主管部门应依据规划条件和土地使用标准按照宗地所在区域条件、政府对开发建设的要求，制定土地出让方案和评标标准，在依法确定土地出让底价的基础上，将土地价款及交付时间、开发建设周期、建设要求、土地节约集约程度、企业以往出让合同履行情况等影响土地开发利用的因素作为评标条件，合理确定各因素权重，会同有关部门制定标书，依法依纪，发布公告，组织招投标。经综合评标，以土地利用综合条件最佳确定土地使用者。确定中标人后，应向社会公示并将上述土地开发利用条件写入中标通知书和出让合同。[《国土资源部关于坚持和完善土地招标拍卖挂牌出让制度的意见》（国土资发〔2011〕63号，2011年5月11日）]

（二）限定配建保障性住房建设面积，以挂牌或拍卖方式出让商品住房用地

以"商品住房用地中配建保障性住房"方式出让土地使用权的，市、县国土资源主管部门应会同住房建设、规划、房屋管理和住房保障等部门确定拟出让宗地配建廉租房、经济适用房等保障性住房的面积、套数、建设进度、政府收回条件、回购价格及土地面积分摊办法等，纳入出让方案，经政府批准后，写入出让公告及文件，组织实施挂牌、拍卖。土地出让成交后，成交价款和竞得人承诺配建的保障性住房事项一并写入成交确认书和出让合同。[《国土资源部关于坚持和完善土地招标拍卖挂牌出让制度的意见》（国土资发〔2011〕63号，2011年5月11日）]

（三）限定房价或地价，以挂牌或拍卖方式出让政策性住房用地

以"限房价、竞地价"方式出让土地使用权的，市、县国土资源主管部门应在土地出让前，会同住房建设、物价、规划行政主管部门，按相关政策规定确定住房销售条件，根据拟出让宗地所在区域商品住房销售价格水平，合理确定拟出让宗地的控制性房屋销售价格上限和住房套型面积标准，以此作为土地使用权转让的约束性条件，一并纳入土地出让方案，报经政府批准后，以挂牌、拍卖方式公开出让土地使用权，符合条件、承诺地价最高且不低于底价的为土地使用权竞得人。出让成交后，竞得人接受的宗地控制性房屋销售价格、成交地价、土地使用权转让条件及违约处罚条款等，均应在成交确认书和出让合同中明确。

以"限地价、竞房价"方式出让土地使用权的，市、县国土资源主管部门应在土地出让前，

根据拟出让宗地的征地拆迁安置补偿费、土地前期开发成本、同一区域基准地价和市场地价水平、土地使用权转让条件、房屋销售价格和政府确定的房价控制目标等因素,综合确定拟出让宗地的出让价格,同时应确定房价的最高控制价(应低于同区域、同条件商品住房市场价),一并纳入土地出让方案,报经政府批准后,以挂牌、拍卖方式公开出让土地使用权,按照承诺销售房价最低者(开发商售房时的最高售价)确定为土地竞得人。招拍挂成交后,竞得人承诺的销售房价、成交地价、土地使用权转让条件及违约处罚条款等,均应在成交确认书和出让合同中明确。[《国土资源部关于坚持和完善土地招标拍卖挂牌出让制度的意见》(国土资发〔2011〕63号,2011年5月11日)]

(四)划拨土地使用权

为了贯彻实施《中华人民共和国城镇国有土地使用权出让和转让暂行条例》,加强对划拨土地使用权的管理,原国家土地管理局制定了《划拨土地使用权管理暂行办法》(国家土地管理局令〔1992〕第1号,1992年3月8日)。划拨土地使用权(以下简称土地使用权)的转让、出租、抵押活动,适用该办法。

注: 由2019年7月24日《自然资源部关于第一批废止和修改的部门规章的决定》废止。

自1992年3月8日起施行,土地使用权出让金,区别土地使用权转让、出租、抵押等不同方式,按标定地价的一定比例收取,最低不得低于标定地价的40%。标定地价由所在地市、县人民政府土地管理部门根据基准地价,按土地使用权转让、出租、抵押期限和地块条件核定。

土地使用权出让期满后,土地使用者再转让、出租、抵押土地使用权时,须按本办法规定重新签订土地使用权出让合同,支付土地使用权出让金,并办理变更土地登记手续。

(五)已购公有住房和经济适用住房上市出售土地出让金管理

1. 基本规定

(1)已购公有住房和经济适用住房上市出售时,由购房者按规定缴纳土地出让金或相当于土地出让金的价款。缴纳标准按不低于所购买的已购公有住房或经济适用住房座落位置的标定地价的10%确定。购房者缴纳土地出让金或相当于土地出让金的价款后,按出让土地使用权的商品住宅办理产权登记。

(2)职工个人上市出售已购公有住房取得的价款,扣除住房面积标准的经济适用住房价款和原支付超过住房面积标准的房价款以及有关税费后的净收益,按规定缴纳所得收益。其中,住房面积标准内的净收益按超额累进比例或一定比例缴纳;超过住房面积标准的净收益全额缴纳。职工个人上市出售已购经济适用住房,原则上不再缴纳所得收益。

(3)土地出让金、相当于土地出让金的价款和所得收益缴纳和返还的具体办法,由各地财政部门会同土地行政管理部门和房产行政主管部门制定。[《财政部 国土资源部关于印发〈已购公有住房和经济适用住房上市出售土地出让金和收益分配管理的若干规定〉的通知》(财综字〔1999〕113号,1999年7月15日)]

2. 关于标定地价与缴纳土地出让金额的测算

(1)已购公有住房和经济适用住房上市出售补交土地出让金或相当于土地出让金价款的计算公式为:

补交土地价款(元)=标定地价(元/平方米)×缴纳比例(≥10%)×上市房屋分摊土地面积(平方米)×年期修正系数

已有标定地价的城镇,不再另行评估;上市房屋尚未确定分摊土地面积的,可用上市房屋建筑面积(平方米)×整幢建筑总用地面积(平方米)/整幢建筑总建筑面积(平方米)计算分摊土地面积后,直接按上述公式确定应缴纳的土地出让金或相当于土地出让金价款。已有基准地价但未评估标定地价的城镇,可在简化修正系数体系后,采用基准地价系数修正法测算标定地价,测算公式为:

标定地价(元/平方米)=基准地价(元/平方米)×区位修正系数×容积率修正系数

(2)为满足已购公有住房和经济适用住房上市需要,加快工作进度,对没有基准地价修正

系数体系的城镇,可暂采用以下简便方法确定已购公有住房和经济适用住房上市出售补交土地出让金或相当于土地出让金价款:

补交土地价款(元)=基准地价(元/平方米)×所在建筑总层数修正系数×缴纳比例(≥10%)×上市房屋建筑面积(平方米)×年期修正系数

对于建筑层数差异较小的城市,为便于土地出让金及相应价款的征收,也可采用如下公式确定:

补交土地价款(元)=基准地价(元/平方米)×所在区域建筑平均层数修正系数×缴纳比例(≥10%)×上市房屋建筑面积(平方米)×年期修正系数

上述公式中,区位修正系数由各地依据房屋所处的位置、交通便捷程度、基本生活设施和公用服务设施状况、环境质量等因素,对照基准地价因素修正体系具体确定,变动范围一般为-20%至+20%;容积率修正系数根据基准地价修正系数体系确定;建筑总层数修正系数的参考标准见附表一(略);区域建筑平均层数修正系数的参考标准见附表二(略);年期修正系数的参考标准见附表三(略)。

各地土地行政主管部门应当以简明、直观的图、表等方式按等级或区域公布基准地价、标定地价的测算结果及有关修正系数,以方便房屋买卖双方能自行概算应缴纳的土地出让金数额或相当于土地出让金价款。有条件的地方,可建立计算机查询系统。〔《国土资源部关于已购公有住房和经济适用住房上市出售中有关土地问题的通知》(国土资用发〔1999〕31号,1999年9月22日)〕

3. 关于土地出让金和相当于土地出让金价款的区分

土地出让金或相当于土地出让金价款由购买方缴纳,购买方应在交易双方签订房屋买卖合同后,持房屋买卖合同、原房屋产权人的房屋所有权证及国有土地使用证或土地产权证明等材料到房屋所在地市、县土地行政主管部门办理有关手续。已购公有住房和经济适用住房所在宗地为划拨土地的,需缴纳出让金,办理土地出让手续;已购公有住房所在宗地为出让土地的,需缴纳相当于土地出让金的价款,办理土地转让手续。购房者在缴纳了有关价款后,方可领取国有土地使用证,取得出让土地使用权。(《国土资源部关于已购公有住房和经济适用住房上市出售中有关土地问题的通知》,国土资用发〔1999〕31号,1999年9月22日)

(六)由政府统一实施的拆迁安置房转让应补交的土地出让金

拆迁安置房转让应补交的土地出让金标准:

由政府统一实施的拆迁安置房,按申办转让手续之日的标定地价计算:

(1) 被拆迁户原土地为1990年5月19日以前取得划拨国有建设用地使用权的,拆迁安置房转让应补交的土地出让金,按申办转让手续之日的标定地价的30%收取土地出让金。

(2) 被拆迁户原土地为1990年5月19日(含当日)以后取得划拨国有建设用地使用权的,拆迁安置房转让应补交的土地出让金,按申办转让手续之日的标定地价的60%收取土地出让金。

标定地价按宗地所在级别的基准地价确定,除年期修正外,不再进行期日、容积率、影响因素等修正。

被拆迁户原土地如属于以出让方式取得的,其拆迁安置房转让不再收取土地出让金。拆迁安置房按市场价购买的部分不再收取土地出让金。

五、应纳费款的计算

(一)国有土地使用权出让收入范围

国有土地使用权出让收入(以下简称土地出让收入)是政府以出让等方式配置国有土地使用权取得的全部土地价款,包括受让人支付的征地和拆迁补偿费用、土地前期开发费用和土地出让收益等。

土地价款的具体范围包括:以招标、拍卖、挂牌和协议方式出让国有土地使用权所确定的总成交价款;转让划拨国有土地使用权或依法利用原划拨土地进行经营性建设应当补缴的土地价款;变现处置抵押划拨国有土地使用权应当补缴的土地价款;转让房改房、经济适用住房按照规定应当补缴的土地价款;改变出让国有土地使用权的土地用途、容积率等土地使用条件应当补缴的土地价款,以及其他和国有土地使用权出让或变更有关的收入等。

按照土地出让合同规定依法向受让人收取的定金、保证金和预付款,在土地出让合同生效后可以抵作土地价款。

国土资源管理部门依法出租国有土地向承租者收取的土地租金收入;出租划拨土地上的房屋应当上缴的土地收益;土地使用者以划拨方式取得国有土地使用权,依法向市、县人民政府缴纳的土地补偿费、安置补助费、地上附着物和青苗补偿费、拆迁补偿费等费用(不含征地管理费),一并纳入土地出让收入管理。

(二)土地使用权出让金的确定

土地使用权出让金的确定有3个过程。

1. 估价过程

在这个过程中,政府选择有土地估价资格的中介机构对拟出让的土地进行地价评估。

为规范国有建设用地使用权出让地价评估行为,根据《中华人民共和国物权法》《中华人民共和国土地管理法》《中华人民共和国城市房地产管理法》《中华人民共和国资产评估法》《招标拍卖挂牌出让国有建设用地使用权规定》《协议出让国有土地使用权规定》等相关规定和土地估价国家标准、行业标准,原国土资源部制定了《国有建设用地使用权出让地价评估技术规范》(国土资厅发〔2018〕4号,2018年3月9日),自2018年4月9日起施行。在中华人民共和国境内出让国有建设用地使用权涉及的地价评估,以及因调整土地使用条件、发生土地增值等情况需补缴地价款的评估,适用本规范;国有建设用地使用权租赁、集体建设用地使用权依法入市、国有农用地使用权出让等涉及的地价评估,可参照本规范执行。

| 相关政策依据

国土资源部办公厅
关于印发《国有建设用地使用权出让地价
评估技术规范》的通知

国土资厅发〔2018〕4号 2018年3月9日

为规范国有建设用地使用权出让地价评估行为,部制定了《国有建设用地使用权出让地价评估技术规范》(以下简称"《规范》"),现予印发。请转发至辖区内各级国土资源主管部门、相关行业协会和土地估价机构,结合本地实际遵照执行。

本《规范》自2018年4月9日起施行,《国土资源部办公厅关于发布〈国有建设用地使用权出让地价评估技术规范(试行)〉的通知》(国土资厅发〔2013〕20号)同时停止执行。各地自行出台的出让地价评估政策与本《规范》不一致的,以本《规范》为准。2018年4月9日前受理,至4月9日仍未出具土地估价报告的,可按本《规范》执行。

2018年3月9日

附件

国有建设用地使用权出让地价评估技术规范

前言

为规范国有建设用地使用权出让地价评估行为,根据《中华人民共和国物权法》《中华人民共和国土地管理法》《中华人民共和国城市房地产管理法》《中华人民共和国资产评估法》《招标拍卖挂牌出让国有建设用地使用权规定》《协议出让国有土地使用权规定》等相关规定和土地估价国家标准、行业标准,制定本规范。

本规范由国土资源部提出并归口。

本规范起草单位:国土资源部土地利用管理司、中国土地估价师与土地登记代理人协会。

本规范由国土资源部负责解释。

1. 适用范围

在中华人民共和国境内出让国有建设用地使用权涉及的地价评估,以及因调整土地使用条件、发生土地增值等情况需补缴地价款的评估,适用本规范;国有建设用地使用权租赁、集体建设用地使用权依法入市、国有农用地使用权出让等涉及的地价评估,可参照本规范执行。

2. 引用的标准

下列标准所包含的条文,通过在本规范中引用而构成本规范的条文。本规范颁布时,所示版本均为有效。使用本规范的各方应使用下列各标准的最新版本。

GB/T 18508—2014《城镇土地估价规程》
GB/T 18507—2014《城镇土地分等定级规程》
GB/T 21010—2017《土地利用现状分类》
GB/T 28406—2012《农用地估价规程》
TD/T 1052—2017《标定地价规程》
TD/T 1009—2007《城市地价动态监测技术规范》

3. 依据

(1)《中华人民共和国物权法》。
(2)《中华人民共和国土地管理法》。

(3)《中华人民共和国城市房地产管理法》。
(4)《中华人民共和国资产评估法》。
(5)《中华人民共和国城镇国有土地使用权出让和转让暂行条例》(国务院令第55号)。
(6)《招标拍卖挂牌出让国有建设用地使用权规定》(国土资源部令第39号)。
(7)《协议出让国有土地使用权规定》(国土资源部令第21号)。
(8)《节约集约利用土地规定》(国土资源部令第61号)。
(9)《国务院关于加强国有土地资产管理的通知》(国发〔2001〕15号)。
(10)《国务院关于深化改革严格土地管理的决定》(国发〔2004〕28号)。

4. 总则

4.1 出让地价评估定义

本规范所称的土地使用权出让地价评估,是指土地估价专业评估师按照规定的程序和方法,参照当地正常市场价格水平,评估拟出让宗地土地使用权价格或应当补缴的地价款。

4.2 出让地价评估目的

开展土地使用权出让地价评估,目的是为出让方通过集体决策确定土地出让底价,或核定应该补缴的地价款提供参考依据。

4.3 评估原则

除《城镇土地估价规程》规定的土地估价基本原则外,土地使用权出让地价评估还需考虑以下原则:

价值主导原则:土地综合质量优劣是对地价产生影响的主要因素。

审慎原则:在评估中确定相关参数和结果时,应分析并充分考虑土地市场运行状况、有关行业发展状况,以及存在的风险。

公开市场原则:评估结果在公平、公正、公开的土地市场上可实现。

4.4 评估方法

(1)收益还原法。
(2)市场比较法。
(3)剩余法。
(4)成本逼近法。
(5)公示地价系数修正法。

出让地价评估,应至少采用两种评估方法,包括(1)、(2)、(3)之一,以及(4)或(5)。因土地市场不发育等原因,无法满足上述要求的,应有详细的市场调查情况说明。

4.5 评估程序

(1)土地估价机构接受国土资源主管部门(或出让方)委托,明确估价目的等基本事项;
(2)拟订估价工作方案,收集所需背景资料;
(3)实地查勘;
(4)选定估价方法进行评估;
(5)确定估价结果,并根据当地市场情况、有关法律法规和政策规定,给出底价决策建议;
(6)撰写估价报告并由两名土地估价专业评估师签署,履行土地估价报告备案程序,取得电子备案号;
(7)提交估价报告;
(8)估价资料归档。

5. 评估方法的运用

5.1 收益还原法。除依照《城镇土地估价规程》的规定外,还需体现以下技术要求

(1)确定土地收益,应通过调查市场实例进行比较后得出,符合当前市场的正常客观收益水平,并假设该收益水平在出让年期内保持稳定。对于待建、在建的土地,按规划建设条件选用可比较实例。用于测算收益水平的比较实例应不少于3个。

(2)确定各项费用时,应采用当前市场的客观费用。

(3)确定还原率时应详细说明确定的方法和依据,应充分考虑投资年期与收益风险之间的关系。

5.2 市场比较法。除依照《城镇土地估价规程》的规定外,还需体现以下技术要求

(1)在综合分析当地土地市场近三年交易实例的基础上,优先选用正常市场环境下的交易实例。原则上不采用竞价轮次较多、溢价率较高的交易实例;不能采用楼面地价历史最高或最低水平的交易实例。近三年内所在或相似区域的交易实例不足3个的,原则上不应选用市场比较法。

(2)比较实例的修正幅度不能超过30%,即:(实例修正后的比准价格—实例价格)/实例价格≤30%。

(3)各比较实例修正后的比准价格之间相差不能超过40%。即(高比准价格—低比准价格)/低比准价格≤40%,对超过40%的,应另选实例予以替换。实例不足无法替换的,应对各实例进行可比性分析,并作为确定取值权重考虑因素之一。

5.3 剩余法。除依照《城镇土地估价规程》的规定外,还需体现以下技术要求

(1)在假设项目开发情况时,按规划建设条件评估;容积率、绿地率等规划建设指标是区间值的,在区间上限、下限值中按最有效利用原则择一进行评估。

(2)假设的项目开发周期一般不超过3年。

(3) 对于开发完成后拟用于出售的项目,售价取出让时当地市场同类不动产正常价格水平,不能采用估算的未来售价。

(4) 开发完成后用于出租或自营的项目,按照本规范收益还原法的有关技术要求评估。

(5) 利润率宜采用同一市场上类似不动产开发项目的平均利润率。利润率的取值应有客观、明确的依据,能够反映当地不动产开发行业平均利润水平。

5.4 成本逼近法。除依照《城镇土地估价规程》的规定外,还需体现以下技术要求

(1) 国家或地方拟从土地出让收入或土地出让收益中计提(安排)的各类专项资金,包括农业土地开发资金、国有土地收益基金、农田水利建设资金、教育资金、保障性安居工程资金等,以及新增建设用地土地有偿使用费、新增耕地指标和城乡建设用地增减挂钩节余指标等指标流转费用,不得计入土地成本,也不得计入出让底价。

(2) 土地取得成本应通过调查当地正常情况下取得土地实际发生的客观费用水平确定,需注意与当地土地征收、房屋征收和安置补偿等标准的差异。

(3) 土地开发成本应通过调查所在区域开发同类土地的客观费用水平确定。对拟出让宗地超出所在区域开发同类土地客观费用水平的个例性实际支出,不能纳入成本。

(4) 评估工业用地出让地价时,不得以当地工业用地出让最低价标准为基础,推算各项参数和取值后,评估出地价。

5.5 公示地价系数修正法。除依照《城镇土地估价规程》的规定外,还需体现以下技术要求

(1) 采用的基准地价,应当已向社会公布。采用已完成更新但尚未向社会公布的基准地价,需经市、县国土资源主管部门书面同意。

(2) 在已经开展标定地价公示的城市,可运用标定地价系数修正法进行评估。

6. 特定情况评估要点

6.1 场地未通平或通平不完全

(1) 土地开发程度不足。土地开发程度未达到当地正常水平的,先评估当地正常开发程序下的熟地地价,再根据当地各项通平开发所需的客观费用水平,逐项减价修正。

(2) 有地上建筑物的土地出让评估。对土地连同建筑物或构筑物整体一并出让的,出让评估按出让时的规划建设条件进行。

当出让时以及出让后不改变现状、不重新设定规划建设条件的,评估结果等于净地价加地上建筑物重置价减去折旧;当出让时重新设定规划建设条件的,评估结果等于新设定规划建设条件下的净地价减去场内拆平工作费用。

作为整体出让的土地连同地上建筑物或构筑物,权属应为国有且无争议。

6.2 特定条件的招拍挂出让方式

(1) 限地价、竞配建(或竞房价、竞自持面积等)。采用"限地价、竞房价(或竞自持面积)"方式出让的,在评估时应按本规范,评估出正常市场条件下的土地价格。

采用"限地价、竞配建"方式出让的,土地估价报告中应评估出正常市场条件下的土地价格,给出底价建议,以及根据市场情况建议采用的地价上限,并提出建议的起始价或起拍价,一般情况下应符合:起始价≤出让底价≤地价上限。当起始价≤地价上限≤出让底价时,地价上限与出让底价之间的差额,应按配建方式和配建成本,折算最低应配建的建筑面积,并在土地估价报告中明示。

(2) 限房价、竞地价。采用"限房价、竞地价"方式出让的土地,在出让评估时,应充分考虑建成房屋首次售出后是否可上市流转。对不能上市流转,或只能由政府定价回购,或上市前需补缴土地收益的限价房开发项目,在采用剩余法评估时,按限定的房价取值。

(3) 出让时约定租赁住宅面积比例。约定一定比例的,采用剩余法时,以市场正常租金水平为依据测算相应比例的不动产价值。纯租赁住宅用地出让,有租赁住宅用地可比实例的,优先采用市场比较法,实例不足的,应采用收益还原法。

6.3 协议出让

(1) 对应当实行有偿使用,且可以不采用招标拍卖挂牌方式出让的。应按本规范评估其在设定开发建设条件下的正常市场价格,并提出建议的出让底价。同时,还应在土地估价报告中测算并对比说明该建议出让底价是否符合当地的协议出让最低价标准。

当地未公布协议出让最低价标准的,按拟出让土地所在级别基准地价的70%测算对比;拟出让土地在基准地价覆盖范围外的,按照本规范成本法的要求,与土地取得的各项成本费用之和进行对比。

评估结果低于协议出让最低价标准的,应在土地估价报告中有明确提示。

(2) 划拨土地办理协议出让。使用权人申请以协议出让方式办理出让,出让时不改变土地及建筑物、构筑物现状的,应按本规范评估在现状使用条件下的出让土地使用权正常市场价格,减去划拨土地使用权价格,作

为评估结果,并提出底价建议。出让时重新设定规划建设条件的,应按本规范评估在新设定规划建设条件下的出让土地使用权正常市场价格,减去现状使用条件下的划拨土地使用权价格,作为评估结果,并提出底价建议。

当地对划拨土地使用权补办出让手续应缴土地收益有明确规定的,应与评估结果进行对比,在土地估价报告中明确提示对比结果,合理确定应缴土地收益。

6.4 已出让土地补缴地价款

(1)估价期日的确定。土地出让后经原出让方批准改变用途或容积率等土地使用条件的,在评估需补缴地价款时,估价期日应以国土资源主管部门依法受理补缴地价申请时点为准。

(2)调整容积率补缴地价。调整容积率的,需补缴地价款等于楼面地价乘以新增建筑面积,楼面地价按新容积率规划条件下估价期日的楼面地价确定。

核定新增建筑面积,可以相关部门批准变更规划条件所新增的建筑面积为准,或竣工验收时实测的新增建筑面积为准。

因调低容积率造成地价增值的,补缴地价款可按估价期日新旧容积率规划条件下总地价的差额确定。

容积率调整前后均低于1的,按容积率为1核算楼面地价。

(3)调整用途补缴地价。调整用途的,需补缴地价款等于新、旧用途楼面地价之差乘以建筑面积。新、旧用途楼面地价均为估价期日的正常市场价格。

用地结构调整的,分别核算各用途建筑面积变化带来的地价增减额,合并计算应补缴地价款。各用途的楼面地价按调整结构后确定。

工业用地调整用途的,需补缴地价款等于新用途楼面地价乘以新用途建筑面积,减去现状工业用地价格。

(4)多项条件同时调整。多项用地条件同时调整的,应分别核算各项条件调整带来的地价增减额,合并计算应补缴地价款。

用途与容积率同时调整的。需补缴地价款等于新用途楼面地价乘以新增建筑面积,加上新、旧用途楼面地价之差乘以原建筑总面积。新用途楼面地价按新容积率、新用途规划条件的正常市场楼面地价确定,旧用途楼面地价按原容积率规划条件下的正常市场楼面地价确定。

因其他土地利用条件调整需补缴地价款的,参照上述技术思路评估。

核定需补缴地价款时,不能以土地出让金、土地增值收益或土地纯收益代替。

7. 估价报告内容

除需符合《城镇土地估价规程》规定的报告内容和格式外,出让地价的土地估价报告还应符合下列要求:

7.1 估价结果。涉及协议出让最低价标准、工业用地出让最低价标准等最低限价的,在土地估价报告的"估价结果"部分,应同时列出评估结果,以及相应最低限价标准。

在土地估价报告的"估价结果"部分,应有明确的底价决策建议及理由。

7.2 报告组成要件。除《城镇土地估价规程》规定的附件内容外(机构依法备案的有关证明为必备要件),应视委托方提供材料情况,在土地估价报告后附具:

(1)涉及土地取得成本的相关文件、标准,以及委托方提供的征地拆迁补偿和安置协议等资料;

(2)已形成土地出让方案的,应附方案;

(3)报告中采用的相关实例的详细资料(包括照片);

(4)设定规划建设条件的相关文件依据。

相关政策依据

国土资源部关于进一步推行招标拍卖出让国有土地使用权的通知

国土资发〔1999〕30号

协议出让国有土地使用权的出让金,不得低于出让底价和国家规定的最低价。

相关政策依据

国土资源部关于发布实施《全国工业用地出让最低价标准》的通知

国土资发〔2006〕307号　2006年12月23日

为贯彻落实《国务院关于加强土地调控有关问题的通知》(国发〔2006〕31号)精神,加强对工业用地的调控和管理,促进土地节约集约利用,根据土地等级、区域土地利用政策等,部统一制订了《全国工业用地出让最低价标准》(以下简称《标准》),现予以发布。

一、本《标准》是市、县人民政府出让工业用地,确定土地使用权出让价格时必须执行的最低控制标准。

二、工业用地必须采用招标拍卖挂牌方式出让,其出让底价和成交价格均不得低于所在地土地等别相对应的最低价标准。各地国土资源管理部门在办理土地出让手续时必须严格执行本《标准》,不得以土地取得来源不同、土地开发程度不同等各种理由对规定的最低价标准进行减价修正。

三、工业项目必须依法申请使用土地利用总体规划确定的城市建设用地范围内的国有建设用地。对少数地区确需使用土地利用总体规划确定的城市建设用地范围外的土地,且土地前期开发由土地使用者自行完成的工业项目用地,在确定土地出让价格时可按不低于所在地土地等别相对应最低价标准的60%执行。其中,对使用未列入耕地后备资源且尚未确定土地使用权人(或承包经营权人)的国有沙地、裸土地、裸岩石砾地的工业项目用地,在确定土地出让价格时可按不低于所在地土地等别相对应最低价标准的30%执行。对实行这类地价政策的工业项目用地,由省级国土资源管理部门报部备案。

四、对低于法定最高出让年期(50年)出让工业用地,或采取租赁方式供应工业用地的,所确定的出让价格和年租金按照一定的还原利率修正到法定最高出让年期的价格,均不得低于本《标准》。年期修正必须符合《城镇土地估价规程》(GB/T 18508—2001)的规定,还原利率不得低于同期中国人民银行公布的人民币五年期存款利率。

五、为切实保障被征地农民的长远生计,省级国土资源管理部门可根据本地征地补偿费用提高的实际,进一步提高本地的工业用地出让最低价标准;亦可根据本地产业发展政策,在不低于本《标准》的前提下,制定并公布不同行业、不同区域的工业用地出让最低价标准,及时报部备案。

六、本《标准》发布实施后,各省(区、市)要依据本《标准》,开展基准地价更新工作,及时调整工业用地基准地价。

七、各地国土资源管理部门要加强对工业用地出让的监督管理。低于最低价标准出让工业用地,或以各种形式给予补贴或返还的,属非法低价出让国有土地使用权的行为,要依法追究有关人员的法律责任。

八、本《标准》自2007年1月1日起实施。部将根据各地社会经济发展情况、宏观调控的需要以及《标准》的实施情况,适时进行修订。

附件:
1. 全国工业用地出让最低价标准(表19-9)
2. 土地等别(略)

国土资源部
2006年12月23日

附件:

表19-9 全国工业用地出让最低价标准　　　　　　　　　　单位:元/平方米(土地)

土地等别	一等	二等	三等	四等	五等	六等	七等	八等	九等	十等	十一等	十二等	十三等	十四等	十五等
最低标准	840	720	600	480	384	336	288	252	204	168	144	120	96	84	60

相关政策依据

国土资源部关于调整工业用地出让最低价标准实施政策的通知

国土资发〔2009〕56号　2009年5月11日

针对当前经济形势和土地市场运行变化情况,为进一步落实党中央、国务院关于扩大内需促进经济平稳较快发展的重大决策,更好地履行部门职责,充分发挥地价政策在宏观调控中的作用,部决定对《全国工业用地出让最低价标准》(以下简称《标准》)实施政策进行适当调整。现就有关问题通知如下:

一、市县国土资源管理部门在工业用地出让前应当按照《城镇土地估价规程》(GB/T 18508—2001)进行评估,根据土地估价结果、土地供应政策和最低价标准等集体决策、综合确定出让底价。

二、对各省(区、市)确定的优先发展产业且用地集约的工业项目,在确定土地出让底价时可按不低于所在地土地等别相对应《标准》的70%执行。优先发展产业是指各省(区、市)依据国家《产业结构调整指导目录》制订的本地产业发展规划中优先发展的产业。用地集约是指项目建设用地容积率和建筑系数超过《关于发布和实施〈工业项目建设用地控制指标〉的通知》(国土资发〔2008〕24号)所规定标准40%以上、投资强度增加10%以上。

三、以农、林、牧、渔业产品初加工为主的工业项目,在确定土地出让底价时可按不低于所在地土地等别相对应《标准》的70%执行。农、林、牧、渔业产品初加工工业项目是指在产地对农、林、牧、渔业产品直接进行初次加工的项目,具体由各省(区、市)在《国民经济行业分类》(GB/T 4754—2002)第13、14、15、17、18、19、20大类范围内按小类认定。

四、对中西部地区确需使用土地利用总体规划确定的城镇建设用地范围外的国有未利用地,且土地前期开发由土地使用者自行完成的工业项目用地,在确定土地出让价格时可按不低于所在地土地等别相对应《标准》的15%执行。使用土地利用总体规划确定的城镇建设用地范围内的国有未利用地,可按不低于所在地土地等别相对应《标准》的50%执行。国有未利用地包括《土地利用现状分类》(GB/T 21010—2007)中未列入耕地后备资源的盐碱地、沼泽地、沙地、裸地。

五、工业项目按照本通知第二、三、四条规定拟定的出让底价低于该项目实际土地取得成本、土地前期开发成本和按规定应收取的相关费用之和的,应按不低于实际各项成本费用之和的原则确定出让底价。

六、省级国土资源管理部门要根据本地实际尽快制定公布本省(区、市)的工业用地出让最低价标准,对个别县、市(区)基准地价末级地的平均土地取得成本、土地前期开发成本和按规定应收取的相关费用之和确实低于《标准》的,由省级国土资源管理部门根据本省(区、市)县级行政单元总数,按照总数小于50的不超过5%、其他不超过3%的原则,控制拟调整县、市(区)的数量,统筹组织测算、论证和平衡,提出明确意见并于2009年6月30日前报部备案后,可以按当地实际执行最低价标准。各省(区、市)确定的优先发展产业目录与按行业分类小类认定的农、林、牧、渔业产品初加工项目目录需一并报部备案。逾期未备案的按《标准》执行。

七、各地国土资源管理部门要加强对工业用地出让的监督管理,通过土地市场动态监测与监管系统,及时掌握出让价格等土地供应信息。对违反最低价标准相关实施政策、低于标准出让工业用地的,要依法追究有关人员的法律责任。

2. 确定出让底价过程

在这个过程中,政府根据其产业政策和其他有关政策,对土地估价结果进行修订,形成出让底价。出让底价的作用在于政府出让土地使用权时,如果有意受让人的出价低于出让低价,政府将不予出让土地使用权。

3. 批准过程

由于我国各级政府对出让土地使用权有不同的审批权限,所以,有的出让土地的出让价是下级政府与受让方商定的,但最后的确定权在有批准权的上级政府。

土地出让金的分类与计算

土地出让金根据批租地块的条件,可以分为以下两种:一种是"熟地价",即提供"七通一平"的地块,出让金包括土地使用费和开发费;另一种是"毛地"或"生地"价,即未完成"七通一平"的地块,出让金仅为土地有偿使用的部分,投资者需自行或委托开发公司进行受让土地的开发工作。旧区的动迁和市政配套费用一般要占到熟地总价的50%~70%。

土地出让金又可分为地面价与楼面价两种计算方法,地面价为每平方米土地的单价,即以出让金总额除以土地总面积;楼面价为摊到每平方米建筑面积的地价,即以出让金总额除以规划允许建造的总建筑面积。投资者往往以楼面价来计算投资效益。因为地面价不能反映出土地成本的高低,只有把地价分摊到每平方建筑面积上去核算,才有可比性,也易于估算投资成本,进行估算投资效益。一般认为建高层可摊属地价,实际上并非如此。因为土地出让金是按建筑面积计收的。

土地出让金的支付方式,如果是外商投资或中资企业开发外销房的,要以外汇支付,如是中资企业开发内销房或外资企业开发内销房的,可以人民币支付。也有的实物支付的方式,如投资者得到一块土地,以建造一座立交桥、一条道路或一个停车库等建筑物来偿还地价。

六、优惠政策

任何地区、部门和单位都不得以"招商引资""旧城改造""国有企业改制"等各种名义减免土地出让收入,实行"零地价",甚至"负地价",或者以土地换项目、先征后返、补贴等形式变相减免土地出让收入。地方政府在招拍挂土地后,"以补助资金形式返还企业"的行为不符合政策规定。

七、缴纳时间(期限)

土地使用者应当在签订土地使用权出让合同后六十日内,支付全部土地使用权出让金。逾期未全部支付的,出让方有权解除合同,并可请求违约赔偿。[《中华人民共和国城镇国有土地使用权出让和转让暂行条例》(1990年5月19日中华人民共和国国务院令第55号发布,根据2020年11月29日《国务院关于修改和废止部分行政法规的决定》修订)]

八、缴纳地点

土地使用权的出让,由市、县人民政府负责,有计划、有步骤地进行。

土地使用权出让的地块、用途、年限和其他条件,由市、县人民政府土地管理部门会同城市规划和建设管理部门、房产管理部门共同拟定方案,按照国务院规定的批准权限报经批准后,由土地管理部门实施。[《中华人民共和国城镇国有土地使用权出让和转让暂行条例》(1990年5月19日中华人民共和国国务院令第55号发布,根据2020年11月29日《国务院关于修改和废止部分行政法规的决定》修订)]

税务部门按照属地原则征收国有土地使用权出让收入。具体征收机关由国家税务总局有关省(自治区、直辖市、计划单列市)税务局按照"便民、高效"原则确定。原由自然资源部(本级)负责征收的矿产资源专项收入、海域使用金、无居民海岛使用金等非税收入,征管职责划转后的具体工作由国家税务总局北京市税务局承担。[《财政部 自然资源部 税务总局 人民银行关于将国有土地使用权出让收入、矿产资源专项收入、海域使用金、无居民海岛使用金四项政府非税收入划转税务部门征收有关问题的通知》(财综〔2021〕19号,2021年5月21日)]

第二十五节 矿产资源专项收入

一、概述

矿产资源专项收入是指矿产资源补偿费、探矿权采矿权使用费和探矿权采矿权价款收入。

探矿权采矿权使用费包括:

(1)探矿权使用费。国家将矿产资源探矿权出让给探矿权人,按规定向探矿权人收取的使用费。

(2)采矿权使用费。国家将矿产资源采矿权出让给采矿权人,按规定向采矿权人收取的使用费。

探矿权采矿权价款收入是指中央和地方人民政府探矿权采矿权审批登记机关通过招标、拍卖、挂牌等市场方式或以协议方式出让国家出资(包括中央财政出资、地方财政出资和中央财政、地方财政共同出资,下同)勘查形成的探矿权采矿权时所收取的全部收入,以及国有企业在申请国家出让其无偿占有国家出资勘查形成的探矿权采矿权时按规定补缴的探矿权采矿权价款。[《财政部 国土资源部 中国人民银行关于探矿权采矿权价款收入管理有关事项的通知》(财建〔2006〕394号,2006年08月14日)]

探矿权采矿权价款包括:

(1)探矿权价款。国家将其出资勘查形成的探矿权出让给探矿权人,按规定向探矿权人收取的价款。

(2)采矿权价款。国家将其出资勘查形成的采矿权出让给采矿权人,按规定向采矿权人收取的价款。

(一)用途

矿产资源专项收入统筹用于基础性公益性地质矿产调查评价及管理、战略性矿产资源勘查;中央地质勘查基金项目、国外矿产资源风险勘查、矿山地质环境恢复治理、矿产资源节约与综合利用、国家级地质遗迹保护及地质遗迹标本购置、矿产资源专项收入征收管理、对承担中央财政出资探明矿产地有突出贡献的项目承担单位给予奖励等支出。

1. 矿产资源补偿费用途

矿产资源补偿费纳入国家预算,实行专项管理,主要用于矿产资源勘查。[《矿产资源补偿费征收管理规定》(1994年2月27日,中华人民共和国国务院令第150号发布,根据1997年7月3日《国务院关于修改〈矿产资源补偿费征收管理规定〉的决定》修订)]

2. 探矿权采矿权使用费用途

探矿权采矿权使用费和价款收入应专项用于矿产资源勘查、保护和管理支出。[《财政部 国土资源部关于印发〈探矿权采矿权使用费和价款管理办法〉的通知》(财综字〔1999〕74号,1999年6月7日)]

3. 探矿权采矿权价款收入用途

探矿权采矿权使用费和价款收入应专项用于矿产资源勘查、保护和管理支出。[《财政部 国土资源部关于印发〈探矿权采矿权使用费和价款管理办法〉的通知》(财综字〔1999〕74号,1999年6月7日)]

(二)主要政策依据

1. 矿产资源补偿费

矿产资源补偿费征收按《矿产资源补偿费征

收管理规定》。(1994年2月27日,中华人民共和国国务院令第150号发布,根据1997年7月3日《国务院关于修改〈矿产资源补偿费征收管理规定〉的决定》修订)

2. 探矿权采矿权使用费

探矿权采矿权使用费的征收、减免按《财政部 国土资源部关于印发〈探矿权采矿权使用费和价款管理办法〉的通知》(财综字〔1999〕74号,1999年6月7日)、《财政部 国土资源部关于探矿权采矿权使用费和价款管理办法的补充通知》(财综字〔1999〕183号)、《国土资源部 财政部关于印发〈探矿权采矿权使用费减免办法〉的通知》(国土资发〔2000〕174号)等。

3. 探矿权采矿权价款收入

探矿权采矿权价款收入征收管理按《财政部 国土资源部关于印发〈探矿权采矿权使用费和价款管理办法〉的通知》(财综字〔1999〕74号)、《关于探矿权采矿权价款收入管理有关事项的通知》(财建〔2006〕394号)规定。

(三) 征收机关

矿产资源专项收入征收机关划转税务部门。《财政部 自然资源部 税务总局 人民银行关于将国有土地使用权出让收入、矿产资源专项收入、海域使用金、无居民海岛使用金四项政府非税收入划转税务部门征收有关问题的通知》(财综〔2021〕19号)规定,将由自然资源部门负责征收的矿产资源专项收入划转给税务部门负责征收。自2021年7月1日起,在河北、内蒙古、上海、浙江、安徽、青岛、云南省(市、区)开展征管职责划转试点,自2022年1月1日起其他省(市、区)全面征管划转。矿产资源专项收入划转给税务部门征收后,以前年度和今后形成的应缴未缴收入以及按规定分期缴纳的收入,由税务部门负责征缴入库,有关部门应当配合做好相关信息传递和材料交接工作。

(四) 征缴流程(矿产资源专项收入)

请参阅图19-3、图19-4。

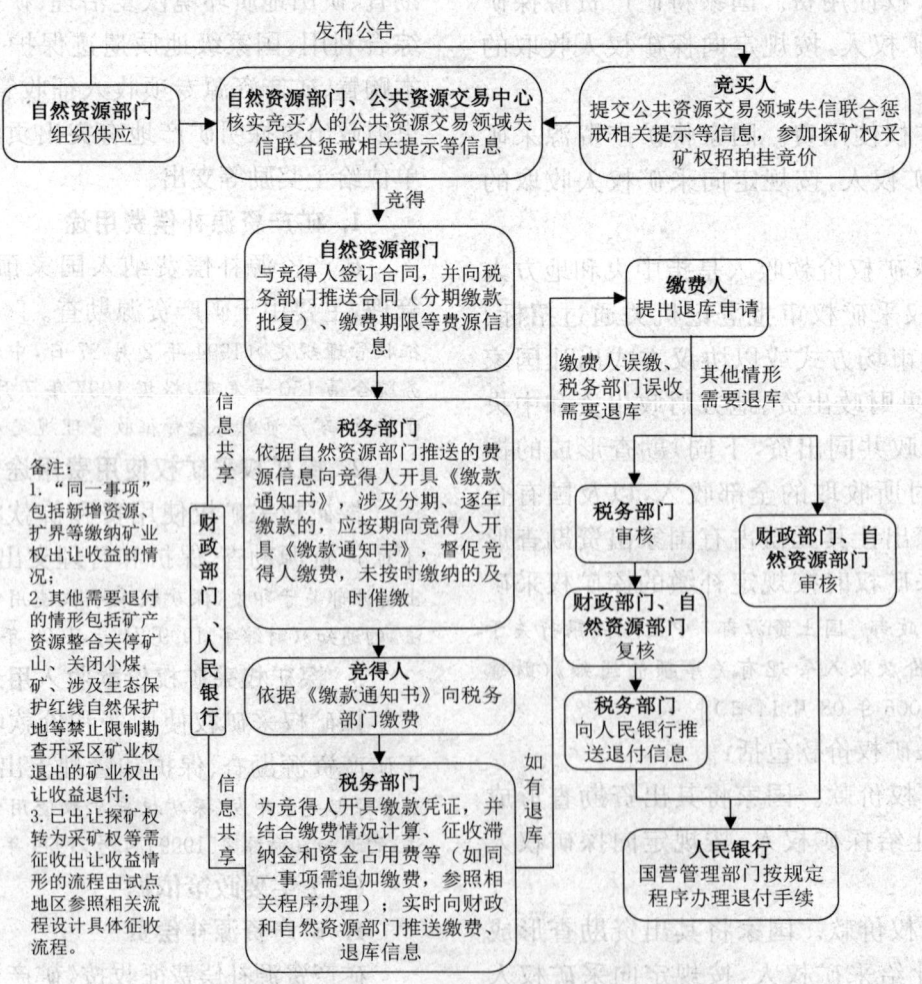

图19-3 探矿权采矿权出让收益征缴流程

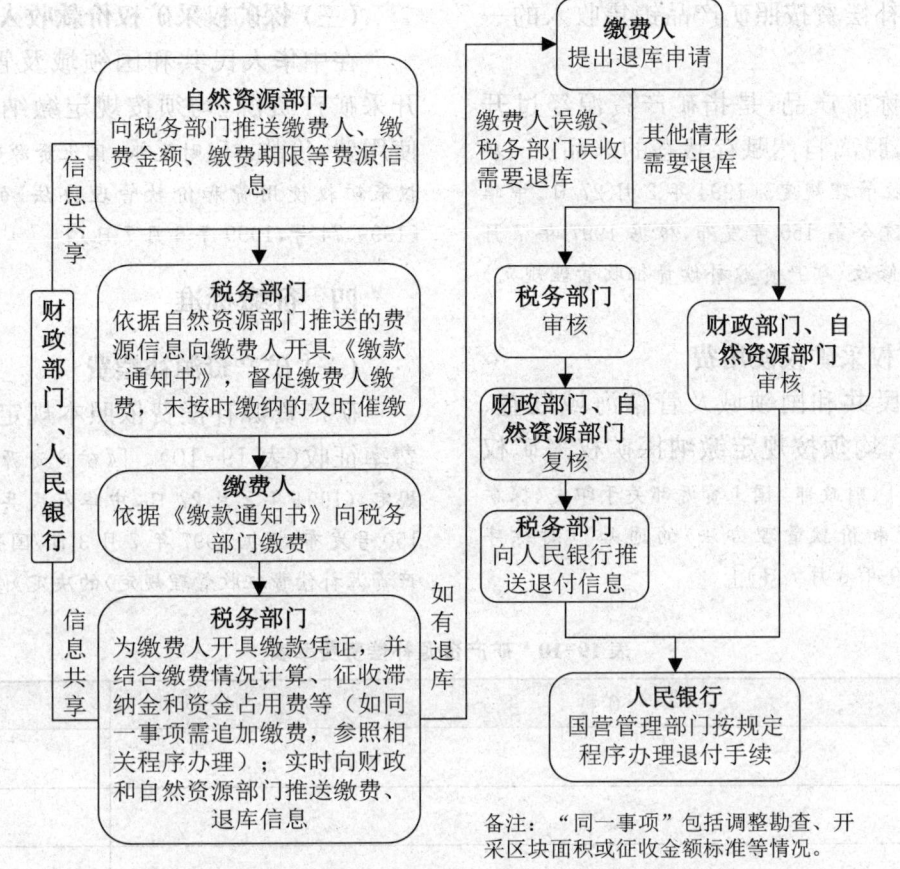

图 19-4 探矿权采矿权使用费(占用费)征缴流程

二、缴纳义务人

(一)矿产资源补偿费

矿产资源补偿费由采矿权人缴纳。[《矿产资源补偿费征收管理规定》(1994年2月27日,中华人民共和国国务院令第150号发布,根据1997年7月3日《国务院关于修改〈矿产资源补偿费征收管理规定〉的决定》修订)]

(二)探矿权采矿权使用费

探矿权采矿权使用费的缴纳义务人为在中华人民共和国领域及管辖海域勘查、开采矿产资源者。

(三)探矿权采矿权价款收入

探矿权采矿权使用费的缴纳义务人为在中华人民共和国领域及管辖海域勘查、开采矿产资源者。

对出让目前搁置的由国家出资形成的探矿权采矿权,各级登记管理机关应按规定向探矿权采矿权人收探矿权采矿权价款。对缴纳探矿权采矿权价款确有困难的,经国土资源部和财政部批准,国有企事业单位应缴纳的探矿权采矿权价款,可全部或部分转增国家资本金或国家基金;在合资、股份制以及股份合作制企业中持股的国有企事业单位,其应缴纳的探矿权采矿权价款,经国土资源部和财政部批准,可转作为国家股。[《财政部 国土资源部关于探矿权采矿权使用费和价款管理办法的补充通知》(财综字〔1999〕183号,1999年11月11日)]

三、征缴范围

(一)矿产资源补偿费

在中华人民共和国领域和其他管辖海域开采矿产资源,应当依照本规定缴纳矿产资源补偿费;法律、行政法规另有规定的,从其规定。[《矿产资源补偿费征收管理规定》(1994年2月27日,中华人民共和国国务院令第150号发布,根据1997年7月3日《国务院关于修改〈矿产资源补偿费征收管理规定〉的决定》修订)]

矿产资源补偿费按照矿产品销售收入的一定比例计征。

本规定所称矿产品,是指矿产资源经过开采或者采选后,脱离自然赋存状态的产品。[《矿产资源补偿费征收管理规定》(1994年2月27日,中华人民共和国国务院令第150号发布,根据1997年7月3日《国务院关于修改〈矿产资源补偿费征收管理规定〉的决定》修订)]

(二) 探矿权采矿权使用费

在中华人民共和国领域及管辖海域勘查、开采矿产资源,均须按规定缴纳探矿权采矿权使用费、价款。[《财政部 国土资源部关于印发〈探矿权采矿权使用费和价款管理办法〉的通知》(财综字〔1999〕74号,1999年6月7日)]

(三) 探矿权采矿权价款收入

在中华人民共和国领域及管辖海域勘查、开采矿产资源,均须按规定缴纳探矿权采矿权使用费、价款。[《财政部 国土资源部关于印发〈探矿权采矿权使用费和价款管理办法〉的通知》(财综字〔1999〕74号,1999年6月7日)]

四、征缴标准

(一) 矿产资源补偿费

矿产资源补偿费依照本规定附录所规定的费率征收(表19-10)。[《矿产资源补偿费征收管理规定》(1994年2月27日,中华人民共和国国务院令第150号发布,根据1997年7月3日《国务院关于修改〈矿产资源补偿费征收管理规定〉的决定》修订)]

表19-10 矿产资源补偿费费率表

矿种	费率
石油	1%
天然气	1%
煤炭、煤成气	1%
铀、钍	3%
石煤、油砂	1%
天然沥青	2%
地热	3%
油页岩	2%
铁、锰、铬、钒、钛	2%
铜、铅、锌、铝土矿、镍、钴、钨、锡、铋、钼、汞、锑、镁	2%
金、银、铂、钯、钌、锇、铱、铑	4%
铌、钽、铍、锂、锆、锶、铷、铯	3%
镧、铈、镨、钕、钐、铕、钇、钆、铽、镝、钬、铒、铥、镱、镥	3%
离子型稀土	4%
钪、锗、镓、铟、铊、铪、铼、镉、硒、碲	3%
宝石、玉石、宝石级金刚石	4%
石墨、磷、自然硫、硫铁矿、钾盐、硼、水晶(压电水晶、熔炼水晶、光学水晶、工艺水晶)、刚玉、蓝晶石、硅线石、红柱石、硅灰石、钠硝石、滑石、石棉、蓝石棉、云母、长石、石榴子石、叶腊石、透辉石、透闪石、蛭石、沸石、明矾石、芒硝(含钙芒硝)	2%

(续表)

矿种	费率
金刚石、石膏、硬石膏、重晶石、毒重石、天然碱、方解石、冰洲石、菱镁矿、萤石（普通萤石、光学萤石）、黄玉、电气石、玛瑙、颜料矿物（赭石、颜料黄土）、石灰岩（电石用灰岩、制碱用灰岩、化肥用灰岩、熔剂用灰岩、玻璃用灰岩、水泥用灰岩、建筑石料用灰岩、制灰用灰岩、饰面用灰岩）、泥灰岩、白垩、含钾岩石、白云岩（冶金用白云岩、化肥用白云岩、玻璃用白云岩、建筑用白云岩）、石英岩（冶金用石英岩、玻璃用石英岩、化肥用石英岩）、砂岩（冶金用砂岩、玻璃用砂岩、水泥配料用砂岩、砖瓦用砂岩、化肥用砂岩、铸型用砂岩、陶瓷用砂岩）、天然石英砂（玻璃用砂、铸型用砂、建筑用砂、水泥配料用砂、水泥标准砂、砖瓦用砂）、脉石英（冶金用脉石英、玻璃用脉石英）、粉石英、天然油石、含钾砂页岩、硅藻土、页岩（陶粒页岩、砖瓦用页岩、水泥配料用页岩）、高岭土、陶瓷土、耐火粘土、凹凸棒石粘土、海泡石粘土、伊利石粘土、累托石粘土、膨润土、铁矾土、其他粘土（铸型用粘土、砖瓦用粘土、陶粒用粘土、水泥配料用粘土、水泥配料用红土、水泥配料用黄土、水泥配料用泥岩、保温材料用粘土）、橄榄岩（化肥用橄榄岩、建筑用橄榄岩）、蛇纹岩（化肥用蛇纹岩、熔剂用蛇纹岩、饰面用蛇纹岩）、玄武岩（铸石用玄武岩、岩棉用玄武岩）、辉绿岩（水泥用辉绿岩、铸石用辉绿岩、饰面用辉绿岩、建筑用辉绿岩）、安山岩（饰面用安山岩、建筑用安山岩、水泥混合材用安山玢岩）、闪长岩（水泥混合材用闪长玢岩、建筑用闪长岩）、花岗岩（建筑用花岗岩、饰面用花岗岩）、麦饭石、珍珠岩、黑曜岩、松脂岩、浮石、粗面岩（水泥用粗面岩、铸石用粗面岩）、霞石正长岩、凝灰岩（玻璃用凝灰岩、水泥用凝灰岩、建筑用凝灰岩）、火山灰、火山渣、大理岩（饰面用大理岩、建筑用大理岩、水泥用大理岩、玻璃用大理岩）、板岩（饰面用板岩、水泥配料用板岩）、片麻岩、角闪岩、泥炭、镁盐、碘、溴、砷	2%
湖盐、岩盐、天然卤水	0.5%
二氧化碳气、硫化氢气、氦气、氩气	3%
矿泉水	4%
地下水	费率及征收管理办法由国务院另行规定

（二）探矿权采矿权使用费

探矿权采矿权使用费收取标准：

（1）探矿权使用费以勘查年度计算，按区块面积逐年缴纳，第一个勘查年度至第三个勘查年度，每平方公里每年缴纳100元，从第四个勘查年度起每平方公里每年增加100元，最高不超过每平方公里每年500元。

（2）采矿权使用费按矿区范围面积逐年缴纳，每平方公里每年1000元。[《财政部 国土资源部关于印发〈探矿权采矿权使用费和价款管理办法〉的通知》（财综字[1999]74号,1999年6月7日）]

（三）探矿权采矿权价款收入

探矿权采矿权价款收取标准：

探矿权采矿权价款以国务院地质矿产主管部门确认的评估价格为依据，一次或分期缴纳；但探矿权价款缴纳期限最长不得超过2年，采矿权价款缴纳期限最长不得超过6年。[《财政部 国土资源部关于印发〈探矿权采矿权使用费和价款管理办法〉的通知》（财综字[1999]74号,1999年6月7日）]

五、应纳费款的计算

（一）矿产资源补偿费

矿产资源补偿费以矿产品销售时使用的货币结算；采矿权人对矿产品自行加工的，以其销售最终产品时使用的货币结算。[《矿产资源补偿费征收管理规定》（1994年2月27日，中华人民共和国国务院令第150号发布，根据1997年7月3日《国务院关于修改〈矿产资源补偿费征收管理规定〉的决定》修订）]

矿产资源补偿费按照下列方式计算：

$$征收矿产资源补偿费金额 = 矿产品销售收入 \times 补偿费费率 \times 开采回采率系数$$

$$开采回采率系数 = \frac{核定开采回采率}{实际开采回采率}$$

核定开采回采率，以按照国家有关规定经批准的矿山设计为准；按照国家有关规定，只要求有开采方案,不要求有矿山设计的矿山企业,其开采回采率由县级以上地方人民政府负责地质矿产管理工作的部门会同同级有关部门核定。

不能按照上述规定的方式计算矿产资源补偿费的矿种,由国务院地质矿产主管部门会同国务院财政部门另行制定计算方式。[《矿产资源补偿费征收管理规定》(1994年2月27日,中华人民共和国国务院令第150号发布,根据1997年7月3日《国务院关于修改〈矿产资源补偿费征收管理规定〉的决定》修订)]

采矿权人对矿产品自行加工的,按照国家规定价格计算销售收入;国家没有规定价格的,按照征收时矿产品的当地市场平均价格计算销售收入。

采矿权人向境外销售矿产品的,按照国际市场销售价格计算销售收入。[《矿产资源补偿费征收管理规定》(1994年2月27日,中华人民共和国国务院令第150号发布,根据1997年7月3日《国务院关于修改〈矿产资源补偿费征收管理规定〉的决定》修订)]

采矿权人在缴纳矿产资源补偿费时,应当同时提交已采出的矿产品的矿种、产量、销售数量、销售价格和实际开采回采率等资料。[《矿产资源补偿费征收管理规定》(1994年2月27日,中华人民共和国国务院令第150号发布,根据1997年7月3日《国务院关于修改〈矿产资源补偿费征收管理规定〉的决定》修订)]

【案例19-16】 智董铝业开采有限公司,年产铝矿石300万吨,每吨价格380元,铝矿费率为2%,核定回采率80%,实际回采率78%。

【分析】 矿产资源补偿费金额=矿产品销售收入×补偿费费率×开采回采率系数。

开采回采率系数=核定开采回采率÷实际开采回采率

智董铝业开采有限公司每年应缴纳矿产资源补偿费=3 000 000×380×2%×80%÷78%=2 338.46(万元)

(二)探矿权采矿权使用费

探矿权采矿权使用费收取标准:

(1)探矿权使用费以勘查年度计算,按区块面积逐年缴纳,第一个勘查年度至第三个勘查年度,每平方公里每年缴纳100元,从第四个勘查年度起每平方公里每年增加100元,最高不超过每平方公里每年500元。

(2)采矿权使用费按矿区范围面积逐年缴纳,每平方公里每年1 000元。[《财政部 国土资源部关于印发〈探矿权采矿权使用费和价款管理办法〉的通知》(财综字〔1999〕74号,1999年6月7日)]

(三)探矿权采矿权价款收入

探矿权采矿权价款以国务院地质矿产主管部门确认的评估价格为依据,一次或分期缴纳。[《财政部 国土资源部关于印发〈探矿权采矿权使用费和价款管理办法〉的通知》(财综字〔1999〕74号,1999年6月7日)]

六、优惠政策

(一)矿产资源补偿费

采矿权人有下列情形之一的,经省级人民政府地质矿产主管部门会同同级财政部门批准,可以免缴矿产资源补偿费:

(1)从废石(矸石)中回收矿产品的。

(2)按照国家有关规定经批准开采已关闭矿山的非保安残留矿体的。

(3)国务院地质矿产主管部门会同国务院财政部门认定免缴的其他情形。

采矿权人有下列情况之一的,经省级人民政府地质矿产主管部门会同同级财政部门批准,可以减缴矿产资源补偿费:

(1)从尾矿中回收矿产品的。

(2)开采未达到工业品位或者未计算储量的低品位矿产资源的。

(3)依法开采水体下、建筑物下、交通要道下的矿产资源的。

(4)由于执行国家定价而形成政策性亏损的。

(5)国务院地质矿产主管部门会同国务院财政部门认定减缴的其他情形。

采矿权人减缴的矿产资源补偿费超过应当缴纳的矿产资源补偿费50%的,须经省级人民政府批准。

批准减缴矿产资源补偿费的,应当报国务院地质矿产主管部门和国务院财政部门备案。[《矿产资源补偿费征收管理规定》(1994年2月27日,中华人民共和国国务院令第 150 号发布,根据 1997 年 7 月 3 日《国务院关于修改〈矿产资源补偿费征收管理规定〉的决定》修订)]

(二) 探矿权采矿权使用费

请参阅以下"相关政策依据"。

▌相关政策依据

关于印发《探矿权采矿权使用费减免办法》的通知

国土资发〔2000〕174 号 2000 年 6 月 6 日

第一条 为鼓励矿产资源勘查开采,根据《矿产资源勘查区块登记管理办法》和《矿产资源开采登记管理办法》的有关规定制定本办法。

第二条 依照《中华人民共和国矿产资源法》及其配套法规取得探矿权、采矿权的矿业权人或探矿权、采矿权申请人,可以依照本办法的规定向探矿权、采矿权登记管理机关(以下简称登记机关)申请探矿权、采矿权使用费的减缴或免缴。

第三条 在我国西部地区、国务院确定的边远贫困地区和海域从事符合下列条件的矿产资源勘查开采活动,可以依照本规定申请探矿权、采矿权使用费的减免:

(一) 国家紧缺矿产资源的勘查、开发;

(二) 大中型矿山企业为寻找接替资源申请的勘查、开发;

(三) 运用新技术、新方法提高综合利用水平的(包括低品位、难选冶的矿产资源开发及老矿区尾矿利用)矿产资源开发;

(四) 国务院地质矿产主管部门和财政部门认定的其他情况。

国家紧缺矿产资源由国土资源部确定并发布。

第四条 探矿权、采矿权使用费的减免按以下幅度审批。

(一) 探矿权使用费:第一个勘查年度可以免缴,第二至第三个勘查年度可以减缴 50%;第四至第七个勘查年度可以减缴 25%。

(二) 采矿权使用费:矿山基建期和矿山投产第一年可以免缴,矿山投产第二至第三年可以减缴 50%;第四至第七年可以减缴 25%;矿山闭坑当年可以免缴。

第五条 探矿权、采矿权使用费的减免,实行两级审批制。

国务院地质矿产主管部门审批登记、颁发勘查许可证、采矿许可证的探矿权采矿权使用费的减免,由国务院地质矿产主管部门负责审批,并报国务院财政部门备案。

省级地质矿产主管部门审批登记、颁发勘查许可证、采矿许可证和省级以下地质矿产主管部门审批登记颁发采矿许可证的探矿权采矿权使用费的减免,由省级地质矿产主管部门负责审批。

省级地质矿产主管部门应将探矿权采矿权使用费的批准文件报送上级登记管理机关和财政部门备案。

第六条 申请减免探矿权、采矿权使用费的矿业投资人,应在收到矿业权领证通知后的 10 日内填写探矿权、采矿权使用费减免申请书,按照本法第五条的管辖规定,报送矿业权登记管理机关审批,同时抄送同级财政部门。矿业权登记管理机关应在收到申请后的十日内作出是否减免的决定,并通知申请人。申请人凭批准减免文件办理缴费、登记和领取勘查,采矿许可证手续。

第七条 本办法颁发以前已收缴的探矿权、采矿权使用费不办理减免返还。

第八条 本办法原则适用于外商投资勘查、开采矿产资源。但是,国家另有规定的,从其规定。

第九条 在中华人民共和国领域及管辖的其他海域勘查开采矿产资源遇有自然灾害等不可抗力因素的,在不可抗力期间可以申请探矿权、采矿权使用费减免。

第十条 本办法自发布之日起实施。

▌相关政策依据

国土资源部办公厅
关于国家紧缺矿产资源探矿权采矿权使用费
减免办法的通知

国土资厅发〔2000〕76 号 2021 年 3 月 22 日

根据国土资源部、财政部联合印发的《关于印发〈探矿权采矿权使用费减免办法〉的通知》(国土资发〔2000〕174 号)精神,现将国家紧缺矿产资源及其他可减免的适用范围通知如下:

一、勘查富铁矿 TFe>50%、铜矿、优质锰矿、铬铁矿、钾盐、铂族金属六个矿种(类),以及石油、天然气、煤层气共九种(类)矿产资源,可申请探矿权使用费的减免;

二、开采菱镁矿、钾盐、铜矿的,可申请减免采矿权使用费;

三、在我国西部严重缺水地区为解决人畜饮用水而进行的地下水源地的勘查工作,可申请减免探矿权使用费;

四、凡开采低渗透、稠油和进行三次采油的,以及从事煤层气勘查、开采的,可参照《探矿权采矿权使用费减免办法》申请减免;

五、矿区范围大于 100 平方公里的煤矿企业和矿区范围大于30平方公里的金属矿山企业,确有困难的可申请减免采矿权使用费。

探矿权、采矿权使用费减免申请书由国土资源部统一制定。

附件:探矿权、采矿权使用费减免申请书(略)

(三)探矿权采矿权价款收入

各级财政部门要与国土资源管理部门密切合作,加大对探矿权采矿权出让中各种违规违纪行为的查处力度,要依法对违规减免,不履行收费职责,应收不收,不及时足额缴库、截留、坐支、挪用及商业贿赂等违法违纪行为从严查处,追究有关领导和责任人的行政、经济责任;构成犯罪的,依法移送司法机关追究刑事责任。[《财政部 国土资源部 中国人民银行关于探矿权采矿权价款收入管理有关事项的通知》(财建〔2006〕394号)]

七、缴纳时间(期限)

(一)矿产资源补偿费

采矿权人应当于每年的7月31日前缴纳上半年的矿产资源补偿费;于下一年度1月31日前缴纳上一年度下半年的矿产资源补偿费。

采矿权人在中止或者终止采矿活动时,应当结缴矿产资源补偿费。[《矿产资源补偿费征收管理规定》(1994年2月27日,中华人民共和国国务院令第150号发布,根据1997年7月3日《国务院关于修改〈矿产资源补偿费征收管理规定〉的决定》修订)]

(二)探矿权采矿权使用费

探矿权采矿权使用费和价款由探矿权采矿权人在办理勘查、采矿登记或年检时缴纳。[《财政部 国土资源部关于印发〈探矿权采矿权使用费和价款管理办法〉的通知》(财综字〔1999〕74号,1999年6月7日)]

国有企业实际占有的由国家出资勘查形成的探矿权、采矿权在转让时,其探矿权、采矿权价款经国务院地质矿产主管部门会同财政部批准,可全部或部分转增企业的国家资本金。

国有地勘单位实际占有的由国家出资勘查形成的探矿权、采矿权在转让时,其探矿权、采矿权价款按照有关规定处理。[《财政部 国土资源部关于印发〈探矿权采矿权使用费和价款管理办法〉的通知》(财综字〔1999〕74号,1999年6月7日)]

《探矿权采矿权使用费和价款管理办法》(财综字〔1999〕183号印发)中所称"国家出资",是指中央财政和地方财政以地质勘探费、矿产资源补偿费,矿业权使用费和价款收入以及各种资金等安排用于矿产资源勘查、开发的拨款。

中央财政、地方财政和企事业单位共同出资用于矿产资源勘查、开发的,按各自投入比例享受出资权利。中央财政和地方财政拨款形成的探矿权采矿权价款收入,按《探矿权采矿权使用费和价款管理办法》(财综字〔1999〕183号印发)的规定进行管理。[《财政部 国土资源部关于探矿权采矿权使用费和价款管理办法的补充通知》(财综字〔1999〕183号,1999年11月11日)]

(三)探矿权采矿权价款收入

强化探矿权采矿权价款收入收缴管理,探矿权采矿权价款收入必须及时、足额缴入国库。一次性缴纳探矿权采矿权价款确有困难的,经登记管理机关批准,可以分期缴纳;探矿权价款缴款期限不超过2年,采矿权价款缴款期限不超过10年。[《财政部 国土资源部 中国人民银行关于探矿权采矿权价款收入管理有关事项的通知》(财建〔2006〕394号,2006年8月14日)]

探矿权采矿权使用费和价款由探矿权采矿权人在办理勘查、采矿登记或年检时缴纳。[《财政部 国土资源部关于印发〈探矿权采矿权使用费和价款管理办法〉的通知》(财综字〔1999〕74号,1999年6月7日)]

国有企业实际占有的由国家出资勘查形成的探矿权、采矿权在转让时,其探矿权、采矿权价款经国务院地质矿产主管部门会同财政部批准,可全部或部分转增企业的国家资本金。

国有地勘单位实际占有的由国家出资勘查形成的探矿权、采矿权在转让时,其探矿权、采矿权价款按照有关规定处理。[《财政部 国土资源部关于印发〈探矿权采矿权使用费和价款管理办法〉的通知》(财综字〔1999〕74号,1999年6月7日)]

八、缴纳地点

税务部门按照属地原则征收矿产资源专项收入。具体征收机关由国家税务总局有关省(自治区、直辖市、计划单列市)税务局按照"便民、高效"原则确定。原由自然资源部(本级)负责征收的矿产资源专项收入、海域使用金、无居民海岛使用金等非税收入，征管职责划转后的具体工作由国家税务总局北京市税务局承担。[《财政部 自然资源部 税务总局 人民银行关于将国有土地使用权出让收入、矿产资源专项收入、海域使用金、无居民海岛使用金四项政府非税收入划转税务部门征收有关问题的通知》（财综〔2021〕19号，2021年5月21日）]

矿区在县级行政区域内的，矿产资源补偿费由矿区所在地的县级人民政府负责地质矿产管理工作的部门负责征收。

矿区范围跨县级以上行政区域的，矿产资源补偿费由所涉及行政区域的共同上一级人民政府负责地质矿产管理工作的部门负责征收。

矿区范围跨省级行政区域和在中华人民共和国领海与其他管辖海域的，矿产资源补偿费由国务院地质矿产主管部门授权的省级人民政府地质矿产主管部门负责征收。[《矿产资源补偿费征收管理规定》（1994年2月27日，中华人民共和国国务院令第150号发布，根据1997年7月3日《国务院关于修改〈矿产资源补偿费征收管理规定〉的决定》修订）]

第二十六节　海域使用金

一、概述

（一）对海域的界定

《中华人民共和国海域使用管理法》（以下简称《海域管理法》）中所指的海域是一个有特定内涵的概念，因而在这部法律的第二条明确规定，《海域使用管理法》所称海域，是指中华人民共和国内水、领海的水面、水体、海床和底土。这就是明确了根据《海域使用管理法》实施使用管理的海域为法中所界定的海域，在这个范围内这部法律产生了效力，海域使用的行为受这部法律的约束。

领海这个概念是随公海自由原则的确立而形成的，它是指沿着国家的海岸、受国家主权支配和管辖下的一定宽度的海水带。联合国海洋法公约规定，每一国家有权确定其领海的宽度，直至从按照本公约确定的基线量起不超过12海里的界限为止。我国在1958年发表关于领海的声明，宣布中国领海宽度为12海里；采用直线基线法划定领海。1992年制定的中华人民共和国领海及毗连区法规定，中华人民共和国领海为邻接中华人民共和国陆地领土和内水的一带海域；中华人民共和国领海的宽度从领海基线量起为12海里；中华人民共和国领海基线采用直线基线法划定，由各相邻基点之间的直线连线组成。在我国领海及毗连区法中，还明确规定中华人民共和国对领海的主权及于领海上空、领海的海床及底土；海域使用管理法中规定的，海域是指中国内水、领海的水面、水体、海床和底土；这两者是一致的，并无差异。

关于内水，《海域使用管理法》所作的界定为：《海域使用管理法》所称内水，是指中华人民共和国领海基线向陆地一侧至海岸线的海域。这项规定与领海及毗连区法对内水所作的表述相比，重要的是对海陆分界线作出了界定，它对海域使用管理是有实际意义的，也是在实际操作中必须有的一条界线。至于海岸线如何确定，则应以依照法定程序、法定权限制定和公布的现行国家标准为依据，在现行的地形图图式国家标准中确定，海岸线是平均大潮高潮的痕迹所形成的水陆分界线；在现行的海图图式国家标准中确定，海岸线是指平均大潮高潮时水陆分界的痕迹线。这些国家标准的存在，使海域使用管理法中的海岸线可以具体化，海域与陆地之间可以划出具体界线，这是实施海域使用管理的一项基础条件。

（二）海域使用权的取得

在《海域使用管理法》的总则部分明确地规定，单位和个人使用海域，必须依法取得海域使用权。海域使用权是一种自然资源的使用权，这已在前面内容中提及，从海域使用权来说，就是单位和个人为了一定的目的使用国家所有的海洋资源，因此使用海域应当先取得海域使用权，国家是海洋资源的所有者，就要从国家那里取得海域使用权。同时，国家作为海域的所有者，对海域的使用管理的必要环节就在于对海域使用权的权属管理，所以《海域使用管理法》对海域使用权的取得、授予作出了系统的规定，主要内容有：

1. 取得海域使用权的法定方式

依照《海域使用管理法》的规定，单位和个人取得海域使用权，可以有3种方式，即：

（1）向国家依法确定的海洋行政主管部门申请取得，这是行政依法审批的方式，在当前来说是用得较多的方式。

（2）招标的方式，就是发挥市场机制的作用，将海域使用权授予公开竞争中的优胜者，以寻求最佳的使用效益。

（3）拍卖的方式，就是以公开竞价的形式，将海域使用权转让给最高应价者。

2. 取得海域使用权的申请

这是以申请方式取得海域使用权的第一步，也是当前取得海域使用权的一项法定程序，因此《海域使用管理法》规定，单位和个人可以向县级以上人民政府海洋行政主管部门申请使用海域，申请人在提出申请时，应当提交的书面材料有：

（1）海域使用申请书。

（2）海域使用论证材料，对这项材料可以因海域使用项目的规模大小、复杂程度的不同而有不同的具体要求。

（3）相关的资信证明材料。

（4）法律、法规规定的其他书面材料。

3. 对海域使用申请的审批

单位和个人为取得海域使用权而提出申请，对该项申请的审批程序和审批权限，则由《海域使用管理法》作出规定，即：

（1）审批程序。

就是由县级以上人民政府海域行政主管部门依据海洋功能区划，对海域使用申请进行审核，并依照《海域使用管理法》和省、自治区、直辖市人民政府的规定，报有批准权的人民政府批准。这里所指的人民政府包括依法被授予审批权的各级人民政府。在审批程序中，为了全面考虑用海的需要，因此还规定海洋行政主管部门审核海域使用申请，应当征求同级有关部门的意见。

（2）审批权限。

在法律上对海域使用的审批权限分为两个层次：第一个层次是国务院的审批权，法定的审批项目为：填海50公顷以上的项目用海；围海100公顷以上的项目用海；不改变海域自然属性用海700公顷以上的项目用海；国家重大建设项目用海；国务院规定的其他项目用海。第二个层次是依法由国务院审批的用海项目以外的其他用海项目，其审批权限在海域使用管理法中规定，是由国务院授权省、自治区、直辖市人民政府规定。这两个层次的规定表明，海域使用的审批权是统一集中的，即皆由国务院审批或者由国务院向下授权；但是又有分级管理的方式，因为除了国务院直接审批的用海项目外，还有许多用海项目是授权省级人民政府规定审批权限的，这就可能根据实际情况，规定不同层级的地方人民政府有一定的审批权限，即有区别地授予审批权。

4. 招标或拍卖方式的实施

这就是海域使用权可以通过招标或者拍卖方式取得，招标或者拍卖方案由海洋行政主管部门制订，报有审批权的人民政府批准后组织实施。在制订海域使用权招标或者拍卖方案时，海洋行政主管部门应当征求同级有关部门的意见。

5. 海域使用权证书的颁发

海域使用权证书是确认海域使用权权属的证明文件，由法律所规定，具有法律上的效力。对这种证书颁发的有关事项由《海域使用管理法》规定，主要内容为：

（1）颁发程序。

海域使用申请经依法批准后，国务院批准用海的，由国务院海洋行政主管部门登记造册，向海域使用申请人颁发海域使用权证书；地方人民政府批准用海的，由地方人民政府登记造册,向海域使用申请人颁发海域使用权证书。

(2) 证书效力。

《海域使用管理法》明确规定,海域使用申请人自领取海域使用权证书之日起,取得海域使用权。这项规定表明,海域使用权证书是确认海域使用权权属的必要证明文件,这个文件的取得与权属的确定是一致的,不可分离,有明显的法律上的效力。

(3) 招标或者拍卖方式取得海域使用权的证书颁发。

海域使用权不管以何种法定的方式取得的,都应颁发海域使用权证书,从法律上确认其权属。因此在法律中规定,招标或者拍卖工作完成后,依法向中标人或者买受人颁发海域使用权证书,在这里虽然没有规定具体程序,但是应当明确的是,在依法制订和批准的招标或者拍卖方案中,需要有此项内容的具体安排,以保障中标人或者买受人的合法权益,能够取得海域使用权证书。所以,在《海域使用管理法》中还规定,中标人或者买受人自领取海域使用权证书之日起,取得海域使用权。

(4) 公告程序。

《海域使用管理法》规定,颁发海域使用权证书,应当向社会公告。这种公告是一种法定程序,使海域使用权的归属公开透明,有利于保护使用权人的合法权益,也有利于调整利害关系人之间的关系,还可使海域使用管理受到社会的监督。

(5) 费用收取。

为了防止在颁发海域使用权证书时出现乱收费现象,更不允许借此牟取不法利益,造成海域使用权人额外的负担,所以在《海域使用管理法》中专门规定,颁发海域使用权证书,除依法收取海域使用金外,不得收取其他费用。这项规定是很清楚的,领取海域使用权证书,仅限于依法交纳海域使用金,而不需要再交纳其他任何费用。

(三) 海域有偿使用制度——海域使用金的缴纳与收取

《海域使用管理法》依据宪法明确规定,海域属于国家所有,同时,对海域使用权的权属确定和使用管理做出了一系列的规定,并对作为国家重要资源的海洋资源的合理开发和可持续利用确立了基本规则。在这个基础上或者说与之相适应地建立海域有偿使用制度便是有条件的和有必要的。《海域使用管理法》规定,国家实行海域有偿使用制度,这项规定确定了海域有偿使用制度的法律地位,即这是国家所实行的制度。这项制度反映了社会主义市场经济在开发利用海洋资源方面的基本要求,适应了维护国家利益和鼓励有效利用国家资源的需要,是近几年来开发利用海洋资源和海域使用管理的经验总结。海域有偿使用制度的实行,有针对性地纠正了无偿使用海域的不正常状态,也大大有利于改变无序、无度地使用海域的不良状况。

《海域使用管理法》设置"海域使用金"一章,确立了海域有偿使用制度的基本规范。

海域有偿使用制度的一个核心内容是国家对使用海域的单位和个人收取海域使用金,作为对使用国家海洋资源的补偿,海域使用者使用了国家的海洋资源,向国家缴纳海域使用金也是一种应当支付的代价。由于海域使用金的缴纳与收取还有许多具体的事项需要做具体的规定,因而《海域使用管理法》对其做出如下的基本规定和授权,即:

(1) 单位和个人使用海域,应当按照国务院的规定缴纳海域使用金。这项规定是确定使用海域应当缴纳海域使用金,并确定了如何缴纳海域使用金的重要规则,即按照国务院的规定缴纳,这是海域有偿使用的具体体现。

(2) 海域使用金应当按照国务院的规定上缴财政。这项规定所明确的是海域使用金属国家财政收入,一律上缴财政,但是在中央财政与地方财政之间如何分配,比如全部上缴中央财政还是考虑地方的需要而按一定的比例在中央财政与地方财政之间分配,则由国务院决定。

(3) 对渔民使用海域从事养殖活动收取海域使用金的具体实施步骤和办法,由国务院另行规定。这是由于渔民养殖用海有许多具体情况需要考虑,因此要从这部分用海的实际情况出发,授权国务院另行规定实施步骤和办法,目的是更好地来实施这部法律。

(4) 根据不同的用海性质或者情形,海域使用金可以按照规定一次缴纳或者按年度逐年缴纳。这项规定是立足于海域使用金应当在使用之初缴纳考虑的,如使用期限为5年,可以规定先一次缴纳,也可以规定在年度之初逐年缴纳。

(5) 海域使用权期限届满,准予续期的,海域使用权人应当依法缴纳续期的海域使用金。

(四) 主要政策依据

(1)《关于海域、无居民海岛有偿使用的意见》。

延伸解读

关于海域、无居民海岛有偿使用的意见

《关于海域、无居民海岛有偿使用的意见》是为了规范海域和无居民海岛合理开发利用而制定的法规。

2017年5月23日《关于海域、无居民海岛有偿使用的意见》由中央全面深化改革领导小组第三十五次会议通过,即日起实行。

政策背景

中共中央总书记、国家主席、中央军委主席、中央全面深化改革领导小组组长习近平于2017年5月23日下午主持召开中央全面深化改革领导小组第三十五次会议并发表重要讲话。会议审议通过了《关于海域、无居民海岛有偿使用的意见》。

会议强调,海域、无居民海岛是全民所有自然资源资产的重要组成部分。要以生态保护优先和资源合理利用为导向,对需要严格保护的海域、无居民海岛,严禁开发利用。对可开发利用的海域、无居民海岛,要通过提高用海用岛生态门槛,完善市场化配置方式,加强有偿使用监管等措施,建立符合海域、无居民海岛资源价值规律的有偿使用制度。

政策影响

根据中央全面深化改革领导小组第三十五次会议上审议通过的《关于海域、无居民海岛有偿使用的意见》,国家海洋局海岛管理司对无居民海岛使用权"招拍挂"出让政策进行研究,对于无居民海岛的有偿使用,早在2010年3月颁布实施的《中华人民共和国海岛保护法》中有明确规定:"经批准开发利用无居民海岛的,应当依法缴纳使用金。"2010年6月,在财政部、国家海洋局颁布的《无居民海岛使用金征收使用管理办法》(财综〔2010〕44号)中,对无居民海岛有偿使用的方式进行了明确:"用于旅游、娱乐、工业等经营性用岛的,一律通过招标、拍卖、挂牌的方式出让使用权。"

为加强无居民海岛使用权"招拍挂"出让工作,规范无居民海岛的出让市场,促进无居民海岛资源的合理配置,国家海洋局海岛管理司不断推进无居民海岛使用权"招拍挂"出让工作。

据国家海洋局海岛管理司相关人员介绍,无居民海岛使用权"招拍挂"出让,充分体现了公开、公平、公正和节约集约用岛的原则,有利于实现政府对无居民海岛市场的宏观调控,最大程度地发挥无居民海岛的资源利用价值。另外,此项工作对于无居民海岛使用权出让领域中的腐败行为,也能起到从源头上防治和遏制作用。

(2)《海域管理法》。

相关政策依据

中华人民共和国海域使用管理法

(2001年10月27日第九届全国人民代表大会
常务委员会第二十四次会议通过)

目　　录

第一章　总　　则
第二章　海洋功能区划
第三章　海域使用的申请与审批
第四章　海域使用权
第五章　海域使用金
第六章　监督检查
第七章　法律责任
第八章　附　　则

第一章　总　　则

第一条　为了加强海域使用管理,维护国家海域所有权和海域使用权人的合法权益,促进海域的合理开发和可持续利用,制定本法。

第二条　本法所称海域,是指中华人民共和国内水、领海的水面、水体、海床和底土。

本法所称内水,是指中华人民共和国领海基线向陆地一侧至海岸线的海域。

在中华人民共和国内水、领海持续使用特定海域三个月以上的排他性用海活动,适用本法。

第三条　海域属于国家所有,国务院代表国家行使海域所有权。任何单位或者个人不得侵占、买卖或者以其他形式非法转让海域。

单位和个人使用海域,必须依法取得海域使用权。

第四条 国家实行海洋功能区划制度。海域使用必须符合海洋功能区划。

国家严格管理填海、围海等改变海域自然属性的用海活动。

第五条 国家建立海域使用管理信息系统,对海域使用状况实施监视、监测。

第六条 国家建立海域使用权登记制度,依法登记的海域使用权受法律保护。

国家建立海域使用统计制度,定期发布海域使用统计资料。

第七条 国务院海洋行政主管部门负责全国海域使用的监督管理。沿海县级以上地方人民政府海洋行政主管部门根据授权,负责本行政区毗邻海域使用的监督管理。

渔业行政主管部门依照《中华人民共和国渔业法》,对海洋渔业实施监督管理。

海事管理机构依照《中华人民共和国海上交通安全法》,对海上交通安全实施监督管理。

第八条 任何单位和个人都有遵守海域使用管理法律、法规的义务,并有权对违反海域使用管理法律、法规的行为提出检举和控告。

第九条 在保护和合理利用海域以及进行有关的科学研究等方面成绩显著的单位和个人,由人民政府给予奖励。

第二章 海洋功能区划

第十条 国务院海洋行政主管部门会同国务院有关部门和沿海省、自治区、直辖市人民政府,编制全国海洋功能区划。

沿海县级以上地方人民政府海洋行政主管部门会同本级人民政府有关部门,依据上一级海洋功能区划,编制地方海洋功能区划。

第十一条 海洋功能区划按照下列原则编制:

(一)按照海域的区位、自然资源和自然环境等自然属性,科学确定海域功能;

(二)根据经济和社会发展的需要,统筹安排各有关行业用海;

(三)保护和改善生态环境,保障海域可持续利用,促进海洋经济的发展;

(四)保障海上交通安全;

(五)保障国防安全,保证军事用海需要。

第十二条 海洋功能区划实行分级审批。

全国海洋功能区划,报国务院批准。

沿海省、自治区、直辖市海洋功能区划,经该省、自治区、直辖市人民政府审核同意后,报国务院批准。

沿海市、县海洋功能区划,经该市、县人民政府审核同意后,报所在的省、自治区、直辖市人民政府批准,报国务院海洋行政主管部门备案。

第十三条 海洋功能区划的修改,由原编制机关会同同级有关部门提出修改方案,报原批准机关批准;未经批准,不得改变海洋功能区划确定的海域功能。

经国务院批准,因公共利益、国防安全或者进行大型能源、交通等基础设施建设,需要改变海洋功能区划的,根据国务院的批准文件修改海洋功能区划。

第十四条 海洋功能区划经批准后,应当向社会公布;但是,涉及国家秘密的部分除外。

第十五条 养殖、盐业、交通、旅游等行业规划涉及海域使用的,应当符合海洋功能区划。

沿海土地利用总体规划、城市规划、港口规划涉及海域使用的,应当与海洋功能区划相衔接。

第三章 海域使用的申请与审批

第十六条 单位和个人可以向县级以上人民政府海洋行政主管部门申请使用海域。

申请使用海域的,申请人应当提交下列书面材料:

(一)海域使用申请书;

(二)海域使用论证材料;

(三)相关的资信证明材料;

(四)法律、法规规定的其他书面材料。

第十七条 县级以上人民政府海洋行政主管部门依据海洋功能区划,对海域使用申请进行审核,并依照本法和省、自治区、直辖市人民政府的规定,报有批准权的人民政府批准。

海洋行政主管部门审核海域使用申请,应当征求同级有关部门的意见。

第十八条 下列项目用海,应当报国务院审批:

(一)填海五十公顷以上的项目用海;

(二)围海一百公顷以上的项目用海;

(三)不改变海域自然属性的用海七百公顷以上的项目用海;

(四)国家重大建设项目用海;

(五)国务院规定的其他项目用海。

前款规定以外的项目用海的审批权限,由国务院授权省、自治区、直辖市人民政府规定。

第四章 海域使用权

第十九条 海域使用申请经依法批准后,国务院批准用海的,由国务院海洋行政主管部门登记造册,向海域使用申请人颁发海域使用权证书;地方人民政府批准用海的,由地方人民政府登记造册,向海域使用申请人颁发海域使用权证书。海域使用申请人自领取海域使用权证书之日起,取得海域使用权。

第二十条 海域使用权除依照本法第十九条规定的方式取得外,也可以通过招标或者拍卖的方式取得。招标或者拍卖方案由海洋行政主管部门制订,报有审批权的人民政府批准后组织实施。海洋行政主管部门制订招标或者拍卖方案,应当征求同级有关部门的意见。

招标或者拍卖工作完成后,依法向中标人或者买受人颁发海域使用权证书。中标人或者买受人自领取海域使用权证书之日起,取得海域使用权。

第二十一条 颁发海域使用权证书,应当向社会公告。

颁发海域使用权证书,除依法收取海域使用金外,不得收取其他费用。

海域使用权证书的发放和管理办法,由国务院规定。

第二十二条 本法施行前,已经由农村集体经济组织或者村民委员会经营、管理的养殖用海,符合海洋功能区划的,经当地县级人民政府核准,可以将海域使用权确定给该农村集体经济组织或者村民委员会,由本集体经济组织的成员承包,用于养殖生产。

第二十三条 海域使用权人依法使用海域并获得收益的权利受法律保护,任何单位和个人不得侵犯。

海域使用权人有依法保护和合理使用海域的义务;海域使用权人对不妨害其依法使用海域的非排他性用海活动,不得阻挠。

第二十四条 海域使用权人在使用海域期间,未经依法批准,不得从事海洋基础测绘。

海域使用权人发现所使用海域的自然资源和自然条件发生重大变化时,应当及时报告海洋行政主管部门。

第二十五条 海域使用权最高期限,按照下列用途确定:

(一)养殖用海十五年;
(二)拆船用海二十年;
(三)旅游、娱乐用海二十五年;
(四)盐业、矿业用海三十年;
(五)公益事业用海四十年;
(六)港口、修造船厂等建设工程用海五十年。

第二十六条 海域使用权期限届满,海域使用权人需要继续使用海域的,应当至迟于期限届满前二个月向原批准用海的人民政府申请续期。除根据公共利益或者国家安全需要收回海域使用权的外,原批准用海的人民政府应当批准续期。准予续期的,海域使用权人应当依法缴纳续期的海域使用金。

第二十七条 因企业合并、分立或者与他人合资、合作经营,变更海域使用权人的,需经原批准用海的人民政府批准。

海域使用权可以依法转让。海域使用权转让的具体办法,由国务院规定。

海域使用权可以依法继承。

第二十八条 海域使用权人不得擅自改变经批准的海域用途;确需改变的,应当在符合海洋功能区划的前提下,报原批准用海的人民政府批准。

第二十九条 海域使用权期满,未申请续期或者申请续期未获批准的,海域使用权终止。

海域使用权终止后,原海域使用权人应当拆除可能造成海洋环境污染或者影响其他用海项目的用海设施和构筑物。

第三十条 因公共利益或者国家安全的需要,原批准用海的人民政府可以依法收回海域使用权。

依照前款规定在海域使用权期满前提前收回海域使用权的,对海域使用权人应当给予相应的补偿。

第三十一条 因海域使用权发生争议,当事人协商解决不成的,由县级以上人民政府海洋行政主管部门调解;当事人也可以直接向人民法院提起诉讼。

在海域使用权争议解决前,任何一方不得改变海域使用现状。

第三十二条 填海项目竣工后形成的土地,属于国家所有。

海域使用权人应当自填海项目竣工之日起三个月内,凭海域使用权证书,向县级以上人民政府土地行政主管部门提出土地登记申请,由县级以上人民政府登记造册,换发国有土地使用权证书,确认土地使用权。

第五章 海域使用金

第三十三条 国家实行海域有偿使用制度。

单位和个人使用海域,应当按照国务院的规定缴纳海域使用金。海域使用金应当按照国务院的规定上缴财政。

对渔民使用海域从事养殖活动收取海域使用金的具体实施步骤和办法,由国务院另行规定。

第三十四条 根据不同的用海性质或者情形,海域使用金可以按照规定一次缴纳或者按年度逐年缴纳。

第三十五条 下列用海,免缴海域使用金:

(一)军事用海;
(二)公务船舶专用码头用海;
(三)非经营性的航道、锚地等交通基础设施用海;
(四)教学、科研、防灾减灾、海难搜救打捞等非经营性公益事业用海。

第三十六条 下列用海,按照国务院财政部门和国务院海洋行政主管部门的规定,经有批准权的人民政府财政部门和海洋行政主管部门审查批准,可以减缴或者免缴海域使用金:

(一)公用设施用海;

(二)国家重大建设项目用海;

(三)养殖用海。

第六章 监督检查

第三十七条 县级以上人民政府海洋行政主管部门应当加强对海域使用的监督检查。

县级以上人民政府财政部门应当加强对海域使用金缴纳情况的监督检查。

第三十八条 海洋行政主管部门应当加强队伍建设,提高海域使用管理监督检查人员的政治、业务素质。海域使用管理监督检查人员必须秉公执法,忠于职守,清正廉洁,文明服务,并依法接受监督。

海洋行政主管部门及其工作人员不得参与和从事与海域使用有关的生产经营活动。

第三十九条 县级以上人民政府海洋行政主管部门履行监督检查职责时,有权采取下列措施:

(一)要求被检查单位或者个人提供海域使用的有关文件和资料;

(二)要求被检查单位或者个人就海域使用的有关问题作出说明;

(三)进入被检查单位或者个人占用的海域现场进行勘查;

(四)责令当事人停止正在进行的违法行为。

第四十条 海域使用管理监督检查人员履行监督检查职责时,应当出示有效执法证件。

有关单位和个人对海洋行政主管部门的监督检查应当予以配合,不得拒绝、妨碍监督检查人员依法执行公务。

第四十一条 依照法律规定行使海洋监督管理权的有关部门在海上执法时应当密切配合,互相支持,共同维护国家海域所有权和海域使用权人的合法权益。

第七章 法律责任

第四十二条 未经批准或者骗取批准,非法占用海域的,责令退还非法占用的海域,恢复海域原状,没收违法所得,并处非法占用海域期间内该海域面积应缴纳的海域使用金五倍以上十五倍以下的罚款;对未经批准或者骗取批准,进行围海、填海活动的,并处非法占用海域期间内该海域面积应缴纳的海域使用金十倍以上二十倍以下的罚款。

第四十三条 无权批准使用海域的单位非法批准使用海域的,超越批准权限非法批准使用海域的,或者不按海洋功能区划批准使用海域的,批准文件无效,收回非法使用的海域;对非法批准使用海域的直接负责的主管人员和其他直接责任人员,依法给予行政处分。

第四十四条 违反本法第二十三条规定,阻挠、妨害海域使用权人依法使用海域的,海域使用权人可以请求海洋行政主管部门排除妨害,也可以依法向人民法院提起诉讼;造成损失的,可以依法请求损害赔偿。

第四十五条 违反本法第二十六条规定,海域使用权期满,未办理有关手续仍继续使用海域的,责令限期办理,可以并处一万元以下的罚款;拒不办理的,以非法占用海域论处。

第四十六条 违反本法第二十八条规定,擅自改变海域用途的,责令限期改正,没收违法所得,并处非法改变海域用途的期间内该海域面积应缴纳的海域使用金五倍以上十五倍以下的罚款;对拒不改正的,由颁发海域使用权证书的人民政府注销海域使用权证书,收回海域使用权。

第四十七条 违反本法第二十九条第二款规定,海域使用权终止,原海域使用权人不按规定拆除用海设施和构筑物的,责令限期拆除;逾期拒不拆除的,处五万元以下的罚款,并由县级以上人民政府海洋行政主管部门委托有关单位代为拆除,所需费用由原海域使用权人承担。

第四十八条 违反本法规定,按年度逐年缴纳海域使用金的海域使用权人不按期缴纳海域使用金的,限期缴纳;在限期内仍拒不缴纳的,由颁发海域使用权证书的人民政府注销海域使用权证书,收回海域使用权。

第四十九条 违反本法规定,拒不接受海洋行政主管部门监督检查、不如实反映情况或者不提供有关资料的,责令限期改正,给予警告,可以并处二万元以下的罚款。

第五十条 本法规定的行政处罚,由县级以上人民政府海洋行政主管部门依据职权决定。但是,本法已对处罚机关作出规定的除外。

第五十一条 国务院海洋行政主管部门和县级以上地方人民政府违反本法规定颁发海域使用权证书,或者颁发海域使用权证书后不进行监督管理,或者发现违法行为不予查处的,对直接负责的主管人员和其他直接责任人员,依法给予行政处分;徇私舞弊、滥用职权或者玩忽职守构成犯罪的,依法追究刑事责任。

第八章 附 则

第五十二条 在中华人民共和国内水、领海使用特定海域不足三个月,可能对国防安全、海上交通安全和其他用海活动造成重大影响的排他性用海活动,参照本法有关规定办理临时海域使用证。

第五十三条 军事用海的管理办法,由国务院、中央军事委员会依据本法制定。

第五十四条 本法自2002年1月1日起施行。

(3)《财政部 国家海洋局关于加强海域使用金征收管理的通知》(财综〔2007〕10号)。

(4)《财政部 国家海洋局关于印发〈调整海域 无居民海岛使用金征收标准〉的通知》(财综〔2018〕15号)

根据中共中央、国务院关于生态文明体制改革总体方案和海域、无居民海岛有偿使用意见的要求,财政部、国家海洋局制定了《海域使用金征收标准》和《无居民海岛使用金征收标准》,自2018年5月1日起施行。此前财政部、国家海洋局制发的有关规定与本通知规定不一致的,一律以本通知规定为准。地方海域使用金征收标准(含养殖用海征收标准)制定工作,于2019年4月底前完成,并报财政部、国家海洋局备案。

财政部会同国家海洋局将根据海域、无居民海岛资源环境承载能力和国民经济社会发展情况,综合评估用海用岛需求、海域和无居民海岛使用权价值、生态环境损害成本、社会承受能力等因素的变化,建立价格监测评价机制,对海域、无居民海岛使用金征收标准进行动态调整。

(五)征缴流程(海域使用金)

请参阅图19-5、图19-6。

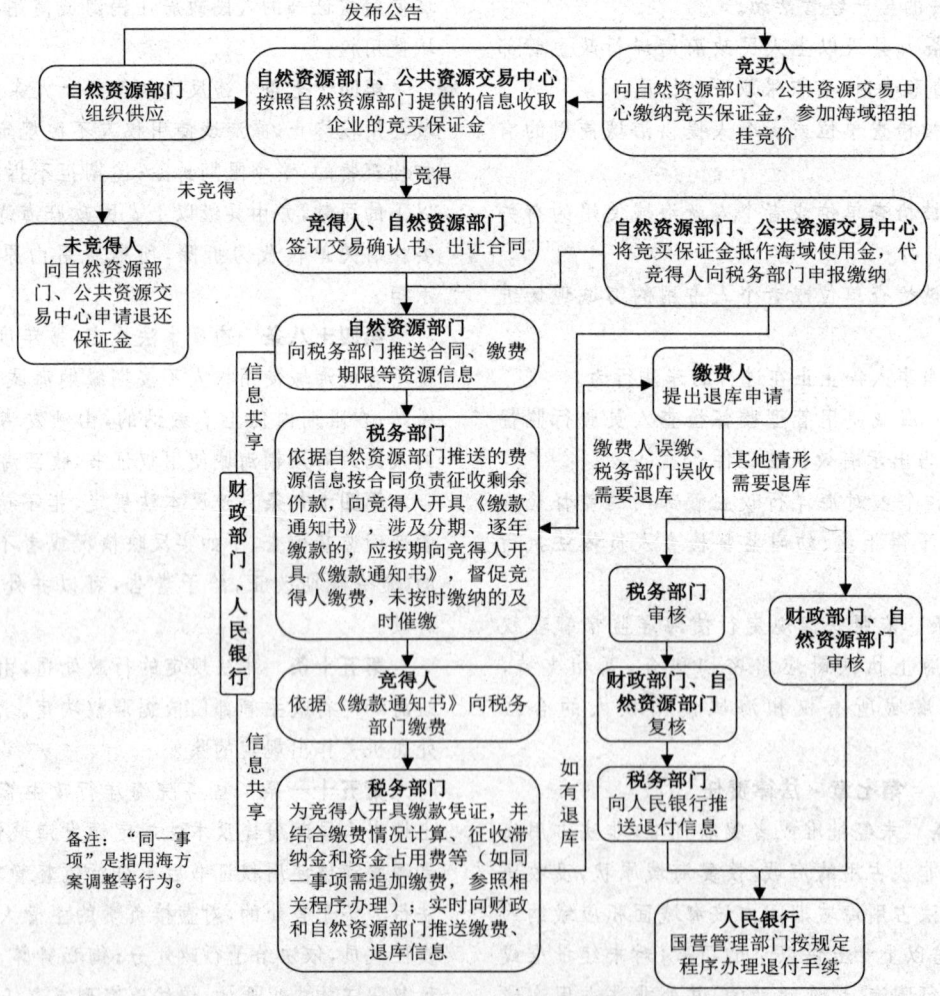

图19-5 海域使用金征缴流程(涉及竞买保证金的情形)

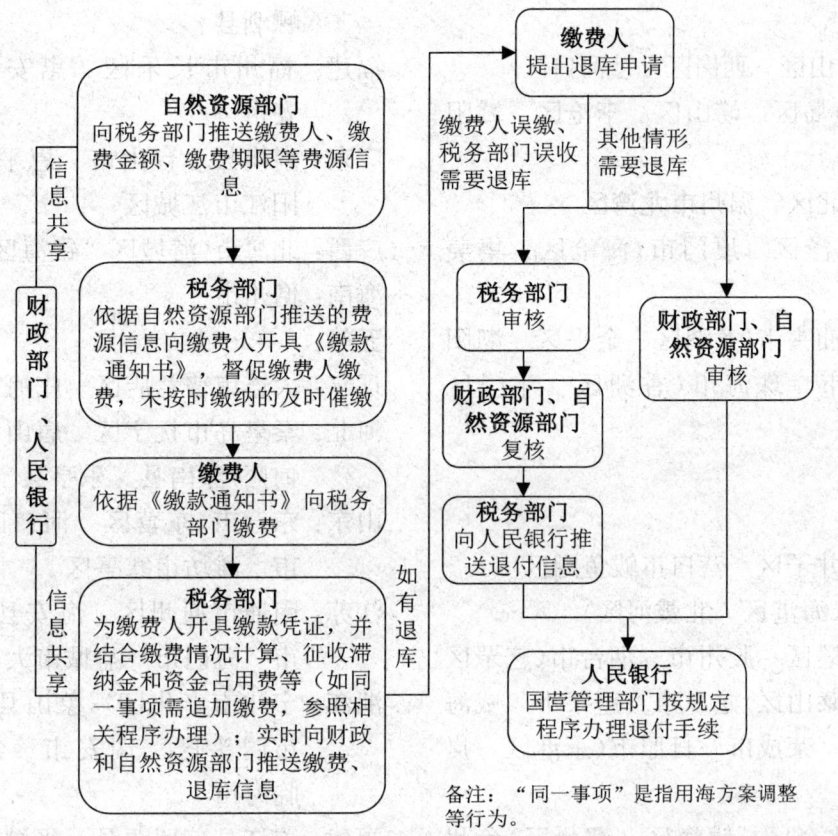

图 19-6　海域使用金征缴流程（按照规定标准确定出让金额，不涉及竞买保证金的情形）

二、缴纳义务人

海域使用金的缴纳义务人是使用海域的单位和个人。

三、征缴范围

国家实行海域有偿使用制度。单位和个人使用海域，应当按照国务院的规定缴纳海域使用金。〔《中华人民共和国海域使用管理法》（2001年10月27日第九届全国人民代表大会常务委员会第二十四次会议通过）〕

对渔民使用海域从事养殖活动收取海域使用金的具体实施步骤和办法，按照国务院有关规定执行。〔《财政部　国家海洋局关于加强海域使用金征收管理的通知》（财综〔2007〕10号，2007年1月24日）〕

四、征缴标准

自2018年5月1日起，征收海域使用金统一按照国家标准执行。

为贯彻落实《生态文明体制改革总体方案》以及《关于海域、无居民海岛有偿使用的意见》要求，充分发挥海域使用金征收标准经济杠杆的调控作用，提高用海生态门槛，引导海域开发利用布局优化和海洋产业结构调整，根据《海域使用管理法》《中华人民共和国预算法》，现对海域使用金征收标准调整如下。

（一）海域等别调整

根据沿海地区行政区划变化以及海域资源和生态环境、社会经济发展等情况，全国海域等别调整如下。

海域等别

一等：

上海：宝山区　浦东新区

山东：青岛市（市南区　市北区）

福建：厦门市（思明区　湖里区）

广东：广州市（黄埔区　番禺区　南沙区　增城区）深圳市（福田区　南山区　宝安区　龙岗区　盐田区）

二等：

上海：金山区　奉贤区

天津：滨海新区

辽宁：大连市（中山区　西岗区　沙河口区）

山东：青岛市（黄岛区　崂山区　李沧区　城阳区）

浙江：宁波市江北区　温州市龙湾区

福建：泉州市丰泽区　厦门市（海沧区　集美区）

广东：东莞市　汕头市（龙湖区　金平区　潮阳区）中山市　珠海市（香洲区　斗门区　金湾区）

三等：

上海：崇明区

辽宁：大连市甘井子区　营口市鲅鱼圈区

河北：秦皇岛市（海港区　北戴河区）

山东：青岛市即墨区　胶州市　烟台市（芝罘区　福山区　莱山区）龙口市　蓬莱市　威海市环翠区　荣成市　日照市（东港区　岚山区）

浙江：宁波市（北仑区　镇海区　鄞州区）台州市（椒江区　路桥区）舟山市定海区

福建：福州市马尾区　福清市　厦门市（同安区　翔安区）泉州市（洛江区　泉港区）石狮市　晋江市

广东：汕头市（濠江区　潮南区　澄海区）江门市新会区　湛江市（赤坎区　霞山区　坡头区　麻章区）茂名市电白区　惠州市惠阳区　惠东县

海南：海口市（秀英区　龙华区　美兰区）三亚市（海棠区　吉阳区　天涯区　崖州区）

四等：

辽宁：大连市（旅顺口区　金州区）瓦房店市　长海县　营口市（西市区　老边区）盖州市　葫芦岛市（连山区　龙港区）绥中县　兴城市

河北：秦皇岛市山海关区

山东：烟台市牟平区　莱州市　招远市　海阳市　威海市文登区　乳山市

江苏：连云港市连云区

浙江：慈溪市　余姚市　乐清市　海盐县　平湖市　玉环市　温岭市　舟山市普陀区

嵊泗县

福建：福州市长乐区　惠安县　龙海市　南安市

广东：南澳县　台山市　恩平市　汕尾市城区　阳江市江城区

广西：北海市（海城区　银海区）

海南：儋州市

五等：

辽宁：大连市普兰店区　庄河市　东港市

河北：秦皇岛市抚宁区　唐山市（丰南区　曹妃甸区）滦南县　乐亭县　黄骅市

山东：东营市（东营区　河口区）长岛县　莱阳市　潍坊市寒亭区

江苏：南通市通州区　海安县　如东县　启东市　海门市　盐城市大丰区　东台市

浙江：宁波市奉化区　象山县　宁海县　温州市洞头区　瑞安市　岱山县　三门县　临海市

福建：连江县　罗源县　平潭县　莆田市（城厢区　涵江区　荔城区　秀屿区）漳浦县

广东：遂溪县　徐闻县　廉江市　雷州市　吴川市　海丰县　陆丰市　阳东县　阳西县　饶平县　揭阳市榕城区　惠来县

广西：北海市铁山港区　防城港市（港口区　防城区）钦州市钦南区

海南：琼海市　文昌市　万宁市　澄迈县　乐东县　陵水县

六等：

辽宁：锦州市太和区　凌海市　盘锦市大洼区　盘山县

河北：昌黎县　海兴县

山东：东营市垦利区　利津县　广饶县　寿光市　昌邑市　滨州市沾化区　无棣县

江苏：连云港市赣榆区　灌云县　灌南县　盐城市亭湖区　响水县　滨海县　射阳县

浙江：平阳县　苍南县

福建：仙游县　云霄县　诏安县　东山县　宁德市蕉城区　霞浦县　福安市　福鼎市

广西：合浦县　东兴市

海南：三沙市　东方市　临高县　昌江县

(二)海域使用金征收标准调整

根据国民经济增长、资源价格变化水平,并考虑海域开发利用的生态环境损害成本和社会承受能力,海域使用金征收标准如表19-11所示。

表19-11 海域使用金征收标准　　　　　　　　　　　单位:万元/公顷

用海方式		海域等别	一等	二等	三等	四等	五等	六等	征收方式
填海造地用海	建设填海造地用海	工业、交通运输、渔业基础设施等填海	300	250	190	140	100	60	一次性征收
		城镇建设填海	2 700	2 300	1 900	1 400	900	600	
	农业填海造地用海		130	110	90	75	60	45	
构筑物用海	非透水构筑物用海		250	200	150	100	75	50	
	跨海桥梁、海底隧道用海		17.30						
	透水构筑物用海		4.63	3.93	3.23	2.53	1.84	1.16	
围海用海	港池、蓄水用海		1.17	0.93	0.69	0.46	0.32	0.23	
	盐田用海		0.32	0.26	0.20	0.15	0.11	0.08	
	围海养殖用海		由各省(自治区、直辖市)制定						
	围海式游乐场用海		4.76	3.89	3.24	2.67	2.24	1.93	
	其他围海用海		1.17	0.93	0.69	0.46	0.32	0.23	
开放式用海	开放式养殖用海		由各省(自治区、直辖市)制定						按年度征收
	浴场用海		0.65	0.53	0.42	0.31	0.20	0.10	
	开放式游乐场用海		3.26	2.39	1.74	1.17	0.74	0.43	
	专用航道、锚地用海		0.30	0.23	0.17	0.13	0.09	0.05	
	其他开放式用海		0.30	0.23	0.17	0.13	0.09	0.05	
其他用海	人工岛式油气开采用海		13.00						
	平台式油气开采用海		6.50						
	海底电缆管道用海		0.70						
	海砂等矿产开采用海		7.30						
	取、排水口用海		1.05						
	污水达标排放用海		1.40						
	温、冷排水用海		1.05						
	倾倒用海		1.40						
	种植用海		0.05						

备注:
1. 离大陆岸线最近距离2千米以上且最小水深大于5米(理论最低潮面)的离岸式填海,按照征收标准的80%征收;
2. 填海造地用海占用大陆自然岸线的,占用自然岸线的该宗填海按照征收标准的120%征收;
3. 建设人工鱼礁的透水构筑物用海,按照征收标准的80%征收;
4. 地方人民政府管辖海域以外的项目用海执行国家标准,海域等别按照毗邻最近行政区的等别确定。养殖用海标准按照毗邻最近行政区征收标准征收。

(三)用海方式界定

根据海域使用特征及对海域自然属性的影响程度,用海方式界定如表19-12所示。

表 19-12 用海方式界定

编码		用海方式名称	界定
1		填海造地用海	指筑堤围割海域填成土地,并形成有效岸线的用海
	11	建设填海造地用海	指通过筑堤围割海域,填成建设用地用于工业、交通运输、渔业基础设施、城镇建设等的用海。 工业、交通运输、渔业基础设施等填海是指主导用途用于工业、交通运输、渔业基础设施、旅游娱乐、海底工程、特殊用海等的填海造地用海;城镇建设填海是指除工业、交通运输、渔业基础设施等填海以外的其他填海造地用海
	12	农业填海造地用海	指通过筑堤围割海域,填成农用地用于农、林、牧业生产的用海
2		构筑物用海	指采用透水或非透水等方式构筑海上各类设施的用海
	21	非透水构筑物用海	指采用非透水方式构筑不形成有效岸线的码头、突堤、引堤、防波堤、路基、设施基座等构筑物的用海
	22	跨海桥梁、海底隧道用海	指占用海面空间或底土用于建设跨海桥梁、海底隧道、海底仓储等的用海
	23	透水构筑物用海	指采用透水方式构筑码头、平台、海面栈桥、高脚屋、塔架、潜堤、人工鱼礁等构筑物的用海
3		围海用海	指通过筑堤或其他手段,以完全或不完全闭合形式围割海域进行海洋开发活动的用海
	31	港池、蓄水用海	指通过修筑海堤或防浪设施圈围海域,用于港口作业、修造船、蓄水等的用海,含开敞式码头前沿的船舶靠泊和回旋水域
	32	盐田用海	指通过筑堤圈围海域用于盐业生产的用海
	33	围海养殖用海	指通过筑堤圈围海域用于养殖生产的用海
	34	围海式游乐场用海	指通过修筑海堤或防浪设施圈围海域,用于游艇、帆板、冲浪、潜水、水下观光、垂钓等水上娱乐活动的海域
	35	其他围海用海	指上述围海用海以外的围海用海
4		开放式用海	指不进行填海造地、围海或设置构筑物,直接利用海域进行开发活动的用海
	41	开放式养殖用海	指采用筏式、网箱、底播或以人工投苗、自然增殖海洋底栖生物等形式进行增养殖生产的用海
	42	浴场用海	指供游人游泳、嬉水,且无固定设施的用海
	43	开放式游乐场用海	指开展游艇、帆板、冲浪、潜水、水下观光、垂钓等娱乐活动,且无固定设施的用海
	44	专用航道、锚地用海	指供船舶航行、锚泊的用海
	45	其他开放式用海	指上述开放式用海以外的开放式用海
5		其他用海	指上述用海方式之外的用海
	51	人工岛式油气开采用海	指采用人工岛方式开采油气资源的用海
	52	平台式油气开采用海	指采用固定式平台、移动式平台、浮式储油装置及其他辅助设施开采油气资源的用海
	53	海底电缆管道用海	指铺设海底通信光(电)缆及电力电缆,输水、输气、输油及输送其他物质的管状输送设施的用海
	54	海砂等矿产开采用海	指开采海砂及其他固体矿产资源的用海
	55	取、排水口用海	指抽取或排放海水的用海
	56	污水达标排放用海	指受纳指定达标污水的用海
5	57	温、冷排水用海	指受纳温、冷排水的用海
	58	倾倒用海	指向海上倾倒区倾倒废弃物或利用海床在水下堆放疏浚物等的用海
	59	种植用海	指种植芦苇、翅碱蓬、人工防护林、红树林等的用海

沿海省、自治区、直辖市、计划单列市应根据本地区情况合理划分海域级别,制定不低于国家标准的地方海域使用金征收标准。以申请审批方式出让海域使用权的,执行地方标准;以招标、拍卖、挂牌方式出让海域使用权的,出让底价不得低于按照地方标准计算的海域使用金金额。尚未颁布地方海域使用金征收标准的地区,执行国家标准。养殖用海海域使用金执行地方标准。地方人民政府管理海域以外的用海项目,执行国家标准,相关等别按照毗邻最近行政区的等别确定。养殖用海的海域使用金征收标准参照毗邻最近行政区的地方标准执行。

2018年5月1日前已获批准但尚未缴纳海域使用金和无居民海岛使用金的用海、用岛项目,仍执行原海域使用金和无居民海岛使用金征收标准。其中,招标、拍卖、挂牌方式出让的项目批准时间,以政府批复出让方案的时间为准。

经批准分期缴纳海域使用金和无居民海岛使用金的用海、用岛项目,在批准的分期缴款时间内,应按照出让合同或分期缴款批复缴纳剩余部分。

已获批准按规定逐年缴纳海域使用金的用海项目,项目确权登记时间在通知施行前的,仍执行原海域使用金征收标准,出让合同另有约定的除外,缴款通知书已有规定的从其规定;因海域使用权续期或用海方案调整等需重新报经政府批准的,批准后按照新标准执行。2018年5月1日后批准的逐年缴纳海域使用金的用海项目,如海域使用金征收标准调整,调整后第二年起执行新标准。

财政部会同国家海洋局将根据海域、无居民海岛资源环境承载能力和国民经济社会发展情况,综合评估用海用岛需求、海域和无居民海岛使用权价值、生态环境损害成本、社会承受能力等因素的变化,建立价格监测评价机制,对海域、无居民海岛使用金征收标准进行动态调整。

五、应纳费款的计算

海域使用金的计算比较简单,请参阅上述关于征缴标准的相关介绍。

依法推行海域使用权配置市场化:

为提高海域资源配置效率,除国家重点建设项目用海、国防建设项目用海、传统赶海区、海洋保护区、有争议的海域、涉及公共利益的海域以及法律法规规定的其他用海情形以外,各地在同一海域具有两个以上意向用海单位或个人的,应依法采取招标、拍卖方式出让海域使用权。

以招标、拍卖方式取得海域使用权的项目用海,海域使用金征收金额按照招标、拍卖的成交价款确定。海洋行政主管部门会同同级财政部门制定海域使用权招标、拍卖方案时,招标、拍卖的底价不得低于按照用海类型、海域等别、相应的海域使用金征收标准、海域使用面积以及使用年限计算的海域使用金金额。[《财政部国家海洋局关于加强海域使用金征收管理的通知》(财综〔2007〕10号,2007年1月24日)]

【案例19-17】 智董海上娱乐有限公司,经营业务为快艇、帆板、冲浪、潜水等娱乐活动,租用某地开放式游乐场用海888公顷,该海域为一等海域,海域使用金征收标准为每公顷3.26万元,按年征收。

【分析】 海上游乐有限公司每年需支付的海域使用金=使用海域面积×海域使用金征收标准=888×3.26=2 894.88(万元)。

六、优惠政策

(一)海域使用金的免缴

海域有偿使用,这是基本的原则,但不排除对特定的用海项目,采取特殊的规则,比如,关系到军事用途的、国家公务的、非经营性基础设施的、非经营性公益事业等方面的用海,就可以法律的形式明确其免缴海域使用金,以保证这些用海项目服务于国家的事业和社会的利益,更能体现这些事业的用海性质。这种免缴海域使用金为法定免缴,因此在海域使用管理法中作出如下规定,即:下列用海,免缴海域使用金:

(1)军事用海。

(2)公务船舶专用码头用海。

(3) 非经营性的航道、锚地等交通基础设施用海。

(4) 教学、科研、防灾减灾、海难搜救打捞等非经营性公益事业用海。

这项规定表明，在国家实行海域有偿制度时，可以在这项制度中做出例外的规定，由法律确定例外的事项，即免缴海域使用金的用海事项。当然，这些用海事项的性质都有严格的、清晰的界定，与其他的用海事项区别开来。

(二) 海域使用金经批准的减免

这就是在海域有偿使用中，有一些特定的用海项目应当缴纳海域使用金，但考虑到这些项目所发挥的社会效益和可能存在的一定困难，因此在海域使用管理法专门规定，经过一定程序，认为是符合预定条件的，就可以减缴或者免缴海域使用金。具体的规定如下。

1. 减免的条件

就是要以符合国务院财政部门和国务院海洋行政主管部门具体规定的，减免海域使用金的条件，作为批准减免的根据。

2. 减免的程序

最主要的是经有批准权的人民政府财政部门和海洋行政主管部门审查批准。

3. 可以减免的用海项目

按照海域使用管理法的规定，只限于下列三方面的用海项目，即：公用设施用海；国家重大建设项目用海；养殖用海。

前面关于海域使用金的规定，很大的区别是法定免缴不需经过批准，而减免则是在一定条件下经过批准。

下列用海，免缴海域使用金：

(1) 军事用海。

(2) 公务船舶专用码头用海。

(3) 非经营性的航道、锚地等交通基础设施用海。

(4) 教学、科研、防灾减灾、海难搜救打捞等非经营性公益事业用海。

下列用海，按照国务院财政部门和国务院海洋行政主管部门的规定，经有批准权的人民政府财政部门和海洋行政主管部门审查批准，可以减缴或者免缴海域使用金：

(1) 公用设施用海。

(2) 国家重大建设项目用海。

(3) 养殖用海。[《中华人民共和国海域使用管理法》(2001年10月27日第九届全国人民代表大会常务委员会第二十四次会议通过)]

依法申请减免海域使用金，应严格按照财政部、国家海洋局联合公布的《海域使用金减免管理办法》(财综〔2006〕24号)的规定执行，规范申请减免及审批程序。任何地区、部门和单位都不得以"招商引资"等名义违规越权减免海域使用金。[《财政部 国家海洋局关于加强海域使用金征收管理的通知》(财综〔2007〕10号，2007年1月24日)]

相关政策依据

财政部 国家海洋局关于印发《海域使用金减免管理办法》的通知

财综〔2006〕24号

辽宁、河北、天津、山东、江苏、上海、浙江、福建、广东、广西、海南省(自治区、直辖市)财政厅(局)、海洋与渔业厅(局)：

为规范海域使用金减免行为，切实保障海域使用权人的合法权益，依据《中华人民共和国海域使用管理法》的有关规定，我们制定了《海域使用金减免管理办法》。现印发给你们，请遵照执行。

附件：海域使用金减免管理办法

财政部
国家海洋局
二○○六年七月五日

附件：

海域使用金减免管理办法

第一条 为规范海域使用金减免行为，切实保障海域使用权人的合法权益，依据《中华人民共和国海域使用管理法》的有关规定，制定本办法。

第二条 申请人申请减免海域使用金，县级以上(含县级，下同)人民政府财政部门和海洋行政主管部门审查批准减免海域使用金，适用本办法。

第三条 减免国务院审批的项目用海应缴的海域使用金，减免县级以上地方人民政府审批的项目用海应缴中央国库的海域使用金，由财政部和国家海洋局审查批准。

减免县级以上地方人民政府审批的项目用海应缴地方国库的海域使用金,由省、自治区、直辖市人民政府财政部门和海洋行政主管部门审查批准。

减免养殖用海应缴的海域使用金,由审批项目用海的地方人民政府财政部门和同级海洋行政主管部门审查批准。

第四条 下列项目用海,依法免缴海域使用金:

(一)军事用海。

(二)用于政府行政管理目的的公务船舶专用码头用海,包括公安边防、海关、交通港航公安、海事、海监、出入境检验检疫、环境监测、渔政、渔监等公务船舶专用码头用海。

(三)航道、避风(避难)锚地、航标、由政府还贷的跨海桥梁及海底隧道等非经营性交通基础设施用海。

(四)教学、科研、防灾减灾、海难搜救打捞、渔港等非经营性公益事业用海。

第五条 下列项目用海,依法减免海域使用金:

(一)除避风(避难)以外的其他锚地、出入海通道等公用设施用海。

(二)列入国家发展和改革委员会公布的国家重点建设项目名单的项目用海。

(三)遭受自然灾害或者意外事故,经核实经济损失达正常收益60%以上的养殖用海。

第六条 符合本办法第四条和第五条规定情形的项目用海,申请人应当在收到《项目用海批复通知书》之日起30日内,按照下列规定提出减免海域使用金的书面申请:

(一)申请人申请减免国务院审批项目用海应缴的海域使用金,应当分别向财政部和国家海洋局提出书面申请。

(二)申请人申请减免县级以上地方人民政府审批项目用海应缴的海域使用金,应当分别向项目所在地的省、自治区、直辖市人民政府财政部门和海洋行政主管部门提出书面申请。其中:申请减免应缴中央国库海域使用金的,应当由省、自治区、直辖市人民政府财政部门和海洋行政主管部门审核后,提出书面审核意见分别报财政部和国家海洋局审批。

第七条 申请人申请减免海域使用金,应当提交下列相关资料:

(一)减免海域使用金的书面申请,包括减免理由、减免金额、减免期限等内容。

(二)能够证明项目用海性质的相关证明材料。

(三)县级以上人民政府财政部门和海洋行政主管部门认为应当提交的其他相关材料。

第八条 财政部和国家海洋局在收到申请人的书面申请或者省、自治区、直辖市人民政府财政部门和海洋行政主管部门的书面审核意见后30日内,由国家海洋局对申请减免海域使用金的合法性提出初审意见,经财政部审核同意后,由财政部会同国家海洋局以书面形式联合批复申请人或者省、自治区、直辖市人民政府财政部门和海洋行政主管部门。

省、自治区、直辖市人民政府财政部门和海洋行政主管部门在收到申请人的书面申请后30日内,由省、自治区、直辖市人民政府海洋行政主管部门对申请减免海域使用金的合法性提出初审意见,经同级财政部门审核同意后,由省、自治区、直辖市人民政府财政部门会同海洋行政主管部门以书面形式联合批复申请人。其中:涉及减免应缴中央国库海域使用金的,省、自治区、直辖市人民政府财政部门和海洋行政主管部门在批复申请人之前,应当依照规定报经财政部和国家海洋局审批。

第九条 按照规定程序依法经批准减免海域使用金的用海项目,发生转让、出租海域使用权或者经批准改变海域用途或者用海性质的,海域使用权受让人或者海域使用权人应当按照本办法规定重新履行海域使用金减免申请和报批手续。

第十条 除本办法规定以外,其他任何部门和单位均不得批准减免海域使用金。县级以上人民政府财政部门和海洋行政主管部门应当严格按照本办法规定权限批准减免海域使用金。违反本办法规定批准减免海域使用金的,按照《中华人民共和国海域使用管理法》和《财政违法行为处罚处分条例》的有关规定进行处理。

申请人应当严格按照本办法规定,如实提供有关资料,不得弄虚作假,骗取减免海域使用金。对违反本办法规定,骗取减免海域使用金的,按照《中华人民共和国海域使用管理法》和《财政违法行为处罚处分条例》的有关规定进行处理。

第十一条 减免养殖用海海域使用金的申请和审批程序,按照审批项目用海的地方人民政府财政部门和同级海洋行政主管部门的规定执行。

各省、自治区、直辖市人民政府财政部门和海洋行政主管部门可以根据本办法,结合各地实际,制定具体实施办法并报财政部和国家海洋局备案。

第十二条 本办法由财政部会同国家海洋局负责解释。

第十三条 本办法自2006年10月1日起实施。

相关政策依据

财政部 国家海洋局关于调整海域使用金免缴审批权限的通知

财综〔2013〕66号 2013年6月25日

辽宁、河北、天津、山东、江苏、上海、浙江、福建、广东、广西、海南省（自治区、直辖市）财政厅（局）、海洋与渔业厅（局），大连、青岛、宁波、厦门、深圳市财政局（委）、海洋与渔业局：

2006年以来，财政部、国家海洋局先后印发了《海域使用金减免管理办法》（财综〔2006〕24号）、《关于海域使用金减免管理等有关事项的通知》（财综〔2008〕71号）等文件，进一步明确和细化了海域使用金依法免缴的政策和审批程序，各级财政部门、海洋行政主管部门认真贯彻落实，规范了海域使用金免缴行为，但也存在审批程序过于繁杂等问题。根据国务院转变政府职能简政放权的要求，为进一步提高工作效率，方便用海单位和个人，决定调整海域使用金免缴审批权限。现就有关事宜通知如下：

一、调整海域使用金免缴审批权限

（一）将用海单位和个人申请免缴国务院批准项目用海的海域使用金，按中央和地方分成，分别报财政部、国家海洋局和省、自治区、直辖市、计划单列市财政部门、海洋行政主管部门审查批准，调整为报财政部、国家海洋局审查批准。同时，财政部、国家海洋局将批准免缴海域使用金文件抄送项目用海所在地省级或者计划单列市财政部门、海洋行政主管部门以及财政部驻当地财政监察专员办事处备查。

（二）将用海单位和个人申请免缴地方各级人民政府批准的项目用海海域使用金，按中央和地方分成，分别报财政部、国家海洋局和省、自治区、直辖市、计划单列市财政部门、海洋行政主管部门审查批准，调整为报省、自治区、直辖市、计划单列市财政部门、海洋行政主管部门审查批准。同时，省、自治区、直辖市、计划单列市财政部门、海洋行政主管部门应将批准免缴海域使用金文件报财政部、国家海洋局备案，并抄送财政部驻当地财政监察专员办事处备查。其中，计划单列市财政部门、海洋行政主管部门批准免缴海域使用金文件同时报相关省财政部门、海洋行政主管部门备案。

（三）养殖用海单位和个人申请免缴海域使用金，继续由批准项目用海的地方人民政府财政部门、海洋行政主管部门审查批准。

二、建立海域使用金免缴台账

各级财政部门、海洋行政主管部门应当建立海域使用金免缴台账，逐笔记录项目用海名称、用海类型、用海面积、免缴金额、批准免缴海域使用金的依据、批复时间等信息，并汇总年度海域使用金免缴信息，报上级财政部门、海洋行政主管部门。各级海洋行政主管部门应当同时在国家海域动态监视监测管理系统中录入海域使用金免缴信息，在年度海域使用公报中向社会公布，自觉接受社会监督。

三、加强海域使用金免缴的监督管理

各级财政部门、海洋行政主管部门要严格按照《海域使用管理法》第三十五条、财综〔2006〕24号文件、财综〔2008〕71号文件审批海域使用金免缴事项，不得违反规定批准免缴海域使用金。同时，要自觉接受各级审计机关的审计和监督。对于违反规定批准免缴海域使用金的行为，依照《财政违法行为处罚处分条例》《海域使用管理违法违纪行为处分规定》等相关规定，责令改正，补收应当缴纳的海域使用金，并追究相关单位和人员的责任。

本通知自2013年7月1日起执行。财综〔2006〕24号文件、财综〔2008〕71号文件有关规定与本通知不一致的，一律以本通知规定为准。

七、缴纳时间（期限）

根据不同的用海性质或者情形，海域使用金可以按照规定一次缴纳或者按年度逐年缴纳。（《海域使用管理法》）

八、缴纳地点

税务部门按照属地原则征收海域使用金。具体征收机关由国家税务总局有关省（自治区、直辖市、计划单列市）税务局按照"便民、高效"原则确定。原由自然资源部（本级）负责征收的矿产资源专项收入、海域使用金、无居民海岛使用金等非税收入，征管职责划转后的具体工作由国家税务总局北京市税务局承担。〔《财政部 自然资源部 税务总局 人民银行关于将国有土地使用权出让收入、矿产资源专项收入、海域使用金、无居民海岛使用金四项政府非税收入划转税务部门征收有关问题的通知》（财综〔2021〕19号，2021年5月21日）〕

第二十七节　无居民海岛使用金

一、概述

国家实行无居民海岛有偿使用制度。[《无居民海岛使用金征收使用管理办法》(财综〔2010〕44号,2010年6月7日)]

无居民海岛使用金,是指国家在一定年限内出让无居民海岛使用权,由无居民海岛使用者依法向国家缴纳的无居民海岛使用权价款,不包括无居民海岛使用者取得无居民海岛使用权应当依法缴纳的其他相关税费。[《无居民海岛使用金征收使用管理办法》(财综〔2010〕44号,2010年6月7日)]

(一) 用途

无居民海岛使用金纳入一般预算管理,主要用于海岛保护、管理和生态修复。[《无居民海岛使用金征收使用管理办法》(财综〔2010〕44号,2010年6月7日)]

(二) 出让方式

无居民海岛使用权可以通过申请审批方式出让,也可以通过招标、拍卖、挂牌的方式出让。其中,旅游、娱乐、工业等经营性用岛有两个及两个以上意向者的,一律实行招标、拍卖、挂牌方式出让。

未经批准,无居民海岛使用者不得转让、出租和抵押无居民海岛使用权,不得改变海岛用途和用岛性质。[《无居民海岛使用金征收使用管理办法》(财综〔2010〕44号,2010年6月7日)]

(三) 主要政策依据

(1)《关于海域、无居民海岛有偿使用的意见》。

延伸解读

关于海域、无居民海岛有偿使用的意见

《关于海域、无居民海岛有偿使用的意见》是为了规范海域和无居民海岛合理开发利用而制定的法规。

2017年5月23日《关于海域、无居民海岛有偿使用的意见》由中央全面深化改革领导小组第三十五次会议通过,即日起实行。

【政策背景】

中共中央总书记、国家主席、中央军委主席、中央全面深化改革领导小组组长习近平于2017年5月23日下午主持召开中央全面深化改革领导小组第三十五次会议并发表重要讲话。会议审议通过了《关于海域、无居民海岛有偿使用的意见》。

会议强调,海域、无居民海岛是全民所有自然资源资产的重要组成部分。要以生态保护优先和资源合理利用为导向,对需要严格保护的海域、无居民海岛,严禁开发利用。对可开发利用的海域、无居民海岛,要通过提高用海用岛生态门槛,完善市场化配置方式,加强有偿使用监管等措施,建立符合海域、无居民海岛资源价值规律的有偿使用制度。

【政策影响】

根据中央全面深化改革领导小组第三十五次会议上审议通过的《关于海域、无居民海岛有偿使用的意见》,国家海洋局海岛管理司对无居民海岛使用权"招拍挂"出让政策进行研究,对于无居民海岛的有偿使用,早在2010年3月颁布实施的《海岛保护法》中有明确规定:"经批准开发利用无居民海岛的,应当依法缴纳使用金。" 2010年6月,在财政部、国家海洋局颁布的《无居民海岛使用金征收使用管理办法》(财综〔2010〕44号)中,对无居民海岛有偿使用的方式进行了明确:"用于旅游、娱乐、工业等经营性用岛的,一律通过招标、拍卖、挂牌的方式出让使用权。"

为加强无居民海岛使用权"招拍挂"出让工作,规范无居民海岛的出让市场,促进无居民海岛资源的合理配置,国家海洋局海岛管理司不断推进无居民海岛使用权"招拍挂"出让工作。

据国家海洋局海岛管理司相关人员介绍,无居民海岛使用权"招拍挂"出让,充分体现了公开、公平、公正和节约集约用岛的原则,有利于实现政府对无居民海岛市场的宏观调控,最大程度地发挥无居民海岛的资源利用价值。另外,此项工作对于无居民海岛使用权出让领域中的腐败行为,也能起到从源头上防治和遏制作用。

(2)《中华人民共和国海岛保护法》。

> **相关政策依据**

中华人民共和国海岛保护法

(2009年12月26日第十一届全国人民代表大会常务委员会第十二次会议通过)

……

本法所称海岛,是指四面环海水并在高潮时高于水面的自然形成的陆地区域,包括有居民海岛和无居民海岛。

本法所称海岛保护,是指海岛及其周边海域生态系统保护、无居民海岛自然资源保护和特殊用途海岛保护。

……

第四条 无居民海岛属于国家所有,国务院代表国家行使无居民海岛所有权。

……

第三节 无居民海岛的保护

第二十八条 未经批准利用的无居民海岛,应当维持现状;禁止采石、挖海砂、采伐林木以及进行生产、建设、旅游等活动。

第二十九条 严格限制在无居民海岛采集生物和非生物样本;因教学、科学研究确需采集的,应当报经海岛所在县级以上地方人民政府海洋主管部门批准。

第三十条 从事全国海岛保护规划确定的可利用无居民海岛的开发利用活动,应当遵守可利用无居民海岛保护和利用规划,采取严格的生态保护措施,避免造成海岛及其周边海域生态系统破坏。

开发利用前款规定的可利用无居民海岛,应当向省、自治区、直辖市人民政府海洋主管部门提出申请,并提交项目论证报告、开发利用具体方案等申请文件,由海洋主管部门组织有关部门和专家审查,提出审查意见,报省、自治区、直辖市人民政府审批。

无居民海岛的开发利用涉及利用特殊用途海岛,或者确需填海连岛以及其他严重改变海岛自然地形、地貌的,由国务院审批。

无居民海岛开发利用审查批准的具体办法,由国务院规定。

第三十一条 经批准开发利用无居民海岛的,应当依法缴纳使用金。但是,因国防、公务、教学、防灾减灾、非经营性公用基础设施建设和基础测绘、气象观测等公益事业使用无居民海岛的除外。

无居民海岛使用金征收使用管理办法,由国务院财政部门会同国务院海洋主管部门规定。

第三十二条 经批准在可利用无居民海岛建造建筑物或者设施,应当按照可利用无居民海岛保护和利用规划限制建筑物、设施的建设总量、高度以及与海岸线的距离,使其与周围植被和景观相协调。

第三十三条 无居民海岛利用过程中产生的废水,应当按照规定进行处理和排放。

无居民海岛利用过程中产生的固体废物,应当按照规定进行无害化处理、处置,禁止在无居民海岛弃置或者向其周边海域倾倒。

第三十四条 临时性利用无居民海岛的,不得在所利用的海岛建造永久性建筑物或者设施。

第三十五条 在依法确定为开展旅游活动的可利用无居民海岛及其周边海域,不得建造居民定居场所,不得从事生产性养殖活动;已经存在生产性养殖活动的,应当在编制可利用无居民海岛保护和利用规划中确定相应的污染防治措施。

(3)《无居民海岛使用金征收使用管理办法》(财综〔2010〕44号印发)。

> **相关政策依据**

财政部 国家海洋局关于印发《无居民海岛使用金征收使用管理办法》的通知

财综〔2010〕44号 2010年6月7日

辽宁、河北、天津、山东、江苏、上海、浙江、福建、广东、广西、海南省(自治区、直辖市)财政厅(局)、海洋厅(局):

为加强和规范无居民海岛使用金的征收、使用管理,促进无居民海岛的有效保护和合理开发利用,根据《中华人民共和国海岛保护法》和《中华人民共和国预算法》等法律规定,我们制定了《无居民海岛使用金征收使用管理办法》,现印发给你们,请遵照执行。

附件:无居民海岛使用金征收使用管理办法

抄送:财政部驻北京、辽宁、河北、天津、山东、江苏、上海、浙江、福建、广东、广西、海南省(自治区、直辖市)财政监察专员办事处。

(4)《财政部 国家海洋局关于印发〈调整海域 无居民海岛使用金征收标准〉的通知》(财综〔2018〕15号,2018年03月13日)。

根据中共中央、国务院关于生态文明体制改革总体方案和海域、无居民海岛有偿使用意见的要求,财政部、国家海洋局制定了《海域使用金征收标准》和《无居民海岛使用金征收标准》,自2018年5月1日起施行。此前财政部、国家海洋局制发的有关规定与本通知规定不一致的,一律以本通知规定为准。地方海域使用金征收标准(含养殖用海征收标准)制定工作,于2019年4月底前完成,并报财政部、国家海洋局备案。

财政部会同国家海洋局将根据海域、无居民海岛资源环境承载能力和国民经济社会发展情况,综合评估用海用岛需求、海域和无居民海岛使用权价值、生态环境损害成本、社会承受能力等因素的变化,建立价格监测评价机制,对海域、无居民海岛使用金征收标准进行动态调整。

(四)征收机关

国务院批准用岛的,无居民海岛使用金由国务院海洋主管部门负责征收。省级人民政府批准用岛的,无居民海岛使用金由海岛所在地省级海洋主管部门负责征收[《财政部 国家海洋局关于印发〈无居民海岛使用金征收使用管理办法〉的通知》(财综〔2010〕44号)第十一条]。

将由自然资源部门负责征收的无居民海岛使用金划转给税务部门负责征收。自2021年7月1日起,在河北、内蒙古、上海、浙江、安徽、青岛、云南省(市、区)开展征管职责划转试点,自2022年1月1日起其他省(市、区)全面征管划转。[《财政部 自然资源部 税务总局 人民银行关于将国有土地使用权出让收入、矿产资源专项收入、海域使用金、无居民海岛使用金四项政府非税收入划转税务部门征收有关问题的通知》(财综〔2021〕19号)]

无居民海岛使用金划转给税务部门征收后,以前年度和今后形成的应缴未缴收入以及按规定分期缴纳的收入,由税务部门负责征缴入库,有关部门应当配合做好相关信息传递和材料交接工作。

(五)征缴流程(无居民海岛使用金)

请参阅图19-7、图19-8。

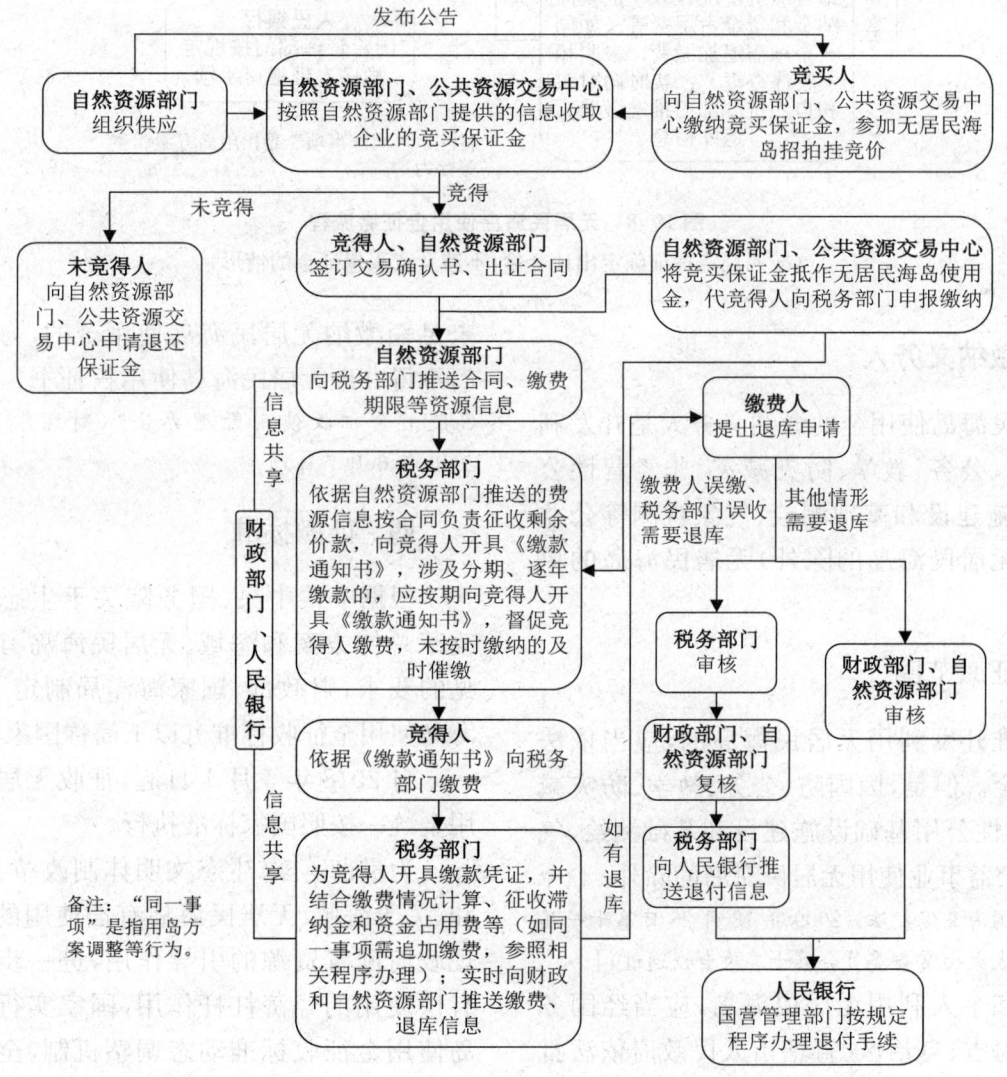

图19-7 无居民海岛使用金征缴流程(涉及竞买保证金的情形)

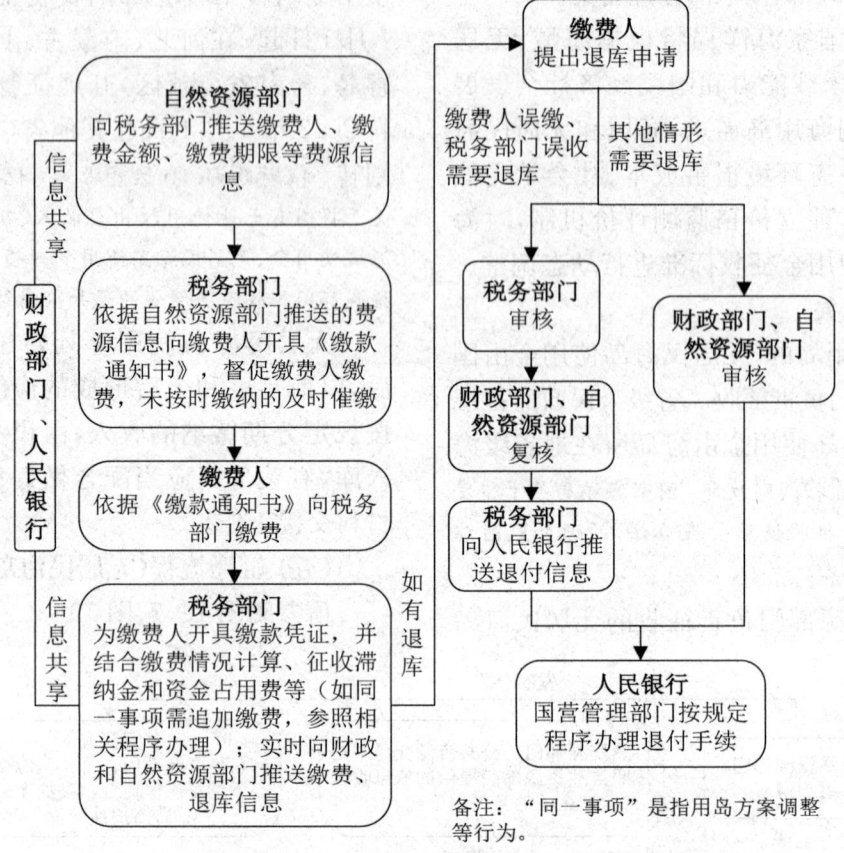

图 19-8　无居民海岛使用金征缴流程
（按照规定标准确定出让金额，不涉及竞买保证金的情形）

二、缴纳义务人

无居民海岛使用金的缴纳义务人是开发利用（因国防、公务、教学、防灾减灾、非经营性公用基础设施建设和基础测绘、气象观测等公益事业使用无居民海岛的除外）无居民海岛的单位和个人。

三、征缴范围

经批准开发利用无居民海岛的，应当依法缴纳使用金。但是，因国防、公务、教学、防灾减灾、非经营性公用基础设施建设和基础测绘、气象观测等公益事业使用无居民海岛的除外。[《中华人民共和国海岛保护法》(2009年12月26日第十一届全国人民代表大会常务委员会第十二次会议通过)]

单位和个人利用无居民海岛，应当经国务院或者沿海省、自治区、直辖市人民政府依法批准，并按照本办法规定缴纳无居民海岛使用金。未足额缴纳无居民海岛使用金的，海洋主管部门不得办理无居民海岛使用权证书。[《无居民海岛使用金征收使用管理办法》(财综〔2010〕44号，2010年6月7日)]

四、征缴标准

根据中共中央、国务院关于生态文明体制改革总体方案和海域、无居民海岛有偿使用意见的要求，财政部、国家海洋局制定了《无居民海岛使用金征收标准》(以下简称国家标准)。

自2018年5月1日起，征收无居民海岛使用金统一按照国家标准执行。

为贯彻落实《生态文明体制改革总体方案》和《关于海域、无居民海岛有偿使用的意见》，体现政府配置资源的引导作用，进一步发挥海岛有偿使用的经济杠杆作用，国家实行无居民海岛使用金征收标准动态调整机制，全面提升海岛生态保护和资源合理利用水平。根据《中华人民共和国海岛保护法》和《中华人民共和国预算法》，现将无居民海岛使用权出让最低标准调整如下：

(一) 无居民海岛等别

依据经济社会发展条件差异和无居民海岛分布情况，将无居民海岛划分为六等。

一等：

上海：浦东新区

山东：青岛市（市北区　市南区）

福建：厦门市（湖里区　思明区）

广东：广州市（黄埔区　南沙区）深圳市（宝安区　福田区　龙岗区　南山区　盐田区）

二等：

上海：金山区

天津：滨海新区

辽宁：大连市（沙河口区　西岗区　中山区）

山东：青岛市（城阳区　黄岛区　崂山区）

福建：泉州市丰泽区　厦门市（海沧区　集美区）

广东：东莞市　中山市　珠海市（金湾区　香洲区）

三等：

上海：崇明区

辽宁：大连市甘井子区

山东：即墨市　龙口市　蓬莱市　日照市（东港区　岚山区）荣成市　威海市环翠区　烟台市（莱山区　芝罘区）

浙江：宁波市（北仑区　鄞州区　镇海区）台州市（椒江区　路桥区）舟山市定海区

福建：福清市　福州市马尾区　晋江市　泉州市泉港区　石狮市　厦门市翔安区

广东：茂名市电白区　惠东县　惠州市惠阳区　汕头市（澄海区　濠江区　潮南区　潮阳区　金平区　龙湖区）湛江市（赤坎区　麻章区　坡头区）

海南：海口市美兰区　三亚市（吉阳区　崖州区　天涯区　海棠区）

四等：

辽宁：长海县　大连市（金州区　旅顺口区）瓦房店市　葫芦岛市市辖区　绥中县　兴城市

河北：秦皇岛市山海关区

山东：莱州市　乳山市　威海市文登区　烟台市牟平区　海阳市

江苏：连云港市连云区

浙江：海盐县　平湖市　嵊泗县　温岭市　玉环市　乐清市　舟山市普陀区

福建：福州市长乐区　惠安县　龙海市　南安市

广东：恩平市　南澳县　汕尾市城区　台山市　阳江市江城区

广西：北海市海城区

海南：儋州市

五等：

辽宁：东港市　大连市普兰店区　庄河市

河北：唐山市曹妃甸区　乐亭县

山东：长岛县　东营市（东营区　河口区）莱阳市　潍坊市寒亭区

江苏：盐城市大丰区　东台市　如东县

浙江：岱山县　温州市洞头区　宁波市奉化区　临海市　宁海县　瑞安市　三门县　象山县

福建：连江县　罗源县　平潭县　莆田市（荔城区　秀屿区）漳浦县

广东：海丰县　惠来县　雷州市　廉江市　陆丰市　饶平县　遂溪县　吴川市　徐闻县　阳东县　阳西县

广西：防城港市（防城区　港口区）钦州市钦南区

海南：澄迈县　琼海市　文昌市　陵水县　乐东县　万宁市

六等：

辽宁：锦州市（凌海市）盘锦市（大洼区　盘山县）

山东：昌邑市　广饶县　利津县　无棣县

江苏：连云港市赣榆区

浙江：苍南县　平阳县

福建：东山县　福安市　福鼎市　宁德市蕉城区　霞浦县　云霄县　诏安县

广西：东兴市　合浦县

海南：昌江县　东方市　临高县　三沙市

我国管辖的其他区域的海岛。

（二）无居民海岛用岛类型

根据无居民海岛开发利用项目主导功能定位，将用岛类型划分为九类（表19-13）。

表19-13　无居民海岛用岛的类型

类型编码	类型名称	界定
1	旅游娱乐用岛	用于游览、观光、娱乐、康体等旅游娱乐活动及相关设施建设的用岛
2	交通运输用岛	用于港口码头、路桥、隧道、机场等交通运输设施及其附属设施建设的用岛
3	工业仓储用岛	用于工业生产、工业仓储等的用岛，包括船舶工业、电力工业、盐业等
4	渔业用岛	用于渔业生产活动及其附属设施建设的用岛
5	农林牧业用岛	用于农、林、牧业生产活动的用岛
6	可再生能源用岛	用于风能、太阳能、海洋能、温差能等可再生能源设施建设的经营性用岛
7	城乡建设用岛	用于城乡基础设施及配套设施等建设的用岛
8	公共服务用岛	用于科研、教育、监测、观测、助航导航等非经营性和公益性设施建设的用岛
9	国防用岛	用于驻军、军事设施建设、军事生产等国防目的的用岛

（三）无居民海岛用岛方式

根据用岛活动对海岛自然岸线、表面积、岛体和植被等的改变程度，将无居民海岛用岛方式划分为六种（表19-14）。

表19-14　无居民海岛用岛方式

方式编码	方式名称	界定
1	原生利用式	不改变海岛岛体及表面积，保持海岛自然岸线和植被的用岛行为
2	轻度利用式	造成海岛自然岸线、表面积、岛体和植被等要素发生改变，且变化率最高的指标符合以下任一条件的用岛行为： (1) 改变海岛自然岸线属性≤10%； (2) 改变海岛表面积≤10%； (3) 改变海岛岛体体积≤10%； (4) 破坏海岛植被≤10%
3	中度利用式	造成海岛自然岸线、表面积、岛体和植被等要素发生改变，且变化率最高的指标符合以下任一条件的用岛行为： (1) 改变海岛自然岸线属性>10%且<30%； (2) 改变海岛表面积>10%且<30%； (3) 改变海岛岛体体积>10%且<30%； (4) 破坏海岛植被>10%且<30%
4	重度利用式	造成海岛自然岸线、表面积、岛体和植被等要素发生改变，且变化率最高的指标符合以下任一条件的用岛行为： (1) 改变海岛自然岸线属性≥30%且<65%； (2) 改变岛体表面积≥30%且<65%； (3) 改变海岛岛体体积≥30%且<65%； (4) 破坏海岛植被≥30%且<65%
5	极度利用式	造成海岛自然岸线、表面积、岛体和植被等要素发生改变，且变化率最高的指标符合以下任一条件的用岛行为： (1) 改变海岛自然岸线属性≥65%； (2) 改变岛体表面积≥65%； (3) 改变海岛岛体体积≥65%； (4) 破坏海岛植被≥65%
6	填海连岛与造成岛体消失的用岛	

(四) 无居民海岛使用权出让最低标准

根据各用岛类型的收益情况和用岛方式对海岛生态系统造成的影响，在充分体现国家所有者权益的基础上，将生态环境损害成本纳入价格形成机制，确定无居民海岛使用权出让最低标准（表 19-15）。国家每年对无居民海岛使用权出让最低标准进行评估，适时调整。

表 19-15 无居民海岛使用权出让最低标准　　　　单位：万元/公顷·年

等别	用岛方式 用岛类型	原生利用式	轻度利用式	中度利用式	重度利用式	极度利用式	填海连岛与造成岛体消失的用岛
一等	旅游娱乐用岛	0.95	1.91	5.73	12.41	19.09	2 455.00 万元/公顷，按用岛面积一次性计征
	交通运输用岛	1.18	2.36	7.07	15.32	23.56	
	工业仓储用岛	1.37	2.75	8.25	17.87	27.49	
	渔业用岛	0.38	0.75	2.26	4.90	7.54	
	农林牧业用岛	0.30	0.60	1.81	3.92	6.03	
	可再生能源用岛	1.04	2.08	6.25	13.54	20.83	
	城乡建设用岛	1.47	2.95	8.84	19.15	29.46	
	公共服务用岛	—	—	—	—	—	
	国防用岛	—	—	—	—	—	
二等	旅游娱乐用岛	0.77	1.54	4.62	10.00	15.38	1 976.00 万元/公顷，按用岛面积一次性计征
	交通运输用岛	0.95	1.90	5.69	12.33	18.97	
	工业仓储用岛	1.11	2.21	6.64	14.38	22.13	
	渔业用岛	0.30	0.61	1.83	3.95	6.08	
	农林牧业用岛	0.24	0.49	1.46	3.16	4.87	
	可再生能源用岛	0.84	1.68	5.04	10.91	16.78	
	城乡建设用岛	1.19	2.37	7.11	15.41	23.71	
	公共服务用岛	—	—	—	—	—	
	国防用岛	—	—	—	—	—	
三等	旅游娱乐用岛	0.68	1.37	4.10	8.88	13.66	1 729.00 万元/公顷，按用岛面积一次性计征
	交通运输用岛	0.83	1.66	4.98	10.79	16.60	
	工业仓储用岛	0.97	1.94	5.81	12.59	19.36	
	渔业用岛	0.28	0.55	1.65	3.58	5.50	
	农林牧业用岛	0.22	0.44	1.32	2.86	4.40	
	可再生能源用岛	0.75	1.49	4.47	9.69	14.90	
	城乡建设用岛	1.04	2.07	6.22	13.48	20.75	
	公共服务用岛	—	—	—	—	—	
	国防用岛	—	—	—	—	—	
四等	旅游娱乐用岛	0.49	0.98	2.94	6.36	9.79	
	交通运输用岛	0.60	1.20	3.59	7.79	11.98	
	工业仓储用岛	0.70	1.40	4.19	9.08	13.98	

(续表)

等别	用岛类型 \ 用岛方式	原生利用式	轻度利用式	中度利用式	重度利用式	极度利用式	填海连岛与造成岛体消失的用岛
四等	渔业用岛	0.20	0.39	1.17	2.54	3.91	1 248.00万元/公顷，按用岛面积一次性计征
	农林牧业用岛	0.16	0.31	0.94	2.03	3.13	
	可再生能源用岛	0.53	1.07	3.20	6.94	10.68	
	城乡建设用岛	0.75	1.50	4.49	9.73	14.97	
	公共服务用岛	—	—	—	—	—	
	国防用岛	—	—	—	—	—	
五等	旅游娱乐用岛	0.42	0.84	2.51	5.45	8.38	1 056.00万元/公顷，按用岛面积一次性计征
	交通运输用岛	0.51	1.01	3.04	6.59	10.14	
	工业仓储用岛	0.59	1.18	3.55	7.69	11.83	
	渔业用岛	0.17	0.34	1.02	2.21	3.39	
	农林牧业用岛	0.14	0.27	0.81	1.76	2.71	
	可再生能源用岛	0.46	0.91	2.74	5.94	9.14	
	城乡建设用岛	0.63	1.27	3.80	8.24	12.68	
	公共服务用岛	—	—	—	—	—	
	国防用岛	—	—	—	—	—	
六等	旅游娱乐用岛	0.37	0.75	2.24	4.86	7.48	927.00万元/公顷，按用岛面积一次性计征
	交通运输用岛	0.45	0.89	2.67	5.79	8.90	
	工业仓储用岛	0.52	1.04	3.12	6.75	10.39	
	渔业用岛	0.15	0.31	0.93	2.01	3.09	
	农林牧业用岛	0.12	0.25	0.74	1.61	2.47	
	可再生能源用岛	0.41	0.82	2.45	5.30	8.16	
	城乡建设用岛	0.56	1.11	3.34	7.23	11.13	
	公共服务用岛	—	—	—	—	—	
	国防用岛	—	—	—	—	—	

最低价计算公式为：

$$\text{无居民海岛使用权出让最低价} = \text{无居民海岛使用权出让面积} \times \text{出让年限} \times \text{无居民海岛使用权出让最低标准}$$

无居民海岛出让前，应确定无居民海岛等别、用岛类型和用岛方式，核算出让最低价，在此基础上对无居民海岛上的珍稀濒危物种、淡水、沙滩等资源价值进行评估，一并形成出让价。出让价作为申请审批出让和市场化出让底价的参考依据，不得低于最低价。

无居民海岛使用权出让实行最低标准限制制度。无居民海岛使用权出让由国家或省级海洋行政主管部门按照相关程序通过评估提出出让标准，作为无居民海岛市场化出让或申请审批出让的使用金征收依据，出让标准不得低于按照最低标准核算的最低出让标准。

2018年5月1日前已获批准但尚未缴纳海域使用金和无居民海岛使用金的用海、用岛项目，仍执行原海域使用金和无居民海岛使用金征收标准。其中，招标、拍卖、挂牌方式出让的项目批准时间，以政府批复出让方案的时间为准。

经批准分期缴纳海域使用金和无居民海岛使用金的用海、用岛项目，在批准的分期缴款时间内，应按照出让合同或分期缴款批复缴纳剩余部分。

财政部会同国家海洋局将根据海域、无居民海岛资源环境承载能力和国民经济社会发展情况，综合评估用海用岛需求、海域和无居民海岛使用权价值、生态环境损害成本、社会承受能力等因素的变化，建立价格监测评价机制，对海域、无居民海岛使用金征收标准进行动态调整。

五、应纳费款的计算

无居民海岛使用金的计算比较简单，请参阅上述关于征缴标准的内容介绍。

六、优惠政策

请参阅以下"相关政策依据"。

相关政策依据

无居民海岛使用金征收使用管理办法
财综〔2010〕44号　2010年6月7日

第三章　免　缴

第十四条　下列用岛免缴无居民海岛使用金：
（一）国防用岛；
（二）公务用岛，指各级国家行政机关或者其他承担公共事务管理任务的单位依法履行公共事务管理职责的用岛；
（三）教学用岛，指非经营性的教学和科研项目用岛；
（四）防灾减灾用岛；
（五）非经营性公用基础设施建设用岛，包括非经营性码头、桥梁、道路建设用岛，非经营性供水、供电设施建设用岛，不包括为上述非经营性基础设施提供配套服务的经营性用岛；
（六）基础测绘和气象观测用岛；
（七）国务院财政部门、海洋主管部门认定的其他公益事业用岛。

第十五条　免缴无居民海岛使用金的，应当依法申请并经核准。

符合本办法第十四条规定情形的项目用岛，申请人应当在收到《无居民海岛使用金缴款通知书》之日起30日内，按照下列规定提出免缴无居民海岛使用金的书面申请，逾期不予受理：
（一）申请人申请免缴国务院审批项目用岛应缴的无居民海岛使用金，应当分别向国务院财政、海洋主管部门提出书面申请；
（二）申请人申请免缴省级人民政府审批项目用岛应缴的无居民海岛使用金，应当分别向项目所在地的省级财政、海洋主管部门提出书面申请。

第十六条　申请人申请免缴无居民海岛使用金，应当提交下列相关资料：
（一）免缴无居民海岛使用金的书面申请，包括免缴理由、免缴金额、免缴期限等内容；
（二）能够证明项目用岛性质的相关证明材料；
（三）省级以上财政、海洋主管部门认为应当提交的其他相关材料。

第十七条　国务院财政、海洋主管部门原则上应当在收到申请人的申请后60日内，由国务院海洋主管部门对免缴无居民海岛使用金的合法性提出初审意见，经同级财政部门审核同意后，由国务院财政部门会同同级海洋主管部门以书面形式批复申请人。

省级财政、海洋主管部门原则上应当在收到申请人的申请后60日内，由省级海洋主管部门对免缴无居民海岛使用金的合法性提出初审意见，经同级财政部门审核同意后，由省级财政部门会同同级海洋主管部门以书面形式批复申请人。

第十八条　经依法核准免缴无居民海岛使用金的用岛项目，申请转让无居民海岛使用权或者改变海岛用途和用岛性质的，应当按照有关规定重新履行无居民海岛使用金免缴申请和报批手续。

第十九条　省级以上财政、海洋主管部门应当严格按照本办法规定权限核准免缴无居民海岛使用金。其他任何部门和单位均不得核准免缴无居民海岛使用金。

七、缴纳时间（期限）

无居民海岛使用金按照批准的使用年限实行一次性计征。

应缴纳的无居民海岛使用金额度超过1亿元的，无居民海岛使用者可以提出申请，经批准用岛的海洋主管部门商同级财政部门同意后，可以在3年时间内分次缴纳。

分次缴纳无居民海岛使用金的，首次缴纳额度不得低于总额度的50%。在首次缴纳无居民海岛使用金后,由国务院海洋主管部门或者省级海洋主管部门依法颁发无居民海岛使用临时证书;全部缴清无居民海岛使用金后,由国务院海洋主管部门或者省级海洋主管部门依法换发无居民海岛使用权证书。

无居民海岛使用者申请分次缴纳无居民海岛使用金的申请和批准程序,按照本办法规定的免缴无居民海岛使用金的申请和核准程序执行。[《无居民海岛使用金征收使用管理办法》(财综〔2010〕44号,2010年6月7日)]

八、缴纳地点

税务部门按照属地原则征收无居民海岛使用金。具体征收机关由国家税务总局有关省(自治区、直辖市、计划单列市)税务局按照"便民、高效"原则确定。原由自然资源部(本级)负责征收的矿产资源专项收入、海域使用金、无居民海岛使用金等非税收入,征管职责划转后的具体工作由国家税务总局北京市税务局承担。[《财政部 自然资源部 税务总局 人民银行关于将国有土地使用权出让收入、矿产资源专项收入、海域使用金、无居民海岛使用金四项政府非税收入划转税务部门征收有关问题的通知》(财综〔2021〕19号,2021年5月21日)]

国务院批准用岛的,无居民海岛使用金由国务院海洋主管部门负责征收。

省级人民政府批准用岛的,无居民海岛使用金由海岛所在地省级海洋主管部门负责征收。

无居民海岛使用金实行就地缴库办法。

省级以上海洋主管部门征收无居民海岛使用金,应当向无居民海岛使用者开具《无居民海岛使用金缴款通知书》,通知无居民海岛使用者按照有关要求,填写"一般缴款书",在无居民海岛所在市、县就地缴纳无居民海岛使用金。省级以上海洋主管部门应将《无居民海岛使用金缴款通知书》以及"一般缴款书"第四联复印件报送财政部驻当地财政监察专员办事处备查。填写"一般缴款书"时,"财政机关"填写"财政部门","预算级次"填写"中央地方分成","收款国库"填写实际收纳款项的国库名称,"备注"栏注明中央地方分成比例。

《无居民海岛使用金缴款通知书》应当明确用岛面积、适用的征收等别、征收标准、应缴纳的无居民海岛使用金数额、缴纳无居民海岛使用金的期限、缴库方式、适用的政府收支分类科目等相关内容。无居民海岛使用者应当在收到《无居民海岛使用金缴款通知书》一个月之内,按要求缴纳无居民海岛使用金。

无居民海岛使用金收入列《政府收支分类科目》"1030708 无居民海岛使用金收入"(新增),并下设01目"中央无居民海岛使用金收入"和02目"地方无居民海岛使用金收入"。[《无居民海岛使用金征收使用管理办法》(财综〔2010〕44号,2010年6月7日)]

第二十八节 土地闲置费

一、概述

自2021年7月1日起,自然资源部门负责征收的土地闲置费、住房和城乡建设等部门负责征收的按行政事业性收费管理的城镇垃圾处理费划转至税务部门征收。

闲置土地,是指国有建设用地使用权人超过国有建设用地使用权有偿使用合同或者划拨决定书约定、规定的动工开发日期满1年未动工开发的国有建设用地。

已动工开发但开发建设用地面积占应动工开发建设用地总面积不足1/3或者已投资额占总投资额不足25%,中止开发建设满1年的国有建设用地,也可以认定为闲置土地。

(一)征收流程

土地闲置费由自然资源部门向缴纳义务人

（土地使用权人）出具《征缴土地闲置费决定书》等文书，并向税务部门推送《征缴土地闲置费决定书》等费源信息。缴纳义务人依据《征缴土地闲置费决定书》向税务部门申报缴纳，税务部门开具缴费凭证。

注：土地闲置费与自然资源部门权责密切相关，按照现行有关规定，需由市、县自然资源部门报经本级人民政府批准后，向土地使用权人出具《征缴土地闲置费决定书》。所以，土地闲置费征收需以自然资源部门认定作为前置环节。

（二）缴费便利化

《国家税务总局 财政部 自然资源部 住房和城乡建设部 中国人民银行关于土地闲置费 城镇垃圾处理费划转有关征管事项的公告》（国家税务总局 财政部 自然资源部 住房和城乡建设部 中国人民银行公告2021年第12号）第八条要求各地税务、财政、自然资源、住房和城乡建设、人民银行等部门形成合力，共同推进办事缴费"一门、一站、一次"办理，进一步优化申报流程，将"便民、高效"原则落实落地落细，让缴费人有更多获得感。

（三）主要政策依据

（1）《中华人民共和国土地管理法》。

相关政策依据

中华人民共和国土地管理法

（1986年6月25日第六届全国人民代表大会常务委员会第十六次会议通过，根据1988年12月29日第七届全国人民代表大会常务委员会第五次会议《关于修改〈中华人民共和国土地管理法〉的决定》第一次修正，1998年8月29日第九届全国人民代表大会常务委员会第四次会议修订，根据2004年8月28日第十届全国人民代表大会常务委员会第十一次会议《关于修改〈中华人民共和国土地管理法〉的决定》第二次修正，根据2019年8月26日第十三届全国人民代表大会常务委员会第十二次会议《关于修改〈中华人民共和国土地管理法〉、〈中华人民共和国城市房地产管理法〉的决定》第三次修正）

第三十八条 禁止任何单位和个人闲置、荒芜耕地。已经办理审批手续的非农业建设占用耕地，一年内不用而又可以耕种并收获的，应当由原耕种该幅耕地的集体或者个人恢复耕种，也可以由用地单位组织耕种；一年以上未动工建设的，应当按照省、自治区、直辖市的规定缴纳闲置费；连续二年未使用的，经原批准机关批准，由县级以上人民政府无偿收回用地单位的土地使用权；该幅土地原为农民集体所有的，应当交由原农村集体经济组织恢复耕种。

在城市规划区范围内，以出让方式取得土地使用权进行房地产开发的闲置土地，依照《中华人民共和国城市房地产管理法》的有关规定办理。

（2）《中华人民共和国城市房地产管理法》。

相关政策依据

中华人民共和国城市房地产管理法

（1994年7月5日第八届全国人民代表大会常务委员会第八次会议通过，根据2007年8月30日第十届全国人民代表大会常务委员会第二十九次会议《关于修改〈中华人民共和国城市房地产管理法〉的决定》第一次修正 根据2009年8月27日第十一届全国人民代表大会常务委员会第十次会议《关于修改部分法律的决定》第二次修正，根据2019年8月26日第十三届全国人民代表大会常务委员会第十二次会议《关于修改〈中华人民共和国土地管理法〉、〈中华人民共和国城市房地产管理法〉的决定》第三次修正）

第二十六条 以出让方式取得土地使用权进行房地产开发的，必须按照土地使用权出让合同约定的土地用途、动工开发期限开发土地。超过出让合同约定的动工开发日期满一年未动工开发的，可以征收相当于土地使用权出让金百分之二十以下的土地闲置费；满二年未动工开发的，可以无偿收回土地使用权；但是，因不可抗力或者政府、政府有关部门的行为或者动工开发必需的前期工作造成动工开发迟延的除外。

（3）《闲置土地处置办法》（1999年4月26日国土资源部第6次部长办公会议通过，2012年5月22日国土资源部第1次部务会议修订），该办法规定，如果土地闲置属于政府原因造成的，可以通过和政府协商，免于缴纳土地闲置费用；如果是个人或企业原因造成的，按照第十四条有关规定收取土地闲置费用或者收回土地使用权。

（4）《国家税务总局等五部门关于土地闲置费 城镇垃圾处理费划转有关征管事项的公告》（国家税务总局 财政部 自然资源部 住房和城乡建设部 中国人民银行公告2021年第12号，

2021年5月12日),自2021年7月1日起施行。

土地闲置费如何办理申报缴费业务?

土地闲置费由自然资源部门向缴纳义务人(土地使用权人)出具《征缴土地闲置费决定书》等文书,并向税务部门推送《征缴土地闲置费决定书》等费源信息。缴纳义务人依据《征缴土地闲置费决定书》向税务部门申报缴纳,税务部门开具缴费凭证,未按时缴纳的,由税务部门出具催缴通知,并通过涉税渠道及时追缴。

二、缴纳义务人

土地闲置费的缴纳义务人是,除属于政府、政府有关部门的行为造成动工开发延迟的情形外,闲置土地(未动工开发满1年)的国有建设用地使用权人。

三、征缴范围

已经办理审批手续的非农业建设占用耕地,1年以上未动工建设。

在城市规划区范围内,以出让方式取得土地使用权进行房地产开发的,超过出让合同约定的动工开发日期满1年未动工开发(因不可抗力或者政府、政府有关部门的行为或者动工开发必需的前期工作造成动工开发迟延的除外)。

四、征缴标准

除属于政府、政府有关部门的行为造成动工开发延迟的外:

(1)未动工开发满1年的,由市、县国土资源主管部门报经本级人民政府批准后,向国有建设用地使用权人下达《征缴土地闲置费决定书》,按照土地出让或者划拨价款的20%征缴土地闲置费。土地闲置费不得列入生产成本。

(2)未动工开发满两年的,由市、县国土资源主管部门按照《中华人民共和国土地管理法》第三十七条和《中华人民共和国城市房地产管理法》第二十六条的规定,报经有批准权的人民政府批准后,向国有建设用地使用权人下达《收回国有建设用地使用权决定书》,无偿收回国有建设用地使用权。闲置土地设有抵押权的,同时抄送相关土地抵押权人。

相关政策依据

闲置土地处置办法

(1999年4月26日国土资源部第6次部长办公会议通过,2012年5月22日国土资源部第1次部务会议修订)

第八条 有下列情形之一,属于政府、政府有关部门的行为造成动工开发延迟的,国有建设用地使用权人应当向市、县国土资源主管部门提供土地闲置原因说明材料,经审核属实的,依照本办法第十二条和第十三条规定处置:

(一)因未按照国有建设用地使用权有偿使用合同或者划拨决定书约定、规定的期限、条件将土地交付给国有建设用地使用权人,致使项目不具备动工开发条件的;

(二)因土地利用总体规划、城乡规划依法修改,造成国有建设用地使用权人不能按照国有建设用地使用权有偿使用合同或者划拨决定书约定、规定的用途、规划和建设条件开发的;

(三)因国家出台相关政策,需要对约定、规定的规划和建设条件进行修改的;

(四)因处置土地上相关群众信访事项等无法动工开发的;

(五)因军事管制、文物保护等无法动工开发的;

(六)政府、政府有关部门的其他行为。

因自然灾害等不可抗力导致土地闲置的,依照前款规定办理。

第十二条 因本办法第八条规定情形造成土地闲置的,市、县国土资源主管部门应当与国有建设用地使用权人协商,选择下列方式处置:

(一)延长动工开发期限。签订补充协议,重新约定动工开发、竣工期限和违约责任。从补充协议约定的动工开发日期起,延长动工开发期限最长不得超过1年。

(二)调整土地用途、规划条件。按照新用途或者新规划条件重新办理相关用地手续,并按照新用途或者新规划条件核算、收缴或者退还土地价款。改变用途后的土地利用必须符合土地利用总体规划和城乡规划。

(三)由政府安排临时使用。待原项目具备开发建设条件,国有建设用地使用权人重新开发建设。从安排临时使用之日起,临时使用期限最长不得超过两年。

(四)协议有偿收回国有建设用地使用权。

（五）置换土地。对已缴清土地价款、落实项目资金,且因规划依法修改造成闲置的,可以为国有建设用地使用权人置换其他价值相当、用途相同的国有建设用地进行开发建设。涉及出让土地的,应当重新签订土地出让合同,并在合同中注明为置换土地。

（六）市、县国土资源主管部门还可以根据实际情况规定其他处置方式。

除前款第四项规定外,动工开发时间按照新约定、规定的时间重新起算。

符合本办法第二条第二款规定情形的闲置土地,依照本条规定的方式处置。

第十三条 市、县国土资源主管部门与国有建设用地使用权人协商一致后,应当拟订闲置土地处置方案,报本级人民政府批准后实施。

闲置土地设有抵押权的,市、县国土资源主管部门在拟订闲置土地处置方案时,应当书面通知相关抵押权人。

第十四条 除本办法第八条规定情形外,闲置土地按照下列方式处理:

（一）未动工开发满1年的,由市、县国土资源主管部门报经本级人民政府批准后,向国有建设用地使用权人下达《征缴土地闲置费决定书》,按照土地出让或者划拨价款的20%征缴土地闲置费。土地闲置费不得列入生产成本。

（二）未动工开发满两年的,由市、县国土资源主管部门按照《中华人民共和国土地管理法》第三十七条和《中华人民共和国城市房地产管理法》第二十六条的规定,报经有批准权的人民政府批准后,向国有建设用地使用权人下达《收回国有建设用地使用权决定书》,无偿收回国有建设用地使用权。闲置土地设有抵押权的,同时抄送相关土地抵押权人。

第十五条 市、县国土资源主管部门在依照本办法第十四条规定作出征缴土地闲置费、收回国有建设用地使用权决定前,应当书面告知国有建设用地使用权人有申请听证的权利。国有建设用地使用权人要求举行听证的,市、县国土资源主管部门应当依照《国土资源听证规定》依法组织听证。

第十六条 《征缴土地闲置费决定书》和《收回国有建设用地使用权决定书》应当包括下列内容:

（一）国有建设用地使用权人的姓名或者名称、地址;

（二）违反法律、法规或者规章的事实和证据;

（三）决定的种类和依据;

（四）决定的履行方式和期限;

（五）申请行政复议或者提起行政诉讼的途径和期限;

（六）作出决定的行政机关名称和作出决定的日期;

（七）其他需要说明的事项。

五、应纳费款的计算

土地闲置费的计算相对比较简单,除属于政府、政府有关部门的行为造成动工开发延迟的外,未动工开发满1年的,按照土地出让或者划拨价款的20%征缴土地闲置费;未动工开发满两年的。

六、优惠政策

自2015年1月1日起,对非营利性养老和医疗机构建设免征,对营利性养老和医疗机构建设减半征收。自2019年6月1日至2025年12月31日,为社区提供养老、托育、家政等服务的机构,用于提供社区养老、托育、家政服务的房产、土地免征。

七、缴纳时间（期限）

土地闲置费申报期限按现行规定执行,未按时缴纳的,由税务部门出具催缴通知,并通过涉税渠道及时追缴。

国有建设用地使用权人应当自《征缴土地闲置费决定书》送达之日起30日内,按照规定缴纳土地闲置费。

相关政策依据

闲置土地处置办法

（1999年4月26日国土资源部第6次部长办公会议通过,2012年5月22日国土资源部第1次部务会议修订）

第十七条 国有建设用地使用权人应当自《征缴土地闲置费决定书》送达之日起30日内,按照规定缴纳土地闲置费;自《收回国有建设用地使用权决定书》送达之日起30日内,到市、县国土资源主管部门办理国有建设用地使用权注销登记,交回土地权利证书。

国有建设用地使用权人对《征缴土地闲置费决定书》和《收回国有建设用地使用权决定书》不服的,可以依法申请行政复议或者提起行政诉讼。

八、缴纳地点

税务部门按照属地原则征收土地闲置费,具体征收机关由国家税务总局各省、自治区、直辖市和计划单列市税务局按照"便民、高效"原则确定。

第二十九节　城镇垃圾处理费

一、概述

自 2021 年 7 月 1 日起,自然资源部门负责征收的土地闲置费、住房和城乡建设等部门负责征收的按行政事业性收费管理的城镇垃圾处理费划转至税务部门征收。

城市生活垃圾是指城市人口在日常生活中产生或为城市日常生活提供服务的产生的固体废物,以及法律、行政法规规定,视为城市生活垃圾的固体废物(包括建筑垃圾和渣土,不包括工业固体废物和危险废物)。

随着我国城市化进程的加快,城市生活垃圾数量也在迅速增加。由于城市垃圾处理投资渠道单一,缺少必要的设施建设、运行和维护资金,处理设施严重不足,处理水平普遍不高,相当一部分城市的土壤、水体、大气受到生活垃圾的污染,使生态环境和人民群众生活受到影响。解决城市生活垃圾问题已成为全社会关注的热点问题。为加快生活垃圾处理步伐,提高垃圾处理质量,改善城市生态环境,促进可持续发展,党中央、国务院作出了按照"谁产生、谁付费"的原则建立城市生活垃圾处理收费制度、实行垃圾处理产业化的决定。

(一)缴费便利化

《国家税务总局　财政部　自然资源部　住房和城乡建设部　中国人民银行关于土地闲置费 城镇垃圾处理费划转有关征管事项的公告》(国家税务总局　财政部　自然资源部　住房和城乡建设部　中国人民银行公告 2021 年第 12 号)第八条要求各地税务、财政、自然资源、住房和城乡建设、人民银行等部门形成合力,共同推进办事缴费"一门、一站、一次"办理,进一步优化申报流程,将"便民、高效"原则落实落地落细,让缴费人有更多获得感。

(二)规范收费行为,减轻企事业单位和居民的不合理负担

收取生活垃圾处理费后,应取消与生活垃圾处理相关的其他收费项目,切实减轻企事业单位和居民的不合理负担。已实施物业管理收费的,在物业管理收费标准中应扣除已计入垃圾处理收费的相关费用。

各城市人民政府应建立健全收费管理制度,保证垃圾处理收费制度的顺利实施。各级价格、财政主管部门要加强对垃圾处理收费的监督检查,对违反规定乱收费的,应按有关规定进行查处。

(三)计收办法和收费管理

生活垃圾处理费应本着简便、有效、易操作的原则,按不同的收费对象采取不同的计费方法,并按月计收。对城市居民,可以以户或居民人数为单位收取;对纳入城市暂住人口管理的居民以及国家机关、事业单位,可以以人为单位收取;对生产经营单位,商业网点可以按营业面积收取;船舶、列车及飞机等交通工具可以按核定的载重吨位或座位收取;其他生产经营单位产生的生活垃圾,原则上以人为单位计收,生产垃圾处理费与工业废物垃圾处理费不得相互重复计收。具备条件的城市可以按照生活垃圾量计收垃圾处理费。

加强生活垃圾处理收费的管理,提高垃圾处理费的收缴率。应针对不同收费对象,采取措施,鼓励其按规定、按时足额缴纳垃圾处理费。对代收单位,允许从收取的垃圾处理费中提取一定比例的手续费。手续费标准,在制定

垃圾处理费标准时予以明确。对不按规定缴纳垃圾处理费的,各地要采取措施加强管理。

生活垃圾处理费全部用于支付垃圾收集、运输和处理费用,任何部门和单位不得截留、挪用。对于生活垃圾处理设施不足,已经投资在建的垃圾处理设施,经城市人民政府批准,收取的生活垃圾处理费可用于补充生活垃圾处理设施的建设费用,但在建项目3年内必须建成,并实施垃圾处理。

(四)主要政策依据

(1)《国务院批转住房城乡建设部等部门关于进一步加强城市生活垃圾处理工作意见的通知》(国发〔2011〕9号)。

> **相关政策依据**
>
> **国务院批转住房城乡建设部等部门**
> **关于进一步加强城市生活垃圾处理工作意见的通知**
>
> 国发〔2011〕9号 2011年4月19日
>
> 健全收费制度。按照"谁产生、谁付费"的原则,推行城市生活垃圾处理收费制度。产生生活垃圾的单位和个人应当按规定缴纳垃圾处理费,具体收费标准由城市人民政府根据城市生活垃圾处理成本和居民收入水平等因素合理确定。探索改进城市生活垃圾处理收费方式,降低收费成本。城市生活垃圾处理费应当用于城市生活垃圾处理,不得挪作他用。

(2)为加快生活垃圾处理步伐,提高垃圾处理质量,改善城市生态环境,促进可持续发展,原国家发展计划委员会、财政部、建设部、国家环境保护总局印发了《关于实行城市生活垃圾处理收费制度促进垃圾处理产业化的通知》(计价格〔2002〕872号,2002年6月7日)。

(3)《国家税务总局等五部门关于土地闲置费 城镇垃圾处理费划转有关征管事项的公告》(国家税务总局 财政部 自然资源部 住房和城乡建设部 中国人民银行公告2021年第12号,2021年5月12日),自2021年7月1日起施行。

二、缴纳义务人

所有产生生活垃圾的国家机关、企事业单位(包括交通运输工具)、个体经营者、社会团体、城市居民和城市暂住人口等,均应按规定缴纳生活垃圾处理费。

三、征缴范围

所有产生生活垃圾的单位和个人应当按规定缴纳垃圾处理费。

四、征缴标准

按照垃圾处理产业化的要求,环卫企业收取的生活垃圾处理费为经营服务性收费,其收费标准应按照补偿垃圾收集、运输和处理成本,合理盈利的原则核定,并区别不同情况,逐步到位。垃圾收集、运输和处理成本主要包括运输工具费、材料费、动力费、维修费、设施设备折旧费、人工工资及福利费和税金等。

垃圾处理费收费标准,由城市人民政府价格主管部门会同建设(环境卫生)行政主管部门制定,报城市人民政府批准执行,并报省级价格、建设行政主管部门备案。目前垃圾处理费仍按行政事业性收费管理的,应创造条件,结合环卫体制改革,尽快向经营服务性收费转变。

制定、调整生活垃圾处理费标准要实行价格听证会制度。

五、应纳费款的计算

城镇垃圾处理费的计算相对比较简单,请参阅上述关于征缴标准的内容介绍。

六、优惠政策

任何单位和个人都不得擅自减免垃圾处理费。

对下岗职工自谋职业者和城市下岗职工、失业人员及低保对象,应实行收费减免政策。垃圾处理费的具体计收办法和收费减免办法由城市人民政府根据实际情况制定。

七、缴纳时间(期限)

城镇垃圾处理费由缴纳义务人或代征单位自行向税务部门申报缴纳,申报期限和程序按现行规定执行。未按时缴纳的,由税务部门出具催缴通知,并通过涉税渠道及时追缴。

八、缴纳地点

税务部门按照属地原则征收城镇垃圾处理费,具体征收机关由国家税务总局各省、自治区、直辖市和计划单列市税务局按照"便民、高效"原则确定。